諸　子　集　成

（第四册）

墨子閒詁
晏子春秋校注

中　華　書　局

墨 子 閒 詁

孫詒讓著

墨子序

孟子以楊墨並言，辟而闢之，然楊非墨匹也。楊子之書不傳，略見於列子之書，自適其適而已。墨子則達於天人之理，熟於事物之情，又深察春秋戰國百餘年間時勢之變，欲補弊扶偏，以復之於古，鄭重其意，反復其言，以冀世主之一聽，雖若有稍詭於正者，而實千古之有心人也。尸佼謂孔子貴公，墨子貴兼，其實則一。韓非以儒墨並爲世之顯學。至漢世猶以孔墨並稱。尼山而外，其莫尙於此老乎。墨子死而墨分爲三，有相里氏之墨，有相夫氏之墨，有鄧陵氏之墨。今觀尙賢、尙同、兼愛、非攻、節用、節葬、天志、明鬼、非樂、非命，皆分上中下三篇，字句小異，而大旨無殊，意者此乃相里、相夫、鄧陵三家相傳之本不同，後人合以成書，故一篇而有三乎。墨氏弟子，網羅放失，參考異同，具有條理，較之儒分爲八，至今遂無可考者，轉似過之。乃唐以來，韓昌黎外，無一人能知墨子者，傳誦既少，注釋亦稀，樂臺舊本，久絕流傳，闕文錯簡，無可校正，古言古字，更不可曉，而墨學塵薶終古矣。

國朝鎭洋畢氏，始爲之注，嗣是以來，諸儒益加讎校，涂徑既闢，奧窔粗窺。墨子之書。稍稍可讀。於是瑞安孫詒讓仲容。乃集諸說之大成。著墨子閒詁。凡諸家之說。是者從之。非者正之。闕略者補之。至經說及備城門以下諸篇。尤不易讀。整紛剔蠹。衇摘無遺。旁行之文。盡還舊觀。訛奪之處。咸秩無紊。蓋自有墨子以來。未有此書也。以余亦嘗從事於此。問序於余。余何足序此書哉。竊嘗推而論之。墨子惟兼愛。是以尙同。惟尙同。是以非攻。惟非攻。是以講求備禦之法。近世西學中。光學重學。或言皆出於墨子。然則其備梯備突備穴諸法。或卽泰西機器之權輿乎。嗟乎。今天下一大戰國也。以孟子反本一言爲主。而以墨子之書輔之。儻足以安內而攘外乎。勿謂仲容之爲此書。窮年兀兀。徒敝精神於無用也。光緒二十一年夏。德清俞樾。

漢志。墨子書七十一篇。今存者五十三篇。魯問篇。墨子之語魏越云。國家昏亂。則語之尚賢尚同。國家貧。則語之節用節葬。國家憙音沉湎。則語之非樂非命。國家淫僻無禮。則語之尊天事鬼。國家務奪侵凌。則語之兼愛非攻。今書雖殘缺。然自尚賢至非命三十篇。所論略備。足以盡其恉要矣。經說上下篇。與莊周書所述惠施之論。及公孫龍書相出入。似原出墨子。而諸鉅子以其說綴益之。備城門以下十餘篇。則又禽滑釐所受兵家之遺法。於墨學爲別傳。惟修身親士諸篇。誼正而文靡。校之他篇。殊不類。當染篇。又頗涉晚周之事。非墨子所得聞。疑皆後人以儒言緣飾之。非其本書也。墨子之生。蓋稍後於七十子。不得見孔子。然亦甚老壽。故前得與魯陽文子公輸般相問答。而晚及見田齊太公和。又逮聞齊康公興樂。及楚吳起之亂。身丁戰國之初。感悕於獷暴淫侈之政。故其言諄復深切。務陳古以剴今。亦喜稱道詩書。及孔子所不修百國春秋。惟於禮則右夏左周。欲變文而反之質。樂則竟屏絕之。此其與儒家四術六蓺。必不合者耳。至其接世。務爲和同。而自處絕艱苦。持之太過。或流於偏激。而非儒尤爲乖戾。然周季道術分裂。諸子舛馳。荀卿爲齊魯大師。而其書非十二子篇。於游夏孟子諸大賢。皆深相排笮。洙泗齗齗。儒家已然。墨儒異方。跬武千里。其相非甯足異乎。綜覽厥書。釋其紕駁。甄其純實可取者。蓋十六七。其用心篤厚。勇於振世救敝。殆非韓呂諸子之倫比也。莊周天下篇之論墨氏曰。不侈於後世。不靡於萬物。不暉於數度。以繩墨自矯。而備世之急。又曰墨子眞天下之好也。將求之不得也。雖枯槁不舍也。才士也夫。斯殆持平之論與。墨子既不合於儒術。孟荀董無心孔子魚之倫。咸排詰之。漢晉以降。其學幾絕。而書僅存。然治之者殊尠。故挩誤尤不可校。而古字古言。轉多沿襲未改。非精究形聲通叚之原。無由通其讀也。舊有孟勝樂臺注。今久不傳。近代鎮洋畢尚書沅始爲之注。藤縣蘇孝廉時學復刊其誤。創通塗徑。多所諟正。余昔事讎覽。旁摭衆家。擇善而從。於畢本外。又獲見明吳寬寫本。(黃丕烈所景鈔者今藏杭州丁氏缺前五卷大致與道臧本同)顧千里校道臧本。(臧本明正統十年刊畢本亦據彼校定而不無舛漏顧校又有季本傳錄或作李本未知孰是明嘉靖本大氐皆祖臧本畢注略具今並不復詳校又嘗得倭寶厤閒放刻明茅坤本幷爲六卷而篇數尙完具册耑附校異文閒有可采惜所見本殘缺僅存數卷)用相勘覈。別爲寫定。復以王觀察念孫尙書引之父子。洪州倅頤煊及年丈俞編修樾。亡友戴茂才望所校。參綜考讀。竊謂非儒以前諸篇。誼恉詳焯。畢王諸家。校訓略備。然亦不無遺失。經說兵法諸篇。文尤奧衍凌襍。檢攬舊校。疑滯殊衆。研覈有年。用思略盡。謹依經誼字例。爲之詮釋。至於訂補經說上下篇旁行句讀。正兵法諸篇之譌文錯簡。尤私心所竊自喜。以爲不繆者。

輒就畢本。更爲增定。用遺來學。昔許叔重注淮南王書。題曰鴻烈閒詁。據宋槧本淮南子及晁公武讀書志閒者發其疑牾。詁者正其訓釋。今於字義多遵許學。故遂用題署。亦以兩漢經儒本說經家法箋釋諸子。固後學所睎慕而不能逮者也。光緒十有九年歲在癸巳十月。瑞安孫詒讓序。

墨子書舊多古字。許君說文舉其𦳝繃二文。今本並改易不見。則其爲後人所竄定者。殆不知凡幾。蓋先秦諸子之譌舛不可讀。未有甚於此書者。今謹依爾雅說文正其訓故。古文篆隸校其文字。若尙同篇引術令。卽書說命之佚文。魏晉人作僞古文尙書。不知術爲說之叚字。遂攟其文。竄入大禹謨矣。兼愛篇注召之邸。虖池之瀆。召之邸卽孫炎本爾雅釋地之昭餘祁。亦卽周禮職方氏之昭餘祁。今本召譌爲后。其義不可解。畢氏遂失其句讀矣。非攻篇之不著何。卽周書王會之不屠何。畢氏不憭。依俗本改爲中山。遂與墨子舊文不合矣。明鬼篇豜無罪人乎道路術徑。豜卽孟子禦人於國門之外之禦。非樂篇折壞坦折。卽周禮硩蔟氏之硩。今本豜譌爲退。折譌爲拆。畢蘇諸家。各以意校改。遂重性貤繆。不可究詰矣。公孟篇夏后啓使蓀靳雉已卜於白若之龜。蓀卽嗌之籀文。亦卽伯益。與漢書述尙書古文伯益字正合。今本蓀靳雉已譌作翁難雉乙。又挩雉字。遂以翁難乙爲人姓名矣。非攻下篇。說禹攻有苗。有神人面鳥身。奉珪以侍。此與秦穆公所見句芒同。奉珪者東方之玉。與禮經祀方明。東方以珪之義合。而今本奉珪誤作若瑾。其義遂不可通矣。若此之類。輒罄蠡管。證厥違迕。它若經說篇之蠙爲蚓。虎爲霍。兵法諸篇之愼爲順。又爲類。芒爲芸。梓爲杯。其鼓互尤不易理董。覃思十年。略通其誼。凡所發正。咸具於注。凡譌挩之文舊校精塙者徑據補正以資省覽其以愚意訂定者則箸其說於注不敢專輒增改以昭詳愼世有成學治古文者。儻更宣究其恉。俾二千年古子。[illegible]然復其舊觀。斯亦達士之所樂聞與。校寫既竟。復記於後。詒讓。

墨子閒詁總目

此書寫定於壬辰癸巳間。逮甲午夏。屬吳門梓人毛翼庭。以聚珍版。印成三百部。質之通學。頗以爲不謬。然多苦其舛衍。瀏覽卒不能終卷。惟吾友黃中弢學士爲詳校一過。舉正十餘事。多精塙。亦今之張伯松矣。余亦自續勘。得賸義逾百事。有前誤讀誤釋。覆勘始覺之者。咸隨時迻錄別冊存之。此書最難讀者。莫如經經說四篇。余前以未見皋文先生經說解爲憾。一日得如皋冒鶴亭孝廉廣生書云。武進金湘生運判武祥藏有先生手稿本。急屬鶴亭馳書求段錄。金君得書。則自校寫一本寄贈。得之驚喜累日。余前補定經下篇句讀。頗自矜爲刱獲。不意張先生已先我得之。其解善談名理。雖校讎未宷。不無望文生義之失。然固有精論。足補正余書之闕誤者。金冒兩君。惠我爲不淺矣。既又從姻戚張文伯孝廉之綱許。段得陽湖楊君葆彝經說校注。亦閒有可取。因與張解。幷刪簡補錄入冊。凡余舊說。與兩家有闇合者。皆改從之。蓋深喜一得之愚。與前賢冥符遙契。固不敢攘善也。竊謂先秦古子。誼恉深遠。如登岳觀海。莫能窮其涯涘。畢王張蘇諸家。於此書研校。亦良勤矣。然其偶有不照。爲後人所匡正者。不可僂指數。余幸生諸賢之後。得據彼成說。以推其未竟之緒。然此書甫成。已有旋覺其誤者。則其不自覺而待補正於後人。殆必有倍蓰於是者。其敢侈然以自足邪。甲辰春。取舊寫別冊。散入各卷。增定爲此本。幷識之。以見疏陋之咎。無可自掩。且以睎望於後之能校讀是書者。光緒丁未四月。籀廎居士書。

墨子目錄一卷

道藏本及明鈔本刻本並無目錄此畢氏所定依意林爲第十六卷今從隋志別爲一卷

畢沅云。按舊本皆無目。隋書經籍志云。墨子十五卷目一卷。馬總意林云。墨子十六卷。詒讓案馬本梁庾仲容子鈔見高似孫子略　則是古本有目也。考漢書藝文志云。墨子七十一篇。高誘注呂氏春秋云。七十二篇。疑當時亦以目爲一篇耳。藏本云闕者八篇。而有其目。節用下節葬上中明鬼上中非樂中下非儒上是也。當是宋本如此。而館閣書目云。自親士至雜守爲六十一篇。亡九篇。恐是八篇爲九。又七十一篇亡其九。當存六十二而云六十一亦二之譌也。其十篇者。藏本幷無目。亦當是宋時亡之。然則宋時所存實止五十三篇耳。詒讓案荀子修身篇楊注云墨子著書三十五篇疑當作五十三篇或唐中葉以後此書即有闕佚篇數已與今本同也　然詩正義引備衡篇則尙存其目。而不知列在第幾。太平御覽引有備衡法。正在此篇。則宋初尙多存與。詒讓案御覽多本古類書不足證北宋時此書尙有完本也 南宋人所見十三篇。一本樂臺會注之。卽自親士至上同是。而潛谿諸子辯云。上卷七篇。號曰經。下卷六篇。號曰論。共十三篇。詒讓案此節中興館閣書目所載別本書錄解題亦箸錄黃氏日鈔諸子云墨子之書凡二其後以論稱者多衍復其前以經稱者善文法又與師道戰國策校注五引兼愛中篇楚靈王好士細腰數語云今按墨子三卷中無此文三卷者別本也古墨子篇數不止此是陳直齋黃東發與正傳所見墨子皆止十三篇本也 又有可疑。夫墨子自有經上下經說上下在十三篇之後。此所謂經。乃親士修身所染法儀七患辭過三辯七篇。與下尙賢尙同各三篇文例不異。似無經論之別。未知此說何据。以意求之。或以經上下經說上下。及親士修身六篇爲經。詒讓案南宋別本不如是畢說非 其說或近。以無子墨子云云故也。詒讓案此說亦非詳親士篇 然古人亦未言之。至樂臺所注。見鄭樵通志藝文略。而焦竑國史經籍考亦載之。似至明尙存。詒讓案鄭樵二志多存虛目不足據 卒亦不傳何也。若錢曾云。藏會稽鈕氏世學樓本共十五卷七十一篇。內亡節用等九篇者。實卽今五十三篇之本。內著闕字者八篇。錢不深核耳。

洪頤煊云。墨子今本十五卷。自親士至雜守凡七十一篇。內闕有題八篇無題十篇。據陳振孫書錄解題稱漢志七十一篇。館閣書目有十五卷六十一篇者。多訛脫不相聯屬。是無題十篇。宋本已闕。有題八篇。闕

文在宋本已後。讀書叢錄　詒讓案道藏本即從宋本出有題八篇宋本蓋已闕洪說未塙

墨子閒詁卷一

瑞安孫詒讓

親士第一

畢沅云衆經音義云倉頡篇曰親愛也近也說文解字云士从一从十孔子曰推十合一爲士玉篇云傳曰通古今辯然不謂之士此與修身篇無稱子墨子云疑翟所著也案畢說未塙此書文多闕失或稱子墨子曰或否疑多非古本之舊未可據以定爲墨子所自著之書也又此篇所論大抵尙賢篇之餘義亦似不當爲第一篇後人因其持論尙正與儒言相近遂舉以冠首耳以馬總意林所引校之則唐以前本已如是矣

入國而不存其士。則亡國矣。說文子部云存恤問也 見賢而不急。則緩其君矣。非賢無急。非士無與慮國。說文思部云慮謀思也 緩賢忘士。而能以其國存者。未曾有也。昔者文公出走而正天下。畢云正讀如征王念孫云畢讀非也爾雅云正長也晉文爲諸侯盟主故曰正天下與下霸諸侯對文又廣雅正君也尙賢篇曰堯舜禹湯文武之所以王天下正諸侯者凡墨子書言正天下正諸侯者非訓爲長卽訓爲君皆非征伐之謂案王說是也呂氏春秋順民篇云湯克夏而正天下高誘注云正治也亦非 桓公去國而霸諸侯。越王句踐遇吳王之醜。蘇時學云醜猶恥也詒讓案呂氏春秋不侵篇欲醜之以辭高注云醜或作恥 而尙攝中國之賢君。畢云尙與上通攝合也謂合諸侯郭璞注爾雅云聶合攝同聶案畢說未允攝當與懾通左襄十一年傳云武震以攝威之韓詩外傳云上攝萬乘下不敢敖乎匹夫此義與彼同謂越王之威足以懾中國賢君也 三子之能達名成功於天下也。皆於其國抑而大醜也。畢云猶曰安其大醜廣雅云抑安也兪樾云抑之言屈抑也抑而大醜與達名成功相對言於其國則抑而大醜於天下則達名成功正見其由屈抑而達下文所謂敗而有以成也畢注於文義未得案兪說是也 太上無敗。畢云李善文選注云河上公注老子云太上謂太古無名之君也案太上對其次爲文謂等之最居上者不論時代今古也畢引老子注義與此不相當 其次敗而有以成。此之謂用民。言以親士故能用其民也 吾聞之曰。非無安居也。我無安心也。非無足財也。我無足心也。畢云言不肎苟安如好利之不知足 是故君子自難而易彼。畢云言自處於難卽躬自厚而薄責人之義 衆人自易而難彼。君子進不敗其志。內究其情。內下畢增不字云舊脫此字据上文增疚究同猶云內省不疚俞云內當作㕯即退字也進不敗其志退究其情正相對成文所謂大行不加窮居不損也因退從或體作㕯又闕壞而作內畢氏遂據上句增入不字殊失其旨案俞說近是雖雜庸民。終無怨心。畢云言遺佚不怨彼有自信者也。是故爲其所難者，必得其所欲焉。未聞爲其所欲，而免其所惡者也。是故偪臣傷君。國語周語韋昭注云偪迫也偪臣謂貴臣權重迫君然此與諂下同舉而對弗弗之臣爲文則不當云臣偪偪疑佞之譌諂下傷上。畢云言佞人病國與偪臣同君必有弗弗之臣。弗讀爲咈說文口部云咈違也上必有詻詻之下。廣雅釋訓云詻詻語也周禮保氏鄭康成注云軍旅之容暨暨詻詻莊子人間世篇釋文引崔譔云逆擊曰詻案詻洪頤煊讀與譖同近是詳後畢云禮記云言容詻詻鄭君注云教令嚴也說文云詻訟也玉篇云魚格切分議者延延。而支苟者詻詻。畢云支苟二字疑誤洪頤煊云延延長也支苟當是致敬之譌詻詻與譖譖同言分議者皆延延以念久長而致敬者又譖譖以盡其誠即上文所謂上必有詻詻之下也蘇云支苟二字疑敬字之譌俞云支苟乃穡穖二字之叚音說文禾部穖穡穖也徐鍇曰穡穖不伸之意然則穡穖者詻詻殆謂在下位者或爲上所淩壓而不得申亦必詻詻然自伸其意而後已上文所謂上必有詻詻之下是也案洪讀苟爲敬字之譌是也而以支爲致則未塙俞說尤謬以文義推之支疑當爲交形近而譌經說上篇圜規寫交也今本交亦誤支是其證敬讀爲儆交儆謂交相儆戒也苟即儆之壞字國語楚語左史倚相見申公子亹曰唯子老耄故欲見以交儆子韋注云交夾也焉可以長生保國。王云焉字下屬爲句焉猶乃也言如是乃可以長生保國也臣下重其爵位而不言。近臣則喑。畢云當爲瘖說文云瘖不能言也喑宋齊謂兒泣不止曰喑非此義玉篇云瘖於深切不能言喑於金於甘二切啼極無聲也則作喑亦是詒讓案喑瘖字同尚賢下篇有瘖字晏子諫下篇云近臣嘿遠臣瘖又云朝居嚴則下無言下無言則上無聞矣下無言則吾謂之瘖上無聞則吾謂之聾說苑正諫篇晏子云下無言則謂之喑喑即瘖也又穀梁文九年傳云下闇則上聾闇與喑瘖字亦通遠臣則唫。范望太玄經注云唫猶噏也亦與吟同文選蘇子卿古詩李善注引倉頡篇云吟歎也漢書息夫躬傳顏師古注云唫古吟字畢云與噤音義同史記蒯通曰吟而不言索隱云吟音戶蔭反又音琴怨結於民心。蘇云喑唫心爲韻諂諛在側。善議障塞。蘇云側塞亦爲韻則國危矣。桀紂不以其無天下之士邪。殺其身而喪天下。故曰歸國寶。畢云歸讀如齊人歸女樂之歸不若獻賢而進士。今有五錐。說文金部云錐銳也釋名釋用器云錐利也此其銛。畢云史記集解云徐廣曰思廉反騆案漢書音義曰銛謂利銛者必先挫。有五刀。此其錯。廣雅釋詁云錯磨也畢云言磨錯之利錯者必先靡。礳之叚字今省作磨謂錯磨也畢云挫靡爲韻靡字麻聲是以甘井近竭。招木近伐。畢云招與喬音相近竭伐爲韻案畢說是也經說下篇橋衡之橋亦作招可證靈龜近灼。神蛇近暴。畢云灼暴爲韻俞云四近字皆先字之誤上文曰今有五錐此其銛銛者必先挫有五刀此其錯錯者必先靡然則甘井四喻正承上文而言亦必是先字明矣先篆書作先近字古文作岸篆書作岸兩形相似而誤案俞說是也意林引此二句近正作先莊子山木篇亦云直木先伐甘井先竭暴蛇者蓋以求雨淮南子齊俗訓云犧牛粹毛宜於廟牲其於以致雨不若黑蜧許愼注云黑蜧神蛇也潛于神淵能興雲雨春秋繁露求雨篇云春旱求雨暴巫聚蛇是故比干之殪。其抗也。抗亢聲類同莊子刻意篇云刻意尚行離世異俗高論怨誹爲亢而已矣釋文李頤云窮高曰亢蘇云抗猶抗直孟賁之殺。其勇也。孟子公孫丑篇僞孫奭疏引皇甫謐帝王世紀云秦武王好多力之人齊孟賁之徒並歸焉孟賁生拔牛角史記范雎傳集解引許愼漢書東方朔傳顏師古注並云孟賁衞人案依世紀說則賁在墨子後此文蓋後人所增竄西施之沈。其美也。蘇云案吳越春秋逸篇云吳亡後越浮西施於江令隨鴟夷以終其言與此合是吳亡西施亦死也墨子書記當時事必有據後世乃有五湖隨范蠡之說誣矣詒讓案吳越春秋逸文見楊愼丹鉛錄引修文殿御覽吳起之裂。其事也。淮南子繆稱訓云吳起刻削而車裂亦見氾論訓及韓詩外傳一呂氏春秋執一篇高注史記本傳不云車裂蓋文不具畢云謂事功蘇云墨子嘗見楚惠王而吳起之死當悼王二十一年上距惠王之卒已五十一年疑墨子不及見此事此蓋門弟子之詞也汪中說同案魯問篇墨子及見田齊大公和和受命爲諸侯當楚悼王十六年距起之死僅五年耳況非樂上篇說齊康公與樂萬康公之薨復在起死後二年然則此書雖多後人增益而吳起之死非墨子所不及見明矣蘇說考之未審故彼人者。寡不死其所長。故曰太盛難守也。故雖有賢君。不愛無功之臣。雖有慈父。不愛無益之子。是故不勝其任而處其位。非此位之人也。不勝其爵而處其祿。非此祿之主也。良弓難張。然可以及高入深。良馬難乘。然可以任重致遠。良才難令。然可以致君見尊。是故江河不惡小谷之滿已也。說文谷部云泉出通川爲谷爾雅釋水云水注川曰谿注谿曰谷故能大。聖人者。事無辭也。物無違也。故能爲天下器。是故江河之水。非一源之水也。畢本作非一水之源也云舊云非一源也據初學記江引此增二字袁引此與舊同藝文類聚引作非一水之源北堂書鈔引作非一源之水古無源字本書脩身云原濁者流不清只作原此類俗寫亂之非舊文也王云此本作江河之水非一源之水也今本脫之水二字而一源二字則不誤北堂書鈔衣冠部三初學記器物部引此並作非一源之水初學記地部中引作非一源之流流字雖誤而一源二字仍與今本同畢謂初學記作一水之源誤也太平御覽服章部十一引作江河之水非一源千鎰之裘非一狐皆節去下二字而一源二字亦與今本同其藝文類聚衣冠部引作非一水之源者傳寫誤耳案王說是也今據補正千鎰之裘。畢云鎰从金俗寫本書貴義云待女以千益只作益文選注云賈逵國語注曰一溢二十四兩漢書食貨志云黃金以溢為名孟康曰二十四為溢也案貴義篇本作千盆非益字畢誤非一狐之白也。玉藻云君衣狐白裘淮南子說山訓云天下無粹白之狐而有粹白之裘掇之衆白也晏子春秋外篇云景公賜晏子狐白之裘玄豹之茈其貲千金漢書匡衡傳顏注云狐白謂狐腋下之皮其毛純白集以為裘輕柔難得故貴也夫惡有同方取不取同而已者乎。畢云惡讀如烏言聖人之與士同方相合猶江河同源相得烏有不取諸此而自止者俞云取不二字傳寫誤倒而字當在取同二字之上已當為人已之已此文本云夫惡有同方不取而取同已者乎同方謂同道也同已謂與已意同也聖人但取其與道同而不必其與已意同故曰夫惡有同方不取而取同已者乎傳寫錯誤遂不可取畢曲為之說非是案俞說近是蓋非兼王之道也。是故天地不昭昭。說文日部云昭日明也中庸鄭注云昭昭猶耿耿小明也大水不潦潦。畢云說文云潦雨大皃然此義與明瞭同老子云水至清則無魚也大火不燎燎。王德不堯堯者。畢云說文云堯高也从垚在兀上高遠也白虎通云堯猶嶢嶢至高之貌乃千人之長也。此與上云王德不相冡疑上句者字當為若若乃連讀為更端之詞下三語即承此言之其直如矢。其平如砥。不足以覆萬物。是故谿陝者速涸。說文谷部云谿山瀆無所通者𨸏部云陝隘也俗作陿狹非畢云說文云涸渴也讀若狐貈之貈逝淺者速竭。王引之云逝淺二字義不相屬逝當為遊俗書遊字作遊與逝相似而誤遊即流字也曲禮注士視得旁遊目五步之中釋文遊作游云斿音流流淺與谿陝對文俞云逝當讀為澨古字通也詩有杕之杜篇噬肯適我釋文曰噬韓詩作逝然則逝之通作澨猶逝之通作噬也成十五年左傳則決睢澨楚辭湘夫人篇夕濟兮三澨杜預王逸注並曰澨水涯澨淺與谿陝對文因叚逝為澨其義遂晦案王說近是墝埆者。畢云墝埆當為磽确磬石也見說文俗寫从土何休公羊學曰墝埆不生五穀其地不育。王者淳澤。不出宮中。淮南子齊俗訓高注云淳厚也則不能流國矣。

脩身第二

畢云脩治之字从彡从肉者脩脯字經典假借多用此

君子戰雖有陳。而勇為本焉。喪雖有禮。而哀為本焉。士雖有學。而行為本焉。俞云君子二字衍文也此蓋以戰雖有陳喪雖有禮二句起士雖有學一句若冠以君子二字則既言君子不必又言士矣馬總意林作君子雖有學行為本焉戰雖有陳勇為本焉喪雖有禮哀為本焉與今本不同然有君子字卽無士字亦可知今本既言君子又言士之誤矣士雖有學與君子雖有學文異而義同案說苑建本篇載孔子語與此略同君子似非衍文亦見家語六本篇

是故置本不安者無務豐末。置與植通詩商頌那置我鞉鼓鄭箋云置讀曰植方言云植立也俞云者衍字也下文近者不親無務來遠親戚不附無務外交事無終始無務多業舉物而闇無務博聞上句竝無者字是其證

近者不親無務求遠親戚不附。曲禮云兄弟親戚稱其慈也孔穎達疏云親指族內戚言族外案古多稱父母爲親戚辭兼愛下篇此則似通內外族姻言之與孔義同

無務外交事無終始無務多業。爾雅釋詁云業事也

舉物而闇無務博聞。是故先王之治天下也必察邇來遠君子察邇而邇脩者也見不脩行。畢讀句見毀。畢讀句而反之身者也此以怨省而行脩矣譖慝之言無入之耳。之畢本譌于今據道藏本正王校同畢云玉篇云慝他得切惡也經典多此字古只作匿王云譖慝卽讒慝僖二十八年左傳閒執讒慝之口是也讒與譖古字通故小雅巷伯篇取彼譖人緇衣注及後漢書馬援傳竝引作取彼讒人無入之耳言不聽讒慝之言也故下文曰雖有詆訐之民無所依矣

批扞之聲。廣雅釋詁云批擊也易林睽之賁云批捍之言我心不快批扞卽批捍也畢云說文云扞忮也玉篇云忓古安切又胡旦切擾也

無出之口殺傷人之孩。畢云當讀如根荄

無存之心雖有詆訐之民。畢云說文云詆訶也訐面相斥罪也玉篇云詆都禮切訐居謁切攻人之陰私也

無所依矣故君子力事日彊願欲日逾。逾當讀爲愉同聲叚借字此與力事日彊文相對禮記表記云君子莊敬日強安肆日偸鄭注云偸苟且也此義與彼正同

設壯日盛。畢云設壯疑作飾莊

君子之道也貧則見廉富則見義。畢云義字當爲羛說文云墨翟書義从弗則漢時本如此今書作義字皆俗改也王引之云弗于聲義均有未協弗當作茀茀古文我字與弗相似故譌作弗耳周晉姜鼎銘我字作茀是其明證蓋之從茀聲與義之從我聲一也說文我字下重文未載古文作茀故於此亦不知爲茀字之譌蓋鐘鼎古篆漢人亦不能偏識也

生則見愛死則見哀四行者不可虛假反之身者也。

藏於心者無以竭愛動於身者無以竭恭出於口者無以竭馴。馴猶雅馴史記五帝本紀云不雅馴張守節正義云馴訓也案馴訓字通周禮地官敍官鄭衆注云訓讀爲馴訓與爾雅釋訓義同謂出口者皆典雅之言

暢之四支。說文肉部云职體四职也或作肢支卽肢之省易坤文言云美在其中而暢於四支孔穎達疏云四支猶言手足

接之肌膚。小爾雅廣詁云接達也亦與挾通儀禮鄉射禮鄭注云古文挾皆作接俗作浹義竝同呂氏春秋諭威篇云其藏於民心捷於肌膚也深痛疾固高

注云捷養也案捷接字亦通高失其義華髮隳顛。道藏本顚作巔非後漢書邊讓傳李賢注云華髮白首也畢云隳字當爲墮詒讓案說文髟部云鬌髮墮也頁部云顚頂也墮與鬌通墮顚即禿頂新序雜事篇云齊宣王謂閭丘卬曰士亦華髮墮顚而後可用耳而猶弗舍者。其唯聖人乎。志不彊者智不達。言不信者行不果。畢云文選注云許君注淮南子云果成也據財不能以分人者。不足與友。守道不篤。徧物不博。俞云徧亦辯也儀禮鄉飲酒禮衆賓辯有脯醢燕禮大夫辯受酬少牢饋食禮辯擩于三豆今文辯皆作徧是辯與徧通用物言徧是非言辯文異而義同辯是非不察者。不足與游。本不固者末必幾。畢云廣雅云幾微也或禾字之假音說文云禾木之曲頭止不能上也王云爾雅幾危也言本不固其末必危也畢引廣雅幾微也已非塙詁又引說文以幾爲禾則失之愈遠矣雄而不脩者。畢云雄猶勇其後必惰。原濁者流不清。行不信者名必耗。畢云舊从耒非玉篇云秏可到切減也敗也詩云秏斁下土又云耗正作秏名不徒生。而譽不自長。功成名遂。名譽不可虛假。反之身者也。務言而緩行。雖辯必不聽。多力而伐功。雖勞必不圖。蘇云圖謀也春秋傳曰勞之不圖報于何有慧者心辯而不繁說。多力而不伐功。此以名譽揚天下。言無務爲多而務爲智。無務爲文而務爲察。故彼智無察。畢云彼當爲非在身而情。當爲惰形近而誤上云雄而不脩者其後必惰反其路者也。路當爲務即冢上務爲智務爲察而言謂違反其所當務之事明鬼下篇云今執無鬼者曰鬼神者固無有則此反聖王之務此義與彼同畢讀在身而情反其路者也九字句云言非智無察則所欲反其道說文云情人之陰氣有欲者失之善無主於心者不留。行莫辯於身者不立。名不可簡而成也。譽不可巧而立也。君子以身戴行者也。戴載古通春秋隱十年經伐戴穀梁作伐載釋名釋姿容云戴載也思利尋焉。儀禮有司徹賈公彥疏引服虔左傳注云尋之言重也溫也畢云尋習忘名忽焉。可以爲士於天下者。未嘗有也。

所染第三

畢云呂氏春秋有當染篇文略同蘇云篇中言中山尙宋康皆墨子後事而禽子爲墨子弟子至與傅說並稱此必非墨子之言蓋亦出於門弟子汪中云宋康之滅在楚惠王卒

後一百五十七年墨子蓋嘗見染絲者而歎之爲墨之學者增成其說耳案此篇固不出墨子但中山尙疑卽桓公時代正與墨子相及蘇說未審

子墨子言見染絲者而歎曰。言字疑衍公羊隱十一年何休注云稱子冠氏上者著其爲師也其不冠子者他師列子天瑞篇張注云載子於姓上者首章是弟子之所記故也染於蒼則蒼。廣雅釋器云蒼青也染於黃則黃。韓詩外傳云藍有青而絲假之青於藍地有黃而絲假之黃於地淮南子說林訓云墨子見練絲而泣之爲其可以黃可以黑所入者變其色亦變。五入必。考工記鍾氏染羽三入爲纁五入爲緅七入爲緇鄭注云玄其六入者與爾雅釋器云一染謂之縓再染謂之頳三染謂之纁必讀爲畢左隱元年傳同軌畢至白虎通義崩薨篇引畢作必是其證言五入畢而爲五色也高誘云一入一色畢云一本無必字而已則爲五色矣。畢云呂氏春秋無則字後漢書注引作五入之則爲五色太平御覽引作五入則爲五色故染不可不慎也。治要作可不愼耶非獨染絲然也。國亦有染。畢云太平御覽吳㪅事類賦俱作治國亦然有節文舜染於許由高誘云許由陽城人堯聘之不至伯陽。畢云高誘注呂氏春秋云伯陽蓋老子也舜時師之者也楊倞注荀子云老子姓李字伯陽號聃著書五千言案此云舜染則非聃也詒讓案呂氏春秋本味篇云堯舜得伯陽續耳然後成注云伯陽續耳皆賢人堯用之以成功也御覽八十一引尸子云舜事親養老爲天下法其遊也得六人曰雒陶方回續耳伯陽東不識秦不空皆一國之賢者也陶潛聖賢羣輔錄引皇甫謐逸士傳舜友七子亦有伯陽韓非子說疑篇作晉伯陽漢書古今人表作柏陽北堂書鈔四十九引尸子作柏陽此伯陽自是舜時賢人高以爲老子繆禹染於皐陶伯益。湯染於伊尹仲虺。高誘云仲虺居薛爲湯之左相武王染於太公周公。此四王者所染當。高誘云所從染得其人故曰當故王天下立爲天子功名蔽天地。高誘云蔽猶極也舉天下之仁義顯人必稱此四王者。高誘云稱美其德以爲喻也夏桀染於干辛畢云呂氏春秋云夏桀染於羊辛又愼大云桀爲無道干辛任威陵轢諸侯以及兆民高誘曰干辛桀之諛臣說苑云桀用干莘班固古今人表云干辛崇侯與之爲惡則行表又作干莘同說苑詒讓案呂氏春秋知度篇云桀用羊辛漢書顏注云干莘桀之勇人也抱朴子良規篇亦作干辛推哆。畢云本書明鬼云王手禽推哆大戲下又云推哆大戲主別兕虎指畫殺人古今人表作雅侈詒讓案推哆晏子春秋諫上篇賈子新書連語篇作推侈韓非子疑篇又作侯侈淮南子主術訓又作推移惟抱朴子良規篇作推哆與此同殷紂染於崇侯惡來。高誘云崇國侯爵名虎惡來嬴姓飛廉之子紂之諛臣史記秦本紀云飛廉生惡來惡來有力飛廉善走父子俱以材力事殷紂周武王之伐紂並殺惡來厲王染於厲公長父。治要作文誤畢云呂氏春秋厲作虢注云虢榮二卿士洪云案荀子成相篇楊倞注引墨子作蠇公長父呂氏春秋當染篇厲王染於虢公長父𧍗卽虢字之譌今本作厲字又後人所改蘇云厲公虢君謚詒讓案荀子成相篇云孰公長父之難厲王流于彘楊注引此云蠣公與孰公不同不知孰是或曰孰公長父卽詩云皇父也孰或作郭案荀子別本作郭與呂覽合是也虢郭古通洪以蠣爲虢之譌亦近是蘇以厲爲虢公謚未塙竹書紀年厲王三年淮夷侵洛王命虢公長父伐之不克後漢書東夷傳作虢仲今本紀年出于攈拾未知足據否**榮夷終。**呂氏春秋當染同國語周語厲王說榮夷公爲卿士韋注云榮國名夷謚也書敘有榮伯史記周本紀集解引馬融云榮伯周同姓畿內諸侯爲卿大夫也夷公蓋榮伯之後畢云終一本作公史記厲王好利近榮夷公蘇云終或榮夷公名**幽王染於傅公夷**治要作幾蘇云傅公夷無考國語惠王時有傅氏注曰傅氏貍姓也在周爲傅氏**蔡公穀。**畢云蔡一本作祭呂氏春秋作虢公鼓祭公敦詒讓案高誘謂虢公鼓卽虢石父見國語晉語鄭語未知是否蘇云蔡公穀呂覽作祭公敦竊謂當從呂覽作祭公爲是祭爲周畿內國周公少子所封自文公謀父以下世爲卿士於周隱元年所書祭伯來者卽其後也若蔡當幽王時唯有釐侯所專不聞更有名穀者案蘇說是也**此四王者。所染不當。故國殘身死。爲天下僇。**高誘云不當者不得其人僇辱也僇治要作戮畢云此戮字假音**舉天下不義辱人。必稱此四王者。**舊本稱下挩此字今據道藏本補與上文及治要合呂氏春秋當染亦同高誘云稱其惡以爲戒也**齊桓染於管仲鮑叔。晉文染於舅犯高偃。**齊桓晉文下治要並有公字畢云未詳呂氏春秋高作郤疑當爲郤晉有郤氏王云高當爲章章卽城郭之郭形與高相近因譌爲高賈子過秦篇據億丈之章今本章譌作高墨子多古字後人不識故傳寫多誤耳左傳晉大夫卜偃晉語作郭偃韋注曰郭偃晉大夫卜偃也商子更法篇韓子南面篇並與晉語同呂氏春秋作郤偃郤卽郭之譌非郤氏之郤也太平御覽治道部一引呂氏春秋正作郭偃梁玉繩云高與郭聲之轉也俞云高亦可讀如郭詩緜篇毛傳曰王之郭門曰皋門郭偃之爲高偃猶郭門之爲皋門也**楚莊染於孫叔**左宣十一年傳楚令尹蔿艾獵城沂孔穎達疏引服虔云艾獵蔿賈之子孫叔敖也洪适隸釋漢孫叔敖碑云呂氏春秋諱饒字叔敖不知何據**沈尹。**畢云楚相孫君作沈尹蒸又贊能有沈尹莖楚莊王欲以爲令尹沈尹莖辭曰期思之鄙人有孫叔敖者聖人也又尊師云楚莊師孫叔敖沈申巫高誘曰沈縣大夫新序作沈尹竺案申尹莖巫竺皆字之誤李惇云宣十二年左傳邲之戰孫叔敖令尹也而將中軍者爲沈尹注云沈或作寑寑縣也韓詩外傳所載楚樊姬事與淮南子新序正同但淮南新序並曰虞邱子惟外傳則曰沈令尹乃知沈尹卽虞邱子令尹者其官沈者其氏或食邑也案李說是也沈尹莖呂氏春秋察傳篇又作沈尹筮字形並相近未知孰爲正也至余知古渚宮舊事作沈尹華以呂氏春秋去宥篇考之乃楚威王臣蓋誤幷爲一也**吳闔閭染於伍員**闔呂氏春秋當染篇作廬左昭二十七年傳史記吳世家同此及後非攻中篇並作闔與史記十二諸侯年表淮南子泰族訓吳越春秋同**文義。**當染作文之儀畢云呂氏春秋尊師云吳王闔閭師伍子胥文之儀高誘曰文氏之儀名案彼有之字者如庾公差孟子云之斯專諸史記云設諸音之緩急**越句踐染於范蠡**高誘云范蠡楚三戶人也字少伯**大夫種。**畢云高誘注呂氏春秋云大夫種文氏字子禽楚之鄒人詒讓案文選豪士賦序李注引吳越春秋云文種者楚南郢人也姓文字少禽太平寰宇記說同呂覽注鄒卽郢之譌

此五君者所染當。舊挩者字今據治要增與呂氏春秋合故霸諸侯，功名傳於後世。治要無功字

范吉射染於長柳朔王胜。治要長作張畢云呂氏春秋長作張胜作生字高誘注云吉射晉范獻子鞅之子昭子也張柳朔王生二人者吉射家臣也詒讓案左哀五年傳初范氏之臣王生惡張柳朔言諸昭子使爲柏人此長柳朔王胜卽張柳朔王生呂覽與左傳同長柳古複姓漢書藝文志有長柳占夢但據左傳則朔生乃范氏之賢臣朔并死范氏之難與此書異或所聞不同

中行寅染於籍秦高彊。畢云呂氏春秋作黃籍秦非高誘注云寅晉大夫中行穆子之子荀子也黃籍秦高彊其家臣高彊齊子尾之子奔晉爲中行氏之臣史記索隱云系本籍秦晉大夫籍游之孫籍談之子詒讓案呂覽注荀子當作荀文子卽寅諡也見定八年左傳

吳夫差染於王孫雒雒畢校改雄云舊誤作雒盧文弨云今外傳吳語王孫雄舊宋本作王孫雒墨子所染篇同吳越春秋夫差內傳句踐伐吳外傳越絕請糴內傳皆作王孫駱說苑雜言篇作公孫雒唯呂氏春秋當染篇作王孫雄史記越世家作公孫雄宋公序作國語補音定作雄字且爲之說曰漢改洛爲雒疑雒字非吳人所名今按宋說殊誤周禮職方氏豫州其川熒雒春秋文八年經書公子遂會雒戎傳作伊雒之戎宣三年傳楚子伐陸渾之戎遂至于雒是漢以前本有雒字豈東京創製此字乎以駱字證之則雒字是矣顧廣圻校同王云盧說是也隸書雄字或作雄與雒相似故雒譌爲雄困學紀聞左氏類引國語呂氏春秋並作雒韓子說疑篇有吳王孫頟頟卽雒之譌則其字之本作雒益明矣

太宰嚭。定四年左傳云伯州犂之孫嚭爲吳太宰畢云高誘注呂氏春秋云嚭晉伯宗之孫楚州犂之子詒讓案嚭爲伯州犂孫史記吳世家越絕書吳越春秋杜預春秋釋例說並同唯高誘呂氏春秋當染重言兩篇注以爲州犂之子誤也國語吳語韋注誤與高同

智伯搖染於智國張武。畢云搖一本作瑤詒讓案呂氏春秋當染亦作瑤高誘注云智瑤宣子申之子襄子也國武二人其家臣國語晉語云三卿宴於藍臺知襄子戲韓康子而侮段規知伯國聞之諫曰主不備難必至矣韋注云伯國晉大夫知氏之族左哀二十三年傳晉荀瑤伐齊將戰長武子請卜杜注云武子晉大夫案知國張武蓋卽知伯國長武子也長張字通淮南子人閒訓云張武教智伯奪韓魏之地而擒於晉陽

中山尚染於魏義偃長。畢云偃呂氏春秋作檿高誘注云尙魏公子牟之後魏得中山以邑之義長其二臣蘇云中山爲魏之別封非春秋時之鮮虞也魏文侯滅中山而封其少子摯至赧王二十年爲趙靈王武所滅其君有武公桓公見世本此名尙者當爲最後之君案中山卽春秋之鮮虞左傳定四年始見於傳其初亡於魏文侯十七年使樂羊圍中山三年滅之以其地封子擊後擊立爲太子改封次子摯後中山復國又亡於趙則惠文王四年滅之並見史記魏趙世家及樂毅傳據水經滱水酈道元注及太平御覽百六十一引十三州志並謂中山桓公爲魏所滅則尙或卽桓公墨子猶及見之高蘇以爲魏別封非也至列子仲尼篇莊子讓王篇呂氏春秋審爲篇淮南子道應訓並云魏中山公子牟高誘張湛皆謂魏伐中山以邑子牟然魏牟與趙平原君秦魏冉范雎同時其時中山入趙已久安得尙屬魏則牟所封必非鮮虞之中山而尙亦必非牟後殆無疑義張湛又以

子牟爲魏文侯子蓋掘牟與摯爲一人其說尤謬則楊倞已疑之矣畢引高說而不審校其時代亦其疏也 宋康染於唐鞅佃不禮。佃道藏本作佃非畢云呂氏春秋佃作田是禮作禋誤詒讓案宋王偃爲齊湣王所滅諡康見國策宋策呂氏春秋作宋康王荀子王霸篇又作宋獻佃不禮荀子解蔽篇楊注引亦作田不禮漢書古今人表有田不禮則似據趙世家也呂氏春秋淫辭篇云宋王謂其相唐鞅曰寡人所殺戮者衆矣而羣臣愈不畏其故何也唐鞅對曰王之所罪盡不善者也罪不善善者故爲不畏王欲羣臣之畏也不若無辨其善與不善而時罪之若此則羣臣畏矣居無幾何宋君殺唐鞅荀子解蔽篇亦云唐鞅蔽於欲權而逐載子又云唐鞅戮於宋皆其事也史記趙世家載趙主父使田不禮相太子章後爲李兌所殺事當宋康之末年或即一人先仕宋而後仕趙與蘇云宋康之亡當楚頃襄王十一年上去楚惠王之卒一百四十三年此不獨與墨子時世不值且與中山之亡相距止數年而皆在孟子之後孟子言方千里者九則中山未亡言宋王行仁政則宋亦未亡若此書爲墨子自著則墨子時世更在孟子之後不知孟子之闢墨子正在墨學方盛之時其必不然也審矣 此六君者。所染不當。故國家殘亡。畢云家呂氏春秋作皆 身爲刑戮。宗廟破滅。絕無後類。荀子禮論篇云先祖者類之本也楊注云類種也逸周書嘗麥篇云殷無類於冀州 君臣離散。民人流亡。舉天下之貪暴苛擾者。畢云擾擾字之譌經典通用此 必稱此六君也。凡君之所以安者。何也。以其行理也。廣雅釋詁云理道也 行理性於染當。畢云性當爲生一本作在誤詒讓案治要及呂氏春秋並作生 故善爲君者。勞於論人。高誘云論猶擇也 而佚於治官。佚治要作逸 不能爲君者。傷形費神。愁心勞意。然國逾危。身逾辱。逾治要並作愈呂氏春秋當染同高誘云愈益也 此六君者。非不重其國。愛其身也。以不知要故也。高誘云不知所行之要約也 不知要者。所染不當也。高誘云所從染不得其人也 非獨國有染也。士亦有染。以後至篇末與呂氏春秋當染篇文絕異 其友皆好仁義。湻謹畏令。則家日益。身日安。名日榮。處官得其理矣。畢云理猶治詒讓案理亦道也 則段干木。畢云呂氏春秋云田子方學于子貢段干木學于子夏詒讓案呂覽尊師篇又云段干木晉國之大駔也學于子夏史記老子傳集解云段干是魏邑名也魏世家有段干木本蓋因邑爲姓風俗通氏姓注云姓段名干木恐或失之矣 禽子。詳公輸篇畢云呂氏春秋云禽滑釐學于墨子許犯學于禽滑釐此稱禽子則墨子門人小子之文矣 傅說之徒。傅說見尚賢中篇此與段干木禽子並舉似不類疑後人所增竄也 是也。其友皆好矜奮。荀子正名篇云有兼聽之明而無奮矜之容又子道篇楊注云奮振矜也 創作比周。左文十八年傳云頑嚚不友是與比周杜注云比近也周密也則家日損。身日危。名日辱。處官失其理矣。則子西易牙豎刀之徒是也。蘇云春秋時子西有三一爲鄭公孫夏一爲楚公子申茲所舉蓋鬭宜申也畢云經傳或作豎貂此作刀者貂省文舊作刁非玉篇云刀丁幺切亦姓俗作刁案論語憲問篇或問子西曰彼哉彼哉集解馬融云子西鄭大夫或曰楚令尹子西此子西或亦斥楚公子申蘇說未塙易牙豎刀竝見公羊僖十八年傳左僖二年傳作寺人貂杜注云寺人奄官豎貂也貂刀字通詩曰。必擇所堪。畢云堪當爲媅字假音王云媅訓爲樂與染義無涉堪當讀爲湛湛與漸漬之漸同說文作瀸云漬也月令湛熾必絜鄭注曰湛漬也內則說八珍之漬云湛諸美酒注曰湛亦漬也考工記鍾氏以朱湛丹秫注曰鄭司農云湛漬也玄謂湛讀如漸車帷裳之漸是湛與漸同湛漬皆染也楚辭七諫曰漸染而不自知兮王注曰稍漬爲漸汙變爲染考工記鍾氏注曰漬亦染也必擇所湛猶云必擇所染耳荀子勸學篇曰蘭槐之根是爲芷其漸之滫中君子不近庶人不服其質非不美也所漸者然也晏子春秋雜篇曰今夫蘭本三年而成湛之苦酒則君子不近庶人不佩湛之麋醢而賈匹馬矣非蘭本美也所湛然也願子之必求所湛說苑雜言篇曰今夫蘭本三年湛之以鹿醢既成則易以匹馬非蘭本美也願子詳其所湛既得所湛亦求所湛義並與墨子同案王說是也蘇云此蓋逸詩必謹所堪者。此之謂也。

法儀第四

畢云法說文云灋刑也平之如水从水廌所以觸不直者去之法今文省此借爲法度之義儀義如渾天儀之儀說文云檥榦也儀與檥相近音又說文云儀度也亦通詒讓案爾雅釋詁云儀榦也與說文檥說解同管子形勢解篇云法度者萬民之儀表也此篇所論蓋天志之餘義

子墨子曰。天下從事者。不可以無法儀。無法儀而其事能成者無有也。舊本挩今據羣書治要增雖至士之爲將相者。皆有法。雖至百工從事者。亦皆有法。百工爲方以矩。爲圓以規。直以繩。正以縣。畢云此縣挂正字詒讓案考工記輿人云圜者中規方者中矩立者中縣衡者中水莊子馬蹄篇云匠人曰我善治木曲者中鉤直者應繩卽此義無巧工不巧工。皆以此五者爲法。俞云五當作四上文百工爲方以矩爲圓以規直以繩正以縣並無五者詒讓案以考工記校之疑上文或當有平以水三字蓋本有五者而挩其一與巧者能中之。畢云史記索隱云倉頡篇云中得也不巧者雖不能中。放依以從事。畢云說文云仿相似也放與仿同猶逾已。畢云猶勝于己故百工從事。皆有法所度。治要無所字下同今大者治天下。其次治大國。而無法所度。此不若百工辯也。（畢云說文云辯治也）然則奚以爲治法而可。當皆法其父母奚若。（當與嘗通嘗試也辭天志下篇王引之云當並與儻同畢云奚若與何如同）天下之爲父母者衆。而仁者寡。若皆法其父母。此法不仁也。法不仁不可以爲法。當皆法其學奚若。（學謂師也）天下之爲學者衆。而仁者寡。若皆法其學。此法不仁也。法不仁不可以爲法。當皆法其君奚若。天下之爲君者衆。而仁者寡。若皆法其君。此法不仁也。法不仁不可以爲法。故父母學君三者。莫可以爲治法。（下舊有而可二字王云既言莫可以爲治法則不當更有而可二字此涉下句而衍案王說是也今據刪）然則奚以爲治法而可。故曰莫若法天。天之行廣而無私。其施厚而不德。（治要作息）其明久而不衰。故聖王法之。既以天爲法。動作有爲。必度於天。天之所欲則爲之。天所不欲則止。然而天何欲何惡者也。天必欲人之相愛相利。而不欲人之相惡相賊也。奚以知天之欲人之相愛相利。而不欲人之相惡相賊也。以其兼而愛之。兼而利之也。奚以知天兼而愛之。兼而利之也。（治要知天下有之字）以其兼而有之。兼而食之也。今天下無大小國。（大小治要作小大）皆天之邑也。人無幼長貴賤。皆天之臣也。此以莫不犓羊。（畢云當云牛羊）豢犬豬。（畢云說文云犓以芻莖養牛也豢以穀圈養豕也玉篇云犓則俱切今作芻陸德明莊子音義云司馬云牛羊曰芻犬豕曰豢蘇云案犓乃芻牛兩字而誤合爲一者文當云芻牛羊）絜爲酒醴粢盛。（畢云㓗字正作絜說文云粢稷也粢稻餅也然則粢盛之字作齍）以敬事天。此不爲兼而有之。兼而食之邪。天苟兼而有食之。夫奚說以不欲人之相愛相利也。故曰。愛人利人者。天必福之。惡人賊人者。天必禍之。曰殺不辜者。得不祥焉。夫奚說人爲其相殺而天與禍乎。是以知天欲人相愛相利。舊本無知字治要同王云是以下有知字而今本挩之則文義不明上文曰奚以知天之欲人之相愛相利而不欲人之相惡相賊也奚以知正與是以知相應案王說是也今據增 而不欲人相惡相賊也。昔之聖王禹湯文武。兼愛天下之百姓。畢云舊挩愛字以意增 率以尊天事鬼。其利人多。故天福之。使立爲天子。天下諸侯皆賓事之。廣雅釋詁云賓敬也 暴王桀紂幽厲。兼惡天下之百姓。率以詬天侮鬼。廣雅釋詁云詬罵也左昭十三年傳楚靈王投龜詬天而呼釋文云詬詈辱也 其賊人多。其賊舊本作賊其俞云按當作其賊人多與上文其利人多故天福之相對案俞校是也今據乙 故天禍之。使遂失其國家。遂與隊通易震遂泥釋文云遂荀本作隊俗作墜義同淮南子天文訓高注云隊隕也 身死爲僇於天下。僇治要作戮大學辟則爲天下僇矣孔穎達疏云僇謂刑僇也荀子非相篇云爲天下大僇楊注云僇與戮同 後世子孫毀之。至今不息。故爲不善以得禍者。桀紂幽厲是也。愛人利人以得福者。禹湯文武是也。愛人利人以得福者有矣。惡人賊人以得禍者亦有矣。

七患第五 以下二篇所論皆節用之餘義

子墨子曰。國有七患。七患者何。城郭溝池不可守。而治宮室。一患也。邊國至境。畢云當爲竟本書耕柱云楚四竟之田只作竟洪云邊當是適字之譌古敵字多作適言敵國至境而四鄰莫救故可患也 四鄰莫救。二患也。先盡民力無用之功。賞賜無能之人。民力盡於無用。財寶虛於待客。三患也。仕者持祿。游者愛佼。舊本持譌待愛佼譌憂反羣書治要引待作持反作佼王云待當爲持憂反當爲愛交呂氏春秋愼大篇注持猶守也言仕者守其祿游者愛其交皆爲己而不爲國家也管子明法篇曰小臣持祿養交不以官爲事晏子春秋問篇曰士者持祿游者養交養交與愛交同意今本持作待愛交作憂反則義不可通逸周書大開篇禱無愛玉今本愛譌作憂隸書交字或作友與反相似而譌俞云王說是也然以憂爲愛字之誤恐未必然古書多言持祿養交是言持祿愛交者且持養二字同義荀子勸學篇除其害者以持養之榮辱篇以相羣居以相持養議兵篇高爵豐祿以持養之呂氏春秋長見篇申侯伯善持養吾意並以持養連文墨子天志篇亦云持養其萬民然則此文旣云持祿必云養交不當云愛交也墨子原文蓋本作急交急卽養之叚字古同聲通用後人不達叚借之旨改其字作憂而墨子原文不可復見矣案王校是也今據正佼卽交字通今從治要正管子七臣七主篇云好佼友而行私請又明法篇云以黨擧官則民務佼而不求用明法解云羣臣相推以美名相假以功伐務多其佼而不爲主用並以佼爲交此云愛佼猶管子云好佼務佼也韓非子三守篇云羣臣持祿養交荀子臣道云偸合苟容以之持祿養交而已耳諸書並言持祿與此書同而養交之文則與此書微異俞校必欲改憂爲急以傅合之則又求之太深恐未塙

君脩法討臣。臣懾而不敢拂。舊本臣字不重今據羣書治要補拂治要作咈案咈正字拂叚字說文手部云拂過擊也口部云咈違也荀子臣道篇云事暴君者有補削無撟拂楊注云拂違也賈子保傅篇云潔廉而切直匡過而諫邪者謂之拂拂者拂天子之過者也書堯典咈哉僞孔傳云咈戾也四患也。君自以爲聖智而不問事。自以爲安彊而無守備。四鄰謀之不知戒。五患也。所信者不忠。所忠者不信。上句信字舊本譌言又無兩者字今據羣書治要補正六患也。畜種菽粟。畜治要作蓄字通畢云菽正爲尗不足以食之。大臣不足以事之。畢云舊脫以字一本有詒讓案羣書治要亦有以字荀子正名篇楊注云事任使也賞賜不能喜。誅罰不能威。七患也。以七患居國。必無社稷。無疑當爲七畢云國稷爲韻以七患守城。敵至國傾。畢云城傾爲韻七患之所當。國必有殃。畢云當殃爲韻凡五穀者。民之所仰也。君之所以爲養也。故民無仰。則君無養。畢云仰養爲韻民無食。則不可事。畢云食事爲韻故食不可不務也。地不可不力也。用不可不節也。力畢本作立云立節爲韻案畢本譌今據道藏本及明刻本正王云畢說非也古音立在緝部節在質部則立節非韻原本立作力力在職部力節亦非韻五穀盡收。則五味盡御於主。獨斷云御者進也凡飲食入於口曰御不盡收則不盡御。白虎通義諫諍篇云陰陽不調五穀不熟故王者爲不盡味而食之畢云主御爲韻王云古音主在厚部御在御部則主御非韻一穀不收謂之饉。二穀不收謂之旱。俞云撥旱者不用也不得謂二穀不收之名疑旱乃罕字之誤一穀不收謂之饉二穀不收謂之罕饉也罕也皆稀少之謂饉猶僅也故襄二十四年穀梁傳作一穀不升謂之嗛嗛猶歉也然則二穀不收謂之罕其義正一律矣三穀不收謂之凶。四穀不收謂之餽。畢云漢書食貨志云負擔餽饟師古曰餽亦饋字言須饋餉邵晉涵云餽與匱通鄭注月令曰匱乏也王云須餽餉不得謂之餽畢說非邵說是也五穀不收謂之饑。畢云太平御覽引作飢譌此飢餓字又畢本此下增五穀不孰謂之大侵八字云八字舊脫据藝文類聚增穀梁傳云一穀不升謂之嗛二穀不升謂之饑三穀不升謂之饉四穀不升謂之康五穀不升謂之大侵爾雅云穀不孰爲饑蔬不孰爲饉果不孰爲荒與此異王云旣言五穀不收謂之饑則不得又言五穀不孰謂之大侵藝文類聚百穀部引墨子五穀不孰謂之大侵者乃涉上文引穀梁傳五穀不升謂之大侵而衍故太平御覽時序部二十百穀部一引墨子皆無此八字墨子所記本與穀梁傳不同不可強合也下文饑則盡無祿畢依類聚於饑下增大侵二字亦御覽所無案王說是也釋慧苑華嚴經音義二引饑亦作飢下無五穀不孰八字歲饉。則仕者大夫以下皆損祿五分之一。旱則損五分之二。凶則損五分之三。餽則損五分之四。饑。畢据藝文類聚增大侵二字誤今不從則盡無祿。稟食而已矣。稟食謂有稍食而無祿也說文㐭部云稟賜穀也周禮司士鄭注云食稍食也又宮正注云稍食祿稟故凶饑存乎國人。君徹鼎食五分之五。曲禮鄭注云徹去也五分之五義不可通疑當作五分之三玉藻云諸侯日食特牲朔月少牢此五鼎則少牢也以禮經考之蓋牢一豕二倫膚三魚四腊五五者各一鼎徹其三者去其牢肉則唯食魚腊不特殺也白虎通義諫諍篇云禮曰一穀不升徹鶉鷃二穀不升徹鳧鴈三穀不升徹雉兔四穀不升損囿獸五穀不升不備三牲白虎通蓋據天子而言故云三牲大荒不特殺則不止不備而已大夫徹縣。周禮小胥云卿大夫判縣鄭注謂左右縣曲禮云大夫無故不徹縣孔疏云徹亦去也士不入學。周書糴匡篇云成年餘子務藝年儉餘子務穡是不入學也君朝之衣不革制。君朝之衣天子皮弁服諸侯則冠弁服也周禮司服云眂朝則皮弁服鄭注云視朝視內外朝之事皮弁之服十五升白布衣積素以爲裳又凡甸冠弁服注云冠弁委貌其服緇布衣亦積素以爲裳諸侯以爲視朝之服是也周書大匡篇云大荒祭服漱不制朝服輕於祭服不制明矣蘇云革改也諸侯之客。四鄰之使。雍食而不盛。畢云雍食疑一饔字說文云饔孰食也王云雍食當爲雍飧周官外饔凡賓客之飧饔饗食之事鄭注曰飧客始至之禮饔既將幣之禮飧饔即饔飧也饔雍古字通案王說是也糴匡篇云年儉賓祭以中盛年饑則勤而不賓大荒賓旅設位有賜與此略同徹驂騑。畢云高誘注呂氏春秋云在中曰服在邊曰騑塗不芸。穀梁襄二十四年傳云大侵之禮廷道不除范寧注云廷內道路不修除也畢云塗俗寫从土本書非攻中云涂道之脩遠只作涂芸薉省文馬不食粟。婢妾不衣帛。此告不足之至也。今有負其子而汲者。隊其子於井中。畢云此墜正字說文云隊从高隊也井讀如阱案阱不當云汲畢誤其母必從而道之。蘇云道與導同謂引也今歲凶民饑道。

饑重其子。此疚於隊。 畢云言重于其子王引之曰重其子此疚於隊當作此疚重於隊其子疚病也言此病較之隊其子者爲尤重也今本顛倒不成文義案王說是也蘇說同 其可無察邪。故時年歲善。 畢云說文云秊穀孰也故曰時年案年歲連讀年即歲也畢非 則民仁且良。時年歲凶。則民吝且惡。夫民何常此之有。句 爲者疾。食者衆。則歲無豐。 俞云疾當爲寡爲之者寡食之者衆則雖有豐年不足以供之故歲無豐也今作爲者疾則不可通矣蓋後人據大學以改之而不知其非也案俞說未塙此疑當作爲者疾食者寡則歲無凶爲者緩食者衆則歲無豐此上文歲以歲善與歲凶對舉是其證今本挩食者寡至爲者緩十字文義遂舛啎不合矣 故曰。財不足則反之時。食不足則反之用。故先民以時生財。 禮記坊記鄭注云先民謂上古之君也書伊訓孔疏引賈逵國語注云先民古賢人也 固本而用財。則財足。故雖上世之聖王。豈能使五穀常收。而旱水不至哉。然而無凍餓之民者。何也。其力時急。而自養儉也。故夏書曰。禹七年水。殷書曰。湯五年旱。 畢云管子權數云管子曰湯七年旱禹五年水與此文互異莊子秋水云湯之時八年七旱荀子王霸云禹十年水湯七年旱賈誼新書憂民云禹有十年之蓄故免九年之水湯有十年之積故勝七年之旱淮南子主術云湯之時七年旱又異詒讓案呂氏春秋順民篇云昔者湯克夏而正天下天大旱五年不收湯乃以身禱於桑林與此書所言正合王充論衡感虛篇亦云書傳言湯遭七年旱或言五年是古書本有二說也 此其離凶餓甚矣。 畢云離讀如羅詒讓案凶餓當作凶饑即冢上三穀四穀不收而言下云不可以待凶饑又云民見凶饑則亡皆其證也此涉下凍餓而誤 然而民不凍餓者何也。其生財密。其用之節也。故倉無備粟。不可以待凶饑。 倉舊本譌食俞云食乃倉字之誤倉無備粟與下句庫無備兵文正相對若作食字失其旨矣下文云食者國之寶也兵者國之爪也食字即此文粟字不得據彼而疑此文當作食也案俞校是也今據正 庫無備兵。雖有義不能征無義。城郭不備全。不可以自守。心無備慮。不可以應卒。是若慶忌無去之心。不能輕出。 要離殺吳王子慶忌見呂氏春秋忠廉篇高注云慶忌者吳王僚之子也有力捷疾而人皆畏之無能殺之者案淮南子說山訓高注及吳越春秋闔閭內傳並以慶忌爲王僚子惟淮南詮言訓許注以爲僚之弟子未知孰是畢云言慶忌雖勇猶輕出致死昔吳王患慶忌之在鄰國恐合諸侯來伐要離詐以負罪出奔戮妻子斷右手如衛求見慶忌與東之吳渡江中流順風而刺慶忌事見吳越春秋闔閭內傳蘇云去下據上文當脫備字 夫桀無待

湯之備故放。紂無待武之備故殺。王引之云禦敵謂之待魯語帥大讎以憚小國其誰云待之楚語其獨何力以待之韋注並云待禦也 桀紂

貴爲天子。富有天下。然而皆滅亡於百里之君者。何也。孟子公孫丑篇云湯以七十里文王以百里 有

富貴而不爲備也。故備者國之重也。食者國之寶也。兵者國之爪也。城者

所以自守也。畢云寶爪守爲韻 此三者國之具也。故曰。以其極賞。周書命訓篇云極賞則民賈其上賈其上則民無讓無讓則不順 以賜無功。虛其府庫。以備車馬衣裘奇怪。苦其役徒。以治宮室觀樂。死

又厚爲棺椁。畢云舊作槨俗寫 多爲衣裘。生時治臺榭。畢云當爲謝荀子王霸云臺謝甚高楊倞曰謝榭同陸德明左氏音義云榭本亦作謝知古無榭字 死又脩墳墓。故民苦於外。府庫單於內。畢云史記云王之威亦單矣集解云徐廣曰單亦作殫索隱云按單音丹單盡也 上

不厭其樂。下不堪其苦。故國離寇敵則傷。畢云離讀如羅 民見凶饑則亡。此皆備不

具之罪也。且夫食者聖人之所寶也。故周書曰。國無三年之食者。國非其

國也。家無三年之食者。子非其子也。此之謂國備。畢云周書云夏箴曰小人無兼年之食遇天饑妻子非其有也大夫無兼年之食遇天饑臣妾輿馬非其有也國無兼年之食遇天饑百姓非其有也墨蓋夏敎故義略同案畢據周書文傳篇文此文亦本夏箴而與文傳小異考穀梁莊二十八年傳云國無三年之畜曰國非其國也與此文略同疑先秦所傳夏箴文本如是也又御覽五百八十八引胡廣百官箴敍云墨子著書稱夏箴之辭蓋卽指此若然此書當亦稱夏箴與周書同而今本挩之

辭過第六

畢云辭受之字从受經典假借用此過謂宮室衣服飲食舟車蓄私五者之過也詒讓案此篇與節用篇文意略同羣書治要引幷入七患篇此疑後人妄分非古本也

子墨子曰。古之民。畢云太平御覽引作上古之民 未知爲宮室時。畢云舊脫室字據太平御覽增詒讓案趙蕤長短經適變篇引亦有室字禮運云昔者先王未有宮室冬則居營窟夏則居橧巢 就陵阜而居。穴而處。穴上疑挩一字 下潤濕傷民。故聖王作爲宮室。畢云王太平御覽引作人 爲宮室之法。畢云太平御覽引作制 曰。室高足以辟潤濕。謂堂基之高舊本挩室字今據羣書治要補辟治要長短

經並作避潔字治要無畢云辟避字假音邊足以圉風寒。畢云邊太平御覽引作中非圉李善注左思賦引作御太平御覽引作禦玉篇云圉禁也上足以待雪霜雨露。王引之曰待禦也節用篇待作圉圉即禦字也宮牆之高。禮記儒行鄭注云宮謂牆垣也畢云太平御覽引作牆高二字足以別男女之禮。謹此則止。畢云謹廑字假音凡費財勞力。不加利者。不爲也。舊本挩凡字今據治要補畢云此下舊接是故聖王作爲宮室云云今移役。畢云當云以其常役上脫三字脩其城郭。則民勞而不傷。以其常正。蘇云正同征收其租稅。則民費而不病。道藏本則民作民則民所苦者非此也。苦於厚作歛於百姓。舊本此三十九字在作誨婦人治之下盧文弨校云當在此畢據移正王云作歛與籍歛同籍古讀若昨節用上節其籍歛厚是故聖王作爲宮室。便於生。治要作使上二字誤畢云太平御覽引作以便生不以爲觀樂也。作爲衣服帶履便於身。治要作使身誤不以爲辟怪也。畢云辟僻字假音故節於身。誨於民。是以天下之民。可得而治。長短經作故天下之人無可得而治四字財用可得而足。長短經有也字當今之主。長短經作王其爲宮室。則與此異矣。必厚作歛於百姓。治要長短經並無作字暴奪民衣食之財。以爲宮室。臺榭曲直之望。青黃刻鏤之飾。畢云已上六句太平御覽節爲宮室若此。故左右皆法象之。長短經法下有而字是以其財不足以待凶饑。振孤寡。振舊本作賑俗字今據治要正故國貧而民難治也。長短經治作理蓋避唐諱改君實欲天下之治。而惡其亂也。實治要作誠當爲宮室。不可不節。王引之云當猶則也古之民。未知爲衣服時。衣皮帶茭。畢云衣皮藝文類聚引作衣皮毛非說文云茭乾芻王云乾芻非可帶之物畢說非也說文茭竹索也其草索則謂之茭尙賢篇曰傅說被褐帶索謂草索也此言帶茭猶彼言帶索矣詒讓案禮運說上古云未有麻絲衣其羽皮帶茭疑即喪服之茭帶傳云絞帶者繩帶也冬則不輕而溫。長短經作煖案下文輕煖當見似是夏則不輕而凊。曲禮冬溫而夏凊釋文云凊七性反字從冫秋冷也本或作水旁非也說文仌部云凊寒也聖王以爲不中人之情。情治要作溫凊二字誤故作誨婦人。長短經作上有聖人二字與下文同但上已云聖王則此不當重複恐不足據治絲麻。畢云治下舊有役脩其城郭云云四十八字今移前梱布絹。畢云梱字當爲稛說文云紮束也詒讓案非樂上作細布縿非命下作捆布縿此稛或當爲捆亦稛之叚字絹當爲綃綃與練通故彼二篇又誤縿詳非樂篇以爲民衣。爲衣服之法。冬則練帛之中。說文糸部云練湅繒也繒帛也畢云中讀去聲案畢說非也中卽中衣凡上服以內之衣通稱中衣深衣鄭目錄云大夫以上祭服中衣用素練帛卽素也詩唐風揚之水孔穎達疏云中衣者朝祭服之裏衣也其制如深衣儀禮聘禮賈疏云凡服四時不同假令冬有裘襯身有禪衫又有襦袴襦袴之上有裘裘上有裼衣裼衣之上有上服皮弁祭服之等若夏以絺綌絺綌之上則有中衣中衣之上加以上服也案裼衣亦通謂之中衣冬或服裘或服袍襺皆有中衣中經典亦作衷說文衣部云衷裏褻衣穀梁宣九年傳云或衣其衣或衷其襦范注云衷者襦在裏也是對文衷爲裏衣散文則通言衣故節用中篇云冬服紺緅之衣足以爲輕且暖足以爲輕且暖。畢云文選注引作煗詒讓案後人煗字兩見說文火部煖煗並訓溫也長短經仍作煖夏則絺綌之中。說文糸部云絺細葛也綌粗葛也禮家說以絺綌上加中衣此卽以絺綌爲中衣則內衣通得謂之中也足以爲輕且凊。舊本挩煖至且十二字畢本據北堂書鈔增煖夏則絺綌輕且七字王云夏則絺綌之中足以爲輕且凊與冬則練帛之中足以爲輕且煖對文北堂書鈔衣冠部三引作冬則練帛輕且煖夏則絺綌輕且凊省文也若下二句內獨少之中足以爲五字則與上二句不對矣羣書治要所引上下皆有此五字當據補案王校是也長短經引云夏則絺綌足以爲輕凊亦有足以爲三字謹此則止。故聖人之爲衣服。舊本挩之字今據治要補適身體。和肌膚。畢云北堂書鈔引云以適身體以和肌膚而足矣。非榮耳目而觀愚民也。長短經非下有以字當是之時。堅車良馬不知貴也。刻鏤文采。不知喜也。何則。其所道之然。故民衣食之財。家足以待旱水凶饑者。何也。得其所以自養之情。而不感於外也。感治要同案當爲惑之誤也字治要無是以其民儉而易治。長短經引儉上有用字其君用財節而易贍也。畢云呂氏春秋適音云不充則不詹高誘曰詹足也詹讀如澹然無爲之澹文選注云許君注淮南子云澹足也古無从貝字此俗寫府庫實滿。足以待不然。不然謂非常之變也漢書司馬相如傳發巴蜀之士各五百人以奉幣衞使者不然顏注引張揖云不然之變也治要作不極蘇云不然疑當作不時並誤兵革不頓。襄四年左傳甲兵不頓杜注云頓壞也士民不勞。足以征不服。故霸王之業。可行於天下矣。當今之主。舊本作王長短經同今據治要正與上下文合其爲衣服。則與此異矣。冬則輕煗。治要作煖下同夏則輕凊。皆已具矣。必厚作斂於百姓。長短經無作字 暴奪民衣食之財，以爲錦繡文采靡曼之衣。舊本倒作衣之俞云衣之當作之衣此十字一句讀詒讓案長短經正作以爲文彩靡曼之衣今據乙小爾雅廣言云靡細也漢書韓信傳靡衣媮食顏注云靡輕麗也文選七發李注云曼輕細也 鑄金以爲鉤。珠玉以爲珮。大戴禮記保傅篇云玉佩上有蔥衡下有雙璜衝牙蚍珠以納其間琚瑀以雜之珮治要作佩長短經同畢云當爲佩古無此字 女工作文采。男工作刻鏤。以爲身服。治要作以身服之 此非云益煗之情也。俞云情猶實也煗之情猶言煗之實云益者有益也廣雅釋詁曰云有也此非云益煗之情猶曰此非有益煗之實上文曰冬則輕煗夏則輕凊而此獨言煗者衣固以煗爲上耳 單財勞力。單亦盡也詳上篇 畢歸之於無用也。舊本挩今據治要增 以此觀之。以長短經作由 其爲衣服非爲身體皆爲觀好。長短經下有也字 是以其民淫僻而難治。其君奢侈而難諫也。夫以奢侈之君。御好淫僻之民。治要長短經並無好字 欲國無亂。不可得也。君實欲天下之治。而惡其亂。實治要作誠 當爲衣服不可不節。古之民未知爲飲食時。治要無時字 素食而分處。素食謂食草木管子七臣七主篇云果蓏素食當十石素疏之叚字淮南子主術訓云夏取果蓏秋畜疏食疏俗作蔬月令取蔬食鄭注云草木之實爲蔬食禮運說上古云未有大化卽草木之實卽此素食也 故聖人作誨男耕稼樹藝。畢云古只作埶說文云埶種也从坴丮持而種之 以爲民食。其爲食也。足以增氣充虛。彊體適腹而已矣。呂氏春秋重已篇云昔先聖王之爲飲食酏醴也足以適味充虛而已矣 故其用財節。其自養儉。民富國治。治要故字在民富上 今則不然。厚作斂於百姓。治要無作字 以爲美食芻豢蒸炙魚鼈。蒸與烝通毛詩小雅瓠葉傳云炕火曰炙禮記禮運鄭注云炙貫之火上治要無魚鼈二字畢云太平御覽引此炙作炰鼈作鱉 大國累百器。小國累十器。前方丈。畢本作美食方丈云舊作前方丈三字今据文選注兩引改美食方丈太平御覽作前則方丈案畢據文選七命及應璩與從弟君苗君胄書注所引校也王云美食二字與上文相複畢改非也羣書治要引作前方丈則魏徵所見本正與今本同文選注引作美食方丈者此以上文之美食與下文之方丈連引而節去芻豢以下十七字乃是約舉其詞不得據彼以改此也太平御覽治道部八引作前則方丈句法較爲完足詒讓案孟子盡心篇云食前方丈趙岐注云極五味之饌食列於前方一丈 目不能徧視。手不能徧操。口不能徧味。冬則凍冰。夏則飾饐。畢云飾若餟食之餟是也饐說文云飯傷溼也洪云案飾饐與凍冰對文皆言其食味之壞飾饐當作餲饐爾雅釋器食饐謂之餲郭璞注飯饖臭論語鄉黨食饐而餲孔注饐餲臭味變也飾本作飭餲飭字形相近俞說同張文虎云餟食之餟義不當為飾飾饐羣書治要引作餕饐是也玉藻日中而餕注云餕食朝之餘也論語鄭注云食餘曰餕餕饐者謂食餘而致壞也案洪說近是飾治要作餕則疑餕之借字荀子正名篇云香臭芬鬱腥臊酒酸奇臭以鼻異楊注云酸暑濕之酸氣也於此義亦得通張望文生訓不足據 人君為飲食如此。故左右象之。是以富貴者奢侈。孤寡者凍餒。畢云當為餧說文云餧饑也 雖欲無亂。畢云舊脫雖字据太平御覽增 不可得也。君實欲天下治。而惡其亂。實治要作誠治上王校增之字 當為食飲。當作飲食 不可不節。古之民未知為舟車時。重任不移。遠道不至。故聖王作為舟車。以便民之事。其為舟車也。全固輕利。畢云全太平御覽引作完詒讓案治要引亦作完意林同 可以任重致遠。其為用財少。而為利多。是以民樂而利之。法令不急而行。令治要作禁法上舊本有故字王云上故字涉下故字而衍羣書治要無 民不勞而上足用。畢云上舊作止一本如此詒讓案治要亦作上足下治要有以字 故民歸之。當今之主。其為舟車與此異矣。全固輕利皆已具。全治要亦作完具下有矣字 必厚作斂於百姓。以飾舟車。治要作以為舟車飾 飾車以文采。飾舟以刻鏤。女子廢其紡織。而修文采。故民寒。男子離其耕稼。而修刻鏤。故民饑。治要作飢下同 人君為舟車若此。故左右象之。是以其民饑寒並至。故為姦衺。治要作邪 姦衺多則刑罰深。此句首舊本無姦衺二字王云舊本兩姦衺脫其一則義不可通今據羣書治要補 刑罰深則國亂。治要國上衍國字畢云太平御覽引云而國亂矣 君實欲天下之治。而惡其亂。實治要作誠 當為舟車。不可不節。凡回於天地之間。回字譌蘇云當作同亦未塙 包於四海之內。天壤之情。陰陽之和。莫不有也。雖至聖不能更也。何以知其然。聖人有傳。天地也，則曰上下。四時也，則曰陰陽。人情也，則曰男女。禽獸也，則曰牡牝雄雌也。眞天壤之情，雖有先王，不能更也。雖上世至聖，必蓄私，不以傷行。私謂妾媵私人。顧云晏子春秋內篇諫下古聖王畜私不傷行 故民無怨，宮無拘女，故天下無寡夫。小爾雅廣義云凡無妻無夫通謂之寡寡夫曰索左襄二十七年傳云齊崔杼生成及彊而寡杜注云偏喪曰寡寡特也 內無拘女，外無寡夫，故天下之民衆。當今之君，畢云上俱作主 其蓄私也，大國拘女累千，小國累百，是以天下之男多寡無妻，女多拘無夫。男女失時，畢云女舊作子一本如此 故民少。君實欲民之衆而惡其寡，當蓄私不可不節。凡此五者，聖人之所儉節也，小人之所淫佚也。儉節則昌，淫佚則亡。此五者不可不節。夫婦節而天地和，風雨節而五穀孰，衣服節而肌膚和。

三辯第七

畢云此辯聖王雖用樂而治不在此三者謂堯舜及湯及武王也詒讓案此篇所論蓋非樂之餘義

程繁畢云太平御覽引作程子詒讓案公孟篇亦作程子蓋兼治儒墨之學者 問於子墨子曰。夫子曰。舊本無此三字王云聖王上當有夫子曰三字而今本脫之則文義不明下文今夫子曰聖王不爲樂是其證案王說是也今據增 聖王不爲樂。昔諸侯倦於聽治，息於鐘鼓之樂。鐘鼓謂金奏 士大夫倦於聽治，息於竽瑟之樂。周禮小胥云卿大夫判縣士特縣曲禮云大夫無故不徹縣士無故不徹琴瑟孔穎達疏以爲不命之士若命士則特縣若然士大夫之樂亦有鐘鼓考賈子新書審微篇云大夫直縣士有琴瑟公羊隱五年何注引魯詩傳云大夫士曰琴瑟白虎通義禮樂篇云詩傳曰大夫士琴瑟也大夫士北面之臣非專事子民故但琴瑟而已曲禮疏引春秋說題辭亦謂樂無大夫士制此書義蓋與魯詩春秋緯略同 農夫春耕夏耘。畢云說文云穮除苗間穢也耘或字此省文 秋斂冬藏。畢云古只作臧 息於聆缶之樂。畢云聆當爲瓴聆缶太平御覽引作吟謠是也缶是䍃字之壞王云今本墨子作聆缶者聆乃𤭛字之譌𤭛即瓴字也但移瓦於左移令於右耳北堂書鈔樂部七缶下鈔本太平御覽樂部三及二十二缶下引墨子竝作吟缶吟亦𤭛之譌蓋墨子書瓴字本作𤭛故今本譌作聆諸類書譌作吟而缶字則皆不譌也其刻本御覽作吟謠者後人不知吟爲𤭛之譌遂改吟缶爲吟謠耳上文云諸侯息於鐘鼓上大夫息於竽瑟此云農夫息於瓴缶鐘鼓竽瑟瓴缶皆樂器也淮南精神篇叩盆拊瓴相和而歌盆即缶也若吟謠則非樂器不得言吟謠之樂矣案王說是也說文瓦部云瓴甖也似缾者又缶部云缶瓦器所以盛酒漿秦人鼓之以節歌詩陳風宛丘篇坎其擊缶毛傳云盎謂之缶爾雅釋器同郭注云盆也史記李斯傳云擊甕叩缻眞秦之聲也缻甕同物缻卽缶之俗 今夫子曰。聖王不爲樂。此譬之猶馬駕而不稅。方言云稅舍車也趙宋陳魏之間謂之稅郭璞注云稅猶脫也畢云太平御覽作脫同 弓張而不弛。無乃非有血氣者之所不能至邪。俞云非字衍文 子墨子曰。昔者堯舜有茅茨者。畢云茅茨舊作第期今據太平御覽改俞云茅茨土階是言古明堂之儉不得云且以爲禮且以爲樂也下文曰周成王之治天下也不若武王武王之治天下也不若成湯成湯之治天下也不若堯舜故其樂逾繁者其治逾寡然則其說堯舜亦當以樂言不當以宮室言也疑後人不達第期之義而臆改之未可爲據仍當從原文而闕其疑案俞說非也若第期專以樂言則下文不當云且以爲禮畢校不誤詩小雅甫田鄭箋云茨屋蓋也孔疏云墨子稱茅茨不翦謂以茅覆屋 且以爲禮。且以爲樂。湯放桀於大水。蘇云案列女傳云流於海死於南巢之山尚書大傳云國君之國也吾聞海外有人與其屬五百人去與此言合 環天下自立以爲王。事成功立。無大後患。因先王之樂。又自作樂。命曰護。又脩九招。畢云脩舊作循今以意改已上十六字舊脫今据太平御覽增呂氏春秋云湯命伊尹作爲大護歌晨露脩九招六列案道藏本雖亦有挩文然尚有自作樂命曰九招七字則未全挩也畢說未審風俗通義聲音篇云湯作護護言救民也蓺文類聚帝王部引春秋元命苞云湯之時民大樂其救於患害故護者救也白虎通義禮樂篇云湯曰大護者言湯承衰能護民之急也公羊隱五年何注云殷曰大護殷時民樂大其護已也並與此同周禮大司樂護作濩漢書禮樂志同護濩字亦通九招卽書臯陶謨簫韶九成舜樂也史記夏本紀云禹與九招之樂呂氏春秋古樂篇云譽作九招舜令質修之山海經大荒西經云啓始歌九招周禮大司樂作九磬招韶磬字並通 武王勝殷殺紂。環天下自立以爲王。事成功立。無大後患。因先王之樂。又自作樂。命曰象。畢云呂氏春秋云周公爲三象乃成王之樂此云象又是武王作未詳案毛詩周頌序云維清奏象舞也鄭箋云象用兵時刺伐之舞武王制焉禮記文王世子下管象鄭注云象周武王伐紂之樂春秋繁露三代改制質文篇云文王作武樂武王作象樂周公作汋樂淮南子氾論訓云周武象高注云武王樂也白虎通義禮樂篇云周公曰酌武王曰象者象太平而作樂示已太平也合曰大武此皆以象爲武王所作畢專據呂覽古樂篇以疑此書殊爲失考周禮大司樂六樂有大武而無象則大武自爲周之正樂象蓋舞之小者周頌孔疏謂象舞象文王之事大武象武王之事大武之樂亦爲象傳合武象爲一非也左襄二十九年傳云見舞象箾南籥者杜注云象箾舞所執文王之樂杜又以象爲文王樂史記吳世家集解引賈逵詩周頌疏引服虔說並同蓋皆傳聞之異 周成王因先王之樂。又自作樂。命曰騶虞。王云御覽引作周成王因先王之樂又自作樂命曰騶吾是也上文云湯因先王之樂又自作樂命曰護武王因先王之樂又自作樂命曰象即其證今本脫去又自作樂四字則義不可通困學紀聞所引已同今本書傳中騶虞字多作騶吾故困學紀聞詩類引墨子尙作騶吾今作騶虞者後人依經典改之案王說是也今據增鈔本御覽樂部三引此書騶虞又作鄒吾字並通詩召南有騶虞篇蓋作於成王時故墨子以爲成王之樂凡詩皆可入樂也周禮大司樂大射令奏騶虞鄭注云騶虞樂章名周成王之治天下也。不若武王。武王之治天下也。不若成湯。成湯之治天下也。不若堯舜。故其樂逾繁者。其治逾寡。自此觀之。樂非所以治天下也。程繁曰。子曰。聖王無樂。此亦樂已。若之何其謂聖王無樂也。子墨子曰。聖王之命也。命與令義同蘇云此下有闕文譌字多寡之。此疑當作多者寡之言凡物病其多者則務寡之食之利也。以知饑而食之者。智也。因爲無智矣。今聖有樂而少。此亦無也。畢云言人所以生者食之利但必以知饑而食之否則非智今聖人雖用樂而少此亦無違于聖人無下疑有脫字案畢說非也因當作固今聖下當有王字此言食爲人之利然人饑知食不足爲智若因饑知食而謂之爲智則所知甚淺固爲無智矣以喻聖王雖作樂而少猶之無樂也末句無下似無挩字

墨子閒詁卷二

尚賢上第八

經典釋文敘錄引鄭康成書贊云尚者上也淮南子氾論訓云兼愛上賢右鬼非命墨子之所立也而楊子非之漢書藝文志亦作上賢畢云說文云賢多才也玉篇云賢有善行也尚與上同

子墨子言曰。今者王公大人。爲政於國家者。今者舊本作古者王云此謂今之王公大人非謂古也古者當依羣書治要作今者義見下文案王說是也今據正禮運云大人世及以爲國鄭注云大人諸侯也孔疏云易革卦大人虎變對君子豹變故大人爲天子相見禮云與大人言言事君對士又云事君故以大人爲卿大夫皆欲國家之富。人民之衆。刑政之治。然而不得富而得貧。不得衆而得寡。不得治而得亂。則是本失其所欲。得其所惡。是其故何也。子墨子言曰。是在王公大人。爲政於國家者。不能以尚賢事能爲政也。蘇云事當作使二字形近而譌案事使義同漢書高帝紀如淳注云事謂役使也非譌字是故國有賢良之士衆。則國家之治厚。賢良之士寡。則國家之治薄。故大人之務。將在於衆賢而已。曰。然則衆賢之術。將奈何哉。子墨子言曰。譬若欲衆其國之善射御之士者。必將富之貴之。敬之譽之。然后國之善射御之士。后羣書治要作後下同將可得而衆也。王引之云此將字猶乃也與上將字異義况又有賢良之士。厚乎德行。辯乎言談。博乎道術者乎。此固國家之珍。而社稷之佐也。畢云佐當爲左鈕樹玉云佐字見漢刻石門頌亦必且富之貴之。敬之譽之。然后國之良士。亦將可得而衆也。后道藏本作後是故古者聖王之爲政也。舊本捝也字今據治要補言曰。不義不富。不義不貴。不義不親。不義不近。治要不富不貴不親不近並在不義上 是以國之富貴人聞之。皆退而謀曰。始我所恃者。富貴也。今上舉義不辟貧賤。治要作避下並同蘇云辟讀如避下同 然則我不可不爲義。親者聞之。亦退而謀曰。始我所恃者。親也。今上舉義不辟疏。疏上舊本有親字治要同王云親字涉上文而衍不避疏義見上下文案王說是也今據刪 然則我不可不爲義。近者聞之。亦退而謀曰。始我所恃者。近也。今上舉義不避遠。舊本作近治要作遠近王云近字涉上文而誤近當爲遠不辟遠見下文案王說是也今據正蓋故書本衍一近字後入誤刪遠存近遂不可通 然則我不可不爲義。遠者聞之。亦退而謀曰。我始以遠爲無恃。今上舉義不辟遠。然則我不可不爲義。逮至遠鄙郊外之臣。遠鄙卽下四鄙謂都鄙縣鄙也書文侯之命孔疏引鄭注云鄙邊邑也周禮載師杜子春注云五十里爲近郊百里爲遠郊又引司馬法云王國百里爲郊 門庭庶子。說文广部云庭宮中也周禮宮伯掌王宮之士庶子凡在版者鄭衆注云庶子宿衞之官鄭康成云王宮之士謂王宮中諸吏之適子也庶子其支庶也案士庶子卽公族及卿大夫之子宿衞宮中者也新序雜事一云楚莊王中庶子曰臣侖衣冠御郎十三年矣蓋凡宿衞位署皆在路寢內外朝門庭之閒故此書謂之門庭庶子新序云御郎郎謂郎門卽路寢門也凡宿衞子弟已命者謂之士未命者謂之庶子說詳周禮正義 國中之衆。周禮鄉大夫鄭注云國中城郭中也 四鄙之萌人。漢書劉向傳顏注云萌與甿同無知之貌管子山國軌篇尹注云萌田民也一切經音義云萌古文氓同史記三王世家蠢巧邊萌索隱云萌一作甿說文民部云氓民也讀若盲又甿田民也畢云萌氓字之假音 聞之。皆競爲義。是其故何也。曰。上之所以使下者。一物也。下之所以事上者。一術也。譬之富者。畢云富舊作異一本如此 有高牆深宮。牆立既。牆立既疑當作宮牆既立宮字涉上而挩既立又誤作立既遂不可通 謹上爲鑿一門。謹上疑當爲謹止辭過篇云謹此則止謹止爲鑿一門謹與僅通言於牆閒纔開一門不敢多爲門戶也 有盜人入。闔其自入而求之。畢云自入言所從入之門 盜其無自出。是其故何也。則上得要也。故古者聖王之爲政。列德而尚賢。小爾雅廣詁云列次也國語周語韋注云列位次也 雖在農與工肆之人。論語子張篇云百工居肆以成其事 有能則舉之。高予之爵。重予之祿。任之以事。斷予之令。禮記樂記鄭注云斷決也謂其令必行曰。爵位不高。則民弗敬。蓄祿不厚。則民不信。政令不斷。則民不畏。舉三者授之賢者。非爲賢賜也。欲其事之成。故當是時。治要無此二字以德就列。論語季氏篇云陳力就列集解引馬融云當陳其才力度已所任以就其位亦釋列爲位以官服事。周禮大司徒鄭衆注云服事謂爲公家服事者以勞殿賞。殿治要作受畢云殿讀如奔而殿俞云畢讀非也論功行賞勞者當在前安得反云殿乎殿者定也殿與定一聲之轉文選江賦注曰殿與淀古字通殿之與定猶殿之與淀也詩采菽篇殿天下之邦毛傳曰殿鎮也鎮卽有定義小爾雅廣言殿塡也塡與奠通禮記檀弓篇主人旣祖塡池鄭注塡池當爲奠徹是也奠亦定也周官司士職曰以久奠食此云以勞殿賞句法一律殿奠文異而義同量功而分祿。故官無常貴。而民無終賤。終治要作恆有能則舉之。無能則下之。舉公義。辟私怨。辟治要亦作避畢云辟讀如辟舉之辟俞云畢說非也豈有私怨者不問其賢否而概辟舉之乎小爾雅廣言辟除也辟私怨謂惟公義是舉而私怨在所不問故除去之也又禮記郊特牲篇有由辟焉鄭注曰辟讀爲弭此辟字或從鄭讀亦通此若言之謂也。王云若亦此也古人自有複語管子山國軌篇曰此若言何謂也地數篇曰此若言可得聞乎輕重丁篇曰此若言曷謂也此書節葬篇曰以此若三聖王者觀之又曰以此若三國者觀之皆並用此若二字故古者堯舉舜於服澤之陽。畢云未詳其地服與蒲音之緩急或卽蒲澤今蒲州府詒讓案文選曲水詩序李注引帝王世紀云堯求賢而四嶽薦舜堯乃命于順澤之陽疑卽本此書史記五帝本紀就時於負夏集解引鄭玄云負夏衞地孟子離婁篇舜生於諸馮遷於負夏趙注云諸馮負夏皆地名負海也案服澤疑卽負夏趙岐云負海必有所本授之政。天下平。禹舉益於陰方之中。畢云未詳其地授之政。九州成。蘇云成與平爲韻湯舉伊尹於庖廚之中。史記殷本紀阿衡欲奸湯而無由乃爲有莘氏媵臣負鼎俎以滋味說湯畢云韓非子云上古有湯至聖也伊尹至智也然且七十說而不受身執鼎俎爲庖宰昵近習親湯乃僅知其賢而舉之文選注云魯連子曰伊尹負鼎佩刀以干湯得意故尊爲宰舍又云文子曰伊尹負鼎而干湯授之政。其謀得。文王舉閎夭泰顚於罝罔之中。書君奭云惟文王尙克修和我有夏亦惟有若虢叔有若閎夭有若散宜生有若泰顚有若南宮括僞孔傳云閎泰氏夭顚名詩周南兔罝敍云兔罝后妃之化也關雎之化行則莫不好德賢人衆多也毛傳云兔罝兔罟也畢云事未詳或以詩兔罝有公侯腹心之詩而爲說恐此詩卽賦閎夭泰顚事古者書傳未湮翟必有據蘇云罝卽詩所謂兔罝當爲閎夭而作泰顚當卽太公望也罝屬夭則罔屬顚與太公釣渭遇文王事亦合迨馬融注十亂以泰顚與太公望並舉後世以爲二人然文王諸臣自以太公爲稱首書君奭篇唯以泰顚與諸臣並舉而不及太公逸周書克殷篇亦然若使果爲二人豈容都不道及是顛卽望無疑也案罝罔通稱蘇分屬二人非也太顛卽太公乃宋吳仁傑之謬說考詩大雅緜孔疏引鄭君𤣥注云不及呂望太師也教文王以大德謙不以自比焉是馬鄭並以泰顛與太公非一人周書克殷篇有泰顛又有尙父尤其塙證吳說不足據蘇從之傎矣 授之政。西土服。蘇云服與得爲韻 故當是時。雖在於厚祿尊位之臣。莫不敬懼而施。畢云下疑脫一字俞云畢非也施當讀爲惕尙書盤庚篇不惕予一人白虎通號篇引作不施予一人是也敬懼而施卽敬懼而惕文義已足非有闕文 雖在農與工肆之人。莫不競勸而尙意。意疑當爲悳形近而譌悳正字德叚借字 故士者所以爲輔相承嗣也。大戴禮記曾子立事篇云使子猶使臣也使弟猶使承嗣也盧辯注云承嗣謂冢子也孔廣森云承丞也左傳曰請承嗣讀爲司丞司者官之偏貳故弟視之臣則私臣自所湯除也可以子視之案孔說是也此云輔相承嗣中篇云承嗣輔佐承嗣亦皆非嗣子承當與文王世子師保疑丞之丞同大戴禮記保傅篇以道充弼承爲四聖云博聞強記接給而善對者謂之承承者承天子之遺忘者也書益稷欽四鄰孔疏引鄭康成云四近謂左輔右弼前疑後承文王世子孔疏引尙書大傳承作丞此承義並與彼同 故得士則謀不困。體不勞。名立而功成。美章而惡不生。舊本作名立而功業彰而惡不生王云羣書治要引作名立而功成美章而惡不生是也功成與名立對文惡不生與美彰對文今本挩成字美字又譌作業則文不對而句亦不協矣美業字形相似故譌漢書賈誼傳一動而五美附今本美譌作業案王說是也今據補正 則由得士也。是故子墨子言曰。得意賢士不可不舉。不得意賢士不可不舉。尙欲祖述堯舜禹湯之道。王引之云尙與儻同案王說未塙尙疑與上同下篇云上欲中聖人之道 將不可以不尙賢。夫尙賢者。政之本也。

尙賢中第九

子墨子言曰。今王公大人之君人民。主社稷。治國家。欲修保而勿失。故不察尙賢爲政之本也。畢云故一本作胡蘇云胡是也下同詒讓案下文兩見一作胡一作故盧云當云尙賢之爲政本王云盧說非也下文曰胡不察尙賢爲政之本也且以尙賢爲政之本者亦豈獨子墨子之言哉與此文同一例則不得倒之字於爲政上矣故與胡同故下文又曰故不察尙賢爲政之本也管子侈靡篇公將有行故不送公亦以故爲胡 何以知尙賢之爲政本也。曰。自貴且智者爲政乎愚且賤者則治。自愚賤者爲政乎貴且智者則亂。愚下依上文亦當有且字是以知尚賢之爲政本也。故古者聖王甚尊尚賢而任使能。不黨父兄。不偏貴富。不嬖顏色。賢者舉而上之。富而貴之。以爲官長。不肖者抑而廢之。貧而賤之。以爲徒役。是以民皆勸其賞。畏其罰。相率而爲賢者。以賢者衆。而不肖者寡。俞云相率而爲賢絕句者字乃是字之誤屬下讀惟其相率而爲賢是以賢者衆而不肖者寡也兩句皆用是以字古人行文不避重複今誤作相率而爲賢者則是民之相率爲賢以賢者衆而不肖者寡之故於義不可通矣此謂進賢。畢云謂一本作爲詒讓案進賢依上文當作尙賢然後聖人聽其言。迹其行。察其所能而愼予官。此謂事能。事與使同詳上篇上文作使能故可使治國者使治國。可使長官者使長官。可使治邑者使治邑。凡所使治國家官府邑里。此皆國之賢者也。賢者之治國也。畢云國下一本有家字詒讓案道藏本國下有者字蚤朝晏退。畢云蚤字同早聽獄治政。是以國家治而刑法正。賢者之長官也。夜寢夙興。收斂關市山林澤梁之利。以實官府。是以官府實而財不散。賢者之治邑也。蚤出莫入。耕稼樹藝聚菽粟。是以菽粟多而民足乎食。故國家治則刑法正。官府實則萬民富。上有以絜爲酒醴粢盛。以祭祀天鬼。外有以爲皮幣。與四鄰諸侯交接。內有以食飢息勞。飢舊本作饑今依道藏本正將養其萬民。俞云將當作持持養乃古人恒言詳見七患篇此作將養形似而誤天志中篇正作內有以食飢息勞持養其萬民可據以訂正非命上篇將養老弱亦持養之誤外有以懷天下之賢人。王云外有以三字涉上文外有以爲皮幣而衍下文曰內者萬民親之賢人歸之是養民與懷賢皆內事非外事也是故上者天鬼富之。外者諸侯與之。內者萬民親之。賢人歸之。以此謀事則得。舉事則成。入守則固。出誅則彊。故唯昔三代聖王。堯舜禹湯文武之所以王天下。正諸侯者。正長也義詳親士篇 此亦其法已。既曰若法。未知所以行之術。則事猶若未成。畢云若猶順王云曰者有之壞字也若法此法也言既有此法而無術以行之則事猶然未成也畢以若法爲順法失之若與此同義猶若即猶然俞云王非也曰字乃云字之誤云者有也說見辭過篇既云若法即既有此法𠋣人不達云字之義謂是云日之云疑本書皆用日字此不當用云字故改云作曰耳 是以必爲置三本。何謂三本。曰爵位不高。則民不敬也。蓄祿不厚。則民不信也。政令不斷。則民不畏也。故古聖王高予之爵。重予之祿。任之以事。斷予之令。夫豈爲其臣賜哉。欲其事之成也。詩曰。告女憂卹。誨女予爵。舊本爵誤鬱盧以意改爲序爵畢從之王云鬱爲爵之譌予則非譌字也上文言古聖王高予之爵重予之祿下文言今王公大人之用賢高予之爵而祿不從此引詩誨女予爵正與上下文予字同義則不得改予爲序矣毛詩作告爾憂恤誨爾序爵誰能執熱逝不以濯今墨子兩爾字皆作女序作予誰作孰逝作鮮以作用是墨子所見詩固有異文也案王說是也王應麟詩考引亦作序爵盧蓋兼據彼文然王考多以意改未必宋本予果作序也今不據改毛詩大雅桑柔傳云濯所以救熱也禮亦所以救亂也鄭箋云恤亦憂也逝猶去也我語女以憂天下之憂教女以次序賢能之爵其爲之當如手持熱物之用濯謂治國之道當用賢者 孰能執熱。鮮不用濯。詩考引孰作誰蓋亦王氏所改蘇云案詩大雅桑柔篇孰作誰鮮作逝用作以 則此語古者國君諸侯之不可以不執善承嗣輔佐也。王云善謂善待此承嗣輔佐之人即上文所云高予之爵重予之祿任之以事斷予之令也蓋善上不當有執字涉上下文執熱而衍案王說非也執猶親密也曲禮云執友稱其仁也鄭注云執友志同者呂氏春秋遇合篇云故嫫母執乎黃帝列女傳辯通篇齊鍾離春傳云衒嫁不售流弃莫執執並與親義相近此執善亦言親善也 譬之猶執熱之有濯也。將休其手焉。爾雅釋詁云休息也 古者聖王。唯毋得賢人而使之。唯舊本作惟今據王校改毋畢本改毌云毌讀如貫習之貫王云畢改非也毋語詞耳本無意義唯毋得賢人而使之者唯得賢人而使之也若讀毋爲貫習之貫則文不成義矣下篇曰今唯毋以尚賢爲政其國家百姓使國之爲善者勸爲暴者沮又曰然昔吾所以貴堯舜禹湯文王之道者何故以哉以其唯毋臨衆發政而治民使天下之爲善者可而勸也爲暴者可而沮也尚同中篇曰上唯毋立而爲政乎國家爲民正長曰人可賞吾將賞之若苟上下不同義上之所賞則衆之所非上唯毋立而爲政乎國家爲民正長曰人可罰吾將罰之若苟上下不同義上之所罰則衆之所譽下篇曰故唯毋以聖王爲聰耳明目爲豈能一視而通見千里之外哉一聽而通聞千里之外哉非攻中篇曰今師徒唯毋興起冬行恐寒夏行恐暑此不可以冬夏爲者也春則廢民耕稼樹藝秋則廢民穫斂今唯毋廢一時則百姓飢寒凍餒而死者不可勝數節用上篇曰且大人唯毋興師以及伐鄰國久者終年速者數月男女久不相見此所以寡人之道也節葬下篇曰今雖毋法執厚葬久喪者言以爲事乎國家又曰今唯無以厚葬久喪者爲政天志中篇曰故唯毋明乎順天之意奉而光施之天下則刑政治萬民和國家富財用足百姓皆得煖衣飽食便寧無憂非樂上篇曰今王公大人雖無造爲樂器以爲事乎國家又曰今王公大人唯毋處高臺厚榭之上而視之又曰今王公大人唯毋爲樂虧奪民衣食之財以拊樂如此多也又曰今唯毋在乎王公大人說樂而聽之卽必不能蚤朝晏退聽獄治政今唯毋在乎士君子說樂而聽之卽必不能竭股肱之力亶其思慮之智內治官府外收斂關市山林澤梁之利以實倉廩府庫今唯毋在乎農夫說樂而聽之卽必不能蚤出莫入耕稼樹藝多聚菽粟今唯毋在乎婦人說樂而聽之卽必不能夙興夜寐紡績織紝多治麻絲葛緒綑布縿以上諸篇其字或作毋或作無皆是語詞非有實義也孟康注漢書貨殖傳曰無發聲助也管子立政九敗解篇曰人君唯毋聽寢兵則羣臣賓客莫敢言兵人君唯毋聽兼愛之說則視天下之民如其民視國如吾國人君唯無好全生則羣生皆全其生而生又養人君唯無聽私議自貴則民退靜隱伏窟穴就山非世間上輕爵祿而賤有司人君唯無好金玉貨財必欲得其所好則必易之以大官尊位尊爵重祿人君唯毋聽羣徒比周則羣臣朋黨蔽美揚惡人君唯毋聽觀樂玩好則敗人君唯毋聽請謁任譽則羣臣皆相爲請人君唯無聽諂諛飾過之言則敗以上諸條其字或作毋或作無並與墨子同義案王說是也洪說同蘇疑毋爲務字之假借非

般爵以貴之。畢云般讀如頒賜之頒 裂地以封之。終身不厭。賢人唯毋得明君而事之。竭四肢之力。以任君之事。終身不倦。若有美善。則歸之上。是以美善在上。而所怨謗在下。寧樂在君。畢云當爲寧經典通用此 憂慼在臣。故古者聖王之爲政若此。今王公大人。亦欲效人。以尚賢使能爲政。效人謂效古人之爲政也 高予之爵。而祿不從也。夫高爵而無祿。民不信也。曰。此非中實愛我也。假藉而用我也。漢書薛宣朱博傳贊假借用權宋祁校云借蕭該謂本作藉字大戴禮記衞將軍文子篇云使其臣如藉畢云古無借字只用藉說文序有假借字从人俗寫亂之 夫假藉之民。將豈能親其上哉。故先王言曰。貪於政者。畢云貪舊作食一本如此 不能分人以事。厚於貨者。不能分人以祿。事則不與。祿則不分。請問天下之賢人。將何自至乎王公大人之側哉。若苟賢者不至乎王公大人之側。則此不肖者在左右也。不肖者在左右。則其所譽不當賢。而所罰不當暴。王公大人尊此。以爲政乎國家。則賞亦必不當賢。而罰亦必不當暴。若苟賞不當賢而罰不當暴。則是爲賢者不勸。而爲暴者不沮矣。是以入則不慈孝父母。國語齊語云不慈孝於父母不長弟於鄉里王引之云賈子道術篇云親愛利子謂之慈子愛利親謂之孝孝與慈不同而同取愛利之義故孝於父母亦可謂之孝慈莊子漁父篇曰事親則慈孝　出則不長弟鄉里。居處無節。出入無度。節度義同非命上篇云坐處不度出入無節　男女無別。使治官府則盜竊。守城則倍畔。君有難則不死。出亡則不從。使斷獄則不中。分財則不均。與謀事不得。舉事不成。入守不固。出誅不彊。故雖昔者三代暴王。上文云故惟昔三代聖王堯舜禹湯文武之所以王天下正諸侯者王引之云雖卽唯也古字通　桀紂幽厲之所以失措其國家。傾覆其社稷者。王云措字義不可通當是損字之譌大戴記曾子立事篇曰諸侯日且思其四封之內戰戰恐惟失損之損讀爲抎故非命篇作失抎說文抎有所失也　已此故也。畢云古字以已通一本作以非　何則。皆以明小物。而不明大物也。周禮大司徒鄭注云物猶事也　今王公大人。有一衣裳不能制也。必藉良工。有一牛羊不能殺也。必藉良宰。呂氏春秋不苟篇與良宰遺之高注云宰謂膳宰　故當若之二物者。王公大人。未知以尙賢使能爲政也。王云未知當作未嘗不知義見上下文蘇云未知當作未有不知詒讓案未疑本之譌　逮至其國家之亂。社稷之危。則不知使能以治之。蘇云使能上當脫尙賢二字　親戚則使之。無故富貴。面目佼好。則使之。詩陳風月出篇佼人僚兮釋文云佼字又作姣好也畢云佼姣字假音說文云姣好也玉篇云姣音狡妖媚也俞云無故富貴義不可通無乃衍字故富貴謂本來富貴者也不問其賢否而惟故富貴者是使則非尙賢之謂矣上文曰故古者聖王甚尊尙賢而任使能不黨父兄不偏富貴不嬖顏色此云親戚則使之是黨父兄矣故富貴面目佼好則使之是偏富貴而嬖顏色矣後人不達故富貴之義而妄加無字殊失其旨下篇同案無故富貴中下兩篇屢見羣書治要引同無似非衍文俞說未塙竊疑故當爲攻卽攻之借字下篇云其所賞者已無故矣故亦攻之譌可以互證　夫無故富貴。面目佼好。

則使之豈必智且有慧哉。說文心部云慧儇也王云智且慧與前貴且智愚且賤文同一例慧上不當有有字蓋後人所加　若使之治國家。則此使。不智慧者治國家也。國家之亂。既可得而知已。且夫王公大人。有所愛其色而使。據下文下當有之字　其心不察其知。而與其愛。是故不能治百人者。使處乎千人之官。不能治千人者。使處乎萬人之官。此其故何也。曰。處若官者。爵高而祿厚。故愛其色而使之焉。處若舊本倒王云若與故義不相屬若處官者當爲處若官者若官此官也言以處此官者爵高而祿厚故特用其所愛也下文曰雖日夜相接以治若官是其證若與此同義說見上文　夫不能治千人者。使處乎萬人之官。則此官什倍也。夫治之法將日至者也。日以治之。日不什脩。小爾雅廣言云脩長也什脩謂十倍其長　知以治之。知不什益。而予官什倍。則此治一而棄其九矣。雖日夜相接。以治若官。官猶若不治。此其故何也。則王公大人不明乎以尚賢使能爲政也。故以尚賢使能爲政而治者。夫若言之謂也。王云夫亦此也詒讓案此夫對吾爲文疑當訓彼漢書賈誼傳顏注云夫猶彼人耳　以下賢爲政而亂者。下賢下當有不使能之語而今挩之　若吾言之謂也。若吾言疑亦當作吾若言　今王公大人中實將欲治其國家。欲脩保而勿失。胡不察尚賢爲政之本也。且以尚賢爲政之本者。亦豈獨子墨子之言哉。此聖王之道。先王之書。距年之言也。畢云距年下篇作豎年猶云遠年案畢說未塙　傳曰。求聖君哲人。以裨輔而身。國語晉語云裨輔先君韋注云裨補也此下篇云睎夫聖武知人以屏輔爾身文義較詳備此約述之裨輔不當有聖君君蓋亦武之譌蘇云伊訓云敷求哲人俾輔于爾後嗣與此略同詒讓案伊訓僞孔傳云布求聖智使師輔於爾嗣王言仁及後世　湯誓曰。書敍云伊尹相湯伐桀升自陑遂與桀戰于鳴條之野作湯誓今湯誓無此文僞古文攗此爲湯誥謬　聿求元聖。與之戮力同心。湯誥僞孔傳云聿遂也大聖陳力謂伊尹孔疏云戮力猶勉力也案說文力部云勠幷力

也䝨勸之借字

以治天下。蘇云今書湯誥篇無同心以下六字

則此言聖之不失以尚賢使能爲政也。聖下當有王字

故古者聖王唯能審以尚賢使能爲政。無異物雜焉。天下皆得其利。道藏本作列案上篇云列德而尚賢又云以德就列則此云皆得其列或謂尊卑賢否皆得其等無僭越列也此亦義得通而不及作利之長故今不據改

古者舜耕歷山。史記五帝本紀同畢云史記集解云鄭玄曰在河東水經注云河東郡南有歷山謂之歷觀舜所耕處也有舜井嬀汭二水出焉二說在今山西永濟縣高誘注淮南子云歷山在泲陰成陽也一曰濟南歷城山也水經注又云周處風土記曰記云耕於歷山而始寧剡二縣界上舜所耕田於山下多柞樹吳越之間名柞爲櫪故曰歷山與鄭說異括地志云蒲州河東縣歷山南有舜井又云越州餘姚縣有歷山舜井濮州雷澤縣有歷山舜井二所又有姚墟云生舜處也及嬀州歷山舜井皆云舜所耕處未詳也案說各不同

陶河瀕。呂氏春秋愼人篇云陶於河濱高注云陶作瓦器史記五帝本紀瀕亦作濱畢云此古濱字見說文史記集解云皇甫謐曰濟陰定陶西南陶丘亭是也正義曰按於曹州濱河作瓦器也括地志云陶城在蒲州河東縣北三十里卽舜所都也南去歷山不遠或耕或陶所在則可何必定陶方得爲陶也舜之陶也斯或一焉按守節說本水經注是也雷澤則亦以山西永濟說爲強也詒讓案水經濟水注云陶丘墨子以爲釜丘也今檢勘全書無釜丘之文疑古本此文或作陶釜丘矣

漁雷澤。史記五帝本紀同畢云太平御覽玉海引作濩澤地理志河東郡有濩澤應劭曰澤在西北通典云澤州陽城縣有濩澤水史記集解云鄭玄曰雷夏兗州澤今屬濟陰案今山西永濟縣南四十里雷首山下有澤亦云舜所漁也王云雷澤本作濩澤此後人習聞舜漁雷澤之事而以其所知改其所不知也漢書地理志河東郡濩澤縣應劭曰有濩澤在西北穆天子傳天子四日休于濩澤郭璞曰今平陽濩澤縣是也濩音穫水經沁水注曰濩澤水出濩澤城西白㵎渠東逕濩澤墨子曰舜漁濩澤又東逕濩澤縣故城南蓋以澤氏縣也初學記州郡部正文出舜澤二字注曰墨子曰舜漁于濩澤在濩澤縣西今本初學記作雷澤與注不合明是後人所改又元和郡縣志河東道下太平寰宇記河東道下太平御覽州郡部九路史疏仡紀引墨子竝作濩澤是墨子自作濩澤與他書作雷澤者不同濩澤在今澤州府陽城縣西嶕嶢山下下篇漁於雷澤亦後人所改

堯得之服澤之陽。服澤詳上篇

舉以爲天子。

與接天下之政。治天下之民。伊摯有莘氏女之私臣。詩商頌長發孔疏引鄭康成書注云伊尹名摯湯以爲阿衡以尹天下故曰伊尹史記殷本紀云伊尹名阿衡欲奸湯而無由乃爲有莘氏媵臣負鼎俎以滋味說湯索隱云孫子兵書伊尹名摯孔安國亦曰伊摯然解者以阿衡爲官名非名也案孫子用閒篇云殷之興也伊摯在夏卽小司馬所本也伊摯亦見楚辭離騷天問二篇畢云莘漢書作㜪玉篇㜪嫀二同色臻切有㜪國說文云呂不韋曰有侁氏以伊尹併女案呂氏春秋本味云有侁氏女子採桑得嬰兒於空桑之中獻之其君其君令烰人養之長而賢湯聞伊尹使人請之有侁氏有侁氏不可伊尹亦欲歸湯於是請取婦爲婚有侁氏喜以伊尹爲媵送女高誘曰侁讀曰莘有莘在今河南陳留縣括地志云古莘國在汴州陳留縣東五里故莘城是也陳留風俗傳云陳

留外黃有華邑亭本宋地華氏邑也或云在陝西郃陽非親爲庖人。周禮天官庖人鄭注云庖之言苞也裹肉曰苞苴說文广部云庖廚也莊子庚桑楚篇云伊尹以胞人籠湯呂氏春秋本味篇作烰人胞烰並庖之借字湯得之。舉以爲己相。與接天下之政。治天下之民。傅說被褐帶索。庸築乎傅巖。畢云庸史記索隱引作傭孔安國書傳云傅巖在虞虢之界史記索隱云在河東太陽縣又夏靖書云猗氏六十里河西岸吳阪下便得隱穴是說所潛身處也案今在山西平陸縣東二十五里詒讓案賈誼傳索隱引被作衣乎作于義並通書敍云高宗夢得說使百工營求諸野得諸傅巖孔疏引馬融云高宗始命爲傅氏又鄭康成云得諸傅巖高宗因以傅命說爲氏說文旻部引書敍釋之云傅巖巖穴也僞古文說命云說築傅巖之野僞孔傳云傅氏之巖在虞虢之界通道所經有澗水壞道常使胥靡刑人築護此道說賢而隱代胥靡築之以供食孔疏引皇甫謐云高宗夢天賜賢人胥靡之衣蒙之而來且曰我徒也姓傅名說明以夢示百官百官皆非也乃使百工寫其形象求諸天下果見築者胥靡衣褐帶索執役於虞虢之間傅巖之野名說以其得之傅巖謂之傅說水經河水注云沙澗水出虞山東南逕傅巖歷傅說隱室前俗謂之聖人窟史記殷本紀傅巖作傅險音近字通武丁得之。舉以爲三公。國語楚語云武丁使以象夢求四方之賢聖得傅說以來升以爲公韋注云公三公也史記殷本紀云武丁得而與之語果聖人舉以爲相殷國大治與接天下之政。治天下之民。此何故始賤卒而貴。始貧卒而富。則王公大人明乎以尚賢使能爲政。是以民無飢而不得食。寒而不得衣。勞而不得息。亂而不得治者。故古聖王。以審以尚賢使能爲政。而取法於天。雖天亦不辯貧富貴賤遠邇親疏。賢者舉而尚之。不肖者抑而廢之。然則富貴爲賢。以得其賞者。誰也。曰若昔者三代聖王。堯舜禹湯文武者。是也。所以得其賞。何也。曰其爲政乎天下也。兼而愛之。從而利之。又率天下之萬民。以尚尊天事鬼。愛利萬民。是故天鬼賞之。立爲天子。以爲民父母。萬民從而譽之曰聖王。至今不已。則此富貴爲賢。以得其賞者也。然則富貴爲暴。以得其罰者。誰也。曰若昔者三代暴王。桀紂幽厲者。是也。何以知其然也。曰。其爲政乎天下也。兼而憎之。從而賊之。賊舊本譌賤王云賤當爲賊字之誤也尙同篇則是上下相賊也天志篇上詬天中詬鬼下賊人非儒篇是賊天下之人者也今本賊字竝誤作賤此言桀紂幽厲之爲政乎天下兼萬民而憎惡之又從而賊害之非謂賤其民也上文云堯舜禹湯文武之爲政乎天下也兼而愛之從而利之愛利與憎賊正相反天志篇曰堯舜禹湯文武之兼愛天下也從而利之桀紂幽厲之兼惡天下也從而賊之故知賤爲賊之誤案王說是也今據正又率天下之民以詬天侮鬼。賊傲萬民。賊舊本亦譌賤王云賤亦當爲賊傲當爲殺說文敖字本作數殺字古文作數二形相似敖誤爲敖又誤爲傲耳墨子多古字後人不識故傳寫多誤此說桀紂幽厲之暴虐故曰詬天侮鬼賊殺萬民非謂其賤傲萬民也上文言堯舜禹湯文武尊天事鬼愛利萬民愛利與賊殺亦相反法儀篇曰禹湯文武兼愛天下之百姓率以尊天事鬼其利人多桀紂幽厲兼惡天下之百姓率以詬天侮鬼其賊人多故知賤傲爲賊殺之誤魯問篇賊敖百姓太平御覽兵部七十七引賊敖作賊殺是其明證也案王說是也今並據正是故天鬼罰之。使身死而爲刑戮。子孫離散。家室喪滅。絕無後世。萬民從而非之。曰暴王。至今不已。則此富貴爲暴。而以得其罰者也。然則親而不善。以得其罰者。誰也。曰。若昔者伯鯀。帝之元子。大戴禮記五帝德篇云禹高陽之孫鯀之子也帝繫篇云顓頊產鯀史記夏本紀云鯀之父曰帝顓頊三代世表亦云顓頊生鯀索隱云皇甫謐云鯀帝顓頊之子字熙系本亦以鯀爲顓頊子漢書律厤志則云顓頊五代而生鯀按鯀即仕堯與舜代系殊懸舜即顓頊六代孫則鯀非是顓頊之子蓋班氏之言近得其實案小司馬說於理近是漢志亦引帝繫而與今本大戴禮舛異楚辭離騷王注引帝繫及淮南子原道訓高注說並與漢志同吳越春秋越王無余外傳亦以鯀爲顓頊之後山海經則云黃帝生駱明駱明生白馬白馬是爲鯀則又以鯀爲黃帝之孫諸文互錯此書云帝之元子疑墨子於鯀之世系亦同世本說未能審校其年代也廢帝之德庸。既乃刑之于羽之郊。左傳襄二十五年杜注云庸用也書堯典孟子萬章篇史記五帝本紀並云殛鯀於羽山晉語韋注云殛放而殺也楚辭天問云永遏在羽山夫何三年不施王注云言堯長放鯀於羽山絕在不毛之地三年不舍其罪也案此刑亦謂放故下云乃熱照無有及也山海經云殺鯀於羽郊亦謂鯀放而死也畢云郭璞注山海經云今東海祝其縣西南有羽山案在今山東蓬萊縣詒讓案史記正義引括地志云羽山在沂州臨沂縣乃熱照無有及也。畢云言其罪績用弗成亦正見有所不及耳案此似言幽囚之日月所不照畢說殊繆帝亦不愛。則此親而不善。以得其罰者也。然則天之所使能者。誰也。曰。若昔者禹稷皋陶是也。何以知其然也。先王之書。呂刑道之。書敍云呂命穆王訓夏贖刑作呂刑曰。皇帝清問下民。有辭有苗。書釋文引馬融云清問清訊也僞孔安國傳云帝堯詳問民患皆有辭怨於苗民孔疏引鄭康說亦以此皇帝爲堯畢云孔書作鰥寡有辭于苗曰羣后之肆在下。畢云肆孔書作逮孫星衍云說文云肆極陳也詒讓案肆正字作隸與逮聲類同古通用此肆即逮之叚字僞孔傳云羣后諸侯之逮在下國明明不常。畢云孔書不作棐傳云輔据此當作匪孫星衍云不常言非常明察案明明謂明顯有明德之人不常猶言立賢無方也書作棐者匪之叚字匪不義同畢說得之僞孔傳云皆以明明大道輔行常法非經義孫說亦非鰥寡不蓋。今書羣后以下十四字在皇帝清問下民上僞孔傳云使鰥寡得所無有掩蓋德威維威。畢云孔書作畏詒讓案維孔書作惟下同禮記表記引甫刑二畏字亦並作威與此同德明維明。僞孔傳云言堯監苗民之見怨則又增脩其德行威則民畏服明賢則德明人所以無能名焉表記鄭注云德所威則人皆畏之言服罪也德所明則人皆尊寵之言得人也乃名三后。名命通說文口部云名自命也畢云孔書名作命恤功於民。僞孔傳云堯命三君憂功於民伯夷降典。哲民維刑。書釋文引馬融云折智也王引之云折之言制也折正字哲借字畢云孔書哲作折詒讓案僞孔傳云伯夷下典禮教民而斷以法漢書刑法志引折作悊悊哲字同與此書合禹平水土。主名山川。僞孔傳云禹治洪水山川無名者主名之稷隆播種。隆依畢本呂刑改爲降王云古者降與隆通不煩改字非攻篇天命融隆火于夏之城亦以隆爲降喪服小記注以不貳降釋文降一本作隆荀子賦篇皇天隆物以示下民隆即降字魏策休祲降於天會劉本作休烈隆於天說文隆從生降聲書大傳隆谷鄭注隆讀如厖降之降是隆降古同聲故隆字亦通作降荀子天論篇隆禮尊賢而王韓詩外傳隆作降史記司馬相如傳業隆於繦褓漢書隆作降淮南泰族篇攻不待衝降而拔衝降即衝隆案王說是也今不據改農殖嘉穀。僞孔傳云后稷下降民播種農畝生善穀孫星衍云農者廣雅釋詁云勉也殖者文選藉田賦注引蒼頡篇云種也案王說是也王念孫劉逢祿說同三后成功。維假於民。畢云假一本作殷孔書亦作殷王鳴盛云疑隸變相似而誤詒讓案僞孔傳云各成其功惟所以殷盛於民言禮教備衣食足此作假蓋與叚通士冠禮釋文云叚本或作假爾雅釋詁云叚大也禮記郊特牲云叚長也說文古部云叚大遠也維叚於民言其功施於民者大且遠下文所謂萬民被其利也王應麟漢書藝文志考證引墨子亦作假則宋本固如是今本或作殷乃據孔書改非其舊也則此言三聖人者。謹其言。愼其行。精其思慮。索天下之隱事遺利。以上事天。則天鄉其德。畢云鄉讀如向案鄉當讀爲享明鬼下篇云帝享女明德畢讀非下施之萬民。萬民被其利。終身無已。故先王之言曰。此道也。大用之天下則不窕。舊本誤究畢云一本作窕非王云作窕是也詒讓案尚同中篇亦云大用之治天下不窕今據正管子宙合篇其處大也不窕今本亦誤究與此正同說詳尚同中篇小用之則不困。

脩用之則萬民被其利，終身無已。周頌道之曰：聖人之德。若天之高。若地之普。其有昭於天下也。若地之固。若山之承。承與丞通。說文収部云丞翊也从卄从卩从山山高奉承之義若山之承亦言如山之高也不坼不崩。若日之光。若月之明。與天地同常。常猶言保守也詩魯頌閟宮篇魯邦是常鄭箋云常守也俞云此文疑有錯誤當云聖人之德昭於天下若天之高若地之普若山之承不坼不崩若日之光若月之明與天地同常蓋首四句下皆隔句爲韻中二句承崩末三句光明常皆每句協韻昭於天下句傳寫脫去而誤補於若地之普下則首二句無韻矣又增其有也三虛字則非頌體矣既云若天之普又云若地之固重複無義故知其錯誤也 則此言聖人之德章明博大。埴固以脩久也。淮南子泰族訓云勇者可令埴固畢云埴訓黏土堅牢之意 故聖人之德。蓋總乎天地者也。今王公大人。欲王天下。正諸侯。正長也詳親士篇 夫無德義。將何以哉。其說將必挾震威彊。今王公大人。將焉取挾震威彊哉。傾者民之死也。此家上將焉取挾震威彊爲問辭傾者者爲諸之省也古與邪當通漢書田蚡傳欲以傾諸將相顏注云傾謂踰越而勝之也此云傾諸民之死亦言驅民使必死以相傾也 民生爲甚欲。死爲甚憎。所欲不得。而所憎屢至。畢云屢即屨字省文史記或作屨漢書或作婁皆訓數 自古及今。未有嘗能有以此王天下正諸侯者也。蘇云上有衍字 今大人欲王天下。正諸侯。將欲使意得乎天下。名成乎後世。故不察尚賢爲政之本也。政上舊本挩爲字王據上文補故亦與胡同畢云當云不可不察非 此聖人之厚行也。

尚賢下第十

子墨子言曰。天下之王公大人，皆欲其國家之富也。人民之衆也。刑法之治也。然而不識以尚賢爲政其國家百姓，王公大人。本失尚賢爲政之本也。若苟王公大人，本失尚賢爲政之本也。則不能毋舉物示之乎。今若有一諸侯於此。爲政其國家也。曰。凡我國能射御之士。我將賞貴之。不能射御之士。我將罪賤之。問於若國之士。孰喜孰懼。我以爲必能射御之士喜。不能射御之士懼。我賞因而誘之矣。 賞當爲嘗嘗試也此句爲下文發端書中嘗字多譌爲賞詳尚同下篇 曰。凡我國之忠信之士。我將賞貴之。不忠信之士。我將罪賤之。問於若國之士。孰喜孰懼。我以爲必忠信之士喜。不忠不信之士懼。今惟毋以尚賢爲政其國家百姓。 畢本毋改毋云毋同慣下同案畢校非也毋語詞說詳中篇 使國爲善者勸。爲暴者沮。大以爲政於天下。 畢云大一本作夫 使天下之爲善者勸。爲暴者沮。然昔吾所以貴堯舜禹湯文武之道者。何故以哉。以其唯毋臨衆發政而治民。使天下之爲善者可而勸也。 畢云高誘注淮南子云而能也古通陳壽祺說同王云可而猶可以也下文曰上可而利天中可而利鬼下可而利民與此文同一例案王說是也尚同下篇云尚用之天子可以治天下矣中用之諸侯可而治其國矣下用之家君可而治其家矣上句作可以下二句並作可而可證 爲暴者可而沮也。然則此尚賢者也。與堯舜禹湯文武之道同矣。而今天下之士君子。居處言語皆尚賢。逮至其臨衆發政而治民。莫知尚賢而使能。我以此知天下之士君子。明於小而不明於大也。 上於字舊本挩今據羣書治要增與下文合 何以知其然乎。 治要作也 今王公大人。有一牛羊之財 畢云同材 不能殺。必索良宰。有一衣裳之財不能制。必索良工。當王公大人之於此也。雖有骨肉之親。無故富貴。 無疑當爲毋下同詳中篇 面目美好者。實知其不能也。不使之也。是何故。恐其敗財也。當王公大人之於此也。則不失尚賢而使能。王公大人。有一罷馬不能治。罷治要作疲下同案罷疲字同國語齊語云天下諸侯罷馬以爲幣韋注云罷不任用也管子小匡篇作疲馬尹知章注云疲謂瘦也必索良醫。有一危弓不能張。考工記弓人云豐肉而短寬緩以荼若是者爲之危弓鄭注云危猶疾也必索良工。當王公大人之於此也。雖有骨肉之親。無故富貴。面目美好者。實知其不能也。實治要作誠必不使。是何故。恐其敗財也。當王公大人之於此也。則不失尚賢而使能。逮至其國家則不然。逮至治要作至建王公大人骨肉之親。無故富貴面目美好者。則舉之。則王公大人之親其國家也。親疑並當作視不若親其一危弓罷馬衣裳牛羊之財與。下句其字治要無我以此知天下之士君子。皆明於小而不明於大也。畢云舊脫明字一本有案道藏本季本並有此譬猶瘖者而使爲行人。說文疒部云瘖不能言也聾者而使爲樂師。是故古之聖王之治天下也。其所富。其所貴。未必王公大人骨肉之親。無故富貴●面目美好者也。是故昔者舜耕於歷山。陶於河瀕。漁於雷澤。當作濩澤說詳上篇灰於常陽。畢云疑即恒山之陽洪云灰當是販字之譌尚書大傳販於頓丘史記五帝本紀就時於負夏索隱就時猶逐時若言乘時射利也義亦與販相近俞云灰疑反字之誤反者反販之叚字販從反聲古文以聲爲主故止作反也堯得之服澤之陽。立爲天子。使接天下之政。而治天下之民。昔伊尹爲莘氏女師僕。畢云僕佚也女師見詩云言告師氏王云僕即佚之譌此謂有莘氏以伊尹媵女非以爲僕也說文佚送也呂不韋曰有侁氏以伊尹佚女侁莘同今本呂氏春秋本味篇佚作媵經傳皆作媵而佚字罕見唯墨子書有之而字形與僕相似因譌而爲僕淮南時則篇其曲佚今本佚作撲誤與此同俞云師當爲私聲之誤僕猶臣也禮記禮運篇仕於公曰臣仕於家曰僕是臣僕一也私僕猶曰私臣中篇曰伊摯有莘氏女之私臣案王說近是使爲庖人。湯得而舉之。立爲三公。使接天下之政。治天下之民。昔者傳說。居北海之洲。畢云書正義云尸子云傅巖在北海之洲孔傳云傅巖在虞虢之界洲當爲州詒讓案虞虢界近南河距北海絕遠墨子尸子說蓋與漢晉以後地理家異圜土之上。畢云史記殷本紀云說爲胥靡築於傅險孔傳云說賢而隱代胥靡築之以供食故此云圜土也詒讓案呂氏春秋求人篇亦云傳說殷之胥靡也周禮大司徒鄭注云圜土謂獄也獄城圜又比長注云圜土者獄城也獄必圜者規主仁以仁心求其情古之治獄者閔於出之釋名釋宮室云獄又謂之圜土言築土表牆其形圜也月令孔疏引鄭記崇精問曰獄周曰圜土殷曰羑里夏曰均臺案周以圜土爲繫治罷民之獄據此書則殷時已有圜土之名不自周始矣 衣褐帶索。庸築於傅巖之城。武丁得而舉之。立爲三公。使之接天下之政。而治天下之民。是故昔者堯之舉舜也。湯之舉伊尹也。武丁之舉傅說也。豈以爲骨肉之親。無故富貴。面目美好者哉。惟法其言。惟治要作唯 用其謀。行其道。上可而利天。而猶以也畢云而同能非 中可而利鬼。下可而利人。是故推而上之。古者聖王既審尚賢。欲以爲政。故書之竹帛。琢之槃盂。爾雅釋器云雕謂之琢韓非子大體篇云至安之世不著名於圖書不錄功於盤盂 傳以遺後世子孫。於先王之書。呂刑之書然。王曰。於。畢云孔書作吁詒讓案僞孔傳云吁歎也釋文引馬融本作于云于於也 來。有國有土。孔傳云有國土諸侯畢云孔書國作邦詒讓案史記周本紀亦作國 告女訟刑。段玉裁云訟刑公刑也古訟公通用畢云孔書女作爾訟作詳王鳴盛云墨子作訟从詳而傳寫誤案王說是也今書又改作祥孔傳云告汝以善用刑之道周禮大宰大司寇鄭注引並作詳後漢書劉愷傳李注引鄭書注云詳審察之也此訟疑即詳之誤 在今而安百姓。畢云孔書而作爾是 女何擇言人。畢云孔書無安字作何擇非人王引之云言當爲否篆書否字作吾言字作𧥢二形相似隸書否字或作吾言字或作音亦相似故否誤爲言否與不古字通故下二句云何敬不刑何度不及也今書作何擇非人何敬非刑何度非及非否不竝同義段玉裁云言人當是吉人之譌謂何擇非吉人乎家上苗民罔擇吉人言之案王說是也 何敬不刑。何度不及。孔傳云在今爾安百姓兆民之道當何所擇非惟吉人乎當何所敬非惟五刑乎當何所度非惟及世輕重所宜乎釋文引馬融云度造謀也案以此下文推之則墨子訓不及爲不及堯舜禹湯文武之道猶言何慮其不能逮也與孔說異畢云孔書兩不字作非 能擇人而敬爲刑。堯舜禹湯文武之道可及也。是何也。則以尚賢及之。於先王之書。豎年之言然。曰。畢云豎距字假音 晞夫聖武知人。畢云晞疑當从目蘇云晞當從口作唏唏大嘆詞猶嗚呼也案畢說是也說文目部云睎望也聖武謂聖人與武人也知與智通逸周書皇門篇云乃方求論擇元聖武夫羞于王所 以屏輔而身此言先王之治天下也。必選擇賢者以爲其羣屬輔佐。曰今也天下之士君子皆欲富貴而惡貧賤。之舊本譌言王云言當爲之今天下之士君子皆欲富貴而惡貧賤又見下文草書言與之相似故之譌爲言 曰然女何爲而得富貴而辟貧賤。畢云辟同避 莫若爲賢。爲賢之道將奈何。曰有力者疾以助人。有財者勉以分人。有道者勸以教人。若此則飢者得食。寒者得衣。亂者得治。若飢則得食。寒則得衣。亂則得治。此安生生。王引之云安猶乃也言如此乃得生生也 今王公大人其所富。其所貴。皆王公大人骨肉之親。無故富貴。面目美好者也。今王公大人骨肉之親。無故富貴面目美好者。焉故必知哉。論語子路皇侃義疏云焉猶何也顏之推家訓音辭篇引葛洪字苑云焉字訓何訓安音於愆反 若不知使治其國家。則其國家之亂。可得而知也。今天下之士君子。皆欲富貴而惡貧賤。然女何爲而得富貴而辟貧賤哉。曰莫若爲王公大人骨肉之親。無故富貴面目美好者。舊本捝此八字王據上下文補今從之 王公大人骨肉之親。無故富貴面目美好者。此非可學能者也。王校能上增而字 使不知辯。舊本捝知字今據道藏本補 德行之厚。若禹湯文武。不加得也。王公大人骨肉之親。躄瘖聾暴爲桀紂。不加失也。說文止部云壁人不能行也呂氏春秋盡數篇高注云躄不能行也躄卽壁之或體躄瘖聾皆廢疾不宜與暴並舉且荀子非相篇稱桀紂長巨姣美則必無此諸疾疑聾下捝一字下暴爲桀紂自爲句爲又如之譌二字草書相近躄瘖聾言其有惡疾暴如桀紂言其有惡行也又案聾下或捝瞽字辯柱篇亦云聾瞽 是故以賞不當賢。罰不當暴。其所賞者已無故矣。王云故乃攻字之譌攻故字相似又涉上文無故富貴而譌攻卽功字也無功與無罪對文 其所罰者。亦無罪。是以使百姓皆攸心解體。畢云攸一本作放詒讓案攸與悠通言悠忽也淮南子修務訓高注云悠忽游蕩輕

物也

沮以為舍。垂其股肱之力。垂義不可通字當作舍草書二字形近而誤俞同中篇云至乎舍餘力不以相勞隱匿良道不以相教腐殏餘財不以相分與此文意正同節葬下篇亦云無敢舍餘力隱謀遺利而不為親為之者矣此以下六句即舍力遺利隱謀之事

而不相勞來也。爾雅釋詁云勞來勤也孟子滕文公篇云勞之來之史記周本紀云武王曰日夜勞來定我西土說文力部云勑勞勑也勞來即勞勑

腐臭餘財。畢云臭殠省文

而不相分資也。戰國策齊策高誘注云資與也莊子大宗師篇郭象注云資者給濟之謂

隱匿良道。俞同上中並作隱慝良道畢云慝即匿字異文隱慝之字亦寫从心知經典慝惡字即匿也

而不相教誨也。若此則飢者不得食。寒者不得衣。亂者不得治。舊本挩此十二字王據上文補今從之

推而上之以。王云此五字與上下文義不相屬蓋涉上文推而上之而衍

是故昔者堯有舜。舜有禹。禹有皋陶。湯有小臣。此即上文所謂伊尹為有莘氏女師梜也楚辭天問云成湯東巡有莘爰極何乞彼小臣而吉妃是得王注云小臣謂伊尹也呂氏春秋尊師篇云湯師小臣高注云小臣謂伊尹

武王有閎夭泰顛南宮括散宜生。閎夭泰顛南宮括散宜生並見書君奭篇散宜生亦見孟子盡心篇趙注云散宜生文王四臣之一也散宜生有文德而為相大戴禮記帝繫篇云堯娶於散宜氏之女散宜蓋以國為氏也畢云紂拘文王於羑里於是散宜生乃以千金求天下之珍怪得騶虞雞斯之乘玄玉百工大貝百朋玄豹黃羆青豻白虎文皮千合以獻于紂以費仲而通紂見而悅之乃免其身殺牛而賜之見淮南子道應訓

而天下和。庶民阜。是以近者安之。遠者歸之。日月之所照。舟車之所及。雨露之所漸。廣雅釋詁云漸漬也

粒食之所養。王云自而天下和至此凡三十七字舊本誤入下文國家百姓之利之下今移置於此案王校是也今依乙正粒食謂食穀之人小爾雅廣物云穀謂之粒書益稷云烝民乃粒僞孔傳云米食曰粒天志上篇云四海之內粒食之民王制云西方曰戎被髮衣皮有不粒食者矣北方曰狄衣羽毛穴居有不粒食者矣

得此莫不勸譽。且今天下之王公大人士君子。中實將欲為仁義。求為上士。上欲中聖王之道。下欲中國家百姓之利。王云自得此莫不勸譽至此凡四十五字舊本誤入上文而天下和之上今移置於此得此莫不勸譽舊本脫莫字今補求為上士舊本脫上字今據各篇補案王校是也今依乙補

故尚賢之為說。而不可不察此者也。治要作是故尚賢之為說不可不察也

尚賢者。天鬼百姓之利。而政事之本也。

墨子閒詁卷三

尚同上第十一

尚亦與上同漢書藝文志作上同注如淳云言皆同可以治也趙岐孟子章指云墨子元同質而違中亦指此畢云楊倞注荀子尚作上

子墨子言曰。古者民始生。未有刑政之時。道藏本刑作形字通蓋其語人異義。俞云此本作古者民始生未有政長之時蓋其語曰天下之人異義中篇文同可據訂是以一人則一義。二人則二義。十人則十義。其人茲衆。其所謂義者亦茲衆。蘇云茲滋古通用是書皆作滋詒讓案說文艸部云茲艸木多益水部云滋益也古正作茲今相承作滋是以人是其義。以非人之義。故交相非也。是以內者父子兄弟作怨惡。畢云非也是舊作非是也字倒今以意改離散不能相和合。天下之百姓。皆以水火毒藥相虧害。小爾雅廣言云虧損也至有餘力不能以相勞。爾雅釋詁云勞勤也孟子滕文公篇趙注云共井之家各相營勞也即此相勞之義腐㱙餘財。不以相分。尚賢下作腐臭餘財臭㱙亦聲近畢云舊本㱙俱作列非說文云㱙腐也隱匿良道。不以相教。天下之亂。若禽獸然。夫明乎天下之所以亂者。說文虍部云虖哮虖也此借爲乎字生於無政長。畢云政當爲正是故選天下之賢可者。王云選下有擇字而今本挩之下文即中下二篇皆作選擇太平御覽皇王部二引此同立以爲天子。天子立。以其力爲未足。又選擇天下之賢可者。置立之以爲三公。天子三公既以立。以已通以天下爲博大。遠國異土之民。是非利害之辯。不可一二而明知。故畫分萬國。畢云說文云畫界也立諸侯國君。諸侯國君既已立。以其力爲未足。又選擇其國之賢可者。置立之以爲正長。爾雅釋詁云正長也書立政云立民長伯立政政與正同此正長即中篇所云左右將軍大夫即鄉里之長與上文正長通天子諸侯言者異淮南子脩務訓云且古之立帝王者非以奉養其欲也聖人踐位者非以逸樂其身也爲天下強掩弱衆暴寡詐欺愚勇侵怯懷知而不以相教積財而不以相分故立天子以齊一之爲一人聰明而不足以徧燭海內故立三公九卿以輔翼之絕國殊俗僻遠幽閒之處不能被德承澤故立諸侯以教誨之是以地無不任時無不應官無隱事國無遺利蓋本此書 正長既已具。天子發政於天下之百姓。言曰。聞善而不善。畢云而與如同王引之云而猶與也言善與不善也而與之轉故莊子外物篇與其譽堯而非桀大宗師篇與作而 皆以告其上。上之所是。必皆是之。所非。必皆非之。上有過則規諫之。下有善則傍薦之。畢云則一本作必案傍與訪通王訓爲徧非也義詳中篇 上同而不下比者。樂記鄭注云比猶同也 此上之所賞。而下之所譽也。意若聞善而不善。不以告其上。上之所是弗能是。上之所非弗能非。上有過弗規諫。下有善弗傍薦。下比不能上同者。此上之所罰。而百姓所毁也。韓非子難三篇云明君求善而賞之求姦而誅之其得之一也故以善聞之者以說善同於上者也以姦聞之者以惡姦同於上者也此宜賞譽之所及也不以姦聞是異於上而下比周於姦者也此宜毁罰之所及也與此說略同 上以此爲賞罰。甚明察以審信。甚舊本譌其王云其當爲甚甚明察以審信見中篇案王校是也今據正 是故里長者。里之仁人也。此里爲鄉之屬別與周禮地官六鄉所屬里異 里長發政里之百姓。言曰。聞善而不善。必以告其鄉長。鄉長之所是。必皆是之。鄉長之所非。必皆非之。去若不善言。學鄉長之善言。去若不善行。學鄉長之善行。則鄉何說以亂哉。察鄉之所治者何也。所下據下文當有以字 鄉長唯能壹同鄉之義。壹中下篇並作一字通 是以鄉治也。鄉長者。鄉之仁人也。鄉長發政鄉之百姓。言曰。聞善而不善者。必以告國君。國君之所是。必皆是之。國君之所非。必皆非之。去若不善言。學國君之善言。去若不善行。學國君之善行。則國何說以亂哉。察國之所以治者何也。國君唯能壹同國之義。是以國治也。國君者。國之仁人也。國君發政國之百姓。言曰。聞善而不善。必以告天子。天子之所是皆是之。天子之所非。皆非之。去若不善言。學天子之善言。去若不善行。學天子之善行。則天下何說以亂哉。察天下之所以治者何也。天子唯能壹同天下之義。是以天下治也。天下之百姓。皆上同於天子。而不上同於天。子舊本作一蘇云一當作子俞云而字乃夫字之誤夫字篆書作夵與而相似故誤一夫不上同於天謂有一夫不與天同也尚同下篇使天下之民若使一夫以一夫對天下之民言與此一律可證戴云依中篇夫既上同乎天子云云當如蘇說案蘇戴校是也今據正則菑猶未去也。菑上依中篇當有天字畢云菑巛字之假音菑不耕田也見說文今若天飄風苦雨。王云今若天天當為夫夫與天字相似篇內又多天字故夫誤為天今若夫猶言今夫兼愛篇曰今若夫攻城野戰殺身而為名此天下百姓之所皆難也又曰今若夫兼相愛交相利此自先聖六王者親行之又曰今若夫兼相愛交相利此其有利且易為也不可勝計也鴻烈覽冥篇曰今若夫申韓商鞅之為治也皆其證矣案王說亦通但中篇云故當若天降寒熱不節雪霜雨露不時五穀不孰六畜不遂疾菑戾疫飄風苦雨荐臻而至者此天之降罰也則此天字之非譌文爾雅釋言云迴風為飄詩大雅何人斯毛傳云飄風暴起之風釋文云疾風也左莊四年傳云春無淒風秋無苦雨杜注云暴雨為人所患苦禮記月令云苦雨數至五穀不滋溱溱而至者。畢云溱同臻太平御覽作臻史記三王世家云西溱月氏正義云溱音臻詒讓案溱溱言風雨之盛也詩小雅無羊云室家溱溱毛傳云溱溱衆也廣雅釋言云蓁蓁盛也溱蓁聲同字通中篇作薦臻此天之所以罰百姓之不上同於天者也。是故子墨子言曰。古者聖王為五刑。請以治其民。俞云請字衍文古者聖王為五刑以治其民十一字為一句中篇曰昔者聖王制為五刑以治天下是其證也案請與誠通此書誠多作請詳下篇俞以為衍文非譬若絲縷之有紀。畢云說文云紀絲別也詒讓案紀本義為絲別引申之詩之統總亦為紀說文糸部云統紀也禮記樂記鄭注云紀總要之名也禮器云紀散而衆亂注云絲縷之數有紀罔罟之有綱。畢云說文云綱維紘繩也所連收天下之百姓。不尚同其上者也。俞云所下奪以字所以連收天下之百姓不尚同其上者也若無以字則不成義中篇曰將以運役天下淫暴而一同其義也彼云將以此云所以文法雖異而實同

尚同中第十二

子墨子曰。方今之時。復古之民始生。未有正長之時。易雜卦傳云復反也謂反而考之古之民始生之時蓋其語曰。天下之人異義。是以一人一義。十人十義。百人百義。其人數茲衆。其所謂義者亦茲衆。是以人是其義。而非人之義。故相交非也。戴云當從上篇作交相非也內之父子兄弟作怨讎。皆有離散之心。不能相和合。至乎舍餘力不以相勞。隱匿良道。不以相教。腐歾餘財。不以相分。畢云歾舊作列見上天下之亂也。至如禽獸然。無君臣上下長幼之節。父子兄弟之禮。是以天下亂焉。明乎民之無正長以一同天下之義。而天下亂也。是故選擇天下賢良聖知辯慧之人。立以爲天子。使從事乎一同天下之義。天子既以立矣。以爲唯其耳目之請。畢云請當爲情下同顧云史記樂書情文俱盡徐廣曰古情字或假作請諸子中多有此比洪云列子說符篇發於此而應於外者唯請張湛注請當作情荀子成用篇驟之經明其請楊倞注請當爲情言古文𢖽與心字篆文𢗖字形近故情字多爲請不能獨一同天下之義。是故選擇天下贊閱賢良聖知辯慧之人。漢書東方朔傳顏注云贊進也太玄經范望注云閱簡也置以爲三公。與從事乎一同天下之義。天子三公既已立矣。以爲天下博大。山林遠土之民。不可得而一也。是故靡分天下。俞云靡當爲歷字之誤也大戴記五帝德篇歷離日月星辰是歷與離同義此云歷分天下與彼云歷離日月星辰文義正同若作靡字則無義矣非攻下篇禹既已克有三苗焉磨爲山川別物上下天志中篇磨爲日月星辰以昭道之兩磨字皆歷字之誤磨卽歷之叚字也設以爲萬諸侯國君。使從事乎一同其國之義。國君既已立矣。又以爲唯其耳目之請。不能一同其國之義。是故擇其國之賢者。置以爲左右將軍大夫。將軍爲卿也周禮夏官軍將皆命卿春秋戰國時侯國亦皆以卿爲將通謂之將軍非攻中篇云晉有六將軍卽六卿也管子立政篇云將軍大夫以朝水經河水酈注引竹書紀年云郜鄭命將軍大夫適子代吏皆紹服並稱卿大夫爲將軍大夫 以遠至乎鄉里之長。遠當爲逮形近而誤後文云逮至有苗之制五刑以亂天下尚賢上篇云逮至遠鄙郊外之臣門庭庶子國中之庶四鄙之萌人聞之皆競爲義與此文例正同 與從是乎一同其國之義。天子諸侯之君。天子子疑當作下 民之正長既已定矣。天子爲發政施教曰。凡聞見善者。必以告其上。聞見不善者。亦必以告其上。上之所是。亦必是之。上之所非。亦必非之。已有善。傍薦之。祭義云卿大夫有善薦於諸侯鄭注云薦進也謂在位之人已有善則告進之於上也傍當爲訪之借字二字皆從方得聲古多通用魯問篇云所謂忠臣者上有過則微之以諫已有善則訪之上而無敢以告外匡其邪而入其善尚同而無下比與此上下文義並略同可證傍薦之善上篇亦同王云已字義不可通已當爲民之誤也傍者溥也徧也說文傍溥也旁與傍通言民有善則衆共薦之若堯典所云師錫也上篇曰上有過則規諫之下有善則傍薦之下亦民也案此已字可通不必與上篇同義王失檢魯問篇文故不得其解 上有過。規諫之。尚同義其上。義當作乎下文云尚同乎鄉長尚同乎國君可證 而毋有下比之心。管子小匡篇云公又問焉曰於子之鄉有不慈孝於父母不長弟於鄉里驕躁淫暴不用上令者有則以告有而不以告謂之下比尹注云下與有衆者比而掩蓋之 上得則賞之。萬民聞則譽之。意若聞見善。不以告其上。聞見不善。亦不以告其上。上之所是不能是。上之所非不能非。已有善。不能傍薦之。王云已亦民之誤非 上有過。不能規諫之。下比而非其上者。上得則誅罰之。萬民聞則非毀之。故古者聖王之爲刑政賞譽也。甚明察以審信。是以舉天下之人。皆欲得上之賞譽。而畏上之毀罰。是故里長順天子政。而一同其里之義。里長既同其里之義。率其里之萬民。以尚同乎鄉長。曰。凡里之萬民。皆尚同乎鄉長。而不敢下比。鄉長之所是。必亦是之。鄉長之所非。必亦非之。去而不善言。學鄉長之善言。去而不善行。學鄉長之善行。鄉長固鄉之賢者也。舉鄉人以法鄉長。夫鄉何說而不治哉。察鄉長之所以治鄉者。何故之以也。曰。唯以其能一同其鄉之義。是以鄉治。鄉長治其鄉。而鄉既已治矣。王云舊本脫鄉長治三字下文曰國君治其國而國既已治矣今據補案王校是也蘇說同 有率其鄉萬民。有讀爲又下並同 以尙同乎國君。曰。凡鄉之萬民。皆上同乎國君。而不敢下比。國君之所是。必亦是之。國君之所非。必亦非之。去而不善言。學國君之善言。去而不善行。學國君之善行。國君固國之賢者也。舉國人以法國君。夫國何說而不治哉。察國君之所以治國。而國治者。何故之以也。曰。唯以其能一同其國之義。是以國治。國君治其國。而國既已治矣。舊本而下脫國字今據王校補 有率其國之萬民。以尙同乎天子。曰。凡國之萬民。上同乎天子。而不敢下比。天子之所是。必亦是之。天子之所非。必亦非之。去而不善言。學天子之善言。去而不善行。學天子之善行。天子者。固天下之仁人也。舉天下之萬民。以法天子。夫天下何說而不治哉。畢云下舊作子一本如此 察天子之所以治天下者。何故之以也。曰。唯以其能一同天下之義。是以天下治。夫既尙同乎天子。而未上同乎天者。則天菑將猶未止也。故當若天降寒熱不節。王云天亦夫字之誤降字則因下文降字而衍案天降二字蓋涉下文言之王說未塙 雪霜雨露不時。五穀不孰。道藏本作熟非 六畜不遂。國語齊語云犧牲不略則牛羊遂韋注云遂長也 疾菑戾疫。漢書食貨志顏注云戾惡氣也案戾疫卽兼愛下篇之癘疫戾癘一聲之轉畢云戾沴字之假音亦通 飄風苦雨。荐臻而至者。荐薦同毛詩大雅節南山傳云薦重也爾雅釋詁云臻仍乃也仍與重義亦同易坎象水洊至釋文引京房洊作臻此天之降罰也。將以罰下人之不尚同乎天者也。故古者聖王明天鬼之所欲。而避天鬼之所憎。而舊本譌不今據道藏本正天字中篇同以求興天下之害。是以率天下之萬民。齊戒沐浴。齊道藏本作齋潔爲酒醴粢盛。畢云本書多作絜俗从水以祭祀天鬼。其事鬼神也。酒醴粢盛不敢不蠲潔。周禮宮人鄭注云蠲猶絜也呂氏春秋尊師篇云臨飲食必蠲絜犧牲不敢不腯肥。曲禮云豚曰腯肥鄭注云腯亦肥也腯充貌也左桓六年傳云吾牲牷肥腯又云奉牲以告曰博碩肥腯珪璧幣帛。不敢不中度量。珪璧有度若考工記玉人云四圭尺有二寸以祀天兩圭五寸有邸以祀地之屬是也幣帛有度若漢書食貨志云周法布帛廣二尺二寸爲幅周禮內宰鄭注云天子巡守禮云制幣丈八尺純四抧是也王制云布帛幅廣狹不中度量不粥于布春秋祭祀。不敢失時幾。聽獄不敢不中。畢云幾讀如關市譏兪云畢以幾字屬下聽獄不敢不中讀然關市與獄訟不當幷爲一事殆失之矣幾字仍當屬上讀幾者期也詩楚茨篇如幾如式毛傳訓幾爲期是也不敢失時幾者不敢失時期也國語周語注曰期將事之日也是期以日言不敢失時幷不敢失日故曰不敢失時幾分財不敢不均。居處不敢怠慢。曰其爲正長若此。是故上者天鬼有厚乎其爲正長也。下云天鬼之所深厚則此厚長疑挩深字下者萬民有便利乎其爲政長也。天鬼之所深厚而能彊從事焉。則王云自上者天鬼以下至此凡三十八字舊本誤入下文入守固之下今移置於此而能彊從事焉舊本脫能字今據下文補案王校是也蘇說同今從乙補天鬼之福可得也。萬民之所便利。而能彊從事焉。則萬民之親可得也。其爲政若此。是以謀事得。畢云舊挩此字據後文增舉事成。入守固。出誅勝者。何故之以也。曰唯以尚同爲政者也。故古者聖王之爲政若此。今天下之人曰。方今之時。王云自出誅勝以下至此凡三十八字舊本誤入上文上者天鬼之上今移置於此案王校是也蘇說同今從乙正天下之正長。猶未廢乎天下也。而天下之所以亂者。何故之以也。子墨子曰。方今之時之以正長。則本與古者異矣。譬之若有苗之以五刑然。畢云苗舊作量據下改 昔者聖王制爲五刑。書舜典僞孔傳云五刑墨劓剕宮大辟 以治天下。畢云文選注引此云晝衣冠異章服而民不犯疑此閒脫文 逮至有苗之制五刑。此即下五殺之刑 以亂天下。俞云之衍字 則此豈刑不善哉。用刑則不善也。是以先王之書。呂刑之道。畢云當云道之案下文兩云之道此疑不倒 曰。苗民否用練。折則刑。畢云孔書作弗用靈制以刑靈練否弗折制音同錢大昕云古書弗與不同否即不字靈練聲相近緇衣引作匪用命命當是令之譌令與靈古文多通用令靈皆有善義鄭康成注禮解爲政令似遠王鳴盛云古音靈讀若連故轉爲練也折爲制古字亦通古文論語云片言可以折獄魯論折作制是也段玉裁云靈作練者變聲也依墨子上下文觀之練亦訓善與孔正同詒讓案僞孔傳云三苗之主頑凶若民習蚩尤之惡不用善化民而制以重刑三苗帝堯所誅呂刑及緇衣孔疏引書鄭注云苗民謂九黎之君也九黎之君於少昊氏衰而棄善道上效蚩尤重刑必變九黎言苗民者有苗九黎之後顓頊代少昊誅九黎分流其子孫爲居於西裔者三國至高辛之衰又復九黎之君惡堯興又誅之堯末又在朝舜時又竄之後禹攝位又在洞庭逆命禹又誅之後王深惡此族三生凶惡故著其氏而謂之民民者冥也言未見仁道又鄭緇衣注云命謂政令也高辛氏之末諸侯有三苗者作亂其治民不用政令專制御之以嚴刑乃作五虐蚩尤之刑以是爲法案鄭書禮二注不同書注與此合於義爲長戰國策魏策吳起曰昔者三苗之居左彭蠡之波右洞庭之水文山在其南而衡山在其北恃此險也爲政不善而禹放逐之史記吳越傳作左洞庭右彭蠡五帝本紀張守節正義據彼云今江州鄂州岳州三苗之地也案古三苗國當在今湖南湖北境 唯作五殺之刑。曰法。僞孔傳曰惟爲五虐之刑自謂得法畢云孔書殺作虐孫星衍云虐殺義相同詒讓案呂刑下文云戮殺無辜爰始淫爲刵劓椓黥則止四刑書堯典孔疏引今文夏侯等書作臏宮割劓頭庶剠臏一宮割二劓三頭庶剠四亦無五刑以呂刑五刑之辟校之惟少大辟蓋卽以殺戮賅大辟矣 則此言善用刑者以治民。不善用刑者以爲五殺。則此豈刑不善哉。用刑則不善。故遂以爲五殺。是以先王之書。術令之道曰。惟口出好興戎。蘇云出書大禹謨詒讓案術令當是說命之叚字禮記緇衣云兌命曰惟口起羞惟甲胄起兵惟衣裳在笥惟干戈省厥躬鄭注云兌當爲說說殷高宗之臣傅說也作書以命高宗尙書篇名也羞猶辱也惟口起辱當愼言語也案此文與彼引兌命辭義相類術說令命音並相近必一書也晉人作僞古文書不悟乃以竄入大禹謨䟽繆殊甚近儒辯古文書者亦皆不知其爲說命佚文故爲表出之僞孔傳云好爲賞善戎謂伐惡言口榮辱之主 則此言善用口者出好。不善用口者以爲讒賊寇戎。則此豈口不善哉。用口則不善也。故遂以爲讒賊寇戎。故古者之置正長也。將以治民也。譬之若絲縷之有紀。而罔罟之有綱也。將以運役天下淫暴。而一同其義也。王云運役二字義不可通當依上篇作連收字之誤也連收二字正承絲縷罔罟而言是以先王之書。相年之道曰。畢云相年當爲拒年夫建國設都。乃作后王君公。否用泰也。論語子罕皇疏云泰驕泰也王引之云否非也輕大夫師長。畢云輕當爲卿盧云下篇作奉以卿字誤也否用佚也。維辯使治天均。辯辨字通周易集解引易鄭注云辯分也謂分受以職使治天均王念孫釋辯爲偏未塙詳下篇詩大雅節南山秉國之均毛傳云均平也莊子寓言篇云天均者天倪也非此義下篇作治天明又案王引之尚書述聞據廣雅釋詁訓此辯爲使則辭義重複亦不可從則此語古者上帝鬼神之建設國都。立正長也。非高其爵。厚其祿。富貴佚而錯之也。王云佚上有游字而今本脫之則語意不完下篇曰非特富貴游佚而擇之也是其證游佚卽淫佚語之轉耳畢云錯讀如舉措將以爲萬民興利除害。富貴貧寡。此與上下例不合疑當作富貧衆寡安危治亂也。故古者聖王之爲若此。戴云爲下疑脫政字

今王公大人之爲刑政則反此。戴云刑字衍政以爲便譬。政與正同畢云譬讀如僻洪云論語季氏友便辟馬鄭皆讀辟爲譬諞巧爲譬喻以求容媚義卽本此宗於父兄故舊。宗於疑宗族之誤以爲左右。置以爲正長。戴云政以爲便譬三句當作宗於便譬父兄故舊立以爲左右置以爲正長便譬誤寫在宗字上以爲左右上之立字又誤作證政以爲三字又誤在句首故不可通便譬爲巧爲譬喻見公羊定四年疏引論語鄭注或當爲便變亦通宗讀爲是崇立字與正相似故誤爲正又誤沾支旁耳案戴說未塙民知上置正長之非正以治民也。戴云非下正字衍是以皆比周隱匿。比周詳前篇而莫肯尚同其上。是故上下不同義。若苟上下不同義。賞譽不足以勸善。而刑罰不足以沮暴。何以知其然也。曰。上唯毋立而爲政乎國家。爲民正長。王云唯與雖同詒讓案毋語詞詳尚賢中篇曰。人可賞吾將賞之。若苟上下不同義。上之所賞。則衆之所非。曰人衆與處於衆得非。則是雖使得上之賞。未足以勸乎。上唯毋

立而爲政乎國家。爲民正長。曰人可罰吾將罰之。若苟上下不同義。上之所罰。則衆之所譽。曰人衆與處。於衆得譽。則是雖使得上之罰。未足以沮乎。若立而爲政乎國家。爲民正長。賞譽不足以勸善。而刑罰不沮暴。沮暴上亦當有足以二字則是不與鄉吾本言民始生未有正長之時同乎。若有正長與無正長之時同。則此非所以治民一衆之道。故古者聖王。唯而審以尚同。畢云而讀與能同舊脫審字文選注引作能審以尚同今據增以爲正長。是故上下情請爲通。畢云文選注引作是故上下通情舊脫故字今據增王云此本作是故上下請通請卽情字也墨子書多以請爲情今作情請爲通者後人旁記情字而寫者遂誤入正文又涉上文以爲正長而衍爲字耳文選東京賦注引情通作通情者乃涉賦文上下通情而誤顧校同俞云惟以爲正長句亦有衍字下文曰故古者聖王之所以濟事成功垂名於後世者無它故異物焉曰唯能以尚同爲政者也然則此文當云唯而審以尚同爲政上下文義始相應因涉上文屢言正長遂誤作以爲正長上下不應矣且既云審以尚同又云以爲正長一句中兩用以字義亦未安上文曰其爲正長若此是故出誅勝者何故之以也曰唯以尚同爲政者也然則爲正長以人言爲政以事言明爲正長者當以尚同爲政也若作尚同以爲正長卽失其義矣下篇云聖王皆以尚同爲政故天下治亦其證也案俞校未塙上有隱事遺利。隱事遺利與節葬篇隱謀遺利義同下得而利之。下有蓄怨積害。上得而除之。是以數千萬里之外有爲善者。其室人未徧知。鄉里未徧聞。天子得而賞之。數千萬里之外。有爲不善者。其室人未徧知。鄉里未徧聞。天子得而罰之。是以舉天下之人。皆恐懼振動惕慄。不敢爲淫暴。曰天子之視聽也神。畢云子舊作下一本如此先王之言曰。非神也。夫唯能使人之耳目。助己視聽。使人之吻。助己言談。說文口部云吻口邊也以上句文例校之吻上疑有脣字非命下篇云今天下之士君子之爲文學出言談也非將勤勞其喉舌而利其脣𠲿也𠲿與吻字同使人之心。助己思慮。使人之股肱。助己動作。助之視聽者衆。則其所聞見者遠矣。助之言談者衆。則其德音之所撫循者博矣。荀子富國篇云拊循之楊注云拊與撫同撫循慰悅之也助之思慮者衆。則其談謀度速得矣。王云謀度上不當有談字蓋涉上文言談而衍案王說是也蘇說同助之動作者衆。卽其舉事速成矣。舊本其在舉下蘇云當作則其舉事速成矣俞云此本作卽其舉事速成矣上文三言則其此言卽其卽則古通用也今作卽舉其事誤案俞說是也今據乙故古者聖人之所以濟事成功垂名於後世者。無他故異物焉。異物猶言異事韓非子右儲說上篇云晉文公一舉而八有功所以然者無他故異物從狐偃之謀假顛頡之脊也曰。唯能以尚同爲政者也。是以先王之書周頌之道之曰。古書詩書多互偁載來見辟王。詩載見敘云諸侯始見乎武王廟也毛傳云載始也鄭箋云諸侯始見君子謂見成王也畢云一本作載見辟王同詩聿求厥章。道藏本聿字缺蘇云聿詩作日詒讓案聿日古通用鄭箋云求車服禮儀之文章制度也則此語古者國君諸侯之以春秋。來朝聘天子之廷。受天子之嚴敎。退而治國。政之所加。莫敢不賓。爾雅釋詁云賓服也當此之時。本無有敢紛天子之敎者。廣雅釋詁云紛亂也謂不敢變亂天子之敎令詩曰。我馬維駱。爾雅釋畜云白馬黑鬣駱六轡沃若。毛詩衞風氓傳云沃若猶沃沃然載馳載驅。周爰咨度。毛詩小雅皇皇者華傳云咨禮義所宜爲度又曰。我馬維騏。毛詩魯頌駉傳云蒼綦曰騏六轡若絲。毛傳云言調忍也蘇云若詩作如載馳載驅。周爰咨謀。毛傳云咨事之難易爲謀卽此語也。王云卽與則同語猶言也則此語三字文義直貫至以告天子而止則語下不當有也字凡墨子書用則此語三字者語下皆無也字此蓋後人不曉文義而妄加之古者國君諸侯之聞見善與不善也。皆馳驅以告天子。是以賞當賢。罰當暴。不殺不辜。不失有罪。則此尚同之功也。是故子墨子曰。今天下之王公大人士君子。請將欲富其國家。王云請卽誠字案說詳節葬下篇俞云請上奪中字墨子書多以請爲情中請卽中情也下篇曰今天下王公大人士君子中情將欲爲仁義是其證也後人不知請之當讀爲情故誤刪中字耳尚賢篇曰且今天下之王公大人士君子中實將欲爲仁義中實亦卽中情也衆其人民。治其刑政。定其社稷。當若尚同之不可不察。此之本也。畢云當云此爲政之本也俞云若字衍文不可不察上奪說字此下奪爲政二字當據下篇補寀畢俞校是也惟若字實非衍文當若猶言當如尙賢中篇云故當若之二物者王公大人未知以尙賢使能爲政也兼愛下篇云當若兼之不可不行也此聖王之道而萬民之大利也非攻下篇云當若繁爲攻伐此實天下之巨害也又云故當若非攻之爲說而將不可不察者此也節葬下篇云故當若節喪之爲政而不可不察此者也明鬼下篇云當若鬼神之有也將不可不尊明也非命下篇云當若有命者之言不可不强非也皆其證俞以若爲衍文失之

尙同下第十三 畢云中興書目云一本自親士至上同凡十三篇者卽此已上諸篇非有異本

子墨子言曰。知者之事。必計國家百姓所以治者而爲之。必計國家百姓之所以亂者而辟之。畢云辟同避 然計國家百姓之所以治者何也。上之爲政。得下之情則治。不得下之情則亂。何以知其然也。上之爲政。得下之情。則是明於民之善非也。若苟明於民之善非也。畢云若苟二字舊倒据下文改 則得善人而賞之。得暴人而罰之也。善人賞而暴人罰。則國必治。上之爲政也。不得下之情。則是不明於民之善非也。若苟不明於民之善非。則是不得善人而賞之。不得暴人而罰之。善人不賞而暴人不罰。爲政若此。國衆必亂。故賞不得下之情。蘇云賞下當脫罰字俞校同 而不可不察者也。俞云而不可當作不可而猶言不可以也 然計得下之情。將奈何可。故子墨子曰。唯能以尙同一義爲政。然後可矣。何以知尙同一義之可而爲政於天下也。而陳壽祺讀爲能今案而亦猶以也說詳尙賢下篇下文諸侯可而治其國家君可而治其家同 然胡不審稽古之治爲政之說乎。王云然猶則也然胡不則何不也俞云治字乃始字之誤下文曰古者天之始生民未有正長也云云是從古之始爲政者說故此云胡不審稽古之始爲政之說乎 古者天之始生民。未有正長也。百姓爲人。戴云此人字讀如人偶之人 若苟百姓爲人。是一人一

義。十人十義。百人百義。千人千義。逮至人之衆。不可勝計也。則其所謂義者。亦不可勝計。此皆是其義。而非人之義。是以厚者有鬭。而薄者有爭。畢云薄舊作蕩一本如此是故天下之欲同一天下之義也。上天下二字疑當作天畢云文選注引作古者同天之義是故選擇賢者。立為天子。文選王元長三月三日曲水詩序注引此作上聖立為天子蓋李善所改易又袁彥伯三國名臣序贊注引則並與此同天子以其知力為未足獨治天下。是以選擇其次。立為三公。三公又以其知力。為未足獨左右天子也。是以分國建諸侯。諸侯又以其知力。為未足獨治其四境之內也。是以選擇其次。立為卿之宰。之猶與也卿之宰又以其知力為未足獨左右其君也。是以選擇其次。立而為鄉長家君。是故古者天子之立三公諸侯卿之宰鄉長家君。非特富貴游佚而擇之也。擇當依中篇讀為措將使助治亂刑政也。治下亂字疑衍故古者建國設都。乃立后王君公。奉以卿士師長。此非欲用說也。王云說字義不可通說當為逸字之誤也中篇曰夫建國設都乃作后王君公否用泰也卿大夫師長否用佚也否用佚即非用逸是其證否猶非也說見尚賢下僞古文說命建邦設都樹后王君公承以大夫師長不惟逸豫即用墨子而小變其文案王說是也僞孔傳云言立國設都立君臣上下不使有位者逸豫民上言立之主使治民唯辯而使助治天明也。舊本助治天下有助字王云下助字衍唯辯而使助治天明者辯讀為偏古偏字多作辯天明天之明道也哀二年左傳曰二三子順天明言所以設此卿士師長者唯偏使助治天道也中篇作維辯使治天均案王謂下助字衍是也今據刪辯當訓為分王讀為偏尚未得其義左傳哀二年孔疏釋天明為天之明道卽王說所本大戴禮記虞戴德篇云法於天明開施教於民左昭二十五年傳云則天之明義並略同僞古文書說命作惟以亂民疑僞孔讀天明為天民今此何為人上而不能治其下。為人下而不能事其上。則是上下相賊也。賊舊本僞賤今依王校正說詳尚賢中篇蘇云賤當作殘或殘賊二字各脫其傍偏非何故以然。則義不同也。若苟義不同者有黨。上以若人為善。

將賞之。畢云賞舊作毀一本如此若人唯使得上之賞。唯雖字通而辟百姓之毀。辟避字亦同後文避辟錯出是以爲善者。必未可使勸。見有賞也。上以若人爲暴。將罰之。若人唯使得上之罰。而懷百姓之譽。是以爲暴者。必未可使沮。見有罰也。故計上之賞譽。不足以勸善。計其毀罰。不足以沮暴。此何故以然。則義不同也。然舊本挩此六字王云此何故以然是問詞則義不同也是荅詞然則欲同一天下之義將奈何可又是問詞舊脫中六字則上下文皆不可通矣今據上文補案王校是也今從之則欲同一天下之義將奈何可。故子墨子言曰。然胡不賞使家君。試用家君。發憲布令其家。王云賞字義不可通賞當爲嘗嘗賞字相似又涉上下文賞罰而誤使家君三字則涉下文使家君而衍既言用家君則不得又言使家君胡不嘗試用家君發憲布令其家作一句讀案王校是矣然下文說國君發憲布令則云故又使家君總其家之義以尚同於國君說天子發憲布令則云故又使國君選其國之義以尚同於天子則此文疑亦當云何不嘗使家人總其身之義以尚同於家君試用家君發憲布令其家前後文例乃相應蓋今本胡不嘗使家下挩十一字使家君三字非衍文也發憲猶言布憲憲者法也非命上篇云先王之書所以出國家布施百姓者憲也曰。若見愛利家者。必以告。若見惡賊家者。亦必以告。若見愛利家以告。亦猶愛利家者也。上得且賞之。衆聞則譽之。若見惡賊家不以告。亦猶惡賊家者也。上得且罰之。衆聞則非之。是以徧若家之人。畢云徧舊作稱一本如此下同皆欲得其長上之賞譽。辟其毀罰。是以善言之。不善言之。畢云舊挩四字一本有家君得善人而賞之。得暴人而罰之。善人之賞。而暴人之罰。則家必治矣。然計若家之所以治者何也。唯以尚同一義爲政故也。家既已治。國之道盡此已邪。則未也。國之爲家數也甚多。國之舊本作天下畢云天下下當脫之字一本天下作國之詒讓案國之是下文云天下之爲國數也甚多則此不當作天下明矣今據正此皆是其家。而非人之家。是以厚者有亂。而薄者有爭。故又使家君。總其家之義。畢云舊脫此字一本有以尙同於國君。國君亦爲發憲布令於國之衆。曰。若見愛利國者。必以告。若見惡賊國者。亦必以告。若見愛利國以告者。亦猶愛利國者也。上得且賞之。衆聞則譽之。若見惡賊國不以告者。亦猶惡賊國者也。上得且罰之。衆聞則非之。是以徧若國之人。皆欲得其長上之賞譽。避其毀罰。是以民見善者言之。見不善者言之。國君得善人而賞之。得暴人而罰之。善人賞而暴人罰。則國必治矣。然計若國之所以治者。何也。唯能以尙同一義爲政故也。國既已治矣。天下之道。盡此已邪。則未也。天下之爲國數也甚多。此皆是其國。畢云舊脫其字一本有而非人之國。是以厚者有戰。而薄者有爭。故又使國君選其國之義。以尙同於天子。舊本以下有義字畢云一本無此字是兪云下義字衍文上文云故又使家君總其家之意以尙同於國君下文云天子又總天下之義以尙同於天竝無下義字是其證也上下文竝言總而此言選選亦總也詩猗嗟篇舞則選兮毛詩訓選爲齊選其國之義猶齊其國之義曰總曰選文異而義同也史記仲尼弟子列傳任不齊字選是選有齊義賈子等齊篇曰撰然齊等撰與選通戴說同案一本是也今據刪天子亦爲發憲布令於天下之衆。曰。若見愛利天下者。必以告。若見惡賊天下者。亦以告。若見愛利天下以告者。亦猶愛利天下者也。上得則賞之。衆聞則譽之。若見惡賊天下不以告者。亦猶惡賊天下者也。上得且罰之。畢云且一本則衆聞則非之。是以偏天下之人。皆欲得其長上之賞譽。避其毀罰。是以見善不善者告之。天子得善人而賞之。得暴人而罰之。善人賞而暴人罰。

天下必治矣。然計天下之所以治者，何也？唯而以尚同一義爲政故也。畢云：一本無「而」字，非。「而」同「能」。天下既已治，畢云：「既」，一本作「計」，非。天子又總天下之義，以尚同於天。舊本「天下」亦作「天子」。俞云：當作「天子又總天下之義以尚同於天」，義見上下文。案：俞校是也，今據正。故當尚同之爲說也。同，舊本作「用」，蓋於下文互譌。蘇云：「用」當作「同」，是也，今據正。尚用之天子，可而舊本「用」作「同」。畢云：一本作「上同」。王改「尚用」，云：舊本「用」作「同」，涉上句而譌，今據下文改。案：王校是也，今從之。蘇云：當作「上用」。可以治天下矣；中用之諸侯，可而治其國矣；王引之云：「而」與「以」同義，故二字可以互用。案：王說是也，詳尚賢下篇。小用之家君，可而治其家矣。王引之云：「小用之」當作「下用之」，與「尚用之」、「中用之」對文。下文「小用之」，則與「大用之」對文。今本「下用」作「小用」者，即涉下文「小用之」而譌。是故大用之治天下不窕，小用之治一國一家而不橫者，畢云：爾雅云：「窕，閒也。」猶云無閒。王云：畢說非也。窕，不滿也。橫，充塞也。孔子閒居「以橫於天下」，鄭注：「橫，充也。」祭義曰：「置之而塞乎天地，溥之而橫乎四海。」以小居大則窕，以大入小則塞。唯此尚同之道，則大用之治天下而不窕，小用之治一國一家而不塞也。大戴記王言篇曰：「布諸天下而不窕，內諸尋常之室而不塞。」又云：廣雅曰：「窕，寬也。」昭二十一年左傳「鍾小者不窕」，杜注曰：「窕，細不滿也。」呂氏春秋適音篇「不詹則窕」，高注云：「窕，不滿密也。」若道之謂也。故曰治天下之國若治一家，使天下之民若使一夫。意獨子墨子有此，而先王無此其有邪？疑當作「無有此邪」，「其」字衍。則亦然也。聖王皆以尚同爲政，故天下治。何以知其然也？於先王之書也大誓之言然，書敍云：「惟十有一年，武王伐殷。一月戊午，師渡孟津，作泰誓。」古書「泰」皆作「大」。僞孔傳云：「大會以誓衆。」則作「大」是。曰：「小人見姦巧，乃聞不言也，發罪鈞。」畢云：孔書無此文。蘇云：「發」當作「厥」。今泰誓云「厥罪惟鈞」。江聲云：發，謂發覺也。鈞，同也。言知姦巧之情而匿不以告，比事發覺，則其罪與彼姦巧者同。此言見淫辟不以告者，其罪亦猶淫辟者也。故古之聖王治天下也，其所差論以自左右羽翼者皆良。王云：差論，皆擇也。爾雅曰：「既差我馬。」差，擇也。所染篇曰：「故善爲君者，勞於論人，而佚於治官。」呂氏春秋當染篇同，高注：「論，猶擇也。」非攻篇「差論其爪牙之士，比列其舟車之衆」，義與此同。外爲之人，「外爲」二字疑譌。助之視聽者衆。故與人謀事，先人得之；與人舉事，先人成之；光譽令聞，先人發之。光舊本作先之畢云二字一本作光是今據改俞云光廣古通用光譽卽廣譽孟子曰令聞廣譽施於身案俞校是也非命下篇作光譽令聞問與聞字通禮記孔子閒居鄭注云令善也言以名德善聞唯信身而從事。故利若此。古者有語焉曰。一目之視也。畢云舊脫之字一本有不若二目之視也。一耳之聽也。不若二耳之聽也。以下二句文例校之疑二目之視視當作覩二耳之聽聽當作聰今本皆傳寫掍之一手之操也。不若二手之彊也。畢云舊脫之字一本有夫唯能信身而從事。故利若此。是故古之聖王之治天下也。千里之外。有賢人焉。其鄉里之人。皆未之均聞見也。說文土部云均平徧也此與中篇云室人未徧知鄉里未徧聞義同聖王得而賞之。千里之內。有暴人焉。其鄉里畢云據上文當有之人二字未之均聞見也。聖王得而罰之。故唯毋以聖王爲聰耳明目與。王云唯亦與雖同案毋語詞詳尚賢中篇豈能一視而通見千里之外哉。一聽而通聞千里之外哉。聖王不往而視也。不就而聽也。然而使天下之爲寇亂盜賊者。周流天下無所重足者。詩無將大車鄭箋云重猶累也何也。其以尚同爲政善也。是故子墨子曰。凡使民尚同者。愛民不疾。以下文校之不疾疑當作必疾或當云不可不疾呂氏春秋尊師篇高注云疾力也民無可使。曰。必疾愛而使之。致信而持之。致舊本譌敀今據道藏本正蘇云敀當作敂非國語越語韋注云持守也富貴以道其前。明罰以率其後。爲政若此。唯欲毋與我同。唯畢本作雖云舊作唯以意改王云古者雖與唯通不煩改字王引之云禮記少儀雖有君賜鄭注曰雖或爲唯說文雖字以爲爲聲故雖可通作唯唯亦可通作雖將不可得也。是以子墨子曰。今天下王公大人士君子。中情將欲爲仁義。王云情卽誠字言誠將欲爲仁義則尚同之說不可不察也尚賢篇曰且今天下之王公大人士君子中實將欲爲仁義實亦誠也非攻篇曰情不知其不義也故書其言以遺後世若知其不義也夫奚說書其不義以遺後世哉情不知卽誠不知凡墨子書中誠情通用者不可枚舉又齊策臣知誠不如徐公美劉本誠作情呂氏春秋具備篇三月嬰兒慈母之愛諭焉誠也淮南繆稱篇誠作情漢書禮樂志正人足以副其誠漢紀誠作情此皆古書誠情通用之證洪云中情欲三字書中屢見或作中請欲請即情字或作中實欲情實也其義並同求爲上士。士上舊本無上字王據各篇補上欲中聖王之道。下欲中國家百姓之利。故當尙同之說。而不可不察。舊本作而不察畢云當云不可不察王亦據補尙同爲政之本而治要也。畢云當云治之要也

墨子閒詁卷四

兼愛上第十四邢昺爾雅疏引尸子廣澤篇云墨子貴兼畢云㤅好之字作㤅从夊者行皃經典通用此

聖人以治天下爲事者也。必知亂之所自起。句焉能治之。王引之云言知亂之所自起乃能治之也顧云三焉字皆下屬案王顧讀是也焉訓乃說詳親士篇不知亂之所自起。則不能治。譬之如醫之攻人之疾者然。小爾雅廣詁云攻治也必知疾之所自起。句焉能攻之。不知疾之所自起。則弗能攻。治亂者何獨不然。必知亂之所自起。句焉能治之。不知亂之所自起。則弗能治。聖人以治天下爲事者也。不可不察亂之所自起。當察亂何自起。當讀爲嘗同聲段借字荀子君子篇先祖當賢楊注云當或爲嘗孟子萬章篇是時孔子當阸說苑至公篇引當阸作嘗阸是其證嘗試也下篇云姑嘗本原若衆害之所自生語意與此同起不相愛。臣子之不孝君父。所謂亂也。子自愛。不愛父。故虧父而自利。故意林引作欲下同弟自愛。不愛兄。故虧兄而自利。臣自愛。不愛君。不下舊衍自字今依道藏本刪上下文凡言不愛者不下皆無自字故虧君而自利。此所謂亂也。雖父之不慈子。兄之不慈弟。君之不慈臣。此亦天下之所謂亂也。父自愛也。不愛子。故虧子而自利。兄自愛也。不愛弟。故虧弟而自利。君自愛也。不愛臣。故虧臣而自利。是何也。皆起不相愛。雖至天下之爲盜賊者亦然。盜愛其室。不愛其異室。王云下句不當有其字蓋涉上下文而衍下文不愛異家不愛異國皆無其字是其證意林引無其字故竊異室以利其室。賊愛其身。不愛人。故賊人以利其身。俞云兩人字下並奪身字本作賊愛其身不愛人身故賊人身以利其身方與上句一律下文云視人身若其身誰賊亦以人身其身對言中篇云今人獨知愛其身不愛人之身是以不憚舉其身以賊人之身竝可證人下當有身字也 此何也。皆起不相愛。雖至大夫之相亂家。諸侯之相攻國者。亦然。大夫各愛其家。舊本無其字畢云一本云愛其家詒讓案以下文校之有者是也今據增 不愛異家。故亂異家以利其家。舊本無其字畢云一本云利其家詒讓案以下文校之亦當有其字今據增 諸侯各愛其國。不愛異國。故攻異國以利其國。天下之亂物。具此而已矣。物亦事也言天下之亂事畢盡於此 察此何自起。皆起不相愛。若使天下兼相愛。愛人若愛其身。句首愛字舊本挩今依盧校補 猶有不孝者乎。視父兄與君若其身。舊本挩猶有以下十四字王據下文校補猶有不孝者乎視父若其身十一字今案當於父下更補兄與君三字蓋墨子此文以無不孝晐無不忠不弟猶下文以無不慈晐無不惠不和也上文亦云臣子之不孝君父所謂亂也可證王因下云不孝故但補父而不及兄與君則與下無不慈之兼子弟臣言者不相對矣 惡施不孝。猶有不慈者乎。視弟子與臣若其身。惡施不慈。故不孝不慈亡有。王云舊本脫故不慈有四字畢據下文補有字今以上下文考之當作故不孝不慈亡有不孝不慈亡有總承上文而言下文曰故盜賊亡有故大夫之相亂家諸侯之相攻國者亡有與此文同一例今補 猶有盜賊乎。故視人之室若其室。故字疑衍 誰竊。視人身若其身。誰賊。故盜賊亡有。畢云二亡字舊倒非下同 猶有大夫之相亂家。諸侯之相攻國者乎。視人家若其家。誰亂。視人國若其國。誰攻。故大夫之相亂家。諸侯之相攻國者亡有。若使天下兼相愛。國與國不相攻。家與家不相亂。盜賊無有。君臣父子。皆能孝慈。若此則天下治。故聖人以治天下爲事者。惡得不禁惡而勸愛。故天下兼相愛則治。交相惡則亂。舊本挩交字王據下二篇補 故子墨子曰。不可以不勸愛人者此也。

兼愛中第十五

子墨子言曰。仁人之所以爲事者。必興天下之利。除去天下之害。以此爲事者也。然則天下之利何也。天下之害何也。子墨子言曰。今若國之與國之相攻。家之與家之相篡。說文厶部云，屰而奪取曰篡。人之與人之相賊。君臣不惠忠。父子不慈孝。兄弟不和調。此則天下之害也。然則崇此害亦何用生哉。俞云崇字無義乃察字之誤何用生者何以生也一切經音義卷七引蒼頡篇曰用以也詩桑柔篇逝不以濯尙賢篇引作鮮不用濯卽其證也言國與國相攻家與家相篡人與人相賊以及君臣父子兄弟之不惠忠不慈孝不和調當察其害之何以生故曰然則察此害亦何用生哉上篇曰當察亂何自起與此同義案俞說是也蘇云用疑當作由非 以不相愛生邪。俞曰以不相愛生邪當作以相愛生邪乃反言以問之起子墨子之正對也下篇云姑嘗本原若衆害之所自此胡自生此自愛人利人生與卽必曰非然也必曰從惡人賊人生又生姑嘗本原若衆利之所自生此胡自生此自惡人賊人生與卽必曰非然也必曰從愛人利人生皆以反言發問而起正對正與此同若如今本則文義複沓矣 子墨子言以不相愛生。今諸侯獨知愛其國。不愛人之國。是以不憚舉其國以攻人之國。今家主獨知愛其家。家主謂卿大夫也周禮春官敍官鄭注云家謂大夫所食采地又大宰鄭衆注云主謂公卿大夫世世食采不絕者 而不愛人之家。是以不憚舉其家以篡人之家。今人獨知愛其身。不愛人之身。是以不憚舉其身以賊人之身。是故諸侯不相愛。則必野戰。家主不相愛。則必相篡。人與人不相愛。則必相賊。君臣不相愛。則不惠忠。父子不相愛。則不慈孝。兄弟不相愛。則不和調。天下之人。皆不相愛。強必執弱。以下文校之此下疑捝衆必劫寡四字 富必侮貧。貴必敖賤。畢云敖一本作傲此傲字假音 詐必欺愚。凡天下禍篡怨恨。其所以起者。以不相愛生也。是以行者非之。既以非之。何以易之。子墨子言曰。以兼相愛交相利之法易之。然則兼相愛交相利之法。將奈何哉。子墨子言。視人之國。若視其國。視人之家。若視其家。視人之身。若視其身。是故諸侯相愛。則不野戰。家主相愛。則不相篡。人與人相愛。則不相賊。君臣相愛。則惠忠。父子相愛。則慈孝。兄弟相愛。則和調。天下之人皆相愛。強不執弱。衆不劫寡。富不侮貧。自君臣相愛以下至此凡四十字舊本誤入下文今天下之士之下王移至於此是也今從之 貴不敖賤。詐不欺愚。凡天下禍篡怨恨。可使毋起者。以相愛生也。是以仁者譽之。然而今天下之士。自貴不敖賤以下至此凡三十八字舊本誤入上文君臣相愛之上王移置於此又凡天下禍篡怨恨可使毋起者以相愛生也是以仁者譽之舊本挩去以相愛生也是六字王據上文云凡天下禍篡怨恨其所以起者以不相愛生也是以仁者非之補六字是也今並從之 君子曰。王云然而今天下之士君子曰爲一句舊本君子曰作子墨子曰此因與下文子墨子言曰相涉而誤下文云然而今天下之士君子曰今據改案王校是也畢本作子墨子言曰尤誤道藏本無言字 然。句 乃若兼則善矣。王引之云乃若轉語詞也 雖然。天下之難物于故也。于舊本作於今據道藏本正俞云於故二字當爲衍文下文云然而今天下之士君子曰然乃若兼則善矣雖然不可行之物也正與此物一律惟其爲難物故爲不可行之物也今衍於故二字則無義矣案于故雖難通然非衍文也竊疑于即迂之借字文王世子云況于其身以善其君乎鄭注于讀爲迂是其證故者是也迂故言迂遠難行之事尚同中篇云故古者聖人之所以濟事成功垂名於後世者無他故異物焉此云難物迂故與他故異物文例正同 子墨子言曰。天下之士君子。特不識其利。辯其故也。俞云辯其下脫害字下文愛人者人必從而愛之利人者人必從而利之是其利也惡人者人必從而惡之害人者人必從而害之是其害也案害字似不必增

今若夫攻城野戰。殺身爲名。此天下百姓之所皆難也。若君說之。則士衆能爲之。況於兼相愛。交相利。則與此異。夫愛人者。人必從而愛之。利人者。人必從而利之。惡人者。人必從而惡之。害人者。人必從而害之。此何難之

有。特上弗以爲政。士不以爲行。故也。昔者。晉文公好士之惡衣。畢云太平御覽引作服故文公之臣。畢云太平御覽引作大夫二字皆牂羊之裘。詩小雅苕之華云牂羊墳首毛傳云牂羊牝羊也畢云爾雅云羊牝牂韋以帶劍。畢云舊作錢据太平御覽改詒讓案公孟篇正作劍漢書東方朔傳云孝文皇帝以韋帶劍顏注云但空用韋不加飾練帛之冠。練帛詳辭過篇畢云太平御覽引此練作大詒讓案練帛葢卽大帛左閔二年傳衛文公大帛之冠杜注云大帛厚繒後漢書馬皇后傳李注云大練大帛也入以見於君。出以踐於朝。舊本踐下挩於字王據上句補畢云淮南子齊俗訓云晉文君大布之衣牂羊之裘韋以帶劍威立於海內王云練帛之冠下當有大布之衣且苴之屨八字而今本脫之上文曰晉文公好士之惡衣此但言冠而不言衣則與上文不合入以見於君是總承上文而言出以踐於朝則專指且苴之屨而言今本脫且苴之屨四字則踐字義不可通下篇曰大布之衣牂羊之裘練帛之冠且苴之屨入見文公出以踐之朝是其證是其故何也。君說之。故臣爲之也。王云爲上脫能字下文君說之故臣能之也能下脫爲字前文曰苟君說之則士衆能爲之後文曰若苟君說之則衆能爲之皆其證昔者。楚靈王好士細要。畢云舊作腰俗寫後漢書注引此云楚靈王好細腰而國多餓人詒讓案晏子春秋外篇云楚靈王好細腰其朝多餓死人韓非子二柄篇云楚靈王好細腰而國中多餓人後漢書注疑涉彼二書而誤故靈王之臣。故字畢本挩今據道藏本補皆以一飯爲節。畢云太平御覽引此一作三詒讓案戰國策楚策莫敖子華曰昔者先君靈王好小腰楚士約食馮而後能立式而後能起吳師道校注引此云楚靈王好士細腰故其臣皆三飯爲節與御覽同脅息然後帶。畢云脅舊作肱据太平御覽改案戰國策校注引亦不誤扶牆然後起。兩然字戰國策校注引並作而比期年。朝有黧黑之色。畢云黧非古字當爲黎呂氏春秋行論云禹官爲師空以通水潦顏色黧黑只作黎玉篇云黧亦作黎色舊本作危王引之云危與黧黑二字義不相屬危當爲色人瘦則面色黧黑義見上文案王校是也蘇說同今據正是其故何也。何舊本譌是蘇云當作何今據正君說之。故臣能之也。能下王校補爲字說詳上昔越王句踐好士之勇。教馴其臣。馴讀爲訓詳脩身篇和合之。此三字無義疑當作私令人屬下讀焚舟失火。舟非藏寶之所御覽宮室部引墨子作自焚其室疑舟當爲內內謂寢室呂氏春秋用民篇云句踐試其民於寢宮民爭入水火死者千餘矣遽擊金而却之劉子新論閱武篇同韓非子內儲說上篇亦云焚宮室並與此事同內舟形近而譌非攻中篇徙大舟舟譌作內與此可互證下篇亦同黃紹箕云御覽引作焚其室竊疑本當作焚舟室越絕外傳記越地傳云舟室者句踐船宮也葢卽教舟師之地故下篇云伏水火而死者不可勝數也言或赴火或蹈水死者甚衆也後人不喻舟室之義則誤刪舟字校本書者又刪室字遂致歧互矣案黃說亦通試其士曰。越國之寶盡在此。越王親自鼓其士。畢本鼓改鼓云鼓擊之士从支鐘鼓之字从壴案周禮小師鄭注云出音曰鼓此與六鼓之鼓字同而義小異經典凡鐘鼓與鼓擊字通如此作說文支部雖別有鼓字而音義殊異畢從宋毛晃說強爲分別非也而進之。畢云舊此下有曰字衍文士聞鼓音。破碎亂行。碎疑萃之借字萃亦行列之謂穆天子傳七萃之士郭璞注云萃集也聚也蓋凡卒徒聚集部隊謂之萃破萃亂行皆謂淩躐其曹伍爭先赴火也蹈火而死者。左右百人有餘。畢云太平御覽引云越王好士勇自焚其室曰越國之寶悉在此中王自鼓蹈火而死者百餘人越王擊金而退之。是故子墨子言曰。乃若夫少食惡衣。殺身而爲名。王引之云乃若發語詞也此天下百姓之所皆難也。若茍君說之。則衆能爲之。況兼相愛。交相利。與此異矣。夫愛人者。人亦從而愛之。利人者。人亦從而利之。惡人者。人亦從而惡之。害人者。人亦從而害之。此何難之有焉。特上不以爲政。而士不以爲行。故也。然而今天下之士君子曰。然乃若兼則善矣。雖然。不可行之物也。譬若挈太山。越河濟也。淮南子俶眞訓高注云挈舉也孟子梁惠王篇云挾泰山以超北海語人日我不能是誠不能也與此語意相類畢云此濟字當爲沛卽出山西垣曲縣王屋山之沇水也从齊者石濟水出直隸贊皇縣也子墨子言。是非其譬也。夫挈太山而越河濟。可謂畢劫有力矣。淮南子覽冥訓云體便輕畢高注云畢疾也劫於義無取疑當爲劫之誤廣韻十八點云劫用力也或當爲勁下篇卽非樂上篇並有股肱畢強之文勁與強義亦同自古及今。未有能行之者也。況乎兼相愛。交相利。則與此異。古者聖王行之。何以知其然。古者禹治天下。西爲西河漁竇。書禹貢黑水西河惟雍州又云浮于積石至于龍門西河會于渭汭僞孔傳云龍門之河在冀州西孔疏云在冀州西界故謂之西河王制云至東河而東至於西河千里而近是河相對而爲東西也畢云西河在今山西陝西之界漁竇疑卽龍門詒讓案漁疑卽渭之譌以泄渠孫皇之水。畢云未詳其水詒讓案此章所舉江河淮漢嘑池孟諸五湖皆周禮職方氏九州川浸澤藪之名此渠孫皇亦必雍州大川澤之一以職方考之疑當作蒲弦澤卽雍州澤藪之弦蒲也鄭注云弦蒲在汧鄭衆云弦或爲汧蒲或爲浦漢書地理志云右扶風汧北有蒲谷鄉弦中谷雍州弦蒲藪汧水出西北入渭蒲渠字竝从水旁因而致誤弦正字作弜亦類孫字澤作皇者澤从睪聲古書睪或譌作臯史記天官書澤字作滜封禪書澤山集解引徐廣云澤一作臯左襄十七年傳澤門釋文云澤或作臯皆其證也顏元孫干祿字書云臯俗則睪通作臯𣝗孔彪碑又作臯與皇字竝絕相似故傳寫譌互矣據漢志弦卽汧水入渭渭復入河故西河渭瀆可泄此澤之水而蒲谷鄉與弦中谷合而名澤故弦蒲亦可倒稱蒲弦參互審校似無疑義弦蒲藪在今陝西隴州西四十里

北爲防原派。說文𨸏部云防隄也周禮稻人云以防止水原亦水名無攷畢云泒疑卽雁門泒水也詒讓說文水部云泒水起鴈門葰人戍夫山東北入海卽嘑池之原此舉其原下又詳其委也

注后之邸。畢讀注屬上句非此與下注五湖之處文例正同后之邸疑卽職方氏井州澤藪之昭余祁也爾雅釋地十藪燕有昭餘祁釋文引孫炎本祁作厎祁厎邸並音近相通昭作后者疑省昭爲召又誤作后之余音亦相轉漢書地理志太原郡鄔九澤在北是爲昭余祁弁州藪在今山西太原府祁縣東七里

嘑池之竇。職方氏弁州其川虖池鄭注云虖池出鹵城案漢書地理志亦作虖池禮記禮器作惡池注云惡當爲呼聲之誤也嘑呼字同戰國策秦韓中山策並作呼沲畢云卽虖沱河出今山西繁峙縣古無沱字卽沱異文故此亦以池爲沱也顧云竇卽瀆字周禮大宗伯注四竇釋文本亦作瀆

洒爲底柱。洒與下文灑同當讀所宜反底當作厎禹貢東至于厎柱僞孔傳云厎柱山名河水分流包山而過山見水中若柱然在西虢之界洒卽謂分流也畢云說文云灑汎也洒假音字水經云砥柱山在河東大陽縣東河中括地志云底柱山俗名三門山硤石縣東北五十里黃河之中案在今山西平陸縣東五十里三門山東

鑿爲龍門。畢云水經云龍門山在河東皮氏縣西括地志云龍門山在同州韓城縣北五十里山在今河津韓城二縣界

以利燕代胡貉與西河之民。畢云貉非攻中作貊是疑左傳云狄之廣莫于晉爲都廣卽少廣莫卽貊也案畢說非也貊貉之俗說文豸部云貉北方豸種也職方氏有九貊漢書高帝紀顏注云貉在東北方三韓之屬皆貉類也考工記鄭注云胡今匈奴

東方漏之陸。以上下文例校之東方方當作爲與西爲北爲南爲文正同漏之陸疑當作漏大陸淮南子本經訓說禹治水云鴻水漏九州乾言大陸之水漏而乾也畢讀漏之陸防句云陸防疑卽大陸在今山東鉅鹿縣案畢說不誤而讀則非

防孟諸之澤。禹貢豫州導菏澤被孟豬史記夏本紀作明都漢書溝洫志作盟諸職方氏云青州其澤藪曰望諸爾雅釋地云宋有孟諸此與爾雅字同漢書地理志云孟諸在梁國睢陽縣東北畢云澤在今山東虞城縣西北十里有孟諸臺接商邱縣界水經云明都澤在梁郡睢陽縣東北明孟諸都音相近

灑爲九澮。畢云此巜字之假音爾雅云水注溝曰澮說文以澮爲水名案九巜卽九河也詒讓案灑釃字通漢書溝洫志云禹迺釃二渠以引其河注孟康云釃分也分其流泄其怒也史記河渠書釃作廝索隱云廝漢書作灑史記舊本亦作灑字從水韋昭曰疏決爲灑此與史漢舊本字正同漢書司馬相如傳決江疏河灑沈澹災顏注云灑分也所宜反淮南子要略云禹劚河而道九岐

以楗東土之水。畢云說文云楗門限則此蓋言限也玉篇楗偃切詒讓案呂氏春秋愛類篇云禹於是疏河決江爲彭蠡之障乾東土所活者千八百國

以利冀州之民。爾雅釋地云兩河間曰冀州說文北部云冀北方州也案古通以中土爲冀州穀梁桓五年傳云鄭同姓之國也在乎冀州楊士勛疏云冀州者天下之中州唐虞夏殷皆都焉逸周書嘗麥篇云在大國有殷是威厥邑無類於冀州

晏子春秋問上篇云桓公撫存冀州淮南子墬形訓云正中冀州曰中土高注云冀大也四州之主故曰中土又覽冥訓注云冀九州中謂今四海之內山海經大荒北經郭注云冀州中土也 南爲江漢淮汝。東流之注五湖之處。玉海地理門引作東流注之五湖范成大吳郡志同淮南子要略云禹鑿江而通九路辟五湖而定東海職方氏揚州其浸五湖鄭注云五湖在吳南國語越語韋注云五湖今太湖此云注五湖蓋專據江漢言之水經沔水酈注云南江東注於具區謂之五湖口五湖謂長蕩湖太湖射湖貴湖滆湖也又引虞翻說太湖云是湖有五道故曰五湖案晉唐人釋五湖名多差異要不出太湖之枝別今不具論畢云文選注云張勃吳錄曰五湖者太湖之別名也周行五百餘里今案江南吳吳江宜興武進無錫浙江烏程長興七縣皆瀕此湖也 以利荊楚干越。干畢本作于云四字舊作楚荊越與據文選注改王云畢改非也文選江賦注本作荊楚干越之民干古塞反今本墨子作楚荊越與南夷之民也誤倒荊楚二字又脫干字耳若與南夷之與則不誤也上文云燕代胡貊與西河之民此文云荊楚干越與南夷之民與非誤字明矣南夷謂荊楚于越以南之夷故曰荊楚于越與南夷文選注無與南夷三字省文耳畢誤以楚荊越與連讀故刪去與字耳于越卽吳越非春秋所謂於越也畢改干越爲于越亦非又云莊子刻意篇曰夫有干越之劍者釋文司馬彪云干吳也吳越出善劍也案吳有谿名干谿荀子勸學篇曰干越夷貉之子楊倞曰干越猶言吳越淮南原道篇曰干越生葛絺高注曰干吳也是干越卽吳越也干越爲二國若春秋之於越卽是越而以于爲發聲與干越不同劉台拱云干與哀九年左傳吳城邗溝通江淮之邗同案王劉說是也干邗之借字說文邑部云邗國也今屬臨淮一曰邗本屬吳管子內業篇云昔者吳干戰據管子說則吳干本二國後干爲吳所滅遂通稱吳爲干故此云干越矣 與南夷之民。畢云江淮汝在荊五湖在越也 此言禹之事。吾今行兼矣。昔者文王之治西土。若日若月。乍光於四方。于西土。下篇引作泰誓蘇云此與泰誓略同疑有脫誤詒讓案今僞古文卽采此書僞孔傳云言其明德充塞四方明著岐周義互詳下篇 不爲大國侮小國。不爲衆庶侮鰥寡。不爲暴勢奪穡人黍稷狗彘。畢云說文云嗇愛濇也从來从㐭來者㐭而藏之故田夫謂之嗇夫穡與嗇通 天屑臨文王慈。以上疑並出古泰誓今僞古文止采下篇故無之後漢書馬廖傳李注云屑顧也畢云漢書武帝紀云屑然如有聞 是以老而無子者。有所得終其壽。連獨無兄弟者。畢云連同鰥音相近字之異也經典或作煢或作惸皆假音王引之云無兄弟不得謂之鰥鰥煢惸三字聲與連皆不相近畢說非連與獨文義不倫連疑當作逴與連相似而誤逴猶獨也故以逴獨連文莊子大宗師篇彼特以天爲父而身猶愛之而況其卓乎郭注曰卓者獨化之謂也秋水篇吾以一足趻踔而行玉篇逴勅角切蹇也蹇者獨任一足故謂之逴逴與卓通漢書河間獻王傳卓爾不羣說苑君道篇踔然獨立說文稺特止徐鍇曰特止卓立也卓踔逴並與稺同聲皆獨貌也洪云爾雅釋畜未成雞僆郭璞注江東呼雞少者曰僆連與僆同連獨猶言幼獨也俞云連當讀爲離連與離一聲之轉淮南子原道篇終身運枯形于連嶁列埒之門高注曰連嶁猶𧧑嶁也是其證也又本經篇愚夫惷婦有皆流連之心注曰流連猶爛漫失其職業也然則流連卽流𧧑也亦其證也詒讓案連疑當讀爲矜一聲之轉猶史記龜策傳以苓葉爲蓮葉爾雅釋詁云矜苦也詩小雅鴻鴈云爰及矜人毛傳云矜憐也又何草不黃云何人不矜連獨猶言窮苦煢獨耳矜从今聲今經典並从令誤有所雜於生人之閒。雜讀爲集廣雅釋詁云集成也就也言連獨之人得以成就其生業少失其父母者。有所放依而長。放依義同檀弓子貢曰哲人其萎則吾將安放此文王之事。以上下文校之此字下亦當有言字則吾今行兼矣。昔者武王將事太山隧。廣雅釋詁云將行也周禮小宗伯云將事于四望畢云隧或爲隊穆天子傳云鈃山之隊玉篇云隊以醉切掘地通路也或作𨻐案隊隧字皆說文𨻐字之省𨻐若璲云玩其文義乃是武王既定天下後望祀山川或初巡守岱宗禱神之辭非伐紂時事也傳曰。泰山。有道曾孫周王有事。僞古文書武成襲此文云告于皇天后土所過名山大川曰惟有道曾孫周王發孔疏云自稱有道者聖人至公爲民除害以紂無道言已有道所以告神求助不得飾以謙辭也稱曾孫者曲禮說諸侯自稱之辭云臨祭祀外事曰曾孫某侯某哀六年左傳蒯聵禱祖亦自稱曾孫皆是已承籍上祖奠享之意大事既獲。小爾雅廣言云獲得也仁人尚作。說文人部云作越也以祗商夏蠻夷醜貉。僞武成云予小子既獲仁人敢自承上帝以遏亂略華夏蠻貊罔不率俾僞孔傳云仁人謂太公周召之徒言誅紂敬承天意以絕亂路案祗當讀爲振內則祗見孺子鄭注云祗或作振國語周語云以振救民韋注云振拯也此謂得仁人以拯救中國及四夷之民僞書改爲祗承上帝失其恉矣醜貉者九貉類衆多爾雅釋詁云醜衆也雖有周親。不若仁人。萬方有罪。維予一人。蘇云書泰誓篇若作如萬方有罪作百姓有過維作在詒讓案僞古文泰誓卽誤采此文僞孔傳云周至也言紂至親雖多不如周家之少仁人民之有過在我教不至又論語堯曰篇云雖有周親不如仁人百姓有過在予一人畢解孔安國云親而不賢不忠則誅之管蔡是也仁人謂箕子微子來則用之又說苑貴德篇云武王克殷問周公曰將奈其士衆何周公曰使各宅其宅田其田無變舊新惟仁是親百姓有過在予一人尙書大傳韓詩外傳淮南子主術訓文並略同羣書治要引尸子綽子篇云文王曰苟有仁人何必周親則以爲文王語與墨子韓詩說苑並異此言武王之事。吾今行兼矣。是故子墨子言曰。今天下之君子。忠實欲天下之富。畢云忠一本作中舊云士富士字衍詒讓案忠中通而惡其貧。欲天下之治。而惡其亂。當兼相愛。交相利。此聖王之法。天下之治道也。不可不務爲也。

兼愛下第十六

子墨子言曰。仁人之事者。必務求興天下之利。除天下之害。然當今之時。天下之害孰爲大。曰。若大國之攻小國也。大家之亂小家也。強之劫弱。衆之暴寡。詐之謀愚。貴之敖賤。畢云敖一本作傲 此天下之害也。呂氏春秋侈樂篇云故彊者劫弱衆者暴寡勇者淩怯壯者慠幼從此生矣語意與此同 又與爲人君者之不惠也。又與舊本作人與王云人與當依下文作又與廣雅與如也上文若大國之攻小國也云云若如也此文兩言又與亦謂又如也畢反欲改下又與爲人與傎矣案王校是也蘇說同 臣者之不忠也。父者之不慈也。子者之不孝也。此又天下之害也。又與今人之賤人。王云今下衍人字 執其兵刃毒藥水火以交相虧賊。此又天下之害也。姑嘗本原若衆害之所自生。舊挩此字今依下文衆利章補 此胡自生。此自愛人。利人生與。卽必曰非然也。必曰從惡人賊人生。分名乎天下。惡人而賊人者。兼與。別與。卽必曰。畢云舊脫此字據上文增 別也。然卽之交別者。卽則同交別猶言交相別 果生天下之大害者與。是故別非也。子墨子曰。俞云此本作是故子墨子曰別非也下文是故子墨子曰兼是也爲此爲對文可證 非人者必有以易之。若非人而無以易之。譬之猶以水救火也。畢云一本作火救水顧校季本同蘇云火救水易也當據改俞云以水救火何不可之有畢校云一本作火救水然墨子此譬本明無以易之之不可若水火是相反之物無論以水救火以火救水皆是有以易之與設喻之旨不合疑墨子原文本作猶以火救火也故曰其說將必無可今本作水救火別本作火救水皆有脫文案俞說近是 其說將必無可焉。是故子墨子曰。兼以易別。然卽兼之可以易別之故何也。曰。藉爲人之國。若爲其國。夫雖獨舉其國。以攻人之國者哉。爲彼者由爲己也。畢云由同猶 爲人之都。若爲其都。夫誰獨舉其都。以伐人之都者哉。爲彼猶爲己也。爲人之家。若爲其家。夫誰獨舉其家。以亂人之家者哉。爲彼猶爲已也。然即國都不相攻伐。人家不相亂賊。此天下之害與。天下之利與。即必曰天下之利也。姑嘗本原。若衆利之所自生。此胡自生。此自惡人賊人生與。即必曰非然也。必曰從愛人利人生。分名乎天下。愛人而利人者。別與兼與。即必曰兼也。然即之交兼者。果生天下之大利者與。是故子墨子曰。兼是也。且鄉吾本言曰。畢云鄉嚮字省文說文云嚮不久也鄭君注儀禮云嚮曩也仁人之事者。舊本事譌是今據道藏本正必務求興天下之利。除天下之害。今吾本原兼之所生。天下之大利者也。舊本挩今據道藏本補吾本原別之所生。天下之大害者也。是故子墨子曰。別非而兼是者。出乎若方也。樂記鄭注云方猶道也畢云乎舊作平以意改今吾將正求與天下之利而取之。蘇云與當作興以兼爲正。是以聰耳明目。相與視聽乎。舊本是下衍故字今據道藏本刪與下句文例正同是以股肱畢強。畢與中篇云畢劫有力義同相爲動宰乎。畢云舊動下有爲字一本無詒讓案宰疑當作舉俞同中篇云使人之股肱助已動作動舉與動作義同而有道肆相教誨。爾雅釋言云肆力也文選東京賦厥庸孔肆薛綜注云肆勤也言勤力相教誨是以老而無妻子者。有所侍養。以終其壽。俞云侍當爲持古書多言持養幾人不達而改爲侍非是案俞校是也詳七患及非命下篇下並同幼弱孤童之無父母者。有所放依。以長其身。今唯毋以兼爲正。舊本今譌令蘇云令當作今戴云毋語詞案道藏本作今今據正即若其利也。蘇云若此也不識天下之士。畢云舊作事一本如此所以皆聞兼而非者。非下當有之字其故何也。然而天下之士。非兼者之言。猶未止也。曰。即善矣。雖然。豈可用哉。子墨子曰。用而不可。雖我亦將非之。雖我舊本作難哉王云難哉二字與下文義不相屬難哉當爲雖我字之誤也言兼愛之道如其用而不可則雖我亦將非之也下文曰我以爲當其與此也天下無愚夫愚婦雖非兼者必從兼君是也是其證案王說是也蘇校同今據正 且焉有善而不可用者。姑嘗兩而進之。誰以爲二士。王引之云誰字義不可通誰當爲設言設爲二士於此而使之各執一說也隸書設字作設誰字作誰二形略相似故設誤爲誰 使其一士者執別。使其一士者執兼。是故別士之言曰。吾豈能爲吾友之身。若爲吾身。爲吾友之親。若爲吾親。是故退睹其友。飢卽不食。寒卽不衣。陳澧云此爲友飢而不餽以食友寒而不贈以衣也 疾病不侍養。死喪不葬埋。畢云當爲薶說文云薶瘞也玉篇云埋與薶同本書或作貍 別士之言若此。行若此。兼士之言不然。行亦不然。曰。吾聞爲高士於天下者。必爲其友之身。若爲其身。爲其友之親。若爲其親。然後可以爲高士於天下。舊挩於字畢云一本有案有者是也今據增 是故退睹其友。飢則食之。寒則衣之。疾病侍養之。死喪葬埋之。兼士之言若此。行若此。若之二士者。言相非而行相反與。舊本無士字畢云一本有士字是今據增 當使若二士者。王引之云當與儻同若此也言儻使此二士之言行相合則無言而不行也詒讓案當疑當爲嘗之借字詳上篇戴云依下文當云作常非 言必信。行必果。使言行之合。猶合符節也。無言而不行也。然卽敢問。今有平原廣野於此。被甲嬰冑。漢書賈誼傳顏注云嬰加也畢云說文云嬰頸飾也 將往戰。死生之權。權宜當作機 未可識也。又有君大夫之遠使於巴越齊荆。左傳桓九年杜注云巴國在巴郡江州縣常璩華陽國志云巴黃帝高陽之支庶世爲侯伯周武王克商封其宗姬於巴爵之以子七國稱王巴亦稱王周愼王五年秦遣張儀司馬錯伐蜀滅之因取巴執王以歸置巴郡 往來及否。未可識也。舊本重及否未三字王云此當作往來及否未可識也案王校是也今據刪 然卽敢問不識將惡也。俞云惡下脫從字將惡從也猶云將何從也下文曰不識將擇之二君者將何從也是其證蘇云是有脫誤也字疑當作託戴云也字乃宅之誤二形相似宅居也或云侂字誤侂卽託案俞校近是據此則下文家室上當有脫文下云寄託則此不當云託蘇戴說非 家室。奉承親戚。錢大昕云古人稱父母爲親戚大戴禮記曾子疾病篇親戚既歿雖欲孝誰爲孝孟子盡心篇人莫大爲亡親戚君臣上下案錢說是也亦見節葬下非命上中篇 提挈妻子。而寄託之。不識於兼之有是乎。於別之有是乎。戴云有字皆友之聲誤 我以爲當其於此也。我舊本譌哉王云哉亦當爲我蘇校同今據正 天下無愚夫愚婦。雖非兼之人。必寄託之於兼之有是也。此言而非兼。擇卽取兼。卽此言行費也。畢本費改拂云舊作兼費一本如此王云古者拂與費通不煩改字大雅皇矣篇四方以無拂鄭箋曰拂猶佹也中庸君子之道費而隱注曰費猶佹也釋文費本又作拂同扶拂反是其證顧說同 不識天下之士所以皆聞兼而非之者。其故何也。然而天下之士。非兼者之言。猶未止也。曰。意可以擇士。而不可以擇君乎。舊本作子王云子當爲乎字之誤也乎與意文義相承下文曰意不忠親之利而害爲孝乎是其證案王校是也今據正 姑嘗兩而進之。誰以爲二君。誰亦當依上文王校作設 使其一君者執兼。使其一君者執別。其字舊本捝道藏本有與上句同今據補 是故別君之言曰。舊本捝今據道藏本補 吾惡能爲吾萬民之身若爲吾身。舊本捝若字今據道藏本補 此泰非天下之情也。畢云泰一本作大 人之生乎地上之無幾何也。譬之猶駟馳而過隙也。三年問云若駟之過隙鄭注云喻疾也莊子知北游篇云人生天地之間若白駒之過郤忽然而已釋之云郤本亦作隙隙孔也又盜跖篇云天與地無窮人死者有時操有時之具而託於無窮之間忽然無異騏驥之馳過隙也畢本隙改郤云郤舊作隙据文選注引作郤云古隙字郤卽郤也說文云隙壁際孔也郤節郤也節郤言節之會亦際縫之意皆通詒讓案隙郤通不必改 是故退睹其萬民。飢卽不食。寒卽不衣。疾病不侍養。死喪不葬埋。別君之言若此。行若此。兼君之言不然。行亦不然。曰。吾聞爲明君於天下者。必先萬民之身。畢云先舊作萬一本如此 後爲其身。然後可以爲明君於天下。是故退睹其萬民。畢云舊捝其字以意增 飢卽食之。寒卽衣之。疾病侍養之。死喪葬埋之。兼君之言若此。行若此。然卽交若之二君者。戴云然卽交三字無義當是衍文案以上文校之疑當作然卽交兼交別若之二君者今本交下捝三字耳戴

校未塙言相非而行相反與。常使若二君者。蘇云據上文常宜作當案常王亦讀爲儻疑當讀爲嘗詳前言必信。行必
果。使言行之合。猶合符節也。無言而不行也。然即敢問。今歲有癘疫。萬民
多有勤苦凍餒。畢云當作餧轉死溝壑中者。孟子公孫丑篇云凶年饑歲子之民老羸轉於溝壑趙注云轉轉尸於溝壑也國語吳語云子之父母將轉於
溝壑韋注云轉入也逸周書大聚篇云死無傳尸淮南子主術訓作轉尸高注云轉棄也案高說爲允既已衆矣。不識將擇之二君者。將何從
也。我以爲當其於此也。天下無愚夫愚婦。雖非兼者。者舊本作君王校改者云涉上下文兼君而誤案王校是也今
據正必從兼君是也。言而非兼。擇即取兼。畢云舊字舊挩据上文增案畢校是也然以上文校之下句首仍當有即字因兩節相涉而誤挩耳此
言行拂也。不識天下所以皆聞兼而非之者。其故何也。然而天下之士。非
兼者之言也。猶未止也。畢云猶舊作獨一本如此曰。兼即仁矣義矣。雖然。豈可爲哉。吾譬兼
之不可爲也。猶挈泰山以超江河也。畢云泰一本作太詒讓案中篇作譬若挈泰山越河濟也泰亦作太非攻中篇備梯篇又並作大山故
兼者直願之也。夫豈可爲之物哉。子墨子曰。夫挈泰山以超江河。自古之
及今。戴云之字衍生民而來。未嘗有也。今若夫兼相愛。交相利。此自先聖六王者
親行之。下文止有四王此六疑四篆文之譌下同何知先聖六王之親行之也。畢云何下太平御覽引有以字子墨子曰。吾
非與之並世同時。親聞其聲。見其色也。以其所書於竹帛。鏤於金石。琢於
盤盂。文選廣絕交論李注引云琢之盤盂銘於鍾鼎傳於後世疑兼用魯問篇文呂氏春秋求人篇云功勳銘乎金石著於盤盂高注云金鍾鼎也石豐碑也盤盂之器皆銘其功傳遺後世
子孫者知之。畢云遺劉逵注左思賦引作于詒讓案天志中非命下及貴義魯問四篇皆作遺劉引非泰誓曰。命同下篇天志中篇非命上中下篇並作大誓此作泰與今僞孔本
同疑後人所改文王若日若月。乍照光于四方。于西土。于舊本並作於今據道藏本改畢云孔書云唯我文考若日月之照臨光於四方顯於西

士孫星衍云作古與作通即此言文王之兼愛天下之博大也。譬之日月兼照天下之無有私也。即此文王兼也。雖子墨子之所謂兼者。雖與唯通下並同於文王取法焉。且不唯泰誓爲然。唯舊本作惟今據道藏本改雖禹誓畢云大禹謨文云禹誓者禹之所誓也詒讓案今大禹謨出僞古文即采此書爲之惠棟云皋陶謨言苗頑勿即功則舜陟後禹當復有征苗誓師之事即亦猶是也。禹曰。濟濟有衆。孔安國云濟濟衆盛之貌咸聽朕言。畢云孔書作命非惟小子。敢行稱亂。孔安國云稱舉也畢云孔書無此八字蘇云二語今見湯誓惟作台蠢茲有苗。爾雅釋訓云蠢不遜也孔安國云蠢動也用天之罰。畢云孔書無此四字若予既率爾羣對諸羣。以征有苗。畢云孔書作誓予以爾衆士奉辭伐罪羣猶衆惠棟云羣猶君也周書大子晉云侯能成羣謂之君堯典言羣后蘇云羣字疑誤或爲辟辟君也案惠說近是此羣對諸羣當讀爲羣封諸君封與邦古音近通用封對形近而誤羣封諸君言衆邦國諸君也禹之征有苗也。非以求以重富貴。戴云下以字衍干福祿。詩小雅假樂篇干祿百福鄭箋云干求也樂耳目也。以求興天下之利。除天下之害。即此禹兼也。雖子墨子之所謂兼者。於禹求焉。求以上下文校之當作取法且不唯禹誓爲然。唯舊本亦作惟今據道藏本改雖湯說即亦猶是也。周禮大祝六祈六曰說鄭注云說以辭責之用幣而已此下文亦云以祠說於上帝鬼神若然則說禮殷時已有之論語堯曰篇集解孔安國云墨子引湯誓國語周語內史過引湯誓與此下文略同韋注云湯誓商書伐桀之誓也今湯誓無此言則已散亡矣案孔安國引此作湯誓或兼據國語文尚賢中篇引湯誓今書亦無之湯曰。畢云今湯誥文惟予小子履。論語堯曰篇無惟字孔注云履殷湯名此伐桀告天之文案孔以此爲伐桀時事白虎通日三正篇及周語韋注說同然據此後文則是湯禱旱之辭孔說蓋誤大戴禮記少閒篇云乃有商履代與白虎通義姓名篇云湯王後更名爲子孫法本名履也畢云孔書作肆台小子敢用玄牡。告於上天后。論語作敢昭告于皇皇后帝孔注云殷家尚白未變夏禮故用玄牡皇大后君也大大君帝謂天帝也白虎通義三正篇云論語曰予小子履云云此湯伐桀告天以夏之牲也與論語孔注說同書湯誥孔疏云鄭玄解論語云用玄牡者爲舜命禹事於時總告五方之帝莫適用用皇天大帝之牲其意與孔異國語周語皇天嘉禹胙以天下韋注亦引論語帝臣不蔽二語又詩閟宮孔疏云論語曰皇皇后帝論語說字受終文祖宜總祭五帝也並從鄭以此爲禹事與墨子尸子說異御覽八十三引帝王世紀載此文作告于上天后士疑此后下亦捝士字畢云孔書作上天神后曰。今天大旱。即當朕身履。帝王世紀云湯自伐桀後大旱七年禱于桑林之社其辭如此畢云詳此文是湯禱旱文孔書亦無此十字未知得罪于上下。畢云孔疏作未知獲戾于上下有善不敢蔽，有罪不敢赦，簡在帝心。論語集解包咸云順天奉法有罪者不敢擅赦何晏云言桀居帝臣之位罪過不可隱蔽以其簡在天心故案論語作帝臣不蔽何氏以爲指桀與此義不合非也僞湯誥云爾有善朕弗敢蔽罪當朕躬弗敢自赦惟簡在上帝之心孔傳云所以不蔽善人不赦已罪以其簡在天心故也孔疏云鄭玄注論語云簡閱在天心言天簡閱其善惡也畢云皆與孔書微異萬方有罪，卽當朕身。朕身有罪，無及萬方。孔安國云無以萬方萬方不與也萬方有罪我身之過羣書治要引尸子綽子篇云湯曰朕身有罪無及萬方萬方有罪朕身受之帝王世紀云萬方有罪罪在朕躬朕躬有罪無及萬方無以一人之不敏使上帝鬼神傷民之命並於此文小異畢云俱與孔書微異孔安國注論語有罪不敢赦帝臣不蔽簡在帝心朕躬有罪無以萬方萬方有罪罪在朕躬云墨子云湯誓其詞若此國語周語內史過引湯誓云予一人有辠無以萬夫萬夫有辠在余一人詒讓案僞湯誥云其爾萬方有罪在予一人予一人有罪無以爾萬方孔傳云在予一人自責化不至無用爾萬方言非所及卽此言湯貴爲天子，富有天下，然且不憚以身爲犧牲，以祠說于上帝鬼神。呂氏春秋順民篇云昔者湯克夏而正天下天大旱五年不收湯乃以身禱於桑林曰余一人有罪無及萬夫萬夫有罪在余一人無以一人之不敏使上帝鬼神傷民之命於是翦其髮𨃋其手以身爲犧牲用祈福于上帝與此文合則湯說卽禱桑林之辭也御覽八十三引尸子及帝王世紀說與呂略同卽此湯兼也。雖子墨子之所謂兼者，於湯取法焉。且不惟誓命與湯說爲然。誓命依上文當作禹誓漢書藝文志禹作命顏注云古禹字此書多古字蓋亦作命與命相似而譌校者不悟又移作誓下遂與上文不合矣周詩卽亦猶是也。周詩曰：王道蕩蕩，不偏不黨。王道平平，不黨不偏。蘇云見書洪範篇四不字作無茲稱周詩或有據詒讓案洪範云無偏無黨王道蕩蕩無黨無偏王道平平僞孔傳云蕩蕩言開闢平平言辯治呂氏春秋貴公篇高注云蕩蕩平易也史記張釋之馮唐傳說苑至公篇引書無並作不與此同古詩書亦多互稱戰國策秦策引詩云大武遠宅不涉卽逸周書大武篇所云遠宅不薄可以互證其直若矢，其易若底。君子之所履，小人之所視。蘇云詩大東篇作周道如砥其直如矢下無兩之字詒讓案親士篇云其直如矢其平如砥底仍作砥與毛詩同小雅大東毛傳云如砥貢賦平均也如矢賞罰不偏也鄭箋云此言古者天子之恩厚也君子皆法效而履行之其如砥矢之平小人又皆視之共之無怨孟子萬章篇引詩砥亦作底字通趙注云底平矢直視比也周道平直君子履直道小人比而則之案底道藏本作底譌說文厂部云底柔石也重文作砥又厂部云底山居也下也二字逈別今經典多互譌若吾言非語道之謂也。古者文武爲正正與政同均分。貴賢罰暴。勿有親戚弟兄之所阿。 呂氏春秋高義篇高注云阿私也 即此文武兼也。雖子墨子之所謂兼者。於文武取法焉。不識天下之人。所以皆聞兼而非之者。其故何也。然而天下之非兼者之言。猶未止。曰。意不忠親之利而害爲孝乎。 蘇云忠當作中讀去聲戴云中當訓爲得 子墨子曰。姑嘗本原之。孝子之爲親度者。吾不識孝子之爲親度者。亦欲人愛利其親與。意欲人之惡賊其親與。 蘇云意讀如抑下文亦然 以說觀之。即欲人之愛利其親也。然即吾惡先從事。即得此。若我先從事乎愛利人之親。然後人報我愛利吾親乎。 愛利上當有以字 意我先從事乎惡人之親。 俞云惡下脫賊字當據上文補 然後人報我以愛利吾親乎。即必吾先從事乎愛利人之親。然後人報我以愛利吾親也。然即之交孝子者。 之交孝子猶上云交兼交別 果不得已乎。毋先從事愛利人之親者與。意以天下之孝子爲遇。 遇當爲愚同聲叚借字畢云一本作偶 而不足以爲正乎。姑嘗本原之。 舊本說此字今據道藏本補 先王之所書。 所字疑衍俞同中篇云是以先王之書周頌之道之曰是其證 大雅之所道。曰。無言而不讎。無德而不報。 大雅抑毛傳云讎用也鄭箋云教令之出如賣物物善則其售賈貴物惡則其售賈賤蘇云大雅史篇無兩而字 投我以桃。報之以李。 鄭箋云此言善往則善來人無行而不得其報也投猶擲也 即此言愛人者必見愛也。而惡人者必見惡也。不識天下之士。所以皆聞兼而非之者。其故何也。 舊本兼作愛誤今據道藏本正 意以爲難而不可爲邪。嘗有難此而可爲者。昔荊靈王好小要。 畢云舊作腰非 當靈王之身。荊國之士。飯不踰乎一。固據而後興。 畢云固一本作握詒讓案固據屬下讀說文手部云據杖持也別本葢讀一握句非 扶垣而後行。故約食爲其難爲也。俞云其當作甚下二句並同甚難爲卽至難爲也下文曰是故約食焚舟苴服此天下之至難爲也是其證 然後爲。而靈王說之。後疑當作衆中篇云若苟君說之則衆能爲之是其證下並同 未踰於世。而民可移也。踰當作渝下並同爾雅釋言云渝變也言世未變而民俗已爲之移也非命上篇云此世未易民未渝在於桀紂則天下亂在於湯武則天下治又中篇云此世不渝而民不改上變政而民易教又下篇云此世不渝而民不易上變政而民改俗此云未渝於世猶彼云世不渝也 卽求以鄉其上也。鄉與向字通 昔者越王句踐好勇。教其士臣三年。以其知爲未足以知之也。蘇云上知字當讀如智 焚舟失火。舟疑當作內詳上篇 鼓而進之。其士偃前列。廣雅釋詁云偃僵也儀禮鄉射禮鄭注云偃猶仆也 伏水火而死。有不可勝數也。王云有字文義不順有當爲者字之誤也中篇曰士聞鼓音破碎亂行蹈火而死者左右百人有餘是其證案王說是也蘇校同 當此之時。不鼓而退也。退上疑挩不字謂士爭進前赴火雖止不鼓而仍不肯退也 越國之士可謂顫矣。顫當讀爲憚非攻下篇云以譂其衆顫譂並與憚同畢云玉篇云顫動也言其驚畏 故焚身爲其難爲也。其亦當作甚 然後爲之越王說之。畢云上之字據前後文當爲而 未踰於世而民可移也。卽求以鄉上也。昔者晉文公好苴服。苴粗字通猶中篇云惡衣 當文公之時。晉國之士。大布之衣。左閔二年傳衞文公大布之衣杜注云大布粗布淮南子齊俗訓許注意同 牂羊之裘。練帛之冠。二句中篇同 且苴之屨。畢云且當爲粗王云且苴卽粗麤粗麤食胡反粗才戶反廣雅釋詁粗麤大也案王說是也春秋繁露俞序篇云始於麤粗終於精微晏子春秋諫下篇云縷綦不能麤苴論衡量知篇云夫竹木麤苴之物也說文角部云觕角長貌讀若麤觕與且苴並聲近字通 入見文公。出以踐之朝。故苴服爲其難爲也。其亦當作甚 然後爲而文公說之。未踰於世而民可移也。卽求以鄉其上也。是故約食焚舟苴服。焚舟當作焚身依上文 此天下之至難爲也。然後爲而上說之。未踰於世而民可移也。何故也。卽求以鄉其上也。今若夫兼相愛交相利。舊本挩愛交相利三字今依王校補 此其有利。且易爲也。不可勝計也。我以爲則無有上說之者而已矣。苟有上說之者。勸之以賞譽。威之以刑罰。我以爲人之於就兼相愛交相利也。蘇云於就當作就於。案於就不誤蘇校非譬之猶火之就上。水之就下也。不可防止於天下。故兼者聖王之道也。王公大人之所以安也。萬民衣食之所以足也。故君子莫若審兼而務行之。爲人君必惠。爲人臣必忠。爲人父必慈。爲人子必孝。爲人兄必友。爲人弟必悌。畢云當爲弟此俗寫故君子莫若欲爲惠君忠臣。慈父孝子友兄悌弟。王云皆欲爲惠君忠臣云云若上不當有莫字蓋涉上文莫若而衍當若兼之不可不行也。當若猶言當如詳尙同中篇戴云若字疑之字誤非此聖王之道。而萬民之大利也。

墨子閒詁卷五

非攻上第十七 淮南子氾論訓高注云非猶譏也

今有一人。入人園圃。畢云說文云園所以樹菓種菜曰圃 竊其桃李。衆聞則非之。上爲政者得則罰之。此何也。以虧人自利也。至攘人犬豕雞豚者。穀梁成五年范寧注云攘盜也 其不義。又甚入人園圃竊桃李。是何故也。以虧人愈多。依下文當有苟虧人愈多五字 其不仁茲甚。茲滋古今字詳尚同上篇 罪益厚。至入人欄廄。欄卽闌之借字說文門部云闌門遮也廣雅釋室云欄牢也畢云說文無欄字玉篇云木欄也 取人馬牛者。其不仁義。又甚攘人犬豕雞豚。依上下文此句疑不當有仁字 此何故也。以其虧人愈多。苟虧人愈多。其不仁茲甚。罪益厚。至殺不辜人也。扡其衣裘。畢云扡讀如終朝三扡之扡陸德明易音義云褫鄭本作扡徒可反扡卽拕異文王云也卽扡字之誤而衍者詒讓案說文手部云拕曳也淮南子人間訓云秦牛缺徑於山中而遇盜拕其衣被許注云拕奪也拖卽拕之俗 取戈劍者。其不義。又甚入人欄廄。取人牛馬。此何故也。以其虧人愈多。苟虧人愈多。其不仁茲甚矣。罪益厚。當此天下之君子。畢云舊挩此字據後文增 皆知而非之。謂之不義。今至大爲攻國。畢云據後文云大爲不義攻國 則弗知非。畢云知一本作之舊脫非字據後文增案道藏本季本並不挩 從而譽之。謂之義。此可謂知義與不義之別乎。可舊本作何畢云一本作可是今據正 殺一人。謂之不義。必有一死罪矣。荀子正論篇云殺人者死傷人者刑是百王之所同也 若以此說往。殺十人。十重不義。必有十死罪矣。殺百人。百重不義。必有百死罪矣。當此天下之君子。皆知而非之。謂之不義。今至大爲不義。攻國則弗知非。（舊本知作之下又衍而字畢云一本無而字是王云之當爲知俗音知之相亂故知誤爲之上文皆知而非之正與弗知非相對且上下文皆作弗知非則之爲知之誤明矣案王校是也今據正）從而譽之。謂之義。情不知其不義也。（王云情誠通用）故書其言。以遺後世。若知其不義也。夫奚說。書其不義。以遺後世哉。（奚說言何辭以解說也畢云奚說猶言何樂失之）今有人於此。少見黑曰黑。多見黑曰白。則以此人不知白黑之辯矣。（依下文則下當有必字人下當有爲字）少嘗苦曰苦。多嘗苦曰甘。則必以此人爲不知甘苦之辯矣。今小爲非。則知而非之。大爲非攻國。則不知非。（舊本不知下衍而字今據王蘇校刪）從而譽之。謂之義。（畢云舊之謂二字倒一本如此）此可謂知義與不義之辯乎。（舊本可上捝此字又謂誤爲畢云一本作謂是案道藏本可上有此字爲正作謂今據補正季本謂亦不誤）是以知天下之君子也。（也字疑衍）辯義與不義之亂也。

非攻中第十八

子墨子言曰。古者王公大人。爲政於國家者。情欲譽之審。賞罰之當。刑政之不過失。（情亦與誠通下並同王云古者當爲今者說見尚賢篇譽上有毀字而今本脫之則文義不明尚同篇擧天下之人皆欲得上之賞譽而畏上之毀罰是其證過失下有脫文下文曰今者王公大人情欲得而惡失欲安而惡危故當攻戰而不可不非）是故子墨子曰。古者有語。謀而不得。則以往知來、（論語學而篇云告諸往而知來者）以見知隱。謀若此。可得而知矣。今師徒唯毋興起。（徒舊本誤徙今據道藏本正唯毋毋語辭詳尚賢中篇）冬行恐寒。夏行恐暑。此不以冬夏爲者也。春則廢民耕稼樹藝。秋則廢民穫斂。（此下依上文或當有此不可以春秋爲者也句）今唯毋廢一時。則百姓飢寒凍餒而死者。不可勝數。今嘗計軍上。（嘗猶試也下同上字誤疑當作出國策齊策云軍之所出矛戟所鐶弦絕傷弩破車罷馬亡失之大半）竹箭羽旄幄幕。（畢云說文云木楃帳也幄當从木詒讓案幄節葬下篇作屋此俗作周禮幕人鄭注云在旁曰帷在上曰幕四合象宮室曰幄甲盾撥劫。史記孔子世家索隱云撥音伐謂大盾也劫未詳疑當作⿰缶力古書从缶从去之字多互譌備蛾傅篇法譌作⿰氵缶此⿰缶力譌作劫可以互證說文刀部云卸刀把也卽禮記少儀之拊也刀把或以木爲之故有靡敝腐爛之患往而靡弊腑冷不反者。畢云往舊作住一本如此腑卽腐字異文冷爛音相近當爲爛詒讓案戰國策秦策高注云弊壞也此與少儀國家靡敝義微異不可勝數。又與矛戟戈劍乘車。與下當依下文補其字其列住碎折靡弊而不反者。列住二字誤畢以意改歾往蓋以往屬下爲句與上文同然其歾二字仍與上下文並不屬竊疑當作往則讀其往則碎折靡弊而不反者十一字句今本往譌住則僞列又倒其文遂不可通耳不可勝數。與其牛馬。肥而往。瘠而反。往死亡而不反者。王云下往字涉上往字而衍詒讓案往字似不必刪不可勝數。與其涂道之脩遠。糧食輟絕而不繼。畢云粮俗玉篇云粮同糧詒讓案周禮廩人凡邦有師役之事則治其糧與其食鄭注云行道曰糧謂糒也止居曰食謂米也孟子梁惠王篇云師行而糧食飢者弗食勞者弗息趙注云行軍皆遠轉糧食而食之百姓死者。不可勝數也。與其居處之不安。食飯之不時。王云食飯當爲食飲之誤食飲不時見下篇飢飽之不節。百姓之道疾病而死者。不可勝數。喪師多不可勝數。喪師盡不可勝計。則是鬼神之喪其主后。后與後字通王制云天子諸侯祭因國之在其地而無主後者鄭注云絕無後爲之祭主者卽此義洪云后當作石卽祏字省文左氏昭十八年傳史祝史徙主祏于周廟杜預注祏廟主石函說文祏宗廟主也周禮有郊宗石室一曰大夫以石爲主从示从石石亦聲案洪說未塙亦不可勝數。國家發政。奪民之用。廢民之利。若此甚衆。然而何爲爲之。曰。我貪伐勝之名。及得之利。故爲之。子墨子言曰。計其所自勝。無所可用也。計其所得。反不如所喪者之多。今攻三里之城。七里之郭。雜守篇云率萬家而城方三里孟子公孫丑篇亦云三里之城七里之郭戰國策齊策云卽墨三里之城七里之郭又作五里之城五里之郭攻此不用銳。且無殺而徒得此然也。殺人多必數於萬。寡必數於千。然後三里之城。七里之郭。且可得也。今萬乘之國。虛數於千。畢云虛墟字正文俗从土詒讓案虛下疑挩城字下文云以爭虛城爲韻不勝而入。畢云舊作入以意改廣衍數於萬。畢云王逸注楚辭曰衍廣大也不勝而辟。畢云此闢字之假音入辟然則土地者。所有餘也。王民者。所不足也。王云王民二字義不可通當是士民之誤士民與土地對文下文王民同今盡王民之死。嚴下上之患。以爭虛城。則是棄所不足。而重所有餘也。爲政若此。非國之務者也。飾攻戰者言曰。畢云舊作也言一本如此南則荆吳之王。吳當作越墨子時吳已亡故下文以夫差亡吳事爲戒不宜此復舍越而舉吳也下篇云今天下好戰之國齊晉楚越節葬下篇云諸侯力征南有楚越之王而北有齊晉之君皆其證也北則齊晉之君。始封於天下之時。其土城之方。舊挩地字今據道藏本補未至有數百里也。人徒之衆。未至有數十萬人也。以攻戰之故。土地之博。至有數千里也。人徒之衆。至有數百萬人。故當攻戰而不可爲也。俞云不可爲也當作不可不爲也方與上文語意相屬此是飾攻戰者之言非子墨子之言也今脫不字意不可通案下文云故當攻戰而不可不非則此文當作故當攻戰而不可非也俞校未塙子墨子言曰。雖四五國。則得利焉。猶謂之非行道也。譬若醫之藥人之有病者然。句今有醫於此。和合其祝藥之於天下之有病者而藥之。畢云祝謂祝由見素問或云祝藥猶言注藥非一本無祝字非也案畢說非也周禮瘍醫掌腫瘍潰瘍金瘍折瘍之祝藥鄭注云祝當爲注讀如注病之注聲之誤也注謂附著藥彼祝藥爲劀瘍附著之藥此下文云食則與彼義異畢云祝由又與此書及周禮義並不合不可信也惠士奇謂祝藥猶行藥亦未知是否萬人食此。若醫四五人得利焉。猶謂之非行藥也。蘇云食者多而利者少則非常行之藥故孝子不以食其親。忠臣不以食其君。古者封國於天下。尙者以耳之所聞。畢云尙同上近者以目之所見。以攻戰亡者。不可勝數。何以知其然也。東方有莒之國者。畢云今山東莒州其爲國甚小。閒於大國之閒。不敬事於大。大國亦弗之從而愛利。是以東者越人夾削其壤地。國策齊策云莒恃越而滅與此異西者齊人兼而有之。計莒之所以亡於齊越之閒者。以是攻戰也。杜預春秋釋例云莒國嬴姓少昊之後周武王封茲輿期於莒十一世莒平公方見春秋共公以下微弱不復見四世楚滅之蘇云史記云楚簡王元年北伐滅莒據此則莒實爲齊滅故其地在戰國屬齊詒讓案戰國策西周策云郲莒亡於齊亦其證雖南者陳蔡。其所以亡於吳越之閒者。左傳魯哀公十七年楚滅陳史記管蔡世家蔡侯齊四年楚惠王滅蔡按在貞定王二十二年

亦以攻戰。雖北者且不一著何。道藏本如此畢本作中山諸國云四字舊作且一不著何五字一本如此史記趙世家云惠文王三年滅中山遷其王於膚施表作四年元和郡縣志云定州戰國時爲中山國中山之地方五百里城中有山故曰中山今直隸定州是蘇云中山之亡當魏文侯世墨子與子夏子門人同時此事猶當及見之畢引史記趙惠文王三年滅中山非是詒讓案中山初滅於魏後滅於趙詳所染篇然此中山諸國四字乃後人肊改實當作且不著何四字舊本作且一道藏本作且不一並衍一字且疑柤之借字國語晉語獻公田見翟柤之氛韋注云翟柤國名是也不著何亦北胡國周書王會篇云不屠何青熊孔晁注云不屠何亦東北夷也管子小匡篇敗胡貊破屠何尹注云屠何東胡之先也劉恕通鑑外紀周惠王三十三年齊桓公救燕破屠何屠著聲類同不著何即不屠何也又王會伊尹獻令正北有且略豹胡且略即此且及左傳翟柤豹胡亦即不屠何豹不胡何並一聲之轉不屠何漢爲徒河縣屬遼西郡故城在今奉天錦州府錦縣西北柤據國語爲晉獻公所滅所在無考其所以亡於燕代胡貊之閒者。貊貉之俗詳兼愛中篇亦以攻戰也。是故子墨子言曰。古者王公大人。情欲得而惡失。古者亦當從王校作今者說見前情與誠通詳非攻下篇欲安而惡危。畢云欲舊作故以意改故當攻戰而不可不非。飾攻戰者之言曰。彼不能收用彼衆。是故亡。我能收用我衆。以此攻戰於天下。誰敢不賓服哉。子墨子言曰。子雖能收用子之衆。子豈若古者吳闔閭哉。闔左傳昭二十七年作廬字通詳所染篇古者吳闔閭教七年畢云按史記闔閭九年入郢與越春秋云九年十月楚二師陳於柏舉即此是也俞云敎下疑脫士字奉甲執兵。奔三百里而舍焉。呂氏春秋簡選篇云吳闔廬選多力者五百人利趾者三千人以爲前陳此云奉甲執兵奔三百里而舍即多力利趾者也俞云奉甲執兵奔三百里而舍即教士之法乃古所謂武卒者荀子議兵篇魏氏之武卒以度取之衣三屬之甲操十二石之弩負矢五十箇置戈其上冠軸帶劍贏三日之糧日中而趨百里中試則復其戶利其田宅今據墨子之言則闔閭先有此法矣次注林。出於冥隘之徑。左傳定四年吳伐楚舍舟於淮汭自豫章與楚夾漢左司馬戌謂子常曰我悉方城外以毀其舟還

塞大隧直轅冥阸釋文云阸本或作隘杜注云三者漢東之隘道案此冥隘卽左傳之冥阸史記蘇秦傳云塞鄳
阸亦卽此集解引徐廣云鄳江夏鄳縣注林地無考以左傳校之疑當作淮汭淮注形近汭篆文作汭與林亦相
近因而致誤畢云淮南子地形訓作繩阸高誘曰繩阸今宏農繩池是也則在今河南永寧縣史記魏世家曰秦
攻冥阸之塞集解云徐廣曰或以爲江夏鄳縣又杜預注左傳云漢東之隘道括地志云石城山在申州鐘山縣
東南二十一里魏攻冥阸卽此山呂氏春秋淮南子九塞此其一
也玉海在信陽軍東南五十里今在河南信陽州東南九十里
戰於柏舉。事見春秋定四年經柏舉杜注云楚地呂氏春秋首時篇高注
云柏舉楚南鄙邑畢云在今湖北麻城縣元和郡縣志云麻城縣龜頭
山在縣東南十八里舉水之折出也春秋吳楚戰於柏舉卽此地也
中楚國而朝宋與及魯。蘇云及魯
二字誤倒魯字屬上句及字屬下句也案蘇校近是左傳闔閭時無
宋魯朝吳事疑因哀七年夫差會魯於鄫徵宋魯百牢事傳會之
至夫差之身。北而攻齊。舍於
汶上。戰於艾陵。見春秋哀十一年經畢云在今山東泰安縣東南史記吳太伯世家云夫差七年北伐齊敗齊師於艾陵至繒
大敗齊人。而葆之大
山。蘇云大山卽泰山篇中太多作大魯問篇齊太王作大王是也
東而攻越。濟三江五湖。畢云史記索隱云韋昭云三江謂松江錢塘江浦陽江史記正義云顧夷吳地
記云松江東北行七十里得三江口東北入海爲婁江東南入海爲東江幷松江爲三江詒讓案漢書地理志云
會稽郡吳南江在南東入海毗陵北江在北東入海丹陽郡蕪湖中江出西南東至陽羨入海此卽書禹貢周禮
職方氏揚州之三江也國語越語云吳之與越也三江環之韋昭別據松江浙江浦陽江爲釋卽張守節所引是
也水經沔水酈注云松江至太湖東北流逕七十里江水奇分謂之三江口吳越春秋稱范蠡去越乘舟出三江
之口入五湖之中者也此與顧夷說同要皆非古之三江竊謂禹貢中江北江並於吳境入海南江入海又兼涉
越境則三江下流自足環吳越水經注又引郭璞云三江者岷江松江浙江也此卽據禹蹟下流言之近代胡渭
金榜並援以說越語之三江最爲塙
當畢攷之未審五湖詳前兼愛中篇
而葆之會稽。左傳哀元年吳王夫差敗于越夫椒遂入越越子以甲楯五千保於會稽杜注云上會稽山也在會稽山陰縣
南葆保字通會稽山詳節葬下
篇畢云今浙江山陰會稽山
九夷之國莫不賓服。爾雅釋地云九夷八狄七戎六蠻謂之四海王制孔疏云九夷依東夷傳九種曰畎夷於夷方
夷黃夷白夷赤夷玄夷風夷陽夷李巡注爾雅云一曰玄菟二曰樂浪三曰高驪四曰滿飾五曰鳧臾六曰索家
七曰東屠八曰倭人九曰天鄙案王制疏所云皆海外遠夷之種別此九夷與吳楚相近蓋卽淮夷非海外東夷
也書敍云成王淮夷夷遂踐奄韓非子說林上篇云周公且攻九夷而商蓋伏商蓋卽商奄則九夷亦卽淮夷故
呂氏春秋古樂篇云成王立殷民反王命周公踐伐之商人服象爲虐於東夷周公遂以師逐之至於江南又樂
成篇云猶尙有管叔蔡叔之事與東夷八國不聽之謀高注云東夷八國附從二叔不聽王命周公居攝三年伐
奄八國之中最大著在尙書餘七國小又先服故不載於經也案東夷八國亦卽九夷也春秋以後蓋臣屬楚吳
越三國戰國時又專屬楚說苑君道篇說越王句踐與吳戰大敗之兼有九夷淮南子齊俗訓云越王句踐霸天
下泗上十二諸侯皆率九夷以朝戰國策秦策云楚苞九夷方千里魏策云張儀曰楚破南陽九夷內沛許鄢陵

死文選李斯上秦始皇書說秦伐楚苞九夷制鄢郢李注云九夷屬楚夷也若然九死實在淮泗之間北與齊魯接壤故論語子欲居九夷參互校覈其疆域固可考矣於是退不能賞孤。說文子部云孤無父也月令立冬賞死事恤孤寡鄭注云死事謂以國事死者孤寡其妻子也施舍羣萌。畢云此氓字之假音詒讓按尚賢中篇云四鄙之萌人舍予聲近字通施舍猶賜予也左昭十三年傳云施舍寬民又云施舍不倦杜注云施舍猶云布恩德自恃其力。伐其功。譽其志。怠於教。遂築姑蘇之臺。七年不成。國語吳語說吳王夫差云高高下下以罷民於姑蘇韋注云姑蘇臺名在吳西近湖按國語以築姑蘇爲夫差事與此書正合畢云史記集解云越絕書曰闔閭起姑蘇之臺三年聚材五年乃成高見三百里顏師古注漢書伍被傳云吳地記云因山爲名西南去國三十五里今江南蘇州府治詒讓按越絕以姑蘇爲闔閭所築疑誤及若此。則吳有離罷之心。蘇云罷讀如疲

越王句踐。視吳上下不相得。收其衆以復其讎。入北郭。徙大內。王云徙大內三字義不可通大內當爲大舟隸書舟字或作肙與內相似而誤吳語越王句踐襲吳入其郛焚其姑蘇徙其大舟韋注曰大舟王舟吳越春秋夫差內傳亦作徙其大舟案王說是也吳語韋注曰郛郭也徙取也此哀十三年越入吳事與二十年圍吳事不相涉此類舉之耳圍王宮。國語吳語云越師入吳國圍王宮韋注云王宮姑蘇而吳國以亡。左傳哀二十年十一月越圍吳二十二年十一月越滅吳昔者晉有六將軍。六將軍卽六卿爲軍將者也春秋時通稱軍將爲將軍穀梁文六年傳云晉使狐射姑爲將軍是也淮南子道應訓云趙文子問於叔向曰晉六將軍其孰先亡乎又人間訓云張武爲智伯謀曰晉六將軍中行文子最弱許注云六將軍韓趙魏范中行智伯也而智伯莫爲強焉。計其土地之博。人徒之衆。欲以抗諸侯。以爲英名。攻戰之速。故差論其爪牙之士。皆列其車舟之衆。王云皆當爲比天志篇比列其舟車之卒是其證下篇皆列同按王說是也又舊本列下挩其字王據上句補今從之以攻中行氏而有之。以其謀爲既已足矣。又攻茲范氏而大敗之。茲字疑衍中行氏卽荀氏范氏卽士氏左傳定十三年晉逐荀寅士吉射乃知伯瑤祖文子躒事此及魯問篇並通舉不復析別淮南子人間訓亦謂張武爲智伯謀伐范中行滅之幷三家以爲一家而不止。又圍趙襄子於晉陽。事在魯悼公十五年及若此。則韓魏亦相從而謀曰。古者有語。脣亡則齒寒。戰國策趙策淮南子人間訓並以此爲張孟談說韓魏之君語穀梁僖二年傳虞宮之奇曰語曰脣亡則齒寒左僖五年傳語作諺趙氏朝亡。我夕從之。趙氏夕亡。我朝從之。畢云我舊作吾一本如此

詩曰。魚水不務。務疑當讀爲鶩東魏松陽寺碑朝野傾務務鶩字通淮南子主術訓云魚得水而鶩高注云鶩疾也又或當作旂即游之省 陸將何及乎。王云陸將何及乎不類詩詞乎字蓋後人所加蘇云此蓋逸詩 是以三主之君。一心戮力。畢云戮勠字假音 辟門除道。蘇云辟同闢 奉甲興士。韓魏自外。趙氏自內。擊智伯。大敗之。畢云事俱見韓非子 是故子墨子言曰。古者有語曰。君子不鏡於水。而鏡於人。鏡於水。見面之容。鏡於人。則知吉與凶。蘇云書酒誥篇云古人有言曰人無於水監當於民監太公金匱陰謀有武王鏡銘云以鏡自照見形容以人自照見吉凶二書所云與此合蓋古語也詒讓案國語吳語云申胥曰王盍亦鑑於人無鑑於水 今以攻戰爲利。則蓋嘗鑒之於智伯之事乎。畢云蓋同盍 此其爲不吉而凶。既可得而知矣。

非攻下第十九

子墨子言曰。今天下之所譽善者。其說將何哉。舊本挩哉字王云天志篇曰天下之所以亂者其說將何哉今據補 爲其上中天之利。而中中鬼之利。而下中人之利。故譽之與。舊本作譽王引之據下改與是也今從之蘇云下譽當作與讀平聲 意亡非爲其上中天之利。而中中鬼之利。而下中人之利。故譽之與。王引之云意與抑同亡與無同皆詞也非命篇曰不識昔也三代之聖善人與意亡昔三代之暴不肖人與蘇說同 雖使下愚之人。畢云舊愚之二字倒以意移 必曰將爲其上中天之利。而中中鬼之利。而下中人之利。故譽之。今天下之所同義者。畢云義舊作養一本如此 聖王之法也。今天下之諸侯。將猶多皆免攻伐并兼。俞云免字衍文天志篇云今天下之諸侯將猶皆侵凌攻伐兼并無免字可證 則是有譽義之名。而不察其實也。此譬猶盲者之與人同命白黑之名。而不能分其物也。則豈謂有別哉。是故古之知者之爲天下度也。必順慮其義。而後爲之行。是以動則不疑。速通成得其所欲。戴云成下當脫則字案戴說未塙速通成得其所欲疑當作遠邇咸得其所欲而順天鬼百姓之利。則知者之道也。畢云知讀智是故古之仁人有天下者。必反大國之說。反當作交二字形近詳七患篇此謂與大國交相說下文云以此效大國則小國之君說交效字通一天下之和。總四海之內。句焉率天下之百姓。戴云焉猶乃也以農臣事上帝山川鬼神。洪云左氏襄十三年傳小人農力以事其上管子大匡篇耕者用力不農有罪無赦廣雅釋詁農勉也利人多。功故又大。戴云故即功之衍文蓋功一本作攻因譌爲故而寫者合之耳是以天賞之。鬼富之。畢云鬼舊作愚以意改人譽之。使貴爲天子。富有天下。名參乎天地。至今不廢。此則知者之道也。先王之所以有天下者也。今王公大人。天下之諸侯。則不然。將必皆差論其爪牙之士。皆列其舟車之卒伍。皆亦當作比詳上篇於此爲堅甲利兵。以往攻伐無罪之國。入其國家邊境。芟刈其禾稼。斬其樹木。墮其城郭。說文𨸏部云隓敗城𨸏曰隓篆文作𡐦墮即𡐦之變體左傳僖三十二年杜注云墮毀也畢云墮一本作墜以湮其溝池。畢云湮塞之字當爲垔攘殺其牲牷。周禮牧人掌牧六牲而阜蕃其物以供祭祀之牲牷鄭注云六牲謂牛馬羊豕犬雞牷體完具鄭衆云牷純色燔潰其祖廟。王引之云燔與潰義不相屬燔潰當爲燔燎隸書尞字或作賁與貴字相似故字之從尞者或譌從貴史記仲尼弟子傳索隱引家語有申繚今本家語二十二弟子篇作申續趙策魏殺呂遼下文又作呂遺皆其類也尞與貴隸相似故燎譌爲燌又譌爲潰耳此篇云攘殺其牲牷燔燎其祖廟天志篇云焚燒其祖廟攘殺其犧牲文異而義同也勁殺其萬民。左傳定四年杜注云勁取其首史記陳涉世家索隱引三蒼郭璞注云勁刺也下文云刺殺天民與此義同畢云勁字从刀覆其老弱。逸周書周祝篇孔注云覆滅也遷其重器。孟子梁惠王篇文同趙注云寶重之器卒進而柱乎鬭。戴云柱乃極字譌草書極與柱相似乎字衍極亟字之借曰。死命爲上。多殺次之。身傷者爲下。又況失列北橈乎哉。罪死無赦。舊本失作先赦作殺王云先列二字義不可通當是失列之譌謂失其行列也罪死無殺義亦不可通當作罪死無赦此涉上下文殺字而譌畢本橈作撓云北謂奔北也北之言背馳橈之言曲行謂逕撓案王校是也今据正撓俗字据道藏本正國語吳語韋注云軍敗奔走曰北左成二年傳師徒撓敗杜注云撓曲也以譁其衆。畢云說文玉篇無譁字古字言心相近卽憚字按畢說是也國語周語韋注云憚懼也國策秦策云王之威亦憚矣賈子新書解縣篇云陛下威憚大信夫無兼國覆軍。漢書貨殖傳注孟康云無發聲助也案無與唯無辭意同蘇云無疑當作務非賊虐萬民。以亂聖人之緒。廣雅釋詁云緒業也意將以爲利天乎。夫取天之人。以攻天之邑。此剝殺天民。剝振神之位。傾覆社稷。攘殺其犧牲。王云剝與振義不相屬振當爲振字之誤也說文剝裂也廣雅振裂也曹憲音必麥反是剝振皆裂也故曰剝振神位自剝殺天民以下皆以四字爲句今本作剝振神之位之字涉上文取天之人攻天之邑而衍攘殺其犧牲其字亦涉上文攘殺其牲牷而衍則此上不中天之利矣。意將以爲利鬼乎。夫殺之人。畢云舊作神据後文改戴云殺下脫天字滅鬼神之主。廢滅先王。賊虐萬民。百姓離散。則此中不中鬼之利矣。意將以爲利人乎。夫殺之人爲利人也博矣。戴云殺下脫天字俞云博疑當作薄言殺人以利人其利亦薄也若作博字則不可通案俞校是也此疑當作夫殺人之爲利人也薄矣與上文不同戴說非又計其費。此爲周生之本。王云周字義不可通周當爲害財者生之本也用兵而費財故曰害生之本隸書害字或作𡧘與周相似而誤竭天下百姓之財用。不可勝數也。則此下不中人之利矣。今夫師者之相爲不利者也。曰將不勇。士不分。畢云同忿詒讓案分疑奮聲近叚借字兵不利。教不習。師不衆。率不利和。俞云率讀爲將率之率利卽和字之誤而衍者威不圉。圉與彊圉義同逸周書謚法篇云威德剛武曰圉孔注云圉禦也害之不久。害疑當作圍形近而誤爭之不疾。孫之不強。孫無義疑當作係國語吳語韋注云係縛也蓋謂係纍民人植心不堅。與國諸侯疑。與國諸侯疑。則敵生慮而意羸矣。偏具此物。畢云偏當爲徧王云古多以偏爲徧不煩改字非儒篇遠施周偏公孟篇今子偏從人而說之皆是徧之借字益象傳莫益之偏辭也本或作偏檀弓二名不偏諱大戴記勸學篇偏與之而無私魏策偏事三晉之吏漢書禮樂志海內偏知上德皆以偏爲徧又漢書郊祀志其游以方徧諸侯張良傳天下不足以徧封張湯傳徧見貴人史記並作偏若諸子書中以偏爲徧者則不可枚舉漢三公山碑與雲膚寸偏雨四海亦以偏爲徧然則徧之爲偏非傳寫之譌也而致從事焉。則是國家失卒。畢云一本作足而百姓易務也。今不嘗觀其說好攻伐之國。若使中興師。君子。此下有挩字疑當云君子數百 庶人也。必且數千。徒倍十萬。然後足以師而動矣。久者數歲。速者數月。是上不暇聽治。士不暇治其官府。農夫不暇稼穡。婦人不暇紡績織紝。畢云說文云紡網絲也績緝也織作布帛之總名也紝機縷也絲或字 則是國家失卒。而百姓易務也。然而又與其車馬之罷弊也。幔幕帷蓋。說文巾部云幔幕也廣雅釋器云幔幄也幕帷帟中篇 三軍之用。甲兵之備。五分而得其一。則猶為序疏矣。序疏二字義不可通疑當為厚餘皆形之誤厚餘言多餘也孫子作戰篇國之貧於師者力屈財殫中原內虛於家百姓之費十去其七公家之費破車罷馬甲胄矢弓戟楯矛櫓丘牛大車十去其六此說與彼略同 然而又與其散亡道路。道路遼遠。疑衍道路二字說文辵部云遼遠也 糧食不繼傺。食飲之時。畢云王逸注楚辭云傺住也楚人名住曰傺王云傺字與上下文義不相屬未詳之時當為不時食飲不時與糧食不繼對文俞云傺即際字張遷碑臏正之傺是也昭四年左傳爾未際孟子萬章篇敢問交際何心也杜預趙岐注竝曰際接也疑墨子原文本作糧食不傺不傺即不接也與中篇所云糧食絕而不繼文異義同後人不達傺字之義据中篇改為不繼而寫者兩存之遂作不繼傺耳案王俞說近是 廁役以此。飢寒凍餒疾病。而轉死溝壑中者。王云廁役二字義無所取當為廝役之誤宜十二年公羊傳廝役扈養死者數百人是其證 不可勝計也。此其為不利於人也。天下之害厚矣。而王公大人。樂而行之。則此樂賊滅天下之萬民也。豈不悖哉。今天下好戰之國。齊晉楚越。若使此四國者得意於天下。此皆十倍其國之衆。而未能食其地也。食謂治田以耕者周禮遂師云經牧其田野辨其可食者言四國荒土多民不能盡耕之也 是人不足而地有餘也。今又以爭地之故。而反相賊也。然則是虧不足。而重有餘也。重舊本譌動道藏本作重與中篇合今据正 今遝夫好攻伐之君。舊本遝作還洪云明鬼下篇逮至昔三代文與此同還當是遝之譌遝逮古字通用戴云還當是儇字之譌王逸注楚辭云儇佞也則儇夫猶佞人也案洪說是也今据正下文云則且夫好攻伐之君可證 又飾其說。以非子墨子曰。以攻伐之爲不義。畢云以攻伐之據後文當云子以攻伐非利物與。昔者禹征有苗。湯伐桀。武王伐紂。此皆立爲聖王。是何故也。子墨子曰。子未察吾言之類。未明其故者也。大取篇云辭以故生以理長以類行荀子非十二子篇楊注云類謂比類彼非所謂攻。謂誅也。依下文謂上亦當有所字說文言部云誅討也謂討有罪與攻戰無罪之國異昔者三苗大亂。舊本者下有有字王云卽者字之誤而衍者今据開元占經太平御覽引删天命殛之。日妖宵出。日妖不可通日疑當爲有之譌下云婦妖宵出有鬼宵吟通鑑外紀引隨巢子汲冢紀年云三苗將亡日夜出晝日不出則疑妖是衍文雨血三朝。開元占經三引太公金匱云有苗時天雨血沾衣龍生於廟。犬哭乎市。舊本挩於字又犬作大王云龍生廟當作龍生于廟方合上下句法太平御覽禮儀部十引此正作龍生於廟大哭乎市文義不明大當爲犬犬哭乎市與龍生于廟對文開元占經犬占引墨子曰三苗大亂犬哭于市太平御覽獸部十七引隨巢子曰昔三苗大亂龍生于廟犬哭于市皆其證案王校是也今据正通鑑外紀引隨巢子汲冢紀年云青龍生于廟夏冰。地坼及泉。畢曰太平御覽引此云三苗欲滅時地震坼泉湧五穀變化。民乃大振。畢云同震高陽乃命玄宮。畢云舜高陽第六世孫故云王云此當作高陽乃命禹於玄宮下文禹征有苗正承此文而言又下文夭乃命湯於鑣宮與此文同一例今本脫禹於二字則文義不明詒讓案蓺文類聚符命部引隨巢子云夭命夏禹於玄宮有大神人面鳥身云云則非高陽所命也此文疑有挩誤今本竹書紀年帝舜三十五年帝命夏后征有苗有苗氏來朝禹親把天之瑞令。畢云把文選注引作抱說文云瑞以玉爲信也詒讓案令文選東京賦李注引作命說文手部云把握也以征有苗。四電誘祇。未詳疑當爲雷電詩振雷壞字爲田又誤爲四詩誘振祇形並相近詩勃振震字通書無逸云治民祗懼史記魯世家祗作震是其證也有神人面鳥身。若瑾以侍。人面鳥身之神卽明鬼下篇秦穆公所見之句芒也若瑾以侍義不可通若瑾疑奉珪之誤若鐘鼎古文作𦍌奉篆文作𡗗二形相似珪瑾亦形之誤儀禮覲禮記方明六玉云東方圭周禮大宗伯禮四方玉云東方以青圭白虎通義文質篇云珪位在東方是珪於方位屬東句芒亦東方之神故奉珪猶國語晉語說西方之神蓐收執鉞矣或云瑾當作璜於形亦近但于四方之玉不合蓺文類聚符命部引隨巢子云有大神人面鳥身降而福之司祿益富而國家實司命益年而民不夭疑卽指此事搤矢有苗之祥。疑當作將將或通作牂與祥形近而譌玉篇手部云牂今作將同搤矢未詳苗師大亂。後乃遂幾。道藏本後作后說文𢆶部云幾微也言三苗之後世遂衰微也禹既已克有三苗。句焉磨爲山川。別物上下。王云焉字下屬爲句焉猶於是也乃也下文湯焉敢奉率其衆武王焉襲湯之緒義並與此同又云磨字義不可通磨當爲磿磿與歷通周官遂師注曰磿者適歷中山經歷石之山郭注或作磿史記高祖功臣侯表磿簡侯程黑漢表作歷春申君傳濮磿之北新序善謀篇作歷欒穀傳故鼎反乎磿室燕策作歷歷之言離也大戴五帝德篇曰歷離日月星辰是歷與離同義淮南精神篇曰別爲陰陽離爲八極然則磿爲山川亦謂離爲山川也離與磿皆分別之義故曰磿爲山川別物上下世人多見磨少見磿故書傳中磿字多譌作磨史記及山海經注磿字今本皆譌作磨又逸周書世俘篇伐磿楚策遠自棄于磿山之中今本亦譌作磨顏氏家訓勉學篇曰太山羊肅讀世本容成造磿以磨爲碓磨之磨則以磿爲磨自古已然矣

卿制大極。畢云說文云卿章也詒讓案疑當爲鄉制四極鄉與卿形近四篆文作𠕁與大篆文亦近故互譌鄉卽嚮之省爾雅釋地云東至于泰遠西至於邠國南至於濮鈆北至於祝栗謂之四極郭注云皆四方極遠之國

而神民不違。天下乃靜。則此禹之所以征有苗也。遝至乎夏王桀。畢云文選注引作夏桀時遝舊本作還王云還字義不可通或曰還卽旋字案禹桀相去甚遠不得言旋至乎桀還當爲遝遝與逮同逮及也還與遝字形相似而誤下文還至乎商王紂同又云遝之誤爲還猶鰥之誤爲鱞漢書律歷志丙午遝師今本誤作還中庸所以逮賤也釋文逮作遝哀十四年公羊傳祖之所逮聞也漢石經逮作遝案王說是也洪說同今據正

天有轄命。畢云轄當是誥字詒讓案轄疑當爲酷謂嚴命也說文告部云嚳急告之甚也白虎通義號篇云嚳者極也嚳酷字亦通一切經音義云酷古文借嚳焅三形

日月不時。寒暑雜至。易釋文引孟喜云雜亂也謂寒暑錯亂而至失其恆節

五穀焦死。史記龜策傳說桀紂云天數枯旱國多妖祥螟蟲歲生五穀不成

鬼呼國。王云呼下當有於字方合上下句法詒讓案御覽八十三引帝王世紀亦云鬼呼於國

鸖鳴十夕餘。鸖舊本作鸛盧云鸛字未詳若作鸖與鶴同案盧說是也道藏本季本並作鸖今據改鶴字唐姚元景造象記作鸖楚金禪師碑作鸖並俗書譌變通鑑外紀夏紀云鶴鳴于國十日十夕不止卽本此文通志夏紀鶴作鸛疑誤

天乃命湯於鑣宮。畢云舊脫天字据文選注增鑣藝文類聚引作鑣文選注作鑣王紹蘭云鑣宮卽孟子牧宮天乃命湯于鑣宮往而誅之卽天誅造攻自牧宮也案孟子萬章篇趙注云牧宮桀宮似與此鑣宮異王說未塙

用受夏之大命。夏德大亂。予既卒其命於天矣。往而誅之。必使汝堪之。畢云文選注藝文類聚引作戡此戡字之假音說文云戡殺也爾雅云堪勝也案夏德大亂以下四句文義與下文重複疑校書者附記異同遂與正文淆掍文選辯命論褚淵碑文注兩引亦無此數語畢所校乃下文之異文也

湯焉敢奉率其衆。是以鄉有夏之境。王引之云焉猶乃也言湯既受天命乃敢伐夏也王紹蘭云焉之爲言於是也

帝乃使陰暴毀有夏之城。陰疑降之誤

少少有神來告曰。夏德大亂。往攻之。予必使汝大堪之。予既受命於天。天命融隆火。畢云隆疑作降言命祝融降火王云降與隆通不煩

改字詳尚賢中篇詒讓案國語周語內史過說夏亡回祿信於聆隧韋注云回祿火神聆隧地名左昭十八年傳鄭災禳火於玄冥回祿孔疏云楚之先吳回爲祝融或云回祿卽吳回也是融卽回祿此與周語所云卽一事也于夏之城間西北之隅。備城門篇云城四面四隅皆爲高磿𧝓考工記匠人城隅之制九雉鄭注云城隅謂角浮思也詩邶風靜女篇俟我于城隅湯奉桀衆以克有。蘇云有下脫夏字屬諸侯於薄。禮記經解鄭注云屬猶合也畢云此作薄是也管子地數云湯有七十里之薄周書殷祝解云湯放桀而復薄荀子議兵云古者湯以薄武王以滈呂氏春秋云湯嘗約于郼薄皆作薄地理志云河南偃師尸鄉殷湯所都是今河南偃師也史記集解云皇甫謐曰梁國穀孰爲南亳卽湯都也括地志云宋州穀孰縣西南三十五里南亳故城卽南亳湯都也宋州北五十里大蒙城爲景亳湯所盟地因景山爲名河南偃師爲西亳帝嚳及湯所都盤庚亦從都之又案薄惟孟子作亳非正字也亳京兆杜陵亭見說文別有亳王號湯在今陝西三原縣地各不同薦章天命。爾雅釋詁云薦進也儀禮士冠禮鄭注云章明也通于四方。而天下諸侯。莫敢不賓服。則此湯之所以誅桀也。遝至乎商王紂。遝舊本亦作還今依王校正詳上畢云文選注引作商王紂時太平御覽作紂之時天不序其德。王云序順也言天不順紂之德非樂篇引湯之官刑曰上帝不順是也爾雅曰順敘也敘與序同法言問神篇曰事得其序之謂訓與順同周語曰周旋序順序亦順也逸周書序曰文王告武王以序德之行俞云序乃享字之誤莊子則陽篇隨序之相理釋文曰序一本作享是其例也天不享其德文義甚明字誤作序不可通矣案俞說是也尚賢中篇云則曰天鄉其德鄉亦與享通祀用失時。史記龜策傳說桀紂云逆亂四時失百鬼嘗蓋言祭祀不以時舉也兼夜中。有挩誤十日雨土于薄。畢云太平御覽引作亳假音字詒讓案李淳風乙巳占亦引墨子曰商紂不德十日雨土于亳今本紀年帝辛五年雨土于亳九鼎遷止。婦妖宵出。有鬼宵吟。文選蘇子卿古詩李注引蒼頡篇云吟嘆也有女爲男。天雨肉。呂氏春秋愼大篇說殷亡之妖云天雨血棘生乎國道。國道謂道中九經九緯之涂也王兄自縱也。王云兄與況同況益也言紂益自放縱也小雅常棣篇況也永歎毛傳曰況茲也茲與滋同益也晉語衆況厚之韋注曰況益也無逸則皇自敬德漢石經皇作兄王肅本作況云況滋益用敬德大雅桑柔篇倉兄塡兮召閔篇職兄斯引傳並曰兄茲也案王說是也顧說同蘇謂卽微子出奔之事誤赤鳥銜珪。畢云鳥太平御覽引作雀珪初學記引作書詒讓案太平御覽時序部引尚書中候云周文王爲西伯季秋之月甲子赤雀銜丹書入豐止于昌戶王乃拜稽首受取曰姬昌蒼帝子亡殷者紂也宋書符瑞志同史記周本紀集解正義引尚書帝命驗云季秋之月甲子赤爵銜丹書入于酆止于昌戶其書云敬勝怠者吉云云與大戴禮記武王踐阼篇丹書文同與此異以上諸書並作銜書與初學記同呂氏春秋應同篇云文王之時赤烏銜丹書集之周社亦與此書降岐社事同疑皆一事而傳聞緣飾不免詭異耳降周之岐社。今本紀年帝辛三十二年有赤烏集于周社曰。天命周文王伐殷有國。畢云太平御覽云命曰周文王伐殷事類賦云命伐殷也 泰顛來賓。蘇云孟子云太公避紂居北海之濱聞文王作興曰盍歸乎來卽來賓之事也案泰顛與太公非一人詳尙賢上篇 河出綠圖。北堂書鈔地部引隨巢子云姬氏之興河出綠圖呂氏春秋觀表篇云綠圖幡薄從此生矣淮南子俶眞訓云至德之世洛出丹書河出綠圖易緯乾鑿度云昌以西伯受命改正朔布王號于天下受籙應河圖綠籙通 地出乘黃。周書王會篇云白民乘黃乘黃者似狐其背有兩角山海經海外西經同宋書符瑞志云帝舜卽位地出乘黃之馬劉賡稽瑞引孫氏瑞應圖云王者德御四方輿服有度秣馬不過所業則地出乘黃淮南子云黃帝治天下飛黃服皁高注云飛黃乘黃 武王踐功。踐功疑踐阼之誤 夢見三神曰。畢云舊脫此字據文選注藝文類聚增 予既沈漬殷紂于酒德矣。書微子我用沈酗于酒孔疏云人以酒亂若沈于水故以耽酒爲沈也史記宋世家紂沈湎于酒詩小雅釋文云漬淹也一切經音義引通俗文云水浸曰漬畢云漬藝文類聚引作瀆 往攻之。予必使汝大堪之。畢云堪藝文類聚文選注引作戡 武王乃攻狂夫。反商之周。攻狂夫疑作當往攻之上文屢見往狂之夫形近而誤攻字又誤移著乃下遂不可通耳戴云狂夫疑獨夫之誤非 天賜武王黃鳥之旗。畢云賜太平御覽引作錫北堂書鈔引隨巢子云天賜武王黃鳥之旗抱朴子云武王時與天給之旗詒讓案黃鳥之旗疑卽周禮巾車之大赤亦卽司常之鳥隼爲旟考工記輈人云鳥旟七斿以象鶉火也國語吳語謂之赤旟曲禮云行前朱雀而後玄武朱雀卽指鳥旟言之黃與朱色近故赤旟謂之黃鳥之旗大赤爲周正色之旗旒俗緣飾遂以爲天錫之祥矣 王既已克殷。成帝之來。周書商誓篇云武王曰予惟甲子克致天之大罰口帝之來革紂之口口予亦無敢違大命與此文意略同畢云來當爲賚 分主諸神。祀紂先王。明鬼下篇云昔者武王之攻殷誅紂也使諸侯分其祭曰使親者受內祀疏者受外祀是其事也 通維四夷。維當作于上文說湯云通于四方 而天下莫不賓。句焉襲湯之緒。詩魯頌閟宮云纘禹之緒毛傳云緒業也王引之云言武王乃襲湯之緒也 此卽武王之所以誅紂也。若以此三聖王者觀之。則非所謂攻也。所謂誅也。則夫好攻伐之君。又飾其說。以非子墨子曰。子以攻伐爲不義。非利物與。昔者楚熊麗。畢云史記楚世家云鬻熊子事文王蚤卒其子曰熊麗 始討此睢山之閒。畢云討字當爲封睢山卽江漢沮漳之沮詒讓案史記楚世家熊繹當周成王之時舉文武勤勞之後嗣而封熊繹於楚蠻是始封楚者爲熊麗之孫繹與此書不同梁玉繩云麗是繹祖雎爲楚望然則繹之前已建國楚地成王蓋因而封之非成王封繹始有國耳 越王繄虧。盧云卽無餘也繄舊作緊非以意改案畢本亦依盧校今從之史記周本紀共王名翳扈與此相類無餘見越絕書外傳記地篇吳越春秋越王無余外傳字作余同依盧校翳虧即無餘疑無餘本名無虧左傳僖十七年齊有公子無虧越王名或與彼同古語無長言之或曰翳無周禮職方氏幽州鎮山醫無閭醫亦與翳音同續漢書郡國志遼東屬國無慮縣有醫無閭山是醫無閭短言之曰無慮則無虧長言之亦可云無翳虧短言之又可云醫虧虧餘亦聲相轉也但無餘遠在夏世而史記越世家則謂句踐始為越王史記正義引輿地志云周敬王時有越侯夫譚子曰允常拓土始大稱王案允常為句踐父漢書古今人表亦云越王允常並與史記不同此越王或當是允常亦未能決定也又案國語世本並以越為芊姓則疑翳虧或即執疵詳後

出自有遽。

史記越世家云其先禹之苗裔而夏后帝少康之庶子也封于會稽以奉守禹之祀吳越春秋云少康恐禹迹宗廟祭祀之絕乃封其庶子於越號曰無餘水經漸江水注云夏后少康封少子杼以奉禹祠為越則與帝杼同名疑誤水經注又云秦望山南有嶕峴峴裏有大城越王無餘之舊都也故吳越春秋句踐語范蠡曰先君無餘國在南山之陽則酈氏亦兼据趙說矣但此云出自有遽古籍無徵國語鄭語云芊姓夔越與史記不同吳語韋注云越王句踐祝融之後允常之子芊姓也又引世本亦云越芊姓也漢書地理志顏注引臣瓚亦据世本明越非禹後大戴禮記帝繫篇云陸終產六子其六曰季連是為芊姓季連產付祖氏付祖氏產穴熊九世至于渠婁鯀出自熊渠有子三人其孟之名為無康為句亶王其中之名為紅為鄂王其季之名為疵為戚章王史記楚世家云熊渠立其長子康為句亶王中子紅為鄂王少子執疵為越章王孔廣森云婁鯀或當為夔越越即越章也戚章字形之誤詒讓案以世本帝繫證之則國語之說不謂無徵左僖二十六年傳夔子曰我先王熊摯漢書古今人表及史記正義引宋均樂緯注並為熊摯亦熊渠子竊疑夔越同出孔說似可通若然此出自有遽或當云出自熊渠猶帝繫云婁鯀出自熊渠也渠遽聲近古通用

始邦於越。唐叔與呂尚邦齊晉。此皆地方數百里。今以并國之故。四分天下而有之。

蘇云墨子當春秋後其時越方強盛而晉尚未亡故以荆越齊晉為四大國不數秦者時秦方衰亂故也此可徵墨子在孔子後而未及戰國也凡書中涉戰國時事者皆其徒為之爾

是故何也。子墨子曰。子未察吾言之類。未明其故者也。古者天子之始封諸侯也。萬有餘。

畢云呂氏春秋用民云當禹之時天下萬國至于湯而三千餘國戴云當補國字文義始足

今以并國之故。萬國有餘皆滅。

戴云萬國有餘當作萬有餘國

而四國獨立。此譬猶醫之藥萬有餘人。而四人愈也。則不可謂良醫矣。則夫好攻伐之君。又飾其說曰。我非以金玉子女壤地為不足也。我欲以義名立於天下。以德求諸侯也。

畢云求一本作來下同

子墨子曰。今若有能以義名立於天下。以德求諸侯者。天下之服。可立而待也。夫天下處攻伐久矣。譬若傅子之爲馬然。傳畢本改傅云傅子言傳舍之人王云畢說非也傅當爲僮字之誤也僮今童字也說文童未冠也魯語曰使僮子備官史記樂書曰使僮男僮女七十人俱歌宋世家曰彼狡童兮玉篇曰僮今爲童耕柱篇曰大國之攻小國譬猶童子之爲馬也童子之爲馬足用而勞今大國之攻小國也攻者農夫不得耕婦人不得織以守爲事攻人者亦農夫不得耕婦人不得織以攻爲事故大國之攻小國也譬猶童子之爲馬也是其證洪云傅子當是傶子之譌方言燕齊之間養馬者謂之傶後漢書杜篤傳李注引方言傶養馬人也案道藏本季本作傳王說近是蘇校同傳或當爲孺孺俗作獳與傳形近孺子僮子義同 今若有能信効。先利天下諸侯者。効讀爲交同聲叚借字信交謂相交以信周禮大行人云凡諸侯之邦交歲相問也殷相聘也世相朝也 大國之不義也。則同憂之。大國之攻小國也。則同救之。小國城郭之不全也。必使修之。布粟之絕則委之。王云之絕二字不詞當是乏絕之誤月令曰賜貧窮振乏絕是也委讀委輸之委後漢書千乘貞王伉傳租委鮮薄注委謂委輸也案王說是也周禮小行人云若國凶荒則令賙委之 幣帛不足則共之。畢云共同供 以此効大國。則小國之君說。効亦讀爲交此云交大國則不宜云小國之君說疑小國亦當爲大國上文云是故古之仁人有天下者必交大國之說是其證 人勞我逸。則我甲兵強。寬以惠。緩易急。民必移。呂氏春秋義賞篇云賞重則民移之高注云移猶歸也 易攻伐以治我國。攻必倍。攻當爲功之借字 量我師舉之費。以爭諸侯之斃。爭舊本作諍王云䢵下文諸子從言而誤今改蘇云諍義與征同案王校是也說文犬部云獘頓仆也或作斃从死左襄二十七年傳以誣道蔽諸侯釋文引服虔作斃云斃踣也一曰罷也 則必可得而序利焉。王引之云序利當爲厚利隸書厚字或作𠪋見漢荊州刺史度尚碑又作𡯁見三公山碑形與序相似而誤詩序厚人倫釋文厚本或作序非荀子王霸篇桀紂卽厚于有天下之埶鹽鐵論國病篇無德厚于民今本厚字並譌作序此言量我與師之費以爭諸侯之斃者則厚利必可得也明鬼篇曰豈非厚利哉今本厚作序則義不可通俞云序亦享字之誤案俞說是也詳前 督以正。說文目部云督察也爾雅釋詁云督正也郭注云督謂御正 義其名。卽上文云我以義名立于天下也 必務寬吾衆。信吾師。以此授諸侯之師。授字無義疑當爲援禮記儒行鄭注云援猶引也取也 則天下無敵矣。其爲下不可勝數也。蘇云句有脫字當作其爲利天下不可勝數也 此天下之利。而王公大人不知而用。則此可謂不知利天下之巨務矣。

畢云巨舊作臣以意改案顧校季氏本正作巨

是故子墨子曰。今且天下之王公大人士君子。王引之云今且今夫也中情將欲求興天下之利。除天下之害。當若繁爲攻伐。此實天下之巨害也。今欲爲仁義。求爲上士。尙欲中聖王之道。尙上字通下欲中國家百姓之利。故當若非攻之爲說。而將不可不察者此也。畢云舊脫下不字以意增王云不可不察者此也本作不可不察此者也此字指非攻之說而言言欲爲仁義則不可不察此非攻之說也今本此者二字倒轉則與上下文今欲二字義不相屬矣節葬篇故當若節喪之爲政而不可不察者此也者此亦此者之誤尙賢篇故尙賢之爲說而不可不察此者也明鬼篇故當鬼神之有與無之別以爲將不可以不明察此者也此者二字皆不誤

墨子閒詁卷六

節用上第二十

聖人爲政一國。一國可倍也。畢云言利可倍大之爲政天下。天下可倍也。其倍之非外取地也。因其國家去其無用之費。舊本挩用之費三字王據下文及中篇補足以倍之。聖王爲政。其發令興事使民用財也。使舊本作便王云便民二字與下句文意不合便民當爲使民言必有用之事然後使民爲之也案王校是也今據正無不加用而爲者。是故用財不費。民德不勞。德與得通下同其興利多矣。其爲衣裘何。以爲冬以圉寒。夏以圉暑。圉禦字通詳辭過篇凡爲衣裳之道。冬加溫。夏加凊者。芋䱗不加者去之。畢云芋䱗二字凡四見疑一鮮字之誤鮮少也言少有不加于溫凊者去之卽下篇云諸加費不加于民利者聖王弗爲是也不加猶云無益洪云篇中言爲宮室甲盾五兵舟車芋䱗字凡四見其文義皆同以中篇言衣服舟楫宮室句證之芋䱗當是則止二字之譌則譌爲鮮止譌爲且傳寫者又割裂譌爲芋䱗俞云芋䱗二字凡四見疑當作鮮且葢鮮字左旁之魚誤移在且字左旁耳且讀爲䲶䱗且者鮮䲶也說文黹部䲶合五采鮮色從黹虘聲詩曰衣裳䲶䲶鮮色謂之䲶故合而言之曰鮮䲶今詩作楚楚毛傳曰楚楚鮮明貌然則鮮䲶連言正古義也鮮且不加謂徒爲華美而無益于用畢云不加猶言無益是也䲶從虘聲虘從且聲故䲶得以且爲之如籒文遣小篆作退或作徂而詩溱洧篇士曰既且釋文曰且往也則卽以且爲之是其例矣按俞說近是公孟篇云楚莊王鮮冠組纓芋䱗鮮組並鮮䲶之異文又疑當爲華駔晏子春秋諫下篇云今君之服駔華不可以導衆又云聖人之服中侻而不駔此䱗字从魚且聲舊本並同俞正燮謂芋乃善侻䱗乃但誤則誤仞爲从且又讀芋屬上爲句並謬蘇云或作鮮有二字亦非其爲宮室何。以爲冬以圉風寒。夏以圉暑雨。有盜賊加固者。芋䱗不加者去之。其爲甲盾五兵何。周禮司兵云掌五兵五盾又軍事建車之五兵鄭衆注云五兵者戈殳戟酋矛夷矛鄭康成云步卒之五兵則無夷矛而有弓矢司馬法定爵篇云弓矢圍殳矛守戈戟助凡五兵當長以衛短短以救長案五兵古說多差異惟鄭君與司馬法合當爲定論此甲盾五兵並舉而衞宏漢舊儀說五兵有甲鎧周禮肆師賈疏引五經異義公羊說穀梁莊二十五年范甯注曾子問孔疏引禮記隱義揚雄大玄經玄數說

五兵並有盾皆非也 以爲以圉寇亂盜賊。若有寇亂盜賊。有甲盾五兵者勝。無者不勝。畢云者舊作有以意改 是故聖人作爲甲盾五兵。凡爲甲盾五兵。加輕以利。堅而難折者。芊䱇不加者去之。其爲舟車何。以爲車以行陵陸。舟以行川谷。以通四方之利。凡爲舟車之道。加輕以利者。芊䱇不加者去之。凡其爲此物也。無不加用而爲者。舊無不字俞云上文云無不加用而爲者此脫不字案俞校是也今據補 是故用財不費。民德不勞。其興利多矣。有去大人之好聚珠玉鳥獸犬馬。舊本無矣字戴云多下當依上文補矣字有疑者字之誤者上脫今字去字乃王公二字之誤案戴校多下補矣字是也今據增有當讀爲又此承上文言聖人爲衣裳宮室甲盾五兵舟車既去其芊䱇不加者而不爲又去珠玉鳥獸犬馬之玩好以益爲衣裳五者故其數自倍增也戴說並非 以益衣裳宮室甲盾五兵舟車之數。於數倍乎。若則不難。戴云若猶此也則不難下有脫文案審校文義似無挩文 故孰爲難倍。唯人爲難倍。然人有可倍也。昔者聖王爲法曰。丈夫年二十。毋敢不處家。明吳寬鈔本作不敢毋處家左文十八年傳云男有家周禮大司徒鄭注云有夫有婦然後爲家 女子年十五。吳鈔本作二十誤 毋敢不事人。周禮媒氏令男三十而娶女二十而嫁賈疏引王肅聖證論云前賢有言丈夫二十不敢不有室女子十五不敢不有其家王肅語本于此 此聖王之法也。韓非子外儲說右篇齊桓公下令于民曰丈夫二十而室婦人十五而嫁亦見說苑貴德篇墨子此說與彼同國語越語亦云女子十七不嫁其父母有罪丈夫二十不娶其父母有罪齊越之令或亦本聖王之法與 聖王既沒。于民次也。次讀爲恣言恣民之所欲 其欲蚤處家者。有所二十年處家。其欲晚處家者。有所四十年處家。王云所猶時也言有時二十年有時四十年也文十三年公羊傳注曰所猶時也 以其蚤與其晚相踐。玉藻鄭注云踐當爲翦聲之誤也呂氏春秋制樂篇高注云翦除也戴云踐讀如籩豆有踐之踐傳曰踐行列皃行列有比校之義案戴說未允 後聖王之法十年。若純三年而字子生可以二三年矣。周禮玉人注云純猶皆也說文子部云字乳也蘇云字猶養也下年字疑當作人蓋聖王之法二十而處家今後十年彼早處家者當有二三子也戴云虞氏注易屯卦云字姙娠也下年字乃人字之誤此不惟使民蚤處家。惟吳鈔本作唯而可以倍與且不然已。此文未足必有挩字明鬼下篇云且不惟此爲然此且不下疑亦挩惟此爲三字今天下爲政者。其所以寡人之道多。其使民勞。其籍斂厚。王引之云籍斂稅斂也大雅韓奕篇實畝實籍箋曰籍稅也正義引宣十五年公羊傳曰什一而籍民財不足。凍餓死者。不可勝數也。且大人惟毋興師。以攻伐鄰國。惟毋吳鈔本作唯無畢本毋改毌云毌同貫案畢校非也唯毋毋語詞說詳尚賢中篇久者終年。逮者數月。男女久不相見。此所以寡人之道也。與居處不安。飲食不時。作疾病死者。有與侵就僾橐。有讀爲又侵就未詳橐以舉火攻城之具見備穴篇韓非子八說篇云干城具衝不若堙穴伏橐疑此僾亦當爲伏之譌畢云僾卽援字異文攻城野戰死者。不可勝數。此不令爲政者所以寡人之道。數術而起與。畢云令當爲今戴云不猶非也聖人爲政特無此。此字疑當重誤挩其一不聖人爲政。其所以衆人之道。亦數術而起與。故子墨子曰。去無用之費。王云舊本脫費字中篇曰諸加費不加于民利者聖王弗爲今據補聖王之道。天下之大利也。

節用中第二十一

子墨子言曰。古者明王聖人。所以王天下。正諸侯者。彼其愛民謹忠。說文言部云謹愼也此蓋與信義近利民謹厚。忠信相連。又示之以利。是以終身不饜。吳鈔本作厭歿世而不卷。歿吳鈔本作沒世舊本作二十二字盧云二字疑當爲世今據正蘇云卷當爲倦詒讓案正字當作劵說文力部云劵勞也考工記輈人鄭注云劵今倦字也卷卽劵之叚字古者明王聖人。其所以王天下正諸侯者此也。正長也詳親士篇是故古者聖王。制爲節用之法。曰。凡天下羣百工。輪車鞼匏。畢云鞼說文云韋繡也匏當爲鞄說文云柔革工也讀若朴王云鞼卽考工記函鮑韗韋裘之韗非謂韋繡也輪車梓匠爲攻木之工陶爲摶埴之工冶爲攻金之工然則韇鞄即韗鮑爲攻皮之工也凡文吻閒與脂旨至古音多互相轉故韗字或作韇鞄之爲鞄亦借字耳故考工記又借作鮑案王說近是說文革部云韗攻皮治鼓工也或从韋作韗又云鞄柔革工也周禮曰柔皮之工鮑氏鞄即鮑也此叚韇鞄字爲之非儒篇有鮑函車匠字亦作鮑或云考工記設色之工畫繢韇即繢之借字亦通 陶冶梓匠，使各從事其所能。曰：凡足以奉給民用則止。畢云舊民用下作諸加費不加民利則止今据後文改史記李斯列傳李斯曰凡古聖王飲食有節車器有數宮室有度出令造事加費而無益于民利者禁即用此義 諸加費不加于民利者，聖王弗爲。

古者聖王制爲飲食之法，曰：足以充虛繼氣，強股肱，畢云太平御覽引有使字 耳目聰明則止。不極五味之調，芬香之和，畢云芬字同芬 不致遠國珍怪異物。怪舊本作恠畢云恠一本作怪太平御覽引同說文云恠大也亦通詒讓案作怪是也今据正恠篆文相近而譌公羊昭三十一年傳有珍怪之食何注云珍怪猶奇異也荀子正論篇云食飲則重大牢而備珍怪淮南子精神訓云珍怪奇異人之所美也而堯糲粢之飯藜藿之羹 何以知其然？古者堯治天下，南撫交阯，吳鈔本作趾案阯趾之叚字大戴禮記少閒篇韓非子十過篇淮南子脩務訓並作趾高注云交趾南方之國荀子楊注引尸子及賈子新書並作趾案交阯即今越南國 北降幽都。王云降字義不可通降當爲際爾雅際接捷也郭注曰捷謂相接續也際降字形相似故傳寫易譌周易集解豐象傳天降祥也王弼本降祥作際翔案王校是也淮南子脩務訓高注云陰氣所在故曰幽都今鴈門以北是莊子在宥篇云堯流共工于幽都釋文引李頤云即幽州也尙書作幽州北裔也 東西至日所出入。畢云謂暘谷昧谷詒讓案荀子王霸篇楊注引尸子云堯南撫交阯北懷幽都東西至日月之所出入韓非子十過篇云昔者堯有天下其地南至交阯北至幽都東西至日月之所出入者莫不賓服文並略同又大戴禮記少閒篇云昔虞舜以天德嗣堯朔方幽都來服南撫交阯出入日月莫不率俾淮南子脩務訓云堯北撫幽都南通交阯賈誼新書脩政語上云堯撫交趾北中幽都亦與此文大同小異 莫不賓服。逮至其厚愛，黍稷不二，羹胾不重，說文肉部云胾大臠也詩魯頌閟宮毛傳云胾肉也羹大羹鉶羹也管子弟子職羹胾中別尹注云胾謂肉而細切案不重謂止一品不多重也 飯於土塯，飯舊本譌飲王云土塯乃飯器非飲器飲乃飯字之誤案王校是也今据正畢云塯當謂熘太平御覽引此云飯土軌史記李斯列傳二世責問李斯曰吾有所聞於韓子也曰堯飯土匭啜土鉶徐廣曰匭一作熘說文無塯字玉篇云力又切瓦飯器也詒讓案史記秦始皇本紀云飯土簋索隱本簋作塯云如字一音鏤一作簋又敍傳云食土簋集解徐廣云一作塯與此字並同韓非子十過篇云堯飯于土簋飲于土鉶即李斯所本韓詩外傳三又云舜飯乎土簋啜乎土型文並大同小異 啜於土形。畢云太平御覽引作鉶鄭君注周禮云塯羹器也後漢書注引此云堯舜堂高三尺土階三等茅茨不翦采椽不斲飲土簋啜土鉶糲粱之飯藜藿之羹夏日葛衣冬日鹿裘是約已也文選注亦以爲此文寔出韓非子顧云秦本紀正作土形太史公自序作刑詒讓案說文口部云啜嘗也形刑並鉶之叚字史記敘傳司馬談論六家要指云墨者亦尚堯舜道言其德行曰堂高三尺土階三等茅茨不翦采椽不刮食土簋啜土刑糲粱之食藜藿之羹夏日葛衣冬日鹿裘後漢書注所引疑即本史記文史記正義引顏氏云刑所以盛羹也土謂燒土爲之即瓦器也秦始皇本紀作啜土刑集解引如淳云土刑飯器之屬瓦器也李斯傳作鉶韓非子十過篇同韓詩外傳又作型

斗以酌。王云斗上脫一字此與下文義不相屬酌下必多脫文不可考詒讓案詩大雅行葦云酌以大斗說文木部云枓勺也勺部云勺挹取也此斗酌即枓勺之叚借字謂以枓挹酒漿也

俛仰周旋威儀之禮。畢云說文云頫低頭也或从人免

聖王弗爲。此句上以上下文例校之當亦有諸加費不加於民利者九字

古者聖王制爲衣服之法。曰。冬服紺緅之衣。輕且暖。畢云說文云紺帛深青揚赤色玉篇紺古憾切案緅非古字當爲纔考工記云五入爲緅鄭君注云今禮俗文作爵言如爵頭色說文纔云帛雀頭色與鄭注緅義合說文無緅字是知當爲纔

夏服絺綌之衣。輕且凊。則止。諸加費。不加於民利者。聖王弗爲。古者聖人爲猛禽狡獸。暴人害民。廣雅釋詁云狡健也呂氏春秋恃君篇服狡蟲高注云狡蟲蟲之狡害者此狡獸與彼狡蟲異同

於是教民以兵行。日帶劍。爲刺則入。日疑當爲曰

擊則斷。旁擊而不折。此劍之利也。甲爲衣則輕且利。動則兵且從。兵字無義疑當作弁與兵形近而譌弁者變之叚字書堯典於變時雍漢孔宙碑作於卞時廱卞即弁之隸變是其證也考工記函人爲甲衣之無齘則變也鄭注云變隨人身便利此變且從之義

此甲之利也。車爲服重致遠。乘之則安。引之則利。安以不傷人。利以速至。此車之利也。古者聖王。爲大川廣谷之不可濟。於是利爲舟楫。王云利字義不可通利當爲制隸書制字或作刺與利相似而譌

足以將之則止。廣雅釋詁云將行也止舊譌上今據道藏本正

雖上者三公諸侯至。舊云上舊作止以意改

舟楫不易。津人不飾。說文水部云津水渡也津人蓋掌渡之吏士左傳云二十四年王子朝用成周之寶珪于河甲戌津人得諸河上列子黃帝篇云津人操舟若神劉向列女傳辯通篇趙津女娟者趙河津吏之女

此舟之利也。古者聖王制爲節葬之法。曰。衣三領。意林作三領之衣荀子正論篇楊注云三領三稱也禮記君陳衣于序東西領南上故以領言

足以朽肉棺三寸。意林作三寸之棺說詳節葬下篇

足以朽骸。

堀穴深不通於泉。意林不作則誤堀吳鈔本作掘荀子正論篇云世俗之爲說者曰太古薄葬棺厚三寸衣衾三領葬田不妨田故不掘也蓋戰時相傳有是數語不獨墨家言也下同畢云說文云堀兔窟也此譌字假音案畢說非也說文土部別有堀字訓突也引詩曰蜉蝣掘閱段玉裁注本校改堀篆作堀而删堀兔窟也一條最爲精審此堀穴則借爲窟字戰國策楚策云堀穴窮巷漢書鄒陽傳則士有伏死堀穴巖藪之中耳顏注云堀與窟同 流不發洩則止。畢云流疑當爲氣據下篇有云氣無發洩于上 死者既葬。生者毋久喪用哀。古者人之始生。未有宮室之時。因陵丘堀穴而處焉。聖王慮之。以爲堀穴。曰冬可以避風寒。畢云辟同避言堀穴但可以避冬日風寒而已 逮夏。畢云逮舊作建以意改 下潤溼上熏烝。熏道藏本吳鈔本作重誤 恐傷民之氣。于是作爲宮室而利。于吳鈔本作於戴云下有脫文 然則爲宮室之法。將奈何哉。子墨子言曰。其旁可以圉風寒。上可以圉雪霜雨露。其中蠲潔。可以祭祀。蠲潔詳尚同中篇 宮牆足以爲男女之別。則止。諸加費。不加民利者。聖王弗爲。下疑有脫文

節用下第二十二闕　節葬上第二十三闕　節葬中第二十四闕

節葬下第二十五畢云說文云葬藏也从死在茻中一其中所以薦之易曰古之葬者厚衣之以薪又云節竹約也經典借爲約之義

子墨子言曰。仁者之爲天下度也。辟之無以異乎孝子之爲親度也。畢云辟同譬 今孝子之爲親度也。將奈何哉。曰親貧則從事乎富之。人民寡則從事乎衆之。衆亂則從事乎治之。當其於此也。亦有力不足。財不贍。智不智。此字與知通下同畢云一本作知 然後已矣。無敢舍餘力。隱謀遺利。而不爲親爲之者矣。隱謀謂隱匿其智謀猶俞同上篇云隱匿良道不以相敎也荀子王制篇云無隱謀無遺善而百事無過非君子莫能 若三務者。畢云舊脫此字據後文增 孝子之爲親度也。既

若此矣。雖仁者之爲天下度。（畢云舊脫爲字一本有）亦猶此也。曰。天下貧。則從事乎富之。人民寡。則從事乎衆之。衆而亂。則從事乎治之。當其於此。亦有力不足。財不贍。智不智。然後已矣。無敢舍餘力。隱謀遺利。而不爲天下爲之者矣。若三務者。此仁者之爲天下度也。（句首此字據上文不當有畢云舊脫也字據上文增）既若此矣。今逮至昔者。三代聖王既沒。（盧云今逮至昔者連下爲文亦見下篇）天下失義。後世之君子。或以厚葬久喪以爲仁也義也。孝子之事也。或以以爲非仁義非孝子之事也。曰。二子者。言則相非。（畢云則字據下當爲即詒讓案二字古通）行即相反。（即吳鈔本作則）皆曰。吾上祖述堯舜禹湯文武之道者也。而言即相非。行即相反。於此乎後世之君子。皆疑惑乎二子者言也。若苟疑惑乎之二子者言。然則姑嘗傳而爲政乎國家萬民而觀之。（傳道藏本吳鈔本並同畢本作傳王云傳字義不可通當依舊本作傳傳與轉通呂氏春秋必已篇若夫萬物之情人倫之傳高注曰傳猶轉莊子天運篇無方之傳應物而不窮漢書劉向傳禹稷與咎繇傳相汲引傳並與轉同淮南主術篇生無乏用死無轉尸逸周書大聚篇轉作傳襄二十五年左傳注傳寫失之釋文傳一本作轉言若疑惑乎二子之言則試轉而爲政乎國家萬民以觀之也）計厚葬久喪。奚當此三利者。我意若使法其言用其謀。厚葬久喪。實可以富貧衆寡定危治亂乎。此仁也義也。孝子之事也。（畢云舊說此字據前後文增）爲人謀者。不可不勸也。（畢云此下舊有仁者將求與天下誰霸而使民譽之云云共六十四字與下文複出今刪案吳鈔本亦衍霸作伯）仁者將與之天下。（將下當依俞校補求字）誰賈而使民譽之。終勿廢也。（誰賈義不可通當爲設置之誤兼愛下篇設以二士設今本亦譌作誰可證置與賈亦形近而譌畢校一本作霸尤譌謬不可據也下文云仁者將求除之天下相廢而使人非之與與除置與廢譽與非文並相對也俞云此上舊有仁者將求與天下誰霸而使民譽之云云畢氏刪之是也惟將下當有求字下文云仁者將求除天下之相廢而使人非之終身勿爲與此爲對文）

可證也此當云仁者將求興天下之利而使民譽之終身勿廢也案將下俞校補求字是也餘並非意亦使法其言。用其謀。厚葬久喪。實不可以富貧衆寡定危理亂乎。畢云理前作治詒讓案唐人避諱改此非仁非義。非孝子之事也。爲人謀者。不可不沮也。仁者將求除之天下。畢本作除天下之今據道藏本吳鈔本乙正與上文仁者將與之天下句法正同相廢而使人非之。相廢義難通相疑當爲措與廢義同書微子之命敍云殷既錯天命釋文引馬融云錯廢也非命上篇云今雖毋求有命者之言不必得不亦可錯乎措錯字通今本作相形近而譌終身勿爲。俞云此當云仁者將求除天下之害而使人非之終身勿爲也案句末當依俞校補也字餘並非是且故興天下之利。王云且故二字文義不順當爲是故之誤與利除害正承上文而言案王說是也俞謂終身勿爲下舊有也字且卽也字之誤失之除天下之害。令國家百姓之不治也。自古及今。未嘗之有也。當作未之嘗有也何以知其然也。今天下之士君子。將猶多皆疑惑厚葬久喪之爲中是非利害也。穆天子傳郭璞注云中猶合也故子墨子言曰。然則姑嘗稽之。今雖毋法執厚葬久喪者言。毋語詞畢改毋非詳尚賢中篇王云雖與唯同蘇云雖字誤當從下文作唯案王說是也以爲事乎國家。此存乎王公大人有喪者。曰。棺椁必重。畢云椁舊作槨以意改詒讓案檀弓云天子之棺四重柏槨以端長六尺鄭注云諸公三重諸侯再重大夫一重士不重荀子禮論篇云天子棺椁十重諸侯五重大夫三重士再重楊注云禮記云天子之棺四重今云十重蓋以棺椁與抗木合爲十重也諸侯以下與禮記多少不同未詳也案莊子天下篇述喪禮作天子棺椁七重餘與荀子同葬埋必厚。衣衾必多。喪大記云小斂君錦衾大夫縞衾士緇衾皆一衣十有九稱大斂君陳衣百稱大夫五十稱士三十稱文繡必繁。文繡謂棺飾若帷荒之屬周禮縫人鄭注云孝子既啓見棺猶見親之身既載飾而以行遂以葬若存時居于帷幕而加文繡是也丘隴必巨。說文土部云壠丘壠也禮記曲禮鄭注云丘壟也壟冢也隴壟之假字淮南子說林訓云或謂冢或謂隴名異實同也呂氏春秋安死篇云世俗之爲丘隴也其大若山其樹之若林存乎匹夫賤人死者。匹舊本譌作正畢云正同征王云畢說非也正當爲匹白虎通義曰庶人稱匹夫上文王公大人爲一類此文匹夫賤人爲一類無取於征夫也隸書匹字或作疋與正相似而譌禮器匹士大牢而祭謂之擾釋文匹本或作正緇衣唯君子能好其正注正當爲匹案王說是也今據正殆竭家室。莊子養生主釋文引向秀云殆疲困也乎諸侯死者。畢云乎當云存乎虛車府。然後金玉珠璣比乎身。比舊本譌北今依道藏本吳鈔本正兪云車乃庫字之誤漢書王尊傳師古注曰比周也比乎身猶言周乎身 綸組節約。車馬藏乎壙。淮南子齊俗訓云古者非不能竭國麋民虛府殫財含珠鱗施綸組節束追送死也許注云綸絮也束縛也案節約與淮南書節束義同 又必多為屋幕。吳鈔本作幄幙案屋非攻中篇亦作幄幄俗字古止作屋詩大雅抑尙不愧于屋漏鄭箋云屋小帳也史記周本紀云有火自上復于下至于王屋並以屋為幄幙俗幕字 鼎鼓几梴壺濫。梴道藏本吳鈔本並作挻从手誤畢云梴同筵呂氏春秋節喪有云壺濫以冰置水漿於其中為濫取其冷也盧文弨云壺濫蓋器名高注似臆說呂覽愼勢篇云功名著乎盤盂銘篆著乎壺鑑梁履繩云周禮春始治鑑集韻鑑或從水案盧梁說是也 戈劍羽旄齒革。呂氏春秋節喪篇云國彌大家彌富葬彌厚含珠鱗施夫玩好貨寶鍾鼎壺鑑轝馬衣被戈劍不可勝其數諸養生之具無不從者 寢而埋之。後文云扶而埋之扶王引之校改挾此寢字疑亦挾字之誤 滿意。滿意義同說文心部云意滿也 若送從。此當從公孟篇作送死若徙荀子禮論篇云具生器以適墓象徙道也此挩死字送字誤箸若字之下徙又誤從遂不可通 曰天子殺殉。畢云古只為衍詒讓案天子下疑當有諸侯二字 衆者數百。寡者數十。將軍大夫殺殉。將軍大夫卽卿大夫詳尙同中篇 衆者數十。寡者數人。處喪之法。將奈何哉。曰。哭泣不秩聲翁。爾雅釋詁云秩常也儀禮士喪記云哭晝夜無時襍記云中路嬰兒失其母焉何常聲之有畢云言聲無次第翁義未詳洪云畢讀作翁縗絰句案翁字屬聲為句聲翁當是聲嗌之譌說文嗌咽也籀文作䓛與翁字形相近案洪說是也 縗絰。畢云說文云縗服長六寸博四寸直心鄭君注儀禮云麻在首在要皆曰絰說文云絰喪首戴也 垂涕。處倚廬。寢苫枕凷。禮喪服傳及士喪記云居倚廬寢苫枕塊鄭注云倚木為廬在中門外東方北戶苫編稾塊堛也釋文塊本又作凷案凷本字塊或體 又相率強不食而為飢。閒傳云斬衰三日不食齊衰二日不食大功三不食小功緦麻再不食 薄衣而為寒。使面目陷陬。畢云當為陬陬之訓陬隅言面瘦棱棱也盧云玉篇有𩑶字先外切云瘦病也則當為𩑶詒讓案莊子天地篇云卑陬失色釋文云李云卑陬愧懼貌一云顏色不自得也此𩑶疑亦與陬同皆形容阻喪之貌與瘦異也 顏色黧黑。黧黎之俗詳兼愛中篇 耳目不聰明。手足不勁強。不可用也。又曰。上士之操喪也。必扶而能起。杖而能行。喪服四制云百官備百物具不言而事行者扶而起言而後事行者杖而起鄭注云扶而起謂天子諸侯也杖而起謂大夫士也 以此共三年。若法若言。行若道。王引之云若猶此也 使王公大人行此。則必不能蚤朝。兪云蚤朝下脫宴退二字蚤朝晏退與下蚤出夜入夙與夜寐對文若無宴退二字文義未完尙賢中篇非樂上篇非命下篇並有蚤朝晏退之文尙賢篇與夜寢夙與蚤出莫入相對非樂篇非命篇與蚤出莫入夙與夜寐相對是其證也案俞說是也但此處捝文尙不止此二字今未敢肊補

五官六府。此當作使士大夫行此則必不能治五官六府蓋上王公大人指天子諸侯言此治五官六府辟草木實倉廩指卿大夫言也非樂上篇云王公大人蚤朝晏退聽獄治政此其分事也士君子內治官府外收斂關市山林澤梁之利以實倉廩府庫此其分事也此與彼正同今本五官上有捝文遂以五官六府以下並爲王公大人之事非也又案五官者殷周侯國之制也史記周本紀云古公作五官有司大戴禮記千乘篇云千乘之國列其五官曾子問諸侯適天子乃命國家五官而後行鄭注云五官五大夫典事者管子大匡篇云乃令五官行事商子君臣篇云地廣民衆故分五官而守之戰國策齊策云五官之計不可不日聽也曲禮天子之五官曰司徒司馬司空司士司寇典司五衆天子之六府曰司土司水司木司草司器司貨典司六職鄭注云此亦殷時制也府主藏六物之稅者周禮大宰說邦國官制云設其參傅其伍鄭注云伍謂大夫五人檀弓孔疏引崔靈恩說謂小宰小司徒小司馬小司寇小司空是也蓋諸侯雖止三卿然亦備五官但其二官無卿耳戰國時諸侯蓋猶沿其制至淮南子天文訓云何謂五官東方爲田南方爲司馬西方爲理北方爲司空中央爲都春秋繁露五行相生篇云司馬者火也司營者土也司徒者金也司寇者水也司農者木也左昭二十九年傳云五行之官是謂五官木正曰句芒火正曰祝融金正曰蓐收水正曰玄冥土正曰后土此並古五官之別制與周侯國五官之名不甚合也六府古籍無明文曲禮六府鄭君以爲殷制則非周法左傳文七年大戴禮記四代篇並以水火金木土穀爲六府亦非官府漢書食貨志說太公爲周立九府圜法顏注謂卽周官大府玉府內府外府泉府天府職內職金職幣等官若然天子有九府六府或亦諸侯制與

辟草木。畢云辟同闢草卽艸字叚音　實倉廩。使農夫行此則必不能蚤出夜入。畢云夜一本作晚　耕稼樹藝。說文丮部云埶種也藝卽埶之俗　使百工行此則必不能修舟車爲器皿矣。使婦人行此。婦吳鈔本作媍　則必不能夙與夜寐紡績織紝。畢云紝絍二字皆通　細計厚葬。爲多埋賦之財者也。蘇云之字衍俞云細字無義蓋卽上句紝字之誤而衍者紝本作絍因誤爲細矣埋賦二字亦不可通賦當作臟玉篇貝部臟作郎切藏也是埋臟卽埋藏也臟賦相似因而致誤耳案俞以細爲衍文是也而破賦爲臟則非此當云計厚葬爲多埋賦財者也與下文云計久喪爲久禁從事者也文例同

計久喪。爲久禁從事者也。財以成者。畢云以同已　扶而埋之。王引之云扶字義不可通扶當爲挾謂挾已成之財而埋之也隸書挾字或作挟與扶相似而誤俞云扶乃抉字之誤廣雅釋詁抉穿也抉而埋之謂穿地而埋之也說文穴部穾穿也又曰窫傑抉也義並與抉相近案王說近是　後得生者。而久禁之。畢云言厚葬則埋已成之財久喪則禁後生之財案此謂死者之親屬得生而禁其從事耳非謂財也畢失其義　以此求富。此譬猶禁耕而

求穫也。富之說無可得焉。是故求以富家。畢云舊求以二字倒據後文改而既已不可矣。欲以衆人民。意者可邪。其說又不可矣。今唯無以厚葬久喪者爲政。唯舊本作惟今據吳鈔本改下文亦作唯唯無唯毋義同畢本竝改無爲毋非詳前吳鈔本喪下無者字君死。喪之三年。父母死。喪之三年。喪服經爲父斬衰三年父卒爲母齊衰三年說苑修文篇齊宣王謂田過曰吾聞儒者喪親三年喪君三年則職國時非儒者蓋不盡持三年服也妻與後子死者。孔廣森云後子者爲父後之子卽長子也戰國策謂齊大子申爲後子荀子謂丹朱爲堯後子其義竝同畢云後子嗣子適也五皆喪之三年。畢云左傳曰王一歲有三年之喪二周禮如此案喪服經父爲長子斬衰三年夫爲妻齊衰期畢據左昭十五年傳證此文是也彼叔向語指景王有穆后太子壽之喪而云有三年之喪二是妻亦有三年之義杜注云天子絕期唯服三年故后雖期通謂之三年喪孔疏云喪服傳曰父必三年然後娶達子之志也父以其子有三年之戚爲之三年不娶則夫之於妻有三年之義故可通謂之三年之喪孔廣森云雜記云期之喪十一月而練十三月而祥十五月而禫有練有祥有禫故妻喪禫期兼得三年之稱也假令遭喪於甲年之末除禫於丙年之首前後已涉三年王云者五當爲五者謂君父母妻與後子也非儒篇曰妻後子三年今本五者二字倒轉則義不可通俞云上文君死父母死既已則而言之此不當總數爲五五疑二字之誤案王俞二說不同未知孰是然後伯父叔父兄弟孽子其。畢云其同期詒讓案公孟篇正作期非儒篇作其與此同喪服經爲世父母叔父母昆弟衆子並齊衰期說文子部云孽庶子也孽子卽衆子對前後子爲冢適也族人五月。喪服經爲從祖祖父母從祖父母報從祖昆弟並小功五月王云族人當爲戚族人謂族人之近者也非儒篇正作戚族人五月見儀禮喪服今本脫戚字則義不可通公孟篇戚族人五月今本亦脫戚字姑姊甥舅皆有月數。喪服爲姑姊妹在室期適人大功九月甥舅相爲緦麻三月王云月數當爲數月公孟篇正作姑姊舅甥皆有數月之喪亦見喪服今本數月二字倒轉則文義不明則毀瘠必有制矣。使面目陷陬。顏色黧黑。耳目不聰明。手足不勁強。不可用也。又曰上士操喪也。必扶而能起。杖而能行。以此共三年。若法若言。行若道。苟其飢約又若此矣。是故百姓冬不仞寒。畢云仞忍字假音夏不仞暑。作疾病死者。不可勝計也。此其爲敗男女之交多矣。以此求衆。譬猶使人負劍。而求其壽也。負伏通左傳襄三年魏絳將伏劍孔疏云謂仰劍刃身伏其上而取死也衆之說無可得焉。是故求以衆人民。而既以不可矣。畢云以同已　欲以治刑政。意者可乎。其說又不可矣。今唯無以厚葬久喪者爲政。唯舊本作帷今從吳鈔本改　國家必貧。人民必寡。刑政必亂。若法若言。行若道。使爲上者行此。則不能聽治。使爲下者行此。則不能從事。上不聽治。刑政必亂。下不從事。畢云不下舊有行字衍文　衣食之財必不足。若苟不足。爲人弟者。求其兄而不得。不弟弟必將怨其兄矣。爲人子者。求其親而不得。不孝子必是怨其親矣。是據下文疑當作且　爲人臣者。求之君而不得。不忠臣必且亂其上矣。是以僻淫邪行之民。僻淫吳鈔本作淫辟　出則無衣也。入則無食也。內續奚吾。俞云四字不可解疑當爲內積奚后皆字之誤也奚后卽謑詬之叚音說文言部謑恥也重文謑曰謑或從奊又曰謑詬詬恥也重文詬曰詬或從句荀子非十二子篇作謑訽是其本字漢書賈誼傳作奊詬奊卽謑之省墨子作奚后奚卽謑之省后卽詬之省古文以聲爲主故省不從言耳內積謑詬者內積恥辱也蓋出則無衣入則無食不勝其恥辱故並爲淫暴而不可勝禁也　並爲淫暴。而不可勝禁也。是故盜賊衆而治者寡。夫衆盜賊而寡治者。王云夫字承上文而言舊本夫譌作先今改正　以此求治。譬猶使人三睘而毋負已也。王引之云睘與還同還讀周還折還之還謂轉折也使人三轉其身於已前則或轉而向已或轉而背已皆勢所必然如此而欲使其毋背已不可得也故曰以此求治譬猶使人三睘而毋負已也亦言求治之必不可得也負亦背也明堂位天子負斧依注負之言背也秦策齊東負海北倚河高注負背也負與背古同聲而字亦相通史記主父偃傳南面負扆漢書負作背漢書高紀項羽背約史記背作負案王說是也莊子說劍篇說趙文王宰人上食王三環之釋文云環繞也睘環義同　治之說無可得焉。是故求以治刑政。而既已不可矣。欲以禁止大國之攻小國也。意者可邪。其說又不可矣。是故昔者聖王既沒。天下失義。諸侯力征。國語吳語云以力征一二兄弟之國大戴禮記用兵篇云諸侯力政不朝於天子盧注云言以威力侵爭案征正政通天志上篇作力政下篇及明鬼下篇並作力正　南有楚越之王。而北有齊晉之君。此皆砥㵶其卒伍。畢云㵶當爲厲 以攻伐並兼。爲政於天下。是故凡大國之所以不攻小國者。積委多。說文禾部云積聚也周禮大司徒鄭注云少曰委多曰積左傳僖三十三年杜注云積芻米禾薪 城郭修。吳鈔本作脩 上下調和。是故大國不耆攻之。漢書景帝紀顏注云耆讀曰嗜畢云之舊作者據後文改 無積委。城郭不修。上下不調和。是故大國耆攻之。畢云耆舊作者據上文改 今唯無以厚葬久喪者爲政。唯無舊本作惟毋今據吳鈔本改 國家必貧。人民必寡。刑政必亂。若苟貧。是無以爲積委也。若苟寡。是城郭溝渠者寡也。王云城郭溝渠上當有脩字而今本脫之則義不可通此脩字正承上文城郭脩城郭不脩而言蘇校同 若苟亂。是出戰不克。入守不固。此求禁止大國之攻小國也。而既已不可矣。欲以干上帝鬼神之福。意者可邪。其說又不可矣。今唯無以厚葬久喪者爲政。唯舊本作惟今據吳鈔本改 國家必貧。人民必寡。刑政必亂。若苟貧。是粢盛酒醴不淨潔也。若苟寡。是事上帝鬼神者寡也。若苟亂。是祭祀不時度也。今又禁止事上帝鬼神。爲政若此。上帝鬼神。始得從上撫之曰。我有是人也。與無是人也。孰愈。曰我有是人也。與無是人也。無擇也。則惟上帝鬼神。惟吳鈔本作唯王云惟與雖同 降之罪厲之禍罰而棄之。王云之禍罰之猶與也謂罪厲與禍罰也之字古或訓爲與 則豈不亦乃其所哉。乃畢本作反云舊作乃以意改王云畢改非也乃其所猶言固其宜言以不事上帝鬼神而獲禍固其宜也襄二十一年左傳曰若上之所爲而民亦爲之乃其所也是其證文二年傳吾以勇求右無勇而黜亦其所也哀十六年傳克則爲卿不克則亨固其所也若改爲反其所則義不可通 故古聖王。畢云後漢書趙咨傳注引作古者聖人詒讓案北堂書鈔禮儀部十三引亦同 制爲葬埋之法。宋書禮志引尸子禹治水爲喪法墨子所述或卽夏法與 曰。畢云初學記引作桐餘書亦多作曰 棺三寸。棺上當有桐字左傳哀二年云桐棺三寸不設屬辟下卿之罰也釋文云棺用難朽之木桐木易壞不堪爲棺故以爲罰墨子尚儉有桐棺三寸荀子禮論篇說刑餘罪人之喪棺厚三寸衣衾三領呂氏春秋高義篇云楚子囊死爲之桐棺三寸是皆示罰之法墨子制爲桓典則太儉矣檀弓云夫子制於中都四寸之棺五寸之椁鄭注云爲民作制荀子楊注引墨子曰桐棺三寸葛以爲緘蓋兼用下文孟子公孫丑篇云古者棺椁無度中古棺七寸椁稱之自天子達於庶人並與此異足以朽體。衣衾三領。足以覆惡。畢云死者爲人惡之故云覆惡以及其葬也。下毋及泉。上毋通臭。壟若參耕之畝。參耕之畝謂三耦耕之畝也考工記匠人爲溝洫耜廣五寸二耜爲耦一耦之伐廣尺深尺謂之畎鄭注云古者耜一金兩人併發之其壟中曰畎畎土曰伐今之耜岐頭兩金象古之耦也說文耒部云耕廣五寸爲伐二伐爲耦與考工說同若然一耦之畎其廣一尺則三耦之畎其廣三尺也則止矣。死則既已葬矣。生者必無久哭。王云久哭當爲久喪喪字從哭亡聲墨子原文蓋本作喪見玉篇廣韻而傳寫脫去亡字耳節用篇曰死者既葬生者毋久喪用哀是其證久喪二字見於本篇及它篇者多矣若作久哭則語不該備而疾而從事。人爲其所能。以交相利也。此聖王之法也。今執厚葬久喪者之言曰。厚葬久喪。雖使不可以富貧衆寡定危治亂。然此聖王之道也。畢云之舊作也以二字據後文改子墨子曰。不然。昔者堯北教乎八狄。藝文類聚十一引帝王世紀舜攝政二十八年堯與方回遊陽城而崩畢云北堂書鈔引作北狄案畢據書鈔九十二引校然書鈔二十五又引仍作八狄爾雅釋地有八狄詩小雅蓼蕭孔疏引李巡本爾雅云五狄在北方周禮職方氏又云六狄禮記王制孔疏引李巡云五狄一曰月支二曰穢貊三曰匈奴四曰單于五曰白屋道死。葬蛩山之陰。畢云蛩初學記引作鞏一本亦作鞏北堂書鈔後漢書注太平御覽俱引作卭呂氏春秋安死云堯葬於穀林高誘曰堯葬成陽此云穀林成陽山下有穀林詒讓案後漢書趙咨傳注作堯葬卭之山水經瓠子河注引帝王世紀云墨子堯北教八狄道死葬蛩山之陰山海經曰堯葬狄山之陽一名崇山二說各殊以爲城陽近是堯冢也史記五帝本紀集解云皇覽曰堯冢在濟陰城陽劉向曰堯葬濟陰丘壟皆小呂氏春秋曰堯葬穀林皇甫謐曰穀林卽城陽正義云括地志云堯陵在濮州雷澤縣西三里郭緣生述征記云城陽東有堯冢亦曰堯陵有碑是也衣衾三領。穀木之棺。說文木部云穀楮也毛詩小雅鶴鳴傳云穀惡木也禮天子棺用梓椑此用穀尙儉畢云穀字从木葛以緘之。釋名釋喪制云棺束曰緘緘函也古者棺不釘也喪大記曰凡封用綍去碑負引君封以衡大夫士以咸鄭注云咸讀爲緘凡柩車及壙說載除飾而屬紼於柩之緘今齊人謂棺束爲緘繩又檀弓云棺束縮二衡三衽禮棺束用皮此用葛亦尙儉也漢書楊王孫傳云昔帝堯之葬也窾木爲匵葛藟爲緘其穿下不亂泉上不泄殠既𤞤而後哭。畢云𤞤當爲犯空字之叚音也滿埳無封。畢云古無埳字當爲坎北堂書鈔後漢書注太平御覽俱引作坎玉篇云埳古感切亦與坎同封後漢書注引作空封空聲相近俞云上云既𤞤畢云𤞤當爲犯空字之叚音也則此不當云無空矣且空者葬下

棺也葬雖至薄亦必下棺而云無空埋不可通封仍當讀如本字禮記王制篇
不封不樹鄭注曰封謂聚土爲墳無封言不爲墳也檀弓曰古也墓而不墳　已葬而牛馬乘之。舜
西教乎七戎。畢云北堂書鈔太平御覽引俱作犬戎詒讓案爾雅釋地有七戎詩蓼蕭孔疏引李本爾雅云六戎在西方周禮職方氏又云五戎王制孔疏引李注云六戎一曰僥夷二曰戎夷三曰
老白四曰耆羌五曰鼻息六曰天剛　道死。葬南巳之市。書鈔九十二御覽八十一引帝王世紀云舜南征崩於鳴條年百歲殯以瓦棺葬於蒼梧九疑山之陽是爲零陵謂之紀市在今營
道縣孟子離婁篇云舜卒於鳴條史記五帝本紀舜踐帝位三十九年南巡狩崩於蒼梧之野葬於江南九疑是
爲零陵集解皇覽曰舜冢在零陵營浦縣畢云後漢書注引作舜葬紀市又一引作葬南巴之中太平御覽亦作
紀呂氏春秋安死云舜葬於紀市不變其肆高誘曰傳曰舜葬蒼梧九疑之山此云于紀市九疑山下亦有紀邑
按南巳實當作南巴形相近字之譌也高誘以爲紀邑非九疑古巴地史記正義云周地志云南渡老子水登巴
領山南同記大江此南是古巴國因以名山是巳王云南巳後漢書王符傳注引作南巴巴卽巳之誤畢以作巴
者爲是且云九疑古巴地案北堂書鈔及初學記禮部下引墨子竝作南巳後漢書趙咨傳注及太平御覽竝引
作南紀呂氏春秋安死篇舜葬於紀市卽所謂南紀之市則巳非誤字也若是巴字則不得與紀通矣墨子稱舜
所葬地本不與諸書同不必牽合舜葬九疑之文也至謂九疑爲古巴地以牽合南巴則顯與上文西教乎七戎
不合此無庸辯也案王說是也舜葬古書多云在蒼梧孟子又云卒鳴條與此云葬南巳竝不相涉困學紀聞引
薛季宣謂蒼梧山在海州界近莒之紀城羅泌路史注又謂紀卽冀河東皮氏東北有冀亭鳴條在安邑西北其
蓋卽一地尤肊說不足據劉賡稽瑞引墨子曰舜葬於蒼梧之野象爲之耕與此不同疑誤以他書之文改此書
衣衾三領。穀木之棺。畢云後漢書注引穀作款非　葛以緘之。已葬而市人乘之。淮南子齊俗訓云昔舜葬蒼梧市不
變其肆　禹東教乎九夷。九夷詳非攻中篇畢云太平御覽引作教于越者以意改之王云鈔本北堂書鈔及初學記引此竝作於越非作御覽者以意改也今本作九夷者後人因上
文七戎八狄而改之不知此說堯舜禹所至之地初非以七戎八狄九夷
爲次序也據下文云葬會稽之山會稽正在越地則當以作於越者爲是　道死。葬會稽之山。稽瑞引墨
子云禹葬會稽鳥爲之耘疑此佚文史記夏本紀云或云禹會諸侯計功而崩因葬焉命曰會稽會稽者會計
也集解云皇覽曰禹冢在山陰縣會稽山上會稽山本名苗山在縣南去縣七里越傳云禹到大越上苗山大
會計爵有德封有功因而更名苗山曰會稽因病死葬葦棺穿壙深七尺上無漏泄下無邸水壇高三尺土階三
等周方一畝正義括地志云禹陵在越州會稽縣南十三里案越傳卽越絕書今本越絕記地傳文與裴駰所引
略同　衣衾三領。畢云史記集解引衾作裘非詒讓案周禮職方氏賈疏引亦作裘與夏本紀集解同七患篇云死又厚爲棺椁多爲衣裘則葬有用裘者　桐棺三寸。畢云後漢
書注引尸子云禹之葬法死於陵者葬於陵死於澤者葬於澤桐棺三寸制喪三日詒讓案宋書禮志引尸子云
禹治水爲喪法曰使死於陵者葬於陵死於澤者葬於澤桐棺三寸制喪三月越絕書記地外傳與越春秋越王

無余外傳並云禹葬會稽葦椁桐棺　葛以緘之。緘當作繃說文系部云繃束也引墨子曰禹葬會稽桐棺三寸葛以繃之卽此文藝文類聚十一御覽三十七引帝王世紀亦云禹葬會稽葛以繃之段玉裁云繃今墨子此句三見皆作緘古蒸侵二部音轉最近也畢云太平御覽引緘作繃注云補庚切則此緘字俗改　絞之不合。通之不埳。道藏本吳鈔本通並作道　土地之深。王云土地二字文義不明土地當爲掘地寫者脫其右半耳下文曰掘地之深下無菹漏氣無發泄於上節用篇曰掘穴深不通於泉皆其證　下毋及泉。毋吳鈔本作無下同　上毋通臭。後漢書趙咨傳注引作皆下不及泉上無遺臭書鈔無作不餘並與李引同　既葬收餘壤其上。說文土部云壤柔土也九章算術商功篇穿地四爲壤五爲堅三劉徽注云壤謂息土堅謂築土畢云太平御覽引作收餘壤爲壟則當云爲其上壟詒讓案以上文校之壟不得屬上爲句畢說非　壟若參耕之畝。藝文類聚十一御覽三十七引帝王世紀文略同蓋卽本此書吳越春秋越王無余外傳禹命羣臣曰吾百世之後葬我會稽之山葦椁桐棺穿壙七尺下無及泉墳高三尺土階三等葬之後田無改畝卽其事也畢云壟前漢書注作隴　則止矣。畢云則舊作取據前漢書注改　若以此若三聖王者觀之。此若若亦卽此也詳尙賢上篇後同　則厚葬久喪。果非聖王之道。故三王者皆貴爲天子。富有天下。豈憂財用之不足哉。以爲如此葬埋之法。畢云太平御覽引作以爲葬埋之法也王云北堂書鈔初學記亦如是於義爲長　今王公大人之爲葬埋。則異於此。必大棺中棺。禮記喪大記云君大棺八寸屬六寸椑四寸上大夫大棺八寸屬六寸下大夫大棺六寸屬四寸士棺六寸鄭注云大棺棺之在表者也檀弓曰天子之棺四重水兕革棺被之其厚三寸杝棺一梓棺二四者皆周此以內說而出也然則大棺及屬用梓椑用杝以是差之上公革棺不被三重也諸侯無革棺再重也大夫無椑一重也士無屬不重也庶人之棺四寸案此云大棺中棺卽大棺與屬下云革闠三操疑卽所謂水兕革棺被之也　革闠三操。畢云闠同鞼操同繰假音字按說文革部云鞼革繡也國語齊語鞼盾韋注云綴革有文如繢也若然革棺或亦有文飾與操畢讀爲繰義亦難通疑當爲雜淮南子詮言訓高注云雜帀也雜操形近而誤　璧玉卽具。王云卽字文義不順卽當爲既言璧玉既具而戈劍等物又皆具也　戈劍鼎鼓壺濫。並詳前　文繡素練。大鞅萬領。說文革部云鞅頸靼也釋名釋車云鞅嬰也喉下稱嬰言纓絡之也按鞅爲馬鞁具之一無大小之分此大字疑誤又不當云萬領所未詳也　輿馬女樂皆具。曰必捶垛。吳鈔本無必字畢云捶當爲埵說文云堅土也垛當爲涂說文玉篇無垛字言築涂使堅詒讓按疑當讀爲捶除內則鄭注云捶擣之也說文手部云擣一曰築也則捶亦有堅築之義垛除聲義亦通謂除道也　差通壟雖凡山陵。差通疑當作羨道周禮冢人鄭注云隧羨道也九章算術商功篇云今有羨除劉注云羨除隧道也其所穿地上平下邪史記衛世家共伯入釐侯羨自殺索隱云羨墓道也竊疑此當讀必擬羨道爲句卽九章所謂羨除也壟雖凡山陵爲句大意蓋謂丘壟之高如山陵耳然雖凡二字必誤無以正之今姑從舊讀戴云疑當作雖凡山陵差通爲壟脫爲字又倒其文耳按戴校義仍不可通今不據改 此爲輟民之事靡民之財不可勝計也其爲毋用若此矣。是故子墨子曰鄉者。畢云鄉曏省文 吾本言曰。意亦使法其言。畢云舊脫法字一本有 用其謀。句 計厚葬久喪請可以富貧衆寡定危治亂乎。畢本請改作誠云舊作請一本如此王云古者誠與請通不煩改字俞同篇今天下之王公大人士君子請將欲富其國家衆其人民治其刑政定其社稷請卽誠字也墨子書情請二字並與誠通說見俞同篇 則仁也義也孝子之事也。爲人謀者。不可不勸也。意亦使法其言。用其謀。若人厚葬久喪實不可以富貧衆寡定危治亂乎。則非仁也非義也非孝子之事也。爲人謀者。不可不沮也。是故求以富國家。甚得貧焉。欲以衆人民。甚得寡焉。欲以治刑政。甚得亂焉。求以禁止大國之攻小國也。而既已不可矣。欲以干上帝鬼神之福。又得禍焉。上稽之堯舜禹湯文武之道。而政逆之。政正通 下稽之桀紂幽厲之事。猶合節也。若以此觀。則厚葬久喪其非聖王之道也。今執厚葬久喪者言曰。厚葬久喪果非聖王之道。夫胡說中國之君子。爲而不已。畢云猶言何說 操而不擇哉。畢云擇同釋詁讓按淮南子說山訓高注云釋舍也 子墨子曰。此所謂便其習。而義其俗者也。習吳鈔本作事下同俞云義猶善也謂善其俗也禮記緇衣篇章義擅惡釋文曰義書作善皇云義善也是義與善同意案義當讀爲宜俞說未塙 昔者越之東。有輆沭之國者。畢云輆舊作輆不成字據太平廣記引作輆音善愛反今改盧云列子湯問篇作輒沐才新論作軫沐顧云世德堂列子作木影宋本作沭詒讓案意林引列子及道藏本劉子風俗篇並作輒沐博物志五引作駭沐宋本列子作輆沭注云又休道藏本殷敬順釋文及盧重元注本並作輒休殷云輒說文作耴諸涉切耳垂也休美也蓋儋耳之類是也諸家本作輆沐者誤耳按諸文舛互此無文義可校集韻十九代云輆沭國名在越東是北宋本實作輆沭依殷說則輆當作輒後魯問篇以食子爲啖人國俗與此復不同後漢書南蠻傳說噉人國在交趾西交趾卽南越而國名及方域並異未知孰是其長子生。則解而食之。盧云解魯問作鮮與列子同杜預注左傳云人不以壽死曰鮮顧云此列子釋文之謬說詒讓按殷敬順列子釋文引杜說而釋之云謂少也卽盧說所本盧校列子則謂鮮析一聲之轉引析支亦作鮮支爲證說較此爲長蓋解鮮析義並同新論作其長子生則解肉而食其母謂之宜弟。其大父死。負其大母而棄之。博物志引作父死則負其母而棄之新論作其人父死卽負其母而棄之按此不必定爲大父母疑張劉所引近是曰鬼妻不可與居處。此上以爲政。下以爲俗。爲而不已。操而不擇。則此豈實仁義之道哉。此所謂便其習。而義其俗者也。楚之南。有炎人國者。顧云季本炎作啖盧云列子作炎殷敬順釋文讀去聲詒讓案魯問篇亦作啖人新論同博物志引作炎道藏本列子釋文作啖人云談去聲本作炎後漢書亦作噉人國疑當從啖爲是詳魯問篇其親戚死。親戚謂父母也詳兼愛下篇朽其肉而棄之。畢云列子朽作殀同太平廣記引作㓷詒讓按御覽七百九十引博物志亦作㓷列子釋文云殀本作冎音寡剮肉也又音朽殷作咼蓋冎之譌說文冎部云冎剔人肉置其骨也新論作坼尤誤然後埋其骨。乃成爲孝子。秦之西。有儀渠之國者。畢云渠舊作㮚據列子及太平廣記改史記正義括地志云寧原慶三州秦北地郡戰國及春秋時爲義渠戎國之地今甘肅慶陽府也在陝西之西詒讓按渠吳鈔本作㮚不成字博物志引作義渠新論同宋本列子渠下注云又康康與㮚並渠之形誤周書王會篇云義渠以茲白孔晁注云義渠西戎國後漢書西羌傳云涇北有義渠之戎俞云史記秦本紀厲共公三十三年伐義渠虜其王卽此國也其親戚死。聚柴薪而焚之。燻上謂之登遐。畢云燻卽熏字俗寫太平廣記引作熏其煙上謂之登煙霞詒讓案列子亦作燻則煙上謂之登遐新論作煙上燻天謂之昇霞博物志作勳之卽煙上謂之登遐呂氏春秋義賞篇云氐羌之民其虜也不憂其係累而憂其死不焚也荀子大略篇說同義渠在秦西亦氐羌之屬登遐者禮記曲禮云天子崩告喪曰天子登假鄭注云登上也假已也上已者若僊去云耳釋文云假音遐漢書郊祀志云世有僊人登遐倒景顔注云遐亦遠也按依廣記所引及新論似皆以遐爲霞之叚字非古義也然後成爲孝子。成爲吳鈔本作謂之此上以爲政。下以爲俗。畢云太平廣記引有云而未足爲非也詒讓按博物志引有中國未足爲非也七字列子作而未足爲異也爲而不已。操而不擇。則此豈實仁義之道哉。此所謂便其習。而義其俗者也。若以此若三國者觀之。則亦猶薄矣。若以中國之君子觀之。 舊本脫以字王據上文補 則亦猶厚矣。 王云爾雅猶已也言亦已薄亦已厚也 如彼則大厚。如此則大薄。然則葬埋之有節矣。故衣食者。人之生利也。然且猶尙有節。葬埋者。人之死利也。 吳鈔本無者字 夫何獨無節於此乎。子墨子制爲葬埋之法。曰棺三寸。足以朽骨。衣三領。足以朽肉。 韓非子顯學篇云墨者之葬也冬日冬服夏日夏服桐棺三寸服喪三月 掘地之深。下無菹漏。 菹與沮通廣雅釋詁云沮溼也 氣無發洩於上。壟足以期其所。 畢云言期會 則止矣。哭往哭來。反從事乎衣食之財。佴乎祭祀。 畢云說文佴佽也佽訓便利案佴者次比之義言不疏曠也畢說非 以致孝於親。 於吳鈔本作乎 故曰子墨子之法。不失死生之利者此也。故子墨子言曰。今天下之士君子。中請將欲爲仁義。 請舊本作謂畢本改誠云舊作謂以意改王云謂卽請之譌請與誠通畢徑改爲誠未達假借之旨據王校是也顧說同今據正 求爲上士。上欲中聖王之道。下欲中國家百姓之利。故當若節喪之爲政。而不可不察此者也。 此者二字舊本倒今依王校乙觧非攻下篇

墨子閒詁卷七

天志上第二十六

春秋繁露楚莊王篇云事君者儀志事父者承意事天亦然此天志之義也畢云玉篇云志意也說文無志字鄭君注周禮云志古文識則識與志同又篇中多或作之疑古文志亦只作之也

子墨子言曰。今天下之士君子。知小而不知大。何以知之。以其處家者知之。若處家得罪於家長。猶有鄰家所避逃之。畢云廣雅云所尻也玉篇云處所王云所猶可也言有鄰家可避逃也下文同畢引廣雅所尻也失之案此當從畢說下文云此有所避逃之者也又云無所避逃之即承此文然且親戚兄弟所知識。親戚即父母也下篇云父以戒子兄以戒弟共相儆戒。畢云共舊作其一本如此下同皆曰不可不戒矣。不可不慎矣。惡有處家而得罪於家長而可為也。非獨處家者為然。雖處國亦然。處國得罪於國君。猶有鄰國所避逃之。然且親戚兄弟所知識。共相儆戒。皆曰不可不戒矣。不可不慎矣。誰亦有處國得罪於國君。而可為也。此有所避逃之者也。相儆戒猶若此其厚。況無所避逃之者。相儆戒豈不愈厚。然後可哉。且語言有之曰。焉而晏日焉而得罪。將惡避逃之。日舊本作曰畢校並上曰字皆改為日云猶云日暮途遠兩日字舊作曰以意改俞云畢改兩曰字皆作日然上曰字實不誤且語有之曰蓋述古語也言字即語字之譌而衍者下曰字當從畢改作日焉而字疊出文主難通疑上焉而字亦為衍文墨子本作且語有之曰晏日焉而得罪將惡避逃之晏者清也明也說文日部晏天清也小爾雅廣言晏明也文選羽獵賦于是天清日晏淮南子繆稱篇暉日知晏陰蠐知雨並其證也此謂人苟於昏暮得罪猶有可以避逃之處若晏日則人所共覩無所逃避矣下文曰夫天不可為林谷幽門無人明必見之然則墨子正以晏日之不可避逃起下文明必見之之意晏之當訓明無疑矣畢注謂猶云日暮途遠是但知晏晚之義而忘天清之本訓宜於墨子之意不得矣案俞說晏日之義是也此當以焉而晏日焉而得罪八字為句上焉與於同義焉而猶言於而言於此晴晏之日焉而得罪也俞以上焉而二字爲衍文則尙未得其義曰。無所避逃之。夫天不可爲林谷幽門無人。畢云門當爲㵎王云畢據明鬼篇文也余謂門當爲閒閒讀若閑言天監甚明雖林谷幽閒無人之處天必見之也賈子耳痹篇曰故天之誅伐不可爲廣虛幽閒攸遠無人雖重襲石中而居其必知之乎淮南覽冥篇曰上天之誅也雖在壙虛幽閒遼遠隱匿重襲石室界障險阻其無所逃之亦明矣義皆本於墨子則幽門爲幽閒之誤明矣明鬼篇雖有深谿博林幽㵎毋人之所幽㵎亦幽閒之誤案王校是也但讀閒爲閑尙未得其義閒當讀爲閒隙之閒荀子王制篇云無幽閒隱僻之國莫不趨使而安樂之楊注云幽深也閒隔也明必見之。然而天下之士君子之於天也。舊本挩士字及之於二字王據上下文補士字又以意補之於二字今從之忽然不知以相儆戒。此我所以知天下士君子。知小而不知大也。然則天亦何欲何惡。天欲義而惡不義。然則率天下之百姓。以從事於義。則我乃爲天之所欲也。我爲天之所欲。天亦爲我所欲。然則我何欲何惡。舊本無我字畢云一本則下有我字案有者是也王亦據增我欲福祿而惡禍祟。若我不爲天之所欲。而爲天之所不欲。舊本挩此十五字王據中篇補然則我率天下之百姓。以從事於禍祟中也。然則何以知天之欲義而惡不義。吳鈔本無以字曰。天下有義則生。無義則死。有義則富。無義則貧。有義則治。無義則亂。然則天欲其生而惡其死。欲其富而惡其貧。欲其治而惡其亂。此我所以知天欲義而惡不義也。畢云我舊作義以意改顧云季本我曰。且夫義者政也。王云政與正同下篇皆作正詒讓案意林引下篇正皆作政二字互通義者正也言義者所以正治人也無從下之政上。必從上之政下。是故庶人竭力從事。未得次已而爲政。畢云次恣字省文下同一本作恣俗改王引之云畢說非也次猶即也下文諸次字並同此言士在庶人之上故庶人未得即已而爲正有士正之也次即聲相近而字亦相通康誥勿庸以次女封荀子致士宥坐二篇竝作勿庸以即女家語始誅篇作勿庸以即女心皆其證說文垐古文作堲亦其例也案意林引下篇次並作恣則畢說亦通節用上篇云聖王既沒于民次也恣亦作次可證有士政之。士竭力從事。未得次已而爲政。有將軍大夫政之。將軍大夫卽卿大夫也詒讓案同中篇將軍大夫竭力從事。未得次已而爲政。有三公諸侯政之。三公諸侯竭力聽治。未得次已而爲政。有天子政之。天子未得次已而爲政。有天政之。天子爲政於三公諸侯士庶人。天下之士君子固明知。天之爲政於天子。天下百姓未得之明知也。畢云當云明知之也俞云上之字當在天字上屬上爲句本云天子爲政於三公諸侯士庶人天下之士君子固明知之今之字誤在天字下則固明知句文氣未足且天爲政與天子爲政相對不當作天之爲政也案固明知下當有之字至天之爲政於天子下文屢見之字似不當删 故昔三代聖王禹湯文武。欲以天之爲政於天子。明說天下之百姓。故莫不犓牛羊。豢犬彘。潔爲粢盛酒醴。畢云爲粢二字舊脫據後文增 以祭祀上帝鬼神。而求祈福於天。我未嘗聞天下之所求祈福於天子者也。顧云据中下二篇下字衍蘇校同戴云據中篇云吾未知天之祈福於天子也則此文衍下字及所求二字及者字 我所以知天之爲政於天子者也。故天子者。天下之窮貴也。天下之窮富也。戴云窮極也此二字轉相訓 故於富且貴者。於吳鈔本作欲 當天意而不可不順。順天意者。兼相愛。交相利。必得賞。反天意者。別相惡。交相賊。必得罰。然則是誰順天意而得賞者。誰反天意而得罰者。子墨子言曰。昔三代聖王禹湯文武。此順天意而得賞也。畢云賞下當有者字 昔三代之暴王桀紂幽厲。此反天意而得罰者也。然則禹湯文武。其得賞何以也。子墨子言曰。其事上尊天。中事鬼神。下愛人。故天意曰。此之我所愛兼而愛之。我所利兼而利之。愛人者此爲博焉。利人者此爲厚焉。故使貴爲天子。富有天下。業萬世子孫。傳稱其善。業謂子孫纂業也。左昭元年傳「臺駘能業其官」，杜注釋爲纂業。又疑當爲葉。萬子孫葉與世同。公孫龍子云「孔穿，孔子之葉也」。萬下世字衍。古文苑秦詛楚文云「葉萬子孫毋相爲不利」。檀弓云「世世萬子孫毋變也」。毛詩長發傳云「葉，世也」。方施天下。畢云：「方猶旁，或當爲㫄字之壞。」詒讓案：方旁古通。皋陶謨「方施象刑惟明」，新序節士篇方作旁。說文丄部云「㫄，溥也」。方施言施溥徧於天下也。至今稱之。謂之聖王。然則桀紂幽厲。得其罰何以也。依上文當作「其得罰何以也」，此譌倒。子墨子言曰。其事上詬天。中詬鬼。道藏本、吳鈔本並作「中誣鬼」。大戴禮記本命篇云「誣鬼神者罪及二世」，則作誣義亦通。畢云：「据上當有神字。」下賊人。賊舊本譌賤，今依王校正，說詳尚賢中篇。故天意曰。此之我所愛。別而惡之。我所利。交而賊之。惡人者此爲之博也。賤人者此爲之厚也。賤亦賊之譌。此並冢上文別相惡、交相賊而言。故使不得終其壽。不殁其世。殁吳鈔本作歿。至今毀之。謂之暴王。然則何以知天之愛天下之百姓。以其兼而明之。何以知其兼而明之。以其兼而有之。何以知其兼而有之。以其兼而食焉。何以知其兼而食焉。四海之內。粒食之民。大戴禮記少閒篇云「粒食之民昭然明視」。莫不犓牛羊。豢犬彘。潔爲粢盛酒醴。以祭祀於上帝鬼神。天有邑人。畢云：「邑舊作色，非，以意改。」何用弗愛也。且吾言殺一不辜者必有一不祥。殺不辜者誰也。則人也。予之不祥者誰也。則天也。若以天爲不愛天下之百姓。則何故以人與人相殺。而天予之不祥。此我所以知天之愛天下之百姓也。此我下吳鈔本有之字。順天意者。義政也。反天意者。力政也。力政下篇作力正，謂以力相制，義詳節葬下篇。然義政將奈何哉。畢云：「舊脫政字，一本有。」子墨子言曰。處大國不攻小國。處大家不篡小家。強者不劫弱。貴者不傲賤。多詐者不欺愚。中篇及兼愛中篇、下篇文並略同，皆無多字，此疑衍。此必上利於天。中利於鬼。下利於人。三利無所不利。故舉天下美名加之。謂之聖王。力政者則與此異。言非此。畢云非猶背 行反此。猶倖馳也。畢云倖一本作偝詒讓案倖疑偝之誤玉篇人部云淮南子分流偝馳偝相背也與舛同今淮南子說山訓作舛又氾論訓高注云舛乖也偝與背同見坊記投壺及荀子與偝義亦同 處大國攻小國。處大家篡小家。強者劫弱。貴者傲賤。多詐欺愚。此上不利於天。中不利於鬼。下不利於人。三不利無所利。故舉天下惡名加之。謂之暴王。子墨子言曰。我有天志。譬若輪人之有規。匠人之有矩。輪匠執其規矩。以度天下之方員。曰。中者是也。不中者非也。今天下之士君子之書。不可勝載。言語不可盡計。上說諸侯。下說列士。其於仁義。則大相遠也。畢云相舊作其一本如此 何以知之。曰。我得天下之明法以度之。

天志中第二十七

子墨子言曰。今天下之君子之欲為仁義者。吳鈔本君子下無之字 則不可不察義之所從出。既曰不可以不察義之所從出。然則義何從出。子墨子曰。義不從愚且賤者出。必自貴且知者出。何以知義之不從愚且賤者出。而必自貴且知者出也。曰。義者善政也。何以知義之為善政也。曰。天下有義則治。無義則亂。是以知義之為善政也。王云舊本脫兩為字下篇曰何以知義之為政也天下有義則治無義則亂我以此知義之為正也今據補俞云三善字皆言字之誤隸書善字或作善見張遷碑靈臺碑孫叔敖碑與言字相似故言誤為善義者言政也何以知義之言政也曰天下有義則治無義則亂是以知義之言政也語意甚明若作善政則義之善政不可通矣下篇曰義者正也何以知義之為正也天下有義則治無義則亂我以此知義之為正也並無善字可知此文善字之誤義之言政猶義之為正也 夫愚且賤者不得為政乎貴且知者。畢云當脫貴且知者四字 然後得爲政乎愚且賤者。此吾所以知義之不從愚且賤者出。而必自貴且知者出也。然則孰爲貴。孰爲知。曰。天爲貴。天爲知而已矣。然則義果自天出矣。今天下之人曰。當若天子之貴諸侯。諸侯之貴大夫。傐明知之。畢云傐當爲碻言碻然可知鈕樹玉云傐明當作高明案畢說是也兩貴字下疑皆當有於字 然吾未知天之貴且知於天子也。子墨子曰。吾所以知天貴且知於天子者有矣。曰。天子爲善。天能賞之。天子爲暴。天能罰之。天子有疾病禍祟。必齋戒沐浴。潔爲酒醴粢盛。以祭祀天鬼。則天能除去之。然吾未知天之祈福於天子也。此吾所以知天之貴且知於天子者。不止此而已矣。又以先王之書。馴天明不解之道也知之。畢云馴與訓同言訓釋天之明道 曰。明哲維天。畢云舊作大以意改 臨君下土。土舊本作出王引之云下出二字義不可通出當爲土明哲維天臨君下土猶詩言明明上天照臨下土耳隸書出字或作土若敪省作敪贊省作賣數省作款之類形與土相似故土譌爲出案王說是也今據正 則此語天之貴且知於天子。不知亦有貴知夫天者乎。夫吳鈔本作于 曰。天爲貴。天爲知而已矣。然則義果自天出矣。是故子墨子曰。今天下之君子。中實將欲遵道利民。本察仁義之本。天之意不可不慎也。慎與順同上下文屢云順天意下同 既以天之意以爲不可不慎已。然則天之將何欲何憎。畢云之下當有意字 子墨子曰。天之意。不欲大國之攻小國也。大家之亂小家也。強之暴寡。詐之謀愚。貴之傲賤。此天之所不欲也。不止此而已。舊本脫不字又止作上王校補不字畢校改上爲止今並據正 欲人之有力相營。文選陸士衡贈從兄車騎詩李注引鍾會老子注云經護爲營 有道相教。有財相分也。又欲上之強聽治也。下之強從事也。上強聽治。則國家治矣。下強從事。則財用足矣。若國家治。財用足。則內有以潔為酒醴粢盛。（潔吳鈔本作絜）以祭祀天鬼。外有以為環璧珠玉。以聘撓四鄰。（畢云撓與交同音）諸侯之冤不興矣。（一切經音義云古文冤惌二形今作怨同蘇云冤當讀如怨）邊境兵甲不作矣。內有以食飢息勞。持養其萬民。（荀子榮辱篇楊注云持養保養也義詳非命下篇）則君臣上下惠忠。父子弟兄慈孝。故唯毋明乎順天之意。（唯舊本作惟今據吳鈔本改毋語詞詳尚賢中篇）奉而光施之天下。（光與廣通）則刑政治。萬民和。國家富。財用足。百姓皆得煖衣飽食。便寧無憂。（廣雅釋詁云便安也寧舊本作甯今據吳鈔本改）是故子墨子曰。今天下之君子。中實將欲遵道利民。本察仁義之本。天之意不可不慎也。（慎亦讀為順）

且夫天子之有天下也。（戴云子字衍）辟之無以異乎國君諸侯之有四境之內也。（吳鈔本辟作譬畢云辟同譬）今國君諸侯之有四境之內也。夫豈欲其臣國萬民之相為不利哉。（俞云臣國當為國臣正對國君而言君曰國君故臣曰國臣也今倒作臣國義不可通）今若處大國則攻小國。處大家則亂小家。欲以此求賞譽。終不可得。誅罰必至矣。夫天之有天下也。將無已異此。（畢云已同以）今若處大國則攻小國。（畢云舊脫則字據下句增）處大都則伐小都。（吳鈔本二句並無則字）欲以此求福祿於天。福祿終不得。而禍祟必至矣。然有所不為天之所欲。而為天之所不欲。則夫天亦且不為人之所欲。而為人之所不欲矣。人之所不欲者何也。曰。疾病禍祟也。（畢云舊脫禍字據下文增）若已不為天之所欲。而為天之所不欲。是率天下之萬民以從事乎禍祟之中也。故古者聖王。明知天鬼之所福。而辟天鬼之所憎·以求興天下之利。而除天下之害。是以天之爲寒熱也節。四時調陰陽雨露也時。五穀孰。道藏本吳鈔本作熟俗字 六畜遂。疾菑戾疫凶饑則不至。戾厲字通詳尙同中篇 是故子墨子曰。今天下之君子。中實將欲遵道利民。畢云舊脫道字一本有 本察仁義之本。天意不可不愼也。且夫天下蓋有不仁不祥者。曰。當若子之不事父·弟之不事兄。臣之不事君也。故天下之君子。與謂之不祥者。王云故猶則也畢云與同舉 今夫天兼天下而愛之。撽遂萬物以利之。物吳鈔本作民下同畢云說文云撽旁擊也但未詳撽遂之義兪云撽遂二字義不可通撽當爲徼疑本作徼或作撽傳寫誤合之爲撽徼而徼又誤爲遂耳徼與交通莊子庚桑楚篇夫至人者相與交食乎地而交樂乎天徐無鬼篇作吾與之徼樂於天吾與之徼食於地是交徼古通用也徼萬物以利之卽交萬物以利之與兼天下而愛之同義交猶兼也案兪說迂曲不足據韓非子說林上篇云有欲以御見荆王者曰臣能撽鹿莊子至樂篇云莊子至楚見空髑髏撽以馬箠成玄英疏云撽打擊也依韓子撽鹿義推之疑當爲敺御之義遂或當爲逐之譌然下文云以長遂五穀麻絲使民得而財利之則遂字又似非誤未能質定也 若豪之末。豪吳鈔本作毫下同畢云豪本作豪毫字正文經典或從毛非 非天之所爲也。爲舊本作謂今據吳鈔本正蘇云非上當有莫字下同謂當從下文作爲兪云非上挩無字下文同言雖至秋豪之末無非天之所爲也 而民得而利之。則可謂否矣。蘇云否義未詳疑當作厚兪云否字義不可通乃后字之誤后讀爲厚禮記檀弓篇后木正義曰世本云厚此云后其字異耳是后厚古通用說文厚古文作垕本從后聲故聲近而義通也此云若豪之末無非天之所爲也而民得而利之則可謂厚矣言天愛民之厚也下文且吾所以知天之愛民之厚者有矣又曰此吾以知人之愛民之厚也並可爲證案兪說是也 然獨無報夫天。而不知其爲不仁不祥也。此吾所謂君子明細而不明大也。且吾所以知天之愛民之厚者有矣。曰以磨爲日月星辰。以字舊挩今據道藏本吳鈔本補顧云顏氏家訓世本容成造磨以磨爲碓磨之磨王云磨亦當爲磿磿爲日月星辰猶大戴記五帝德篇言歷離日月星辰也案王校是也詳非攻下篇 以昭道之。說文日部云昭明也 制爲四時春秋冬夏。以紀綱之。雷降雪霜雨露。（王云雷降雪霜雨露義不可通雷蓋霣字之誤霣與隕同左氏春秋經莊七年星隕如雨公羊隕作霣爾雅隕降落也故曰霣降雪霜雨露）以長遂五穀麻絲。使民得而財利之。列爲山川谿谷。播賦百事。（畢云播布）以臨司民之善否。（畢云司讀如伺俗从人）爲王公侯伯。（侯伯舊本作諸伯吳鈔本作侯伯道藏本作諸侯審校文義吳本較長今據正）使之賞賢而罰暴。（畢本賢舊作爲一本如此顧云藏本賢季本同案吳鈔本亦作賢）賊金木鳥獸。（賊當爲賦形近而誤言賦斂金木鳥獸而用之也）從事乎五穀麻絲。（吳鈔本作絲麻）以爲民衣食之財。自古及今。未嘗不有此也。

今有人於此。驩若愛其子。（一切經音義引三蒼云驩古歡字）竭力單務以利之。（蘇云單同殫案見七患篇）其子長。而無報子求父。（蘇云當云其子長而無報乎父）故天下之君子與謂之不仁不祥。（畢云與同舉）今夫天。兼天下而愛之。撽遂萬物以利之。（以吳鈔本作而）若豪之末。非天之所爲。（非上亦當有無字）而民得而利之。（畢云據上文當有也字）則可謂否矣。（否亦當作后讀爲厚詳前）然獨無報夫天。而不知其爲不仁不祥也。此吾所謂君子明細而不明大也。（吳鈔本無君子二字）且吾所以知天愛民之厚者。不止此而足矣。曰殺不辜者。天予不祥。不辜者誰也。（不上亦當有殺字）曰人也。予之不祥者誰也。曰天也。若天不愛民之厚。夫胡說人殺不辜。而天予之不祥哉。（夫舊本亦作天王云天胡說之天當爲夫此涉上下文天字而誤夫發聲也言若天非愛民之厚則人殺不辜而天予之不祥者果何說哉節葬篇曰厚葬久喪果非聖王之道夫胡說中國之君子爲而不已操而不擇哉是其證）此吾之所以知天之愛民之厚也。（舊本挩之所二字今據吳鈔本增）且吾所以知天之愛民之厚者。（吳鈔本吾下有之字天下無之字）不止此而已矣。曰愛人利人。順天之意。得天之賞者有之。憎人賊人。（畢云二字舊脫據下文增）反天之意。得天之罰者亦有矣。

夫愛人利人。順天之意。得天之賞者誰也。曰若昔三代聖王。堯舜禹湯文武者是也。堯舜禹湯文武焉所從事。曰從事兼。不從事別。兼者處大國不攻小國。處大家不亂小家。強不劫弱。衆不暴寡。詐不謀愚。貴不傲賤。觀其事。上利乎天。中利乎鬼。下利乎人。三利無所不利。是謂天德。聚斂天下之美名而加之焉。曰此仁也義也。愛人利人。順天之意。得天之賞者也。不止此而已。書於竹帛。畢云後漢書注引書於作書其事據下文亦然戴云當依下文補脫文三字今作書於竹帛者後人據兼愛下篇删之 鏤之金石。琢之槃盂。吳鈔本槃作盤下同畢云後漢書注引槃作盤 傳遺後世子孫。曰將何以爲。將以識夫愛人利人順天之意。得天之賞者也。皇矣道之。曰帝謂文王。予懷明德。不大聲以色。不長夏以革。不識不知。順帝之則。詩大雅毛傳云懷歸也不大聲見於色革更也不以長大有所更鄭箋云夏諸夏也天之言云我歸人君有光明之德而不虛廣言語以外作容貌不長諸夏以變更王法者其爲人不識古不知今順天之法而行之者此言天之道尙誠實貴性自然案墨子說詩與鄭義同 帝善其順法則也。故舉殷以賞之。使貴爲天子。富有天下。名譽至今不息。故夫愛人利人。順天之意。得天之賞者。既可得留而已。畢云據下云既可謂而知也此句未詳王云既可得留而已當作既可得而智已智卽知也墨子書知字多作智見於經說耕柱二篇者不可枚舉言順天之意得天之賞者既可得而知已尙賢篇曰既可得而知已舊本作既可得留而已者智誤爲留又誤在而字上耳下文云故夫憎人賊人反天之意得天之罰者既可謂而知也亦當作既可得而知也前後相證則兩處之誤字不辯而自明下篇亦云既可得而知也 夫憎人賊人。賊吳鈔本作疾 反天之意。得天之罰者誰也。曰若昔者三代暴王。桀紂幽厲者是也。桀紂幽厲焉所從事。曰從事別。不從事兼。別者處大國則攻小國。處大家則亂小家。強劫弱。衆暴寡。詐謀愚。

貴傲賤。觀其事。上不利乎天。中不利乎鬼。下不利乎人。三不利無所利。是謂天賊。聚斂天下之醜名而加之焉。曰此非仁也。非義也。憎人賊人。反天之意。得天之罰者也。不止此而已。又書其事於竹帛。鏤之金石。琢之槃盂。傳遺後世子孫。曰將何以爲。將以識夫憎人賊人。反天之意。得天之罰者也。大誓之道之。誓道藏本吳鈔本並作明莊述祖云墨書引大誓有去發有大明去發當爲太子發爲大誓上篇大明即詩所謂會朝淸明也詩書皆曰大明明武王之再受命爲中篇案此文非命上中二篇並作大誓明當爲譌字蓋誓省爲折明即隸古折字之譌顏師古匡謬正俗引書湯誓誓字作斲山井鼎七經孟子考文載古文甘誓誓字作斷蓋皆斲斯二字傳寫譌舛與明形略相類莊說不足據曰紂越厥夷居。江聲云夷居倨嫚也說文尸部云居蹲也不肎事上帝。棄厥先神祇不祀。祇舊本譌祗今據道藏本正乃曰吾有命。無廖僔務畢云此句非命上作無僇匪扁非命中作毋僇其務據孔書泰誓云罔懲其侮則知無罔音義同廖僇皆懲字之譌僔則其字之譌務音同侮雖孔書譌作作者取墨書時猶見善本故足據也孫星衍云當作無僇其務言不勠力其事或孔書侮字反是務假音未可知也江聲從毋僇其務云僇讀爲勠力之勠言已有命不畏鬼神毋爲勠力於鬼神之務明鬼篇云古者聖王必與鬼神爲其務又云今執無鬼者曰鬼神者固無有則此反聖王之務此非命天志引書之意與明鬼篇大指略同詒讓案無當讀爲侮詳非命中篇書太誓僞孔傳云平居無故廢天地百神宗廟之祀紂言吾所以有兆民有天命故羣臣畏罪不爭無能止其慢心孔說非墨子義天下。畢云二字疑衍即下天亦二字重文莊讀無僇鼻務天下爲句云僇且也鼻當爲眉案莊說難通不足據天亦縱棄紂而不葆。畢云孔書泰誓云紂乃夷居弗事上帝神祇遺厥先宗廟弗祀乃曰吾有民有命罔懲其侮察天以縱棄紂而不葆者。反天之意也。故夫憎人賊人。賊吳鈔本作族反天之意。得天之罰者。既可得而知也。得舊本誤謂今據吳鈔本正王校亦改得是故子墨子之有天之。畢云一本作志疑俗改辟人無以異乎輪人之有規。辟人人當作之上文云辟之無以異乎國君諸侯之有四境之內也是其證匠人之有矩也。今夫輪人操其規。將以量度天下之圜與不圜也。量度吳鈔本到下同曰。中吾規者。謂之圜。不中吾規者。謂之不圜。是以圜與不圜。皆可得而知也。此其故何。則圜法明也。匠人亦操其矩。將以量度天下之方與不方也。曰。中吾矩者。謂之方。不中吾矩者。謂之不方。是以方與不方。皆可得而知之。此其故何。則方法明也。故子墨子之有天之意也。（王云天之意本作天之天之即天志本篇之名也子墨子之有天之已見上文古志字通作之說見號令篇後人不達又見上下文皆云順天之意反天之意故於天之下加意字耳）上將以度天下之王公大人爲刑政也。（爲上吳鈔本有之字）下將以量天下之萬民爲文學出言談也。觀其行。順天之意。謂之善意行。反天之意。謂之不善意行。（王校刪二意字云舊本謂之善下衍意字謂之不善下挩行字又衍意非二字今據下文改正案意疑當作悳與德通善德行不善德行猶下云善言談不善言談善行政不善刑政也王謂衍文未塙下行字舊本譌非今從王校正）觀其言談。順天之意。謂之善言談。反天之意。謂之不善言談。觀其刑政。順天之意。謂之善刑政。反天之意。謂之不善刑政。故置此以爲法。立此以爲儀。將以量度天下之王公大人卿大夫之仁與不仁。譬之猶分黑白也。是故子墨子曰。今天下之王公大人士君子。中實將欲遵道利民。本察仁義之本。天之意。不可不順也。順天之意者。義之法也。

天志下第二十八

子墨子言曰。天下之所以亂者。其說將何哉。則是天下士君子。皆明於小而不明於大。何以知其明於小不明於大也。以其不明於天之意也。何以知其不明於天之意也。以處人之家者知之。今人處若家得罪。將猶有異家。所以避逃之者。畢云据下文當有矣字王引之云所以可以也案此所當從畢訓爲處所王說非詳上篇然且父以戒子，兄以戒弟曰。戒之愼之。處人之家。不戒不愼之。而有處人之國者乎。有疑當爲可今人處若國得罪。將猶有異國所以避逃之者矣。然且父以戒子。兄以戒弟曰。戒之愼之。處人之國者。不可不戒愼也。今人皆處天下而事天。得罪於天。將無所以避逃之者矣。然而莫知以相極戒也。王引之云極字義不可通極戒當爲儆戒字之誤也上篇相儆戒三字凡五見俞云極戒卽儆戒也極通作亟荀子賦篇出入甚極又曰反覆甚極楊倞注並曰極讀爲亟是也廣雅釋詁亟敬也亟爲敬故亦爲儆矣亟又與苟通見爾雅釋詁篇釋文而敬字卽從苟是可知其義之通說文心部悈疾也從心亟聲一曰謹重皃謹重之義亦與儆相近吾以此知大物則不知者也。是故子墨子言曰。戒之愼之。必爲天之所欲。而去天之所惡。曰天之所欲者何也。所惡者何也。天欲義而惡其不義者也。何以知其然也。曰義者正也。正猶言正人詳上篇何以知義之爲正也。天下有義則治。無義則亂。我以此知義之爲正也。然而正者。無自下正上者。必自上正下。是故庶人不得次已而爲正。意林引次並作恣正並作政案次當依馬讀爲恣王訓爲卽似未塙詳上篇有士正之。士不得次已而爲正。有大夫正之。大夫不得次已而爲正。有諸侯正之。諸侯不得次已而爲正。有三公正之。三公不得次已而爲正。有天子正之。天子不得次已而爲政。依上下文亦當作正有天正之。今天下之士君子。皆明於天子之正天下也。而不明於天之正天子也。王云舊本不明於天下脫之字正下又挩天子二字今補是故古者聖人明以此說人曰。天子有善。天能賞之。天子有過。天能罰之。天子賞罰不當。聽獄不中。天下疾病禍福。王云福字義不可通禍福當爲禍祟下者降也言降之以疾病禍祟也疾病禍祟見中篇霜露不時。天子必且犓豢其牛羊犬彘。絜爲粢盛酒醴。絜舊本作潔今據吳鈔本改下同以禱祠祈福於天。我未嘗聞天之禱祈福於天子也。畢云禱下當有祠字吾以此知天之重且貴於天子也。吳鈔本此作是重且貴作貴且重以此下文及中篇校之重且貴當作貴且知是故義者不自愚且賤者出。必自貴且知者出。曰。誰爲知。天爲知。俞云此上捝誰爲貴天爲貴六字中篇曰然則孰爲貴孰爲知曰天爲貴天爲知而已矣是其證然則義果自天出也。今天下之士君子之欲爲義者。則不可不順天之意矣。曰。順天之意何若。曰。兼愛天下之人。何以知兼愛天下之人也。以兼而食之也。食謂享食其賦稅物產何以知其兼而食之也。自古及今。無有遠靈孤夷之國。戴云遠靈二字義不可通靈疑當作㫄㫄說文以爲籀文㫄字㫄與方通今文尚書多借㫄爲方遠㫄言遠方也詒讓案靈疑虛之誤北魏孝文帝祭比干文虛作虛南唐本業寺記作虛東魏武定二年邑主造象頌靈作虛二形並相似耕柱篇許靈亦墟虛之誤與此正同皆犓豢其牛羊犬彘。絜爲粢盛酒醴。以敬祭祀上帝山川鬼神。以此知兼而食之也。苟兼而食焉。必兼而愛之。譬之若楚越之君。譬吳鈔本作辟今是楚王食於楚之四境之內。王引之云今是與今夫義同故愛楚之人。越王食於越。戴云當據上文補之四境之內五字墨子文不避重復不得於此文獨省也故愛越之人。道藏本季本吳鈔本並捝楚之人以下十字今天兼天下而食焉。我以此知其兼愛天下之人也。且天之愛百姓也。不盡物而止矣。王云物字義不可通物當爲此此字指上文而言中篇曰不止此而已矣又曰不止此而已皆其證今天下之國。粒食之民。殺一不辜者。必有一不祥。王云舊本民下衍國字今删殺一下脫不辜者必有一六字今據上中二篇補曰。誰殺不辜。曰人也。孰予之不辜。依上文當作不祥曰天也。若天之中實不愛此民也。何故而人有殺不辜。而天予之不祥哉。且天之愛百姓厚矣。天之愛百姓別矣。王引之云，別讀爲徧，言天徧愛百姓也。古或以別爲徧，樂記「其治辯者其禮具」，鄭注「辯，徧也」，史記樂書辯作辨，集解「一作別」，其證也。既可得而知也。何以知天之愛百姓也。吾以賢者之必賞善罰暴也。何以知賢者之必賞善罰暴也。吾以昔者三代之聖王知之。吳本三代之聖王作之三代聖王。故昔也三代之聖王。堯舜禹湯文武之兼愛之天下也。下之字吳鈔本無，疑衍。從而利之。移其百姓之意焉。率以敬上帝山川鬼神。天以爲從其所愛而愛之。從其所利而利之。於是加其賞焉。使之處上位。立爲天子以法也。戴云「以法」疑當作「以爲儀法」，捝二字耳。以爲儀法見下文也。「當」爲「世」之誤，世名之曰聖人句。案以下文校之，此處捝文甚多，「以法也」三字乃其殘字之僅存者，戴說未塙。今以此下文及尚賢中篇補之，疑當作「以爲民父母，是以天下之庶民屬而譽之，業萬世子孫繼嗣，譽之者不之廢也」。此「法也」即「廢也」之誤，鐘鼎款識皆以灋爲廢。名之曰聖人。以此知其賞善之證。畢云舊捝知字，據下文增。是故昔也三代之暴王。桀紂幽厲之兼惡天下也。從而賊之。移其百姓之意焉。率以詬侮上帝山川鬼神。天畢云一本有鬼神天三字。案道藏本、季本、吳鈔本並有。以爲不從其所愛而惡之。不從其所利而賊之。於是加其罰焉。使之父子離散。國家滅亡。抎失社稷。畢云說文云「抎，有所失也」，春秋傳曰「抎子辱矣」，玉篇云「抎，于粉切」。憂以及其身。是以天下之庶民屬而毀之。業萬世子孫繼嗣。毀之賁不之廢也。業萬世詳上篇。王云賁當爲者，隸書者字或作者，見漢衞尉卿衡方、郃陽令曹全碑，與賁相似而誤。不之廢，衍之字。廢者止也，見中庸表記注。言業萬世子孫繼嗣而毀之者猶不止也。尚賢篇云「萬民從而非之，曰暴王，至今不已」，是也。今本者譌作賁，下文又衍之字，則文不成義。名之曰失王。蘇云失字誤，上篇皆暴王。以此知其罰暴之證。今天下之士君子。欲爲義者。則不可不順天之意矣。曰。順天之意者兼也。反天之意者別也。兼之爲道也義正。別之爲道也力正。正上篇並作政字通力正義詳明鬼下篇曰。義正者何若。曰。大不攻小也。強不侮弱也。衆不賊寡也。詐不欺愚也。貴不傲賤也。富不驕貧也。壯不奪老也。是以天下之庶國。莫以水火毒藥兵刃。以相害也。若事上利天。中利鬼。下利人。三利而無所不利。是謂天德。故凡從事此者。聖知也。仁義也。忠惠也。慈孝也。是故聚斂天下之善名而加之。是其故何也。則順天之意也。曰。力正者何若。曰。大則攻小也。強則侮弱也。衆則賊寡也。詐則欺愚也。貴則傲賤也。富則驕貧也。壯則奪老也。是以天下之庶國。方以水火毒藥兵刃。以相賊害也。若事上不利天。中不利鬼。下不利人。三不利而無所利。是謂之賊。俞云之當作天是謂天賊與是謂天德對文中篇正作天賊 故凡從事此者。寇亂也。盜賊也。不仁不義。不忠不惠。不慈不孝。是故聚斂天下之惡名而加之。是其故何也。則反天之意也。故子墨子置立天之。以爲儀法。畢云之一本作志疑俗改考古志字只作之說文無志字 若輪人之有規。匠人之有矩也。今輪人以規。匠人以矩。以此知方圜之別矣。王云舊本挩知字中篇曰圜與不圜方與不方皆可得而知今據補 是故子墨子置立天之。以爲儀法。畢云之當爲志 吾以此知天下之士君子之去義遠也。道藏本吳鈔本義下有之字 何以知天下之士君子之去義遠也。吳鈔本義下有之字 今知氏大國之君。俞云知字衍文蓋涉上句吾以知天下之士君子何以知天下之士君子兩句並有知字而衍氏當讀爲是禮記曲禮篇是職方鄭注曰是或爲氏儀禮覲禮篇大史是右注曰古文是爲氏也周官射人注引作大史氏右然則氏是古通用今氏即今是也今是即今夫也禮記三年問篇今是大鳥獸荀子禮論篇今是作今夫荀子宥坐篇今夫世之陵遲亦久矣韓詩外傳今夫作今是並其證也上文曰今是楚王食於楚之四境之內此云今氏大國之君文法正同上文作是此文作氏則字之異耳寬者然曰。俞云寬者下當有闕文蓋言其土地之廣大也故下文以然字作轉語案疑當作寬然曰者乃衍文寬當爲囂之借字聲義並與讙同說文㗊部云囂呼也讀若讙寬囂同从莧聲古通用言今大國之君皆囂然爭持攻國之論也俞說非吾處大國而不攻小國。吾何以爲大哉。是以差論蚤牙之士。蚤吳鈔本作爪非攻中下二篇並作爪比列其舟車之卒。俞云卒下脫伍字非攻下篇作皆列其舟車之卒伍是其證也皆列卽比例以攻罰無罪之國。罰當從非攻下篇作伐入其溝境。王云溝境二字不詞當依非攻篇作邊境此涉下文溝池而誤也刈其禾稼。斬其樹木。殘其城郭。史記樊酈滕灌傳集解引張晏云殘有所毀也以御其溝池。王引之云御字義不可通御當爲抑抑之言堙也謂壞其城郭以塞其溝池若周語所云墮高堙庳也史記河渠書禹抑鴻水索隱曰抑漢書溝洫志作堙堙抑皆塞之也是抑與堙同義非攻篇作湮其溝池湮亦堙也隸書抑字或作抑見漢校官碑御字或作御見帝堯碑二形相似而誤焚燒其祖廟。攘殺其犧牷。吳鈔本作牲民之格者。則勁拔之。畢云勁舊作勁从力非勁拔卽剄刜拔音同刜詒讓案勁拔疑勁殺之誤非攻下篇云勁殺其萬民殺與拔篆文相近而誤不格者。則係操而歸。畢云係一本作繫王引之云民可係而歸不可操而歸古亦無以係操二字連文者操當爲纍纍卽孟子所謂係纍其子弟也纍誤爲喿後人因改爲操耳案王校是也孟子梁惠王篇趙注云係纍猶縛結也丈夫以爲僕圉。丈舊譌大顧云當爲丈王引之宋翔鳳校並同今據正左傳文十八年杜注云僕御也周禮夏官鄭注云養馬曰圉畢云圉舊作圍以意改胥靡。史記賈誼傳云傳說胥靡索隱引徐廣云胥靡腐刑也晉灼云胥相也靡隨也古者相隨坐輕刑之名莊子庚桑楚篇釋文引司馬彪云胥靡刑徒人也崔譔云腐刑也荀子儒效篇楊注云胥靡刑徒人也胥相靡繫也謂鑠相聯相繫漢書所謂鋃鐺者也顏師古曰聯繫使相隨而服役之猶今囚徒以鏁連枷也案尚賢中篇說傅說被褐帶索庸築乎傅巖卽史記所謂胥靡則當爲刑徒役作之名徐崔說誤婦人以爲舂酋。吳鈔本婦作媍酋作囚誤畢云周禮云其男子入于辠隸女子入于舂槀又說文云酋繹酒也禮有大酋掌酒官也未詳婦人爲酋之義酋與舀聲形相近說文云舀抒臼也亦舂槀義與王云畢以酋爲舂或舀之舀非也說文酋繹酒也從酉水半見於上禮有大酋掌酒官也月令注酒孰曰酋據此則酒官謂之酋者以其掌酒也然則女奴之掌酒者亦得謂之酋矣周官酒人女酒三十人奚三百人鄭注曰女酒女奴曉酒者古者從坐男女沒入縣官爲奴其少才知以爲奚是其證惠士奇禮說曰酒人之奚多至三百則古之酒皆女子爲之卽墨子所謂婦人以爲舂酋也宋翔鳳云呂氏春秋精通篇云臣之父不幸而殺人不得生臣之母得生而爲公家爲酒則此言舂酋者或爲舂或爲酒也案畢說是也周官舂人有女舂抌二人鄭注云女舂抌女奴能舂與抌者抌抒臼也說文舀或作抌此以舂酋連文則酋卽抌之叚字可知墨呂二書義本不同王宋說非則夫好攻伐之君。不知此爲不仁義。以告四鄰諸侯曰。吾攻國覆軍。殺將若干人矣。其鄰國之君。亦不知此爲不仁義也。有具其皮幣。有與又通下同發其綛處。畢云未詳說文玉篇無綛字詒讓案綛與鈔本作總卽總之俗於義亦無取疑綛處當作徒遽徒正字作徙隸變或作徒彳與糸相似止與心相似遂譌作綛耳遽處亦形近而誤國語吳語云徒遽來告韋注云徒步也遽傳車也周禮行夫注云遽若今時乘傳騎驛而使者也發其徒遽謂使人致賀於攻伐之國必起發卒徒車馬以從行也或云綛當爲縱之譌縱隸古或作經右半形與恐相類縱又從之借字縱處卽從遽亦通使人饗賀焉。饗當讀爲聘享之享周禮玉人鄭注云享獻也則夫好攻伐之君。有重不知此爲不仁不義也。有書之竹帛。藏之府庫。爲人後子者。後子卽嗣子詳節葬下篇必且欲順其先君之行。曰。何不當發吾府庫。舊本挩府字王據上文補視吾先君之法美。王云法美二字義不相屬美當爲義字之誤也少儀言語之美鄭注美當爲儀案美乃義字之誤義卽古儀字法義卽法儀也前有法儀篇云天下從事者不可以無法儀非命篇曰先立義法卽儀法當讀爲嘗荀子性惡篇今當試去君上之埶無禮義之化去法正之治無刑罰之禁則天下之悖亂而相亡不待頃矣呂氏春秋疑似篇戎寇當至當並與嘗同史記西南夷傳嘗擊南越者八校尉漢書嘗作當嘗試也言試發吾府庫視吾先君之法儀也必不曰文武之爲正者若此矣。曰吾攻國覆軍。殺將若干人矣。則夫好攻伐之君。不知此爲不仁不義也。其鄰國之君。不知此爲不仁不義也。是以攻伐世世而不已者。此吾所謂大物則不知也。所謂小物則知之者。何若。今有人於此。入人之場園。取人之桃李瓜薑者。上得且罰之。衆聞則非之。是何也。曰。不與其勞。獲其實。言不與種植之勞而取其實也已非其有所取之故。此有譌疑當云以非其所有取之故已以同所有二字譌倒遂不可通而況有踰於人之牆垣。以下文校之於字疑衍抯格人之子女者乎。蘇云抯說文云挹也从手且聲讀若摣格擧持也爾雅釋訓云格格擧也俞云抯字無義當爲衍文蓋卽垣字之誤而複者格人之子女與下竊人之金玉蚤絫竊人之牛馬一律曰格曰竊皆以一字爲文也下文踰人之牆垣抯格人之子女者亦衍抯字又下文此爲踰人之牆垣格人之子女者正無抯字可證上兩處之衍矣畢反謂其脫抯字非也格人之子女謂拘執人之子女後漢書鍾離意傳注曰格拘執也是其義案抯擄字通方言云抯擄取也南楚之間凡取物溝泥中謂之抯或謂之擄釋名釋姿容云擄叉也五指俱往叉取也俞說非

與角人之府庫。俞云角字無義乃宂字之誤宂隸書作内角隸書作角兩形相似而誤竊人之金玉蚤絫者乎。王引之云蚤絫二字義不可通蚤絫當爲布喿隸書布字作布蚤字作蚤二形相似故布譌爲蚤荀子儒效篇必蚤正以待之也新序雜事篇蚤作布喿蓋繰之借字布繰卽布帛說文繰帛如紺色或曰深繒讀若喿繰喿同音故字亦相通凡書傳中从喿从參之字多相亂故非樂篇多治麻絲葛緒細布繰今本作布縿而檀弓之布幕衞也繰幕魯也今本亦作縿幕其他从喿之字亦多變而从參隸書參字作彖與絫相似因譌作絫矣西伯戡黎乃罪多參在上馬融讀參爲絫亦以其字形之相似金玉布繰皆府庫所藏故曰角人之府庫竊人之金玉布喿與踰人之欄牢。欄吳鈔本作闌下同義詳非攻上篇周禮充人鄭注云牢閑也說文牛部云牢閑養牛馬圈也竊人之牛馬者乎。而況有殺一不辜人乎。今王公大人之爲政也。畢云人舊作天以意改案道藏本吳鈔本作夫季本作人與畢校合自殺一不辜人者。踰人之牆垣。抯格人之子女者。與角人之府庫。竊人之金玉蚤絫者。道藏本吳鈔本下並有乎字與踰人之欄牢。竊人之牛馬者。畢云舊脫之字據上文增與入人之場園。毛詩豳風七月傳云春夏爲圃秋冬爲場鄭箋云場圃同地自物生之時耕治之以種菜茹至物盡成熟築堅以爲場竊人之桃李瓜薑者。王引之云舊脫者與入人之場園竊人之十字當據上下文補今王公大人之加罰此也。雖古之堯舜禹湯文武之爲政。亦無以異此矣。今天下之諸侯。將猶皆侵凌攻伐兼并。此爲殺一不辜人者。數千萬矣。此爲踰人之牆垣。格人之子女者。畢云據上格上當脫抯字與角人府庫。竊人金玉蚤絫者。數千萬矣。踰人之欄牢。竊人之牛馬者。數千萬矣。與入人之場園。竊人之桃李瓜薑者。數千萬矣。而自曰義也。故子墨子言曰。是蕡我者。蕡畢本並改賁云舊作蕡下同以意改顧云蕡讀若治絲而棼之棼我當爲義案顧說是也棼亦與紛同尚同中篇云本無有敢紛天子之教者與此文例略同急就篇云芬薰脂粉膏澤筩芬皇象本作蕡此以蕡爲棼與彼相類則豈有以異是蕡黑白甘苦之辯者哉。今有人於此。少而示之黑。謂之黑。王引之經傳釋詞謂下删之字 多示之黑。謂白。必曰吾目亂不知黑白之別。今有人於此。能少嘗之甘 畢云能少當爲少而據上文如此能而音同故也王引之云能猶而也能與而古聲相近故義亦相通戴說同 謂甘。多嘗謂苦。王氏釋詞多嘗下增之甘二字 必曰吾口亂。不知其甘苦之味。今王公大人之政也。戴云政上當有爲字 或殺人。其國家禁之。此蚤越。戴云三字有脫誤 有能多殺其鄰國之人。因以爲文義。王云文義二字義不可通文當爲大字之誤也謂多殺鄰國之人聞之者不以爲不義反以爲大義也非攻篇曰小爲非則知而非之大爲非攻國則不知非從而譽之謂之義此之謂也案王據非攻篇證此是也而改文爲大則非是此當作因以爲之義爲與謂通文即之之譌言因以稱之曰義也 此豈有異蕡黑白甘苦之別者哉。別辯聲近字通 故子墨子置天之以爲儀法。畢云之當爲志 非獨子墨子以天之志爲法也。王云志字亦後人所加之即志字也案說詳中篇 於先王之書。大夏之道之然。俞云大夏即大雅也雅夏古字通荀子榮辱篇曰越人安越楚人安楚君子安雅儒效篇曰居楚而楚居越而越居夏而夏是夏與雅通也下文所引帝謂文王六句正大雅皇矣篇文 帝謂文王。予懷明德。吳鈔本懷下有而字 毋大聲以色。毋長夏以革。蘇云詩大雅文王篇二毋字作不詒讓案中篇引毋並作不與詩同 不識不知。順帝之則。義並詳中篇 此誥文王之以天志爲法也。吳鈔本誥作告畢云誥字據上文當爲語詒讓案也字疑衍 而順帝之則也。且今天下之士君子。中實將欲爲仁義。求爲上士。上欲中聖王之道。下欲中國家百姓之利者。當天之志。而不可不察也。天之志者。義之經也。兩志字王校亦删詳前

墨子閒詁卷八

明鬼上第二十九闕

明鬼中第三十闕

明鬼下第三十一

淮南子氾論訓作右鬼高注云右猶尊也漢書藝文志亦同顏注引此作明鬼神疑衍神字明謂明鬼神之實有也

子墨子言曰。逮至昔三代聖王既沒。天下失義。諸侯力正。畢云正同征詒讓案節葬下篇作征字通天志下篇云兼之爲道也義正別之爲道也力正周禮禁暴氏禁庶民之亂暴力正者鄭注云力正以力強得正也 是以存夫爲人君臣上下者之不惠忠也。父子弟兄之不慈孝弟長貞良也。正長之不強於聽治。賤人之不強於從事也。民之爲淫暴寇亂盜賊。畢云舊脫亂字據下文增 以兵刃毒藥水火。退無罪人乎道路率徑。蘇云退疑當作遇下文同俞云退字無義疑迫字之誤謂迫而奪其車馬衣裘也率徑二字亦無義據下文此語兩見而皆無率徑二字疑爲衍文案二說皆非也退當爲迓字之誤迓與禦通書牧誓弗迓克奔釋文引馬融本迓作禦云禁也史記周本紀弗迓作不禦集解引鄭注云禦彊禦謂彊暴也孟子萬章篇云今有禦人於國門之外者鄭注云禦人以兵禦人而奪之貨即其義也率徑當讀爲術徑屬上道路爲句率聲與术聲古音相近廣雅釋詁云率述也白虎通義五行篇云律之言率所以率氣令生也周禮典同鄭注云律述氣者也述氣即率氣是其證說文行部云術邑中道也月令審端徑術鄭注云術周禮作遂夫間有遂遂上有徑遂小溝也步道曰徑杜臺卿玉燭寶典引蔡邕月令章句云術車道也徑步道也鄭蔡說並通漢書刑法志亦云術路如淳注云術大道也俞以述徑爲衍文亦誤 奪人車馬衣裘以自利者並作。由此始。是以天下亂。此其故何以然也。則皆以疑惑鬼神之有與無之別。不明乎鬼神之能賞賢而罰暴也。今若使天下之人偕若信鬼神之能賞賢而罰暴也。舊本偕作借畢云借本書尚賢中作藉此俗改王云上言若使則下不得又言借若余謂若字涉上文而衍借乃偕字之誤偕與皆通湯誓予及女皆亡孟子梁惠王篇皆作偕周頌豐年篇降福孔皆晉書樂志皆作偕言使天下之人皆信鬼神之能賞賢而罰暴則天下必不亂也舊本罰暴二字倒轉句上文改 則夫天下豈亂哉。今執無鬼者曰。鬼神者固無有。旦暮以爲教誨乎天下。舊本下有之字畢又以意增人字王云畢補非也此文本作旦暮以爲教誨乎天下今本天下下有之字者涉下句天下之衆而衍畢不解其故而於之下補人字誤矣下文天下之衆即天下之人也案王說是也今據刪 疑天下之衆。使天下之衆皆疑惑乎鬼神有無之別。吳鈔本無惑字 是以天下亂。是故子墨子曰。今天下之王公大人士君子。實將欲求興天下之利。除天下之害。故當鬼神之有與無之別。以爲將不可以不明察此者也。舊本明上捝不字今從王校補俞云此本作故當鬼神之有與無之別不可以不察者也下文曰既以鬼神有無之別以爲不可不察已然則吾爲明察此文而衍明察此字即涉下文而誤下云不可不察正承此而言故知此文無明字也蘇云下以字當作不案俞說是也今從之此字不當刪詳非攻下篇 既以鬼神有無之別。以爲不可不察已。然則吾爲明察此其說將奈何而可。子墨子曰。是與天下之所以察知有與無之道者。必以衆之耳目之實知有與亡爲儀者也。亡吳鈔本作無亡古無字篇中諸有無字疑古本並作亡 請惑聞之見之。請當讀爲誠墨子書多以請爲情又以情爲誠故此亦以請爲誠詳俞同中下二篇惑與或通臧云請諸字之誤失之 則必以爲有。莫聞莫見。則必以爲無。舊捝則必以爲有以下九字王據下文及非命篇補今從之 若是。何不嘗入一鄉一里而問之。自古以及今。生民以來者。亦有嘗見鬼神之物。聞鬼神之聲。則鬼神何謂無乎。若莫聞莫見。則鬼神可謂有乎。何可錯出義兩通不知孰爲正字 今執無鬼者言曰。夫天下之爲聞見鬼神之物者。不可勝計也。亦孰爲聞見鬼神有無之物哉。子墨子言曰。若以衆之所同見。與衆之所同聞。則若昔者杜伯是也。周宣王殺其臣杜伯而不辜。畢云史記索隱引作不以罪杜伯曰。吾君殺我而不辜。若以死者爲無知。則止矣。若死而有知。不出三年。必使吾君知之。其三年。畢云文選注引作必死吾君之期韋昭注國語引三作二太平御覽引作後三年俞云必使吾君知之絕句其下脫後字本作其後三年太平御覽引此文正作後三年但刪其字耳韋昭注周語引作後二年雖誤三爲二而後字固在皆可爲證文選劉孝標重答劉秣陵書注引作必死吾君之期則誤其爲期而屬上讀且誤使爲死又脫知字文不成義不足據也案宋尤袤本文選注其作期餘並與今本同國語韋昭注宋明道本亦正作三年畢俞並誤據俗本疏矣史記周本紀正義引周春秋亦作後三年據史記宣王四十六年崩則殺杜伯當在四十四年通鑑外紀載殺杜伯於四十六年非也今本竹書紀年云宣王四十三年王殺大夫杜伯其子隰叔出奔晉則不數所殺年亦通周宣王合諸侯而田於圃。田車數百乘。田於圃吳鈔本作舍於圃畢云田與佃通說文云佃中也春秋傳曰乘中佃一轅車案今左氏作衷佃同又案韋昭注國語文選注史記索隱引俱無此字顏師古注漢書有俞云田於圃田者圃田地名詩車攻篇東有甫草鄭箋以鄭有甫田說之爾雅釋地作鄭有圃田即其地也畢讀圃字絕句非是詒讓案周語云杜伯射王於鄗韋注云鄗鄗京也史記周本紀集解引徐廣云豐在京兆鄠縣東鎬在上林昆明北有鎬池去豐二十五里皆在長安南數十里周禮職方氏鄭注云圃田在中牟以周地理言之鄗在西都圃田在東都相去殊遠又韋引周春秋宣王會諸侯田於圃明道本圃作囿史記封禪書索隱周本紀正義所引竝與韋同論衡死僞篇云宣王將田于圃則漢唐舊讀並於圃字斷句皆不以圃爲圃田荀子王霸篇楊注引隨巢子云杜伯射宣王于畝田畝與牧聲轉字通疑即鄗京遠郊之牧田亦與圃田異但隨巢子以圃田爲畝田似可爲俞讀左證近胡承珙亦謂此即圃田而謂國語鄗即敖鄗鄘韋以爲鄗京之誤其說亦可通姑兩存之竢通學詳定焉田車者考工記云田車之輪六尺有六寸鄭注云田車木路也獵田馬畢引左傳中佃非此義從數千人滿野。畢云太平御覽引作車徒滿野節文俞云從乃徒字之誤車數百乘徒數千人徒與車爲對文御覽引作車徒滿野是其證案俞校近是但此當以徒數千爲句人屬下滿野爲句非以徒與車爲對文也日中。杜伯乘白馬素車。朱衣冠。朱衣冠蓋韋弁服也周禮司服凡兵事韋弁服鄭注云韋弁以韎韋爲弁又以爲衣裳也韎朱色近通稱執朱弓。挾朱矢。追周宣王。射之車上。舊本射之作射入畢云文選注引作射之詒讓案之字是也今據改中心折脊。殪車中。後漢書光武紀李注云殪仆也伏弢而死。畢云弢太平御覽引作韔一引作伏弓衣義同詒讓案史記索隱文選注引並作弢與今本同論衡死僞篇亦作韔說文弓部云弢弓衣也左成十六年傳楚共王使養由基射呂錡中項伏弢畢又云國語云內史過曰杜伯射王于鄗韋昭注曰杜國伯爵陶唐氏之後周春秋曰云云與此略同地理志杜陵故杜伯國有周右將軍杜主祠四所又國語范宣子曰昔匄之祖在周爲唐杜氏韋昭曰周成王滅唐而封弟唐叔虞遷唐于杜謂之杜伯封禪書曰杜主故周之右將軍今陝西長安縣南杜豐當是之時。周人從者莫不見。遠者莫不聞。著在周之春秋。國語晉語司馬侯謂悼公曰羊舌肸習於春秋韋注云春秋紀人事之善惡而目以天時謂之春秋周史之法也時孔子未作春秋又楚語莊王使士亹傳太子申叔時告之曰教之春秋以感勸其心公羊莊七年傳云不脩春秋曰雨星不及地尺而復何注云謂史記也古者謂史記爲春秋管子法法篇云故春秋之記臣有弑其君子有殺其父者矣尹注云春秋卽周公之凡例而春秋之國史也史通六家篇隋書李德林傳並引墨子云吾見百國春秋蓋卽此史通又云汲冢瑣語記太丁時事目爲夏殷春秋又有晉春秋記獻公十七年事

爲君者以教其臣。爲父者以譏其子。畢云說文云譥戒也此異文曰。戒之愼之。凡殺不辜者。其得不祥鬼神之誅。畢文舊作謀据後文改若此之憯遬也。憯速義同玉篇手部云撍側林切急疾也憯與撍通易豫朋盍簪釋文云簪鄭云速也李作撍淮南子本經訓云兵莫憯於志而莫邪爲下高注云憯猶利也並與此義相近道藏本吳鈔本並無也字畢云說文云遬籀文蘇云遬與戚義同以若書之說觀之。則鬼神之有。豈可疑哉。非惟若書之說爲然也。道藏本吳鈔本並無也字

昔者鄭穆公。史記鄭世家穆公蘭文公子然此實當爲秦穆公之譌畢云郭璞注山海經引此作秦穆公又太平御覽太平廣記引穆作繆詒讓案郭引作秦是也玉燭寶典引墨子曰昔秦穆公有明德上帝使句芒賜之壽十九年也卽約此文論衡福虛篇云儒家之徒董無心墨家之役纏子相見講道纏子稱墨家佑鬼神是引秦穆公有明德上帝賜之十九年纏子難以堯舜不賜年桀紂不夭死堯舜桀紂猶爲尚遠且近難以秦穆公晉文公夫諡者行之迹也迹生時行以爲死諡穆者誤亂之名文者德惠之表有誤亂之行天賜之年有德惠之操天奪其命乎案穆公之霸不過晉文晉文之諡美於穆公天不加晉文以命獨賜穆公以年是天報誤亂與穆公同也又無形篇云傳言秦穆公有明德上帝賜之十九年北齊書樊遜傳遜對問禍福報應亦云秦穆有道句芒錫祥以諸書證之則不當作鄭明矣下文凡鄭字並當作秦當晝日中處乎廟。當吳鈔本作嘗古字通用有神入門而左。鳥身。畢云海外東經云東方句芒鳥身人面太平廣記引作人面鳥身戴云脫人面二字素服三絶。三絶無義疑當作玄純玄與三純與絶草書並相近因而致誤素衣玄純蓋卽深衣采純明與凶服異也畢引說文云絶刀斷絲也非此義面狀正方。畢云太平廣記引作而狀方正戴云面乃而字之誤案山海經郭注引作方面則面字非誤鄭穆公見之。乃恐懼犇。神曰。無懼。畢云舊挩此四字据太平廣記增太平御覽引作一曰字一本作神曰二字帝享女明德。女吳鈔本作汝使予錫女壽十年有九。錫吳鈔本作享使若國家蕃昌。子孫茂。毋失鄭。亦當作秦穆公再拜稽首曰。敢問神名。畢本名作明云舊脫此字太平御覽引云敢問神明爲何太平廣記引云公問神明案明同名也王云鈔本御覽神鬼部二正作敢問神名刻本名作明

誤也明古讀若芒不得與名通案王校是也楚辭遠遊洪興祖補注引亦作名今據補正曰：予爲句芒。句芒地示五祀之木神月令春其神句芒是也左傳昭二十九年蔡墨說少昊氏之子重爲句芒此人鬼爲木官配食句芒者非地示也若以鄭穆公之所身見爲儀，則鬼神之有，豈可疑哉？非惟若書之說爲然也，昔者燕簡公畢云案史記簡公平公子周敬王十六年公元年也詒讓案論衡書虛篇說此事作趙簡子死僞篇作趙簡公並誤惟訂鬼篇作燕簡公與此同殺其臣莊子儀而不辜。顧云論衡訂鬼書虛死僞作莊子義莊子儀曰：吾君王殺我而不辜，簡公時燕尚未稱王此王字疑後人所加死人毋知亦已，毋吳鈔本作無死人有知，不出三年，必使吾君知之。期年，燕將馳祖。畢云祖道王云畢說非也法苑珠林君臣篇作燕之有祖澤猶宋之有桑林國之大祀也據此則祖是澤名故又以雲夢比之下文燕簡公方將馳於祖塗亦謂祖澤之塗也然則此祖非祖道之謂案王說近是顏之推還寃記又作燕之沮澤當國之大祀祖與沮菹字通王制云山川沮澤孔疏引何胤隱義云沮澤下溼地也孟子滕文公篇趙注云菹澤生草者也今青州謂澤有草者爲菹也俞正燮據說苑臣術云魏翟璜乘軒車載華蓋時以閒暇祖之於野蓋所謂馳祖者也未知是否燕之有祖，當齊之社稷，王引之云當猶如也又齊之下校增有字詒讓案國語魯語云莊公如齊觀社曹劌諫曰齊棄太公之法而觀民於社又曰今齊社而往觀旅非先王之訓也韋注云旅衆也襄二十四年左傳云楚子使薳啓彊如齊聘齊社蒐軍實使客觀之宋之有桑林，左襄十年傳云宋公享晉侯于楚丘請以桑林杜注云桑林殷天子之樂名淮南子脩務訓云湯旱以身禱於桑山之林高注云桑山之林能爲雲雨故禱之呂氏春秋愼大篇云武王勝殷立成湯之後於宋以奉桑林高注云桑山之林湯所禱也故所奉也莊子養生主篇云合於桑林之舞釋文引司馬彪云桑林湯樂名案杜預司馬彪並以桑林爲湯樂左傳孔疏引皇甫謐說又以桑林爲大濩別名以此書及淮南書證之桑林蓋大林之名湯禱旱於彼故宋亦立其祀左昭二十一年傳云宋城舊鄘及桑林之門當卽望祀桑林之處因湯以盛樂禱旱於桑林後世沿襲遂有桑林之樂矣楚之有雲夢也，爾雅釋地云楚有雲夢郭注云今南郡華容縣東南巴丘湖是也周禮職方氏荆州其澤藪曰雲瞢此男女之所屬而觀也。周禮州長鄭注云屬猶合也聚也日中，燕簡公方將馳於祖塗，莊子儀荷朱杖而擊之，殪之車上。史記十二諸侯年表燕簡公在位十二年卒當敬王二十七年魯哀公二年則殺莊子儀事當在簡公十一年也但依左傳昭三年北燕伯款卽簡公史表則以爲惠公其元年當周景王元年在位九年卒歷悼共平三世而後至簡公與左傳殊不合未知孰是論衡死僞篇云簡公將入於桓門莊子義起於道左執彤杖而捶之斃於車下與此小異疑兼采他書桓古與和通桓門當卽周禮大司馬中冬狩田之和門與此云馳於祖塗不同也當是時，燕人從者莫不見。遠者莫不聞。著在燕之春秋。諸侯傳而語之曰。語吳鈔本作言凡殺不辜者其得不祥。鬼神之誅。若此其憯遬也。以若書之說觀之則鬼神之有。豈可疑哉。非惟若書之說爲然也。惟吳鈔本作唯昔者宋文君鮑之時。君吳鈔本作公論衡祀義篇云宋公鮑之身有疾有臣曰祏觀辜。顧云論衡訂鬼作宋夜姑詒讓案字書無祏字論衡祀義篇云祝曰夜姑則祏當即祝之譌祝即周禮大小祝也觀辜疑亦夜姑之譌左傳昭二十五年魯有申夜姑釋文夜本或作射又文六年晉狐射姑穀梁作狐夜姑春秋桓九年經有曹世子射姑左傳定二年又有邾大夫夷射姑是古人多以射姑爲名之證固嘗從事於厲。論衡祀義篇云掌將事於厲者盧云厲公厲泰厲之屬也宋歐陽士秀以厲爲神祠以管子詩桓公立五厲祀堯之五吏爲證後世統謂之廟祩子杖揖出與言曰。類篇示部引廣雅云祩詛也畢云祩祝字異文祩子即祝史也玉篇云祩之俞切呪詛也又音注言神馮於祝子而言也蘇云下言舉揖而槀之則揖宜从木爲楫俞云下文祩子舉揖而槀之揖未知何物疑此文本作祩子揖杖出下文本作株子舉杖而槀之尙書大傳八十者杖於朝見君揖杖鄭注曰揖挾也此揖杖之義也因揖杖誤倒爲杖揖後人遂改下文之舉杖爲舉揖以合之耳舉杖而槀之猶定二年左傳云奪之杖以敲之槀即敲之叚音案祩疑禂之異文說文示部云禂禱牲馬祭也周禮甸祝禂牲禂馬鄭注云禂讀如伏誅之誅今侏大字也畢以祩爲祝異文說無所據上觀辜已是祝則祩子不當復爲祝竊疑當是巫巫能接神故厲神降於其身謂之祩子猶楚辭謂巫爲靈子也蘇校謂揖當作楫近是論衡祀義篇作厲鬼杖檝而與之言又云舉檝而掊之檝即楫之俗然說文木部云楫舟櫂也於義無取竊疑楫實當作杸篆文形近而誤說文殳部云杸軍中士所持殳也與殳音義同淮南子齊俗訓云搢笏杖殳許愼注云殳木杖也但漢人引巳作楫未敢輒改觀辜。是何珪璧之不滿度量。酒醴粢盛之不淨潔也。犧牲之不全肥。淮南子時則訓高注云全無虧缺也畢云全謂純色與牷同春秋冬夏選失時。蓋言祭厲失其常時畢云選同算詒讓案選下有挩字後文云官府選効必先祭器則選下疑挩効字選當讀爲饌具之饌畢說非詳後豈女爲之與。意鮑爲之與。王引之云意與抑同論語學而篇求之與抑與之與漢石經抑作意觀辜曰。鮑幼弱。在荷繈之中。畢云荷與何同漢書注李奇云繈絡也以繒布爲之絡負小兒師古曰即今之小兒繃也居丈反詒讓案繈吳鈔本作襁襁正字繈借字說文衣部云襁負兒衣也論語子路篇襁負其子而至矣集解包咸云負者以器曰襁呂氏春秋明理篇云道多褓襁高注云褓小兒被也襁褸格上繩也孫奭孟子音義引博物志云襁褓織縷爲之廣八寸長一尺二寸以負小兒於背上史記魯世家云成王少在強葆之中鮑何與識焉。盧云此云在荷繈之中則非春秋時宋文公也案宋世家無兩文公且不當名謚並同此蓋墨子傳聞之誤不得謂宋別有文公鮑也盧說非官臣觀辜特爲之。左襄十八年傳中行獻子禱于河稱官臣偃杜注云守官之臣祩子舉揖而槀之。揖疑亦當爲楫蘇校改楫亦通俞校改杖未塙論衡祀義篇云厲鬼舉械而捶之斃於壇下此槀疑當讀爲敲同聲假借字左定二年傳云奪之杖以敲之釋文云敲苦孝反又苦學反說文作毃云擊頭也字林同又一曰擊聲也口交反又口卓反訓從敲云橫擿也案今本說文攴部擿作擿畢云槀同敲殪之壇上。當是時。畢云舊脫此字一本有宋人從者莫不見。遠者莫不聞。畢云舊挩者字一本有詒讓案道藏本吳鈔本並有著在宋之春秋。諸侯傳而語之曰。諸不敬愼祭祀者。鬼神之誅至。若此其憯遬也。道藏本吳鈔本無也字以若書之說觀之。鬼神之有豈可疑哉。非惟若書之說爲然也。惟吳鈔本作唯昔者齊莊君之臣。畢云君事類賦引作公舊挩臣字據太平御覽事類賦增有所謂王里國。畢云太平御覽事類賦引作王國卑下同疑此非中里徼者。畢云太平御覽事類賦引作繳下同此二子者。訟三年。而獄不斷。公羊宣元年何注云古者疑獄三年而後斷齊君由謙殺之。恐不辜。猶謙釋之。畢云由與猶同故兩作王云由猶皆欲也謙與兼同言欲兼殺之兼釋之也大雅文王有聲篇匪棘其欲禮器作匪革其猶周官小行人其悖逆暴亂作慝猶犯令者大戴記朝事篇猶作欲是猶卽欲也猶由古字亦通蘇說同恐失有罪。乃使之人共一羊。畢云太平御覽事類賦引之作二盟齊之神社。畢云事類賦無神字詒讓案周禮司盟云有獄訟者則使之盟詛凡盟詛各以其地域之衆庶共其牲而致焉鄭注云使其邑閭出牲而來盟此所云與禮合二子許諾。畢云太平御覽事類賦引作二子相從於是泏洫。畢云說文云泏水皃讀若窟洫未詳疑皿字言以水灓皿洪云泏洫當是涖盟之譌案泏皿殊不辭洪謂涖盟之譌於字形亦遠竊謂此當作洍血洍歃聲同唐人書臿字或作臿與出形近故譌血又涉泏字而誤加水也摽羊而漉其血。畢云太平御覽事類賦引已上八字作以羊血灑社則漉當爲灑字之誤摽字書無此字盧云玉篇有摽字云摽搖也烏可烏寡力可三切王引之云摽卽剄字也廣雅曰剄刑刻剄也吳語自剄於客前賈逵曰剄剄也作摽者或字耳此文本作摽羊出血而灑其血謂剄羊出血而灑其血於社也太平御覽獸部十三引作以羊血灑社者省文耳今本出血作泏血涉下文灑字而誤加氵又誤在摽羊之上則義不可通案王以泏洫爲出血未塙而讀摽爲剄則是也洪說同讀王里國之辭。旣已終矣。畢云四字事類賦作已盡二字讀中里徼之辭。未半也。畢云太平御覽事類賦引也作祭羊起而觸之。畢云事類賦引作觸中里徼折其腳。祧神之。此有挩誤畢云疑當作跳神之社案羊跳安能殺人使殪畢說

不合事情 而稾之殪之盟所。當是時。齊人從者莫不見。遠者莫不聞。畢云太平御覽引云齊人以爲有神驗事類賦引云齊人以爲有神疑以意改 著在齊之春秋。諸侯傳而語之曰。請品先不以其請者。畢云品當爲盟下請當爲情王引之云畢謂品當作盟是也上請字當爲諸先當爲共隸書先字或作失與共相似而誤共字當在盟字上共盟見上文諸猶今人言諸凡也言凡共盟而不以其情者必受鬼神之誅也上文曰諸不敬愼祭祀者鬼神之誅至若此其憯遬也是其證今本諸譌作請共譌作先盟譌作品又升品字於先字上則義不可遉下請字卽情字也墨子書遉以請爲情不煩改字俞云先字之義尙不可曉王氏改爲共字而移在盟字之上似亦未安先疑矢字之誤矢誓古遉用盟矢卽盟誓也矢字隸書或作夫見孔宙碑先字隸書或作先見北海相景君碑兩形相似而誤案俞說是也 鬼神之誅至。若此其憯遬也。以若書之說觀之。鬼神之有。豈可疑哉。是故子墨子言曰。雖有深谿博林。幽澗毋人之所。王云深谿博林幽澗毋人卽天志上篇所謂林谷幽閒無人也幽澗亦幽閒之誤幽閒毋人正指深谿博林言之若作幽澗則與深谿相複 施行不可以不董。顧云爾雅董正也蘇云董疑謹字之譌俞云董字無義疑堇字之誤堇借爲謹言不可以不謹也管子五行篇修曁水土以待乎天堇尹知章注曰堇誠也訓堇爲誠卽讀堇爲謹也說文堇古文作𡎸形與董相似故誤案俞說是也禮記內則塗之以謹塗玉篇引作堇塗亦謹堇遉用之證 見有鬼神視之。今執無鬼者曰。夫衆人耳目之請。畢云當爲情下同案請卽情之叚借不必改字非命中篇作情 豈足以斷疑哉。奈何其欲爲高君子於天下。高君子無義高疑當作尙下又挩士字尙士卽上士也下文云則非所以爲君子之道也又云此非所以爲上士之道也卽遙家此文 而有復信衆之耳目之請哉。有讀爲又衆之疑當同上文作衆人下同 子墨子曰。畢云舊脫墨子二字以意增 若以衆之耳目之請。以爲不足信也。不以斷疑。不識若昔者三代聖王。堯舜禹湯文武者。足以爲法乎。故於此乎。自中人以上皆曰。若昔者三代聖王。足以爲法矣。若苟昔者三代聖王足以爲法。然則姑嘗上觀聖王之事。昔者武王之攻殷誅紂也。使諸侯分其祭。曰。使親者受內祀。謂武王克殷分命諸侯使主殷祀也非攻下篇云王旣已克殷成帝之來分主諸神祀紂先王是也受內祀謂同姓之國得立祖王廟也郊特禮孔疏引五經異義云古春秋左氏說天子之子以上德爲諸侯者得祖所自出魯以周公之故立文王廟左傳宋祖帝乙鄭祖厲王猶上祖也疏者受外祀。此謂異姓之國祭山川四望之屬祭統說周錫魯重祭云外祭則郊祀是也內祭則大嘗禘是也彼大祀非凡諸侯所得祀蓋不在所受之列故武王必以鬼神爲有。是故攻殷伐紂。使諸侯分其祭。若鬼神無有。則武王何祭分哉。祭吳鈔本作祀非惟武王之事爲然也。故聖王。故當爲古下文古聖王古者聖王文屢見可證其賞也必於祖。其僇也必於社。詳後賞於祖者何也。告分之均也。僇於社者何也。告聽之中也。江聲云分之均謂頒賞平均聽之中謂斷辠允當也非惟若書之說爲然也。且惟昔者虞夏商周。三代之聖王。其始建國營都。日必擇國之正壇。置以爲宗廟。考工記匠人營國方九里左祖右社前朝後市呂氏春秋愼勢篇云古之王者擇天下之中而立國擇國之中而立宮擇宮之中而立廟劉逢祿云壇場祭壇場也置措也必擇木之脩茂者。脩吳鈔本作修立以爲菆位。畢云菆蕝字假音說文云蕝朝會束茅表位曰蕝春秋國語曰茅蕝表坐韋昭曰蕝謂束茅而立之所以縮酒劉云菆位社也王云畢說非也菆與叢同位當爲社字之誤也隸書社字漢魯相韓勑造孔廟禮器碑作社史晨祠孔廟奏銘作社因譌而爲位急就篇祠祀社稷叢臘奉叢一本作菆顏師古曰叢謂草木岑蔚之所因立神祠即此所謂擇木之脩茂者立以爲菆社也秦策恆思有神叢高注曰神祠叢樹也莊子人間世篇曰見櫟社樹其大蔽牛呂氏春秋懷寵篇曰問其叢社大祠民之所不欲廢者而復興之太玄聚次四曰牽羊示于叢社皆其證也置以爲宗廟承上賞於祖而言立以爲菆社承上僇於社而言則位爲社字之誤明矣史記陳涉世家又間令吳廣之次近所旁叢祠中索隱引墨子云建國必擇木之脩茂者以爲叢位則所見本社字已誤作位而菆字作叢則不誤也又耕柱篇曰季孫紹孟伯常治魯國之政不能相信而祝於禁社禁社乃菆社之誤菆亦與叢同洪云史記陳涉世家索隱引墨子作叢位菆即叢字叢位謂叢社之位案王說是也六韜略地篇云冢樹社叢勿伐社叢即叢社也必擇國之父兄慈孝貞良者。以爲祝宗。劉云祝太祝宗宗伯也必擇六畜之勝腯肥倅。畢讀倅毛爲句云粹字假音作倅異文也劉删勝字讀與畢同顧云倅字句案素問王冰注云勝者盛也淮南子時則訓云視肥臞全粹高注云粹毛色之純也又齊俗訓云犧牛粹毛宜於廟牲此畢所本依其讀則勝當爲衍文但以文例校之似顧讀爲長毛以爲犧牲。周禮小宗伯毛六牲鄭注云毛擇毛也牧人凡陽祀用騂牲毛之陰祀用黝牲毛之注云毛之取純毛也山海經南山經郭注云毛言擇牲取其毛色也珪璧琮璜。畢云琮舊作璜本如此案吳鈔本不誤稱財爲度。必擇五穀之芳黃。以爲酒醴粢盛。故酒醴粢盛。與歲上下也。逸周書糴匡篇云成年穀足賓祭以盛年饑舉祭以薄大荒有禱無祭祭以薄資卽與歲上下之法 故古聖王治天下也。故必先鬼神而後人者此也。故讀爲固 故曰官府選効。選讀爲僎說文人部云僎具也廣雅釋詁云効具也効俗效字 必先祭器祭服。畢藏於府。祝宗有司。畢立於朝。犧牲不與昔聚羣。畢云昔之言夕王逸注楚辭曰昔夜也詩曰樂酒今昔不聚羣言別羣也案此言祭牲當特繫不與常時所畜羣聚耳周禮充人云掌繫祭祀之牲牷祀五帝則繫于牢芻之三月享先王亦如之凡散祭祀之牲繫于國門使養之是也畢說非 故古者聖王之爲政若此。古者聖王必以鬼神爲。王云爲下當有有字而今本脫之必以鬼神爲有見上文其下仍有脫文不可考 其務鬼神厚矣。又恐後世子孫不能知也。故書之竹帛。傳遺後世子孫。畢云文選注引作以其所獲書於竹帛傳遺後世子孫又一引作以其所行此無四字 咸恐其腐蠹絕滅。王引之云咸字文義不順當是或字之誤言或恐竹帛之腐蠹絕滅故又琢之盤盂鏤之金石也 後世子孫。不得而記。故琢之盤盂鏤之金石以重之。有恐後世子孫。有吳鈔本作又字通畢云當爲猶非 不能敬著以取羊。畢云言敬威以取祥也孫云說文云著讀若威又云羊祥也秦漢金石多以羊爲祥 故先王之書。聖人。王云此下脫二字或當云聖人之言 一尺之帛。一篇之書。語數鬼神之有也。重有重之。吳鈔本有作又王云有與又同 此其故何。則聖王務之。今執無鬼者曰。鬼神者固無有。則此反聖王之務。反聖王之務。則非所以爲君子之道也。今執無鬼者之言曰。先王之書。愼無一尺之帛。一篇之書。王云愼無二字義不可通愼無當爲聖人上文曰故先王之書聖人一尺之帛一篇之書是其證 語數鬼神之有。重有重之。重下有字亦讀爲又畢云重有重下舊有亦何書三字衍文 亦何書之有哉。吳鈔本之有二字例 子墨子曰。周書大雅有之。古者詩書多互偁吳鈔本無大雅二字 大雅曰。文王在上。於昭于天。大雅文王篇文毛傳云在上在民上也於歎詞昭見也鄭箋云文王初爲西伯有功於民其德著見於天故天命之以爲王使君天下也崩謚曰文 周雖舊邦。其命維新。毛傳云乃新在文王也鄭箋云大王聿來胥宇而國於周王迹起矣而未有天命至文王而受命言新者美之也有周不顯。帝命不時。毛傳云有周周也不顯顯也顯光也不時時也時是也鄭箋云周之德不光明乎光明矣天命之不是乎又是矣文王陟降。在帝左右。毛傳云言文王升接天下接人也鄭箋云在察也文王能覩知天意順其所爲從而行之案依墨子說謂文王既死神在帝之左右則與毛鄭義異穆穆文王。令問不已。閒吳鈔本作聞穆穆毛詩作亹亹問作聞毛傳云亹亹勉也鄭箋云勉勉乎不倦文王之勤用明德也其審聲聞日見稱歌無止時也若鬼神無有。則文王既死。彼豈能在帝之左右哉。此吾所以知周書之鬼也。且周書獨鬼而商書不鬼。則未足以爲法也。然則姑嘗上觀乎商書。曰。嗚呼。古者有夏。方未有禍之時。百獸貞蟲。淮南子墬形訓云萬物貞蟲各有以生原道訓云蚑蟯貞蟲高注貞蟲細腰之屬也又說山訓云貞蟲之動以毒螫注云貞蟲細腰蜂蜾蠃之屬無牝牡之合曰貞案貞當爲征之叚字乃動物之通稱高說未晐說詳非樂上篇允及飛鳥。王引之云允猶以也言百獸貞蟲以及飛鳥也以與用同義故允可訓爲用亦可訓爲以說文云允从儿㠯聲㠯用允一聲之轉耳莫不比方。莊子田子方篇云日出東方而入於西極萬物莫不比方案比方猶言順道也易比象傳云比下順從也樂記樂行而民鄉方鄭注云方猶道也矧隹人面。畢云隹古惟字舊譌作住江聲說同王引之云古惟字但作隹古鐘鼎文惟字作隹石鼓文亦然又夏竦古文四聲韻載道德經惟字作隹墨子多古字後人不識故傳寫多譌矧惟者語詞康誥曰矧惟不孝不友又曰矧惟外庶子訓人酒誥曰矧惟爾事服休服采矧惟若疇圻父薄違農父若保宏父皆其證也鹽鐵論未通篇曰周公抱成王聽天下恩塞海內澤被四表矧惟人面含仁保德靡不得其所繇役篇曰普天之下惟人面之倫莫不引領而歸其義後漢書章帝紀曰訖惟人面靡不率俾和帝紀曰戒惟人面無思不服並與墨子同意案王說是也顧說同人面言有面目而爲人非百獸貞蟲飛鳥之比也國語越語范蠡曰余雖靦然而人面哉余猶禽獸也胡敢異心。山川鬼神。亦莫敢不寧。書僞孔傳云莫無也言皆安之蘇云二語見商書伊訓餘略同若能共允。江聲云共讀爲恭恭恪也允誠也隹天下之合。畢云隹舊作住亦譌江王說同下土之葆。葆保字通詩大雅崧高南土是保鄭箋云保守也安也漢書天文志顏注引宋均云葆守也察山川鬼神之所以莫敢不寧者。以佐謀禹也。此吾所以知商書之鬼也。商書舊本作商周王蘇據上文改是也今從之且商書獨鬼而夏書不鬼。商書舊本作禹書王蘇據上文改今從之則未足以爲法也。然則姑嘗上觀乎夏書。禹誓曰。畢云此孔書甘誓文文微

有不同書序云啓與有扈戰于甘之野作甘誓與此不同而莊子人間世云禹攻有扈呂氏春秋召類云禹攻曹
魏屈驁有扈以行其教皆與此合詒讓案呂氏春秋先已篇云夏后柏啓與有扈戰于甘澤而不勝是呂覽有兩
說或禹啓皆有伐扈之事故古書或以甘誓爲禹誓與說苑政理篇云昔禹與有扈氏戰三陳而不服禹於是修教三年而有扈氏請服說亦與此合
大戰于甘。尚書釋文引馬融云甘有扈南郊地也甘水名今在鄠縣西畢云其地在今陜西鄠縣
王乃命左右六人下聽誓于中軍。孔書云乃召六卿詩棫樸正義引鄭康成云六卿者六軍之將僞孔傳云天子六軍其將皆命卿孫星衍云鄭注周禮大司馬云天子六軍三三而居一偏賈誼新書云紂將與武王戰紂陳其卒左臆右臆是天子親征王爲中軍六卿左右之也
曰有扈氏。史記正義云地理志鄠縣古扈國有戶亭訓纂云戶扈鄠三字一也古今字不同耳尚書釋文云有扈國名與夏同姓馬云姒姓之國爲無道者漢書地理志云右扶風鄠縣古扈國夏啓所伐者也案卽今陜西鄠縣
威侮五行。怠棄三正。尚書釋文引馬融云建子建丑建寅三正也史記夏本紀集解引鄭康成云五行四時盛德所行之政也威侮暴逆之三正天地人之正道僞孔傳云五行之德王者相承所取法有扈與夏同姓恃親而不恭是則威虐侮慢五行怠惰廢棄天地人之正道言亂常王引之謂書及此威字並當爲威之譌威者蔑之叚借字亦通
天用勦絕其命。僞孔傳云勦截也截絕謂滅之畢云勦字同剿詒讓案勦當从刀舊本从力誤唐石經尚書亦譌勦說文刀部云剿絕也引書作剿水部灑字注引作勦
有曰。有讀亦爲又
日中今予與有扈氏爭一日之命。且爾卿大夫庶人予非爾田野葆士之欲也。孔書無此三十二字孫云墨子所見古文書與今本異或脫簡或孔子所刪也葆同保鄭注月令云小城曰保俗作堡言不貪其土地人民俞云葆士無義士疑玉字之誤葆士卽寶玉也史記周本紀展九鼎葆玉徐廣曰葆一作寶卽其例也案俞校近是
予共行天之罰也。共吳鈔本作恭孔書云今予惟恭行天之罰僞孔傳云恭奉也史記夏本紀恭亦作共與此同呂氏春秋先已篇高注引書作龔孫云恭當作龔說文龔愨也言謹行天罰
左不共于左。右不共于右。史記集解引鄭康成云左車左右車右共孔書並作攻又首句下多汝不恭命四字史記夏本紀亦無孔傳云左車左左方主射攻治也治其職右車右勇力之士執戈矛以退敵
若不共命。孔書亦作汝不恭命考工記鄭注云若猶女也段玉裁云墨子作共其義蓋亦訓供奉如柴誓無敢不共也
御非爾馬之政。若不共命。孔書作御非其馬之政汝不恭命傳云御以正馬爲政三者有失皆不奉我命史記夏本紀正亦作政
是以賞于祖。而僇于社。于舊本並作於今據吳鈔本改下二句同
賞于祖者何也。言分命之均也。僇于社者何也。孔書作用命賞于祖弗用命戮于社僇戮字通史記夏本紀亦作僇孔傳云天子親征必載遷廟之祖主行有功則賞祖主前示不專又載社主謂之社事不用命奔北者則戮之於社主前社主陰陰主殺親祖嚴社之義
言聽獄之事

也。王云事者中之壞字也中者平也與均字對文上文曰僇於社者何也言聽之中也是其證詒讓案事疑當爲叓篆文二字形近中叓譌故古聖王必以鬼神。爲賞賢而罰暴。是故賞必於祖。而僇必於社。此吾所以知夏書之鬼也。故尙者夏書。尙者舊本作尙書王云尙書夏書文不成義尙與上同書當爲者言上者則夏書其次則商周之書也此涉上下文書字而誤案王說是也今據正其次商周之書。語數鬼神之有也。重有重之。有亦讀爲又此其故何也。則聖王務之。以若書之說觀之。則鬼神之有。豈可疑哉。於古曰。疑有捝字吉日丁卯。周以子卯爲忌日疑此卯當爲丣二字形近而誤漢書翼奉傳云東方之情怒也怒行陰賊亥卯主之是以王者忌子卯也西方之情喜也喜行寬大巳酉主之是以王者吉午酉也是吉丣之義周代祝社方。方謂秋祭四方地示后土句芒等也詩小雅甫田云以社以方毛傳云方迎四方氣於郊也鄭箋云秋祭社與四方爲五穀成熟報其功也此周代祝社方疑當爲用代祀社方周用祝祀並形近而誤歲於社者考。歲上疑有捝文於吳鈔本作于又無者字案社者當爲祖若歲于祖若考言薦歲事于祖及考也少牢饋食禮云用薦歲事于皇祖伯某以延年壽。若無鬼神。彼豈有所延年壽哉。是故子墨子曰。嘗若鬼神之能賞賢如罰暴也。嘗若當作當若此書文例多如是詳尙同中篇如吳鈔本作而畢云如與而音義同故字書而即須也需亦从而聲蓋本施之國家。施之萬民。實所以治國家利萬民之道也。吳鈔本治利二字互易若以爲不然。王云此五字隔斷上下文義蓋涉下文若以爲不然而衍是以吏治官府之不絜廉。絜舊本作潔今據吳鈔本改下並同男女之爲無別者。鬼神見之。民之爲淫暴寇亂盜賊。以兵刃毒藥水火。退無罪人乎道路。退亦當爲迓下同說詳前奪人車馬衣裘以自利者。有鬼神見之。畢云見舊作現非詒讓案吳鈔本作見不誤是以吏治官府。不敢不絜廉。見善不敢不賞。見暴不敢不罪。民之爲淫暴寇亂盜賊。以兵刃毒藥水火。退無罪人乎道路。奪車馬衣裘以自利者。由此止。是以莫放幽閒。擬乎鬼神之明顯。明有一人畏上誅罰。

戴云是以莫放幽閒至畏上誅罰二十一字疑卽上下文之誤而衍者當刪去案戴說是也上文云民之爲淫暴寇亂盜賊以兵刃毒藥水火退無罪人乎道路率徑奪人車馬衣裘以自利者並作由此始是以天下亂與此文略同由此止與由此始天下治與天下亂文正相對中不當間以此二十一字明矣是以天下治。故鬼神之明。不可爲幽閒廣澤。畢云間當爲澗案間字不誤詳上文及天志上篇山林深谷。鬼神之明必知之。鬼神之罰。不可爲富貴衆強。爲畢本作恃云舊挩此字一本有王云不可下一字乃爲字非恃字也下文曰此吾所謂鬼神之罰不可爲富貴衆強勇力強武堅甲利兵者此也文凡兩見是其明證矣上文曰鬼神之明不可爲幽間廣澤山林深谷鬼神之明必見之與此文同一例不可爲富貴衆強云云猶孔子言仁不可爲衆也其一本作不可恃恃字乃後人以意補之與上下文不合案王說是也今據補勇力強武。堅甲利兵。鬼神之罰必勝之。若以爲不然。昔者夏王桀。貴爲天子。富有天下。上詬天侮鬼。下殃傲天下之萬民。王云殃傲二字義不相屬是殃殺之誤下文殷王紂殃傲天下之萬民同案王說是也此書殺字多譌爲傲詳尙賢中篇祥上帝伐元山帝行。伐吳鈔本作代山帝疑亦當爲上帝畢云此句未詳故於此乎天乃使湯至明罰焉。畢云至同致湯以車九兩。周禮夏官敘官云二十五人爲兩古者兵車一兩卒二十五人九兩止二百二十五人於數太少殆非也此九兩疑當作九十兩呂氏春秋云良車七十乘數略相近鳥陳鴈行。六韜鳥雲澤兵篇有鳥雲之陳云所謂鳥雲者鳥散而雲合變化無窮者也湯乘大贊。畢云疑贊字俞云畢非也湯乘大贊卽書序所謂升自陑者枚傳云湯升道從陑出其不意是也呂氏春秋簡選篇亦云登自鳴條蓋湯之伐桀必由間道從高而下故書序言升呂覽言登墨子言乘乘卽升也登也詩七月篇毛傳云乘升也襄二十三年左傳杜注曰乘登也升陑登鳴條皆以地言則乘大贊亦必以地言但不能知其所在耳犯遂下衆。人之螭遂。畢云疑有誤字詒讓案疑當作犯逐夏衆入之郊遂逐形誤夏下郊螭聲誤王乎禽推哆大戲。畢云乎禽當爲手禽或云乎同呼呂氏春秋簡選云殷湯以良車七十乘必死六千人以戊子戰於郕遂禽移大犧高誘云桀多力能推大犧因以爲號而禽克之案移卽推移此書所染云夏桀染于干辛推哆古今人表作雅侈此下又云推哆大戲生列兕虎指畫殺人則推哆大戲是人名無疑哆移侈戲犧皆音相近也高誘注呂氏春秋誤詒讓案淮南子主術訓云桀之力能推移大犧高蓋本彼而誤故昔夏王桀。昔下當有者字貴爲天子。富有天下。有勇力之人。畢云舊挩力字人字據太平御覽增推哆大戲。晏子春秋內篇諫上云推侈大戲足走千里手裂兕虎生列兕虎。生列舊本作主別畢云主別太平御覽引作生捕王云主別兕虎本作生列兕虎列卽今裂字也說文刿分解也裂繒餘也義各不同艮九三列其夤大戴記曾子天圓篇割列禳瘞管子五輔篇博帶棃大袂列皆是古分列字今分列字皆作裂而列但爲行列字矣鈔本太平御覽皇王部七引墨子作生裂兕虎故知今本生別爲生列之譌刻本作生捕者淺人以意改之耳案王說是也今據正 指畫殺人。人民之衆兆億。侯盈厥澤陵。詩周頌下武毛傳云侯維也 然不能以此圉鬼神之誅。圉禦字通詩大雅桑柔篇孔棘我圉鄭箋云圉當作禦 此吾所謂鬼神之罰。不可爲富貴衆強勇力強武堅甲利兵者。此也。且不惟此爲然。昔者殷王紂。貴爲天子。富有天下。上詬天侮鬼。畢云詬太平御覽引作訽鬼下御覽引有神字 下殃傲天下之萬民。傲亦當依王校作殺 播棄黎老。僞古文書泰誓云播棄犂老孔傳云鮐背之耇稱犂布棄不禮敬山井鼎七經孟子考文引古本書犂作黎與此同孔疏云孫炎曰耇面凍棃色似浮垢也然則老人面色似棃故稱棃老傳以播爲布布者徧也言徧棄之不禮敬也方言云棃老也燕代之北鄙曰棃國語吳語云今王播棄黎老韋注云鮐背之耇稱黎老王引之云黎老者耆老也古字黎與耆近尚書西伯戡黎釋文大傳黎作耆是其例也 賊誅孩子。誅吳鈔本作殺說文口部云咳小兒笑也古文作孩書微子云我舊云刻子論衡本性篇引刻子亦作孩子此謂紂誅殺小兒也 楚毒無罪。王云楚毒本作焚炙此因焚誤爲楚則楚炙二字義不可通後人不得其解遂以意改爲楚毒耳焚炙即所謂炮烙之刑也焚炙刳剔皆實有其可指之刑若改作楚毒則不知爲何刑矣北堂書鈔政術部十五出焚炙無罪四字注曰墨子云殷紂則墨子之本作焚炙無罪甚明僞古文泰誓焚炙忠良刳剔孕婦即用墨子而小變其文案王說是也泰誓僞孔傳云忠良無罪焚炙之孔疏云焚炙俱燒也殷本紀炮烙之刑是紂焚炙之事也 刳剔孕婦。僞古文書泰誓同孔傳云懷子之婦刳剔視之孔疏云刳剔謂割剝也說文云刳判也今人去肉至骨謂之剔去是則亦刳之義也皇甫謐帝王世紀云紂剖比干妻以視其胎即引此爲刳剔孕婦也 庶舊鰥寡。號咷無告也。楚辭離世王注云號咷讙呼也太玄經范注云號咷憂聲也 故於此乎天乃使武王至明罰焉。武王以擇車百兩。擇車猶呂氏春秋云簡車選車說文手部云擇柬選也 虎賁之卒四百人。逸周書克殷篇云周車三百五十乘陳於牧野王既誓以虎賁戎車馳商師孔注云戎車三百五十乘則士卒三萬一千五百人有虎賁三千五百人也書敍云武王戎車三百兩虎賁三百人與受戰于牧野孟子盡心篇云武王之伐殷也革車三百兩虎賁三千人史記周本紀云遂率戎車三百乘虎賁三千人甲士四萬五千人風俗通義三王篇引尚書武王戎車三百兩虎賁八百人禽紂于牧之野呂氏春秋簡選篇云武王虎賁三千人簡車三百乘以要甲子之事于牧野而紂爲禽貴因篇作選車三百虎賁三千案諸書所言數並差異未知孰是 先庶國節窺戎。畢云未詳洪云史記周本紀乃告司馬司徒司空諸節集解馬融曰諸受符節有司也庶節即諸節窺戎即觀兵此當本于尚書泰誓篇 與殷人戰乎牧之野。王乎禽費中。乎亦當爲手史記殷本紀紂居費中爲政正義云費姓仲名也畢云中讀如仲 惡來。見所染篇 衆畔百走。畔吳鈔本作叛王引之云百字義不可通百走蓋皆走之誤蘇云百字誤當作而案王說近是 武王逐奔入宮。畢云逐太平御覽引作遂 萬年梓株。未詳 折紂而繫之赤環。畢云太平御覽引作折紂而出環作轘是言繫之朱輪案此無攷荀子解蔽篇云紂縣于赤旆正論篇云縣之赤旆並與此異畢說未塙 載之白旗。逸周書克殷篇云商辛奔內登于廪臺之上屏遮而自燔于火武王入適王所擧之以輕呂斬之以黃鉞折縣諸太白孔注云折絕其首 以爲天下諸侯僇。故昔者殷王紂。貴爲天子。富有天下。有勇力之人。費中畢云太平御覽引作仲 惡來崇侯虎。見所染篇 指寡殺人。上說推哆大戲作指畫畢云寡畫字假音太平御覽引作畫 人民之衆兆億。侯盈厥澤陵。然不能以此圉鬼神之誅。此吾所謂鬼神之罰。不可爲富貴衆強。勇力強武。堅甲利兵者。此也。且禽艾之道之曰。翟灝云逸周書世俘解有禽艾侯之語當即此禽艾 得璣無小。畢云此卽禨祥字蘇云禽艾蓋逸書篇名呂覽報更篇云此書之所謂德幾無小者也德幾與德璣古字通用案蘇說是也說苑復恩篇云此書之所謂德無小者也疑卽本此今書僞古文伊訓亦云惟德罔小畢說非是 滅宗無大。則此言鬼神之所賞。無小必賞之。鬼神之所罰。無大必罰之。今執無鬼者曰。意不宗親之利。而害爲孝子乎。蘇云忠當作中非攻篇言上中天之利中中鬼之利下中人之利意與此同 子墨子曰。古之今之爲鬼。疑當作古今之爲鬼此衍一之字 非他也。有天鬼。疑當有神字周禮大宗伯天神地示人鬼此則天神地示總曰鬼神散文得通也 亦有山水鬼神者。亦有人死而爲鬼者。今有子先其父死。弟先其兄死者矣。意雖使然。畢本使作死云一本作使案道藏本吳鈔本並作使今從之 然而天下之陳物謂陳說事故文選古詩李注云陳猶說也 曰。先生者先死。若是。則先死者非父則母。非兄而姒也。爾雅釋親云女子同出謂先生爲姒後生爲娣長婦謂稚婦爲娣婦娣婦爲長婦謂姒婦王引之云而猶則也 今絜爲酒醴粢盛。絜道藏本作潔卽絜之俗 以敬愼祭祀。若使鬼神請有。請畢本改誠云舊作請一本如此下依改案道藏本吳鈔本並作請此篇多以請爲誠詳前是得其父母姒兄。而飲食之也。豈非厚利哉。若使鬼神請亡。請畢本作誠道藏本吳鈔本作請今據改亡無通是乃費其所爲酒醴粢盛之財耳。自夫費之。非特注之汙壑而棄之也。自當爲且舊本無非字畢云一本作非直注之特與直音近故特亦作犆蘇云特字上當有非字俞云一本作非直注之是也直特固得通用而非字則必當有墨子蓋謂非空棄之而已且可以合驩聚衆也今挩非字則義不可通下文正作非直注之汙壑而棄之也當據補案蘇俞校是也今據補內者宗族。外者鄉里。皆得如具飲食之。此謂祭祀與兄弟賓客爲獻酬又詩小雅湛露孔疏引尚書大傳云燕私者祭已而與族人飲亦是也國語楚語云日月會于龍豭家于是乎嘗祀百姓夫婦擇其令辰以昭祀其先祖于是乎合其州鄉朋友婚姻比爾兄弟親戚是祭祀幷燕州鄉朋友等即所云宗族鄉里也雖使鬼神請亡。請畢本作誠今依道藏本吳鈔本改此猶可以合驩聚衆。驩吳鈔本作歡下同取親於鄉里。今執無鬼者言曰。鬼神者。固請無有。請畢本作誠今依道藏本吳鈔本改是以不共其酒醴粢盛犧牲之財。吾非乃今愛其酒醴粢盛犧牲之財乎。吳鈔本挩非字又今在乃上以文義校之疑當在吾上今吾語前後屢見其所得者臣將何哉。臣字誤畢云一本無此字此上逆聖王之書。內逆民人孝子之行。而爲上士於天下。此非所以爲上士之道也。舊本挩之字也字王云上文曰則非所以爲君子之道也與此文同一例今據補是故子墨子曰。今吾爲祭祀也。非直注之汙壑而棄之也。上於交鬼之福。蘇云鬼下當有神字下以合驩聚衆。取親乎鄉里。若神有。畢云若神當云若鬼神詒讓案以上文校之疑當云若鬼神誠有則是得吾父母弟兄而食之也。俞云弟兄當作兄姒義見上文則此豈非天下利事也哉。是故子墨子曰。今天下之王公大人士君子。中實將欲求興天下之利。除天下之害。當若鬼神之有也。將不可不尊明也。尊明謂尊事而明著之以示人也即明鬼之義聖王之道也。

非樂上第三十二 荀子富國篇楊注云墨子言樂無益於人故作非樂篇

子墨子言曰。仁之事者。俞云仁之事者當作仁人之所以爲事者見兼愛中篇詒讓案疑當云仁者之事下文云仁者之爲天下度也可證 必務求興天下之利。除天下之害。將以爲法乎天下。利人乎卽爲。不利人乎卽止。且夫仁者之爲天下度也。非爲其目之所美。耳之所樂。口之所甘。身體之所安。以此虧奪民衣食之財。仁者弗爲也。是故子墨子之所以非樂者。非以大鍾鳴鼓琴瑟竽笙之聲。爾雅釋樂云大鍾謂之鏞說文金部云鏄大鍾湻于之屬 以爲不樂也。非以刻鏤華文章之色。畢云一本無華字 以爲不美也。非以犓豢煎炙之味。以爲不甘也。犓吳鈔本作芻說文火部云煎熬也方言云煎火乾也凡有汁而乾謂之煎 非以高臺厚榭邃野之居。以爲不安也。王引之云野卽宇字也古讀野如宇故與宇通周禮職方氏其澤藪曰大野釋文野劉音與與宇古同音楚辭招魂高堂邃宇王注曰邃深也宇屋也鹽鐵論取下篇曰高堂邃宇廣廈洞房易林恒之剝曰深堂邃宇君安其所皆其證若郊野之野則不得言邃且上與高臺厚榭不倫下與之居二字義不相屬矣 雖身知其安也。口知其甘也。目知其美也。耳知其樂也。然上考之。不中聖王之事。下度之。不中萬民之利。是故子墨子曰。爲樂非也。今王公大人。雖無造爲樂器。王云雖與惟同無語詞也說見尚賢中篇 以爲事乎國家。非直掊潦水折壤坦而爲之也。折舊本譌拆今據道藏本吳鈔本及王校正坦畢本改作垣云舊作坦以意改俞云畢改坦爲垣是也壤疑壞字之誤掊者說文手部云杷也今鹽官入水取鹽爲掊拆者說文广部云庐卻屋也一切經音義引說文作卸屋也隸變作斥俗又加手耳行潦之水而掊取之毀壞之垣而拆卸之不足爲損益若王公大人造爲樂器豈直如此哉故曰非直掊潦水拆壞垣而爲之也案畢俞說並非也此折當讀爲擿耕柱篇云夏后開使飛廉折金於山川此義與彼正同說詳彼注壤謂土壤坦讀爲壇聲近叚借字韓詩外傳閔子曰出見羽蓋龍旂旃裘相隨視之如壇土矣莊子則陽篇觀乎大山木石同壇與此書義並同壤坦猶言壇土也墨子意謂王公大人作樂器非掊取之于水擿取之于地所能得故下文卽言將必厚措斂乎萬民以爲鍾鼓等也諸說並未得其恉 將必厚措斂乎萬民。王云措字以昔爲聲措斂與籍斂同案王說是也籍斂見節用上篇 以爲大鍾鳴鼓琴瑟竽笙之聲。古者聖王。亦嘗厚措斂乎萬民。以爲舟車。既以成矣。以王校作已 曰。吾將惡許用之。畢云惡許猶言何許王引之云言吾將何所用之也文選謝朓在郡臥病詩李注曰許猶所也許所聲近而義同說文所伐木聲也詩曰伐木所所今詩作許許洪說同 曰。舟用之水。車用之陸。君子息其足焉。小人休其肩背焉。休吳鈔本作息言小人休息其負荷之勞也 故萬民出財齎而予之。予吳鈔本作與周禮掌皮云歲終則會其財齎鄭注云財斂財本數及餘見者齎所給予人以物曰齎鄭司農云齎或爲資又槀人云掌受財于職金以齎其工注云齎給市財用之直此謂萬民出財齎以給爲舟車之費也 不敢以爲慼恨者。何也。以其反中民之利也。然則樂器反中民之利。亦若此。卽我弗敢非也。然則當用樂器。譬之若聖王之爲舟車也。卽我弗敢非也。譬吳鈔本作辟王云此文兩言然則兩言卽我弗敢非也皆上下相應舊本譬之以下十六字誤入上文竽笙之聲之下今移置於此 民有三患。飢者不得食。寒者不得衣。勞者不得息。三者民之巨患也。然卽當爲之撞巨鍾。王引之云卽與則同當與儻同詒讓案當嘗字通嘗試也辭天志下篇下同文選東京賦李注云撞擊也巨大義同 擊鳴鼓。彈琴瑟。吹竽笙。畢云文選注引作吹笙竽 而揚干戚。小爾雅廣言云揚舉也 民衣食之財。將安可得乎。荀子勸學篇楊注云安語助王引之經傳釋詞得下補而其二字云安猶於是也言衣食之財將于是可得而具也 卽我以爲未必然也。意舍此。王云此下有挩文不可考俞云此三字乃承上文而作轉語也意讀作抑論語學而篇抑與之與漢石經抑作意是其證也抑舍此者言姑舍此弗論而更論他事也上文言樂之無益於飢于寒者勞者下文言樂之無益于大國攻小國大家伐小家而以此三字作轉語王謂此下有脫文非也 今有大國卽攻小國。有大家卽伐小家。強劫弱。衆暴寡。詐欺愚。貴傲賤。寇亂盜賊並興。不可禁止也。然卽當爲之撞巨鍾。擊鳴鼓。彈琴瑟。吹竽笙。而揚干戚。天下之亂也。將安可得而治與。卽我未必然也。俞云我下脫以爲二字當據上文補 是故子墨子曰。姑嘗厚措斂乎萬民。以爲大鍾鳴鼓琴瑟竽笙之聲。以求興天下之利。除天下之害。而無補也。是故子墨子曰爲樂非也。今王公大人。唯毋處高臺厚榭之上而視之。唯舊本作惟今据吳鈔本改 鍾猶是延鼎也。延鼎蓋謂偃覆之鼎玉藻鄭注云延冕上覆也是延有覆義鐘上弇下侈與鼎相反虛縣弗擊則與鼎偃覆相類又疑延當讀爲壂羨之羨周禮玉人鄭注云羨猶延也典瑞注云羨不圜之貌延鼎謂如鼎而橢不正圜鳧氏賈疏云古鐘如今之鈴不圜 弗撞擊。將何樂得焉哉。其說將必撞擊之。惟勿撞擊。勿語詞惟勿猶云唯毋唯無蘇云勿當作毋書中多用毋字蓋與務通非是 將必不使老與遲者。王云遲讀爲稺遲字本有稺音遲稺又同訓爲晚廣雅遲稺晚也故稺通作遲 老與遲者。耳目不聰明。股肱不畢強。畢疾也義詳兼愛中下兩篇 聲不和調。明不轉朴。畢云朴疑卧正字玉篇云卧補目切目骨俞云明下文作眉疑音字之誤此句作明則涉上文耳目不聰明而誤也朴當作抃亦以形似故誤抃者變之叚字尚書堯典篇於變時雍孔宙碑作於卞時雍卽其例也上句云聲不和調此云音不轉變正以類相從矣案俞以朴爲抃近是明卽謂目也似不誤 將必使當年。王云當年壯年也當有盛壯之義晏子外篇曰兼壽不能殫其教當年不能究其禮呂氏春秋愛類篇曰士有當年而不耕者女有當年而不績者淮南子齊俗篇曰丈夫丁壯而不耕婦人當年而不織管子揆度篇曰老者譙之當壯者遣之邊戍當壯卽丁壯也丁當一聲之轉 因其耳目之聰明。股肱之畢強。聲之和調。眉之轉朴。畢云眉一本作明案眉明字通穆天子傳云眉曰西王母之山卽名也詩猗嗟明兮爾雅云目上爲名亦卽眉也 使丈夫爲之。廢丈夫耕稼樹藝之時。使婦人爲之。廢婦人紡績織紝之事。今王公大人。唯毋爲樂。唯舊本作惟今據吳鈔本改 虧奪民衣食之財。舊本誤時今從王校正 以拊樂如此多也。廣雅釋詁云拊擊也書舜典云擊石拊石僞孔傳云拊亦擊也 是故子墨子曰。爲樂非也。今大鍾鳴鼓琴瑟竽笙之聲。既已具矣。畢云据上文當有王公二字 大人鏽然奏而獨聽之。畢云鏽字說文玉篇俱無 將何樂得焉哉。其說將必與賤人。不與君子。王云此本作必將與賤人與君子下文與君子聽之與賤人聽之卽承此文而言今本作不與君子不字乃後人不曉文義而妄加之案此疑當作不與賤人必與君子謂所與共聽者非賤人則君子也王校未塙 與君子聽之。畢云舊脫

首三字一本有 廢君子聽治。與賤人聽之。廢賤人之從事。今王公大人。惟毋爲樂。虧奪民之衣食之財。以拊樂如此多也。是故子墨子曰。爲樂非也。昔者齊康公。畢云案史記康公名貸宣公子當周安王時詒讓案齊康公與田和同時墨子容及見其事但康公衰弱屬于田氏卒爲所遷廢恐未必能與樂如此之盛竊疑其爲景公之誤惜無可校論也 與樂萬。俞云與猶喜也禮記學記篇不與其藝鄭注曰與之言喜也歆也尚書堯典庶績咸熙史記五帝紀作衆功皆與揚雄劇秦美新引作庶績咸喜是與與喜一聲之轉其義得通與樂萬者喜樂萬也樂即本篇非樂之樂萬謂萬舞也蘇云此亦見太平御覽與樂萬萬人作有樂工萬人愚謂正文當以與樂萬爲句而萬人當屬下爲句蓋萬不可以數言當爲萬舞之萬萬人猶舞人也與樂萬猶與樂舞也斯于事義爲協若以數言則樂至萬萬人雖傾國之力不足以供之雖至無道之君不聞有此審爾則墨子當先以爲譏而篇中曾無此意則萬非人數曉然矣案蘇說是也周禮鄉大夫舞師並云與舞鄭注云與猶作也即此與樂萬之義 萬人不可衣短褐。短褐即裋褐之借字說文衣部云裋豎使布長襦褐粗衣方言云襜褕其短者謂之裋褕又云複襦江湘之間謂之豎豎即裋之俗墨子書此及魯問公輸三篇字並作短韓非子說林上篇賈子新書過秦下篇戰國策宋策史記孟嘗君傳文選班彪王命論並同史記秦本紀夫寒者利裋褐徐廣云一作短小襦也索隱云蓋謂褐布豎裁爲勞役之衣短而且狹故謂之短褐亦曰豎褐列子力命篇云衣則裋褐殷敬順釋文云裋音豎許愼注淮南子云楚人謂袍爲裋又有作短褐者誤荀子大略篇云衣則豎褐不完楊注云豎褐僮豎之褐亦短褐也案短豎並裋之同聲段借字唐人說或讀短如字或以短爲字誤或釋豎爲僮豎皆非也 不可食糠糟。畢云糠字从禾俗寫誤从米蘇云御覽作糟糠 曰食飲不美。蘇云御覽食飲作飲酒 面目顏色。不足視也。衣服不美。身體從容醜羸。不足觀也。畢云一本作身體容貌不足觀也太平御覽引作身體從容不足觀也王云醜羸二字後人所加也楚詞九章注廣雅釋訓曰從容舉動也古謂舉動爲從容身體從容不足觀謂衣服不美則身體之一舉一動皆無足觀也後人乃加入醜羸二字夫衣服不美何致羸其身體且身體從容不足觀與面目顏色不足視對文加醜羸二字則與上文不對矣鈔本北堂書鈔衣冠部三引此作身體從容不足觀無醜羸二字太平御覽服章部十飲食部七所引並同 是以食必粱肉。衣必文繡。此掌不從事乎衣食之財。畢云掌一本作常詒讓案掌當字通下同 而掌食乎人者也。是故子墨子曰。今王公大人。惟毋爲樂。虧奪民衣食之財。以拊樂如此多也。毋道藏本吳鈔本並作無字通舊本爲下挩樂字今據王校補 是故子墨子曰。爲樂非也。今人固與禽獸麋鹿蜚鳥貞蟲異者也。蜚與飛通貞蟲詳明鬼下篇宋翔鳳云貞通征此言蜚鳥征蟲即三朝記所謂蜚征也案宋說是也莊子在宥篇云災及草木禍及止蟲釋文引崔譔本作正蟲亦即貞蟲也征正字貞正並聲近叚借字 今之禽獸麋鹿蜚鳥貞蟲。因其羽毛。以爲衣裘。因其蹄蚤。畢云蹄即蹢省文蚤即爪叚音 以爲絝屨。吳鈔本絝作袴畢云絝即袴正文說文云絝脛衣也 因其水草。以爲飲食。故唯使雄不耕稼樹藝。唯舊本作惟今從吳鈔本改唯雖字通蘇云惟當作雖 雌亦不紡績織紝。衣食之財。固已具矣。今人與此異者也。賴其力者生。史記高帝紀以臣無賴集解晉灼云賴利也畢云生舊作主下同以意改 不賴其力者不生。君子不強聽治。即刑政亂。賤人不強從事。即財用不足。今天下之士君子。以吾言不然。然即姑嘗數天下分事。而觀樂之害。蘇云即與則通用 王公大人。蚤朝晏退。聽獄治政。文選任彥昇天監三年策秀才文李注引退作罷聽作斷 此其分事也。士君子竭股肱之力。亶其思慮之智。蘇云非命篇亶作殫詒讓案亶殫聲近字通太玄經范望注云亶盡也 內治官府。外收斂關市山林澤梁之利。以實倉廩府庫。此其分事也。農夫蚤出暮入。耕稼樹藝。多聚叔粟。叔舊本作升王云升當爲叔叔與菽同大雅生民篇蓺之荏菽檀弓啜菽飲水左氏春秋定元年隕霜殺菽釋文並作叔管子戒篇出冬蔥與戎叔莊子列御寇篇食以芻叔漢書昭帝紀以叔粟當賦並與菽同尙賢篇云蚤出莫入耕稼樹藝聚菽粟是其證也草書叔升二形相似晏子諫篇合升斗之微以滿倉廩說苑正諫篇升斗作菽粟齊策先生王斗文選任昉齊竟陵文宣王行狀注引作王叔漢書古今人表作王升後漢書周章字次叔叔或作升文選左思魏都賦注引張升反論陳琳答東阿王牋注作張叔及論昭七年左傳正義作張叔皮論皆以字形相似而誤非命篇多聚升粟誤與此同 此其分事也。婦人夙興夜寐。紡績織紝。多治麻絲葛緒綑布縿。畢云綑舊作細盧云當爲綑與捆同非命下正作捆縿鄭君注禮記云繰也縿讀如綃王云縿當爲繰凡書傳中從喿之字多變而从參故繰誤爲縿集韻綑織也綑布繰猶言綑布帛說文繰帛如紺色或曰深繒从糸喿聲讀若喿玉篇子老切廣雅曰繰謂之縑檀弓布幕衞也繰幕魯也鄭注曰繰縑也繰讀如綃今本檀弓亦譌作縿又說文縿旌旗之游也从糸參聲玉篇所銜切兩字判然不同案王說是也前辭過篇作梱布絹絹即綃之誤綑梱捆並稛之俗詳非命下篇 此其分事也。今惟毋在乎王公大人說樂而聽之。即必不能蚤朝晏退。聽獄治政。是故國家亂而社稷危矣。今惟毋在乎士君子。說樂而聽之。吳鈔本唯毋作唯無 即必不能竭股肱之力。亶其思慮之智。內治官府。外收斂關市山林澤梁之利。以實倉廩府庫。是故倉廩府庫不實。今惟毋在乎農夫。說樂而聽之。惟吳鈔本作唯下同 即必不能蚤出暮入。耕稼樹藝。多聚叔粟。是故叔粟不足。多聚叔粟叔舊本作升今據王校正又舊本挩是故叔粟四字王據上下文補 今惟毋在乎婦人。說樂而聽之。即不必能夙興夜寐。畢云舊挩能字以意增詒讓案依上文當作必不能 紡績織紝。吳鈔本作織紝紡績 多治麻絲葛緒綑布縿。綑舊本亦誤細今依盧校正 是故布縿不興。曰。孰爲大人之聽治。而廢國家之從事。曰樂也。俞云而廢二字當在大人之上國家二字當在賤人後人不達文義而誤改也此本云孰爲而廢大人之聽治賤人之從事曰樂也言大人聽樂則廢聽治賤人聽樂則廢從事也上文曰與君子聽之廢君子聽治與賤人聽之廢賤人之從事是其證也 是故子墨子曰。爲樂非也。何以知其然也。曰。先王之書。湯之官刑有之。左傳昭六年叔向曰商有亂政而作湯刑竹書紀年祖甲二十四年重作湯刑呂氏春秋孝行覽云商書曰刑三百罪莫重于不孝高注云商湯所制法也 曰。其恆舞于宮。畢云其孔書云敢有詒讓案舞吳鈔本作武字通伊訓僞孔傳云常舞則荒淫 是謂巫風。僞孔傳云事鬼神曰巫畢云是孔書作時文見伊訓 其刑。君子出絲二衞。畢云此緯字假音說文云緯織橫絲也案緯非絲數量之名畢說未允衞疑當爲術術與遂古通月令徑術鄭注讀爲遂是其例西京雜記鄒長倩遺公孫弘書云五絲爲䋐倍䋐爲升倍升爲緎倍緎爲紀倍紀爲緵倍緵爲襚遂即襚也此叚借作術又譌作衞遂不可通耳 小人否。似言小人則無刑此官刑故嚴于君子而寬于小人又疑否當爲吝即倍之省猶書呂刑云其罰惟倍言小人之罰倍于君子也 似二伯黃徑。此文有挩誤僞古文伊訓采此而獨遺其刑以下數句蓋魏晉時傳本已不可讀故置不取非命下篇節引下文作大誓疑此下文自是周書與湯刑本不相冡因有挩誤遂淆混莫辨也蘇云伯黃二字或伊尹之譌亦非 乃言曰。後數句非命下篇別爲大誓文疑當作大誓曰 嗚乎。道藏本吳鈔本並作呼 舞佯佯。吳鈔本作羊羊畢云舞當爲䍗䍗與謨音同孔書作聖謨洋洋元遺山續古今考亦引作洋洋顧云此正是舞字故用之以非樂二十五篇書何足據耶案顧說是也此猶詩魯頌閟宮云萬舞洋洋毛傳云

洋洋衆多也 黃言孔章。畢云黃孔書作嘉是王引之云畢說非也舞佯佯黃言孔章上帝弗常九有以亡卽下文之萬舞翼翼章聞于天天用弗式也此承上文言耽于樂者必亡其國故下文云察九有之所以亡者徒從飾樂也東晉人改其文曰聖謨洋洋嘉言孔彰惟上帝不常則與墨子非樂之意了不相涉而畢反據之以改原文傎矣案王說是也黃疑當作其其篆文作𠀠黃古文作炗二字形近非命下篇引大誓云其行甚章與此語意略同下文上帝弗常四句彼引大誓亦有之 上帝弗常。王引之云常讀大雅抑篇曰肆皇天弗尚之尚謂天弗右也爾雅釋詁尚右也尚古通作常晚出古文尚書咸有一德篇襲墨子而改之曰厥德非常九有以亡蓋未知尚爲常之借字也 九有以亡。毛詩商頌玄鳥奄有九有傳云九有九州也文選册魏公九錫文李注引韓詩作九域有域一聲之轉 上帝不順。畢云孔書無此八字 降之百𦍋。畢云百舊作日非𦍋𦍋字異文郭璞注山海經音𦍋玉篇云𦍋徐羊切女鬼也詒讓案吳鈔本作日殃孔書作惟上帝不常作善降之百𦍋作不善降之百殃孔傳云𦍋善也天之禍福惟善惡所在不常在一家 其家必壞喪。壞道藏本吳鈔本並作𡐦字亦通畢云孔書云墜厥宗已上文亦見伊訓 察九有之所以亡者。徒從飾樂也。於武觀曰。國語楚語云啓有五觀韋注云觀洛汭之地水經巨洋水酈注云國語曰啓有五觀謂之姦子五觀蓋其名也所處之邑其名爲觀左傳昭元年杜注云觀國今頓丘衞縣畢云汲郡古文云帝啓十年放王季子武觀于西河十五年武觀以西河叛彭伯壽帥師征西河武觀來歸注武觀五觀也楚語士𡗛曰夏有五觀韋昭云五觀啓子太康昆弟也春秋傳曰夏有觀扈惠棟云此逸書敍武觀之事卽書敍之五子也周書嘗麥曰其在夏之五子忘伯禹之命假國無正用胥興作亂遂凶厥國皇天哀禹賜以彭壽思正夏略五子者武觀也彭壽者彭伯也五子之歌墨子述其遺文周書載其逸事與內外傳所稱無殊且孔氏逸書本有是篇漢儒習聞其事故韋昭注國語王符撰潛夫論皆依以爲說 啓乃淫溢康樂。惠云啓乃當作啓子溢與泆同江聲說同江又云啓子五觀也啓是賢王何至淫溢據楚詞士壐比五觀于朱均管蔡則五觀是淫亂之人故知此文當爲啓子乃字誤也案此卽指啓晚年失德之事乃非子之誤也竹書紀年及山海經皆盛言啓作樂楚詞離騷亦云啓九辯與九歌夏康娛以自縱不顧難以圖後兮五子用失乎家巷並古書言啓淫溢康樂之事淫溢康樂卽離騷所謂康娛自縱也王逸楚辭注云夏康啓子太康也亦失之 野于飲食。畢云野于疑作于野孫星衍說同孫又云于往也俞云畢說非此本以啓乃淫溢康樂爲句野于飲食爲句野于飲食卽下文所謂渝食于野也與左傳室于怒市于色文法正同 將將銘莧磬以力。畢云句未詳莧疑筦字之誤形聲相近孫說同孫又云將將上疑有脫文作樂聲也樂聲鎗鎗銘力于磬管江云莧當爲莧莧喜說也胡官反俞云將將銘莧磬以力疑有挩文蓋亦八字作二句也力字與食字爲韻畢失其讀故但知下文翼式是韻也王紹蘭云莧筦音近通用非誤也力卽勒字銘莧磬以力謂作筦磬之銘而勒之案將將銘疑當作將將鍠鍠詩周頌執競云鍾鼓喤喤磬筦將將說文金部引詩喤喤作鍠鍠毛傳云喤喤和也將將集也說文足部云蹡行皃引詩曰管磬蹡蹡則將亦蹡之叚字此力雖與上食下翼式韻協然義不可通且下文酒野亦與力韻不合竊疑此當作將將鍠鍠管磬以方方與鍠自爲韻力方形亦相近儀禮鄉射禮鄭注云方猶併也管磬以方謂管磬併作籥詩言笙磬同音矣諸說並非湛濁于酒。渝食于野。惠云湛與耽同耽淫湎亂也江云湛湎沈湎也言飲酒無度渝讀當爲輪轉輪饋食于野言游田無度也孫云湛與媅通渝與輪通案湛沈通江說得之渝當讀爲偷同聲叚借字表記鄭注云偷苟且也謂苟且飲食於野外燕游之所惠孫說並未允萬舞翼翼。詩商頌那云萬舞有奕毛傳云奕奕然閑也奕翼字通小雅采薇傳亦云翼翼閑也章聞于大。惠云當作天畢及江說同天用弗式。孫云萬舞之盛顯聞於天天弗用之畢云翼式爲韻海外西經云大樂之野夏后啓于此儛九代大荒西經云夏后開上三嬪于天得九辯與九歌以下据此則指啓盤于游田書序大康尸位及楚詞夏康娛云云疑大康夏康即此云淫溢康樂淫之訓大然則太康疑非人名而孔傳以爲啓子不可奪也案楚詞夏康娛夏當從王引之讀爲下戴震謂康娛卽康樂非太康說亦致塙畢謂書序太康亦非夏帝則謬說不足據也故上者天鬼弗戒。戒當爲式此卽冢上引書天用弗式之文下者萬民弗利。是故子墨子曰。今天下士君子。請將欲求與天下之利。請畢本改誠云舊作請一本如此案請誠字通辟前除天下之害。當在樂之爲物。將不可不禁而止也。

墨子閒詁卷九

非樂中第三十三闕

非樂下第三十四闕

非命上第三十五

漢書藝文志注蘇林云非有命者言儒者執有命而反勸人修德積善政教與行相反故譏之也如淳云言無吉凶之命但有賢不肖善惡祭法孔疏引孝經援神契云命有三科有受命以任慶有遭命以謫暴有隨命以督行受命謂年壽也遭命謂行善而遇凶也隨命謂隨其善惡報之白虎通義壽命篇及王充論衡命義篇說三命略同墨子所非者即三命之說也

子墨子言曰。古者王公大人。為政國家者。皆欲國家之富。人民之衆。刑政之治。然而不得富而得貧。不得衆而得寡。不得治而得亂。則是本失其所欲。得其所惡。是故何也。子墨子言曰。執有命者。以襍于民閒者衆。執有命者之言曰。命富則富。命貧則貧。命衆則衆。命寡則寡。命治則治。命亂則亂。命壽則壽。命夭則夭。命。王云此下有捝文不可考 雖強勁何益哉。以上說王公大人。下以駔百姓之從事。畢云駔阻字假音說文云駔从馬且聲劉逵注左思賦引說文于助反 故執有命者不仁。故當執有命者之言。不可不明辨。然則明辨此之說。將奈何哉。子墨子言曰。必立儀。吳鈔本無日字案疑當作言必立儀今本日言二字涉上譌倒管子禁藏篇云法者天下之儀也尹注云儀謂表也 言而毋儀。譬猶運鈞之上。而立朝夕者也。畢云運中篇作員音相近廣雅云運轉也高誘注淮南子云鈞陶人作瓦器法下轉鈞者史記集解云駰案漢書音義曰陶家名模下圓轉者為鈞索隱云韋昭曰鈞木長七尺有絃所以調為器具也言運鈞轉動無定必不可立表以測景詒讓案管子七法篇云不明于則而欲出號令猶立朝夕于運鈞之上尹注云均陶者之輪也立朝夕所以正東西也今均旣運則東西不可準也案運員音近古通國語越語廣運百里山海經西山經作廣員百里莊子天運篇釋文引司馬彪本作天員立朝夕謂度東西也周禮大司徒云日東則景夕日西則景朝司儀云凡行人之儀不朝不夕考工記匠人云晝參諸日中之景夜考之極星以正朝夕晏子春秋雜篇云古之立國者南望南斗北戴樞星彼安有朝夕哉春秋繁露深察名號篇云正朝夕者視北辰 是非利害之辨。不可得而明知也。故言必有三表。表儀義同左文六年傳云引之表儀洪云非命中篇非命下篇此段文義大略相同皆作言有三法法說文作灋表古文作褾字形相近 何謂三表。子墨子言曰。有本之者。本謂考其本始下篇作有考之者 有原之者。廣雅釋詁云謜度也原謜字通劉歆列女傳頌小序云原度天道此原之亦謂察度其事故也 有用之者。於何本之。上本之於古者聖王之事。於何原之。下原察百姓耳目之實。於何用之。廢以爲刑政。盧云廢置也中篇作發王云盧說非也廢讀爲發故中篇作發而爲刑政下篇作發而爲政乎國發廢古字通 觀其中國家百姓人民之利。此所謂言有三表也。然而今天下之士君子。或以命爲有。句 蓋嘗尙觀於聖王之事。蓋上舊本有益字王云或以命爲有絕句下文云豈可謂有命哉益卽蓋字之譌蓋字俗書作葢形與益相近故蓋譌作益史記楚世家還蓋長城以爲防徐廣曰蓋一作益今云益蓋者一本作益一本作蓋而後人誤合之耳蓋與盍同盍何不也檀弓曰子蓋言子之志於公乎孟子梁惠王篇蓋亦反其本矣嘗試也尙與上同言今天下之士君子或以命爲有則何不試上觀于聖王之事乎下文曰今天下之士君子或以命爲有益嘗尙觀于先王之書益亦蓋字之譌案王校是也今據刪 古者桀之所亂。湯受而治之。紂之所亂。武王受而治之。此世未易。民未渝。爾雅釋言云渝變也 在於桀紂。則天下亂。畢云舊挩在字据下文增 在於湯武。則天下治。豈可謂有命哉。然而今天下之士君子。或以命爲有。蓋嘗尙觀於先王之書。蓋舊本亦譌益王據上文改 先王之書。所以出國家。畢云舊挩以字据下文增 布施百姓者。畢云舊挩此字据下文增 憲也。爾雅釋詁云憲法也周禮秋官有布憲管子立政篇云布憲于國國語周語云布憲施舍于百姓韋注同爾雅 先王之憲。亦嘗有曰。福不可請。而禍不可諱。諱當讀爲違同聲叚借字禮記緇衣太甲曰天作孼猶可違也鄭注云違

猶辟也下同 敬無益。暴無傷者乎。所以聽獄制罪者。刑也。先王之刑。亦嘗有曰。福不可請。禍不可諱。敬無益。暴無傷者乎。所以整設師旅。進退師徒者。誓也。先王之誓。亦嘗有曰。福不可請。禍不可諱。敬無益。暴無傷者乎。是故子墨子言曰。吾當未鹽數。當疑尙之譌畢云鹽盡字之譌 天下之良書。不可盡計數。大方論數。大方卽大較也後漢書郎顗傳李注云方法也史記律書索隱云大較大法也 而五者是也。畢云五當爲三卽上先王之憲之刑之誓是 今雖毋求執有命者之言。不必得。雖唯通毋語詞詳尚賢中篇 不亦可錯乎。錯與廢義同詳節葬下篇 今用執有命者之言。是覆天下之義。覆天下之義者。是立命者也。百姓之誶也。說百姓之誶者。畢云爾雅云誶告也陸德明音義云誶音粹郭音碎言以此告百姓蘇云誶猶詬誶謂不道之言也俞云誶讀爲悴說文心部悴憂也猶曰百姓之憂也故曰說百姓之誶者是滅天下之人也畢釋非是案俞說是也 是滅天下之人也。然則所爲欲義在上者。義在上文未備據下文當作義人在上今本挩人字 何也。曰。義人在上。天下必治。上帝山川鬼神。必有幹主。畢云幹當爲榦此管字叚音詒讓案後漢書竇憲傳李注云幹主也或曰古管字漢書食貨志顏注云幹讀爲管同謂主領也漢隸榦幹皆作幹經典多通用但此幹字似當讀如字說文木部云幹本也榦者本榦對枝言之也荀子儒效篇云以枝代主而非越也楊注云枝枝子若然家適謂之榦支子謂之枝榦主者猶言宗主耳 萬民被其大利。何以知之。子墨子曰。古者湯封於亳。畢云當爲薄說文云亳京兆杜陵亭也从高省乇聲史記集解云徐廣曰京兆杜縣有亳亭索隱云秦寧公與亳王戰亳王奔戎滅湯社皇甫謐云周桓王時自有亳王號湯非殷也此亳在陝西長安縣南若殷湯所封是河南偃師之薄書傳及本書亦多作薄惟孟子作亳蓋借音字後人依改亂之顧炎武不考史記反以此譏許君地里之謬是以不狂爲狂也 絕長繼短。禮記王制云凡四海之內絕長補短方三千里孟子滕文公篇云今滕絕長補短將五十里也戰國策秦策韓非說秦王曰今秦地形斷長續短方數千里又楚策莊辛對楚王曰今楚雖小絕長續短猶以數千里此云絕長繼短猶國策云斷長續短也 方地百里。與其百姓。兼相愛。交相利。移則分。畢云言財多則分也移或多字洪云禮記郊特牲順成之方其蜡乃通以移民也鄭注移之言羨也移古通作侈字侈亦是有餘之義 率其百姓。以上尊天事鬼。是以天鬼富之。諸侯與之。百姓親之。賢士歸之。未殁其世。殁吳鈔本作歿下同 而王天下。政諸侯。政正通正猶長也詳親士篇 昔者文王封於岐周。孟子離婁篇云文王生于岐周趙注云岐山下周之舊邑漢書地理志云右扶風美陽禹貢岐山在西北中水鄉周大王所邑又云大王徙郊文王作酆畢云岐岐山周周原 絶長繼短方地百里。舊本作地方今從道藏本乙與上文合 與其百姓。兼相愛。交相利。則。王云是以上不當有則字蓋即利字之誤而衍者上下文是以天鬼富之諸侯與之百姓親之賢士歸之是以上皆無則字俞云則上挩移字下挩分字上文曰與其百姓兼相愛交相利移則分是其證也王氏謂則即利字之誤而衍者非案俞說近是 是以近者安其政。遠者歸其德。聞文王者。皆起而趨之。罷不肖股肱不利者。荀子成相篇云君子賢而能容罷楊注云罷弱不任事者國語齊語云罷士無伍韋注云無行曰罷管子小匡篇尹注云罷謂乏于德義者 處而願之曰。奈何乎使文王之地及我。吾則吾利。蘇云我字衍文或去上吾字亦可俞云則上吾字豈上利字並衍文 豈不亦猶文王之民也哉。是以天鬼富之。諸侯與之。百姓親之。賢士歸之。未殁其世。而王天下。政諸侯。政舊本作征蘇云征當從上文作政蓋政者正也征政古通用案吳鈔本作政今據正政諸侯謂長諸侯也詳親士篇 鄉者言曰。畢云鄉同嚮 義人在上。天下必治。上帝山川鬼神。必有幹主。萬民被其大利。吾用此知之。是故古之聖王。發憲出令。設以爲賞罰以勸賢。畢云中篇作勸沮是王云原文是勸賢不得徑改爲勸沮余謂勸賢下當有沮暴二字勸賢承賞而言沮暴承罰而言尚賢篇曰賞不當賢而罰不當暴則是爲賢者不勸而爲暴者不沮矣尚同篇曰賞譽不足以勸善而刑罰不可以沮暴皆其證 是以入則孝慈於親戚。親戚卽父母也詳兼愛下篇尚賢中篇云入則不慈孝父母 出則弟長於鄉里。坐處有度。出入有節。男女有辨。辨別同尚賢中篇云男女無別 是故使治官府則不盜竊。守城則不崩叛。崩當爲倍之叚字尚賢中篇云守城則倍畔猶此下文守城則崩叛也倍與背同逸周書時訓篇云遠人背叛倍與崩一聲之轉古字通用說文人部倗讀若陪位邑部鄘云讀若陪卽崩倍相通之例 君有難則死。出亡則送。此上之所賞。而百姓之所譽也。執有命者之言曰。上之所賞。命固且賞。非賢故賞也。上之所罰。命固且罰。不暴故罰也。王引之云不與非同義故互用俞云上之所罰命固且罰不暴故罰也十三字當爲衍文說詳下 是故入則不慈孝於親戚。出則不弟長於鄉里。坐處不度。出入無節。男女無辨。是故治官府。則盜竊。守城則崩叛。君有難則不死。出亡則不送。此上之所罰。百姓之所非毀也。執有命者言曰。上之所罰。命固且罰。不暴故罰也。上之所賞。命固且賞。非賢故賞也。俞云上之所賞命固且賞非賢故賞也十三字當爲衍文蓋上文說賞事故述執有命者之言曰上之所賞命固且賞非賢故賞也此文是說罰事故述執有命者之言曰上之所罰命固且罰不暴故罰也今上文衍上之所罰云云此文衍上之所賞云云皆于文義未合卽此文之罰賞倒置而其傳寫誤衍之跡居然可見矣 以此爲君則不義。爲臣則不忠。爲父則不慈。爲子則不孝。爲兄則不良。爲弟則不弟。良爲兄義不甚切疑良當爲長逸周書謚法篇云敎誨不倦曰長卽其義也此以兄長對弟弟亦卽家上云出則弟長于鄉里爲文尚賢中篇云出則不長弟鄉里國語齊語亦云不長弟于鄉里謚法云愛民長弟曰恭此並以長敎幼爲長幼事長爲弟後人不解長字之義而改爲良遂與上弟長之文不相應矣 而強執此者。此特凶言之所自生。而暴人之道也。舊本作者循藏本作昔畢據下文改特舊本譌持王云持字義不可通持當爲特呂氏春秋忠廉篇注曰特猶直也言此直是凶人之言暴人之道也下文同案王校是也今據正 然則何以知命之爲暴人之道。昔上世之窮民。貪於飲食。惰於從事。是以衣食之財不足。畢云舊脫食字据上文增 而飢寒凍餒之憂至。不知曰我罷不肖。從事不疾。必曰我命固且貧。昔上世暴王。昔舊本譌作若王據上文改昔今從之道藏本吳鈔本並作昔則當屬上讀 不忍其耳目之淫。心涂之辟。畢云涂猶術王引之云畢說非也心涂本作心志耳目之淫心志之辟並見中篇下篇作心意亦心志之譌 不順其親戚。遂以亡失國家。傾覆社稷。不知曰我罷不肖。爲政不善。必曰吾命固失之。於仲虺之告。書敍云湯歸自夏至于大坰仲虺作誥禮記緇衣尹吉曰鄭注云吉當爲告告古文誥字之譌也 曰。

我聞于夏。人矯天命。布命于下。 僞孔傳云言託天以行虐於天下乃桀之大罪畢云孔書作夏王有罪矯誣上天以布命于下 帝伐之惡。 畢云非命中作式是惡式伐形相近之是音相近也 龔喪厥師。 僞孔傳云天用桀無道故不善之式用爽明也用商受王命用明其衆言爲主也畢云孔書作帝用不藏式商受命用爽厥師龔用喪爽音同江聲云師衆也言桀執有命天用是憎惡之用喪其衆孫星衍云用爲龔聲相近 此言湯之所以非桀之執有命也。於太誓曰。紂夷處。 天志中篇作紂越厥夷居 不肎事上帝鬼神。 天志中篇無鬼神二字畢云孔書作乃夷居弗事上帝神祇 禍厥先神禔不祀。 天志中篇禍作棄禔作祇畢云孔書作遺厥先宗廟弗祀禔同示詒讓案說文示部云禔安也易曰祇既平今易坎九五作祇既平釋文云祇京作禔是祇禔聲近古通用之證 乃曰吾民有命。 天志中篇無民字孔書民上有有字 無廖排漏 道藏本作屚案此當從中篇作毋僇其務義詳彼註天志中篇作無廖僨務亦誤畢云孔書作乃曰吾有民有命罔懲其侮 天亦縱棄之而弗葆。 畢云孔書無此文案舊本棄在之下王云縱之棄當作縱棄之縱棄猶放棄也中篇作天不亦棄縱而不葆天志篇作天亦縱棄紂而不葆皆其證案王說是也今據乙葆吳鈔本作保 此言武王所以非紂執有命也。 畢云紂下據上文當有之字 今用執有命者之言。則上不聽治。下不從事。上不聽治。則刑政亂。下不從事。則財用不足。上無以供粢盛酒醴。 供吳鈔本作共 祭祀上帝鬼神。下無以降綏天下賢可之士。 舊本挩下無以三字王據上下文補爾雅釋詁云綏安也 外無以應待諸侯之賓客。內無以食飢衣寒。將養老弱。 俞謂將養爲持養之誤詳尚賢中篇 故命上不利于天。中不利于鬼。下不利于人。而強執此者。此特凶言之所自生。 特舊本亦譌持依王校改 而暴人之道也。是故子墨子言曰。今天下之士君子。忠實欲天下之富而惡其貧。 畢云忠下篇作中 欲天下之治而惡其亂。執有命者之言。不可不非。此天下之大害也。

非命中第三十六

子墨子言曰。凡出言談由文學之爲道也。由爲義相近下篇云今天下之君子之爲文學出言談也則不可而不先立義法。畢云義上篇作儀義儀同 若言而無義、譬猶立朝夕于員鈞之上也。譬與鈔本作辟員上篇作運聲義相近 則雖有巧工。必不能得正焉。然今天下之情僞。未可得而識也。故使言有三法。三法者何也。有本之者。有原之者。有用之者。於其本之也。考之天鬼之志。聖王之事。於其原之也。徵以先王之書。用之奈何。發而爲刑。畢云据上篇有政字 此言之三法也。今天下之士君子。盧云此下當有或以命爲有五字 或以命爲亡。我所以知命之有與亡者。以衆人耳目之情。知有與亡。有聞之。有見之。謂之有。莫之聞。莫之見。謂之亡。然胡不嘗考之百姓之情。畢云舊挩不字据下文增詒讓案然與則義同然胡不亦見向同下篇此下文繇言之則云然則胡不 自古以及今。生民以來者。亦嘗見命之物。以下文校之亦嘗下當有有字 聞命之聲者乎。則未嘗有也。若以百姓爲愚不肖。耳目之情不足因而爲法。然則胡不嘗考之諸侯之傳言流語乎。自古以及今。生民以來者。亦嘗有聞命之聲。見命之體者乎。則未嘗有也。然胡不嘗考之聖王之事。古之聖王。舉孝子而勸之事親。尊賢良而勸之爲善。發憲布令以教誨。長短經運命篇引無布字 明賞罰以勸沮。舊本挩明字今據長短經引補又勸沮長短經作沮勸勸與鈔本作賞非 若此。則亂者可使治。而危者可使安矣。若以爲不然。昔者桀之所亂。湯治之。紂之所亂。武王治之。此世不渝而民不改。上變政而民易教。政治要長短經並作正 其在湯武則治。其在桀紂則亂。安危治亂。安危上長短經有則字在上之發政也。則豈可謂有命哉。長短經無則字夫曰有命云者。亦不然矣。今夫有命者言曰。有命上疑捝執字我非作之後世也。自昔三代有若言以傳流矣。今故先生對之畢云未詳生當爲王案顧校季本吳鈔本並作王俞云此子墨子託爲先生之言以折執有命者之說畢謂生當爲王非是案疑當作今胡先生非之諸校並未得其義曰。夫有命者。不志昔也三代之聖善人與。畢云下篇作不識昔也志即識字與讀如歟詒讓案不志不識並猶云不知禮記哀公問鄭注云志讀爲識識知也意亡昔三代之暴不肖人也。意與抑同意亡語詞詳非攻下篇畢云亡同無也下篇作與同何以知之。畢云言有命之說不識出之昔者聖善人乎意亡此言出之暴不肖人乎彼固亡知之妄言初之列士桀大夫。說苑臣術篇云列士者所以參大夫也桀與傑字通白虎通義聖人篇引禮別名記云萬人曰傑說文人部云傑執也材過萬人也呂氏春秋孟秋紀高注云才過萬人曰桀毛詩衛風邦之桀兮傳云桀特立也愼言知行。此上有以規諫其君長。下有以敎順其百姓。畢云順同訓詒讓案舊本此下有故上有以規諫其君長下有以敎順其百姓二句盧云此巳上十七字衍文案盧校是也吳鈔本亦無今據刪故上得其居長之賞。下得其百姓之譽。列士桀大夫。聲聞不廢。流傳至今。而天下皆曰其力也。必不能曰我見命焉。見字吳鈔本捝俞云必不能曰下有闕文下文必不能曰我罷不肖我從事不疾必曰我命固且窮是其證也是故昔者三代之暴王。不繆其耳目之淫。畢云言不糾其繆詒讓案繆即糾之叚字不愼其心志之辟。治要作僻畢云辟同外之歐騁田獵畢弋。畢云說文云古文驅从攴案騁畢本作聘譌孟子盡心篇云驅騁田獵國語齊語云田狩畢弋韋注云畢掩雉兔之網也弋推之借字詳備高臨篇內沈于酒樂。而自必不能曰以下至此凡四十五字舊本誤入下文身在刑僇之中之下王移置於此不顧其國家百姓之政。繁爲無用。暴逆百姓。使下不親其上。是故國爲虛厲。濿公孟魯問二篇並作戾字通畢云陸德明莊子音義云李云居宅無人曰虛死而無後曰厲身在刑僇之中。自不顧其國家以下至此凡三十五字舊本誤入上文必不能曰之上王移置于此舊本不顧上又衍一字王據下篇刪不肖曰。三字舊捝畢據下文增不曰二字治要引有此三字今據補我罷不肖。舊本無我字畢據一本增顧校季本有我爲刑政不善。必曰我命故且亡。故下文作固同 雖昔也三代之窮民。治要窮作竆與下同 亦由此也。蘇云由與猶同 內之不能善事其親戚。畢云事一本作視詒讓案親戚謂父母詳兼愛下篇 外不能善事其君長。外下疑挩之字 惡恭儉而好簡易。貪飲食而惰從事。衣食之財不足。使身至有饑寒凍餒之憂。饑上下篇並作飢吳鈔本同 必不能曰。畢云必舊作心以意改案顧校季本正作必 我罷不肖。我從事不疾。必曰我命固且窮。雖昔也三代之僞民。亦猶此也。繁飾有命。以教衆愚樸人久矣。治要無樸人二字王云愚樸下衍人字戴云不當刪案王校近是家語王言篇民敦而俗樸王肅注云樸愨愿貌 聖王之患此也。故書之竹帛。琢之金石。於先王之書。仲虺之告曰。我聞有夏。人矯天命。布命于下。帝式是惡。用闕師。畢云闕當是喪厥二字下篇作用爽厥師孫星衍云厥爲闕形相近 此語夏王桀之執有命也。湯與仲虺共非之。先王之書。太誓之言然。曰。紂夷之居。而不肎事上帝。棄闕其先神而不祀也。以天志中篇及上篇校之闕亦當讀爲厥厥與上闕師同此當云棄闕先神示而不祀也示祇同傳寫譌作亓校者不憭因此書其字多作亓遂又改爲其復誤移箸先神上不知闕卽厥字不當更云其也天志篇正作棄厥先神祇不祀可證非儒下篇其道不可以期世期晏子春秋作示亦示亓其三字展轉譌變之比例也 曰。我民有命。毋僇其務。畢云言毋勠力其事也上二篇俱當从此孔書作罔𢡺其侮義異氏云僞泰誓不足据不如此文詒讓案毋僇當爲侮僇二字平列言紂惟陵侮僇辱民是務也荀子強國篇云無僇乎族黨而抑卑其後世無毋侮古通無僇與抑卑文相儷與此毋僇義亦正同楊注釋爲無刑戮之恥失之 天不亦棄縱而不葆。吳鈔本作保畢云文與上篇小異王云孟子滕文公篇注曰不亦者亦也畢本不亦作亦不非 此言紂之執有命也。武王以太誓非之。有於三代不國有之曰。上有字當讀爲又蘇云所引蓋古逸書不字疑誤詒讓案不疑當作百三代百國或皆古史記之名隋書李德林傳引墨子云吾見百國春秋 女毋崇天之有命也。命三不國。亦言命之無也。命三疑當爲今三下當挩代字 於召公之執令亦然。此有挩誤疑當作於召公之非執命亦然召公蓋卽召公奭亦周書佚篇之文令與命字通於亦字誤上篇云此言湯之所以非桀之執有命也又云此言武王所以非紂執有命也是其證且畢云當為曰敬哉無天命。惟予二人。而無造言。周禮大司徒有造言之刑鄭注云造言譌言惑衆不自降天之哉得之。疑當作不自天降自我得之在於商夏之詩書曰。命者暴王作之。且今天下之士君子。將欲辯是非利害之故。吳鈔本辯作辨當天有命者。畢云天當為夫不可不疾非也。王云呂氏春秋尊師篇注云疾力也執有命者。此天下之厚害也。是故子墨子非也。非下當有之字

非命下第三十七

子墨子言曰。凡出言談。則必可而不先立儀而言。畢云一本作則必先立義而言蘇云當作不可不先立儀而言必字誤上而字衍俞云則必可當作則不可中篇曰則不可而不先立義法是其證也不可而者不可以也王氏念孫說若不先立儀而言。譬之猶運鈞之上。而立朝夕焉也。我以為雖有朝夕之辯。吳鈔本作辨必將終未可得而從定也。是故言有三法。何謂三法。曰。有考之者。有原之者。畢云舊挩有字一本如此有用之者。惡乎考之。考先聖大王之事。惡乎原之。察衆之耳目之請。畢云据前篇當為情詒讓案請情古通不必改字惡乎用之。發而為政乎國。察萬民而觀之。此謂三法也。故昔者三代聖王。禹湯文武。方為政乎天下之時。曰。必務舉孝子。而勸之事親。尊賢良之人。而教之為善。是故出政施教。賞善罰暴。且以為若此。則天下之亂也。將屬可得而治也。國語魯語韋注云屬適也社稷之危也。將屬可得而定也。若以為不然。昔桀之所亂。湯治之。紂之所亂。武王治之。當此之時。世不渝而民不易。畢云文選注引此治作理

世作時民作人皆唐人避諱改 上變政而民改俗。存乎桀紂。而天下亂。存乎湯武。而天下治。天下之治也。湯武之力也。天下之亂也。桀紂之罪也。若以此觀之。夫安危治亂。存乎上之爲政也。則夫豈可謂有命哉。故昔者禹湯文武。方爲政乎天下之時。曰必使飢者得食。寒者得衣。勞者得息。亂者得治。遂得光譽令問於天下。羣書治要問作聞尚同下篇亦云光譽令聞問聞通 夫豈可以爲命哉。據下文命上當有其字 故以爲其力也。故固通 今賢良之人。尊賢而好功道術。治要功作蕃畢云一本無功字 故上得其王公大人之賞。下得其萬民之譽。遂得光譽令問于天下。亦豈以爲其命哉。又以爲力也。力上亦當有其字 然今夫有命者。不識昔也三代之聖善人與。意亡昔三代之暴不肖人與。意亡詳非攻下篇蘇云也字衍意讀如抑亡當作亦案蘇說非 若以說觀之。則必非昔三代聖善人也。若以說疑當作以若說 必暴不肖人也。然今以命爲有者。昔三代暴王桀紂幽厲。貴爲天子。富有天下。於此乎不而矯其耳目之欲。畢云而讀如能一本無此字非案畢讀是也陳壽祺說同 而從其心意之辟。王據中篇以心意爲心志之譌今案志意義同似非譌字 外之敺騁田獵畢弋。內湛於酒樂。畢云中篇湛作沈 而不顧其國家百姓之政。繁爲無用。暴逆百姓。遂失其宗廟。遂與隊通法儀篇云遂失其國家 其言不曰吾罷不肖。吾聽治不強。必曰吾命固將失之。雖昔也三代罷不肖之民。亦猶此也。不能善事親戚君長。甚惡恭儉。而好簡易。貪飲食。而惰從事。衣食之財不足。是以身有陷乎飢寒凍餒之憂。其言不曰吾罷不肖。吾從事不強。又曰吾命固將窮。戴云又當依上文改作必 昔三代僞民。亦猶此也。昔者暴王作之，窮人術之。畢云舊挩人字一本有術述同詒讓按樂記知禮樂之情者能作識禮樂之文者能述述史記樂書作術 此皆疑衆遲樸。畢云言沮樸實之人王引之云遲字義不可通遲當爲遇字之誤也遇與愚同晏子春秋外篇盛爲聲樂以淫愚民墨子非儒篇愚作遇莊子則陽篇匿爲物而愚不識釋文愚一本作遇韓子南面篇愚贛窳惰之民宋乾道本愚作遇秦策今愚惑與罪人同心姚本愚作遇言此有命之說或作之或述之皆足以疑衆愚樸樸謂質樸之人也中篇作教衆愚樸是其證畢說非案遲疑當爲穉管子重令篇云菽粟不足末生不禁民必有飢餓之色而工以彫文刻鏤相穉也謂之逆尹注云穉驕也莊子列御寇篇云人有見宋王者錫車十乘以其十乘驕穉莊子釋文引李頤云自驕而穉莊子也按莊子穉與管子同李說未塙此遲樸似亦卽驕穉愿樸之意與中篇文自不同不必改爲愚也 先聖王之患之也。固在前矣。是以書之竹帛。鏤之金石。琢之盤盂。傳遺後世子孫。遺吳鈔本作示案此文亦見兼愛下天志中貴義魯問諸篇並作遺則吳本非是 曰。何書焉存。王云焉猶於也案王說是也此例句猶云存於何書 禹之總德有之曰。蘇云總德蓋逸書篇名 允不著。著疑當爲若允不若信不順也 惟天民不而葆。吳鈔本惟作唯畢云而同能葆同保 既防凶星。天加之咎。不愼厥德。天命焉葆。仲虺之誥曰。我聞有夏人矯天命。當依上中二篇補布命二字 于下帝式是增。畢云當作惡或憎字江聲云式用也增讀當爲憎說文憎惡也或作帝式是惡或作帝伐之惡伐之字誤當从式是孟子盡心下篇云士憎茲多口趙岐注解憎爲增多之增則增憎字通顧云增卽憎字明道本晉語懼子之應且增也今本作憎易林渙之蠱獨宿增夜道藏本韓非子論其所增 用爽厥師。爽上篇作喪惠棟云周語單襄公曰晉侯爽二韋昭曰爽當爲喪字之誤也 彼用無爲有。故謂矯。公羊僖三十三年何注云詐稱曰矯 若有而謂有。夫豈爲矯哉。爲吳鈔本作謂

昔者桀執有命而行。湯爲仲虺之告以非之。太誓之言也。於去發。孫星衍云或太子發三字之誤莊述祖云去發當爲太子發武王受文王之事故自稱太子述文王伐功告諸侯且言紂未可伐爲泰誓上篇俞云古人作書或合二字爲一如石鼓文小魚作鰲散氏銅盤銘小子作孛是也此文大子字或合書作孛其下闕壞則似去字因誤爲厺耳詩思文篇正義引大誓曰惟四月太子發上祭于畢下至于孟津之上又云太子發升舟中流白魚入于王舟王跪取出涘以燎之注曰得白魚之瑞卽變稱王應天命定號也疑古太誓三篇其上篇以太子發上祭于畢發端至上下兩篇則作于得魚瑞之後無不稱王矣故學者相承稱泰誓上篇爲太子發以別中下兩篇亦猶古詩以篇首字命名之例也按孫莊俞說近是陳喬樅云去字疑是告之譌非

曰。惡乎君子。惡莊校改於 天有顯德，其行甚章。莊云有當爲右助也言天之助明德其行事甚章著蘇云書泰誓曰嗚呼我西土君子天有顯道厥類惟彰 爲鑑不遠。鑑吳鈔本作監莊云鑑當爲監 在彼殷王。蘇云殷宜作夏泰誓曰厥鑑惟不遠在彼夏王按僞古文不足據蘇說非也詩大雅蕩云殷鑒不遠在夏后之世鄭箋云此言殷之明鏡不遠也近在夏后之世謂湯誅桀也後武王誅紂今之王者何以不用爲戒此詩與彼詩文異而義則同 謂人有命，謂敬不可行，謂祭無益，謂暴無傷。蘇云此四句今書泰誓在厥鑑惟不遠之上上二句作謂已有天命謂敬不足行下同 上帝不常，九有以亡。蘇云二語今泰誓無之上句見伊訓下句見咸有一德詒讓按常當讀爲尙尙右也詳非樂上篇僞古文書咸有一德云厥德匪常九有以亡僞孔傳云人能常其德則安其位九有諸侯桀不能常其德湯伐而兼之並襲此文而失其恉 上帝不順，祝降其喪。蘇云今泰誓弗作不其作時莊云祝斷也言天將斷棄其身詒讓按泰誓僞孔傳云祝斷也天惡紂逆道斷絕其命故下是喪亡之誅非樂上篇引湯官刑亦有此四語末句作降之百殃 惟我有周，受之大帝。畢云文略見孔書泰誓蘇云今泰誓下句作誕受多方莊校改帝爲商云言天改殷之命而周受之陳喬樅校同云商字作帝非是此節皆有韻之文作商則與上文叶今訂正之按莊陳校是也 昔紂執有命而行。昔下吳鈔本有者字 武王爲太誓去發以非之。去發亦當爲太子發陳喬樅謂當云周公旦告發以非之肊說不足據 曰子胡不尙考之乎商周虞夏之記，從十簡之篇以尙，皆無之。蘇云尙當作上古字通用也俞說同詒讓案皆無之謂皆以命爲無也 將何若者也。是故子墨子曰，今天下之君子之爲文學出言談也，吳鈔本天下下無之字 非將勤勞其惟舌。畢云惟一本作頰王云惟與頰形聲俱不相近若本是頰字無緣誤而爲惟一本作頰者後人以意改之耳惟舌當爲喉舌喉誤爲唯因誤爲惟耳潛夫論斷訟篇愼已喉舌以示下民今本喉作唯其誤正與此同凡从侯从隹之字隸書往往譌溷隸書侯字作韓佳字作佳二形相似海內東經少室在雍氏南一曰緱氏緱與雍形相近晏子諫篇昔夏之衰也有推侈大戲侯子說疑篇推侈作侯侈淮南兵略篇疾如鏃矢高注曰鏃金鏃翦羽之矢也今本鏃作錐後漢書臧宮傳妖巫維汜維或作緱方言雞雛徐魯之間謂之鍫子今本作緱侯子皆以字形相似而誤 而利其脣呡也。畢云呡脗字省文說文云吻口邊也又有脗字云或从月从昏此省日耳 中實將欲其國家邑里萬民刑政者也。此句有挩字吳鈔本欲下有爲字 今也王公大人之所以蚤朝晏退。蚤舊本作早今據吳鈔本改 聽獄治政。終朝均分。而不敢怠倦者何也。舊本敢下有息字卽怠之

（衍文畢云一本無此字是今據刪）曰。彼以爲強必治。不強必亂。強必寧。不強必危。故不敢怠倦。今也卿大夫之所以竭股肱之力。殫其思慮之知。（吳鈔本作智）內治官府。外斂關市山林澤梁之利。以實官府。而不敢怠倦者。何也。曰。彼以爲強必貴。不強必賤。強必榮。不強必辱。故不敢怠倦。今也農夫之所以蚤出暮入。強乎耕稼樹藝。多聚叔粟。（叔舊本誤升今據王校正）而不敢怠倦者。何也。曰。彼以爲強必富。不強必貧。強必飽。不強必飢。故不敢怠倦。今也婦人之所以夙與夜寐。（畢云舊挩以字據上文增據吳鈔本不挩）強乎紡績織紝。多治麻統葛緒。（畢校統作紞云說文云紞絲曼延也緒紵字假音王云畢說非也統當爲絲非樂篇作多治麻絲葛緒是其證墨子書言麻絲者多矣未有作麻統者且麻絲爲古今之通稱若統爲絲曼延則不得與麻並舉矣蓋俗書統字作絲與絲相似故絲譌爲統非說文之統字也蘇云統絲蓋形近而誤緒蓋與絮通案王說是也緒當依畢讀作紵說文糸部云緒絲耑也紵檾屬細者爲絟布白而細曰紵重文緒云紵或从緒省此與說文或體聲同蘇讀絮通非是）捆布縿。（畢云說文云稛絭束也此俗寫案孟子滕文公篇云捆屨織席趙注云捆猶叩椓也織屨欲使堅故叩之也孫氏音義云案許叔重云捆織也从木者誤也淮南子脩務訓云捆纂組高注云捆叩椓此文本書凡三見辭過篇作稇非樂上篇作綑惟此作捆與孟子淮南書字同然稛綑捆三字說文並無之惟禾部有稛字故畢以爲即稛之俗蓋从囷从困聲形並相近故展轉譌變錯異如是要皆稛之俗別矣縿當依王校作繰詳非樂上篇）而不敢怠倦者。何也。曰。彼以爲強必富。不強必貧。強必煖。不強必寒。故不敢怠倦。今雖無在乎王公大人。蕡若信有命而致行之。（畢讀蕡字句斷云此賁字假音俞云蕡字乃藉字之誤藉若猶言假如也本書屢見案俞說近是畢讀非）則必怠乎聽獄治政矣。卿大夫必怠乎治官府矣。農夫必怠乎耕稼樹藝矣。婦人必怠乎紡績織紝矣。王公大人怠乎聽獄治政。卿大夫怠乎治官府。則我以爲天下必亂矣。農夫怠乎耕稼樹藝。婦人怠乎紡績織紝。則我以爲天下衣食之財，將必不足矣。若以為政乎天下，上以事天鬼，天鬼不使，畢云當為便字王云爾雅使從也天鬼不從猶上文言上帝不順耳小雅雨無正篇云不可使得罪于天子鄭箋訓使為從管子小匡篇魯請為關內之侯而桓公不使邢請為關內之侯而桓公不使不使謂不從也使非便字之誤案王說是也下以持養百姓，持舊本作待王云待字義不可通待養當為持養字之誤也周官服不氏以旌居乏而待獲注待當為持天志篇曰食飢息勞持養其萬民荀子勸學篇曰除其害者以持養之榮辱篇曰以相羣居以相持養楊倞注持養保養也分言之則曰持曰養管子明法篇曰小臣持祿養交晏子春秋問篇曰士者持祿游者養交是也據王說是也蘇校同今據正百姓不利，必離散，不可得用也。是以入守則不固，出誅則不勝，故雖昔者三代暴王桀紂幽厲之所以共抎其國家，畢云抎失王云共字義不可通當是失字之誤隸書失字或作失與共相似說文抎有所失也向賢篇云失損其國家傾覆其社稷抎損古字通天志篇云國家滅亡抎失社稷齊策云守齊國唯恐失抎之皆其證傾覆其社稷者，此也。是故子墨子言曰：今天下之士君子，中實將欲求興天下之利，除天下之害，當若有命者之言，不可不強非也。舊本此十三字挩落不完作當若有命者言也七字王云此本作當若有命者之言不可不強非也淮南脩務篇注曰強力也言有命之言士君子不可不力非之也中篇作不可不疾非疾亦力也下文曰將不可不察而強非者此也是其證今本言上挩之字也上挩不可不強非五字則義不可通案王校是也今據補曰：命者，暴王所作，窮人所術，術與述通見上非仁者之言也。舊本仁作人誤今據道藏本吳鈔本正今之為仁義者，將不可不察而強非者此也。

非儒上第三十八闕

非儒下第三十九 畢云孔叢詰墨篇多引此詞此述墨氏之學者設師言以折儒也故親士諸篇無子墨子言曰者翟自著也此無子墨子言曰者門人小子臆說之詞并不敢以誣翟也例雖同而異事後人以此病翟非也說文云儒柔也術士之稱案荀子儒效篇云逢衣淺帶解果其冠略法先王而足亂世術繆學雜舉不知法後王而一制度不知隆禮義而殺詩書其衣冠行僞已同于世俗矣然而不知惡者其言議談說已無以異于墨子矣然而明不能分別呼先王以欺愚者而求衣食焉得委積足以揜其口則揚揚如也隨其長子事其便辟舉其上客億然若終身之虜而不敢

有他志是俗儒者也是周季俗儒信有如此所非者但幷以此非孔子則大氐誣詆增加之辭儒墨不同術亦不足異也畢氏強爲之辨理不可通

儒者曰。親親有術。尊賢有等。王引之云此即中庸所謂親親之殺尊賢之等今云親親有術者殺與術聲近而字通也說文殺字从殳杀聲而無杀字五經文字曰杀古殺字今按杀字蓋从乂朮聲說文乂芟草也从丿乀相交或从刀作刈廣雅刈殺也哀元年左傳芟殺其民芟與乂刈同是乂即殺也故杀字从乂而以朮爲聲乂字篆文作乂今在朮字之上故變曲爲直而作乂其寔一字也說文無乂部故杀字無所附而不收杀與術並从朮聲故聲相近轉去聲則殺音色介反術音遂聲亦相近故墨子書以術爲殺 言親疏尊卑之異也。孔穎達禮記正義云五服之節降殺不同是親親之衰殺公卿大夫其爵各異是尊賢之等按墨子下文亦專擧喪服言蓋欲破親親有殺以佐其兼愛節葬之說也 其禮曰。喪父母三年。舊本下有其字畢云其與期同言父在爲母期也王云其字涉下文伯父叔父弟兄庶子其而衍節葬篇父母死喪之三年下無其字是其證畢讀其爲期而以喪父母三年其爲句大誤按王說是也今據刪禮蓋卽指喪服經 妻畢云舊挩此字據下文增 後子三年。後子詳節葬篇 伯父叔父弟兄庶子其。畢云與期同詒讓按公孟篇正作期 戚族人五月。以上述喪服並詳節葬篇 若以親疏爲歲月之數。則親者多而疏者少矣。是妻後子與父同也。若以尊卑爲歲月數。則是尊其妻子。與父母同。而親伯父宗兄而卑子也。宗兄見曾子問言適長爲宗子者故下文云其宗兄守其先宗廟數十年盧云似當云而卑與子同也王引之云而卑子也當作卑而庶子也而讀爲如言卑其伯父宗兄如庶子也上文云伯父叔父弟兄庶子其今本卑而二字倒轉又脫庶字王念孫云親伯父宗兄親當爲視言視伯父宗兄如庶子之卑也視親字相似又涉上下文親字而誤淮南兵略篇上視下如弟今本視譌作親俞云王氏引之謂而讀爲如當從之惟謂當作卑如庶子則以意增益未爲可據今按視伯父宗兄如卑子者卑子卽庶子乃取卑小之義僖二十二年左傳公卑邾杜注曰卑小也故凡從卑得聲者並有小義漢書衞青傳得右賢裨王十餘人師古曰裨王小王也若言裨將也然則卑子之稱正與裨王裨將一律矣按俞說近是卑子疑當爲婢子見左文元年傳卑卽婢之省 逆孰大焉。吳鈔本逆孰倒 其親死。列尸弗斂。小爾雅廣言云列陳也舊本挩斂字畢云弗與祓同王云喪禮無祓尸之事畢說非也此本作列尸弗斂今本脫斂字耳死三日而後斂則前二日猶未斂也故曰列尸弗斂列者陳也鈔本北堂書鈔地部二引此正作列尸弗斂按王校是也今據補 登堂窺井。挑鼠穴。探滌器。而求其人矣。此非喪禮之復也士喪經云復者升自前東榮中屋北面招以衣曰皋某復是登屋也說文水部云滌洒也滌器洒濯之器若梁匜之屬窺井以下並喪禮所無蓋譏語也 以爲實在則贛愚甚矣。書鈔地部引實作誠畢云說文云韇愚也愚韇也玉篇韇陟絳切顏師古注漢書古音下紺反今則竹巷反 如其亡也必求焉。僞亦大矣。王引之云如其亡也二句與僞字義不相屬如當爲知言既知其亡而必求之則僞而已矣蘇說同 取妻身迎。祗褍爲僕。畢云說文云祗敬也褍衣正幅則褍亦正意與端同王校作袛云畢說非也袛當爲袨隸書袛字作袨與袨相似故袨誤爲袛袨褍即玄端也周官司服其齊服有玄端素端鄭注曰端者取其正也服虔注昭元年左傳曰禮衣端正無殺故曰端端與褍同故說文以褍爲衣正幅也玉篇袨黑衣也淮南齊俗篇尸祝袀袨大夫端冕高注曰袀純服袨黑齋衣也即周官所云齋服玄端也莊子達生篇祝宗人玄端即淮南所云尸祝袀袨也詒讓按士昏禮親迎主人爵弁纁裳緇袘郊特牲說諸侯則玄冕此云玄端者蓋据庶人攝盛之服言之 秉轡授綏。士昏禮云壻御婦車授綏鄭注云壻御者親而下之綏所以引升車者僕人必授人綏此上云爲僕即指親御之事 如仰嚴親。俞云仰當作御字之誤也天志下篇以御其溝池王氏引之謂御當爲抑隸書抑御兩形相似而誤正可與此互證詒讓按此非昏禮之親迎也若然墨氏之昏禮無親迎 昏禮威儀。如承祭祀。顛覆上下。悖逆父母。下則妻子。畢云言爲妻子法則按此疑當重父母二字父母下則妻子言喪父母下同妻子也今本涉上文挩父母二字遂與下句文例不合畢說失之 妻子上侵事親。若此可謂孝乎。儒者 畢云儒舊作傳据下文改當云儒者曰王云晏子春秋外篇行之難者在內而儒者無其外儒亦誤作傳 迎妻。妻之奉祭祀。吳鈔本妻不重疑當作迎妻與之奉祭祀說文廾部與古文作𢍁與妻篆文形近又涉上而誤禮記哀公問公曰冕而親迎不已重乎孔子對曰合二姓之好以繼先聖之後以爲天地宗廟社稷之主君何謂已重乎墨子所非與哀公言相類 子將守宗廟。故重之。哀公問孔子曰妻也者親之主也敢不敬與子也者親之後也敢不敬與 應之曰。此誣言也。其宗兄守其先宗廟數十年。死喪之其。畢云同期 兄弟之妻。奉其先之祭祀。弗散。盧云當爲服 則喪妻子三年。必非以守奉祭祀也。守下据上文當有宗廟二字 夫憂妻子以大負絫。憂妻子謂憂厚于妻子猶下文云厚所至私也國策趙策云夫人優愛孺子說文夊部云憂和之行也引詩曰布政憂憂今詩商頌長發作優按古無優字優厚字止作憂今別作優而以憂爲惪愁字墨子書多古字此亦其一也以與已同言偏厚妻子已爲大負絫乃又飾辭文過託之奉祭祀守宗廟故下云又曰所以重親也 有曰。有當讀爲又 所以重親也。爲欲厚所至私。畢云舊作和以意改 輕所至重。豈非大姦也哉。有強執有命以說議曰。上有字亦讀爲又 壽夭貧富安危治亂。固有天命。不可損益。莊子至樂篇孔子曰命有所成而形有所適也夫不可損

益 窮達賞罰幸否。畢云說文云幸吉而免凶也从屰从夭夭死之事故死謂之不幸 有極。廣雅釋詁云極中也逸周書命訓篇云天生民而成大命命司德正之禍福立明王以順之曰大命有常小命日成成則敬有常則廣以敬命則度至于極此古說有命之遺言也 人之知力。吳鈔本知作智 不能為焉。羣吏信之則怠於分職。庶人信之則怠于從事。吏不治則亂。舊本挩吏字王据上文補 農事緩則貧。貧且亂政之本。王云此句有挩文詒讓按疑當作倍政之本下〃云倍本棄事而安怠傲 而儒者以為道教。是賊天下之人者也。賊舊本譌作賤今依王蘇校正詳尚賢中篇 且夫繁飾禮樂以淫人。舊本無樂字吳鈔本有以下句文例校之有者是也下文晏子曰好樂而淫人可證今据補 久喪偽哀以謾親。畢云說文云謾欺也玉篇云莫般馬諫二反陸德明周禮音義云徐望仙反 立命緩貧而高浩居。畢云同傲倨說文云居蹲也按畢据史記孔子世家義亦見後 倍本棄事而安怠傲。畢云舊作徹以意改 貪於飲食。舊本作酒今据吳鈔本校改下亦云得饜飲食 惰於作務。荀子非十二子篇云偷儒憚事無廉恥而耆飲食必曰君子固不用力是子游氏之賤儒也此所非與彼相類 陷於飢寒。危於凍餒。無以違之。禮記緇衣鄭注云違猶辟也 是若人氣。若道藏本作菩吳鈔本同按人氣疑當作乞人此冢上飢寒凍餒而言氣與乞通古乞作气即雲气字下文云夏乞麥禾是其證 鼸鼠藏。畢云爾雅有鼸鼠陸德明音義云孫炎云鼸者頰裹也郭云以頰內藏食也字林云即鼢鼠也說文云鼸鼢也玉篇云鼸胡簟切田鼠也鼸舊作䶂誤詒讓按夏小正云正月田鼠出田鼠者嗛鼠也嗛鼸字通謂儒者得食則藏之若鼸鼠裹藏食物矣 而羝羊視。畢云爾雅云羊牡羒注羝廣雅云二歲曰羝說文云羝牡羊也陸德明音義云字林云羵羊也然則羝羒羵皆牡羊 賁彘起。畢云易大畜云豶豕之牙崔憬曰說文豶劇豕今俗猶呼劇豬是也按說文作豶豕崔以意改之豶與犗義同劇者犗假音玉篇云豶扶云切犗也 君子笑之。怒曰。散人焉知良儒。畢云漢書云宂食注曰文穎曰宂散也說文云宂㪙也从宀儿在屋下無田事玉篇云如勇切則此云散人猶宂人按莊子人間世篇匠石夢櫟社曰而幾死之散人此述儒者詬君子之語畢氏讀散人句斷誤 夫夏乞麥禾。疑挩春乞云云夫似即春字上半缺剝僅存者 五穀既收。大喪是隨。言秋冬無可乞則為人治喪以得食也 子姓皆從。特牲饋食禮云子姓兄弟如主人之服鄭注云所祭者之子孫言子姓者子之所生喪大記云卿大夫父兄子姓立于東方注云子姓謂衆子孫也姓之言生也國語楚語帥其子姓韋注云衆子姓同姓也列子說符篇張注云種姓也 得厭飲食。畢治數喪。足以至矣。至下疑有挩文 因人之家翠 畢云廣雅膵肥也此古字王引之云因人之家肥文不成義擧當讀爲貯玉篇貯思辭切廣韻云貨也謂因人之家財也韓子說疑篇破家殘貯是也古無貯字故借擧爲之以爲。畢云疑有挩字按以文例校之因人之家與下特人之野文正相對疑當作因人之家以爲擧擧當依畢訓爲肥此特文誤倒耳無挩字也特人之野以爲尊。畢云言禾麥在野富人有喪。乃大說喜曰。此衣食之端也。此與荀子所謂得委積足以揜其口則揚揚如也者相類儒者曰。君子必服古言。然後仁。王云服古言三字文義不順當依公孟篇作必古言服然後仁俞云此本作君子必古服古言然後仁脫上古字公孟篇作必古言服然後仁亦當作必古言古服脫下古字按王說是也應之曰。所謂古之言服者。皆嘗新矣。舊本脫言服二字今依王引之校增謂古言服其始制之時皆爲新積久乃成古也而古人言之服之則非君子也。然則必服非君子之服。言非君子之言。而後仁乎。舊本古人言之服之挩言之二字則非君子也挩非字服非君子之服上服字譌作法並依王引之校增又曰君子循而不作。顧云廣雅釋言循述也論語曰君子述而不作應之曰。古者羿作弓。呂氏春秋勿躬篇云夷羿作弓畢云羿羿省文說文云羿古諸侯也一曰射師詒讓按說文弓部云芎帝嚳射官夏少康滅之羿芎音義同作弓者自是古射官非夏少康所滅者伃作甲。史記夏本紀帝少康崩子帝予立索隱云予音宁系本云季杼作甲者也國語魯語云杼能帥禹者也夏后氏報焉韋注云杼禹後七世少康之子季杼也畢云伃卽杼少康子盧云世本作輿詒讓按史記索隱及費誓正義引世本並作杼盧据玉海所引未墒奚仲作車。呂氏春秋君守篇同高注云奚仲黃帝之後任姓也傳曰爲夏車正封于薛說文車部云車夏后時奚仲所造山海經海內經云奚仲生吉光吉光是始以木爲車郭注云世本云奚仲作車此言吉光明其父子共創作意以是互稱之續漢書輿服志劉注引古史考云黃帝作車引重致遠其後少昊時駕牛禹時奚仲駕馬依譙周說奚仲駕馬車非其所作司馬彪劉昭並從之于義爲長巧垂作舟。畢云北堂書鈔引作倕太平御覽作錘事類賦引作工倕太平御覽引有云禹造粉疑在此俞云巧垂當作功垂字之誤也周官肆師職注曰古者工與功同字然則功垂卽工垂也莊子胠篋篇攦工倕之指釋文曰倕音垂堯時巧者也堯典咨垂女共工是稱工垂者工其官垂其名按山海經海內經云義均是始爲巧倕是始作下民百巧楚辭九章亦云巧倕又見七諫俞說未塙然則今之鮑函車匠。畢云考工記有函鮑鄭君注云鮑讀爲鮑魚之鮑書或爲鞄蒼頡篇有鞄甃陸德明音義云劉音僕說文云鞄柔革工也从革包聲讀若朴周禮曰柔皮之工鮑氏鞄卽鮑也皆君子也。而羿伃奚仲巧垂皆小人邪。且其所循人必或作之。言所述之事其始必有作之之人也然則其所循皆小人道也。也邪古通吳鈔本作耶又曰。畢云又舊作人以意改君子勝不逐奔。穀梁隱五年傳云伐不踰時戰不逐奔司馬法

仁本篇云古者逐奔不過百里又天子之義篇云古者逐奔不遠墨子所述儒者之言與穀梁同荀子議兵篇亦云服者不禽犇命者不獲

揜函弗射。揜吳鈔本作掩禮記表記鄭注云掩猶困迫也揜函疑亟之形誤下同詳魯問篇儀禮聘禮鄭注云賓之意不欲奄卒主人也此揜亟亦奄卒之意謂敵困急則不忍射之也韓非子外儲說左上云宋襄公曰寡人聞君子曰不推人于險不迫人于阨即此義又疑函當爲舀之誤說文臼部云舀小阱也今經典通作陷漢書司馬遷傳函糞土之中而不辭漢紀函作陷于義亦通

施則助之胥車。畢云施舊作強据下文改按畢因下文施字兩見故据改然施強義並未詳似言軍敗而走則助之挽重車而文有捝誤

應之曰。若皆仁人也。則無說而相與。句仁人以其取舍是非之理相告。無故從有故也。弗知從有知也。無辭必服。見善必遷。何故相。王云何故相下當有與字而今本脫之則義不可通相與謂相敵也古謂相敵與相與襄二十五年左傳一與一誰能懼我哀九年傳宋方吉不可與也越語彼來從我固守勿與與字並與敵同義言既爲仁人則無辭必服見善必遷何故兩相敵也上文曰若皆仁人也則無說而相與是其明證矣

若兩暴交爭。其勝者。欲不逐奔。掩函弗射。施則助之胥車。雖盡能。猶且不得爲君子也。意暴殘之國也。聖將爲世除害。聖下疑挩人字與師誅罰。勝將因用儒術令士卒曰。舊本儒作傳王云傳術二字義不可通傳術當爲儒術毋逐奔云云皆儒者之言也故曰用儒術令士卒隸書儒或作𠈇傳或作傳二形相似而誤上文儒者迎妻儒誤作傳按王說是也今据正

毋逐奔。揜函勿射。施則助之胥車。暴亂之人也得活。天下害不除。王云也字涉上下文而衍此言暴亂之人爲天下害聖人與師誅罰將以除害也若用儒術令士卒曰毋逐奔云云則暴亂之人得活而天下之害不除矣是暴亂之人下本無也字

是爲羣殘父母而深賤世也。戴云賤乃賊字之誤不義莫大焉。又曰。君子若鍾。畢云君舊作吾据上文改擊之則鳴。弗擊不鳴。此亦見公孟篇公孟子告墨子語學記云善待問者如撞鍾叩之以小者則小鳴叩之以大者則大鳴畢云此出說苑云趙襄子謂子路曰吾嘗問孔子曰先生事七十君無明君乎孔子不對何謂賢邪子路曰建天下之鳴鐘撞之以筳豈能發其音聲哉按說苑所云與此文義絕不相應畢援證未當

應之曰。夫仁人事上竭忠。事親得孝。務善則美。有過則諫。俞云得字務字傳寫互易事親務孝言事親者務爲孝也與事上竭忠相對得善則美言有善則美之也與有過則諫相對此爲人臣之道也。今擊之則鳴。弗擊不鳴。隱知豫力。畢云言隱其先知豫事之識俞

云豫猶儲也荀子儒效篇仲尼將爲司寇魯之鬻牛馬者不豫賈家語相魯篇孔子爲政三月則鬻牛馬者不儲賈是豫與儲義通隱知豫力兩文相對言隱藏其知儲蓄其力也畢失其義幷失其讀按畢讀固誤俞釋豫爲儲亦非豫當爲舍之叚字豫从予聲古音與舍同部節葬下篇云無敢舍餘力隱謀遺利而不爲親爲之者矣隱知猶彼云隱謀豫力卽彼云舍餘力也號令篇云舍事後就亦與此義同豫古無儲訓荀子不豫賈豫當如周禮司市注誑豫之義家語改豫作儲乃王肅私定非古訓也 恬漠待問而後對。爾雅釋言云漠清也漢書賈誼傳顏注云漠靜也淮南子詮言訓云故中心常恬憺泰族訓云靜莫恬淡宋本莫作漠漠慔莫並通 雖有君親之大利，弗問不言。若將有大寇亂，盜賊將作，若機辟將發也。畢云辟同闢按畢說非也莊子逍遙遊篇云中于機辟死于罔罟釋文引司馬彪云辟罔也又山木篇云然且不免于罔羅機辟之患鹽鐵論刑德篇云罻羅張而縣其谷辟陷設而當其蹊則機辟蓋掩取鳥獸之物辟字又作臂楚辭哀時命云外迫脅于機臂兮上牽聯于矰隿王注云機辟弩身也按爾雅釋器云繴謂之罿司馬彪釋辟爲罔蓋卽以爲繴之借字王說與司馬義異未知孰是 他人不知，已獨知之。雖其君親皆在，不問不言。是夫大亂之賊也。以是爲人臣不忠，爲子不孝，事兄不弟，交疑友之誤遇人不貞良。夫執後不言之朝物。執後不言謂拘執居後不肯先言之朝物疑有挩誤 見利使已，雖恐後言。蘇云使當作便雖當作唯俞云雖當作唯古字通也蓋言利之所在唯恐後言也下文云君若言而未有利焉則高拱下視會噎爲深曰唯其未之學也正與此文反復相明言苟無利則君雖言之而已亦以未學謝也正所以破儒者擊之則鳴弗擊不鳴之說 君若言而未有利焉，則高拱下視。說文手部云拱斂手也 會噎爲深。畢云說文云噲咽也讀若快噎飯窒也會與噲同不言之意 曰：「唯其未之學也。」唯舊本作惟據吳鈔本改其當爲某 用誰急。句 遺行遠矣。誰當作雖蓋言事急則退避而遠行荀子非十二子篇云正其衣冠齊其顏色嗛然而終日不言是子夏氏之賤儒也此所非與彼相類 夫一道術學業仁義者，皆大以治人，小以任官，遠施周偏。舊本皆譌昔周譌用並從王校正偏吳鈔本作偏畢本同王云與徧同畢本改爲徧非詳非攻下篇 近以脩身。舊本脩作循王云此文本作皆大以治人小以任官遠施周偏近以脩身言君子之行仁義皆大以治人小以任官遠則所施周徧近則以脩其身也今本皆作昔周作用脩作循則義不可通隸書脩循相亂按王說是也今並據正 不義不處，非理不行。務興天下之利，曲直周旋，利則止。俞云利則止當作不利則止傳寫脫不字也非樂上篇曰必務求興天下之利除天下之害將以爲法乎天下利人乎卽爲不利人乎卽止與此文有詳略而義正同 此君子之道也。以所聞孔某之行。畢云某字舊作孔子諱今改下放此 則本與此相反謬也。謬吳鈔本作繆 齊景公問晏子曰。孔子爲人何如。晏子不對。公又復問。不對。吳鈔本無復字 景公曰。以孔某語寡人者衆矣。俱以賢人也。以下當据孔叢子詰墨篇增爲字 今寡人問之。而子不對何也。晏子對曰。嬰不肖。不足以知賢人。雖然。嬰聞所謂賢人者。入人之國。必務合其君臣之親。而弭其上下之怨。孔某之荆。史記孔子世家楚昭王迎孔子至楚事在哀公六年 知白公之謀。而奉之以石乞。白公楚平王孫名勝其與石乞作亂事見哀十六年左傳此事不可信列子說符篇呂氏春秋精通篇淮南子道應訓並載白公與孔子問答或因彼而誤傳與 君身幾滅。而白公僇。畢云孔叢詰墨云白公亂在哀公十六年秋也孔子已卒十旬蘇云此誣罔之辭殊不足辨唯据白公之亂在景公卒後十二年而晏子之卒更在景公之先又安能預知後事而先與景公言之 嬰聞賢人得上不虛。得下不危。言聽於君必利人。教行下必於上。俞云此本作教行于下必利上與上句言聽于君必利人相對爲文教行下挩于字而利字又誤作於義不可通矣 是以言明而易知也。行明而易從也。舊本作行易而從也王云行易而從文不成義當作行明而易從與上句文同一例下文曰行義可明乎民又曰行義不可明于民皆其證據王說是也今据正 行義可明乎民。謀慮可遍乎君臣。今孔某深慮同謀以奉賊。俞云同乃周字之誤深慮周謀相對爲文言其慮深沈其謀周密也 勞思盡知以行邪。勸下亂上。教臣殺君。畢云孔叢引殺作弑 非賢人之行也。入人之國。而與人之賊。非義之類也。知人不忠。趣之爲亂。畢云趣讀促 非仁義之也。畢云挩字 逃人而後謀。避人而後言。言上後字舊本作后今据吳鈔本改 行義不可明於民。明吳鈔本作謀誤 謀慮不可遍於君臣。嬰不知孔某之有異於白公也。是以不對。景公曰。嗚乎。道藏本吳鈔本作呼 貺寡人者衆矣。儀禮士昏禮記云吾子有貺命鄭注云貺賜也此貺與貺命義同畢云貺當爲況此俗寫 非夫子。則吾終身不知孔某之與白公同也。孔某之齊見景公，（史記孔子世家以此爲昭公二十五年魯亂孔子適齊以後事）景公說，欲封之以尼谿。（史記孔子世家同晏子春秋外篇作爾稽孫星衍云尼爾稽谿聲皆相近詒讓按尼谿地無攷呂氏春秋高義篇又作景公致廩丘以爲養）以告晏子。晏子曰：不可。夫儒浩居而自順者也。（盧云晏子外篇與此多同浩居作浩裾畢云按史記作倨傲自順顧云漢書酷吏郅都傳丞相條侯至貴居也讀作倨詒讓按王制云喪祭用不足曰暴有餘曰浩鄭註云浩猶饒也居裾並倨之叚字家語三恕篇云浩裾者則不親王肅注云浩裾簡略不恭之貌大戴禮記文王官人篇云自順而不讓又云有道而自順孔廣森云自順謂順非也）不可以教下；好樂而淫人，（晏子作好樂緩于民）不可使親治；立命而怠事，不可使守職；宗喪循哀，（畢云孔叢史記宗作崇詒讓按宗崇字通詩周頌烈文鄭箋云崇厚也書盤庚僞孔傳云崇重也循史記孔叢作遂晏子作久喪道哀王云循遂一聲之轉遂哀謂哀而不止也三年問曰三年之喪二十五月而畢若駟之過隙然而遂之則是無窮也）不可使慈民；（晏子作子民慈子字通禮記緇衣云故君民者子以愛之則民親之又云故長民者章志貞教尊仁以子愛百姓國語周語云慈保庶民親也）機服勉容，（盧云晏子作異于服勉于容詒讓按大戴禮記本命篇盧注云機危也危服蓋猶言危冠勉俛之借字考工記矢人前弱則俛唐石經俛作勉是其證也機服勉容言其冠高而容俛也）不可使導衆。孔某盛容脩飾以蠱世，（吳鈔本脩作修晏子作盛聲樂以侈世文選西京賦薛綜注云蠱惑也）弦歌鼓舞以聚徒，繁登降之禮以示儀，務趨翔之節以觀衆；（趨吳鈔本作趍觀舊本作勸吳鈔本作觀與晏子外篇合今据正）博學不可使議世，（博舊本作儒畢云晏子儒作博議作儀王云作博者是此言孔子博學而不可以爲法于世非譏其儒學也今本作儒學者博譌爲傳又譌爲儒耳隸書傳儒相似說見上文儀議古字通按王說是也今据正）勞思不可以補民，（畢云三字舊脫盧据晏子增）絫壽不能盡其學，當年不能行其禮，（當年壯年也詳非樂上篇抱朴子外篇省煩引墨子作累世不能盡其學當年不能究其事與史記略同）積財不能贍其樂，繁飾邪術以營世君，（畢云說文云營惑也家語云營惑諸侯高誘注淮南子日營惑也營同營營與眴音相近）盛爲聲樂以淫遇民，（晏子作以淫愚其民按遇與愚通詳非命下篇畢云當爲愚民）其道不可以期世，（俞云晏子春秋雜篇作其道也不可以示世此文期字亦示字之誤古文其字作亓見集韻示誤爲亓因誤爲期矣）其學不可以導衆。（畢云孔叢作家非）今君封之以利齊俗，（晏子作今欲封之以移齊國之俗畢云史記云君欲封之以移齊俗作移是）非所以導國先衆。公曰：

畢云二字舊挩據孔叢增善。吳鈔本又無此字於是厚其禮。畢云厚其二字舊脫盧據晏子增留其封。敬見而不問其道。問吳鈔本作利誤孔某乃恚。舊本作孔乃志道藏本孔下又空一字季本吳鈔本並作孔子諱今據增某字晏子作仲尼乃行畢本志改恚云恚舊作志盧改怒於景公與晏子。乃樹鴟夷子皮。畢云卽范蠡也韓非子云鴟夷子皮事田成子成子去齊走而之燕鴟夷子皮負傳而從按史記貨殖傳云范蠡變名易姓適齊爲鴟夷子皮蘇云據史記范蠡亡吳後乃變易姓名適齊爲鴟夷子皮然亡吳之歲乃孔子卒後六年景公卒後十七年又安知蠡之適齊而樹之田氏之門乎此與莊周所言孔子見盜跖無異眞齊東野人之語也詒讓按淮南子氾論訓云昔者齊簡公釋其國家之柄而專任大臣故使陳成田常鴟夷子皮得成其難說苑指武篇又云田成子常與宰我爭宰我夜伏卒將以攻田成子鴟夷子皮聞之告田成子卽此於田常之門。田常卽陳恆見春秋公十四年經公羊恆作常莊子盜跖篇云田成子常殺君竊國而孔子受幣蓋戰國時有此誣妄之語錢大昕云田常弒君之年越未滅吳范蠡何由入齊此淮南之誤也告南郭惠子以所欲爲。荀子法行篇有南郭惠子問于子貢楊注云未詳其姓名蓋居南郭因以爲號莊子有南郭子綦按見齊物論篇南郭惠子尙書大傳略說作東郭子思說苑雜言篇作東郭子惠史記索隱引世本陳成子弟有惠子得或卽此人朱彝尊孔子弟子攷謂卽衞惠叔蘭謬歸於魯。有頃。閒齊將伐魯。畢云言伺其閒蘇云閒當作聞按蘇校亦通告子貢曰。賜乎。舉大事。於今之時矣。乃遣子貢之齊。因南郭惠子以見田常。勸之伐吳。以敎高國鮑晏。使毋得害田常之亂。勸越伐吳。三年之內。齊吳破國之難。史記孔子弟子列傳載田常欲作亂于齊憚高國鮑晏故移其兵欲以伐魯孔子聞之使子貢至齊說田常伐吳又說吳救魯伐齊與齊人戰于艾陵大破齊師越王聞之襲破吳越絕書陳成恆內傳所載尤詳云子貢一出存魯亂齊破吳彊晉霸越卽其事伏尸以言術數。吳鈔本無言字蘇云當云不可以言計數也尸下挩不可二字按蘇校未塙依吳本則術當讀爲遂月令審端徑術鄭注云術周禮作遂此當爲隧之叚字謂伏尸之多以隧數計猶言以意術數意言篆文相近卽億之省術率通詳明鬼下篇廣雅釋言云率計校也猶言以十萬計亦通孔某之誅也。畢云言孔子之責也蘇云誅當讀謀孔某爲魯司寇。史記孔子世家云定公九年由司空爲大司寇舍公家而奉季孫。畢云奉舊作於據孔叢改季孫相魯君而走。經傳無此事亦譏語也季孫與邑人爭門關。說文門部云關以木橫持門戶也決植。決植上疑有挩文爾雅釋宮云植謂之傳郭注云戶持鎖植也一切經音義引三蒼云戶旁柱曰植畢云列子云孔子勁能招國門之關而不肎以力聞呂氏春秋愼大云孔子之勁舉國門之關而不肎以力聞此云決植卽其事也說文云植戶植也似言季氏爭關而出孔子決門植以縱之詒讓按左傳襄十年偪陽人啟門諸侯之士門焉縣門發郰人紇抉之以出門者孔疏服虔云抉撅也謂以木撅抉縣門使舉令下容人出也決疑抉之借字又疑疏俗傳誤以郰大夫事爲孔子也淮南子道應訓云孔子勁杓國門之關又主術訓孔子力招城關高注云招舉也以一手招城門關端能舉之

孔某窮于蔡陳之閒。畢云孔叢窮作戹

藜羹不糂。內則鄭注云凡羹齊宜五味之和米屑之糝畢云藝文類聚引作藜蒸不糂北堂書鈔作不糝太平御覽作糂一作糝荀子云七日不火食藜羹不糂楊倞云糂與糝同蘇覽反說文云糂以米和羹也一曰粒也古文糂从參則糂糝古今字

十日。子路爲享豚。享吳鈔本作亨畢云孔叢太平御覽引享作烹俗寫耳享即烹字王云爲字後人所加享即今之烹字也經典省作亨後人誤讀爲燕享之享故又加爲字耳孔叢子詰墨篇藝文類聚獸部中太平御覽人事部百二十七飲食部十一獸部十五引此皆作子路烹豚無爲字

孔某不問肉之所由來而食。畢云藝文類聚引作不問肉所從來即食之

號人衣。畢云號褫字之誤孔叢作剝詒讓按說文衣部云褫奪衣也非攻上篇云拖其衣裘拖褫字同

以酤酒。酤吳鈔本作沽畢云孔叢酤作沽同

孔某不問酒之所由來而飲。

哀公迎孔子。孔子窮于陳蔡之閒在哀公六年十一年季康子迎孔子自衞反魯即其時也

席不端弗坐。弗吳鈔本作不下句仍作弗論語鄉黨篇云席不正不坐皇侃義疏云舊說云鋪之不周正則不坐之也故范寧云正席所以恭敬也

割不正弗食。文選王昭君詞李注引兩弗字並作不論語鄉黨篇文同皇疏云古人割肉必方正若不方正割之故不食也江熙云殺不以道爲不正也按此當从皇說江說非

子路進請曰。何其與陳蔡反也。畢云文選注引反作異

孔某曰。來。吾語女。舊本作與女畢云當爲語女按道藏本季本並作語女吳鈔本作語汝今據正

曩與女爲苟生。畢云苟且王云畢說非也苟讀爲亟其乘屋之亟亟急也說文苟自急敕也从羊省从勹口勹口猶慎言也與苟且之苟从艸者不同曩與女爲苟生今與女爲苟義者曩謂在陳蔡時也今謂哀公賜食時也苟急也言曩時則以生爲急今時則以義爲急也若以苟爲苟且之苟則苟義二字義不可通矣文選石崇王昭君辭注引此亦誤以爲苟且之苟按苟字不見經典唯爾雅亟速也釋文曰亟字又作苟同居力反此釋文中僅見之字釋文而外則唯墨子書有之亦古文之僅存者良可貴也俞云王氏以苟爲說文自急敕之苟然求之文義亦似未合本文言爲苟生爲苟義不言以生爲急以義爲急也此字仍當爲苟且之苟苟生者苟可以得生而止也苟義者苟可以得義而止也儀禮燕禮聘禮記並有賓爲苟敬之文鄭注聘禮曰燕私樂之禮崇恩殺敬也又曰苟敬也主人所以小敬也然則苟敬之義亦謂苟可以致敬而止此言爲苟生爲苟義正與爲苟敬一律蓋古語有然未可臆改也淮南子繆稱篇云小人之從事也曰苟得君子之從事也曰苟義文義正與此相近按俞說亦通

今與女爲苟義。畢云舊云曩與女爲苟義挩五字據文選注增

夫飢約則不辭妄取以活身。舊本辭下有忘字畢云此字衍按道藏本吳鈔本季本並無今據刪

贏飽則僞

行以自飾。舊本羸作贏又挩則字王云贏飽僞行以自飾本作贏飽則僞行以自飾贏之言盈也僖二十八年左傳我曲楚直其衆素飽杜注曰直氣盈飽盈飽卽贏飽正對上文飢約而言今本飽下挩則字贏飽又譌作羸飽則義不可通按吳鈔本正作贏今据補正汙邪詐僞。吳鈔本汙邪倒孰大於此。孔某與其門弟子閒坐。曰。夫舜見瞽叟孰然。畢云舊作然就孫以意改孟子云舜見瞽叟其容有蹙韓非子忠孝云記曰舜見瞽叟其容造焉孔子曰當是時也危哉天下岌岌荀子亦同作造按就蹙造三音皆相近詒讓按禮記曲禮足蹙釋文云蹙本又作蹴大戴禮保傅篇靈公造然失容賈子胎教篇作戚然易容新序襍事篇作靈公蹴然易容此書以就爲蹙爲造猶新序以蹴爲戚爲造也孟子趙注云其容有蹙踖不自安也又公孫丑篇曾西蹵然注云蹵然猶蹙踖也此時天下圾乎。畢云圾舊作坡以意改孟子韓非子作岌岌詒讓按孟子萬章篇云孔子曰于斯時也天下殆哉岌岌乎趙注云孔子以爲君父爲臣岌岌乎不安貌也故曰殆哉莊子天地篇云殆哉圾乎天下郭注云圾危也管子小問篇云桓公言欲勝民管仲曰危哉君之國圾乎義並同周公旦非其人也邪。非其人疑當作其非人人與仁字通言周公不足爲仁卽指下舍其家室而言三國志魏志裴松之注及長短經懼誡篇並引尸子云昔周公反政孔子非之曰周公其不聖乎以天下讓不爲兆民也非仁與不聖之論略同蓋戰國時流傳有是語又按詩小雅四月云先祖匪人胡寧忍予人亦卽仁字言先祖于我其不仁乎彼匪人與此非人文意字例並同鄭詩箋云我先祖非人乎則詁人如字失其指趣此可以證其誤何爲舍亓家室而託寓也。舍亓舊本作舍亦盧校改爲亦舍畢本從之王云亦字義不可通亦當爲亓亓古其字也墨子書其字多作亓說見公孟篇耕柱篇曰周公旦辭三公東處于商奄蓋卽此所謂舍其家室而託寓者盧改舍亦爲亦舍非是按王說是也今据正以上並譏孔子誣舜與周公也孔某所行。心術所至也。其徒屬弟子。皆效孔某。徒屬猶言黨友故後兼舉陽貨佛肸言之呂氏春秋有度篇云孔墨之弟子徒屬充滿天下子貢季路。輔孔悝亂乎衞。畢云舊脫亂字据孔叢云以亂衞增詒讓按莊子盜跖篇跖曰子路欲殺衞君而事不成身菹于衞東門之上是子教之不至也按子貢未聞與孔悝之難亦誤語也鹽鐵論殊路篇云子路仕衞孔悝作亂不能救君出亡身菹于衞子貢子皋遁逃不能死其難然則時子貢或適在衞與陽貨亂乎齊。畢云孔叢作魯詒讓按此當從孔叢作魯左傳定九年陽貨奔齊又奔晉無亂齊之事論語皇疏引古史考謂陽貨亦孔子弟子蓋卽本此書而語也佛肸以中牟叛。論語陽貨篇云佛肸召子欲往子路曰佛肸以中牟叛子之往也如之何集解孔安國云晉大夫趙簡子之邑宰史記孔子世家佛肸爲中牟宰趙簡子攻范中行伐中牟佛肸畔使人召孔子左傳哀五年夏趙鞅伐衞范氏之故也遂圍中牟卽其時也肸蓋范中行之黨孔安國以爲趙氏邑宰誤也桼雕刑殘。桼正字經典多段漆爲之刑吳鈔本校改形畢云孔叢作漆雕開形殘詰曰非行已之致詒讓按孔子弟子列傳有漆雕哆漆雕徒父二人此所云或非開也韓非子顯學篇說孔子卒後儒分爲八有漆雕氏之儒又云漆雕之議不色撓不目逃行曲則違于臧獲行直則怒于諸侯此亦非漆雕開明甚孔叢僞託不足據也俞正燮謂卽漆雕馮及漆雕馮見家語好生篇說苑權謀篇又作漆雕馬人二書無形殘之文俞說亦不足據刑形字通淮南子墬形訓西方有刑殘之尸宋本形亦作刑莫大焉。畢云莫上當脫一字夫爲弟子後生。後生亦弟子也耕柱篇耕柱子遺十金于墨子曰後生不敢死又云後生有反子墨子而反者並弟子之稱其師。其上有脫字必脩其言。脩吳鈔本作修法其行。力不足知弗及而後已。今孔某之行如此。儒士則可以疑矣。

墨子閒詁卷十

經上第四十

畢云此翟自著故號曰經中亦無子墨子曰云云按宋潛谿云上卷七篇號曰經中卷下卷六篇號曰論上卷七篇則自親士至三辯也此經似反不在其數然本書固稱經詞亦最古豈後人移其篇第與唐宋傳注亦無引此故譌錯獨多不可句讀也案以下四篇皆名家言又有算術及光學重學之說精眇簡奧未易宣究其堅白異同之辯則與公孫龍書及莊子天下篇所述惠施之言相出入莊子又云相里勤之弟子五侯之徒南方之墨者苦獲已齒鄧陵子之屬俱誦墨經而倍譎不同相謂別墨以堅白同異之辯相訾以觭偶不仵之辭相應莊子所言即指此經晉書魯勝傳注墨辯敘云墨辯有上下經經各有說凡四篇與其書衆篇連第故獨存亦即此四篇也莊子駢拇篇又云駢于辯者纍瓦結繩竄句遊心于堅白同異之間而敝跬譽無用之言非乎而楊墨是已據莊子所言則似戰國之時墨家別傳之學不盡墨子之本恉畢謂翟所自著攷之未審凡經與說舊並旁行兩截分讀今本誤合幷寫之遂掍淆譌挩益不可通今別攷定附著于後而篇中則仍其舊

故。所得而後成也。畢云說文云故使爲之也或與固同事之固然言已得成也案此言故之爲辭凡事因得此而成彼之謂墨子說與許義正同畢疑或與固同失之張惠言云故者非性所生得人爲乃成尤誤

止。謂事歷久則止以久也。畢云以同已張云止以久生案畢說是也

體。分於兼也。周禮天官敘官鄭注云體猶分也說文秝部云兼幷也蓋幷衆體則爲兼分之則爲體畢云孟子云有聖人之一體

必。說文八部云必分極也不已也。畢云言事必行

知。材也。此言智之體也畢云言材知張云知讀智俞云經說上曰知也者所以知也所以知者即智也淮南子主術篇任人之才難以至治高誘注曰才智也才與材通才訓智故智亦訓材

平。同高也。詩小雅伐木鄭箋云平齊等也畢云言上平陳澧云此即海島算經所謂兩表齊高也又幾何原本云兩平行綫內有兩平行方形有兩三角形若底等則形亦等其理亦賅于此案陳說是也洪頤煊謂高當是亭之譌非

慮。說文心部云慮謀思也求也。畢云謀慮有求

同長以缶相盡也。盧文弨云正古文正亦作缶畢云缶即正字唐大周石刻投心缶覺如此詒讓案集韻四十五勁云正唐武后作缶亦見唐岱岳觀碑張云以與也長與正相盡是較之而同陳云按幾何原本有兩直線一長一短求於長線減去短線之度其法以兩線同輳圜心以短線爲界作圖與長線相交即與短線等此即所謂以正相盡也云以正者圖線與兩直線相交皆成十字也

知。接也。張云知讀如字案張說是也此言知覺之知淮南子原道訓云感而後動性之害也物至而神應知之動也知與物接而好憎生焉畢云知以接物楊葆彝云莊子庚桑篇知者接也

中。同長也。畢云中孔四量如一張云從中央量四角長必如一俞云爾雅釋言齊中也是中與齊同義故以同長釋之陳云說云中自是往相若也按幾何原本云圜界至中心作直線俱等

㤁。明

也。恕舊本譌恕畢云推己及人故曰明張云明於人已並非是今從道藏本吳鈔本作恕顧云恕卽智字案顧說是也此言知之用周禮大司徒鄭注云知明于事

厚。有所大也。張云大乃厚陳云說云厚惟無所大按幾何原本云面者止有長有廣蓋面無厚薄言厚必先有面之長廣故云有所大也其說云無所大者謂但言厚則無以見其長廣也案陳說非是此云有所大者謂萬物始於有形既有而積之其厚不可極說云無所大者言無爲有之本有因無生則因無而積之其厚亦不可極此皆比儗推極之語說與經辭若相反而意實相成也莊子天下篇惠施曰無厚不可積也其大千里釋文引司馬彪云物言形爲有形之外爲無無形與有形相爲表裏故形物之厚盡于無厚無厚與有同一體也其有厚大者其無厚亦大高因廣立有因無積則其可積因不可積者苟其可積何但千里乎惠施語亦與此經略同

仁。體愛也。國語周語云博愛于人爲仁說苑修文篇云積愛爲仁張云以愛爲體

日中。句𠂎南也。經說上無說𠂎亦正字中國處赤道北故日中爲正南張云日中則景正表南

義。利也。左昭十年傳云義利之本也孝經唐明皇注云利物爲義畢云易曰利者義之和

直。參也。亦無說畢云說文云直正見也論語子曰立則見其參于前陳云此卽海島算經所謂後表與前表參相直也

禮。敬也。樂記云禮者殊事合敬者也

圜。句一中同長也。畢云一中言孔也量之四面同長張云立一爲中而量之四面同長則圜矣鄒伯奇云卽幾何言圜面惟一心圖界距心皆等之意陳云幾何原本云圜之中處爲圜心一圜惟一心無二心故云一中也同長義見前劉嶽雲云此謂圜體自中心出徑綫至周等長也

行。爲也。經說上云志行爲也

方。句柱隅四讙也。讙吳鈔本作驩疑皆雜之誤呂氏春秋論人篇云圜周復雜高注云雜猶匝淮南子詮言訓云以數雜之壽高注云雜帀也周髀算經云圓出于方趙爽注云方周匝也周易乾鑿度鄭康成注云方者徑一而匝四也此釋方形爲柱隅四雜者爲方柱隅角四出而方冪則四圍周帀亦卽算術方一周四之義方周謂之雜猶呂覽謂圜周爲雜矣雜守篇云塹再雜與此四雜義正同說苑修文篇云如矩之三雜規之三雜周則又始窮則反本也彼云矩三雜疑當作矩四雜古書三四字積畫多互譌畢云讙疑維字張云讙亦合也劉嶽雲云此謂方體四維皆有隅等面等邊等角也案畢張劉說似並未塙淮南子天文訓高注云四角爲維若作維則與柱隅義複不若四雜之切也

實。榮也。畢云實至則名榮

倍。爲二也。畢云倍之是爲二張云卽加一倍算法

忠。以爲利而強低也。畢云言以利人爲志而能自下張云低當作氐氐根也詩曰維周之氐案畢張說並非也低疑當爲君君與氐篆書相似因而致誤氐復誤爲低耳忠爲利君與下文孝爲利親文義正相對荀子臣道篇云逆命而利君謂之忠又云有能比智力率羣臣百吏而相與強君撟君君雖不安不能不聽遂以解國之大患除國之大害成於尊君安國謂之輔案此云強君與荀子義同以爲利卽解大患除大害尊君安國之事也

端。體之無序而最前者也。畢云序言次序說文云耑物初生之題也張云無序謂無與爲次序王引之云序當爲厚經說上云端仳兩有端而后可次無厚而后可是其證也無厚者不厚也訓端以無厚者凡物之見端其形皆甚微也厚與序隸書相似而誤說見非攻下篇陳云說云端是無同也按端卽西法所謂點也體之無序卽西法所謂綫也序如東序西序之序猶言兩旁也幾何原本云綫有長無廣無廣是無

兩旁也又云綫之界是點點是綫之盡處是最前也又云直綫止有兩端兩端之間上下更無一點是無同也案諸說不同王說義據最精而與說不甚相應經說下仳兩有端而后可二句則非此經之說無從質定依畢張說則序當爲敍之叚字謂端最在前無與相次敍者故說云端是無同也似與說義尤合魯勝墨辯敍云名必有分明分明莫如有無故有無序之辯蓋卽指此文是晉時所傳墨子亦作無序兩義未知孰是姑並存之陳以點釋端甚精而訓序爲旁則亦未得其義

孝。利親也。賈子道術篇云子愛利親謂之孝

有閒。中也。畢云閒隙是二者之中陳云說云有閒謂夾之者也閒謂夾者也按幾何原本云直綫相遇作角爲直綫角又云在多界之閒爲形皆是有閒也綫與界夾之也

信。言合於意也。言言與意相合無僞飾張云不欺其志

閒。不及旁也。閒謂中空者卽上有閒中也之義張云不及於旁謂隙中畢云言閒傑誤

佴。自作也。畢云說文云佴佽也此云自作也未詳俞云作疑佐字之誤爾雅釋言佴貳也佐與貳義相近作佐形似又涉下文有三作字故誤耳案作疑當作仳經說上有仳字卽比之借字佴比並訓次言自相次比是謂之佴說云與人遇人衆惛卽相次比之意也節葬下篇云佴乎祭祀亦次比之義俞說未塙

纑。閒虛也。盧云纑猶壚之壚王引之云盧說非也纑乃櫨之借字經說上云纑閒虛也者兩木之閒謂其無木者也則其字當作櫨衆經音義卷一引三倉云櫨柱上方木也櫨以木爲之兩櫨之閒則無木故曰櫨閒虛也者兩木之閒其無木者也陳云按九章算術劉徽注云凡廣從相乘謂之冪卽此所謂纑也又海島算經云以表高乘表閒李淳風云前後表相去爲表閒卽所謂兩木之閒無木者案王陳二說不同王說近是纑櫨同聲叚借字文選魏都賦李注引說文云欂櫨柱上枅也禮記明堂位鄭注作欂盧釋名釋宮室云盧在柱端如都盧負屋之重也欂櫨舉之則曰櫨淮南子主術訓云短者以爲朱儒枅櫨

詷。畢云字書無此字詒讓案孟子睊睊胥讒孫奭音義云睊一作詷詷睊狷並同聲叚借字

作嗛也。洪云字書無詷字當與狷字同義說文狷小流也故此云作嗛也嗛卽慊字案詷當爲狷之借字字又作狷論語云狷者有所不爲也故經說上云爲是之詒彼也弗爲也狷孟子作獧同作嗛者國策魏策高注云嗛快也言狷者絜已心自快足嗛古或借謙慊爲之大學自謙鄭注云謙讀爲慊慊之言厭也洪以詷爲狷非讀嗛爲慊則于義可通然非厭足之本字也

盈。莫不有也。廣雅釋詁云盈滿也

廉。作非也。畢云廉察之廉作與狙聲近言狙伺案廉作非與上文詷作嗛文例同則不當如畢讀廉疑當作慊慊恨也作非謂所爲不必無非故說云已惟爲之知其𧵳也

堅白。不相外也。此卽公孫龍堅白石之喻不相外言同體也詳經說上

令。不爲所作也。畢云言使人爲之不自作

攖。相得也。莊子大宗師釋文引崔譔云攖有所繫著也畢云玉篇云攖結也楊云攖引也幾何原本所謂線相遇也案楊說亦通

任。士損己而益所爲也。畢云謂任俠說文云甹俠也三輔謂輕財者爲甹甹與任同

似。有以相攖有不相攖也。似當依說作仳形近而誤仳與比通官稽合比者有相攖相次比者不相攖故下文云次無閒而不相攖也

勇。志之所以敢也。賈子道術篇云持節不恐謂之勇畢云敢決張云志得勇乃敢

次。無閒而不攖攖也。張云攖衍

字無閒乃得不相攖而相次案攖攖當作相攖非衍文言兩物相次則中無閒隙然不相連合故云不相攖也力。刑之所以奮也。畢云刑同形言奮身是強力張云形以力奮法。

所若而然也。荀子不苟篇楊注云法效也畢云若順言有成法可從張云若如生。刑與知處也。畢云刑同形言人處世惟形體與知識張云形體有知是生也

案此言形體與知識合幷同居則生畢張說並未憭佴。所然也。吳鈔本無然字畢云然猶順佴之言貳或爲佽字假音說文云佽必然也案爾雅釋言云佴貳也郭注云佴次爲副貳次貳與順義近畢

疑爲佽之假音則非臥。知無知也。畢云臥而夢似知也而不可爲知案知卽上生形與知處之知言知識存而臥時則無知也畢謂夢知則失之說。所以明也。經說

上無說說文言部云說說釋也一曰談說謂談說所以明其意義畢云解說夢。臥而以爲然也。說文云㝱寐而有覺也夢不明也經典通叚夢爲㝱畢云言夢中所知以爲寔然

攸不可。爾雅釋言云攸所也然說無攸義楊云攸經說作彼張云攸當爲彼案張校是也下文辯爭彼也彼今本亦或作攸是其證兩不可也。言旣有彼之不可卽有此之不可是

彼此兩皆不可也平。句 知無欲惡也。說文兮部云平正也謂欲惡兩忘辯。爭彼也。彼吳鈔本作攸辯勝。畢云讀如勝負當也。畢云

讀知當意利。所得而喜也。畢云謂夢所見誤爲。句 窮知而縣於欲也。畢云言知之所到而欲爲縣同懸張云縣猶繫也爲必出知而爲之

則繫于欲案此言爲否決于知而人爲欲所縣係則知有時而窮義詳經說上畢張說未析害。所得而惡也。已。句 成亡。張云已有二義治。求得也。

畢云言事旣治所求得使。句 謂故。謂吳鈔本作爲非張云使有二義畢云說文云故使爲之也譽。明美也。國語晉語韋注云明箸也言箸人之善名。句 達

類私。張云名有三義誹。明惡也。謂。句 移擧加。張云謂有三義擧。擬實也。說文手部云擬度也謂量度其實而言之張云以名擬實知

句 聞說親。畢云聞舊作問據經說上改案言知有此三義名實合爲。四者言異而義相因張幷上爲一經云知有三聞一說二親三皆合名實而成于爲恐未塙言。出

擧也。謂擧實而出之口張云言出名實聞。句 傳親。傳道藏本吳鈔本幷誤作博張云聞有二且。畢云舊衍一且字以意刪言然也。見。句 體盡。

張云見有二鈕樹玉云疑當見體爲句失之君臣萌。畢云疑同名或同氓鈕云萌卽氓字上文巳婁見案鈕說是也詳尙賢上篇通約也。謂尊卑上下等差不一通而約之不過此

三名故說云君以若名者也張云君所以約臣民疑非合。句 正宜必。張云合有三功。利名也。欲正權利。且惡正權害。

大取篇云于所體之中而權輕重之謂權權非爲是也亦非爲非也權正也斷指以存擘利之中取大害之中取小也且字疑衍賞。上報下之功也。爲。句 存亡

易蕩治化。張云爲有六　罪。犯禁也。同。句　重體合類。張云同有四　罰。上報下之罪也。異。句　二不體。不合。不類。舊本體上挩不字今依畢校補吳鈔本亦不挩張云異有四　同。說作侗通　異而俱於之一也。之一猶言是一謂合衆異爲一　同異交得。謂言語同異各得其義　放有無。張云放疑於字之譌有無相交則得同異案張說非是放疑當爲知說云恕有無恕當爲恕之譌知恕字同　久。句　彌異時也。王云彌偏也畢云言不易其時故曰久非　宇。句　彌異所也。舊本宇譌守畢云言不移其所故曰守王引之云畢說非是案守當爲宇字形相似而譌彌偏也宇者偏乎異所之稱也經說上解此云宇東西南北東西南北可謂異所矣而偏乎東西南北則謂之宇故曰宇彌異所也高誘注淮南原道篇云四方上下曰宇蔡邕注典引云四表曰宇四表即東西南北也案王說是也今據正　聞。耳之聰也。經說上無說疑有缺佚　窮。句　或有前不容尺也。有前謂有端也經說上云尺前于區穴而後于端蓋以布幅爲喻自端至尺爲半不容尺謂不及半明其易窮也　循所聞而得其意。畢云循猶云從　心之察也。無說畢云之舊作也據下文改　盡。句　莫不然也。言。口之利也。無說　始。當時也。執所言而意得見。心之辯也。無說說文言部云辯治也　化。句　徵易也。楊云驗其變易也張云徵之言轉未塙　諾。不一利用。謂辭氣不同于用各有所宜若說所云五諾也　損。說文手部云損減也　偏去也。畢云言損是去其半　服執誽。音利畢云音利二字舊注未詳其義詒讓案說文言部云誽言相誽伺也唐韻音女加切與利音絕遠集韻六至利紐下亦不收此字惟十二霽有誽字音研計切伺也類篇言部又引埤倉云誽說言不同也居佳切並與利音不相應攷說釋此文云執服難成言務成之九則求執之以相推校疑音利當作言利二字本是正文誤作小注說九或即誽之壞字求執即說文所謂言相誽伺也傳寫舛誤改言利二字爲小注校者不憭又改言爲音緟僢貤謬遂不可究詁矣服謂言相從而不執執謂言相持而不服誽則不服不執而相伺若鬼谷子所謂抵巇者三者辭義不同而皆利于用上文云言口之利也又云諾不一利用此以服執誽爲言之利與彼義蓋略同　巧轉則求其故。轉當爲傳聲同字通說云觀巧傳法是也故謂舊所傳法式國語齊語云工相語以事相示以巧考工記云知者創物巧者述之傳法求故即所謂述也此與下文法同則觀其同法異則觀其宜句法正同說亦幷爲一條釋之畢張讀巧轉爲句則求其故大益爲句並繆　大益。無說未詳其義此與前云損偏去也損益義似正相對疑謂凡體損之則小益之則大也以旁行句讀次第校之疑當在巧轉則求其故句上錯箸于此而又佚其說耳　儇稘秪。吳鈔本作秖畢云稘經說上作昫詒讓案當爲環俱柢皆聲之誤俱說作昫音亦相近柢說作民當作氐即柢之省爾雅釋言云柢本也毛詩節南山傳云氐本是二字義同凡物有耑則有本環之爲物旋轉無耑若互相爲本故曰俱柢　法同則觀其同。禮記少儀云工依于法　庫。盧云庫疑廥與障同見下文易也。洪云易當是物字之譌廥者物所藏也案此當從盧校作廥經說下景廥字亦誤庫可證但說無易義未詳洪說緣誤爲訓不足據法異則觀其宜。句動。句或從也。從當作徙經下篇云宇或徙此與彼文義正同彼徙字今本亦譌爲從可證說文辵部云徙迻也或當爲域之正字或徙言人物迻其故所處之地域是動之理也詳經下止。句因以別道。謂道有宜止者有不宜止者因事以別也與經下止類以行之義亦略同張云此句文法特與下篇首句相偶疑下篇錯簡案張說未塙讀此書旁行。張云此舉例下篇讀亦旁行𠙺無非。畢云說文云非違也从飛下𦐇取其相背言此篇當旁行讀之卽正讀亦無背于文義也此篇舊或每句兩截分寫如新考定本故云旁行可讀楊云𠙺無非三字經文案楊說是也畢釋無非爲無背之義非是𠙺無非謂聖人以正道有所非與所非同說云若聖人有非而不非卽釋此經可證惟讀此書旁行五字爲後人校書者附記篇末傳寫者誤羼入正文又移箸于𠙺無非三字之上而其義遂莫能通矣又案此經云正無非說則云聖人不非義雖可通而正聖二文究不甚合竊疑此正亦當作聖集韻四十五勁云聖唐武后作𨲢今所見唐岱岳觀碑則作𨲢蓋从長从正从王𠙺卽正也集韻字形微譌此書正字皆用武后所製作𠙺此聖字或亦本作𨲢壞挩僅存𠙺形耳惟說語簡略無可質證附識于此俟通學詳定焉

經下第四十一

止。句類以行人。說云止彼以此其然也說是其然也我以此其不然也疑是其然也則是言辭相執拒之意不當言行人疑人當作之類以行之謂以然不定其是非可以類推所謂同也楊云小取篇夫辭以類行者也說在同。此亦取類推之義經說上云有以同類同也所存與者。張云與下挩存字案張校是也說云室堂所存也某子存者也於存與孰存。下有挩文駟異說。顧云當云說在異與說在同對文而句多譌挩張云駟衍異說下脫疑當云說在主案依顧張說則此當屬上所存以下爲一經楊讀則以此爲下經發端語三說未知孰是但此經不必與說在同對文顧校恐非依說似楊讀近是駟疑當爲四足牛馬四字譌挩合幷爲一字說云謂四足獸與牛馬與謂與說義同推類之難。言四足獸爲總名而獸名自有散名不能以類推也說在之大小。之上疑挩名字凡總名爲大散名爲小詳經說下顧讀之字句亦非五行毋常勝。張云毋無也說在宜。言視其生克之宜物盡同名。物猶事也謂意異而詞同張讀物盡屬上誤二與鬭。句愛食與招。句白與視。吳鈔本作二麗與。顧云据說似當有暴字夫與履。說作屨義同張云同名之類有此十者案當云十一者義詳經說下一句偏棄之棄吳鈔本作弃經說下作偏去與此下文及經上合去棄義同謂凡物或分析一體爲二或彙比兩一爲二皆可去其一偏對下不可偏去而二爲文謂而固是也。說在因。說無因義因蓋與固是義同公孫龍子堅白篇云離也者因是

力與知果不若因是莊子齊物論篇云因是因非因非因是此云固是猶言因是矣或固當爲因之誤畢讀固字句斷云言固陋失之不可偏去而二。凡物有二斯有偏有偏必可去其一而體性相合者則雖二而不可偏去若下所云是也說在見與俱。說文人部云俱偕也經上云同異而俱於之一也又經說上釋俱爲合同並與此義合言所見者爲一所含而不見者又爲一此皆名有二而不可偏去者也即說堅白見不見之義一與二。即說白一堅二色性同體者也廣與脩。脩舊說作循俞云循乃脩字之誤蓋以廣脩相對爲文隸書脩與循相似經說下篇廣循堅白循亦脩之誤廣脩與堅白皆二字平列案俞校是也今據正此言若平方之羃有廣有脩二者異名而數度相函則二而仍一也無欲惡之爲益損也。說在宜。經上云平知無欲惡也說釋以惔然蓋謂淡泊無所愛憎于人已或益或損隨宜無定或疑爲益損當作無益損張云欲惡去之有益有損視其所宜亦通不能而不害。說在害。經說下有說而義多難道大意似謂凡事有害于人者不能不足爲害損而不害。說在餘。說文食部云餘饒也謂物饒多則損之爲宜異類不吡。吳鈔本作吡此當與經說上篇佌字聲義同畢云說文無此字玉篇云吡吡必切鳴吡吡案畢引玉篇非此義未詳說在量。量謂量度其理數之異同知而不以五路。說在久。偏去莫加少。去猶言相離謂均分一體爲二是爲兩偏然與其合時體多少無增減說在故。言如故即說云無變也必熱。依說疑當作火不熱火必形近而誤又挩不字耳莊子天下篇亦有此文說在頓。說無頓義疑當作覩說文目部云睹見也古文作覩說云以目見火若以火見火謂火熱也非以火之熱大意謂目中所見者火之光不見其熱也假必誖。說文人部云假非真也又言部云誖亂也或作悖說在不然。說云假必非也誖與非義同正者爲是則假者爲非非即不然也張云假者必誖以其本不然也知其所以不知。說在以名取。張云名所知而取于不知之中則知不知物之所以然。句與所以知之。句與所以使人知之。句不必同。說在病。說云物或傷之然也病與傷義同無不必待有。句說在所謂。言所謂不同張云有有而無有無而無視其所謂疑。謂不可必說在逢。句循。句遇。句過。言疑含此四義擢慮不疑。擢當作推形近而誤亦作榷廣雅釋訓云揚推嫴榷無慮都凡也凡古書言大略計算者重言之曰揚推嫴榷無慮單言之則曰榷曰慮文選左思魏都賦云榷惟庸蜀與鴝鵒同巢荀子議兵篇云慮率用賞慶刑罰埶詐而已矣楊注云慮大凡也此又合兩文言之曰推慮其義一也說在有無。謂約計其大數合與一。句或復否。說在拒。張云或可合而一或不可合而一當拒其不合以爲合案依張說則相拒即不合所謂否也或云拒當爲矩後文云一法者之相與也盡類若方之相合也說在方矩與方義同亦通說無疑有闕佚且然。句不可正而不害用工。工與功古字通用工猶言從事也且然者將然而未然不能質定故不可正而因時乘勢正可從事故不害用工孟子公孫丑篇云必有事焉而勿正勿正猶此云不可正有事猶此云用工孟子語意與此正同趙岐注殊未了

說在宜歐。張云且然之事不可以爲正而可用力當審其宜案張讀說在宜句而以歐屬下物一體也爲句楊讀同今攷兩章說皆無宜歐義張楊讀未知是否歐吳鈔本作毆以字形校之與後文寡區頗相近然義亦難通且彼論鑒景與此文亦不相應也竊疑此當作害區害與蓋通爾雅釋言蓋割裂也釋文引舍人本蓋作害是其證荀子大略篇云言之信者在乎區蓋之間漢書儒林傳云疑者丘蓋不言蘇林注云丘蓋不言不知之意也案丘區古音相近見曲禮鄭注區蓋者當爲疑信相參疏略不盡之謂韓詩外傳云殖盡于已而區略于人區蓋猶區略也此釋且然爲害區者即荀子之區蓋亦即不可正之義經典凡言姑且苟且者並謂粗略不精詩邶風泉水鄭箋亦云聊且略之辭

物一體也。張以歐物連讀云歐或誤或衍案若如張讀則疑當爲數物之誤說有數牛數馬數指之文或其義與

說在俱一惟是。惟當作唯經上云同異而俱於之一也唯是者謂物名類相符則此呼彼應而是也說云唯是當牛馬即此義詳經說下張云知俱則物一體矣俱一分也惟是合也案俱一爲合惟是爲分張說失之

均之絕不。吳鈔本作否古通用

說在所均。謂均其縣則將絕而不絕也說云均其絕也莫絕張云均者不絕視其所均楊云列子公子牟曰髮引千鈞勢至等也

宇或徙。畢云舊作從以意改詒讓案說文戈部云或邦也或从土作域此即邦域正字亦此書古字之一也徙者言宇之方位轉徙不常屢遷而無窮也經說下云或知是之非此也又知是之不在此也然而謂此南北過而以已爲然此云徙即不在是及過而以已爲然之義

說在長宇久。謂宇長行之必久後文云行脩以久脩即長也

堯之義也生於今而處於古。生於今與處於古義迕生疑當作任形近而誤說云舉友富商也是以名示人也任與舉義同言於今舉堯之義說下又云在堯善治自今在諸古也在疑亦任之誤

而異時。古今異時

說在所義。說云所義之實處於古

二一。謂二人張以此字屬上說在所義爲句云二名實疑非

臨鑑而立。句

景到。畢云即今影倒字正文鄒伯奇云謂窪鏡也案畢鄒說是也說文日部云景光也大戴禮記曾子天圓篇云故火日外景而金水內景蓋凡發光含明及光所照物蔽而成陰三者通謂之景古無玻璃凡鑑皆以金爲之此所論即內景也到者所謂格術沈括夢溪筆談云陽燧照物迫之則正漸遠則無所見過此則倒中間有礙故也如人搖艣臬爲之礙本末相格算家謂之格術鄭復光鏡鏡詅癡云光線自闊而狹名約行線約行線愈引愈狹必交合爲一而成角名交角線兩物相射約行線自此至彼若中有物隔則約行線至所隔之物而止設隔處有孔則射線穿孔約行不至彼物不止如彼物甚遠則約行必交穿交而過則此之上邊必反射彼下邊此之左邊必反射彼右邊者勢也能無成倒影乎塔影倒垂此其理也

多而若少。張云若知也劉嶽雲云此爲凹面回光鏡也凸面透光鏡亦能令景顛倒考工記金錫相和謂之鑑燧之劑據此古無透光鏡知爲凹面回光鏡矣依光學理置一物于凹鏡中心以外即于凹鏡中心與聚光點之間成物顛倒之形象但較之實形稍小若以此物置于凹鏡中心與聚光點之間即在中心以外亦成物顛倒之形但較之實形稍大此言多而若少與較實形稍小之款合是以知人必立于凹鏡

中心以外也畢云若猶順疑誤說在寡區。張云區所也鑑之區甚寡案張說未知是否說亦無寡區義竊疑當作空區與經說上區穴義同謂鏡中窪如空穴考工記梟氏鄭注云隧在鼓中窒而生光有似夫隧是古陽燧卽窪鏡也經說下此條之說在下文住景二說在重之後與此敍次不合疑傳寫移易非其舊也狗。犬也。說文犬部云犬狗之有縣蹏者也狗孔子曰狗叩也叩氣吠以守爾雅釋畜云犬未成豪狗此疑同爾雅義謂同物而大小異名而殺狗非殺犬也可。莊子天下篇辯者曰狗非犬卽此義畢讀非字句失之成玄英莊子疏引此作然狗非犬也非元文莊子釋文司馬彪云狗犬同實異名名實合則彼所謂狗此所謂犬也名實離則所謂狗異於犬也張云旣謂殺狗卽非殺犬說在重。經說上云二名一實重同也鑑位。畢云當云鑑立古位立字通王云上文云臨鑑而立此亦當云臨鑑立景一小而易。一大而缶。說在中之外內。景舊本譌量張屬上讀云以鑑之位量景易衰也中之內正臨鑑景起中也中之外側臨鑑景起外也一之言或也王引之云量當作景字相似而誤也經說下言鑑言景言易言正竝與此同是其證俞云易讀爲施詩何人斯篇我心易也釋文曰易韓詩作施戰國韓策易三川而歸史記韓世家作施三川是易與施古字通施者邪也淮南子要略篇接徑直施高注曰施邪也孟子離婁篇施從良人之所之趙注曰施者邪施而行丁公著音迤說文辵部迤邪行也是迤正字施段字此作易者又其段字也一小而易猶言一小而邪與一大而缶相對爲文經說下篇木柂景短大木正景長小以柂與正對卽其例也案王兪說是也今據正張讀非是經說下此條之說在下文景之小大說在地正遠近之後與此敍次亦不合蓋傳寫移易非其舊使殿美。殿說作殿說在使。張云殿當爲殿殿下也不美之名亦有時而美若軍後曰殿也在使之異案張說迂曲恐非鑑團景一。無說說文口部云團圜也蓋謂鑑正圜則光聚於一夢溪筆談云陽燧向日照之則光聚向內離鏡一二寸聚爲一點著物火發此與下文不堅白文義不相屬當自爲一經亦似尙有闕文不堅白說在。張云此有捝案張幷上鑑團景一爲一經非是說似幷入下無久與宇堅白說在因章釋之下文荆之大別爲一經與此不相冡也荆之大其沈淺也。說在具。沈當爲沆具說作具並當爲有皆形之誤沆謂澤也呂氏春秋先已篇云夏后伯啓曰吾地不淺高注云淺褊也言荆地廣大而其國所有之沆澤則不害其褊淺故云說在有莊子天下篇辯者曰郢有天下與此意異而辭可相證義互詳經說下無久與宇堅白。說在因。說無久宇及因義未詳張移箸前宇或徙說在長宇久後又云無久者與長久者相爲堅白恐非以檻爲摶。楊云經說作檻詒讓案檻當爲楹摶道藏本作慱吳鈔本作博並非以義攷之摶蓋謂束木備城門篇云疏束樹木令足以爲柴摶楹一大木所成摶則合衆小木爲之今以楹之大爲摶之小其類不相當故云無知於以爲無知也。說在意。意卽意度也言意度之而不識楹與摶之大小不相當是爲無知在諸其所然未者然。說云在堯善治自今在諸古也自古在之今則堯不能治也在疑當作任所然謂所已然卽謂自今任諸古也未者然疑當作諸未然卽所謂自古任諸今也古書諸或作者聲之省也者未然上亦尙有捝字今無從校補說在於是推之。

說無推義末二字或當在上文作推之諸未然又疑當屬下讀則推爲椎之譌下章說云段椎錐俱事於履可用也是也但椎之意義亦難通疑未能明不敢臆定意未可知。此與下文不相屬說亦無此義或當別爲一經而捝其半下經又捝其發端語遂幷爲一與說在可用過仵。畢云即午字異文玉篇云仵古吳切偶敵也非此義案過當爲遇形近而譌莊子天下篇觭偶不仵釋文作音譌徐音五同也集韻十姥云仵偶也此仵當即啎之異文說文午部云午者啎也啎逆也廣雅釋言云午仵也漢書天文志云遻布於午仵啎與遻義並同遇仵猶言遇遻也可用遇仵並見說義詳彼畢孫王楊皆讀過仵屬下景不徙爲句與說不合不可從景不徙說在改爲。徙舊本譌從王引之云從當爲徙徙移也列子仲尼篇景不移者說在改也張湛注云景改而更生非向之景引墨子曰景不移說在改爲也是其證案王校是也今據正此景謂日光所照光蔽成陰莊子天下篇云飛鳥之景未嘗動也釋文云司馬彪云鳥動影生影生光亡亡非往生非來墨子曰影不徙也正作徙可以據校以此經及莊列張馬諸說綜合論之大意蓋謂景必亡而更生始有更改若其不亡則景常在後景即前景無所改易故說云光至景亡若在盡古息息即不徙之義也一少於二而多於五。俞云數至於十則復爲一故多於五經說下篇曰一五有一焉一有五焉五有一者一二三四之一也一有五者一十一百之一也說在建。張云建一爲端則一爲十是多於五詒讓案說無建義疑當作進即算位之二五進一十也

住景二。住疑當作位與立字同見上文說在重。張云住止也一止而二景以鑑之重也案張說未塙說云二光夾一光則當爲回光之義或謂重指二景重累即光學家所謂光複迭深義亦通而與說不相應恐非

非半弗斱。畢云玉篇云斱知略切破也盧云非此義此當與斫斲義同沅案斱即斲字異文耳楊云斱同櫡案楊說是也集韻十八藥云櫡說文所謂之櫡或从斤作𣃔此櫡即斲之變體舊本作斲譌斲斫同詁與斱音義亦略同而字則異畢說未審則不動說在端。若盡其端則無半可言是終古不能斱也故云不動

景到在午有端與景長說在端。說云足敝下光故成景於上首敝上光故成景於下在遠近有端與於光故景庫內也此即光學所謂約行線由侈而斂交聚成點端即點也張云午交午也劉云古者橫直交互謂之午儀禮度而午注云一縱一橫曰午是也其形爲乂乂者光線之交點案張劉訓午爲交點是也凡約行線中有物隔則光線必交穿交而過則成倒景在午有端與景長長謂線對端爲點而言謂凡光在交聚成點之時則有礙於光線之行故穿交而景到也鄒伯奇格術補云密室小孔漏光必成倒景雲鳥東飛其影西逝又云日無數光點俱射入小孔中是爲光線交過孔則侈而至地遂成日體之影皆可證此書之義

可無也。言凡有者必可無有之而不可去說在嘗然。嘗然者今雖無而實爲昔之所有故云不可去張云本可無也嘗有之則不可去

景迎日。說在摶。說云景日之光反燭人則景在日與人之間迎日即同光反燭之義但說無摶義上云鑑團景一與此義異摶道藏本作慱吳鈔本作博亦並難通以形聲校之疑當作轉謂鑑受日之光轉以射人成景亦即反燭之義也今本涉此而譌耳

缶而不可擔。說在摶。擔當作搖周禮矢人夾而搖之釋文云搖本又作摇摇即搖之變體漢隸凡从䍃之字或變从𠂢漢書天文志

亦云元光中天星盡搖搖與搖形近而譌史記建元以來王子侯表千鍾侯劉搖漢書王子侯表作劉搖是其證說文手部云摶圜也圜者隨所置而正故云不可搖義詳經說下道藏本摶作搏吳鈔本作博並形之誤

景之小大。說在地缶遠近。地當為杝杝卽迤之叚字杝正文正相對言景隨地而易也說亦云遠近杝正是其證張云遠則小近則大劉云謂人與鑑相去遠近也依光學理發光點與受光處距遠其景必小較近其景必巨書與此款合也

宇進無近。說在敷。說云進行者先敷近後敷遠說文攴部云敷敀也寸部云尃布也敷卽敷之俗義則與尃近蓋分布履步之謂書禹貢云禹敷土義亦同言宇宙雖大而人行履步由近可以及遠張云敷至也以近敷遠亦通

天而必缶。天依說當作大卽上文一大而正之義 說在得。說無得義未詳

行循以久。楊云循經說作脩張云循當為脩案張校是也 說在先後。句

貞而不撓。說在勝。楊云貞經說作負詒讓案當為負說云招負衡木是也說文木部云橈曲木也撓卽橈之俗

一法者之相與也盡。王云案以一字屬上句非案張讀亦與畢同譌說云一方盡類則此盡下當挩類字 若方之相合也。合舊本譌召王引之云召當作合經說下云或木或石不害其方之相台也台亦合之誤一同也一法同法也廣雅與如也盡猶皆也言同法者之彼此相如也皆若物之方者之彼此相合也據王校是也今據正 說在方。句

契與枝板。說在薄。張云契當為挈枝當為收板字亦誤據張說是也說云挈有力也又云挈上者愈得下者愈亡收上者愈喪下者愈得可證契挈同聲叚借字說文手部云挈縣持也挈與提義同板疑當作仮仮反同謂挈與收二力相反也或云涉上收字而衍亦通又說無薄義疑當為權之誤

狂舉不可以知異。張云狂妄也據張說是也狂舉猶言妄說亦見公孫龍子詳經說下 說在有不可。張云如非牛不可之類

牛馬之非牛。與可之同。說在兼。張云牛馬非牛或可或不可專則不可兼則可也詒讓案兼謂兼舉牛馬也荀子正名篇云單足以喻則單單不足以喻則兼卽其義可之疑當作不可卽承上經為文言兼舉牛馬則非牛亦非馬卽不可謂之牛謂之馬也

倚者不可正。說云邪倚則不正又疑此論轉重法則正或當為止說又云梯者不得疏流與止文相對 說在剃。說云車梯則剃當作梯蓋聲之譌

循此循此與彼此同。說在異。說無循義張云兩循字皆衍此此此之此也彼此彼之此也各此其此同也其所以彼此異據張說未知是否

推之必往。推依說當作柱往疑當作住蓋謂凡物楷柱之則住而不動說云方石去地尺關石于其下縣絲于其上使適至方石不下柱也住卽不下之義 說在廢材。廢亦置也謂置林于地若說所云方石說下又云廢石于平地此義與彼同

唱和同患。言唱而不和和而不唱其患同詳經說下 說在功。張云不唱不和俱無功

買無貴。說云刀輕則糴不貴 說在仮其賈。畢云仮反字異文下仿此詒讓案集韻二十阮反或作仮說文辵部返重文作彶云春秋傳返从彳仮蓋彶之異文叚借為反字張云反變也

聞所不知

若所知則兩知之。說在告。張云不知者人告之卽知 買宜則讎。謂讎其賈直所宜經說上云賈宜貴賤也畢云售字古只作讎後省前漢書高帝紀
云高祖每酤留飲酒讎數倍如淳曰讎亦售也 說在盡。盡猶適足言無所絀 以言爲盡誖。句 誖。謂人言有是非概辭其非亦非也 說在其言。
在其二字舊本倒今據道藏本吳鈔本乙言當辨其言之可否張云言無盡誖者 無說而懼。說在弗心。張云弗心不自信按張說非是心當作必安危不可必故懼說云在軍不
必其死生聞戰亦不必其生前也不懼今也懼是其證 唯吾謂。句 非名也則不可。說在仮。唯舊本作惟今據吳鈔本正說文口部云唯諾也言部云諾譍
也禮記玉藻云父命呼唯而不諾孔疏云唯恭于諾也呂氏春秋圓道篇云唯而聽唯止唯吾謂言吾謂而彼應之若非其正名則吾謂而彼將不唯故不可也與上文唯是文義正相對仮亦與反同反謂御之不應也莊子寓
言篇云與已同則應不與已同則反孟子公孫丑篇云惡聲至必反之趙注云以惡聲加己己必惡聲報之亦此義詳經說下 或過名也。說在實。或域正字過名謂過之而成是名若
過北而成南過南而成北說云然而謂此南北過而以此爲然是也實謂方域有定與方名無定文相對莊子庚桑楚篇說宇爲有實而無乎處域與宇同故經下又云宇或徙 無窮不害兼。張云
人雖無窮不害兼愛 說在盈否知。卽說人盈無窮不盈無窮之義張云知人之盈與否盈多也否不盈少也 知之否之足用也誖。張云誖宜爲詩知之
否之不知也不知則無以論乃以爲足用是誖也 說在無以也。吳鈔本以作已按說作以已以字同 不知其數而知其盡也。說在
明者。張云不知天下人之數而可以知愛之盡以其明之按張說未塙此明疑當作問說云盡問人則盡愛其所問卽其義 謂辯無勝。必不當。張云辯必有勝謂辯無勝
者必其辯不當故當反求其辯也 說在辯。不知其所處。不害愛之。說在喪子者。吳鈔本作有非經說下無說張云不知天下民
之所處而愛可及之喪失也矢子者不知子之所在不害愛子 無不讓也不可。說在始。張云辯不必讓當審其始按說無辯義張說不足據始疑當作殆詳經說下 仁
義之爲內外也內。內外舊本到今據吳鈔本乙末內字誤疑當爲非張云此與告子之徒辯義外也 說在仵顏。說無此義畢讀在仵句絕云此亦未詳其義張
云玉篇云仵古吳切偶敵也詒讓按仵顏疑當作頡仵呂氏春秋明理篇云其民頡許百疾高注云頡猶大牾逆也仵啎字通詳前頡顏形近而誤傳寫又到其文遂不可通耳頡仵卽說所云狂舉也又疑此當作仵觭卽莊子
天下篇所謂觭偶不仵也觭誤作顏經說下篇觭倍之觭作顏與此正相類仵觭亦牴牾不合之意 於一有知焉有不知焉。說在存。說云於石一也堅白二也
而在石此云存卽在石之義謂堅白在石之中視之知其白而不知其堅拊之知其堅而不知其白義具公孫龍子堅白論篇說詳經說下或云存疑當作石亦通 學之益也。說在誹

者。張云誹非也誹學之人按說無誹義張說未塙此疑當作學之無益也說在詩者言旁學爲無益于論爲詩也此挩一無字而詩又涉下文而譌爲誹遂不可通 有指於二而不可逃。謂指一得二無所逃也 說在以二一絫。畢云說文云絫增也从厽从糸絫十黍之重也漢書注孟康曰絫音累蠡師古曰絫孟康音來戈反此字讀亦音纍縲之纍楊云絫經說作參張云絫當爲參或兼指或參指按張說是也二參卽二三廣雅釋言云參三也說云若智之則當指之智告我則我智之兼指之以二也衡指之參直之也 誹之可否。不以衆寡。卽說云多誹少誹 說在可非。句 所知而弗能指說在春也逃臣狗犬貴者。春字譌說同未詳楊云貴經說作遺張云貴當爲遺按張校是也當据正 非誹者諄。說在弗非。張云諄當爲誹誹皆當則非誹者諄按張說是也弗非卽當理之謂 知狗而自謂不知犬。句 過也。說在重。亦卽重同之義詳前張云知而又知是謂重知俞云畢讀說在重物爲句非也上文云狗犬也而殺狗非殺犬也可說在重文義與此相近然則此文亦當以說在重斷句矣 物甚不甚。舊本作物箕不甚張云箕疑當爲莫俞云疑當作物甚不甚言有甚有不甚也甚誤作其又誤爲箕耳按俞說是也楊校同今据正吳鈔本甚作順尤誤 說在若是。說云莫長于是莫短于是 通意後對。張云先通彼意後乃對之 說在不知其誰謂也。張云否則不知其何謂 取下以求上也。說在澤。顧云澤字句按顧讀是也說云取高下以善不善爲度不若山澤 是是與是同。說在不州。此有譌字說亦難通畢云疑云不同張云州說作文楊云疑文之譌按說不文似非卽此字張楊說非莊子寓言篇云同于己爲是是或卽此義

經說上第四十二

故。此目下文 小故。句 有之不必然。吳鈔本譌作必不然 無之必不然。體也若有端。五字與上下文義不相屬疑校移箸下節體字上云物之有體若有其端按張校近是 大故。句 有之必無然。此疑當作大故有之必然無之必不然與上小故文正相對小故大故謂同一言故而語有輕重事有大小也今本上句挩然字下句挩三字遂不可通 若見之成見也。義亦難通張云若者指事之詞目之見性也然不接物則不見接物而不故欲見之亦不成見是見之所以成其見者乃故也按張說亦迂曲以經校之疑上見字當爲得之誤得正字作㝵壞挩僅存上半遂成見字故古書多互譌下見字當爲是字之誤言得彼乃能成此也顧云此釋經上故所得而後成也 體。句 若二之一尺之端也。尺之端謂于尺幅中分之其前爲端經上云端體之無序而最前者也此後文亦云尺前于區穴而後于端皆其義也此端與小爾雅廣度倍丈謂之端義異凡數兼一成二

故一爲二之分猶兼端爲尺故端爲尺之分張云一分二之體端分尺之體畢云此釋經上體分于兼也知材。句知也者所以知也。上二知字讀爲智言知生于智荀子正名篇云所以知之在人者謂之知知有所合謂之智而必知。張云智者必知若明。管子宙合篇云見察謂之明此段目喻知也下文以睨況慮言不必見以見況知則必見矣此以明況智則所見尤審焯取譬不同而義並相貫畢云此釋經上知材也慮。此亦目下文也與下文知𢜔並述經而後釋其義畢張皆誤屬上讀俞又謂皆涉下而衍並未達其義慮也者以其知有求也。而不必得之。言以知求索而得否不可必若睨。說文目部云睨邪視也謂有求而不必得若睨而視之見不見未可必也楊云莊子庚桑楚篇知者之所不知猶睨也畢云此釋經上慮求也知。句知也者以其知過物而能貌之。貌吳鈔本作皃過疑當爲遇與經云接同義說文皃部云皃頌儀也籀文作貌能貌之謂能知物之形容與經說下貌能爲貌態異若見。畢云此釋經上知接也𢜔。舊本譌恕顧云當從經作𢜔是也今据正下同𢜔也者以其知論物。而其知之也著。句若明。與上經知材也義同而體用則微別畢云此釋經上恕明也按恕當作𢜔仁。句愛己者非爲用己也。不若愛馬。張云愛己非爲用己也愛馬爲用馬也愛所不用則非己無愛也未足明愛愛所用則非己亦愛也愛足明也言當觀仁于兼愛按張說是也但疑己或當爲民民唐人避諱闕筆與己形近因而致誤淮南子精神訓云聖王之養民非求用也性不能已此義或與彼同著若明。三字無義疑著當爲者屬上讀涉上文而誤作著又幷衍若明二字畢云此釋經上仁體愛也言當觀仁于愛物義。句志以天下爲芬。而能能利之。不必用。畢云此釋經上義利也言意以爲美而施之又忘其勞張云芬美也而能才也俞云志當作者草書相似而誤能能疊用無義當作而能利之不能必用下文孝以親爲芬而能能利親不必得亦當作而能利親不能必得誤與此同按畢張俞說並非此下能字當讀如詩書柔遠能邇之能漢書百官公卿表顏注云能善也能能利之言能善利之也志字亦不誤惟芬義不可通疑當爲𦸕之誤芬篆文作芬與𦸕形近不必用言不必人之用其義也禮。句貴者公。賤者名。言賤者稱貴者爲公而自名也張云公君也名當作民古字通用按張說非是而俱有敬僈焉。言貴賤之中復有敬慢之別荀子不苟篇云君子寬而不僈楊注云僈與慢同怠惰也畢云僈慢字異文等。異論也。禮有貴賤尊卑等差之異張云論讀爲倫畢云此釋經上禮敬也行。句所爲不善名。句行也。所爲善名。句巧也。若爲盜。王引之云善疑當爲著形相似而誤也言所爲之事不著名是躬行也所爲之事著名是巧于盜名者也畢云此釋經上行爲也言所爲之事無善名是躬行也有善名是巧于盜名也張云善名求善其名也所爲求善名其巧如爲盜按畢張說近是巧疑當爲竊竊與盜文義正相貫竊俗書作穷下半與巧相似故譌大戴禮記文王官人篇規諫而不類道行而不平曰巧名者也逸周書巧作竊是其證實。

句

其志氣之見也，使人如己。言待人以寔與己身無異張云見其外而知其內亦通不若金聲玉服。不字疑當作必玉服卽佩服之玉周禮玉府共王之服玉鄭衆注云服玉冠飾十二玉禮記月令春服蒼玉夏服赤玉中央土服黃玉秋服白玉冬服玄玉鄭注云凡所服玉謂冠飾及所佩者之衡璜也呂氏春秋孟春紀高注云服佩也並此玉服之義言其寔充美則見于外者若金聲玉服之昭著卽所謂榮也文選西都賦李注引尚書大傳云皆莫不磬折玉音金聲玉色玉服與玉色義亦相近張云金聲玉服宣于外也畢云此釋經上實榮也

忠。句不利弱子亥。亥疑當爲孩說文口部云咳小兒笑也古文作孩明鬼下篇云賊誅孩子子亥猶云孩子弱子孩謂小主也言忠臣之強君其迹若不利于小主卽書金縢管叔流言謂周公將不利于孺子之意足將入止容。止疑當爲正此言雖強君而事君必以敬此其所以爲忠也畢云此釋經上忠以爲利而強低也按低君之誤

孝。句以親爲芬，而能能利親，不必得。畢云此釋經上孝利親也言不以爲德張云孝有不可必得者案芬疑亦紛之誤能能利親亦謂能善而利之也不必得謂不必中親之意莊子外物篇云人親莫不欲子之孝而孝未必愛畢張說非

信。句不以其言之當也，不亦當爲必之譌使人視城得金。言告人以城上有金視而果得之明言必信也畢云此釋經上信言合于意也

佴。句與人遇人衆惛。漢書司馬遷傳云僕又佴之蠶室如淳云佴次也若人相次也此與說文佴佽之訓正合言人相與相遇皆相佽比之意衆惛未詳疑惛當爲揗同聲叚借字說文手部云揗摩也言人衆相摩切畢云此釋經上佴自作也字書無惛字按經作疑佀之誤

詷當讀爲譞說詳經上爲是爲是之台彼也，畢云台一本作治顧云台讀當爲詒季本作治按顧說是也說文言部云詒相欺詒也謂譞者不爲欺人之言下爲是二字蓋誤衍弗爲也。畢云此釋經上詷作嗛也

廉。疑當爲慊己惟爲之，惟當作雖同聲叚借字知其𢠳也。舊本𢠳上有也字畢云一本作知其思耳也是此釋經上廉作非也詒讓按經廉亦疑當爲慊禮記坊記注云慊恨不滿之貌也孟子公孫丑篇吾何慊乎哉趙注云慊少也淮南子齊俗訓高注云慊恨也𢠳上別本無也字是今據刪字書無𢠳字別本作思耳顧校季本同亦非以文義校之當爲諰之譌荀子彊國篇云雖然則有其諰矣楊注云諰懼也此其𢠳卽荀子之其諰與論語愼而無禮則葸之葸聲義亦相近此冡上爲文言猶者則有所不爲慊者己雖或爲非而心常自恨猶知懼也

所令非身弗行。弗吳鈔本作不疑當依經作所行言使他人作之非身所親行也畢云此釋經上令不爲所作也

任。句爲身之所惡，卽經所謂損己以成人之所急。卽經所謂益所爲畢云此釋經上任士損己而益所爲也言任俠輕財

勇。句以其敢於是也命之，命猶名也言因敢得名張云人有敢亦有不敢就其敢于此則命之勇矣不以其不敢於彼也害之。畢云此釋經上勇志之所以敢也言勇憨

力。句重之謂下。句與重奮也。與疑當作擧言凡重者必就下有力則能擧重以奮也楊

云以重力激之使其下奮出而至高遠故曰下與重奮按楊讀非是畢云此釋經上力刑之所以奮也按刑形同生。句楹之生。楹吳鈔本作盈畢云楹當爲形商不可必
也。畢云此釋經上生刑與知處也商不可必言不可知量詒讓按商疑當爲常聲近而誤言生無常形與知合則生離則死也經刑亦與形同臥。句夢張云卽以夢說臥或有闕文按此疑以臥夢義
易明故述而不說依張說此釋經上臥知無知也夢臥而以爲然也平句惔然張云惔疑當爲憺按張說是也楊說同集韻四十九敢云憺或作惔說文心部云憺安也卽經所謂無欲惡依張說此釋
經上平知無欲惡也利。句得是而喜。則是利也。其害也。非是也。害。句得是而惡。則是害
也。其利也。非是也。畢云此釋經上利所得而喜也害所得而惡也治。句吾事治矣。人有治南北。有疑當讀爲又或當作人
治有南北言吾事治則自治其身人治則當廣求之四方亦求得之意畢云此釋經上治求得也譽之。句必其行也其言之忻。說文心部云忻闓也司馬法曰
善有忻民之善閉民之惡卽此義張云若是者其言可忻悅也使人督之。督篤之借字書微子之命云曰篤不忘左僖十二年傳云謂督不忘督卽篤也爾雅釋詁云篤厚也言使人厚于爲善行張以
此句屬下說誹云篤正也人有惡使人自正之恐非畢云此釋經上譽明美也誹。句必其行也其言之忻。誹譽義相反說不宜同款皆涉上而誤下亦有捝文畢云此釋
經上誹明惡也舉。道藏本吳鈔本作譽涉上而誤告以文名。舉彼實也。春秋文八年宋殺其大夫司馬宋司城來奔公羊傳云司馬者何司城者何皆官舉也何休注云皆
以官名舉言之荀子儒效篇亦云繆學雜舉按此舉與公羊荀子義正同文名言以文飾爲名又疑此篇之字多誤爲文此文名亦當作之名之名猶言是名與彼實文相對亦通畢云此釋經上舉擬實也故言
也者。諸口能之出民者也。王引之云當作故言也者出諸口能之民者也出字誤倒在下能下又捝一字能與而通謂言出諸口而加之民也繫辭傳曰言出乎身加乎
民按王說移易太多似未塙竊疑口能卽謂口之所能猶經上云言口之利也民當爲名之誤後文云聲出口俱有名出名亦謂言出而有名猶經云出舉也民若畫俿也。民疑亦名之誤蓋言名與
實不同字書無俿字太玄經止次七車纍其俿范望注云俿輪也按非此義畢云俿虎字異文言也謂言猶石致也。此義難通言也下疑當有者字畢云石當爲實此釋經上言出
舉也按實致亦無義石疑名之誤猶與由通謂言因名以致之且。句自前曰且。自後曰已。方然亦且。呂氏春秋音律篇高注云且將也俞云此當讀
且句自前曰且句自後曰巳句方然亦且句蓋凡事從事前言之或臨事言之皆可曰且如歲且更始之且事前之且也如匪且有且之且毛傳曰此也此方然之且也惟從事後言之則爲巳然之事不得言且故云自後曰巳
若石者也。畢云此釋經上且言然也俞云若石者也涉下句君以若名者也而衍又誤名爲石耳詒讓按若石者也疑當作臣民也者乃約述經語以起下文今本譌舛不可通遂誤屬之上章耳君。

句以若名者也。張云謂以臣萌名畢云此釋經上君臣名通約也名經上作萌誤按經云萌卽氓字不誤此言君之名對臣民而立故云以若名若卽指臣民也畢說非功不待

時若衣裘。不疑當爲必言功之利民必合時宜若夏衣而冬裘也張云冬資葛夏資裘不待時而利按張說亦通舊本重此七字畢云疑衍張說同按吳鈔本亦無今據刪畢云此釋經上功利民也

賞疑當在下文誤箸于此罪不在禁惟害無罪殆姑。殆疑當爲隸之叚字說文隶部云隸及也姑與辜通言罪不必犯禁惟害無罪則及罪也上報

下之功也。此句上當有賞字罰。句上報下之罪也。上報下之功也六字當在罪不在禁上乃述經語而未著說今本貿亂不可通畢云此釋經上賞上報下之功也罪犯禁也罰上報下之罪也侗。說文人部云侗大皃又言部云詷共也引周書云在夏后之詷今書顧命詷作侗釋文引馬融本字義並與許同禮記祭統云同之言詷也是同侗詷三字並通故此經作同說作侗也張云侗當爲同二人而俱見是楹也。楹疑亦形之誤張云一楹也二人俱見俱謂之楹是同也按張說亦通若事君。事舊本作是今据道藏本吳鈔本正似言猶衆人同事一君此釋經上同異而俱於之一也久。句古今旦莫。舊本久上衍今字且譌且王引之云上今字因下今字而衍且當爲且言古今異時且莫異時而徧歷古今且莫則久矣故曰久古今旦莫故經上云久彌異時也彌徧也案王校是也顧張校亦以且爲且今並据刪正宇。句東西家南北。顧云家字衍王校同案家猶中也四方無定名必以家所處爲中故著家于方名之間非衍文也今不据刪畢云此釋經上久彌異時也守彌異所也按守宇之誤窮。句或不容尺有窮。言前雖或有不容尺之餘地然此不容尺之外卽爲盡處是有窮也張云或不容尺實也雖未窮而有窮莫不容尺無窮也。張云莫不容尺虛也雖窮而無窮畢云此釋經上窮或有前不容尺也盡。吳鈔本作靜誤但止

動。但疑當作俱謂盡與俱義略同止動謂事無動靜皆然卽經所謂莫不然也畢云此釋經上盡莫不然也始。句時或有久或無久始當無久。張云時有此二者始則當其無久也無久久之始也按張說是也此言始者或時已歷久而追泝其本或時未歷久而甫發其端二者皆謂之始但始必當無久時若已有久則不得爲始也列子釋文引始時作夫物疑誤無並作无畢云此釋經上始當時也化。句若鼃爲鶉。列子天瑞篇亦有此文釋文引此末有也字畢云此釋經上化徵易也孫星衍云淮南齊俗訓云夫蝦蟆爲鶉生非其類唯聖人知其化詒讓按說文黽部云鼃蝦蟆屬淮南書卽本此荀子正名篇云狀變而實無別而爲異者謂之化有化而無別謂之一實損偏去也者兼之體也。舊本無去字今依王校補兼之體卽上文一之二尺之端之義兼者合衆體偏去言於衆體中損去其一體也經上云體分于兼也亦卽此義其體或去或存謂其存者損。存上舊本挩或字王引之云經上云損偏去也則此當云損偏去也者兼之體也其體或去或存謂其去者損寫者挩誤耳張云一物兼二體體一去一存就其存者言則損矣按王校增或字是也今据補謂其存者損當如張說存字非誤今不据改畢云此釋經上損

偏去也儇。當爲環詳經上昫民也。畢云昫經作䝿此釋經上儇䝿秪詒讓按昫當爲倶民當爲氏經作儇䝿秪亦誤說詳經上庫。當作庳詳經上區穴若。句斯
貌常。貌吳鈔本作皃管子宙合篇云區者虛也區穴猶云空穴區穴若猶言若區穴文偶到耳斯貌常疑當作所視庳備城門篇時令人行視封視今本亦誤作貌可證常庳音近而誤言雖有區穴視之則庳而不見
也畢云此釋經上庫易也按庫亦庳之誤動。句偏祭從者。此義難通從亦當作徙經云動或徙與經下宇或徙二文正同則是遷地之義疑偏祭當作徧際謂動則周徧所接之域經說下云
區宇不可偏舉偏偏宇亦通詳非攻下篇戶樞免瑟。呂氏春秋盡數篇云戶樞不螻動也張云瑟蝨同戶樞不蠹動故也按依張說免蝨謂免于蠹義未塙竊疑免瑟當作它蠥它即蛇正字說文它部
云它虫也上古艸居患它故相問無它乎或作蛇从虫干祿字書蠥俗作蝅它蝅與免瑟形近而譌下文免蝍免亦即它字耕柱篇曰若之龜龜今本譌作梟龜亦从它也皆可以互證戶樞與它蠥皆常動之物畢云此釋經上
動或從也按從亦徙之誤止。句無久之不止。當牛非馬。當猶言是也經上云辯勝當即謂是者勝也淮南子齊俗訓云從牛非馬疑即此義張云無久之不止以不止
爲不止也其理易見故當牛非馬亦通若矢過楹。矢舊本譌夫張云疑亦當爲人王引之云夫當作矢矢之過楹久則止而不行故曰無久之不止若矢過楹鄉射禮記曰射自楹間故以矢過楹爲
喻按王校是也今据正莊子天下篇云鏃矢之疾而有不行不止之時疑此義與彼略同有久之不止。當馬非馬。莊子齊物論篇云以馬喻馬之非馬不若以非馬喻馬之
非馬也疑即此義或謂當作當馬非牛亦無義可說此與上云當牛非馬二句並與上下文不相冡而與後彼凡牛樞非牛章文相近或有錯誤張云有久之不止以不止爲止也其理難見故當馬非馬亦通若人
過梁。梁謂橋梁若人過橋梁不過不止也張云人過梁不止以求止也畢云此釋經上止以久也必。句謂臺執者也。執道藏本吳鈔本作孰非畢云臺疑握字說文云𡕥古文
握握執言執持必然者也按畢說是也握古文又見淮南子詮言訓今本亦誤臺又俶真訓云臺簡以游太清高注云臺猶持也釋名釋宮室云臺持也築土堅高能自勝持也莊子庚桑楚篇云靈臺者有持而不知其所持而
不可持者也釋文云靈臺謂心有靈智能任持也則臺似本有持訓不破字亦可通若弟兄。一然者。一不然者。必不必也。是非必
也。張云弟兄一然一不然是必不能必者也若是者非必也言必者是絕無不然者也畢云此釋經上必不已也同。句捷與狂之同長也。捷吳鈔本作捷畢云一本作楗
按顧校季本同心中自是往相若也。捷讀爲插詩小雅鴛鴦篇戢其左翼釋文引韓詩云戢捷也捷其噣于左也儀禮鄉射禮注云搢插也釋文插作捷是其證狂當爲往之誤所
插者即重差之立表亦即考工記匠人之置槷是也謂插表于地同長即同高也插一表于中以測日出入之景而規畫其端更于景東西南北端各立一表而以中一表爲心外四表爲邊規畫其邊周匝成圜形則自圜邊爲
多綫以往湊中點其長諸綫必正相等此即同長相若之義亦詳經上畢云此釋經上平同高也同長以正相盡也中同長也厚。句惟無所大。畢云此釋經上厚有所大也言唯其大無所加

是所謂大也。按畢說未允。此謂積無成有，其厚不可極也，與經文相反而實相成，詳經下。圜。句 規寫攴也。寫謂圖畫其象。周髀算經云「笠以寫天」，趙爽注云「寫猶象也」。攴，吳鈔本作支，下同。攴支義並未詳，疑當爲交之誤。後備城門篇「薪食足以支三月以上」，支今本誤交，此交誤作攴，猶彼支誤作交也。凡以規寫圜形，其邊綫周匝相湊謂之交，或爲直綫以湊圜心，中交午成十字形，亦謂之交。考工記匠人云「爲規，識日出之景與日入之景」，鄭注云「日出日入之景，其端則東西正也。又爲規以識之者，爲其難審也。自日出而畫其景端以至日入既，則爲規，測景兩端之內規之，規之交乃審也。度兩交之間，中屈之以指臬，則南北正」。鄭說可證此規寫交之義。張云：「說文：『攴，小擊也。』疑攴爲法度之義，或攴爲及字之誤，下同。」按：張說並非是。畢云：「此釋經上『圜，一中同長也』。」方。句 矩見攴也。見攴疑亦當爲寫交。矩寫交者，以矩寫方形，其邊綫周帀相湊，及隅綫相午貫，亦皆謂之交也。張云「見寫大同」，非是。畢云：「此釋經上『方，柱隅四讙也』。」按：讙當爲雜之誤。倍。句 二尺與尺，但去一。張云：「二尺與一尺，但相較一也。」畢云：「此釋經上『倍爲二也』。」端。句 是無同也。張云：「若有同之，卽非最前。」畢云：「此釋經上『端，體之無序而最前者也』。」有間。畢云：「此與下間，舊作閒，俱以意改。」謂夾之者也。謂有物夾之。畢云：「此釋經上『有閒，中也』。」間。句 謂夾者也。張云：「就其夾之而言，則謂有閒；就其夾者而言，則謂之間。」尺前於區穴而後於端。尺與上文「前不容尺」之尺義同，謂凡物前盡處爲端，後距端一尺爲尺，更後盡處則爲區穴。區穴謂空隙，若布帛裁削之縫際皆是也。此蓋以方制布幅爲況。凡古布幅皆廣二尺二寸，爲衣則削其邊各一寸，縫之。儀禮喪服賈公彥疏云「整幅二尺二寸，凡用布爲衣物及射侯，皆去邊幅一寸，爲縫殺」是也。蓋方制從衡正等，去邊縫各寸，則幅止二尺，中半適一尺矣。不夾於端與區內。畢云：「內疑穴字。」張云：「如有物，尺前有區穴，後有端，端與區穴所夾，非間也。間乃是區穴之內，但與區穴相及，故云不及窮。」案：張讀內如字，不如畢校改穴之允。此似謂前有端，後有區穴，尺雖在其中，然與前後幅相連屬不絕，則不得爲二者所夾也。或云不當爲必，亦通。及。如是者謂之及。及非齊之及也。張云：「齊，等也。此申說及字之義。若論齊等之及，則區穴與端之所夾爲中間，穴內宜爲窮；惟不論齊等之及，乃夾者但與區內相及也。」按：張說亦未析。此似言所謂不及窮者，非不齊窮之謂，及止謂彼此相次，齊則盡其邊際，二者同而異也。畢云：「此釋經上『間不及窮也』。」纑間虛也者。舊本捝間字，王据經增，今從之。纑與櫨同，詳經上。兩木之間。謂其無木者也。櫨爲柱上小方木，兩櫨之間空虛之處則無木。張云：「與夾者相及則謂之間，但就其虛處則謂之纑。」按：張依舊本爲釋，恐非。畢云：「此釋經上『纑，間虛也』。」盈。句 無盈無厚。言物必有盈其中者，乃成厚之體，無所盈則不成厚也。於尺無所往而不得。此上下文雖多云尺，然此尺字寔當作石，形近而誤。經說下「廢石于平地」，石亦譌尺，可證。此與下文並以堅白石爲釋，言堅白在石，同體相盈，則彌滿全體，隨在皆有堅，亦隨在皆有白，故云無所往而不得，亦卽所謂相盈也。畢云：「此釋經上『盈，莫不有也』。」得二。二卽謂堅白也。公孫龍子堅白論篇云「無堅得白，其舉也二；無白得堅，其舉也二」，此云得二，亦謂得白得堅，分爲二也。堅異處不相盈。下堅當有白字相非是相外也。經說下云於石一也堅白二也故云得二蓋離堅白爲二而異處則堅非白白亦非堅是爲不相盈亦卽爲相外若合而同體則堅內含有白白內亦含有堅是爲不相外此義亦見公孫龍子互詳經說下畢云此釋經上堅白不相外也

攖。句尺與尺俱不盡。言尺與尺相攖則前向有餘地故兩俱不盡端與端俱盡。舊本與譌無俱譌但張云無疑當作與但當作俱是也今據改經上云端體之無序而最前者也是端前更無餘地故相攖則兩俱盡尺與或盡或不盡。尺與下張云疑挩尺字按張校與上文岐牾此疑當有端字誤錯箸于後言尺與端相攖則端盡尺不盡堅白之攖相盡。此言堅白雖殊而同托于石性色相含彌滿無間故其攖爲相盡卽經說下堅白相盈之義體攖不相盡。言凡物兩體相攖雖攖而各自爲體不能相含是卽不相盡也端。此與上下文不相屬疑卽上尺與端句之挩字誤錯箸于此畢張楊並讀端屬上爲句張云尺與尺俱不盡則體相攖端與端俱盡則端相攖尺與尺或盡或不盡則端體並相攖體之攖可盡而端之攖不可盡按此讀恐非張說亦未析王讀端仳爲句尤誤畢云此釋經上攖相得也

仳。畢云疑似字張校同王引之云仳與比通比者並也按王說是也集韻六至云仳及也與比義亦相近兩有端而后可。畢云有一本作目此釋經上似有以相攖有不相攖也按顧校季本有亦作目后吳鈔本作後經似亦卽仳之誤

次。句無厚而后可。后畢本作後吳鈔本作厚非無厚似謂體極薄而相次比或疑當作無序見經上言序次齊平更無差等而其體終不合幷也亦足備一義張云無厚乃無間畢云此釋經上次無間而不攖攖也按攖攖當作相攖

法。句意規員三也俱可以爲法。說文貝部云員物數也禮記少儀云工依于法游于說鄭注云法謂規矩尺寸之數說謂鴆殺之意張云意若規而爲員是法也畢云此釋經上法所若而然也

佴然也者民若法也。若猶順也畢云此釋經上佴所然也

彼凡牛樞非牛。此義難通張云可彼可此謂之樞按張說尻定不足据牛樞疑木名爾雅釋木云藲荎郭注云詩曰山有藲今之刺榆今毛詩唐風藲作樞牛樞疑卽刺榆之大者古艸木大者多以牛爲名若爾雅菼牛蘄終牛棘之屬是也牛樞皆牛爲名則非眞牛故曰非牛兩也無以非也。謂牛樞與牛兩者實不同則不足辯也

辯。或謂之牛。謂之非牛。疑當作辯者或謂之牛或謂之非牛是爭彼也。是不俱當。不俱當。必或不當。必上畢本有不字今據道藏本吳鈔本刪言兩辯相非不能皆當則必有一不當者也不若當犬。當犬若上云當牛當馬言辯牛之是非而不當不若謂狗爲犬之當也經說下云同則或謂之狗其或謂之犬也異則或謂之牛牛或謂之馬也俱無勝是不辯也辯也者或謂之是或謂之非當也者勝也卽此章之義畢云此釋經上攸不可兩不可也辯爭彼也辯勝當也按經攸卽彼之誤

爲。句欲雞其指。畢云雞卽難異文張從之按字書無雞字畢說不知何据此云雞指難臘義亦並不可通竊疑並當爲斲之譌耕柱篇備穴篇斲並譌作雞經下篇斲舊本或譌从看故又譌从養也斲與斫義同亦詳經下篇斲指謂斫手指斲臘謂斫乾臘也智

不知其害。是智之罪也。若智之慎文也。文當爲之之誤無遺於其害也。而猶欲鑵之。則離之。史記管蔡世家索隱云離卽羅羅被也按離俗作羅同詩王風兎爰逢此百羅釋文云羅本亦作離離之謂因欲而離患也或疑離亦斷之誤上欲斷屬意下斷之屬事也亦通是猶食脯也。騷之利害。未可知也。畢云騷臊字叚音讀如山海經云食之已騷詒讓按騷之利害疑言臭之善惡張云味之美否也欲而騷。騷上疑挩得字是不以所疑止所欲也。廧外之利害。未可知也。畢云廧字牆俗寫詒讓按左傳襄二十六年李人惠牆伊伕釋文牆作廧趨之而得力。則弗趨也。兪云力字無義疑人字篆書之誤趨之而得爲句人則弗趨也爲句按力疑當爲刀經說下亦云王刀皆謂泉刀也趨之而得刀句言若有人言牆外有泉刀趨之卽得而不信者則弗趨也前說信云不以其言之當也使人視城得金此趨牆外得刀與視城得金語意正同兪說未塙是以所疑止所欲也。兪云蓋趨之則得利而人以爲利害未可知止而弗趨是以所疑止所欲也張云譬如食脯不知其利害則仍食之譬如趨廧外不知其利害則弗趨所疑同而止不止異則不在于知明矣觀爲窮知而懸於欲之理。張云指說經也畢云懸縣字異文讀如縣挂之類詒讓按懸與莊子寓言篇無所縣其罪之縣義同郭象注云縣係也言所爲爲欲所牽係則知或有時而窮鑵脯而非恕也。畢云恕悊字異文字書無此字張云卽智字誤耳按張說是也詳經上爾雅釋器云魚曰斮之卽此斷脯之義鑵指而非愚也。所爲與不。讀爲否所與爲相疑也。張讀作所爲與所不爲相疑也云不所疑當作所不與疑衍按張校亦通非謀也。謂不暇審計而爲之所謂縣于欲也畢云此釋經上爲窮知而懸于欲也大指言所知一事必待爲之而信其利害否則懸于欲不以疑而自止已。句爲衣。句成也。治病。句亡也。張云爲衣以成爲已治病以亡爲已詒讓按亡猶言無病也漢書郊祀志云病良已注孟康云已謂病愈也畢云此釋經上已成亡使。句令謂。句謂也。不必成濕。張云以令謂人是之謂謂方謂之成不可必盧云方言自關而西秦晉之間凡志而不得欲而不獲高而有墜得而中亡謂之溼楊倞注荀子引作濕此濕字與方言義同他合反按方言雖有此義然古書罕見盧援以釋此畢張楊並從之似不甚塙荀子不苟篇云窮則棄而儑楊注引方言濕爲釋韓詩外傳儑作累洪頤煊謂荀子之儑卽說文人部云儽垂皃一曰嬾解乘罷也按洪說甚是說文人部又有儡字云相敗也老子儽儽兮其不足以無所歸釋文云儽一本作儡敗也欺也淮南子俶眞訓云孔墨之弟子皆以仁義之術敎導于世而不免于儡其身蓋儡儽聲義並相近此書之濕當作儡荀子之儑當作儡經典凡从畾纍與从㬎字多相掍濕卽說文儡儽之叚字不必成儡言雖使爲之而其事之成敗則未可必儡與成義正相對也故也。必待所爲之成也。故也下當有者字此與經上故所得而後成義同言因此故而致彼如是必所爲已成乃可爲使也張讀濕屬此句云志而不得而故使之是之謂故其事必欲成按張說未塙舉云此釋經上使謂故名。句物。句達也。言物爲萬物之通名荀子正名篇云故萬物雖衆有時而欲徧舉之故謂之物物也者大共名也卽此義有實
必待文多也。張云物有是實名以文之文者實之加故曰多按依張說則經名達下當有多字恐非窃疑多當作名言名爲實之文也上文云舉告以文名舉彼實也可證或謂此文多與前文名並
當作之名亦通命之馬。句類也若實也者必以是名也。張云馬而命之馬是類也凡馬之實皆得名之馬按張說是也荀子正名篇云有時而欲
偏舉之故謂之鳥獸鳥獸也者大別名也卽此義命之臧。句私也。臧卽臧獲之臧詳後大取篇言于人之賤者而命爲臧則臧非人之通名故曰私張云人而名之臧是私也是
名也止於是實也。張云名止于是實凡人不得名之聲出口俱有名若姓字。吳鈔本作與舉云疑字張云當爲字物之有名如人之姓
字按舉張校是也姓字亦一人之私與臧相似依張說此釋經上名達類私舉以若姓字三字屬下說非灑謂狗犬命也。灑吳鈔本作洒義並難通命也亦與經不相應張云灑卽移意移狗
而謂之犬是猶其命也按張說未塙以經推之疑當作鹿謂狗犬移也灑鹿形近而誤言移他名以謂此物猶言指鹿爲馬楊讀灑屬上若姓字句非是狗犬。句舉也。謂正舉物名上文云舉告以文
名舉彼實也張云或謂之狗或謂之犬皐舉之謂也未塙叱狗。說文言部云叱訶也漢書儒林傳王式曰何狗曲也顏注云意怒故妄發言言狗者輕賤之甚也加也。謂以惡語相加說文力部云加
語相增加也論語集解引馬融云加陵也舉云此釋經上謂移舉加知。句傳受之。句聞也方不瘴。集韻四十漾云障或作瘴說也身觀焉。
句親也。舉云此釋經上知聞說親言所爲知者有三得之傳受是耳所聞也非方且是人所說也身自觀之則親見也所以謂。句名也所謂。句實也。
名實耦。句合也志行爲也。舉云此釋經上名實合爲聞。句或告之。句傳也身觀焉。句親也。舉云
此釋經上聞傳親見。句時者體也二者盡也。體卽經上體分于兼之義時疑當爲特特者奇也二者耦也特者止見其一體二者盡見其衆體特二文正相對舉云此
釋經上見體盡古。此與下文爲目楊依經校云疑合之訛兵立。兵吳鈔本作力並未詳反中。疑當作反也反與正上下文義相對志工。工疑功之省大取篇云志功爲辯又
云志功不可以相從也是其證正也。志功相合爲得其正臧之爲。臧疑當爲義宜也。張云臧人臣也臧奉主命無不宜爲按張說未知是否非彼必不
有。句必也。聖者用而勿必。聖疑當爲宜或當爲正經上正無非說亦作聖可證必去者可勿疑。依楊說此釋經上合正宜必仗
者兩而勿偏。張云此申言兵立反中言仗兵者皆兩比而無獨立故以解合也按張以仗爲兵杖楊說亦然皆穿鑿不足據以經文推之疑仗當作權艸書形近而譌經說下右權交繩權今本誤校

與此相類言兩端利害無所偏主依楊說此釋經上欲正權利且惡正權害爲。句早臺張云早古只作早詒讓按早宜當爲甲後文劍甲字亦譌早可證說詳後臺謂城臺門臺詩鄭風出其東門毛傳云闉城臺也禮記禮器云天子諸侯臺門存也。言爲甲以備戰于城及宮門爲臺以備守皆以求存爲爲也張云以爲而存病。句亡也。言治病之爲求其亡左成十年傳晉侯有疾秦伯使醫緩爲之呂氏春秋至忠篇文摯治齊王疾曰請以死爲王高注云爲治也此卽上文已爲衣成也治病亡也之義張云以爲而亡買鬻。俞云說文貝部賣衒也讀若育今經典通以鬻爲之張云互相爲易也。霄盡。畢云霄與消同詒讓按爾雅釋天雨霓爲霄雪釋文霄本亦作消蕩也。張云莫之爲而爲順長。句治也。張云有爲而爲鼃買。句化也。張云鼃買未詳或卽鼃鶉化亦爲也畢云此釋經上爲存亡易蕩治化俞云上文雖有化若鼃爲鶉之文然買鶉音義俱遠形又不相似鼃疑賚字之誤上文云買鬻易也此云賚買化也文異而義同按俞改鼃爲賚則與上文義複不足据買疑當爲鼠列子天瑞篇云田鼠之爲鶉蓋古說鼃鼠二者皆能化爲鶉故上文既以鼃鼠釋化此又兼舉鼃鼠二者以盡其義兩文雖異而義實同也鼠漢隸或作𦥑見仙人唐公房碑與買形極相似因而致誤或云買當爲辜卽鶉之省亦可備一義同。句二名一實。句重同也。不外於兼。句體同也。亦與經云體分于兼義同分體統含于兼體之內故云不外于兼俱處於室。句合同也。說文人部云俱偕也有以同。句類同也。說文犬部云種類相似唯犬爲甚楊云大取篇云重同具同連同同類之同同名之同丘同附同同是之同同然之同同根之同畢云此釋經上同重體合類異。句二必異。必讀爲畢古通用張云名二而實又異二也。謂名實俱異是較然爲二物也不連屬。句不體也。不同所。句不合也。不有同。句不類也。畢云此釋經上異二不體不合不類舊挩不體不字同異交得。交吳鈔本誤於言同異各得其義若下文有無多少之類於福家良。疑當作於富家食楊以於當經文之放非是恕有無也。恕當作𢘓與知通比。周禮小胥鄭注云比猶校也度多少也。免蚓還園。免當作它卽蛇之正字前它蠶譌作免瑟與此正同蚓字亦見經說下字書所無楊云前文免瑟此云免蚓瑟蚓通用又云蚓疑蝨字之訛如韓咎與幾瑟爭立太子戰國策作幾瑟史記作蟣蝨按楊說非是說下云蚓與瑟執瑟則蚓與瑟不得爲一字彼瑟當亦蠶之譌此云它蚓彼云蚓蠶則蚓似當爲蛇蠶同類之蟲蚓疑蚓字卽螾之別體後漢書吳漢傳李注引十三州志云朐䏰其地下溼多朐䏰蟲䏰音閏卽螾之音轉蚓从刃爲聲猶以䏰爲螾也方言云蚰蜒自關而東謂之螾蜒北燕謂之蛆蚭彼蛆字亦說文所無與此蚓字形相近疑蛆蚭亦當爲蚓蚭蚓螾字同蚭蜒聲轉傳寫譌作蛆郭璞邍音爲奴六反矣園疑當作圜亦形之誤還與旋同蛇螾皆蜿蟺屈曲而行故下云去就也去就也。彼此相背爲去相還爲就

鳥折用桐。此義難通竊疑鳥當爲𧰼折當爲梗干祿字書云象通作𧰼北齊南陽寺碑象作𧰼並與鳥形相近梗折偏旁亦略相類象謂象人卽偶人也說文人部云偶桐人也越絕書記吳王占夢云

桐不爲器用但爲偪當與人俱葬淮南子繆稱訓云魯以偶人葬而孔子歎宋本許注云偶人桐人也周禮冢人言鸞車象人鄭注引孔子謂爲偪者不仁論衡感虛篇云廚中木象生肉足史記刺客傳索隱引象作烏與此可互證梗者戰國策齊策云有土偶人與桃梗相與語土偶曰子東國之桃梗也刻削子以爲人趙策又云土梗木梗史記孟嘗君傳桃梗作木偶人是木偶人謂之象人或謂之偪亦謂之梗以桐爲之亦曰桐人故云象梗用桐

堅柔也。此謂象人與生人不同者一堅一柔也老子云人之生也柔弱其死也堅強故堅強者死之徒柔弱者生之徒即此堅柔之義

劍尤早。吳鈔本作蚤此義未詳以意求之疑當作劍戈甲戈尤形近而譌篆文早作𣅀从甲故甲譌作早言劍戈以殺人求其死甲以衞人求其生故下云死生也此與孟子矢函韓子矛盾之喻語意略同

死生也。處室子。孟子告子趙注云處子處女也莊子逍遙遊釋文云處子在室女也

子母。長少也。言子則有母長少相對爲名

兩絕勝。言二色相勝

白黑也。中央。句旁也。謂有四旁乃有中央此與經上有間中也間不及旁也同義

論行行行學實。衍兩行字

是非也。言人之論說行爲學問名實四者各有是非之異

難宿。未詳

成未也。謂成與未成

兄弟。句俱適也。適讀爲敵言相合俱相耦敵此與上文若兄弟一然一不然者義略同

身處志往。句存亡也。身處爲存志往爲亡亡與忘通此與經上生形與知處也義略同

霍爲姓。句故也。霍疑當爲虎經說下霍字四見並同說詳彼故疑當爲叚叚與假同此與經說下狗假霍也猶氏霍也義略同張云姓疑當爲性非是

賈宜。句貴賤也。楊云經下有賈宜則讎語詒讓按已上並辯言語之同異釋經上同異交得放有無

諾。句超城員止也。超城二字誤員止疑當爲負正九章算術方程篇有正負負卽下云過五諾若負正卽下云正五諾也

相從。謂彼謂而我從之

相去。說文去部云去人相違也謂口諾而意不從

先知。先已知之

是。句可。相從一相去二先知三是四可五說文言部云諾𧭬也言人之𧭬諾其辭氣不同隨所用而異有此五者

五色。疑當作五也也色形近而誤卽所謂五諾也下文正五諾云云似當箸此下

長短前後輕重援。楊云小取篇援也者曰子然我奚獨不可以然也詒讓按此疑亦論諾之不同張讀援屬下句恐非畢云此釋經上諾不一利用

執服難成。執謂人各執持一說服謂服從人之說也周禮調人鄭注云成平也難成謂平議其是非難論定也

言務成之。九則求執之。此義難通經有說字說未見疑九卽說之壞字說文說訓言相說伺求執卽相說伺之意此釋經上服執說音利音疑言之誤

法法取同觀巧傳法取此擇彼。擇讀爲釋釋捨古通見節葬下篇言取此法則捨彼法也

問故觀宜。畢云此釋經上巧轉則求其故法同則觀其同法異則觀其宜按轉傳字通

以人之有黑者有不黑者也。止黑人。與以有愛於人。有不愛於人。心愛人。是孰宜心。張校兩心字云疑當作止按張說是也此

言因人有不黑者而禁其瘖人之黑因人有不愛者而禁其愛人二者皆不宜禁者也皆釋經止字之義彼舉然者以爲此其然也則舉不然者而問之。經說下釋止云彼以此其然也說是其然也我以此其不然也疑是其然也義正同依張楊說此釋經上止因以別道若聖人有非而不非。而不非而與如聞言聖人於人雖有所非而非其所當非則與無所非同此釋經上正無非正五諾。自此至篇末似皆釋五諾正負之義以經校之當屬上文五也之下而傳寫貿亂譌錯箸於末也楊以此下並說經上正無非非是皆人於知有說。皆疑當爲若於知卽上五諾之先知也過五諾。句若負。舊本譌員今据吳鈔本正負者不正之謂列子仲尼篇樂正子輿瘖公孫龍說云其負類反倫有如此者負諾亦謂非正諾也無直無說。直疑當爲知聲轉而譌上正五諾云知此過五諾云無知文正相對此數句義難盡通其大意似謂正者或已知或有說過者或未知或無說五諾卽上經所謂諾不一也用五諾。卽上經所謂利用若自然矣。言所權出于自然顧云此說五諾當在經說下按經下無五諾但有五路亦與五諾不同顧說未塙

經說下第四十三

此篇以經下校之文有闕佚畢注疏繆殊甚與經尤多不相應今並依張氏別爲攷正畢本句讀亦多舛譌今不悉論篇中論景鑒及升重轉重諸法與今泰西光重學說略同擧涉未深以俟達者

止。句彼以此其然也說是其然也我以此其不然也疑是其然也。張云彼以爲然而說之是一然也我以爲不然而疑之是又一然也不可止也故宜以類按張說未塙左傳哀十二年杜注云止執也謂彼此然不各執一辭卽經所謂類行也依張說此釋經下止類以行人說在同人卽之之譌謂四足獸。爾雅釋鳥云四足而毛謂之獸此謂獸爲四足毛物之大名與生鳥與。畢張並讀與生鳥句義不可通疑當作與牛馬異下三字並形譌此謂牛馬爲四足獸之種別下云若牛馬四足物盡與。句大小也。與亦當作異莊子天下篇惠施曰大同而與小同異此之謂小同異萬物畢同畢異此之謂大同異此云物盡異卽謂萬物畢異也蓋物爲總名大也獸爲四足動物之專名小也猶荀子正名篇以萬物爲大共名鳥獸爲大別名是也然牛馬復爲獸類之種別是又獸爲四足之大名牛馬爲四足之小名明大小無定隨所言而物盡異也此與經下文物盡同名亦正相對畢讀物盡句張云與疑衍或三與字並音餘皆非是此釋經下駟異說推類之難說在之大小經駟異說當作四足牛馬異說在下蓋挩名字此然是必然則俱。謂同物同名卽莊子所謂小同經上云同異而俱子之一也爲麋同名。爲疑當爲如艸書相似而譌麋舊本譌麋今据道藏本吳鈔本正謂若是麋則其名盡同又疑爲當爲馬馬麋同爲四足獸也亦足備一義此釋經下物盡同

名張楊讀則俱爲麋句張云麋靡同楊云謂麋爛也並非**俱鬭**。顧讀句**不俱二**。張云有二人然後鬭然可云俱鬭不可云俱二**二與鬭也**。二舊本誤三顧改爲二云三字誤按顧校是也張校同今据正以下並廣推物同名之說經說上云俱處于室合同也言二人相合斯謂之俱若俱鬭雖是二人然是不相合之俱故云不俱二與下文云俱一義略同此釋經下二與鬭**包**疑當作色**肝**句**肺**句**子**。句**愛也**。張云四者俱人所愛而所以愛者異**橘茅**。吳鈔本作茆**食與招也**。張云茅亦可食而巫以茅招神不與橘同食周禮司巫云旁招以茅按張說亦通但此文與同名不相應窃疑此橘當爲楙爾雅釋木云楙木瓜毛詩衛風木瓜傳云木瓜楙木也可食之木說文楙从林矛聲與橘上半形相近聲類與茅同此謂二字同音而一以食一以招同言異實也招道藏本作拈誤畢云以上釋經下愛食與招**白馬多白**。句**視馬不多視**。視馬蓋言馬之眷視者此謂白馬視馬語意異而辭例同張云視馬卽盼馬小取篇云之馬之目盼則爲之馬盼按張說非是詳小取篇**白與視也**。畢云已上釋經下白與視**爲麗不必麗**。**不必麗與暴也**。此文難通麗與暴也上疑衍不必二字張云暴惡也爲麗者不必麗也雖不必麗然非暴也按張讀下爲非二字屬此非是其說亦恐未塙楊云公孫龍子通變論黃其馬也其與類乎碧其雞也其與暴乎暴則君臣爭而兩明也兩明者昏不明非正舉也非正舉者名實無當驪色章焉按楊据公孫龍書證此與暴之義亦未知當否若然麗亦或卽驪之譌文但彼書與類與暴義並難通而此上下文並以某與某相對爲文則與彼書又似不相應疑未能明姑從蓋闕

爲非以人是不爲非。**若爲夫勇不爲夫**。**爲屨以買衣爲屨**。吳鈔本首屨字上無爲字誤此疑當作若爲夫以勇不爲夫爲屨以買不爲屨蓋爲非以人是不爲非者凡已爲非理之事爲非議人所爲之非亦爲非今謗人之非則非其自爲非經下云非誹者誖卽此非字之義若爲夫以勇不爲夫者上夫爲勇夫之夫下夫爲夫婦之夫言以勇稱夫則非爲夫婦之夫爲屨以買不爲屨者言爲屨而買之于人則非其所自爲也此並論異意同辭三句文例略同可以互校今本爲夫下挩一以字不爲屨不又譌衣遂不可通楊云韓非子詭使篇而輕刑法不避刑戮死亡之罪者世謂之勇夫張云勇當爲男若名爲夫則凡男子不得爲夫按張說非是**夫與屨也**。畢云已上釋經下麗與夫與履履同屨詒讓案經麗與下疑挩暴字**二與一亡**。句**不與一在**。此言分一體爲二二既化二卽爲無一公孫龍子通變篇云曰二有一乎曰二無一卽此義**偏去**。下疑挩之字言分一體爲二偏則可去其一偏也此釋經下一偏棄之**未**。此字疑衍似卽上句之字之譌或云當屬上句云偏去未謂或去或未去也經說上云難宿成未也亦通**有文實也**。張云文實猶名實按張說是也經說上云舉告以文名舉彼實也是其證或謂文並當爲之之猶此也亦通**而後謂之**。句**無文實也**。**則無謂也**。謂有名實始有所謂無名實則無所謂大恉與公孫龍子名實篇所論略同**不若敷與美**。張讀不若夫與句云敷與汜與也經所謂因按張說亦難通不字疑衍敷與美疑當作假與義經下云使殷美亦似當作使假義也漢衡方碑假作𠈌魏高湛碑假作㑀

與敫殷並相似此言有名實可謂則與類相比附是謂之義無名實可謂則當假借他物以謂之是謂之假卽後文假必非也之義

謂是。句 則是固美也。美疑亦義之誤 謂也。疑當讀爲他 則是非美。疑亦當作義非義卽所謂假也 無謂則報也。報與美文相偶疑卽上文之敫亦當爲假之譌或云報與反義同經下云唯吾謂非名也則不可說在仮是也又疑報或當作執言我無謂則彼將堅執其說經說上云臺執又云執服難成三說並通未知孰是此釋經下謂而固是也說在因 見不見。離一二。不相盈。

廣脩堅白。脩舊本譌循今據俞校正此言若堅白在石見白不見堅見堅不見白白一也堅二也二者離則不能相盈相盈猶相函含也若離者合之則無不相盈如廣脩本爲二而從衡相函則爲一堅白亦爲二而色性相含則爲一此皆二而一者也此釋經下不可偏去而二說在見與俱一與二廣與循循卽脩之譌公孫龍子堅白篇云堅白石三可乎曰不可曰二可乎曰可曰何哉曰無堅得白其舉也二無白得堅其舉也二曰得其所白不可謂無白得其所堅不可謂無堅而之石也之於然也非三也曰視不得其所堅而得其所白者無堅也拊不得其所白而得其所堅者無白也曰天下無白不可以視石天下無堅不可以謂石堅白不相外藏三可乎曰有自藏也非藏而藏也曰其白也其堅也而石必得以相盈其自藏奈何曰得其白得其堅見與不見離一一不相盈故離離也者藏也曰石之白石之堅見與不見二與三若廣脩而相盈也其非舉乎曰循石非彼無石非石無所取乎白石不相離者固乎然其無已曰於石一也堅白二也而在于石故有知爲有不知焉有見焉有不見焉故知與不知相與離見與不見相與藏藏故孰謂之不離卽此書之義

舉不重。言無重不舉 不與箴。舉云疑當云不舉箴詒讓按箴卽鍼之叚字一切經音義引字詁云鍼又針箴二形今作針說文金部云鍼所以縫也 非力之任也。言箴之舉與不舉于力無與卽下文舉之則輕廢之則重非有力也之義

爲握者之頎倍。非智之任也。俞云字書無頎字疑觭字之誤玉篇角部觭女卓切握也按俞說非是頎當爲觭形近而誤其讀當爲奇周禮大卜杜子春注云觭讀爲奇偶之奇說文角部云觭角一俛一仰也莊子天下篇云觭偶不仵經上云倍爲二也觭倍者觭爲一倍爲二與觭偶義同或云倍卽偶之譌亦通此言握物而使人射其奇偶之數雖或億中不足以爲智故云非智之任也

若耳目異。謂視聽殊用各有所不能依張說此釋經下不能而不害說在害

木與夜孰長。張云木長非夜長

智與粟孰多。張云智多非粟多 爵。謂貴爵 親。貴其所親者 行。德行之貴 賈。賈直之貴 四者孰貴。吳鈔本挩此字非張云各貴其貴也

麋與霍孰高。霍吳鈔本作藿此字篇中四見此與麋同舉下文又與狗同舉則必爲獸名以字形校之疑當作虎俗書虎霍二字上半形相近旗幟篇虎旗譌作雩旗可以互證史記楚世家西周武公曰若使澤中之麋蒙虎之皮人之攻之必萬于虎矣張云霍疑當爲隺麋獸之高者隺鳥之高者按張說亦通 麋與霍孰霍。此句疑涉上文衍

蛃與瑟孰瑟。張云蛃蓋蟲名瑟蝨同言麋不可以爲隺蛃不可以爲瑟各異類按張說未塙蛃卽蚓之異文第一瑟字疑當作鼈並詳經說上篇第二瑟字疑當爲長涉上譌文而又譌或謂此當作蛇與龜孰長莊子天下篇云龜長于蛇于

義得通但經說上云免瑟又云免蚵以文義校之免當爲它則蚵不得又爲蛇字或說不可通于彼偏。句俱也此皆言輕重多少長短貴賤之迵異者不足相比依張說此釋經下異類不吡說在量吡佌同

一無變。偏者一之分分之則偏合之則一所謂俱一也然分合雖不同而一全體二半體無增減故云無變即經云無加少也張云俱一各有其一也無變故也按張未憭俱一之義說詳後依張說此釋經下偏去莫加少說在故

假吳鈔本此字不重假必非也而後假。說文人部云假非眞也小取篇云假者今不然也狗假霍也。猶氏霍也。霍亦並當爲虎張云疑亦隺字非是此言狗假虎名猶以虎爲氏也古名禽獸草木亦通謂之氏大戴禮記勸學篇云蘭氏之根懷氏之苞是也依張說此釋經下假必誖說在不然

物或傷之。句然也。即經云物之所以然也見之。句智也。即經云所以知之也張云智讀爲知告之。句使智也。即經云所以使人知之也告舊本譌吉王引之云吉當爲告智與知同欲使知之故告之也下文曰告我則我智之按王校是也張校同今據正物或傷之即經所謂病也見之則知其病告之則使人知其病依張說此釋經下物之所以然與所以知之與所以使人知之不必同說在病

疑逢。此述經與下爲目舉云舊作蓬下同以意改爲務則士。此語難通以意求之疑務當讀爲鍪荀子哀公篇務而拘領淮南子氾論訓務作鍪是其例說文盧部云鑪土鍪也金部云鍪鍑屬也禮記內則孔疏引隱義云鍪土釜也鍪鍪字通士當爲土形近而譌史記殷本紀相土周禮校人注引世本作相士言士壞至賤而爲鍪者或用土爲之明物無貴賤逢所便利也爲牛廬者夏寒。說文广部云廬寄也秋冬去春夏居此牛廬蓋以養牛若馬之庌周禮圉師夏庌馬鄭注云庌廡也廡所以庇馬涼吳子治兵篇云夏則涼廡蓋牧馬牛者並有之凡爲廬者欲其暖而庌則取其夏寒此即經逢字之義逢也。舉之則輕。廢之則重。非有力也。公羊宣八年傳云去其有聲者廢其無聲者何注云廢置也此與前舉義之喻同沛從削。非巧也。張云沛當作柹木之見削而下者按張校是也說文木部云柹削木札樸也隸變作柹言木柹從所削不足爲巧也若石羽。此未詳其說莊子天下篇云若羽之旋若磨石之隧此或與彼同蓋亦循從自然之義循也。循舊本譌楯今依經下改說文彳部云循行順此亦當詁爲順與柹從削之從義同鬭者之敝也以飲酒若以日中。日中謂市也易繫辭云日中爲市市以日中時爲最盛卽周禮司市所謂大市日昃而市故因謂市爲日中猶嫁娶之禮用昏因謂之昏也古市朝或謂之日中之朝晏子春秋外篇云刑死之罪日中之朝君過之則赦卽司市之國君過市則刑人赦是其證也凡飲酒及市皆易啟爭鬭故下云不可知也是不可智也。智知通下同愚也。依經當作遇也愚遇聲之誤智與。句以已爲然也與。句愚也。依經當作過也蓋過涉上文而譌爲遇又譌爲愚下文云過而以已爲然可證過謂已過之事言或固知之抑或本不知而以已然之事推之此釋經下疑說在逢循遇過張以舉之則輕以下至此爲釋經合與一或復否說在拒非是

俱。句俱一。經上云同異而俱於之一也又經說上云俱處於室合同也言合者則爲一

若牛馬四足。牛馬者數名而兼言之也四足者大名而通言之也兼與通言皆爲一上文云謂四足獸與牛馬異即其義張云牛馬四足足各一也非是惟是。句當牛馬。惟經同亦當作唯謝希深公孫龍子注云唯應辭也按唯是言應者則爲是或牛或馬名實相符則此呼而彼應是名當其物也經說上云當牛非馬又云當馬非馬公孫龍子名實篇亦有唯當之論與此義同詳後

數牛數馬。句則牛馬二。句數牛馬。句則牛馬一。俞云數牛數馬則牛馬二謂分牛馬而數之也數牛馬則牛馬一謂合牛馬而數之也畢讀惟是當牛馬數爲句失之若數指。句指五而五一。張云指有五五而俱爲指五還爲一按張說非是此言合數之爲五指分數之則爲一指者五也亦俱一與牛馬二一之義依張說此釋經下物一體也說在俱一惟是長宇。北述經文畢讀長屬上句非徙而有處宇。莊子庚桑楚篇云有實而無乎處者宇也有長而無本剽者宙也文子自然篇老子曰往古來今謂之宙四方上下謂之宇淮南子齊俗訓莊子齊物論釋文引尸子又庚桑楚釋文引三蒼說並同宇者彌亙諸方其位不定各視身所處而爲名若處中者本以南爲南假令徙而處北則復以中爲南更益向北則鄉所爲北者亦轉而成南矣四方隨所徙而易並放此然方位雖屢徙不同而必實有其處故云徙而有處莊子云無乎處者則据其轉徙無常者言之與此文義不相晐也宇南北。在且

有在莫。宇徙久。且舊本譌且王引之云經說上云宇東西南北此不當言南北而不及東西蓋有脫文且當爲且有讀爲又此言宇徙則自南而北自東而西歷時必久屢更且暮故云宇徙久又云在且又在莫經說上云久古今且莫是也畢云已上釋經下宇或徙說在長宇久按王說是也但此云宇南北乃約舉之詞王疑其不當不及東西非也後文說或云然而謂此南北與此文例正同無堅

得白。必相盈也。此即堅白石之論謂視之但見石之白不見石之堅而堅之性自含于白之中故云必相盈也又疑必當爲不即說上堅白異處不相盈之義亦通此義皆見公孫龍子堅白論篇並詳上篇此釋經下不堅白說在無久無宇堅白說在因經及說似皆未全在堯善治。在疑當作任下同任猶舉也張云在察也亦通自今在諸古也。自

古在之今。則堯不能治也。言堯不能治今世之天下下文云堯之義也是聲也於今所義之實處于古亦即此義此釋經下在諸其所然未者然說在于是推之在疑亦任之誤未者然三字疑當作諸未然文亦有挩誤景。俞讀句光至景亡。俞讀句若在。俞讀句盡古息。俞云句首景字舉經文而說之光至景亡者謂所以有景由無光也下文曰足敝下光故成景于上首敝上光故成景于下是也光之所至則景亡矣若在盡古息又與上句反復相明言景若在則光盡古息也盡古猶終古也考工記則於馬終古登阤也莊子大宗師篇終古不忒是終古爲古人恆言釋名釋喪制曰終盡也故終古亦曰盡古也畢讀皆誤按若在盡古息息當訓爲止即經不徙之義亦即莊子天下篇所謂飛鳥之景未嘗動也司馬彪亦据此釋之大意蓋謂有光則景亡有景則光蔽若其景在則後景即前景盡古常息止于是形雖動而景若止而無改也畢讀景光至句景亡若在句張云光之所至謂之景並誤俞說得之而以息爲亡則與經不合殷家儁云光至謂光複過物徑也至極也影止斷不

見也按殷訓至爲極亦非是此釋經下景不徙說在改爲景。句二光夾一光。一光者景也。謂若日在東而西縣鑒鑒受日光反射人而成景是日光與鑒光爲二而人景在日與鑒之間是卽二光共夾之也張云二光日與人也夾之光是爲景按張說似失其義景光之人煦若射。之猶與也言景光與人參相射說文火部云煦蒸也一曰赤皃又日部云昫日出溫也楊謂煦昫通近是蓋謂如日出時之光四射也張云景者光所爲之人也煦然而至若射按張說未塙此釋經下住景二說在重住疑當作位讀爲立下者之人也高。張云高猶上也景在下者其人在上高者之人也下。張云景在上者其人在下足敝下光。張云敝讀曰蔽故成景於上。首敝上光。故成景於下。陳澧云此解窪鏡煦人影倒之故也劉嶽雲云卽西法所謂射光角與回光角相等由交點射景入壁故令景倒也詒讓按此卽塔影倒垂之義詳經下此釋經下二臨鑑而立景到多而若少說在寡區寡疑空之誤卽謂窪鏡中爲圓空也但說無多少寡區之義又經此條在前宇或從說在長宇久條後與說敘次不合竊疑此當並屬下條以下經亦有景到之文也而二臨鑑景到一經說或已不存此篇文本多捝譌疑未能定也在遠近有端與於光。此疑卽格術之義端卽沈括艣臬之喻與於光謂礙光綫之射亦詳經下故景障內也。畢云障舊作庫盧以意改按盧校是也謂景障于內卽光學家所謂約行綫交聚處不見物是也殷氏謂景庫謂聚光點非是此釋經下景到在午有端與景長說在端景。句日之光反燭人。句則景在日與人之閒。張云所謂二光夾一光劉云此釋同光之理如人依鑑立日射鑑上若人與日之間有壁其距鑑與日距鑑交角等則人必成景于上若其間無壁則回光綫成景極長而射于無量遠空界中凡海與沙漠恆見樓臺人物之象卽此理然雖無量遠空界中仍爲景在人與日之間也詒讓按日照于東則人景在西今以西鑒之光反燭人成景則景又在東矣故云在日與人之間此釋經下景迎日說在摶摶疑轉之誤景。句木柂。柂迤之叚字詳經下道藏本作杝畢云猶言木斜殷云木卽謂立柱也景短大。斜近地故景短陰景濃光不內侵故大殷云木卽謂立柱也短淡也大光複多也淡者雖長而視之如短不㨿故也按殷說與文義相迕不可從木正。句景長小。正遠地故景長光複映射景界不㨿故小殷云正則長近根則㨿也小光複小也亦非是大小於木。疑當非光小于木則景大於木。鄭復光云光與物大小相等其景雖遠相等而無盡物大光小則景漸遠漸大而無量非獨小也。獨疑當作猶言景不與木同張云承上言大小非與景爲大小乃于木爲大小言景有時大于木非獨小于木也亦通畢云已上以表言遠近臨正鑒。疑當作臨鑑立前經云臨鑑而立景寡。疑當作景多寡屬下讀張云正臨鑑者景則寡遠近皆然寡亦小義案張說未塙貌能白黑。貌吳鈔本作皃張云能態字按張說是也備城門篇態作能此又能之省劉云此論因光見色之理也遠近柂正。句異於光鑒。此家上多寡以下言光之所照與鑑之受光各因物而異張云此言非獨長短大小卽貌態白黑亦遠近柂正則光鑒各異按張說未允此釋經下景之小大說在地缶遠近地卽柂之誤 景當俱就。疑當作景就當俱與下去當俱文正相對就謂漸近綫景不一而同爲約行也 去介當俱。去謂漸遠綫景不一而同爲修行也畢云尒疑亦字 俱用北。疑當作由此言俱之義猶此也 鑒者之臭。張云臭字未詳義當作道字解殷云臭之爲言蓄也按張殷說並不塙臭疑並當作具具與俱通大取篇亦云具同 於鑒無所不鑒。景之臭無數而必過正。此言鑒者不一則景亦無數必過正似謂光綫必穿交點而過殷云正則當限之內體正而明也過正則影倒而綫修行矣按殷說亦通劉云言光綫必正行也恐非 故同處。張云同一處 其體俱。經說上云俱處于室合同也張云物體又同 然鑒分。謂中內外景遠近大小正易不同張云然而鑒有分 鑒中之內。句 鑒者近中。句 則所鑒大。大上吳鈔本有者字 景亦大。句 遠中。句 則所鑒小。句 景亦小。陳云此謂突鏡也按陳說近是凡突鏡邊容下而中高處其面微平故有內外界中之內謂平面之內也劉云近中遠中指人距鏡中心言据此仍當爲四面鏡也亦通殷云中謂交于中綫恐非是 而必正。張云大小皆正不斜 起於中緣正而長其直也。謂中之內其景必起于中心緣其正而外射爲長直綫也張云所以正者由其景起于中景緣鑒之正而長與人相直故也按張訓直爲參直之義恐非楊云長進也直者準直謂光綫也謂遠物象起于前限緣正影透鏡而進其光綫交合于後限所謂斂行者是也按楊訓長爲進尤誤所說光理亦未必與此合姑存以備攷 中之外。謂突鏡平面之外近邊低仄處 鑒者近中。張云雖中之外亦以中爲節 則所鑒大。句 景亦大。句 遠中。句 則所鑒小。句 景亦小。景亦近大遠小與中之內同 而必易。鏡側邪面既不平則光綫邪射其景亦易易卽邪也張云大小皆斜不正楊云易變也正之反也按楊說非是 合於中而長其直也。舊本合於下無中字王引之云於下蓋脫中字上文云必正起于中緣正而長其直也此亦當云易合于中按王校是也今据補楊校增中緣易三字亦近是此謂突鏡當中之外其景雖邪而仍與中相應緣其邪而旁射爲長直綫也張云而長所長也中之外得景必斜然合于正之長者也亦以直對故也按張說未塙殷云凡以一凸窺物收光限內之景爲正象限外之景爲變象卽此至以又一凸窺前凸象兩限相入者兩凸限內之景同兩限相切與相離者兩凸限內之影異其理亦猶是也楊云謂斂行綫合于後限緣變影直進而散其光綫淺至于無窮所謂修行者是也按殷楊說略同所釋光理于此亦未必合姑存以備考此釋經下鑑位景一小而易一大而缶說在中之外內經此後有鑑團景一一條無說又此二條並在前不堅白說在無久與宇說在因之前與說敘次亦不合並傳寫之誤 鑒鑒者近。則所鑒大景亦大。劉云近遠指人距鑑面言 亣遠。亣舊本作亦張云亣王引之云亦遠當作亣遠亣古其字與亦相似又因上下文亦字而誤按王校是也今据正此對上文鑒者近言之 所鑒小。景亦小。而必正。卽發光點與受光處距遠景小距近景大之義詳經下景過正。以上與上文略同張以下故字屬此讀亦通此釋經下天而必正說在得天卽大之誤畢云已上以鏡言故招負衡木。張云招直木也親士篇曰招木近伐按張說未塙招當爲橋聲近字通親士篇招木亦當爲喬木曲禮云奉席如橋衡鄭注云橋井上㮶槔衡上低昂孔疏云衡橫也說苑文質篇云爲機重其前輕其後命曰橋莊子天地篇云鑿木爲機後重前輕其名爲槔釋文云槔本又作橋吳越春秋句踐陰謀外傳作頡橋淮南子主術訓云今夫橋直植立而不動俛仰取制焉彼以橋爲直明與衡橫別高注云橋桔皐上衡也植柱權衡者高弁橋與衡爲一非加重焉。畢云加舊作如以意改而不撓。言平而不偏撓極勝重也。畢云極謂權也張云勝重之至按古書無訓極爲權者畢說不足据張訓極爲至亦非極當卽上文之衡木說文木部云極棟也屋棟爲橫木引申之凡橫木通謂之極漢書枚乘傳云單極之統斷榦顏注引孟康云西方人名屋梁爲極單一也一梁謂井鹿盧也言鹿盧爲綆索久鍥斷井榦也枚云單極與此極正同謂桔皐上之一衡木也汲綆繫于其上故久鍥而斷井榦孟說以爲井鹿盧未塙而以屋梁況極則不誤極勝重者言加重于一偏而不撓者因衡木前重能勝之也右校交繩。張云絲錯說文繫傳曰校連木也交繩連木右未詳或者校爲急疾考工記云釋之則不校謂以右手校繩而急之按張說未塙校疑權之譌艸書相近交繩疑謂繫權之繩與佁繩相交絓無加焉而撓。極不勝重也。不勝重也。衡加重於其一旁。句必捶。畢云此錘字假音陸德明考工記音義云直僞反劉直危反張云衡稱也捶偏下也權重相若也。相衡則本短標長。畢云標猶杪末也楊云管子大本而小標廣雅釋詁標末也兩加焉重相若。句則標必下。此卽下文長重者下之義張云使兩頭各加重雖相若而標必下標得權也。張云以其長故得權也詒讓按謂標長故偏得其權之重此釋經下貞而不撓說在勝貞卽負之誤挈有力也。說文手部云挈縣持也提挈也張云挈自上挈之引無力也。張云挈自下引之不正。畢云舊作必以意改所挈之止於施也。疑當作正於㢮也於猶如也如猶與也見王引之經傳釋詞施與迤㢮並同謂邪也詳經下正於㢮猶言正與邪也繩制挈之也。若以錐刺之。疑佁繩直之形挈。謂上挈之此與下云收並述經而釋之長重者下。句短輕者上。張云挈衡上之繩所以挈衡者過長則重者將下過短則輕者將上此上下謂衡低昂上者愈得。句下下者愈亡。張云次下衡上衡也上得物重也下權也下亡權失重也挈長短之弊按張說是也謂上昂之力愈增則下低之力愈失繩直權重相若。句則正矣。畢云正舊作心以意改張云當其權不長不短收張云收權之繩也詒讓按廣雅釋詁云收取也謂下引之上者愈喪。下者愈得。張云物輕則衡失其重是爲上喪權之勢將得其重是錘下得上者權重盡。則遂挈。張云上者權重盡謂全無物遂挈者權將內遂著挈乃止按張說未塙此謂下收之有力遂險通見法儀篇蓋謂權重盡則標仰險其所挈舉云巳上以權衡言鄒伯奇云此一段升重法也依張揚說此釋經下契與枝板說在薄按當作挈與收說在權兩輪高。當云爲高兩輪爲輲。四輪高卑不同故車成梯形也畢云樸記云載以輲車鄭注云輲讀爲輇或作輇說文云輇蕃車下庳輪也又鄭注旣夕記云許叔重說有輻曰輪無輻曰輇張云輪高而輇卑車梯也。古乘載車皆兩輪而平此四輪而前高後低是爲車梯依下文蓋假爲斜面升重之用据史記集解引服虔說以軒車爲雲梯則人升高或亦用之矣重其前。縣重于前蓋以助升重之力其一端繫于所升之物所以挈之也弦其前。畢云弦直也按畢說難通弦疑當作引隸書弦引形近隸釋漢陳球碑引作弘廣韻十六軫云引弘同並其證旣縣重更于車前別以繩引之欲使所升之重物自斜面漸進而上也或云當作引其後文義較遜載弦其前。此申言之或涉上下文而衍載弦其軲。弦亦當作引下云繩之引軲可證畢云玉篇云軲古胡切廣雅云軲車也曹憲音枯又音姑按軲轂音相近疑轂字異文按畢說未塙軲以字形校之頗與軸相近而以聲類求之則疑當爲前胡之段字周禮大行人侯伯立當前侯注鄭司農云前侯駟馬車轅前胡下垂拄地者是也胡在車前與此上文正合義爲長也此與下句亦申言重其前引其前之義而縣重於其前。句是梯。畢云舊作綈据上文改下同挈且挈則行。疑當作挈且引則行行謂重物上升無所阻滯與車行異也凡重。句上弗挈。說文所謂縣持下弗收。旁弗劫。劫疑抾之借字廣雅釋言云抾挹也與引義略同則下直。張云其著于下也必直詒讓按直與正義同言其重心必就下而正拋。句或害之也。張云拋與梔同不直也或害之乃不直按張說是也拋即前木梔之梔言重物不挈之收之劫之則下必正其不正者必或挈或收或劫害之也㳅。言拋則重勢偏下而流不得止也畢云公羊傳桓十年有云㳅血陸德明音義云古流字梯者不得㳅。畢云舊作㳅据上改按吳鈔本正作㳅不誤張云當作下非直也。言梯雖邪而重物不下流者以其挈引之而無異直升也今也廢尺於平地。張云廢置也置一尺之物于平地詒讓按尺疑當爲石下云𥒪石絫石是其證重不下。下即流也或當爲㳅之誤無䠙也。畢云玉篇云䠙蒲唐切跟䠙欲行皃正字通以爲腿字之俗張云䠙當作旁雖重不下梔以平地無旁空缺處也此解經廢材按䠙字之義與此文無會正字通尤俗册不足據也張讀爲旁亦難通此疑當爲踦之形誤戰國策云必有踦重者矣言廢石於平地則雖重而必不流者以其無偏踦也故云無踦又按廢尺與廢材義同而非釋經廢材之義張說亦誤若夫繩之引軲也。是猶自舟中引橫也。張云以繩引車必從旁引猶舟中橫引岸上之物兩旁有空缺處必下矣按張說非是說文木部云橫闌木也此蓋以爲舟前橫木之名廣雅釋水云艙謂之桄集韻十一唐云桄舟前木也一切經音義云桄古文橫同是二字音近字通言車梯之引其軲與舟中引其橫皆藉引之力也倚倍拒堅。堅當作掔說文手部云掔固也又與牽通見迎敵祠篇言相依倚相倍負相措拒相掔引䠞倚焉則不正。畢云唐宋字書無䠞字正字通云俗字舊注音嗔走貌詒讓按此字未詳疑當爲邪隸釋漢戚伯著碑邪作𨈪變牙爲身變邑為巨與出相似因而致誤誰并石絫石耳。此義難通畢讀誰并句云并弁字異文已上以車制言張讀同鄒云此一段轉重法也按集韻十五青及類篇立部並以竮為竮之或體與此文義無會畢說近是而句讀則非誰與唯通言唯石與石相合弁重絫則邪倚而不正以其無挈引之故也若車梯前有挈引之力則雖邪倚而引物升轉不患其不正而流也此釋經下倚者不可正說在剃剃即梯之譌車梯用以升重非正車制也畢說非夾寢者。畢云寢字省文詒讓按說文宀部寑籀文省人作寑此又省又作寢集韻四十七寑云寑古作寢法也。張云當謂匠人作室絫石之法按張說未塙法疑當為柱說文木部云柱楹也通言之柱楹同析言之堂上兩柱謂之楹房室及牆序間依壁而立者謂之柱夾寢即謂夾寢室也方石去地尺。疑謂柱下質礎張云石高尺也關石於其下。方石之下別以石為關張云又一石也縣絲於其上。張云絲繩也使適至方石。句不下。句柱也。爾雅釋言云楷柱也謂石柱絲絲故不下膠絲去石。張云膠著也去石縣石而使去下方石也挈也。謂上提挈其絲張云絲所以能縣石是有挈之者絲絕。句引也。張云從下引之即絕詒讓按此釋經下推之必往說在廢材推往即柱住之誤未變而名易。句收也。收依經下當為仮仮反字同言刀與糴輕重貴賤相反張以此二句屬上節誤買。畢讀買刀句誤刀糴相為賈。說文入部云糴市穀也畢云刀謂泉刀刀輕則糴不貴。句刀重則糴不易。張云易輕也刀輕則賤其糴以稱輕刀重則貴其糴以稱重所謂反買王刀無變。張云王者所鑄故曰王刀糴有變。句歲變糴則歲變刀。張云以糴權刀則刀亦變按張說是也此言糴之貴賤每歲不同則刀之重輕亦隨而變依張楊說此釋經下買無貴說在仮其賈若鬻子。張讀屬上節誤賈盡也者。盡去其以不讎也。其下據下文亦當有所字言其所以不讎者為予賈未盡其數也若盡其數則其所以不讎者盡去矣其所以不讎去。句則讎。句正賈也宜不宜。謂讎者之正賈有宜不宜正欲不欲。謂所讎者有欲不欲以意為正張云買者賣者相宜為讎也買者欲賤賣者欲貴是買也亦通若敗邦鬻室。國語越語云身斬妻子鬻嫁子無子。疑申論無不讎之義依張說此釋經下買宜則讎說在盡在軍不必其死生。聞戰亦不必其生。當作其死生或當作在軍不必其生聞戰亦不必其死在軍謂方出師而兵未接聞戰則聞其已接戰也前也不懼。張云前在軍今也懼。張云今聞戰按依張楊說此釋經下無說而懼說在弗心心即必之誤或。或即邦域正字故下云謂此南北前經下云宇或徙說云宇南北與此義正同彼宇或亦即宇域也詳前知是之非此也。謂南或非南北亦非北有知是之不在此也。張云有讀曰又按張說是也謂南北在彼在此名實無定即宇或徙之義公孫龍子名實篇云夫名實謂也知此之非此也知此之不在此也則不謂也與此經名實義亦同然而謂此南北。卽宇南北之義過而以已爲然。此謂以身所在之域爲中偏過此而北則前日所在之域轉謂之南自此以前每進益北則所過成南若由中過南則南轉成北所過亦然故云過而以已爲然莊子天下篇惠施曰我知天下之中央燕之北越之南是也釋文引司馬彪云天下無方故所在爲中卽此義也始也謂此南方。故今也謂此南方。言始與今所謂南方者過而屢變卽過而以已爲然之義也依張說此釋經下或過名也說在實智論之。張云智讀曰知知而後有論非智無以也。疑有挩誤依張說此釋經下知之否之足用也誖說在無以也經文亦有譌挩謂。句所謂。舊本所譌非今據道藏本吳鈔本正非同也。則異也。同則或謂之狗。其或謂之犬也。張云狗犬之謂同異則或謂之牛。牛或謂之馬也。下牛字疑當爲亓與上句文例同張云牛馬之謂異楊云呂氏春秋審分篇以牛爲馬以馬爲牛名不正也俱無勝。句是不辯也。謂是非兩同無以相勝則不成辯莊子齊物論云是若果是也則是之異乎不是也亦無辯然若果然也則然之異乎不然也亦無辯卽其義辯也者。或謂之是。或謂之非。當者勝也。畢本當下有也字今據道藏本吳鈔本刪張云旣云當是勝也詒讓按言是非互見得其當則勝也依張說此釋經下謂辯無勝必不當說在辯無讓者酒。謂凡賓主獻酬之酒于禮無讓未讓。句始也不可讓也。依張楊說此釋經無不讓也不可說在始按未讓始也疑當作不讓殆也殆始形近而誤經同凡相近而不讓謂之殆後文若殆于城門與于臧也九字文無所屬疑本在此下而誤錯于彼說詳後於石一也。堅白二也。張云堅與白二而在石。謂堅白含于石體之中卽經所謂存也故有智焉。有不智焉。可。顧云智卽知字詒讓按故下疑挩謂字以下智並與知通此謂石一而知堅者不知白知白者不知堅文亦見公孫龍子堅白篇說詳前依楊張說此釋經下於一有知焉有不知焉說在存有指。謂有所指也公孫龍子指物論篇有非有非指之說與此似異子智是。句有智是吾所先舉。句重。張云有讀曰又按張說是也以下文校之疑當作子智是有智吾所无舉是重无先形近而譌子知是是其一又幷知吾所无舉是其重也吾所无舉卽下文所云吾所不舉是重與下文是一文亦正相儷重謂二名一實下文所謂智智狗重智犬是也子智是若知狗智吾所无舉若因狗知犬重則若狗犬同類也則子智是而不智吾所先舉也。先亦无之譌是一。對上重及下二三言之謂唯知其一若知狗而不知犬謂有智焉有不智焉可。謂知其一而不知其二是一猶上經云於一有知焉有不知焉也若智之則當指之智告我。則我智之。張云若果知之則當指子之所知告我則我知子之所知矣兼指之以二也。謂并吾所无舉者而指之若指狗則兼指犬指一而所指二也衡指之參直之也。參三同經云二桼桼亦參之誤二參卽二三也言從衡指之則參相直以一兼二參直爲三也張云直當也若曰必獨指吾所舉毋舉吾所不舉。毋舉吾下吳鈔本有之字吾所舉者一也所不舉者二與三也則者固不能獨指。張云則下有挩字或是二字或是三字按張說未知是否今以文義推之則下疑當挩指字言于此有二物或同類或同處今特指此物勢必兼直彼物故不能獨指卽經所謂不可逃也又莊子天下篇云指不至至不絕疑亦卽此節之義蓋若甲乙同處欲指甲而勢不能不兼直乙既兼直乙則所指不得謂專至甲亦不能與乙絕也故云不至不絕釋文引司馬彪說殊誤所欲相不傳。張云所欲言不相傳詒讓按相疑亦指之誤意所欲指者一物今兼直二三則不能明傳其所欲矣與莊子指不至語意同意若未校。張云校恔也不快人意且其所智是也。張云有所知所不智是也。張云有所不知則是智是之不智也惡得爲一。是智者所已知也是之不智者所未知也則不能弁爲一矣謂而有智焉。有不智焉。疑亦當有也字依張楊說此釋經下有指與二而不可逃說在以二桼所春也。未詳張云下云臧也今死而春也得文則春爲人疑不能決其執固不可指也。張云執疑當爲埶與勢同按張校是也埶卽古勢字徐鉉說文新附云勢經典通用埶禮運在埶者去鄭注云埶埶位也釋文云埶本亦作勢後魯問篇亦以埶爲勢今本並誤執可證逃臣不智其處。不知其所匿之處狗犬不智其名也。若韓盧宋鵲遺者。巧弗能兩也。張云皆不可指遺者義宜爲失亡者巧弗能兩未詳詒讓按兩疑當爲网或作罔孟子公孫丑篇以罔市利趙注云罔羅而取之网與兩形近而誤言人偶有遺物雖使至巧罔羅索取之不能必得也依張說此釋經所知而弗能指說在春也逃臣狗馬貴者按貴卽遺之譌智。句智狗。吳鈔本智下衍者字重。句智犬。經說上云二名一實重同也義詳前則過。依經當作不智則過今本挩二字張云既知狗又知犬而不知狗之卽犬則過不重則不過。不重則名實迥異宜其不知故不過依張說此釋經知狗而自謂不知犬過也說在重通問者曰。通卽經云通意言問以通其意指也子知䵎乎。畢云䵎當爲齾卽蠃省文詒讓按說文馬部云蠃驢父馬母者也从馬蠃聲或从蠃作驘此蓋从蠃省聲而以吕爲西則傳寫之譌應之曰䵎何謂也。彼曰䵎施。句則智之。施疑當作也謂告以蠃之名物張云蓋卽蠃蠮蟉若不問䵎何謂。徑應以弗智。句則過。不問蠃何謂而徑應以弗知則不知而復無求知之意人將不復告是終于不知矣故謂之過且應必應。此義難通疑當作且問必應涉下而誤耳問之時若應。句長應有深淺。長疑當作其形近而誤深若應之曰蠃何謂淺若徑應以弗知是也此釋經下通意後對說在不知其誰謂也大常中在。大道藏本吳鈔本作天以文義推之疑當作人畢云据下文常當爲堂兵人。句長所。長吳鈔本作常非此疑當作其人其所今本兩其字譌兵長二字遂不可通室堂。句所存也。
此謂其所其子。其疑當爲某之譌後旗幟篇云建旗其署曰某子旗存者也。此謂其人據在者而問室堂。張云在堂爲存按在存義同似不必改
惡可存也。當作惡所存也上云堂室所存也下云主存者以問所存並其證言問存者以在室或在堂也主室堂而問存者。孰存也。言問在室
堂者爲何人也是一主存者以問所存。句一主所存以問存者。依楊說此釋經下所存與者於存與孰存按經者上挩存字
五合。謂五行相合水土火。疑當作木生火張云五行自相合者水土火金待火而合木待金而合按張說未知是否火離然。此言火離木而然易離象傳云離麗也莊子外
物篇云木與木相靡則然張云火出于石而然于木離其本末壞火鑠金。火多也。金靡炭。靡礳之叚字說文石部云礳石磑也研礳也言金能礳研炭使消散金
多也。張云所謂無常勝合之府水。道藏本吳鈔本作木非畢云府疑同腐張云水無不合按畢張說並未壞此疑當作合之成水言金得火則銷鑠而成水莊子外物篇云金與火相守則
流是也木離木。張云木必相離按張說亦難通疑當作木離土離亦與麗同義易離象云百穀艸木麗乎土此釋經下五行毋常勝說在宜、若識麋與魚之數。說吳鈔本作設此義難通
惟所利。無欲惡。無欲惡猶言無愛憎麋魚以共膳羞惟所利謂惟所共無偏嗜卽經所謂宜也傷生損壽。說以少連。
疑連當作適謂節嗇以養性也下云適足不害亦其證呂氏春秋適音篇云和心在于行適高注云適中適也是誰愛也。嘗多粟。或者欲不有能傷
也。疑當作或者欲有不能傷也言多粟而或欲有之然徒欲不足爲益損也若酒之於人也。言酒無益于人損之爲宜且恕人利人恕吳鈔本作怨下句
仍作怨愛也則唯恕弗治也。唯舊本作惟今据吳鈔本改徒知不足爲益損或云唯與雖通治疑當爲給言知愛利人而力不可徧給亦不足爲益損也亦通依張說此釋經下
無欲惡之爲益損也說在宜損飽者去餘。言損去其多餘者適足不害。能害飽。能與而通害飽疑當作飽害言若食適足不害于人而過飽乃爲害
若傷麋之無脾也。脾讀爲髀少牢饋食禮云腊用麋又云髀不升鄭注云近竅賤也古文髀皆作脾此與古文禮正同言麋以共祭而髀不登于祭俎故傷麋雖無髀無害于爲腊以共祭
亦損而不害之意且有損而后益智者。智字疑衍若瘧病之之於瘧也。畢云瘧卽瘧省文說文云瘧熱寒休作今經典省几此省
巳一也巳卽爪字詒讓按廣雅釋詁云瘧病也此瘧或當爲㾑瘧之省文下之字當作人言人患瘧者以病損爲益也此釋經下損而不害說在餘智以目見。而目以火見、

而火不見。公孫龍子堅白論篇云且猶白以目以火見而火不見則火與目不見而神見神不見而見離彼文以目下蓋捝見目二字義與此正同莊子天下篇辯者曰目不見亦卽此義也 惟以五路智久不當。未詳此釋經知而不以五路說在久 以目見。下當捝火字 若以火見火。句 謂火熱也。非以火之熱。言火雖熱而所見者光也非以其熱莊子天下篇云火不熱此卽其義淮南子詮言訓許注云公孫龍以白馬非馬冰不寒炭不熱爲論彼炭疑亦火之誤此釋經下必熱說在頓必卽火之誤下又捝不字 我有若視曰智。智並與知通張云有知視一物而曰知 雜所智與所不智而問之。則必曰是所智也。是所不智也。取去俱能之。張云取所知去所不知 是兩智之也。依張說此釋經下知其所以不知說在以名取

無。句 若無焉。句 則有之而后無。后吳鈔本作後無焉焉疑當作馬馬爲物名必先有馬乃可言無馬也 無天陷。句 則無之而無。張云天陷未詳或謂天所缺者按張說未塙天疑當作失戒人無失陷爲虛言則先未有此事而預相敕戒亦可言無所謂不必待有也依張說此釋經下無不必待有說在所謂 擢疑。擢當爲摧詳經下 無謂也。未詳 臧也。今死。而春也。得文。文死也可。此義不可通春也與臧也對舉疑春當爲廝養之養形近而誤得文疑當作得之大意似謂亡臧而得養略足相當但文尙有譌捝不能盡解此釋經下擢慮不疑說在有無擢亦摧之誤 且。句 猶是也。此引申此況之義詩周頌載芟匪且有且匪今斯今毛傳云且此也孔疏云且亦今時此云猶是也與此今義相近張云且未然之辭亦方然故曰猶是也是如此也按張說亦通 且然。句 必然。舊本作且且必然吳鈔本作且必然王引之云且且必然當作且然必然以下三句文義例之可知按王校是也張校同今据正經說上云自前曰且自後曰已方然亦且此卽方然之義言且之爲言雖尙未然而事勢湊會必將至于是 且已。句 必已。句 且用工而後已者。必用工而後已。舊本必用工下捝而字王引之云後上亦當有而字按王校是也今据補用工猶言從事也此釋經下且然不可正而不害用工說在宜歐宜歐疑當作害區 均。句 髮均縣。句 輕重而髮絕。不均也。均。句 其絕也。莫絕。舊本輕下捝重字孫星衍云列子湯問篇云均髮均縣輕重而髮絕髮不均也均也其絕也莫絕張湛注云髮甚微脆而至不絕者至均故也今所以絕者猶輕重相傾有不均處也若其均也寧有絕理言不絕也今輕下脫重字均其絕也句均下無也字按孫校是也畢亦据補重字今從之依張楊說此釋經下均之絕不說在所均 堯霍 此二字爲下文發端篇中霍字數見以義推之似並當爲虎之譌然于此文不合畢云据下文作臛張從之未知是否 或以名視人。或以實視人。張云堯者名臛者實 舉友富商也。是以名視人也。指是臛也。臛或當同上作

臛是以實視人也。視與示通舉友之富商以告人是示以名也指臛以示人是示以實也堯之義也是聲也於今。張云名生于今所義之實處於古。言堯之義施于當時不能及今卽經異時之義此釋經上堯之義也生于今而處于古而異時說在所義生疑當爲任若殆於城門。與於臧也。此九字上下文無所屬張並上堯霍爲一條云城門守門者臧僕也城門舉實臧舉名其說殊迂曲審校文義疑當在上文無讓者酒未讓始也不可讓也之下皆釋經下無不讓也不可之義凡古人行禮賓主入門必讓若與人同入城門而相殆則無爲讓臧爲賤人不足與爲禮則不必讓也荀子榮辱篇云巨涂則讓小涂則殆楊注云殆近也此殆異于讓之義又按殆與逮聲義相近毛詩小雅巷伯傳云柳下惠嫗不逮門之女殆于城門卽逮門謂近而相及不爭先也狗。句狗犬也。謂之殺犬可。以經文校之當作而殺狗謂之殺犬不可莊子天下篇云狗非犬成玄英疏云狗之與犬一物兩名名字既空故狗非犬也狗犬同實異名名實合則彼謂狗此謂犬也名實離則彼謂狗異于犬也墨子曰狗犬也然狗非犬也按此經云殺狗非殺犬亦卽名實離之義然成引經語亦有刪佚非其元文若兩膔。未詳集韻十五灰云骀𩪓隤大皃非此義膔疑當爲髃儀禮士喪禮鄭注云髃肩頭也說文骨部云髃肩前也楊云膔疑髀字之誤按依楊說則當亦髀之叚字見前此言同一體而有左右之異以喩狗犬同物而異名也依張楊說此釋經下狗犬也而殺狗非殺犬也可說在重使。句令使也。此與經說上使令謂謂也文例同張云訓使義我使我。我不使亦使我。此義難通張云殿自爲之也亦得爲使故言使不使皆使按張改經使殷美殿爲殿故其說如此然義甚牽強恐不足据審校文義此我字或當經之美字疑並當爲義蓋兩文皆誤而一存其上半一存其下半也此似當云義使使義不使亦使義言義者使令之使乃其正也以義使之爲使以義不使之亦爲使不使謂禁止之也末義字總釋上語殿戈亦使殿不美亦使殿。楊云經作殿說作殿張云殿戈殿軍也按張說未塙此殿字當經之殿字兩文似皆誤無可推校意必求之疑殿並當爲假戈與美並當爲義似云假義亦使假不義亦使假言假者假設之使非其正也以假設合義爲使假設不合義亦爲使也末假字亦總釋上語此凡說無可質證而前云不若敷與美敷美似亦假義之譌綜校諸譌文約略相類聊復箸之依張楊說此釋經下使殷美說在使荆沈。句荆之貝也。則沈淺。非荆淺也。沈當爲沆說文水部云沆大澤也徐鍇繫傳引博物志云停水東方曰都一名沆太平御覽地部引述征記云齊人謂湖曰沆水經巨馬河篇督亢澤注引風俗通云沆漭也言乎淫淫漭漭無崖際今本風俗通義山澤篇沆作沈又云沆澤之無水斥鹵之類也並形之誤漢書刑法志山川沈斥荀悅漢紀沈作坑坑與沆字正同蓋沆爲藪澤此荆沆卽荆之沆澤荆之貝當作荆之有言沆在荆則沆卽爲荆之所有也然沆包于荆畺域之中則沆雖淺狹無害于荆之廣大故曰沆淺非荆淺也依張說此釋經下荆之大其沆淺也說在具按具亦有之誤若易五之一。之猶與也下同張以五字屬上非以楹之摶也。見之。摶卽備城門篇之柴摶積摶蓋聚束柴木之名此言楹大而摶小若以五易一多少之數不相當也其於意也不易。蓋謂意度之則知其不當易先智意相也。先智以經下校之疑當作无智說文无古文奇字无與先形近而誤无智卽經云無知也相下疑有挩字若檻輕於秋。秋當讀爲萩說文艸部云萩蕭也左傳伐雍門之萩釋文萩作秋彼萩爲揪之段字與此義異而或作秋則可互證此亦喻輕重之失當與檻之摶同意其於意也洋然。未詳此釋經下以檻爲摶于以爲無知也說在意檻卽檻之誤段椎錐俱事於履可用也。吳鈔本段作斷事作視並誤說文殳部云段椎物也木部云椎擊也齊謂之終葵金部云錐銳也詩大雅篤公劉取厲取碬毛傳云碬段石也說苑襍言云干將鏌鋣以之補履曾不如兩錢之錐成繪屨過椎。繪疑當爲繢過當爲遇下同說文系部云繢帛也古爲屨冬皮夏葛蓋亦或以繢帛爲之與

成椎過繪屨同。句過仵也。仵字書無此字道藏本作仵吳鈔本同畢云仵當爲舛異文張云依經當作仵䋐張校是也仵與啎同過經同亦當作遇史記天官書云逢俉化言說文午部云啎逆也夊部云夆啎也爾雅釋詁云逪逢遇遻也漢書敘傳鄧展注引作逪逢遇也遇逢義同啎遻遇逆音並相轉仵啎逪聲相近遇仵猶言逢啎夆啎亦猶言逆啎也此謂繢爲作屨屨之材段椎錐爲作屨屨之器材與器兩者遇仵以成屨屨相須而爲用也此釋經下意未可知說在可用過仵一。句五有一焉。一有五焉。十二焉。張云五析之則有一者五是一少于二也建一以爲十則一有五者二是多于五也建一爲十累一爲二詒讓按十二焉疑當作十二五焉謂一十有二五也依張楊說此釋經下一少於二而多于五說在建按建疑進之誤非斲半。斲斵之別體此疑當作斲非半卽約經云非半弗斲也而反辭以明其義進前取也。非半而斲之則每斲前進也前則中無爲半。言半者必前後之中進前取盡其端則中無所謂半猶端也。端卽前也經上云端體之無序而最前者也此言雖取中斲之終必前極其端前後取則端中也。前後端之中卽所謂半斲必半。

毋與非半。毋吳鈔本作無不可斲也。盡其端則無半不復可斲莊子天下篇云一尺之捶日取其半萬世不竭釋文引司馬彪云若其可析則常有兩若其不可析其一常在故曰萬世不竭卽此義也依張楊說此釋經下非半弗斲則不動說在端可無也。已給則當給。不可無也。張云給具也當已具之則當具之按張說未塙此以經校之疑當作已然則當然不可無也然與給草書形近而誤凡事之言已然者卽當然今雖無而昔之爲有則審矣故云不可無猶經云不可去也依張楊說此釋經下可無也有之而不可去說在嘗然久有窮

而窮。此五字與上下文皆不屬張楊並屬上爲一章以經校之亦不相應疑當在後民行脩必以久也之下而誤錯在此正丸。畢云一本作凡按顧校季本亦作凡今以文義校之當是丸之形誤謂正圜之丸下云摶卽圜丸之形也無所處而不中縣。摶也。摶道藏本吳鈔本作摶非考工記云直者中縣正丸卽立圜隨所轉側而其中綫必正直故云無所處而不中縣卽經不可搖之意依張楊說此釋經下正而不可擔說在摶按擔卽搖之誤傴宇不可偏舉。傴區偏徧並聲同字通宇也。字當作宇進行者先敷近。

後敷遠。敷猶布也詳經下 行者行者。張云誤重 必先近而後遠。依張說此釋經下宇進無近說在敷 遠近脩也。先後久也。遠下舊本有脩字俞云上脩字衍文遠近脩也先後久也相對爲文以地之相去言曰脩以時之相去言曰久按俞校是也今據刪脩吳鈔本並作修脩叚字 民行脩必以久也。依張說此釋經下行循以久說在先後按循卽脩之誤

一方盡類。俱有法而異。或木或石。不害其方之相合也。盡類猶方也。舊本一方盡類並作一方貌盡合作台盡類猶方也作盡貌猶方也吳鈔本下貌字作皃張云台當爲召王引之云當作一方盡類或木或石不害其方之相合也俱有法而不異盡類猶方也一方盡類者一同也言同具方形則其方盡相類也隸書類貌相似故類誤爲貌又誤倒于盡字上耳或木或石不害其方之相合也者言物之方者雖有方木方石之異而不害其方之彼此相合也作台者字之誤耳俱有法而不異盡類猶方也者言其法同則彼此盡相類亦猶方與方之盡相類也傳寫者上下錯亂又脫不字耳一方盡類云云則經下所謂一法者之相與也盡若方之相合也按王校改貌盡並爲盡類台爲合是也今並據正呂氏春秋別類篇云小方大方之類也卽此一方盡類之義但俱有法而異句似不必移蓋上言一方盡類明其方之同下言俱有法而異明同方之中仍有異也盡類猶方也猶與由通言其所以盡相類者由于同方也 物俱然。此釋經下一法者之相與也盡若方之相合也說在方盡下亦當有類字

牛狂與馬惟異。張云牛狂當作狂牛俞云狂與惟皆性字之誤按張校非是俞校以狂爲性是也呂氏春秋壅塞篇云牛之性不若羊羊之性不若豚高注云性猶體也俞謂惟亦爲性則非以公孫龍子校之當作牛性與馬雖異雖公孫龍書作唯並與惟通言牛馬性雖異然其所以異者不在齒與尾也詳後 以牛有齒。句 馬有尾。句 說牛之非馬也。不可。俞云此言牛性與馬性異非徒以牛有齒馬有尾爲別也 是俱有。張云牛亦有尾馬亦有齒詒讓按大戴禮記易本命云戴角者無上齒無角者膏而無前齒蓋牛有下齒馬有後齒也公孫龍子通變篇謂牛無尾者以其有尾而短耳非寔無尾也 不偏有偏無有。句 曰。盧云當有牛字 之與馬不類。句 用牛有角。舊本角上脫有字盧云用牛當爲牛有王引之云用非誤字用者以也以牛有角馬無角說牛與馬之不類故云曰牛與馬之不類用牛有角馬無角也下文若舉牛有角馬無角以是爲類之不同也是狂舉也以亦用也上文以牛有齒馬有尾說牛之非馬也不可文義亦同則用非誤字可知但可云用牛下脫有字耳按王校是也張校同今據增 馬無角。句 是類不同也。若舉牛有角馬無角。以是爲類之不同也。是狂舉也。公孫龍子亦有正舉狂舉之文以意求之蓋以舉之當者爲正不當者爲狂此書經說通例凡是者曰正曰當非者曰狂曰亂曰誖義與公孫龍書略同此疑當作以是爲類之同也是狂舉也今本涉上文而衍一不字則不得爲狂舉矣 猶牛有齒。馬有尾。或不非牛。而非牛也。此言有齒之獸與牛相類或不得謂非牛

而實非牛也若爾雅釋畜牛屬犘牛犦牛之類則或非牛或牛而牛也可。疑當作則或非牛而牛也可言或有非牛而與牛相類則亦可謂之牛也故曰牛馬非牛也未可。此言兼舉牛馬則不得謂非牛猶公孫龍子云羊合牛非馬張云曰牛馬豈得非牛牛馬牛也未可。此亦兼舉牛馬既兼有馬則又不可竟謂是牛張云曰牛馬豈得謂牛則或可或不可而曰牛馬牛也未可亦不可。言可不可兩說未定則竟廖謂牛馬之爲牛者未可亦非也張云有可者今但言未可是亦不可三皆不辯其兼故不可且牛不二馬不二而牛馬二。前云數牛數馬則牛馬二數牛馬則牛馬一則牛不非牛。張云專牛則牛馬不非馬。張云專馬則馬而牛馬非牛非馬。句無難。張云兼牛馬則非牛非馬是則無可難矣按張說是也此即經云說在兼之義荀子正名篇云有牛馬非馬也此惑于用名以亂實者也公孫龍子通變篇云牛與羊唯異羊有齒牛無齒而牛之非羊也羊之非牛也未可是不俱有而或類焉羊有角牛有角牛之而羊也羊之而牛也未可是俱有而類之不同也羊牛有角馬無角馬有尾羊牛無尾故曰羊合牛非馬也非馬者無馬也無馬者羊不二牛不二而羊牛二是而羊而牛非馬可也若舉而以是猶類之不同若左右猶是舉牛羊有毛鷄有羽謂鷄足一數足二二而一故三謂牛羊足一數足四四而一故五牛羊足五鷄足三故曰牛合羊非鷄非有以非鷄也與馬以鷄寧馬材不材其無以類審矣舉是謂亂名是狂舉即此書之義但兩書文義皆宂複奧衍不可盡通耳依張楊說此釋經下狂舉不可以知異說在有不可牛馬之非牛與之可同說在兼彼句正名者彼此。謂言當其名彼此可。句彼彼止於彼。張云定彼爲彼此此止於此。張云定此爲此詒讓按此謂彼此之名有定故可彼此不可。句彼且此也。疑當云彼且此也此亦且彼也此謂彼此之名無定故不可彼此亦可。此言彼此在有定無定之間張云統言彼此則彼亦此故可彼此止於彼此。若是而彼此也則彼亦且此此也。此字吳鈔本不重張云定以爲彼此則我此此而彼彼亦且此此而彼彼故不可按張說未塙此似申上彼此亦可之義疑當作則彼亦且此此亦且彼也今本挩三字公孫龍子名實篇云正其所實者正其所名也其名正則唯乎其彼此焉謂彼而彼不唯乎彼則彼謂不行謂此而此不唯乎此則此謂不行其以當爲當也不當而亂也故彼彼當乎彼則唯乎彼其謂行彼此此當乎此則唯乎此其謂行此其以當而當也以當而當正也故彼止於彼此止于此可彼此而彼且此此彼而此且彼不可即此章之塙詁又莊子齊物論篇云物無非彼物無非是自彼則不見自知則知之故曰彼出于是亦因彼又云是亦彼也彼亦是也彼亦一是非此亦一是非果且有彼是乎哉果且無彼是乎哉亦與此義略同畢云已上釋經下循此與彼此同說在異按經有譌唱無過。即下云唱而不和過疑當作遇遇與偶通下同無所周。疑當爲用之誤謂所唱不足用即唱而不和之意若粺。當爲稗說文禾部云稗禾別也此喻無所用若荑稗和無過。即下云和而不唱使也。

謂人不唱使然不得已。明非和者之過唱而不和。是不學也。唱者爲敎則和者爲學故不和爲不學也智少而不學必寡。必上有捝文楊云疑捝功字和而不唱。是不敎也。智而不敎。畢云智下當有少字詒讓按疑當作智多而不敎與上文智少而不學正相對功適息。張云我有知而不以告人則功息絕矣使人奪人衣。罪或輕或重。使人予人酒。或厚或薄。句首疑捝一字此蓋喻不和不唱之無功依張楊說此釋經下唱和同患說在功

聞在外者。所不知也。謂在外而聞有人在室不知其人若何或曰。在室者之色。若是其色。言告以在室者之色與在外者相若是所不智。若所智也。以下智並與知同所不知謂在室者所知謂在外者猶白若黑也。若猶與也儀禮燕禮云冪用綌若錫言問其色白與黑誰勝。勝猶言當上文云當者勝也謂兩舉白黑未知孰勝是若其色也。是若疑到言告以色若是若白者必白。今也智其色之若白也。故智其白也。張云若正而言之色若此白者彼物必白則知其色之若白可以知其白矣

夫名。以所明正所不智。名吳鈔本作明誤張云正物名不以所不智疑所明。句若以尺度所不智長。言以所明正所不知若不知物之長而以尺度之也畢張並讀長外爲句大誤外。句親智也。句室中。句說智也。此與經說上云知方不㢓說也身觀親也義同言在外之色爲親見而知以室中之色若在外之色則聞人之說而後知也畢云已上釋經下聞所不知若所知則兩知之說在告

以誖。以誖猶言以爲誖誖卽非也與下以當文義正相對不可也。言以人之言爲誖者必其言之不可信者也出入之言可。以下文校之出入當作之人形近而誤是不誖。則是有可也。有可信者卽不得盡所爲誖之人之言不可。句以當。句必不審。審疑亦當作當言以不可爲當是必不當也此卽公孫龍子以當爲當不當而亂之義依張說此釋經下以言爲盡誖誖說在其言

惟。句謂是霍可。惟當依經作唯霍疑亦虎之誤下並同說詳前唯應辭也此言叚物爲名若謂之爲虎也而彼應之曰唯則可上文云惟是當牛馬彼惟亦唯之叚字與此義可互證經以非名爲不可明是名則可莊子寓言篇云與已同則應不與已同則反同于已爲是異于已爲非而猶之非夫霍也。言彼雖非眞虎而旣唯我所謂則是謂之可者也謂彼是是也。謂所謂與其名相應不可謂者。毋惟乎其謂。言凡不可謂者必無人唯我之所謂彼猶惟乎其謂。句則吾謂不行。當作則吾謂行此衍一不字彼若不惟其謂。句則不行也。此卽公孫龍子謂彼而彼不唯乎彼則彼

謂不行謂此而此不唯乎此則此謂不行之義依張說此釋經下唯吾謂非名也則不可說在仮

無南者。（盧云南當讀如難上下文俱有無難之語按盧說非也張讀屬上節亦誤此南即指南方無南猶言南無窮也古者中國所治地南不盡南海又天官家不知有南極故于四方獨以南爲無窮莊子天下篇惠施曰南方無窮而有窮蓋名家有持此義者）有窮則可盡。句　無窮則不可盡。句　有窮無窮。未可智。（智與知同下並同）則可盡不可盡不可盡。（畢云此三字疑衍）未可智。（可吳鈔本作有誤）人之盈之否。未可智。（次之字疑衍謂人在四方盈否未知）而必人之可盡。句　不可盡。亦未可智。（當作人之可盡不可盡亦未可智此涉上文而挩人之可盡四字）而必人之可盡愛也。（疑當作而必人之不可盡愛也今本脫不字盡愛卽兼愛之說故經云無窮不害兼）誖。（言持此論者不可也蓋謂人不可盡愛則有害于兼愛之說故墨子非之）人若不盈先窮。（先當作無亦无之誤）則人有窮也。（謂人若不能盈無窮旣不能盈則是有窮也）盡有窮無難。（張云我愛盡于有窮不足以難兼也）盈無窮。句　則無窮盡也。（謂人若盈無窮則無窮旣可盈卽界有盡也）盡有窮無難。（以上六句皆難人不可盡愛之說依張說此釋經下無窮不害兼說在盈否知）

不二智其數。（張云二衍按疑當爲不一一）惡智愛民之盡文也。（文當作之下同吳鈔本重盡字衍張云文衍非）或者遺乎其問也。（問舊本譌門今据道藏本正言慮所問有所遺忘則雖愛民不能盡其數張云門問皆明字之譌非是）盡問人。則盡愛其所問。（言于心無不愛）若不智其數。而智愛之盡文也。無難。（依張說此釋經下不知其數而知其盡也說在明者按明疑卽問之誤）

仁仁愛也。（張校謂次仁字衍今按首仁字疑述經爲目則無衍文又疑或當作仁愛人也古人仁字通）義。利也愛利。句　此也。（言愛利心在于已明其同在內）所愛所利。句　彼也。（言所愛所利惠加于人明其同在外）愛利不相爲內外。（張云俱內）所愛利亦不相爲外內。（吳鈔本作內外張云俱外）其爲仁內也義外也。（爲謂字通此見孟子公孫丑篇告子語管子戒篇亦云仁從中出義由外作）舉愛與所利也。（偏舉所愛之在此故云內偏舉所利之在彼故云外）是狂舉也。（詳後）若左目出。右目入。（舊本挩出字今据道藏本吳鈔本補若吳鈔本作屈誤此亦狂舉之類張云仁義之于人若二目不可分外內按張說是也但其本亦挩出字又讀入字屬下學也並誤依張說此釋經下仁義之爲外內也內說在仵顏經亦有誤）

學也。以爲不知學之無益也。故告之也是。（張云告教也以學也故教是也）使智學

之無益也。智亦與知同是教也。以學爲無益也。教，誖。此言學或有益或無益故教亦有是有否則誖矣張云使知學之無益也而教則是以
學之無益教矣則誖也按張說是也依彼說此釋經下學之益也說在誹者按經益上當有無字誹疑誖之誤 論誹 謂誹議人宜論其所誹之當否 誹之可不可。句 以理
之可誹。張云當爲非 雖多誹。句 其誹是也。句 其理不可非。王校作誹未塙 雖少誹。句 非也。王引之云
當作論誹之可不可以理之可誹不可誹理之可誹雖多誹其誹是也其理不可誹雖少誹非也今本論誹下衍誹字以理之可誹下挩不可誹理之可誹七字其理不可誹誹又譌作非按審校文義似無挩誤王校並未塙
今也謂多誹者不可。是猶以長論短。言誹有可否不容概以多誹者爲非若短長各有所宜不可相論也依張說此釋經下誹之可否不以衆寡說
在可非 不誹。依經當作非誹謂非其好誹議人者 非已之誹也。言廢誹者之非是謂非誹 不非誹。句 非可非也。即上云以理之可非 不
可非也。謂人實有非而我非之是非其所可非也我所非自當則人不可廢我爲非矣 是不非誹也。言凡誹人而或議其非者爲其有妄誹實有可非也若所誹不妄則不可非是
不當非其所誹也依張說此釋經下非誹者諄說在弗非諄誖之誤 物甚長甚短。句 莫長於是。張云故曰甚長 莫短於是。張云故曰甚短 是
之是也。是卽莫長于是莫短于是之是張云如是者是甚也 非是也者。莫甚於是。言若非是者則不得爲甚長甚短莫甚上疑挩非字張云非是者莫得以
爲甚按張說未塙依楊說此釋經下物甚不甚說在若是 取高下。以善不善爲度。不若山澤。句 處下善於處上。句
下所請上也。請當作謂言因下見上則所謂上者但微高子下而已不必如山與澤之高下縣絕莊子天下篇惠施曰天與地卑山與澤平荀子正名篇亦云山淵平並此意也此釋經取下以求上
也說在澤 不是。此約舉經文爲目不讀如否 是則是且是焉。今是文於是而不於是。文當作之下並同不下亦當有之字
故是不文。是不文則是而不文焉。今是不文於是。而文與是。此句與上云今是文于是而不于是句正
相對則而文與是當作而是文于是是文皆卽是之之誤上文而不于是又當作而不之于是傳寫互有挩字耳 故文與是不文同說也。此節文譌挩難通參互推校大
意以是與不對舉是文與不文對舉凡不字並當讀爲否文字疑並之字之誤餘並未詳依張楊說此釋經下是是與是同說在不州經亦有挩誤

經上篇旁行句讀畢氏新攷定本今重校正 畢云本篇云讀此書旁行今依錄爲兩截旁讀成文也

故所得而後成也
體分於兼也
知材也
慮求也
知接也
𢜔（知同畢張楊本並作恕誤）明也
仁體愛也
義利也
禮敬也
行爲也
實榮也
忠以爲利而強低（當作君）也
孝利親也
信言合於意也
佴自作（疑當作仳）也
謂（狷通）作嗛也

止以（已同）久也
必不已也
平同高也
同長以㞷（古正字）相盡也
中同長也
厚有所大也
日中㞷南也（無說）
直參也（無說）
圜一中同長也
方柱隅四讙（當作襍）也
倍爲二也
端體之無序而最前者也
有閒中也
閒不及旁也
纑（櫨通）閒虛也
盈莫不有也

廉疑當作慊作非也
令不爲所作也
任士損己而益所爲也
勇志之所以敢也
力刑形同之所以奮也
生刑形同與知處也
臥知無知也
夢臥而以爲然也
平知無欲惡也
利所得而喜也
害所得而惡也
治求得也
譽明美也
誹明惡也
舉擬實也

堅白不相外也
攖相得也
似當作此有以相攖有不相攖也
次無閒而不攖當作相攖也
法所若而然也
佴所然也
說所以明也無說
攸疑當作彼不可兩不可也
辯爭彼也辯勝當也
爲窮知而縣於欲也
已成亡
使謂故
名達類私
謂移說作命誤舉加
知聞說親
名實合爲畢張楊並合前爲一經誤

言出舉也

且言然也

君臣萌（氓通）通約也

功利民也

賞上報下之功也

罪犯禁也

罰上報下之罪也

同（說作侗）異而俱於之一也

久彌異時也宇彌異所也

窮或有前不容尺也

盡莫不然也

始當時也

化徵易也

損偏去也

聞傳親

見體盡

合（說作古誤）缶宜必

欲缶權利且（疑衍）惡缶權害

爲存亡易蕩治化

同重體合類

異二不體不合不類

同異交得放（說作怨疑當作知）有無

聞耳之聰也（無說）

循所聞而得其意心之察也（無說）

言口之利也

執所言而意得見心之辯也（無說）

諾不一利用

服執說（音利疑當作言利二字乃正文誤作小注畢張揚以服執說巧轉則求其故大益爲一經誤）

巧轉（依說當作傳）則求其故

大益說無

儇䅳秖說作儇昫民按當作環俱氏

庫當作庳易也

動或從當作徙也

讀此書旁行此校語誤入正文楊云五字當是後人所加適

在缶無非三字之上列

經下篇旁行句讀畢本無今依張氏攷定本重校正

止類以行人疑當作之說在同

駟疑當作四足異說張以三字屬下列執存下疑非推類之難

說在疑挩名字之大小

物盡張以二字屬前經誤同名二與鬭愛食與

招白與視麗與依說當有暴字夫與履說作屨

一偏棄說作去之

謂而固是也說在因

不可偏去而二說在見與俱一與

二廣與循當作脩張以物盡同名以下四經合爲一誤

法同則觀其同

法異則觀其宜

止因以別道

缶無非畢張並以三字與上校語爲一誤

所存與當有存字者於存與孰存

五行無常勝說在宜

無欲惡之爲益損疑當作無益損也說在宜

不能而不害說在害

異類不吡（吡同比）說在量

偏去莫加少說在故

假必誖說在不然

物之所以然與所以知之與所以

　使人知之不必同說在病

疑說在逢循遇過（張以三字屬下誤）

合與一或復否說在拒（無說）

物一體也說在俱一惟（唯同）是

宇或（字或正域字）徙說在長宇久

二（張以此字屬下列所義下誤）臨鑑而立景到多而

若少說在寡（疑當作空）區（說在住景二條後以下三經皆說鑑當與說景諸條類列疑皆傳寫亂之張云此行當作無久與宇堅白說在因按張校以下五經互易未知是否姑箸之以備攷）

損而不害說在餘

知（說作智徧）而不以五路說在久（有誤）

必熱（依說當作火不熱）說在頓（疑當作覩）

知（說作智徧下同）其所以不知說在以名取

無不必待有說在所謂

擢（疑當作摧）慮不疑說在有無

且然不可正而不害用工說在宜歐

（疑當作害區張以歐屬上列物一體也誤）

均之絕不（不否徧）說在所均

堯之義也生（疑當作任）於今而處於古而

　異時說在所義

狗犬也而殺狗非殺犬也可說在重

鑑位立同景一少而易一大而缶說

中之外內說在景之小大條後亦傳寫之譌張云此行當臨鑑而立

景到多而若少說在寡區

鑑團景一無說下有挩字

不堅白說在下有挩字張幷前爲一經誤又云此行當鑑位景一小而

易一大而缶說在中之外內

無久與宇堅白說在因張云此行當鑑團景一不

堅白說在

在諸其所然未者然疑當作諸未然說在於

是推之

景不徙說在改爲

住疑當作位位立字通景二說在重

景到在午有端與景長說在端

景迎日說在摶疑當作轉

景之小大說在地當作柂缶遠近

天依說當作大而必正說在得

使殷美疑當作使叚義說在使

荆之大其沈當作沆淺也說在具說作具疑當作有

以檻當作檻爲摶於以爲無知也說在

意

意未可知說無此義疑有挩誤說在可用過當作遇仵

說作件誤張以以檻爲摶以下三經合爲一誤

一少於二而多於五說在建疑當作進

非半勿斱則不動說在端

可無也有之而不可去說在嘗然

缶而不可擔當作擔說在摶

宇進無近說在敷

行張以此字屬上經誤循依說當作脩以久說在先後

貞依說當作負而不撓說在勝

契挈通與枝當作收板疑當作仮或涉上衍說在薄

倚者不可正疑當作止說者剃當作梯

推依說當作柱之必往疑當非住說在廢材

買無貴說在仮反同其賈

賈宜則讎說在盡

無說而懼說在弗心當作必

或域正字過名也說在實

知之否之足用也諄疑當作誖說在無以也

謂辯無勝必不當說在辯

無不讓也不可說在始疑當作殆

一張以此字屬上經誤法者之相與也盡依說當有類字若方之相合也說在方

狂舉不可以知異說在有不可

牛馬之非牛與可之同說在兼張幷前為一經誤

循此循此與彼此同說在異

唱和同患說在功

聞所不知若所知則兩知之說在告

以言為盡誖誖說在其言

唯吾謂非名也則不可說在仮

無窮不害兼說在盈否知

不知其數而知其盡也說在明疑當作問者

不知其所處不害愛之說在喪子者無說

仁義之為內外也內疑當作非說在仵顏有誤

於一有知說作智通下同焉有不知焉說在存

有指於二而不可逃說在以二絫當作參

所知而弗能指說在春字誤也逃臣

狗犬貴說作遺者

知說作智通下同狗而自謂不知犬過也說在重

通意後對說在不知其誰謂也

學之依說疑當有無字益也說在誹依說疑當作誖者

誹之可否不以衆寡說在可非

非誹者諄當作誖說在弗非

物甚不甚說在若是

取下以求上也說在澤

是是與是同說在不州有誤張幷前爲一經誤

墨子閒詁卷十一

大取第四十四

畢云篇中言利之中取大卽大取之義也意言聖人厚葬固所以利親感樂固所以利子而節葬非樂則利尤大也墨者固取此案畢說非也此與下篇亦墨經之餘論其名大取小取者與取譬之取同小取篇云以類取以類予卽其義篇中凡言臧者皆指臧獲而言畢竝以葬親爲釋故此亦有厚葬節葬之說竝謬此篇文多不相屬蓋皆簡札錯亂今亦無以正之也

天之愛人也。薄於聖人之愛人也。畢云言天地之大人猶有憾 其利人也。厚於聖人之利人也。大人之愛小人也。薄於小人之愛大人也。畢云言不如小人之姑息 其利小人也。吳鈔本無此字 厚於小人之利大人也。以臧爲其親也。而愛之。畢云說文云葬臧也卽藏字正文謂葬親顧云臧賤稱也篇內同義亦互見小取篇案顧說足正畢說之謬此臧卽臧獲之臧詳小取篇言臧善事吾親因而愛利之也 非愛其親也。非字疑衍此篇多以一是一非相對言之 以臧爲其親也。而利之。吳鈔本爲下有利字疑衍利之謂資給之 非利其親也。以樂爲利其子。而爲其子欲之。樂讀音樂畢云當有非字譌 愛其子也。以樂爲利其子。而爲其子求之。非利其子也。疑當作非求其子也畢云此辯葬之非利親樂之非利子卽節葬非樂之說也案畢說謬 於所體之中。而權輕重之謂權。吳鈔本作於所體輕重之中而權其輕重之謂權案其字疑當有文選運命論李注引尸子云聖人權福則取重權禍則取輕 權非爲是也。非非爲非也。俞云當作非爲非也衍一非字案當作亦非爲非也上非字乃亦之譌無衍文 權正也。經上篇云欲正權利惡正權害 斷指以存掔。意林引作腕畢云此捥字正文舊作腕譌說文云掔手掔也揚雄曰掔握也从手臤聲鄭注士喪禮云手後節中也古文掔作捥 利之中取大。害之中取小也。害之中取小也。畢云當爲者 非取害也。取利也。其所取者。人之所執也。言爲人所持執不能自免 遇盜人。而斷指以免身。利也。其遇盜人。害也。淮南子說

（山訓云斷指而免頭則莫不利爲也故人之情於利之中則爭取大爲於害之中則爭取小爲意本於此）斷指與斷腕。（畢云玉篇云腕烏段切手腕亦作捥案捥腕皆掔字之俗）利於天下相若無擇也。死生利若。一無擇也。（當作非無擇也謂必舍死取生）殺一人以存天下。非殺一人以利天下也。（此對下是殺己以利天下爲文當作非殺人以利天下也一字涉上而衍）殺己以存天下。是殺己以利天下。於事爲之中。而權輕重之謂求。求爲之非也。（疑當作非爲之也挩二字）害之中取小。求爲義。非爲義也。（此疑當接後不可正而正之句）爲暴人語天之爲是也。而性。（句）爲暴人歌天之爲非也。諸陳執既有所爲。而我爲之陳執。執之所爲。因吾所爲也。若陳執未有所爲。而我爲之陳執。陳執因吾所爲也。暴人爲我爲天之以人非爲是也而性。（此文多譌挩爲是也而性語前後兩見疑性並當作惟惟與唯通經下篇云物一體也說在俱一惟是說云惟是當牛馬惟是亦卽唯是謂言是則應之也此義似與彼同而上下文仍難通）不可正而正之。（上云權正也言於不可正之中而權其正）利之中取大。（此節疑當接上文非爲義也下）非不得已也。害之中取小。不得已也。所未有而取焉。是利之中取大也。於所既有而棄焉。是害之中取小也。義可厚厚之。義可薄薄之。謂倫列。（謂上當重之字戰國策宋策高注云倫等也服問鄭注云列等比也）德行君上老長親戚。此皆所厚也。爲長厚不爲幼薄。（句）親厚厚。（厚其近親）親薄薄。（薄其遠親）親至薄不至。（言有至親無至薄）義厚親不稱行而顧行。（顧當爲類後云厚親不稱行而類行其類在江上井卽釋此節行謂德行）爲天下厚禹。爲禹也。爲天下厚愛禹。（此句厚字疑衍）乃爲禹之人愛也。（人愛二字疑倒）厚禹之加於天下。（據下文之下當有爲字言所以厚愛禹者爲其德加於天下畢云言禹之厚德及天下非）而厚禹不加於天下。（言所厚止於禹身不徧及天下）若惡盜之爲加於天下。（言惡盜爲其害及天下畢云言盜之惡行及天下非）而惡盜不加於天下。（言所惡止於盜身不徧及天下）愛人不外已。已在所愛之中。言已亦猶是人也 已在所愛。愛加於已。倫列之愛已，愛人也。言愛已亦可謂之愛人此下疑當接後臧之愛已非爲愛已之人也句荀子正名篇云聖人不愛已此惑於用名以亂名者也 聖人惡疾病。畢云言自重其身 不惡危難。畢云言爲人則不避艱險 正體不動。疑當作四體不勤 欲人之利也。非惡人之害也。畢云言欲存其身以利人非惡人之以危難害已 聖人不爲其室臧之故在於臧。此義難通畢云言臧富在下非 聖人不得爲子之事。似言聖人事親愛無窮而事必有所盡 聖人之法死亡親。亡忘通謂親死而忘之即薄喪之義 爲天下也。厚親分也。以死亡之。句 體渴興利。此即節喪下篇疾從事之意畢云說文云渴盡也竭負舉也今經典多以竭爲渴此云云者謂盡其利以厚喪也案畢說非是 有厚薄而毋倫列之興利爲己。此下疑當接下天下之利句 語經。畢云意言聖人厚葬之說爲自厚其親語其經耳經猶云正非必欲天下人如是也故下辨之案語經者言語之常經也此總目下文畢說非 語經也。當爲者畢云也同者非 非白馬焉。此即白馬非馬之說公孫龍子有白馬論詳小取篇 執駒焉說求之。畢云案列子仲尼云公子牟曰白馬非白形名離也孤犢未嘗有母非孤犢也似與此意同執駒焉說求之舞似當云執駒馬說求之無母即孤犢之論乎案莊子天下篇云孤駒未嘗有母白馬孤駒蓋名家常語所謂語經也說求之上疑挩有字與下無說文相對畢說非其恉 舞說非也。舞當從畢校爲無之誤而句讀則非 漁大之舞大。疑當作殺犬之無犬經下云狗犬也而殺狗非殺犬也可即此義殺俗作煞釋慧苑華嚴經音義云漁聲類作斂二形相近而譌 非也。所謂無說 三物必具。然後足以生。必與畢通此下疑當接後以故生以理長以類行也者句三物即指故理類而言之謂辭之所由生也 臧之愛已。此節疑當接上文愛已愛人也下 非爲愛已之人也。言臧自愛其身非爲愛已之爲人也 厚不外已。厚下當有人字上文云愛人不外已 愛無厚薄。舉已非賢也。舉當作譽 義利不義害。句 志功爲辯。志舊本作之今據道藏本吳鈔本正下文云志功不可以相從也 有有於秦馬。疑當作有友於秦焉 有有於馬也。疑當作有友於口焉 智來者之馬也。未詳 愛衆衆世。與愛寡世相若。兩世字畢並以意改作也王校從之王引之云愛衆衆世下衆字衍當作愛衆也與愛寡也相若又案下文凡學愛人與小圜之圜云云文義不相屬疑當在愛衆也上凡學愛人乃涉下文之詞愛衆也云云則承上句而詳言之也古書錯簡耳案此當作愛衆世與愛寡世相若衆世寡世以廣陝言下文尙世後世以古今言文自相對凡學愛人句亦非此處錯簡畢王校並未允兼愛之有相若。有與又徧愛尚世與愛後世。王云尚與上同一若今之世人也。王引之云今之世人當作今世之人今世與尚世後世相對爲文也鬼非人也。兄之鬼兄也。王引之云鬼非人也當作人之鬼非人也兄之鬼兄也寫者脫去人之二字耳小取篇云人之鬼非人也兄之鬼兄也是其證案無人之二字義自可通今不據增天下之利驩。驩猶悅也天志中篇云今有人於此驩若愛其子竭力單務以利之此疑當接上與利爲己句聖人有愛而無利。俔日之言也。說文人部云俔譬諭也一曰閒見爾雅釋言云閑俔也案俔有閒訓此疑亦當與閒義同方言云閑非也孟子離婁篇云政不足閒也俔閒蓋謂駁難相非故下云乃客之言日疑當作曰或疑當爲儒者之言儒俗作儒與俔相似而誤亦通乃客之言也。天下無人。子墨子之言也。無人卽兼愛之義言人已兩忘則視人如己矣子墨下舊無子字今據吳鈔本補猶在。似言害捨大取小然其害猶在上疑有挩文不得已而欲之。非欲之也。舊本重非欲之三字畢云一本無案顧校季本亦無今據刪此卽前害之中取小不得已也之義疑當在上文是害之中取小也下非殺臧也。王引之云非殺臧也上有脫文以下二句例之當云專殺臧非殺臧也專殺盜。非殺盜也。凡學愛人。學當爲譽前云譽己非賢也後又云愛人非爲譽也此句或當接後利人也爲其人也句小圜之圜與大圜之圜同。方至尺之不至也。方當爲不與不至鍾之至。不異。鍾當爲千里二字之至當作之不至謂尺與千里遠近異而其爲不至則同故下云遠近之謂今本千里二字誤合爲重字校者又益金爲鍾遂不可通續漢書五行志童謠以董字爲千里草與此可互證其不至同者。遠近之謂也。是璜也。畢云說文云璜半璧也是玉也。此與上是字疑竝當作意意楹非意木也。意是楹之木也。意指之人也。非意人也。王引之云當作意人之指非意人也意度也言所度者人之指非度人也下文云一指非一人也是其證意獲也。說文犬部云獲獵所獲也乃意禽也。俞云乃意禽也當作非意禽也與上文非意木也非意人也一律詒讓案乃字不誤此與上文反正相對言獵者之求獲欲得禽也志功不可以相從也。志卽意求之也功謂求而得之利人也。爲其人也。畢云爲一本作非富人。言譽人之富非爲其人也。畢云舊二字倒一本如此有爲也以富人。言有所爲以使人富富人也。治人有爲鬼焉。言治人之事兼有事鬼若祭祀之類爲賞譽利一人。非爲賞譽利人也。亦不至無貴於人。無貴疑當作無賞譽言賞譽雖不能徧及人亦不至因此遂不用賞譽也智親之一利。

畢云智同知未爲孝也。亦不至於智不爲己之利於親也。言雖不足爲孝亦不至於明知己之有利於親而不爲之智是之世之有盜也。上之字當衍與鈔本無下之字蓋世之二字譌倒校者又於下增一之字遂致複出盜當作人涉下而譌盡愛是世。俞云當作智是世之有盜也不盡是世下文智是室之有盜也不盡是室也可證案俞校未塙以文義推之當作智是世之有人也盡愛是世即兼愛之義智是室之有盜也不盡是室也。不盡下以下文推之當有惡字智其一人之盜也。不盡是二人。畢云二當爲一詒讓案當作不盡惡是人此挩惡字衍二字耳雖其一人之盜。苟不智其所在。盡惡其弱也。弱疑當爲朋形近而譌言盜雖止一人然不能審知其誰某則盡惡其朋黨也諸聖人所先爲人欲名實。欲疑效之譌名實不必名。疑當作實不必名上名字譌衍苟是石也白。句敗是石也。敗當爲取盡與白同。言白石之白皆同是石也唯大。唯雖通與鈔本作惟不與大同。言大石之中仍有大小之異是有便謂焉也。便疑當爲使以形貌命者。必智是之某也。貌與鈔本作皃下同焉智某也。焉猶乃也不可以形貌命者。唯不智是之某也。唯亦與雖通智某可也。諸以居運命者。爾雅釋詁云運徙也畢云居運言居住或運徙苟人於其中者。皆是也。人當作入入是去非文正相對去之因非也。諸以居運命者。若鄉里齊荆者。皆是諸以形貌命者。若山丘室廟者。皆是也。智與意異。舊本挩異字今據與鈔本補上文辨智意二者之文甚詳重同。經說上云二名一實重同也具同。具當爲俱經說上云俱處於室合同也連同。國語楚語韋注云連屬也同類之同。經說上云有以同類同也同名之同。丘同。丘與區通詳經下篇謂同區域而處鮒同。鮒附通史記魏世家屈侯鮒說苑臣術篇鮒作附周禮大司徒鄭注云附麗也是之同。畢云一本又有同字然之同。同根之同。此四字疑當在前同名之同下此下文有非之異有不然之異二句正與上文是之同然之同相對明不當以此句廁其閒也有非之異。有不然之異。有其異也。爲其同也。爲其同也異。此下疑當接下長人之異短人之同一節一曰乃是而然。與鈔本作是二曰乃是而不然。三曰遷。昔是而今不然四曰強。貌是而情不然子深其深。淺其淺。益其益。尊其尊。以上似竝辨辭氣之異同俞云尊當讀爲劕說文刀部劕減也劕有減損之義故與益其益對文成義案俞說是也後漢書光武十王傳贊𢍰獻尊節李注引禮記恭敬尊節今曲禮作撙節尊撙劕聲類竝同 察次山比因至優指復。句 次察聲端名因請復。此文挩誤不可校以意推繹兩次字疑皆當作欬即盜之壞字一優字二復字皆得之誤請讀爲情請復卽下文之請得也審校文義疑首句當作察盜止此室因指得欬句當作察盜聲端名因情得上云智是室之有盜也不盡是室也言察盜之止於是室乃因人指而得之若察盜之聲而得其名則因竊其情而得之也大恉蓋如是今本止此室譌爲山比至而以至字到著因下又涉復字而衍一優字察欬復到作欬察盜無從諟正矣端名亦難通疑端當爲揣之誤

正夫辭惡者。人右以其請得焉。正當爲匹右疑有之誤有與或義同請亦讀爲情下同此以讞獄爲喻也辭惡謂不受惡左宣二年傳趙盾爲法受惡杜注云爲法受屈與此義可相證言匹夫雖賤而不胥受屈必欲自明其志則可以得其情實 諸所遭執。而欲惡生者。人不必以其請得焉。惡生謂樂於就死也言遭囚執而不求生則雖有屈抑而不欲自明故不能必得其情實也

聖人之附瀆也。附道藏本吳鈔本竝作拊畢云瀆字未詳 仁而無利愛。而吳鈔本作人 利愛生於慮。謂以仁待人而無私愛利之心凡愛利皆生於自私之心不足爲仁也經說上云慮也者以其知有求也 昔者之慮也。非今日之慮也。昔者之愛人也。非今之愛人也。愛獲之愛人也。生於慮獲之利。謂因賴其利而愛之 慮獲之利。非慮臧之利也。臧獲異人故所慮與所利不同舊本無下慮獲之利四字王引之云生於慮獲之利下當更有慮獲之利四字慮獲之利非慮臧之利也而愛臧之愛人也乃愛獲之愛人也相對爲文案王說是也今據增 而愛臧之愛人也。乃愛獲之愛人也。言所愛雖異其爲愛人則同臧獲統於人之內也 去其愛而天下利。弗能去也。疑當作弗能不去也言去一人而利天下雖在所愛不能不去也 昔之知牆。非今日之知牆也。蘇云牆疑當作臧俞云牆字不可通乃嗇字之誤呂氏春秋情欲篇論早定則早知嗇先已篇嗇其大寶高注竝曰嗇愛也昔之知嗇非今日之知嗇猶上文云昔者之愛人也非今之愛人也案蘇說近是此下疑當接後文藉臧也死而天下害句 貴爲天子。其利人不厚於正夫。顧云正當作匹俞校同案顧校是也此書匹夫字多譌作正夫詳節葬下篇此言利人之心貴賤所同蘇云正讀如征語 二子事親。此上疑當接上文義厚親不稱行而類行下 或遇孰。或遇凶。孰道藏本吳鈔本竝作熟畢云言歲孰歲凶 其親也相若。言不以孰凶而專親有厚薄 非彼其行益也。非加也。疑當作非彼其行益加也 外

執無能厚吾利者。（執疑埶之譌謂外物不能使吾利親之心加厚）藉臧也死。而天下害。吾持養臧也萬倍。吾愛臧也不加厚。（藉即假借字首句臧字舊本譌藏今據吳鈔本正持養義詳非命下篇言假令臧死而害及天下則吾之持養之也當萬倍然爲天下去害非愛臧加厚也）長人之異。短人之同。其貌同者也。（貌吳鈔本作皃下竝同）故同。（俞云長人之異短人之同當作長人之與短人也同下二句正釋長人短人所以同之故也下文曰指之人也與首之人也異人之體非一貌者也故異將劍與挺劍異劍以形貌命者也其形不一故異竝與此文一律可證）指之人也與首之人也異。（首之人謂以首向人）人之體非一貌者也。故異。將劍與挺劍異。（將𢪏之借字說文手部云𢪏扶也挺拔也）劍以形貌命者也。其形不一。故異。楊木之木與桃木之木也同。諸非以舉量數命者。敗之盡是也。（敗疑亦當爲取形近而誤此言不以量數舉者若一人爲人百人亦爲人故云取之盡是也）故一人指。非一人也。是一人之指。乃是一人也。（王引之云故一下衍人字一人之指上衍是字當作故一指非一人也一人之指乃是一人也）方之一面非方也。（言方冪與方周方體不同）方木之面方木也。以故生。（以上當有夫辭二字下文可證廣雅釋詁云故事也此疑當接上語經節下）以理長以類行也者。（二字當乙蘇云據下文當作辭以類行者也非）立辭而不明於其所生忘也。（顧云忘當爲妄）今人非道無所行。（道與理同此釋以理長之義言不循道則辭不可行）唯有強股肱。而不明於道。（唯與雖通）其困也可立而待也。夫辭以類行者也。立辭而不明於其類。則必困矣。故浸淫之辭。（文選洞簫賦李注云浸淫猶漸冉相親附之意也）其類在鼓栗。（在下吳鈔本有於字此文有譌蘇云此下言其類者十有三語意殊不可曉疑皆有說以證明之如韓非儲說所云者而今已不可考矣）聖人也。爲天下也。其類在于追迷。（畢云言能追正迷惑案以下竝釋以類行之義而文多難通畢以意說之皆不甚塙今無可質證姑存以備攷）或壽或卒。其利天下也指若。（畢云言其指相若蘇云指當作相）其類在譽石。（畢云疑譽名言聖人有壽有不壽其利天下同則譽在也案畢說未塙疑當作礜石說文石部云礜毒石也山海經西山經云礜石可以毒鼠郭璞注云今礜石殺鼠蠶食之而肥此言礜石害鼠而利於蠶以況或壽或卒之利害不同也）一日而百萬生。愛不加厚。此疑釋藉滅也死而天下害一節之義 其類在惡害。畢云言意多所愛而不行者畏難之故 愛二世有厚薄。而愛二世相若。二當爲上字之誤說文古文上作二與二形相似上世與尚世義同此釋上文愛尚世與愛後世一若今之世人也 其類在蛇文。此文有譌洪云文當作玄玄卽蚿字之省莊子秋水篇夔憐蚿蚿憐蛇亦取相愛爲義案洪說未塙 愛之相若擇而殺其一人。畢云言愛二人同擇而殺其一殺滅也案此似釋上文殺一人以存天下非殺一人以利天下一節之義畢說失之 其類在阬下之鼠。阬舊本譌院今據道藏本吳鈔本正爾雅釋詁云阬虛也得鼠則殺之爲其害物也 小仁與大仁行厚相若。大仁舊本作大人今從吳鈔本仁與人通此似釋上文大人之愛小人也一節之義 其類在申。有譌挩 凡與利除害也。上文云與利爲已此疑釋其義 其類在漏雍。吳鈔本作厚壅疑屚甕之譌王云雍與甕同井九二甕敝漏釋文甕作雍北山經縣雍之山郭璞曰音汲甕水經晉水篇作縣甕漢紀孝成紀申徒狄蹈甕之河漢書鄒陽傳甕作雍案王說是也此似言甕之害在於漏去其漏則得汲水之利也 厚親不稱行而類行。此釋上文義可厚厚之一節之義 其類在江上井。不爲己之可學也。學疑譽之誤上文云譽已非賢也此或釋其義 其類在獵走。愛人非爲譽也。其類在逆旅。言因求利而愛人此釋上文爲賞譽利一人一節之義 愛人之親若愛其親。此疑釋上文以臧爲其親也一節之義 其類在官苟。有譌 兼愛相若。一愛相若。言愛一人與兼愛衆人同 一愛相若。四字重出當是衍文此疑釋上文愛衆衆也一節之義 其類在死也。畢云一本作蚆案顧校季本亦作蚆此文有譌

小取第四十五

夫辯者。將以明是非之分。審治亂之紀。明同異之處察名實之理。處利害。國語魯語云智者處物韋注云處名也淮南子說林訓云見之明白處之如玉石 決嫌疑。句 焉摹略萬物之然。說文手部云摹規也淮南子本經訓高注云畧約要也俞正燮云摹略卽今言之模量古言之無慮俞云然字無義疑當作狀狀誤爲肰因誤爲然 論求羣言之比。以名舉實。經說上云舉告以文名舉彼實也 以辭抒意。史記平原君傳集解引別錄鄒衍曰辯者抒意通指明其所謂漢書劉向傳一抒愚意顏注云抒謂引而泄之也畢云紀理疑比意爲韻古四聲通 以說出故。以

類取以類予。畢云故取予爲韻 有諸己不非諸人。無諸己不求諸人。或也者不盡也。易乾文言云或之者疑之也 假者今不然也。畢云假設是尚未行 效者爲之法也。所效者。所以爲之法也。故中效。畢云中去聲 則是也。不中效則非也。此效也。辟也者。畢云辟同譬說文云譬諭也諭古文喻字 舉也物而以明之也。畢云舉也也字疑衍王云也非衍字也與他同舉他物以明此物謂之譬故曰辟也者舉他物而以明之也墨子書通以也爲他說見備城門篇案王說是也潛夫論釋難篇云夫譬喻也者生於直告之不明故假物之然否以彰之荀子非相篇云談說之術分別以喻之譬稱以明之 侔也者。比辭而俱行也。說文人部云侔齊等也謂辭義齊等比而同之 援也者。曰子然。句 我奚獨不可以然也。說文手部云援引也謂引彼以例此 推也者。以其所不取之。同於其所取者。予之也。淮南子本經訓高注云推求也此云取與求義同謂所求者在此所不求者在彼取彼就此以得其同所謂予之也 是猶謂也者。同也。吾豈謂也者。異也。夫物有以同而不。不讀爲否 率遂同。率遂聲近義同廣雅釋詁云率述也率遂述古並通用耕柱篇云古之善者不遂遂即述也明鬼下篇率徑月令作徑術鄭注謂即周禮匠人之遂徑並其證也 辭之侔也。畢云之侔一本作侔之案顧校季本亦作侔之 有所止而正。疑當作止 其然也。有所以然也。其然也同。句 其所以然不必同。其然也同舊本挩上三字王引之云同其所以然不必同當作其然也同其所以然不必同承上文其然與所以然言之也下文其取之也同其所以取之不必同文義正與此合寫者脫去上三字耳 其取之也。有所以取之。舊本無所字王引之云以上當有所字下文其所以取之不必同即承此言之也上文其然也有所以然也文義正與此合寫者脫所字案王校是也今據增 其取之也同。句 其所以取之不必同。句 是故辟侔援推之辭。畢云譬也侔也援也推也即上四者 行而異。轉而危。俞云危讀爲詭漢書天文志司詭星出正西史記天官書詭作危是危詭古字通行而異轉而詭詭亦異也 遠而失。句 流而離本。句 則不可不審也。不可常用也。故言多方。莊子天下篇惠施多方呂氏春秋必已篇高注云方術也 殊類異故。則不可偏觀也。偏與徧通下同 夫物或乃是而然。或是而不然。或一周而一不周。周舊本並作害王引之云兩害字俱當作

周隸書周字與害相似故誤爲害下文此一周而一不周者也與此相應字正作周案王說是也今據正

或一是而一不是也。不可常用也。故言多方殊類異故。則不可偏觀也。非也。王引之云此本作或一是而一非也當以非也二字接或一是而一下其不可常用也以下三句則因上文而衍不是也三字又後人所增蓋後人不知不可常用云云爲衍文之隔斷正文者又不知非也二字本與或一是而一非者也與此相應當據以刪正

白馬。馬也。乘白馬。乘馬也。畢云張湛注列子云白馬論曰馬者所以命形也白者所以命色也命色者非命形也詒讓案張本公孫龍子文

驪馬。馬也。說文馬部云驪馬深黑色

乘驪馬。乘馬也。獲。人也。愛獲。愛人也。臧。人也。愛臧。愛人也。畢云方言云臧獲奴婢賤稱也荆淮海岱雜齊之間罵奴曰臧罵婢曰獲齊之北鄙燕之北郊凡民男而壻婢謂之臧女而婦奴謂之獲亡奴謂之臧亡婢謂之獲王逸注楚辭云臧爲人所賤繫也獲爲人所係得也或曰臧守藏者也獲主禽者也

此乃是而然者也。獲之親。舊本作視畢云當爲事王引之云畢說非也視乃親字之譌獲之親人也獲事其親非事人也兩親字上下相應猶下文云其弟美人也愛弟非愛美人也兩弟字亦上下相應案王說是也今據正

人也。獲事其親。非事人也。其弟。美人也。愛弟。非愛美人也。畢云言使其弟有美容而愛弟者非以容也

車。木也。乘車。非乘木也。船。木也。人船。畢云當爲乘船蘇云人當爲入之誤

非人木也。盜人。人也。多盜。非多人也。無盜。非無人也。奚以明之。惡多盜。非惡多人也。欲無盜。非欲無人也。畢云此所謂辯名實之理

世相與共是之。若若是。則雖盜人人也。衍一人字

愛盜。非愛人也。不愛盜。非不愛人也。殺盜人。非殺人也。盜下人字衍荀子正名篇云殺盜非殺人也此惑於用名以亂名者也

無難盜無難矣。據下文疑衍盜無難三字

此與彼同類。世有彼而不自非也。舊本故在也上王引之云無故也焉當作無也故焉也故即他故下文云此與彼同類世有彼而不自非也墨者有此而非之無也故焉文正與此同今本也故二字倒轉則義不可通案王校是也今據乙

墨者有此而非之。無也故焉。所謂內膠外閉。爾雅釋詁云膠固也謂內膠固而外閉塞

與心毋空乎。空讀爲孔列子仲尼篇文摯謂龍叔曰子心六孔流通一孔不達張注云舊說聖人心有七孔也

內膠而不解也。此乃是而不然者也。舊本然作殺畢云据上當爲然

一本作然蘇云然與煞字形相近遂展轉致訛案畢蘇校是也顧校季本亦作煞今據正且夫讀書。非好書也。疑當作夫且讀書非讀書也好讀書好書也且鬭雞。非雞也。畢云言人使之鬭好鬭雞。好雞也。且入井。非入井也。止且入井。止入井也。且出門。非出門也。止且出門。止出門也。據上文當亦有世相與共是之五字若若是。且夭非夭也。壽夭也。疑當重夭字有命非命也。非執有命非命也。無難矣。此與彼同類。舊本挩類字畢云据上當有類字王說同今據補世有彼而不自非也。墨者有此而罪非之。畢云据上無罪字蘇云罪字衍卽而非兩字之訛王說同案罪疑當作衆形近而譌言墨者有此論而衆共非之似非衍文上文無此字或轉是誤挩耳無也故焉。舊本誤作無故焉也王顧竝據道藏本正與鈔本同畢本亦誤云据上文焉也當倒尤非所謂內膠外閉。與心毋空乎。內膠而不解也。此乃是而不然者也。舊本挩不字王云上文白馬馬也以下但言是不言非故曰此乃是而然者也獲之親人也以下言是又言非故曰此乃是而不然者也且夫讀書非好書也以下亦是非竝言而以此三句承之則亦當云此乃是而不然者也寫者脫去不字耳案王校是也今據補愛人。待周愛人。而後爲愛人。不愛人。不待周不愛人。不周愛。因爲不愛人矣。舊本不周愛作不失周愛俞云周猶徧也失字衍文此言不愛人者不待徧不愛人而後謂之不愛人也有不徧愛因爲不愛人矣今衍失字義不可通乃淺人不達文義而加之案俞說是也今據刪乘馬。不待周乘馬。然後爲乘馬也。有乘於馬。因爲乘馬矣。逮至不乘馬。待周不乘馬。而後爲不乘馬。此一周而一不周者也。舊本不待周乘馬句挩不字而後爲不乘馬句挩爲字下又衍而後不乘馬五字王引之云待周乘馬然後爲乘馬也待上當有不字不待周乘馬所謂不周也以相反爲義而後不乘馬不上當有爲字猶上文云然後爲乘馬也寫者脫去耳其重出之而後不乘馬五字則衍文也案王說是也今據增刪居於國則爲居國。有一宅於國。而不爲有國。桃之實。桃也。棘之實。非棘也。棘之實棗也故云非棘詩魏風園有棘其實之食毛傳云棘棗也說文朿部云棘小棗叢生者問人之病。問人也。惡人之病。非惡人也。人之鬼。非人也。兄之鬼。兄也。祭人之鬼。非祭人也。祭人之鬼舊本挩人字王引之云祭之鬼當作祭人之鬼承上文人之鬼而言也寫者脫人字按王說是也今據補 祭兄之鬼。乃祭兄也。之馬之目盼。顧云淮南說山訓作眇此作盼誤也畢云上之疑當爲大王引之云上之非大字之譌之猶於也言於馬之目盼則謂之馬盼於馬之目大而不謂之馬大於牛之毛黃則謂之牛黃於牛之毛衆而不謂之牛衆也蘇云之馬猶言是馬盼視也按說文目部云盼白黑分也眇一目小也馬目不可以言盼顧校近是之當從蘇訓爲是前經說諸篇義多如此 則爲之馬盼。畢云爲當作謂 之馬之目大。而不謂之馬大。莊子天下篇釋文引司馬彪云狗之目眇謂之眇狗狗之目大不曰大狗此乃一是一非卽襲此文而易馬爲狗 之牛之毛黃。則謂之牛黃。之牛之毛衆。而不謂之牛衆。一馬馬也。二馬馬也。馬四足者。一馬而四足也。非兩馬而四足也。一馬馬也。王引之云一馬馬也二馬馬也已見上文此一馬馬也四字蓋衍 馬或白者。畢云白舊作自以意改按顧校季本正作白 二馬而或白也。非一馬而或白。此乃一是而一非者也。

耕柱第四十六

子墨子怒耕柱子。墨子弟子 耕柱子曰。我毋俞於人乎。荀子榮辱篇楊注云俞讀爲愈淮南子說山訓高注云愈勝也畢云古愈字只此作俞太平御覽引作愈 子墨子曰。我將上大行。大吳鈔本作太蘇云大讀爲太畢云高誘注呂氏春秋云大行在河內野王縣北山在今河南懷慶府城亦名羊腸坂 駕驥與羊。王云羊不可與馬竝駕羊當爲牛太平御覽地部五引此已誤作羊藝文類聚地部及白帖五竝引作牛 子將誰敺。畢云子舊作我据藝文類聚太平御覽改說文云敺古文驅从攴藝文類聚引作驅 耕柱子曰。將敺驥也。子墨子曰。何故敺驥也。耕柱子曰。驥足以責。畢云蓺文類聚引作以驥足責王云驥足以責本作以驥足責言所以敺驥者以驥之足責故也此正荅墨子何故敺驥之問今本倒以字於足字之下則非其旨矣類聚白帖御覽竝作以驥足責蘇云言任敺策也 子墨子曰。畢云子墨二字舊脫据太平御覽增 我亦以子爲足以責。王云本作我亦以子爲足責此正荅耕柱子以驥足責之語今本足責作足以責亦誤類聚御覽無以字蘇云亦責備賢者之意 巫馬子謂子墨子曰。畢云蓺文類聚引謂作問蘇云巫馬子爲儒者也疑卽孔子弟子巫馬期否則其後詒讓按史記孔子弟子傳云巫馬施少孔子三十餘歲計其年齒當長墨子五六十歲未必得相問答此或其子姓耳 鬼神孰與聖人明智。子墨子曰。鬼神之明智於聖人。猶聰耳明目。畢云藝文類聚雜器物部引作聰明耳目之與聾瞽也。畢云藝文類聚引瞽作盲昔者夏后開。畢云昔者藝文類聚引作若後漢書注引云開治詒讓按治字不當有崔駰傳注蓋誤衍蘇云開卽啓也漢人避諱而改之使蜚廉折金於山川。畢云藝文類聚後漢書注太平御覽玉海俱引蜚作飛蘇云此爲夏之蜚廉詒讓按初學記鱗介部文選七命注竝作飛又畢本折改採云舊作折据文選注改山海經云其中多金或在山或在水諸書引多無川字非王云畢改非也折金者擿金也漢書趙廣漢傳其發姦擿伏如神師古曰擿謂動發之也管子地數篇曰上有丹沙者下有黃金上有慈石者下有銅金上有陵石者下有鉛錫有銅上有赭者下有鐵君謹封而祭之然則與折取之遠矣彼言折取之此言折金其義一也說文曰硩上擿山巖空青珊瑚墮之從石折聲硩與折亦聲近而義同後漢書崔駰傳注藝文類聚雜器物部初學記鱗介部太平御覽珍寶部九路史疏仡紀廣川書跋玉海器用部引此竝作折金文選注作採金者後人不曉折字之義而妄改之非李善原文也又云山水中雖皆有金然此自言使蜚廉折金於山不兼川言之後漢書注文選注藝文類聚初學記太平御覽引此皆無川字則川字乃後人以意加之也按王說是也而陶鑄之於昆吾。吳鈔本無之字畢云藝文類聚後漢書注文選注俱引作以鑄鼎於昆吾吾文選注作吳括地志云濮陽縣古昆吾國故城縣西三十里昆吾臺在縣西百步在顓帝城內周回五十步高二十丈卽昆吾虛也王云陶鑄之於昆吾本作鑄鼎於昆吾此淺人不曉文義而改之也金可言鑄不可言陶上言折金故此言鑄鼎此言鑄鼎故下言鼎成若以陶鑄竝言則與上下文皆不合矣後漢書注文選注藝文類聚初學記竝作鑄鼎太平御覽作鑄之路史作鑄陶玉海作陶鑄之則羅長源所見本已有陶字蓋唐宋閒人改之也詒讓按呂氏春秋君守篇云昆吾作陶高注云昆吾顓頊之後吳回之孫陸終之子已姓也爲夏伯制作陶冶通典州郡篇云濮州濮陽縣卽昆吾之虛亦名帝丘按濮陽故城在今直隸大名府開州西南卽古昆吾國也夏啓使蜚廉就其地而鑄鼎故文選張協七命云銘德於昆吾之鼎吾吳字通濮陽古亦名帝丘呂氏春秋應言篇云市丘之鼎宋本蔡邕集薦邊文禮書作帝丘之鼎亦卽指夏鼎言之是使翁難雉乙卜於白若之龜。舊本無雉字今據玉海增白畢校改爲目云舊脫乙字又作白若之龜誤藝文類聚引作使翁難乙灼目若之龜玉海引作使翁難雉乙卜於白若之龜當从目若者周禮云北龜者曰若爾雅釋魚云龜左睨不類右睨不若賈公彥疏禮以爲睥睨是目若之說也若順也王云舊本譌作白若之龜畢據藝文類聚改爲目若之龜引爾雅以爲目若之證殊屬附會今考初學記路史廣川書跋玉海竝引作白若之龜白字正與今本同未敢輒改詒讓按白若道藏本作目若吳鈔本季本作白若初學記引亦作使翁難乙灼白若之龜江淹集銅劍讚敘云昔夏后氏使九牧貢金鑄九鼎於荊山之下於昆吾氏之墟白若甘擽之地虞荔鼎錄文略同似皆本此書亦作白若而以爲地名疑誤但此文舊本譌挩難通審校文義當以玉海所引校長翁當作䔢說文口部嗌籀文作䔢經典或叚爲益字漢書百官公卿表䔢作朕虞是也䔢與翁形近節葬下篇哭泣不秩聲嗌嗌亦誤作翁是其證難當爲蘄備穴篇鄿以金爲蘄今本亦作譌難又經說上篇蘄指蘄膍蘄竝作雝皆形近譌易蘄與斮音義同詳經下篇蘄雉猶言斮雉卽謂殺雉也史記龜筴傳說宋元王得神龜云乃刑白雉及與驪羊以血灌龜於壇中央蓋以雉羊之血釁龜也乙當作巳巳與以同言啓使伯益殺雉以血釁龜而卜也玉海所引雉字尙未譌今本又捝雉字遂以翁難乙爲人姓名眞郢書燕說不可究詰矣又博物志云昔夏啓筮徙九鼎啓果徙之似卽此事而傳聞小異

曰。畢本曰上增龜字云舊脫龜字据玉海增王云曰者翁難乙旣卜而言其占也下文乙又言兆之由曰卽其證自鼎成四足而方以下六句皆是占詞畢依玉海於曰上加龜字非也龜曰二字義不可通藝文類聚作使翁難乙灼目若之龜成曰則曰上本無龜字明矣案王校是也但此下文六句似是啓使益命龜之辭故辭終曰上饗明將鑄鼎以共祭享也下又言兆之繇乃是占詞王以下六句竝爲占詞恐非

鼎成三足而方。王云三足本作四足此後人習聞鼎三足之說而不知古鼎有四足者遂以意改之也藝文類聚廣川書跋玉海引此皆作四足博古圖所載商周鼎四足者甚多未必皆屬無稽廣川書跋曰祕閣二方鼎其一受太府之量一秠七斗又一受量損二斗三升四足承其下形方如矩漢人謂鼎三足以象三德又謂禹之鼎三足以有承也韋昭以左氏說莒之二方鼎乃謂其上則方其下則圓方其時古鼎存者盡廢其在山澤邱隴者未出故不得其形制引墨子鼎成四足而方以爲古鼎四足之證王引之云左傳莒之二方鼎服虔曰鼎三足者圓四足者方則漢人說方鼎固有知其形制者按二王說是也此書多古字舊本蓋作亖足故譌爲三後文楚四竟之田四今本亦譌三可證銅劍讚亦譌作三足

不炊而自烹。畢云此享字俗寫玉海引作亨藝文類聚引作不灼自成詒讓按說文火部云炊爨也銅劍讚及鼎錄竝云不炊而自烹論衡儒增篇云世俗傳周鼎不爨自沸不投物物自出漢時俗語蓋出於此

不舉而自臧。畢云玉海引作藏詒讓按銅劍讚作不舁而自藏鼎錄亦作藏稽瑞引墨子曰神鼎不灼自熱不爨自沸不汲自滿五味生焉疑卽此異文炊灼熟烹舉爨字形竝相近

不遷而自行。畢云太平御覽引作搉說文云插古文遷从手𠨧則搉實古插字後加爲遷耳今書又作遷皆傳寫者以少見改之又藝文類聚引俱無而字

以祭於昆吾之虛。舊本作墟今據吳鈔本正畢云此虛字俗寫括地志云昆吾故城在濮陽縣西三十里詒讓按此卽漢書郊祀志說九鼎嘗鬺亨上帝鬼神也

上鄉。畢云疑同命饗

乙又言兆之由。畢云舊脫乙字又字作人据藝文類聚玉海改藝文類聚由作繇無兆之二字玉海亦作繇詒讓按乙當作巳由繇通言巳卜又言其兆占也左傳閔二年杜注云繇卦兆之占辭

曰饗矣。上文命龜云上饗此兆從之故云饗矣

逢逢白雲。逢蓬通毛詩小雅采菽傳云蓬蓬盛貌莊子秋水篇云蓬蓬然起於北海

一南一北。一西一東。王云藝文類聚同太平御覽路史玉海竝作一東一西王引之云作一東一西者是一東一西當在一南一北之上雲與西爲韻西古讀若詵詵在先之詵說見六書音均表北與國爲韻大雅文王有聲篇鎬京辟廱自西自東自南自北無思不服廱與東爲韻北與服爲韻是其例也而諸書所引一南一北句皆在上則其誤久矣

九鼎既成。遷於三國。銅劍讚作定之國都疑誤畢云北國爲韻藝文類聚引作而遷三國

夏后氏失之。殷人受之。殷人失之。周人受之。此卽夏鼎也漢書郊祀志云禹收九牧之金鑄九鼎象九州皆嘗鬺亨上帝鬼神其空足曰鬲以象三德饗承天祜夏德衰鼎遷于殷殷德衰鼎遷于周此以禹爲啓蓋傳聞之異

夏后殷周之相受也。數百歲矣。

使聖人聚其良臣與其桀相而謀。桀傑通詳非命中篇謀舊本誤諫王引之云諫字與上下文義不合諫當爲謀字之誤也管子立政九敗解諫臣死而諂臣尊今本諫作謀與此文互誤淮南主術篇耳能聽而執正進諫高注諫或爲謀言雖聖人與良臣桀相共謀必不能知數百歲之後也按王校是也蘇說同今據正 豈能智數百歲之後哉。畢云智一本作知下同藝文類聚引云此知必千年無聖之智豈能知哉 而鬼神智之。是故曰。鬼神之明智於聖人也。猶聰耳明目之與聾瞽也。與吳鈔本作於

治徒娛。縣子碩。問於子墨子曰。二人蓋並墨子弟子呂氏春秋尊師篇云高何縣子石齊國之暴者也指於鄉曲學於子墨子卽此縣子碩也蘇疑卽檀弓縣子瑣未塙 爲義孰爲大務。子墨子曰。譬若築牆然。譬吳鈔本作辟 能築者築。能實壤者實壤。能欣者欣。畢云說文云掀舉出也與欣同王引之云舉出之事與築牆無涉欣當讀爲睎說文曰睎望也呂氏春秋不屈篇曰今之城者或操大築乎城上或負畚而赴乎城下或操表掇以善睎望此云能築者築卽彼所云操大築乎城上也能實壤者實壤卽彼所云負畚而赴城下也能欣者欣欣與睎同卽彼所云操表掇以善睎望也睎字從希得聲古音在脂部欣字從斤得聲古音在諄部諄部之音多與脂部相通故從斤之字亦與從希之字相通說文曰昕從日斤聲讀若希左傳曹公子欣時漢書古今人表作郗時是其證也 然後牆成也。爲義猶是也。能談辯者談辯。能說書者說書。能從事者從事。然後義事成也。

巫馬子謂子墨子曰。子兼愛天下。未云利也。我不愛天下。未云賊也。俞云廣雅釋詁云有也此兩云字均當訓有 功皆未至。子何獨自是而非我哉。子墨子曰。今有燎者於此。畢云說文云燎放火也舊於此二字倒一本如此按顧校季本亦作於此 一人奉水將灌之。一人摻火將益之。畢云摻卽操字異文唐人別有音非也 功皆未至。子何貴於二人。巫馬子曰。我是彼奉水者之意。意舊本作義今據道藏本吳鈔本正 而非夫摻火者之意。子墨子曰。畢云舊脫墨子二字以意增 吾亦是吾意。而非子之意也。

子墨子游荊耕柱子於楚。畢云游謂游揚其名而使之仕王云耕柱子上不當有荊字耕荊聲相近則荊蓋耕字之誤而衍者魯問篇曰子墨子游公尙過於越蘇云篇首但言耕柱子此多一荊字疑衍文 二三子過之。食之三升。三升蓋謂每食之數雜守篇云參食食參升小半日再食說苑尊賢篇田需謂

宗衛曰三升之稷不足於士閻若璩謂古量五當今一則止今之大半升耳莊子天下篇說宋鈃尹文曰請欲固置五升之飯足矣先生恐不得飽弟子雖飢不忘天下此復少於彼明其更不飽矣 客之不厚。二三子復於子墨子曰。耕柱子處楚無益矣。二三子過之。食之三升。客之不厚。子墨子曰。未可智也。畢云智一本作知下同 毋幾何而遺十金於子墨子曰。吳鈔本無於字孟子公孫丑篇趙注云古者以一鎰爲一金鎰二十兩也史記燕世家正義引臣瓚云秦以一鎰爲一金公羊隱五年何注云古者以金重一斤文選王命論李注引韋昭云一斤爲一金二說不同未知孰是畢云十金當爲千金之誤俞云戰國齊策乃使操十金注二十兩爲一金然則十金爲二百兩矣墨氏崇儉其徒以十金餽遺不爲不豐畢率意增益厚誣古人殊爲無謂 後生不敢死。後生卽弟子之稱非儒下篇云弟子後生畢云稱不敢死者猶古人書疏稱死罪常文 有十金於此。願夫子之用也。子墨子曰。果未可智也。

巫馬子謂子墨子曰。子之爲義也。王云舊本脫曰子二字今以意補 人不見而耶。鬼而不見而富。王引之云耶字義不可通蓋服之壞字也富讀爲福福富古字通而汝也人不見而服者未見人之服汝也鬼不見而富者未見鬼之福汝也故下文曰而子爲之有狂疾也服與福爲韻蘇云耶當作取案王讀富爲福是也耶疑助之譌王蘇校並未塙 而子爲之。有狂疾。子墨子曰。今使子有二臣於此。畢云謂家臣 其一人者。見子從事。不見子則不從事。其一人者。見子亦從事。不見子亦從事。子誰貴於此二人。巫馬子曰。我貴其見我亦從事。不見我亦從事者。子墨子曰。然則是子亦貴有狂疾也。

子夏之徒問於子墨子曰。史記索隱引別錄云今按墨子書有文子文子卽子夏之弟子問於墨子如此則墨子在七十子之後也按今本無文子或在佚篇中 君子有鬬乎。子墨子曰。君子無鬬。子夏之徒曰。狗豨猶有鬬。豨道藏本吳鈔本作狶下同說文豕部云豨豕走豨豨也方言云豬南楚謂之豨 惡有士而無鬬矣。子墨子曰。傷矣哉。言則稱於湯文。行則譬於狗豨。傷矣哉。

巫馬子謂子墨子曰。舍今之人。而譽先王。畢云先舊作大一本如此下同 是譽槁骨也。譬若匠人然。智槁木也。畢云智同知 而不智生木。子墨子曰。天下之所以生者。以先王之道教也。今譽先王。是譽天下之所以生也。可譽而不譽。非仁也。畢云舊脫非字一本有 子墨子曰。和氏之璧。韓非子和氏篇云楚人和氏得玉璞楚山中奉而獻之厲王使玉人相之曰石也王以和爲誑而刖其左足及厲王薨武王即位和又奉其璞而獻之武王使玉人相之又曰石也王又以和爲誑而刖其右足武王薨文王即位和乃抱其璞而哭於楚山之下王乃使玉人理其璞而寶焉遂命曰和氏之璧案淮南子覽冥訓高注以和氏所獻者爲楚武王文王成王與韓子不同未知孰是 隋侯之珠。淮南子覽冥訓高注云隋侯漢東之國姬姓諸侯也隋侯見大蛇傷斷以藥傅之後蛇於江中銜大珠以報之因曰隋侯之珠蓋明月珠也畢云文選李斯上秦始皇書注引隋作隨 三棘六異。史記楚世家云居三代之傳器吞三翮六翼以高世主索隱云翮亦作甌三翮六翼亦謂九鼎空足曰翮六翼即六耳翼近耳旁宋翔鳳云棘同翮異同翼亦謂九鼎也爾雅釋器附耳外謂之釴翼釴字通釋器又云款足者謂之鬲即翮也漢書郊祀志鑄九鼎其空足曰鬲以象三德蘇林曰足中空不實者名曰鬲也 此諸侯之所謂良寶也。畢云藝文類聚引云申徒狄曰周之靈珪出於土石楚之明月出於蜯蜃太平御覽引云周公見申徒狄曰賤人強氣則罰至申徒狄曰周之靈珪出於土口楚之明月出口蜯蜃五象出於漢澤和氏之璧夜光之珠三棘六異此諸侯之良寶也又一引云申徒狄謂周公曰賤人何可薄邪周之靈珪出於土石隋之明月出於蜯蜃少豪大豪出於汚澤天下諸侯皆以爲寶狄今請退也文各不同當是此和氏之璧上脫文案周公申徒狄語當在佚篇與此文不相冢也詳佚文 可以富國家。衆人民。治刑政。安社稷乎。曰不可。所謂貴良寶者。爲其可以利也。而和氏之璧。隋侯之珠。三棘六異。不可以利人。是非天下之良寶也。今用義爲政於國家。人民必衆。刑政必治。社稷必安。所爲貴良寶者。可以利民也。而義可以利人。故曰義天下之良寶也。葉公子高問政於仲尼。論語述而集解孔安國云葉公名諸梁楚大夫食采於葉僭稱公左定五年傳葉公諸梁杜注云司馬沈尹戌之子葉公子高也莊子人間世釋文云字子高 曰。善爲政者若之何。仲尼對曰。善爲政者。遠者近之。而舊者新之。言待故舊如新無厭怠也畢云論語作近者說遠者來詒讓案韓非子難三篇亦云葉公子高問政於仲尼仲尼曰政在悅近而來遠子貢問曰何也仲尼曰葉都大而國小民有背心故曰政在悅近而來遠 子墨子聞之曰。葉公子高。未得其問也。仲尼亦未得其所以對也。葉公子高。豈不知善爲政者之遠者近也。畢云也當爲之 而舊者新是哉問所以爲之若之何也。不以人之所不智告人。畢云智一本作知 以所智告之。畢云舊以所二字倒一本如此 故葉公子高未得其問也。仲尼亦未得其所以對也。子墨子謂魯陽文君。畢云文選注云賈逵國語注曰魯陽文子楚平王之孫司馬子期之子魯陽公卽此人其地在魯山之陽地理志云南陽魯陽有魯山師古曰卽淮南所云魯陽公與韓戰日反三舍者也蘇云魯陽文君卽魯陽文子也國語楚語曰惠王以梁與魯陽文子文子辭與之魯陽是文子當楚惠王時與墨子時世相值詒讓案楚語韋注說與賈同文君卽左哀十九年傳之公孫寬又十六年傳云使寬爲司馬淮南子覽冥訓高注云魯陽楚之縣公楚平王之孫司馬子期之子今南陽魯陽是也 曰。大國之攻小國。譬猶童子之爲馬也。畢本無也云一本有也字文選注云幽求子曰年五歲閒有鳩車之樂七歲有竹馬之歡案道藏本季本吳鈔本竝有也字今據補 童子之爲馬。足用而勞。畢云言自勞其足謂竹馬也案此直言童子戲效爲馬耳不必竹馬畢說竝非 今大國之攻小國也。攻者。農夫不得耕。婦人不得織。以守爲事。攻人者。亦農夫不得耕。婦人不得織。以攻爲事。故大國之攻小國也。譬猶童子之爲馬也。子墨子曰。言足以復行者常之。不足以舉行者勿常。畢云舊脫不字一本有 不足以舉行而常之。是蕩口也。貴義篇亦有此章而文小異蕩口此篇亦兩見蓋謂不可行而空言是徒敝其口也經說上云霄盡蕩也卽消磨敝盡之義 子墨子使管黔滶。畢云疑敖字蘇云滶與游字形相近當誤衍案畢說是也說文水部有滶字从水敖聲此借爲敖檀弓有齊人黔敖此墨子弟子與彼名同 游高石子於衞。魯問篇有高孫子呂氏春秋尊師篇有墨子弟子高何未知卽高石子否 衞君致祿甚厚。設之於卿。畢云舊作鄉一本如此下同案顧校季本作卿荀子臣道篇楊注云設謂置於列位 高石子三朝必盡言。而言無行者。去而之齊。見子墨子曰。衞君以夫子之故。舊本挩衞字今據道藏本季本吳鈔本補 致祿甚厚。設我於卿。石三朝必盡言。而言無行。是以去之也。衞君無乃以石爲狂乎。無吳鈔本作毋 子墨子曰。

去之苟道。受狂何傷。古者周公旦非關叔。畢云關卽管字假音一本改作管非是左傳云掌其北門之管卽關也辭三公東處於商蓋。畢云商蓋卽商奄尙書金縢云周公居東二年王云商蓋當爲商奄蓋字古與盇通盇奄草書相似故奄譌作盇又譌作蓋韓子說林篇周公旦已勝殷將攻商奄今本奄作蓋譌與此同昭二十七年左傳吳公子掩餘史記吳世家刺客傳竝作蓋餘亦其類也顧蘇說同案王說是也左昭九年傳云蒲姑商奄吾東土也孔疏引服虔云商奄魯也又定四年傳云因商奄之民命以伯禽而封於少皞之墟說文邑部奄作郵云周公所誅郵國在魯史記周本紀索隱引括地志云兗州曲阜縣奄里卽奄國之地又引鄭康成云奄國在淮夷之北是商奄卽奄單言之曰奄絫言之則曰商奄此謂周公居東蓋東征滅奄卽居其地亦卽魯也蔡邕琴操云有譖公於王者周公奔魯而死案蔡說奔魯與此書合但謂公死於魯則妄耳詩豳風破斧云周公東征四國是皇毛傳云四國管蔡商奄也彼商謂殷與奄爲二國非左傳墨子之商奄也人皆謂之狂。後世稱其德。揚其名。至今不息。且翟聞之。爲義非避毀就譽。畢云舊二字倒一本如此案顧校季本不倒去之苟道。畢云舊二字倒一本如此案季本亦不倒受狂何傷。高石子曰。石去之。焉敢不道也。昔者夫子有言曰。天下無道。仁士不處厚焉。今衞君無道。而貪其祿爵。則是我爲苟陷人長也。畢云陷一本作處詒讓案苟陷人長疑當作苟啗人食陷啗聲同食長形近故譌說文口部云啗食也依或本則當爲苟處人厚與上文相應然義較短子墨子說。而召子禽子曰。卽禽滑釐見公輸篇姑聽此乎。夫倍義而鄉祿者。說文人部云倍反也蘇云倍背同鄉向同我常聞之矣。倍祿而鄉義者。於高石子焉見之也。子墨子曰。世俗之君子。貧而謂之富則怒。無義而謂之有義則喜。豈不悖哉。公孟子曰。先人有則三而已矣。子墨子曰。孰先人而曰有則三而已矣。子未智人之先有。蘇云此節文有錯譌後生有反子墨子而反者。荀子解蔽篇楊注云反倍也下反當爲返之叚字廣雅釋詁云反歸也者下當有曰字蓋門人有倍墨子而歸者其言如是我豈有罪哉。吾反後。言彼有先反者吾雖反尙在其後子墨子曰。是猶三軍北。句失後之人求賞也。謂戰敗失道而後歸不得與殿者同賞公孟子曰。君子不作術而已。畢云術同述詒讓案此卽非儒篇所云君子循而不作也子墨子曰。不然。人之其不君子者。蘇云其當爲甚字之誤下言次不君子可證 古之善者不誅。畢云誅疑當爲述術誅述疑皆聲誤下同俞云誅當爲訹字之誤也上文君子不作術而已此云古之善者不誅術與訹並述之叚字其字並從朮聲故得相叚借也若作誅則與述聲絕遠矣案俞說是也 今也善者不作。蘇云今也當爲今世案也即之之譌蘇校未塙 其次不君子者。古之善者不遂。畢云疑當爲述月令以遂爲術 已有善則作之。欲善之自己出也。今誅而不作。是無所異於不好遂而作者矣。吾以爲古之善者則誅之。今之善者則作之。欲善之益多也。畢云意言古之善者多故但述而行之今之善者少故須作作者欲善之多無異於述也蘇云此言述作不可偏廢皆務爲其善而已述主乎因故以古言作主乎剏故以今言述而又作則善益多矣畢注似未得本意案蘇說是也

巫馬子謂子墨子曰。巫馬子見前蓋巫馬期之子姓史記孔子弟子傳巫馬施字子旗集解引鄭康成孔子弟子目錄云魯人故下云愛魯人於鄉人家語弟子解作陳人非也 我與子異。畢云子舊作之一本如此 我不能兼愛。我愛鄒人於越人。愛魯人於鄒人。愛我鄉人於魯人。愛我家人於鄉人。愛我親於我家人。愛我身於吾親。以爲近我也。擊我則疾。擊彼則不疾於我。疾猶痛也說文手部云擊攴也疒部疾痛並訓病也 我何故疾者之不拂。而不疾者之拂。說文手部云拂過擊也畢云舊不疾二字倒一本如此 故有我有殺彼以我。無殺我以利。蘇云二句當有脫誤以下文語意攷之當言有殺彼以利我無殺我以利彼也有我二字疑衍俞云此當作故我有殺彼以利我無殺我以利彼 子墨子曰。子之義將匿邪。意將以告人乎。巫馬子曰。我何故匿我義。畢云一本作意非 吾將以告人。子墨子曰。然則一人說子。謂說其義而從之 一人欲殺子以利己。十人說子。十人欲殺子以利己。天下說子。天下欲殺子以利己。一人不說子。一人欲殺子。以子爲施不祥言者也。十人不說子。十人欲殺子。以子爲施不祥言者也。天下不說子。天下欲殺子。以子

爲施不祥言者也。說子亦欲殺子。不說子亦欲殺子。是所謂經者口也。殺常之身者也。常疑當作子此下亦有挩誤 子墨子曰。子之言惡利也。言惡所利 若無所利而不言。是蕩口也。不言疑當作必言蕩口義見前 子墨子謂魯陽文君曰。今有一人於此。羊牛犓豢。犓吳鈔本作犓道藏本同畢云此豢字俗寫太平御覽引作犓豢 維人但割而和之。畢云維人當爲饔人之誤但割即袒割說文云但裼也从人且聲經典用但爲第字之義而忘其本詒讓案雍維形近而誤儀禮公食大夫禮少牢饋食禮竝有雍人雍雝之隸變即饔之省 食之不可勝食也。道藏本無不可二字有飲之二字吳鈔本同畢本增不可二字無食之二字云舊脫不可二字据太平御覽增案以文義校之食之不可四字當竝有今據增 見人之作餅。畢云作舊作生皆据改案生字似不誤說文食部云餅麪餈也 則還然竊之。還疑睘之借字說文目部云睘驚視也 曰舍余食。畢云言捨以爲余食蘇云舍余食者言舍其犓豢羊牛之食而從事於竊也案二說竝非舍予之叚字古賜予字或作舍詳非攻中篇舍予食猶言與我食也 不知日月安不足乎。畢云或當云明不足乎戴云安字語詞無實義詒讓案日月疑耳目之誤言其見物而貪也 其有竊疾乎。魯陽文君曰。有竊疾也。子墨子曰。楚四竟之田。畢云四竟二字舊作三意据太平御覽改 曠蕪而不可勝辟。畢云太平御覽引云楚四境之田蕪曠不可勝闢魯陽楚縣故云然也 評靈數千。畢云說文云評召也顧云靈令也戴云靈令之叚字案依畢顧戴說則數千爲評令之人數與上下文義竝不貫殆非也此評靈當爲呼虛凡經典評召字多叚呼爲之二字互通周禮大小鄭注漢書高帝紀應劭注竝云釁呼文選蜀都賦李注引鄭康成易注云坼呼說文土部云墟坼也呼卽墟之叚字墟本訓坼引申爲墟隙呼虛謂閒隙虛曠之地此與上文竝卽公輸篇荆國有餘於地而不足於民之意非攻中篇云今萬乘之國虛數於千不勝而人廣衍數於萬不勝而辟與此文義正同虛靈俗書形近而誤詳天志下篇 不可勝。畢云下當脫用字詒讓案據非攻篇當脫入字 見宋鄭之閒邑。閒邑言空邑與王制閒田義同 則還然竊之。此與彼異乎。

魯陽文君曰。是猶彼也。實有竊疾也。子墨子曰。季孫紹與孟伯常。治魯國之政。蘇云季孫紹與孟伯常不見於春秋當爲季康子孟武伯之後與墨子同時者也詒讓案禮記檀弓悼公之喪季昭子問於孟敬子鄭注云昭子康子之曾孫名強敬子武伯之子名捷此季孫紹孟伯常當卽昭子敬子之子若孫也 不能相信。而祝於藂社。藂舊本譌禁下同王云禁社乃藂社之誤藂與叢同爾雅灌木叢木釋文曰叢本或作藂漢書東方朔傳藂珍怪師古曰藂古叢字案王校是也洪說同今據正叢社辭明鬼下篇曰苟使我和。王引之云苟猶尙也是猶弇其目。畢云說文云弇蓋也而祝於叢社也。俞云也當作曰其下句即祝詞也上文而祝於藂社曰苟使我和是其證若使我皆視豈不繆哉。子墨子謂駱滑氂。吳鈔本作釐下仍作氂案此與禽子同名曰吾聞子好勇。駱滑氂曰。然我聞其鄉有勇士焉。吾必從而殺之。子墨子曰。天下莫不欲與其所好。度其所惡。畢云度謂渡去也王引之云畢說非也與當爲與度當爲廢皆字之誤也廢度草書相似故廢譌作度史記厤書名察廢驗今本廢字亦譌作度與與廢好與惡皆對文今子聞其鄉有勇士焉。必從而殺之。是非好勇也。是惡勇也。

墨子閒詁卷十二

貴義第四十七

子墨子曰。萬事莫貴於義。今謂人曰。予子冠履。而斷子之手足。子爲之乎。必不爲。何故。則冠履不若手足之貴也。又曰。予子天下。而殺子之身。子爲之乎。必不爲。何故。則天下不若身之貴也。王云何故則本作何則後人誤以則字下屬爲句故於何下加故字耳何則與何也同義辭過篇曰何則其所道之然也尙賢篇曰何則皆以明小物而不明大物也荀子宥坐篇曰何則陵遲故也秦策曰臣恐韓魏之卑辭慮患而實欺大國也此何也史記春申君傳作何則是其證太平御覽人事部十一六十二資產部二引此並作何則無故字案故字似非衍文御覽所引或有刪節王校未塙 爭一言以相殺。是貴義於其身也。貴義疑當作義貴畢云太平御覽引作義貴於身 故曰。萬事莫貴於義也。淮南子泰族訓云天下大利也比之身則小身之重也比之義則輕義本此 子墨子自魯卽齊。毛詩鄭風東門之墠傳云卽就也言由魯至齊畢云二字舊倒以意改 過故人。畢云太平御覽引作之齊過故人 謂子墨子曰。畢云四字太平御覽引作故人 今天下莫爲義。子獨自苦而爲義。子不若已。子墨子曰。今有人於此。有子十人。一人耕而九人處。則耕者不可以不益急矣。何故。則食者衆而耕者寡也。王校亦刪故字 今天下莫爲義。則子如勸我者也。畢云太平御覽人事部六十二資產部二引作子宜勸又作子宜勸我王云此不解如字之義而以意改之也如猶宜也言子宜勸我爲義也如字古或訓爲宜 何故止我。畢云太平御覽故作以 子墨子南游於楚。見楚獻惠王。畢云檢史記楚無獻惠王也蓺文類聚引作惠王是又案文選注引本書云墨子獻書惠王王受而讀之曰良書也恐是此間脫文蘇云獻惠王卽楚惠王也蓋當時已有兩字之謚詒讓案此文挩佚甚多余知古儲宮舊事二云墨子至郢獻書惠王王受而讀之曰良書也是寡人雖不得天下而樂養賢人請過進曰百種以待官舍人不足須天下之賢君墨子辭曰翟聞賢人進道不行不受其賞義不聽不處其朝今書未用請遂行矣將辭王而歸王使穆賀以老辭魯陽文君言於王曰墨子北方賢聖人君王不見又不爲禮毋乃失士乃使文君追墨子以書社五里封之不受而去此與文選注所引合必是此篇佚文但余氏不明著出墨子文亦多刪節譌舛今未敢據增余書獻惠王亦止作惠王疑故書本作獻書惠王傳寫挩書存獻校者又更易上下文以就之耳 獻惠王以老辭。蘇云楚惠王以周敬王三十二年立卒於考王九年始癸丑終庚寅凡五十七年墨子之游蓋當其暮年故以老辭詒讓案渚宮舊事注云時惠王在位已五十年矣余說疑本墨子舊注然則此事在周考王二年魯悼公之二十九年也 使穆賀見子墨子。子墨子說穆賀。穆賀大說。謂子墨子曰。子之言則成善矣。畢本成改誠云舊作成据藝文類聚改一本同案顧校季本亦作誠王云古或以成爲誠不煩改字 而君王。天下之大王也。毋乃曰賤人之所爲。而不用乎。畢云藝文類聚引作用子又節 子墨子曰。唯其可行。譬若藥然。畢云藝文類聚引作爲 草之本。吳鈔本本作木下同蘇云草之本上當脫一字 天子食之。以順其疾。畢云藝文類聚引順作療 豈曰。一草之本而不食哉。畢云藝文類聚引食作用 今農夫入其稅於大人。大人爲酒醴粢盛。畢云粢當爲齍說文云黍稷在器以祀者盛解同俱从皿亦見周禮也前文皆同此義 以祭上帝鬼神。豈曰賤人之所爲而不享哉。故雖賤人也。上比之農。下比之藥。曾不若一草之本乎。且主君亦嘗聞湯之說乎。主君爲穆賀也戰國策史記載蘇秦說六國君齊楚魏韓燕諸王皆稱秦爲主君索隱云禮卿大夫稱主今嘉蘇子合從諸侯褒而美之故稱曰主君案左傳昭二十九年齊高張唁魯昭公稱主君杜注云比公於大夫然此小司馬所本後魯問篇墨子稱魯君亦曰主君戰國策秦策樂羊對魏文侯魏策魯君對梁惠王亦竝稱主君則戰國時主君之稱蓋遍於上下小司馬據春秋時制謂唯大夫稱主非也 昔者湯將往見伊尹。令彭氏之子御。彭氏之子半道而問曰。君將何之。湯曰。將往見伊尹。彭氏之子曰。伊尹天下之賤人也。尙賢中篇云伊摯有莘氏女之私臣親爲庖人故曰天下之賤人 若君欲見之。吳鈔本若君作君若 亦令召問焉。彼受賜矣。湯曰。非女所知也。吳鈔本女作汝 今有藥此。蘇云藥下當脫於字 食之。則耳加聰。目加明。則吾必說而強食之。今夫伊尹之於我國也。譬之良醫善藥也。而子不欲我見伊尹。是子不欲吾善也。因下彭氏之子不使御。彼苟然。然後可也。盧云此下疑有脫文詒讓案此七字與上文亦不相應上下似竝有捝佚

子墨子曰。凡言凡動。利於天鬼百姓者爲之。凡言凡動。害於天鬼百姓者舍之。凡言凡動。合於三代聖王堯舜禹湯文武者爲之。凡言凡動。合於三代暴王桀紂幽厲者舍之。子墨子曰。言足以遷行者常之。不足以遷行者勿常。不足以遷行而常之。舊本捝下不足二字王據上句補與耕柱篇合今從之是蕩口也。蘇云耕柱篇亦有此文上選字作復下二選字作舉

子墨子曰。必去六辟。辟僻之借字嘿則思。畢云默字俗寫从口言則誨。動則事。使三者代御。舊本作使者三代御畢云此言三世爲人御必能抑然自下若去其喜怒樂悲愛而有聖人之用心也俞云使者三代御當作使三者代御三者即嘿言動三事也御用也荀子禮論篇時舉而代御楊注曰御進用也此云代御義與彼同言更迭用此三者則必爲聖人也因三者二字傳寫誤倒畢遂曲爲之說謬矣案俞說是也今據正必爲聖人。必去喜去怒。去樂。去悲。去愛。而用仁義。俞云去愛下當有去惡二字傳寫脫之喜怒樂悲愛惡其六者皆宜去之即上文所謂去六辟也手足口鼻耳。疑捝一目字從事於義。必爲聖人。子墨子謂二三子曰。爲義而不能。必無排其道。言於道不能無出入莊子大宗師篇郭注云排者推移之謂也譬若匠人之斲而不能。無排其繩。畢云排猶背

子墨子曰。世之君子使之爲一犬一彘之宰。宰即膳宰也見儀禮燕禮禮記文王世子玉藻舊本捝一犬二字王據羣書治要補云魯問篇亦云竊一犬一彘不能則辭之。使爲一國之相。不能而爲之。豈不悖哉。子墨子曰。今瞽曰。鉅者白也。俞云鉅無白義字當作豈豈者皚之段字廣雅釋器皚白也皚省作豈又誤作巨因爲鉅矣呂氏春秋有始覽南方曰巨風李善注文選引作凱風蓋亦省凱爲豈而誤爲巨也可以爲證黔者黑也。吳鈔本黑作墨非畢云說文云黔黎也秦謂民爲黔首謂黑色也雖明目者無以易之。兼白黑。使瞽取焉。不能知也。淮南子主術訓云問瞽師曰白素何如曰縞然曰黑何若曰黮然援白黑而示之則不處焉與此語意同故我曰瞽不知白黑者。知吳鈔本

作能以上文校之疑當作不能知今本及吳本竝挩一字耳非以其名也。以其取也。今天下之君子之名仁也。雖禹湯無以易之。兼仁與不仁。而使天下之君子取焉。不能知也。故我曰。天下之君子不知仁者。非以其名也。亦以其取也。子墨子曰。今士之用身。不若商人之用一布之愼也。周禮泉府鄭注云布泉也其藏曰泉其行曰布商人用一布布。下布字當作市言用一布市物也不敢繼苟而讎焉。繼苟義不可通疑當作謨訽即謑詬之或體也說文言部云詬謑詬恥也或作訽从句謑或从奊作謨楚辭九思云違羣小兮謑訽王注云謑訽恥辱垢陋之言也荀子非十二子篇云無廉恥而忍謑訽楊注云謑詬詈辱也字本作謨訽漢書賈誼傳云頑頓亡恥奊詬亡節顏注云奊詬謂無志分也呂氏春秋誣徒篇云草木雞狗鳥獸不可譙詬遇之譙詬遇之則亦譙詬報人譙詬亦謨詬之譌蓋謑詬本訓恥因以爲恥詈人之語又引申之人之蒙恥辱無決擇亦謂之謑詬此以市布爲喻亦言不敢輕易無決擇而讎物也畢云讎即售字正文必擇良者。今士之用身則不然。意之所欲則爲之。厚者入刑罰。薄者被毀醜。則士之用身。不若商人之用一布之愼也。子墨子曰。世之君子。欲其義之成。吳鈔本義作治而助之修其身則慍。是猶欲其牆之成。而人助之築則慍也。豈不悖哉。子墨子曰。古之聖王。欲傳其道於後世。是故書之竹帛。鏤之金石。傳遺後世子孫。欲後世子孫法之也。今聞先王之遺而不爲。是廢先王之傳也。王云遺字義不可通遺當爲道此涉上文傳遺而誤也上文曰古之聖王欲傳其道於後世故此文曰今聞先王之道而不爲是廢先王之傳也子墨子南遊使衞。遊吳鈔本作游畢云北堂書鈔作使於衞關中載書甚多。畢云關中猶云扃中關扃音相近案畢說是也文選張衡西京賦旗不脫扃薛綜注云扃關也左傳宣十二年孔疏引服虔云扃橫木校輪閒蓋古乘車箱輢閒以木爲闌中可庋物謂之扃亦謂之關故墨子於關中載書矣弦唐子見而怪之。廣韻一先云弦又姓風俗通云弦子後左傳鄭有商人弦高曰。吾夫子教公尚過曰。公尚過呂氏春秋高義篇作公上過高注云公上過子墨子弟子也案王符潛夫論志氏姓篇衞公族有公上氏廣韻一東云衞大夫有公上玉尚上字通過疑亦衞人揣曲直而已。說文手部云揣量也今夫子載書甚多。何有也。子墨子曰。昔者周公旦朝讀書百篇。（畢本無書字云本多作讀書百篇繹史同藝文類聚引無書字北堂書鈔凡三引兩引無一引有無者是也案道藏本吳鈔本竝有書字今不據刪）夕見漆十士。（畢云漆七字假音今俗作柒藝文類聚引作七詒讓案盧岱嶽觀碑五經文字石本七字竝作漆）故周公旦佐相天子。其脩至於今。（吳鈔本脩作修）翟上無君上之事。下無耕農之難。吾安敢廢此。（畢云北堂書鈔引云相天下猶如此況吾無事何敢廢乎）翟聞之。同歸之物。信有誤者。（易繫辭云天下同歸而殊塗孔疏云言天下萬事終則同歸於一蓋謂理雖同歸而言不能無誤）然而民聽不鈞。（吳鈔本作均畢云均字假音）是以書多也。今若過之心者。數逆於精微。（周禮鄉師鄭注云逆猶鉤考也）同歸之物。既已知其要矣。是以不教以書也。而子何怪焉。（畢云言苟得其精微則無用以書爲教）

子墨子謂公良桓子曰。（蘇云公良桓子蓋衞大夫詒讓案史記孔子弟子列傳有公良孺陳人則陳亦有此姓）衞小國也。處於齊晉之閒。猶貧家之處於富家之閒也。貧家而學富家之衣食多用。則速亡必矣。今簡子之家。（廣雅釋言云簡閱也）飾車數百乘。馬食菽粟者數百匹。婦人衣文繡者數百人。吾取飾車食馬之費。與繡衣之財。以畜士。（俞云吾當爲若字之誤也）必千人有餘。若有患難。則使百人處於前。數百於後。（畢云數百下當脫人處二字王云百人亦當爲數百人上文曰千人有餘故此分言之曰數百人處於前數百人處於後今作百人則與上下文不合）與婦人數百人處前後。孰安。吾以爲不若畜士之安也。

子墨子仕人於衞。（畢云舊脫人字一本有詒讓案荀子富國篇楊注引作子墨子弟子仕於衞則疑仕於衞上捝弟子二字）所仕者至而反。子墨子曰。何故反。對曰。與我言而不當。（畢云後作審詒讓案荀子注引亦作當疑審字近是）曰待女以千盆。（女吳鈔本作汝盆畢本改益云舊作盆誤古無鎰字只作益或作溢漢書食貨志云黃金以溢爲名注孟康曰二十兩爲溢也賈逵國語注云二十四兩王云古鎰字皆作溢無作益者此言千盆五百盆皆謂粟非謂金也荀子富國篇今是土之生五穀也人善治之則畝數盆楊倞曰蓋當時以盆爲量引考工記曰盆實二鬴又引墨子曰待女以千盆授我五百盆則盆非益之譌也富國篇又云瓜桃棗李一本數以盆鼓鼓亦量名 授我五百盆。盆畢本亦改益非下同 故去之也。子墨子曰。授子過千盆。則子去之乎。對曰。不去。子墨子曰。然則非爲其不審也。爲其寡也。

子墨子曰。世俗之君子。視義士不若負粟者。今有人於此。負粟息於路側。欲起而不能。君子見之。無長少貴賤。必起之。何故也。王云故字亦後人所加御覽人事部六十二引無故字 曰。義也。今爲義之君子。畢云之舊作也据太平御覽改 奉承先王之道以語之。縱不說而行。說吳鈔本作悅 又從而非毀之。則是世俗之君子之視義士也。不若視負粟者也。道藏本也作之

畢云一本脫此字 子墨子曰。商人之四方。市賈信徙。畢云當爲倍徙下同案畢校是也徙蓰字通 雖有關梁之難。盜賊之危。必爲之。今士坐而言義。無關梁之難。盜賊之危。此爲信徙。不可勝計。然而不爲。則士之計利。畢云則舊作財一本如此 不若商人之察也。子墨子北之齊。遇日者。史記日者傳集解云古人占候卜筮通謂之日者索隱云名卜筮曰日者以墨所以卜筮占候時日通名日者故也畢云文選劉孝標辯命論注引遇作過詒讓案高承事物紀原引亦作過 日者曰。帝以今日殺黑龍於北方。畢云事類賦引殺作屠 而先生之色黑。舊本生誤王今據吳鈔本顧校季本正 不可以北。淮南子要略云操舍開塞各有龍忌許注云中國以鬼神之事日忌北胡南越皆謂之請龍案此日者以五色之龍定吉凶疑即所謂龍忌許君請龍之說未詳所出恐非古術也畢云北事類賦作往 子墨子不聽。遂北。至淄水。不遂而反焉。畢云舊脫至淄水不遂五字据史記日者傳集解及事類賦增史記集解云墨子不遂而反焉又多二字淄水出今山東益都縣西南顏神鎭東南三十五里原山經臨淄縣東北流至壽光縣北入海 日者曰。我謂先生不可以北。子墨子曰。南之人不得北。北之人不得南。其色有黑者。有白者。何故皆不遂也。且帝以甲乙殺青龍於東方。以丙丁殺赤龍於南方。以庚辛殺白龍於西方。以壬

殺黑龍於北方。畢本此下增以戊已殺黃龍於中方云此句舊脫据太平御覽增王云畢增非也原文本無此句今刻本御覽鱗介部一有之者後人不知古義而妄加之也古人謂東西南北爲四方者以其在四旁也若中央爲四方之中則不得言中方一謬也行者之所向有東有西有南有北而中不與焉二謬也鈔本御覽及容齋續筆所引皆無此句案王說是也此卽古五龍之說鬼谷子盛神法五龍陶弘景注云五龍五行之龍也水經注引遁甲開山圖云五龍見教天皇被迹滎氏注云五龍治在五方爲五行神說文戊部云戊中宮也象六甲五龍相拘絞也義並同然則五龍自有中宮但日者之言不妨約舉四方耳若用子之言則是禁天下之行者也。畢云舊脫天字之字據太平御覽增是圍心而虛天下也。蘇云圍心未詳圍或當作違與玉揩云圍心卽違心古圍違字通子之言不可用也。子墨子曰。此上疑有脫文吾言足用矣。舍言革思者。舍下亦當有吾字蘇云革更也是猶舍穫而攈粟也。國語魯語收攟而烝韋注云攟拾也一切經音義引賈逵云攟拾穗也攟攈字同畢云攟拾也一本作攈非以其言非吾言者。畢云太平御覽引其作他是猶以卵投石也。盡天下之卵。其石猶是也。不可毀也。畢云太平御覽作石猶不毀也

公孟第四十八

公孟子謂子墨子曰。惠棟云公孟子卽公明子孔子之徒宋翔鳳云孟子公明儀公明高曾子弟子公孟子與墨子問難皆儒家之言孟與明通公孟子卽公明子其人非儀卽高正與墨翟同時詒讓案潛夫論志氏姓篇衞公族有公孟氏左傳定十二年孔疏謂公孟縶之後以字爲氏說苑脩文篇有公孟子高見顓孫子莫及曾子此公孟子疑卽子高蓋七十子之弟子也君子共已以待。蘇云共讀如恭詒讓案荀子王霸篇云則天子共已而已楊注云共讀爲恭或讀爲拱垂拱而已也案此共已當讀爲拱已非儒篇云高拱下視是也問焉則言。不問焉則止。譬若鍾然。扣則鳴。不扣則不鳴。非儒下篇述儒者之言曰君子若鍾擊之則鳴弗擊不鳴卽此畢云說文云扣牽馬也敂擊也讀若扣此假音耳子墨子曰。是言有三物焉。子乃今知其一身也。吳鈔本其下有有字王引之云身字義不可通身當爲耳隸書身字或作耳見漢荊州從事苑鎮碑與耳相似故耳誤爲身管子兵法篇教其耳以號令之數今本耳誤爲身所謂是言有三物者不扣則不鳴者一雖不扣必鳴者二而公孟子但云不扣則不鳴是知其一而不知其二也故曰子乃今知其一耳今本耳誤爲身身下又衍也字又未知其所謂也。若大人行淫暴於國家。進而諫。則

謂之不遜。因左右而獻諫。則謂之言議。此君子之所疑惑也。 吳鈔本所下有以字疑惑謂言之無益而有害則君子遲疑不敢發此明不扣而不鳴之一物 若大人爲政。將因於國家之難。譬若機之將發也然。 非儒篇云若將有大寇亂盜賊將作若機辟將發也 君子之必以諫。 子下疑挩一字 然而大人之利。 蘇云此下有脫簡下文有之也君得之則必用之矣十一字當在此案蘇校未塙 若此者。雖不扣。必鳴者也。若大人舉不義之異行。雖得大巧之經。可行於軍旅之事。欲攻伐無罪之國。有之也。君得之。則必用之矣。以廣辟土地。著稅僞材。 畢云僞疑當爲賂說文云此古貨字讀若貴蘇云有之以下十一字當在上文然而大人之利句下誤錯於此文當云欲攻伐無罪之國以廣辟土地著稅僞材案畢校近是但著稅義難通疑著當作籍毛詩大雅韓奕箋云籍稅也節用用上篇云其籍斂厚財材字通籍稅賂材猶云籍斂貨財矣 出必見辱。所攻者不利。而攻者亦不利。是兩不利也。若此者。雖不扣必鳴者也。 以上明不扣必鳴之二物畢云已上申明知其一身失之 且子曰。君子共已待。問焉則言。不問焉則止。譬若鍾然。扣則鳴。不扣則不鳴。今未有扣。子而言。是子之謂不扣而鳴邪。 謂上當有所字 是子之所謂非君子邪。 畢云已上申明又未知其所謂 公孟子謂子墨子曰。實爲善人。孰不知。 句 譬若良玉。處而不出。有餘糈。 玉疑當爲巫糈舊譌精王校下文諸精字皆爲糈惟此未正今審校當與彼同淮南子說山訓云巫之用糈藉高注云糈祀神之米 譬若美女。處而不出。人爭求之。行而自衒。 內則奔則爲妾鄭注云奔或爲衒列女傳辯通篇齊鍾離春衒嫁不售畢云說文云衒行且賣也衒或字 人莫之取也。 之舊本作知畢云知一本作之詒讓案作之是也意林作人莫之娶今據正 今子徧從人而說之。 徧舊本作偏畢以意改徧道藏本季本吳鈔本正作徧王以偏爲古徧字詳非攻下篇 何其勞也。子墨子曰。今夫世亂。求美女者衆。美女雖不出。人多求之。今求善者寡。 畢云言好德不如好色 不強說人。人莫之知也。且有二生。於此善筮。 舊本筮譌星王據下文改 一行爲人筮者。一處而不出者。行爲人筮者。此十一字舊挩王據上下文義補 與處而不出者。其糈孰多。糈舊本誤精王云精當爲糈字之誤也莊子人間世篇鼓筴播精釋文精如字一音所字則當作糈是糈與精字形相似而易譌也郭璞注南山經曰糈先呂反今江東音所說文糈糧也言兩人皆善筮而一行一處其得米孰多也史記貨殖傳云醫方諸食技術之人焦神極能爲重糈也是其證案王校是也今據正下同 公孟子曰。行爲人筮者。其糈多。子墨子曰。仁義鈞。吳鈔本作均 行說人者。其功善亦多。何故不行說人也。公孟子戴章甫。畢云戴本多作義以意改案顧校季本正作戴士冠禮記云章甫殷道也鄭注云章明也殷質言以表明丈夫也論語先進篇端章甫集解鄭玄云衣玄端冠章甫諸侯日視朝之服禮記儒行魯哀公問孔子儒服對曰某長居宋冠章甫之冠此公孟子儒者故亦儒服與 搢忽。畢云搢即晉字俗寫忽即笏字古文尙書在治忽亦用此字舊作𣏌誤詒讓案儀禮既夕木笏鄭注云今文笏作忽史記夏本紀集解引鄭康成注尙書作在治曶云曶者笏也忽曶笏字並通釋名釋書契云笏忽也君有教命及所啓白則書其上備忽忘也荀子哀公問云章甫絇屨紳而搢笏 儒服。而以見子墨子。子墨子曰。君子服然後行乎。其行然後服乎。子墨子曰。行不在服。公孟子曰。何以知其然也。子墨子曰。昔者齊桓公高冠博帶。金劍木盾。畢云說文云盾瞂也所以扞身蔽目象形陸德明周禮音義云食允反又音允詒讓案此所言皆朝服朝服未有用盾者盾疑亦曶之誤但木曶非貴服所未詳也 以治其國。其國治。昔者晉文公大布之衣。牂羊之裘。牂道藏本吳鈔本並从牛誤 韋以帶劍。並詳兼愛中下篇 以治其國。其國治。昔者楚莊王鮮冠組纓。說文系部云組綬屬也其小者可以爲冠纓玉藻云玄冠朱組纓天子之冠也玄冠丹組纓諸侯之齊冠也此朝服當爲冠弁服但組纓爲常制不足爲華侈與鮮冠𦃓衣博袍文例不相應疑此組當爲髗之叚字荀子樂論篇云亂世之徵其服組鮮髗義詳節用篇 𦃓衣博袍。畢云太平御覽引作褒衣博褒王云哀十四年公羊傳反袂拭面涕沾袍何注曰袍衣前襟也𦃓舊本作絳王引之云絳當爲𦃓字之誤也𦃓與縫同集韻縫或省作𦃓漢丹陽太守郭旻碑彌𦃓衮口𦃓即縫字字從夆不從夅𦃓衣大衣也字或作逢又作摓洪範子孫其逢馬注曰逢大也儒行衣逢掖之衣鄭注曰逢猶大也大掖之衣大袂禪衣也莊子盜跖篇摓衣淺帶釋文曰摓本又作縫列子黃帝篇釋文向秀注曰儒服寬而長大荀子非十二子篇其冠進其衣逢儒效篇逢衣淺帶解果其冠楊倞注竝曰逢大也列子黃帝篇曰女逢衣徒也縫𦃓逢摓字異而義同𦃓衣與博袍連文𦃓博皆大也淮南齊俗篇作裾衣博袍高注曰裾褒也褒亦大也氾論篇又云褒衣博帶案王說是也今據正𦃓衣即禮經侈袂之衣周禮司服鄭注云士之衣袂皆二尺二寸而屬幅其袪尺二寸大夫以上侈之侈之者蓋半而益一爲半而益一則其袂三尺三寸袪尺八寸博袍卽謂縫衣之前襟廣雅釋器云袍長襦也彼燕居之服非聽治所用與此袍異也任大椿謂縫衣博袍卽漢晉以後之朝服絳紗袍大誤 以治其國。其國治。昔者越王句踐剪髮文身。淮南子齊俗訓云越王句踐劗髮文身南面而霸天下又云越人劗鬋許注云鬋斷也剪卽鬋之俗說苑奉使篇越諸發曰越剪髮文身爛然成章以像龍子者將避水神也 以治其國。其國治。此四君者。其服不同。其行猶一也。翟以是知行之不在服也。公孟子曰。善。吾聞之曰宿善者不祥。畢云讀如無宿諾 請舍忽。畢云舊作忽 易章甫。復見夫子可乎。子墨子曰。請因以相見也。若必將舍忽易章甫。必舊本作不畢云不一本作必亦是蘇云不字誤一本作必是也畢注以不爲句非案蘇說是也今據正 而後相見。然則行果在服也。畢云言其意在服也 公孟子曰。君子必古言服。句 然後仁。孟子告子篇荅曹交曰子服堯之服誦堯之言行堯之行是堯而已矣公孟子之言同於彼但孟子兼重行而公孟子唯舉言服故爲墨子所折 子墨子曰。昔者商王紂。卿士費仲。爲天下之暴人。明鬼下篇作費中中仲古今字 箕子微子。爲天下之聖人。此同言。而或仁不仁也。畢云言同時之言而仁不仁異 周公旦爲天下之聖人。關叔爲天下之暴人。關叔卽管叔詳耕柱篇 此同服。或仁或不仁。然則不在古服與古言矣。且子法周而未法夏也。畢云謂節葬節用之屬墨氏之學出于夏 子之古非古也。公孟子謂子墨子曰。昔者聖王之列也。上聖立爲天子。其次立爲卿大夫。今孔子博於詩書。察於禮樂。詳於萬物。若使孔子當聖王。則豈不以孔子爲天子哉。子墨子曰。夫知者。必尊天事鬼。愛人節用。合焉爲知矣。今子曰。孔子博於詩書。察於禮樂。詳於萬物。而曰可以爲天子。是數人之齒。而以爲富。畢云齒年也俞云數人之年安得以爲富畢說非也齒者契之齒也古者刻竹木以記數其刻處如齒故謂之齒易林所謂符左契右相與合齒是也列子說符篇宋人有遊於道得人遺契者歸而藏之密數其齒曰吾富可待矣此正數人之齒以爲富者蓋古有此喻案俞說是也蘇說同 公孟子曰。貧富壽夭。齰然在天。說文齒部云齰齧也非此義畢云齰同錯 不可損益。又曰。君子必學。子墨子曰。教人學而執有命。是猶命人葆。畢云葆言包裹其髮 而去亓冠也。亓畢本作丌云舊作亦知是此字之譌丌即其字以意改王引之云古其字亦有作丌者玉篇亓古文其是其證今本墨子其作亦則是亓之譌非丌之譌也後凡亓譌作亦者放此案王說是也今並據正 公孟子謂子墨子曰。有義不義。無祥不祥。無畢本改有云舊作無據下文改王云畢改非也公孟子之意以爲壽夭貧富皆有命而鬼神不能爲禍福故曰有義不義無祥不祥墨子執非命之說以爲鬼神實司禍福義則降之祥不義則降之不祥故曰有祥不祥有祥不祥乃墨子之說非公孟子之說不得據彼以改此也顧蘇說同 子墨子曰。古聖王。古下吳鈔本有者字 皆以鬼神爲神明。而爲禍福。畢云而同能 執有祥不祥。是以政治而國安也。自桀紂以下。皆以鬼神爲不神明。不能爲禍福。執無祥不祥。是以政亂而國危也。故先王之書。子亦有之曰。戴云子亦疑當作亓子亓古其字其子即箕子周書有箕子篇今亡孔晁作注時當尚在也 亓敖也。畢云以下亓字舊皆作亦 出於子不祥。此言爲不善之有罰。爲善之有賞。子墨子謂公孟子曰。喪禮君與父母妻後子死。畢云後子嗣子也 三年喪服。義詳節葬下非儒下二篇 伯父叔父兄弟期。族人五月。族人上王校增戚字說詳節葬下篇 姑姊舅甥。皆有數月之喪。或以不喪之閒。誦詩三百。周禮大司樂鄭注云以聲節之曰誦 弦詩三百。禮記樂記注云弦謂鼓琴瑟也 歌詩三百。周禮小師注云歌依詠詩也 舞詩三百。謂舞人歌詩以節舞左襄十六年傳云晉侯與諸侯宴于溫使諸大夫舞曰歌詩必類是舞有歌詩也墨子意謂不喪則又習樂明其曠日廢業也毛詩鄭風子衿傳云古者教以詩樂誦之歌之弦之舞之與此書義同 若用子之言。則君子何日以聽治。庶人何日以從事。公孟子曰。國亂則治之。國治則爲禮樂。舊本挩國字王據下文補 國治則從事。國富則爲禮樂。王云下國治當爲國貧治與亂對富與貧對國亂則治之即上文所謂君子聽治也國貧則從事即上文所謂庶人從事也非儒篇曰庶人怠於從事則貧故曰國貧則從事今本貧作治者涉上文國治而誤子墨子曰。國之治。盧云此下脫治之故治也五字治之廢。則國之治亦廢。國之富也。從事故富也。從事廢。則國之富亦廢。下事字舊本譌作是今據道藏本吳鈔本正故雖治國。勸之無饜。畢云猶云勉之無已然後可也。今子曰國治則爲禮樂。亂則治之。是譬猶噎而穿井也。畢云說文云噎飯窒也飯窒則思飲俞云晏子春秋雜上篇噎而遽掘井說苑雜言篇作譬之猶渴而穿井渴字較噎爲勝疑此文亦當作渴因噎字古作𩜹漢書賈山傳祝𩜹在前師古曰𩜹古噎字是也形與渴微似故渴誤爲噎案畢說是也死而求醫也。古者三代暴王桀紂幽厲。薾爲聲樂。畢云說文云薾華盛言盛也或侈假音字不顧其民。是以身爲刑僇。國爲戾虛者。吳鈔本無者字王云戾虛當爲虛戾是以國爲虛戾身爲刑戮也趙策曰齊爲虛戾又曰社稷爲虛戾先王不血食戾猶厲也非命篇曰國爲虛厲身在刑僇之中是虛戾卽虛厲也小雅節南山篇降此大戾大雅瞻卬篇戾作厲小宛篇翰飛戾天文選西都賦注引韓詩戾作厲孟子滕文公篇樂歲粒米狼戾鹽鐵論未通篇狼戾作梁厲莊子人閒世篇國爲虛厲身爲刑僇釋文李云居宅無人曰虛死而無後爲厲皆從此道也。公孟子曰。無鬼神。又曰。君子必學祭祀。畢云當爲禮詘讓案卽五禮之吉禮子墨子曰。執無鬼而學祭禮。是猶無客而學客禮也。客禮卽五禮之賓禮是猶無魚而爲魚罟也。說文网部云罟网也爾雅釋器云魚罟謂之罛詩碩人孔疏引李巡云魚罟捕魚具也公孟子謂子墨子曰。子以三年之喪爲非。子之三日之喪亦非也。畢云三日當爲三月韓非子顯學云墨者之葬也冬日冬服夏日夏服桐棺三寸服喪三月高誘注淮南子齊俗云三月之服是夏后氏之禮而後漢書王符傳注引尸子云禹制喪三日亦當爲月子墨子曰。子以三年之喪。非三日之喪。是猶倮謂撅者不恭也。舊本倮作果今從道藏本改吳鈔本又作祼畢云果當爲祼說文云袒也玉篇云倮赤體也撅當爲蹶說文云僵也一曰跳也洪云禮記內則不涉不撅鄭注撅揭衣也謂袒衣與揭衣其露體不恭一也晏子春秋外篇上吾譏晏子猶訾倮而高撅者也其義與此同俞云畢讀撅當爲蹶失之蹶與祼兩意不倫不當取以爲喻內則不涉不撅撅衣雖不恭然祼則更甚故曰是猶果謂撅者不恭也公孟子謂子墨子曰。知有賢於人。謂偶有一事賢於他人則可謂知乎。子墨子曰。愚之知有以賢於人。有以吳鈔本作亦有而愚豈可謂知矣哉。公孟子曰。三年之喪。學吾之慕父母。俞云吾下脫子字管子海王篇吾子食鹽二升少半尹知章注曰吾子謂小男小女也此文公孟子曰三年之喪學吾子之慕父母故下子墨子曰夫嬰兒子之知獨慕父母而已嬰兒子卽吾子也　子墨子曰。夫嬰兒子之知。畢云衆經音義云倉頡篇云男曰兒女曰嬰　獨慕父母而已。父母不可得也。然號而不止。此亣故何也。亣顧校季本作其　卽愚之至也。然則儒者之知。豈有以賢於嬰兒子哉。子墨子曰問於儒者。蘇云曰字誤倒當作問於儒者曰　何故爲樂。曰樂以爲樂也。說文木部云樂五聲八音總名引申爲哀樂之樂此第二樂字用引申之義古讀二義同音故墨子以室以爲室難之樂記云故曰樂者樂也君子樂得其道小人樂得其欲又禮器云樂者樂其所自成仲尼燕居云行而樂之樂也荀子樂論篇亦云樂者樂也此卽墨子所廢儒者之說　子墨子曰。子未我應也。今我問曰何故爲室。曰冬避寒焉。夏避暑焉。室以爲男女之別也。俞云避寒避暑爲男女之別三句皆以室言不當於男女之別句獨著室字室乃且字之誤古書且字或誤爲宜詩假樂篇釋文曰且君且王一本且竝作宜是也且誤爲宜因誤爲室矣案室當作宮辭過篇云宮牆之高足以別男女之禮節用上篇云宮牆足以爲男女之別皆於避寒暑外分別言之此亦當同俞說未允　則子告我爲室之故矣。今我問曰何故爲樂。曰樂以爲樂也。畢云舊脫爲字据上文增　是猶曰何故爲室。曰室以爲室也。子墨子謂程子曰。蘇云程子卽程繁也見三辨篇　儒之道足以喪天下者。四政焉。儒以天爲不明。畢云舊脫天字据下文增　以鬼爲不神。天鬼不說。此足以喪天下。又厚葬久喪。重爲棺槨。多爲衣衾。送死若徙。三年哭泣。扶後起。杖後行。竝詳節葬下篇　耳無聞。目無見。此足以喪天下。又弦歌鼓舞。畢本鼓作鼔云此鼔字从攴與鍾鼓字異彼从岦案畢校非也詳兼愛中篇　習爲聲樂。此足以喪天下。又以命爲有。貧富壽夭。治亂安危。有極矣。有極猶言有常詳非儒下篇　不可損益也。爲上者行之。必不聽治矣。必不二字舊倒今據吳鈔本乙與下文合　爲下者行之。必不從事矣。此足以喪天下。程子曰。

甚矣先生之毀儒也。子墨子曰。儒固無此若四政者。而我言之。若舊本作各王云此各當爲此若若亦此也言儒無此四政也下文曰今儒固有此四政者是其證今本此若作此各則文義不順墨子書多謂此爲此若說見魯問篇案王說是也今據正 則是毀也。今儒固有此四政者。而我言之。則非毀也。告聞也。畢云言告所聞 程子無辭而出。子墨子曰。迷之。迷之義不可通疑迷當爲還之誤謂墨子評程子令還也 反後坐。畢讀反爲句後又爲句云言惑於此說者請反而後後留之王云畢說非也後當爲復復後字相似故書傳中復字多譌作後反爲一句復坐爲一句謂程子反而復坐也今本復作後則義不可通 進復曰。王云復如孟子有復於王者曰之復謂程子進而復於墨子也 鄉者先生之言。有可聞者焉。生舊本譌王今據吳鈔本正下同畢云文當爲閒案畢校是也孟子云政不足與閒也趙注云閒非也 若先生之言。則是不譽禹。不毀桀紂也。此因墨子言不毀儒而遂難之言人不能無毀譽也 子墨子曰。不然。夫應孰辭。稱議而爲之。孰辭習孰之辭猶云常語議吳鈔本作義案稱議上當有不字應孰辭不稱議而爲之謂應習孰之辭則信口酬荅不待稱議而後對故下云敏也此明前云不毀儒非不毀桀紂之謂不可以習孰應對之語孰以相難畢云孰當爲孰亦通 敏也。厚攻則厚吾。薄攻則薄吾。王引之云吾讀爲列禦寇之禦禦古通作吾趙策曰王非戰國守吾之具其將何以當之乎是其證案王校是也吾當爲圄之省說文口部云圄守也 應孰辭而稱議。是猶荷轅而擊蛾也。此即申應孰辭不必稱議之恉畢云蛾同螘 子墨子與程子辯。稱於孔子。畢云稱述孔子 程子曰。非儒。句 何故稱於孔子也。子墨子曰。是亦當而不可易者也。俞云亦當爲亓古文其字也言我所稱於孔子者是其當而不可易者也其字即以孔子言本篇其字多誤爲亦畢氏已訂正而未及此 今鳥聞熱旱之憂則高。魚聞熱旱之憂則下。當此雖禹湯爲之謀。必不能易矣。鳥魚可謂愚矣。禹湯猶云因焉。王云云猶或也言鳥魚雖愚禹湯猶或因之也古者云與或同義 今翟曾無稱於孔子乎。畢云言孔子之言有必不能易者此下舊有有游於子墨子之門者謂子墨子曰先王以鬼爲神明知能爲禍人哉二十七字據一本移後 有游於子墨子之門者。身體強良。良吳鈔本作梁後魯問篇亦云強梁然義似不同 思慮徇通。史記黃帝本紀黃帝幼而徇齊集解徐廣曰墨子曰年踰五十則聰明心慮不徇通矣裴駰案侚疾也索隱云侚齊家語及大戴禮竝作叡齊一本作慧齊叡慧皆智也史記舊本亦有作㥌齊盇古字假借侚爲㥌㥌傑也義亦竝通案徐引墨子今無此文蓋在佚篇中說文人部云侚疾也侚卽侚之譌莊子知北遊篇云思慮侚達又借侚爲之欲使隨而學。子墨子曰。姑學乎。吾將仕子。勸於善言而學。其年。意林引作朞年畢云同期年詒讓案此書期年字多作其詳節葬下篇而責仕於子墨子。子墨子畢云舊脫二字以意增曰。不仕子。子亦聞夫魯語乎。吳鈔本無夫字語意林引作人魯有昆弟五人者。亓父死。畢云亓舊作亦下同一本俱作其詒讓案意林正作其下竝同亓長子嗜酒而不葬。亓四弟曰。子與我葬。畢云與舊作無一本如此當爲子沽酒。勸於善言而葬。已葬。而責酒於其四弟。吳鈔本無其字四弟曰。吾末予子酒矣。末道藏本吳鈔本竝作未子葬子父。我葬吾父。豈獨吾父哉。子不葬。則人將笑子。故勸子葬也。今子爲義。我亦爲義。豈獨我義也哉。子不學。則人將笑子。故勸子於學。有游於子墨子之門者。子墨子曰。盍學乎。對曰。吾族人無學者。子墨子曰。不然。未好美者。豈曰吾族人莫之好。故不好哉。夫欲富貴者。豈曰我族人莫之欲。畢云已上八字舊脫據一本增故不欲哉。畢云太平御覽引云墨子謂門人曰汝何不學對曰吾族無學者墨子曰不然豈有好美者而曰吾族無此不欲邪富貴者而曰吾族無此不用也與此微異好美欲富貴者。不視人。猶強爲之。畢云此下舊接爲善者富之云云二百六十四字今據文義移後一本此下亦接夫義天下之大器也夫義。天下之大器也。何以視人。必強爲之。畢云必當爲不已上十六字舊脫在則盜何遽無從下今據一本移正蘇云此勉之之詞必字不誤案依蘇說則當讀何以視人句斷下云必強爲之乃勉其爲義非責其不爲也考意林約引此文作強自力矣則馬總所讀似已如是然今以語氣校之竊疑必字當在視人上仍爲詰責之辭與上文不視人云云文例正相對也有游於子墨子之門者。謂子墨子曰。先生以鬼神爲明知。先生舊本譌先王今據道藏本吳鈔本正又舊本神爲二字倒轉王校乙正吳鈔本不倒能爲禍人哉福。畢云人哉已上二十七字舊在今翟會無稱於孔子乎下今據一本在此一本又無知能爲禍人哉六字案吳鈔本亦無知能以下六字又畢本挩福字各本並有今增王云此當以能爲禍福連讀不當有人哉二字下文曰先生以鬼神爲明能爲禍福爲善者賞之爲不善者罰之是其證今本禍福二字之間衍人哉二字則義不可通案王說固是但疑當作能爲人禍福哉人哉二字恐非衍文未敢肊定姑仍舊本　爲善者富之。王云富與福同　爲暴者禍之。舊本挩爲字王補　今吾事先生久矣。而福不至。意者先生之言有不善乎。王引之云意者疑詞廣雅曰意疑也　鬼神不明乎。我何故不得福也。子墨子曰。雖子不得福。吾言何遽不善。而鬼神何遽不明。王云遽亦何也連言何遽者古人自有複語耳漢書陸賈傳使我居中國何遽不若漢　子亦聞乎匿徒之刑之有刑乎。俞云之刑二字衍文子亦聞乎匿徒之有刑乎徒謂胥徒給繇役者匿徒謂避役蘇說同案此疑當作匿刑徒之有刑乎衍一之字刑徒又誤倒耳蓋卽左傳昭七年所謂僕區之法孔疏引服虔云爲隱匿亡人之法是也　對曰。未之得聞也。畢云之得二字舊倒以意移　子墨子曰。今有人於此什子。言其賢過子十倍下云百子同　子能什譽之。而一自譽乎。對曰不能。有人於此。百子。子能終身譽亓善。而子無一乎。對曰不能。子墨子曰。匿一人者猶有罪。今子所匿者若此亓多。將有厚罪者也。何福之求。子墨子有疾。跌鼻進而問曰。問下吳鈔本有焉字　先生以鬼神爲明。能爲禍福。爲善者賞之。舊本挩爲字王校補　爲不善者罰之。今先生聖人也。何故有疾。意者先生之言有不善乎。鬼神不明知乎。子墨子曰。雖使我有病。何遽不明。何上疑挩鬼神二字　人之所得於病者多方。有得之寒暑。有得之勞苦。百門而閉一門焉。則盜何遽無從入。王云舊本脫閉字入字今據魯問篇及太平御覽疾病部一引補案王校是也淮南子人閒訓云室有百戶閉其一盜何遽無從入卽本此文畢云舊有夫義天下之大器也云云十六字據一本移前　二三子有復於子墨子學射者。子墨子曰。不可。夫知者必量亓力所能至。吳鈔本作夫智者亦必量力所能至　而從事焉。國士戰且扶人。猶不可及也。畢云及猶兼　今子非國士也。豈能成學又成射哉。二三子復於子墨子曰。告子曰。言義而行甚惡。顧云曰當爲日蘇云告子曰之曰當作日或爲口字之訛下墨子言告子口言而身不行是其證也然此告子自與墨子同時後與孟子問荅者當另爲一人案日字不誤此文當作告子日墨子言義而行甚惡蓋告子嘗以此言毀墨子而二三子爲墨子述之故下文墨子云稱我言以毀我行又云告子毀猶愈亡也今本告子日下挩墨子二字遂若二三子廕告子行惡與下云毀皆不相應矣顧蘇說竝未憭文案孟子告子篇趙注云告姓也子男子之通稱也名不害兼治儒墨之道者嘗學於孟子趙氏疑亦隱據此書以此告子與彼爲一人王應麟洪頤煊說竝同然以年代校之當以蘇說爲是 請棄之。子墨子曰。不可。稱我言以毀我行。愈於亡。亡無字同 有人於此。翟甚不仁。經說下云仁愛也言與翟甚不相愛也仲尼燕居云食饗之禮所以仁賓客也 尊天事鬼愛人。甚不仁。猶愈於亡也。今告子言談甚辯。言仁義而不吾毀。上下文兩言毀則此不當云不吾毀不字當是衍文 告子毀。畢云二字倒今移 猶愈亡也。二三子復於子墨子曰。告子勝爲仁。畢云文選注引無爲字蘇云勝爲仁者言仁能勝其任也或以勝爲告子名未知然否案文選陳孔璋爲曹洪與魏文帝書云有子勝斐然之志李注引此文釋之則崇賢似以勝爲告子之名蘇引或說本於彼閻若璩四書釋地又續引或說謂告子名不害字子勝並無塙證疑不足據 子墨子曰。未必然也。告子爲仁。譬猶跂以爲長。畢云跂舊作跛据文選注改此企字假音爾雅云其踵企陸德明音義云去跂反本或作跂說文云企舉踵也跂足多指二字異 隱以爲廣。畢云隱文選注引作偃隱偃音相近亦通言企足以爲長仰身以爲廣偃猶仰 不可久也。告子謂子墨子曰。我治國爲政。我下疑當有能字故下墨子難之曰惡能治國政 子墨子曰。政者。口言之。身必行之。今子口言之。而身不行。是子之身亂也。子不能治子之身。惡能治國政。子姑亡。畢云言子姑無若此詒讓案姑亡亦見備梯篇 子之身亂之矣。吳鈔本無身字畢云一本作子姑防子之身亂之矣是

墨子閒詁卷十三

魯問第四十九

魯君畢云當是魯陽文君楚縣之君蘇云此魯君自是魯國君故以齊攻爲患畢注非也俞云魯陽文君耕柱篇再見此篇亦屢見子墨子之意皆勸以無攻小國與此不同且此篇有魯君又有魯陽文君別而書之其非一人明甚詒讓案蘇俞說是也以時代攷之此魯君疑卽穆公謂子墨子曰。吾恐齊之攻我也。可救乎。子墨子曰。可。昔者三代之聖王禹湯文武。百里之諸侯也。說忠行義。取天下。三代之暴王桀紂幽厲。讎怨行暴。失天下。俞云怨字乃忠字之誤言與忠臣爲讐也上文說禹湯文武曰說忠行義取天下與此相對可證吾願主君之上者尊天事鬼。下者愛利百姓。厚爲皮幣。卑辭令。亟徧禮四鄰諸侯。亟舊本誤作亟今以意校正爾雅釋詁云亟疾也速也本篇亟字多誤爲亟詳後敺國而以事齊。患可救也。非此顧無可爲者。非此顧舊本作非顧二字畢云言非此之爲顧王云畢說非也顧當爲顧字之誤也顧顧草書相似顧與固通顧上當有此字言非此固無可爲者也此字卽指上數事而言今本顧譌作顧又脫此字則義不可通案王說是也今據補正齊將伐魯。子墨子謂項子牛曰。項子牛蓋田和將伐魯事詳後伐魯。齊之大過也。昔者吳王東伐越。棲諸會稽。吳伐越事詳非攻中篇國語越語云越王句踐棲於會稽之上韋注云山處曰棲西伐楚。葆昭王於隨。葆保通左傳定四年吳人郢楚鬭辛與其弟巢以王奔隨北伐齊。取國子以歸於吳。舊本國下衍太字王云國太子本作國子謂齊將國書也吳敗齊於艾陵獲國子事見春秋哀十一年淺人誤以國爲國家之國因加太字耳案王說是也今據刪諸侯報其讎。百姓苦其勞。而弗爲用。是以國爲虛戾。虛戾義詳公孟篇身爲形戮也。昔者智伯伐范氏與中行氏。兼三晉之地。詳非攻中篇此三晉謂晉卿三家卽智氏范氏中行氏也故非攻篇云并三家以爲一家與韓趙魏不同諸侯報其讎。百姓苦其勞。而弗爲用。是以國爲虛戾。身爲刑戮。用是也。王云用是二字涉上文而衍上文是以國爲虛戾身爲刑戮也無用是二字是其證 故大國之攻小國也。是交相賊也。過必反於國。子墨子見齊大王曰。畢云太平御覽無大字下同蘇云大當讀泰卽太公田和也蓋齊僭王號之後亦尊其祖爲太王如周之古公云俞云大公者始有國之尊稱故周追王自亶父始而稱大王齊有國自尙父始而稱大公以及吳之太伯晉之大叔皆是也田齊始有國者和也故稱大公猶尙父稱大公也至其後子孫稱王則亦應稱大王矣猶亶父稱大王也因齊大王之稱它書罕見故學者不得其說太平御覽引此文遂删大字矣案蘇俞說是也據史記田敬仲世家及六國年表田莊子卒於周威烈王十五年子大公和立安王十六年田和始立爲諸侯墨子見大王疑當在田和爲諸侯之後 今有刀於此。試之人頭。倅然斷之。畢云卒字異文作倅讀如倉猝 可謂利乎。大王曰。利。子墨子曰。多試之人頭。倅然斷之。可謂利乎。大王曰。利。子墨子曰。刀則利矣。孰將受其不祥。大王曰。刀受其利。試者受其不祥。畢云言持刀之人 子墨子曰。并國覆軍。賊敖百姓。畢云舊作敖非太平御覽引作殺案說文云數古文殺出此今依改正案畢校是也說詳尙賢中篇 孰將受其不祥。大王俯仰而思之。曰。我受其不祥。魯陽文君將攻鄭。子墨子聞而止之。謂陽文君曰。畢云謂下當脫魯字 今使魯四境之內。畢云謂魯陽 大都攻其小都。大家伐其小家。殺其人民。取其牛馬狗豕布帛米粟貨財。則何若。魯陽文君曰。魯四境之內。皆寡人之臣也。今大都攻其小都。大家伐其小家。奪之貨財。則寡人必將厚罰之。子墨子曰。夫天之兼有天下也。亦猶君之有四境之內也。今舉兵將以攻鄭。天誅亣不至乎。道藏本吳鈔本亣並誤亦 魯陽文君曰。先生何止我攻鄭也。我攻鄭。順於天之志。鄭人三世殺其父。蘇云父當作君據史記鄭世家云哀公八年鄭人弒哀公而立聲公弟丑是爲共公三十年共公卒子幽公已立幽公元年韓武子伐鄭殺幽公鄭人立幽公弟駘是爲繻公二十七年子陽之黨共弒繻公是三世弒君之事也案黃式三周季編略亦同蘇說黃氏又據此云三年不全以魯陽文君攻鄭在安王八年即鄭繻公被弒後三年也然二說並可疑攷文君即公孫寬爲楚司馬子期子據左傳子期死白公之難在魯哀公十六年次年寬即嗣父爲司馬則白公作亂時寬至少亦必已弱冠鄭繻公之弒在魯穆公十四年上距哀公十六年已八十四年文子若在約計殆逾百歲豈尚能謀攻鄭乎竊疑此三世並當作二世蓋即在韓殺幽公之後幽公之死當魯元公八年時文子約計當七十餘歲於情事儻有合耳　天加誅焉。使三年不全。呂氏春秋本生篇高注云全猶順也三年不全猶王藻云年不順成　我將助天誅也。子墨子曰。鄭人三世殺其父。而天加誅焉。使三年不全。天誅足矣。今又舉兵。將以攻鄭。曰。吾攻鄭也。順於天之志。譬有人於此。其子強梁不材。老子云強梁者不得其死莊子山木釋文云彊梁多力也詩大雅蕩毛傳云彊梁禦善也孔疏云彊梁任威使氣之貌　故其父笞之。其鄰家之父。舉木而擊之。曰吾擊之也。順於其父之志。則豈不悖哉。子墨子謂魯陽文君曰。攻其鄰國。殺其民人。取其牛馬粟米貨財。則書之於竹帛。鏤之於金石。以爲銘於鐘鼎。傳遺後世子孫。曰莫若我多。周禮司勳云戰功曰多畢云我多舊作多吾一本如此案顧校季本亦作我多　今賤人也。亦攻其鄰家。殺其人民。取其狗豕食糧衣裘。畢云粮糧字俗寫　亦書之竹帛。以爲銘於席豆。以遺後世子孫。曰莫若我多。亓可乎。亓道藏本吳鈔本並誤亦　魯陽文君曰。然吾以子之言觀之。則天下之所謂可者。未必然也。子墨子爲魯陽文君曰。畢云爲謂字案吳鈔本作謂　世俗之君子皆知小物。而不知大物。今有人於此。竊一犬一彘。則謂之不仁。竊一國一都。則以爲義。譬猶小視白謂之白。大視白則謂之黑。吳鈔本無則字　是故世俗之君子。知小物而不知大物者。此若言之謂也。此若畢改爲若此云舊二字倒一本如此案顧校季本同王云畢改非也古者謂此爲若連言之則曰此若此若言之謂也已見尙賢篇又節葬篇曰以此若三聖王者觀之又曰以此若三國觀之者墨子書言此若者多矣它書亦多有之案王說是也　魯陽文君語子墨子曰。吴鈔本語作謂 楚之南。有啖人之國者。橋。節葬下篇作炎人而以食子爲輆沐國俗與此不同竊疑啖人之名卽起於食子此篇是也橋未詳 其國之長子生。則鮮而食之。畢云鮮一本作解詒讓案節葬下篇亦作解顧云作鮮者誤古鮮解字或相亂殷敬順釋列子用鮮子訓非也 謂之宜弟。美則以遺其君。君喜則賞其父。後漢書南蠻傳云交阯其西有噉人國生首子輒解而食之謂之宜弟味旨則以遺其君君喜而賞其父今烏滸人是也李注引萬震南州異物志云烏滸地名也在廣州之南交州之北則漢時尚相傳有是國也 豈不惡俗哉。子墨子曰。雖中國之俗。亦猶是也。殺其父而賞其子。何以異食其子而賞其父者哉。苟不用仁義。何以非夷人食其子也。魯君之嬖人死。魯君爲之誄。魯人因說而用之。蘇云第二句君字當作人第三句人字當作君傳寫誤也 子墨子聞之曰。誄者。道死人之志也。釋名釋典藝云誄累也累列其事而稱之也 今因說而用之。是猶以來首從服也。來首疑卽貍首史記封禪書云萇弘設射貍首貍首者諸侯之不來者大射儀鄭注說貍首云貍之言不來也廣雅釋獸云猍貍也不來卽猍貍方言云貔陳楚江淮之閒謂之猍關西謂之貍來猍字亦同蓋貍與來古音相近故貍首亦謂之來首服謂服馬以來首從服言以貍駕車明其不勝任也 魯陽文君謂子墨子曰。有語我以忠臣者。令之俯則俯。畢云頫字俗寫 令之仰則仰。處則靜。呼則應。可謂忠臣乎。子墨子曰。令之俯則俯。令之仰則仰。是似景也。畢云古影字只作景葛洪加彡而明刻淮南子有注云古影字道藏本無蓋明人妄增耳今尚書亦有影響字寫者亂之 處則靜。呼則應。是似響也。管子心術篇云若影之象形響之應聲也漢書天文志亦云如景之象形響之應聲 君將何得於景與響哉。若以翟之所謂忠臣者。上有過。則微之以諫。微者覹之借字說文見部云覹司也漢書游俠傳使人微知賊處顏注云微伺間之也此微之以諫亦言伺君之閒而諫之也 已有善。則訪之上。而無敢以告。爾雅釋詁云訪謀也謂進其謀於上而不敢以告人也 外匡其邪。而入其善。而吳鈔本作以入其善謂納之於善也畢云匡字舊闕注云太祖廟諱上字蓋宋本如此今增 尚同而無下比。尚與上通舊本無同字王云此文具見尚同三篇舊本脫同字今補 是以美善在上。而怨讎在下。舊本挩是字王據尚賢篇補安樂在上。而憂慼在臣。此翟之所謂忠臣者也。舊本挩所字今據吳鈔本補魯君謂子墨子曰。我有二子。一人者好學。一人者好分人財。孰以為太子而可。子墨子曰。未可知也。或所為賞與為是也。畢云與舊作與以意改案畢校是也而讀為賞與句則非此當讀或所為賞與為是也八字句與卽譽之叚字言好學與分財或因求賞賜名譽而偽為是不必眞好也前大取篇云為賞譽利一人非為賞譽利人也是其證賞譽亦見尙同下篇魡者之恭。畢云魡字俗寫从魚藝文類聚引作釣案玉篇有魡字云丁叫切亦作釣餌取魚出此墨書如此類字由後人抄寫以意改為大都出自六朝凡秦以前書傳皆篆籀耳不應有此以相傳既久亦不改也詒讓案集韻三十四嘯云釣或作魡吳鈔本作魡魚之卷疑誤顧校季本魡作釣莊子刻意篇釣魚閒處釋文作魡云本亦作釣淮南子說山訓云釣者使人恭非為魚賜也。畢本無魚字云賜字一本作魚賜藝文類聚作魚案當作魚賜今本挩一字耳道藏本吳鈔本並有魚字今據增餌鼠以蟲畢云餌舊作蛡非据藝文類聚改詒讓案蛡蓋餌之俗體集韻七志云蛡釣魚食也蟲非所以餌鼠疑當為蠱字之誤山海經南山經郭注云蠱蠱毒是蠱有毒義餌鼠以蠱卽為毒鼠故云非愛之也春秋成五年經蟲牢春秋繁露竹林篇作蠱牢非愛之也。吾願主君之合其志功而觀焉。魯人有因子墨子。而學其子者。其子戰而死。其父讓子墨子。說文言部云讓相責讓子墨子曰。子欲學子之子。今學成矣。戰而死。而子慍。而猶欲糶。糴讎則慍也。吳鈔本糶讎二字互易畢云售字正作讎王云糶當為糴廣雅糴買也糶賣也故云是猶欲糴糶讎則慍也今本糴作糶則義不可通豈不費哉。顧云費與拂同王云費讀為悖卽上文之豈不悖哉也緇衣口費而煩鄭注曰費或為悖作悖者正字作費者借字也案王說是也魯之南鄙人。有吳慮者。畢云太平御覽引作吳憲冬陶夏耕。自比於舜。子墨子聞而見之。吳慮謂子墨子。下當有曰字義耳義耳。焉用言之哉。子墨子曰。子之所謂義者。畢云所謂二字舊倒以意改案吳鈔本顧校季本正作所謂亦有力以勞人。有財以分人乎。勞謂為人任其勞也羣書治要引尸子貴言篇云益天下以財為仁勞天下以力為義吳慮曰。有。子墨子曰。翟嘗計之矣。翟慮耕而食天下之人矣。舊本而食二字在天下之下王據下文乙正盛。句然後當一農之耕。王云盛與成同下兩盛字倣此謂耕事已成也古字或以盛為成案此云極盛不過當一農之耕也下並同王說未塙分諸天下不能人得一升粟。籍而以爲得一升粟。籍吳鈔本作藉畢云籍藉字假音其不能飽天下之飢者旣可睹矣。翟慮織而衣天下之人矣。盛然後當一婦人之織。分諸天下。不能人得尺布。籍而以爲得尺布。舊本挩以字今依上文增其不能煖天下之寒者。旣可睹矣。翟慮被堅執銳。救諸侯之患。患下當依上文增矣字盛然後當一夫之戰。一夫之戰。其不御三軍。旣可睹矣。睹吳鈔本作覩說文目部云睹見也古文作覩翟以爲不若誦先王之道。而求其說。通聖人之言。而察其辭。上說王公大人。次匹夫徒步之士。畢云次下當脫說字王公大人用吾言。國必治。匹夫徒步之士用吾言。行必脩。吳鈔本作修故翟以爲雖不耕而食飢。句不織而衣寒。句功賢於耕而食之織而衣之者也。故翟以爲雖不耕織乎。而功賢於耕織也。吳慮謂子墨子曰。義耳義耳。焉用言之哉。子墨子曰。籍設而天下不知耕。教人耕。與不教人耕而獨耕者。畢云舊脫不字一本有其功孰多。吳慮曰。教人耕者其功多。子墨子曰。籍設而攻不義之國。鼓而使衆進戰。與不鼓而使衆進戰而獨進戰者。其功孰多。吳慮曰。鼓而進衆者其功多。子墨子曰。天下匹夫徒步之士。少知義。而教天下以義者。功亦多。何故弗言也。若得鼓而進於義。則吾義豈不益進哉。子墨子游公尙過於越。公尙過說越王。越王大說。畢云舊作悅下同此俗寫字今改正蘇云越王當爲句踐之後謂公尙過曰。先生苟能使子墨子於越而教寡人。於上依下文當有至字請裂故吳之地。方五百里。吳鈔本無方字畢云時吳已亡入越故曰故吳以封子墨子。公尙過許諾。遂爲公尙過束車五十乘。說文束部云束縛也以迎子墨子於魯。曰吾以夫子之道說越王。越王大說。謂過曰。苟能使子墨子至於越而教寡人。吳鈔本無於字請裂故吳之地方五百里。以封子。子墨子謂公尙過曰。子觀越王之志何若。志吳鈔本作意意越王將聽吾言。用我道。則翟將往。量腹而食。度身而衣。自比於羣臣。奚能以封爲哉。奚舊本作不畢云一本作奚是今據正抑越不聽吾言。越下當有王字不用吾道。而吾往焉。則是我以義糶也。爾雅釋詁云糶賣也畢云糶舊作糴下同以意改呂氏春秋作翟鈞之糶。句亦於中國耳。何必於越哉。畢云呂氏春秋高義云子墨子游公上過於越公上過語墨子之義越王說之謂公上過曰子之師苟肎至越請以故吳之地陰江之浦書社三百以封夫子公上過往復於子墨子子墨子曰子之觀越王也能聽吾言用吾道乎公上過曰殆未能也子墨子曰不唯越王不知翟之意雖子亦不知翟之意若越王聽吾言用吾道翟度身而衣量腹而食比於賓萌未敢求仕越王不聽吾言不用吾道雖全越以與我吾無所用之越王不聽吾言不用吾道而受其國是以義翟也義翟何必越雖於中國亦可即用此文義翟亦當爲義糶

子墨子游。魏越墨子弟子曰。既得見四方之君。子則將先語。蘇云即子將奚先之意

子墨子曰。凡入國。必擇務而從事焉。國家昏亂。則語之尙賢尙同。國家貧。則語之節用節葬。國家憙音湛湎。吳鈔本湛作沈湛沈字通說文水部云湎沈於酒也史記宋世家云紂沈湎於酒初學記二十六引韓詩云齊顏色均衆寡謂之沈閉門不出者謂之湎畢云說文云憙說也則語之非樂非命。國家淫僻無禮。僻吳鈔本作辟則語之尊天事鬼。國家務奪侵淩。即語之兼愛非攻。即吳鈔本作則與上文同故曰擇務而從事焉。舊本挩攻故二字王據上文及非攻篇補蘇讀曰當作曰非

子墨子出曹公子而於宋。舊本出上有曰字王云此本作子墨子出曹公子於宋猶上文言子墨子游公尙過於越也今本衍曰字而字則義不可通俞云王說是也然出字義不可通出當爲士字之誤史記夏本紀稱以出徐廣曰一作士是其例也士與仕通子墨子士曹公子於宋即仕曹公子於宋也貴義篇曰子墨子仕人於衛案王校是也蘇說

同今據刪曹公子亦墨子弟子 三年而反。睹子墨子曰。吳鈔本睹作覩 始吾游於子之門。短褐之衣。畢云短从豆聲讀如裋案詳非樂上篇 藜藿之羹。舊本挩藜字之字王以意補 朝得之則夕弗得祭祀鬼神。祭祀不以藜藿又不當在夕此疑當重弗得二字言雖藜藿之羹尚不能朝夕常給故不得祭祀鬼神也 今而以夫子之教。句 家厚於始也。舊本無今字又教作政王云此言吾始而家貧今而以夫子之教家厚於始也今本脫今字教字又誤作政則義不可通案王校是也今據補正俞云政乃故字之誤蓋子墨子仕曹公子於宋則宋必致祿故曰以夫子之故家厚於始也耕柱篇曰君以夫子之故致祿甚厚案俞說亦通 有家厚。此與上文複疑厚當為享有讀為又言又於家為享祀周禮謂人鬼為享周書嘗麥篇云邑乃命百姓遂享于家 謹祭祀鬼神。然而人徒多死。六畜不蕃。身湛於病。內則鄭注云湛猶漬也 吾未知夫子之道之可用也。子墨子曰。不然。夫鬼神之所欲於人者多。欲人之處高爵祿。則以讓賢也。多財。則以分貧也。夫鬼神。豈唯擢季拑肺之為欲哉。王引之云季蓋黍字之譌祭有黍有肺故云擢黍拑肺蘇云季疑當作肝意言鬼神非徒貪嗜飲食者也案王校是也說文手部云擢引也拑脅持也於此義並無取竊疑擢當為擭之譌呂氏春秋任數篇云顏回攫其甑中而食之曲禮云飯黍毋以箸又鄭注云禮飯以手即所謂攫也拑義未詳 今子處高爵祿。而不以讓賢。一不祥也。多財而不以分貧。二不祥也。今子事鬼神。唯祭而已矣。而曰病何自至哉。是猶百門而閉一門焉。曰盜何從入。若是。而求福於有怪之鬼。此義難通據下文疑亦當作求百福於鬼神 豈可哉。魯祝以一豚祭。而求百福於鬼神。子墨子聞之曰。是不可。今施人薄。而望人厚。則人唯恐其有賜於已也。今以一豚祭。而求百福於鬼神。當重鬼神二字 唯恐其以牛羊祀也。古者聖王事鬼神。吳鈔本無者字 祭而已矣。謂無所求也禮器云祭祀不祈鄭注云祭祀不為求福也 今以豚祭。而求百福。則其富不如其貧也。彭輕生子曰。疑亦墨子弟子 往者可知。來者不可知。子墨子曰。籍設而親在百里之外。籍亦藉之叚字則遇難焉。期以一日也。及之則生。不及則死。今有固車良馬於此。又有奴馬四隅之輪於此。畢云駑古字只作奴一本作駑說文無駑字使子擇焉。子將何乘。對曰。乘良馬固車。可以速至。子墨子曰。焉在矣來。盧云似謂焉在不知來文誤蘇云知與矣相近而誤而知上更脫不字也孟山譽王子閭曰。孟山疑亦墨子弟子昔白公之禍。詳非儒篇執王子閭。左哀十六年傳白公欲以子閭爲王子閭不可遂劫以兵杜注云子閭平王子啓斧鉞鉤要。畢云此正字餘文作腰者後改亂之耳直兵當心。直兵劍矛之屬晏子春秋內篇襍上說崔杼盟晏子云戟拘其頸劒承其心晏子曰曲刃鉤之直兵推之嬰不革矣呂氏春秋知分篇云直兵造胷曲兵鉤頸高注云直矛也謂之曰。爲王則生。不爲王則死。王子閭曰。何其侮我也。殺我親而喜我以楚國。我得天下而不義。不爲也。又況於楚國乎。遂而不爲。畢云說文云遂亡也从辵㒸聲王逸注楚詞云遂往也義出於此經典多爲借㒸字而忘其本㒸从意也案左傳云子閭不可遂殺之新序義勇篇同是子閭實死而非亡畢引許義與事不相應遂下疑當有死字王子閭豈不仁哉。子墨子曰。難則難矣。然而未仁也。若以王爲無道。則何故不受而治也。若以白公爲不義。何故不受王。句誅白公。然而反王。畢云言何不借王之權以殺白公然後反位於王俞云畢讀誅白公爲句則然而反王文不成義矣禮記檀弓篇穆公召縣子而問然鄭注曰然之言焉也誅白公然而反王猶云誅白公焉而反王七字爲一句故曰。難則難矣。然而未仁也。子墨子使勝綽事項子牛。勝綽墨子弟子項子牛三侵魯地。項子牛齊人見前三侵魯不知在何年以史記六國年表及田齊世家攷之魯元公十九年齊伐魯葛及安陵二十年取魯一城穆公二年齊伐魯取郕十六年伐魯取最或即三侵之事與而勝綽三從。子墨子聞之。使高孫子請而退之。高孫子亦墨子弟子曰。我使綽也。將以濟驕而正嬖也。畢云濟止也嬖同僻今綽也祿厚而譎夫子。夫子三侵魯而綽三從。是鼓鞭於馬靳也。畢云說文云靳當膺也从革斤聲一本改作勒非言馬欲行而鞭其前所以自困猶使人仕而反來侵我也翟聞之。言義而弗行。是犯明也。綽非弗之知也。祿勝義也。昔者楚人與越人舟戰於江。渚宮舊事越人作吳越下同楚人順流而進。迎流而退。見利而進。見不利則其退難。越人迎流而進。順流而退。見利而進。舊挩而字王補見不利則其退速。越人因此若埶。句亟敗楚人。舊本埶亟作執亟王云埶字亟字皆義不可通執當爲埶埶即今勢字此若埶者此埶也若亦此也古人自有複語耳墨子書多謂此爲此若說見上文亟當爲亟讀亟稱於水之亟亟數也言越人因此水勢遂數敗楚人也俗書亟字或作函與亟相似案王說是也渚宮舊事亦作勢亟今據正公輸子。畢云舊有日字一本無詒讓案顧校季本亦無日字文選西都賦薛綜注云魯般一云公輸子魯哀公時巧人孟子離婁篇云公輸子之巧趙注云公輸子名班魯之巧人也或以爲魯昭公之子檀弓云季康子之母死公輸若方小歛般請以機封鄭注云般若之族多技巧者後公輸篇作公輸盤自魯南游楚。渚宮舊事云及惠王時案余說近是詳後公輸篇畢云太平御覽引作公輸般自魯之楚焉始爲舟戰之器。畢云太平御覽引作具王云焉字下屬爲句焉猶於是也言於是始爲舟戰之器也月令曰天子焉始乘舟晉語曰焉始爲令大荒西經曰開焉始得歌九招此皆古人以焉始二字連文之證作爲鉤強之備。退者鉤之。進者強之。畢云太平御覽引作謂之鉤拒退則鉤之進則拒之也詒讓案退者以物鉤之則不得退進者以物拒之則不得進此作鉤強無義凡強字並當從御覽作拒事物紀原引亦同備穴篇有鐵鉤鉅備高臨篇說弩亦有鉤距鉅距拒義並同故下文亦云子拒而距人人亦拒而距子荀子議兵篇說楚兵云宛鉅鐵鉇疑宛鉅亦兵器之名楊倞注云大剛曰鉅恐非量其鉤強之長。而制爲之兵。渚宮舊事作量短長而制爲兵楚之兵節。越之兵不節。楚人因此若埶。亟敗越人。舊本埶亦誤執亟亦誤亟今依王校正史記楚世家惠王時無與越戰事蓋史失之公輸子善其巧。以語子墨子曰。我舟戰有鉤強。不知子之義亦有鉤強乎。子墨子曰。我義之鉤強。賢於子舟戰之鉤強。我鉤強。我鉤之以愛。揣之以恭。揣亦當作拒鉤拒皆冡上文言之下同弗鉤以愛則不親。弗揣以恭則速狎。畢云舊脫一狎字以意增案顧校季本亦重狎字狎而不親則速離。故交相愛。交相恭。猶若相利也。今子鉤而止人。人亦鉤而止子。子強而距人。人亦強而距子。交相鉤。交相強。猶若相害也。故我義之鉤強，賢子舟戰之鉤強。公輸子削竹木以爲䧿，說文烏部舄篆文作䧿畢云太平御覽引作鵲 成而飛之。王云此當作削竹木以爲䧿䧿成而飛之今本少一䧿字則文不足義太平御覽工藝部九所引已與今本同初學記果木部白帖九十五並多一䧿字 三日不下。渚宮舊事云嘗爲木鳶乘之以窺宋城與此異列子湯問篇云墨翟之飛鳶張注云墨子作木鳶飛三日不集淮南子齊俗訓云魯般墨子以木爲鳶而飛之三日不集此皆以䧿爲鳶又謂二人同爲之蓋傳聞之異論衡儒增篇亂龍篇說並同韓非子亦云木鳶詳後畢云文選長笛賦注云案墨子削竹以爲䧿䧿三日不行者彼誤 公輸子自以爲至巧。子墨子謂公輸子曰：子之爲䧿也，不如匠之爲車轄。王云舊本匠作翟涉上下文翟字而誤今據太平御覽工藝部九引改畢云太平御覽末有也字 須臾劉三寸之木。說文車部云轄鍵也舛部云舝車軸耑鍵也案轄舝字通古車轄多以金爲之據此則亦有用木者淮南子繆稱訓云故終年爲車無三寸之轄不可以驅馳又人閒訓云車之所以能轉千里者以其要在三寸之轄文選七啓注引尸子云文軒六駃題無四寸之鍵則車不行諸書說鍵轄之度畧同抱朴子應嘲篇云墨子刻木雞以戾天不如三寸之車轄此又以䧿爲雞與他書異畢云劉鏤字假音太平御覽引此作暨王云畢說非也劉當爲斲集韻斲或作劉廣雅曰劉斫也今本廣雅譌作劉俗書劉字作斵故劉字亦作斵形與劉相似因譌爲劉此言爲車轄者斫三寸之木而任五十石之重非刻鏤之謂也 而任五十石之重。說文禾部云秝百二十斤也經典通借石爲之五十石六百斤也 故所爲功，利於人謂之巧，不利於人謂之拙。畢云韓非子外儲說云墨子爲木鳶三年而成蜚一日而敗弟子曰先生之巧至能使木鳶飛墨子曰不如爲車輗之巧也用咫尺之木不費一朝之事而引三十石之任致遠力多久於歲數今我爲鳶三年成蜚一日而敗惠子聞之曰墨子太巧巧爲輗拙於鳶與此異也 公輸子謂子墨子曰：吾未得見之時，我欲得宋。自我得見之後，予我宋而不義，我不爲。子墨子曰：翟之未得見之時也，子欲得宋。自翟得見子之後，予子宋而不義，子弗爲。是我予子宋也。畢云予一本作與 子務爲義，翟又將予子天下。舊本予作與今據吳鈔本正與上文同

公輸第五十

淮南子道應訓云墨子爲守攻公輸般服而不肯以兵知即本此篇

公輸盤畢云史記孟子荀卿傳集解後漢書張衡傳注文選陳孔璋爲曹洪與魏文帝書注皆引作般廣韻引作班詒讓案世說文學篇劉注文選長笛賦七命郭景純遊仙詩司馬紹統贈山濤詩李注

並引作般戰國策宋策呂氏春秋愛類篇葛洪神仙傳同呂覽高注云公輸般魯之號在楚爲楚王設攻宋之具也 爲楚造雲梯之械成。淮南子兵略訓許愼注云雲梯可依雲而立所以瞰敵之城中又脩務訓高注云雲梯攻城具高長上與雲齊故曰雲梯械器也史記索隱云梯者搆木瞰高也雲者言其昇高入雲故曰雲梯械者器也謂攻城之樓櫓也文選長笛賦注引此云公輸般爲雲梯垂成大山四起所謂善攻具也必取宋於是墨子見公輸般而止之似約此篇文但大山四起未詳其義史記鄭世家集解引服虔左傳注云樓車所以窺望敵軍兵法所謂雲梯也案服以雲梯爲兵車肊說不足據畢云張湛列子注云雲梯可以淩虛 將以攻宋。畢云文選注引作必取宋三字太平御覽云尸子云般爲蒙天之階階成將以攻宋蘇云呂氏春秋云聲王圍宋十月致墨子時世與聲王相值疑公輸爲楚攻宋在是時案國策宋策鮑彪注以此事爲在宋景公時於楚則爲當昭王或惠王與蘇說不同今攷鮑蘇二說皆非也墨子晚年逮見田和又得聞楚悼王吳起之亂其生蓋當在魯哀公之末悼公之初則非徒不及見楚昭王卽宋景公末年亦恐未踰弱冠是鮑說與墨子之年不合公輸盤或謂魯昭公子固未必塙然檀弓載季康子母死時公輸若方小而般與斂事是般必年長於若可知攷康子父桓子卒於哀公三年其母死亦或在哀公初年則般當生於昭定閒自昭公卒年下距楚聲王元年亦已踰百歲則蘇說與公輸之年又不合竊以墨輸二子年代參合校之墨子之止攻宋約當在宋昭公楚惠王時蓋是時楚雖有伐宋之議而以墨子之言中輟故史無其事耳渚宮舊事謂公輸子南游楚在惠王時其說蓋可信 子墨子聞之。起於齊。畢云呂氏春秋愛類篇云自魯往是 行十日十夜。而至於郢。高誘云郢楚都也畢云文選廣絕交論注引云公輸般欲以楚攻宋墨子聞之自魯往裂裳裹足十口至郢王云世說新語文學篇注引此作墨子聞之自魯往裂裳裹足日夜不休十日十夜而至於郢文選注所引從略然亦有自魯往裂裳裹足七字呂氏春秋愛類篇曰墨子聞之自魯往裂裳裹足日夜不休十日十夜而至於郢正與世說新語注所引同則其爲墨子原文無疑淮南脩務篇曰墨子聞而悼之自魯趨而往十日十夜足重繭而不休息裂裳裹足至於郢文亦小異而大同今本自魯往作起於齊又無裂裳裹足日夜不休八字蓋後人刪改之也詒讓案神仙傳云墨子聞之往詣楚腳壞裂裳裹足七日七夜到見公輸般而說之與諸書所云又小異 見公輸盤。公輸盤曰。夫子何命焉爲。子墨子曰。北方有侮臣。願藉子殺之。俞云有侮臣下脫者字 公輸盤不說。吳鈔本作悅 子墨子曰。請獻十金。畢云一本作千金是詒讓案渚宮舊事亦作獻千金於般 公輸盤曰吾義固不殺人。宋本國策作殺王吳師道校注引別本作𤯔卽武后所制人字則與此同 子墨子起。再拜曰。請說之。吾從北方。聞子爲梯。畢云太平御覽引作階 將以攻宋。宋何罪之有。荊國有餘於地。而不足於民。殺所不足。而爭所有餘。不可謂智。宋無罪而攻之。不可謂仁。知而不爭•不可謂忠。爭而不得。不可謂強。義不殺少而殺衆。不可謂知類。公輸盤服。子墨子曰。然乎。不已乎。 畢云太平御覽引作胡不已也詒讓案上平字蓋即胡之誤二字音相近 公輸盤曰。不可。吾既已言之王矣。子墨子曰。胡不見我於王。公輸盤曰。諾。子墨子見王。 呂氏春秋貴因篇云墨子見荆王錦衣吹笙疑即此時事蓋以救宋之急權爲之也 曰。今有人於此。舍其文軒。 宋策高誘注云文軒文錯之車也 鄰有敝轝。 宋策神仙傳並作弊輿 而欲竊之。舍其錦繡。 畢云巳上十一字舊脫据太平御覽增一本亦有轝即輿異文耳顧云戰國策有 鄰有短褐。而欲竊之。 短裋之借字詳魯問篇 舍其粱肉。鄰有穅糟。而欲竊之。此爲何若人。 高云言名此爲何等人也 王曰。必爲竊疾矣。 畢云太平御覽作耳王云案尸子止楚師篇及宋策竝作必爲有竊疾矣此脫有字則文義不明耕柱篇亦曰有竊疾也 子墨子曰。荆之地。方五千里•宋之地。方五百里。 畢云七字舊脫据太平御覽增顧云戰國策有 此猶文軒之與敝轝也。 畢云太平御覽引敝作弊 荆有雲夢。 爾雅釋地十藪楚有雲夢郭注云今南郡華容縣東南巴丘湖是也案華容爲今湖北監利石首二縣境 犀兕麋鹿滿之。 畢云太平御覽滿作盈詒讓案御覽疑依宋策改 江漢之魚鼈黿鼉爲天下富。宋所爲無雉兔狐狸者也。 爲宋策作謂字通畢云太平御覽狐狸作鮒魚王云作鮒魚是也無雉兔對上文犀兕麋鹿言之無鮒魚對上文荆有魚鼈黿鼉言之若狐狸則與魚鼈黿鼉不相應此後人不曉文義而改之也尸子戰國策竝作鮒魚詒讓案神仙傳亦作鮒魚 此猶粱肉之與穅糟也。 道藏本及吳鈔本並作糠即穅之俗備城門篇止作康 荆有長松文梓。楩柟豫章。 高云皆大木也畢云說文無楩字玉篇云鼻縣切楩木似豫章陸德明爾雅音義云鼻縣反又婢衍反字指云楩木似豫章尸子作梗太平御覽引此亦只作梗案道藏本季本並作梗吳鈔本作楩史記司馬相如傳集解引郭璞云楩杞也似梓柟葉似桑豫章大木也生七年乃可知也說文木部梗爲山枌榆與楩柟異木 宋無長木。此猶錦繡之與短褐也。臣以三事之攻宋也。 畢云戰國策云臣以王吏之攻宋王吏蓋三叓之誤說文云叓古文事尸子作王使太平御覽作王之攻宋顧云國策王吏與此文三事皆有誤疑當云臣以王之事攻宋也詒讓案三事疑當作三吏逸周書大匡篇云王乃召冢卿三老三吏孔晁注云三吏三卿也左傳成二年晉侯使鞏朔獻齊捷于周王使委于三吏杜注云三吏三公也神仙傳作臣聞大王更議攻宋則似是王吏之譌爲與此同類。臣見大王之必傷義而不得。畢云已上十一字舊俱脫太平御覽有或當在此顧云此十一字不當有戰國策無王曰。善哉。雖然。公輸盤爲我爲雲梯。必取宋。畢云太平御覽引有云宋王曰公輸子天下之巧士作爲雲梯設以攻宋曷爲弗取二十三字皆與此異豈此文已爲後人所節與詒讓案御覽所引與淮南子脩務訓文略同呂氏春秋愛類篇亦云王曰公輸般天下之巧工也已爲攻宋之械矣墨子舊本或與彼二書同於是見公輸盤。子墨子解帶爲城。以牒爲械。史記索隱云謂墨子爲術解身上革帶以爲城也牒者小木札也械者樓櫓等也畢本牒改作褋云舊作牒太平御覽兵部引作褋北堂書抄作褋案作褋者是也褋省爲褋說文云南楚謂襌衣曰褋玉篇云褋徒頰切襌衣也褋同又案陳孔璋爲曹洪與文帝書云墨子之守縈帶爲垣折箸爲械則似以意改用之王云襌衣不可以爲械畢改非也史記孟子荀卿傳集解引此正作牒索隱曰牒者小木札也說文札牒也廣雅曰牒版也故可以爲城後漢書張衡傳注亦引作牒洪頤煊說同俞云畢據太平御覽改作褋王氏又以作牒爲是其實牒褋皆叚字也其本字當作梜梜與牒疊韻字玉篇夊部𡕍浹𡕍也虫部蛺蝶也挾之與牒亦猶浹之與𡕍蛺之與蝶聲近而義通矣禮記曲禮篇羹之有菜者用梜鄭曰梜猶箸也以梜爲械者以箸爲械也陳孔璋書曰折箸爲械案俞說亦通世說注引亦云墨子縈帶守之與陳琳文同神仙傳作以幞爲械尤誤公輸盤九設攻城之機變。畢云太平御覽城一作宋之下御覽引有具字詒讓案史記集解文選注引並與今本同子墨子九距之。公輸盤之攻械盡。文選注攻下有城字神仙傳同史記索隱引劉氏云械謂飛梯橦車飛石車弩之具子墨子之守圉有餘。畢云圉史記集解引作固一本作固太平御覽作禦御覽引有云今公輸設守之械墨子設守之備公輸九攻而墨子九拒之終弗能入於是乃偃兵輟不攻宋俱多於此文詒讓案御覽所引亦與淮南子文略同疑皆涉彼而譌公輸盤詘。廣雅釋詁云詘屈也古字通吳鈔本作屈畢云太平御覽引作屈文選注作出詒讓案史記集解引仍作詘索隱云詘音巨勿反謂般技已盡墨守有餘而曰。吾知所以距子矣。呂氏春秋愼大篇高注云墨子曰使公輸般攻宋之城臣請爲宋守之備公輸般九攻之墨子九卻之又令公輸般守備墨子九下之未知何據而下史記集解引有言字吾不言。子墨子亦曰。吾知子之所以距我。畢云文選注引有者字詒讓案史記集解引亦有吾不言。畢云文選注引有之字楚王問其故。子墨子曰。公輸子之意。不過欲殺臣。殺臣。宋莫能守。畢云文選注有乃字是可攻也。然臣之弟子禽滑釐等三百人。釐文選注引作氂陳琳書云翟氂卽墨禽二子名也漢書儒林傳亦作氂案禽子名後備城門備梯篇亦作滑釐史記索隱云禽滑釐者墨子弟子之姓字也釐音里呂氏春秋當染篇作禽滑黶尊師篇作禽滑黎列子楊朱篇作禽骨釐殷敬順釋文作禽屈釐音骨貍漢書古今人表同惟列子湯問篇莊子天下篇說苑反質篇與此同滑骨屈釐氂黎並聲近字通孟子告子篇魯有愼滑釐或謂卽禽子非也前耕柱篇有駱滑氂漢書有丞相劉屈氂疑皆同禽子名呂覽作𣯛字書所無當卽𣯛之譌說文犛部云𣯛彊曲毛可以箸起衣段玉裁謂劉屈氂當本作屈黎謂彊曲毛若然禽子名亦當作屈𣯛與已持臣守圉之器。畢云史記集解引圉作國在宋城上而待楚寇矣。舊本待作侍蘇云侍當作待是也今據正雖殺臣。不能絕也。楚王曰。善哉。吾請無攻宋矣。畢云請後漢書注引作楚宋史記集解云宋城矣文選注引作也詒讓案後漢書張衡傳注引與今本同子墨子歸。過宋。墨子魯人此云歸過宋者上云起於齊則亦歸齊也依文選注及呂氏春秋淮南子作自魯往則當爲歸魯自楚至齊魯皆得過宋也天雨。庇其閭中。說文門部云閭里門也畢云庇蔭守閭者不內也。管子立政篇云置閭有司以時開閉周禮鄉大夫云國有大故則令民各守其閭以待政令時楚將伐宋宋已聞之故墨子歸過宋守閭者恐其爲閒諜不聽入也故曰。治於神者。衆人不知其功。爭於明者。衆人知之。羣書治要引尸子貴言篇云聖人治於神愚人爭於明也畢云文與戰國策及尸子略同高誘注呂氏春秋愼大篇引此節文

墨子閒詁卷十四

備城門第五十二

自此至襍守凡二十篇皆禽滑釐所受守城之法也畢云說文云備慎也葡具也經典通用備爲葡具之字此二義俱通詒讓案五十二吳鈔本作五十四則前當有兩闕篇未知是否李筌太白陰經守城具篇云禽滑釐問墨翟守城之具墨翟荅以六十六事即指以下數篇言之六十六事別本陰經作五十六事今兵法諸篇闕者幾半文字復多挩互與李筌所舉事數不相應所記兵械名制錯雜舛牾無可質證今依文詁釋略識辜較亦莫能得其詳也

禽滑釐問於子墨子曰。由聖人之言。鳳鳥之不出。畢云見論語 諸侯畔殷周之國。畢云殷盛也孫云爾雅云殷中也言周之中葉蘇云殷周皆天子之國言世衰而諸侯畔天子也畢訓殷爲盛孫訓殷爲中皆非案蘇說是也此蓋通稱王國爲殷周之國呂氏春秋先己篇云商周之國謀失於胷令困於彼兼愛中篇引武王告泰山辭曰以祇商夏周初稱中國爲商夏周季稱中國爲殷周辭例正相類 甲兵方起於天下。大攻小。強執弱。吾欲守小國。爲之奈何。子墨子曰。何攻之守。禽滑釐對曰。今之世常所以攻者。臨。畢云臨一詩傳云臨臨車也陸德明音義云韓詩作隆孔穎達正義曰臨者在上臨下之名詒讓案後有備高臨篇云積土爲高以臨我城薪土俱上以爲羊黔蒙櫓俱前遂屬之城又備水篇竝船爲臨備蛾傅篇有行臨然則臨乃水陸攻守諸械以高臨下之通名不必臨車也臨聲轉作隆淮南子氾論訓云隆衝以攻又兵略訓云攻不待衝隆雲梯而城拔高注云隆高也 鉤。畢云鉤二詩傳云鉤鉤梯也所以鉤引上城者詒讓案備鉤篇今佚鉤蓋卽魯問篇所謂鉤距之鉤備穴篇又有鐵鉤鉅謂施長鉤緣之以攻城管子兵法篇云陵山阬不待鉤梯韓非子外儲說左上篇趙主父秦昭王令工施鉤梯上播吾及華山皆是也詩皇矣孔疏云鉤援一物正謂梯也以梯倚城相鉤引而上援卽引也墨子稱公輸般作雲梯以攻宋蓋此之謂也馬瑞辰云墨子分鉤與梯爲二則鉤非卽雲梯明矣六韜軍用篇有飛鉤長八寸鉤芒長四寸梯長六尺以上千二百枚蓋卽詩之鉤傳云鉤鉤梯者謂以鉤鉤梯而上故又申之曰所以鉤引上城者非謂鉤卽梯也正義失之案馬說是也 衝。畢云衝三詩傳云衝衝車也說文云幢陷敶車也高誘注淮南子云衝車大鐵著其轅端馬被甲車被兵所以衝於敵城也又曰衝所以臨敵城衝突壞之孔穎達詩正義云衝者從傍衝突之稱兵書有作臨車衝車之法按幢正字衝假音詒讓案詩皇矣孔疏又云墨子有備衝之篇今佚定八年左傳云主人焚衝杜注云衝戰車六韜軍用篇有武衝大扶胥疑卽此戰國策齊策云云百尺之衝荀子彊國篇又有渠衝楊注云渠大也渠衝攻城之大車也韓非子八說篇云平城距衝疑卽荀子之渠衝矣逸周書小明武篇云具行衝梯莊子秋水篇云梁麗可以衝城亦卽此梯。畢云梯四案卽雲梯詒讓案說文木部云梯木階也後有備梯篇通典有作雲梯法詳本篇堙。畢云堙五一本作湮案當為堙俗加土說文云堙塞也玉篇云何休曰上城具堙通典云於城外起土為山乘城而上古謂之土山今謂之壘道用生牛皮作小屋幷四面蒙之屋中置運土人以防攻擊者注云卽孫子所謂距闉也鑿地為道行於城下用攻其城往往建柱積薪於其柱閒而燒之柱折櫓部城摧詒讓案土山亦見太白陰經攻城具篇左傳襄六年晏弱圍萊堙之環城傅於堞杜注云堙土山也書費誓孔疏云兵法攻城築土為山以闚望城內謂之距堙孫子謀攻篇作距闉曹操注云距闉者踊土積高而前以附其城也尉繚子兵教下篇云地狹而人衆者則築大堙以臨之蓋堙與高臨略同惟以堙池為異此書今本備堙無專篇而本篇後文寇闉池一節蓋卽備堙之法又舊備穴篇亦有救闉池之文今移入本篇雜守篇又作煙闉堙煙聲同字通水。後有備水篇畢云水六穴。後有備穴篇畢云宂七突。後有備突篇不詳攻法而云城百步一突門乃守者所為疑突與穴略同但穴為穴地突為穴城二者小異耳襄二十五年左傳鄭伐陳宵突陳城杜注云突穿也三國志魏明帝紀裴松之注引魏略載諸葛亮攻陳倉為地突欲踊出於城裏郝昭於內穿地橫截之則突亦穴地矣未聞其審畢云突八空洞。說文穴部云空竅也淮南子原道訓高注云洞通也史記大宛傳云徙其城下水空以空其城集解徐廣曰空一作穴此空洞當亦穴突之類其攻法之異同今篇佚無可攷畢云空洞九蟻傅。傅舊本作附道藏本吳鈔本竝作傅今案傳乃傅之誤後有備蛾傅篇卽此諸本作附字通而與後篇目不相應今校改傅畢云蟻附十蟻同蛾孫子云將不勝心忿而蟻附注云使卒緣上城如蟻緣城殺士也轒轀。畢云轒轀十一大平御覽太公六韜曰凡三軍有大事莫不習用器械攻城圍邑則有轒轀臨衝視城中則有雲梯飛樓周遷輿服雜事曰轒轀今之撞車也其下四輪從中推之至敵城下說文云轒淮陽名車穹隆轒玉篇云轒輗兵車作轒輗轀音相近藝文類聚引孫子又作枌轀通典云攻城戰具作四輪車上以繩為脊生牛皮蒙之下可藏十人塡隍推之直抵城下可以攻掘金火木石所不能敗謂之轒轀車案畢引六韜據御覽文多譌挩今據軍略篇校正通典本太白陰經孫子謀攻篇云攻城之法脩櫓轒轀曹注云轒轀者其下四輪從中推之至城下也文選長楊賦李注引服虔云轒轀百二十步兵車可寢處說文車部云轀臥車也案備轒轀篇今佚後備水篇以船為轒轀與攻城之車異軒車。畢云軒車十二詒讓案備軒篇今佚說文車部云軒曲輈藩車也彼謂卿大夫所乘車此攻城軒車未詳其制左宣十五年傳云登諸樓車杜注云車上望櫓此軒車疑卽樓車楚辭招魂王注云軒樓版也兵馬瑞辰云六韜軍用篇飛樓蓋卽墨子之軒車左傳之巢車敢問守此十二者奈何。子墨子曰。我城池修。守器具。推粟足。推粟義難通推當為樵之誤下云為薪樵挈又云薪食足以支三月以上樵粟卽薪食也畢云推粟言輓粟失之上下相親。又得四鄰諸侯之救。此所以持也。國語越語韋注云持守也蘇云持為守字之訛非且守者雖善。盧云此下當有而君不用之五字則猶若不可以守也。舊本脫猶字俞據下句補若君用之守者。又必能平守者。俞校以意改平為守則讀守者不能為句亦通不能而君用

之則猶若不可以守也。然則守者必善，而君尊用之。蘇云：「尊用猶專用也。」俞云：「尊讀爲遵，古字省也。」然後
可以守也。凡守圍城之法，厚以高，厚上當有城字，疑本作「凡守圍之法，城厚以高」，今本圍譌爲圍，又移城字著之法上，遂不可通。後守法章云「城小大以此
率之，乃足以守圍」，圍亦譌圍，即其證也。蘇云「厚上當脫垣墉二字」，非。壕池深以廣，釋名釋道云：「城下道曰隊。隊，翔也，言都邑之內人所翔翔祖駕之處也。」壕之義蓋起於隊，凡池上必有道也。畢云：「玉
篇云：『壕，胡高切，城壕也。』池，舊本譌也。」王引之云：「也當爲池，『壕池深以廣』爲句，『其厚以
高』上當有與『壕池』對文者，而今本脫之。」案：王說是也，今據正。畢云「也字疑衍」，失之。樓擑揗，吳鈔本作楯。畢云：「說文、玉篇無
擑，集韻云：『斯，或作擑字。』說文云：『揗，摩也。』玉篇：『食尹、詳遵二切。』」洪頤煊讀擑即高磨撕，云「揗當作楯，通俗文『欄檻謂
之楯』」。詒讓案：擑當作撕，後文「高磨撕」，撕亦即擑之誤。但揗、楯竝當爲脩，古脩、循二字形近，多互譌，脩譌爲循，又譌
爲揗。此即上文「城池修」之義。守備繕利，繕，吳鈔本作善。薪食足以支三月以上，畢云：「支舊作交，以意改。」詒讓案：此即上文「守器具，樵粟足」之義。尉繚
子守權篇云：「池深以廣，城堅而厚，士民備，薪食給，弩堅矢強，矛戟稱之，此守法也。」人衆以選，吏民和，畢云：「民舊作尺，以意改，下當有以字。」案：此不必增以字。大臣有
功勞於上者多，主信以義，萬民樂之無窮。不然，父母墳墓在焉。不然，山林
草澤之饒足利。不然，地形之難攻而易守也。不然，則有深怨於適而有大
功於上。不然，則賞明可信，而罰嚴足畏也。畢云：「管子九變云：『凡民之所以守戰至死而不德其上者，有數以至焉。曰：大者親戚墳墓之所
在也，田宅富厚足居也。不然，則州縣鄉黨與宗族足懷樂也。不然，則上之教訓習俗慈愛之於民也厚，無所往而
得之也。不然，則山林澤谷之利足生也。不然，則地形險阻，易守而難攻也。不然，則罰嚴而可畏也。不然，則賞明而
足勸也。不然，則有深怨於敵人也。不然，則有厚功於上也。此民之所以守戰至死而不德其上者也。』與此文相似。
言有此數者，方可以守圍城。」詒讓案：自「凡守圍城之法」以下一百十二字，舊本錯在後文「長椎柄長大尺，頭長尺，
斧其兩端，三步一」下，今依俞校移此。顧校以此一百十二字及後文「城下里中家人各葆其左右前
後，如城上」至「召三老左葆宮中者與計事得」一百八十一字，移箸後「此守術之數也」下，非，今不從。此十四
者具，則民亦不宜上矣。然後城可守。十四者無一，則雖善者不能守矣。自此十四
者具以下三十字，舊本錯在後文「備穴者城內爲高樓以謹」下，今依蘇、俞校移此。俞云：「『凡守圍城之法』以下所說
凡十四事，其文自明。『大臣有功勞』至『萬民樂之無窮』共爲一事，蓋大臣素有功勞，則主信而義之，萬民樂之，然後
可以有爲也。此十四者具，則民亦不宜上矣，總上十四事而言，當作『則民亦宜其上矣』。墨子書其字多作丌，因誤
作不，寫者遂移至宜字之上耳。」案：此文固有譌，然俞改「不宜上」爲「宜其上」，則義仍未協。且此云「不宜上」，即管子云

此民所以守戰至死而不德其上者也則不字必非誤竊疑當作則民死不悳上矣死亦形近而譌悳德字通悳字壞缺僅存直形與宜字尤相似故譌蓋此語意全同管子但文略省耳

故凡守城之法。備城門爲縣門。畢云舊脫門字據太平御覽增詒讓案左傳莊二十八年縣門不發杜注云縣門施於內城門又襄十年偪陽偪陽人啟門諸侯之士門焉縣門發孔疏云縣門者編版廣長如門施關機以縣門上有寇則發機而下之太白陰經云縣門縣木版以爲重門沈機長二丈。沈疑當作涗淮南子齊俗訓涗準泰族訓作管準涗管關字並通涗機卽左傳疏所謂關機也六韜軍用篇有轉關轆轤又疑沈當爲沆之誤詳經說下篇沆與阬通下文云塹中深丈五阬卽塹也廣八尺。蓋一扇之廣度爲之兩相如。謂門左右兩扇同度門扇數。畢云門扇舊作門扁據下文改數同促合相接三寸。說文戶部云扇扉也扉戶扇也爲縣門之扇編版相銜接者三寸欲使無縫際月令鄭注云用木曰闔用竹葦曰扇此門扇亦編木所爲數文通也施土扇上。畢云舊土扇作士扁非通典守拒法云城門扇及樓堠以泥塗厚備火顧云士卽土字無過二寸。塹中深丈五。畢云說文云塹阬也廣比扇。亦八尺而兩之塹長以力爲度。俞云力字無義疑方字之誤塹之末爲之縣。卽縣門也可容一人所。以上縣門之法客至。客舊本譌容王引之云容字義不可通容當爲客客容字相似又涉上文容一人所而誤客至謂敵人至城下也下文曰客馮面而蛾傅之卽其證案王校是也蘇說同今據正襍守篇作寇至義同月令孔疏云起兵伐人者謂之客敵來禦捍者謂之主諸門戶皆令鑿而慕孔。畢本慕改幕云舊作慕據下文改案畢校未塙以襍守篇校之此慕幕並卽彼類此孔卽彼竅亦卽所謂鑿慕幕竝當作冪廣雅釋詁云冪覆也冪襍守作類則又幎之形誤蓋鑿門爲孔竅而以物蒙覆之使外不得見孔竅也與備穴篇鑿連版合容寻略同太白陰經守城具篇云鑿門爲敵所逼先自鑿門爲數十孔出強弩射之孔之。畢云孔舊作孜以意改之下疑脫閒字蘇云孔字疑誤重襍守篇云寇至諸門戶令皆鑿而類竅之與此合各爲二幕二。一鑿而繫繩。長四尺。蘇云幕二之二疑衍雜守篇云各爲二類一鑿而屬繩繩長四尺大如指案蘇校是也此蓋言每門扇鑿二孔皆幕之其一幕而更繫以繩蓋備牽挽以爲固也以上鑿冪門戶之法卽太白陰經之鑿門畢謂亦縣門之法非也城四面四隅。城四面謂四正也城隅見詩邶風及考工記匠人賈疏引五經異義云天子城高七雉隅高九雉九之城高五雉隅高七雉侯伯之城高三雉隅高五雉都城之高皆如子男之城高是城隅高於城牽二雉故匠人鄭注釋爲角浮思皆爲高磨𢹂。王引之云磨當爲磿字書無𢹂字蓋撕字之譌磿撕疊韻字說文櫪撕柙指也此音蓋如說文之櫪撕而義則不同磿撕蓋樓之異名也號令篇曰他門之上必夾爲高樓使善射者居爲女郭馮垣一人一人守之使重字子五十步一擊二篇之意大略相同彼之高樓卽此之高磿撕也洪謂卽上之樓撕猶云撕當作擨廣雅釋詁擨磿也磿撕卽欄檻也俞云王說是也惟以爲樓名則無據疑高下脫樓字本云皆爲高樓磿撕號令篇曰它門之上必夾爲高樓與此同義爲高樓磿撕猶云夾爲高樓也磿撕卽夾也案王校是也使重室子居亓上。舊本室下有乎字畢云疑衍王云亓古其字案畢校是也今據刪重室子謂貴家子也號令篇云富人重室之親又云使重室子亓畢本皆作丌今並從王校作亓詳公孟篇候適。畢云敵字假音史記亦用此字視亓能狀。畢云能即態字說文云態或从人與亓進左右所移處。蘇云進下當有退字失候斬。以上爲高磿㯻候適之法

適人爲穴而來。畢云穴舊作内以意改我亟使穴師選本迎而穴之。舊本亟作函畢本本改木又迎作匝王云函當爲亟俗書函亟相似說見魯問篇亟急也選本當爲選士隸書上字或作圡因譌而爲本畢改本爲木非匝當爲迎草書字譌言敵人爲穴而來我急使穴師選善穴之士鑿穴而迎之也下文云適人穴土急𨩉城內穴亓土直之又曰審知穴之所在鑿穴迎之皆其證也案王校函改亟匝改迎是也今據正干祿字書匝逼作迊故傳寫易譌本與卒隸書亦相近後文城下樓卒率一步一人卒今本譌本可證王定爲士之譌未知是否爲之且內弩以應之。畢云且當爲具詒讓案內弩即備穴篇之短弩穴中以拒敵者以上備穴之法蘇云此數語當入備穴篇而錯出於此者

民室杵木瓦石。王引之云木瓦石皆可以作室而杵非其類杵當爲材字之誤也材本作杵杵二形相似號令篇民室材木即其證案王校是也蘇云杵樹通用非可以蓋城之備者。王引之云蓋城之備四字義不相屬蓋當爲益亦字之誤也俗書益蓋相似說見非命篇言民室之材木瓦石可以益守城之備也蘇說同盡上之。畢云盡舊作蓋以意改言民室中所有盡爲城備不從令者斬。以上斂材木瓦石之法

昔築。畢云當云皆築詒讓案此上有脫文似言皆有築以備築城也故下云五築有銻左傳宣十一年孔疏云築是築土之杵六韜軍用篇云銅築銅爲垂長五尺以上三百枚文選羊叔子讓開府表李注引郭璞三蒼解詁云築杵頭鐵沓也七尺一居屬。畢云疑鋸斸案畢據管子小匡篇文尹知章注云鋸斸钁類也說文金部云鋸槍唐也非此義斤部云斸斫也又木部云欘斫也廣雅釋器云鋸鉏也集韻引埤倉云鐲鉏也爾雅釋器云斪斸謂之定郭注云鋤也考工記車人鄭注引爾雅作句欘又云斸斤柄是斸有兩義此居屬與築藟類列則當爲鋤屬竊疑居鋸即倨之叚字斪與句同斤柄箸刃其形句故謂之句斸鋤柄箸金其形倨故謂之倨斸名與義各相應也爾雅斪斸當爲斤郭注說失之五步一壘。壘疑當爲藟孟子滕文公篇蓋歸反虆梩而掩之趙注云虆梩籠臿之屬可以取土者也毛詩釋文引劉熙云虆盛土籠也釋文又云虆字或作樏或作蔂案樏即欙之省藟欙之別體備蛾傅篇云土五步一毋下二十畾畾亦即藟之省但彼文五步而土毋下二十畾則不止一藟矣疑此文當作五步有畾與下五築有銻文例同五築有銻。銻疑當作銕銕即夷也與古文鐵字不同書堯典宅嵎夷史記說文並作銕國語齊語云惡金以鑄鉏夷斤欘韋注云夷平也所以削平草地管子小匡篇云惡金以鑄斤斧鉏夷鋸欘尹知章注云夷鋤類也此作銻者形聲相近而誤畢引說文云銻鎕銻也案鎕銻火齊也非此義長斧柄長八尺。備蛾傅篇云斧柄長六尺此較彼長二尺故曰長斧六韜軍用篇大柯斧刃長八寸重八斤柄長五尺以上一名天鉞後文又云斧柲長三尺蓋皆斧柯之短者也此亦五築所有十步一長鎌、

柄長八尺。說文金部云鎌鍥也刀部云刎鎌也方言云刈鉤自關而西或謂之鉤或謂之鎌六韜軍用篇云艾草木大鎌柄長七尺以上三百枚十步一鬭。畢云當爲斲詒讓案說文斤部云斲斫也長椎。柄長六尺。頭長尺。備蛾傅篇作首長尺五寸斧亣兩端。椎既有首又斧其兩端義頗難通備蛾傅篇說長椎無此四字疑斧當爲兌猶下大鋋云兌其兩末也此長椎亦十步一三步一自城四面四隅以下一百三十字舊本錯在後五十二者十步而二下顧校移此今從之三步一似當屬下大鋋爲句大鋋。前長尺。此下至增七步而一凡七百字舊本並錯入備穴篇今移此畢云考工記云鋋十之注云鋋讀如麥秀鋋之鋋鄭司農云鋋箭足入稾中者也說文云鋋銅鐵樸也陸德明周禮音義徒頂反詒讓案古兵器無名鋋者鋋疑並鋋之誤說文金部云鏦小矛也六韜軍用篇云曠野草中方胸鋋矛千二百具張鋋矛法高一尺五寸今本六韜亦誤鋋惟施氏講義本不誤後文別有連梃與此異蚤長五寸。說文叉部云叉手足甲蚤卽叉之借字今字通作爪蓋鋋末銳細如車輻及蓋弓之蚤也兩鋋交之置如平。不如平不利。上如與而同不如平當作如不平言置之必兩鋋平等乃善若不平則用之不利也兌亣兩末。畢云兌同銳詒讓案以上具守器之法

穴隊若衝隊。隊隧字通左傳襄二十二年齊伐晉爲二隊又哀十三年越子伐吳爲二隧杜注云隧道也必審如攻隊之廣狹。如當爲知而令邪穿亣穴。畢云邪舊作雅据下文改令亣廣必夷客隊。毛詩出車傳云夷平也以上備隊之法

疏束樹木。令足以爲柴摶。說文木部云柴小木散材禮記月令鄭注云大者可析謂之薪小者合束謂之柴周禮羽人百羽爲摶鄭注云摶羽數束名也又考工記鮑人卷而摶之鄭衆注云摶讀爲縳一如瑱之縳謂卷縛韋革也廣雅釋詁云縛束也此柴摶亦束聚樹木之名吳鈔本摶作搏後文積摶字道藏本亦作搏毋前面樹。毋舊本作母今從畢校改說文毋部云毋穿物持之也長丈七尺一以爲外面。蓋以大樹相連貫植之於外而積柴摶於其內也以柴摶從橫施之。從吳鈔本作縱外面以強塗。強塗謂以土之性強韌者塗之使不落周禮草人土化之法有強檗鄭注云強堅者管子地員篇說五态五纑之土潤澤而彊力皆所謂強土也毋令土漏。土疑當爲上令亣廣厚。能任三丈五尺之城以上。蓋積柴摶如城之高此亦當於城外爲之以爲城之屛蔽也以柴木土稍杜之。畢云此杜甘棠也說文有敼字云閉也讀若杜此及杜門字皆當爲敼之假音以急爲故。廣雅釋詁云故事也前面之長短。豫蚤接之。令能任塗。足以爲堞。柴摶之上亦爲之堞如城法善塗亣外。令毋可燒拔也。以上爲柴摶之法

大城丈五爲閨門。依上文則大城高三丈五尺門之高當不下二三丈此閨門乃別出小門故止高丈五尺與上壍深度同淮南子氾論訓云夫

辟者俯入城門以爲七尺之閨也彼宮中小門故高止七尺此城閨小門度倍逾之畢云說文云閨特立之戶上圜下方有似圭詒讓案爾雅釋宮云宮中之門其小者謂之閨此城閨小門與宮中小門名同廣四
尺。亦一扇之廣度也上縣門廣八尺此閨門廣度半之爲郭門。此亦城之外門號令篇有女郭與郛郭之門異郭門在外爲衡。蓋橫木以斷門以兩
木當門。鑿亣木。維敷上堞。敷與傅通謂以繩穿鑿而繫之傅著城上堞也爲斬縣梁。斬塹之省呂氏春秋權勳篇云斬岸堙溪縣梁即於塹上
爲之後云塞外塹去格七尺爲縣梁酳穿。疑即下文令耳斷城以板橋。連板爲橋梁之城塹以便往來下云木橋長三丈六韜軍用篇有渡溝塹飛橋即此邪穿外。
以板次之。倚殺如城報。倚殺猶言邪殺經下篇云倚者不可正報當爲埶言板橋邪殺爲之如城之形埶也城內有傅壞。因以內
壞爲外。蓋爲再重堞蘇云兩壞字皆堞字之誤案蘇說近是鑿亣閑。深丈五尺。鑿內外堞閑爲塹上云塹中深丈五室以樵。蘇云室窒也言以薪實之
案室讀爲窒聲同字通論語陽貨惡果敢而窒者釋文引鄭注云魯讀窒爲室備蛾傅篇云室中以榆若蒸並以室爲窒蘇說非是爾雅釋言云窒塞也可燒之以待適。畢云同敵詒讓案以
上爲閨門郭門塹縣梁板橋內外堞之法令耳屬城。爲再重樓。令耳未詳或與襍守篇牟坽義同爾雅釋宮云四方而高曰臺陜而脩曲曰樓說文木部云樓重屋也下
鑿城外堞內深丈五。與上內外堞之閑同廣丈二。樓若令耳。皆令有力者主敵。善射者
主發。佐皆廣矢。疑當作佐以厲矢襍守篇云蘭石厲矢諸材器用皆謹部皆有積分數治裾諸。治裾即作薄也備蛾傅篇有置薄伐薄之法備梯篇薄並作裾黃紹箕云
裾當爲椐之譌釋名釋宮室籬以柴竹作之青徐之閑曰椐椐居也居於中也廣雅釋宮據杝也玉篇木部據落落籬廣韻九魚據枯藩籬名說文無據即椐之後出字案黃說是也廣雅以椐與藩羅落同訓杝欏落即羅落則
椐亦即藩杝羅落之名六韜軍用篇說守城有天羅虎落漢書鼂錯傳爲中周虎落顏注鄭氏云虎落者外蕃也師古云以竹篾相連遮落之也此篇下文亦云馮垣外內以柴爲藩制並同蓋皆以柴木交互爲藩杝也諸當爲
者之段字延堞。謂裾與堞相連屬高六尺。部廣四尺。依迎敵祠篇城上每步守者一人蓋即每步爲一堞堞廣四尺步各留二人爲旁之空闕此云部者謂城堞閑守者
所居立之分域號令篇城上吏卒養皆爲舍道內各當其隔部蓋亦一堞爲一部也皆爲兵弩簡格。兵字舊脫今據道藏本吳鈔本補說文竹部云籣所以盛弩也史記索隱引周成襍字云
格歧閣也畢云簡同闌轉射機。機長六尺。貍一尺。貍道藏本作狸下同案貍薶之借字說文艸部云薶瘞也謂機之薶於土者一尺也薶備梯篇作埋俗字備穴篇作
貍段借字兩材合而爲之轀。材舊本作杖俞云杖當作材案俞校是也今據正互詳備穴篇轀亦即備穴篇之車輪轀也說文車部云轀臥車也非此義而別有輼字云大車後壓也以此

及備穴篇所說轀形制推之似皆以重材爲鎮厭杜塞之用故以車輪等爲之其字蓋當作轆前轒轀玉篇亦作轒轆是其證也兩材謂木材亦合兩輪爲轀之類轀長二尺。中鑿夫之爲道臂。臂長至桓。俞云此當作中鑿之爲道夫長若干尺臂長至桓夫字誤移在上遂脫其尺數臂字又誤疊皆不可通下文曰夫長丈臂長六尺備城門篇襍守篇竝云夫長丈二尺臂長六尺故知此文亦竝言夫長臂長而傳寫脫去也桓疑垣字之誤案此疑當作中鑿夫二爲通臂臂長至桓諦繹此文轀蓋有趺有臂有桓趺足也臂橫材也桓直材也與渠苔制略同後文說渠云夫兩鑿中鑿夫二即兩鑿也夫與趺通即指轀言之謂鑿夫之中爲二空以關射機之臂通臂蓋以一長木爲之猶後云通舄夫旁爲兩直桓臂長接之故又云臂長至桓也俞校增乙太多不可從二十步一。令善射之者佐。舊本一令二字倒今依道藏本吳鈔本乙正下句當云令善射者佐之今本之字誤錯著善射下遂不可通一人皆勿離。一人下有脫字下文說藉幕云令一人下上之勿離城上百步一樓。樓四植。檀弓云三家視桓楹鄭注云四植謂之桓四植猶言四楹也與戶植異植皆爲通舄。蘇云四植即四柱舄同碣柱下石也詒讓案通舄謂兩植同一舄也舄詳備穴篇下高丈。上九尺。上云再重樓故上下高度不同廣喪各丈六尺。王云喪當爲袤廣雅袤長也案王校是也蘇云喪爲長字之誤非皆爲寗。畢云亭字詒讓案後文云城上百步一亭三十步一突。九尺。下文別有廣高之度此當是長度也廣十尺。高八尺。鑿廣三尺。表二尺。王云表亦當爲袤案王校是也蘇云表亦長字之誤非爲寗。亦即亭字城上爲攢火。文選西都賦李注引蒼頡篇云攢聚也太白陰經烽燧臺篇及通典兵守拒法並有火攢又疑即備蛾傅篇之火捽也夫長以城高下爲度。夫疑矢之誤或當爲趺省置火亣末。城上九尺。一弩。一戟。一椎。一斧。一艾。艾刈之借字國語齊語云挾其槍刈耨鎛韋注云刈鐮也皆積參石蒺藜。吳鈔本作藜洪云參石當是絫石之譌絫石即礧石後漢書杜篤傳一卒舉礧千夫沈滯李賢注礧石也前書匈奴乘隅下礧石一切經音義卷十七引韻集今守城者下石擊賊曰礧案洪說是也蒺藜後文作疾犂備穴篇又作蒺蔾六韜軍用篇云木蒺藜去地二尺五寸百二十具鐵蒺藜芒高四寸廣八寸長六尺以上千二百具兩鏃蒺藜參連織女芒間相去二尺萬二千具又軍略篇云設營壘則有行馬蒺藜本草陶弘景注云蒺藜多生道上而葉布地子有刺狀如菱而小今軍家乃著鐵作之以布敵路上亦呼疾藜言其凶傷也渠長丈六尺。渠守城械名尉繚子武議篇云無蒙衝而攻無渠荅而守王引之云渠長丈六尺當作渠長丈五尺廣丈六尺備城門篇曰渠長丈五尺襍守篇曰渠長丈五尺廣丈六尺皆其證今本長丈下脫五尺廣丈四字則失其制矣案王引備城門篇即此下文夫長丈二尺。舊作夫長丈無二尺二字王校據下文改夫爲矢王引之云矢長丈當作矢長丈二尺備城門篇襍守篇竝作矢長丈二尺是其證今脫二尺二字則失其制矣案夫當爲趺之省王校改矢失之說詳後文下王增二尺二字是也今據增臂長六尺。亣貍者三尺。樹渠毋傅堞五寸。傅舊本譌傑五寸舊作三丈畢云毋傑同貫堞王引之云樹渠毋傑堞三丈當作樹渠毋傅堞五寸謂渠與堞相去五寸也備城門篇曰渠去堞五寸襍守篇曰樹渠毋傅葉五寸葉與堞同皆其證今本傅作傑涉下堞字而譌五寸又譌作三丈則失其制矣畢改毋爲毌讀與貫同大誤案王校是也蘇說同今據正藉莫。畢云幕同詒讓案通典兵守拒法云布幔複布爲之以弱竿縣挂於女牆八尺折拋瓦之勢則矢石不復及牆太白陰經守城具篇說同說文巾部云幔幕也帷在上曰幕則布幔當卽此藉幕之遺制藉幕及下藉車義疑與備高臨篇技機藉之之藉同長八尺。廣七尺。亣木也。蘇云木疑當作末案凡幕皆以木材張之則作木亦通廣五尺。中藉苴爲之橋。苴亦當爲莫曲禮鄭注云橋井上橰橰故下云下上之詳後及經說下篇索亣端適攻。畢云適同敵令一人下上之。勿離。吳鈔本作一令人上下之勿離道藏本令一亦倒蘇云離當爲離之誤案勿離上下文屢見不誤城上二十步一藉車。當隊者不用此數。當隊謂當攻隧也左襄二十五年傳云當陳隧者井堙木刊隊隧通號令篇又作當遂不用此數者當隧則所用多不定二十步一備蛾傅篇云施縣陴大數二十步一攻隊所在六步一卽此意也城上三十步一礱竈。礱道藏本作礱畢本作礱今從吳鈔本畢云唐宋字書無礱字備城門作聾疑皆礱字案襍守篇亦作聾礱礱皆字書所無畢疑礱字近是史記滑稽傳云以壠竈爲椁索隱引皇覽壠竈作礱突此礱當卽礱之誤說文火部云烓行竈也此礱竈在城上爲之以具火蓋卽行竈也持水者必以布麻斗革盆。持水舊本譌傳火斗譌什王云傳火當爲持水草書持傳二字右畔相似故持譌爲傳水火亦字之譌什當爲斗卽後所云持水麻斗革盆救之也隸書斗字作什與什伍之什相似說文序所云人持十爲斗也斗與革盆皆所以持水案王說是也今據正布麻斗蓋以布爲器加以油漆可以挹水者斗卽枓之借字說文木部云枓勺也勺部云勺所以挹取也喪大記云沃水用枓革盆蓋以革爲盆可以盛水說文革部云鞔量物之鞔一曰抒井鞔古以革徐鍇繫傳云抒井今言淘井鞔取泥之器案鞔蓋卽挹水之器殆所謂革盆歟十步一柄長八尺。謂麻斗之柄說文木部云杓枓柄也斗大容二斗以上到三斗。斗舊本並譌什末斗字又譌十俞云什十並斗字之誤斗大容二斗以上到三斗猶下文云大容一斗以上至二斗也案俞說是也蘇校同上斗字卽枓之叚字此革盆有柄以挈持又有枓之容水其枓之容數則二斗以上至三斗不等也敝裕。畢云說文云裕衣物饒也言敝衣物詒讓案裕疑綌字之誤新布長六尺。此蓋經布亦以備火中拙。拙詘之借字柄長丈。十步一。必以大繩爲箭。未詳城上十步一鈂。畢云舊从尢傳寫誤也說文云鈂臿屬玉篇云直深切水缻。說文缶部云缶瓦器左襄七年傳具綆缶杜注云缶汲器據下文則疑甀之誤畢云玉篇云缻同缶容三石以上。小大相雜。小大舊本作大小今據道藏本吳鈔本乙下文救門火云一垂水容三石

以上小大相雜與此文同

盆蠡各二財。蘇云財當爲具案蠡當卽後文奚蠡財下疑挩自足二字詳備穴篇蘇校非爲卒乾飯，人二斗。以備陰雨。面使積燥處。面謂城四面蘇云言陰雨不能舉火爲乾餱以備也面當作而令使守爲城內堞外行餐。吳鈔本作飧說文食部云餐吞也或作飧廣雅釋詁云飧食也守下挩者字又疑使守或爲吏卒之誤城內堞外謂內堞之外也上文有內堞外堞置器備。號令篇云爲內堞內行棧置器備其上殺沙礫鐵。畢云殺𥽍省文說文云𥽍𥻦殺散之也皆爲坯斗。說文土部云坏一曰土未燒令陶者爲薄缻。大容一斗以上至二斗。卽用取三秘合束。三秘無義疑當作參施參譌作參又譌作三秘施亦形之誤堅爲斗城上隔。吳鈔本作鬲案斗疑弋之誤後文說狗屍云其端堅約弋城上守者各有署隔棧守篇云人自大書版著之其署隔棧棧交木爲之不當刻末此疑當爲杙杙亦卽弋也後文云弋長七寸刻其末是其證高丈二，剡亓一末。蘇云一字疑衍爲閨門。見前閨門兩扇。令可以各自閉也。謂可閉一開一救闉池者。畢云闉同堙以火與爭鼓橐。畢云舊作槖以意改案橐詳備穴篇下有挩文馮埴外內。埴當爲垣形近而誤馮垣在女垣之外蓋垣墻之卑者漢書周緤傳顏注云馮陪聲相近此馮垣亦言與女垣爲陪貳也旗幟篇云到馮垣到女垣號令篇云女郭馮垣一人是其證以柴爲燔。疑當爲藩旗幟篇先到藩後到馮垣可證柴讀傳小木爲之曾子山國軌篇云握以下爲柴楂公羊哀四年傳亡國之社揜其上而柴其下周禮媒氏鄭注柴作棧是二字義同說文訓棧爲棚廣雅釋室云藩籬也蓋於馮垣外樹柴棧以爲藩籬也下文云人居柴則不燔之可知靈丁。未詳疑椓弋之屬三丈一火耳施之。火耳疑當作犬牙牙篆文作㸦與耳篆文作𦔮形近而誤後文說狗走云犬耳施之耳亦牙之誤犬牙施之言錯互施之令相銜接也十步一人居柴內弩。畢云內同納案上說備穴云爲之具內弩以應之此疑與彼同畢說未允內弩上下亦有挩文弩半。弩疑當作柴涉上而誤爲狗犀者環之。狗犀疑卽後文之狗屍狗走說詳後牆七步而一。畢云下有脫字詒讓案以上救闉池之法疑備堙篇之佚文自大錣以下七百字舊本錯入備穴篇城壞或中人之下今依顧校移著於此救車火。備蛾傅篇云車火燒門備梯篇作熚火此車火疑當作熏火熏與車篆文上半相近而誤爲烟矢射火城門上。此謂敵射火攻城也煙矢當作熛矢說文火部云熛火飛也讀若標熛誤作煙又從俗作烟遂不可通孫子火攻篇云烟火必素具亦熛火之誤鑿扇上爲棧。畢云說文云棧棚也詒讓案疑當作杙與弋同卽下文之椓弋也然杜君卿所見已作棧未敢輒改塗之。畢云涂字俗寫从土本書迎敵祠亦只作涂通典守拒法云門棧以泥厚塗之備火柴草之類貯積泥厚塗之防火箭飛火持水麻斗革盆救之。斗革舊本譌升草畢云麻一升草一盆也王云草一盆非救火所用畢說非也升當爲斗隸書斗字作什因譌而爲升草盆當爲革盆備穴篇曰傳火者必以布麻什革盆案傳火當爲持水什當爲斗卽所云持水麻斗革盆救之也革盆又見備蛾傳篇案王校是也今據正王所引備穴篇文今移於前 門扇薄植。畢云說文云欂壁柱植戶植也薄假音字 皆鑿半尺。蓋卽鑿孔以涿弋然不當云半尺疑有誤 一寸一涿弋。涿舊本譌豫王引之云豫當爲涿字本作椓說文椓擊也周南兔罝傳曰丁丁椓杙聲是也通作涿周官壺涿氏注曰椓擊之是也涿弋又見下文史記趙世家伐魏敗涿澤今本涿字亦誤作豫凡經傳中从豕从象之字多相亂案王校是也今據正六韜軍用篇云委環鐵杙長三尺以上三百枚椓杙大鎚重五斤柄長二尺以上百二十具俗本六韜椓爲椽與此相類惟宋施子美講義本不誤 弋長二寸。舊本作尺今據道藏本吳鈔本正說文弋部云弋橜也此椓弋門上以持塗度不宜太長後文亦云涿弋長七寸畢云說文云樴弋也 見一寸。畢云見疑閒字詒讓案卽上文云一寸一涿弋也下文亦云弋閒六寸 相去七寸。下云閒一寸者謂一行之中每一寸一弋此則前後行相去之數也 厚塗之以備火。城門上所鑿以救門火者。下云垂水則不當云鑿此疑有誤 各一垂水。方言云罃周洛韓鄭之閒謂之甀甀卽罃之俗畢云垂罃字省文說文云罃小口罌也 火三石以上。王云下火字義不可通火當作容下文言容斗以上容石以上者多矣則火爲容之壞字無疑顧云火當作大蘇云垂所以盛水者火字衍或卽水字之訛案顧說亦通 小大相雜。以上救車火之法

門植關必環錮。植持門直木關持門橫木詳非儒篇說文金部云錮鑄塞也畢云言扃固之環與扃音相近 以錮金若鐵鍱之。畢云錮字疑衍說文云鍱鏶也此與鍇音同說文云以金有所冒也詒讓案錮疑銅之誤下金字乃銅字偏旁之誤衍者備高臨篇云連弩機郭用銅 門關再重鍱之以鐵必堅。梳關關二尺。畢云梳字未詳疑作琉案梳琉義並難通形聲亦不相近畢校未塙竊疑梳並當爲桄說文木部云桄充也楗距門也此桄關卽謂楗今之木鎖是也蓋門植關兩木橫直交午之處別以木鎖拴之以其橫亙門閒故謂之桄關下關字當是衍文二尺者桄關之長度淮南子繆稱訓云匠人斲戶無一尺之楗不可以閉藏彼爲尋常房室之門楗止一尺此城門之楗故倍之若門植與關則其長皆竟門必不止一二尺矣說文門部云閑闌門也从門才所以距門也蓋才以十象植與關橫直交午之形下一短畫則正象楗橫亙之形參互審繹可見古楗門之制矣 梳關一莧。畢云管字假音春秋左氏云北門之管詒讓案管或作筦與莧聲形俱近說苑君道篇楚筦蘇呂氏春秋長見篇筦作莧管卽鎖也月令脩鍵閉愼管鑰鄭注云鍵牡閉牝也管鑰搏鍵器也孔疏以管鑰爲鑰匙鍵爲鑰須二者不同通言之鎖亦謂之管檀弓鄭注云管鍵也是又合管鍵爲一此一莧與檀弓注義同蓋於木鎖之外更加金鎖以爲固故詳著之木鎖金鎖同著於關植之上故爾雅釋宮郭注云植戶持鎖植也 封以守印。時令人行貌封。畢云貌疑視字 及視關入桓淺深。入舊本譌人蘇云人當作入相所以關也視其淺深謹防之案蘇校是也今據正相蓋門兩扉旁之直木凡持門之木橫直相

交而關又橫貫兩桓以爲固故視其入桓淺深恐其入淺則不固也畢云桓表也非門者。皆無得挾斧斤鑿鋸椎。蘇云禁此五者防有變也已上言城關關鎖之法畢
以爲救車火之法非也城上二步一渠。畢云高誘注淮南子云渠幨也案幨同壍案此渠乃守械以金木爲之畢謂即壍謬渠立程。程當爲桯
考工記輪人蓋杠謂之桯立桯即渠之杠直立者也丈三尺當作丈二尺上文及襍守篇說渠並云矢長丈二尺冠長十丈。辟長六尺。畢云前漢書注云墨子曰城上二步一渠
立程長三尺冠長十尺臂長六尺則丈當爲長辟同臂案渠此篇及襍守篇凡四見並不云長三尺漢書鼂錯傳注引丈作長自是譌文畢據以校此傎矣辟備穴篇正作臂今移前冠蓋渠之首臂其橫出之木也二
步一荅。畢云漢書注云蘇林曰渠荅鐵蒺藜也廣九尺。王云此當作二步一荅荅廣九尺上文二步一渠渠立程丈三尺與此文同一例今本少一荅字則文不足意如淳注漢書鼂錯傳
引此重荅字袤十二尺。畢云袤舊作表據前漢書注改詒讓案以上渠荅之法二步置連梃。畢云舊作挻以意改說文云梃一枚也孟子音義云丁徒頂切通典守拒
法云連梃如打禾連枷狀打女牆外上城敵人顧云挻當从手案此當從畢校後總舉守城之備亦作梃从木太白陰經守城具篇說連梃與通典同長斧長椎各一物。說文木部
云椎擊也齊謂之終葵槍二十枚。國語齊語云挾其槍刈耨鎛韋注云槍椿也一切經音義引三蒼云木兩端銳曰槍周置二步中。以上襍守器之法二步
一木弩。畢云通典守拒法云木弩以黃連桑柘爲之弓長一丈二尺徑七寸兩弰三寸絞車張之大矢自副一發聲如雷吼敗隊之卒必射五十步以上。及多
爲矢。吳鈔本作夭同節毋以竹箭。楛趙摝榆可。當作即毋竹箭以楛趙摝榆可毋與無字通矢材以竹箭爲佳說文竹部云箭矢也爾雅釋地東南之美者有
會稽之竹箭焉郭注云竹箭篠也書禹貢云惟箘簵楛釋文引馬融云楛木名可以爲箭方言云杠南楚之間謂之趙郭注云趙當作桃聲之轉也此趙或亦桃之譌摝字書所無疑當爲樜形近而誤樜柘之借字說文木部云
樜木出發鳩山山海經北山經作柘木廣韻四十禡云柘樜同此謂即倉猝無竹箭則以它木材爲矢亦可毋畢本作毋道藏本作毋是也今據正蓋求齊鐵夫。蓋當爲益字形之譌齊疑當爲齎同
齎段借字鐵夫夫亦當爲矢或云夫即鈇備穴篇有鐵鈇鈇與上下文不相應播以射衜。說文手部云播布也謂分布使衆射之畢云衜疑衝字文未詳王云衜說文本作衝今作衜者即衝之譌及
櫳樅。櫳樅見後蓋亦攻守通用之器道藏本吳鈔本二字並从手下同畢云以上木弩之法二步積石。石重千鈞以上者。五百枚。說苑
辯物篇云三十斤爲鈞畢云後漢書注引作積石百枚重千鈞以上者舊千作中据改案此見堅鐔傳注千並作十未知畢據何本毋百盧云疑云毋下百脫下字或向有脫字以亢疾犂。
周禮馬質鄭注云亢禦也畢云此疾犂正字漢書注作蒺藜非通典守拒法云敵若木驢攻城用鐵蒺藜下而敦之壁皆可善方。未詳畢云疑繕方詒讓案以上積石之法二步積

苙。畢本作笠云一本作至舊作苙案道藏本吳鈔本並作苙說文竹部云笠簦無柄也非守圉之械畢本非也苙當爲苣之譌後文人擅苣長五節是也彼五節當爲五尺此長度倍之蓋苣束葦爲之有大小長短之異當時所擅用其小者其大者則積之以備急猝夜戰之用故長度特倍於恆也苣與苙形近故譌後文齎穴大容苣苣今本譌苴與此亦相類舊本作苙艸形脅存畢校作笠失之彌遠矣大一圍。儀禮喪服鄭注云中人之扼圍九寸長丈二十枚。五步一罌。說文缶部云罌缶也蘇云下言木罌容十升以上者五十步而十是五步一罌也盛水有奚。王云有奚下當有蠡字下句奚蠡即承此而言杜子春注周官鬯人曰瓢謂瓠蠡也瓠蠡奚蠡一聲之轉蘇云奚下脫蠡字說文奚大腹也蠡音黎瓠瓢也漢書東方朔傳以蠡測海是也奚蠡大容一斗。五步積狗屍五百枚。狗屍疑卽上文之狗犀屍犀音近通用後又有狗走卽此蓋亦行馬柞鄂之類狗屍長三尺，喪以弟。畢云喪藏也案畢讀喪以弟僉爲句蓋以狗屍爲死狗故藏以僉缶然無當守圉之用殆非也今案當讀喪以弟句弟當爲茅茅弟篆文形近因而致誤狗屍蓋以木爲之而掩覆以茅所以誤敵使陷擠不得出也僉亓端。僉吳鈔本作甕同案當爲兌形近而誤猶上文云長椎斧其兩端斧亦兌之誤堅約弋。十步積摶。大二圍以上。摶舊本作樽道藏木吳鈔本竝作摶前柴摶亦作摶今據正摶卽束木之名長八尺者二十枚。二十五步一竈竈有鐵鐕。畢云舊脫一竈字据太平御覽增鐕鬵字假音說文云鬵大釜也一曰鼎大上小下若甑曰鬵讀若岑方言云甑自關而東或謂之鬵太平御覽引作鐕容石以上者一。畢云太平御覽引作容二石以上爲湯戒以爲湯。畢云以上積石苙狗屍樽竈之法及持沙。毋下千石。畢云毋下猶言毋過案毋下猶云毋減此言至少之數畢失其義三十步置坐候樓。畢云通典守拒法有云却敵上建候樓以版跳出爲櫓與四外烽戍晝夜瞻視樓出於堞四尺。畢云說文云堞城上女垣也堞省文廣三尺。廣四尺。畢云當云下廣四尺俞云兩言廣義不可通下廣字疑當作長蓋言爲坐候樓之法廣三尺長四尺也下文言陛之制曰廣長各三尺彼廣長同制故合言之此廣長異制故別言之也板周三面。密傅之。蘇云傅卽塗也所以防火夏蓋亓上。蘇云所以避日案顧校移後樓五十步一至五十二者十步而二凡百二十三字著於此似未塙今不從五十步一藉車。畢云疑卽巢車巢藉音相近案畢說未塙詳前藉車必爲鐵纂。畢云說文云纂治車軸也纂假音字五十步一井屛。王云畢斷五十步一井爲句又云屛當爲井案下文言百步一井則此不得又言五十步一井此當以五十步一井屛爲句下文周垣之高八尺謂井屛之垣非謂井垣也旗幟篇云其井爲屛三十步而爲之圜高丈是其證初學記地部下引此正作五十步一井屛詒讓案井屛卽屛匽非汲井也周禮宮人爲其井匽鄭衆注云匽路廁也旗幟篇圜字乃圂之誤廁圂不絜故以屛垣障蔽之汲井有韓無屛亦不必爲垣也詳旗幟篇周垣之高八尺。五十步一方。俞云方者房之叚字五十步置一房爲守者入息之所故必爲關籥守之也向書序乃遇汝鳩汝方史記殷本紀作女房是方房古字通案俞說未塙方疑戶字之誤下同後備穴篇云爲之戶及關籥與此下文略同可以互證 方尙必爲關籥守之。蘇云尙與上同關籥卽管鑰 五十步積薪。毋下三百石。善蒙塗。毋令外火能傷也。百步一櫳樅。畢云舊从手非 起地高五丈三層。下廣前面八尺。後十三尺。後廣於前五尺 亓上稱議衰殺之。畢云言稱此而議減其上 百步一木樓。樓廣前面九尺。此無後廣之度疑有挩文 高七尺。樓軸居坫。畢云軸疑吻坫疑坫字說文云坫屛牆也又或同阽漢書注如淳曰阽近邊欲墮之意案軸坫二字並字書所無畢以坫爲坫近是以軸爲吻則無義疑軸當从匆左定九年傳載蔥靈寢於其中孔疏引賈逵云蔥靈衣車也有蔥有靈左傳蔥靈卽囪櫺疑蔥有作軸者亦與囪通樓軸卽樓囪也或謂軸當爲轀之譌說文車部云轀兵車也後漢書光武紀李注引作樓車亦通 出城十二尺。吳鈔本作步 百步一井。井十甕。畢云舊作百步再再十罋據太平御覽改蘇云上既言五十步一井則此一字或訛然太平御覽引亦如此 以木爲繫連。蘇云繫連所以引罋而汲也詒讓案繫連疑當爲擊匽形近而誤卽後文之頡皋音並相近 水器容四斗到六斗者百。六斗舊作六什蘇云六什當作六斗到猶至也案蘇校是也今據正左傳襄九年宋災備水器杜注云盆罌之屬 百步一積雜秆。說文禾部云稈禾莖也或作秆左昭二十七年傳云或取一秉秆焉畢云一本作杆蘇云秆字誤作杆是也或作村亦可案蘇說非是 大二圍以上者五十枚。百步爲櫓。畢云說文云櫓大盾也 櫓廣四尺。高八尺。爲衝術。衝術卽上文之衝隊隊術一聲之轉禮記月令審端徑術鄭注云術周禮作遂是其例也此下所爲皆以當衝遂 百步爲幽膭。俞云膭卽竇字之誤其上本從穴篆文穴字與隸書肉字相似管子侈靡篇有鵩字卽竆字之誤正與此同可以爲證詒讓案膭當爲隫之誤說文𨸏部云隫通溝以防水者也與竇聲義並相近凡从𨸏从肉字隸變形近易譌備蛾傳篇以脾爲陴可與此互證考工記匠人竇其崇三尺鄭注云宮中水道幽隫猶言闇溝也 廣三尺。高四尺者千。此爲數太多疑非也或當爲一之誤 二百步一立樓。立畢校改大云大舊作立据太平御覽改王云畢改非也初學記居處部鈔本御覽居處部四玉海宮室部所引竝作立樓刻本御覽譌作大樓不足爲據 城中廣二丈五尺二。下二字疑衍此立樓在堞內者之度其出堞外者則五尺下文云出樞五尺是也內外合計之則廣三丈也上文說坐候樓亦云樓出於堞四尺畢云太平御覽引云二百步一大樓去城中二丈五尺 長二丈。出樞五尺。樞疑當作拒謂立樓之橫距出堞外者五尺也備高臨篇云臺城左右出巨各二十尺拒巨並距之借字詳備高臨

篇

城上廣三步到四步。乃可以爲使鬬。三步者一丈八尺四步者二丈四尺也此言堞內地之廣度必如此乃足容守卒行止及儲庤器用也 俾倪廣三尺。高二尺五寸。畢云說文云陴城上女牆俾倪也杜預注左傳作僻倪衆經音義云三倉云俾倪城上小垣也一云三倉作顛現又作埤堄蘇云卽睥睨釋名云城上垣曰睥睨言於孔中睥睨一切也 陛高二尺五。下文有寸字此亦當有說文𨸏部云陛升高階也 廣長各三尺。遠廣各六尺。遠廣義不可通疑遠當爲道道謂城上下當陛之道也下文云道陛高二尺五寸長十步下廣字道藏本吳鈔本竝作唐文選甘泉賦李注引鄭展云唐道也則唐義亦通 城上四隅。童異高五尺。童異疑當爲重廙說文广部云廙行屋也又疑當爲重婁婁與樓通備蛾傅篇云隅爲樓 四尉舍焉。尉蓋卽下文所謂帛尉商子境內篇云其縣有四尉北堂書鈔職官部引韋昭辯釋名云廷尉郡尉縣尉皆古官也以尉尉人心也凡掌賊及司察之官皆曰尉尉罰也言以罪罰姦非也畢云已上候樓井欄樅木樓井襍秆櫓幽櫝立樓之法 城上七尺一渠。長丈五尺。舊本挩此字王據襍守篇補 貍三尺。畢云貍薶省文 去堞五寸。夫長丈二尺。畢云夫字俱未詳疑卽扶字所以著手王云畢說非也夫當爲矢隸書矢字或作夫見漢泰山都尉孔宙碑又作𡗝見成陽令唐扶頌竝與夫相似故譌作夫襍守篇渠長丈五尺其埋者三尺矢長丈二尺其字正作矢故知此篇諸夫字皆矢字之譌俞云畢王二說皆非也下文云爲頡皋必以堅材爲夫畢云夫同趺如足兩分也此說得之下云臂長六尺是趺也臂也皆取象於人身畢得之後而失之前偶不照耳襍守篇作矢乃字之誤不當反據以改不誤者後文夫字應讀趺者視此案俞說是也 臂長六尺半。植一鑿。內後長五寸。疑當作內徑五寸此徑誤爲後又衍長字遂不可通備高臨篇說連弩車衡植左右皆圜內內徑四寸足相比例又上云門關薄植皆鑿半尺半尺卽五寸之徑也內枘古今字楚辭九辯云圜鑿而方枘兮 夫兩鑿。畢云兩舊作雨以意改 渠夫前端下堞四寸而適。謂適相當也

鑿渠鑿坎。覆以瓦冬日。以畢云中脫一字或是息字 馬夫寒。夫當作矢下說城上之物有馬矢亦誤作夫寒疑塞之譌 皆待命。言待命令而施之下文作水甬亦云覆以瓦而待令 若以瓦爲坎。此謂或卽以瓦爲坎亦可 城上千步一表。千疑當作十 長丈棄水者。操表搖之。以告人處有體汗也 五十步一廁。畢云五下舊衍一五字 與下同圂。畢云說文云圂廁也詒讓案上廁爲城上之廁圂則城下積不潔之處旗幟篇所謂民圂也蓋城上下廁而異圂同 之廁者。畢云之往也見爾雅 不得操。畢云言不得有挾持詒讓案下有挩文 城上三十步一藉車。蘇云上作五十步備穴篇作二十步未詳孰是 當隊者不用。以上文校之此下當挩此數二字 城上五十步一道陛。謂當道之階也陛詳前

高二尺五寸。長十步。城上五十步。一樓扤。扤疑當爲撕草書相近而譌上文云樓撕揗卽此扤勇勇必重。蘇屬下土字讀云扤義未詳或誤衍勇疑樓字之誤重土卽重字之誤也當言五十步一樓樓必重重平聲備穴篇言再重樓是也案此當作樓撕必再重卽上文所云屬城爲再重樓也今本樓再二字並誤爲勇又倒亂失次耳土當屬下樓字讀蘇說失之備蛾傳篇云隔爲樓樓必曲裏亦再重之譌土樓百步一。畢云土舊作士以意改外門發樓。疑亦爲縣門也左傳孔疏云縣門有寇則發機而下之後文縣梁又曰發梁亦其比例左右渠之。蘇云渠塹也所以防踰越者爲樓加藉幕。畢云舊作幕以意改詒讓案前作藉莫卽幕之省制詳前棧上出之以救外。城上皆毋得有室。若也可依匿者。畢本也改他云舊作也以意改王云他古通作也不煩改字盡除去之。城下州道內。畢云疑周道詒讓案周道見後備水篇周禮量人云營軍之壘舍量其州涂鄭衆注云州涂還市朝而爲道也又考工記匠人云環涂七軌杜子春注云環涂環城之道此州道與州涂環涂義並略同百步一積薪。毋下三千石以上。善塗之。薪舊本作藉王引之云積藉不知何物藉當爲薪薪藉字形相似又涉上文兩藉字而誤也積薪必善塗之者所以防火也上文云五十步積薪毋下三百石善蒙塗毋令外火能傷也與此文同一例特彼以城上言之此以城下言之耳襍守篇亦曰塗積薪者厚五寸已上案王校是也蘇說同今據正城上十人一什長。迎敵祠篇云城上五步有伍長十步有什長蓋城上步一人十步則十人有什長二篇文異義同畢云通典守拒法云城上五步有伍長十步有什長五十步百步皆有將長屬一吏士。疑一當爲十一帛尉。有譌挩疑當云百人一百尉迎敵祠篇云城上百步有百長又疑帛或當作亭篆文二字形近畢云帛同伯百步一亭。高垣丈四尺。蘇云高垣當作垣高詒讓案疑當作亭垣高卽亭字之誤厚四尺。爲閨門兩扇。此卽亭垣之門閨門見前令各可以自閉。上文同道藏本吳鈔本閉作閈案後行棧內閉亦作此字詳後亭一尉。舊本挩一字王據太平御覽職官部六十七補今從之此卽上帛尉城上百步一亭故亭一帛尉矣蘇云言亭有尉主之尉必取有重厚忠信可任事者。有重厚舊本作有序二字畢云言以資格王云序亦當爲厚厚上當有重字人必重厚忠信然後可以任事故曰尉必取有重厚忠信可任事者號令篇曰葆衛必取戍卒有重厚者請擇吏之忠信者無害可任事者令將衛是其證今本厚作序序上又脫重字則義不可通案王說是也今據補正說詳非攻下篇以上置什長亭尉之法二舍共一井爨。此卽什長百尉所居舍也儀禮士虞禮鄭注云爨竈也灰康粃。吳鈔本康作糠俗字畢云說文云穅穀皮也康或省字秕不成粟也此从米非杯畢云鈇字假音通典守拒法有灰鈇糠粃馬矢案畢說未塙杯當爲秠之借字秠卽稃也爾雅釋草云秠黑黍秠一稃二米周禮春官敍官鄭注云秠如黑黍一稃二米詩大雅生民孔疏引周禮注稃作秠又引鄭志云秠卽皮其稃亦皮也是秠與稃字亦通說文禾部云稃稽也稽穅也故墨子亦以秠與康粃同舉也通典不知秠卽爲稃故以麩易之與此書字不合也馬矢。畢云舊作夫據太平御覽引云備城皆收藏灰穅馬矢通典云擲之以眯敵目也皆謹收藏之城上之備渠譫。畢云疑渠荅假音字譫與幨同淮南子氾論云渠幨以守高誘注云渠壍也一曰甲名國語曰奉文渠之甲是也幨幰所以禦矢也王云譫非荅之假音字渠譫與渠荅亦不同物畢說非也據高注前說以渠爲壍壍非幨類不得與幨並言之後說以渠爲甲引吳語奉文渠之甲猶爲近之今吳語作奉文犀之渠韋注以渠爲盾是也盾與幨皆所以禦矢故並言之譫蓋襜字之誤齊策曰百姓理襜蔽舉衝櫓襜蔽卽高注所云幨幰所以禦矢也故廣雅曰幨謂之幰幨與襜字異而義同案王說譫是也此書載渠制甚詳必非甲盾之名高韋說並非是襜疑卽所謂藉幕藉車。見前行棧。見後行樓。疑卽上文之木樓到。到非守械疑當爲㓷俗書或从刀故耕柱篇譌作劉後備穴篇又作劍與到形並相似詳耕柱篇頡皋。蘇云卽桔橰詒讓案曲禮奉席如橋衡鄭注云橋井上㮮橰釋文作挈皋云依字作桔橰莊子天地篇云鑿木爲機後重前輕挈水若抽數如泆湯其名爲橰釋文云橰或作皋司馬李云桔橰也吳越春秋句踐陰謀外傳作頡橋連梃。長斧。長椎。並見前長茲。畢云茲疑鎌字通典守拒法有長斧長椎長鎌案畢說非是長鎌已見前茲卽鎡鉏也漢書樊噲傳贊雖有茲基顏注引張晏云茲基鉏也國語魯語韋注云耨茲其也一切經音義引蒼頡篇云鉏茲其也說文木部云欘斫也齊謂之鎡錤茲其卽鎡錤之省距。疑卽備穴篇之鐵鉤鉅飛衝。卽衝車韓非子八說篇有距衝蓋二者攻守通用之縣口批屈。縣下疑闕梁字縣梁見前批吳鈔本作拙並未詳顧校謂此下當接此十四者具則民亦不宜上矣一段今案彼乃上文錯簡顧說未塙今不從樓五十步一。句堞下爲爵穴。畢云舊作內以意改王引之云下文云五步一爵穴則此亦當云五步一堞不當云五十步十字蓋涉下文五十步一積竈而衍蘇說同案王說非也此當讀樓五十步一爲句堞下爲爵穴又爲句爵穴謂於城堞閒爲孔穴也後文云城上爲爵穴下堞三尺與此堞下爲爵穴文足相證三尺而一。爲薪皋。疑卽前頡皋之皋二圍長四尺半必有潔。畢云當爲挈案疑卽前頡皋之頡如畢說則與後文爲薪樵挈義同瓦石重二升以上。王云升當爲斤隸書斤字或作斤因譌而爲升上。畢云疑衍城上沙。畢云舊作涉下同俱以意改五十步一積。句竈置鐵𨫒焉。畢云舊作錯据上文改𨫒同鬵與沙同處。上文說鐵𨫒以爲湯及持沙故與沙同處木大二圍長丈二尺以上。善耿亓本。耿疑聯之誤畢云亓其本亓舊作卞以意改名曰長從。疑與上文欈從義同五十步三十。木橋長三丈。毋下五十。此有捝誤疑當作毋下二十復使卒急爲壘壁。以蓋瓦復之。舊本復並譌後卒譌辛畢云辛疑薪字王引之云此當作復使卒急爲壘壁以蓋瓦復之復之卽覆之謂以蓋瓦覆壘壁也今本兩復字皆譌作後卒字又譌作辛則義不可通畢以辛爲薪字失之隸書復字作優與後相似隸書卒字或作卒與辛相似案王校是也今據正用瓦木罌。容十升以上者。五十步而十。盛水且用之。方言云自關而西晉之舊都河汾之閒其大者謂之甀自關而東趙魏之郊謂之瓮或謂之甖甖其通語也甖罌同史記韓信傳以木罌缻渡軍是罌或瓦或木皆可以盛水也諸篇說罌缶所容並以斗計此升疑亦斗之誤且用之三字無義疑當作瓦罌大三字其讀當屬下以盛水瓦罌大五斗以上者十字爲一句瓦與且大與之形並相近罌上从䀠與用亦略相類備穴篇瓦罌譌作月明與此亦可互證但舊本並同未敢輒改姑仍之五十二者。十步而二。蘇云十二字訛當爲五斗者俞云上二字衍文下二字當爲四古人書四字作亖傳寫誤分爲兩二字遂移其一於上耳上十字當爲升上文云容十升以上者五十步而十此云五升者十步而四蓋言盛水之罌大者容十升小者半之容五升其大者則五步而一故五十步而十其小者則五步而二故十步而四也下文五十步丈夫十人丁女二十人又曰廣五百步之隙丈夫千人丁女子二千人是丈夫五十步而十丁女十步而四與此數一律案五十二者十步而二當作五斗以上者十步而二大五斗以上者與上文容十斗以上者文例正同上字古文作二與二形近而譌又挩以字遂不可通俞校以二爲衍文非也但十步而二即五十步而十也此容量止得上之半則數不宜同或當從俞校作十步而四爲是耳又顧校以樓十步一至此一百二十六字爲上文夏蓋其上之下挩文云當與言五十步次今案顧說可通然無由定其當次何句未敢輒移姑仍舊本又舊本此下有城四面四隅皆爲高磨𢷎云云凡二百三十二字顧俞兩校定爲上文挩簡並是也今依分爲二段移著於前城下里中家人。各葆亣左右前後。如城上。葆吳鈔本作保字通此謂相保任也城小人衆。葆離鄉老弱國中。及也大城。也畢校改他云舊作也以意改案也即古他字不必改說詳前離鄉謂別鄉不與國邑相附者說文䢵部云鄉國離邑民所封也春秋繁露止雨篇云書十七縣八十離鄉及都官吏葆亦與保通謂保守也淮南子時則訓四鄙入保高注云四竟之民入城郭自保守蘇云城小人衆則不可守宜遣其老弱葆於國中及他大城寇至度必攻。主人先削城編。此蓋言先除附城室廬然有譌挩唯勿燒。勿吳鈔本作毋寇在城下。時換吏卒署。畢云說文云署部署有所网屬詒讓案言吏卒時移易往來不定在一署也而毋換亣養。畢云糧也俞云畢說非是養卽廝養之養宣十二年公羊傳廝役扈養死者數百人何休注曰炊亨者曰養案俞說是也吳子治兵篇云弱者給廝養此言吏卒署雖時換而其廝養給使令者則各有定署不得移易也亦見號令篇養毋得上城。寇在城下。收諸盆甕。畢云收舊作牧以意改詒讓案說文皿部云盆盎也又缶部云罌汲缾也甕卽罌之隸變耕積之城下。畢云耕疑薪字百步一積。積五百。言五百箇爲一積也城門內不得有室。爲周官桓吏。畢云疑云周宮桓吏詒讓案疑當作爲周宮植吏言城門之內不得有空惟築周宮置吏守之植卽置之借字宮官植相並形近而誤備穴篇云爲置吏舍人各一人周宮者周環築都

宮中蓋但有𡋯而無室也

四尺爲倪。畢云陴倪也古只作此作堄者俗蘇云倪上當挩俾字案畢蘇以此爲俾倪非也此倪當謂小兒孟子梁惠王篇云反其旄倪趙注云倪弱小繄倪者也後襍守篇云睨者小五尺不可卒者爲署吏令給事官府若舍此倪卽彼睨聲同字通彼五尺爲年十四以下已任署吏此四尺又少於彼或亦令給事周宮中與此下向有挩文疑以上十六字或當在後堂下周散道中應客句上四尺之童足任應賓客也 行棧內閈。閈卽閉字疑當作閈王羲之書黃庭經閉字如此作與閈閣字異 二關一堞。未詳 除城場外。爾雅釋詁云場道也謂城下周道旗幟篇云道廣三十步於城下夾階者各二是也 去池百步。牆垣樹木小大。俱壞伐。俱吳鈔本作盡畢云伐舊作代以意改 除去之寇所從來若昵道傒近。當作近傒傒與蹊字通釋名釋道云步所用道曰蹊蹊傒也言射疾則用之故還傒於正道也蓋正道爲道閒道爲傒昵近義同畢云說文云尼從後近之傒卽谿假音字失之 若城場。皆爲扈樓。皆舊本譌家今據道藏本吳鈔本正畢云禮記檀弓云毋扈扈陸德明音義云音戶廣也大也 立竹箭天中。畢云天疑矢字案此竹箭當卽後襍守篇牆外水中所設之竹箭疑天中卽水中之誤 守堂下爲大樓。謂守宮堂下中門之上爲大樓以候望也此卽臺門之制但加高大耳 高臨城。堂下周散道中應客客待見時。召三老在葆宮中者。與計事得。漢書百官公卿表秦制鄉有三老掌敎化後號令篇云三老守閭則邑中里閭亦置三老管子水地篇云與三老里有司伍長行里史記滑稽傳西門豹治鄴亦有三老漢書高祖紀漢二年舉民年五十以上有脩行能率衆爲善置以爲三老鄉一人擇鄉三老一人爲縣三老與縣令丞尉以事相敎復勿繇戍蓋亦放秦制爲之舊本在譌左宮譌官王引之云左當爲在襍守篇曰父母昆弟妻子有在葆宮中者乃得爲侍吏是其證得下有挩文不可考名本得下有自爲之奈何至以讎凡二十四字乃備穴篇之錯簡蘇云官當作宮王校同案王蘇校是也今據正舊本此下有爲之奈何云云五十四字王俞兩校定爲上文及備穴篇之錯簡是也今據分別移正 先。當爲失屬上與計事得失爲句言與客計事審其得失也 行德計謀合。乃入葆。德當爲得古通用此冡上計事得失而言謂所行旣得計謀又相合乃聽其入葆城也 葆入守。無行城。無離舍。謂自外入葆者不得行城離舍也 諸守者審知卑城淺池。而錯守焉。論語包咸注云錯置也錯守猶言置守或云楚辭國殤王逸注云錯交也謂交錯相更代而守亦通 晨暮卒歌以爲度。用人少易守。以上四十二字舊本誤錯入襍守篇今審定與此上下文正相承接移著於此卒歌歌疑鼓之誤兵法禁歌哭不當使卒歌也末句有誤 守法五十步丈夫十人。丁女二十人。釋名釋天云丁壯也 老小十人。計之五十步四十人。此城下不當除者守備之卒每十步則八人與下文城上城下當除者人數並異四十吳鈔本作四百誤畢云丈夫丁女老小共四十人城下樓卒。率一步一人。卒舊本譌本王云本當爲卒謂守樓之卒也隸書卒字或作卆因譌而爲本淮南詮言篇其作始簡者其終卒必調漢書游俠傳卒發於睥睨今本卒字竝譌作本案王校是也今據正城下當爲城上此言城上守樓及傳堞者每步一人與上下文城下卒數不同上云城上百步一樓則樓不得在城下明矣城上地陜故一步止一人迎敵祠篇云城上步一甲一戟其贊三人五步有五長十步有十長百步有百長亦城上每步一人之證二十步二十人。城小大以此率之。乃足以守圉。舊本作圍王云守圍二字義不可通圍當爲圉字之誤也守圉卽守禦公輸篇子墨子守圉有餘淮南主術篇瘠者可使守圉漢書賈誼傳守圉扞敵之臣竝與守禦同案王校是也今據正客馮面而蛾傅之。畢云客舊作宕以意改蘇云面字衍案宕吳鈔本又作蕩非小爾雅廣言云馮依也面謂城四面見上文非衍也主人則先之知。畢云二字疑倒主人利。畢云言主人先知則主人利詒讓案此上下文疑皆備蛾傅篇之文錯著於此客適。以下文校之疑當作客病客攻以遂。畢云同隊十萬物之衆。物字疑衍畢云衆一本作數攻無過四隊者。上術廣五百步。術隊一聲之轉皆謂攻城之道百舊本譌十今據吳鈔本正蘇云下言中術三百步下術五十步則此五十當作五百案蘇校是也下云廣五百步之隊可證中術三百步。下術五十步。疑當作下術百五十步諸不盡百五步者。此卽承上下術言之疑亦當作百五十步主人利而客病。廣五百步之隊。卽上文之上術也丈夫千人。丈舊本譌大今從王校改丁女子二千人。老小千人。畢云千皆當作十案畢校非凡四千人。舊作凡千人畢云當云四十人王引之云畢說非也丈夫千人丁女子二千人老小千人則下句當云凡四千人不當改上三千字爲十而云凡四十人也上文五十步丈夫十人丁女子二十人老小十人共四十人此廣五百步則人數不得與上文同矣案王校是也今據補此城下當隊者備守之卒十倍於前不當隊之數也商子兵守篇說守城分三軍壯男爲一軍壯女爲一軍男女之老弱者爲一軍與此法略同而足以應之。此守術之數也。顧校移上文凡守圍城之法至不然則賞明可信而罰嚴足畏也一段又城下里中家人各葆其左右前後如城上至時召三老在葆宮中者與計事得一段著此下恐不塙今不從使老小不事者。守於城上。不當術者。不當攻隊者守事不急故使老小守之城持出必爲明塡。持當作將卽千人之將也見號令篇塡疑當爲旗形近而誤史記封禪書塡星出如瓜索隱云塡本亦作旗是其證下並同令吏民皆智知之。王云此本作令吏民皆智之智卽知字也今本作智知之者後人旁記知字而寫者因誤合之耳墨子書知字多作智說見天志中篇蘇云智當爲習之誤案蘇說亦通從一人百人以上。持出不操塡章。持亦當爲將一人不當有將蓋十人之誤從人非亣故人。言非其故所屬吏卒 乃亣穪章也。畢云乃疑及字穪上作塡是塡章疑印章之屬言出城從人非故相識人及有印信者止之案畢以乃爲及是也餘皆失之魏孝文帝弔比干文旗字作禥故此譌作穪前又譌塡畢以塡爲是非也此當云及非亣旗章也言雖操旗章而非其所當建之形式也今本及譌乃旗譌穪又挩非字遂不可通 千人之將以上。止之勿令得行。行及吏卒從之。卒舊本譌率今據道藏本吳鈔本正 皆斬。具以聞於上。此守城之重禁之。畢云當爲也 夫姦之所生也。不可不審也。自城下里中家人各葆其左右前後如城上至此並通論守法與前後文論守備器物數度者不同疑皆他篇文之錯誤以先行德計謀合一段在雜守篇證之或故書本皆在彼篇與王云各本此下有候望適人至穴土之攻敗矣凡三百四十五字乃備穴篇之錯簡詒讓案舊本此篇穴土之攻敗矣下又有斬艾與柴長尺至男女相半凡三百九十四字亦備穴篇文今並移正 城上爲爵穴。謂於城堞閒爲空穴小僅容爵也顧云此以下是備高臨篇文釋技機藉之也案顧說是也然未知截至何句止姑仍其舊 下堞三尺。廣亣外。蘇云此言爵穴之法廣外則狹內令下毋見上上見下也 五步一爵穴。大容苴。王引之云苴守義不可通苴當爲苣字之誤也說文苣束葦燒也此云爵穴大容苣下云內苣爵穴中二文上下相應故知苴爲苣之譌案王校是也蘇說同 高者六尺。下者三尺。疏數自適爲之。畢云言視敵而爲疏促自視字之誤王引之云自蓋因字之誤言因敵之多少而爲疏數也隸書因字或作囙與自相似而誤案適當讀如字言自稱地形爲疏數必調適也備梯篇云守爲行城雜樓相見以環其中以適廣陜爲度與此適字義同畢王說非 塞外塹。去格七尺。爲縣梁。塞當爲穿此言穿城外爲塹而縣木爲橋梁乃發以園敵也若如今本作塞外塹則下不當云勿塹矣後文亦云去城門五步大塹之上爲發梁與此可互證格卽備蛾傅篇之杜格旗幟篇之牲格也蓋於城外樹木爲之以遏敵人之傅城者或云格與落通六韜軍用篇漢書晁錯傳並有虎落卽此 城𨒫陝不可塹者勿塹。舊本𨒫作筵王引之云筵字義不可通筵當爲𨒫玉篇𨒫狹也亦作𨒫與筵相似而誤蘇云筵當與埏同地際也案王說是也今據正 城上三十步一聾竈。詳前畢云聾疑壟字 人擅苣長五節。舊本人擅作入壇王引之云入壇二字義不可通入壇當爲人擅擅讀曰撣說文撣提持也古通作擅人擅苣者人持一苣也備水篇曰臨三十人人擅弩又曰三十人共船亣二十人人擅有方劍甲鞮瞀十人人擅苗是凡言人擅者皆謂人人手持之也人入擅壇字之誤案王校是也今據正六韜敵強篇云人操炬火炬卽苣之俗擅操義同長五節節非度名疑當作長五尺節當爲卽屬下讀今本作節或尺卽二字合寫之誤 寇在城下。聞鼓音。燔苣。復鼓。內苣爵穴中。照外。蘇云內讀如納 諸藉車皆鐵什。畢云什與鐕音近說文云鐕以金有所冒也詒讓案上文云藉車必爲鐵纂卽此 藉車之柱。長丈七尺。亣貍者四尺。柱長丈七尺而貍者四尺則在上者丈三尺較下夫四分之三在上爲微羸或長丈七尺七當爲六則於率正同下又云桓長丈二尺半 夫長三丈以上。至三丈五尺。夫跌字同 馬頰長二尺八寸。說文頁部云頰面旁也馬頰蓋象馬兩頰骨衺出之象 試藉車之力。而爲之困。困梱之借字說文木部云梱門橜也橜弋也一日門梱也口部困古文作朱廣雅釋宮云橜機闑朱也卽以古文困爲梱荀子大略篇云和之璧井里之厥也晏子春秋雜上篇作井里之困困亦卽梱也據荀晏二書則梱以木石爲之此藉車以大車輪爲梱者蓋亦於跌下爲之 失四分之三在上。失當爲夫亦跌之借字 藉車夫長三尺。依上文當作丈 四二三在上。當作四之三在上此二句卽釋上夫四分之三在上之義疑當注之錯入正文者 馬頰在三分中。馬頰橫材旁出邪夾跌外在三分中卽在上三分內也 馬頰長二尺八寸。夫長二十四尺以下不用。言不及度則不中用 治困以大車輪。藉車桓長丈二尺半。桓卽桓楹之桓與柱義同藉車蓋有四直木其二薶者爲柱二不薶者爲桓上文柱長丈七尺薶者四尺則不薶者丈三尺也此度䏶五寸未詳如柱長當爲丈六尺則不薶者亦丈二尺桓羸五寸或爲柎以入夫與 諸藉車皆鐵什。復車者在之。復疑後之誤在疑左之誤左佐古今字備水篇云城上爲射䥫疾佐之 䆤䦟池來。畢云䦟疑當爲衢或闉字池城池案闉是也備穴篇有救闉池之文今移於前 爲作水甬。水甬蓋漏水器月令角斗甬鄭注云甬今斛也中空可通水者 深四尺。堅慕貍之。畢本慕改幕云舊作慕以意改下同案慕當作幂畢校未允詳前 十尺一。覆以瓦而待令。瓦舊本作月畢以意改穴王云月亦當爲瓦上文云鑿坎覆以瓦是其證畢改月爲穴非也案王校是也蘇說同 以木大圍長二尺四分而早鑿之。早疑中之誤言鑿木中空之也上文云轀長二尺中鑿夫之可證 置炭火亣中而合慕之。慕畢本亦改幕案當爲冪謂既置炭火乃以物合而羃之 而以藉車投之。爲疾犂投。長二尺五寸。大二圍以上。備梯篇作蒺藜投蓋亦爲機以投之 涿弋。涿椓之借字詳前畢云弋舊俱作代以意改詒讓案代疑杙之誤 弋長七寸。弋閒六寸。畢云弋舊作我以意改案亦當作杙 剡亣末。說文刀部云剡銳刺也 狗走。畢云疑穴之可以出狗者曰狗走案畢說甚誤據下文有蚤則非穴明矣此當卽上文之狗屍惟尺度異耳前救闉池章又作狗犀竊疑此本名狗棲猶詩王風云雞棲棲犀聲近字通爾雅釋艸瓠棲瓣詩衛風碩人作瓠犀可證棲或省作妻與走形近故譌古蓋爲闌棧以棲狗守城樹杙爲藩似之故亦謂之狗棲猶鑿穴謂之鼠穴矣 廣七寸。長尺八寸。蚤長四寸。蚤爪同蓋剡銳其末詳前 大耳施之。犬舊本誤大今據道藏本吳鈔本正耳當爲牙犬牙施之謂錯互設之上文云靈丁三丈一犬牙施之犬牙亦譌作火耳與此義同以上並備闉𤇯之法與上文錯入備穴篇救闉𤇯之文略同

子墨子曰。守城之法。必數城中之木。十人之所舉爲十挈。五人之所舉爲五挈。凡輕重以挈爲人數。畢云言卽以十挈五挈名其物者以人數也詒讓案挈與契字同十挈五挈謂刻契之齒以爲記數也列子說符篇云宋人有遊於道得人遺契者歸而藏之密數其齒曰吾富可待矣 薪蕉挈。蕉樵之俗集韻四宵云樵或作蕉 壯者有挈。弱者有挈。皆稱亓任。凡挈輕重所爲。吏人各得亓任。蘇云吏當作使案蘇校是也吏使古字亦通此釋皆稱其任句義疑亦舊注錯入正文又雜守篇云使人各得其所長天下事當與此文例相似疑此與彼數語當相屬或有錯簡也 城中無食。則爲大殺。畢云殺言減詒讓案自子墨子曰至此一段與上下文義不相屬疑當在襍守篇斗食終歲三十六石之上而誤錯著於此

去城門五步。大塹之。高地三丈。下地至。王引之云此本作高地丈五尺下地至泉三尺而止備穴篇曰高地丈五尺下地得泉三尺而止是其證今本丈五尺譌作三丈至下又捝泉三尺三字則義不可通案王說是也上文亦云塹中深丈五 施賊亓中。王引之云賊字義不可通賊當爲棧上文城上之備有行棧行樓說文棧棚也謂設棚於塹中上爲發梁而機巧之以陷敵也詒讓案賊疑亦栈之誤 上爲發梁。畢云梁橋也詒讓案此卽上文所謂縣梁也縣梁有機發可設可去故曰發梁 而機巧之。以下文校之巧蓋引之誤 比傳薪土。顧云傳當作傅蘇校同云傅義與敷同 使可道行。謂塹上爲機梁上布薪土如道以誘敵也 旁有溝壘。毋可踰越。毋吳鈔本作無 而出佻且比。且畢改且云疑佻達字且達音之緩急王引之云當作而出佻戰且北北敗也佻與挑同言出而挑戰且佯敗以誘敵也故下文曰適人遂入引機發梁適人可禽備穴篇曰穴中與適人遇則皆圍而毋逐且戰北以須鑪火之然彼言且戰北猶此言佻戰且北也今本脫戰字北字又譌作比則義不可通畢改且爲且而以佻且爲佻達大誤案王校是也 適人遂入。畢云舊作引人以意改 引機發梁。適人可禽。適人恐懼。而有疑心。因而離。畢云下脫簡

備高臨第五十三吳鈔本作五十五

禽子再拜再拜曰。敢問適人積土爲高。畢云適同敵 以臨吾城。周書大明武篇云高堙臨內日夜不解又云城高難上堙之以土疑皆高臨攻城之法與堙略同也 薪土俱上。以爲羊黔。畢云襍守作羊坽未詳其器王云襍守作羊坽非作羊坽也坽與上下兩城字爲韻則作坽者是集韻坽

郎丁切峻岸也蒙櫓俱前。櫓大盾詳備城門篇謂蒙大盾以蔽矢石而俱前攻城也遂屬之城。國語晉語韋注云屬會也猶襍守篇云城會兵弩俱上。為之柰何。子墨子曰。子問羊黔之守邪。羊黔者。將之拙者也。舊本挩之守邪羊黔五字畢注識補羊黔二字王云當作子問羊黔之守邪羊黔者將之拙者也備梯篇曰問雲梯之守邪雲梯者重器也亓動移甚難備蛾傳篇曰子問蛾傳之守邪蛾傳者將之忿者也襍守篇曰子問羊坽之守邪羊坽者攻之拙者也皆與此文同一例今本脫之守邪羊黔五字則文義不明案王說是也今據補足以勞卒。卒舊譌本王云本當為卒是也今從之說詳備城門篇不足以害城。守為臺城。以臨羊黔。左右出巨。各二十尺。臺城即行城也下備梯篇說行城亦云左右出巨各二十尺與此制同巨當為距之叚字說文足部云距雞距也儀禮少牢饋食禮俎拒鄭注云拒讀為介距之距俎距脛中當橫節也此行城編連大木橫出兩旁故亦謂之距蓋與俎距義略同行城三十尺。強弩之。技機藉之。此有挩誤當作強弩射之校機藉之備蛾傳篇云守為行臨射之校機藉之是其證校此作技備梯篇又作披並形之誤校機疑即備穴篇之鐵校然其形制未詳藉當讀為笮聲近叚借說文言部諎讀若笮即其例也說文竹部云笮迫也謂發機厭笮殺敵也奇器口口之。畢以奇屬上讀云疑即藉車非也然則羊黔之攻敗矣。備臨以連弩之車。備下舊本有矣字畢讀備矣句云備同犕王引之云畢說非也備矣之矣即因上敗矣而衍備臨以連弩之車當作一句讀備臨即備高臨也備蛾傳篇然則蛾傳之攻敗矣下云備蛾傳為縣脾猶此云備臨以連弩之車也若以備矣為句則下句臨以連弩之車文不成義矣案王說是也今據刪吳越春秋句踐陰謀外傳陳音說弩射云夫射之道從分望敵合以參連六韜軍用篇有絞車連弩又有大黃參連弩大扶胥三十六乘淮南子氾論訓云連弩以射銷車以鬭高注云連車弩通一弦以牛挽之以刀著左右為機關發之曰銷車文選閒居賦李注引漢書音義張晏云連弩三十絭共一臂材大方一方一尺。舊本材作杖俞云杖當作材案俞校是也今據正下文云以材大圍五寸蘇云方一誤重長稱城之薄厚。兩軸三輪。俞云既為兩軸不得三輪三當為四古三四字皆積畫因而致誤輪居筐中。筐疑謂車闌亦即車箱詩小雅鹿鳴毛傳云筐篚屬車闌謂之筐猶車笭謂之篚與重下上筐左右旁二植。旁二植則左右通為四植猶備城門篇云樓四植左右有衡植。衡吳鈔本作橫下同衡植左右皆圜內。內枘同內徑四寸。左右縳弩皆於植。縳當作縛以弦鉤弦。此義難通上弦字疑當作距即下文之鉤距公輸篇距誤作強與此相類距即弩牙釋名釋兵云弩鉤弦者曰牙似齒牙也至於大弦。弩臂前後與筐齊。即下文之橫臂也說文弓部云弩弓有臂者也釋名釋兵云弩其柄曰臂似人臂也吳越春秋云琴氏乃橫弓著臂施機設樞又云臂為道路通所使也筐高八尺。爲上下筐之高度上下分之名四尺也後襍守篇說軺車板箱亦高四尺弩軸去下筐三尺五寸。連弩機郭同銅。同當爲用釋名釋兵云牙外曰郭爲牙之規郭也含括之口曰機言如機之巧也亦言爲門戶之樞機開闔有節也吳越春秋云郭爲方城守臣子也一石三十鈞。說苑辨物篇云三十斤爲鈞四鈞爲石然則弩機用銅凡五鈞爲斤百五十也引弦鹿長奴。吳鈔本無長字畢云奴同弩案畢說未塙此疑當作鹿盧收下云以磿鹿卷收筐大三圍半。謂筐材圍圍之度左右有鉤距方三寸。輪厚尺二寸。鉤距臂博尺四寸。厚七寸。長六尺。鉤舊本作銅王云銅距當爲鉤距字之誤也鉤距見上文及備穴篇案王校是也蘇說同今據正橫臂齊筐外。蚤尺五寸。蚤爪同謂臂端刻細者詳備城門篇有距。亦謂橫出旁枝如雞距也見上博六寸。厚三寸。長如筐有儀。管子禁藏篇尹注云儀猶表也謂爲表以發弩有詘勝。畢云卽通典屈勝梯詒讓案亦見太白陰經守城具篇漢書王莽傳服虔注云蓋杠皆有屈勝可上下屈伸也屈詘字通勝伸亦一聲之轉通志氏族略申屠氏音轉作勝屠氏是其例也今俗本陰經通典漢書注勝或作滕並非可上下。爲武重一石。武疑趺之聲誤以材大圍五寸。圍五寸以圜周求徑率算之止徑一寸五分有奇材太小似非也上文云筐大三圍半備城門篇云積摶大二圍以上此疑亦當云以材大五圍寸字衍矢長十尺。以繩□□矢端。如如戈射。如不當重疑衍戈當爲弋形近而誤說文隹部云𨿅者繁射飛鳥也詩鄭風女曰雞鳴孔疏云以繩繫矢而射鳥謂之繳射周禮司弓矢云矰矢茀矢用諸弋射鄭注謂茀矢弩所用此矢蓋卽茀矢之屬漢書司馬相如傳顏注云以繳係矰仰射高鳥謂之弋射以磿鹿卷收。磿鹿吳鈔本作磨鹿不成字道藏本磿字同畢云磿疑麻鹿蠱字之譌收舊作收以意改王引之云畢說非也磿鹿當爲歷鹿上文云備臨以連弩之車則此謂車上之磿鹿轉之以收繩者也故曰以磿鹿卷收磿鹿猶鹿盧語之轉耳方言曰維車趙魏之閒謂之轣轆廣雅曰維車謂之厤鹿並字異而義同案王說是也六韜軍用篇有轉關轆轤此卷收卽冢上矢端著繩而言古弋射蓋亦用此國策楚策云弋者修其苵盧治其矰繳盧亦卽鹿盧也矢高弩臂三尺。用弩無數。出人六十枚。出疑當作矢此謂大矢也用小矢無留。疑數之誤十人主此車。遂具寇。具當作見襍守篇云望見寇舉一烽爲高樓以射道。疑當作適城上以荅。畢云荅卽蟾也音之緩急說文無蟾字疑古用荅爲之案荅與蟾不同詳備城門篇畢說失之羅。疑當作絫絫羅一聲之轉絫卽礌詳備城門篇矢。下有捝簡畢云通典守拒法云弩臺高下與城等去城百步每臺相去亦如之下闊四丈高五丈上闊二丈下建女牆臺內通閣道安屈勝梯人上便卷收中設氈幕置弩手五人備乾糧水火詒讓案通典本太白陰經守城具篇

備梯第五十六

禽滑釐子事子墨子。三年。手足胼胝。畢云胼省文从月 面目黧黑。畢云黎字俗寫从黑 役身給使。不敢問欲。子墨子其哀之。畢云其甚字 乃管酒塊脯。塊道藏本吳鈔本並作槐畢云乃舊作及以意改塊當爲餽饋字假音詒讓案此疑當作澄酒搏脯澄省作登與管形近而誤搏與槐塊形亦相似春秋繁露求雨篇云清酒膊脯澄卽清搏卽膊也釋名釋飲食云膊迫也薄椓肉迫著物使燥也說文肉部云膊薄脯膊之屋上也 寄于大山。非攻中篇大山卽泰山此疑亦同時墨子或在齊魯也 昧棻坐之。畢云當爲茅蒸昧音同茅案畢說非也昧棻當讀爲搣茅晏子春秋諫下篇云晏公獵休坐地而食晏子後至搣葭而席公不說曰寡人不席而坐地二三子莫席而子獨搴草而坐之何也昧茅猶言搣葭亦卽搴茅而坐之也昧當作眛與搣古音相近左氏隱元年經公及邾儀父盟于蔑蔑公羊作眛卽其比例說文手部云搣批也批捽也搣亦卽搣之借字若然昧茅卽是薙搣茅草古書矛字或譌作柔宋本淮南子氾論訓云槽柔無擊說苑說叢篇云言人之惡痛於柔戟並以柔爲矛故此茅字亦作棻矣 以樵禽子。畢云當云以譙禽子王引之云方言自關而西秦晉之閒凡言相責讓曰譙讓上文子墨子甚哀之乃管酒槐脯云云殊無譙讓之意樵蓋醮之借字也士冠禮注曰酌而無酬酢曰醮故上文言酒脯 禽子再拜而嘆。吳鈔本作歎 子墨子曰。亦何欲乎。畢云亦當爲亓字之誤案亦字自通不必改亓 禽子再拜再拜曰。敢問守道。子墨子曰。姑亡姑亡。姑亡言姑無問守道也亦見公輸篇 古有亓術者。內不親民。外不約治。呂氏春秋本味篇高注云約飾也 以少閒衆。以弱輕強。身死國亡。爲天下笑。子亓慎之。恐爲身薑。畢云同僵亡強薑爲韻 禽子再拜頓首。願遂問守道。曰。敢問客衆而勇。煙資吾池。王云煙當爲堙堙塞也備穴篇救闉池者闉與堙同蘇說同王引之云資疑當爲塡堙塡皆塞也堙煙塡資亦皆字之誤俞云王氏讀煙爲堙是也惟資字尙未得其義資當讀爲茨淮南子泰族篇茨其所決而高之高注曰茨積土塡滿之也是茨與堙同義古茨字或作薋爾雅釋草篇茨蒺藜釋文茨本作薋是也墨子書作資者卽薋字而省艸耳說文土部垐以土增大道上茨與垐通案俞說是也梯臨之攻蓋皆兼用堙法 軍卒並進。雲梯既施。通典兵門云以大木爲床下置六輪上立雙牙牙有檢梯節長丈二尺有四桄桄相去有三尺勢微曲遞互相檢飛於雲閒以窺城中有上城梯首冠雙轆轤枕城而上謂之飛雲梯蓋其遺法太白陰經攻城具篇同 攻備已具。武士又多。爭上吾城。畢云上舊作土据太平御覽改 爲之奈何。畢云池施多何爲韻 子墨子曰。問雲梯之守邪。守舊本闕王云此當作問雲梯之守邪上文曰敢問守道又曰願遂問守道備城門篇曰問穴土之守邪備蛾傳篇曰子問蛾傅之守邪襍守篇曰子問羊坽之守邪皆其證今脫守字則文不成義案王校是也蘇說同今據補雲梯者。重器也。亓動移甚難。守爲行城雜樓相見。以環亓中俞云相見卽相閒也備城門篇見一寸畢云見疑閒字是其例也以適廣陜爲度。環中藉幕。畢云舊作幕以意改毋廣亓處。畢云度處爲韻行城之法。高城二十尺。謂高出於城上備高臨篇云行城三十尺此云高城二十尺疑必有一誤上加堞。廣十尺。左右出巨。各二十尺。巨讀爲距見備高臨篇高廣如行城之法。俞云上文皆言行城而此卽云高廣如行城之法義不可通疑高廣上挩襍樓兩字上文云守爲行城襍樓相見以環其中以適廣陜爲度然則行城也襍樓也本有二事故云相見相見卽相閒也上文旣言行城之法此繼言襍樓故省其文曰襍樓高廣如行城之法爲爵穴煇鼠。爵吳鈔本作雀同爵穴制見備城門篇煇當讀爲熏史記呂后紀戚夫人去眼煇耳亦以煇爲熏爵穴煇鼠蓋亦城閒空穴之名明其小僅容爵鼠也鼠畢本改鼠云舊作鼠以意改案鼠卽鼠之變體不必改詩豳風七月穹窒熏鼠此與彼義同蓋以火煙熏穴以去鼠因之小空穴亦謂之熏鼠矣備穴篇有鼠穴亦卽此施荅亓外。畢云言施幨蓋之案荅與幨異畢說非詳後機衝錢城。王引之云錢字義不可通當是棧字之誤衝見襍守篇備城門篇說城上之備有行棧卽此所謂棧也城卽行城見上文詒讓案六韜發啟篇云無衝機而攻蓋攻守通用此廣與隊等。雜亓閒以鐫劍。說文金部云鐫破木鐫也釋名釋用器云鐫鐏也有所鐏入也廣雅釋言云鐫鑿也劍與鐫異用並舉殊不倫疑當爲斲斲備穴篇亦譌劍可證斲鐫皆所以斫破敵之梯者持衝十人。此城內之衝以距攻城之梯者使十人持之執劍五人。劍亦疑當爲斲皆以有力者。令案目者視適。案按同爾雅釋詁云按止也謂止目注視欲其審也淮南子泰族訓云欲知遠近而不能教之以金目則射快許注云金目深目所以望遠近射準也此案目疑與金目義同畢云適同敵以鼓發之。夾而射之。重而射。疑挩之字披機藉之。披機當從備蛾傳篇作校機城上繁下矢石沙炭以雨之。畢云太平御覽引繁作多王引之云炭當爲灰俗書灰字作灰與炭相似而誤灰見備城門篇沙灰皆細碎之物炭則非其類矣襍守篇亦誤作炭太平御覽兵部五十五引此正作灰薪火水湯以濟之。審賞行罰。以靜爲故。從之以急。毋使生慮。畢云故慮爲韻蘇云言兵貴神速久則變矣若此。則雲梯之攻敗矣。守爲行堞。堞高六尺而一等。畢云等級施劍亓面。劍亦疑當爲斲以機發之。衝至則去之。不至則施之。行堞施斲蓋可以破梯而不能當衝 爵穴三尺而一。備城門篇說同 蒺藜投。畢云據備城門當爲疾犂 必遂而立。疑當作必當隊而立 以車推引之。裾城外。裾上當有置字畢云裾城未詳文與備蛾傳同彼裾城外作置薄城外四字下裾字俱作薄詒讓案裾當爲椐之譌詳備城門篇下並同蓋於城外別植木爲薄以爲藩栜也 去城十尺。裾厚十尺。伐裾。畢云備蛾傳此下有之法二字 小大盡本斷之。畢云本備蛾傳作木 以十尺爲傳。畢云備蛾傳作斷此傳字當爲㫁之譌也說文云㫁古文斷皀古文專字 雜而深埋之堅築。畢云備蛾傳作堅築之襍作離 毋使可拔。二十步一殺。殺蓋擁裾左右橫出爲之置裾如城之廣衺二十步則爲之殺如備穴篇置穴十步則擁穴左右爲殺也 殺有一鬲。鬲備蛾傳篇作壞案當與隔通號令篇有隔部署隔蓋擁裾爲殺於殺中爲隔以藏守圍之人及器具又爲門以備出擊敵也 鬲厚十尺。與裾厚同 殺有兩門。蓋內外兩重門 門廣五尺。裾門一施。淺埋弗築。令易拔。施下疑有脫字 城希裾門而直桀。畢云備蛾傳作置搗王引之云城下當有上字希與睎同直與置同桀與楬同言城上之人望裾門而置楬也備蛾傳篇作城上希薄門而置楬是其證今本脫上字則文不成義案王說是也望裾門而置楬者所以爲識別以便出擊敵也 縣火。四尺一鉤樴。說文木部云樴弋也鉤樴蓋以弋著鉤而縣火 五步一竈。竈門有鑪炭。畢云舊脫一竈字据備蛾傳增案畢本挩門字今據吳鈔本道藏本補備蛾傳篇亦有門字 令適人盡入。煇火燒門。畢云煇備蛾傳作車詒讓案煇亦讀爲熏說文中部云熏火煙上出也車疑亦熏之譌 縣火次之。出載而立。說文車部云載乘也似謂戰車 亓廣終隊。兩載之閒一火。畢云閒下舊有載之門三字据備蛾傳去之當是上三字重文之譌 皆立而待鼓而然火。舊本待譌持然作撚畢云備蛾傳云待鼓音而燃待持燃撚字相似然此義較長不必改从彼說文云撚執也王云此當依備蛾傳篇作皆立而待鼓而然火謂燒門之人皆待鼓音而然火也畢謂持撚二字不必改又訓撚爲執皆非也既執火則不能又持鼓矣案王說是也今據正 卽具發之。具與俱通備蛾傳篇作俱 適人除火而復攻。王引之云除字義不可通除當爲辟辟與避同言我然火以燒敵人敵人避火而復攻城也隸書辟字或作𨐨見漢益州太守高眹脩周公禮殿記及益州太守高頤碑與除相似而譌備蛾傳篇正作敵人辟火而復攻案除火謂敵屛除城上所下之火左昭十八年傳云振除火災備蛾傳篇作辟義同王說未塙 縣火復下。適人甚病。故引兵而去。則令我死士。畢云舊挩士字据備蛾傳增 左右出穴門。擊遺師。畢云猶言餘師蘇云遺蓋潰之誤備蛾傳篇同詒讓案遺疑當爲遁之誤 令賁士主將。皆聽城鼓之音而出。王引之云賁字義不可通賁當爲者字之誤也隸書者賁二字相似說見天志篇者與諸同秦詛楚文者侯卽諸侯泰山刻石者產得宜卽諸產得宜大戴記衞將軍文子篇道者孝悌鹽鐵論散不足篇者生無易由言漢書武五子傳其者寡人之不及與竝以者爲諸上文已令死士出擊矣故諸士及主將皆聽城鼓之音而出卽可勝敵也號令篇有諸人士又云諸吏卒民案賁字不誤賁與虎賁義同宋書百官志云虎賁舊作虎奔言如虎之奔走也風俗通義正失篇云言猛怒如虎之奔赴也是其義也 又聽城鼓之音而入。因素出兵施伏。畢校改素爲數云舊數作素伏作休据備蛾傳改王云鄭注喪服曰素猶故也因素出兵猶言照舊出兵耳畢改素爲數則義不可通備蛾傳篇正作素不作數也 夜半城上四面鼓噪。畢云說文云譟擾也此省文 適人必或。畢云或同惑 有此必破軍殺將。以白衣爲服。以號相得。謂口爲號也號令篇云夕有號六韜金鼓篇云以號相命勿令乏音 若此。畢云舊作也以意改 則雲梯之攻敗矣。

備水第五十八

城內塹外周道。詳備城門篇 廣八步備水。謹度四旁高下。城地中偏下。此當作城中地偏下 令耳亓內。畢云耳疑瓦字蘇云令與瓴通六書故曰瓴牝瓦仰蓋者仰瓦受覆瓦之流所謂瓦瓴詒讓案耳疑當爲巨篆文相近卽渠之省此與備城門篇令耳異 及下地。地深穿之令漏泉。畢云通典守拒法云如有洩水之處卽十步爲一井井之內潛通引洩漏卽其遺法 置則瓦井中。畢云則同側 視外水深丈以上。鑿城內水耳。耳亦當爲巨卽水渠字畢云疑瓦字失之 並船以爲十臨。畢云言方舟以爲臨高之具 臨三十人。戰國策楚策云舫船載卒一舫載五十人此一船止三十人與彼異 人擅弩計四有方。方畢本作弓云舊作方以意改王云擅與撣同謂提持也說見備城門篇詒讓案備蛾傳篇云令一人操二丈四矛矛誤作方則此方亦矛之誤有疑當爲酋音近而誤韓非子八說篇云搢笏干戚不逮有方鐵銛有方亦酋矛之誤與此正同此文疑當云人擅弩什四酋矛或作什六人擅弩四酋矛什計艸書相近而誤號令篇云諸男女有守於城上者什六弩四兵蓋守法通率十人之中六人執弩四人執兵主擊刺此云什四酋矛卽四兵也然則臨三十人蓋擅弩者十八人擅矛者十二人與 必善。畢云善同繕言勁也 以船爲轒轀。疑當讀必善以船爲轒轀七字句畢讀恐非此與陸戰以車爲轒轀同詳備城門篇 二十船爲一隊。選材士有力者三十人共船。亓二十人人擅有方。方畢本亦改弓王云有字疑衍案疑亦當作亓十二人人擅酋矛與上文什四酋矛文數正合今本十二兩字誤倒酋矛亦誤作有方遂不可通畢王兩校並未塙劍甲鞮瞀。畢云說文云鞮革履也瞀鍪字假音說文云鍑屬王引之云畢分鞮鍪爲二物非也鞮鍪卽兜鍪也兜鍪胄也故與甲連文韓策曰甲盾鞮鍪漢書揚雄傳鞮鍪生蟣蝨介胄被霑汗師古曰鞮鍪卽兜鍪也字亦作鞮鞪漢書韓延壽傳被甲鞮鞪皆其證十人人擅苗。下人字舊本挩今據王校補案疑當作十八人人擅弩畢云苗同矛猶苗山卽茅山未塙先養材士爲異舍。食亣父母妻子以爲質。視水可決。以臨轒轀。決外隄。城上爲射檥。畢本改檥云說文云檥榦也言矢榦舊从手非今改案檥卽表儀之正字爾雅釋詁云儀榦也與說文義同然此下云疾佐之則不得立表檥以射竊疑當爲射機備城門篇有作射機之法彼下文又云二十步一令善射者佐之與此文亦可互證畢校未塙疾佐之。畢云通典守拒法云城中速造船一二十隻簡募解舟檝者載以弓弩鍬钁每船載三十人自暗門銜枚而出潛往斫營決隄堰覺卽急走城上鼓譟急出兵助之卽其遺法

備突第六十一

此篇前後疑有挩文

城百步。畢云後漢書注引有爲字一引無一突門。此城內所爲以備敵者六韜突戰篇云百步一突門門有行馬突門各爲窯竈。窯竈詳後備穴篇竇入門四五尺。爲亣門上瓦屋。亣字吳鈔本無毋令水潦能入門中。吏主塞突門。用車兩輪。以木束之塗其上。亣舊本作其吳鈔本作亦今據校改亣維置突門內。此卽備城門篇之轀也凡轀皆以車輪爲之而維以繩故備蛾傳篇云斬維而下之蘇云維繫也使度門廣狹。狹俗字它篇並作陜此疑亦當同令之入門中四五尺。畢云之後漢書注引作入置窯竈。畢云窯後漢書注引作鑿非門旁爲櫜。畢云舊作橐下同据後漢書注改又韓非子云干城拒衝不若堙穴伏櫜櫜當爲橐充竈伏柴艾。畢云舊伏作狀以意改後漢書注又作置艾詒讓案袁譚傳李注引伏亦作狀則唐本已誤寇卽入。下輪而塞之。舊本輪誤輔畢云後漢書注引作輪王云輪字是也上文曰吏主塞突門用車兩輪是其證案王校是也蘇說同今據正鼓櫜而熏之。

備穴第六十二

備城門篇說攻具十二穴在突前此次與彼不同疑亦傳寫移易非其舊也

禽子再拜再拜曰。敢問古人有善攻者。古王校改適云舊本適作古古乃適之壞字今改正案備蛾篇說守道云古有其術者則古字

似非誤 穴土而入。縛柱施火 縛舊本作縛依王校改 以壞吾城。商子境內篇云穴通則積薪積薪則燔柱通典兵門說距闉請鑿地爲道行於城下攻城建柱積薪於其柱圍而燒之柱折城摧卽古穴攻法也 城壞或中人 此下舊本有大鋌前長尺云云七百餘字今依顧校移前備城門篇 爲之奈何。子墨子曰。問穴土之守邪。備穴者。城內爲高樓。以謹 王引之云自爲之奈何至以謹凡二十四字舊本誤入備城門篇今移置於此案王校是也蘇說同今據正以謹屬下候望適人爲句 候望適人。適人爲變。築垣聚土非常者。畢云言以所穴之土築垣 若彭有水濁非常者。畢云水濁者穴土之驗王云若猶與也彭與旁通 此穴土也。急壍城內。畢云玉篇云壍同塹 穴亣土直之。畢云亣舊作內亦以意改直當也說文云直正見也 穿井城內。五步一井。傅城足。畢云傅舊作傅以意改 高地。丈五尺。畢云言視城足之高於地丈五尺者穿之案此言高地則以深丈五尺爲度畢說失之 下地。得泉三尺而止。舊本無下字王引之云當作下地得泉三尺而止下地與高地對文今本脫下字案王校是也今據補 令陶者爲罌。容四十斗以上。固順之以薄鞈革。固順義難通順當作幎冥頁巾川隸書相近而譌說文巾部云幎幔也亦作幂廣雅釋詁云幂覆也固幎之以薄鞈革謂以革堅覆罌口也文選馬汧督誄李注引作幕罌幕卽幂之誤李所舉雖非元文然可推校得其沿譌之由也畢云卽通典所云以新罌用薄皮裹口如鼓也蘇云唐韻鞈盧各切音洛說文云生革可以爲縷束也詒讓案薄鞈革幎罌蓋與冒鼓相似呂氏春秋古樂篇云帝堯命質爲樂乃以麋鞈置缶而鼓之彼置當作冥卽幂之叚字可證通典如鼓之說 置井中。使聰耳者伏罌而聽之。審知穴之所在。鑿穴迎之。舊本鑿穴之穴譌作內王校改穴云篆文穴字作內因譌而爲內案王校是也今據正畢云文選注引云若城外穿地來攻者宜於城內掘井以薄城幕罌內井使聰耳者伏罌而聽審知穴處鑿內迎之太平御覽引云若城外穿地來攻者宜城中掘井以薄甕內井中使聰聽者伏甕聽之審知穴處鑿內而迎之與此微異通典守拒法地聽於城內八方穿井云各深二丈以新罌用薄皮裹口如鼓使聰耳者於井中託罌而聽則去城五百步內悉知之審知穴處助鑿迎之云云卽其法也 令陶者爲月明。王引之曰月明當爲瓦罌備城門篇瓦木罌容十升以上是其證隸書瓦字作凡與月相似而誤明者罌之壞字耳案王校是也蘇校月字同 長二尺五寸六圍。王引之云六圍上當有大字備城門篇木大二圍卽其證 中判之。合而施之穴中。穴舊本譌內今據王校正 偃一。畢云偃仰 覆一。下疑當接後下迫地句 柱之外善周塗。亣傅柱者勿燒。畢云亣傅舊作亦傅以意改 柱者勿燒。畢云四字衍 柱善塗亣竇際。畢云縫也勿令泄。即下文云無令氣出也兩旁皆如此。與穴俱前。畢云穴舊作內以意改詒讓案言爲穴柱與鑿穴俱前猶下云令穴者與版俱前也自柱之外至此三十四字並說穴柱與上下文不相冡疑當在後文無柱與柱交者下然首尾文義亦不甚相接未敢輒移附識於此下迫地。此文不屬疑當接上偃一覆一句蓋謂施罌穴中其下迫地也置康若炭亣中。畢本灰作矢云康即穅字見說文矢舊作疾以意改下同王引之云畢改非也疾乃灰之譌非矢之譌備城門篇爨灰康粃即其證康灰皆細碎之物故同置於穴中矢則非其類矣灰俗作灰疾本作疾二形相似又涉下文疾鼓橐而譌耳案王校是也今據正勿滿。句灰康長五竇。五疑互之譌說文木部云㮂竟也古文作互此言竟滿其竇猶下云戶內有兩蒺藜皆長極其戶左右俱雜相如也。襍猶帀也詳經上篇穴內口爲竈。令如窯。畢云說文云窯燒瓦竈也即今窰字正文令容七八員艾。員即丸也論衡順鼓篇云一丸之艾左右竇皆如此。竈用四橐。淮南子本經訓云鼓橐吹埵高注云橐冶鑪排橐也穴且遇。畢云舊作愚據下改以頡皐衝之。疾鼓橐熏之。必令明習橐事者。畢云習舊作翟以意改勿令離竈口。畢云通典守拒法云審知穴處助鑿迎之與外相遇即就以乾艾一石燒令煙出以板於外密覆穴口勿令煙洩仍用韝袋鼓之即其遺法所云以板於外密覆穴口勿令煙洩即下連版法也連版。以穴高下廣陜爲度。陜吳鈔本作狹蘇云陜與狹同案陜正狹俗詳備城門篇令穴者與版俱前。鑿亣版。令容矛。畢云舊作予以意改參分亣疏數。此言版上鑿空之數蘇云參與三同數讀爲促令可以救竇。穴則遇。蘇云則猶即也以版當之。畢云版舊作攸以意改以矛救竇。勿令塞竇。竇則塞。引版而郄。畢云引舊作弓以意改郄郤字俗寫案王改郄廣雅釋言云郄退也過一竇而塞之。過王校作遇鑿亣竇通亣煙。煙通。疾鼓橐以熏之。從穴內聽穴之左右。從舊本作徙畢以意改從王引之云畢改非也敵人穴土而來我於城內鑿穴而迎之此本無他穴可徙不得言徙穴也徙當爲從謂從穴內聽之也隸書從字作従與徙相似而譌漢書王莽傳司恭司從司明司聰今本從譌作徙案王校是也今據正穴下舊本挩之字今據道藏本吳鈔本補急絕亣前。勿令得行。若集客穴。塞之以柴塗。令無可燒版也。然則穴土之攻敗矣。畢云穴土舊作內土以意改王引之云自候望適人至穴土之攻敗矣凡三百四十五字舊本亦誤入備城門篇今移置於此以謹候望適人六字文義緊相承接不可分屬他篇且上文曰備穴者城內爲高樓下文曰然則穴土之攻敗矣則爲備穴篇之文甚明案王校是也蘇說同今據移正寇至吾城。急非常也謹備穴。穴疑有應寇。句急穴。句穴未得愼毋追。似言未得敵穴所在則勿出城追敵畢云言已不謹其備且勿追寇凡殺以穴攻者。二十步一置穴。穴高十尺。鑿十尺。言穴廣與高等鑿如前。如讀爲而言穴向前鑿也步下三尺。謂每步則下三尺然所下太多疑步上有挩字十步擁穴左右橫行。高廣各十尺殺。舊本重高字畢謂兩高字疑當爲鬲蘇云高子疑誤重案道藏本吳鈔本竝無下高字是也今據刪殺上疑當有爲字此言凡穴直前十步則左右橫行別爲方十尺之穴謂之殺以備旁出也備梯篇說置裾城外亦云二十步一殺俚兩罌。深平城。畢云俚同埋詒讓案備城門篇作貍此作俚並貍之叚字置板亣上。𦘦板以井聽。畢云𦘦未詳案𦘦疑聯之誤聯版即上文之連版也五步一竅。即上文所謂穿井城內五步一井也蘇云井聽疑誤倒當作井五步一用𥚽若松爲穴戶。𥚽未詳疑當爲枱鐘鼎古文從台者或兼從司省今所見彝器款識公䛇敵始字作𢿌是其例也此𥚽字亦當從木說文木部枱耒耑也此疑叚爲梓字說文梓楸也從木宰省聲與枱古音同部得相通借墨書多古文此亦其一也蘇云𥚽或桐字之訛非是戶穴有兩蒺蔾。戶穴當作戶內蒺蔾蔾作䔧與六韜軍用篇同詳備城門篇吳鈔本作𧄒皆長極亣戶。戶爲環。蓋著環以便開閉壘石外埻。吳鈔本作厚畢云埻即厚字說文云垕古文厚从后土此又俗加案外厚義難通埻疑埻字之誤玉篇土部及集韻十九鐸字並作墎蓋即郭之異文與墎字別漢書尹賞傳云致令辟爲郭顏注云郭謂四周之內也此云壘石外埻亦謂壘石爲穴外周郭即下文云先壘窯壁也高七尺。加堞亣上。勿爲陛與石。以縣陛上下出入。此皆備敵人之集吾穴也蘇云言穴中勿爲陛階出入者縋而上下也具鑪橐。畢云舊俱作槖橐以牛皮。鑪有兩瓺。以橋鼓之百十。畢云橋桔皐也詒讓案百千似言橋之重百上疑挩重字十當爲斤斤譌作什又挩其偏旁耳下文可證每亦熏四十什。亦畢本作亣道藏本吳鈔本作亦以文義審之此當作毋下重四十斤毋每下亦重熏斤什並形近而誤然炭杜之。畢云然即燃正文滿鑪而蓋之。毋令氣出。適人疾近五百穴。蘇云五百二字乃吾字之訛下言吾穴是也穴高若下。不至吾穴。言客穴與內穴不正相直也即以伯鑿而求通之。伯吳鈔本作百疑當作倚倚邪也詳備城門篇言穴不正相直則必邪鑿之乃可通也後文云內去竇尺邪鑿之穴中與適人遇。則皆圉而毋逐。蘇云圉與禦同言與敵相持勿逐去之且戰北。疑當作戰且北言戰而詳北以誘敵使深入穴中也以須鑪火之然也。即去而入壅穴殺。壅即擁之俗壅穴殺即上文所謂十步擁穴左右橫

行高廣各十尺者也　有鼠竄。畢云俱鼠字之誤案疑卽後鼠穴然鼠字不當重畢說未塙下一字疑卽竄之異文變穴形爲阜耳說文穴部云竄匿也从鼠在穴中鼠竄猶云鼠穴矣　爲之戶。

及關籥獨順。此亦謂殺也關籥當讀爲管鑰管卽鎖鑰卽匙也與備城門篇門植關異說詳彼獨順義不可通鑿疑當爲繩愼二字屬關籥爲句繩从黽獨从蜀偏旁相似史記倉公傳肝氣濁而靜集解徐廣云濁一作黽此繩譌作獨與彼相類愼順二字此書亦多互譌前愼譽愼字今本亦作順是其證也關籥繩愼以爲門戶啟閉繫蔽之用備城門篇云諸門戶皆令鑿而冪孔孔之各爲二冪一鑿而繫繩長四尺亦見襍守篇是繫繩冪鑿乃守門戶之恆制也或讀獨順屬下句失之　得往來行亓中。穴壘之中各一狗。狗吠卽有人也。

斬艾與柴長尺。畢云柴舊作此以意改詒讓案此疑卽柴之省此書多用省借字如以也爲他以之爲志皆其例也備突篇亦云充竈伏柴艾自斬艾與柴長尺至男女相半凡三百九十四字舊本錯入備城門篇畢本同王云以下多言鑿穴之事當移置於備穴篇然未知截至何句爲止案王校甚是而未及移正蘇謂此錯文當截至諸作穴者五十人男女相半爲止是也本篇下文五十人三字前後文義不相屬卽錯簡之縫迹未盡泯者也今據移著於此　乃置窯竈中。先壘窯壁。迎穴爲連。王引之云連下當有版字而今本挩之上文曰連版以穴高下廣陝爲度是其證

鑿井傳城足三丈一。上云五步一井六尺爲步五步卽三丈也　視外之廣陝而爲鑿井。愼勿失。句　城卑穴高從穴難。畢云二穴字舊俱作內以意改蘇云言高下不相值也　鑿井城上。俞云城上無鑿井之理城上當作城內卽上文穿井城內之事詒讓案疑當作城下

爲三四井。內新甄井中。甄當爲甀之誤畢云當爲新罌　伏而聽之。審之知穴之所在。以上文校之審下之字疑衍

穴而迎之。穴且遇。爲頡皋。必以堅材爲夫。畢云同趺如足兩分也舊本材作杖俞云杖乃材字之誤言必以材之堅者爲頡皋之趺也案俞校是也今據正　以利斧施之。命有力者三人用頡皋衝之。灌以不潔十餘石。畢云若穢矢之類

趣伏此井中。畢云伏舊作狀以意改趣同促詒讓案此當爲柴上文斬艾與柴柴亦作此備突篇亦以柴艾並舉故此下文云置艾其上皆可證　置艾亓上七分。七分義不可解疑當作七八員三字上文云穴內口爲竈令如窯令容七八員艾是其證　盆蓋井口。毋令煙上泄。旁亓橐口。疾鼓之。以

車輪轀。轀轀同上當有爲字以車輪爲轀猶備城門篇云兩材合而爲之轀下文云以車兩走爲蒕也轀卽轀之別體文省作蒕正字當作轀詳備城門篇畢云下文作蒕卽蘊省文說文云蘊積也失之　一

束樵。染麻索塗中以束之。染舊本作梁畢云疑梁字蘇云梁爲染之誤染麻索以塗者所以避燒案蘇說是也備蛾傳篇云染其索塗中今據正　鐵鎖。六韜

軍用篇鐵栻鎖參連百二十具又有環利鐵鎖長二丈以上千二百枚此鐵鎖端亦有環與彼制合漢書王莽傳云以鐵鎖琅當其頸畢云當爲瑣說文無鎖字据備蛾傳作瑣 縣正當寇穴口。畢云穴舊作內以意改 鐵鎖長二丈。畢云通典守拒法云先爲桔槔縣鐵鏁長三丈以上束柴葦焦草而燃之墜於城外所穴之孔以煙熏之敵立死已上鑿聽連版伏艾縣鎖備穴土之法 端環一端鉤。言鐵鎖有兩端一端爲環一端爲鉤據通典說鐵鎖蓋以環繫於桔槔而鉤則以束柴葦焦草而燃之者也後文又有鐵鉤 鼠穴高七尺。鼠畢本改鼠云舊作鼠以意改案前及備梯篇並作鼠宜從舊本鼠穴猶鼫穴亦即備梯篇之熏鼠也 五寸廣柱間也尺。也疑亦七之誤謂穴牆兩旁各爲柱其間七尺 二尺一柱。此謂穴牆一邊二尺則一柱也 柱下傅舄。一切經音義引許叔重云楚人謂柱碣曰礎畢云張衡西京賦云雕楹玉碣李善注云廣雅云碣礩也碣古字作舄 二柱共一員十一。員十一義不可通下文兩言員土疑十一即土字傳寫誤分之然員土亦無義蓋當爲負土周禮冢人賈疏云隧道上有負土此爲穴亦爲隧道故有負土蓋以板橫載而兩柱直楷之故云二柱共一負土下並同 兩柱同質。畢云礩古字如此詒讓案此與備城門篇樓四植植皆爲通舄制蓋略同 橫員土。謂負土之版橫者 柱大二圍半必固亣員土。無柱與柱交者。似謂柱橫直相交然無字必誤上文錯入備城門篇者有柱之外善周塗其附柱者云云三十四字疑此下之錯簡辟前 穴二窯。皆爲穴月屋。王引之云皆爲穴月屋當作皆爲穴門上屋瓦謂於穴門上爲瓦屋也備突篇曰突門各爲窯竈竇入門四五尺爲亣門上瓦屋是其證隸書瓦字作瓦與月相似而誤又脫門上二字則義不可通案王校是也蘇說同 爲置吏舍人各一人。漢書高帝紀顏注云舍人親近左右之通稱也文穎云舍人主廄內小史官名也 必置水。蓋以備飲 塞穴門以車兩走。畢云即車輪詒讓案備突篇作車兩輪備蛾傳篇亦云車兩走然車輪不當云走義未詳 爲蒀。蒀亦即韞字畢云蘊省文失之 塗亣上以穴高下廣陜爲度。令人穴中四五尺。維置之。入舊本作人蘇云人當作入維繫也此亦見備突篇案蘇校是也今據正 當穴者客爭伏門。畢云舊穴作內客作容以意改案道藏本客字不誤門疑門之誤 轉而塞之爲窯。容三員艾者。畢云容舊作客以意改 令亣突入伏尺。畢云亣突入舊作亦突入以意改一本無伏尺二字詒讓案伏疑即上文之密二字音近如宓羲宓或作伏顏之推家訓書證篇謂俗作密是其例 伏傳突一旁。畢云傳舊作付以意改 以二橐守之勿離穴寻。畢云舊作內寻以意改 以鐵長四尺半。此疑即後文所謂短寻 大如鐵服說即刃之二寻。未詳畢云舊凡寻字作寻俱以意改 內去寶尺。內亦當爲穴 邪鑿之上穴當心。

亣寻長七尺。謂穴高則用長寻穴中爲環利率穴二一。六韜軍用篇亦有環利鐵鎖然其義未詳鑿井城上。疑亦當爲下詳前俟亣身井且通。王云身者穿之壞字也隸書身字或作身見漢虞士嚴發殘碑與穿字下半相似而誤居版上。畢云居同倨案疑當如字畢說未塙而鑿亣一編。偏之借字畢以意改偏非下同已而移版鑿一編。頡皋爲兩夫。亦同趺而旁貍亣植，而數鉤亣兩端。數鉤義難通吳鈔本數作數疑當讀爲傳謂傳著鉤於頡皋之兩端也亣舊本作其吳本作亦蓋當爲亣今校正諸作穴者五十人。男女相半。自斬艾與柴長尺至此三百九十四字並從備城門篇移此五十人。此三字上下文義不屬蓋卽上文作穴者五十人之譌字今本上文錯入備城門篇惟此三字尙未删去耳攻內。爲傳士之口受六參。蘇云士當作土口字誤蓋言器之盛土者詒讓案內亦當爲穴之誤傳疑當爲傳備城門篇云比傳薪土又或當作持此書凡言容儲物多云持備城門篇云持水持沙此下文云持罌持醯皆是也備城門文舊本錯入此篇者持水字又譌作傳火竊疑此傳土亦當爲持土之譌參疑當作絫形近而誤備城門篇參石卽礧石可證彼篇又云五步一壘備蛾傅篇云土五步一毋下二十畾絫畾壘藟並卽虆之叚字虆盛土籠亦詳備城門篇約枲繩以牛亣下，可提而與投。蘇云枲繩麻繩也牛義未詳疑絆字之誤與當作舉已則穴七人守退壘之中爲大廡一。藏穴具亣中。蘇云廡古文甒見儀禮注方言云罌周魏之閒謂之甒難穴。難當爲斲二字形近古書多互譌詳耕柱及經下篇下竝同取城外池脣木月散之什。疑當作取城外池脣木瓦散之外瓦月外什形近而誤斬亣穴。當作塹亣內上文云急塹城內是也斬卽塹之省內宂亦形之誤深到泉。泉舊本誤作界王引之云界字文義不明界當爲泉備城門篇下地得泉三尺而止是其證隸書泉字或作臮見漢郃陽令曹全碑界字作界見衛尉卿衡方碑二形相似而誤案王說是也今據正難近穴爲鐵鈇。說文金部云鈇坐斫刀也金與扶林長四尺。扶林疑當作鈇枋枋柄通周禮太宰八柄外史作枋財自足。財舊本誤則據道藏本吳鈔本正史記孝文紀見馬遺財足索隱云財字與纔同漢書揚雄傳財足以奉郊廟顏注云財讀爲纔同管子度地篇云率部校長官佐財足財自足數適足不過多也客卽穴。漢書西南夷傳顏注云卽若也畢云卽就也非亦穴而應之。爲鐵鉤鉅長四尺者，財自足。鉅與距通荀子議兵篇所謂宛鉅穴徹。蘇云徹通也案蘇說是也畢讀穴上屬云纔與穴等也非以鉤客穴者。蘇云此言鐵鉤之用爲短寻。短道藏本作矩誤短戟。短弩。蝱矢。蝱矢蓋亦短矢也方言云箭其三鐮長尺六者謂之飛蝱郭注云此謂今射箭也文選閒居賦激矢蝱飛李注引東觀漢記光武作飛蝱箭以攻赤眉廣雅釋器云飛蝱箭也此蚩矢疑亦卽飛蚩也財自足。穴徹以鬬。蘇云矛戟弩矢所以鬬以金劍爲難。此義難通疑當作斲以金爲斲斲俗書或作剅前魯問篇又譌作劉說文刃部劒籒文作劒二形相近斲譌難與前同說文斤部云斲斫也斫擊也爾雅釋器云斫謂之鐯斲卽鐯之俗詳經下篇鐯斫音義同此云斲以金爲斲卽謂以銅爲斫也斲其器之名斲卽斫指其刃之首故以金爲之後云斧金爲斫與此文例同惟挩以字耳凡斧斤之刃以擊伐爲用故通謂之斫矣長五尺。蓋幷刃及尿之度後斧長三尺亦幷尿計之是其例爲銎。畢云說文云銎斤斧穿也案經典文凡以穿爲孔者此字假音木尿。廣雅釋詁云尿柄也畢云說文云尿籆木柄也玉篇丑利切尿有慮枚。慮疑鑢之省說文金部云鑢錯銅鐵也謂於木柄爲齒若鑢錯枚未詳又疑慮枚當作鹿盧收見備高臨篇以左客穴。左佐古今字左下疑挩一字戒持罌容三十斗以上。畢云容舊作客以意改詒讓案上文錯入備城門篇者云令陶者爲罌容四十斗以上斗舊本譌斤王云斤當爲斗隸書斗字或作斤因譌而爲斤案王校是也今據正貍穴中。畢云貍舊作狸以意改丈一。上文說爲罌置井中井五步一又云三丈一二丈卽五步也此云丈一與彼不合疑丈上當有三字而傳寫挩之以聽穴者聲。爲穴高八尺。廣。廣下疑挩尺數善爲傅置。疑當作善爲傅埴卽上文云善周塗其傅柱者之義具全牛交槀。畢云疑茭蘽案畢校非也具全牛交槀疑當作具鑪牛皮槀上云具鑪槀槀以牛皮槀亦並誤作槀此全卽鑪字偏旁金形之誤皮與交形亦相近皮及坫。疑當作及瓦缶缶去形近俗書或增益偏旁作𡊴又譌作坫遂不可通上文云鑪有兩缻衞穴二。蓋陳靃及艾。畢云鄭君注公食大夫禮云藿豆葉也說文云藿尗之少也少言始生之葉靃省文詒讓案蓋當爲益此書益字多譌爲蓋詳非命篇益陳靃及艾言多具此二物也蘇云蓋當如上文戒持罌之戒令也失之穴徹熏之以。吳鈔本無以字案此當作以熏之今本誤移以字著熏之下校者遂疑爲衍文而刪之耳上文說鐵鉤鉅云穴徹以鉤客穴者又說短矛等云穴徹以鬬並與此文例同可以互證斧金爲斫。斧下疑當有以字斫亦卽斧刃尿長三尺。考工記車人爲車柯長三尺博三寸厚一寸有半五分其長以其一爲之首鄭注云謂今剛關頭斧柯其柄也案此尿卽柯斫卽首也尿長三尺與彼制同六韜軍用篇亦云伐木大斧重八斤柄長三尺以上衞穴四爲壘。疑當爲藟見備城門篇衞穴四十屬四。屬劚之省卽備城門篇之居屬爲斤斧鋸鑿鑺。吳鈔本作钁畢云說文云钁大鉏也玉篇云居縛切鋤钁案六韜軍用篇云棨钁刃廣六寸柄長五尺以上三百枚但钁似與鑺不同畢說未塙玉篇金部云鑺局虞切軍器也說文新附亦有此字鈕樹玉謂書顧命一人冕執瞿孔傳瞿戟屬瞿卽鑺但此鑺與鑿類舉似非顧命之瞿疑卽韓詩之銶鑺銶一聲之轉詩豳風破斧毛詩傳云鑿屬曰錡木屬曰銶釋文引韓詩云銶鑿屬也財自足。爲鐵校。衞穴四。說文木部云校木囚也周易集解引虞翻云校者以木絞校者也鐵校蓋鑄鐵爲闌校以禦敵備蛾傳篇有校機疑卽此爲中櫓。高十丈半。廣四尺。十丈半於度太高疑丈當作尺備城門篇云百步爲櫓櫓廣四尺高八尺廣與此同而高差二尺半彼蓋小櫓與 爲横穴八櫓。疑當作大櫓六韜軍用篇有大櫓小櫓下疑有挩文 蓋具稾枲。財自足。以燭穴中。蓋當亦益之誤道藏本作葢則疑葢之譌屬上櫓葢爲句亦通蘇云稾枲可然以爲燭 蓋持醯。蘇云據文義當作戒持醯醯或醢字之訛俞云醯疑醯之壞字詒讓案此亦當作益持醯蘇改蓋爲戒非廣韻十二齊云醯俗作醘此醘卽醯之譌下並同醯蓋可以禦煙春秋繁露郊語篇云人之言醯去煙今本繁露醯作醯亦字之誤 客卽熏以救目。救目分方鑿穴。畢云鑿卽鼓蘇云疑鑿字之訛 以益盛醯置穴中。蘇云益疑盆字之訛 文盆毋少四斗。文道藏本吳鈔本作丈今案當作大 卽熏。以自臨醯上。自當爲目 及以沺目。畢云玉篇云沺大水也未詳俞云沺疑油之壞字詒讓案沺當爲洒說文水部云洒滌也西部籀文西作卤故譌作田形洒目卽以救目也

備蛾傅第六十三

前備城門篇蛾作蟻俗螘字孫子謀攻篇作蟻附曹注云使士卒緣城而上如蟻之緣牆周書大明武篇云俄傅器櫓俄亦蛾之誤畢云蛾同螘說文云螘蚍蜉也蛾羅也又云䘉蠶化飛蟲也經典多借爲螘者音相近耳傅亦附字假音

禽子再拜再拜曰。敢問適人強弱。遂以傅城。後上先斷。王云斷斬也號令篇曰不從令者斷擅出令者斷失令者斷 以爲𣲚程。畢云城程爲韻王云𣲚者法之誤言敵人蛾附登城後上者則斷之以此爲法程也呂氏春秋愼行篇曰後世以爲法程說苑至公篇曰犯國法程漢書賈誼傳曰後可以爲萬世法程篆書去字作𠫓缶字作𠙻二形相似隸書去字作𠫓缶字作缶亦相似故從去從缶之字傳寫多誤案王說是也㳒卽俗法字隋鄭州舍利塔銘法作𣲚與𣲚略同呂覽高注云程度也 斬城爲基。斬塹之省或云鑿之省說文金部云鏨小鑿也 掘下爲室。前上不止。畢云上舊作止以意改 後射既疾。畢云室疾爲韻 爲之奈何。

子墨子曰。子問蛾傅之守邪。蛾傅者。將之忿者也。忿舊本作忽洪云孫子謀攻篇將不勝其忿而蟻附之蛾傅卽蟻附禮記蛾子時術之釋文本或作蟻古字通用忽卽忿字之譌案洪校是也今據正 守爲行臨射之。卽高臨詳前 校機藉之。備穴篇有鐵校亦詳備高臨篇 擢之。舊本擢作攫今據道藏本吳鈔本正說文手部云擢引也攫爪持也審校文義當以作擢爲正 太氾迫之。太氾當爲火湯備梯篇云薪火水湯以濟之 燒荅覆之。沙石雨之。然則蛾傅之攻敗矣。備蛾傅爲縣脾。畢云疑陴字 以木板厚二寸。前後三尺。

旁廣五尺。高五尺。而折爲下磨車。磨當爲磿周禮遂師鄭衆注云抱磿磿下車也當卽此下磿車亦卽備高臨篇之磿鹿蓋縣重物爲機以利其上下皆用此車故周禮王葬以下棺此下縣陴亦用之下云爲之機亦卽此也轉徑尺六寸。蘇云轉當作輪詒讓案圜徑尺六寸則其周四尺八寸強令一人操二丈四方。畢云疑矛字案畢校是也考工記廬人云夷矛三尋鄭注云八尺曰尋此卽夷矛也刃其兩端。居縣陴中。以鐵璅。吳鈔本作瑣鐵璅見前畢云說文無鎖字此璅與瑣皆無鎖鑰之義古字少故借音用之敷縣二陴上衡敷傳通謂鐵璅傳著縣繫縣陴之上衡也二疑當爲縣之重文蘇云二字誤衍未塙爲之機。令有力四人下上之。弗離。離舊本作難俞云難乃離字之誤備城門篇突一旁以二橐守之弗離備穴篇令一畚射之者佐一人皆弗離並其證案俞校是也今據正施縣陴大數。二十步一。攻隊所在。六步一。蘇云此言設縣陴多寡之數蓋疏數視敵爲之爲纍。畢云當爲壘荅。廣從丈各二尺。王引之云從音縱橫之縱廣從丈各二尺義不可通丈各當爲各丈言荅之廣從各丈二尺也蘇說同案王校是也下文云荅廣丈二尺以木爲上衡。以麻索大徧之。疑當作以大麻索編之染其索塗中。爲鐵鏁。畢云据上文當爲璅玉篇云鏁俗鉤其兩端之縣。六韜軍用篇云環利鐵鎖長二丈以上千二百枚環利大通索大四寸長四寸以上六百枚客則蛾傅城。燒荅以覆之。連篗。畢云義未詳抄大皆救之。抄大當作沙火以車兩走。卽備城門篇之轀也車兩走卽兩輪此及前備穴篇並以車兩輪爲兩走備突篇云吏主塞突門用車兩輪以木束之塗其上軸間廣大以圉。疑當作圍犯之。有說挩觸其兩端。畢云觸未詳廣雅有𧤛字云大也疑卽此矜異文案畢說非也觸疑當爲䂎之變體廣雅釋詁云䂎刺也玉篇矛部云䂎刺矛也經典从矛字或變从角爾雅釋詁矜苦也釋文矜作䚱是其例也觸其兩端猶上云二丈四矛刃其兩端矣以束輪。以下疑挩木字徧徧塗其上。蘇云徧字誤重詒讓案下徧字疑當作編上云以麻索編之染其索塗中室中以榆若蒸。室讀爲窒備城門篇云室以樵可燒之以待敵窒亦作室說文艸部云蒸析麻中榦也周禮甸師鄭注云木大曰薪小曰蒸以棘爲旁。命曰火捽。一曰傳湯。以當隊。客則乘隊。燒傳湯。斬維而下之。王引之云燒傳湯三字義不相屬燒下當有荅字而今本脫之上文兩言燒荅是其證備城門篇城上二步一荅案傳湯卽以車兩走所作械名自可燒不必增荅也王校未塙備突篇說輪轀並云維置之故必斬維乃可下也令勇士隨而擊之。以爲勇士前行。當作以勇士爲前行號令篇云以勇敢爲前行可證城上輒塞壞城。城下足爲下說鐃。杙長五尺。說當作銳同聲叚借字說文金部云鑱銳也杙舊本作找王引之云找當爲杙備城門篇曰杙閒六寸剡其末此亦云剡其末爲五行行閒廣三尺故知找爲杙之譌案王校是也蘇說同今據正大圉半以上。六韜軍用篇云委環鐵杙長三尺以上三百枚畢云圉疑圍皆剡其末爲五行。行閒廣三尺。貍三尺。大耳樹之。大耳疑犬牙之譌見備城門篇爲連殳。長五尺。說文殳部云殳以杖殊人也禮殳以積竹八觚長丈二尺建於兵車旅賁以先驅大十尺。殳不得大至丈必有譌疑大十當作大寸十卽寸之譌尺當爲大屬下讀備城門篇有大挺卽此挺長二尺。畢云梃俱舊从手以意改大六寸。索長二尺。卽備城門篇之連梃凡連殳連梃蓋皆以索係連之椎柄長六尺。首長尺五寸。備城門篇長椎長六尺頭長尺斧柄長六尺。御覽兵部引備衝法用斧長六尺亦與此同備城門篇長斧柄長八尺此短二尺與彼異刃必利。皆葬。字書無葬字疑當作皆築見備城門篇其一後。未詳荅廣丈二尺。口口丈六尺。垂前衡四寸。兩端接尺相覆。勿令魚鱗三。蘇云雜守云入柴勿積魚鱗簪畢注疑槮字假音竊謂此處三字亦槮字假音也案蘇說是也言爲荅之法以木兩端相銜接以尺爲度不可鱗次不相覆也著其後行。前有前衡此疑當作後衡上下文有前行與此義似不同中央木繩一。木疑當作大長二丈六尺。荅樓不會者。以牒塞。蘇云會猶合也牒當爲堞案說文片部云牒札也廣雅釋器云牒版也謂以版塞壁隙蘇說非數暴乾。畢云說文云暴晞也荅爲格。令風上下。此亦未詳其義堞惡疑壞者。疑壞謂未壞而疑其將壞也先貍木十尺一枚。一。此字疑衍節壞。當作卽壞斲植以押慮盧薄於木。畢云唐大周長安三年石刻云爰雕爰斲卽斲字慮字衍文案押未詳慮卽盧字之誤衍畢校得之盧薄。漢書王莽傳爲銅薄櫨顏注云柱上枡也畢云說文云櫨柱上柎也欂壁柱表八尺。表疑袤之誤蘇云表當作長非廣七寸。經尺一。蘇云經徑同詒讓案疑當作徑一尺數施一擊而下之。擊疑卽桔槔之桔詳備城門篇下之疑當作上下之桔臯可上下也爲上下釫而斲之。畢云說文云芣兩刃臿也或从金或从手玉篇云釫同鏵鏵鏊也胡瓜切經一。疑當作徑一尺鈞。疑當作鉤上疑有捝字禾樓。禾疑當作木備城門篇有木樓羅石。羅疑當作絫聲之轉絫石卽礧石見備城門篇縣荅。植內毋植外。謂縣於荅樓之內也備城門篇云樓四植植卽柱也杜格貍四尺。杜格義難通疑當作柞格國語魯語云設穽鄂韋注云穽柞格也柞杜形近而誤周禮雍氏鄭注云擭柞鄂也莊子胠篋篇云削格羅落置罘之知多則獸亂於澤矣釋文引李頤云削格所以施羅網也柞格柞鄂削格蓋皆穽擭之名旗幟篇有柞格疑即此高者十丈。木長短相雜。兊其上。蘇云兊同銳而外內厚塗之。蘇云外內疑當作內外或作外向案外內無誤為前行行棧。見備城門篇縣荅隅為樓。樓必曲裏。吳鈔本作禮蘇屬下土讀云曲裏土疑再重二字之誤備穴云為再重樓是也案曲裏卽再重之誤說詳備城門篇土當屬下讀土五步一。毋其二十畾。畢云桼字詒讓案土五步一蓋謂積土也毋其二十畾疑當作毋下二十畾此書其字多作亓與下形近故互譌畾讀為孟子蔂梩之蔂古字通用蔂土籠也見備城門篇爵穴十尺一。爵穴制詳備城門篇下堞三尺。廣其外。堞舊本譌壞吳鈔本又譌壞蘇云壞當作堞見備城門篇案蘇校是也今據正轉𨽍城上。畢云𨽍卽傳字詒讓案字書無𨽍字與傳形聲並遠未詳其說樓及散與池。散疑當作殺革盆。見備城門篇

轉。疑當作若傳謂敵傳城也攻卒擊其後。煖失治。煖當為緩言不急擊敵則以法治之車革火。未詳此數語與上下文義不相屬疑有譌挩凡

殺蛾傳而攻者之法。置薄城外。蓋於城外植木為藩蔽薄備梯篇作裾裾當為椐之誤畢云薄疑卽欂字所謂壁柱黃紹箕云說文艸部薄林薄也一曰蠶薄荀子禮論篇楊倞注云薄器竹葦之器此書所云椐蓋卽編木為藩柂椐為古聲孳生字薄為甫聲孳生字二字同部聲近義同案黃說是也亦詳前備城門篇畢說失之去城十尺。薄厚十尺。伐操之法。畢云操當為薄大小盡木斷之。以十尺為斷。離而深貍堅築之。毋使可拔。二十步一殺有𡐿。當作鬲畢云方言云𡐿虞望也郭璞注云今云烽火是也此从土俗寫耳說文玉篇無此字案畢說非是厚十尺。畢云備梯云殺有一鬲鬲厚十尺殺有兩門。門廣五步。畢云舊脫一門字据備梯增步備梯作尺詒讓案門不當有三丈之廣當从尺為是薄門板梯貍之勿築。畢云舊脫勿字据備梯增令易拔。城上希薄門而置搗。王引之云搗字義不可通搗當為楬字之誤也楬杙也希與睎同望也言望薄門而立杙也備梯篇置楬作直桀置直楬桀並通廣雅楬杙也爾雅雞棲於弋為桀縣火四尺一椅。當作檝畢云備梯作鉤檝五步一竈。竈門有鑪炭。傳令敵人盡入。畢云舊作人以意改車火燒門。車備梯篇作熚此疑熏之誤詳備城門篇縣火次之。出載而立。畢云舊脫出字据備梯增其廣終隊。兩載之間一火。皆立而待。鼓音而然。畢云待舊作侍以意改詒讓案舊本作燃俗字今據吳鈔本正蘇讀待字句云鼓音上當有聽字非卽俱發之。敵人辟火而復攻。小爾雅廣言云辟除也此謂敵人屛除所發之火復從舊隧而來攻故下云縣火復下也備梯篇作

涂火與此義正同王引之謂辟爲避蘇讀同並非縣火復下。敵人甚病。敵引哭而榆。榆畢本作去云舊作榆音之譌據備梯改備梯多有微異俞云哭當作師說文帀部師古文作𠩵形與哭相似故師誤爲哭也案俞說近是榆去音不甚近疑當爲逃之借字古兆聲俞聲字多互通如詩小雅鹿鳴示民不恌毛傳云恌偸也可證則令吾死士。左右出穴門。擊遺師。遺當作遺蘇謂潰之誤亦通令賁士主將。皆聽城鼓之音而出。賁士卽奔士也王引之謂賁當作者卽諸之省未塙詳備梯篇又聽城鼓之音而入。因素出兵將施伏。蘇云素當作數案素不誤詳備梯篇夜半。而城上四面鼓噪。敵人必或。畢云人舊作之據備梯改或與惑同破軍殺將。以白衣爲服。畢云舊脫白字據備梯增以號相得。

墨子閒詁卷十五

迎敵祠第六十八

敵以東方來，迎之東壇，壇高八尺。（月令鄭注云木生數三成數八）堂密八。（蓋堂爲多角形爾雅釋山云山如堂者密郭注引尸子云不知堂密之有美樅俞云密字無義疑當作突說文穴部突深也謂堂深八尺也不言尺者蒙上而省突密相似因誤爲密矣下竝同）年八十者八人，主祭青旗，青神長八尺者八，弩八，八發而止，將服必青，其牲以雞。（月令注云雞木畜）敵以南方來，迎之南壇，壇高七尺，（月令注云火生數二成數七）堂密七。年七十者七人，主祭赤旗，赤神長七尺者七，弩七，七發而止，將服必赤，其牲以狗。（賈子新書胎教篇青史氏記云南方其牲以狗狗者南方之牲也此與彼合月令犬屬秋注云犬金畜與此異）敵以西方來，迎之西壇，壇高九尺，（月令注云金生數四成數九）堂密九。年九十者九人，主祭白旗，素神長九尺者九，弩九，九發而止，將服必白，其牲以羊。（賈子云西方其牲以羊羊者西方之牲也此與彼合月令羊屬夏注云羊火畜與此異）敵以北方來，迎之北壇，壇高六尺，（月令注云水生數一成數六）堂密六。年六十者六人，主祭黑旗，黑神長六尺者六，弩六，六發而止，將服必黑，其牲以彘。（月令注云彘水畜畢云已上與黃帝兵法說同見北堂書鈔詒讓案孔叢子儒服篇孔子高對信陵君問祈勝之禮云先使之迎於適所從來之方爲壇祈克於五帝衣服隨其方色執事人數從其方之數牲則用其方之牲即本此）從外宅諸名大祠，（從當作徙形近而誤謂城外居宅及大祠寇至則徙其人及神主入內也）靈巫或禱焉，給禱牲。凡望氣，有大將氣，（茅坤本有有中將氣四字）有小將氣，有往氣，有來氣，有敗氣，（畢云今其法存通典兵風雲氣候襍古也）能得明此者，可知成敗吉凶。舉巫醫卜有所，（謂巫醫卜居各有所或讀有所長句亦通）長具藥。醫之長掌具藥備用宮之。疑當作宮養之今本挩養字號令篇云守入城先以候爲始得輒宮養之可證舍爲舍。巫必近公社。必敬神之巫卜以請守。茅本請作諸守上當依王校增報字案巫卜下亦當有望氣二字守獨智巫卜望氣之請而已。三略中略云禁巫祝不得爲吏士卜問軍之吉凶舊本氣誤在之字下畢云智知同言望氣之請唯告守獨知之王云請皆讀爲情墨子書通以請爲情此文當作巫卜以請報守守獨智巫卜望氣之請而已智與知同言巫卜以情報守巫卜望氣之情唯守獨知之而已勿令他人知也號令篇曰巫祝史與望氣者必以善言告民以請上報守守獨知其請而已是其證舊本脫報字氣之二字又誤倒則義不可通案王校是也蘇校同今據乙其出入爲流言驚駭恐吏民謹微察之。王云說文飂司也司今作伺飂字亦作微史記廉頗藺相如傳曰趙使人微捕得李牧漢書游俠傳使人微知賊處師古曰微伺之也案亦詳號令篇斷罪不赦。說文斤部云斷截也車部云斬截也又首部云䰠截也三字同訓此斷蓋卽䰠字亦卽斬也商子賞刑篇云晉文公斷顛頡之脊以徇望氣舍近守官。官謂守所治官府茅本作宮牧賢大夫及有方技者若工弟之。牧當爲收之誤工謂百工舉屠酤者。蘇云酤與沽通賣酒也置廚給事弟之。畢云言次第居之古次第字只作弟案弟疑當爲鄒之省鄒與秩同言廩食之畢說未允凡守城之法。縣師受事。周禮地官有縣師上士二人若有軍旅之戒則受灋于司馬以作其衆庶及馬牛車輦會其車人之卒伍使皆備旗鼓兵器以帥而至侯國蓋亦有此官戰國時猶沿其制也出葆。循溝防。築薦通塗。薦與荐通左傳哀八年傳荐之以棘杜注云雍也釋文云荐一作荐築荐通塗謂雍塞通達之塗也脩城。百官共財。蘇云共讀如供百工卽事。司馬視城脩卒伍。吳鈔本視作施脩作修設守門。蘇云門下疑挩一閹字案蘇說非二人掌右閹。舊本二誤三俞云左右人數不應有異疑三人是二人之誤蓋門之啟閉皆四人守之啟則有左右之分故曰二人掌右閹二人掌左閹及閉則無左右之分故止曰四人掌閉也案俞說是也茅本正作二人今據正二人掌左閹。閹闔之借字猶耕柱篇商奄作商蓋說文門部云闔門扇也左右闔卽謂門左右扉蘇讀掌右掌左句誤四人掌閉。百甲坐之。左文十二年傳云裹糧坐甲荀子正論篇云庶士介而坐道俞云百乃皆字之誤言守門者皆甲而坐也案百字不誤城下門百甲城上步一甲文正相對城上步一甲一戟。備城門篇云城上樓卒率一步一人其贊三人。小爾雅廣詁云贊佐也三人爲甲戟士之佐合之五人而分守五步非一步有五人也五步有五長。十步有什長。百步有百長。卽備城門篇之帛尉也旁有大率。卽旗幟篇四面四門及左右軍之將分守四旁中有大將。卽旗幟篇中軍之將皆有司吏卒長。

城上當階。有司守之。移中中處。移中不可解疑當爲多卒之誤蓋城上每步一甲城下每門百甲此外多餘者爲多卒猶言羨卒也旗幟篇云多卒爲雙兔之旗商子境內篇云國尉分地以中卒隨之澤急而奏之。畢云言居中者澤急事奏之澤當爲擇俞云畢校是也惟未解奏字之義史記蕭相國世家索隱曰奏者趨向之也擇急而奏之謂有急則趨向也士皆有職。城之外。矢之所遝。遝舊本作還蘇云還猶至也王云還當爲遝謂矢之所及也下同案王校是也今據正說詳非攻下篇壞其牆。無以爲客菌。菌猶言翳也周書王會篇有菌鶴孔注云菌鶴可用爲旌翳是菌有翳蔽之義蘇云菌疑與　義通意言城外有牆是令敵人得障蔽以避矢宜急壞之三十里之內。薪蒸水皆入內。水無入內之理當爲木上又捝材字薪蒸細木材木大木也襍守篇云材木不能盡入者燔之是其證狗彘豚雞。食其宍。畢云宍肉字異文廣韻云肉俗作宍斂其骸以爲醢。說文酉部云醢肉醬也爾雅釋器云肉謂之醢有骨者謂之臡臡醢亦通偁腹病者以起。呂氏春秋直諫篇高注云起與也謂病瘉而與起但審校文意似謂肉醢等當以養病者則病者當爲守圍受傷之人不宜專舉腹病此似有譌字竊疑腹或當爲腝即臡之正字屬上醢腝爲句於義較通也城之內。薪蒸廬室。矢之所遝。舊本亦作還今據王校改皆爲之涂菌。蘇云涂菌所以避矢涂塗同令命昏緯狗纂馬。掔緯。後漢書張衡傳李注云纂繫也說文手部云掔固也大戴禮記夏小正農緯厥耒傳云緯束也言緯纂必堅固蘇云緯束也掔苦閑切音慳固也又牽去也與牽通言夜必防閑狗馬勿令驚逸詒讓案掔牽古通然此掔當讀如字似無牽義靜夜聞鼓聲而譟。畢云譟字異文詒讓案周禮大司馬云鼓皆駴車徒皆譟鄭注云譟讙也所以闔客之氣也。畢云闔遏也所以固民之意也。故時譟則民不疾矣。凡守城之法以下至此疑他篇之文錯箸於此祝史乃告於四望山川社稷。祝史謂大祝大史也周禮大宗伯鄭注云四望五嶽四鎮四瀆案山川蓋謂中小山川在竟內者先於戎。先於戎未詳疑當作先以戒下文云先以揮文例同乃退。公素服誓于太廟曰。其人爲不道。蘇云其人疑當作某人案蘇校是也孔叢子正作某人不道不脩義詳。脩吳鈔本作修畢云詳祥同唯乃是王。疑當作唯力是正力乃正王形並相近明鬼下篇云諸侯力正曰予必懷亡爾社稷。蘇云懷疑當作壞案懷猶言思也似不誤滅爾百姓。二參子尚夜自廈。畢云當爲厲蘇云參即三下參發義同尚下當脫夙字或尚即夙字之譌詒讓案孔叢子云二三子尚皆同心比力死守與此略同以勤寡人。和心比力兼左右。各死而守。兼下疑捝一字畢云左右助也既誓。公乃退食。舍於中太廟之右。茅本太作大中太廟侯國太祖之廟也儀禮聘禮賈疏說諸侯廟制云太祖之廟居中二昭居東二穆居西廟皆別門祝史舍于社。百官具御乃斗。畢云疑刀斗字案斗疑升之誤下云乃下出俟升望我郊乃命鼓俄升此乃升與乃下文正相對公舍在太廟右則升殆即格於廟與鼓于門。畢云門舊作問以意改詒讓案孔叢子云乃大鼓於廟門詔將帥命卒習射三發擊刺三行告廟用兵於敵也依彼文則上斗字當作大未詳右置旂左置旌于隅練名。謂門左右隅一置旂一置旌也畢讀右屬上鼓於門爲句誤說文糸部云練湅繒也名銘古今字謂以練爲旂旌之旒而書名於上也爾雅釋天說旌旂云纁帛縿練旒九儀禮士喪禮云爲銘各以其物亡則以緇長半幅赬末長終幅廣三寸書名于末鄭注云銘明旌也今文銘皆爲名周禮司勳云銘書於王之大常是凡旌旗之屬通謂之銘此作名與禮今文正同說文亦無銘字射參發告勝。五兵咸備。五兵詳節用上篇乃下出挨。畢云當爲俟升望我郊侯國宮廟有門臺故可升望國郊乃命鼓俄升。公羊桓二年何注云俄者謂須臾之間役司馬射自門右。役司馬蓋官名掌徒役者蓬矢射之。茅參發。茅當爲矛蘇屬上讀云似言束茅而射之誤弓弩繼之。校自門左。校蓋軍部曲吏管子度地篇有部校長官商子境內篇云軍爵自一級以下至小夫命曰校徒操士戰國策中山策云五校大夫高注云五校軍營也又秦策云亡五校校下疑脫射字先以揮。不箸其兵疑有佚挩木石繼之。祝史宗人告社。左傳哀二十四年杜注云宗人禮官也案即周禮大小宗伯侯國及都家並有之覆之以甑。說文瓦部云甑甗也此蓋厭勝之術未詳其義

旗幟第六十九

畢云說文云旗熊旗五游以象罰星士卒以爲期釋名云熊虎爲旗軍將所建象其猛如虎與衆期其下也幟當爲織詩織文鳥章傳云徽織也陸德明音義音志云又尺志反又作識案漢書亦作志而無从巾字王改幟並爲職云墨子書旗識字如此舊本從俗作幟篇內放此案幟正字當作識號令襍守二篇微職字並作職者叚借字也王校甚是但司馬貞玄應所引並作幟則唐本如是以相承已久未敢輒改

守城之法。木爲蒼旗。火爲赤旗。薪樵爲黃旗。石爲白旗。畢云北堂書鈔引作金爲白旗土爲黃旗案畢據明陳禹謨改竄本書鈔不足馮景宋鈔本無水爲黑旗。食爲菌旗。自蒼英旗以上七旗並以色別菌非色名疑當爲茜說文艸部云茜茅蒐也茅蒐可以染絳字或作蒨左定四年傳綪茷襍記鄭注引作蒨旆死士爲倉英之旗。蘇云倉英當卽蒼鷹俞云倉英之旗皆青色旗倉英卽滄浪也在水爲滄浪在竹爲蒼筤並是一義此又作倉英者英古音如央故

與復同聲案俞說是也竟士。竟競之借字逸周書度訓篇云揚舉力竟亦以竟爲競畢云猶云彊士蘇云猶言勁卒爲雩旗。畢云虎字假音王云雩卽虎之譌非其假音也鈔本北堂書鈔武功部八引此爲虎旗上脫二字而虎字則不誤通典兵五亦曰須戰士銳卒舉熊虎旗隸書虎字或作雨見漢穀阮君神祠碑陰與雩字相似而誤多卒爲雙兔之旗。五尺童子爲童旗。五尺謂年十四以下詳襍守篇女子爲梯末之旗。蘇云梯末詳疑當作桔楊生稊之稊弩爲狗旗。戟爲菹旗。菹疑卽旌字月令季秋載旌旐淮南子時則訓旌作茬茬菹皆旌之譌隸書旌或作旌形相近周禮司常九旗析羽爲旌畢云北堂書鈔引作林旗劍盾爲羽旗。蓋卽司常九旗之全羽爲旞車爲龍旗。畢云舊作韙据北堂書鈔改車彼作輿詒讓案舊鈔本書鈔仍作車與今本同騎爲鳥旗。騎謂單騎亦見號令篇左傳昭二十五年左師展將以公乘馬而歸孔疏云古者服牛乘馬馬以駕車不單騎也至六國之時始有單騎蘇秦所云車千乘騎萬匹是也曲禮云前有車騎者禮記漢世書耳經典無騎字也劉炫謂此左師展欲共公單騎而歸此騎馬之漸也案單騎蓋起於春秋之季而盛於六國之初故此書及吳子並有之凡所求索旗名不在書者。皆以其形名爲旗。城上舉旗。備具之官致財物。句之足而下旗。俞云下之字衍文本作足而下旗蓋城上舉旗則備具之官各致其財物既足而後下旗也之字卽足字之誤而複者當刪詒讓案之當作二卽物之重文物足而下旗言致財物既足共城上之用則偃下其旗也凡守城之法。石有積。樵薪有積。菅芧有積。芧吳鈔本作茆說文艸部云菅茅也陸璣毛詩艸木疏云菅似茅而滑澤無毛柔韌宜爲索茆茅古字亦通藿葦有積。說文艸部云藿薍也葦大葭也雈部云雚小爵也音義並別此藿當爲雈經典省作萑或誤作藿非是周禮司几筵萑席唐石經初刻亦誤作藿木有積。炭有積。沙有積。松柏有積。蓬艾有積。麻脂有積。金鐵有積。粟米有積。王云金鐵當爲金錢字之誤也金錢粟米皆守城之要物故並言之若鐵則非其類矣號令篇曰粟米錢金布帛又曰粟米布帛錢金襍守篇曰粟米布帛金錢皆其證太平御覽居處部二十引此正作金錢井竈有處。畢云通典守拒法云城上四隊之間各置八旗若須木樏拯板舉蒼旗須灰炭稕鐵舉赤旗須檑木樵葦舉黃旗須沙石瓴瓦舉白旗須水湯不潔舉黑旗須戰士銳卒舉熊虎旗須戈戟弓矢刀劍舉鷙旗須皮甕麻鏁鍬钁斧鑿舉雙兔城上舉旗主當之官隨色而供亦其遺法重質有居。畢云言居其妻子五兵各有旗。節各有辨。說文刀部云辨判也凡符節判析其半合之以爲信驗荀子性惡篇云辨合符驗周禮小宰傳別朝士判書鄭注引故書別判並作辨聲義並相近法令各有貞。廣雅釋詁云貞正也又疑或爲員之譌蘇云貞爲其字之訛非輕重分數各有請。請與誠通主慎道路者有經。愼循之叚字謂循行道路也周禮體國經野鄭注云經謂爲之里數亭尉各爲幟。竿長二丈五。亭尉即備城門篇之帛尉及迎敵祠篇之百長也帛長丈五。廣半幅者大。畢云太平御覽引云凡幟帛長五丈廣半幅案史記高祖紀索隱引墨翟曰幅帛長丈五廣半幅一切經音義五云墨子以爲長丈五尺廣半幅曰幟也並即據此文是唐本已如此御覽不足據後文城將幟五十尺以次遞減至十五尺止亭尉卑自當丈五尺不宜與城將等也又者大畢本据惠士奇禮說改爲有大屬下寇傅攻前池外廉爲句案者字不誤大當爲六二字形近下文大城大又譌六可互證六即亭尉幟之數蓋每亭爲六幟以備寇警緩急舉踣之用下文舉一幟至六幟解如數踣之並以六爲最多故此先著其總數也惠畢並誤改其文又失其句讀寇傅攻前池外廉。廉邊也詳雜守篇城上當隊鼓三。舉一幟。到水中周。周州聲近通用俗又作洲說文川部云水中可居曰州周遶其旁鼓四。舉二幟。到藩。吳鈔本作蕃藩蓋池內厓岸編樹竹木爲牆落備城門篇云馮垣外內以柴爲藩即此雜守篇云牆外水中爲竹箭明水在外牆在內矣鼓五。舉三幟。到馮垣。蓋卑垣在外堞外者詳備城門篇鼓六。舉四幟。到女垣。女垣即堞說文土部云堞城上女垣也阜部云陴城上女牆俾倪也此女垣在馮垣內大城外蓋即號令篇之女郭備城門篇之外堞也備城門篇別有內堞鼓七。舉五幟。到大城。畢云大舊作六以意改下同鼓八。舉六幟。乘大城半以上。鼓無休。夜以火。如此數。寇卻解。輒部幟。如進數。畢云言數如此行之寇去始解輒部署幟如前也王引之云部讀爲踣謂仆其識也周官大司馬弊旗鄭注曰弊仆也仆踣部古字通呂氏春秋行論篇引詩曰將欲踣之必高舉之踣與舉正相反故寇來則舉識寇去則踣識也如進數者如寇進之識數而遞減之識之數以六爲最多故寇進則自一而遞加之寇退則自六而遞減之也畢以部爲部署失之又誤解如進數三字案王說是也而無鼓。蘇云言夜以火代幟鼓數同寇退則無鼓也城爲隆。長五十尺。城爲隆疑當作城將爲絳幟絳降隆聲類並同左成十八年傳魏絳樂記孔疏引世本絳作降是其證此以隆爲絳猶尚賢中篇以隆爲降也隆下又挩幟字周禮司常鄭注云凡九旗之帛皆用絳城將即大將見號令篇尊於四面四門之將故幟高於彼十尺四面四門將。四十尺。號令篇云四面四門之將必選擇之有功勞之臣及死事之後重者戴云將疑牆字聲誤非其次三十尺。其次三十五尺。其次二十尺。其次十五尺。高無下四十五尺。此四字衍高無下十五尺即冢上長五十尺以次遞減至此爲極短也城上吏卒置之背。王引之云卒字涉下文吏卒而衍下文卒置於頭上則不得又置之背也又案頭上也肩也背也胷也皆識之所置也說文徽識也㠯絳帛著於背張衡東京賦戎士介而揚揮揮同徽薛綜曰揮謂肩上絳幟皆其證今不言識者城上吏之上又有挩文耳案王說是也此置背等並謂吏卒所著小徽識與上將旗不相冢下文城中吏卒民男女皆辨異衣章微令男女可知十八字疑卽此節首之捝文傳寫誤錯著於彼而此小微識遂與上旗識淆掍不分矣尉繚子經卒令說卒五章前一行蒼章置於首次二行赤章置於項次三行黃章置於胷次四行白章置於腹次五行黑章置於要又兵教篇云將異其旗卒異其章左軍章左肩右軍章右肩中軍章胷前書其章曰某甲某士此上文五十尺至十五尺卽謂將異旗以下乃言卒異章之事二書可互證

卒於頭上。城下吏卒置之肩。
畢云舊作眉據禮說改下同

左軍於左肩。
畢云左軍舊作在他据禮說改王云下當有右軍於右肩五字而今本脫之案吳鈔本亦作在他道藏本作在也以字形審之疑當作左施於左肩右施於右肩

中軍置之胷。
畢云此俗字當爲匈或胷

各一鼓中軍一三。
未詳疑當作中軍三言鼓多於左右軍一衍文

每鼓三十擊之。
三十擊之謂或三擊或十擊多少之數不過此也號令篇云中軍疾擊鼓者三又云昏鼓鼓十諸門亭皆閉之

諸有鼓之吏謹以次應之。當應鼓而不應。不當應而應鼓。
舊本作不當應而不應鼓王云此當作當應鼓而不應鼓不當應鼓而應鼓今本上下二句當脫一鼓字蘇云下句當云不當應而應不字衍案蘇校是也道藏本吳鈔本應鼓上正無不字今據刪王校增字太多未塙未鼓字或當屬下讀

主者斬。
畢云言罪其鼓主

道廣三十步。於城下夾階者。各二。其井置鐵𢐗。於道之外。
畢云說文云𢐗弓曲也王引之云弓曲之義與鐵字不相屬且井旁亦非置弓之處竊謂𢐗乃雍字之譌雍讀若甕備城門篇云百步一井井十甕故曰其井置鐵甕

爲屛。
屛所以障圂開元占經甘氏外官占甘氏云天溷七星在外屛南注云天溷廁也外屛所以障天溷也史游急就篇云屛廁淸溷糞土壤

三十步而爲之圓。
亦當作圂

高丈。爲民圂。垣高十二尺以上。巷術周道者。
說文行部云術邑中道也周道詳備城門篇云巷術通周道者

必爲之門。
畢云必舊作心以意改

門二人守之。非有信符勿行。不從令者斬。
自巷術周道者至此並與旗幟無涉疑它篇之錯簡

城中吏卒民男女。皆葕異衣章微。
王引之云葕字義不可通葕當爲辨辨異二字連文周官小行人曰每國辨異之隸書辨字或作辡見漢李翕析里橋郙閣頌因譌而爲葕王念孫云衣章微當作衣章微職說文微識也墨子書微識皆作微職見號令襍守二篇章亦微識之類也故齊策云變其徽章徽亦與微同此言男女之衣章微識皆有別也故曰皆辨異衣章微職令男女可知且此篇以旗職爲名則當有職字明矣今本辨譌作葕微下又脫職字故義不可通案王校是也蘇引類篇曰蔓葕也非

令男女可知。
此十八字疑當在上文城上吏卒置之背之首錯簡在此

諸守牲格者。
牲格蓋植木爲養牲闌格守城藩落象之因以爲名備蛾傅篇云杜格貍四尺高者十尺木長短相雜兌其上而外內厚塗之疑亦卽此彼杜格當爲柞格或此牲亦當作柞牲杜柞形並相近

三出却適。
畢云却玉篇云卻字之俗

守以令召賜食前。

守即號令篇之太守以令亦屢見彼篇言傳令來前賜食 亏大旗。亏畢本以意改亏屬上讀蘇云亏與通用畢誤 署百戶邑。若他人財物。建旗其署。令皆明白知之。曰某子旗。尉繚子兵敎上篇云乃爲之賞法自尉吏而下盡有旗戰勝得旗者各視其所得之爵以明賞勸之心左哀十三年傳云彌庸見姑蔑之旗曰吾父之旗也 牲格內廣二十五步。外廣十步。表以地形爲度。俞云表乃袤字之誤備穴篇鑿廣三尺表二尺王氏訂表爲袤之誤正與此同 斬卒。中教解前後左右。斬疑當作勒尉繚子有勒卒令漢書晁錯傳云士不選練卒不服習起居不精動靜不集趨利弗及避難不畢前擊後解與金鼓之音相失此不習勒卒之過也蓋謂部勒兵卒將居中而教其前後左右解字疑誤 卒勞者更休之。休舊本作修今據吳鈔本茅本正

號令第七十

蘇云墨子當春秋後其時海內諸國自楚越外無稱王者故迎敵祠篇言公誓太廟可證其爲當時之言若號令篇所言令丞尉三老五大夫太守關內侯公乘皆秦時官其號令亦秦時法而篇首稱王更非戰國以前人語此蓋出於商鞅輩所爲而世之爲墨學者取以益其書也倘以爲墨子之言則誤矣案蘇說未塙令丞尉三老五大夫等制並在商鞅前詳篇中

安國之道。道任地始。禮記禮器鄭注云道猶從也 地得其任。則功成。地不得其任。則勞而無功。人亦如此。備不先具者。無以安主。吏卒民多。心不一者。皆在其將長。言責在將與長也 諸行賞罰。及有治者。必出於王公。畢云公舊作功一本如此案茅本亦作公道藏本吳鈔本並作功此對上將長爲文疑當作王公下文云出粟米有期日過期不出者王公有之是其證傳寫誤倒耳畢讀以王字屬下句亦通 數使人行勞賜。守邊城關塞。備蠻夷之勞苦者。舉其守卒之財用。有餘不足。卒疑卒之誤 地形之當守邊者。其器備常多者。邊縣邑。視其樹木惡則少用。言材木不足共用 田不辟。畢云闢假音字 少食。田荒農惰則食不足 無大屋草蓋。少用桑。畢云言無大屋之處當留桑以爲蔭一本作乘非案桑道藏本茅本並作桒俗桑字說文艸部云蓋苫也釋名釋宮室云屋以草蓋曰茨茨次也次比草爲之也草蓋謂以草蓋屋少用桑當作少車乘乘桒形相近車用涉上而譌言室惡民貧則不能畜車乘馬牛也畢沿誤爲說殊謬 多財。民好食。下有挩誤 爲內牒。牒疑堞之誤內堞見備城門篇畢引說文云牒札也非此義 內行棧。亦見備城門篇 置器備其上。城上吏卒養。養卽厮養之養公羊宣七年何注云炊亨曰養蘇云養謂糧食誤 皆爲

舍道內各當其隔部。吳鈔本作步太白陰經司馬穰苴云五人爲伍二伍爲部部隊也隔部卽城上吏卒什人所守分地皆有隔以別其疆界下云人自大書版著之其署隔則凡署皆有隔養什二人。十人爲什言每卒十人則有養二人吉天保孫子集注引曹操云一車駕四馬養二人主炊步兵十人亦十步卒二養與此略同爲符者曰養吏一人。養吏吏掌養爲符信者辨護諸門。辨護猶言監治也亦見周禮大祝山虞鄭注山虞賈疏引尙書中候握河紀云堯受河圖稷辨護注云辨護者供時用相禮儀案辨卽今辦治字漢書李廣傳顏注云護謂監視之此養吏辨護諸門亦謂辦治監視諸守門之事與中候注義小異畢云辨卽今辦字正文門者及有守禁者皆無令無事者。得稽留止其旁。舊本重稽字又止作心道藏本吳鈔本茅本稽字並不重畢云心當爲必或衍一稽王引之亦刪稽又云改心爲必義仍不可通心當爲止言勿令無事者得稽留而止其旁也隸書止心相似故止譌爲心案王校是也蘇說同今據刪正倭刻茅本校云心一作止正與王校同不從令者戮。敵人但至。但舊本作伹从且疑且字之誤千丈之城。千茅本作十下文仍作千雜守篇云率萬家而城方三里此云千丈爲方五里有奇蓋邑城之大者尉繚子守權篇云千丈之城則萬人守之戰國策趙策云今千丈之城萬家之邑相望也齊策亦云千丈之城拔之尊俎之閒畢云千當爲十失之必郭迎之。舊本迎作近畢云當爲迎之案畢校是也今據正主人利。不盡千丈者勿迎也。視敵之居曲。畢云言所居曲隘詒讓案曲部曲又疑與之誤衆少而應之。此守城之大體也。其不在此中者。皆心術與人事參之。心疑當作以凡守城者以亟傷敵爲上。亟舊本譌亟今據王校正說詳魯問及備城門篇畢云言扞禦傷敵其延日持久以待救之至明於守者也。倭本校云至下脫不不能此。蘇云不疑當作必乃能守城。守城之法敵去邑百里以上城將如今。畢云當爲令王引之云如猶乃也言敵人將至城將乃今召五官百長而命之也下文曰輔將如今賜上卿與此文同一例則今非令之譌案畢說是也此書軍吏有城將卽大將有輔將卽四面四門之將地治之吏有守有令有丞有尉有五官凡守城之事皆城將及守令主之並詳後如令猶言若令下文如今亦如令之譌王說失之盡召五官及百長。五官蓋都邑之小吏周制侯國有五大夫因之都邑亦有五官韓非子十過篇云趙襄子至晉陽行其城郭及五官之藏此卽都邑之五官殆如後世吏有五曹之類後文吏有比丞比五官則五官卑於丞也又左傳成二年晉軍師之下有司馬司空輿師侯正亞旅成十八年及晉語悼公命官別立軍尉而無亞旅成二十五年傳又謂之五吏淮南子兵略訓說在軍五官有司馬尉侯司空輿與晉制同竊疑此五官亦與彼相類後文有尉都司空侯或卽五官之名與亦詳節喪篇以富人重室之親。舍之官府。府舊本譌作符王引之云符當爲府言舍富人重室之親於官府也下文云其有符傳者善舍官府是其證篇內言官府者多矣若云舍之官符則義不可通此涉上下文諸符字而誤案王校是也蘇說同今據正 謹令信人守衛之。謹密爲故。俞云故猶事也言務以謹密爲事也備梯篇以靜爲故備穴篇以急爲故義與此同畢屬下讀失之 及傳城 及傳舊本譌作乃傳畢云言守符謹密必有故乃傳用也俞云乃傳當作及傳字之誤也上云敵去邑百里以上此云及傳城其事正相次傳卽蛾傳之傳備蛾傳篇曰䖵以傳城是也畢不能訂正而屬上讀僅密爲故讀之殊不可通案俞校是也今據正 守將營無下三百人。守下道藏本吳鈔本茅本有城字 四面四門之將。必選擇之有功勞之臣及死事之後重者。蘇云重者卽重室子也 從卒各百人。門將幷守他門。謂他小門 他門之上。畢云舊脫門字以意增 必夾爲高樓。使善射者居焉。女郭馮垣一人。一人守之。女郭卽女垣以其在大城之外故謂之郭釋名釋宮室云城上垣亦曰女墻言其卑小比之於城若女子之與丈夫也旗幟篇云到馮垣鼓六舉四幟到女垣鼓七舉五幟蘇云一人疑誤重 使重室子。室舊本誤字畢云言重家之字子謂富家王云重字子卽重室子之譌案王校是也蘇校同今據正重室子見備城門篇 五十步一擊。文選長楊賦李注引韋昭云古文隔爲擊此擊疑亦署隔之名蘇云擊當作樓 因城中里爲八部。部一吏。城內爲八部吏 吏各從四人。以行衝術及里中。畢云衝當爲衝說文云通道也春秋傳曰及衝以擊之詒讓案此術與旗幟篇巷術及後術衢義同與備城門篇衝術異 里中父老小。不舉守之事。及會計者。老小上下疑有挩字王引之云父老下不當有小字蓋涉下文老小而衍舉讀爲吾不與祭之與與舉古字通謂里中父老不與守城及會計之事者案王說亦通蘇云小當作少謂人少不敷用也非 分里以爲四部。此又於一里之中分之爲四部 部一長。每里四長 以苛往來不以時行。周禮射人鄭注云苛謂詰問之蘇云苛譏訶也 行而有他異者。以得其姦。吏從卒四人以上有分者。此卽八部每部之吏也王引之云分下當有守字而今本脫之則文義不明分守謂卒之分守者也下文曰男女老小先分守者人賜錢千是其證 大將必與爲信符。大將使人行。守操信符。信不合。及號不相應者。蘇云號卽夜間口號 伯長以上輒止之。伯百通卽上文百長 以聞大將。畢云告大將 當止不止。及從吏卒縱之。皆斬。諸有罪。自死罪以上。舊本挩以字今從王校補 皆𨗙父母妻子同產。舊本𨗙作還王云還當爲𨗙謂罪及父母妻子同產也下文云歸敵者父母妻子同產皆車裂案王校是也今據正說詳非攻下篇諸男女有守於城上者。疑當云諸男子備城門篇云守法五十步丈夫十人丁女二十人老小十人此男子卽丈夫也下文別云丁女子則此不當兼有女明矣什六弩四兵。蘇云十人爲什兵戎器也言十人之中弩六而兵四之察蘇說是也六韜軍用篇云甲士萬人強弩六千戟櫓二千矛楯二千與此率正同丁女子老少人一矛。蘇云丁女子猶言丁女見備城門篇卒有驚事。驚讀爲警文選歎逝賦李注云警猶驚也蘇云言猝有警急之報中軍疾擊鼓者三。城上道路。里中巷街。說文行部云街四通道也皆無得行。行者斬。女子到大軍令行者。男子行左。女子行右。無並行。皆就其守。不從令者斬。離守者三日而一徇。畢云當爲徇衆經音義云三倉云徇徧也蘇云而字衍詒讓案而一二字疑皆衍文此二句皆冡上文而箸其刑不從令者斬卽不從男行左女行右之令也離守者卽不就其守者也與下文離守絕巷救火者斬義同但無故離守罪重於不從令者故不惟斬之且肆其尸三日所謂三日徇也義亦詳後而所以備姦也。蘇云而字衍案而乃此字之誤非衍文下文云此所以勸吏民堅守勝圍也是其證里正與皆守宿里門。里正卽上文里長每里四人與皆守疑當作與有守者下文當見畢云當爲與守皆未塙吏行其部。至里門。正與開門內吏。蘇云內讀如納與行父老之守及窮巷幽閒無人之處。舊本無幽字俞云閒上脫幽字幽閒二字連文明鬼篇作幽澗毋人澗卽閒之叚字天志篇作幽門無人門卽閒之壞字案俞說是也今據增姦民之所謀爲外心。罪車裂。畢云說文云斬戠也从車从斤斬法車裂也案周禮條狼氏誓馭曰車轘鄭注云謂車裂也此刑與斬別畢引說文未當正與父老及吏主部者。不得皆斬。得之除。畢云舊脫得字據下文增案茅本得字不挩又賞之黃金人二鎰。鎰二十四兩也詳貴義篇蘇云此連坐之法唯得罪人則除其罪且有賞也大將使使人行守。使人當作信人上云謹令信人守衞之下云大將使信人將左右救之皆其證長夜五循行。蘇云循徇通用短夜三循行。四面之吏亦皆自行其守。如大將之行。不從令者斬。諸竈必爲屏。畢云舊必作火屏作井据藝文類聚改火突高。畢云火藝文類聚引作心突或𥦗字說文云𥦗竈突𥦗从穴从火从求省玉篇有堗字徒忽切云竈堗魯仲連子竈而五堗也未詳𥦗突誰是案𥦗囱音相近今人猶呼火窗爲煙囱疑𥦗義爲強案說文本云𥦗竈突廣雅釋室云竈窻謂之堗堗突字同與𥦗別畢說非出屋四尺。愼無敢失火。畢云今江浙人家有高牆出屋如屏云以障火是其遺制失火者斬。其端失火以爲事者。畢云言因事端以害人若今律故犯詒讓案端似言失火所始以爲事者據下文當作以爲亂事者此挩亂字車裂。伍人不得斬。伍吳鈔本茅本作五下並同畢云言同伍不舉罪之得之除。救火者無敢讙譁。畢云說文云讙譁轉注及離守絕巷救火者斬。畢云絕言亂蘇云言守絕巷者毋得擅離蓋防他變也案蘇說非其缶及父老有守此巷中部吏。皆得救之。此當作者二字草書相似因而致誤部吏卽城中八部部一吏官尊於里正或有適居是巷者亦得救之部吏亟令人謁之大將。畢云部吏二字舊倒據下移案吳鈔本不倒亟舊本譌亟今據茅本正王校同蘇云人乃入之誤案人字不誤大將使信人將左右救之。部吏失不言者斬。諸女子有死罪。及坐失火。皆無有所失逮。其以火爲亂事者。如法。漢書淮南厲王長傳顏注云逮追捕之也圍城之重禁。以上備火之禁敵人卒而至。蘇云卒猝同嚴令吏命。無敢讙囂。三最並行。王引之云最當爲冣冣與聚通謂三人相聚二人並行也說文冣積也徐鍇曰古以聚物之聚爲冣冣與最字相似故諸書中冣字多譌作最案王說是也蘇云三最乃無敢二字之訛失之相視坐泣流涕若視。舉手相探。說文手部云探遠取之也相指。相呼。相麾。道藏本吳鈔本茅本作曆畢云舊作歷以意改詒讓案詩大雅無羊云麾之以肱說文手部云麾旌旗所以指麾也麾俗麾字然作歷義似亦可通廣雅釋詁云歷過也又莊子天地篇云交臂歷指亦足備一義相踵。說文止部云歱跟也踵卽歱借字謂以足跟相躡也相投。說文手部云投擿也相擊。相靡以身及衣。謂以身及衣相切靡莊子馬蹄篇喜則交頸相靡釋文李云靡摩也易繫辭剛柔相摩韓注云相切摩也靡摩字同訟駁言語。畢云說文云駮獸如馬駁馬色不純據此義當爲駁及非令也。而視敵動移者斬。伍人不得斬。得之除。尉繚子伍制令云伍有干令犯禁者揭之免於罪知而弗揭全伍有誅又云吏自什長以上至左右將上下皆相保也有干令犯禁者揭之免於罪知而弗揭者皆與同罪伍人踰城歸敵。伍人不得斬。與伯歸敵。隊吏斬。伯百人也隊吏卽上文之伯長百長與吏歸敵。隊將斬。隊將卽四面四門之將歸敵者。父母妻子同產。皆車裂。先覺之除。蘇云言先覺察者除其罪也當術。畢云說文云術邑中道也案術隧通作術卽備城門篇之當隊謂當敵攻城之道也下云却敵於術同畢說非需敵。需吳鈔本作儒需讀爲懦考工記輈人馬不契需鄭衆注云需讀爲畏需之需需敵謂却敵也蘇云需待也非離地。斬。畢云言離其所伍人不得斬。得之除。其疾鬭卻敵於術。敵下終不能復上疾鬭者。除二人賜上奉。畢云玉篇云俸房用切俸祿也此作奉古字而勝圍。戴云而讀爲如如勝圍句城周里以上。封城將三十里地。爲關內侯。畢云韓非子顯學云關內之侯雖非吾行吾必使執禽而朝史記春申君列傳黃歇上書云韓必爲關內之侯又云魏亦關內侯則戰國時有關內侯也詒讓案戰國策魏策王與竇屢關內侯漢書百官公卿表秦制賞功勞爵二十級十九關內侯顏注云言有侯號而居京畿無國邑輔將如令。賜上卿。令舊本譌今蘇云輔將城將之次者猶裨將也今當爲令案蘇說是也今據正輔將卽上文四面四門之將也漢書百官表縣令長皆秦官皆有丞尉史記商君傳云集小都鄉邑聚爲縣置令丞秦本紀在孝公十二年國策趙策載趙受上黨千戶封縣令則縣有令蓋七國之通制矣丞。及吏比於丞者。賜爵五大夫。漢書百官表秦爵九五大夫顏注云大夫之尊也呂氏春秋直諫篇荆文王時有五大夫戰國策趙魏楚策亦並有之則非秦制也官吏豪傑與計堅守者。畢云二字舊倒以意改十人及城上吏比五官者。蘇云十人疑士人之譌案蘇說是也下文云諸人士外使者來必令有以執將士人卽人士也城上吏蓋卽百尉之屬上云盡召五官及百長皆賜公乘。漢書百官表秦爵八公乘顏注云言其得乘公家之車也男子有守者。爵人二級。九章算術衰分篇劉注云墨子號令篇以爵級爲賜蓋卽指此文女子賜錢五千。此亦謂有守者男女老小。先分守者。人賜錢千。先當作無說文無古文奇字作无與先相似因而致譌無分守者與上文有守者正相對以其本無分守故止人賜錢千與上有守者男子賜爵女子賜錢五千輕重異也復之三歲。無有所與。不租稅。漢書高帝紀蜀漢民給軍事勞苦復勿租稅二歲顏注云復者除其賦役也紀又云過沛復其民世世無有所與注云與讀曰豫此所以勸吏民堅守勝圍也。吏卒侍大門中者。此謂城將所居大門曹無過二人。襍守篇云守大門者二人夾門而立畢云說文云曹獄之兩曹也在廷東从棘治事者从曰案卽兩造造曹音近而蜀志杜瓊曰古者名官職不言曹始自漢以來名官盡言曹吏言屬曹卒言侍曹非也勇敢爲前行伍坐。蘇云謂五人並坐令各知其左右前後。擅離署。戮。門尉晝三閱之。說苑尊賢篇宗衞相齊罷歸召門尉田饒等二十有七人而問焉漢書高祖功臣侯表有門尉彫跖蓋亦沿戰國之制尉吳鈔本作衞誤莫畢云說文云莫日且冥也鼓擊門閉一閱。守時令人參之。上逋者名。蘇云參猶驗也逋謂離署者餔食皆於署。畢云此餔食字義當作餔說文云餔日加申時食也不得外食。蘇云言不得離署而他食也、守必謹微察視謁者。國策齊策王斗見齊宣王宣王使謁者延入漢書百官公卿表謁者掌賓贊受事應劭云謁請也白也孫子用間篇云必先知其守將左右謁者門者舍人之姓名執盾。漢書惠帝紀注應劭云執楯親近陛衛也高祖功臣侯表有執盾閻澤赤繒賀孔藂某襄張說中涓。史記高祖功臣侯表集解引漢儀注云天子有中涓如黃門皆中官者國語吳語涓人疇韋注云涓人今中涓也史記楚世家作鋗人韋昭云今之中涓是說苑奉使篇云纍北犬敬上涓人史記萬石君傳正義如淳云中涓主通書謁出入命也漢書陳勝傳故涓人將軍呂臣爲蒼頭軍注應劭云涓人如謁者曹參傳顏注云中涓親近之臣若謁者舍人之類涓潔也主居中掃潔也及婦人侍前者。侍舊本譌待蘇云待當作侍是也今據正志意顏色使令言語之請。蘇云請讀如情及上飲食。必令人嘗。皆非請也。擊而請故。蘇云上句請讀如情下句如字謂詰問也詒讓案皆疑若之誤末句當作繫而詰故謂因繫而詰問其事故也守有所不說。吳鈔本莩本作悅謁者。執盾。中涓。及婦人侍前者。守曰斷之。斷卽斬也詳迎敵祠篇衝之。衝與撞通說文手部云撞凡擣也若縛之。不如令。及後縛者。皆斷。必時素誡之。必吳鈔本作不諸門下。朝夕立若坐。各令以年少長相次。旦夕就位。先佑有功有能。畢云佑舊作估非此右字俗加人其餘皆以次立。五日官。各上喜戲。居處不莊。好侵侮人者。一。此謂察諸門下侍從吏人之事然五日旣太疏闊喜戲居處不莊好侵侮人者又不宜限以人數於文義殊難通疑當作日五閱之各上喜戲居處不莊好侵侮人者名閱與官艸書相近日五誤倒下挩之字名又譌作一襍守篇說守大門者二人吏日五閱之上逋者名是其證也諸人士。外使者來。必令有以執將。謂旗章符節之屬畢云令舊作合以意改將依義當爲幷出而還。若行縣。必使信人先戒舍室。乃出迎。門守乃入舍。門當爲聞言先告守將乃入舍也下文云候以聞守是其證爲人下者。常司上之。畢云司卽伺字王引之云司古伺字也之讀爲志墨子書或以之爲志字見天志中下二篇言爲人下者常伺察上人之志隨之而行也蘇云司上之當言伺上所之隨而行。松上不隨下。王引之云松讀爲從學記待其從容鄭注從或爲松是其例也言從上不隨下也必須□□隨。客卒守主人。及以爲守衛。主人亦守客卒。客卒謂外卒來助守者主人謂內人爲守卒者二者使互相守察防其爲姦謀也城中戍卒。其邑或以下寇。謹備之。數錄其署。漢書董仲舒傳顏注云錄謂存視之也蘇云此卽守客卒之事蓋戍卒之入衞者或其鄉邑已爲敵人所取則必譙防其卒恐生內變也以已通用 同邑者。弗令共所守。與階門吏爲符。階吏即迎敵祠篇所云城上當階有司守之是也 符合入勞。入舊本作人今據道藏本正 符不合牧守言。蘇云牧當作收謂收治之案蘇校是也此當作收言守謂收而告之守也後云亟以疏傳言守 若城上者。城上吳鈔本茅本作上城 衣服他不如令者。下有挩文 宿鼓在守大門中。周禮脩閭氏鄭衆注云宿謂宿衞也謂夜戒守之鼓 莫令騎若使者操節閉城者皆以執毚。此字譌前耕柱篇白若之龜龜舊本作毚疑此亦當爲龜之譌但執龜義亦難通疑當作執圭說文土部云楚爵有執圭圭龜音相近而譌此謂使操節閉城者必以有爵者亦愼重其事也 昏鼓鼓十。諸門亭皆閉之。蘇云上云莫鼓擊門閉即此 行者斷。必擊問行故。擊亦繫之誤 乃行其罪。晨見掌文。鼓縱行者。諸城門吏各入請籥。開門已。輒復上籥。蘇云籥同鑰詒讓案說文門部作闟月令鄭注云管籥搏鍵器也孔疏云管籥以鐵爲之似樂器之管籥搢於鏁內以搏取其鍵也周禮司門掌授管鍵以啟閉國門鄭司農注云管謂籥也鍵謂牡 有符節。不用此令。寇至。樓鼓五。有周鼓。有讀爲又言樓鼓五下又周徧鼓以警衆也 雜小鼓乃應之。尉繚子勒卒令云商將鼓也角帥鼓也小鼓伯鼓也 小鼓五後從軍斷。命必足畏。賞必足利。令必行。令出輒人隨。省其可行不行。人舊本譌入今據道藏本吳鈔本茅本正可字疑衍言凡出令必以人隨而省察其行不行也 號。句 夕有號。備梯篇云以號相得倭本校云夕一作名 失號斷。句 爲守備程。而署之曰某程。蘇云程式也 置署街街衢階若門。當作術街衢後文云屯陳垣外術衢街皆樓蘇云街字誤重非 令往來者皆視而放。蘇云放依倣也詒讓案放疑當爲知 諸吏卒民。有謀殺傷其將長者。與謀反同罪。有能捕告。賜黃金二十斤。謹罪。非其分職。而擅取之。取之舊本倒王引之云擅之取皆爲擅取之與擅治爲之對文今取之二字倒轉則文不成義案王校是也蘇校同今據乙正 若非其所當治。而擅治爲之。斷。諸吏卒民。非其部界。而擅入他部界。輒收。畢云舊作牧以意改 以屬都司空若候。漢書百官公卿表宗正屬官有都司空令丞如淳云都司空主水及罪人說文㹜部云獄司空也復說獄司空此候爲小吏與後候敵之候異都司空候疑卽五官之二說詳前 候以聞守。不收而擅縱之斷。能捕得謀反賣城踰城敵者一人。畢云當作歸敵脫歸字 以令爲除死罪二人。城旦四人。漢書惠帝紀注應劭云城旦者旦起行治城四歲刑也 反城。事父母去者。事疑當爲弃 去者之父母妻子。王云此下有脫文不可考 悉舉民室材木瓦。若藺石數。瓦舊本誤凡王引之云凡字義不可通凡當爲瓦字之誤也隸書瓦字作凡與凡相似若猶及也與也謂民室之材木瓦及藺石也材木瓦藺石卽備城門篇之材木瓦石藺石又見襍守篇漢書鼂錯傳曰具藺石布渠荅案王說是也今據正漢書鼂錯傳注服虔云藺石可投人石如淳云藺石城上雷石也李廣傳作壘石說文𣏟部云檐建大木置石其上發以機以磓敵 署長短小大。當舉不舉。吏有罪。諸卒民居城上者。卒茅本作率案上當有吏字 各葆其左右。葆吳鈔本作保 左右有罪而不智也。畢云智同知 其次伍有罪。若能身捕罪人。若告之吏。皆構之。顧云構讀爲購說文購以財有所求也蘇云構與購同謂賞也 若非伍而先知他伍之罪。皆倍其構賞。城外令任。城內守任。言城外內守與令分任之令卽縣令守卽太守也 令丞尉亡得入當。凡守人亡其所司令丞尉當受譴罰者使得別入當以自贖卽下云必取寇虜是也尉繚子束伍令云亡伍而得伍當之得伍而不亡有賞亡伍不得伍身死家殘又說亡長得長當之亡將得將當之彼法本伍亡而得別伍之人則相抵當免其罪亡長亡將亦然與此入當之法小異而大同 滿十人以上。令丞尉奪爵各二級。百人以上令丞尉免以卒戍。蘇云言免官而遣戍 諸取當者。蘇云當謂其值足以相抵也 必取寇虜。乃聽之。募民欲財物粟米。以貿易凡器者。以字疑當在欲字下 卒以賈予。蘇云賈價同言平其值也詒讓案此當作以平賈予襍守篇云皆爲置平賈可證平與隸書卒或作卒相近而誤今本又倒其文遂不可通 邑人知識昆弟有罪。雖不在縣中。而欲爲贖。若以粟米錢金布帛他財物免出者。令許之。傳言者十步一人。稽留言及乏傳者。斷。蘇云稽留謂不以時上聞乏傳不爲通也 諸可以便事者。亟以疏傳言守。亟舊本誤函下同今並據茅本正王校同漢書蘇武傳顏注云疏謂條錄之蘇云函謂封進防漏洩也非 吏卒民欲言事者。亟爲傳言請之吏。稽留不言諸者。斷。畢云諸當爲請 縣各上其縣中豪傑。若謀士。居大夫。畢云其大夫之家居者俞云居乃若字之誤若謀士若大夫猶言或謀士或大夫也秦爵有大夫有官大夫有公大夫有五大夫是民間賜爵至大夫者多矣上不能悉知故使縣各上其名也上文關內侯五大夫公乘之名悉如秦制則此所謂大夫者非必如周官之大夫也案畢說近是 重厚口數多少。畢云重厚言富厚 官府城下吏卒民家。家吳鈔本茅本作皆 前後左右。相傳保火。火發自燔。說文火部云燔爇火 燔蔓延燔人。謂延燒他人室蘇云曼同蔓案說文又部云曼引也廴部云延行也糸部云䌙絲曼延也是曼延字古止作曼蘇說非此燔人對自燔爲文止謂延燒他人室廬畢讀燔曼延爲句燔人爲句則似以燔人爲傷人亦非是 斷。句 諸以衆彊凌弱少及彊姦人婦女。畢云玉篇云奸同姦俗案吳鈔本作彊奸 以讙譁者。皆斷。諸城門若亭。謹候視往來行者符。符傳疑。周禮司關有節傳鄭注云傳如今移過所文書釋名釋書契云過所或曰傳傳轉也轉移所求執以爲信也崔豹古今注云凡傳皆以木爲之長五寸書符信於上又以一板封之皆封以御史印章所以爲信也未知周制同不疑謂疑其矯僞也 若無符。皆詣縣廷言。廷舊本誤延今據茅本正說文廴部云廷朝中也縣廷令所治後漢書郭太傳李注引風俗通云廷正也言縣廷郡廷朝廷皆取平均正直也 請問其所使。請亦當爲詰 其有符傳者。善舍官府。其有知識兄弟欲見之。爲召。勿令里巷中。蘇云令下脫入字 三老守閭。三老詳備城門篇 令厲繕夫爲荅。當作令繕厲矢爲荅襍守篇云䦨石厲矢諸材可證說文厂部云厲旱石也書禹貢孔疏引鄭注云礪磨刀刃石也 若他以事者微者。不得入里中。蘇云此句有錯誤當作若以他事徵者不得入里中 三老不得入家人。家人疑倒或作入家人家謂入平民家也 傳令里中有以羽。蘇云有當作者 羽者三所差家人各令其官中。倭本校云官一作家蘇云三下當脫老字而差字即老字之訛誤倒也官當作宮 失令若稽留令者。斷。家有守者治食。吏卒民無符節而擅入里巷官府。吏三老守閭者失苛止。畢云言不訶止之舊作心以意改 皆斷。諸盜守器械財物及相盜者。直一錢以上皆斷。吏卒民各自大書於傑。傑吳鈔本作桀案備蛾傳篇亦作桀洪云傑古通作楬字周禮職幣皆辨其物而奠其錄以書楬之鄭注楬之若令時爲書以著其幣傑楬義同蘇云傑疑隔字之訛下言著之其署隔是也案洪說是也傑即桀叚字爾雅釋宮云雞棲於弋爲榤榤即桀之俗桀與楬通詳備蛾傳篇蘇說非 著之其署同。

同當從下文作隔蘇云同疑伺字之訛非守案其署。擅入者斷。城上日壹廢席蓐。日上疑挩三字後云葆宮三日一發席蓐爾雅釋器云蓐謂之茲郭注云蓐席也令相錯發。蘇云言互相稽察有匿不言人所挾藏在禁中者斷。吏卒民死者。輒召其人。與次司空葬之。次司空詳襍守篇勿令得坐泣。傷甚者令歸治病家善養。予醫給藥。賜酒日二升。肉二斤。令吏數行閭。視病有瘳。畢云說文云瘳疾瘉也輒造事上。謂病瘳卽造守所共役也詐爲自賊傷以辟事者。畢云辟同避言詐爲廢疾以避事族之。謂夷三族詳後事已。守使吏身行死傷家。舊挩今據道藏本吳鈔本茅本增臨戶而悲哀之。寇去事已塞禱。史記封禪書冬塞禱祠索隱云塞與賽同賽今報神福也漢書郊祀志顏注云塞謂報其所祈也管子禁藏篇云塞久禱韓非子外儲說右上篇云秦襄王病百姓爲之禱病愈殺牛塞禱畢云塞卽賽正文守以令益邑中豪傑力鬭諸有功者。畢云益字疑衍蘇云益字誤或當爲賞案畢蘇說非益猶言加賞也商子境內篇云能得爵首一首賞爵一級益田一頃益宅九畝必身行死傷者家。以弔哀之。身見死事之後。城圍罷。主亟發使者往勞。亟舊本亦譌函今據茅本正王校同蘇云勞讀去聲謂慰問也舉有功及死傷者數。使爵祿。使下疑挩一字守身尊寵。明白貴之。令其怨結於敵。城上卒若吏各保其左右。保上下文皆作葆此當同若欲以城爲外謀者。父母妻子同產皆斷。左右知不捕告。皆與同罪。蘇移此二十六字著城下里中家人皆相葆若城上之數二句下今案不必移蘇校非是城下里中。畢云里舊作理以意改家人皆相葆。若城上之數。有能捕告之者。封之以千家之邑。若非其左右。及他伍捕告者。及道藏本吳鈔本茅本並作乃亦通封之二千家之邑。城禁使卒民不欲寇微職和旗者斷。使當爲吏吏卒上文常見不當爲下言吏卒民在城上者不得擅下也欲疑效之誤微職卽徽識之借字詳後和旗謂軍門之旌周禮大司馬職云以旌爲左右和之門鄭注云軍門曰和今謂之壘門立兩旌以爲之孫子軍爭篇云交和而舍曹注云軍門曰和門不從令者斷。非擅出令者斷。蘇云非擅當作擅非失令者斷。倚戟縣下城。下舊本譌作不蘇云不疑當作下案蘇校是也今據正倚戟縣下城言下城不由階陛倚戟縣身以下也上下不與衆等者斷無應而妄讙呼者斷。而茅本作爲總失者斷。總疑當爲縱縱失謂私縱罪人也譽客內毀者斷。畢云言稱敵而自毀以其惑衆離署而聚語者斷。聞城鼓聲而伍後上署者斷。人自大書版著之其署隔。畢云舊作鄗以意改詒讓案說文𨸏部云隔障也署隔蓋以分別署之界限者守必自謀其先後。謀字誤襍守篇又云令掘外宅林謀多少謀疑皆爲課之誤非其署而妄入之者斷。離署左右共入他署。左右不捕。挾私書。行請謁及爲行書者釋守事而治私家事。卒民相盜家室嬰兒。皆斷無赦。人舉而藉之。藉與籍通無符節而橫行軍中者斷。客在城下。因數易其數而無易其養。謂廝養詳備城門篇譽敵少以爲衆。亂以爲治。敵攻拙以爲巧者斷。客主人無得相與言及相藉。蘇云藉猶借也客射以書無得譽。無吳鈔本作毋俞云譽當作舉字之誤也下文曰禁無得舉矢書案俞校是也蘇云譽卽譽敵也非外示內以善。無得應。不從令者皆斷。禁無得舉矢書。若以書射寇。犯令者。父母妻子皆斷。身梟城上。畢云說文云県倒𥄉也賈侍中說此斷首倒縣県字今多用梟者說文云梟从鳥頭在木上義亦通有能捕告之者。賞之黃金二十斤。非時而行者。唯守及摻太守之節而使者。漢書百官公卿表郡守秦官景帝中二年更名太守國策趙策說韓靳黈趙馮亭並云太守與師道謂當時已有此稱以此書證之信然畢云史記趙世家云孝成王令趙勝告馮亭曰敝國君使致命以萬戶都三封太守千戶都三封縣令正義云爾時未合言太守至漢景帝始加太守此言太衍字沅案此書亦云大守則先秦時已有此官張守節言衍字非也摻卽操異文廣雅云摻操也以爲二字非言行不以時唯守者及操節人可餘皆禁之守入臨城。入舊本作人今據茅本正下文云守入城先以侯爲始必謹問父老吏大夫請有怨仇讎不相解者。請當爲諸召其人明白爲之解之。周禮地官調人鄭衆注云今二千石以令解仇怨後復相報移徙之是漢以前有吏以令爲民解怨之法守必自異其人而藉之。藉亦與籍通卽襍守篇所云札書藏之也蘇云籍謂記其姓名也孤之。畢云孤舊作狐以意改詒讓案謂不得與其曹伍相聚而處皆防其爲亂有以私怨害城若吏事者父母妻子皆斷。其以城爲外謀者三族。畢云史記云秦文公二十年法初有三族之罪然家語云宰予與田常之亂夷三族楚世家云鎭人曰新王法有敢饟王從王者罪及三族酷吏列傳云光祿徐自爲曰古有三族則知三族是古軍法非始於秦有能得若捕告者。以其所守邑小大封之。守還授其印。尊寵官之。令吏大夫及卒民皆明知之。豪傑之外多交諸侯者常請之。說文言部云請謁也令上通知之。善屬之所居之吏。上數選具之。選讀爲饌廣雅釋詁云饌具也食也蘇云具謂供具令無得擅出入。連質之。謂質其親屬也術鄉長者父老豪傑之親戚父母妻子。王引之云父母二字皆後人所加也古者謂父母爲親戚故言親戚則不言父母後人不達故又加父母二字耳篇內言父母妻子者多矣皆不言親戚下文有親戚妻子則但言親戚而不言父母是親戚卽父母也案王說是也必尊寵之。若貧人食。此字衍或當爲貧乏食亦通不能自給食者。上食之。及勇士父母親戚妻子。王亦以父母二字爲後人所加是也皆時酒肉。王云酒肉上當有賜字而今本脫之則文義不明下文曰父母妻子皆同其宮賜衣食酒肉是其證必敬之。舍之必近太守。守樓臨質宮而善周。質宮卽下葆宮畢云質宮言質人妻子之處守樓臨之所以見遠必周防之也古者貴賤皆謂之宮必密塗樓。令下無見上。上見下。下無知上有人無人。守之所親舉吏貞廉忠信無害可任事者。畢當讀爲舉史記蕭相國世家以文無害爲沛主吏掾集解漢書音義云文無害有文無所枉害也律有無害都吏如今言公平吏一日無害者如言無比陳留閒語也索隱應劭云雖爲文吏而不刻害也韋昭云爲有文理無傷害也漢書蕭何傳作文毋害顏注服虔云爲人解通無嫉害也蘇林云無害若言無比也一日害勝也無能勝害之者師古云害傷也無人能傷害之者案無害又見史記漢書酷吏趙禹張湯減宣杜周諸傳及續漢書郡國志衆說舛異通校諸文當以漢書音義公平吏之義爲是續漢書劉注說亦同其飲食酒肉勿禁。錢金布帛財物。各自守之。愼勿相盜。葆宮之牆必三重。牆之垣。守者皆累瓦釜牆上。茅本釜作釜蘇云此防其踰越使有聲聞於人門有吏。主者門里筦閉。者諸通蘇云門里當作里門筦關古通用書中管叔亦作關叔必須太守之節。

葆衞。必取戍卒有重厚者。葆衞謂葆宮之衞卒也 請擇吏之忠信者。請疑諸之誤以上文校之者字當衍 無害可任事者。令將衞。自築十尺之垣。周還牆。疑有挩誤 門閨者。非令衞司馬門。吳鈔本無門字門閨者謂守大門及閨門之人備城門篇云大城丈五爲閨門廣四尺公羊宣六年傳云入其大門則無人門焉者入其閨則無人閨焉者孫子用閒篇亦有門者詳前非疑當爲弁言吏卒衞葆宮之門閨者弁令衞司馬門猶上文云門將弁守他門也漢書元帝紀顏注云司馬門者宮之外門也漢宮儀云公車司馬掌殿司馬門三輔黃圖云宮之外門爲司馬門史記索隱云天子門有兵欄曰司馬門也列女傳辯通篇鍾離春詣齊宣王頓首司馬門外國策趙策云武安君過司馬門趣甚疾則戰國時國君之門已有司馬門之稱此司馬門則似是守令官府之門又非公門賈子等齊篇云天子宮門曰司馬門諸侯宮門曰司馬門是漢初諸侯王宮門亦有是稱蓋沿戰國制

望氣者。舍必近太守。巫舍必近公社。必敬神之。巫祝史與望氣者。史舊本作吏今據吳鈔本茅本改迎敵祠篇有祝史 必以善言告民。以請上報守。舊本作報守上今據王蘇校乙請讀爲情並詳迎敵祠篇 守獨知其請而已。畢云言望氣縱有不善而必以善告民但私以實告守耳蘇云言以情上報守故獨守知之也 無與望氣妄爲不善言。王引之云無即上文巫字因聲同而誤蘇云望氣下當有者字 驚恐民。斷弗赦。度食不足。句 食民各自占家五種石升數。倭本校云下食恐令譌案所校是也升王校作斗王云史記平準書各以其物自占索隱引郭璞云占自隱度也謂各自隱度其財物多少爲文簿送之於官也蘇云五種謂五穀詒讓案周禮職方氏鄭注云五種黍稷菽麥稻 爲期。其在蕈害。吏與雜訾。茅本期其二字互易蕈害疑當作薄者薄古簿字淮南子原道訓高注云貲量也蘇云訾謂罰也誤 期盡匿不占。占不悉。令吏卒敚得。舊本占不悉作占悉敚作款王引之云占悉當作占不悉令吏卒款得當作令吏卒敚得敚與覹同說文覹司也覹字亦作微上文云守必謹微察迎敵祠篇曰謹微察之言使民各自占其家穀而爲之期若期盡而匿不占或占之不盡令吏卒伺察而得者皆斬也史記平準書曰各以其物自占匿不自占占不悉戍邊一歲沒入緡錢即用墨子法也今本脫不字敚字又譌作款則義不可通案王說是也今據補正 皆斷。有能捕告。賜什三。賜吳鈔本作賞案下文亦作賞 收粟米布帛錢金。舊本收譌牧又挩帛字王云牧字義不可通牧當爲收字之誤也收粟米即承上文令民自占五種數而言布帛錢金則連類而及之耳備城門篇收諸盆罋備高臨篇以磨鹿卷收今本收字並譌作牧月令農有不收藏積聚者正義收俗本作牧案王校是也布下王又增帛字蘇校並同與雜守篇合今並據補正 出內畜產。蘇云出內即出納 皆爲平直其賈。與主券人書之。舊本券人二字倒王引之云主

人劵當作主劵人謂與主劵之人使書其價也襍守篇曰民獻粟米布帛金錢牛馬畜產皆爲置平賈與主劵書之是其證今本劵人二字譌倒則義不可通案王說是也今據乙事已。皆各以其賈倍償之。畢云古償只作賞此俗寫又用其賈貴賤多少賜爵。欲爲吏者許之。其不欲爲吏。而欲以受賜賞爵祿。若贖出親戚。所知罪人者。出舊本譌士王引之云贖士二字義不可通士當爲出謂以財物贖出其親戚所知罪人也上文云知識昆弟有罪而欲爲贖若以粟米錢金布帛他財物免出者許之是其證隸書出士二字相似故諸書中出字多譌作士案王說是也今據正以令許之。其受構賞者。令葆宮見。宮舊本作官蘇云當作宮是也今據正以與其親。與吳鈔本作予欲以復佐上者。皆倍其爵賞。某縣某里某子。家食口二人。積粟六百石。某里某子。家食口十人。積粟百石。蘇云此卽自占其石升之數也出粟米有期日。過期不出者。王公有之。有能得。若告之。賞之什三。愼無令民知吾粟米多少。無吳鈔本作毋以上占收民食之法守入城。先以侯爲始。蘇云侯謂訪知敵情者得輒宮養之。勿令知吾守衞之備。侯者爲異宮。吳鈔本作官父母妻子皆同其宮。賜衣食酒肉。信吏善待之。侯來若復就閒。小爾雅廣詁云閒隙也守宮三難。難當爲雜襍守篇云塹再雜此三雜猶言三帀也上亦云葆宮之牆必三重襍訓帀詳經上篇外環隅爲之樓。內環爲樓。樓入葆宮丈五尺爲復道。蘇云復與複通上下有道故曰復葆不得有室。備城門篇云城門內不得有室爲周宮若然葆宮亦無室唯爲周宮也三日一發席蓐。略視之。布茾宮中厚三尺以上。未詳其用發侯。必使鄉邑忠信善重士。有親戚妻子。厚奉資之。必重發侯。爲養其親若妻子。爲異舍。無與員同所。廣雅釋詁云員衆也給食之酒肉。遣他侯奉資之。如前侯反。相參審信。蘇云參猶驗也信謂其言不妄厚賜之。侯三發三信。重賜之。不欲受賜。而欲爲吏者。許之二百石之吏。商子境內篇有千石八百石七百石六百石之令此云二百石之吏下又有三百石之吏蓋秩視小吏韓非子外儲說右篇云燕王收吏璽自三百石以上皆效之子之守珮授之印。畢云佩字俗寫从玉其不欲爲吏。而欲受構賞祿。皆如前。祿上疑當有爵字上文云其不欲爲吏而欲以受賜賞爵祿以令許之下又云其構賞爵祿罪人倍之皆可證有能入深至主國者。主國國都

問之審信。賞之倍他侯。其不欲受賞而欲爲吏者。許之三百石之吏。爲吏舊本作爲利三百石之吏舊本作三百之侯道藏本茅本侯又作侯王云利當爲吏上文云不欲受賜而欲爲吏者卽其證吏利俗讀相亂故吏譌作利王引之云三石之侯當作三百石之吏上文侯三發三信許之二百石之吏此文能深入至主國者賞之倍他侯故許之三百石之吏上文云有能捕告之者封之以千家之邑若非其左右及他伍捕告者封之二千家之邑是其例也今本石上脫百字吏字又譌作侯則義不可通案王校是也蘇說同茅本利正作吏今並據補正扞士受賞賜者。左傳桓三年杜注云扞衛也國策西周策高注云扞衛也蘇云扞士能卻敵者守必身自致之。其親之。

其親之所見其見守之任。蘇云其親之三字譌重上見字疑當作令卽上所謂守身尊寵明白貴之者也詒讓案上文云城外令任城內守任故云守之任但義仍難通

其次復以佐上者。其構賞爵祿。罪人倍之。王引之云罪人二字與上下文不相屬蓋衍文案罪人上當有贖出二字王以爲衍文非出

候無過十里。出舊本譌士王引之云士亦當爲出謂出候敵人無過十里也下文曰候者日暮出之是其證蘇云此候謂斥候詒讓案說文人部云候伺望也斥與候不同詳後及傑守篇居

高便所樹表。表三人守之。比至城者三表。舊本比譌北王云北字義不可通北當爲比比及也顧蘇說同案茅本正作比不誤今據正王

引之云三表當爲五表說見後與城上熢燧相望。畢云說文云㷭燧表候也邊有警則舉火𤐫塞上亭守㷭火者㷭篆文省漢書注云孟康曰㷭如覆米䉛縣著契皋頭有寇則舉之燧積薪有寇卽燔然之也此二字省文晝則舉烽。夜則舉火。聞寇所從來。審知寇形。必攻論。小城不

自守通者。言城小不能自守又不能自通於大城也盡葆其老弱粟米畜產。遣卒候者無過五十人。

客至堞去之。至堞謂傅城也傅城則諜無所用故去之愼無厭建。建讀爲券聲近字通考工記輈人左不楗杜子春云書楗或作券鄭康成云券今倦字也又傑守篇作唯弇逮則疑建卽逮之形誤逮與怠音近古通非儒篇立命而怠事晏子春秋外篇怠作逮二義並通未知孰是候者曹無過三百人。此人數與上不同未詳其說日暮

出之。畢云据上文暮當爲莫爲微職。畢云卽徽織微當爲徽說文云徽幟也以絳帛箸於背从巾微省聲春秋傳曰揚徽者公徒東京賦云戎士介而揚揮薛綜注云揮爲肩上絳幟如燕尾

亦卽微也說文又無識字當借織爲之詒讓案正字當作徽識周禮司常鄭注作徽識以微徽爲微職爲識皆同聲叚借字詳前旗幟篇

空隊要塞之人所往來者。蘇云險當作隧要塞謂險隘之處也之人二字誤倒詒讓案隊隧字通

令可曰迹者無下里三人平而迹。王引之云此當作人所往來者令可以迹迹者無下里三人平明而迹言人所往來之道必令可以迹其迹者之數無下里三人至平明時而迹之也襍守篇云距阜山林皆令可以迹平明而迹是其證今本可下挩以迹二字平下又脫明字則義不可通周官迹人注迹之言跡知禽獸處襍守篇曰可以迹知往來者少多

各立其表城上應之候出越陳表。陳表襍守篇作田表田陳古音相近字通田表謂郭外之表也

遮坐郭門之外內。國語晉語候遮扞衞不行韋注云遮遮罔也晝則候遮夜則扞衞說文辵部云遮遏也案遮雜守篇謂之斥此候與遮二者不同候出郭十里迹知敵往來多少遮則守郭門不遠出候遮各有表與城上相應蓋郭外候者置表郭內遮者置表與

立其表。令卒之半居門內。令其少多無可知也。舊本半作少無可知也作無知可也王引之云此當作令卒之半居門內令其少多無可知也言令其卒半在門外半在門內不令人知我卒之多少也雜守篇云卒半在內令多少無可知是其證上文云愼無令民知吾粟米多少意與此同今本半作少者涉下句少多而誤可知又誤作知可則義不可通案王校是也蘇說同茅本正作無可知也不誤今據正

卽有驚。畢云卽舊作節以意改蘇云驚同警

見寇越陳去。畢云說文云越度也言踰越而來詒讓案陳表卽候所置表

城上以麾指之。畢云麾卽摩字異文摩卽麾字省文說文云麾旌旗所以指麾也从手靡聲玉篇云麾呼爲切

迹坐擊缶期以戰備從麾所指。畢云雜守篇云斥步鼓整旗旗以備戰此作坐擊正期卽擊鼓正期也蘇云迹坐當從上文作遮坐擊下脫鼓字謂坐而擊鼓也缶期以戰備當從雜守篇作整旗以備戰案蘇校上句近是迹當作遮與上迹者爲候不同擊缶茅本作繫垂疑誤下文五垂乃城上所置表非遮者所用也以戰備從麾所指謂遮者旣見寇則具戰備從城上旌麾所指進退而迎敵此遮者從戰而候則敵至去之不從戰亦其異也舊讀以戰備屬上句非蘇校從雜守篇改戰備爲備戰尤誤說互詳雜守篇

望見寇。舊本挩見寇二字王云雜守篇望見寇舉一烽入竟舉二烽今據補

舉一垂入竟。蘇云竟同境

舉二垂狎郭。畢云狎近俞云狎郭狎城兩狎字竝當作甲後人不達而加犬旁也甲者會也詩大明篇會朝淸明毛傳曰會甲也是甲與會聲近而義通甲郭者會于郭外也甲城者會于城外也此言甲郭甲城雜守篇言郭會城會文異而義同案俞說是也但甲狎字通詩衞風芄蘭能不我甲毛傳云甲狎也釋文引韓詩甲作狎則舊本作狎於義得通不必定改作甲也

舉三垂入郭。舊本挩郭字王據上文補

舉四垂狎城。舉五垂。王引之云垂字義不可通垂當爲表上文言候者各立其表則此所舉者皆表也又此文曰望見寇舉一垂入竟舉二垂狎郭舉三垂入郭舉四垂狎城舉五垂卽上文所謂比至城者五表也則垂字明是表字之譌隸書表字作表垂字或作𠂹見漢魯相韓勑造孔廟禮器碑二形略相似故表譌作垂通

典兵五曰城上立四表以爲候視若敵去城五六十步卽舉一表橦梯逼城舉二表敵若登梯舉三表欲攀女墻舉四表夜卽舉火如表此舉表二字之明證也又案雜守篇守表者三人更立捶表而望當作更立表而望蓋一本誤作垂一本正作表而校書者誤合之淺人不知垂爲表之誤又妄加手旁耳俞云王非也垂者郵之壞字郵卽表也禮記郊特牲篇有郵表畷鄭君說此未明郵表畷蓋一物也古者於疆界之地立木爲表綴物於上若旌旗之旒謂之郵表畷郵與旒通畷與綴通鄭君引詩爲下國畷郵今長發篇作綴旒是知郵畷卽綴旒也以其用而言所以表識也以其制而言若綴旒然此郵表畷所以名也墨子書多古言雜守篇捶表卽郵表也郵誤爲垂後人妄加手旁耳重言之曰郵表單言之則或曰表或曰郵皆古人之常語也王氏竟改爲表雖於義未失而古語亡矣案俞說是也

夜以火皆如此。王云亦如五表之數

去郭百步。牆垣樹木小大。盡伐除之。外空井盡窒之。王引之云外空井當作外宅井謂城外人家之井也恐寇取水故塞之故下文云無令可得汲也雜守篇云外宅溝井可窴塞是其證若空井則無庸塞矣外宅二字雜守篇屢見

無令可得汲也。舊本挩令字王云案下文曰無令客得而用之雜守篇曰無令寇得用之今據補

外空窒盡發之。空窒茅本作室屋王引之云外室窒當作外宅室謂城外人家之室也發室伐木皆恐寇得其材而用之也故下文云無令客得而用之雜守篇云寇薄發屋伐木是其證今本外宅作外空誤與上文同室之作窒則又涉上文盡窒之而誤案王校是也蘇校同但室窒聲類同古多通用備城門篇云室以樵彼以室爲窒與此可互證非誤字也漢韓勅修孔廟碑室字亦作窒

木盡伐之。諸可以攻城者盡內城中。蘇云內讀如納

令其人各有以記之事以。蘇云當作事已案蘇說是也以與已同言守事畢也

各以其記取之事爲之券。舊本各下挩以字畢云各當爲名蘇云各下脫以字事爲之券當作吏爲之券斐古事字與吏近也案蘇校是也今據補

書其枚數。當遂材木不能盡內。卽燒之。畢云遂同術王云遂與隧同道也內與納同舊本材誤枚卽誤既王引之云枚木文不成義枚當爲材既燒之當爲卽燒之言當道之材木不能盡納城中者卽燒之無令寇得而用之也雜守篇云材木不能盡入者燒之無令寇得用之是其證今本材作枚涉上文枚數而誤卽字又誤作既則義不可通案王校是也蘇說亦同今據正當遂卽備城門篇之當隊畢說非

無令客得而用之。人自大書版。著之其署忠。有司出其所治。忠疑當爲中之誤

則從淫之法。其罪射。畢云謂貫耳俞云古不名貫耳爲射射疑刵字之誤案說文耳部云聅軍法以矢貫耳也射正字作䠶與聅形近畢隱據許書義亦通韓非子難言篇云田明辜射舊注云射而殺之案射殺不當云辜彼注未塙

務色謾𤴓。蘇云此句有誤疑當作矜色謾言案𤴓卽正字茅本作正謂欺謾正人不必改爲言

淫囂不靜。當路尼衆。畢云尼止舍事。畢云言舍其事後就。舊本有路字道藏本茅本無今據刪言事急而後至畢云言緩

踰時不寧。謂不謁告也漢書高帝紀

注李斐云休謁之名吉曰告凶曰寧其罪射。讙囂駴眾。畢云駴駭字異文周禮云鼓皆駴陸德明音義云本亦作駭胡楷反李一音亥又大僕戒鼓鄭君注云故書戒爲駭則駴本戒之俗加也其罪殺。非上不諫。次主凶言。蘇云次字有誤詒讓案疑當爲刺其罪殺。無敢有樂器弊騏軍中。弊騏疑弈棋之誤說文收部云弈圍棋也有則其罪射。非有司之令。無敢有車馳人趨。有則其罪射。無敢散牛馬軍中。有則其罪射。飲食不時。其罪射。無敢歌哭於軍中。有則其罪射。令各執罰盡殺。有司見有罪而不誅同罰。若或逃之亦殺。凡將率鬬其眾失法殺。凡有司不使去卒吏民聞誓令。俞云去乃士字之誤代之服罪。代舊本誤伐王引之云伐字義不可通伐當爲代卒吏民不聽誓令者其罪斬若有司不使之聞誓令則當代之服罪矣案王說是也蘇說同今據正凡戮人於市。死上目行。此句有誤疑當作死三日徇徇徇古今字死與尸聲近義通謂陳尸於市三日以徇衆也周禮鄉士云肆之三日左襄二十二年傳楚殺觀起三日棄疾請尸是戮於市者皆陳尸三日也上云離守者三日而一徇亦足互證三與古文上作二相似日目徇行形並相近傳寫譌舛遂不可通謁者侍。令門外爲二曹。夾門坐。鋪食更無空。鋪當爲餔下並同詳前蘇云更代也言餔食則遣其曹更代勿令空也門下謁者一長。王引之云長下當有者字而今本脫之下文曰中涓一長者是其證守數令入中。視其亡者。以督門尉。文選藉田賦李注引字書云督察也與其官長。及亡者。入中報。四人夾令門內坐。二人夾散門外坐。四人二人亦謂謁者客見。持兵立前。鋪食更。上侍者名。舊本譌民今依道藏本茅本正上文云上謁者名守室下高樓。室下不得爲樓室當爲堂之誤高上疑當有爲字備城門篇云守堂下爲大樓高臨城卽此候者望見乘車若騎卒。道外來者。道亦從也詳前及城中非常者。輒言之守。守以須城上候城門及邑吏。來告其事者。以驗之。舊本須誤順蘇云順爲須之訛須待也雜守篇云須告之至以參驗之案蘇校是也今據正樓下人守候者。言以報守。畢云言傳其言中涓二人。夾散門內坐。門常閉。鋪食更。中涓一長者。環守宮之術衢。說文行部云四違謂之衢置屯道各垣。其兩旁高丈爲埤院。畢云院當爲俔立初雞足置。此上下文有挩誤初疑勿之誤公孟篇揩忽忽作𢗘與此相類雞足置謂立物如雞足之形後雜守篇云入柴勿積魚鱗簪又前備蛾傳篇云相覆勿令魚鱗三此文例與彼正同夾挾視葆食。此有挩誤疑當作卒夾視葆舍葆舍猶葆宮也而札書得必謹案視參食者。王云參食當爲參驗雜守篇曰吏所解皆札書藏之以須告之至以參驗之是其證此驗譌爲僉又譌爲食耳節不法。節當爲卽正請之。正請亦當爲止詰屯陳垣外術衢街皆樓。茅本無街字屯陳卽上文之屯道樓上疑挩爲字高臨里中。樓一鼓聾竈。聾壟之叚字詳備城門篇樓有一竈者夜以舉火卽有物故。句鼓。物故猶言事故言有事故則擊鼓也吏至而止。止舊本譌正今據茅本正言擊鼓以報吏吏至鼓乃止也夜以火指鼓所。城下五十步一廁。廁與上同圂。備城門篇云城上五十步一廁與下同圂與此略同請有罪過而可無斷者。請亦當爲諸之誤令杼廁利之。畢云似言罰之守廁蘇云利似謂除去不潔使之通利詒讓案杼當爲抒左傳文六年杜注云抒除也開元占經甘氏外官占引甘氏讚云天溷伏作抒廁糞土利疑譌

雜守第七十一

禽子問曰。客衆而勇。輕意見威。輕意義難通意疑當爲竟之譌竟競古字通與旗幟篇竟士義同輕竟言輕䦨猶下云重下輕去矣以駭主人。薪土俱上。以爲羊坽。茅本作坽从今積土爲高以臨民。畢云句脫一字蒙櫓俱前。遂屬之城。畢云民城爲韻詒讓案坽亦合韻兵弩俱上。爲之奈何。子墨子曰。子問羊坽之守邪。舊本挩之字今據王校補羊坽者。攻之拙者也。足以勞卒。不足以害城。羊坽之政。蘇云政當作攻遠攻則遠害。近城則近害。城當作攻害並當爲圉圉與圄禦字同此涉上文而誤言遠攻則遠禦之近攻則近禦之也公孟篇云厚攻則厚吾薄攻則薄吾彼吾亦圄之省語意與此異而義同不至城。畢云句挩一字詒讓案此當作害不至城卽上云不足以害城也因上文兩圄字並譌害此句首害字轉涉彼而挩耳矢石無休。左右趣射。蘭爲柱後。蘭疑卽備城門篇之兵弩簡格柱謂楮柱畢云休後爲韻望以固。畢云句挩一字厲吾銳卒。愼無使顧。守者重下。攻者輕

去。畢云舊作云以意改固顧去爲韻養勇高奮。民心百倍。多執數少。王云多執數少義不可通少當爲賞賞字脫去大半僅存小字因譌而爲少言我之卒能多執敵人者數賞之則卒乃不怠也下文正作多執數賞卒乃不怠蘇說同卒乃不怠。畢云舊脫卒字據下文增倍殆爲韻王云怠殆古字通作士不休。士當作土卽上文之積土也商子兵守篇云客至而作土以爲險阻不能禁禦。遂屬之城。以禦雲梯之法應之。凡待煙衝雲梯臨之法。畢云煙同堙詒讓案當依備城門篇作堙必應城以禦之。曰不足。則以木椁之。王引之曰椁字義不可通椁當爲揨字之誤也說文朾撞也廣雅曰揨撞刺也揨與朾同謂以木撞其堙衝梯臨也左百步。右百步。茅本右作又繁下矢石沙炭以雨之。薪火水湯以濟之。選厲銳卒。愼無使顧。審賞行罰。審賞舊本誤倒王云當爲審賞行罰今本審賞二字倒轉則文義不順備梯篇正作審賞行罰案王校是也茅本正作審賞不倒今據乙以靜爲故。從之以急。無使生慮。畢云生舊作主以意改案茅本正作生不誤備梯篇亦作生恚瘛高憤。茅本作愼誤畢云說文恚恨也恿古文勇从心則字當爲恿王引之云畢以瘛爲恿之誤是也恚當爲恙字之誤也恙與養古字通憤與奮同上文云養勇高奮民心百倍是其明證也民心百倍。多執數賞。卒乃不怠。畢云舊乃不二字倒以意改顧故慮倍怠爲韻衝臨梯皆以衝衝之。渠長丈五尺。其埋者三尺。畢云埋舊作理以意改矢長丈二尺。蘇云備城門篇矢作夫詒讓案當爲夫卽趺之省詳備城門篇渠廣丈六尺。其弟丈二尺。蘇云弟與梯同下文作梯是也渠之垂者四尺。樹渠無傅葉五寸。畢云葉卽堞字蘇云備城門篇言去堞五寸與此言合梯渠十丈一梯。渠之有梯者謂之梯渠但渠廣丈六尺則不得有十丈若據設渠處言之則城上二步一渠其廣丈二尺二十步而十渠則十二丈也與此數皆不相應未詳渠荅大數。里二百五十八。渠荅百二十九。蘇云備城門篇言城上二步一渠又言二步一荅此里字疑當作步詒讓案此當作里二百五十八步里字不誤今本挩一步字耳里法本三百步而云二百五十八步者蓋就設渠荅之處計之所餘四十二步或當門隅及樓園不能盡設渠荅故不數諸外道。可要塞以難寇。其甚害者爲築三亭。蘇云此言險隘宜守害謂要害築亭備瞭望也亭三隅。亭三二字舊本倒今據茅本乙織女之。畢云當云織如之織古幟字陳奐云織女三星成三角故築防禦之亭以象織女處隅之形案陳說是也上文不言織則不當云如之畢校未塙此言亭爲三隅形如織女三星之隅列猶下文云爲擊三隅之也六韜軍用篇云兩鏃蒺藜參連織女是古書多以織女儗三角形之證令能相救。諸距阜。畢云距舊作詎以意改蘇云距鉅通用大也山林溝瀆丘陵阡陌。畢云古只爲仟伯郭門。若閻術。可要塞。說云門部云閻里中門也及爲微職。畢云同織案詳號令篇可以迹知往來者少多。卽所伏藏之處。葆民。先舉城中官府民宅室署大小調處。葆民卽外民入葆者計度城內宮室之大小分處之必均調也葆者。或欲從兄弟知識者。許之。識字舊本挩王引之云知下當有識字而今本脫之則文義不完號令篇曰其有知識兄弟欲見之是其證外宅粟米畜產財物。諸可以佐城者。送入城中。事卽急。則使積門內。事急不及致所積之處則令暫積門內取易致也此下舊本有候無過五十云云十四字乃下文錯簡今移於彼民獻粟米布帛金錢牛馬畜產。皆爲置平賈。號令篇作皆爲平直其價疑置平亦平直之誤與主券書之。使人各得其所長。天下事當。畢云長當爲韻鈞其分職。天下事得。畢云職得爲韻皆其所喜。天下事備。畢云喜備爲韻強弱有數。天下事具矣。畢云數具爲韻蘇云此八句與前後文語意不倫疑有錯簡築郵亭者圜之。高三丈以上。令侍殺。侍當爲倚言邪殺爲梯也備城門篇云倚殺如城埶可證蘇云侍當作特殺減也非爲辟梯。畢云辟卽臂字梯兩臂長三尺。亭高三丈以上則梯長不得止三尺疑尺當爲丈連門三尺報以繩連之。連門疑當作連版槧再雜爲縣梁。槧當爲塹塹縣梁見備城門篇再雜猶言再市詳經上篇聾竈。當作壟竈詳備城門篇亦言每亭爲一壟竈號令篇云樓一鼓壟竈亭一鼓。寇烽驚烽亂烽。言舉烽有此三等以爲緩急之辨傳火以次應之。至主國止。畢云舊作正以意改其事急者。引而上下之。謂引烽而上下之烽著桔槔頭故可引而上下詳號令篇烽火以舉。王云以巳同輒五鼓傳。又以火屬之。畢云火舊作又以意改言寇所從來者少多。廣雅釋詁云言問也旦弃還。旦茅本作且疑當爲毋弃建卽號令篇之無厭建後文又作唯弃逮則疑還或爲還之誤此書還多誤還還逮同詳非攻下篇去來屬次烽勿罷。望見寇。舉一烽。入境。畢云號令篇作竟是舉二烽。射妻。妻疑要之譌上文屢云要塞下文又云有要有害可證射要謂急趨要害周禮野廬氏鄭注云徑踰射邪趨疾越渠隄也畢云當是女垣譌字案此方入境尙未郭會安得至女垣畢說非舉二烽一藍。舊本挩一字今據道藏本茅本補王校改一爲二畢讀藍郭句云藍闐聲相近言闐郭也謂近之案畢失其句讀不可從郭會。謂寇至郭舉四烽。一藍。二王校改四城會。舉五烽。五藍。王引之云藍字義不可通蓋鼓字之誤鼓字篆文作鼓上屮誤爲廿中攴誤爲臥下丄誤爲皿迻合而爲藍字此文當云望見寇舉一烽一鼓入境舉二烽二鼓射妻舉三烽三鼓郭會舉四烽四鼓城會舉五烽五鼓上文曰烽火以舉輒五鼓傳正與此舉五烽五鼓相應史記周本紀幽王爲烽燧大鼓有寇至則舉燧火是有燧卽有鼓也今本舉一烽舉二烽下脫一鼓二鼓四字舉三烽三鼓舉四烽四鼓鼓字旣皆誤作藍而上句三字又誤作一下句四字誤作二唯下文舉五烽五藍藍字雖誤而兩五字不誤猶足見烽鼓相應之數而自一烽一鼓以至五烽五鼓皆可次第而正之矣下文曰夜以火如此數正謂如五烽五鼓之數則藍爲鼓字之誤甚明畢以藍郭二字連讀又謂藍闐聲相近而以爲躐躝字大誤案王說以藍爲鼓甚塙惟依舊本則前二烽皆無鼓三烽一鼓四烽二鼓鼓數與烽亦不必盡相應依王說鼓數各如烽則增改字太多不知塙否今未敢輒改蘇謂二字及五藍二字並衍失之夜以火如此數。王引之云號令篇夜以火皆如此亦謂如五表之數守烽者事急。此下疑有脫文候無過五十。寇至葉。隨去之。唯弇逮。寇至葉隨去之舊本作寇至隨葉去五字畢以意改葉爲棄王云畢改非也此當作寇至葉隨去之言候無過五十人及寇至堞時卽去之也號令篇曰遣卒候者無過五十人客至堞去之是其證今本去下脫之字又升隨字於葉字上則義不可通又云葉與堞同上文樹渠無傳葉五寸亦以葉爲堞案王校是也今據乙增又此十四字舊本誤錯入上文事卽急則使積門內下今移於此號令篇云遣卒候無過五十人客至堞去之愼無厭建候者曹無過三百人日暮出之爲微職與此上下文正同則其爲錯簡無疑矣唯弇逮亦當作無厭建逮息通號令篇作無厭建日暮出之。令皆爲微職。距阜山林。皆令可以迹。平明而迹。句無迹。各立其表。下城之應。王引之云此本作平明而迹迹者無下里三人各立其表城上應之言迹者之數每里無下三人各立其表而城上應之也號令篇云迹者無下里三人平明而迹各立其表城上應之是其證今本迹者無下里三人七字祇存無迹二字城上應之又譌作下城之應則義不可通候出置田表。田表候出郭外所置之表郭外皆民田下云田者男子以戰備從斥卽郭外耕田之民也斥坐郭內外立旗幟。蘇云號令篇云候出越陳表遮坐郭門之外內立其表文校此爲優田與陳通詒讓案斥遮義同淮南子兵略訓斥闉要遮高注云斥堠也此斥爲遮與候異幟俗字上文微職並作職卒半在內。令多少無可知。卽有驚。驚警同詳號令篇舉孔表。孔疑當作外屮書相似而誤見寇舉牧表。牧疑當爲次亦屮書之誤若上文云次烽城上以麾指之。斥步鼓整旗。旗。蘇云步當作坐下旗字衍以備戰從麾所指。備戰當從旗幟篇作戰備卽兵械之屬言斥各持戰備從城上旌麾所指而迎敵也下云田者男子以戰備從斥義同舊讀以備戰三字屬上句誤指舊本譌止今據道藏本茅本正蘇云號令篇作指田者男子以戰備從斥。謂從斥卒禦敵女子亟走入。亟舊本譌函王校改亟茅本正作亟今據正卽見放。放當爲寇下文可證到傳到城止。止舊本誤正王引之云上到守當爲鼓正當爲止鼓傳到城止見下文上文又曰烽火以舉輒五鼓傳蘇云上到字誤衍正爲止字之訛案王說近是茅本止字不誤今據正守表者三人。更立捶表而望。蘇云號令篇言表三人守之與此合捶號令篇作垂案捶表兪謂卽郵表是也王校刪捶字非詳號令篇守數令騎若吏。行㫄視。有以知爲所爲。蘇云㫄當作訪上爲字當作其詒讓案㫄視猶言徧視又疑當作行視㫄㫄謂城之四面也其曹一鼓。言守表者每曹有一鼓望見寇。鼓傳到城止。斗食。斗舊本譌升畢云疑斗食兪云以下文推之則升爲斗字之誤無疑案畢兪說是也蘇校同今據正終歲三十六石。蘇云據下言斗食食五升又言日再食是一食五升再食則一斗以終歲計之當三十六石也參食。終歲二十四石。四食。終歲十八石。舊本食上脫四字今據道藏本茅本補蘇云當作參食終歲二十石四食終歲十八石然二十下尙當有脫字據下言參食食參升日再食則六升以終歲計之當得二十一石六斗四食食二升半日再食則五升以終歲計之當得十八石也兪云此數不同者上所說是常數下所說是圍城之中民食不足減去其半之數也參食者參分斗而日食其二也故終歲二十四石也句下脫四字當據下文補四食者四分斗而日食其二也故終歲十八石也五食。終歲十四石四斗。舊本作五食終歲十四石升盧云疑十四石五升否或升字衍兪云五食者五分斗而食其二則每日食四升終歲當食十四石四斗今作終歲十四石升蓋誤斗爲升又脫四字耳盧說於數不合非也案兪校是也蘇說同今據補正六食。終歲十二石。兪云六食者六分斗而食其二也故終歲十二石也蘇云下言六食一升大半是每日食三升有奇以終歲計之當得十二石也斗食食五升。上斗字舊本亦譌升今依畢蘇校正參食食參升小半。四食食二升半。五食食二升。六食食一升大半。日再食。此申析上文斗食以下日再食每食之升數也故末又云日再食以總釋之兪云此依前數而各減其半斗食者每日一斗今則爲五升矣參食者每日六升大半今爲參升小半矣不言小半者傳寫脫去也下文言六食食一升大半則此必言食參升小半可知蓋參食本食六升大半而減之爲三升小半猶六食本食三升小半而減之爲一升大半也無小半二字卽於數不足矣四食本食五升故減爲二升半五食本食四升故減爲二升其數甚明案兪以此爲民食不足依前數而各減其半非墨子之恉而謂參食食參升下當有小半二字則甚塙今據增救死之時。日二升者二十日。日三升者二十日。日四升者四十日。日二升者再食每食一升也日三升者每食一升有半也日四升者每食二升也如是。而民免於九十日之約矣。約謂危約 寇近。亟收諸雜鄉金器。若銅鐵。亟舊本譌亟，今據茅本正，王校同。雜鄉當作離鄉，言城外別鄉器物皆收入城內也。備城門篇云「城小人衆，葆離鄉老弱國中及他大城」。 及他可以左守事者。顧云：「左，助也。」蘇云：「左佐通用，下同。」 先舉縣官室居。官府不急者。材之大小長短及凡數。蘇云：「凡字誤，當作亓，與其通。書中其多作亓。」案：凡數猶言大總計數也。周禮外史云「凡數從政者」。蘇說非。 即急先發。句 寇薄。蘇云：「薄謂迫近。」 發屋伐木。雖有請謁勿聽。句 入柴。入讀為內。 勿積魚鱗簪。畢云：「疑椮字假音，讀若高誘注淮南子積柴之槑。」案：畢說是也。淮南子說林訓本作罧，高注云：「罧者，以柴積水中以取魚。罧讀沙椮，幽州名之為涔也。」說文作槑，云：「積柴水中以聚魚也。」備蛾傅篇說荅云「兩端接尺相覆，勿令魚鱗三」，三即參，亦即椮之省也。爾雅釋器云：「椮謂之涔。」郭注以為聚積柴木捕取魚之名。小爾雅廣獸云：「潛，椮也。」潛涔字通，蓋通言之，凡積聚柴木並謂之椮。椮、潛、簪、參聲並相近。通典兵門說束柴云「皆去鑽刊，以束為魚鱗次，橫檢而縛之」，杜即依此書也。太玄經禮次六「魚鱗差之，乃矢施之」。魚鱗簪猶言魚鱗次、魚鱗差也。細繹此與備蛾傅篇文，似並謂勿如魚鱗簪，而杜佑之意則謂束柴當為魚鱗次。依其說，則此文勿積當略讀，與備蛾傅篇語意不同，未知是否。 當隊。令易取也。當隊即當隧，詳備城門篇。 材木不能盡入者，燔之。無令寇得用之。商子兵守篇云：「客至，發梁徹屋，給從從之，不給而熯之，使客無得以助攻備。」與此同。 積木。各以長短大小惡美形相從。大小茅本作小大。 城四面外。各積其內諸木大者皆以為關鼻。畢云：「言為之紐，令事急可曳。」 乃積聚之城守司馬以上。父母昆弟妻子有質在主所。乃可以堅守署。都司空。都司空蓋五官之一，詳號令篇。 大城四人。候二人。候亦五官之一，詳號令篇。二茅本作一。 縣候面一。四面面各一候。 亭尉次司空。亭尉即備城門篇之帛尉，號令篇之百長，其秩蓋次於縣尉，次司空亦次於都司空也。 亭一人。吏侍守所者財足廉信。畢云：「言厚祿足以養其廉信。」案：財足疑當屬上讀。財纔通，言吏侍守所者纔足應用，無定數也。財足見備城門篇，它篇亦多云財自足。畢讀恐非是。 父母昆弟妻子有在葆宮中者。乃得為侍吏。諸吏必有質。乃得任事。守大門者二人。守疑當作侍。號令篇云「吏卒侍大門中者曹無過二人」。 夾門而立。令行者趣其外。蘇云：「趣，疾行也。所以防竊伺者。」 各四戟。夾門立。此言夾門別有持戟者四人也。 而其人坐其下。吏日五閱之。上逋者名池外廉。外舊本譌水王云水廉當爲外廉鄭注鄉飲酒禮曰側邊曰廉池外廉謂池之外邊近敵者也下文曰前外廉三行旗職篇曰大寇傳攻前池外廉皆其證隸書外字或作外見漢司隸校尉魯峻碑與水相似而譌史記秦本紀與韓襄王會臨晉外止義外字一作水案王校是也今據正蘇云廉猶察也非有要有害。必爲疑人。令往來行夜者射之。謀其疏者。蘇云言要害之處必嚴密防守至於人疏之處亦不可不預爲謀也俞云疑人蓋束草爲人形望之如人故曰疑人謀其疏者謀乃誅字之誤案俞說是也牆外水中。卽城外池也牆疑卽旗幟篇之藩爲竹箭。畢云舊作箭今改下同詒讓案茅本並作箭蘇云箭當從舊作箭漢書有此字竹箭蓋竹籤也削竹而布之水中所以防盜涉者今案箭字古字書所無俗字書引漢書王尊傳箭張禁字如此作致漢書各本皆作箭不作箭蘇說據之非也箭尺廣二步。言插竹箭之處廣二步也箭下於水五寸。下於二字舊倒今依蘇校乙雜長短前外廉三行外外鄉內亦內鄉。蘇云於下二字誤倒當作箭下於水五寸言藏之水中令人勿見也雜長短使之不齊也前亦當作箭外廉者廉其外令有鋒鋩也行讀如杭鄉讀如向案旗幟篇云前池外廉前外廉三行謂前池之外廉列竹箭三行也蘇說非三十步一弩廬。廬廣十尺。袤丈二尺。弩廬卽置連弩車之廬也通典兵守拒法有弩臺制與此略同而步尺數異詳備高臨篇隊有急。隊亦謂當攻隊極發其近者往佐。王引之云古字極與亟通極發卽亟發也莊子盜跖篇亟去走歸釋文亟急也本或作極荀子賦篇出入甚極又曰反覆甚極楊注並云極讀爲亟急也淮南子精神篇隨其天資而安之不極高注云亟急也案王說是也極下道藏本有急字疑衍其次襲其處。漢書揚雄傳顏注云襲繼也蘇云言軍有危急則發其近者往助之近者既發則移其次者居之以爲接應也守節出入。使主節必疏書。主節小吏掌符節者與號令篇主券相類周官有掌節屬地官蓋都邑亦有之署其情。令若其事。若疑著之誤而須其還報以劍驗之。王云劍驗亦當爲參驗謂參驗其事情也此參譌爲僉又譌爲劍耳隸書參或作叅僉或作㑒二形相似而誤案王校是蘇說同參驗見後節出。使所出門者。輒言節出時掾者名。畢云言操節人卽出門者當記其名百步一隊。上疑有挩文閣通守舍。說文門部云閣門旁戶也爾雅釋宮云小閨謂之閣茅本作閣非相錯穿室。治復道。爲築墉。墉善其上。蘇云善與繕通案蘇說未塙此善下有挩字後文說輼車云善蓋上備穴篇云善塗亓竇際此疑亦當云善蓋其上或云善塗其上又此下舊本有先行德至用人少易守凡四十三字當爲前備城門篇之錯簡今審定移正取疏。畢云此正字下作蔬俗令民家有三年畜蔬食。畜蓄字通下同以備湛旱。王云論衡明雩篇曰久雨爲湛畢云言湛溺大水與旱非歲不爲。王云畢以歲字絕句不爲屬下讀案不爲二字與下文義不相屬當以歲不爲連讀湛旱水旱也言令民多畜蔬食以備水旱歲不爲也晉語注曰爲成也歲不爲猶玉藻言年不順成也賈子孽產子篇曰歲適不爲是其證常令邊縣。豫種畜芫芸烏喙祩葉。蘇云芫魚毒也漁者煮之以投水中魚則死而浮出故以爲名芸香草也可以辟蠹烏喙烏頭別名祩葉未詳詒讓案說文艸部云芫魚毒也太平御覽藥部引吳氏本艸云芫華根有毒可用殺魚本艸經云烏頭一名烏喙廣雅釋艸云爇奚毒附子也一歲爲萴子二歲爲烏喙三歲爲附子四歲爲烏頭五歲爲天雄芸非毒艸當爲芒字之誤爾雅釋艸云葞春草郭注云一名芒草山海經中山經云葌山有木曰芒草可以毒魚朝歌山作莽草周禮翦氏及本艸經同本艸字又作菵並聲近字通芒與芫皆毒魚之艸蓋亦可以毒人祩茅本作株疑當爲㭬與椒同急就篇云烏喙附子椒芫華皇象本作烏啄付子㭬元華芒芸㭬株字形並相近烏喙茅本作烏啄亦與皇同㭬與烏喙芫華等皆藥之有毒者故此書及史游並兼舉之葉不審何字之誤通典兵守拒法云凡敵欲攻卽去城外五百步內井樹牆屋並塡除之井有塡不盡者投藥毒之外宅溝井可窴。句塞。窴舊本作寘畢云同塡王校作窴今據改說文穴部云窴塞也不可。句置此其中。畢云言此數物有毒可置外宅不可置中顧云左氏傳秦人毒涇上流案顧說是也不可置此其中言井溝可窴塞則窴塞之不可窴塞者以上所蓄毒艸置其中毋使敵汲用也畢說誤安則示以危，危示以安。寇至。諸門戶令皆鑿而類竅之。類備城門篇作慕畢校改幕案彼慕當作冪此類當作幎蓋幎隸書形近類因又誤作類也幎正字冪變體義並詳彼篇下同各爲二類，一鑿而屬繩。繩長四尺。大如指。寇至。先殺牛羊雞狗烏鴈。畢云說文云鴈鵝也此與鴻雁異呂氏春秋云莊子舍故人之家故人令豎子爲殺鴈饗之亦見莊子新序刺奢云鄒穆公有令食鳧鴈必以粃無得以粟皆卽鵝也今江東人呼鵝猶曰雁鵝王云畢說是也烏非家畜不得與牛羊雞狗鵝並言之烏當爲鳧此鳧謂鴨也亦非弋鳧與鴈之鳧廣雅鳧鶩𪇰也𪇰與鴨同晏子春秋外篇君之鳧鴈食以菽粟是也故曰殺牛羊雞狗鳧鴈蘇說同收其皮革筋角脂𦐇羽。畢云舊收作牧皮作支俱以意改𦐇卽考工記㔉字本𡿺字之譌也彘皆剝之。王引之云彘與皮革筋角脂羽並言之亦爲不倫彘字當在上文牛羊雞狗之閒迎敵祠篇亦云狗彘豚雞吏橝桐㮏。吏疑使之誤下有脫字橝疑櫝之誤說文木部云櫝槶也故與桐並舉然文句有捝誤㮏茅本作自畢云未詳爲鐵錍。方言云凡箭其廣長而薄鐮謂之錍郭璞注云江東呼鏃箭蘇云錍賓彌切音卑說文曰鎞錍斧也厚簡爲衡枉。厚疑當爲后與後聲近字通簡疑當爲蘭之誤前備城門篇亦有兵弩簡格卽蘭格也枉當爲柱此疑卽上文所謂蘭爲柱後也事急卒不可遠。令掘外宅林。疑當作材下同言事急守城之卒不可令遠出則令掘外宅材木納城內以備用又疑或當作事急卒不可還卒猝同言倉猝不及致材木也謀多少。謀疑當爲課詳號令篇若治城口爲擊。卽號令篇所云五十步一擊也城下疑缺上字三隅之。言擊之形爲三隅不方也重五斤已上諸林木渥水中無過一茷。重五斤以上謂材木之小者畢云說文云㠯海中大船臣鉉等曰今俗別作筏案唐隆闡禪師碑又作栰此作茷皆叚假音字蘇云林疑當作材渥漬也案蘇校是也論語公冶長集解引馬融云編竹木大者曰栰小者曰桴方言云䉵謂之筏通典兵門云槍十根爲一束勝力一人四千一百六十六根即成一栰此後世法不知墨子所謂一筏數幾何也塗茅屋若積薪者厚五寸已上吏各舉其步界中財物可以左守備者上。王引之云步界二字義不可通步當爲部吏各有部部各有界故曰部界號令篇云因城中里爲八部部一吏又云諸吏卒民非其部界而擅入皆其證也俗讀部步聲相亂故部譌作步上下當有之字上之謂上其財物也備城門篇云民室材木瓦石可以益城之備者盡上之與此文同一例今本脫之字則文義不明又云左與佐同蘇云上謂聞之於上有譏人。有利人。有惡人。有善人。有長人。有謀士。有勇士。有巧士。有使士。使士謂可以奉使之士又疑當作信士號令篇屢言信人亦或誤爲使人有內人者。外人者。有善人者。有善門人者。蘇云上句善下疑脫一字善門疑善門之訛守必察其所以然者。應名乃內之。蘇云應名言名實相應也內讀如納民相惡若議吏吏所解。吏所解謂民相惡有讐怨吏爲解之者見上號令篇皆札書藏之。札舊本譌作禮王引之云禮書當爲札書古禮字作礼與札相似札譌爲礼後人因改爲禮耳札書見號令篇莊子人閒世篇名也者相札也崔譔曰札或作禮淮南說林篇烏力勝日而服於雜札今本札譌作禮蘇云禮當作謹備城門篇言皆謹收藏也案王校是也今據正周禮調人云凡有鬬怒者成之不可成者則書之先動者誅之鄭注云不可成不可平也書之記其姓名辯本也此札書與彼義同以須告之至以參驗之。告下疑當有者字吳鈔本挩至字睨者小五尺不可卒者爲署吏令給事官府若舍。蘇云睨者二字傳寫錯誤或爲兒童之訛意言弱小未堪爲卒唯給使令而已詒讓案孟子梁惠王篇趙注云倪弱小繄倪者也說文女部云婗嫛婗也廣雅釋親云婗兒子也此睨即婗之叚字或云睨者小疑當作諸小睨者即諸之省亦通孟子滕文公篇云五尺之童管子乘馬篇云童五尺荀子仲尼篇云五尺豎子論語泰伯篇可以託六尺之孤周禮鄉大夫賈疏引鄭注云六尺年十五以下然則五尺者蓋年十四以下也舍謂守者之私舍號令篇云城上吏卒養皆爲舍道內藺石。見號令篇厲矢諸材。畢云舊作林以意改蘇云諸與儲同詒讓案諸如字器用皆謹部各有積分數。號令篇云輕重分數各有請爲解車以枱。城矣。說文木部云枱耒耑木也案枱即考工記車人耒庛之正字與此義不相當此枱當爲木材疑即梓之叚借字枱籒文从辝作辝與梓聲類相近也備穴篇用㩗若松爲穴戶㩗疑亦即枱梓之異文蘇云此句錯誤不可讀解車疑即輴車據下文是言車之載矢者城矣二字或即載矢之訛下以字衍案蘇說近是但下以字非衍以軺車。畢云漢書注服虔云軺音瑤立乘小車也 輪軲。道藏本茅本軲作軲軲亦見經說下畢云此轂字異文無疑廣雅云軲車也曹憲音枯又音姑案畢說未塙軲疑卽車前胡字形又與軸相近詳經說下篇輪與軲不待同度疑亦有挩誤 廣十尺。轂廣度必無十尺此亦足證畢說之非但胡卽軥前下垂柱地者亦不得有廣度疑指車前軓當胡處而言下箱與轅等亦長丈則軓長廣正方矣若爲軸則當云長不當云廣未能質定也 轅長丈。此蓋直轅與考工記大車同長丈當爲轅出箱前者之度下云箱長與轅等則幷當箭與箭前二者計之轅通長二丈也車人凡爲轅三其輪崇此輪六尺而轅二丈贏於彼也 爲三輻。三輻疑當作四輪備高臨篇連弩車兩軸四輪亦誤作三輪 廣六尺。凡輪廣與崇等考工記車人鄭注柏車山車輪高六尺此與彼度同 爲板箱。長與轅等。說文竹部云箱大車牝服也考工記車人云大車牝服二柯又參分柯之二鄭注云牝服長八尺謂較也鄭司農云牝服謂車箱此車箱長丈蓋長於大車二尺也 高四尺。舊本作四高尺蘇云當作高四尺案蘇校是也今據乙正 善蓋上治。令可載矢。舊本挩中字今據道藏本吳鈔本茅本補 子墨子曰。凡不守者有五城大人少。一不守也。畢云舊作者以意改案茅本正作也不誤 城小人衆。二不守也。人衆食寡。三不守也。市去城遠。四不守也。畜積在外。富人在虛。蘇云虛同墟言不在城邑也 五不守也。率萬家而城方三里。尉繚子兵談篇云量地肥墝而立邑建城稱地以城稱人以人稱粟三相稱則內可以固守外可以戰勝畢云言大率萬家而城方三里則可守詒讓案方三里者積九里爲地八千一百畝也以萬家分居之蓋每宅不及一畝貧富相補足以容之矣

墨子附錄一卷

墨子篇目考　墨子佚文　墨子舊敘

墨子篇目考畢沅述今重校補

漢書藝文志

墨子七十一篇。名翟爲宋大夫在孔子後

隋書經籍志

墨子十五卷。目一卷。宋大夫墨翟撰

庾仲容子鈔。見高似孫子略畢本無今補

墨子十六卷

馬總意林

墨子十六卷。案墨子名翟高誘曰魯人一曰宋人爲宋大夫善守禦務儉嗇所著書漢志七十一篇隋唐志十五卷目一卷宋志十五卷楊倞荀子注云三十五篇宋潛溪曰二卷親士至經說十三篇明堂策檻刊本十五卷七十一篇與舊志合闕節用下節葬上中明鬼上中非樂中下非儒上共八篇蓋楊据篇名摠計之宋則未見全書也明刻文多重複似亦非古本但次第正與此同

君子自難而易彼。彼字補同下　衆人自易而難彼。親士篇

靈龜先灼。神蛇先暴。先原作近

君子雖有學。行爲本焉。戰雖有陳。勇爲本焉。喪雖有禮。哀爲本焉。修身篇

墨子見染絲而嘆曰。染於蒼則蒼。染於黃則黃。非獨染絲然也。國亦有染。詒讓案張海鵬本國作人固二字舜染許由。桀染干辛。干舊作于說苑作干莘原有推哆韓非子曰桀有侯哆紂染崇侯也。所染篇

聖人爲舟車。完固輕利。可以任重致遠。辭過篇

子自愛不愛父。欲虧父而自利。弟自愛不愛兄。欲虧兄而自利。非兼愛也。句非原文盜愛其室。不愛異室。故竊異室以利其室。亦非舊訛能詒讓案張本不訛兼愛。兼愛上篇

節葬之法。三領之衣。原作衣三領足以朽肉。節葬篇作蔽形三寸之棺。原作棺三寸足以朽骸。深則通於泉。原作掘穴深不通於泉流不發洩則止節葬篇亦云下無及泉上無通臭節用中篇

諸侯不得恣已爲政。有三公政之。政之之政原作正下同三公不得恣已爲政。有天子政之。天子不得恣已爲政。有天舊有下字政之。天志下篇案此文兩見皆作有天政之

斷指以存脛。原作暇下云利之中取大害之中取小也害之中取小非取害也取利也以免於身者利。原作遇盜人而斷指以免身利也言雖受傷而身得免卽謂之利大取篇

君子如鐘。扣則鳴。不扣則不鳴。美原作義女處不出。則爭求之。行而自衒。人莫之娶。公孟篇

墨子勸弟子學曰。汝速學。君原作吾當仕汝。弟子學朞年。就墨子責仕。二字補責求也墨子曰。汝聞魯人原作語乎。有昆弟五人。父死。其長子嗜酒。不肯預葬。其四弟曰。兄若送葬。我當爲兄沽酒。此下與原文小異葬訖。就四弟求酒。四弟曰。子葬父。豈

獨吾父也。吾恐人笑。欺以酒耳。今不學。人自笑子。故勸子也。遂不復求仕。

墨子謂門人曰。汝何不學。對曰。吾族無學者。墨子曰。不然。豈謂欲好美。而曰吾族無此。辭不欲耶。欲富貴。而曰吾族無此。辭不用耶。強自力矣。

甘瓜苦蒂。天下物無全美。二句原書闕見埤雅引下二條亦原書所無

古之學者。得一善言。附於其身。今之學者。得一善言。務以說人。言過而行不及。書鈔引新序齊王問墨子曰古之學者爲已今之學者爲人何如對曰古之學者云云說人則墨子之言甚明

君子服美則益敬。小人服美則益驕。詒讓案今本公輸篇後兵法諸篇之前闕第五十一篇以上數條疑皆此篇佚文

案史記墨翟或曰竝孔子時或曰在其後張衡譜當子思時出仲尼後也抱朴子小司馬皆言在七十子後史鄒陽書曰宋信子罕之計囚墨翟漢書孚罕作子冉意其生稍後孔子而先於孟子者歟竊謂儒與楊墨猶陰與陽而墨較近理故與楊同一塞路同經孟子辭闢而墨氏之書至今猶有傳者甚至尸佼謂孔子貴公墨子貴兼其實則一韓非子顯學篇孔墨竝尊史傳以墨附孟范書言墨孟之徒韓昌黎謂孔子必用墨子墨子必用孔子是豈特秦越同舟已哉荀卿書雖不醇其禮論篇譏墨子薄葬反覆數百言大旨謂以倍叛之心事親棺槨三寸衣衾三領爲刑餘罪人之喪又謂刻死而附生所見實出孔鮒詰墨之上唐開元從祀孔庭其以此歟　詒讓案此條於墨子篇目及馬氏書均無涉姑錄之以存畢考之舊

唐書經籍志。

墨子十五卷。墨翟撰

新唐書藝文志。

墨子十五卷。墨翟

宋史藝文志。

墨子十五卷。宋墨翟撰

崇文總目。畢本無今補

墨子十五卷。墨翟撰

鄭樵通志藝文略。

墨子十五卷。宋大夫墨翟撰墨翟與孔子同時漢志注在孔子後又三卷。樂臺注唐志不載當考

馬端臨文獻通考經籍考。

墨子十五卷。

王應麟玉海。

書目云。墨子十五卷。自親士至雜守。爲六十一篇。亡九篇一本自親士至上同。凡十三篇。詒讓案此卽中興館閣書目王氏所引非全文

晁公武郡齋讀書志。

墨子十五卷。宋墨翟撰。戰國時爲宋大夫。著書七十一篇。以貴儉兼愛尊賢右鬼非命尚舊本作上同爲說云。荀孟皆非之。而韓愈獨爲辨生於末學非二師之道本然也。

陳振孫直齋書錄解題。

墨子三卷。宋大夫墨翟撰。孟子所謂邪說詖行。與楊朱同科者也。韓吏

部推尊孟子。而讀墨一章。乃謂孔墨相爲用。何哉。漢志七十一篇。館閣書目有十五卷六十一篇者。多訛脫不相聯屬。又二本止存十三篇者。當是此本也。方楊墨之盛。獨一孟子詘言非之。諄諄焉惟恐不勝。今楊朱書不傳。列子僅存其餘。墨氏書傳於世者。亦止於此。孟子越百世益光明。遂能上配孔氏。與論語並行。異端之學。安能抗吾道哉。

焦竑國史經籍考。

墨子十五卷。又三卷。（樂臺注）

四庫全書總目。（畢本無今補）

墨子十五卷。（兩江總督採進本）舊本題宋墨翟撰。考漢書藝文志墨子七十一篇。注曰。名翟。宋大夫。隋書經籍志亦曰宋大夫墨翟撰。然其書中多稱子墨子。則門人之言。非所自著。又諸書多稱墨子名翟。因樹屋書影則曰。墨子姓翟。母夢烏而生。因名之曰烏。以墨爲道。今以姓爲名。以墨爲姓。是老子當姓老耶。其說不著所出。未足爲據也。（詒讓案周亮工說本元伊世珍瑯嬛記）宋館閣書目。稱墨子十五卷六十一篇。此本篇數與漢志合。卷數與館閣書目合。惟七十一篇之中。僅佚節用下第二十二。節葬上第二十三。節葬中第二十四。明鬼上第二十九。明鬼中第三十。非樂中第三十三。非樂下第三十四。非儒上第三十八凡八篇。尚存六十三篇。詒讓案此未數失目十篇也今本實存五十三篇與館閣書目不合。陳振孫書錄解題又稱有一本止存十三篇者。今不可見。或後人以兩本相校。互有存亡。增入二篇歟。抑傳寫者譌以六十三爲六十一也。墨家者流。史罕著錄。蓋以孟子所闢。無人肎居其名。然佛氏之教。其淸淨取諸老。其慈悲則取諸墨。韓愈送浮屠文暢序。稱儒名墨行。墨名儒行。以佛爲墨。蓋得其眞。而讀墨子一篇。乃稱墨必用孔。孔必用墨。開後人三教歸一之說。未爲篤論。特在彼法之中。能自嗇其身。而時時利濟於物。亦有足以自立者。故其教得列於九流。而其書亦至今不泯耳。第五十二篇以下。皆兵家言。其文古奧。或不可句讀。與全書爲不類。疑因五十一篇言公輸般九攻墨子九拒之事。其徒因採摭其術。附記其末。觀其稱弟子禽滑釐等三百人。已持守圉之器在宋城上。是能傳其術之徵矣。

錢曾讀書敏求記詒讓案畢本在焦竑國史經籍考前今移此

墨子十五卷。潛溪諸子辨云。墨子三卷。戰國時宋大夫墨翟撰。上卷七篇。號曰經。中卷下卷六篇。號曰論。共十三篇。考之漢志。七十一篇。館閣書目則六十一篇。已亡節用節葬明鬼非樂非儒等九篇。今書則又亡多矣。潛溪之言如此。予藏宏治己未舊鈔本。卷篇之數。恰與其言合。又藏會稽鈕氏世學樓本。共十五卷七十一篇。內亡節用等九篇。蓋所謂館閣書目本或即此歟。潛溪博覽典籍。其辨訂不肯聊且命筆。而止題爲三卷。豈猶未見完本歟。抑此書兩行於世。而未及是正歟。姑識此。以詢藏書家。

詒讓案墨子書七十一篇。即漢劉向校定本。箸於別錄。而劉歆七略班固藝文志因之。舊本當亦有劉向進書奏錄。宋以後已不傳。史記孟子荀卿傳索隱案別錄云。今按墨子書。有文子。文子即子夏之弟子。問於墨子。如此。則墨子者。在七十子之後也。此即劉錄之佚文。攷文子今書未見。它書載子夏弟子。亦無文子。唯史記儒林傳云。如田子方段干木吳起禽滑釐之屬。皆受業於子夏之倫。則疑文子當爲禽子。又耕柱篇。子夏之徒。問於子墨子曰。君子有鬬乎。子政或兼據彼文也。

又案漢志兵技巧家注云。省墨子重。則七略墨子書。墨家與兵書蓋兩收。班志始省兵而專入墨。此亦足考劉班箸錄之異同。謹附記之。(劉略入兵技攻家者蓋即備城門以下二十篇也)

墨子佚文(畢沅述今重校補)

樂者。聖王之所非也。而儒者爲之。過也。(見荀子當是非樂篇文詒讓案見樂論篇然似約舉非樂篇大意畢以爲佚文未塙)

孔子(子字皆鮒所更墨本用孔子諱)見景公。公曰。先生素不見晏子乎。對曰。晏子事三君而得順焉。是有三心。所以不見也。公告晏子。晏子曰。三君皆欲其國安。是以嬰得順也。聞君子獨立不慚於影。今孔子伐樹削迹。不自以爲辱。身窮陳蔡。不自以爲約。始吾望儒貴之。今則疑之。

景公祭路寢。聞哭聲。問梁丘據。對曰。魯孔子之徒也。其母死。服喪三年。哭泣甚哀。公曰。豈不可哉。晏子曰。古者聖人。非不能也。而不爲者。知其無補於死者。而深害生事故也。見孔叢詰墨篇疑非儒上第三十八篇文　詒讓案二條並見晏子春秋外篇或墨子亦有是文

堂高三尺。索隱云自此以下韓子之文故稱曰也詒讓案後漢書趙典傳注首有堯舜二字韓非子十過篇亦有此文即索隱所據也　土階三等。茅茨不翦。采椽不刮。詒讓案後漢書文選魏都賦注作斲又文選東京賦注引作刊　食詒讓案後漢書注作飯　土簋。啜土刑。詒讓案後漢書注作歠土鉶　糲粱之食。詒讓案後漢書注作飯　藜藿之羹。夏日葛衣。冬日鹿裘。其送死。桐棺三寸。舉音不盡其哀。見史記太史公自序又見文選注後漢書注文皆微異今韓非子雖有之然疑節用中下篇文　詒讓案此司馬談約引墨子語似未必即節用中下篇佚文羣書治要及藝文類聚十一太平御覽八十引帝王世紀云墨子以爲堯堂高三尺土階三等茅茨不翦採椽不斲夏服葛衣冬服鹿裘論衡是應篇云墨子稱堯舜堂高三尺儒家以爲卑下以上諸書及後漢書注文選注疑並據史記展轉援引非唐本墨子書實有此文也

年踰十五。則聰明心詒讓案畢本作思今據史記五帝本紀集解校正　慮無不徇通矣。見裴駰史記集解索隱十五作五十無不作不云作十五非是　詒讓案索隱云俗本作十五非是案謂年老踰五十不聰明何得云十五蓋小司馬所見墨子猶是足本故據以校正史注俗本之謬

禽滑釐問於墨子曰。錦繡絺紵。將安用之。墨子曰。惡。是非吾用務也。古有無文者得之矣。夏禹是也。卑小宮室。損薄飲食。土階三等。衣裳細布。當此之時。黼詒讓案舊本挩盧文弨據御覽八百二十校補今從之　黻無所用。而務在於完堅。殷之盤庚。大其先

王之室。而改選於殿茅茨不翦、采椽不斲、以變天下之視。當此之時。文采之帛。將安所施。夫品庶非有心也。以人主爲心。苟上不爲。下惡用之。二王者、以（詒讓案舊衍化字今從盧校刪）身先於天下。故化隆於其時。成名於今世也。且夫錦繡絺紵、亂君之所造也。其本皆興於齊景公。喜奢而忘儉。幸有晏子以儉鐫之。然猶幾不能勝。夫奢安可窮哉。紂爲鹿臺糟邱。酒池肉林。宮牆文畫。雕琢刻鏤。錦繡被堂。金玉珍瑋。婦女優倡。鐘鼓管弦。流漫不禁。而天下愈竭。故卒身死國亡。爲天下戮。非惟錦繡絺紵之用邪。今當凶年。有欲予子隨侯之珠者。不得賣也。珍寶而以爲飾。又欲予子一鍾粟者。得珠者不得粟。得粟者不得珠。子將何擇。禽滑釐曰。吾取粟耳。可以救窮。墨子曰。誠然。則惡在事夫奢也。長無用。好末淫。非聖人之所急也。故食必常飽。然後求美。衣必常暖。然後求麗。居必常安。然後求樂。爲可長。行可久。先質而後文。此聖人之務。禽滑釐曰。善。（見說苑疑節用下篇文　詒讓案節用諸篇無與弟子問荅之語畢說未確）吾見百國春秋。（見隋李德林重荅魏收書　詒讓案見隋書本傳亦見史通六家篇春秋下畢本有史字今據史通刪攷德林書云史者編年也故晉號紀年墨子又云吾見百國春秋史又無有無事而書年者是重年驗也審校文義李書史字當屬下爲句畢氏失其句讀遂幷史字錄之謬也）

禽子問天與地孰仁。墨子曰。翟以地爲仁。太山之上。則封禪焉。培塿之側。（太平御覽作沈）則生松柏。下生黍苗莞蒲。水生黿鼉龜魚。民衣焉食焉死焉。地終

不責德焉。故翟以地爲仁。見蓺文類聚又見北堂書鈔太平御覽吳淑事類賦文微異

申徒狄曰。周之靈珪。出於土石。楚之明月。出於蜯蜃。見蓺文類聚　詒讓案此卽後申徒狄謂周公章之文當幷爲一條

畫衣冠。異章服。而民不犯。見文選注

墨子獻書惠王。王受而讀之。曰。良書也。見文選注　詒讓案本書貴義篇云子墨子南游於楚見楚獻惠王王疑卽獻書惠王之誤又余知古渚宮舊事二亦云墨子至郢獻書惠王王受而讀之曰良書也與李所引正同彼文甚詳疑皆本墨子佚不箸所出書今不據補錄詳貴義篇

時不可及。日不可留。見文選注

備衝篇。見詩正義

備衝法。絞善麻長八丈。內有大樹。則繫之用斧長六尺。令有力者斬之。見太平御覽疑備衝篇文　詒讓案通典兵守拒法云敵若推轒車我作纍鐵鏁弁屈桑木爲之用索相連轒頭適到速以鏁串轒頭於其傍便處分令壯士牽之翻倒弓弩而射自然敗走案杜注蓋卽本墨子遺法而以後世名制易之

申徒狄謂周公曰。賤人何可薄也。周之靈珪。出於土石。隨之明月。出於蜯蜃。少豪大豪。出於汚澤。天下諸侯。皆以爲寶。狄今請退也。見太平御覽又一引云周公見申屠狄曰賤人強氣則罰至申徒狄曰周之靈珪出於土口楚之明月出口蜯蜃五象出於漢澤和氏之璧夜光之珠三棘六異此諸侯之良寶也疑今耕柱篇脫文　詒讓案此文當在佚篇中今書耕柱篇雖亦有和璧隨珠三棘六異之文然非申徒狄對周公語畢說非也通志氏族略引風俗通云申徒狄夏賢人也林寶元和姓纂說同莊子外物篇云湯與務光務光怒申徒狄因以踣河此卽應說所本淮南子說山訓高注則云申徒狄殷末人也史記鄒陽傳集解服虔云申徒狄殷之末世人也索隱引韋昭又云六國時人莊子大宗師釋文亦云申徒狄殷時人案依韋說則此周公或爲東西周君御覽八百二引有和氏之璧語又韓詩外傳一及新序士節篇並云申徒狄曰

與殺子胥，陳殺泄冶而滅其國，則狄非夏殷末人可知，疑韋說近是，墨子不甚足據也，今亦未及詳校。

桀女樂三萬人。晨譟聞於衢。服文繡衣裳。見太平御覽　詒讓案此管子輕重甲篇文以後御覽所引諸條似多誤以它子書語爲墨子不甚足據也今亦未及詳校

秦穆王遺戎王以女樂二八。戎王沈於女樂。不顧國政。亡國之禍。見太平御覽

艮劍期乎利。不期乎莫邪。見太平御覽

禹造粉。見太平御覽

子禽問曰。詒讓案疑當作禽子 多言有益乎。墨子曰。蝦蟆蛙蠅。詒讓案當作黽 日夜而鳴。舌乾擗然而不聽。一引作口乾而人不聽之 今鶴雞時夜而鳴。天下振動。多言何益。唯其言之時也。見太平御覽

昔夏之衰也。有推侈大戲。殷之衰也。有費仲惡來。足走千里。手制兕虎。見太平御覽　詒讓案此晏子春秋諫上篇文

神機陰閉。剞劂無迹。人巧之妙也。而治世不以爲民業。詒讓案此淮南子齊俗訓文劂彼作劂此誤

工人下漆而上丹則可。下丹而上漆則不可。萬事由此也。詒讓案此淮南子說山訓文

神明鉤繩者。乃巧之具也。而非所以爲巧。詒讓案此淮南子齊俗訓文神明作規矩 神明之事。不可以智巧爲也。不可以功力致也。天地所包。陰陽所嘔。雨露所濡。以生萬殊。翡翠瑇瑁碧玉珠。文采明朗。澤若濡。摩而不玩。久而不渝。奚仲不能放。魯

般弗能造。此之大巧。（詒讓案此淮南子泰族訓文）夫至巧不用劍。大匠大不斲。（詒讓案此淮南子說林訓文下大字衍）

夫物有以自然。而後人事有治也。故大匠不能斲金。巧冶不能鑠木。金之勢不可斲。而木之性不可鑠也。埏埴以爲器。刳木而爲舟。爍鐵而爲刃。鑄金而爲鍾。因其可也。（見太平御覽而文不似墨子或恐誤引他書　詒讓案末條淮南子泰族訓文）

右二十一條。今本所脫。由沅採摭書傳。附十五卷末。其意林所稱。已見篇目考中。不更入也。

金城湯池。（水經河水二酈道元注）

釜丘。（水經濟水注云陶丘墨子以爲釜丘也）

使造。（下疑脫物字）三年而成一葉。天下之葉少哉。（廣弘明集朱世卿法性自然論　案韓非子外儲說左上宋人爲玉楮葉章有此文或本墨子語也）

舜葬於蒼梧之野。象爲之耕。（劉賡稽瑞）

禹葬會稽。鳥爲之耘。（稽瑞　以上二條疑節葬上中二篇佚文然說舜葬處與節葬下篇不合未詳）

五星光明。芒豔如旗。（稽瑞）

右六條。畢本無。今校增。

墨子舊敍

魯勝墨辯注敍（晉書隱逸傳）

名者。所以別同異。名是非。道義之門。政化之準繩也。孔子曰。必也正名名不正則事不成。墨子著書。作辯經以立名本。惠施公孫龍祖述其學。以正別（孫星衍校改刑）名顯於世。孟子非墨子。其辯言正辭。則與墨同。荀卿莊周等。皆非毀名家。而不能易其論也。必有形。（當作名必有形）察（疑挩形字）莫如別色。故有堅白之辯。名必有分明。分明莫如有無。故有無序之辯。是有不是。可有不可。是名兩可。同而有異。異而有同。是之謂辯同異。至同無不同。至異無不異。是謂辯同辯異。同異生是非。是非生吉凶。取辯於一物。而原極天下之汙隆。名之至也。自鄧析至秦時。名家者世有篇籍。率頗難知。後學莫復傳習。於今五百餘歲。遂亡絕。墨辯有上下經。經各有說。凡四篇。與其書衆篇連第。故獨存。今引說就經。各附其章。疑者闕之。又采諸衆雜集。爲刑名二篇。（刑當作形）略解指歸。以俟君子。其或興微繼絕者。亦有樂乎此也。

畢沅墨子注敍（經訓堂本）

墨子七十一篇。見漢藝文志。隋以來。爲十五卷。目一卷。見隋經籍志。宋亡九篇。爲六十一篇。見中興館閣書目。實六十三篇。後又亡十篇。爲五十三篇。卽今本也。本存道藏中。缺宋諱字。知卽宋本。又三卷一本。卽親士至尙同十三篇。宋王應麟陳振孫等。僅見此本。有樂臺注。見鄭樵通志藝文略。今亡。案通典言兵有守拒法。而不引墨子備城門諸篇。玉海云。後漢書注引墨子備突篇。詩正義引墨子備衝篇。似亦未見全書。疑其失墜久也。今上開四庫館。求天下遺書。有兩江總督採進本。謹案亦與此本同。自此本以外。有明刻本。其字少見。皆以意改。無經上下。及備城門等篇。詒讓案此即余有丁子彙本蓋無足觀。墨書傳述甚少。得毋以孟子之言。轉多古言古字。先是仁和盧學士文弨。陽湖孫明經星衍。互校此書。略有端緒。沅始集其成。因徧覽唐宋類書。古今傳注所引。正其譌謬。又以知聞疏通其惑。自乾隆壬寅八月。至癸卯十月。踰一歲而書成。世之譏墨子。以其節葬非儒說。墨者既以節葬爲夏法。特非周制。儒者弗用之。非儒。則由墨氏弟子尊其師之過。其稱孔子諱及諸毀詞。是非翟之言也。詒讓案此論不確詳非儒篇　案他篇亦稱孔子。亦稱仲尼。又以爲孔子言亦當而不可易。是翟未嘗非孔。孔子之言。多見論語家語。及他緯書傳注。亦無斥墨詞。詒讓案墨子蓋生於哀悼閒較之七十子尙略後孔子安得斥之此論甚謬　至孟子。始云能言距楊墨者。聖人之徒。又道楊墨之道不息。孔子之道不著。蓋必當時爲墨學者。流於橫議。或類非儒篇所說。孟子始嫉之。故韓非子顯學云。墨離爲三。取舍相反不同。而皆自謂眞孔墨。韓愈云。辯生於末學。各務售其師之說。非二師之道本然。其知此也。今惟親士脩身。及經上經下。疑翟自著。

餘篇稱子墨子。耕柱篇并稱子禽子。則是門人小子。記錄所聞。以是古書不可忽也。且其魯問篇曰。凡入國。必擇務而從事焉。國家昏亂。則語之尙賢尙同。國家貧。則語之節用節葬。國家憙音湛湎。則語之非樂非命。國家淫僻無禮。則語之尊天事鬼。國家務奪侵凌。則語之兼愛。是亦通達經權不可訾議。又其備城門諸篇。皆古兵家言。有實用焉。書稱中山諸國亡於燕代胡貊之間。詒讓案此非攻中篇文舊本作且不著何當爲柤不屠何明人不解妄改爲中山諸國畢氏亦沿其謬詳本篇 攷中山之滅在趙惠文王四年。當周赧王二十年。則翟實六國時人。至周末猶存。故史記云或曰並孔子時。或曰在其後。班固亦云在孔子後。司馬貞按別錄云。墨子書有文子。文子子夏之弟子。問於墨子。如此。則墨子者在七十子後。李善引抱朴子亦云孔子時人。或云在其後。今按其人在七十子後。詒讓案文選長笛賦注 若史記鄒陽傳。鄒陽曰。宋信子罕之計。而囚墨翟。司馬貞云漢書作子冉。不知子冉是何人。文潁曰。子冉。子罕也。荀卿傳云墨翟。孔子時人。或云在孔子後。又襄公二十九年左傳。宋饑。子罕請出粟。時孔子適八歲。則墨子與子罕。不得相輩。或以子冉爲是。不知如何也。又文選亦作子冉。注云。文子曰。子罕也。冉音壬。善曰未詳。詒讓案文選鄒陽獄中上書自明注譌以文潁爲文子冉音任亦有譌 沅亦不能定其時事。又司馬遷班固以爲翟宋大夫。葛洪以爲宋人者。以公輸篇有爲宋守之事。

高誘注呂氏春秋。以爲魯人。則是楚魯陽。漢南陽縣。在魯山之陽。本書多有魯陽文君問答。又亟稱楚四竟。非魯衞之魯。不可不察也。先秦之書。字少假借。後乃偏旁相益。若本書。源流之字作原。一又作源。金以溢爲名之字作益。一又作鎰。四竟之字作竟。一又作境。皆傳寫者亂之。非舊文。乃若賊敫百姓之爲殺字古文。遂而不反。合於遂亡之訓。關叔之卽管叔。寶足以證聲音文字訓詁之學。好古者幸存其舊云。如其疏略。以俟敏求君子。

乾隆四十八年。歲在昭陽單閼涂月。敘於西安節署之環香閣。

孫星衍墨子注後敘 經訓堂本

乾隆四十八年癸卯十二月。弇山先生旣刊所注墨子成。以星衍涉于諸子之學。命作後敘。星衍以固陋辭。不獲命。敘曰墨子與孔異者。其學出于夏禮。司馬遷稱其善守禦爲節用。班固稱其貴儉兼愛上賢明鬼非命上同。此其所長。而皆不知墨學之所出。淮南王知之。其作要略訓云。墨子學儒者之業。受孔子之術。以爲其禮煩擾而不說。厚葬靡財而貧民。服傷生而害事。故背周道而用夏政。其識過于遷固。古人不虛作。諸子之教。或本夏。或本殷。故韓非著書。亦載棄灰之法。墨子有節用。節用。禹之教也。孔子曰。禹菲飲食。惡衣服。卑宮室。吾無閒然。又曰。禮與其奢寧儉。又曰。道千乘之國。節用。是孔子未嘗非之。又有明鬼。是致孝鬼神之義。兼愛。是盡力溝洫之義。孟子稱墨子摩頂放踵。利天下爲之。而莊子稱禹親自操槀耜。而雜天下之川。腓無胈。脛無毛。沐甚風。櫛甚雨。列子稱禹身體偏枯。手足胼胝。呂不韋稱禹憂其黔首。顏色黎黑。竅藏不通。步不相過。皆與書傳所云。予弗子。惟荒度土功。三過其門而不入。思天下有溺者。猶已溺之同。其節葬。亦禹法也。尸子稱禹之喪法。死於陵者葬於陵。死於澤者葬於澤。桐棺三寸。制喪三日。（當爲月）見後漢書注。淮南子要略。稱禹之時。天下大水。死陵者葬陵。死澤者葬澤。故節財薄葬閑服生焉。又齊俗稱三月之服。是絕哀而迫切之性也。高誘注云。三月之服。是夏后氏之禮。韓非子顯學。稱墨者之葬也。冬日冬服。夏日夏服。桐棺三寸。服喪三月。而此書公孟篇。墨子謂公孟曰。子法周而未法夏也。子之古非古也。又公孟謂子墨子曰。子以三年之喪爲非。子之三日（當爲月）之喪。亦非也云云。然則三月之喪。夏有是制。墨始法之矣。（詒讓案孟子云三年之喪齊疏之服飦粥之食自天子達於庶人三代共之則孟子謂夏禮亦三年喪此說與孟子不合）孔子則曰。吾說夏禮。杞不足徵。吾學周禮。今用之。吾從周。又曰。周監於二代。郁郁乎文哉。吾從周。周之禮尚文。又貴賤有法。其事具周官儀禮春秋傳。則與墨書節用兼愛節葬之旨甚異。孔子生於周。故尊周禮。而不用夏制。孟子亦周人而宗孔。

故于墨非之。勢則然焉。若覽其文。亦辯士也。親士修身經上經下及說。凡六篇。皆翟自著。經上下略似爾雅釋詁文。而不解其意指。又怪漢唐以來。通人碩儒。博貫諸子。獨此數篇。莫能引其字句。以至于今。傳寫譌錯。更難鉤乙。晉書魯勝傳云。勝注墨辯。存其敍曰。墨子著書。作辯經以立名本。惠施公孫龍祖其學。以正刑名顯於世。孟子非墨子。其辯言正詞。則與墨同。荀卿莊周等。皆非毀名家。而不能易其論也。又曰。墨辯有上下經。經各有說。凡四篇。與其書衆篇連第。故獨存。今引說就經。各附其章。疑者闕之。又采諸衆雜集。爲刑名二篇。略解指歸。以俟君子。如所云。則勝曾引說就經。各附其篇。恨其注不傳。無可徵也。備城門諸篇。具古兵家言。惜其脫誤難讀。而弇山先生于此書。悉能引据傳注類書。匡正其失。又其古字古言。通以聲音訓故之原。豁然解釋。是當與高誘注呂氏春秋。司馬彪注莊子。許君注淮南子。張湛注列子。並傳於世。其視楊倞盧辯。空疏淺略。則倜然過之。時則有仁和盧學士抱經。大興翁洗馬覃谿。及星衍。三人者不謀同時共爲其學。皆折束于先生。或此書當顯。幸其成帙。以惠來學。不覺僭而識其末也。陽湖孫星衍撰。

孫星衍經說篇跋經訓堂本

乾隆癸卯三月。星衍方自秦北征。巡撫公將刻所注墨子。札訊星衍云。經上下。經說上下。四篇。有似堅白異同之辯。其文脫誤難曉。自魯勝所稱外。書傳頗有引之否。星衍過晉。問盧學士。又抵都。問翁洗馬。俱未獲報。閱數月。重讀淮南齊俗訓。有云夫蝦蟆爲鶉。生非其類。唯聖人知其化。因悟與經說上化若鼃爲鶉合。又讀列子湯問篇云。均髮均縣。輕重而髮絕。髮不均也。均也。其絕也。莫絕。張湛注云。髮甚微脃而至不絕者。至均故也。今所以絕者。猶輕重相傾。有不均處也。若其均也。寧有絕理。言不絕也。又云。人以爲不然。自有知其然也。湛注云。凡人不達理也。會自有知此理爲然者。墨子亦有此說。今按經說下。有云均髮均縣。輕而髮絕。不均也。均。其絕也。莫絕。輕下脫重字。均其絕也句。均下無也字。又列子仲尼篇云。影不移者。說在改也。湛注云。影改而更生。非向之影。墨子曰。影不移。說在改爲也。今案經下云。過仵景不從。說在改爲。詒讓案過仵不當屬此讀孫亦襲舊讀之誤詳經說下篇其文微異。而義亦同。是知子家多有若說。晉時尚能讀此書。唐人則不及此也。又楊朱篇禽子曰。以吾言問大禹墨翟。則吾言當矣。湛注云。禹翟之教。忘己而濟物也。亦星衍往言墨子夏教之證。比復公。而是卷已刊成。無容注處。公然其言。因据增重字。又命附其說于卷末。俟知十君子焉。甲辰上巳。孫星衍記。

汪中墨子序　述學

墨子七十一篇。亡十八篇。今見五十三篇。明陸穩所敘刻。視它本爲完。其書多誤字。文義昧晦不可讀。今以意粗爲是正。闕所不知。又采古書之涉於墨子者。別爲表微一卷。而爲之敘曰周太史尹佚實爲文王所訪。（晉語）克商營洛。祝筴遷鼎。有勞於王室。（周書克殷解書洛誥）成王聽朝。與周召太公同爲四輔。（賈誼新書保傅篇）數有論諫。（淮南子主術訓史記晉世家）身沒而言立。東遷以後。魯季文子。（春秋傳成四年）惠伯。（文十五年）晉荀偃。（襄十四年）叔向。（周語）秦子桑。（僖十五年）后子。（昭元年）及左邱明。（宣十二年）並見引重。遺書二篇。（詒讓案原作十二篇今據漢書藝文志校删十字）劉向校書。列諸墨六家之首。說苑正理篇。亦載其文。莊周述墨者之學。而原其始。曰不侈於後世。不靡於萬物。不暉於數度。以繩墨自矯。而備世之急。古之道術有在於是者。（天下篇）可謂知言矣。古之史官。實秉禮經。以成國典。其學皆有所受。魯惠公請郊廟之禮於天子。桓王使史角往。惠公止之。其後在於魯。墨子學焉。（呂氏春秋當染篇）其淵源所漸。固可攷而知也。劉向以爲出於清廟之守。夫有事於廟者。非巫則史。史佚史角皆其人也。史佚之書。至漢具存。而夏之禮。在周已不足徵。則莊周禽滑釐傳之禹者。（莊子天下篇列子楊朱篇）非也。司馬遷云墨翟。宋大夫。或曰並孔子時。或曰在其後。今案耕柱篇魯問篇。墨子於魯陽文子。多所陳說。楚語。惠王以梁與魯陽文子。韋昭注。文子。平王之孫。司馬子期之子。其言實出世本。故貴義篇墨子南游於楚。見獻惠王。獻惠王以老辭。獻惠王之爲惠王。猶頃襄王之爲襄王。由是言之。墨子實與楚惠王同時。其仕宋當景公昭公之世。詒讓案墨子仕宋當在昭公世不得及景公汪誤其年於孔子差後。或猶及見孔子矣。詒讓案墨子必不及見孔子汪說誤藝文志以爲在孔子後者。是也。非攻中篇言知伯以好戰亡。事在春秋後二十七年。又言蔡亡。則爲楚惠王四十二年。墨子並當時及見其事。非攻下篇言今天下好戰之國。齊晉楚越。又言唐叔呂尚邦齊晉。今與楚越四分天下。節葬下篇。言諸侯力征。南有楚越之王。北有齊晉之君。明在句踐稱伯之後。魯問篇越王請裂故吳地方五百里以封墨子亦一證秦獻公未得志之前。全晉之時。三家未分。齊未爲陳氏也。檀弓下。季康子之母死。公輸般請以機封。此事不得其年。季康子之卒。在哀公二十七年。楚惠王以哀公七年卽位。般固逮事惠王。公輸篇。楚人與越人舟戰於江。公輸子自魯南游楚。作鉤強以備越。亦吳亡後。楚與越爲鄰國事。惠王在位五十七年。本書既載其以老辭墨子。則墨子亦壽考人與。親士修身二篇。其言淳實。與曾子立事相表裏。爲七十子後學者所述。經上至小取六篇。當時謂之墨經。莊周稱相里勤之弟子。五侯之徒。南方之墨者。苦獲已齒鄧陵子之屬。以堅白異同之辯相訾。以觭偶不仵之辭相應者也。公孫龍爲平原君客。當趙惠文孝成二王之世。惠施相魏。當惠襄二王之世。二子實始爲是學。是時墨子之沒久矣。其徒誦之。並非墨子本書。所染篇。亦見呂氏春秋。其言宋康染與唐鞅田不禮。宋康之滅。在楚惠王卒後一百五十七年。墨子蓋嘗見染絲者而歎之。爲墨之學者。增成其說耳。故本篇稱禽子。呂氏春秋并稱墨子。親士篇錯入道家言二條。與前後不類。今出而附之篇末。又言吳起之裂。起之裂。以楚悼王二十一年。亦非墨子之所知也。詒讓案吳起之亂墨子似尚及見之詳親士篇 今定其書爲內外二篇。又以其徒之所附著爲雜篇。倣劉向校晏子春秋例。輒於篇末。述所以進退之意。覽者詳之。墨子之學。其自言者曰。國家昏亂。則語之尚賢尚同。國家貧。則語之節用節葬。國家憙音沈湎。則語之非樂非命。國家淫僻無禮。則語之尊天事鬼。國家務奪侵陵。則語之兼愛非攻。此其救世亦多術矣。備城門以下。臨敵應變。纖悉周密。斯其所以爲才士與。傳曰。世之學老子者。則絀儒學。儒學亦絀老子。惟儒墨則亦然。儒之絀墨子者。孟氏荀氏。藝文志董無心一卷非墨子今亡孔叢詰墨僞書不數之 荀之禮論樂論。爲王者治定功成。盛德之事。而墨之節葬非樂。所以救衰世之敝。其意相反而相成也。若夫兼愛。特墨之一端。然其所謂兼者。欲國家慎其封守。而無虐其鄰之人民畜產也。雖昔先王。制爲聘問弔恤之禮。

以睦諸侯之邦交者。豈有異哉。彼且以兼愛。教天下之爲人子者。使以孝其親。而謂之無父。斯已枉矣。後之君子。日習孟子之說。而未覩墨子之本書。其以耳食。無足怪也。世莫不以其誣孔子。爲墨子辠。雖然自今日言之。孔子之魯。固生民以來所未有矣。自當日言之。則孔子魯之大夫也。而墨子宋之大夫也。其位相埒。其年又相近。其操術不同。而立言務以求勝。雖欲平情覈實。其可得乎。是故墨子之誣孔子。猶孟子之誣墨子也。歸於不相爲謀而已矣。吾讀其書。惟以三年之喪。爲敗男女之交。有悖於道。至其述堯舜陳仁義。禁攻暴。止淫用。感王者之不作。而哀生人之長勤。百世之下。奸見其心焉。詩所謂凡民有喪。匍匐救之之仁人也。其在九流之中。惟儒足與之相抗。自餘諸子。皆非其比。歷觀周漢之書。凡百餘條。並孔墨儒墨對舉。楊朱之書。惟貴放逸。當時亦莫之宗。躋之於墨。誠非其倫。自墨子沒。其學離而爲三。徒屬充滿天下。呂不韋再稱鉅子。去私篇 尙德篇 韓非謂之顯學。至楚漢之際而微。淮南子 氾論訓 孝武之世。猶有傳者。見於司馬談所述。於後遂無聞焉。惜夫。以彼勤生薄死。而務急國家之事。後之從政者。固宜假正議以惡之哉。乾隆上章困敦涂月。選拔貢生江都汪中述。詒讓案汪氏所校墨子及表微一卷今並未見此敍揚州刻本爲後人竄改文多駁異今從阮刻本校正

汪中墨子後序 述學

中既治墨子。牽於人事。且作且止。越六年。友人陽湖孫季仇星衍。以刊本示余。則巡撫畢侍郎盧學士。咸有事焉。出入羣籍。以是正文字。博而能精。中不勞日力。於是書盡通其癥結。且舊文孤學。得二三好古君子。與我同志於是有三喜焉。既受而卒業。意有未盡。乃爲後敍。以復於季仇曰。季仇謂墨子之學出於禹。其論偉矣。非獨禽滑釐有是言也。莊周之書。則亦道之曰。不以自苦爲極者。非禹之道。是皆謂墨之道與禹同耳。非謂其出於禹也。昔在成周。禮器大備。凡古之道術。皆設官以掌之。官失其業。九流以興。於是各執其一術以爲學。諱其所從出。而託於上古神聖。以爲名高。不曰神農。則曰黃帝。墨子質實。未嘗援人以自重。其則古昔稱先王言堯舜禹湯文武者六。言禹湯文王者四。言文王者三。而未嘗專及禹。墨子固非儒而不非周也。又不言其學之出於禹也。公孟謂君子必古言服然後仁。墨子既非之。而曰子法周而未法夏。則子之古非古也。此因其所好而激之。且屬之言服。甚明而易曉。然則謂墨子背周而從夏者。非也。惟夫墨離爲三。取舍相反。倍譎不同。自謂別墨。然後託於禹。以尊其術。而淮南著之書爾。雖然。謂墨子之學出於禹。未害也。謂禹制三月之喪。則尸子之誤也。從而信之非也。何以明其然也。古者喪期無數。黃帝堯舜。垂衣裳而天下治。則五服精粗之制立矣。放勳殂落。百姓如喪考妣。其可見者也。夏后氏三年之喪。既殯而致事。則夏之爲父三年矣。禹崩。三年之喪畢。益避禹之子於箕山之陰。則夏之爲君三年矣。從是觀之。它服術可知也。士喪禮。自小斂奠。大斂奠。朔月半薦。遣奠。大遣奠。皆用夏祝。使夏后氏制喪三月。祝豈能習其禮。以贊周人三年之喪哉。若夫陵死葬陵。澤死葬澤。此爲天下大水。不能具禮者言之也。荒政殺哀。周何嘗不因於夏禮。以聚萬民哉。行有死人。尙或殣之。此節葬也。斂首足形。還葬而無椁。此又節葬也。豈可執是以言周禮哉。若然夏不節喪。史佚固節喪與。夫下殤墓遠。棺斂於宮中。召公爲言於周公。而後行之。若是其篤終也。先王制禮。其敢有不至者哉。墨子者。蓋學焉而自爲其道者也。故其節葬曰。聖王制爲節葬之法。又曰。墨子制爲節葬之法。則謂墨子自制者是也。故曰。墨之治喪。以薄爲其道。（孟子滕文公篇）曰。墨子生不歌。死不服。桐棺三寸而無椁。以爲法式。（莊子天下篇）曰。墨者之葬也。冬日冬服。夏日夏服。桐棺三寸。服喪三月。（韓非子顯學篇）使夏后氏有是制。三子者不以之蔽墨子矣。

王念孫墨子雜志敍（讀書雜志）

墨子書舊無注釋。亦無校本。故脫誤不可讀。至近時。盧氏抱經。孫氏淵如。始有校本。多所是正。乾隆癸卯。畢氏弇山。重加校訂。所正復多於前。然尚未該備。且多誤改誤釋者。予不揣寡昧。復合各本。及羣書治要諸書所引。詳爲校正。是書傳刻之本。唯道藏本爲最優。其藏本未誤。而他本皆誤。及盧畢孫三家。已加訂正者。皆不復羅列。唯舊校所未及。及所校尚有未當者。復加考正。是書錯簡甚多。盧氏所已改者。唯辭過篇一條。其尚賢下篇。尚同中篇。兼愛中篇。非樂上篇。非命中篇。及備城門備穴二篇。皆有錯簡。自十餘字至三百四十餘字不等。其他脫至數十字。誤字衍字顛倒字。及後人妄改者尚多。皆一一詳辨之。以復其舊。此外脫誤不可讀者。尚復不少。蓋墨子非樂非儒。久爲學者所黜。故至今迄無校本。而脫誤亦至於是。然是書以無校本。而脫誤難讀。亦以無校本。而古字未改。可與說文相證。如說文亯字。篆文作亯。隸作享。又省作亨。以爲亨通之亨。又轉爲普庚反。以爲亨煑之亨。今經典中亨煑字皆作亨。俗又作烹亨行而享廢矣。唯非儒篇。子路享普庚反豚。其字尚作享。說文。苟。讀若亟其乘屋之亟自急敕也。今經典皆以亟代苟。亟行而苟廢矣。唯非儒篇曩與女爲茍生。今與女爲苟義。其字尚作苟。說文。但裼也。今經典皆以袒代但。袒行而但廢矣。唯耕柱篇羊牛犓豢。雍與饔同今本雍詒作維人但劃而和之。其字尙作但。又有傳寫之譌。可以考見古字者城郭之郭。說文本作𩫏。今經典皆以郭代𩫏。郭行而𩫏廢矣。唯所染篇云。晉文染於舅犯高偃。案國語晉有郭偃無高偃。郭卽𩫏之借字。知高爲𩫏之譌也。說文𢻫。古文殺字。今經典中有殺無𢻫。殺行而𢻫廢矣。唯尙賢中篇云。率天下之民。以詬天侮鬼賤傲萬民。案賤傲二字。語意不倫。賤乃賊字之譌。殺字古文作𢻫。與敖相似。知𢻫譌作敖。又譌作傲也。說詳本篇說文佚以證反送也。呂不韋曰。有侁氏以伊尹佚女。今經典皆以媵代佚。媵行而佚廢矣。唯尙賢下篇云。昔伊尹爲莘氏女師僕。案有莘氏以伊尹佚女。非以爲僕也。佚僕字形相似。知僕爲佚之譌也。說文。衝突字本作衝。今經典皆以衝代衝。衝行而衝廢矣。唯備城門篇云以射衜及櫳樅。衜衝形相似。知衜爲衝之譌也。衝謂衝車是書最古。故假借之字亦最多。如胡作故。尙賢中篇故不察尙賢爲政之本也故與胡同降作隆。尙賢中篇稷隆播種非攻下篇天命融隆火于夏之城隆並與降同誠作情。又作請。尙同下篇今天下王公大人士君子中情將欲爲仁義求爲上士節葬下篇今天下之士君子中請將欲爲仁義求爲上士情請竝與誠同拂作費。兼愛下篇卽此言行費也下文費作拂知作智。節葬下篇智不智下智字與知同志作之。天志中篇子墨子之有天之下之字與志同天之卽天志本篇之名也宇作野。非樂上篇高臺厚榭邃野之居野與宇同佗作也。小取篇辟也者舉也物而以明之也也物卽佗物佗俗作他睎作欣。耕柱篇譬若築牆然能築者築能實壤者實壤能欣者欣欣與睎同管作關。耕柱篇古者周公旦非關叔公孟篇關叔爲天下之暴人關並與管同悖作費。魯問篇豈不費哉上文費作悖從作松。號令篇松上不隨下松與從同皆足以見古字之借。古音之通。佗書所未有也。其脫誤不其章。卽此也。墨子書多奧言錯字。而此四篇爲甚。勝注旣不傳。世莫得其讀。今正其句投。通其旨要。合爲一篇。略可指說。疑者闕之。古者楊墨塞路。孟子辭而闢之。自孟子之後。至今千七百餘年。而楊氏遂亡。墨氏書雖存。讀者蓋鮮。大哉聖賢之功。若此盛矣。墨氏之言脩身親士。多善言。其義託之堯禹。自韓愈氏以爲與聖賢同指。孔墨必相爲用。向無孟子。則後之儒者。習其說而好之者。豈少哉。老氏之言。其始也微。不得孟子之辯。而佛氏之出。又絕在孟子後。是以蔓蔓延延。日熾月息。而楊墨泯焉遂微。吾以悲老佛之不遭孟子也。當孟子時。百家之說衆矣。而孟子獨距文編作拒楊墨。今觀墨子之書。經說大小取。盡同異堅白之術。蓋縱橫名法家惠施公孫龍申韓之屬。皆出焉。然則當時諸子之說。楊墨爲統宗。孟子以爲楊墨息。而百家之學。將銷歇而不足售也。獨有告子者。與墨爲難。而自謂勝爲仁。故孟子之書。亦辯斥之。嗚呼。豈知其後復有烈于是者哉。墨子之言。誖于理而逆于人心者。莫如非命非樂節葬。此三言者。偶識之士。可以立折。而孟子不及者。非墨之本也。墨之本在兼愛。而兼愛者。墨之所以自固而不可破。兼愛之言曰。愛人者人亦愛之。利人者人亦利之。仁君使天下聰明耳目。相爲視聽。股肱畢強。相爲動宰。此其與聖人所以治天下者。復何以異。故凡墨氏之所以自託於堯禹者。兼愛也。尊天明鬼尙同節用者。其支流也。非命非樂節葬。激而不得不然者也。天下之人。唯惑其兼愛之說。故雖文編有他說之三字詳于理。不安于心。文編有者字皆從而和文編作則之。不以爲疑。孟子不攻其流而攻其本。不誅其說而誅其心。斷然文編無此二字被之以無父之罪。而其說始無以自立。嗟夫。藉使墨子之書盡亡。至于今。何以見孟子之辯嚴而審。簡而有要。如是哉。孟子曰。我知言。嗚呼。此其驗矣。後之讀此書者。覽其義。則于孟子之道。猶引弦以知矩乎。乾隆五十七年十二月一日。張惠言書。

案孫志祖讀書脞錄云。墨子經說四篇。丁小疋與許周生。互相闡繹。大有端緒。是此四篇。又有丁許二家校本。今未見。幷志之。以竢訪錄。小疋名杰周生名宗彥並德清人

墨子後語上

墨子傳略第一　墨子年表第二　墨學傳授攷第三

墨子傳略第一

墨氏之學亡於秦季。故墨子遺事在西漢時已莫得其詳。太史公述其父談論六家之指。尊儒而重道。墨蓋非其所憙。故史記攟采極博。於先秦諸子。自儒家外。老莊韓呂蘇張孫吳之倫。皆論列言行爲傳。唯於墨子。則僅於孟荀傳末附綴姓名。尚不能質定其時代。遑論行事。然則非徒世代縣邈。舊聞散佚。而墨子七十一篇。其時具存。史公實未嘗詳事校覈。亦其疏也。今去史公又幾二千年。周秦故書雅記。百無一存。而七十一篇。亦復書闕有閒。徵討之難。不翅倍蓰。然就今存墨子書五十三篇鉤攷之。尚可得其較略。蓋生於魯而仕宋。其平生足跡所及。則嘗北之齊。西使衞。又屢游楚。前至郢。後客魯陽。復欲適越而未果。文子書偁墨子無煖席。（自然篇又見淮南子脩務訓）班固亦云墨突不黔。（文選荅賓戲又趙岐孟子章指云墨突不及汙）斯其譣矣。至其止魯陽文君之攻鄭。絀公輸般以存宋。而辭楚越書社之封。蓋其犖犖大者。勞身苦志。以振世之急。權略足以持危應變。而脫屣利祿。不以累其心。所學尤該綜道藝。洞究象數之微。其於戰國諸子。有吳起商君之才。而濟以仁厚。節操似魯連。而質實亦過之。彼韓呂蘇張輩。復安足算哉。謹甄討羣書。次第其先後。略考始末。以裨史遷之闕。俾學者知墨家持論。雖閎涉偏駁。而墨子立身應世。具有本末。自非孟荀大儒。不宜輕相排笮。彼竊耳食之論以爲詬病者。其亦可以少息乎。

墨子名翟。（漢書藝文志呂氏春秋當染愼大篇淮南子脩務訓高注）姓墨氏。（廣韻二十五德　通志氏族略引元和姓纂云墨氏孤竹君之後本墨台氏後改爲墨氏戰國時宋人墨翟著書號墨子）魯人。（呂覽當染愼大篇注）或曰宋人。（葛洪神仙傳文選長笛賦李注引抱朴子荀子脩身篇楊注元和姓纂）

案此。蓋因墨子爲宋大夫。遂以爲宋人。以本書攷之。似當以魯人爲是。（貴義篇云墨子自魯即齊又魯問篇云越王爲公尚過束車五十乘以迎子墨子于魯呂氏春秋愛類篇云公輸般爲雲梯欲以攻宋墨子聞之自魯往見荊王曰臣北方之鄙人也淮南子脩務訓亦云自魯趨而往十日十夜至于郢並墨子爲魯人之塙證）畢沅武億以魯爲魯陽。（畢說見墨子注序武說見授堂文鈔墨子跋）則是楚邑。攷古書無言墨子爲楚人者。諸宮舊事載魯陽文君說楚惠王曰。墨子北方賢聖人。則非楚人明矣。畢武說殊謬。

蓋生於周定王時。

漢書藝文志云墨子在孔子後。案詳年表。

魯惠公使宰讓請郊廟之禮於天子。桓王使史角往。惠公止之。其後在於魯。墨子學焉。（呂氏春秋當染篇高注云其後史角之後也）

案漢書藝文志。墨家。以尹佚二篇列首。是墨子之學出於史佚。史角。疑即尹佚之後也。墨子學于史角之後亦足爲是魯人之證其學務不侈於後世。不靡於萬物。不暉於數度。以繩墨自矯。而備世之急。作爲非樂。命之曰節用。生不歌。死無服。汎愛兼利而非鬭。好學而博不異。莊子天下篇 又曰。兼愛尚賢。右鬼非命。淮南子氾論訓 以爲儒者禮煩擾而不悅。厚葬靡財而貧民。久服傷生而害事。故背周道而用夏政。淮南子要略 其稱道曰。昔者禹之湮洪水。決江河。而通四夷九州也。名川三百。支川三千。小者無數。禹親自操橐耜而九雜天下之川。腓無胈。脛無毛。沐甚雨。櫛疾風。置萬國。禹大聖也。而形勞天下也如此。故使學者以裘褐爲衣。以跂蹻爲服。日夜不休。以自苦爲極。曰不能如此。非禹之道也。不足謂墨。莊子天下篇 亦道堯舜。韓非子顯學篇 又善守禦。史記孟荀傳 爲世顯學。韓非子顯學篇 徒屬弟子充滿天下。呂氏春秋尊師篇

案淮南王書。謂孔墨皆脩先聖之術。通六藝之論。主術訓 今攷六藝爲儒家之學。非墨氏所治也。墨子之學。蓋長於詩書春秋。故本書引詩三百篇。與孔子所刪同。引尚書如甘誓仲虺之誥說命大誓洪範呂刑。亦與百篇之書同。又曰吾嘗見百國春秋。隋書李德林傳此與孔子所修春秋異本書明鬼篇亦引周燕宋齊諸國春秋 而於禮則法夏絀周。樂則又非之。與儒家六藝之學不合。淮南所言。非其事實也。

淮南子要略又云墨子學儒者之業受孔子之術尤非其居魯也。魯君謂之曰，吾恐齊之攻我也，可救乎？墨子曰，可。昔者三代之聖王禹湯文武，百里之諸侯也，說忠行義，取天下；三代之暴王桀紂幽厲，讎怨行暴，失天下。吾願主君之上者尊天事鬼，下者愛利百姓，厚爲皮幣，卑辭令，亟徧禮四鄰諸侯，敺國而以事齊，患可救也。非此，顧無可爲者。本書魯問篇　案魯君頗疑其即穆公則當在楚惠王後然無塙證以墨子本魯人故繫於前

魯君謂墨子曰，我有二子，一人者好學，一人者好分人財，孰以爲太子而可？墨子曰，未可知也，或所爲賞譽爲是也。釣者之恭，非爲魚賜也；餌鼠以蟲，疑當作蠱非愛之也。吾願主君之合其志功而觀焉。同上

楚人嘗與越人舟戰於江，楚惠王時。渚宮舊事二

公輸般自魯南游楚焉，始爲舟戰之器，作爲鉤拒之備，楚人因此若勢，亟敗越人。公輸子善其巧，以語墨子曰，我舟戰有鉤拒，不知子之義亦有鉤拒乎？墨子曰，我義之鉤拒，賢於子舟戰之鉤拒。我鉤拒，我鉤之以愛，揣之以恭。弗鉤以愛則不親，弗揣以恭則速狎，狎而不親則速離。故交相愛，交相恭，猶若相利也。今子鉤而止人，人亦鉤而止子，子拒而距人，人亦拒而距子，交相鉤，交相拒，猶若相害也。故我義之鉤拒，賢子舟戰之鉤拒。本書魯問篇　渚宮舊事在止攻宋前今故次於此

公輸般爲楚造雲梯之械成，將以攻宋。墨子聞之，起於魯，本書作齊今據呂氏春秋淮南子改行十日十夜

而至於郢。見公輸般。公輸般曰。夫子何命焉爲。墨子曰。北方有侮臣。願藉子殺之。公輸般不悅。墨子曰。請獻十金。公輸般曰。吾義固不殺人。墨子起再拜曰。請說之。吾從北方聞子爲梯。將以攻宋。宋何罪之有。荊國有餘於地。而不足於民。殺所不足。而爭所有餘。不可謂智。宋無罪而攻之。不可謂仁。知而不爭。不可謂忠。爭而不得。不可謂強。義不殺少而殺衆。不可謂知類。公輸般服。墨子曰。然胡不已乎。公輸般曰。不可。吾既已言之王矣。墨子曰。胡不見我於王。公輸般曰。諾。墨子見王。曰。今有人於此。舍其文軒。鄰有敝轝而欲竊之。舍其錦繡。鄰有短褐而欲竊之。舍其粱肉。鄰有糟糠而欲竊之。此爲何若人。王曰。必爲竊疾矣。墨子曰。荊之地方五千里。宋之地方五百里。此猶文軒之與敝轝也。荊有雲夢。犀兕麋鹿滿之。江漢之魚鼈黿鼉。爲天下富。宋所爲無雉兔鮒魚者也。此猶粱肉之與糟糠也。荊有長松文梓楩枏豫章。宋無長木。此猶錦繡之與短褐也。臣以王吏之攻宋也。爲與此同類。王曰。善哉。雖然。公輸般爲我爲雲梯。必取宋。於是見公輸般。墨子解帶爲城。以褋爲械。公輸般九設攻城之機變。墨子九距之。公輸般之攻械盡。墨子之守圉有餘。公輸般詘。而曰。吾知所以距子矣。吾不言。墨子亦曰。吾知子之所以距我。吾不言。楚王問其故。墨子曰。公輸子之意。不過欲殺臣。殺臣。宋莫能守。乃可攻也。然臣之弟子禽滑釐等三百人。已持臣守圉之器。在宋城上。而待楚寇矣。雖殺臣。不能絕也。楚王曰。善哉。吾請無攻宋矣。本書公輸篇 公輸子謂墨子曰。吾未得見之時。我欲得宋。自我得見之後。予我宋而不義。我不爲。墨子曰。翟之未得見之時也。子欲得宋。自翟得見子之後。予子宋而不義。子弗爲。是我予子宋也。子務爲義。翟又將予子天下。本書魯問篇

案墨子止楚攻宋。本書不云在何時。鮑彪戰國策注。謂當宋景公時。至爲疏謬。詳年表 惟渚宮舊事。載於惠王時墨子獻書之前。最爲近之。蓋公輸子。當生於魯昭定之閒。至惠王四十年以後。五十年以前。約六十歲左右。而是時墨子未及三十。正當壯歲。故百舍重繭而不以爲勞。惠王亦未甚老。故尚能見墨子。以情事揆之。無不符合。蘇時學謂卽聲王五年圍宋時事。墨子刊誤 非徒與王曰請無攻宋之言不合。而公輸子至聲王時。殆逾百歲。其必不可通明矣。詳公輸篇

楚惠王五十年。墨子至郢。獻書惠王。王受而讀之。曰。良書也。寡人雖不得天下。而樂養賢人。墨子辭曰。翟聞賢人進。道不行不受其賞。義不聽不處其朝。今書未用。請遂行矣。將辭王而歸。王使穆賀以老辭。渚宮舊事二 穆賀見

墨子。墨子說穆賀。穆賀大說。謂墨子曰。子之言。則誠善矣。而君王天下之大王也。毋乃曰賤人之所爲而不用乎。墨子曰。唯其可行。譬若藥然。一草之本。天子食之。以順其疾。豈曰一草之本。而不食哉。今農夫入其稅於大人。大人爲酒醴粢盛。以祭上帝鬼神。豈曰賤人之所爲。而不享哉。故雖賤人也。上比之農。下比之藥。曾不若一草之本乎。（本書貴義篇）魯陽文君言於王曰。墨子北方賢聖人。君王不見。又不爲禮。毋乃失士。乃使文君追墨子。以書社五里（疑當作五百里）封之。不受而去。（渚宮舊事二）

案楚惠王在位五十七年。墨子獻書在五十年。年齒已高。故以老辭。余知古之說。蓋可信也。（舊事一亦云惠王之末墨翟重繭趍郢班子折謀）以墨子生於定王初年計之年蓋甫及三十。所學已成。故流北方賢聖之譽矣。

嘗游弟子公尙過於越。公尙過說越王。越王大悅。謂公尙過曰。先生苟能使墨子至於越而教寡人。請裂故吳之地方五百里。以封墨子。公尙過許諾。遂爲公尙過束車五十乘。以迎墨子於魯。曰吾以夫子之道說越王。越王大悅。謂過曰。苟能使墨子至於越而教寡人。請裂故吳之地方五百里。以封子。（本書魯問篇）墨子曰。子之觀越王也。能聽吾言用吾道乎。公尙過曰。殆未能也。墨子曰。不唯越王不知翟之意。雖子亦不知翟之意。（呂氏春秋高義篇）意越王將聽吾言。用吾道。則翟將往。量腹而食。度身而衣。自比於羣臣。奚能以封爲哉。抑越不聽吾言。不用吾道。而吾往焉。則是我以義糶也。鈞之糶。亦於中國耳。何必於越哉。本書魯問篇　案疑王翁中晚年事　後又游楚。謂魯陽文君曰。大國之攻小國。譬猶童子之爲馬也。童子之爲馬。足用而勞。今大國之攻小國也。攻者農夫不得耕。婦人不得織。以守爲事。攻人者。亦農夫不得耕。婦人不得織。以攻爲事。故大國之攻小國也。譬猶童子之爲馬也。又謂魯陽文君曰。今有一人於此。羊牛犓豢。雍人但割而和之。食之不可勝食也。見人之作餅。則還然竊之。曰。舍余食。不知明安不足乎。其有竊疾乎。魯陽文君曰。有竊疾也。墨子曰。楚四竟之田。曠蕪而不可勝辟。呼虛數千。不可勝入。見宋鄭之閒邑。則還然竊之。此與彼異乎。魯陽文君曰。是猶彼也。實有竊疾也。本書耕柱篇

魯陽文君將攻鄭。墨子聞而止之。謂文君曰。今使魯四竟之內。大都攻其小都。大家伐其小家。殺其人民。取其牛馬狗豕布帛米粟貨財。則何若。文君曰。魯四竟之內。皆寡人之臣也。今大都攻其小都。大家伐其小家。奪之財貨。則寡人必將厚罰之。墨子曰。夫天之兼有天下也。亦猶君之有四竟之內也。今舉兵將以攻鄭。天誅其不至乎。文君曰。先生何止我攻鄭也。我攻鄭。順於天之志。鄭人三世殺其父。天加誅焉。使三年不全。我將助

天誅也。墨子曰。鄭人三世殺其父。而天加誅焉。使三年不全。天誅足矣。今又舉兵將以攻鄭。曰吾攻鄭也。順於天之志。譬有人於此。其子強梁不材。故其父笞之。其鄰家之父。舉木而擊之曰。吾擊之也。順於其父之志。則豈不悖哉。（本書魯問篇）

案三世殺其父。當作二世殺其君。此指鄭人弒哀公。及韓武子殺幽公而言。蓋當在楚簡王九年以後。鄭繻公初年事也。或謂三世。兼駟子陽弒繻公而言。（蘇時學墨子刊誤黃式三周季編略說）則當在楚悼王六年以後。與魯陽文君年代不相及。不足據。（魯陽文君卽司馬子期之子公孫寬也。魯哀公十六年已嗣父爲司馬。事見左傳。逮鄭繻公被弒之歲。積八十四年。卽令其爲司馬時年才及冠。亦已百餘歲。其不相及審矣）

宋昭公時。嘗爲大夫。（史記孟荀列傳漢書藝文志並不云何時。今攷定當在昭公時）

案墨子仕宋。鮑彪謂當景公昭公時。（戰國策宋策注）非也。以墨子前後時事校之。其爲宋大夫。當正在昭公時。景公卒於魯哀公二十六年。（見左傳。而史記宋世家及六國表謂景公卒於魯悼公十七年。殊謬）下距齊太公田和元年。凡八十三年。墨子晚年及見田和之爲諸侯。則必不能仕於景公時審矣。

嘗南游使於衞。謂公良桓子曰。衞小國也。處於齊晉之閒。猶貧家之處於富家之閒也。貧家而學富家之衣食多用。則速亡必矣。今簡子之家。飾車數百乘。馬食菽粟者數百匹。婦人衣文繡者數百人。吾取飾車食馬之費。與繡衣之財以畜士。必千人有餘。若有患難。則使數百人處於前。數百人處於後。與婦人數百人處前後。孰安。吾以爲不若畜士之安也。本書貴義篇案此不詳何年據云使於衞或仕宋時奉宋君之命而使衞也昭公末年。司城皇喜專政劫君。韓非子內儲說下篇云。戴驩爲宋大宰。皇喜重於君。二人爭事而相害也。皇喜遂殺宋君。而奪其政。又外儲說右下篇云。司城子罕殺宋君而奪政。說疑篇云司城子罕取宋又二柄篇云子罕劫宋君韓詩外傳七史記李斯傳上二世書淮南子道應訓說苑君道篇亦云司城子罕相宋逐其君而專其政司城子罕。當即皇喜。本梁履繩左通說春秋時名喜者多以罕爲字見王引之春秋名字解詁王應麟謂即左傳之樂喜則非也樂喜宋賢臣無劫君之事且與墨子時不相直史記索隱已辯之矣呂氏春秋召類篇說前子罕相宋平元景三公亦不逮昭公梁玉繩史記志疑謂後子罕蓋子罕之後以字爲氏非是其事史記宋世家不載。史記鄒陽傳稱子罕囚墨子。以墨子年代校之。前不逮景公。後不逮辟公。所相直者。惟昭公悼公休公三君。呂氏春秋召類篇高注云。春秋子罕殺昭公。攷宋有兩昭公。一在魯文公時。與墨子相去遠甚。一在春秋魯悼公時。與墨子時代正相當。子罕所殺。宜爲後之昭公。惟高云春秋時。則誤并兩昭公爲一耳。宋世家雖不云昭公被弒。然秦漢古籍。所紀匪一。高說不爲無徵。賈子新書先醒篇。韓詩外傳六。並云昭公出亡而復國。而說苑云。子罕逐君專政。或昭公實爲子罕所逐而失國。因誤傳爲被殺。李斯韓嬰淮南王書並云劫君劫亦卽謂逐也亦未可知。宋世家於春秋後事頗多疏略。如宋辟公被弒。見索隱引紀年而史亦不載。是其例矣。

而囚墨子

史記鄒陽傳云。宋信子罕之計而囚墨翟。索隱云。漢書作子冉。不知子冉是何人。文穎云。子冉。子罕也。文選。鄒陽獄中上書自明。亦作子冉。注引文穎說同。又云。冉音任。善云未詳。冉不得有任音疑史記信字漢書文選竝作任此或校異文云信作任誤作冉音任也新序三。亦作子冉。蓋皆子罕之誤。

老而至齊。見太王田和曰。今有刀於此。試之人頭。倅然斷之。可謂利乎。太王曰利。墨子曰。多試之人頭。倅然斷之。可謂利乎。太王曰利。墨子曰。刀則利矣。孰將受其不祥。太王曰。刀受其利。試者受其不祥。墨子曰。幷國覆軍。賊殺百姓。孰將受其不祥。太王俯仰而思之。曰。我受其不祥。本書魯問篇北堂書鈔八十三引新序有齊王問墨子語蓋亦太公田和也此皆追稱爲王當在命爲諸侯以後事

齊將伐魯。墨子謂齊將項子牛曰。伐魯。齊之大過也。昔者吳王東伐越。棲諸會稽。西伐楚。葆昭王於隨。北伐齊。取國子以歸於吳。諸侯報其讎。百姓苦其勞。而弗爲用。是以國爲虛戾。身爲刑戮也。昔者智伯伐范氏與中行氏。兼三晉之地。諸侯報其讎。百姓苦其勞而弗爲用。是以國爲虛戾。身爲刑戮。用是也。故大國之攻小國也。是交相賊

也。過必反於國。同上卒蓋在周安王末年。當八九十歲。

案墨子卒年無攷。以本書校之。親士篇說吳起車裂事在安王二十一年。非樂篇說齊康公與樂。康公卒於安王二十三年。自是以後更無所見。親士篇有孟賁所染篇有宋康王皆後人增益非墨子所逮聞也 則墨子或卽卒於安王末年。安王二十六年崩距齊康公之卒僅三年 葛洪神仙傳載墨子年八十有二。入周狄山學道。其說虛誕不足論。然墨子年壽。必逾八十。則近之耳。互詳年表

所箸書。漢劉向校錄之。爲七十一篇。漢書藝文志

案墨子書。今存五十三篇。蓋多門弟子所述。不必其自箸也。神仙傳作十篇。荀子楊注作三十五篇。並非。

墨子年表第二

史遷云。墨翟或曰並孔子時。或曰在其後。史記孟荀傳 劉向云。在七十子之後。史記索隱引別錄 班固云。在孔子後。漢書藝文志蓋本劉歆七略 張衡云。當子思時。後漢書本傳注引衡集論圖緯虛妄疏云公輸班與墨翟並當子思時出仲尼後 衆說舛啎。無可質定。近代治墨子書者。畢沅以爲六國時人。至周末猶存。旣失之太後。汪中沿宋鮑彪之說。鮑說見戰國策宋策注 謂仕宋得當景公世。又失之太前。宋景公卒於魯哀公二十六年見左傳史記六國年表書景公卒於貞王十八年卽魯悼公十七年遂滅昭公之年以益景公與左氏不合不可從也据本書及新序墨子嘗見田齊太公和有問答語田和元年上距宋景公卒年凡八十三年卽令墨子之仕適當景公卒年年才弱冠亦必逾百歲前後方能相及其可信乎 殆皆不攷之過。

竊以今五十三篇之書推校之。墨子前及與公輸般魯陽文子相問答（見貴義魯問公輸諸篇）而後及見齊太公和。（見魯問篇田和爲諸侯在安王十六年）與齊康公興樂。（見非樂上篇康公卒於安王二十三年）楚吳起之死。（見親士篇在安王二十一年）上距孔子之卒。（敬王四十一年）幾及百年。則墨子之後孔子蓋信。審覈前後。約略計之。墨子當與子思並時。而生年尚在其後。（子思生於魯哀公二年周敬王二十七年也下及事魯穆公年已八十餘不能至安王也史記孔子世家謂子思年止六十二則不得及穆公近代譜諜書或謂子思年百餘歲者並不足據）當生於周定王之初年。而卒於安王之季。蓋八九十歲。亦壽考矣。其仕宋。蓋當昭公之世。鄒陽書云。宋信子罕之計而囚墨翟。（史記本傳）其事他書不經見。秦漢諸子。多言子罕逐君。高誘則云。子罕殺昭公。（呂氏春秋召類篇注）又韓子說皇喜殺宋君。（內儲說上）子罕與喜。當卽一人。竊疑昭公實被放殺。而史失載。墨子之囚。殆卽昭之末年事與。先秦遺文。百不存一。儒家惟孔子生卒年月。明箸於春秋經傳。然尙不無差異。七十子之年。孔壁古文。弟子籍所傳者。亦不能備。外此。則孟荀諸賢。皆不能質言其年壽。（元人所傳孟子生卒年月肊撰不足據）豈徒墨子然哉。今取定王元年。迄安王二十六年。凡九十有三年。表其年數。而以五十三篇書。關涉諸國。及古書說墨子佚事。附箸之。（史記六國年表魯哀悼宋景昭年與左傳不合今從左傳本書貴義篇墨子嘗使衛年代無考他無與衛事相涉者又墨子當春秋後非攻下篇節葬下篇並以齊晉楚越爲四大國時燕秦尙未大與墨子亦未至彼國今並不列於表）雖不能詳塙。猶瘉於馮虛肊測。舛繆不驗者爾。

墨子時事

周	魯	晉魏韓趙	齊田齊	宋	鄭	楚	越	墨子時事
定王元	哀公二十七	出公七　魏相子　韓康子　趙襄子	平公十三　田成子	昭公元	聲公三十三	惠王二十一	王句踐二十八	親士篇越王句踐遇吳王之醜而尙攝中國之賢君亦見所染兼愛非攻公孟諸篇
二	悼公元	八	十四	二	三十四	二十二	二十九	
三	二	九	十五	三	三十五	二十三	三十	
四	三	十	十六	四	三十六	二十四	三十一	
五	四	十一	十七	五	三十七	二十五	王鹿郢元	
六	五	十二	十八	六	三十八	二十六	二	
七	六	十三	十九	七	哀公元	二十七	三	
八	七	十四	二十	八	二	二十八	四	
九	八	十五	二十一	九	三	二十九	五	
十	九	十六	二十二	十	四	三十	六	
十一	十	十七	二十三	十一	五	三十一	王不壽元	
十二	十一	哀公元	二十四	十二	六	三十二	二	

十三	十二	二	二十五	十三	七	三十三	三	
十四	十三	三	宣公元	十四	八 鄭人弒哀公	三十四	四	魯問篇鄭人三世殺其君哀公即其一也
十五	十四	四 魏韓趙與智伯分范中行地	二 田襄子	十五	共公元	三十五	五	非攻中篇智伯攻中行氏范氏並三家以爲一家
十六	十五	五 智伯與魏韓圍趙襄子於晉陽魏韓趙反殺智伯	三	十六	二	三十六	六	非攻中篇智伯圍趙襄子於晉陽韓魏趙氏舉智伯大敗之亦見魯問篇
十七	十六	六	四	十七	三	三十七	七	
十八	十七	七	五	十八	四	三十八	八	
十九	十八	八	六	十九	五	三十九	九	
二十	十九	九	七	二十	六	四十	十	
二十一	二十	十	八	二十一	七	四十一	王翁元	魯問篇公尙過說越王越王使公尙過迎墨子於魯疑爲王翁中晚年事
二十二	二十一	十一	九	二十二	八	四十二 滅蔡	二	非攻中篇蔡亡於吳越之間
二十三	二十二	十二	十	二十三	九	四十三	三	
二十四	二十三	十三	十一	二十四	十	四十四	四	

二十五	二十四	十四	十二	二十五	十一	四十五	五	
二十六	二十五	十五	十三	二十六	十二	四十六	六	
二十七	二十六	十六	十四	二十七	十三	四十七	七	
二十八	二十七	十七	十五	二十八	十四	四十八	八	
考王元	二十八	十八	十六	二十九	十五	四十九	九	魯問篇公輸般至楚爲舟戰器亟敗越人墨子與論鉤拒公輸篇般爲雲梯將攻宋墨子至郢見楚王乃不攻宋渚宮舊事並在惠王五十年以前附記於此
二	二十九	十九	十七	三十	十六	五十	十	貴義篇墨子游楚見惠王王以老辭渚宮舊事惠王以書社封墨子不受
三	三十	幽公元	十八	三十一	十七	五十一	十一	
四	三十一	二	十九	三十二	十八	五十二	十二	
五	三十二	三	二十	三十三	十九	五十三	十三	
六	三十三	四	二十一	三十四	二十	五十四	十四	
七	三十四	五	二十二	三十五	二十一	五十五	十五	
八	三十五	六	二十三	三十六	二十二	五十六	十六	
九	三十六	七	二十四	三十七	二十三	五十七	十七	

十	三十七	八	二十五	三十八	二十四	簡王元 滅莒	十八	非攻中篇莒亡於齊越之間
十一	元公元	九	二十六	三十九	二十五	二	十九	
十二	二	十	二十七	四十	二十六	三	二十	
十三	三	十一	二十八	四十一	二十七	四	二十一	
十四	四	十二	二十九	四十二	二十八	五	二十二	
十五	五	十三	三十	四十三	二十九	六	二十三	
威烈王元	六	十四	三十一	四十四	三十	七	二十四	
二	七	十五 魏文侯 韓武子 趙桓子	三十二	四十五	三十一	八	二十五	
三	八	十六 趙獻侯	三十三	四十六	幽公元 韓武子伐鄭殺幽公	九	二十六	魯問篇魯陽文君將攻鄭曰鄭人三世殺其父疑當作二世殺其君即指哀公幽公被殺也詳本篇
四	九	十七	三十四	四十七	繻公元	十	二十七	
五	十	十八	三十五	四十八	二	十一	二十八	
六	十一	十九	三十六	四十九	三	十二	二十九	
七	十二	烈公元	三十七	五十	四	十三	三十	

八	十三	二	三十八	五十一	五	十四	三十一	
九	十四	三	三十九	五十二	六	十五	三十二	
十	十五	四	四十	五十三	七	十六	三十三	
十一	十六	五	四十一	五十四	八	十七	三十四	
十二	十七	六	四十二	五十五	九	十八	三十五	
十三	十八	七	四十三	五十六	十	十九	三十六	
十四	十九	八	四十四田莊子伐魯攻葛及安陵	五十七	十一	二十	三十七	魯問篇齊項子牛三侵魯地此攻葛及安陵或即三侵之一
十五	二十	九	四十五伐魯取都田和	五十八	十二	二十一	王騶元	齊伐魯取都或亦三侵之一
十六	二十一	十	四十六	五十九	十三	二十二	二	
十七	穆公元	十一	四十七	六十	十四	二十三	三	魯問篇魯君謂墨子曰恐齊攻我疑即穆公
十八	二	十二韓景侯趙烈侯	四十八田和伐魯取郕	六十一	十五	二十四	四	齊伐魯取郕或亦三侵之一
十九	三	十三	四十九	六十二	十六	聲王元	五	

二十	四	十四魏滅中山	五十	六十三	十七	二	六	所染篇中山尙染於魏義偃長案中山尙疑即中山桓公爲魏文侯所滅
二十一	五	十五	五十一	六十四	十八	三	七	
二十二	六	十六	康公元	六十五昭公薨案疑爲皇喜所弒	十九	四	八	呂氏春秋召類篇注子罕殺昭公史記宋信子罕之計而囚墨翟疑昭公寔被弒囚墨子即其季年事
二十三	七	十七魏文侯二十二年韓景侯六年趙烈侯六年始命爲諸侯	二	悼公元	二十	五圍宋十月	九	公輸篇公輸般爲楚造雲梯將攻宋墨子至郢說止之當在惠王時蘇時學謂即此年聲王圍宋時事非是
二十四	八	十八魏廿三韓七趙七	三	二	二十一	六	十	
安王元	九	十九魏廿四韓八趙八	四	三	二十二	悼王元	十一	
二	十	二十魏廿五韓九趙九	五	四	二十三	二	十二	
三	十一	二十一魏廿六韓烈侯元趙武侯元	六	五	二十四	三	十三	
四	十二	二十二魏廿七韓二趙二	七	六	二十五	四	十四	
五	十三	二十三魏廿八韓三趙三	八	七	二十六	五	十五	

六	十四	二十四魏廿九韓四趙四	九	八	二十七鄭人弒繻公	六	十六	魯問魯陽文君曰鄭人三世殺君或謂指哀幽繻三君然與文君年不合
七	十五	二十五魏卅韓五趙五	十	休公元	康公元	七	十七	
八	十六	二十六魏卅一韓六趙六	十一田和伐魯取最	二	二	八	十八	黃式三謂魯陽文君將攻鄭在此年未塙　齊伐魯或即魯問篇三侵魯地事
九	十七	二十七魏卅二韓七趙七	十二	三	三	九	十九	
十	十八	孝公元魏卅三韓八趙八	十三	四	四	十	二十	
十一	十九	二魏卅四韓九趙九	十四	五	五	十一	二十一	
十二	二十	三魏卅五韓十趙十	十五	六	六	十二	二十二	
十三	二十一	四魏卅六韓十一趙十一	十六	七	七	十三	二十三	
十四	二十二	五魏卅七韓十二趙十二	十七	八	八	十四	二十四	
十五	二十三	六魏卅八韓十三趙十三	十八	九	九	十五	二十五	
十六	二十四	七魏武侯元韓文侯元趙敬侯元	十九田齊太公和元年始命爲諸侯	十	十	十六	二十六	魯問篇墨子見齊太王即太公和新序亦載齊王與墨子問荅即田和也

十七	二十五	八魏二韓二趙二	二十田齊二伐魯破之	十一	十一	十七	二十七	齊伐魯或即魯問篇三侵魯地事
十八	二十六	九魏三韓三趙三	二十一田齊桓公元	十二	十二	十八	二十八	
十九	二十七	十魏四韓四趙四	廿二田齊二	十三	十三	十九	二十九	
二十	二十八	十一魏五韓五趙五	二十三田齊三	十四	十四	二十	三十	
二十一	二十九	十二魏六韓六趙六	二十四田齊四	十五	十五	廿一悼王薨羣臣殺吳起	三十一	親士篇吳起之裂其事也
二十二	三十	十三魏七韓七趙七	二十五田齊五	十六	十六	肅王元	三十二	
二十三	三十一	十四魏八韓八趙八	二十六公薨齊七田齊六	十七	十七	二	三十三	非樂上篇齊康公興樂萬
二十四	三十二	十五魏九韓九趙九	田齊威王元	十八	十八	三	三十四	以後時事本書無所見疑墨子之卒即在安王末年
二十五	三十三	靜公元魏十韓哀侯元趙十	二	十九	十九	四	三十五	
二十六	共公元	二魏十一韓二趙十一	三	二十	二十	五	三十六	

呂不韋曰。孔墨徒屬彌衆。弟子彌豐。充滿天下。尊師篇 又曰。孔墨之後學顯榮於天下者衆矣。不可勝數。當染篇 蓋墨學之昌。幾埒洙泗。斯亦盛矣。公輸篇。墨子之說楚王曰。臣之弟子。禽滑釐等三百人。淮南王書。亦謂墨子服役者百八十人。服役即徒屬韓非子五蠹篇云仲尼爲服役者七十人即指七十子而言 皆可使赴火蹈刃。死不旋踵。新語思務篇云墨子之門多勇士 而荊吳起之亂。墨者鉅子孟勝。以死爲陽城君守。弟子死者百八十五人。則不韋所述。信不誣也。獷秦隱儒。墨學亦微。至西漢。儒復興。而墨竟絕。墨子既蒙世大詬。而徒屬名籍。亦莫能紀述。惟本書及先秦諸子。略紀其一二。今宛集之。凡得墨子弟子十五人。附存三人 再傳弟子三人。三傳弟子一人。治墨術而不詳其傳授系次者十三人。雜家四人。大都不逾三十餘人。傳記所載。盡於此矣。彼勤生薄死。以赴天下之急。而姓名澌滅。與草木同盡者。殆不知凡幾。嗚呼悕已。

墨子弟子

禽子。名滑釐。本書公輸篇 案司馬貞史記索隱成玄英莊子疏並以滑釐爲字非是滑釐呂氏春秋當染篇作滑驪尊師篇作滑黎列子楊朱篇作骨釐漢書古今人表及列子釋文並作屈釐漢書儒林傳作滑氂疑正字當作屈釐詳公輸篇 與田子方段干木吳起受業於子夏。史記儒林傳 後學於墨子。呂氏春秋當染篇 盡傳其學與墨子齊侔。莊子天下篇以墨翟禽滑釐並傳 禽子事墨子三年手足胼胝面目黎黑。役身給使。不敢問欲。墨子甚哀之。乃具酒脯。寄於太山。摵茅坐之。

以醮禽子。禽子再拜而嘆。墨子曰。亦何欲乎。禽子再拜。再拜曰。敢問守道。本書備梯篇又曰。由聖人之道。鳳鳥之不出。諸侯畔殷周之國。甲兵方起於天下。大攻小。強執弱。吾欲守小國。爲之柰何。墨子曰。何攻之守。禽子對曰。今之世。常所以攻者。臨鉤衝梯堙水穴突空洞蛾傅轒轀軒車。敢問守此十二者柰何。本書備城門篇墨子遂語以守城之具六十六事。李筌太白陰經守城具篇六十六事一作五十六事今本書備城門以下十餘篇皆其語也楚惠王時。公輸般爲楚造雲梯之械成。將以攻宋。墨子自魯至郢。止之使禽子諸弟子三百人。持守圉之器。在宋城上。而待楚寇。楚卒不攻宋。本書公輸篇

禽子問於墨子曰。錦繡絺紵。將安用之。墨子曰。惡是非吾用務也。古有無文者得之矣。夏禹是也。卑小宮室。損薄飲食。土階三等。衣裳細布。當此之時。黼黻無所用。而務在於完堅。殷之盤庚。大其先王之室。而改遷於殷。茅茨不翦。采椽不斲。以變天下之視。當此之時。文采之帛。將安所施。夫品庶非有心也。以人主爲心。苟上不爲。下惡用之。二王者。以身先於天下。故化隆於其時。成名於今世也。且夫錦繡絺紵。亂君之所造也。其本皆興於齊景公。喜奢而忘儉。幸有晏子。以儉鐫之。然猶幾不能勝。夫奢安可窮哉。紂爲鹿臺糟邱。酒池肉林。宮牆文畫。雕琢刻鏤。錦繡被堂。金玉珍瑋。婦女優倡。鍾鼓管絃。流漫不禁。而天下愈竭。故卒身死國亡。爲天下戮。非惟

錦繡絺紵之用邪。今當凶年。有欲予子隋侯之珠者。不得賣也。珍寶而以爲飾。又欲予子一鍾粟者。得珠者不得粟。得粟者不得珠。子將何擇。禽子曰。吾取粟耳。可以救窮。墨子曰。誠然。則惡在事夫奢也。長無用。好末淫。非聖人之所急也。故食必常飽。然後求美。衣必常暖。然後求麗。居必常安。然後求樂。爲可長。行可久。先質而後文。此聖人之務。禽子曰。善。（說苑反質篇）禽子問天與地孰仁。墨子曰。翟以地爲仁。太山之上。則封禪焉。培塿之側。則生松柏。下生黍苗莞蒲。水生黿鼉龜魚。民衣焉食焉死焉。地終不責德焉。故翟以地爲仁。（藝文類聚地部引本書）禽子問曰。多言有益乎。墨子曰。蝦蟆蛙黽日夜而鳴。舌乾擗然而人不聽之。今鶴雞時夜而鳴。天下振動。多言何益。唯其言之時也。（太平御覽言語部引本書）楊朱後於墨子。其說在愛己。不拔一毛以利天下。與墨子相反。（荀子王霸篇楊注殷敬順列子釋文）墨子兼愛上同右鬼非命。而楊朱非之。（淮南子氾論訓）禽子與之辯論。（荀子注列子釋文）禽子問楊朱曰。去子體之一毛。以濟一世。汝爲之乎。楊子曰。世固非一毛之所濟。禽子曰。假濟。爲之乎。楊子弗應。禽子出語孟孫陽。孟孫陽曰。子不達夫子之心。吾請言之。侵若肌膚獲萬金者。若爲之乎。曰。爲之。孟孫陽曰。有斷若一節得一國。子爲之乎。禽子默然。有閒。孟孫陽曰。一毛微於肌膚。肌膚微於一節。省矣。然則積一毛以成肌膚。積肌膚以成一節。一毛固一體萬分中之一物。柰何輕之乎。禽子曰。吾不能所以荅子。然以子之言問老聃關尹。則子言當矣。以吾言問大禹墨翟。則吾言當矣。列子楊朱篇列子又云衛端木叔者子貢之世也藉其先貲家累萬金不治世故及其死也無瘞埋之資一國之人受其施者相與賦而藏之禽滑釐聞之曰端木叔狂人也辱其祖矣此與墨學無與附箸於此

高石子。墨子弟子。墨子使管黔敖游高石子於衛。衛君致祿甚厚。設之於卿。高石子三朝必盡言。而言無行者。去而之齊。見墨子曰。衛君以夫子之故。致祿甚厚。設我於卿。石三朝必盡言。而言無行。是以去之也。衛君無乃以石為狂乎。墨子曰。去之苟道。受狂何傷。古者周公旦非關叔。關管之借字辭三公。東處於商蓋。人皆謂之狂。後世稱其德。揚其名。至今不息。且翟聞之。為義非避毀就譽。去之苟道。受狂何傷。高石子曰。石去之。焉敢不道也。昔者夫子有言曰。天下無道。仁士不處厚焉。今衛君無道。而貪其爵祿。則是我為苟啗人食也。墨子說而召禽子曰。姑聽之乎。夫倍義而鄉祿者。我常聞之矣。倍祿而鄉義者。於高石子焉見之也。本書耕柱篇

高何。齊人。學於墨子。呂氏春秋尊師篇

縣子碩。呂覽碩作石字通與高何皆齊國之暴者也。指於鄉曲。學於墨子。為天下名士顯人。呂氏春秋尊師篇治徒娛縣子碩問於墨子曰。為義孰為大務。墨子曰。譬若築牆然。能築者築。能實壤者實壤。能欣者欣。欣讀為睎然後牆成也。為義猶是

也。能談辯者談辯。能說書者說書。能從事者從事。然後義事成也。本書耕柱篇

公尙過。呂氏春秋高義篇尙作上墨子弟子。呂覽高義篇　墨子南遊使於衞。關中載書甚多。弦唐子見而怪之。曰。吾夫子教公尙過曰。揣曲直而已。今夫子載書甚多。何有也。墨子曰。昔者周公旦朝讀書百篇。夕見七十士。故周公旦佐相天子。其脩至於今。翟上無君上之事。下無耕農之難。吾安敢廢此。翟聞之。同歸之物。信有誤者。然而民聽不鈞。是以書多也。今若過之心者。數逆於精微。同歸之物。旣已知其要矣。是以不教以書也。而子何怪焉。本書貴義篇　墨子游公尙過於越。公尙過語墨子之義。越王說之。謂公尙過曰。子之師苟肎至越而教寡人。請以故吳之地。陰江之浦。書社三百。以封夫子。本書魯問篇作請裂故吳之地方五百里以封子墨子公尙過許諾。遂爲公尙過束車五十乘。以迎墨子於魯。曰。吾以夫子之道說越王。越王大悅。謂過曰。苟能使墨子至於越而教寡人。請裂故吳之地以封子。據本書魯問篇補呂氏春秋作公上過往復於子墨子　墨子曰。子之觀越王也。能聽吾言用吾道乎。公尙過曰。殆未能也。墨子曰。不唯越王不知翟之意。雖子亦不知翟之意。若越王聽吾言。用吾道。翟度身而衣。量腹而食。比於賓萌。未敢求仕。越不聽吾言。不用吾道。而受其國。是以義糶也。義糶何必越。雖於中國亦可。呂氏春秋高義篇本書魯問篇略同

耕柱子。墨子弟子。墨子怒耕柱子。耕柱子曰。我毋愈於人乎。墨子

曰。我將上大行。駕驥與羊。子將誰敺。耕柱子曰。將敺驥也。墨子曰。何故敺驥也。耕柱子曰。驥足以責。墨子曰。我亦以子爲足以責。墨子游耕柱子於楚。二三子過之。食之三升。客之不厚。二三子復於墨子曰。耕柱子處楚無益矣。二三子過之。食之三升。客之不厚。墨子曰。未可知也。毋幾何。而遺十金於墨子曰。後生不敢死。有十金於此。願夫子之用也。墨子曰。果未可知也。（本書耕柱篇）

魏越。墨子弟子。墨子使之游越。曰。既得見四方之君。子則將孰先語。墨子曰。凡入國。必擇務而從事焉。國家昏亂。則語之尙賢尙同。國家貧。則語之節用節葬。國家憙音湛湎。則語之非樂非命。國家淫僻無禮。則語之尊天事鬼。國家務奪侵淩。則語之兼愛非攻。故曰。擇務而從事焉。（本書魯問篇）

隨巢子。墨子弟子。（漢書藝文志　梁玉繩云隨巢當是氏或謂氏隨名巢無據詒讓案隋經籍志隨巢子注云巢似墨翟弟子則以巢爲名）墨子之術尙儉。隨巢子傳其術。（史記自序正義引韋昭說）著書六篇。（漢書藝文志）

胡非子。（廣韻十一模云胡非複姓齊胡公之後有公子非因以胡非爲氏梁玉繩云則胡非子齊人也詒讓案隋經籍志胡非子注云非似墨翟弟子則亦以非爲名）墨子弟子。著書三篇。（漢書藝文志）

管黔敖。墨子弟子。（本書耕柱篇見前）

高孫子。墨子弟子。（本書魯問篇見後）

治徒娛。墨子弟子。本書耕柱篇見前

跌鼻。墨子弟子。墨子有疾。跌鼻進而問曰。先生以鬼神爲明。能爲禍福。爲善者賞之。爲不善者罰之。今先生聖人也。何故有疾。意者先生之言。有不善乎。鬼神不明知乎。墨子曰。雖使我有病。鬼神何遽不明。人之所得於病者多方。有得之寒暑。有得之勞苦。百門而閉一門焉。則盜何遽無從入。本書公孟篇

曹公子。墨子弟子。墨子仕曹公子於宋。三年而反。睹墨子曰。始吾游於子之門。短褐之衣。藜藿之羹。朝得之則夕弗得。弗得祭祀鬼神。今而以夫子之故。家厚於始也。有家享謹祭祀鬼神。然而人徒多死。六畜不蕃。身湛於病。吾未知夫子之道之可用也。子墨子曰。不然。夫鬼神之所欲於人者多。欲人之處高爵祿而以讓賢也。多財而以分貧也。夫鬼神豈唯擢黍拑肺之爲欲哉。今子處高爵祿而不以讓賢。一不祥也。多財而不以分貧。二不祥也。今子事鬼神。唯祭而已矣。而曰病何自至哉。是猶百門而閉一門焉。曰盜何從入。若是而求福於百怪之鬼。豈可哉。本書魯問篇

勝綽。墨子弟子。墨子使勝綽事齊項子牛。項子牛三侵魯地。而勝綽三從。墨子聞之。使高孫子請而退之曰。我使綽也。將以濟驕而正嬖也。今綽

也祿厚而譎夫子。夫子三侵魯。而綽三從。是鼓鞭於馬靳也。翟聞之。言義而弗行。是犯明也。綽非弗之知也。祿勝義也。（本書魯問篇）

案曹公子及勝綽二人。皆游墨子之門。而以違道見責。蓋未能傳其術者。今以附於諸弟子之末。

彭輕生子問墨子曰。往者可知。來者不可知。墨子曰。藉設而親在百里之外。則遇難焉。期以一日也。及之則生。不及則死。今有固車良馬於此。又有駑馬四隅之輪於此。使子擇焉。子將何乘。對曰。乘良馬固車。可以速至。墨子曰。焉在不知來。（本書魯問篇）

孟山譽王子閭曰。昔白公之禍。執王子閭。斧鉞鉤要。直兵當心。謂之曰爲王則生。不爲王則死。王子閭曰。何其侮我也。殺我親而喜我以楚國。我得天下而不義。不爲也。又況於楚國乎。遂死而不爲。王子閭豈不仁哉。墨子曰。難則難矣。然而未仁也。若以王爲無道。則何故不受而治也。若以白公爲不義。何故不受王誅白公。然而反王。故曰難則難矣。然而未仁。（同上）

弦唐子（本書貴義篇見前）

案以上三人。並見本書。是否墨子弟子。無可質證。謹附綴於此以備考。

墨子再傳禽子弟子

許犯學於禽滑釐。呂氏春秋當染篇

索盧參東方之鉅狡也。學於禽滑釐。爲天下名士顯人。呂氏春秋尊師篇

墨子再傳胡非子弟子

屈將子。案屈爲楚公族箸姓屈將子疑亦楚人 好勇。聞墨者非鬬。帶劍危冠。往見胡非子。劫而問之曰。將聞先生非鬬。而將好勇。有說則可。無說則死。胡非子爲言五勇。屈將說。稱善。乃解長劍。釋危冠。而請爲弟子焉。太平御覽四百九十二四百三十七引胡非子五勇之論甚詳見後胡非子佚文此不備錄

墨子三傳許子弟子

田繫。學於許犯。顯榮於天下。呂氏春秋當染篇

墨氏名家傳授不可考者附鉅子

田俅子。漢書藝文志 俅。一作鳩。鳩俅音近馬驌繹史以爲一人是也 齊人。學墨子之術。呂氏春秋首時篇淮南子道應訓高注

田鳩欲見秦惠王。留秦三年。而弗得見。客有言之於楚王者。往見楚王。楚王說之。與將軍之節以如秦。至因見惠王。告人曰。之秦之道。乃之楚乎。呂氏春秋首時篇淮南子道應訓云出舍喟然而嘆告從者曰吾留秦三年不得見不識道之可以從楚也 徐渠問田鳩曰。臣聞智士不襲下而遇君。聖人不見功而接上。今陽城胥渠。今韓子譌令今據盧文弨顧廣圻校正 明將也。而措於屯伯。屯韓子譌毛今據顧校正下同 公孫亶回。聖相也。而關於州部。何哉。田鳩曰。此無他故異物。主有

度上有術之故也。且足下獨不聞楚將宋觚而失其政。魏相馮離而亡其國。二君者。驅於聲詞。眩乎辯說。不試於屯伯。不關乎州部。故有失政亡國之患。由是觀之。夫無屯伯之試。州部之關。豈明主之備哉。（韓非子問田篇）楚王謂田鳩曰。墨子者。顯學也。其身體則可。其言多而不辯。何也。曰。昔秦伯嫁其女於晉公子。令晉爲之飾裝。（晉疑魯之譌）從文衣之媵七十人。至晉。晉人愛其妾。而賤公女。此可謂善嫁妾。而未可謂善嫁女也。楚人有賣其珠於鄭者。爲木蘭之櫃。薰桂椒之櫝。綴以珠玉。飾以玫瑰。輯以羽翠。鄭人買其櫝而還其珠。此可謂善賣櫝矣。未可謂善鬻珠也。今世之談也。皆道辯說文辭之言。人主覽其文而忘其用。（其韓子作有今以意改）墨子之說。傳先王之道。論聖人之言。以宣告人。若辯其辭。則恐人懷其文。忘其用。（此字韓子無據顧校增）直以文害用也。此與楚人鬻珠秦伯嫁女同類。故其言多不辯。（韓非子外儲說左上篇）箸書三篇。（漢書藝文志墨家田俅子三篇本注云先韓子葢班固亦謂即田鳩也）

相里子。（韓非子顯學篇元和姓纂）名勤。（莊子天下篇　釋文引司馬彪云墨師也姓相里名勤姓纂云晉大夫里克爲惠公所滅克妻司成氏攜少子李連逃居相城因爲相里氏李連玄孫相里勤見莊子案此疑唐時譜牒家之妄說恐不足據）南方之墨師也。（成玄英莊子疏）爲三墨之一。（韓非子顯學篇）箸書七篇。（姓纂引韓子云相里子古賢也箸書七篇案韓子無此文漢書藝文志墨家亦無相里子書姑存以備考）

相夫氏。（韓非子顯學篇　元和姓纂二十陌有伯夫氏引韓子云伯夫氏墨家流也則唐本相或作伯或當作柏與相形近）亦三墨之一。

鄧陵子。南方之墨者。誦墨經。（莊子天下篇　案姓纂云楚公子食邑鄧陵因氏焉據此則鄧陵子蓋楚人）亦三墨之一。（韓非子顯學篇）有箸書。（姓纂云鄧陵子箸書見韓子案韓子亦無此文）

韓非子顯學篇云。自墨子之死也。有相里氏之墨。有相夫氏之墨。有鄧陵氏之墨。墨離爲三。

苦獲。南方墨者。（莊子天下篇）

已齒。南方墨者。（莊子天下篇　釋文引李頤云苦獲已齒二人姓字也案姓字當作姓名疑並楚人）

相里氏弟子

五侯子。（莊子天下篇　陶潛集聖賢羣輔錄　案五侯蓋姓五五與伍同古書伍子胥姓多作五非五人也）相里勤弟子。與南方之墨者。苦獲已齒鄧陵子之屬。俱誦墨經。而倍譎不同。相謂別墨。（莊子天下篇）

案墨經卽墨辯。今書經說四篇。及大取小取二篇。蓋卽相里子鄧陵子之倫所傳誦而論說者也。

又案陶潛集集聖賢羣輔錄末。附載三墨云。不累於俗。不飾於物。不尊於名。（莊子天下篇作不苟於人）不忮於衆。此宋鉶尹文之墨。（鉶當從莊子作鈃卽孟子之宋牼也）裘褐爲衣。跂蹻爲服。日夜不休。以自苦爲極者。相里勤五侯子之墨。俱誦墨經。而背譎不同。相爲別墨。以堅白。（此亦本莊子而文義未全豈僞託者失其句讀抑傳寫有挩譌耶）此苦獲已齒鄧陵子之墨。此別據莊子天下篇爲三墨。與韓非書殊異。（北齊陽休之所編陶集卽有此條宋本陶集宋庠後記云八儒三墨二條此似後人妄加非陶公本意　考莊子本以宋鈃尹文別爲一家。不云亦爲墨氏之學。以所舉二人學術。大略攷之。其崇儉非鬬。雖與墨氏相近。荀子非十二子篇以墨翟宋鈃並稱　而師承實迥異。乃強以充三墨之數。而韓非所云相夫氏之墨者。反置不取。不知果何據也。宋鈃書。漢書藝文志在小說家。云黃老意。尹文書在名家。今具存。其大道上篇云。大道治者。則名法儒墨自廢。又云。是道治者。謂之善人。藉名法儒墨者。謂之不善人。則二人皆不治墨氏之術。有明證矣。近俞正燮癸巳類稿墨學論亦以宋鈃爲墨徒誤與羣輔錄同　羣輔錄本依託。不出淵明。而此條尤疏謬。今不據補錄。

我子。六國時人。元和姓纂引風俗通　爲墨子之學。箸書一篇。漢藝文志顏注引劉向別錄

纏子。廣韻二仙云纏又姓漢書藝文志有纏子箸書案漢志無纏子此誤　修墨子之業。以教於世。儒有董無心者。其言修而謬。其行篤而庸。欲事纏子。纏子曰。文言華世。不中利民。傾危繳繞之辭。並不爲墨子所修。勸善兼愛。則墨子重之。意林引纏子　纏子與董無心相見講道。纏子稱墨家佑鬼神。引秦穆公有明德。上帝賜之十九年。董子難以堯舜不賜年。桀紂不夭死。論衡福虛篇　箸書一卷。意林

墨家鉅子

莊子天下篇。說墨云。以巨子爲聖人。皆願爲之尸。冀得爲其後世。郭象

注云。巨子最能辯其所是以成其行。釋文巨。向秀崔譔本作鉅。向云墨家號其道理成者爲鉅子。若儒家之碩儒。呂氏春秋上德篇云墨者以爲不聽鉅子不察。又有墨者鉅子孟勝田襄子腹䵍三人。高誘以鉅子爲人姓名非也。以莊呂二子所言推之。墨家鉅子。蓋若後世儒家大師。開門授徒遠有端緒。非學行純卓者固不足以當之矣。

孟勝爲墨者鉅子。善荆之陽城君。高注云鉅子孟勝二人學墨道者也非是陽城君令守於國。毀璜以爲符。約曰符合聽之。荆王薨。按即悼王羣臣攻吳起兵於喪所。陽城君與焉。荆罪之。陽城君走。荆收其國。孟勝曰受人之國。與之有符。今不見符。而力不能禁。不能死。不可。其弟子徐弱諫孟勝曰。死而有益陽城君。死之可矣。無益也。而絕墨者於世。不可。孟勝曰不然。吾於陽城君也。非師則友也。非友則臣也。不死。自今以來。求嚴師必不於墨者矣。求賢友必不於墨者矣。求良臣必不於墨者矣。死之所以行墨者之義。而繼其業者也。我將屬鉅子於宋之田襄子。田襄子賢者也。何患墨者之絕世也。徐弱曰若夫子之言。弱請先死以除路。還歿頭前於孟勝。因使二人傳鉅子於田襄子。高注云二人孟勝之弟子也孟勝死。弟子死之者八十三人。二人舊本無此二字畢校補以致令於田襄子。欲反死孟勝於荆。田襄子止之曰。孟子已傳鉅子於我矣。不聽。不舊本譌當畢校正遂反死之。呂氏

春秋上德篇

案吳起之死。在周安王二十一年。時墨子當尚在。（詳親士篇）則孟勝田襄子或親受業於墨子。亦未可知。其爲鉅子。豈卽墨子所命。爲南方墨者之大師者邪。孟勝之死也。必屬鉅子於田襄子。明以傳學爲重。亦若儒家之有師承宗派。佛氏之有傳授衣盋矣。

田襄子。宋之賢者。孟勝死荆陽城君之難。使弟子二人屬鉅子於田襄子。（呂氏春秋上德篇　案田襄子言行無攷。說苑尊賢篇有衛君問田讓語。疑卽田襄子。附識以備攷）

腹䵍。爲墨者鉅子。居秦。其子殺人。秦惠王曰。先生之年老矣。非有它子也。寡人已令吏弗誅矣。先生之以此聽寡人也。腹䵍對曰。墨者之法。殺人者死。傷人者刑。此所以禁殺傷人也。夫禁殺傷人者。天下之大義也。王雖爲之賜。而令吏弗誅。腹䵍不可不行墨子之法。不許惠王。而遂殺之。呂不韋曰。子人之所私也。忍所私以行大義。鉅子可謂公矣。（呂氏春秋去私篇高注云鉅姓子通稱腹䵍字也畢沅云鉅子猶鉅儒鉅公之稱腹䵍乃其姓耳案畢說是也）

孟勝弟子

徐弱。孟勝弟子。與孟勝同死楚陽城君之難。（見前）

墨氏雜家（凡治墨術而無從攷其學業優劣乃傳授端緒者）

夷之。治墨家之道者。孟子 文公上篇趙注 因徐辟。而求見孟子。孟子曰。吾固願見今吾尚病。病愈。我且往見。夷子不來。他日。又求見孟子。孟子曰。吾今則可以見矣。不直則道不見。我且直之。吾聞夷子墨者。墨之治喪也。以薄爲其道也。夷子思以易天下。豈以爲非是而不貴也。然而夷子葬其親厚。則是以所賤事親也。徐子以告夷子。夷子曰。儒者之道。古之人若保赤子。此言何謂也。之則以爲愛無差等。施由親始。徐子以告孟子。孟子曰。夫夷子。信以爲人之親其兄之子。爲若親其鄰之赤子乎。彼有取爾也。赤子匍匐將入井。非赤子之罪也。且天之生物也。使之一本。而夷子二本故也。蓋上世嘗有不葬其親者。其親死。則舉而委之於壑。他日過之。狐狸食之。蠅蚋姑嘬之。其顙有泚。睨而不視。夫泚也。非爲人泚。中心達於面目。蓋歸反虆梩而掩之。掩之誠是也。則孝子仁人之掩其親。亦必有道矣。徐子以告夷子。夷子憮然爲閒曰。命之矣。孟子滕文公上篇

謝子。呂氏春秋去宥篇淮南子脩務訓高注云謝姓也子通稱 關東人也。學墨子之道。呂覽高注 說苑雜言篇作祁射子梁玉繩呂子校補云祁乃地名祁屬太原正是關東恐未確

唐姑果。淮南子脩務訓作唐姑梁高注云唐姓名姑梁說苑雜言篇作唐姑 秦之墨者。淮南子高注云秦大夫疑誤 東方墨者謝子。將西見秦惠王。淮南子說苑並云惠王說之 惠王問唐姑果。唐姑果恐王之親謝子賢於已也。

對曰。謝子。東方之辯士也。淮南子作山東辯士其爲人甚險。將奮於說以取少主也。淮南子作固權說以取少主王因藏怒以待之。謝子至。說王。王弗聽。淮南子云後日復見逆而弗聽謝子不說。遂辭而行。呂氏春秋去宥篇

某翟。鄭人。兄緩。呻吟裘氏之地。釋文云裘氏地名祇三年。而緩爲儒。使其弟墨。儒墨相與辯。其父助翟。十年而緩自殺。莊子列禦寇篇郭注云翟緩弟名案未詳其姓氏

案唐姑果媢賢自營。違墨氏尚賢尚同之恉。鄭人翟爭論儒墨而殺其兄。則亦非悌弟也。故附於墨學雜家之末。又孟子告子篇趙注。謂告子兼治儒墨之學。其人無可攷。本書公孟篇有告子。亦恐非一人。淮南子人間訓云。代君爲墨而殘。許注云。代君。趙之別國。不詳其名及時代。則疑是趙武靈王子代君章。見趙世家此並無可質證。謹附識於此以備攷。

墨子後語下

墨子緒聞弟四

墨氏之學微矣。七國時。學者以孔墨並稱。孔子言滿天下。而墨子則遺文佚事。自七十一篇外。所見殊尟。非徒以其爲儒者所擯絀也。其爲道。瘠薄而寡澤。言之垂於世者。質而不華。務申其意而不馳騁其辭。故莊周謂其道大觳。使人憂。使人悲。其行難爲。而楚王之問田鳩。亦病其言多而不辯。田鳩荅以墨子之說。傳先王之道。論聖人之言。若辯其辭。則恐人懷其文。忘其用。（韓非子外儲說左上）蓋孟荀之譏。未與世之好文者。固已弗心慊矣。秦漢諸子。若呂不韋淮南王書。所采摭至博。至其援舉墨子之言。亦多本書所已見。絕無異聞。然孔氏遺書。自六蓺外。緯候之誣。家語孔叢之僞。集語之雜。眞贋糅莒。不易別擇。而墨氏之言行。以誦述者少。轉無叚託傅益之弊。則其僅存者雖不多。或尙塙然可信與。今采本書之外。秦漢舊籍。所紀墨子言論行事。無論與本書異同。咸爲甄緝。或一事而數書並見。亦悉附載之。以資讐勘。而七十一篇佚文。則畢氏所述略備。固不勞綴錄也。

齊王問墨子曰。古之學者爲己。今之學者爲人。何如。對曰。古之學者。得一善言。以附其身。今之學者。得一善言。務以悅人。北堂書鈔八十三太平御覽六百七引新序　案齊王當卽齊太王此與意林引本書佚文略同而文較詳故錄之　說苑反質篇又有禽滑釐問墨子語畢氏已采入佚文今不錄

景公外傲諸侯。內輕百姓。好勇力。崇樂以從嗜欲。諸侯不說。百姓不親。公患之。問於晏子曰。古之聖王。其行若何。晏子對曰。其行公正而無邪。故讒人不得入。不阿黨。不私色。故羣徒之卒不得容。薄身厚民。故聚斂之人不得行。不侵大國之地。不耗小國之民。故諸侯皆欲其尊。不劫人以兵甲。不威人以衆彊。故天下皆欲其彊。德行敎訓加於諸侯。慈愛利澤加於百姓。故海內歸之若流水。今衰世君人者。辟邪阿黨。故讒諛羣徒之卒繁。厚身養。薄視民。故聚斂之人行。侵大國之地。耗小國之民。故諸侯不欲其尊。劫人以甲兵。威人以衆彊。故天下不欲其彊。災害加於諸侯。勞苦施於百姓。故讎敵進伐。天下不救。貴戚離散。百姓不與。元槧本譌與據盧文弨校正　公曰。然則何若。斂曰。請卑辭重幣以說於諸侯。輕罪省功以謝於百姓。其可乎。公曰。諾。於是卑辭重幣而諸侯附。輕罪省功而百姓親。故小國入朝。燕魯共貢。墨子聞之曰。晏子知道。道在爲人。而失在爲己。元本挩在字據孫星衍校增　爲人者重。自爲者輕。

景公自爲而小國不爲。與爲人而諸侯爲役。則道在爲人。而行在反己矣。（黃以周云行蓋得之剜文）故晏子知道矣。（晏子春秋內篇問上）

景公與晏子立於曲潢之上。晏子稱曰。衣莫若新。人莫若故。公曰。衣之新也。信善矣。人之故相知情。（有挽誤）晏子歸負載。使人辭於公曰。嬰故老耄無能也。請毋服壯者之事。公自治國。身弱於高國。百姓大亂。公恐。復召晏子。諸侯忌其威。而高國服其政。田疇墾辟。蠶桑豢牧之處不足。（元本牧譌收據盧文弨校正）絲蠶於燕。牧馬於魯。共貢入朝。墨子聞之曰。晏子知道。晏子知窮矣。（晏子春秋內篇雜上）右墨子遺說

公輸般爲蒙天之階。階成。將以攻宋。墨子聞之。赴於楚。行十日十夜而至於郢。見般曰。聞子爲階。將以攻宋。宋何罪之有。無罪而攻之。不可謂仁。胡不已也。公輸般曰。不可。吾既以言之王矣。墨子曰。胡不見我於王。公輸般曰。諾。墨子見楚王曰。今有人於此。舍其文軒。隣有敝輿而欲竊之。舍其錦繡。隣有短褐而欲竊之。舍其粱肉。隣有糟糠而欲竊之。此爲何若人。王曰。此爲竊疾耳。（汪繼培云一作必竊疾矣）墨子曰。荆之地方五千里。宋之地方五百里。此猶文軒之與敝輿也。荆有雲夢。犀兕麋鹿盈溢。江漢之魚鼈黿鼉爲天下饒。宋所謂無雉兔鮒魚者也。猶粱肉之與糟糠也。荆有長松文梓楩枬豫章。

宋無長木。此猶錦繡之與短褐也。臣以王之攻宋也。爲與此同類。王曰。善哉。請無攻宋。藝文類聚八十八引尸子又太平御覽三百三十六引尸子云般爲蒙天之階階成將以攻宋墨子請獻十金般曰吾義固不殺人墨子再拜　本書公輸篇文略同

公輸般爲楚設機。將以攻宋。墨子聞之。百舍重繭。往見公輸般。謂之曰。吾自宋聞子。吾欲藉子殺人。宋本作王吳師道云一本作𤯔唐武后人字黃丕烈云公輸篇文略同　公輸般曰。吾義固不殺人。墨子曰。聞公爲雲梯。將以攻宋。宋何罪之有。義不殺王而攻國。是不殺少而殺衆。敢問攻宋何義也。公輸般服焉。請見之王。墨子見楚王曰。今有人於此。舍其文軒。隣有弊輿而欲竊之。舍其錦繡。鄰有短褐鮑彪本短作裋　而欲竊之。舍其粱肉。鄰有糟糠而欲竊之。此爲何若人也。王曰。必爲有竊疾矣。墨子曰。荊之地方五千里。宋方五百里。此猶文軒之與弊輿也。荊有雲夢。犀兕麋鹿盈之。江漢魚鼈黿鼉爲天下饒。宋所謂無雉兔鮒魚者也。此猶粱肉之與糟糠也。荊有長松文梓楩柟豫樟。鮑本作章　宋無長木。此猶錦繡之與短褐也。臣以王吏之攻宋。臣宋本作𢘑黃云即𢘑字按𢘑武后臣字　爲與此同類也。王曰。善哉。請無攻宋。戰國策宋策

公輸般爲高雲梯。欲以攻宋。墨子聞之。自魯往。裂裳裹足。日夜不休。十日十夜而至於郢。見荊王曰。臣北方之鄙人也。聞大王將攻宋。信有之乎。王曰。然。墨子曰。必得宋。乃攻之乎。亡其不得宋。且不義。猶攻之乎。王

曰。必不得宋。且有不義。則曷爲攻之。墨子曰。甚善。臣以宋必不可得。王曰。公輸般。天下之巧工也。已爲攻之械矣。墨子曰。請令公輸般試攻之。臣請試守之。於是公輸般設攻宋之械。墨子設守宋之備。公輸般九攻之。舊本挩公輸般三字畢沅據御覽三百二十校補　墨子九却之。不能入。故荆輟不攻宋。墨子能以術禦荆。免宋之難者。此之謂也。呂氏春秋愛類篇　按呂氏春秋慎大覽高注云墨子曰使公輸般攻宋之城臣請爲宋守之備公輸般九攻之墨子九卻之又令公輸般守備墨子九下之諸書並止言輸攻墨守惟此注更有輸守墨攻事不知何據謹附識於此

昔者楚欲攻宋。墨子聞而悼之。自魯趨而往。舊本挩王念孫據北堂書鈔補　十日十夜。足重繭而不休息。裂裳裹足。裂下舊本衍衣字王據書鈔刪　至於郢。見楚王曰。臣聞大王舉兵將攻宋。計必得宋而後攻之乎。亡其苦衆勞民。亡宋本作忘　頓兵剉銳。剉舊本作挫今從宋本正　負天下以不義之名。而不得咫尺之地。猶且攻之乎。王曰。必不得宋。又且爲不義。曷爲攻之。墨子曰。臣見大王之必傷義而不得宋。王曰。公輸天下之巧士。作爲雲梯之械。爲字舊本挩據宋本補　設以攻宋。曷爲弗取。墨子曰。令公輸設攻。臣請守之。於是公輸般設攻宋之械。墨子設守宋之備。九攻而墨子九却之。弗能入。於是乃偃兵。輟不攻宋。淮南子脩務訓

公輸般爲雲梯之械。將攻宋。墨翟行自齊。行十日夜至郢。獻千金於般。曰。北方有侮臣者。願子殺之。般不悅。曰。吾義固不殺人。墨子再拜曰。吾

聞子之梯以攻宋。楚有餘於地。不足於民。殺所不足。爭所有餘。不可謂智。宋無罪而攻。不可謂仁。子義不殺少而殺衆。不可謂知類。般子服翟曰。何不已乎。曰。既言之王矣。曰。何不見吾於王。遂見之。墨解帶爲城。以褋爲械。般設九攻。而墨九却之。般詘。而曰。吾知所以距子矣。問其故。墨曰。般意不過欲殺臣。殺臣則宋莫能守。然臣弟子禽滑釐等三百人。持臣守器在宋城上以待楚矣。王曰。請無攻宋。渚宮舊事二

子墨子游公上過於越。公上過語墨子之義。越王說之。謂公上過曰。子之師。苟肯至越。請以故吳之地。陰江之浦。書社三百。以封夫子。公上過往復於子墨子。子墨子曰。子之觀越王也。能聽吾言用吾道乎。公上過曰。殆未能也。墨子曰。不唯越王不知翟之意。雖子亦不知翟之意。若越王聽吾言。用吾道。翟度身而衣。量舊校云一作裹腹而食。比於賓萌。未敢求仕。高注云賓客也萌民也越王不聽吾言。不用吾道。雖全越以與我。吾無所用之。越王不聽吾言。不用吾道。而受舊校云一作愛其國。是舊校云一作退以義翟也。義翟何必越。畢云兩翟字當是讙字之誤雖於中國亦可。呂氏春秋高義篇本書魯問篇文略同

墨子至郢。獻書惠王。王受而讀之。曰。良書也。是寡人雖不得天下。而樂養賢人。請過。此上下有挩文進曰百種。疑當作進粟百鍾以待官舍人。不足須天下之賢君。墨

下挩子字 辭曰。翟聞賢人進。道不行不受其賞。義不聽不處其朝。今書未用。請遂行矣。將辭王而歸。王使穆賀以老辭。余注云時惠王在位已五十年矣 魯陽文君言於王曰。墨子北方賢聖人。君王不見。又不爲禮。毋乃失士。乃使文君追墨子。以書社五里疑當作五百里封之。不受而去。諸宮舊事二 案首數語與貴義篇及文選注所引本書佚文略同見附錄 右墨子遺事

墨子爲木鳶。三年而成。蜚一日而敗。弟子曰。先生之巧。至能使木鳶飛。墨子曰。不如爲車輗者巧也。用咫尺之木。不費一朝之事。而引三十石之任。致遠力多。久於歲數。今我爲鳶。三年而成。蜚一日而敗。惠子聞之曰。墨子大巧。巧爲輗。拙爲鳶。韓非子外儲說左上 淮南子齊俗訓云魯般墨子以木爲鳶而飛之三日不集而不可使爲工也論衡儒增篇云儒書稱魯般墨子之巧刻木爲鳶飛之三日而不集 案本書魯問篇說公輸子削竹木以爲鵲與此略同疑傳聞之異

夫班輸之雲梯。墨翟之飛鳶。張注云墨子作木鳶飛三日不集 自謂能之極也。弟子東門賈禽滑釐。聞偃師之巧。以告二子。二子終身不敢語藝。而時執規矩。列子湯問篇 案東門賈蓋班輸弟子故云以告二子或謂亦墨子弟子非是

墨子服役百八十人。皆可使赴火蹈刃。死不旋踵。化之所致也。淮南子泰族訓 案主術訓又云孔丘墨翟脩先聖之術通六藝之論口道其言身行其志慕義從風而爲之服役者不過數十人與此小異

墨子見歧道而哭之。呂氏春秋疑似篇高注云爲其可以南可以北言乖別也賈子新書審微篇云故墨子見衢路而哭之悲一跬而繆千里也 案荀子王霸篇又云楊朱哭衢涂蓋傳聞之異

墨子非樂。不入朝歌之邑。淮南子說山訓　史記鄒陽傳云邑號朝歌而墨子迴車又說山訓高注云墨子尙儉不好樂縣名朝歌墨子不入

墨子見荆王。錦衣吹笙。因也。呂氏春秋貴因篇高注云墨子好儉非樂錦與笙非其所服也而爲之因荆王之所欲也　藝文類聚四十四引尸子云墨子吹笙墨子非樂而於樂有是也

蓋聞孔丘墨翟。晝日諷誦習業。夜親見文王周公旦而問焉。呂氏春秋博志篇

繞粱之鳴。許史鼓之。非不樂也。墨子以爲傷義。故不聽也。文選七命李注引尸子　右墨子瑣事

墨子者。名翟。宋人也。仕宋爲大夫。外治經典。內修道術。著書十篇。號爲墨子。世多學者。與儒家分途。務尙儉約。頗毀孔子。有公輸般者。爲楚造雲梯之械。以攻宋。墨子聞之。往詣楚。脚壞。裂裳裹足。七日七夜到。見公輸般而說之曰。子爲雲梯以攻宋。宋何罪之有。有餘於地。而不足於民。殺所不足。而爭所有餘。不可謂智。宋無罪而攻之。不可謂仁。知而不爭。不可謂忠。爭而不得。不可謂彊。公輸般曰。吾不可以已。言於王矣。墨子見王曰。於今有人。捨其文軒。隣有一弊輿而欲竊之。舍其錦繡。隣有短褐而欲竊之。舍其粱肉。隣有糟糠而欲竊之。此爲何若人也。王曰。若然者。必有狂疾。翟曰。楚有雲夢之麋鹿。江漢之魚龜。爲天下富。宋無雉兔鮒魚。猶粱肉與糟糠也。楚有杞梓豫章。宋無數丈之木。此猶錦繡之與短褐也。臣聞大王更議攻宋。有與此同。王曰。善哉。然公輸般已爲雲梯。謂必取宋。於是見公輸般。

墨子解帶爲城。以褋爲械。公輸般乃設攻城之機。九變。而墨子九拒之。公輸之攻城械盡。而墨子之守有餘也。公輸般曰。吾知所以攻子矣。吾不言。墨子曰。吾知子所以攻我。我亦不言。王問其故。墨子曰。公輸之意。不過殺臣。謂宋莫能守耳。然臣弟子禽滑釐等三百人。早已操臣守禦之器。在宋城上而待楚寇矣。雖殺臣。不能絕也。楚乃止。不復攻宋。

墨子年八十有二。乃歎曰。世事已可知。榮位非常保。將委流俗。以從赤松子游耳。乃入周狄山。精思道法。想像神仙。於是數聞左右山間有誦書聲者。墨子臥後。又有人來以衣覆足。墨子乃伺之。忽見一人。乃起問之曰。君豈非山岳之靈氣乎。將度世之神仙乎。願且少留。誨以道要。神人曰。知子有志好道。故來相候。子欲何求。墨子曰。願得長生。與天地相畢耳。於是神人授以素書。朱英丸方。道靈教戒。五行變化。凡二十五篇。告墨子曰。子有仙骨。又聰明。得此便成。不復須師。墨子拜受合作。遂得其驗。乃撰集其要。以爲五行記。乃得地仙。隱居以避戰國。至漢武帝時。遣使者楊違束帛加璧以聘墨子。墨子不出。視其顏色。常如五十許人。周游五嶽。不止一處。

葛洪神仙傳右附

案墨子法夏宗禹。與黃老不同術。晉宋以後。神仙家妄撰墨子爲地仙之說。於是墨與道乃合爲一。阮孝緒七錄。有墨子枕中五行要記一卷。五行變化墨子五卷。隋志並云梁有今亡案抱朴子內篇遐覽云變化之術大者唯有墨子五行記本有五卷昔劉君安未仙去時鈔取其要以爲一卷葛氏所說甚詳蓋五行變化卽五卷之全書要記卽劉安所鈔一卷也隋書經籍志醫方類有墨子枕內五行記要一卷宋史藝文志神仙類有太上墨子枕中記二卷皆卽是書抱朴子神仙金汋經又載墨子丹法蓋皆道家僞託之書五代史唐家人傳云魏州民自言有墨子術能役鬼神化丹砂水銀卽此術也 蓋卽葛傳所謂五行記者。明鬼之論。忽變爲服食鍊形。而七十一篇之外。又增金丹變化之書。斯皆展轉依託。不可究詰。魏晉之間。俗尙浮靡。竊名僞册。榛藏編錄。此亦其一矣。開元占經引墨子占燙亦叚託 稚川之傳。惟與公輸般論攻守事。見本書。餘皆肊造不足論。以其晉人舊帙。姑錄附於末。以識道家不經之談。所由肇耑。至於年代彌遠。詭說日孳。生有夢烏之徵。伊世珍瑯嬛記引賈子說林謂墨子姓翟名烏其母夢日中赤烏入室驚覺生烏遂名之其說謬妄不足辯說林古亦無是書蓋卽世珍所肊撰也 終以服丹而化。陶宏景眞誥稽神樞篇云墨狄子服金丹而告終 若茲之類。誣誕尤甚。今無取焉。

墨學通論第五

春秋之後。道術紛歧。倡異說以名家者十餘。然惟儒墨爲最盛。其相非亦最甚。墨書既非儒。儒家亦闢楊墨。楊氏晚出。復攟儒墨而兼非之。然信從其學者少。固不能與墨抗行也。莊周曰。兩怒必多溢惡之言。人間世篇 況夫樹一義以爲櫱楬。而欲以易舉世之論。沿襲增益。務以相勝。則不得其平。豈非勢之所必至乎。今觀墨之非儒。固多誣妄。其於孔子。亦何傷於日月。而墨氏兼愛固諄諄以孝慈爲本。其書具在。可以勘驗。班固論墨家亦云以孝視天下是以尚同而孟子斥之。至同之無父之科。則亦少過矣。自漢以後。治教嫥一。學者咸宗孔孟。而墨氏大絀。然講學家剽竊孟荀之論。以自矜飾標識。綴文之士。習聞儒言。而莫之究察。其於墨也。多望而非之。以迄於今。學者童丱治舉業。至於皓首。習斥楊墨爲異端。而未有讀其書。深究其本者。是暖姝之說也。安足與論道術流別哉。今集七國以逮於漢。諸子之言涉墨氏者。而殿以唐昌黎韓子讀墨子之篇。條別其說。不加平議。雖復申駁雜陳。然否錯出。然視夫望而非之者。固較然其不同也。至後世文士。梟講學家之論。則不復甄錄。世之君子。有秉心敬恕。精究古今學業純駁之故者。讀墨氏之遺書。而以此篇證其離合。必有以持其是非之平矣。秦漢諸子及史傳涉儒墨者甚夥華文氾論無所發明及荀韓諸子雜節葬兼愛之論而未明斥墨子者今並不錄

墨子之言昭昭然。爲天下憂不足。夫不足。非天下之公患也。特墨子之私憂過計也。今是土之生五穀也。人善治之。則畝數盆。一歲而再獲之。楊注云獲讀爲穫然後瓜桃棗李。一本數以盆鼓。然後葷菜百疏。以澤量。然後六畜禽獸。一而剸車。楊云剸與專同言一獸滿一車黿鼉魚鼈鰌鱣以時別。一而成羣。然後飛鳥鳧鴈若烟海。然後昆蟲萬物生其閒。可以相食養者。不可勝數也。夫天地之生物

也。固有餘。足以食人矣。麻葛繭絲。鳥獸之羽毛齒革也。固有餘。足以衣人矣。夫有餘不足。非天下之公患也。特墨子之私憂過計也。天下之公患。亂傷之也。胡不嘗試相與求亂之者誰也。我以墨子之非樂也。則使天下亂。墨子之節用也。則使天下貧。非將墮之也。說不免焉。墨子大有天下。小有一國。將蹙然衣粗食惡。憂戚而非樂。若是則瘠。瘠則不足欲。不足欲則賞不行。墨子大有天下。小有一國。將少人徒。省官職。上功勞苦。與百姓均事業。齊功勞。若是則不威。不威則賞罰不行。賞不行。則賢者不可得而進也。罰不行。則不肖者不可得而退也。賢者不可得而進也。不肖者不可得而退也。則能不能不可得而官也。若是則萬物失宜。事變失應。上失天時。下失地利。中失人和。天下敖然。若燒若焦。楊云敖讀爲熬墨子雖爲之衣褐帶索。嚽菽飲水。惡能足之乎。楊云嚽與啜同既以伐其本。竭其原。而焦天下矣。故先王聖人爲之不然。知夫爲人主上者。不美不飾之不足以一民也。不富不厚之不足以管下也。不威不強之不足以禁暴勝悍也。故必將撞大鐘。擊鳴鼓。吹笙竽。彈琴瑟以塞其耳。必將錭琢刻鏤。黼黻文章以塞其目。楊云錭與彫同必將芻豢稻粱。五味芬芳以塞其口。然後衆人徒。備官職。漸慶賞。嚴刑罰以戒其心。使天下生民之屬。皆知己之所願欲之舉在是于也。故其賞行。楊云是于猶言于是言生民所願欲皆在于是也說苑亦作是于也皆知己之所畏恐之舉在是于也。故其罰威。賞行罰威。則賢者可得而進也。不肖者可得而退也。能不能可得而官也。若是則萬物得宜。事變得應。上得天時。下得地利。中得人和。則財貨渾渾如泉源。汸汸如河海。楊云汸讀爲滂水多貌也暴暴如山丘。不時焚燒。無所臧之。夫天下何患乎不足也。故儒術誠行。則天下大而富。使有功。楊云大讀爲泰優泰也撞鐘擊鼓而和。詩曰。鐘鼓喤喤。管磬瑲瑲。降福穰穰。降福簡簡。威儀反反。既醉既飽。福祿來反。此之謂也。謝墉云管磬瑲瑲元刻作磬筦將將故墨術誠行。則天下尚儉而彌貧。非鬬而日爭。楊云墨子有非攻篇非攻即非鬬也勞苦頓萃而愈無功。愀然憂戚。非樂而日不和。楊云萃與顇同詩曰。天方薦瘥。喪亂弘多。民言無嘉。憯莫懲嗟。此之謂也。荀子富國篇右譏節用

夫樂者樂也。人情之所必不免也。故人不能無樂。樂則必發於聲音。形於動靜。而人之道。聲音動靜。性術之變盡是矣。故人不能不樂。樂則不能無形。形而不爲道。則不能無亂。先王惡其亂也。故制雅頌之聲以道之。使其聲足以樂而不流。使其文足以辨而不諰。謝墉云禮記樂記作論而不息史記樂書作綸而不息此作諰乃諰之訛莊子人閒世篇氣息茀然向本作諰崔本亦同使其曲直繁省廉肉節奏。足以感動人之善心。謝云繁省史記同禮記作繁瘠使夫邪汙之氣。無由得接焉。是先王立樂之方也。而墨子非之。柰何。故樂在宗廟之中。君臣上下同聽之。則莫不和敬。閨門之內。父子兄弟同聽之。則莫

不和親。鄉里族長之中。長少同聽之。則莫不和順。故樂者。審一以定和者也。比物以飾節者也。合奏以成文者也。謝云禮記作節奏合以成文史記同足以率一道。足以治萬變。是先王立樂之術也。而墨子非之。柰何。故聽其雅頌之聲。而志意得廣焉。執其干戚。習其俯仰屈伸。而容貌得莊焉。行其綴兆。要其節奏。而行列得正焉。進退得齊焉。故樂者。出所以征誅也。入所以揖讓也。征誅揖讓。其義一也。出所以征誅。則莫不聽從。入所以揖讓。則莫不從服。故樂者天下之大齊也。中和之紀也。人情之所必不免也。是先王立樂之術也。而墨子非之。柰何且樂者。先王之所以飾喜也。軍旅鈇鉞者。先王之所以飾怒也。先王喜怒皆得其齊焉。謝云禮記齊作儕是故喜而天下和之。怒而暴亂畏之。先王之道。禮樂正其盛者也。而墨子非之。故曰。墨子之於道也。猶瞽之於白黑也。猶聾之於清濁也。猶之楚而北求之也。夫聲樂之入人也深。其化人也速。故先王謹爲之文。樂中平。則民和而不流。樂莊肅。則民齊而不亂。民和齊。則兵勁城固。敵國不敢嬰也。如是。則百姓莫不安其處。樂其鄉。以至足其上矣。然後名聲於是白。光輝於是大。四海之民。莫不願得以爲師。是王者之始也。樂姚冶以險。則民流僈鄙賤矣。流僈則亂。鄙賤則爭。亂爭則兵弱城犯。敵國危之。如是。則百姓不安其處。不樂其鄉。不足其上矣。故禮樂廢而邪音起者。危削侮辱之本也。故先王貴禮樂而賤邪音。其在序官也。曰修憲命。審誅賞。禁淫聲。以時順修。使夷俗邪音不敢亂雅。太師之事也。墨子曰。樂者。聖王之所非也。而儒者爲之。過也。君子以爲不然。樂者聖人之所樂也。而可以善民心。其感人深。其移風易俗。故先王導之以禮樂。而民和睦。夫民有好惡之情。而無喜怒之應則亂。先王惡其亂也。故修其行。正其樂。而天下順焉。故齊衰之服。哭泣之聲。使人之心悲。帶甲嬰軸。歌於行伍。使人之心傷。姚冶之容。鄭衛之音。使人之心淫。紳端章甫。舞韶歌武。使人之心莊。故君子耳不聽淫聲。目不視女色。口不出惡言。此三者。君子愼之。凡姦聲感人。而逆氣應之。逆氣成象。而亂生焉。正聲感人。而順氣應之。順氣成象。而治生焉。唱和有應。善惡相象。故君子愼其所去就也。君子以鐘鼓道志。以琴瑟樂心。動以干戚。飾以羽旄。從以磬管。(謝云元刻作簫管與禮記同)故其清明象天。其廣大象地。其俯仰周旋。有似於四時。(謝云元刻周旋作蹢還)故樂行而志清。禮修而行成。耳目聰明。血氣和平。移風易俗。天下皆寍。莫善於樂。(謝云宋本作美善相樂)故曰。樂者樂也。君子樂得其道。小人樂得其欲。以道制欲。則樂而不亂。以欲忘道。則惑而不樂。故樂者所以道樂也。金石絲竹。所以道德也。樂行而民鄉方矣。故樂者治人之盛者也。而墨子非之。且樂也者。和之不可變者也。禮也者。理之不可易者也。樂合同。禮別異。禮樂之統。管乎人心矣。窮本極變。樂之情也。著誠去僞。禮之經也。墨子非之。幾遇刑也。明王已沒。莫之正也。愚者學之。危其身也。君子明樂。乃其德也。亂世惡善。不此聽也。於乎哀哉。不得成也。弟子勉學。無所營也。（謝云勉元刻作免古通同 荀子樂論篇 右難非樂）

墨子稱景公問晏子以孔子而不對。又問。三皆不對。公曰。以孔子語寡人者衆矣。俱以爲賢人。今問子而不對。何也。晏子曰。嬰聞孔子之荆。知白公謀。而奉之以石乞。勸下亂上。教臣弑君。非聖賢之行也。（見非儒下篇）詰之曰。楚昭王之世。夫子應聘如荆。不用而反。周旋乎陳宋齊衞。楚昭王卒。惠王立。十年。令尹子西乃召王孫勝以爲白公。（宋咸注云史云二年此云十年）是時魯哀公十五年也。夫子自衞反魯。居五年矣。白公立一年。然後乃謀作亂。亂作在哀公十六年秋也。夫子已卒十旬矣。墨子雖欲謗毀聖人。虛造妄言。柰此年世不相値何。墨子曰。孔子至齊見景公。公悅之。封之於尼谿。晏子曰。不可。夫儒浩居而自順。（浩宋本作法明刻本作浩與非儒篇同今從之）立命而怠事。崇喪遂哀。盛用繁禮。其道不可以治國。其學不可以導家。（非儒篇作衆此疑誤）公曰。善。（見非儒下篇）詰之曰。即如此言。晏子爲非儒惡禮。不欲崇喪遂哀也。察傳記。晏子之所行。未有以異於儒焉。又景公問所以爲政。晏子答以禮云。景公曰。禮其可以治乎。晏子曰。禮於政與天地並。此則未有以惡於禮也。晏桓子卒。晏嬰斬衰枕草。苴絰帶杖。菅菲食粥。居於倚廬。遂哀三年。此又未有以異於儒也。若能以口非之而躬行之。晏子所弗爲。

墨子曰。孔子怒景公之不封己。乃樹鴟夷子皮於田常之門。見非儒下篇 詰之曰。夫樹人爲信己也。記曰。孔子適齊。惡陳常。而終不見。常病之。亦惡孔子。交相惡。而又任事。其然矣。記又曰。陳常弒其君。孔子齋戒沐浴而朝。請討之。觀其終不樹子皮審矣。

墨子曰。孔子爲魯司寇。舍公家而奉季孫。見非儒下篇 詰之曰。若以季孫爲相。司寇統焉。奉之自法也。若附意季孫。季孫既受女樂。則孔子去之。季孫欲殺囚。則孔子赦之。非苟順之謂也。

墨子曰。孔子厄於陳蔡之閒。子路烹豚。孔子不問肉之所由來而食之。剝人之衣以沽酒。孔子不問酒之所由來而飲之。見非儒下篇 詰之曰。所謂厄者。沽酒無處。藜羹不粒。乏食七日。若烹豚飲酒。則何言乎厄。斯不然矣。且子路爲人。勇於見義。縱有豚酒。不以義不取之可知也。又何問焉。

墨子曰。孔子諸弟子。子貢季路輔孔悝以亂衞。陽虎亂魯。佛肸以中牟叛。漆雕開形殘。見非儒下篇 詰之曰。如此言。衞之亂。子貢季路爲之耶。斯不待言而了矣。陽虎欲見孔子。孔子不見。何弟子之有。佛肸以中牟叛。召孔子。則有之矣。爲孔子弟子未之聞也。且漆雕開形殘。非行已之致。何傷於德哉。

墨子曰。孔子相魯。齊景公患之。謂晏子曰。鄰有聖人。國之憂也。今孔子相魯。爲之若何。晏子對曰。君其勿憂。彼魯君弱主也。孔子聖相也。不如陰重孔子。欲以相齊。則必強諫魯君。魯君不聽。將適齊。君勿受。則孔子困矣。（今本書無。畢沅云疑非儒上篇佚文）詰之曰。按如此辭。則景公晏子。畏孔子之聖也。上乃云。（乃宋本作而）非聖賢之行。上下相反。若晏子悖可也。否（宋本作不然）則不然矣。

墨子曰。孔子見景公。公曰。先生素不見晏子乎。對曰。晏子事三君而得順焉。是有三心。所以不見也。公告晏子。晏子曰。三君皆欲其國安。是以嬰得順也。聞君子獨立不慚於影。今孔子伐樹削迹。不自以爲辱。身窮陳蔡。不自以爲約。始吾望儒貴之。今則疑之。（畢云疑非儒上篇佚文）詰之曰。若是乎。孔子晏子。交相毁也。小人有之。君子則否。孔子曰。靈公汙。而晏子事之以潔。莊公怯。而晏子事之以勇。景公侈。而晏子事之以儉。晏子君子也。梁丘據問曰。晏子事三君而不同心。而俱順焉。仁人固多心乎。晏子曰。一心可以事百君。百心不可以事一君。故三君之心非一也。而嬰之心非三也。孔子聞之曰。小子記之。晏子以一心事三君。君子也。如此。則孔子譽晏子。非所謂毁而不見也。景公問晏子曰。若人之衆。則有孔子乎。對曰。孔子者。君子行有節者也。晏子又曰。盈成匡。（晏子春秋外篇作盆成适此疑誤）父之孝子。兄之弟弟也。其父尙爲孔子門人。（尙晏子春秋作嘗古通）門人且以爲貴。則其師亦不賤矣。是則晏子亦譽孔子可知也。夫德之不修。已之罪也。不幸而屈於人。已之命也。伐樹削迹。絕糧七日。何約乎哉。（明刻本作故據宋本正）若晏子以此而疑儒。則晏子亦不足賢矣。

墨子曰。景公祭路寢。聞哭聲。問梁丘據。對曰。魯孔子之徒也。其母死。服喪三年。（喪宋本作哀）哭泣甚哀。公曰。豈不可哉。晏子曰。古者聖人非不能也。而不爲者。知其無補於死者。而深害生事故也。（畢云疑非儒上篇佚文）詰之曰。墨子欲以親死不服。三日哭而已。於意安者。卒自行之。空用晏子爲引。而同乎已。適證其非耳。且晏子服父禮。則無緣非行禮者也。

曹明問子魚曰。觀子詰墨者之辭。事義相反。墨者妄矣。假使墨者復起。對之乎。答曰。苟得其理。雖百墨吾益明白焉。失其正。雖一人。猶不能當前也。墨子之所引者。矯晏子。晏子之善吾先君。先君之善晏子。其事庸盡乎。曹明曰。可得聞諸。子魚曰。昔齊景公問晏子曰。吾欲善治。可以伯諸侯乎。（伯明刻作霸今從宋本）對曰。官未具也。臣亟以聞。而君未肯然也。臣聞孔子聖人。然猶居處勌惰。廉隅不修。則原憲季羔侍。氣鬱而疾。（宋本作一食血氣不休今從明刻本與晏子春秋內篇問上合）志意不通。則仲由卜商侍。德不盛。行不勤則顏閔冉雍侍。今君之朝臣萬人。立車千乘。不善之政。加於下民者衆矣。未能以聞者。臣故曰。官未備也。此又晏子之善孔子者也。子曰。晏平仲善與人交。久而敬之。此又孔子之貴晏子者也。曹明曰。吾始謂墨子可疑。今則決妄不疑矣。孔叢子詰墨篇右難非儒

三年之喪。是強人所不及。而以僞輔情也。三月之服。是絕哀而迫切之性也。夫儒墨不原人情之終始。而務以行相反之制。淮南子齊俗訓高注云三月之服夏后氏之禮　右難節葬

聖賢之業。皆以薄葬省用爲務。然而世尚厚葬。有奢泰之失者。儒家論不明。墨家議之非故也。墨家之議右鬼。以爲人死輒爲神鬼而有知。能形而害人。故引杜伯之類以爲效驗。儒家不從。以爲死人無知。不能爲鬼。然而賻祭備物者。示不負死以觀生也。陸賈依儒家而說。故其立語不肯明處。劉子政舉薄葬之奏。務欲省用。不能極論。是以世俗內持狐疑之議。外聞杜伯之類。又見病且終者。墓中死人。來與相見。故遂信是。謂死如生。閔死獨葬。魂孤無副。丘墓閉藏。穀物乏匱。故作偶人。以侍尸柩。多藏食物。以歆精魂。積浸流至。或破家盡業。以充死棺。殺人以殉葬。以快生意。非知其內無益。而奢侈之心。外相慕也。以爲死人有知。與生人無以異。孔子非之。而亦無以定實。然而陸賈之論。兩無所處。劉子政奏。亦不能明儒家無知

之驗。墨家有知之故。事莫明於有效。論莫定於有證。空言虛語。雖得道心。人猶不信。是以世俗輕愚信禍福者。畏死不懼義。重死不顧生。竭財以事神。空家以送終。辯士文人有效驗。若墨家之以杜伯爲據。則死無知之實可明。薄葬省財之教可立也。今墨家非儒。儒家非墨。各有所持。故乖不合。業難齊同。故二家爭論。世無祭祀復生之人。故死生之義。未有所定實者。死人闇昧。與人殊途。其實荒忽。難得深知。有知無知之情不可定。爲鬼之實不可是。通人知士。雖博覽古今。窺涉百家。條入葉貫。不能審知。唯聖心賢意。方比物類。爲能實之。夫論不留精澄意。苟以外效立事。是非信聞見於外。不詮訂於內。是用耳目論。不以心意議也。夫以耳目論。則以虛象爲言。虛象效。則以實事爲非。是故是非者。不徒耳目。必開心意。墨議不以心而原物。苟信聞見。則雖效驗章明。猶爲失實。失實之議難以教。雖得愚民之欲。不合知者之心。喪物索用無益於世。此蓋墨術所以不傳也。 墨家之議。自違其術。其薄葬而又右鬼。右鬼引效。以杜伯爲驗。杜伯死人。如謂杜伯爲鬼。則夫死者審有知。如有知而薄葬之。是怒死人也。情欲厚而惡薄。以薄受死者之責。雖右鬼其何益哉。如以鬼非死人。則其信杜伯非也。如以鬼是死人。則其薄葬非也。術用乖錯。首尾相違。故以爲非。非與是不

明。皆不可行。王充論衡薄葬篇　右難明鬼節葬

儒家之宗孔子也。墨家之祖墨翟也。且案儒道傳而墨法廢者。儒之道義可爲。而墨之法議難從也。何以驗之。墨家薄葬右鬼。道乖相反。違其實宜以難從也。乖違如何。使鬼非死人之精也。右之未可知。今墨家謂鬼審人之精也。厚其精而薄其屍。此於其神厚。而於其體薄也。薄厚不相勝。華實不相副。則怒而降禍。雖有其鬼。終以死恨。人情欲厚惡薄。神心猶然。用墨子之法。事鬼求福。福罕至而禍常來也。以一况百。而墨家爲法。皆若此類也。廢而不傳。蓋有以也。論衡案書篇　右難明鬼

墨子貴兼。孔子貴公。皇子貴衷。田子貴均。列子貴虛。料子貴別。囿其學之相非也。數世矣而已。何焯校云而下疑脫不字　皆弇於私也。爾雅釋詁邢昺疏引尸子廣澤篇　呂氏春秋不二篇云老耽貴柔孔子貴仁墨翟貴廉關尹貴淸子列子貴虛陳駢貴齊陽生貴己孫臏貴勢王廖貴先兒良貴後　案呂覽云墨子貴廉廉疑卽兼之借字

孟子曰。楊氏爲我。是無君也。墨氏兼愛。是無父也。無父無君。是禽獸也。孟子滕文公上篇

孟子曰。墨子兼愛。摩頂放踵。利天下爲之。告子下篇

不侈於後世。不靡於萬物。不暉於數度。釋文云暉崔本作輝　以繩墨自矯。而備世之急。古之道術。有在於是者。墨翟禽滑釐。聞其風而說之。說成玄英本作悅　爲之大過。大成本作太　已之大順。釋文云順或作循按成本作循疏云循順也　作爲非樂。命之曰節用。生不歌。死無服。墨

子氾愛兼利而非鬭。其道不怒。又好學而博不異。不與先王同。毀古之禮樂。黃帝有咸池。堯有大章。舜有大韶。禹有大夏。湯有大濩。文王有辟雍之樂。武王周公作武。古之喪禮。貴賤有儀。上下有等。天子棺槨七重。諸侯五重。大夫三重。士再重。今墨子獨生不歌。死不服。桐棺三寸而無槨。以爲法式。以此教人。恐不愛人。以此自行。固不愛已。未敗墨子道。釋文云敗或作毀墨子是一家之正故不可以爲敗也崔云未壞其道 雖然歌而非歌。哭而非哭。樂而非樂。是果類乎。其生也勤。其死也薄。其道大觳。郭注云觳無潤也 使人憂。使人悲。其行難爲也。恐其不可以爲聖人之道。反天下之心。天下不堪。墨子雖獨能任。柰天下何。離於天下。其去王也遠矣。墨子稱道曰。昔者成本無者字 禹之湮洪水。決江河。而通四夷九州也。名山三百。支川三千。釋文云支川本或作支流 小者無數。禹親自操槖耜。而九雜天下之川。腓無胈。脛無毛。沐甚雨。櫛疾風。置萬國。禹大聖也。而形勞天下也如此。釋文槖作橐云槖舊古考反崔郭音託字則應作槖崔云囊也司馬云盛土器也九音鳩本亦作鳩聚也雜本或作粂音同崔云所治非一故曰雜也崔本甚作湛音淫詒讓案此當從槖爲是釋文本非成本亦作槖疏同司馬義又云舟檝往來九州雜易又解凡經九度言九雜也又本作鳩者言鳩雜川谷以導江河也案九雜猶言九帀也成引一解云經九度者是也諸說並未得其恉 使後世之墨者。多以裘褐爲衣。以跂蹻爲服。日夜不休。以自苦爲極。釋文云李云麻曰屩木曰屐屐與跂同屩與蹻同 曰。不能如此。非禹之道也。不足謂墨。相里勤之弟子。五侯之徒。南方之墨者。苦獲已齒鄧陵子之屬。俱誦墨經。而倍譎不同。相謂別墨。以堅白同異之辯相訾。以觭偶不仵之辭相應。以巨子爲聖人。釋文云巨子向崔本作鉅皆願爲之尸。冀得爲其後世。至今不決。墨翟禽滑釐之意則是。其行則非也。將使後世之墨者必自苦。以腓無胈。脛無毛。相進而已矣。亂之上也。治之下也。雖然。墨子眞天下之好也。將求之不得也。雖枯槁不舍也。才士也夫。莊子天下篇 駢於辯者。纍瓦結繩。竄句游心於堅白同異之閒。而敝跬譽無用之言非乎。而楊墨是已。莊子駢拇篇

不知壹天下。建國家之權稱。上功用。大儉約。而優差等。曾不足以容辨異。縣君臣。然而其持之有故。其言之成理。足以欺惑愚衆。是墨翟宋鈃也。荀子非十二子篇

今以一人兼聽天下。日有餘而治不足者。使人爲之也。大有天下。小有一國。必自爲之然後可。則勞苦耗顇莫甚焉。如是。則雖臧獲。不肯與天子易埶業。以是縣天下。一四海。何故必自爲之。爲之者。役夫之道也。墨子之說也。論德使能。而官施之者。聖王之道也。儒之所謹守也。荀子王霸篇

墨子有見於齊。無見於畸。楊注云畸謂不齊也墨子著書有上同兼愛是見齊而不見畸也 有齊而無畸。則政令不施。楊注云夫施政令所以治不齊者若上同則政令何施也 荀子天論篇

墨子蔽於用而不知文。楊注云欲使上下勤力股無胈脛無毛而不知貴賤等級之文飾也 宋子蔽於欲而不知得。愼子蔽於法而不知賢。申子蔽於埶而不知知。楊云下知音智 惠子蔽於辭而不知

實。莊子蔽於天而不知人。故由用謂之道盡利矣。楊云由從也若由於用則天下之道無復仁義皆盡於求利也由俗謂之道盡嗛矣。楊云俗當爲欲嗛與慊同快也由法謂之道盡數矣。由執謂之道盡便矣。由辭謂之道盡論矣。由天謂之道盡因矣。此數具者。皆道之一隅也。夫道者。體常而盡變。一隅不足以舉之。曲知之人。觀於道之一隅。而未之能識也。故以爲足而飾之。內以自亂。外以惑人。上以蔽下。下以蔽上。此蔽塞之禍也。荀子解蔽篇

世之顯學。儒墨也。儒之所至。孔丘也。墨之所至。墨翟也。自孔子之死也。有子張之儒。有子思之儒。有顏氏之儒。有孟氏之儒。有漆雕氏之儒。有仲良氏之儒。道藏本良作梁聖賢羣輔錄同今從宋本良梁字通有孫氏之儒。顧廣圻云卽荀卿按顧說是也羣輔錄作公孫氏疑不足據有樂正氏之儒。自墨子之死也。有相里氏之墨。有相夫氏之墨。有鄧陵氏之墨。故孔墨之後。儒分爲八。墨離爲三。取舍相反不同。而皆自謂眞孔墨。孔墨不可復生。將誰使定世之學乎。孔子墨子。俱道堯舜。而取舍不同。皆自謂眞堯舜。堯舜不復生。將誰使定儒墨之誠乎。殷周七百餘歲。虞夏二千餘歲。而不能定儒墨之眞。今乃欲審堯舜之道於三千歲之前。意者其不可必乎。無參驗而必之者。愚也。弗能必而據之者。誣也。故明據先王。必定堯舜者。非愚則誣也。愚誣之學。雜反之行。明主弗受也。墨者之葬也。冬日冬服。夏

日夏服。桐棺三寸。服喪三月。世主以爲儉而禮之。（主字舊本挩，今據盧文弨、顧廣圻校補）儒者破家而葬。服喪三年。大毀扶杖。世主以爲孝而禮之。夫是墨子之儉。將非孔子之侈也。是孔子之孝。將非墨子之戾也。今孝戾侈儉。俱在儒墨而上兼禮之。（韓非子顯學篇）

夫弦歌鼓舞以爲樂。盤旋揖讓以修禮。厚葬久喪以送死。孔子之所立也。而墨子非之。兼愛尚（宋本作上）賢。右鬼非命。墨子之所立也。而楊子非之。（淮南子氾論訓）

墨子學儒者之業。受孔子之術。以爲其禮煩擾而不悅（許注云：悅，易也。王念孫云：當爲侻）厚葬靡財而貧民。服傷生而害事。（王云：當云久服，此挩久字）故背周道而用夏政。禹之時。天下大水。禹身執虆臿。（今本譌垂，據宋本正）以爲民先。剔河而道九岐。鑿江而通九路。辟五湖而定東海。當此之時。燒不暇撌。濡不給扢。死陵者葬陵。死澤者葬澤。故節財薄葬閑（宋本作閒）服生焉。（淮南子要略）

蓋墨翟。宋之大夫。善守禦。爲節用。或曰並孔子時。或曰在其後。（史記孟子荀卿傳）

墨者儉而難遵。是以其事不可偏循。然其彊本節用。不可廢也。墨者亦尚堯舜。道言其德行。曰。堂高三尺。土階三等。茅茨不翦。采椽不刮。食土簋。（集解：徐廣曰，一作搯）啜土刑。糲粱之食。藜藿之羹。夏日葛衣。冬日鹿裘。其送死。桐棺三寸。舉音不盡其哀。教喪禮必以此爲萬民之率。使天下法若此。則尊卑無別也。夫世異時移。事業不必同。故曰儉而難遵。要曰彊本節用。則人給家足之道也。此墨子之所長。雖百家弗能廢也。史記自序司馬談論六家要指

儒譏墨。以上同兼愛上賢明鬼。而孔子畏大人。居是邦。不非其大夫。春秋譏專臣。不上同哉。孔子泛愛親仁。以博施濟衆爲聖。不兼愛哉。孔子賢賢。以四科進褒弟子。疾歿世而名不稱。不上賢哉。孔子祭如在。譏祭如不祭者。曰我祭則受福。不明鬼哉。儒墨同是堯舜。同非桀紂。同修身正心。以治天下國家。奚不相悅如是哉。余以爲辯生於末學。各務售其師之說。非二師之道本然也。孔子必用墨子。墨子必用孔子。不相用。不足爲孔墨。韓愈昌黎集讀墨子

右通論

墨家諸子鉤沈第六

劉歆七略。諸子十家。墨爲第六。漢志箸錄六家。自墨子書外。史佚遠在周初。爲墨學所從出。史佚書漢以後不傳近馬國翰輯本一卷僅錄左傳周書所載史佚語及遺事數條無由定其爲二篇之佚文今不錄 胡非隨巢二子。皆墨子弟子。田俅與秦惠王同時。似亦逮見墨子者。我子則六國時爲墨學者。我子書漢以後不傳古書亦絕無援引 時代或稍後與田俅書。惟阮孝緒七錄尚箸錄。唐初已亡。見隋志 隋經籍志唐經籍藝文志及梁庾仲容子鈔見林意及高似孫子略

馬總意林。僅錄胡非隨巢二家。餘並不存。而別增纏子一家。則卽漢志儒家董無心之書也。至宋崇文總目而盡亡。（惟纏子爲董子宋時尙存崇文目及宋史藝文志並入儒家）使非墨子本書具存。則九流幾絕其一。甚足悕也。田俅以下。四家之書。近世有馬國翰校輯本。（田俅隋巢書別有仁和勞格輯本不及馬本之詳）檢覈羣書。不無遺闕。今略爲校補。都爲一篇。孤文碎語。不足以攷其閎恉。然田俅盛陳符瑞。非墨氏徵實之學。與其自對楚王以文害用之論。亦復乖牾。或出依託。隨巢胡非。則多主於明鬼非鬭。與七十一篇之恉。若合符契。而隨巢之說兼愛曰。有疏而無絕。有後而無遺。則尤純篤無疵。是知愛無差等之論。蓋墨家傳述之末失。後人抵巇蹈瑕。遂爲射者之的。其本意固不如是也。捊而錄之。以見先秦墨家沿流之論。或亦網羅放失者所不廢乎。

墨家諸子箸錄

漢書藝文志諸子

尹佚二篇。（周臣在成康時也）　田俅子三篇。（先韓子）　我子一篇。（顏注引劉向云爲墨子之學）　隨巢子六篇。（墨翟弟子）

胡非子三篇。（墨翟弟子）墨子七十一篇。（名翟爲宋大夫在孔子後）右墨六家八十六篇。

墨家者流。蓋出於清廟之守。茅屋采椽。是以貴儉。養三老五更。是以兼愛。選士大射。是以上賢。宗祀嚴父。是以右鬼。（如淳曰右鬼謂信鬼神如杜伯射宣王是親鬼而右之師古曰右猶尊尙也詒讓按右鬼卽本書明鬼三篇順四時而行。是以非命。蘇林曰非有命者言儒者執有命而反勸人修德積善政教與行相反故譏之也如淳曰言無吉凶之命但有賢不肖善惡以孝視天下。是以上同。如淳曰言皆同可以治也師古曰墨子有節用兼愛上賢明鬼神非命上同等諸篇故志歷序其本意也此其所長也。及蔽者爲之。見儉之利。因以非禮。推兼愛之意。而不知別親疏。

阮孝緒七錄子錄

墨部四種。四帙一十九卷。廣弘明集三

按阮錄久佚。其細目弘明集未載。以隋志攷之。蓋墨子十五卷目一卷。隨巢子一卷。胡非子一卷。田俅子一卷。隋志云梁有卽據阮錄言之通爲四帙一十九卷。與部數正合。

隋書經籍志子

墨子十五卷目一卷。宋大夫墨翟撰隨巢子一卷。巢似墨翟弟子胡非子一卷。非似墨翟弟子梁有田俅子一卷亡

右三部合一十七卷。

墨者強本節用之術也。上術堯舜之道。夏禹之行。茅茨不翦。糲粱之食。桐棺三寸。貴儉兼愛。嚴父上德。以孝示天下。右鬼神而非命。漢書以爲本出淸廟之守。然則周官宗伯。掌建邦之天神地祇人鬼。肆師。掌立國祀。及兆中廟中之禁令。是其職也。愚者爲之則守於節儉。不達時變推心兼愛。而混於親疏也。

舊唐書經籍志丙部子錄

墨子十五卷。墨翟撰 胡非子一卷。 右墨家二部。凡一十六卷。

唐書藝文志丙部子錄

墨子十五卷。墨翟 隨巢子一卷。胡非子一卷。 右墨家類三家。三部。一十七卷。

馬總意林高似孫子略載梁庾仲容子鈔目同

胡非子一卷。 墨子十六卷。 纏子一卷。 隨巢子一卷。

案宋史藝文志墨家唯存墨子一種。餘均不著錄。崇文總目。以後諸家書錄。並同。並詳畢氏篇目攷 鄭樵通志藝文略。全錄漢隋唐諸志。徒存虛目。無關攷證。今並不錄。晁公武郡齋讀書志本列子楊朱篇張湛注及唐柳宗元說以晏子春秋入墨家與各史志並異亦不足據

隨巢子佚文

執無鬼者曰。越蘭問隨巢子曰。鬼神之智何如聖人。曰聖也。疑當作賢於聖也 越蘭曰。治亂由人。何謂鬼神邪。隨巢子曰。聖人生於天下。未有所資。鬼神為四時八節。以紀育人。乘雲雨潤澤。以繁長之。皆鬼神所能也。豈不謂賢於聖人。意林一

有疏而無絕。有後而無遺。大聖之行兼愛萬民。疏而不絕。賢者欣之。不

肖者則憐之。賢而不欣。是賤德也。不肖不憐。是忍人也。同上　太平御覽四百一引大聖之行五句民作物末二句作賢則欣之不肖則矜之

有陰而遠者。有憚明而功者。杜伯射宣王於畝田。是憚明而功者。荀子王霸篇楊注　案功疑並當爲切畝田卽圃田見本書明鬼篇

明君之德。察情爲上。察事次之。晉書石崇傳自理表

史皇產而能書北堂書鈔七

禹產於硯石。啓生於石。藝文類聚六　太平御覽五十一　書鈔一引啟生砥石　案淮南子脩務訓云禹生於石史皇產而能書疑並用隨巢子文史記六國表集解引皇甫謐云禹生石紐案石疑卽石紐也

禹娶塗山。治鴻水。通轘轅山。化爲熊。塗山氏見之。慚而去。至嵩高山下。化爲石。禹曰歸我子。石破北方而生啓。馬驌繹史十二

昔三苗大亂。龍生於廟。犬哭於市。御覽九百五　案此與本書非攻下篇文同

三苗將亡。天雨血。夏有冰。地坼及泉。青龍生於廟。日夜出。晝日不出。劉恕通鑑外史帝舜紀引隨巢子汲冢紀年疑兼用二書文

昔三苗大亂。天命殛之。夏后受於玄宮。類聚無殛之及后字受作屬御覽八百八十二無於玄宮三字海錄碎事引作天命夏禹於玄宮

有大神。人面獸身。降而福之。御覽八十二作輔八百八十二作富　按此與非攻下篇文略同　司祿益食而民不飢。

司金益富而國家實。御覽作寶　司命益年而民不夭。類聚碎事並無益食而民不飢司金八字御覽八十二無司祿益食二句　四

方歸之。禹乃克三苗。而神民不違。御覽無此句闢土以王。類聚十一引至神民不違御覽八十二又八百八十二引至四方歸之海錄碎事十節引五句

三苗大亂。天命殛之。夏后受之。無方之澤出神馬。四方歸之。稽瑞

夏桀德衰。岱淵沸。御覽七十

夷羊在牧。史記周本紀集解飛拾滿野。史記周本紀索隱天鬼不顧。來不賓滅。同上案史記周本紀武王曰維天不饗殷自發未生至於今六十年麋鹿在牧蜚鴻滿野天不享殷乃今有成維建殷其登名民三百有六十夫不顯亦不賓滅集解徐廣曰此事出周書及隨巢子索隱亦云亦見周書及隨巢子頗復脫錯是隨巢子蓋全爾彼文而多錯異今無可攷

姬氏之興。河出綠圖。書鈔一百五十八案此與本書非攻篇文略同

殷滅。周人受之。河出圜圖也。書鈔九十六

天賜武王黃鳥之旗。以伐殷。書鈔一百二十御覽三百四十案此與本書非攻篇文同

幽厲之時。天旱地坼。御覽八百七十九

幽厲之時。奚祿山壞。天賜玉玦於羿。遂以殘其身。以此爲福而禍。御覽八百五

召人以環。絕人以玦。書鈔一百二十八御覽六百九十二

胡非子佚文

胡非子脩墨以教。有屈將子好勇。聞墨者非鬭。帶劍危冠。往見胡非子。劫而問之曰。將聞先生非鬭。而將好勇。有說則可。無說則死。太平御覽四百九十六下云胡非子爲言

五勇屈將子悅服蓋約引意林引無此段御覽四百三十七引無首句作屈將子好勇見胡非刻而問曰聞先生非鬬士而好勇下二句同刻卽刦之譌御覽而下無將字馬本依繹史引補 胡非子曰。吾聞勇有五等。夫意林無此七字負長劍。赴榛薄。析御覽作折文選注同兕豹。搏熊羆。此御覽無此字下並同獵徒之勇也。負長劍。赴深泉。文選注引作淵此唐人避諱改 斬御覽作折文選注同 蛟龍。搏黿鼉。此漁人之勇也。登高陟危。御覽作登高危之上 鵠御覽作鶴 立四望。顏色不變。此陶缶之勇也。缶御覽作匠按說苑善說篇林既對齊景公云夫登高臨危而目不眴而足不陵者此工匠之勇悍也以彼校此則御覽是也 剽必刺。視必殺。御覽作若注視必殺 此五刑之勇也。昔齊桓公以魯爲南境。魯公憂之。三日不食。御覽作昔齊桓公伐魯無魯公二句 曹劌聞之。觸齊軍。見桓公曰。臣聞君辱臣死。君退師則可。不退。則臣請擊頸以血濺君矣。意林作曹沫請擊頸以血濺桓公無聞之以下二十四字御覽引有之而無請擊頸三字馬互參校補 桓意林無桓字 公懼。不知所措。御覽無此句 管仲乃勸。御覽作日許 與之盟而退。意林無而退二字 夫曹劌匹夫。徒步之士。布衣柔履之人也。柔疑當爲枲形近而譌 唯無怒。一怒而刦萬乘之師。存千乘之國。此謂君子之勇。勇之貴者也。太平御覽別引云夫曹劌疋夫一怒而卻齊侯之師此君子之勇意林引作夫曹沫匹夫之士布衣柔履之人一怒卻萬乘之師千乘之國此君子之勇也 晏嬰匹夫。一怒而沮崔子之亂。亦君子之勇也。五勇不同。公子將何處。屈將悅。稱善。乃解長劍。釋危冠。而請爲弟子焉。太平御覽四百三十七 意林一引無晏嬰以下四十五字 文選王子淵聖主得賢臣頌李注引負長劍赴榛薄折兕豹赴深淵斷蛟龍五句

善爲吏者樹其德。北堂書鈔七十七

目見百步之外。而不能見其眦。藝文類聚十七

一人曰。吾弓良。無所用矢。一人曰。吾矢善。無所用弓。羿聞之曰。非弓何

以往矢。非矢何以中的。令合弓矢。而教之射。御覽三百四十七

田俅子佚文

黃帝時。稽瑞有常字有草生於帝稽瑞無此字庭階。若佞臣入朝。則草稽瑞有屈而二字指之。名曰屈軼。稽瑞下有草字是以佞人不敢進也。文選王元長三月三日曲水詩序李注　稽瑞

少皞生於稚華之渚。渚一旦化爲山澤。鬱鬱葱葱焉。太平御覽八百七十二

少昊氏都於曲阜。鞮鞻毛人獻其羽裘。御覽六百九十

少昊之時。赤燕一雙。御覽作白鷰一銜羽而飛集少昊氏之戶。遺其丹書。藝文類聚九十九　御覽九百二十二

堯爲天子。蓂莢生於庭。爲帝成麻也。文選張平子東京賦注又張景陽七命注又王元長三月三日曲水詩序注又陸佐公新刻漏銘注

昔帝堯之爲天下平也。出庖廚。爲帝去惡。稽瑞萐蒲注引平也二字有誤

堯時有獬廌。緝其毛爲帝帳。白孔六帖九十八　御覽八百九十引有作獲毛作尾爲上有以字　稽瑞獬豸注引云堯時獲之緝其皮以爲帳

渠搜之人服夏禹德。獻其珍裘。毛出五彩。光曜五色。御覽六百九十四

商湯爲天子。都于亳。有神手牽白狼。口銜金鉤。而入湯庭。類聚九十九

殷湯爲天子。白狐九尾。稽瑞

周武王時。倉庭國獻文章騶。稽瑞文犀駮雞注引章騶疑當作犀駮末又捝雞字

纏子佚文

纏子脩墨氏之業以教於世。儒有董無心者。其言修而謬。其行篤而庸。

言謬則難通。行庸則無主。欲事纏子。纏子曰。文言華世。不中利民。傾危繳繞之辭者。並不爲墨子所修。勸善兼愛。則墨子重之。意林一

纏子曰。墨家佑鬼神。秦穆有明德。上帝賜之九十年。論衡福虛篇　案秦穆公事見本書明鬼篇。秦今本譌鄭。當據此校正。九十當作十九。本書不譌。

桀爲天下。酒濁而殺廚人。紂王天下。熊蹯不熟而殺庖人。太平御覽九百八

董子曰。子信鬼神。何異以踵解結。終無益也。纏子不能應。意林

董無心曰。無心鄙人也。罕得事君子。不識世情。文選陶淵明雜詩李注　又陸士衡文賦注又陶淵明辛丑歲七月赴假還江陵夜行塗口詩注引。並無無心鄙人也句

董無心曰。離婁之目。察秋毫之末於百步之外。可謂明矣。文選班孟堅荅賓戲注　按以上三條並董子難語。今附於後

馬國翰云。纏子一卷。不詳何人。漢隋唐志皆不著此書之目。書亦佚。馬總意林始載纏子一卷。引其書二節。中言與儒者董無心論難。案漢志儒家董子一篇。名無心。難墨子。王充論衡亦載董無心難纏子天賜秦穆公以年之說。文選注引纏子。亦載董無心言。蓋本董子之書取爲纏子。如孔穿與公孫龍論臧三耳。孔叢子公孫龍兩書並載之類。纏子輯本序

案漢書藝文志儒家。董子一篇。名無心。難墨子。隋唐舊經籍新藝文志宋諸史志並

一卷。並入儒家晁公武讀書志云。吳祕注玉海引中興館閣書目云。董子一卷。與學墨者纏子辯上同兼愛上賢明鬼之非。纏子屈焉。是纏子與董子塙爲一帙。主墨言之。則題纏子。鄭樵通志藝文略以董子箸錄而入墨家則非主儒言之。則題董子。無二書也。館閣書目。謂纏子出於董子。與意林纏子不能應之言合。則是書自是先秦儒家遺籍。入墨家爲非其實。其書明時尚有傳本。見陳第世善堂書目今則不復可得。佚文僅存六事。不足徵其論難之指也。

漢志墨子書列在爲墨學者我子及隨巢子胡非子之後。其敍錄稱墨家出於淸廟之守。茅屋采椽。是以貴儉。養三老五更。是以兼愛。宗祀嚴父。是以右鬼。以孝視天下。是以上同。及蔽者爲之。見儉之利。因以非禮。推兼愛之意。而不知別親疏。其文蓋出別錄。然則詳劉向之意。七十一篇之書。多弟子所論篹。孟荀孔鮒。諸所據以排斥墨氏者。抑亦有蔽者增坿之言。其本師之說。不盡如是也。墨子生當春秋之後。戰國之初。憒文勝之極敝。欲一切反之質家。乃遂以儒爲詬病。其立論不能無偏宕失中。故傳其說者。益倍譎不可訓。然其哀世變而恤民殷之心。宜可諒也。南皮張尙書嘗語紹箕曰。荀卿有言。矯枉者必過其直。諸子志在救世。淺深純駁不同。其矯枉而過直一也。自非聖人。誰能無過。要在學者心知其意斯可矣。自太史公敍六家。劉向條九流。各以學術名其家。獨墨家乃繫以姓。豈非以其博學多方。周於世用。儒家之匹亞。異夫一曲不該。姝姝自悅者與。今觀其書。務崇儉約。又多名家及兵技巧家言。備城門以下二十口篇今七九篇漢志兵技巧家注云省墨子不言篇數省者別錄有而志省也西漢諸子多別行本篇數多寡不一觀管子晏子孫卿書錄可見任宏因楊僕兵錄之舊專輯兵書與劉向所定箸未必一本漢志兵家都數注云省十家二百七十一篇以兵權謀家省九家二百五十九篇計之則技巧家之墨子僅十二篇疑字有捝誤　明鬼非命。往復以申福善禍暴之義。與佛氏果報之說同。經上以下四篇。兼及幾何算學。光學重學則又今泰西之所以利民用而致富強者也。然西人覃思蓺事期於便已適用爲閎侈。以自娛樂而已。墨子備世之急。而勞苦其身。又善守禦而非攻。而西人逐逐焉。惟兼并之是務。其宗旨蓋絕異。今西書。官私譯潤。稡覽日衆。況於中國二千年絕學。強本節用。百家不能廢之書。知言君子。其惡可過而廢之乎。往讀鎮洋畢氏注本。中證頗多。而疑滯尚未盡釋。蓋墨書多引古書古事。或出孔子删修之外。其難通一也。奇字之古文。旁行之異讀。譌亂迻竄。自漢以來。殆已不免。加以誦習者稀。楮槧俗書。重貤𢡺謬。無從理董。其難通二也。文體緐變。有專家習用之詞。有雅訓簡質之語。有名家奧衍之指。有兵法蓺術隱曲之文。其難通三也。江都汪氏中。武進張氏惠言。皆嘗爲此學。勒有成書。而傳本未覯。世文孫仲頌先生。旁羅異本。博引古書。集畢氏及近代諸儒之說。從善匡違。增補扇略。取許叔重淮南閒詁之目。以署其書。太史公曰。書缺有閒。其軼乃時時見於他說。鄭康成尚書大傳敍曰。音聲猶有譌誤。先後猶有差舛。重以篆隸之殊。不能無失。數子各論所聞。以己意彌縫其閒。刬作章句。所謂閒者。卽指音聲之譌誤。先後之差舛。篆隸之殊失而言。彌縫其閒。猶云彌縫其闕也。先生此書。援聲類以訂誤讀。宷文例以迻錯簡。推篆籀隸楷之遷變。以刊正譌文。發故書雅記之晻昧。以疏證軼事。其所變易。灼然如晦之見明。其所彌縫。奄然若合符復析。許注淮南全袠。不可得見。以視高誘張湛諸家之書。非但不愧之而已。紹箕幸與校字之役。旣卒業竊喜自此以後。孤學舊文。盡人通曉。亦淵如先生所云。不覺僭而識其末也。

黃紹箕謹跋。

晏子春秋校注

張純一著

晏子春秋校注敍

周季百家之書。有自箸者。有非自箸者。晏子書非晏子自作也。蓋晏子歿後、傳其學者、采綴晏子之言行而爲之也。計孔子之儔九。見諫上二十章諫下五章廿一章問上三十章問下廿九章雜上十六章廿一章三十章外上廿七章 其最恉曰、雖事惰君、能使垂衣裳朝諸侯、曰不出尊俎之間、折衝千里之外。曰救民之生而不夸。行補三君而不有。晏子果君子也。吾今乃知晏子時、知晏子者孔子一人而已。墨子之儔二。見問上五章雜上五章 其最恉曰、爲人者重。自爲者輕。吾今乃知晏子後、知晏子者墨子一人而已。綜核晏子之行。合儒者十三四。合墨者十六七。如曰先民而後身。薄身而厚民。是其儉也。勤也。兼愛也。固晏子之主恉也。夫儒非不尙儉。未若墨以儉爲極。儒非不尙勤。未若墨勤生之亟。儒非不兼愛。未若墨兼愛之力。此儒墨之辯也。然儒家囊括萬理。允執厥中。與墨異趣也。晏子儒而墨。如止莊公伐晉、止景公伐魯伐宋、是謂非攻。曰男不羣樂以妨事、女不羣樂以妨功、是謂非樂。曰不遁於哀。恐其崇死以害生、是謂節葬。曰粒食之民。一意同欲。是謂尙同。曰稱事之大小、權利之輕重、是謂大取。曰舉賢以臨國、官能以敕民、是謂尙賢。曰獨立不慚於影、獨寢不慚於魂、行之難者在內、是謂修身。皆其墨行之彰彰者。又必墾闢田疇、而足蠶桑豢牧。使老弱有養、鰥寡有室。其爲人也多矣。其取財也權有無。均貧富。不以養嗜欲。所謂事必因於民者矣。政尚相利。教尚相愛。罔非兼以正別。况乎博聞强記。捷給善辯。前有尹佚。後有墨翟。其揆一也。劉略班志。列之儒家。柳子厚以爲不詳。謂宜列之墨家。郡齋讀書志文獻通考承之。是已。法言云、墨晏儉而廢禮。張湛云、晏嬰墨者也。均可證。晏子生爲貴胄。而務刻上饒下、重民爲治。進賢退不肖、不染世祿之習。故能以其君顯。純臣也。其學蓋原於墨儒、兼通名法農道。尼父兄事之。史遷願爲之執鞭。有以夫。吾服膺晏子書久矣。竊歎其忘己濟物。不矜不伐。駸駸有大禹之風。覃思積年、錄爲校注八卷、俾有志斯學者研尋云爾。中華民國十有九年歲在庚午六月漢陽張純一敍

墨晏尚儉。儉在心不在物。所以不感於外也。尚勤。常行而不休。所謂道。在。爲人也。本儉。無爲。而勤。無不爲。是之謂能盡其性。以盡人物之性。呂氏春秋知度篇云、治道之要存乎知性命。旨哉言乎。墨晏有焉。純一又記

晏子春秋校注凡例

晏子春秋。孫氏淵如、有明沈啓南本、吳懷保本、黃之寀本。盧氏抱經、有吳勉學本、李從先本。黃氏元同、有凌澄初本、並梁處素孫頤谷二校本。孫盧二氏、後見元刻本、均加勘補。孫以元刻贈吳氏山尊。山尊屬顧氏澗薲校而刻之。每卷首皆有總目、又各標題於其章、悉復劉子政之舊、誠善本也。然元刻間有譌脫、不及孫校本者。今湖北局刻即元本、浙江局刻即孫本、二本並稱最善。是篇以元本爲主、輔以孫本。參考孫盧黃藏諸本、並江南圖書館藏明活字本、料簡短長。凡一字可疑者、必反復審校、諮求其安而後已。

考訂書。如孫淵如音義、盧抱經羣書拾補、王懷祖伯申讀書雜志、洪筠軒讀書叢錄、俞蔭甫諸子平議、黃元同校勘、孫仲容札迻、劉申叔補釋、蘇輿校、皆有功於晏子者。是篇盡量采集。惟原文過繁、或二家重見者、則斟酌節省。至諸書詮證、於晏子怡趣間有未徹、或不切要者、概不輯錄。然有諮涉兩可、未能質定、且此非彼是、理須互證而明者、仍並掇之、以資宣究。

諸家校讐。所引孟子荀子、呂覽淮南、羣書治要、及太平御覽諸書、並文選後漢書等注。是篇校及、莫不搜檢原書詳加尋討。確足以正譌補脫者、則據以補正。義可並存及反證者、均錄入注、用備研覈。否則從略、庶免冗繁。至諸家引書、不無簡略差異。今以不敢掠美、及取文便故、字句間時有增訂。冀便閱者復案、用竟先民之志耳。

晏子書箸自二千四百年前、今讀其書、有要綱二。(一)如義爲儀本字、敓爲對叚字、而通作能也讀爲邪之類。非詳究爾雅說文等書、及古書聲類通轉之法。則古字古義不能明辨也。(二)如齊歸田氏事、見左傳。桓公管仲事、見管子。乃至墨子列子、往往文同義合。說苑新序、引用尤夥。非窮探周秦兩漢書、無以供參稽也。

晏子向無注本。今以其文章可觀、義理可法、允宜推行於世。除甄錄舊注外、間附己意。自惟學識譾陋、閫奧罕窺。雖寒暑兩更、稿經五易。恐誤解漏義、所在多有。幸世碩儒、匡其不逮。

余友黃君虛齋與余論學、攻錯窮眞、相視莫逆。審覽是篇一過、斧藻文字、補綴勝義、有稽商之益。既質之陳君匪石、亦加諟正。此詩所以重嚶求也。

晏子春秋總目

右晏子凡內外八篇總二百十五章

護左都水使者光祿大夫臣向言孫星衍云漢書楚元王傳向字子政成帝卽位召拜爲中郎使領護三輔都水遷光祿大夫蘇林注三輔多溉灌渠悉主之故言都水百官公卿表大夫掌論議有中大夫太初元年更名光祿大夫秩比二千石所校中書孫云漢書楚元王傳詔向領校中五經祕書顏師古注言中者以別于外唐六典劉向揚雄典校皆在禁中謂之中書猶今言內庫書也晏子十一篇臣向謹與長社尉臣參校讎孫云列子別錄亦有參名爾雅釋詁讎匹也匹合也俞樾云管子有臣富參四十一篇此參疑卽富參太史書五篇孫云史記集解引如淳曰漢儀注天下計書先上太史副上丞相序事如古春秋臣向書一篇參書十二篇凡中外書三十篇爲八百三十八章除復重二十二篇六百三

十八章孫云復讀複定著八篇二百一十五章孫云著从竹隸書竹通艸藝文志儒家晏子八篇蓋內篇六諫上諫下問上問下雜上雜下外篇二俗本始刪並爲一也外書無有三十六章中書無有七十一章中外皆有以相定中書以夭爲芳又爲備先爲牛章爲長孫云天芳先牛形相近又備章長聲相近又讀異或云當爲乂章疑即問下其竟久乎竟字也當爲長久如此類者多謹頗略椾孫云列子別錄作棧殷敬順音剪謂蟲斷滅也略（七略）作刻又一作椾皆同翦字星衍謂殷說非也椾即箋異文說文箋表識書也玉篇箋子田切古文牋字皆已定以殺青書可繕寫孫云殷敬順列子音義殺青謂汗簡刮去青皮也晏子名嬰謚平仲萊人萊者今東萊地也孫云史記集解引劉向別錄正有此語明人或題爲晏子序或題表者妄也晏子博聞彊記通于古今事齊靈公莊公景公以節儉力行盡忠極諫道齊國君得以正行百姓得以附親不用則退耕于野用則必不詘義不可脅以邪白刃雖交胷孫云胷當爲肖若匈隸加凡此皆唐宋人寫書之譌終不受崔杼之劫諫齊君懸而至孫云懸當爲縣俗加心漢書高紀縣隔千里縣而至言遠而切至順而刻及使諸侯莫能詘其辭其博通如此蓋次管仲內能親親外能厚賢居相國之位受萬鍾之祿故親戚待其祿而衣食五百餘家處士待而舉火者亦甚衆晏子衣苴布之衣孫云詩傳苴麻子也高誘注呂氏春秋苴草蒯也苴音同鮓麋鹿之裘駕敝車疲馬盡以祿給親戚朋友齊人以此重之晏子蓋短孫云晏子長不滿六尺故云短明本注云疑缺非也盧文弨云疑有缺文李從先本無此四字其書六篇皆忠諫其君文章可觀義理可法皆合六經之義又有復重文辭頗異不敢遺失復列以爲一篇孫云謂外篇第七也俗本或以此附內篇變亂向篇第明人之妄如是又有頗不合經術似非晏子言疑後世辯士所爲者故亦不敢失復以爲一篇孫云謂外篇第八也俗本以爲第七

凡八篇孫云史記正義引七略云晏子春秋七篇在儒家者是時即以外篇第七八合爲一耳隋唐志七卷即以篇爲卷也玉海引崇文總目十二卷或以爲後人采嬰行事爲書故卷頗多于前志文獻通考亦十二卷蓋宋時分析其篇上下各爲卷二或四字之誤即七略之七篇也若因卷頗多于前志疑後人采嬰行書爲書則宋人不精核此書之故矣晁公武從柳宗元之言改入墨家亦其妄也 其六篇可常置旁御觀孫云蔡邕獨斷御者進也詩箋御侍也 謹弟錄孫云說文弟韋束之次弟也 臣向昧死上孫云獨斷漢承秦法上書皆言昧死殷敬順列子音義上時掌反此唐人之音以別于上下實不足律古人也荀子別錄作上言明吳懷保本改此文如八篇作四篇上改上聞及增斯書也之類大謬不足毆之

晏子春秋校注目錄

內篇諫上第一 凡二十五章

内篇諫下第二 凡二十五章

內篇雜上第五 凡三十章

舊目分列八篇之前今合錄之以便檢閱

晏子春秋校注題辭

巍巍晏子三代之英抗晞神禹勤儉弗矜追蹤尹佚博辯靡爭行難在內
治要性存僅以君顯匪願所乘恥躬不逮弗以學鳴纂茲經術功莫與京
名曰春秋迴軼虞卿
先後知者唯孔與墨孔譽以敬兄事毋忒墨契以愛亟偁兼德救民不夸
補君是力自爲者輕爲人者急齊未殫用時未罔擇厥爲天民政教垂則
等之諸子于焉太息
秦漢以還學張空幟陵夷洎今萬象狡肆物蔽智旨刳心逞喙覗言大同
種姓迫殲侈求舍羣生靈顛頓敬罔克躋愛無所寄我思孔墨覬得其次
茫茫六合德音誰嗣
漢陽張子古處夙敦閔亂孔憮垂老彌懃會通儒墨汲汲求仁庶幾晏子
洞見本原舊注輯校奧義尃宣秕糠迅埽精一允傳斯學不弘斯士難安
睠懷名世繹此卮言
民國第一乙亥季夏既望蘄春陳敦復敬撰

晏子春秋校注卷一

漢陽張純一仲如

內篇諫上第一 凡二十五章

莊公矜勇力不顧行義晏子諫第一

莊公奮乎勇力、荀子子道篇、奮於言者華、奮於行者伐。楊倞注、奮、振矜也。列子說符篇、色盛者驕、力盛者奮。張湛注、色力是常人所矜也。案標題作矜勇力。矜、夸也。自伐也。是奮字摛詁。不顧于行義。盧文弨羣書拾補曰、於與于舊多參錯、新本一例作于矣。勇力之士、無忌于國。孫星衍音義曰、行義一本作仁義。勇力之士、太平御覽作倚勇力之士。下文同。盧云、御覽四百三十六、義字作倚、屬下句。下文亦同。黃以周校勘曰、行義一本作仁義、非。元刻標題亦作行義。盧後校本云、不顧于行義作一句是。盧氏不從御覽、當已。蘇輿云、黃說是也。下文推修、大戲、費仲、惡來。皆古勇力無忌、爲亂于國者。引此以警莊公、是無忌于國、本屬勇力之士說。御覽義作倚者、蓋涉下文崇倚勇力而誤。純一案飽崇城刻仿宋御覽文同此、惟勇力之士上衍倚字。不顧于行義、屬莊公言。下文故勇力之立也、以行其禮義也。又古之爲勇力者、行禮義也。皆所以對治之。無忌于國、屬勇力之士言。下文任之以力、淩轢天下、威戮無罪、行本淫暴、皆勇士無忌之例證。貴戚不薦善、同姓之戚、不進善言。逼邇不引過。蘇云、逼邇、近臣也。問上篇求君逼邇而陰爲之與、義同。純一案逼邇、異姓之戚。引過如禮坊記云、過則稱己是。故晏子見公。公曰、古者亦有徒以勇力立于世者乎。莊公之意、固知古無徒以勇力立于世者。晏子對曰、嬰聞之、輕死以行禮謂之勇。晏子針對莊公之問、言唯遵禮而行、舍命不渝者、是君子之勇、勇之貴者也。誅暴不避彊謂之力。㬥舊作暴、孫云、暴當爲㬥、隸省。蘇云、舊刻作暴非、說文一作暴、訓晞。一作㬥、疾有所趣也。顏之推家訓、分之甚晰。此訓惡、下當從夲。純一案家訓見書證篇。說文日部、暴。夲部、㬥。段玉裁注尤詳。誅暴不避彊謂之力、言能不畏彊禦、爲天下除非禮之暴戾、斯誠大有力者。故勇力之立也、以行其禮義也。御覽引作以行理義也。墨子經上曰、勇、志之所以敢也。蓋勇者貴義於其身。如文王武王、皆一怒而安天下之民。曹劌亦一怒而劫萬乘之師、存千乘之國[illegible]。（太平御覽四百三十七引胡非子）孔子曰、見義不爲、無勇也。湯武用兵而不爲逆、易革卦象傳曰、湯武革命、順乎天而應乎人。黃初云。莊子大宗師篇曰、聖人之用兵也、亡國而不失人心。是此塙詁。並國而不爲貪、弔民伐罪故。黃初云孟子滕文公下、武王滅國者五十、天下大悅。是其義。仁義之理也。孫云、韓非解老篇、理者成物之文也。誅暴不避彊、替罪不避衆、孫云、爾雅釋言、替、廢也。純一案桀紂人民之衆兆億、（墨子明鬼）而湯武必誅之。勇力之行也。古之爲勇力者、行禮義也。如軒轅因諸侯相侵伐、暴虐百姓、乃修德振兵、撫萬民、度四方是。（史記黃帝本紀）今上無仁義之理、奮乎勇力、不顧于行義。下無替罪誅暴之行、勇力之士無忌于國而徒以勇力立于世、則諸侯行之以國危、如墨子非攻中篇云、吳夫差北攻齊、東伐越、九夷賓服。於是自恃其力、伐其功、而與有離罷之心、句踐圍王宮而國亡。晉智伯攻中行氏而有之、又攻茲范氏而大敗之、又圍趙襄子於晉陽。及若此、韓魏相謀、幷智伯大敗之、而亡。皆舍禮義、徒逞勇力故爾。匹夫行之以家殘。本書諫下二十四章、公孫接、田開疆、古冶子、以勇力搏虎聞。無長幼之禮。晏子請景公餽二桃、使自殺之。昔夏之衰也、有推侈孫云、墨子明鬼篇作推哆。韓非說疑篇云、桀有侯侈。古今人表作稚移。黃云、音義作推移。純一案墨子所染篇、抱朴子良規篇、均作推哆。賈子新書連語篇作推侈、同此。淮南主術訓作推移。劉師培晏子春秋補釋云、呂覽佚文作惟多。（路史注引）侈賈子新書連語篇作雖侈、亦作隰侯。漢書古今人表作推侈、與此同。蓋推惟雖三字、字形相似。侈哆移多四字、亦字形相似、故多通用。惟據抱朴子崇敎篇、以推侈與崇侯虎並稱爲崇推、則侈字當從新書或本作侯。推蓋國名、新書或本作隰、亦係訛文。自侯訛爲侈。而其義不可考矣。大戲。孫云、墨子明鬼篇、桀有勇力之人、推哆大戲、生裂兕虎、指畫殺人。又云、湯呼禽推哆大戲。呂氏春秋簡選篇、湯以戊子戰於郕、遂禽推移大犧。殷之衰也、有費仲孫云、費仲、名仲潏、蜚廉父。說紂誅西伯昌、見韓非子外儲說左。純一案墨子明鬼篇作費中、中仲同。惡來。墨子所染篇、明鬼篇、並有惡來。呂氏春秋當染篇高誘注、惡來、嬴姓。飛廉之子、紂之諛臣。足走千里、手裂兕虎、任之以力、淩轢天下、御覽引脫下字。唐韻正三十五馬下引此與虎爲韻。蘇云、淩轢、謂蹈踐之也。史記灌夫傳、淩轢宗室。威戮無罪、盧云、御覽無此句。純一案御覽有威字、脫戮無罪三字。崇尚勇力、孫云、太平御覽作專行威力。盧校同。純一案館刻御覽作專行勇力。不顧義理。黃云、淩瀣初本作理義。是以桀紂以滅、殷夏以衰。孫云、戲來里力罪理滅衰爲韻。虎下爲韻。周秦之語多相協、以輕重開合緩急讀之。王念孫讀書雜志曰、案戲字古韻在歌部、來字在之部、里理在止部、力在職部、罪在旨部。滅在月部。衰在脂部、此十三句唯虎下爲韻。理字或可爲合韻、其餘皆非韻也。猬知於古韻未能洞徹、但知古人之合、而不知古人之分、故往往以非韻者爲韻。又見高注呂覽淮南、有急氣緩氣閉口籠口諸法、遂依放而爲之、不自知其似之而非也。故音義中、凡言某某爲韻、某某聲相近、及急讀緩讀者、大半皆謬於古音。若一一辯正、徒費筆墨、故但發凡於此、以例其餘。明於三代兩漢之音者、自能辨之也。今公自奮乎勇力、不顧乎行義、勇力之士、無忌于國、身立威彊、行本淫暴。孫云、本御覽作施、古坏字似本。貴戚不薦善、逼邇不引過、反聖王之德、聖王勇於行義、求善若渴不待薦、知過即改無勞引、今適相反。而循滅君之行。孫云、循御覽作修。蘇云、循、猶依也、與反字對文。下篇循靈王之迹、文與此同。御覽作修非、古循脩字多相亂。純一案滅君指桀紂。用此存者、嬰未聞有也。孫云、未聞、御覽作未嘗聞。純一案此章即墨家非攻之指。

景公飲酒酣願諸大夫無爲禮晏子諫第二

景公飲酒酣、曰、今日願與諸大夫爲樂飲、請無爲禮。黄初云、不願受禮文束縛。晏子蹴然改容孫云、莊子大宗師、仲尼蹴然。陸德明音義蹴、子六反。蘇云、變色貌。曰、君之言過矣。過猶失也。羣臣固欲君之無禮也。無禮則可恣其所欲。蓋禮者、所以嚴等衰靖暴亂也。故儒家以禮爲經世之綱維。力多足以勝其長、孫云、讀令長之長。勇多足以弒其君、舊脱其字、今據上句增、文同一例。而禮不使也。不使、猶不許也。劉云、使字當作便。禮不便一語、與上固欲君無禮相應。便使二字、因形相近而訛。禽獸以力爲政、以從元刻。孫本譌矣。彊者犯弱、孫云、彊本多作強、通。下文或作強、皆寫者亂之。蘇云、強俗字、今一例从彊。故日易主。孫云、日、本多作曰、非。盧云、國策寧爲雞口、一云當爲雞尸、尸即主也。禽獸以強者爲主、更有強者、則易主矣。雞尤人之所常見者也。今君去禮、則是禽獸也。黄初云、列子說符篇、人而無義、唯食而已、是雞狗也。彊食靡角、勝者爲制、是禽獸也。爲雞狗禽獸矣、而欲人之尊己、不可得也。人不尊己、則危辱及之矣。純一案義古儀字。羣臣以力爲政、彊者犯弱、而日易主、君將安立矣。君將何所立足。凡人之所以貴于禽獸者、以有禮也。故詩曰、人而無禮、胡不遄死。孫云、國風相鼠之詩。純一案傳遄、速也。禮、不可無也。黄初云、孟子盡心篇曰、無禮義則上下亂。公湎而不聽。孫云、湎、說文沈于酒也。周書曰、罔敢湎于酒。玉篇亡兖切。俞樾諸子平議曰、此但言公之不聽耳、非必言其沈湎也。湎疑偭字之誤、離騷偭規矩而改錯、王逸注曰、偭背也。公聞晏子之言而不樂、故背之而不聽耳。偭湎同聲、又因本篇言飲酒事、遂誤爲湎矣。少間、公出、晏子不起。公入、不起。交舉則先飲。公怒色變、抑手疾視孫云、說文𢪔、按也、俗作抑。曰、曏者夫子之教寡人、無禮之不可也。曏舊作嚮、孫云、嚮當爲曏、說文不久也。玉篇許兩切。向乃日之譌在下耳。純一案嚮同向、與此義不合、今從孫校改。寡人出入不起、交舉則先飲、禮也。責晏子無君臣之禮。俞云、按也當作邪、乃詰問之詞、古也邪字通用。故陸德明經典釋文曰、邪也弗殊。顏氏家訓音辭篇曰、邪者未定之詞、北人即呼爲也、並其證矣。荀子正名篇、其求物也、養生也、粥壽也、楊倞注曰、也皆當爲邪、問之詞、正與此同。晏子避席、再拜稽首而請曰、嬰敢與君言而忘之乎。拜、說文手部云、首至手也。揚雄說拜从兩手下。詩詁稽首、謂下首至地、稽留乃起。臣以致無禮之實也。君若欲無禮、此是已。此指公出入不起、交舉則先飲言。公曰若是、孤之罪也。晏子致無禮之實以悟公、公知咎由自取。夫子就席、寡人聞命矣。觴三行、遂罷酒。孫云、春秋左傳臣侍君宴、過三爵非禮也。蓋是後也、飭法修禮法無禮則失本。禮無法則易弛。以治國政、而百姓肅也。孫云、禮一本作理非。純一案此與外上一章爲一事。

景公飲酒酲三日而後發晏子諫第三

景公飲酒、酲、孫云、詩傳病酒曰酲、玉篇作醉未覺。純一案小雅節南山、憂心如酲。三日而後發。蘇云、發、發起也。言醉寢三日而後起也。下文今一日飲酒而三日寢之、是其證。純一案蘇說亦通。發讀爲廢、墨子非命中篇發而爲刑政、上篇作廢以爲刑政。陳第毛詩古音考云、發音廢、廢亦可音發。漢郊祀歌、食秀垂穎、續舊不廢。顏師古曰、廢音發、蓋發廢古通音也。廢止也。三日而後廢、謂病酒三日而後止也。晏子見曰、君病酒乎、公曰然。晏子曰、古之飲酒也、足以通氣合好而已矣。通氣、謂助血脈之流行。合好、謂樂賓朋之歡聚。詩小雅賓之初筵、飲酒孔嘉、維其令儀。故男不羣樂以妨事、女不羣樂以妨功。蘇云、事謂本業。功、女工也。古工功通用。男女羣樂者、周觴五獻、孫詒讓札迻曰、周當爲酬之叚字。儀禮鄉飲酒注云、酬之言周。五疑當爲三。前章云、觴三行、遂罷酒。外上一章亦云、用三獻、是不得過三獻也。宣二年左傳云、過三爵、非禮也。過之者誅。孫云、鄭氏注周禮、誅責讓也。緇一案周禮太宰八日誅以敺其過。君身服之、蘇云、服、行也。言上必身自行之、以率下也。管子權修篇、上身服以先之。荀子宥坐篇、上先服之。義並同。彼房楊二注、服俱訓行。劉校同。故外無怨治、內無亂行。王云、晏子書以怨爲蘊、蘊怨一聲之轉。言君勤於政則外無蘊積之治、內無昏亂之行也。說見雜下十四章、怨利生孽注。劉云、怨當作蘊。說文云、蘊、積也。亦作薀。廣雅云、薀、聚也。文選蜀都賦云、雜以蘊藻。注云、叢也。又詩雲漢、蘊隆蟲蟲、韓詩作鬱。則蘊即叢脞之意矣。外無蘊治者、言外無叢脞之政也。國治蘊者、言國政叢脞、或之莫理也。蘊治與亂行對文、蘊即左傳昭二十五年蓄而不治將蘊之蘊。蓋蘊宛二字、聲近義同。如荀子富國篇夏不宛暍、宛當訓蘊是也。怨宛均從夗聲、故又借宛爲怨。若以怨字本義訓之、失其旨矣。今一日飲酒而三日寢之、國治怨乎外、孫云、一本怨作怒、非。左右亂乎內。以刑罰自防者、勸乎爲非。蘇云、勸疑作勤、緣下勸字譌也、勤與惰對文。言刑罰不準、故人弛其防、而爲非之心轉勤也。劉校同。以賞譽自勸者、惰乎爲善。劉云、防勸對文。上離德行、無以率下民輕賞罰、失所以爲國矣。治國之大柄、不外刑賞兩途、所以止惡勸善也。若德行既無足觀、賞罰又失其用、尙能立國乎。願君節之也。節其淫佚之行、身服禮義以先民、將無須于賞罰矣。

景公飲酒七日不納弦章之言晏子諫第四

景公飲酒、七日七夜不止。弦章諫曰、盧云、呂氏春秋勿躬篇、說苑君道篇、皆以弦章在桓公時。韓非外儲說左下作弦商、當即弦章。唯新序雜事四、在桓公時者乃弦寧。後問上作弦甯、實一字。據此、則弦章正事景公者。緇一案盧說是。問上六章侍桓公者、孫本作弦章、誤。元本作弦甯、是。羣書治要引作弦寧、可證。說苑君道篇、又載晏子歿十七年、景公射出質、播弓矢、弦章入、與本書外下末章同、則弦章事景公無疑。侍桓公者、當爲弦甯。弦章疑即弦甯之後。孫志祖讀書脞錄四說弦章乃景公時人、據新序定桓公時爲弦甯、謂說苑君道篇侍桓公者、蓋誤弦寧爲弦章、允已。君飲酒七日七夜、飲上舊誤衍欲字、從王校刪。章願君廢酒也。不然、章賜死。章賜死、文義不順、當作賜章死、下同。晏子入見。公曰、章諫吾曰、章上當有弦字。願君之廢酒也、不然章賜死。如是而聽之、則臣爲制也。蘇云、臣爲制、言制于臣也。下云則是婦人爲制也、義同。純一案景公謂臣爲制、不知是禮爲制也。不聽、又愛其死。又不忍賜章死。晏子曰、幸矣章遇君也。令章遇桀紂者、令、設詞。浴字衍。章死久矣。言君非桀紂、當納其諫而旌其忠。於是公遂廢酒。

景公飲酒不卹天災致能歌者晏子諫第五

景公之時、霖雨十有七日。孫云、爾雅釋天、淫謂之霖。左傳凡雨自三日已往爲霖。公飲酒、日夜相繼。晏子請發粟于民、三請、不見許。晏子獨憂民之憂、公酒囊耳。公命柏遽巡國、致能歌者。孫云、姓柏名遽。陳匪石云、孫說恐不確、下文命稟命柏、則柏應爲名。周禮太僕以待達窮者與遽令、鄭司農注、遽傳也、若今時驛馬。禮玉藻士曰傳遽之臣、注傳遽、以車馬給使者也。左傳僖三十三年且使遽告于鄭、注遽傳也。言命柏傳驛巡國、致能歌者。純一案說文辵部巡、視行也。周禮小司寇以致萬民而詢焉。鄭司農注、致、聚也。晏子聞之不說、遂分家粟于氓、致任器于陌。孫云任器、任用之器、可以負載。玉篇南北曰阡、東西曰陌。純一案此晏子憂百姓之窮、有財則以分貧也。徒行見公。徒行、並徹車駕馬而不乘、蓋以不恤民憂非義也。曰、霖雨十有七日矣、元本孫校本俱脫霖雨二字、今從王校據上文補、蘇校同。壞室鄉有數十、壞室舊誤㥶寶、王云、自此句以下、皆言百姓飢寒困苦之事。㥶寶當爲壞室、壞室與飢氓對文、下文云室不能禦者予之金、是其證也。㥶與壞字相似。俗書寶字作宝、與室亦相似。故壞室誤爲㥶宝。後人不達、又改宝爲寶耳。洪頤煊讀書叢錄說同。純一今並據正、下同。飢氓里有數家、孫云、飢一本作饑。說文飢、餓也、穀不熟爲饑。百姓老弱、凍寒不得短褐、墨子非樂篇、萬人不得衣短褐。孫詒讓注云、短褐卽裋褐之借字。史記秦本紀、夫寒者利裋褐。徐廣云、一作短、小襦也。索隱云、蓋謂褐布豎裁、爲勞役之衣、短而且狹、故謂之短褐、亦謂之豎褐。飢餓不得糟糠、孫云、當爲穅。敝撤無走、孫云、敝撤、卽敝發假音字。說文豋人不能行。玉篇豋躠旋行貌。撤又徹俗字。蘇云、無走、卽靡有家室意。正與上壞室相承。四顧無告、而君不卹。孫云、說文卹、憂也。一本作恤。日夜飲酒、令國致樂不已。墨子非樂篇曰、孰為而廢大人之聽治、賤人之從事、曰樂也。晏子非樂之意同。馬食府粟、狗饜芻豢、孫云、饜當為厭。玉篇饜、飽也。於鹽切。純一案孟子梁惠王上、狗彘食人食而不知檢、義同。三保之妾、盧云、三保、蓋阿保之流。孫詒讓云、三保當作三室。考工記、匠人、內有九室、九嬪居之。蓋天子六宮有九室、諸侯三宮則三室也。此篇室字多譌為寶、寶又譌為保、遂不可通耳。保妾亦室妾之譌。俱足粱肉。狗馬保妾、不已厚乎。民氓百姓、不亦薄乎。厚於狗馬、玩物喪志。厚於保妾、玩人喪德。民為邦本、宜厚其生。乃薄於狗馬可乎。故里窮而無告無樂有上矣。飢餓而無告、無樂有君矣。俞云、按里窮而無告、義不可通。據下文云民飢餓窮約而無告、即承此文言之。則此文亦當作窮約而無告矣。里字上疑當有鄉字、據上文云懷寶鄉有數十、飢氓里有數家、以鄉里並言、是其證也。晏子原文、蓋云故鄉里窮約而無告、無樂有上矣。飢餓而無告、無樂有君矣。因奪鄉字約字、遂不可通耳。上文懷寶乃壞室之譌、說本王氏讀書雜志。此所謂窮約者、即承壞室鄉有數十而言。所謂飢餓者、即承飢氓里有數家而言。純一案俞說是也。當據補。嬰奉數之筴孫云、左傳筴名委質。服虔注、古者始仕、必先書名於筴。奉數之筴、謂持筴以待書事也。筴當為策、隸書多以束為夾。純一案孫說是也、奉數疑當作數奉、之字疑衍。以隨百官、使民飢餓窮約而無告。使旧作之吏、屬上句。劉云、吏當作使、與下對文、之為衍字。純一案劉說是也、今據删正。使上淫湎失本而不䘏。失從孫校本、元本譌矢。失本、謂失民心。嬰之罪大矣。過則歸己、臣道然也。再拜稽首、請身而去、事君當致其身、今言不見用、祇得請罪于君、全身而去。史記趙充國乞骸骨、義與請身同。遂走而出。公從之、兼于塗而不能逮、孫云、兼于塗、言兼程以進。塗當為涂。爾雅釋言、逮、及也。令趣駕追晏子其家、不及、孫云、詩傳、趣、趨也。盧云、趣與促同。粟米盡于氓、任器存于陌。此晏子不言之諫、感公至深者也。公驅及之康內。孫云、爾雅釋宮、五達謂之康。公下車從晏子曰、寡人有罪、夫子倍棄不援、盧云、倍與背同。寡人不足以有約也、夫子不顧社稷百姓乎。願夫子之幸存寡人、之字疑衍。寡人請奉齊國之粟米財貨、委之百姓。委、謂輸也。多寡輕重、惟夫子之令。令猶命也。遂拜于途。孫云、一本作塗、涂途古字、塗俗字。晏子乃返、命稟巡氓家有布縷之本而絕食者、孫云、稟臣名。使有終月之委。集韻於僞切、音萎。委積牢米薪芻之總名、少曰委、多曰積。絕本之家、孫云、言並無布縷。使有期年之食。黃云、期元刻本並作朞、孫校本期朞錯出。蘇云、期正字、今一例从期。無委積之氓、與之薪橑、使足以畢霖雨。孫云、薪橑御用之具。令柏巡氓家室不能禦者予之金。蘇云、令當作命、與上文一律、命令形近而譌。巡求氓寡用財乏者、死。三日而畢、後者若不用令之罪。黃云、巡卽上命稟巡命柏巡之巡。求氓寡與用財乏對文、死句絕。言有隱匿其數、少與金者死。後三日之期者、如不用令之罪也。下文三日吏告畢上、言無後期。貧氓萬七千家、用粟九十七萬鍾云云、言其求氓衆、用財多。公出舍、損肉撤酒、孫云、撤當爲徹。馬不食府粟、狗不食飦肉、孫云、飦、說文鬻、鬻也。或作飦。玉篇飦、記言切。辟拂嗛齊。黃云、辟拂、亦侍御之倖臣、此言減倖臣之祿。劉云、黃說是。齊卽資之段字也。詩大雅楚茨、禮記玉藻篇、鄭注引作齎。楚辭離騷、王注又作薋。此齊資古通之證。左傳僖公三十三年、惟是脯資餼牽竭矣、杜注、資糧也。國語晉語、資困窮、韋注、資稟也。嗛資者、卽減省所給之祿養也、故與減賜並文。齊假爲資、猶桼薺之或作桼薋、齊盛之或作資盛也。酒徒減賜。三日吏告畢上、貧氓萬七千家、用粟九十七萬鍾、薪橑萬三千乘。壞室二千七百家、用金三千。孫云、一本脫用字、非。公然後就內退食、琴瑟不張、鐘鼓不陳。鐘、舊多作鍾。說文鐘、樂器也、秋分之音。萬物穜成、故謂之鐘。从金、童聲。古者垂作鐘。職茸切。鍾酒器也。从金、重聲、職容切。案鐘鼓以鐘爲正、今一例从鐘。晏子請左右與可令歌舞足以留思虞者退之、孫云、虞同娛。辟拂三千、黃云、謂歌舞者三千人皆謝去之、上云請退歌舞謂此。謝于下陳。蘇云、文選李斯上秦始皇書、李善注下陳、猶後列也、謝于下陳、猶辭去不與于後列耳、下篇顧得充數乎下陳、是其證。人侍三士侍四、出之關外也。侍從元刻、孫校本譌待。黃云、人侍士侍、記所謂嬖御人嬖御士也。三四、人數。出之關外、謂逐去之。上云請退左右謂此。

景公夜聽新樂而不朝晏子諫第六

晏子朝，杜扃望羊待于朝。孫云、杜姓、扃名。望羊、猶彷佯也。黃初云、望羊、莊子秋水篇崔注仰視貌。晏子曰、君奚故不朝。對曰、君夜發不可以朝。朝字舊脫、從盧校補、蘇校同。盧云、詩明發不昧、此謂夜不昧也。純一案發讀如廢、詳前。夜廢、謂竟夜未眠。晏子曰何故。對曰、梁丘據舊衍扃字、從盧校刪。孫云、姓梁丘名據、字子猶。入歌人虞、玉篇入、進也。文選嘯賦注引此作虞公善歌、以新聲感景公。與下文以新樂淫君相應、今本有脫文、語意不完。變齊音。晏子退朝、命宗祝修禮而拘虞。孫云、宗祝、官名。文選注作晏子退朝而拘之。純一案拘虞以害治故、晏子可謂社稷之臣矣。公聞之而怒曰、何故而拘虞。晏子曰、以新樂淫君。淫、惑也。晏子心存非樂、惡其樂之微繁也。晏子三辯篇曰、其樂愈繁者其治愈寡。公曰、諸侯之事、百官之政、寡人願以請子。酒醴之味、金石之聲、願夫子無與焉。孫云、與讀如豫。夫樂何必夫故哉。孫云、今本作何夫必攻哉、據下文君奚輕變夫故哉訂正、言故以別于新音也。黃云、元刻本作夫樂何夫必攻哉、淩本作夫樂何失必攻哉。蘇云、元刻本及淩本非也、故古義通、何必夫故、言何必定須古樂、以明新樂無害、當依孫正。對曰、夫樂亡而禮從之、樂足以感動人之善心、使夫邪汙之氣、無由得接、率一道、治萬變。（說本荀子樂論）故大樂與天地同和、大禮與天地同節、知樂則幾於禮矣。（說本禮樂記）今淫於新樂而無節、是先王立樂之方亡、而禮亦從之而亡矣。禮亡而政從之、上有道揆、下有法守、禮與政一耳、禮亡政將焉傳。北堂書鈔八十引說苑脩文篇、晏子對景公曰、禮以治國、所以御民也。政亡而國從之。政者正也、以禮義廉恥爲節者也。管子牧民篇曰、禮義廉恥、國之四維、四維不張、國乃滅亡。國衰、衰當作亡、總結上文。劉云、政亡而國從之衰爲句、之下國字衍。臣懼。句絕君之逆政之行、有歌孫云、疑有脫文、文選注引此書桀作東歌南音、當在此。純一案文選注見吳都賦。有歌疑當作在有歌人、明拘虞之故在此。紂作北里孫云、歌名。純一案史記殷本紀、紂使師涓作新淫聲北里之舞。淮南子泰族訓高誘注、紂作朝歌北鄙之音。此與東歌南音儷文、疑脫二字。幽厲之聲、孫云、幽厲周二王。顧夫淫以鄙五字不成句、疑此上下脫文甚多。蓋晏子尙儉非樂、彼述甚辭、後世陋儒大惑不快、妄刪之。而偕亡、君奚輕變夫故哉。言桀紂幽厲緣作新樂、皆亡、君奚必尤而效之。公曰、不幸有社稷之業、不擇言而出之、請受命矣。以上五章。皆墨家非樂之指。

景公燕賞無功而罪有司晏子諫第七

景公燕賞于國內、萬鍾者三、千鍾者五、問下十七章、豆區釜鍾、四升爲豆、各自爲四、以登于釜、釜十則鍾。昭三年左傳杜注、鍾六斛四斗。令三出、而職計莫之從。元刻注云、一作職計筭之、並下士師亦同。明沈啓南本、注筭並作算。羣書治要作職計策之、士師策之。案各本皆非、職計猶今言會計。孫云、職計、官名。爾雅釋詁職、主也。俞云、職計莫之從、士師莫之從、文義甚明。令三出而莫之從、正見其持之堅。下文晏子曰、今君賞讒諛之民、而令吏必從、正指兩莫之從者而言。蘇云。下文君正臣從君僻臣從之從、亦是承莫之從說。觀於文曰公怒、曰公不說、令莫之從斯怒而不說耳。俞說是也。之字。令三出、而士師莫之從。以濫賞害政故、職計士師如此、可謂得人。公不說。晏子見、公謂晏子曰、寡人聞君國者、愛人則能利之、惡人則能疏之。墨子尚同中篇曰、上唯毋立而爲政乎國家爲民正長、曰人可賞吾將賞之、人可罰吾將罰之、義同。今寡人愛人不能利、魯語莒太子僕弒莒公、以其寶來奔。宣公使僕人以書命季文子曰、爲我予之邑、今日必授、無逆命矣。里革（魯太史克）遇之而更其書曰、夫莒太子殺其君、而竊其寶來、爲我流之於夷、今日必通、無逆命矣。此亦國君愛人不能利之之例。惡人不能疏、失君道矣。晏子曰、嬰聞之、君正臣從謂之順、君臣皆順于道、是之謂君君臣臣。荀子臣道篇曰、事聖君者、有聽從、無諫爭。君僻臣從謂之逆。君臣皆逆於道、是之謂君不君臣不臣。荀子臣道篇曰、偷合苟容、若曹觸龍之於紂者、可謂國賊矣。是其例。此二句亦見諫下二十一章。今君賞讒諛之臣、臣舊誤民。王云、民本作臣。凡以讒諛事君者、皆臣也、非民也。下篇云景公信用讒佞、賞無功、罰不辜。則此篇之萬鍾千鍾、皆是賞讒諛之臣、而非賞民也。羣書治要、正作賞讒之臣。純一案民爲臣之形誤、王說是也、今據治要正。而令吏必從。所謂唯其言而莫予違也。則是使君失其道、臣失其守也。呂氏春秋直諫篇、荊文王得茹黃之狗、宛路之矰、畋三月不反。（月疑日誤）得丹之姬、淫、朞年不聽朝。（朞年疑帀月之誤）葆申答之、（文詳彼）自流於淵、請死罪。文王曰、此不穀之罪也、葆申何罪。王乃變更、召葆申。殺茹黃之狗、折宛路之矰、放丹之姬。案臣如葆申、可謂不失其守矣。先王之立愛、以勸善也。蘇云、治要勸作親。純一案勸字是。其立惡、治要立作去、誤。以禁暴也。俞云、此惡字、乃愛惡之惡、非善惡之惡。禮記祭義篇、立愛自親始、教民睦、也。立敎自長始。敎民順也。此云立愛立惡、義與彼同。蘇云、俞說是、此承上文愛人惡人言。純一案荀子王制篇曰、君者善羣也。昔者三代之興也、三代、夏商周、指禹湯文武時言。利于國者愛之、害于國者惡之。國者、羣之所以託命也。故凡有利於國者、縱不利於已、猶利已者也、必愛之、凡有害於國者、縱不害於已、猶害已者也、必惡之。如是羣自善而治矣。故明所愛而賢良衆、明所惡而邪僻滅。愛惡公則人心正、邪僻盡化爲賢良。是以天下治平、蘇云、治要作平治。百姓和集。和則親睦而不離、集則團聚而不散。及其衰也、行安簡易、身安逸樂、簡、簡略也、簡慢也。易、輕忽也。行安簡易、必不敬德修業、而苟且因循、逸、放逸也。樂、樂聲色也。身安逸樂、必不思患預防、而縱欲敗度。順于己者愛之、逆于己者惡之。順己者必諂佞、逆己者必忠貞、愛惡顚倒。故明所愛而邪僻繁、害國者恃愛而類聚。孫云、繁當爲繇。明所惡而賢良滅、利國者見惡而遠颺。諫下二十一章云、今君不道順而行僻、從邪者邇、導善者遠、讒諛萌通、而賢良廢滅、可互明。離散百姓、離則乖違而不和、散則逃亡而不集。危覆社稷。危、敗也。覆、滅也。君上不度聖王之興、而下不觀惰君之衰、聖王勤於謀國、無我之見存、故興。惰君私欲熾盛、與聖王反、故衰、臣懼君之逆政之行、蘇云、治要無臣懼君之四字。有司不敢爭、以覆社稷危宗廟。蘇云、治要有矣字。純一案此文語意不完、句末當據治要補矣字、句首以意審校、並當增足字。覆、傾覆也。危、亡也。公曰、寡人不知也、請從士師之策。策、謀也。從士師之策、謂不免職計、不濫賞也。國內之祿所收者三也。九字意不明了、治要無、疑衍文。

景公信用讒佞賞罰失中晏子諫第八

景公信用讒佞、說文言部讒、譖也。女部佞、巧讇高材也。讇、諛也。賞無功、罰不辜。賞濫則不足以勸善、罰濫則不足以禁辟、治國之大權、失其用矣。晏子諫曰、臣聞明君望聖人而信其敎、韻會爲人所仰曰望。望聖人、景仰聖人也。信其敎、謂信服聖人之敎不相違也。不聞聽讒佞以誅賞。今與左右相說頌也。孫云、說今本作悅、非。本書多作說、據以訂正。頌即容本字。說頌猶言容悅也、或言歸說。曰、比死者勉爲樂乎、孫云、比死言將及死。蘇云、卽唐風且以喜樂、宛其死矣意。吾安能爲仁而愈黚民耳矣。孫云、黚一本作黔。蘇云、愈猶安養意、爲仁乃安民之事。黚當爲黔、黔民卽黎民。言吾但勉爲樂耳、不欲爲仁以爲安民之事也。下文云云、正申明此意。故內寵之妾、迫奪于國。外寵之臣、矯奪于鄙。蘇云、左傳作內寵之妾、肆奪于市。外寵之臣、僭令于鄙。純一案左傳昭二十年杜注肆、放也。僭令於鄙、詐爲教令於邊鄙。肆奪卽迫奪、僭令卽矯義。執灋之吏、蘇云、灋、古法字。舊刻及浙局本皆作法、音義作灋、云一本作法、古今字、今一例從灋。並荷百姓。孫云、荷讀如苛、經典多以荷爲苛。洪云、荷卽苛字、禮記檀弓下無苛政、釋文本亦作荷。民愁苦約病、而姦驅尤佚。王云、尤、過也。甚也。見左傳襄二十六年注。佚與溢同。昭三年左傳曰、道殣相望、而女富溢尤。此云民愁苦約病、而姦驅尤佚、句法正相似。尤佚卽溢尤。隱情奄惡、蔽諂其上。盧云、奄、掩同。王云、蔽者擁蔽、諂者諂諛、二字義不相近、不當以蔽諂連文。諂當爲謟、字之誤也、謟讀若慆。謟者、惑也。謂隱其情掩其惡、以蔽惑其君也。爾雅釋詁謟、疑也。疑卽惑也。管子五輔篇曰、上謟君上而下惑百姓。是以忠臣常有災傷也。故雖有至聖大賢、豈能勝若讒哉。是以忠臣常有災傷也。臣下舊衍之字、從王校刪。臣聞古者之士、可與得之、不可與失之。可共適道、不可失道。可與進之、不可與退之。可與圖治則進、否則退。臣請逃之矣、遂鞭馬而出。公使韓子休追之孫云、姓韓名子休。孫詒讓云、韓非子外儲說左上云、景公趨駕煩且之乘、使騶子韓樞御之。此韓子休、疑卽彼騶子韓樞也。曰、孤不仁、醫家謂手足痿痺不能運動曰不仁、此言心失其用。不能順敎以至此極。蘇云、言不能順承其敎以至此極。夫子休國焉而往、孫云、言棄國而去。寡人將從而後。蘇云、而、猶汝也。晏子遂鞭馬而返。其僕曰、嚮之去何速、嚮當爲鄉。今之返又何速。晏子曰、非子之所知也、公之言至矣。

景公愛嬖妾隨其所欲晏子諫第九

翟王子羨臣于景公以重駕、孫云、翟王之子名羨。重駕、駕十六馬。盧云、以上似當有干景公三字。蘇云、干于形近、此疑傳寫者誤干爲于、遂謬加臣字於上耳、臣字當衍、盧曉增未可從。純一案蘇說是。公觀之而不說也、嬖人嬰子欲觀之。孫云嬰子、景公妾。公曰、及晏子寢病也、及、逮也。因時乘便、不令晏子知之。居圍中臺上以觀之。嬰子說之、因爲之請曰、厚祿之、公許諾。晏子起病而見公、蘇云、起病、病愈也。公曰、翟王子羨之駕、寡人甚說之、請使之示乎。示爲眡視之本義。晏子曰、駕御之事、臣無職焉。拒絕不視。公曰、寡人一樂之、是欲祿之以萬鍾、其足乎。一字是字俱疑衍。對曰、昔衞士東野之駕也、孫云、衞國之士姓東野。荀子哀公篇、定公問于顏淵曰、東野子之善馭乎。又曰東野畢之馬失、未知卽其人否。黃初云、莊子達生篇、東野稷以御見莊公、進退中繩、左右旋中規、莊公以爲文弗過也、使之鉤百而反。或卽其說。公說之、嬰子不說、公因不說、遂不觀。因從元刻。孫校本作曰、盧云曰譌、黃校同。今翟王子羨之駕也、公不說、嬰子說、公因說之。爲請、公許之、則是婦人爲制也。言爲婦人所制。且不樂治人、而樂治馬、不厚祿賢人、而厚祿御夫。下有脫文。昔者先君桓公之地狹于今、孫云、狹當爲陜、說文隘也、玉篇陜或作狹。修灋治、廣政教、以霸諸侯。今君一諸侯無能親也、歲凶年饑、道途死者相望也、君不此憂恥、而惟圖耳目之樂、不修先君之功烈、而惟飾駕御之伎、則公不顧民而忘國甚矣。公字疑衍。且詩曰、載驂載駟、君子所屆。屆舊作誡、從王校改。孫云、小雅采菽之詩誡作屆、箋極也。按當從此。說文誡、敕也。王云、孫說非也。晏子引詩亦作屆、今作誡者、俗音亂之也。屆者、至也。君子所屆者、君子至也。所、語詞耳。（說見經傳釋詞按君子謂來朝之諸侯也鄭箋屆極也諸侯將朝王則驂乘乘四馬而往此之服飾君子㳒制之極也與詩意不合）若改屆爲誡而訓爲誡敕、則其不可通者有二。屆字以由爲聲、（由古塊字於古音屬至部）於古音屬至部、其上聲則爲旨部、其入聲則爲質部。詩中用屆字者、小雅節南山、與惠戾闋爲韻。小弁與嘒淠寐爲韻。采菽與淠嘒駟爲韻。大雅瞻卬、與疾爲韻。以上與屆爲韻之字、古音皆在至部。若誡字則以戒爲聲、于古音屬志部。其上聲則爲止部、其入聲則爲職部。詩中用戒字者、小雅采薇與翼服棘爲韻。大田與事耜畝爲韻。大雅常武與國爲韻。易震象傳與得爲韻。楚辭天問與代爲韻。以上與戒爲韻之字、古音皆在志部。此兩部之音、今人讀之相近、而古音則絕不相溷。至於老莊諸子、無不皆然。此非精于三代兩漢之音者、固不能辨也。今改屆爲誡、則與併嗟駟之音不協。此其不可通者一也。下文云、夫駕八固非制也。今又重此、其爲非制也、不滋甚乎。是晏子之意、謂古之諸侯、所駕不過四馬、今駕八則非制矣、況又倍之乎、故引詩載驂載駟云云以諫也。若云載驂載駟君子所誡、則三馬四馬亦當誡矣。三馬四馬當誡、則諸侯但可駕兩馬矣、豈其然乎。此其不可通者二也。檢王伯厚詩攷所載異字、曾無君子所誡之文。蓋伯厚所見本、尚未誤作誡也。乃反以子書中之誤字爲是、而以經文爲非。見異思遷、而不顧其安、是惑也。蘇云、王說是。馬瑞辰釋詩引此、遂據以爲叚借字、殆不然歟。夫駕八固非制也。孫云、書正義春秋公羊說天子駕六。毛詩說天子至大夫皆駕四。今又重此、其爲非制也、不滋甚乎。且君苟美樂之、國必衆爲之。即上有好者、下必甚焉意。田獵則不便、道行致遠則不可、據上句道字致字疑衍。然而用馬數倍、不惜物命、耗費又多。此非御下之道也。淫于耳目、不當民務、墨子非命中篇曰、昔者三代之暴王、不繆其耳目之淫、不顧其國家百姓之政、義同。此聖王之所禁也。君苟美樂之、諸侯必或效我。又恐汙染諸侯。君無厚德善政以被諸侯、而易之以僻、此非所以子民、彰名、致遠、親鄰國之道也。且賢良廢滅、孤寡不振、不振濟孤寡。而聽嬖妾以祿御夫、以蓄怨、以與此同、本王引之說、言因此蓄怨于民。與民爲讎之道也。詩曰、哲夫成城、哲婦傾城。孫云、大雅瞻卬之詩。純一案鄭箋云、哲謂多謀慮也。城猶國也、大夫多謀慮則成城、婦人多謀慮乃亂國。今君不思成城之求、盧云、思元刻作免、疑是克誤。俞云、免疑當作勉。而惟傾城之務、國之亡日至矣、君其圖之。公曰、善。遂不復觀、乃罷歸翟王子羨、而疏嬖人嬰子。

景公敎五子之傅而失言晏子諫第十

景公有男子五人、孫云、公子嘉、公子駒、公子黔、公子鉏、公子陽生、時荼尚未生。所使傅之者、釋名釋言語、扶、傅也、傅近之也。將救護之也。（賈誼新書有傅職篇。）皆有車百乘者也。（孫云、馬四百匹。）晏子爲一焉。公召其傅曰、勉之。將以而所傅爲子。（而、汝也。意謂善教汝所傅者、將以之爲太子。）及晏子。（及、至也。）晏子辭曰、君命其臣、據其肩以盡其力。（據其本分能肩任者、竭力以從事。）臣敢不勉乎。今有車百乘之家、（舊脫車百乘三字。俞云、今有之家、文義未明。上文云景公有男子五人、所使傅之者、皆有車百乘者也。疑此當云今有車百乘之家、傅寫奪之耳。純一案俞說是、今據補。）此一國之權臣也。人人以君命命之曰、將以而所傅爲子。（世子一、而命之爭者五。）此離樹別黨、傾國之道也。（孫云、已樹太子而離閒之、又別立黨。）嬰不敢受命。願君圖之。

景公欲廢適子陽生而立荼晏子諫第十一

淳于人納女于景公。（孫云、括地志、淳于國、在密州安丘縣東北二十里。左傳鬻似之子荼、嬖。服虔注、鬻似、景公妾、淳于人所納、蓋本此。史記齊世家、景公寵妾芮姬生子荼、荼少、其母賤、立爲晏孺子。）生孺子荼、（孫云、公羊傳作舍。左傳云安孺子、史記作晏。）景公愛之、諸臣謀欲廢公子陽生而立荼、公以告晏子。晏子曰、不可。（蘇云、治要無曰字、疑奪。）夫以賤匹貴、國之害也。置大立少、亂之本也。（治要大作子。俞云、下文云廢長立少、不可以教下。又云今君用讒人之謀、聽亂夫之言、廢長立少。臣恐後人之有因君之過、以資其邪、廢少而立長以成其利者、並以長少對言。純一案晏子原文、本作置長立少、亂之本也。下文陽生長而國人戴之、正承此而言。又云長少行其道、宗孽得其倫。長少無等、宗孽無別、是設賊樹姦之本也。均可證。今本長譌大、與下文俱不協。）夫陽生長而國人戴之、（長而舊倒。孫云、本作夫陽生生而長、今本脫一生字、以意增。陽生、悼公也。王云、孫加生字、非也。此文本作夫陽生長而國人戴之、言陽生長于荼、而爲國人所戴也。今本長而、誤作而長。又加生字於其上、則贅矣。羣書治要正作夫陽生長而國人戴之。純一案王說是也、今據乙正。）君其勿易。（孟子告子下記葵丘之會、初命曰毋易樹子。）夫服位有等、故賤不陵貴。立子有禮、故孽不亂宗。（孽、庶子。宗、適長子。）願君教荼以禮、而勿陷于邪。導之以義、而勿湛于利。（蘇云、湛、音義同耽。）

純一案湛、漸漬也。利者、害之本也。長少行其道、宗孽得其倫。夫陽生敢毋使荼饜粱肉之味。玩金石之聲、而有患乎。孫云、言陽生雖爲君、荼亦得享聲色而無患也。廢長立少、不可以教下。尊孽卑宗、不可以利所愛。終不利於所愛之人。長少無等、宗孽無別、是設賊樹姦之本也。設施也賊、害也。樹、植也。姦、亂也。君其圖之。古之明君、非不知繁樂也、以爲樂淫則哀。桀紂樂矣、哀莫甚焉。非不知立愛也、以爲義失則憂。黃云、元刻脫爲字。蘇云、治要則作而。純一案天下一切禍患、從不義生。是故制樂以節、立子以道。若夫恃讒諛以事君者。蘇云、治要恃作持是、此因形近譌。不足以責信。蘇云、言皆欺罔也。今君用讒人之謀、聽亂夫之言也、蘇云、治要無聽字也字、文義較適、此也字係羨文。陳匪石云、治要雖無也字、而也讀爲邪、爲本書文例、觀上下文作邪亦通。純一案也字衍。廢長立少、臣恐後人之有因君之過以資其邪、廢少而立長以成其利者。爲田氏殺荼、乃至取齊國張本。君其圖之。公不聽。景公沒、田氏殺君荼、孫云、田氏、陳乞陳常也。田陳聲相近、經典通用。乞殺荼、常殺簡公者。陽生則鮑牧所弑。以爲田氏者、乞使之。盧云、殺讀弑、下並同。蘇云、治要無君字。立陽生。殺陽生、立簡公。孫云、名壬、悼公子。殺簡公而取齊國。

景公病久不愈欲誅祝史以謝晏子諫第十二

景公疥且瘧、左傳昭二十年齊侯疥遂痁。杜預注痁、瘧疾。釋文云、疥舊音戒、梁元帝音該、依字當作痎。說文云、兩日一發之瘧也。痎音皆。後學之徒、僉以疥字爲誤。案傳例因事曰遂。若痎已是瘧疾、何爲復言遂痁乎。痁、失廉反。正義曰、後魏之世、嘗使李繪聘梁、梁人袁狎與繪言及春秋。說此事云、疥當爲痎。痎是小瘧、痁是大瘧。痎患積久、以小致大、非疥也。狎之所云、梁王之說也。案說文疥。搔也。瘧、熱寒休作。痁、有熱瘧。痎、二日一發瘧。今人瘧有二日一發、亦有頻日發者。俗人仍呼二日一發久不差者爲痎瘧。則梁王之言、信而有徵也。是齊侯之瘧、初二日一發、後遂頻日熱發、故曰疥遂痁。以此久不差、故諸侯之賓問疾者、多在齊也。若其不然、疥搔小患、與瘧不類、何云疥遂痁乎。徐仙民音作疥是。先儒舊說、皆爲疥遂痁、初疥後瘧耳。今定本亦作痎。顏氏家訓書證篇、引作齊侯痎遂痁、謂世間傳本、多以痎爲疥。俗儒就爲通云、病疥令人惡寒、變而成瘧、此臆說也。疥癬小疾、何足可論、寧有患疥患作瘧乎。維一案釋文引傳例因事曰遂、非。疥皮膚病、瘧內臟病、實不類。故梁元帝、袁狎、顏之推、均以疥當爲痎、蓋爲一遂字所誤耳。竊以遂字斿夸、當從本書作且、且猶復也。言病疥復病瘧、久不愈也。

期年不已。外上七章全用左傳作期而不瘳。召會譴梁丘據晏子而問焉。孫云、會譴、姓會名譴。盧云、即左傳之裔款、外篇所載與傳同。曰、寡人之病病矣。孫云、說文病、疾加也。高誘注呂氏春秋病、困也。使史固與祝佗孫云、周禮史以書敘昭穆、蓋小史也、名固。祝佗、祝官名佗。盧云、左傳作祝固史嚚、外篇同。兪云、按魏祝鮀、漢書古今人表作祝佗。是祝佗衞人、未聞齊亦有祝佗也。佗疑佞字之誤、昭二十年左傳、君盍誅於祝固史嚚。此云史固祝佞、即彼祝固史嚚也。祝史互錯、嚚與佞聲近而誤耳。巡山川、宗廟犧牲珪璧莫不備具、其數常多于先君桓公、舊作數其常多先君桓公、王云、文不成義、當作其數常多于先君桓公、謂所用犧牲珪璧之數、常多於桓公也。故下文曰桓公一則寡人再。今本其數誤作數其、又脫於字。維一案王說是、今據乙補。桓公一則寡人再。左傳作吾事鬼神、豐於先君有加矣。病不已、滋甚、予欲殺二子者、以說于上帝、其可乎。會譴梁丘據曰可。晏子不對。公曰、晏子何如。晏子曰、君以祝爲有益乎。公曰然。晏子免冠曰、此五字舊脫 孫云、疑脫晏子曰三字。黃云、盧校本旁注晏子免冠曰五字、云下有加冠二字、則此當有晏子免冠之文。維一案盧說是也、今據增。若以爲有益、則詛亦有損也。左傳作祝有益也、詛亦有損。君疏輔而遠拂、蘇云、拂讀爲弼、弼所以輔正弓弩者也。荀子臣道篇、有能比知同力、率羣臣百吏而相與彊君撟君、君雖不安、不能不聽。遂以解國之大患、除國之大害、成于尊君安國謂之輔。有能抗君之命、竊君之重、反君之事、以安國之危、除君之辱、功伐足以成國之大利謂之拂。是輔拂原有分別。維一案輔當作俌、俌正字、輔叚字。忠臣擁塞、諫言不出。臣聞之近臣嘿、遠臣瘖、孫云、嘿當爲默。說文瘖、不能言也。玉篇於深切。蘇云、瘖同喑。說苑正諫篇、下無言則謂之喑。衆口鑠金。蘇云、此言見周語韋注、鑠、銷也。江有誥先秦韻讀云、瘖金爲韻、侵部。姚文田古音諧二侵引此。今自聊攝以東、孫云、杜預注左傳聊攝、齊西界也、平原聊城縣有攝城。維一案文選陸士衡樂府齊謳行注、引左傳杜注作平原聊縣東北有攝城。姑尤以西者、孫云、杜預注左傳姑尤、齊東界也。姑水尤水、皆在城陽郡東南入海。此其人民衆矣、百姓之咎怨誹謗、詛君于上帝者多矣。一國詛、兩人祝、雖善祝者不能勝也。左傳作民人苦病、夫婦皆詛、聊攝以東、姑尤以西、其爲人也多矣。雖其善祝、豈能勝億兆之詛。且夫祝直言情。情、實也。則謗吾君也。隱匿過、則欺上帝也。左傳作其祝史薦信、是言罪也。其蓋失數美、是矯誣也。上帝神則不可欺。上帝不神祝亦無益。願君察之也。不然、刑無罪、孫云一本刑作則、非。夏商所以滅也。言罪在君心、祝史無與。若枉殺之、則夏商所以滅亡之道也。左傳曰、君若欲誅祝史、修德而後可。公曰、善解予惑、予本元刻、孫校本作余。加冠。命會譴毋治齊國之政、梁丘據毋治賓客之事、兼屬之乎晏子。晏子辭、不得命。公不許。受相退。會譴、梁丘據、不以晏子爲貪、相與俱退。把政。晏子兼秉會譴、梁丘據之政。改月而君病悛。孫云、說文悛、止也。玉篇且泉切。純一案改、更也。言逾月而病愈。公曰、昔吾先君桓公以管子爲有力、力、功也。邑狐與穀、孫云、狐一本作孤、地未詳。吾友洪亮吉曰、狐駘近是。左傳昭十一年申無宇曰、齊桓公城穀而置管仲焉。杜預釋例濟北穀城中、有管仲井。以共宗廟之鮮。共、供同。賜其忠臣、則是多忠臣者。多、嘉許也。子今忠臣也、寡人請賜子州款。孫云、地名未詳。辭曰、管子有一美、嬰不如也。有一惡、嬰不忍爲也、其宗廟之養鮮也。孫云、言非宗廟常禮、故以爲惡。左傳、鳥獸之肉、不登于俎。純一案晏子以蘋蘩薀藻之菜、可薦於鬼神。爲宗廟養鮮、是以殘害物命爲事、殊傷鬼神之仁、惡已。故不忍爲供鮮之事、所以保合太和、充兼愛之量也。終辭而不受。繩墨自矯、以正君心之非。外上七章皆同。

景公怒封人之祝不遜晏子諫第十三

景公遊于麥丘、孫云、韓詩外傳作桓公逐白鹿至麥丘之邦。新序雜事篇作桓公田至麥丘。純一案桓譚新論、作齊桓公行見麥丘人。問其封人曰、劉云、韓詩外傳十日、齊桓公逐白鹿至麥丘之邦、遇人曰何謂者也、對曰、臣麥丘之邦人。新序雜事篇、作臣麥丘之邑人。雖所記與此殊。然足證此文之封、即邦字之叚、猶書序邦諸侯之叚封爲邦也。邦人卽邑人、非官名之封人也。年幾何矣。治要無矣字。對曰、鄙人之年八十五矣。孫云、韓詩外傳、新序、五作三。純一案治要引作五、桓子新論作三。公曰、壽哉、子其祝我。封人曰、使君之年長于胡、兪云、胡耆、蓋謂齊之先君胡公靜也。詩齊譜正義言胡公歷懿王孝王夷王、是其享國久矣。謚法保民耆艾曰胡、則胡公壽考令終可知。故封人以爲祝詞。蘇云、治要作長于國家、無胡宜二字、非。純一案桓子新論、作公曰以子壽祝寡人乎。答曰、使主君甚壽。金玉是賤、以人爲寶。宜國家。孫云胡家爲韻。純一案家古音姑。曹大家是。詳唐韻正九麻。段氏音均表、胡家同在第五部。古音諧十二魚引此。公曰、善哉、子其復之。封人曰、使君之嗣、壽皆若鄙人之年。舊曰上脫封人二字、鄙人誤作鄙臣、今從王校據羣書治要補正、與上下文同一例。公曰、善哉、子其復之。封人曰、使君無得罪于民。韓詩外傳十日、無使吾君得罪于羣臣百姓。古音諧七眞引此、年民諧。公曰、誠有民得罪于君則可、民上舊衍鄙字、從蘇校刪。安有君得罪于民者乎。周厲王出奔於彘而死、幽王被殺於驪山下、何非君得罪于民之證。晏子諫曰、君過矣、治要諫作對。彼疏者有罪、戚者治之。賤者有罪、貴者治之。君得罪于民、誰將治之。此六句治要略。敢問桀紂、君誅乎、民誅乎。韓詩外傳十日、子得罪于父、可因姑姊妹謝也、父乃赦之。臣得罪于君、可使左右謝也、君乃赦之。昔者桀得罪于臣也、至今未有爲謝也。新序雜事四日、昔桀得罪於湯、紂得罪於武王、此則君之得罪於其臣者也、莫爲謝、至今不赦。公曰、寡人固也。蘇云、固、猶鄙也。見禮記哀公問鄭注。治要作寡人過矣。純一案固、陋也。于是賜封人麥丘以爲邑。蘇云、韓詩外傳載此事、辭詳而略異。治要載此章在雜上。

景公欲使楚巫致五帝以明德明活字本作悳、盧校同晏子諫第十四

楚巫微導裔款以見景公、導舊作道、孫云、楚之巫名微。導、引之也。裔款、姓裔名款。王云、微蓋楚巫之名、太平御覽作徽。孫以導爲引、非也。導本作道、此後人不曉文義而改之也。道者、由也。裔款、齊之佞臣、故薦楚巫於景公、是楚巫由裔款以見景公也。下文曰裔款以楚巫命寡人、是其證。若作導而訓爲引、則是楚巫引裔款以見景公、與本事相反矣。太平御覽人事部九十七引此正作道。純一今據正。侍坐三日、景公說之。楚巫曰、公神明之主、舊作明神主之、孫据下

文亩正。純一案元刻作明神之主。御覽主作王、非。帝王之君也。公即位十有七年矣、十字舊脫、從王校據御覽補。事未大濟者、神明未至也。元本孫本俱作明神、從御覽乙。孫云、爾雅釋言濟、益也。請致五帝、以明君德。孫云、五帝、五方之帝。蘇云、五帝之名、見于孔子家語及大戴禮、其說有二。其一、孔子答季康子以伏羲配木、神農配火、黃帝配土、少昊配金、顓頊配水、此言歟聖人革命改號、取法于五行之帝、非五帝定名也。其一、則孔子所答宰予五帝德、曰黃帝、曰顓頊、曰帝嚳、曰堯、曰舜、史公所述五帝紀是也。竊謂史公說、較爲有據。純一案景公不知自心備具五帝之德、務大明之、而恃巫祈福於外、謬已。景公再拜稽首。楚巫曰、請巡國郊、以觀帝位、至于牛山而不敢登。孫云、水經注、淄水自山東北流逕牛山西、又逕臨淄縣故城南。元和郡縣志、牛山在臨淄縣南二十五里。曰、五帝之位在于國南、請齋而後登之、孫云、御覽齋下有具字。蘇云、請齋、謂請致齋也。言致齋而後能登、非請齋具而後登之也。御覽具字、緣下齋具而衍耳。公命百官供齋具于楚巫之所、裔款視事。晏子聞之而見于公曰、公令楚巫齋牛山乎。公曰然、致五帝以明寡人之德、神將降福于寡人、其有所濟乎。晏子曰、君之言過矣。古之王者、德厚足以安世、本天下之公心、兼施仁愛。行廣足以容衆、率兆民以正義、無有偏私。諸侯戴之、以爲君長、馬融忠經兆人章鄭玄注云、一人以大畜撫萬國、萬國以忠貞戴一人。百姓歸之、以爲父母。德化潛孚、兆民相感而歸心、有如子之愛其親。是故天地四時、和而不失、星辰日月、順而不亂。天人一氣、本自相通。德洽太和、休徵備至。禮中庸曰、致中和、天地位焉、萬物育焉。德厚行廣、配天象時、晏子攝外於內、知性道矣。墨子法儀篇曰、聖王動作有爲、必度於天。易乾文言曰、夫大人者與天地合其德、與四時合其序、先天而天弗違、後天而奉天時。然後爲帝王之君、神明之主。古者不慢行而繇祭、動於身者無以竭恭、不繇祭優於祭。不輕身而恃誣。聖君克勤民務、自重以敦化。不自佻薄、恃巫以求福。今政亂而行僻、而求五帝之明德也。蘇云、也當讀邪、下同。棄賢而用巫、而求帝王之在身也。夫民不苟德、蘇云、言必有實德、而後民德之。不能無德、而苟譱之德也。純一案德治要作得。福不苟降。積德不厚、福難幸徼。君之帝王、不亦難乎。君欲卽身爲帝王、甚難。惜夫君位之高、所論之卑也。公曰、裔款以楚巫命寡人曰、試嘗見而觀焉、命、教也。劉云、嘗卽試也。小爾雅廣言篇曰、嘗試也、嘗試義同。試蓋後人旁注之字、闌幷入正文、今當刪。寡人見而說之、信其道、行其言。今夫子譏之、譏、非也。請逐楚巫而拘裔款。晏子曰、楚巫不可出。公曰、何故。對曰、楚巫出、諸侯必或受之。公信之以過于內、不知。孫云、知讀如智。蘇云、過于內、言使公獲過于內也。出以易諸侯于外、不仁。盧云、言我不信、而使外諸侯信之、是之謂易。黃云、書般庚無俾易種於茲新邑。孔疏云、易、卽今俗語云相染易。請東楚巫而拘裔款、公曰諾。故曰送楚巫于東、盧云、故下日字衍。東濵海、不與外諸侯鄰。純一案故曰疑本作故卽。而拘裔款于國也。

景公欲祠靈山河伯以禱雨晏子諫第十五

齊大旱逾時、孫云、時一本作昔、古今字。景公召羣臣問曰、天不雨久矣、民且有飢色。飢本元刻。孫云、今本作饑、据藝文類聚訂正。純一案類聚卷一百作飢是、卷七作饑非。吾使人卜、云祟在高山廣水。王云、卜云本作卜之、此草書之誤也。若作云則當別爲一句、破碎不成文理矣。藝文類聚災異部、太平御覽咎徵部六、並引作吾使人卜之。說苑辯物篇同。黃云、廣水、類聚御覽作廣澤。寡人欲少賦斂類聚一百無欲字。以祠靈山、可乎。孫云、言少少賦民以爲祭山之費。祠、初學記太平御覽作祀。盧云、御覽八百七十九作招。王云、作招者、誤字也。案下文晏子曰祠此無益也、公曰吾欲祠河伯、其字皆作祠。又此章標題云景公欲祠靈山河伯、其字亦作祠。則此文之本作祠靈山明矣。初學記天部下、御覽時序部二十、並引作祀靈山。祀祠古字通、則仍是祠字。藝文類聚山部災異部、及御覽天部十一、並引作祠靈山。說苑同。純一案鮑刻御覽八百七十九作祠、足證招字之誤。又三十八引、亦作祠靈山。羣臣莫對。晏子進曰、不可、祠此無益也。夫靈山固以石爲身、以草木爲髮。孫云、固、初學記作故。髮、藝文類聚太平御覽作毛髮。純一案初學記草上無以字。天久不雨、孫云、久初學記御覽作苗。純一案御覽三十五引作久。髮將焦、身將熱、初學記無雨將字。彼獨不欲雨乎、祠之何益。何舊作無、孫云、藝文類聚御覽作何益。王云、無益本作何益、上文巳言祠此無益矣、故復作問詞以終之曰祠之何益。若云祠之無益、則直與上文相複矣。說苑作無益、亦後人依誤本晏子改之。下文論祠河伯之事、先言無益、而後言何益、正與此文相應。藝文類聚山部災異部、及御覽天部咎徵部地部三、並引作祠之何益。御覽時序部作祀之何益、皆是何字。純一今據正。公曰、不然、吾欲祠河伯、可乎。晏子曰、不可。河伯以水爲國、以魚鼈爲民。鼈本元刻、孫校本作鱉、云說苑作鼈是、俗从魚。純一案類聚九十六引亦作鼈、蘇校同。天久不雨、水泉將下、百川將竭、舊脫水字下將字、今從盧校據御覽咎徵部六補。國將亡、民將滅矣、竭滅爲韻。彼獨不欲雨乎、祠之何益。景公曰、今爲之奈何。晏子曰、君誠避宮殿暴露、初學記無誠字宮字。暴、元本孫校本並作暴。孫云、說文暴、晞也。从日出廾米。玉篇步卜切。今從之。蘇校同。與靈山河伯共憂、其幸而雨乎。孫云、初學記太平御覽作其當雨。于是景公出野暴露、野下舊有居字、王云、野下本無居字。出野暴露四字連讀、後人誤以出字絕句、故又於野下加居字耳。初學記太平御覽引此皆無居字、說苑同。純一今據刪。三日、天果大雨、民盡得種時。孫云、時讀如蒔、說文更別種。說苑作樹。景公曰、善哉、晏子之言、可無用乎、其維有德。孫云、說苑辨物篇用此文。黃云、說苑作其惟有德也。

景公貪長有國之樂晏子諫第十六

景公觀于淄上、舊作將觀、王云將字後人所加、與晏子閒立、即謂立于淄上也、則上句本無將字明矣。羣書治要、及太平御覽人事部六十九、皆無將字。純一今據刪。孫云、淄當爲甾。地理志泰山萊蕪、甾水所出、東至博昌入泲幽州濅。括地志、淄州縣東北七十里原山、淄水所出。俗傳云、禹理水功畢、土石黑、數里之中波如漆、故謂之淄水也。與晏子閒立、公喟然歎曰、嗚呼、使國可長保、而傳于子孫、豈不樂哉。治要無于字。黃云、御覽于作之。晏子對曰、嬰聞明王不徒立、百姓不虛至。蘇云、治要聞下有之字。純一案明王嘗以百姓之心爲心、百姓非有德者不歸心。今君以政亂國、以行棄民久矣。前八章云、信用讒佞、賞無功、罰不辜、是之謂以政亂國。又云、內寵之妾迫奪于國、外寵之臣矯奪于鄙、執法之吏並苛百姓、是之謂以行棄民。而欲保之、不亦難乎。舊而下衍聲字、義不可通、從王校據羣書治要刪。嬰聞之、能長保國者、能終善者也。能終者、無間斷之謂。諸侯並立、能終善者爲長。政化淳故德出衆。列士並學、蘇云、治要作立。能終善者爲師。躬修密故道獨尊。昔先君桓公、方任賢而贊德之時、方上舊衍其字、從蘇校據治要刪。亡國恃以存、危國仰以安。萬國咸寧、該於一德。是以民樂其政、道之以德、至公平故。而世高其德。有裨世閭故。行遠征暴、勞者不疾。本大義征不義、故雖勞不怨。驅海內使朝天子、而諸侯不怨。治要無而字、賈子新書道術篇曰、施行得理謂之德、反德爲怨。諸侯不怨、足證施行得理、故能一匡天下。當是時也、也字舊脫、今據下文補、文同一例。盛君之行、不能進焉。盧云、言不能有加也。及其卒而衰、怠于德而並于樂、身溺于婦侍、而謀因于豎刀。舊因下脫于字、刀作刁。孫云、內豎名刁也。左傳云、寺人貂。刁當爲刀、見玉篇。今據正。于字從王校據治要補、與上句對文。是以民苦其政、而世非其行、故身死乎胡宮而不舉、治要無乎字。孫云、史記正義引顏師古云、身死乎壽宮、胡之言胡壽、蓋一宮二名。紽一案胡宮、卽齊先君胡公靜之宮。胡公壽考、故亦偁壽宮。蟲出而不收。孫云、管子小稱篇、堂巫、易牙、豎刀、公子開方、四子作難、圍公一室、不得出、乃援素幭以裹首而絕。死十一日、蟲出戶。乃知桓公之死也。葬以揚門之扇。史記齊世家、桓公尸在牀六十日、尸蟲出于戶。當是時也、桀紂之卒、不能惡焉。孫云、不能更惡于此也。詩曰、靡不有初、鮮克有終。孫云、大雅蕩之詩。不能終善者、不遂其君。言不能終其君之位。蘇云、君、治要作國。今君臨民若寇讎、問上二十五章曰、今民聞公令如寇讎。問下十七章曰、民聞公令如逃寇讎。見善若避熱、孫云、太平御覽下有不亦難乎。紽一案御覽見四百二十八。亂政而危賢、臨民若寇讎故政亂、見善若避熱故賢危。必逆于衆、已失民心。肆欲于民而虐誅于下、民益不堪命、故恐禍及于身。虐誅舊倒、王云、虐誅與肆欲對文、倒言之則文義不順、羣書治要正作虐誅。紽一今據乙。治要于作其。恐及于身。蘇云、治要有矣字。嬰之年老、不能待君使矣。君上舊有于字、王云、于字涉上四于字而衍。外上篇曰、嬰老不能待君之事、文義與此同、則本無于字明矣、羣書治要無。純一今據删。行不能革、孫云、倉頡篇革、戒也。說文諽、更也。革省文。則持節以沒世耳。耳、治要作矣。言嬰老矣、不能久事君、願君改行。萬一不能、亦當有節、持之以終身。

景公登牛山悲去國而死晏子諫第十七

景公遊于牛山、孫云、文選注作牛首山。括地志、齊桓公墓、在臨淄縣南二十一里牛山上。亦名鼎足山、一名牛首堈。純一案文選王僧達祭顏光祿文注、引此文同。北臨其國城而流涕曰、列子有美哉國乎鬱鬱芊芊八字。若何滂滂去此而死乎。孫云、滂滂列子作滴滴。殷敬順云、或作滂滂、並音步郎反。流蕩貌。黃云、文選劇秦美新注、引作將去此堂堂國者而死乎。韓詩外傳十、作奈何去此堂堂之國而死乎。純一案文選陸士衡樂府齊謳行注、引作景公遊牛首山、北臨其國流涕曰、若何去此而死乎。列子此下有國字、滴滴當爲滂滂之形誤、乎下有使古無死者、寡人將去斯而何之二句。韓詩外傳十、景公遊牛山章、湖北局本、漢魏叢書本、均無奈何去此堂堂之國而死乎句。句見文選秋興賦注。艾孔梁丘據皆從而泣。孫云、姓艾名孔、列子作史孔。盧云、列子史釋文仍作艾、五蓋切。蘇云、艾、齊地。孔蓋以地爲氏、純一案齊謳行注、無從而二字。列子有曰臣賴君之賜、疏食惡肉、可得而食、駑馬棧車、可得而乘也、且猶不欲死、而況吾君乎。晏子獨笑于旁。孫云、笑當爲芺、漢書作关、可證也。或曰說文有笑字、但闕其義。純一案晏子了達生死之理、見景公艾孔梁丘據皆泣、故獨笑之。公刷涕而顧晏子。孫云、刷、列子作雪、文選注作收。爾雅釋詁刷、淸也。淸讀霽。說文㕞、拭也。刷、刮也。曰、寡人今日之遊悲、之字舊脫、據列子補。孔與據皆從寡人而涕泣、列子無涕字。子之獨笑何也。也讀爲邪。齊謳行注、祇作晏子獨笑、公收涕而問之。祭顏光祿文注、作唯晏子獨笑、公收淚而問之。晏子對曰、使賢者常守之、則太公桓公將常守之矣。使勇者常守之、列子勇上有有字。則靈公莊公舊作莊公靈公、孫云、靈公名環、莊公父。史記齊世家、二十七年、晉使中行獻子伐齊、齊師敗、靈公走入臨淄、晏嬰止靈公、靈公勿從曰、君亦無勇矣、亦好勇之證、蘇云、莊公當在靈公下、傳寫譌倒、純一今據乙。將常守之矣。孫云、文選注祇作莊公有之、純一案文選見齊謳行注、祭顏光祿文注同。數君者將守之、列子有吾君方將被蓑笠而立乎畎畝之中、唯事之恤、何暇念死乎。則吾君安得此位而立焉、列子安上有又字。外上二章曰、君亦安得此國而哀之。以其迭處之、迭去之、至于君也、而獨爲之流涕、是不仁也。獨欲常處而悲其去、故爲不仁。文選秋興賦注引曰、夫盛之有衰、生之有死、天之數也。物有必至、事有當然、曷爲悲老而哀死。外上二章文微異。此大禹生寄死歸之指。不仁之君見一、諂諛之臣見二、此臣之所以獨竊笑也。齊謳行注、作吾君安得有此、而爲流涕、是不仁也。見不仁之君一、諂諛之臣二、所以獨笑也。列子文微異、下有景公慙焉、舉觴自罰、罰二臣者、各二觴焉、四句。外上二章恉同。孫云、列子力命篇、韓詩外傳、用此文。

景公遊公阜一日有三過言晏子諫第十八

景公出遊于公阜、孫云、初學記作公阜、地名未詳。純一案羣書治要無于公阜三字、非。北面望睹齊國、初學記十八引作望齊國三字。曰、嗚呼、使古而無死、何如。初學記無使字。蘇云、治要作如何。晏子曰、昔者上帝以人之死爲善、孫云、死一本作歿、非。王云、孫本改歿爲死、非。歿亦死也。不必依上下文改歿爲死、元刻本及治要皆作歿、自是舊本如此。純一案前十二章云、上帝不神、祝亦無益、是晏子於上帝懷疑之明徵。此文蓋後人以意改之、當據列子善哉古之有死也訂正。仁者息焉、不仁者伏焉。列子天瑞篇張湛注曰、生死古今所同、而獨善古之死者、明古人不樂生而惡死也。修身愼行、恆懷兢懼、此仁者之所憂。貪欲縱肆、常無厭足、此不仁者之所苦。惟死而後休息寢伏之。案息伏爲韻、見唐韻正一屋伏下。古音諧一𢾺引此。若使古而無死、初學記無若使二字。太公丁公將有齊國、孫云、丁公名伋、太公子、說文作玎。諡法解、述義不克曰丁。蘇云、治要無太公二字。純一案初學記無丁公二字、將字作長、義似較勝。此文太公丁公舊倒、今校乙。桓、襄、文、武將皆相之、孫云、襄公名諸兒、文公名赤、武公名壽、皆齊君。純一案言太公丁公不死、則桓襄文武、皆不得爲君、秖得久爲齊相、君並欲爲相而不可得。君將戴笠衣褐、執銚耨、孫云、說文銚、田器。耨、薅器也。玉篇銚、弋昭切。耨當爲槈。蘇云、治要君上有吾字。以蹲行畎畝之中、蹲、踞也。言在畎畝中、或踞或行、以勤農事。太平御覽七百六十五引此文甚略。孰暇患死。公忿然作色不說。蘇云、治要無忿然作色四字、下並同。純一案初學記亦無。無幾何、初學記無何字、下同。而梁丘據乘六馬而來。治要無上而字、初學記同。乘舊作御、孫云、御、初學記作乘。景公駕八、則據御六、皆僭也。王云、御本作乘、此後人以意改之也。梁丘據乘六馬而來、言其僭也。若改乘爲御、則似爲景公御六馬矣。羣書治要、及初學記人部中引此、並作乘六馬。綰一今據改。公曰、是誰也。晏子曰、據也。公曰、何以知之。四字舊作何如、王云、何如二字、與上下文義不相屬、疑當作何以知之、言何以知其爲據。故晏子對曰、大暑而疾馳、非據孰敢爲之。今本知誤作如、又脫以之二字。綰一案王說是也、今據補正。曰、大暑而疾馳、甚者馬死、薄者馬傷、此知晏子兼愛及物。非據孰敢爲之。小人肆欲無忌憚故。公曰、據與我和者夫。者夫、初學記作乎。晏子曰、此所謂同也。初學記作此同也。所謂和者、御覽引止作同也和者、蓋省其文。君甘則臣酸、君淡則臣鹹。今據也君甘亦甘、君甘舊倒、王云、今據也甘君亦甘、本作今據也君甘亦甘。君甘亦甘、謂據之同於君、非謂君之同於據也。若倒言之、則非其旨矣。羣書治要、及太平御覽人事部六十九、並作今據也君甘亦甘。蘇云、王說是。君甘亦甘、卽左傳君所謂可據亦曰可、君所謂否據亦曰否意。綰一今據乙。御覽亦作則。所謂同也、安得爲和。說詳外上五章。公忿然作色不說。無幾何、日暮。孫云、暮當爲莫。蘇云、治要無此二字。公西面望、睹彗星、蘇云、治要面作北、彗作篲、下同。召伯常騫使禳去之。孫云、伯常騫、字伯常名騫。蘇云、治要禳作攘、下有而字。綰一案日本天明七年刊治要作禳。周禮、女祝掌以時招梗禬禳之事。注、卻變異曰禳。禳、攘也。晏子曰、不可、此天教也。天者、人心之廓都。天之爲教、莫非人心之表現。日月之氣、風雨不時、彗星之出、天爲民之亂見之。天人一氣、感無不應。故詔之妖祥、以戒不敬。人敬事、則與天合德而吉。不敬事、則與道舛馳而凶。蘇云、治要戒作誡、今君若設文而受諫、設、治要同。兪云、設疑說字之誤、說讀爲悅。下文云惡文而疏聖賢人、惡文與說文、正相對成義。謁聖賢人。言請教于聖賢之人。雖不去彗、星將自亡。星疑本作彗、承上句末彗字言、後人以爲重複。依上文妄改之。此言德洽人天、彗不能禍。今君嗜酒而並于樂、不勤民事。政不飾而寬于小人、玉篇修、飾也。言政不加修、而容悅小人。近讒好優、國語越語下信讒喜優優謂俳優。惡文而疏聖賢人、邪與正不並立。何暇去彗、去舊作在、蘇云、在疑作去。綰一案治要校勘同、今據改。茀又將見矣。孫云、茀、穀梁傳孛之爲言猶茀也。公忿然作色不說。及晏子卒、蘇云、治要及作無幾何。公出屛而立、屛舊作背、孫改立爲泣、云初學記作位屛而泣、白帖三十九亦作泣、今本泣作立、非。王云、此文本作公出屛而立、立卽泣字也。古者天子外屛、諸侯內屛。此言晏子卒、而朝無諫言。景公出屛而見羣臣、因思晏子而泣也。今本出屛作出背、則義不可通、初學記引作出位屛而泣、位字乃衍文耳。泣各本皆作立、考集韻泣字又音立、云叅泣疾皃、是泣與立同音、故哭泣之泣、亦通作立。羣書治要正作公出屛而立、蘇云、王說是。純一今據正。曰、嗚呼、昔者從夫子而遊公阜、治要無公阜二字。夫子一日而三責我、孫云、謂諫古而無死、據與我和、及禳彗星。左傳齊景公言古而無死、及據與我和事、在魯昭二十年。齊有彗星事、在魯昭二十六年。與景公自云一日三責者不合。然春秋經不書齊彗星、或左氏於二十六年、舉齊侯與晏子論陳氏之事、並溯晏子彗星之對、亦以彗星爲陳氏之祥也。是此書足證左傳之不及。太史公十二諸侯年表、誤以彗星在魯昭二十六年。今誰責寡人哉。外下十七章曰、昔者吾與夫子遊于公阜之上、一日而三不聽寡人、今其孰能然乎。初學記作今孰責寡人乎。孫云、誰、一本作孰。新序雜事篇用此文。蘇云、韓詩外傳十載此事、辭略而小異。純一案外上二章至六章、大恉均同。新序雜事四、用外上六章文、非用此文、孫說誤。

景公遊寒途不卹死胔晏子諫第十九

景公出遊于寒途、途從元刻、孫校本作塗、太平御覽四百八十六引同。睹死胔、孫云、御覽作瘠。下同。說文膌或从肉。漢書注臣瓚曰、枯骨曰骼、有肉曰胔、師古曰、才賜切。胔瘠、聲之緩急。默然不問。孫云、默、太平御覽作嘿、俗。晏子諫曰、昔吾先君桓公出遊、睹飢者與之食、飢從元刻。孫校本作饑非。睹疾者與之財、孫云、疾太平御覽作病。使令不勞力、不過勞民力。藉斂不費民。不多斂民財。藉、元本孫本均與籍錯出、盧校並改作藉、蘇從之。先君將遊、百姓皆說曰、君當幸游吾鄉乎。望惠施也。今君遊于寒途、據四十里之氓、殫財不足以奉斂、盡力不能以周役。財盡而斂不已、力竭而役未周。能下舊脫以字、今據上句增、文同一例。民氓飢寒凍餒、孫云、餒當爲餧。純一案氓與民、凍餒與飢寒、義並複。疑并注入正文、本作民以飢寒四字句。死胔相望、而君不問、失君道矣。無保民之仁心故。財屈力竭、下無以親上。民怨虐政如仇。屈與窮一聲之轉。驕泰奢侈、上無以親下、上且逆衆肆欲。上下交離、君臣無親、朝野相猜忌、君臣不惠忠。此三代之所以衰也。孫云、衰、一本作哀、非。今君行之、蹈三代之覆轍。嬰懼公族之危、以爲異姓之福也。公無德於民、安能保其族。田氏布私惠。因以資其福。公曰、然爲上而忘下、厚藉斂而忘民、此與上句儷文、藉字疑衍。吾罪大矣。于是斂死胔、發粟于民、于民、御覽作賑貧。據四十里之氓、氓從元刻、黃蘇校同。舊本及孫本俱作民。不服政其年。王云、其讀爲朞、不服政朞年、即王制所云期不從政也。下文公三月不出遊、三月與朞年正相對。純一案期不從政、謂一年不服政役也。公三月不出遊。稍自斂抑。此與外上八章詞異旨同。

景公衣狐白裘不知天寒晏子諫第二十

景公之時、雨雪三日而不霽。藝文類聚引作景公時、雨雪三日。公被狐白之裘、孫云、被、藝文類聚作披。純一案太平御覽六百九十四引作披、又卷十二、卷三十四、及文選曹子建贈丁儀詩注、謝玄暉郡內登望詩注、俱作被。意林同。坐于堂側階。舊作坐堂側陛、王云、此本作坐於堂側階。今本脫於字、階字又誤作陛。凡經傳中言坐於某處者、於字皆不可省。羣書治要、及鈔本北堂書鈔衣冠部三、並引作坐於堂側階。書鈔明陳禹謨本、依俗本晏子改階爲陛、而於字尚未删。意林、及文選何宴景福殿賦注、曹植贈丁儀詩注、謝朓郡內登望詩注、並引作坐於堂側。雖詳略不同、而皆有於字。又經傳皆言側階、顧命立于側階、雜記升自側階、無言側陛者。當依羣書治要、北堂書鈔、作坐于堂側階。純一今從之。晏子入見、立有間。此七字、御覽卷十二引省作見晏子、卷三十四省作晏子入。類聚同。公曰、孫云、意林作謂晏子曰。怪哉、雨雪三日而天不寒。孫云、意林作天下何不寒、純一案治要同此。御覽卷十二、卷三十四、卷六百九十四、文選雪賦注引、均作怪哉雨雪三日不寒、類聚同。曹子建贈丁儀詩注、引作天下不寒何也。晏子對曰、天不寒乎。公笑。晏子曰、嬰聞古之賢君、飽而知人之飢、溫而知人之寒、逸而知人之勞、治要同此。意林引作夫賢君飽則知人飢、溫則知人寒。文選雪賦注作古之賢者、飽而知飢、溫而知寒。北堂書鈔百五十二、作古之賢君、溫飽而能知民飢寒。曹子建贈丁儀詩注、作賢君飽知人飢、溫知人寒。太平御覽卷十二、及類聚。並作古之賢君、飽而知人飢、溫而知人寒。御覽卷三十四同、惟𥁕作暖。卷六百九十四、飽上𥁕上並加居字。均無逸而知人之勞句、竊以逸而知人之勞六字、與下文出裘發粟與飢寒無涉、疑係後人加入、當刪。今君不知也。公曰、善。寡人聞命矣。乃令出裘發粟、書鈔作出裘衣、發倉廩。以與飢寒者。以字者字舊脫、從王校補。孫云、出裘、意林作公乃出裘、御覽作脫裘。王云、案與上有以字、寒下有者字、而今本脫之、則語意不完。羣書治要、作以與飢寒。鈔本北堂書鈔天部四、作以拯飢寒。陳依俗本改爲與飢寒。文選雪賦注、作以與飢人。藝文類聚天部下、太平御覽天部十二、時序部十九、並作以與飢寒者、今從類聚御覽。絻一案書鈔有民皆悅之也五字。此章以衣被寒者爲主恉、因而發粟以周其急。出裘、大抵皮類可禦寒者。令所睹于塗者、無問其鄉。所睹于里者、無問其家。循國計數、無言其名。士既事者兼月、疾者兼歲。蘇云、兼月、兼一月之粟。兼歲、兼一歲之粟。事、謂已有職業可任者、故但兼月。疾則病苦無能爲之人、故須兼歲、乃可自給也。孔子聞之曰、晏子能明其所欲、景公能行其所善也。景公能如晏子之所欲以行仁政、故孔子善之、皆兼愛之心也。

景公異熒惑守虛而不去晏子諫第二十一

景公之時、熒惑守于虛、期年不去。公異之、召晏子而問曰、吾聞之、人行善者天賞之、行不善者天殃之。人行善自獲福、似天賞之。人行不善自致禍、似天殃之。先秦韻讀引此、脩賞殃當當當五字。古音諧十六庚引此、脩當當當三字。熒惑、天罰也。孫云、史記索隱引春秋文耀鉤、赤帝赤熛怒之神爲熒惑、位南方、禮失則罰出。今留虛、其孰當之。晏子曰、齊當之。公不說曰、天下大國十二、皆曰諸侯、齊獨何以當之。之字舊脫、從王校據上文補。晏子曰、虛、齊野也。孫云、御覽作齊之分野。且天之下殃、固于富彊。彊從元刻、孫蘇校同。舊本及歙局本皆作疆、黃云疆字譌。絻一案下、降也。言恃富彊而爲惡、天必殃之。左傳云、天之假助不善、非助之也、厚其凶惡而降之罰也。爲善不用、前十六章云、見善若避熱。孫云、太平御覽節其文、作當彊爲善、非。出政不行。音杭。言政令顚倒無理。賢人使遠、不從善而拒諫故。讒人反昌。問上三章云、辟邪阿黨、故讒諂之徒繇。

百姓疾怨、自爲祈祥。如前十二章云、一國詛、兩人祝是也。錄錄彊食、孫云、漢書蕭曹贊、錄錄未有奇節。師古曰、錄錄猶鹿鹿、言在凡鹿之中也。紀一案別雅五云、史記平原君傳、公等錄錄、廣韻引史記作娽娽。大抵聲之相通、形之相類、古人隨手引用、初不以義理求也、今惟習用碌碌字耳。進死何傷。言自趨於死地、而不知自傷。是以列舍無次、列舍卽列宿。文選郭景純遊仙詩注、引淮南許注、二十八宿、一宿爲一舍。言天人相感應、列宿亦亂其次序。變星有芒。言彗星見。熒惑回逆、回、返也。逆、迎也。言熒惑應變、回返而預爲兆。孽星在旁。孽星、猶太平御覽天部七之言祅星。謂祅星常守於其分野而不去、如在旁也。以上皆借天象以示警耳。有賢不用、安得不亡。言總因在不用賢。孟子盡心下篇曰、不信仁賢、則國空虛。墨子親士篇曰、緩賢忘士、而能以其國存者、未曾有也。孫云、上皆韻語。紀一案唐韻正十一庚行下引此文、先秦韻讀注陽部。古音諧十六庚引此。公曰、可去乎。對曰、可致者可去、不可致者不可去。公曰、寡人爲之若何。對曰、盍去冤聚之獄、使反田矣。冤獄釋、則民心安。耕者多、則民食足。散百官之財、施之民矣。易益彖傳曰、損上益下、民說无疆。振孤寡而敬老人矣。振孤寡以與仁、敬老人以敎孝。孫云、田民人爲韻。紀一案古音諧七眞引此。夫若是者、百惡可去、何獨是孽乎。孽指熒惑。言能行德政、則太和翔洽、一切惡孽自消。楚申包胥云、人定勝天。公曰、善。行之三月、而熒惑遷。此章要恉、敬主政者修德也。

景公將伐宋瞢二丈夫立而怒晏子諫第二十二

景公舉兵將伐宋、師過泰山。太平御覽三百七十八引古文瑣語曰、齊景公伐宋至曲陵。公瞢見二丈夫、立而怒、其怒甚盛。太平御覽三百九十九、引作公夢見二大夫、意怒甚盛。孫云、說文瞢、目不明也。古借爲夢字。公恐覺、辟門、孫云、辟讀如闢。召占瞢者。至。公曰、今夕吾瞢二丈夫立而怒、不知其所言、其怒甚盛、吾猶識其狀、識其聲。占瞢者曰、師過泰山而不用事、謂不祭泰山之神。故泰山之神怒也。請趣召祝史、祠乎泰山、則可。公曰、諾。明日、晏子朝見、公告之如占瞢之言也。

公曰、占夢者之言曰、師過泰山而不用事、故泰山之神怒也。今使人召祝史祠之。晏子俯、俯首而思。有間、對曰、占夢者不識也。此非泰山之神、是宋之先湯與伊尹也。公疑以爲泰山神。晏子曰、公疑之、則嬰請言湯伊尹之狀也。湯皙而長、頤以髯、舊湯下有質字、頤謂顔。孫云、詩毛傳皙、白皙。說文人色白也。藝文類聚作湯長頭而髯鬢、太平御覽作湯長頤而寡髮、一作長頭而髯、髯當爲髥。盧云、論衡死僞篇無質字、因下皙字誤衍、顔論衡作頤。純一案論衡作皙以長、與黑而短對文、皙上不應有質字。毛詩顔、額角豐滿也。與兌上矛盾、論衡作頤是。易頤鄭注、頤者、口車輔之名。釋名釋形體、輔車或曰頰車。凡繫於車、皆取在下載上物也。頤與豐下相應、今據論衡刪正。兌上豐下、孫云、兌讀如銳。盧云、論衡兌作銳、下同。倨身而揚聲。倨、論衡作据。史記司馬相如傳、据以驕驁。索隱引張揖、据、直項也。義同。孫云、太平御覽作高聲。公曰、然、是已。伊尹黑而短、蓬而髯、孫云、蓬、太平御覽作蓬頭。純一案荀子非相篇云、伊尹之狀、面無須麋、注麋與眉同。義與此異。豐上兌下、僂身而下聲。僂身、曲背也。公曰、然、是已。今若何。論衡作今奈何。言今將如之何。晏子曰、夫湯、太甲、武丁、祖乙、孫云、太甲、湯孫。武丁、小乙子。祖乙、何亶甲子。天下之盛君也。盛君、有德之君。不宜無後、今惟宋耳、而公伐之、故湯伊尹怒、請散師以平宋。以平宋、論衡作和於宋。言請遣散其師以與宋平、和好曰平。景公不用、蘇云、不用其言。終伐宋。晏子曰、公伐無罪之國、元刻如此。浙局本脫公字。言伐無罪之國、具有非攻之意。以怒明神、言干湯伊尹之怒。不易行以續蓄、續蓄、義不可通。蓄當爲菑、字之形誤。言既干神怒。仍不改行、適以續菑耳。菑、古灾字。進師以近過、進上疑脫終字、與上句對文。非嬰所知也。師若果進、軍必有殃。晏子言盡於此。軍進再舍、軍行三十里爲一舍。鼓毀將殪。孫云、將讀將帥。說文殪、死也。公乃辭乎晏子、散師、不果伐宋。孫云、太平御覽引古文瑣語曰、齊景公伐宋至曲陵、夢見有短丈夫賓於前。晏子曰、君所夢者何如哉。（純一案鮑刻御覽無者字）公曰、其賓者甚短、大小上（純一案鮑刻作大上小下應作小上大下）、其言甚怒、好悅（純一案鮑刻作俛是下同）晏子曰、如是則伊尹也。伊尹甚（純一案鮑刻有大而短三字是）

大上小下、赤色而髯、其言好倪而下聲、公白是矣。晏子曰、是怒君師、不如違之。公遂不果伐宋。純一案此章要旨爲非攻。謂不可以齊之强、淩宋之弱也。

景公從畋十八日不返國晏子諫第二十三

景公畋于署梁、孫云、地名未詳。蘇云、韓詩外傳作齊景公出田。純一案藝文類聚二十四作景公畋、六十六畋作田。御覽四百五十六作畋、三百七十六作田。十有八日而不返。孫云、藝文類聚作反。純一案御覽三百七十六作返、四百五十六作反。類聚六十六無而字。蘇云、韓詩外傳八作七。晏子自國往見公、類聚二十四作晏子往見公。御覽三百七十六同。四百五十六作晏子因往見公。蘇云、韓詩外傳作晏子乘而往。比至、類聚六十六比至作而。衣冠不正、類聚二十四不上有盡字。不革衣冠、望游而馳。孫云、說文游、旌旗之旒也。蘇云、韓詩外傳無此八字。公望見晏子、下車逆勞曰、舊作下而急帶曰、孫云、急束其帶也。藝文類聚（純一案六十六）作下車急曰、一作逆勞曰、（純一案類聚二十四）帶與勞字相似、或當爲逆勞。蘇云、韓詩外傳、作景公見而怪之曰。純一案下而急帶、文不成義、當是下車逆勞之譌。今據孫校改。夫子何爲遽、孫云。藝文類聚作遽至。蘇云、韓詩外傳作夫子何遽乎、拾補據改。純一案御覽三百七十六作夫子何遽、四百五十六作何其遽。遽、疾也。卒也。國家得無有故乎。舊無得字、孫云、無有、藝文類聚作得無有、太平御覽作得無。王云、案無上有得字、而今本脫之。雜上篇諸侯得微有故乎、國家得微有事乎、微、無也。文義正與此同。韓詩外傳十作得無有急乎。藝文類聚人部八、產業部下、太平御覽人事部十七、九十七、並引作得無有故乎。純一今據補。案故當從韓詩外傳作急。下文不亦急也、正承此而言。今作故、則與急不相應矣。晏子對曰、不亦急也。也讀爲邪。孫云、藝文類聚作無急也。蘇云、韓詩外傳作晏子對曰然有急、無下句。雖然、嬰願有復也。復、白也。國人皆以君爲安于野而不安于國。兩于字舊脫、從黃校據御覽四百五十六補。案類聚二十四、無爲字及兩于字、六十六省作國人皆謂君安野而好獸。御覽三百七十六同、惟謂作以。好獸而惡民、類聚作人。蘇云、韓詩外傳作國人皆以君爲惡民好禽。此下載臣聞之魚鼈厭深淵而就乾淺云云、與此少異。毋乃不可乎。公曰、何哉。吾爲夫婦獄訟之不正乎、王云、吾字不當有、蓋衍文也、韓詩外傳太平御覽皆無。劉云、吾字不可通、吾蓋若字之訛。純一案劉說是。則泰士子牛存矣。孫云、泰士官、子牛名。孟子皋陶爲士。韓詩外傳作爲獄不中邪、則大理子幾在。蘇云、泰士、即曲禮下六大中之大士。泰、大同。鄭注云、大士以神仕、大士正獄訟。蓋若秋官士師、察獄訟之辭矣。爲社稷宗廟之不享乎、則泰祝子游存矣、孫云、泰祝官、子游名。韓詩外傳作祝人泰宰在。蘇云、泰祝、卽曲禮六大中之大祝。周禮、大祝掌六祝之辭、以事鬼神示、卽此也。爲諸侯賓客莫之應乎、則行人子羽存矣。孫云、行人官、子羽名。黃云、子羽、韓詩外傳作子牛。爲田野之不辟、倉庫之不實乎、乎字舊脫、從蘇校補、與上文一律。孫云、辟讀如闢。庫、太平御覽作廩。則申田存矣。此脫人名。矣舊作焉、據御覽三百七十六改、與上下文一律。孫云、韓詩外傳作爲國家有餘不足邪、則巫賢在。俞云、申田、官名也。申當爲司。史記留侯世家、以良爲韓申徒。徐廣曰、申徒卽司徒耳、但語音訛轉、故字亦隨改。莊子大宗師篇申徒狄、釋文曰、崔本作司徒狄。是申與司古通用、申田卽司田也。管子小匡篇、墾草入邑辟土聚粟多衆、盡地之利、臣不如寗戚、請立爲大司田、此齊有司田之證。黃云、俞說申田卽司田是也。但齊之司田、自有申田之名。管子立政篇、辭敍虞師之事、司空之事、申田之事、鄉師之事、工師之事。云相高下、視肥墝、觀地宜、明詔期前後、農夫以時均修焉、申田之事也。今本管子申又譌由、王氏雜志以爲衍文、失之。蘇云、黃說是。爲國家之有餘不足聘乎、盧云、聘字衍。純一案御覽三百七十六引同。語意不明、疑有譌奪。則吾子存矣。寡人之有五子、孫云、藝文類聚、太平御覽、作吾子。猶心之有四支。類聚六十六、御覽四百五十六、並有也字。心有四支、孫云、韓詩外傳作肢。故心得佚焉。常人四支有佚時、心無佚時。此云心有四支而得佚者、妄也。今寡人有五子、故寡人得佚焉、類聚作有四支故心有佚、寡人有吾子故寡人佚也。豈不可哉。晏子對曰、嬰聞之與君言異孫云、太平御覽作言與君異。純一案鮑刻御覽四百五十六同此。孫所見本不同。此文疑當作嬰所聞與君言異。若乃心之有四支、而心得佚焉則可、則可舊作可得、王云、可得二字、與上下文義皆不貫。可得本作則可。則可者、承上之詞、與下文不亦久乎相應。今本作可得者、得字涉上文得佚而衍、又脫去則字耳。韓詩外傳作人心有四肢而得代焉則善矣、令四肢無心十有七日不死乎、文雖異而義則同。藝文類聚產業部、引作若心有四支而得佚則可。太平御覽人事部九十七、引作乃若心之有四支而心得佚焉則可。今據以訂正。純一從之。令四支無心十有八日、不亦久乎。公于是罷畋而歸。御覽四百五十六畋作田、無而字。三百七十六作公罷田而返。類聚六十六作公乃罷田而歸。孫云、藝文類聚(二十四)作罷田卽日歸。

韓詩外傳(十)用此文。

景公欲誅駭鳥野人晏子諫第二十四

景公射鳥、野人駭之。孫云、驚鳥令去也。公怒、令吏誅之。羣書治要、太平御覽九百十四引、並脫怒字。晏子曰、野人不知也。御覽四百五十六引人下有實字。臣聞賞無功謂之亂、蘇云、治要聞下有之字。純一案御覽四百五十六同。罪不知謂之虐。御覽謂下有人字、非。兩者、先王之禁也。以飛鳥犯先王之禁、不可。今君不明先王之制、而無仁義之心、是以從欲而輕誅。蘇云、從、猶縱也。曲禮欲不可從、從亦讀縱。治要有也字。純一案先王制禁、仁民愛物、所以充不忍之心、行不忍之政、保合太和也。景公縱欲犯禁、失本性之眞矣。呂氏春秋知度篇曰、治道之要、存乎知性命、旨哉。夫鳥獸固人之養也、治要同。御覽九百十四引作鳥獸故非人所養。野人駭之、不亦宜乎。公曰、善。自今已來、來舊作後、王云、自今已後、本作自今已來。後人習聞自古已來之語、罕見自今已來之文、故改來爲後也。不知自今已來、猶言自今已往也。羣書治要、及太平御覽人事部九十七、羽族部一、引晏子皆作自今已來。純一今據改。案治要作自今以來。御覽四百五十六作自爾以來、九百十四作自爾已來。以、已同。弛鳥獸之禁、孫云、弛、太平御覽作未有。純一案御覽見四百五十六。又九百十四作一弛。無以苛民也。蘇云、治要苛作拘。純一案此章要指、在仁民愛物、所以貴兼也。此與下章並外十三章大旨同。

景公所愛馬死欲誅圉人晏子諫第二十五

景公使圉人養所愛馬、羣書治要脫人字。暴病死。病字舊脫、從王校補。孫云、詩傳暴、疾也。說文暴、疾有所趣也。玉篇步到切。王云、此本作景公使人養所愛馬、無圉字。今本有之者、後人依說苑正諫篇加之也。案說苑曰、景公有馬、其圉人殺之。下文曰使吾君以馬之故殺圉人、二圉人上下相應。此文但言使人養馬、而無圉人之文。故下文亦但言殺養馬者、而不言殺圉人。若此文作圉人、則與下文不相應矣。又此章標題、本作景公所愛馬死、欲誅養馬者。今本養馬者作圉人、亦後人所改。羣書治要、及藝文類聚獸部上、太平御覽人事部九十七、獸部八、引此皆無圉字。又案暴死二字、文義不明。藝文類聚人部八作暴死、亦後人以俗本晏子改之。羣書治要、及太平御覽人事部、皆作暴病死。藝文類聚獸部、太平御覽獸部、皆作馬病死。文雖不同、而皆有病字、于義爲長。蘇云、韓詩外傳載一事大同、彼作齊有得罪于景公者。公怒、令人操刀、解養馬者。孫云、太平御覽作持。蘇云、治要令作命。純一案治要脫怒字、類聚九十三解作殺。是時晏子侍前、左右執刀而進。晏子止之、之字舊脫、語意不完。從盧王校據羣書治要、及太平御覽四百五十六補。而問于公曰、古時堯舜支解人、從何軀始。舊無古時二字、孫云、軀太平御覽作體。王云、羣書治要作敢問古時堯舜支解人、從何軀始、是也。今本脫敢問古時四字、則語意唐突。太平御覽人事部、亦有古時二字。盧云、日下御覽有古者二字。純一案者或昔之形譌。上文有問字、敢問二字可省、今據增古時二字。晏子此問、足以發景公之深省、啟迪其與堯舜同具之仁心。韓詩外傳八作景公大怒、縛置之殿下、召左右肢解之、敢諫者誅。晏子左手持頭、右手磨刀、仰而問曰、古者明王聖主、其肢解人、不審從何肢解始也。公懼然曰、懼舊作矍、孫云、矍太平御覽作懼。王云、矍本作懼、此後人不曉懼然之義、而以意改之也、不知懼然即瞿然也。說文䀠、九遇切、舉目驚䀠然也。經傳通作瞿、檀弓公瞿然失席是也。又通作懼、大戴記用兵篇公懼焉曰、懼焉即瞿然。莊子庚桑楚篇、南榮趎懼然顧其後。漢書惠紀贊、聞叔孫通之諫則懼然。皆驚貌也。羣書治要、及鈔本御覽人事部、並作公懼然、刻本改爲矍然。純一案王說是、今據正。從寡人始、俞云、晏子問支解人從何軀始、而公遽云從寡人始、語殊不倫。據韓詩外傳作景公離席曰、縱之、罪在寡人。疑晏子本作公矍然曰從之。從即縱也。寡人始三字、必有奪誤。或亦如外傳文、或文不必同、而意則必相近也。蘇云、從寡人始不誤。蓋景公悔心乍萌、率爾而對。若既縱之矣、下何以云屬獄乎。治要無此句、及下六字。純一案此文當作支解人從寡人始、今本脫支解人三字、故俞云語殊不倫。公因晏子之問、懼然驚悟堯舜不支解人。乃曰支解人從寡人始、不可爲也、遂不支解。蓋是非之心、感於堯舜之盛德、一時頓現也。遂不支解。孫云、御覽遂下有止字。公曰、蘇云、二字當衍。純一案公字蒙上可省、曰字不可少。以屬獄。晏子曰、此不知其罪而死、王云、羣書治要、及太平御覽人事部、皆無此七字、今有之者、亦後人依說苑加之。臣請爲君數之、舊無請字、王云、說苑作臣請爲君數之。羣書治要、及藝文類聚人部歎部、太平御覽人事部歎部、白帖三十九、皆作請數之。今本依說苑加臣爲君三字、而脫去請字。案下文公曰可、即可晏子之請也、則原有請字明矣。故說苑亦有請字。外上篇記諫殺顏燭鄒事、亦曰請數之以其罪而殺之。純一今據補。使自知其罪、舊脫自字、從盧蘇校、據治要補。然後屬之獄。屬舊作致、從孫校據御覽改。此句承上文以屬獄言、亦與下文今以屬獄協。若作致、則不相應。公曰、可。晏子數之曰、孫云、沈啟南本下有注云、或作景公有馬、其圉人殺之。公怒、援戈將自擊之。晏子曰、此不知其罪而死、臣請爲君數之、令知其罪而殺之。公曰、諾。晏子舉戈而臨之云云。是說苑文。黃云、原本子誤乎、今正。純一案元刻與治要正作子。沈注與元本同。爾罪有三。蘇云、治要作爾有三罪。純一案類聚九十三同治要、二十四作爾有罪三。

公使汝養馬而殺之、當死罪一也。孫云、類聚作一當死也、下作二當死也、三當死也。純一案類聚見九十三。又殺公之所最善馬、孫云、善御覽作愛。盧云、御覽無最字。當死罪二也。使公以一馬之故而殺人、百姓聞之、必怨吾君、諸侯聞之、必輕吾國。孫云、藝文類聚怨下有叛字、輕下有伐字。純一案此十大字、亦見諫下二十三章。汝一殺公馬、舊脫一字、從孫校據御覽補。使公怨積于百姓、兵弱于鄰國。公字舊脫、據御覽四百五十六補。當死罪三也。句首舊緣上文衍汝字、從蘇校刪。今以屬獄。蘇云、治要今作令、疑形近而譌。純一案御覽今亦譌令。墨子魯問篇曰、所謂忠臣者、上有過則微之以諫。晏子足以當之。

公喟然歎曰、夫子釋之、夫子釋之、孫云、釋、藝文類聚作舍、一作赦。太平御覽作赦。勿傷吾仁也。孫云、說苑正諫篇用此文。王云、羣書治要、及藝文類聚人部歡部、太平御覽人事部歡部、皆但有公喟然曰赦之大字。今本夫子釋之三句、皆後人依說苑加之。歎字亦後人所加。蘇云、治要載此章在雜上。

晏子春秋校注卷二

漢陽張純一仲如

内篇諫下第二 凡二十五章

景公藉重而獄多欲託晏子晏子諫第一

景公藉重而獄多、盧云、藉即藉斂。拘者滿圄、進科爲罪。孫云、據此及左傳圄伯嬴于轑陽之文、知囹圄非秦獄名。說文圉、囹圄、所以拘罪人。怨者滿朝。太平御覽四百八十三、又六百四十三、引此文並同。案怨因藉重而興、屬民言、則怨者必滿野。下文云左右爭之甚于胡狗、則怨者亦滿朝。此文疑本作拘者滿囹圄、怨者滿朝野。因傳寫脫囹字、校者又刪野字耳。晏子諫、公不聽。公謂晏子曰、夫獄、國之重官也、願託之夫子。晏子對曰、君將使嬰勑其功乎、孫云、說文敕、戒也。勑、勞也。經典多用勑爲敕。呂氏春秋田事既飭、高誘注飭讀作勑、勑督田事。是此勑當讀飭也。盧云、勑通敕、功謂功效也。下云勑其意、謂革民之心也。則嬰有壹妾能書、足以治之矣。妾舊作安、俞云、嬰安疑妾字之誤。有一妾能書足以治之、極言治之之易、雖婦女可也。下文曰則君使吏比而焚之而已矣。蓋兩語皆滑稽之詞、故景公不說也。純一案俞說是、今據改、下同。言能省刑恤民之苦、有如婦女之仁慈、足以收治獄之效。君將使嬰勑其意乎、夫民無欲殘其家室之生以奉暴上之僻者、則君使吏比而焚之而已矣。言民積怨、因暴斂耳。君試使一廉吏、焚其比戶之租券、可立得其懽心。孫云、言焚其讞也。蘇云、孫說是。勑意、所謂革心也。革心上德、故讞可焚。下云常致其苦、而嚴聽其獄、痛誅其罪、非嬰所知。正承此反言以詰公不焚讞之非耳。景公不說曰、勑其功、則使壹妾、勑其意、則比而焚、舊脫而字、據上文補、蘇校同。云句絕。如是猶云若是、屬下爲義。如是、夫子無所謂能治國乎。晏子曰、嬰聞與君異。今夫胡狢戎狄之蓄狗也、孫云、狢當爲貉。多者十有餘、寡者五六、然不相害傷。各足其欲故。今束雞豚妄投之、其折骨決皮、孫云、言爭雞豚而相傷也。可立見也。見舊譌得、兪云、得字義不可通、乃見字之譌。史記趙世家未得一城、趙策得作見。留侯世家果見穀城山下黃石、漢書見作得。蓋得字古作㝵、其上從見、故見得二字、往往相混。純一案兪說是、今據改。且夫上正其治、下審其論、蘇云、論讀爲倫。倫等也、言審其貴賤之等也。作論者、借字耳。易屯象傳君子以經論、釋文音倫。荀爽曰、論、理也。逸周書官人篇、規小物而不知大倫、大戴記倫作論。並論倫通之證。則貴賤不相踰越。今君舉千鍾爵祿、而妄投之于左右。左右爭之、甚于胡狗。而公不知也。寸之管無當、孫云、文選三都賦序、玉巵無當。劉淵林注、當、底也。去聲。天下不能足之以粟。今齊國丈夫耕、女子織、夜以接日、不足以奉上。晏子兼愛之心如揭。而君側皆彫文刻鏤之觀、彫從元刻、浙局本作雕、孫云、彫正字。純一案此卽墨家非樂之指。此無當之管也、而君終不知。五尺童子操寸之熛、熛舊譌煙、王引之云、火能燒薪、煙則不能燒薪、煙當爲熛、下操煙同。說文熛、火飛也。讀若標。一切經音義十四引三倉曰、熛迸火也。淮南說林篇曰、一家失熛、百家皆燒。史記淮陰侯傳曰、熛至風起。漢書敍傳曰、勝廣熛起、梁籍扇烈。是熛卽火也。故曰操寸之熛。天下不能足之以薪。熛煙字相似、世人多見煙、少見熛、故諸書熛字多譌作煙、說見呂氏春秋煙火下、純一案王說是、今據改下同。今君之左右、皆操熛之徒、而君終不知。天下不能足之以薪。之字舊脫、從王蘇校補、與上文一例。今君之左右、皆操熛之徒、而君終不知。鐘鼓成肆、蘇云、肆猶列也。干戚成舞、此必奪民衣食之財而爲之。雖禹不能禁民之觀。墨子非樂篇曰、與君子聽之、廢君子之聽治。與賤人聽之、廢賤人之從事。晏子意同。且夫飾民之欲、而嚴其聽、禁其心、飾者、加以文采之謂、民之欲難制而易縱、今引而修之、又從而嚴禁之、猶決其隄而止水之不氾濫也、故聖人猶難之。聖人所難也、而況奪其財而飢之、勞其力而疲之、是之謂殘民之生。孫校本如此、元刻脫之字。常致其苦、而嚴聽其獄、痛誅其罪、是之謂蠹上。非嬰所知也。

景公欲殺犯所愛之槐者晏子諫第二

景公有所愛槐、令吏謹守之、藝文類聚二十四又八十八引、並無謹字。植木縣之下令曰之下二字疑衍。犯槐者刑、傷槐者死。下槐字舊作之、孫云、傷之、藝文類聚作傷槐。盧云、之列女傳作槐字。則虞案太平御覽四百五十六、又五百十九、又九百五十四引、之均作槐、今並據改。有不聞令、醉而犯之者。孫云、令御覽作命、同。醉、藝文類聚一作過、御覽作過、則虞案鮑刻御覽四百五十六、又五百十九、並作令。犯、類聚八十八作傷。公聞之曰、是先犯我令、使吏拘之、且加罪焉。孫云、藝文類聚作君令收而拘之、將加罪焉、一作加刑。盧云、且、御覽作將。其子往晏子之家說曰、舊往下有辭字、說作託。從黃校據太平御覽刪正。孫本子上據御覽增女字。洪云、左氏成二年傳、必以蕭同叔子爲質、杜預注子、女也。孟子告子下踰東家牆而摟其處子、趙岐注處子、處女也。凡言子者、男女之通稱。俗本、子上增女字、非是。黃云、元刻本作其子往、無女字。負郭之民賤妾、郭舊作廓、俗、從孫校改。與城郭相依曰負郭。請有道于相國。言晉謁于有道之相國。不勝其欲、欲、猶願也。願得充數乎下陳。言願充侍妾後列之數。晏子聞之笑曰、嬰其淫于色乎、其猶豈也、言嬰豈淫于色乎、何爲年老而見奔女。雖下三章曰、我其嘗殺不辜誅無罪邪。其亦當讀豈、與此同。何爲老而見奔。孫云、見淫奔也。雖然是必有故、令內之。內、納同。言令其入。女子入門、女子、列女傳作既。晏子望見之曰、怪哉、有深憂、憂形於色。進而問焉、曰所憂何也。邪同對曰、君樹槐縣令、犯之者刑、傷之者死。妾父不仁、孫詒讓云、仁讀爲佞。徐鍇本說文女部云、佞巧讇高材也。从女、仁聲、不仁卽不佞、言不材也。不聞令、醉而犯之、吏將加罪焉。妾聞之、明君蒞國立政、不損祿、不輕損人之祿。不益刑、不淫刑於法外。又不以私恚害公灋、孫云、說文恚、怒也。則虞案犯槐所觸者私恚、非公法所禁、故曰不以私恚害公法。不爲禽獸傷人民、人民貴於禽獸故。不爲草木傷禽獸、有情貴於無情故。不爲野草傷禾苗。人非禾苗不生活、故禾苗貴於野草、槐不過野草類耳。吾君欲以樹木之故、殺妾父、是以私恚害公法、且視民命賤於草木。孤妾身。謂益法外之刑、豈惟損人之祿。此令行于民而灋于國矣。文有脫誤、疑本作此令可行于民而法于國乎。言此令豈可通行于民間而爲一國之明法乎。今本令下脫可字、乎又譌矣、義遂不可通。雖然、妾聞之、勇士不以衆彊凌孤獨、以衆強淩孤獨、不義可恥、故勇士不爲。明惠之君惠、慧。鐵不拂是以行其所欲。是者、非之反。拂違戾也。言不違反正理以逞邪僻之欲。孫云、獨欲爲韻。純一案古音諧六屋引此。此譬之猶自治魚鼈者也、去其腥臊者而已。盧云、此與下昧墨教人危坐、兩喻俱不甚可了。或以去其腥臊、則於魚鼈無傷也。昧墨猶言黑暗、黑暗之中教人危坐、人其從之乎、言人不能從也。蘇云、腥臊、皆害魚鼈之味者。治魚鼈但去其害味之物、不全棄魚鼈。以喻治國者、但去其有害于國之人、不欲以小故而全去之也。昧墨而與人比居、而字舊脫、據下句補、文同一例。庚肆而教人危坐。昧墨猶言黑暗、黑暗而與人比居、動輒恐遭危害。庚肆、無屋之露肆。於此教人危坐、身心烏得安甯。皆喻法令之苛、人民手足將無所措。下有脫文。今君出令于民、苟可灋于國、而益善于後世。孫云、可一本作有。則父死亦當矣、妾爲之收亦宜矣。收謂棺斂。甚乎今之令、不然以樹木之故、罪灋妾父。法疑當作殺、下文刑殺不辜謂之賊、可證。言以樹木之故、加罪于妾父而殺之、不能益善於後世甚矣。今作罪法妾父、文義不明。妾恐其傷察吏之灋、而害明君之義也。二句、太平御覽五百十九、作恐害明君之政、損明君之義。察吏、列女傳作執政。鄰國聞之、皆謂吾君愛樹而賤人、其可乎。御覽九百五十四、作謂君愛槐而殘人可乎。言使吏失察、君失明、且使貴賤顚倒、濫刑之聲傳遍各國、烏乎可。願相國察妾言、以裁犯禁者。裁者、量度體制而斷決之也。晏子曰、甚矣、吾將爲子言之于君。使人送之歸。明日、早朝、早從孫本、元刻作蚤。而復于公曰、復、白也。嬰聞之、窮民財力以供嗜欲謂之暴。孫云、供太平御覽作從。崇玩好、威嚴擬乎君、謂之逆。盧云、言一玩好之物耳、而其威嚴乃擬乎君、犯之則有罪也。列女傳作嚴威令、下同、似非。刑殺不稱、謂之賊。稱舊作辜、王云、不辜本作不稱、此後人以意改也。不稱、謂不當也。下文曰刑殺不稱賊民之深者、卽承此文言之。太平御覽人事部九十七引此、正作刑殺不稱謂之賊。列女傳辯通篇作不正、亦是不稱之意、故知辜字爲後人所改。純一今據正。此三者、守國之大殃也。也字舊脫、從黃校據御覽補。今君窮民財力、以美飲食之具、美飲舊譌羨餒、盧云、列女傳作美飲食之具。王云、飲食與鐘鼓宮室對文。純一今據正。縣鐘鼓之樂、極宮室之觀、行暴之大者。崇玩好、縣愛槐之令、載過者馳、步過者趨、威嚴擬乎君、逆民之明者。舊衍也字、據上下文刪、蘇校同。民字舊脫、案列女傳作威嚴令是逆民之明者也。威嚴令三字不詞、當從此作威嚴擬乎君、是逆民之明者。謂君尊槐而賤民、違反民意、甚顯明也。今據補。犯槐者刑、傷槐者死、刑殺不稱、孫云、藝文類聚作刑煞。黃云、元刻脫刑字。賊民之深者。類聚者下有也字。賊民即賊自心之仁、孟子曰、賊仁者謂之賊。君享國、孫云、享藝文類聚作饗。純一案御覽四百五十六同。德行未見于衆、孫云、衆、御覽作民。而三辟著于國、類聚三作刑。蘇云、三辟、辠逆賊。嬰恐其不可以莅國子民也。民、御覽作人、非。公曰、孫云、類聚御覽、下有善字。微大夫教寡人、幾有大罪、以累社稷。今子大夫教之、社稷之福、寡人受命矣。晏子出、公令吏罷守槐之役、吏舊作趣、從黃校據御覽五百十九改。拔置縣之木、廢傷槐之灋、出犯槐之囚。孫云、列女傳齊傷槐女者、傷槐衍之女也、名婧云云。事與此同。純一案列女傳文與此異、宜參稽。此章與下章及外上九章外下十一章指同。

景公逐得斬竹者囚之晏子諫第三

景公樹竹、令吏謹守之。藝文類聚二十四、初學記二十引、並無謹字。公出、過之、有斬竹者焉。類聚及初學記、並無焉字。公以車逐、盧云、初學記有之字。得而拘之、將加罪焉。晏子入見曰、君亦聞吾先君丁公乎。上君字從孫校本、蓋據藝文類聚改。元刻作公。類聚無亦字。公曰、何如。晏子曰、丁公伐曲城、城舊作沃、王云、曲沃本作曲城、此後人妄改之也。曲城一作曲成、漢書地理志、東萊郡有曲成縣。高帝六年、封蟲達爲曲成侯者也。其故城在今萊州府掖縣東北。史記齊世家云、太公東就國、萊侯來伐、與之爭營邱。又云營邱邊萊。然則齊萊接壤、故丁公有伐曲城之事。若春秋之曲沃、卽今之絳州聞喜縣。東距營邱二千餘里、丁公安得有伐曲沃之事乎。藝文類聚人部八引此、正作伐曲城。純一今據改。勝之、止其財、禁止財物出城。出其民、公日自莅之、日字從元刻、舊譌曰、黃蘇並從盧校作日。有輿死人以出者、公怪之、令吏視之、類聚無吏字。則其中有金與玉焉。有字舊脫、文義不明。從王校據藝文類聚補。類聚無與字。吏請殺其人、收其金玉。公曰、以兵降城、孫云、降類聚作攻。以衆圖財、圖元刻孫本並譌圖、孫據類聚正、蘇從之。不仁。說文仁、親也、从人二。言彼此密相親愛也。今以兵逞強、以衆行劫、不仁甚矣。且吾聞之、君人者君人舊倒、據類聚及初學記乙。寬惠慈衆、不身傳誅。孫云、傳讀爲專。類聚作身不妄誅。令捨之。孫云、類聚作令吏舍之。公曰、善。晏子退、公令出斬竹之囚。

景公以搏治之兵未成功將殺之晏子諫第四

景公令兵搏治、王云、治者、甎也。搏治、謂搏土爲甎。廣雅曰、治、甎也。當臈、冰月之間而寒、孫云、臈當爲臘。左傳、虞不臘矣、說文、冬至後三戌、臘祭百神。浙刻本改臘。民多凍餒、而功不成。公怒曰、爲我殺兵二人。晏子曰、諾。少爲閒、爲字疑衍。晏子曰、昔者先君莊公之伐于晉也、于字衍。其役殺兵四人。下有脫文、義不可曉。閱上二章、載莊公伐晉。事在左傳襄二十三年、史記齊世家莊公四年、均未見殺兵四人事、今亦無考。揣晏子之意、或以莊公恣意殺兵四人、未幾身滅于崔氏。以好殺人者終被人殺、用示警耳。今令而殺兵二人、而字衍。是殺師之半也。殺師從元刻、浙刻本倒。盧云、元刻是、黃云、淩本同元刻。公曰、諾、是寡人之過也。令止之。

景公冬起大臺之役晏子諫第五

晏子使于魯、比其返也、此四字、蓋後人妄加。下文國人望晏子、望其返也。晏子至、晏子返也。則此處不應有比其返也四字明矣、當删。景公使國人起大臺之役、歲寒不已、凍餒者鄉有焉。舊餒下衍之字、從盧校删。藝文類聚作景公起大臺、歲寒、役之凍餒者鄉有焉。初學記同。北堂書鈔百五十六作役者凍餒、餘同類聚初學記。國人望晏子、晏子至、已復事、公延坐、延從孫校本、元刻作迺。孫云、藝文類聚作公延晏子坐。今本延作迺、非。純一案初學記同類聚、書鈔作延晏子坐。飲酒、樂。晏子曰、君若賜臣、臣請歌之。歌曰、庶民之言曰、凍水洗我若之何、書鈔無曰字、水作冰是。凍冰洗我、謂將凍死於冰水中也。若之何、奈之何也。太上靡散我若之何。孫云、太上、尊辭。散、藝文類聚作弊是。江有誥云、洗、叶音線、散音線、元文通韻。純一案古音諧九寒上聲引此。散弊誼同。太上靡散我、謂太上不容我生存也。書鈔太作奉。蘇云、此歌一作庶民之餧我若之何、奉上糜散我若之何、與此小異、見廣文選。靡散一作糜、見梅氏古樂苑引。歌終、喟然歎而流涕。王云、歎而二字、後人所加。上言喟然、下見流涕、則喟然之爲歎可知、無庸更加歎而二字。藝文類聚歲時部下、初學記人部中、並引作喟然流涕、無歎而二字。諫上篇公喟然、後人加歎字、謬與此同。純一案書鈔作喟然而流涕、歎字當刪。晏子心誠愛民、故能動公。公就止之曰、夫子曷爲至此、殆爲大臺之役夫、夫、猶乎也。寡人將速罷之。類聚作公止之日、子殆爲大臺之役夫、寡人將罷。案罷下脫之字。初學記文同。罷下有之字、役下脫夫字。晏子再拜、爲凍餧者拜也。出而不言、善則歸君故。遂如大臺。如、往也。執朴、鞭其不務者。不務、不勤也。不勤非惟從公不忠、且愈覺寒而增怨、故鞭之。蓋愛人以德之心入微矣。曰、吾細人也、皆有蓋廬、以避燥溼。溼從孫本、元刻作濕。盧云、蓋音盍。濕正作溼、下皆同。案此以宋子罕事傅會之耳。俞云、蓋乃盍字之誤、盍讀爲闔。襄十七年左傳、吾儕小人皆有闔廬、以避燥溼寒暑、語意與此同。蘇云、左傳載子罕事大同、其下章即載晏子事、疑記者連上章並誤以爲晏子事、因大臺之役以成其說耳。今君爲一臺而不速成、舊脫今字、一作壹。從御覽一百七十七及左傳增訂。何以爲役。舊脫以字役字、文義不完。從蘇校據左傳增。國人皆曰、晏子助天爲虐。君子之所爲、衆人固不識。晏子歸、未至、尙未到家。而君出令、趣罷役、趣、催促也。車馳而人趨。各疾走也。仲尼聞之、喟然歎曰、古之善爲人臣者、聲名歸之君、禍災歸之身、墨子魯問篇曰、美善在上、而怨讎在下。安樂在君、而憂慼在臣。晏子有焉。此儒墨所同也。入則切磋其君之不善、孫云、磋當爲瑳。純一案器非切磋不美、故以爲喩。出則高譽其君之德義。所以安民心而利國事。是以雖事惰君、能使垂衣裳、朝諸侯、不敢伐其功。易繫辭下黃帝堯舜垂衣裳而天下治、蓋取諸乾坤。垂衣裳、言无爲也。朝諸侯、致諸侯來朝也。不敢伐其功、言功成而不居也。此知晏子不獨爲墨家、兼具道家儒家之要妙、蓋其道本同也。當此道者、其晏子是耶。此與下章並外上十二章大旨同。

景公爲長庲欲美之晏子諫第六

景公爲長庲、元刻注云庲、舍也。孫云、太平御覽注云、音來、舍也。玉篇同。當爲㯩省文。將欲美之、有風雨作、公與晏子入坐飲酒、致堂上之樂、酒酣、晏子作歌曰、穗兮不得穫。兮舊作乎、王云、穗乎本作穗兮、與下句文同一例。隸書兮乎相似、故兮誤爲乎。太平御覽人事部九十七引此、正作穗兮。純一兮據改。蘇云、虞喜志林云、禾有穗兮不得穫、作兮是。秋風至兮殫零落。孫云、殫、太平御覽作草或單字。言盡零落也、穫落爲韻。純一案古音諧五昔引此。風雨之拂殺也。拂從孫本。孫云、殺讀如䊔。說文䊔䊔、散之也。黃云、拂、元刻作弗、淩本同。弗、古拂字。御覽作拂殺之、下作靡弊之、無太上之三字。太上之靡弊也。晏子之心、昭昭然爲百姓憂不足、與墨子同。孫云、殺弊爲韻。純一案唐韻正十四黠殺、所八切。去聲則所介切。引此文爲古韻之證。古音諧二月引此。江有誥云、穫落韻魚部。弊音蹩、殺散韻、祭部。歌終、顧而流涕、張躬而舞。王云、張躬、卽張肱也。躬字古讀若肱、故與肱通。漢司隸校尉楊渙石門頌、川澤股躬、躬卽肱字。故左傳鄭公孫黑肱、字子張。公就晏子而止之曰、今日夫子爲賜、而誡于寡人。孫云、誡御覽作識。是寡人之罪。遂廢酒罷役、不果成長庲。

景公爲鄒之長塗晏子諫第七

景公築路寢之臺、孫云、公羊傳路寢者何、正寢也。三年未息、又爲長庲之役、蘇云、治要又上有而字。二年未息、又爲鄒之長塗。治要作途、下同。晏子諫曰、百姓之力勤矣、勤、勞甚也。公不息乎。言當息事以恤民力。蘇云、治要公作君。公曰、塗將成矣、請成而息之。對曰、君屈民財者不得其利、窮民力者不得其樂。舊君上有明字。屈上窮上俱有不字。王云、此文本作君屈民財者不得其利、窮民力者不得其樂。屈者、竭也。見呂氏春秋愼勢篇注。言君竭民之財、將以求利也、而必不得其利。窮民之力、將以爲樂也、而必不得其樂。故下文云嬰懼君有暴民之行、而不睹長庲之樂也。今本君上、涉下文不遵明君之義、衍明字。屈窮二字上、又涉下文兩不得、各衍一不字、則義不可通矣。羣書治要、正作君屈民財者不得其利、窮民力者不得其樂。純一今據删。昔者楚靈王作頃宮、盧云、頃元刻作傾。黃云、沈本同元刻。蘇云、治要作下有爲字、頃作頓。純一案頓是譌字。三年未息也。又爲章華之臺、五年又不息也。乾溪之役、八年、百姓之力不足而息也。孫云、左傳昭七年、楚子成章華之臺。杜預注臺在今華容城內。溪當從左傳爲谿、昭十二年傳、楚子次于乾谿。杜預注在譙國城父縣南。王云、自又爲章華之臺以下、文有脫誤。羣書治要作又爲章華之臺、五年未息也。而又爲乾溪之役八年、百姓之力不足而自息也。文義較爲順適。純一案王說是、當據治要訂正。溪治要亦作谿、當從孫校改。下同。靈王死于乾溪、治要脫于字。而民不與歸。歸上舊衍君字、據治要删。不與歸、不許歸也。今君不遵明王之義、而循靈王之迹。比事譬切。蘇云、治要遵作道、循作脩、形近而相亂。嬰懼君有暴民之行、蘇云、治要有上有之字。而不睹長康之樂也、不若息之。言君不息長塗之役、敢於行暴、恐聚民怨、而有靈王之辱也。公曰、善、非夫子、舊衍者字、據治要删。寡人不知得罪于百姓深也。于是令勿委壞、孫詒讓云、壞當爲壞、形之譌也。景公爲鄉之長塗、須徵委壞土。今罷役、故令勿委壞也。餘財勿收、收、斂也斬板而去之。盧云、檀弓斬板、鄭注板廣二尺、長六尺。斬板謂斷其縮也。縮謂縮板之繩。

景公春夏游獵興役晏子諫第八

景公春夏游獵。太平御覽十九脫春字。又起大臺之役。晏子諫曰、春夏起役且游獵、御覽脫且字。奪民農時、國家空虛、不可。景公曰、吾聞相賢者國治、孫云、治太平御覽作成。純一案鮑刻御覽作治。臣忠者主逸。吾年無幾矣、御覽注言將老。欲遂吾所樂、卒吾所好。御覽注卒、即律反。子其息矣。息、休息、言子無庸干預。晏子曰、昔文王不敢盤遊于田、元刻如此、孫本作盤于游田、蓋據御覽改。案盤、樂也。故國昌而民安。文王勤政養民、恤孤獨故。楚靈王不廢乾溪之役、孫云、溪、御覽作谿。今本從水俗。據此知前溪亦谿誤也。純一案御覽脫王字。起章華之臺，而民叛之。今君不革，（革、改也。孫云、革御覽作思。）將危社稷，而為諸侯笑。臣聞忠不避死，（不畏死。）諫不違罪。（違、猶避也。）君不聽臣，臣將逝矣。（逝從元刻、御覽同。各本作遊、譌。盧黄蘇校同。逝、往也。去也。）景公曰、唯唯，（御覽引止此、注云唯唯、從其諫也。）將弛罷之。未幾，朝韋冏解役而歸。（孫云、「朝韋冏」或人名。俞云、韋冏、人名。朝者、召也。劉向九歎遠逝篇曰、朝四靈于九濱。王逸注曰朝、召也。上文景公曰唯唯將弛罷之、故未幾召韋冏解役而歸也。後人不知古書之段朝為召、故不得其解。若從孫氏以朝韋冏三字為人名、則彼自解役而歸、與景公無與、即不足見晏子匡諫之功矣。蘇云、俞說是。）

景公獵休坐地晏子席而諫第九

景公獵休，（休、息。）坐地而食。晏子後至，滅葭而席。（舊滅上衍左右二字、太平御覽三百九十三、又七百九、北堂書鈔百三十三、藝文類聚六十九引此、並無、今據删。席、類聚作坐。孫云、說文搣、批也。批、捽也。搣與滅同。蘇云、爾雅釋草葭華、郭注云即今蘆。）公不說，曰、寡人不席而坐地，二三子莫席，（說苑雜言篇、作寡人自以坐地、二三子皆坐地。）而子獨搴草而坐之，（孫云、搴、摲省文、說文摲、拔取也。藝文類聚作子獨席、純一案御覽七百九作子猶席、說苑而子作吾子。）何也。晏子對曰、臣聞介冑坐陳不席，（書鈔無坐陳二字。）獄訟不席，尸坐堂上不席。（孫云、藝文類聚、太平御覽、作獄戶不席。戶蓋尸之譌。說苑作唯喪與獄坐於地。蓋約此文也。尸坐堂上不席、言尸在堂則坐者不席與。純一案書鈔亦作獄戶不席。王云、尸為死人、則不得言坐堂上。御覽百卉部七、引作尸在堂是也。今本在作坐者、涉上下諸坐字而誤。上字疑亦後人所加。案王說是。）三者皆憂也。故不敢以憂侍坐。（類聚故上有臣字。說苑作今不敢以喪獄之事侍於君矣。）公曰、善。（善舊作諾、王云、諾本作善。公曰善者、善晏子之言。凡晏子有所請於公者、則下有公曰諾之文。此是晏子自言其所以設席之故、非有所請於公、公無為諾之也。蓋善與若字相似、善譌為若、後人因改為諾耳。後第十四善其衣服節儉、今本善字亦譌作若。北堂書鈔服飾部二、藝文類聚服飾部上、御覽服用部十一引此、並作公曰善、純一今據改。）令人下席曰、大夫皆席，寡人亦席矣。（孫云、說苑談叢篇用此文。純一案文見雜言篇、孫誤作談叢。）

景公獵逢蛇虎以爲不祥晏子諫第十

景公出獵、上山見虎、下澤見蛇。歸、召晏子而問之曰、今日寡人出獵、上山則見虎、下澤則見蛇、殆所謂不祥也。也讀爲邪　說苑謂下衍之字、書鈔百五十八引說苑、無。晏子對曰、說苑無對字、書鈔引同。國有三不祥、是不與焉。是、指見虎蛇言。夫有賢而不知、一不祥。今本說苑同此、書鈔引說苑有也字、下文同。知而不用、二不祥。用而不任、蘇云、任、任以事也。縱一案墨子尙賢中篇曰、政令不斷、則民不畏也。故古聖王任之以事、斷予之令。三不祥也。所謂不祥、乃若此者。說苑有也字。今上山見虎、虎之室也。下澤見蛇、蛇之穴也。孫云、室穴爲韻。縱一案古音譜四部引此。如虎之室如蛇之穴而見之、蘇云、如猶于也、言于虎室蛇穴而見之也。莊子德充符篇、申徒嘉謂子產曰、先生之門、固有執政焉如此哉、言無執政于此者也。呂氏春秋愛士篇曰、人之困窮甚如饑寒、言甚于饑寒也。史記汲黯傳曰、丞相宏燕見、上或時不冠。至如黯見、上不冠不見也。言至于黯見、則上必冠也。並如于同之證。曷爲不祥也。孫云、說苑君道篇用此文。

景公爲臺成又欲爲鐘晏子諫第十一

景公爲臺、孫云、意林作作臺。臺成、又欲爲鐘。意林作欲復作鐘。蘇云、舊刻鐘鍾參錯、二字古本通用。據說文作鐘爲是、今一例从鐘。晏子諫曰、君國者、不樂民之哀。言爲一國之君者、當先民之憂而憂、後民之樂而樂。斷不可恣己之樂而遺民之哀、更不可斂民之哀而恣己之樂。說苑正諫篇無此八字。君不勝欲、既築臺矣、今復爲鐘。藝文類聚二十四、引作君今既已築臺矣、又斂於民而爲鐘。說苑作爲臺、今復欲爲鐘。是重斂于民、孫云、自帖作又約民爲鐘。民必哀矣。類聚民上有則字。說苑必作之。夫民無欲殘其室家之生、以奉暴上之僻者。今又爲鐘而重斂、是暴奪民衣食之財而殘其生、民不哀乎。夫斂民之哀而以爲樂、類聚作斂民哀以爲樂、是謂拂人之性、菑必逮夫身。不祥。孫云、意林作斂民作鐘、民必哀。斂哀以爲樂、不祥。縱一案此墨家非樂之恉。非所以君國者。類聚作非所以君民也。說苑無此句。公乃止。說苑公上有景字。孫云、說苑正諫篇用此文。

景公爲泰呂成將以燕饗晏子諫第十二舊脫燕字據總目補

景公爲泰呂成、舊本脫爲字、今據標題補。孫云、呂氏春秋侈樂篇、齊之衰也、作爲大呂。高誘注大呂、陰律十二也。洪云、呂氏春秋貴直篇、無使齊之大呂陳之廷。史記樂毅列傳、大呂陳於玄英。索隱、大呂齊鐘名、即景公所鑄。謂晏子曰、吾欲與夫子燕。對曰、未祀先君而以燕、非禮也。公曰、何以禮爲。對曰、夫禮者民之紀、紀謂別理絲縷使不亂、喻彝倫攸敍也。紀亂則民失。紀亂則民無所託命。亂紀失民、危道也。公曰、善。乃以祀焉。祀猶祭也、祭有四義。一、可以虛中致其誠敬。二、可以充不匱之孝思。三、可使境內之民莫不敬。四、當有大澤惠及於下。如此則私欲滅而德配先祖矣。此與外下九章旨有相同者。

景公爲履飾以金玉晏子諫第十三

景公爲履、孫詒讓云、據下文云魯工不知寒溫之節、輕重之量、以害正生。又云令吏拘魯工。則此當云使魯工爲履、今本蓋有捝文。純一案類聚八十三八十四兩引、均同此文。黃金之綦、孫云、禮記內則履著綦。鄭氏注綦、履繫也。飾以銀、御覽六百九十七、書鈔百三十六引、文並同。孫云、銀藝文類聚作組。黃云、以銀孫頤谷云當依文選弔魏武帝文注作以組。蘇云、作組于義較長。連以珠、良玉之絇、絇從孫本、元刻作朐、非。御覽六百九十七作絇。孫云、藝文類聚作句、通。禮記玉藻、童子不屨絇。鄭氏注絇、履頭飾也。說文絇、纑繩約也。讀若鳩。其長尺。冰月服之以聽朝。晏子朝、公迎之、履重、僅能舉足。黃云、御覽六百九十七、作不能舉之、純一案御覽八百十、作僅能舉之。之當爲足、艸書形近之誤。類聚八十四引作足。問曰、天寒乎。晏子曰、君奚問天之寒也、古聖人製衣服也、孫云、藝文類聚古作古者。製作制。冬輕而暖、孫云、暖類聚作煖。夏輕而凊。凊從孫本、元刻作清。孫云、凊、非。說文凊、寒也。玉篇七性切。純一案御覽四百九十二、引作古者聖人製衣服、冬輕而暖、夏輕而凊。凊字誤。六百九十七、引作古之制衣服、冬輕而煖、夏重而凊。重字更誤。墨子辭過篇曰、聖王爲衣服之法、冬則練帛之中、足以爲輕且煖。夏則絺綌之中、足以爲輕且凊。謹此則止。可爲此文之塙詁。今金玉之履、金玉舊作君、王云、今君之履、本作今金玉之履。上文云景公爲履、黃金之綦、飾以銀、連以珠、良玉之絇、其長尺。冰月服之以聽朝。故曰今金玉之履、冰月服之、是重寒也。今本作今君之履、而無金玉二字、則與重寒之義了不相涉矣。藝文類聚寶部下、御覽人事部一百三十四、服章部十四引此、並作今金玉之履、純一今據改。冰月服之、是重寒也。御覽六百九十七作是重而寒也。履重不節、御覽四百九十三作重不可節。是過任也、失生之情矣。生讀爲性、情、實也。故魯工不知寒溫之節、輕重之量、以害正生。蘇云、生、性也。正生猶言常性。純一案蘇說是。常性卽眞性、感於物而動、則害之矣。其罪一也。作服不常、以笑諸侯、蘇云、言作不常之服、以爲笑于諸侯。其罪二也。用財無功、蘇云、言無功于國。以怨百姓。厚費民財以府怨。其罪三也。請拘而使吏度之。蘇云、言審度其罪之輕重、而置之罰。公曰、魯工苦、舊僅公苦二字、王云、公下脫曰字。苦上亦有脫文、蓋謂魯工之爲此履甚苦也。下文晏子曰、苦身爲善者其賞厚、苦身爲非者其罪重、二苦字、正與此相應。今本公苦二字之間、脫去數字、則文不成義。純一案王說是、今據補曰魯工三字。下文請釋之、之指魯工言。請釋之。晏子曰、不可。嬰聞之、苦身爲善者其賞厚、苦身爲非者其罪重。公不對。晏子出、令吏拘魯工、令人送之境、孫云、境當爲竟。純一案境邊地。使不得入。孫云、今本使作吏、非。以意改之。公撤履、孫云、撤當爲徹。不復服也。說文服、用也。

景公欲以聖王之居服而致諸侯晏子諫第十四

景公問晏子曰、吾欲服聖王之服、居聖王之室、孫云、藝文類聚二王字皆作人、純一案類聚見卷六十四。如此、則諸侯其至乎。晏子對曰、太平御覽一百七十四引、無晏子二字。灋其節儉則可、灋其服室無益也。室上舊有居其二字、王云、居其二字衍。上文以居聖王之室、與服聖王之服對文。此文則以法其服室、與法其節儉對文。不當有居其二字。御覽居處部二引、無。純一案類聚亦無、今並據刪。三王不同服而王、墨子公孟篇、子墨子曰、行不在服。公孟子曰、何以知其然也。子墨子曰、昔者齊桓公高冠博帶、金劍木盾、以治其國、其國治。昔者晉文公大布之衣、牂羊之裘、韋以帶劍、以治其國、其國治。昔者楚莊王鮮冠組纓、絳衣博袍、以治其國、其國治。昔者越王句踐剪髮文身、以治其國、其國治。此四君者、其服不同、其行猶一也。翟是以知行之不在服也。可爲例證。非以服致諸侯也、誠于愛民、果于行善、天下懷其德而歸其義若其衣服節儉而衆説也。王云、若當爲善、字之誤也。懷其德、歸其義、善其節儉、三者相對爲文。惟其善之、是以悅之。今本善誤作若、則義不可通。劉云、若當訓善。夫冠足以修敬。論語堯日篇云、君子正其衣冠、尊其瞻視。不務其飾。衣足以掩形、舊有禦寒二字、疑後人妄加。蓋衣足以掩形、與冠足以修敬對文、不應有禦寒二字。意林引此、正作衣足以掩形、不務其美。今據刪。不務其美。論語泰伯篇曰、禹惡衣服。衣無隅差之削、舊作衣不務于隅肶之削、孫云、淮南本經訓、衣無隅差之削。高誘注隅、角也。差、邪也。古者質皆全幅、爲衣裳無有邪角。削、殺也。盧校本、從淮南作隅差。王云、肶當爲眦、字之誤也。眦或作眥。淮南齊俗篇、衣不務于奇麗之容、隅眥之制是也。隅眦者、隅差也。隅、角也。差、邪也。幅之削者、必有隅差之形、故曰衣不務于隅眦之削、即淮南所云、衣無隅差之削也。原道篇又云、隅睚智故、曲巧僞詐。隅睚即隅差、亦即隅眦也。凡字之從此從差者、聲相近而字亦相通。鄘風、玼兮玼兮。沈重云、玼本或作瑳。小雅屢舞傞傞、說文引作姕姕。月令、掩骼埋胔、呂氏春秋孟春篇胔作髊、皆其例也。蘇云、王說是。淮南隅睚智故之隅字、或作偶。衣邪謂之隅差、人邪謂之偶睉、聲義並近矣。純一案此文、當依淮南作衣無隅差之削、與下句爲儷文。今涉上文作不務、又加于字、奪無字、句法遂不類。茲據本經訓訂正。冠無觚嬴之理。嬴舊作羸、今從淮南本經訓武進莊氏校本改。孫云、高誘注觚嬴之理、謂若馬目籠、相闌干也。言無者、冠文取平直而已也。嬴讀指端嬴文之嬴。星術謂觚方文、嬴圓文也。身服不雜綵、首服不鏤刻。且古者嘗有紩衣攣領而王天下者、孫云、說文紩、縫也。攣、係也。盧云、攣領即卷領。亦云句領。淮南子氾論訓、古有鍪而綣領以王天下者矣。荀子哀公篇楊注、引尚書大傳、古之人衣上有冒而句領者。注云古之人、三皇時也。句領、繞頸也。蘇云、易有孚攣如。馬注攣、連也。連亦係意、與說文合。純一案紩衣上、據上下文審校、當有服字。其政好生而惡殺、節上而羡下。政舊作義、蘇云、其義疑當爲其政。今作義者、蓋緣下其義譌也。好生惡殺、節上羡下、言爲政之實。若云其義、便不可通。荀子哀公篇、古之王者有務而拘領者矣、其政好生而惡殺焉。正同此、亦義爲政誤之證矣。純一今據蘇校改。指天下不朝其服、而共歸其義。淮南子氾論訓曰、天下不非其服、同懷其德。古者嘗有處橧巢窟穴而王天下者、舊脫而王天下者五字、孫云、橧當爲增、說文北地高樓無屋者。太平御覽作層。明俗从木。初學記、太平御覽、窟穴下有王天下者四字、疑今本脫之。純一今從孫校、據御覽七十六補而王天下者五字、與上文一律。其政二字據上文增。而不惡、孫云、此當作好而不惡。純一案而上疑脫愛字。淮南子氾論訓曰、其德生而不辱。高誘注、刑措不用也。此與彼義相近。下文天下共歸其仁、以其愛之利之故。予而不取。淮南子氾論訓作予而不奪、高注予、予民財也。不奪、無所徵求於民也。天下不朝其室、而共歸其仁。淮南子氾論訓曰、法制禮儀者、治人之具也、而非所以爲治也。故仁以爲經、義以爲紀、此萬世不更者也。及三代作服、爲益敬也。孫云、一本作蓋益、非。首服足以修敬而不重也、身服足以行潔而不害于動作。孫云、潔當爲絜。純一案聖王之衣冠、資莊嚴而已。服之輕重便于身、不爲物役。用財之費順于民。賦斂極薄、恐違民心。其不爲橧巢者、以避風也。其不爲窟穴者、窟字舊脫、據上文補。以避溼也。是故明堂之制、孫云、高誘注淮南云、明堂王者布政之堂、上圓下方。堂四出、各有左右房、謂之个。凡十二所、王者月居其房。告朔朝歷、頒宜其令、謂之明堂。其中可以序昭穆、謂之太廟。其上可以望氛祥、書雲物、謂之靈臺。其外圓似璧、謂之辟雍。諸侯之制、半天子之宮。下之潤溼、孫云、溼淮南作濕。黃云、續漢書祭祀志中注、引作下之溫溼。純一案文選魏都賦注、引作下之濕潤。不能及也、上之寒暑、不能入也。孫云、及入爲韻。土事不文、木事不鏤、孫云、淮南本經訓、古者明堂之制、下之潤溼弗能及、上之霧露弗能入、四方之風弗能襲。土事不文、木工不斲、金器不鏤。用此文。而增金器不鏤、謬也。明堂之上尙質、安有金器。以此知晏子書之是。黃云、木事續漢書注引作木工、與淮南本經訓合。純一案意林、御覽五百三十三、文選羽獵賦注、長楊賦注、並引作土事不文、木事不鏤。示民知節也。知從孫校本、元刻作之。孫云、劉昭注續漢志、文選注、白帖太平御覽、皆作知。今本作之、非。意林作足以示民也。及其衰也、衣服之侈、過足以敬。蘇云、上言作服爲益敬、侈過于修敬之具、極奢靡也。宮室之美、過避潤溼。言宮室所以避潤溼、若足以避潤溼、而過于華美、非聖王之制也。墨子辭過篇曰、聖王作爲宮室之法曰、室高足以辟潤溼、邊足以圉風寒、上足以待雪霜雨露、謹此則止。凡費財勞力、不加利者不爲也。用力甚多、用財甚費、與民爲讎。言勞苦民力、苛斂民財、無異與民爲讎。今君欲灋聖王之服室、室字舊脫、據上文補。不灋其制、制字譌、當作節儉。上文法其節儉則可、法其服室無益、對文可證。節儉二字、蓋總上文修敬、行潔、避風溼、不文不鏤、示民知節言。不法其節儉、並爲下文窮臺榭之高、極汙池之深而不止。務于刻鏤之巧、文章之觀而不厭張本。下句法其節儉也、即承此反展以爲言。今本節儉誤作制、與上下文義俱不協。灋其節儉也、則雖未成治、庶其有益也。今君窮臺榭之高、孫云、榭當爲謝、見荀子。古彝器銘、以宣射爲宣榭。

蘇云、孫說是、說文無榭字。純一案榭正字、謝叚音字。墨子七患篇、生時治臺榭。本書臺榭皆作榭。爾雅釋宮闍謂之臺、有木者謂之榭。又無室曰榭。古非無榭字、說文偏耳。別雅四云、荀子王霸篇臺謝甚高、注謝與榭同。左傳襄三十一年無觀臺榭、釋文榭本又作謝、皆以謝音同榭通用也。極汙池之深而不止。孫云、說文小池爲汙。務于刻鏤之巧文章之觀而不厭。則亦與民爲讎矣。爲舊譌而、王云、而本作爲、此草書之誤也。亦字正承上文與民爲讎而言。純一今據正。若臣之慮恐國之危而公不平也。孫云、體不平安。公乃顧致諸侯、不亦難乎。公之言過矣。

景公自矜冠裳遊處之貴晏子諫第十五

景公爲西曲潢、孫云、說文潢、積水池。其深滅軌、北堂書鈔百二十九引、曲上無西字、其深上有使字。蘇云、滅者、沒也。軌、車轊頭也。言轊頭沒入水中也。高三仞、橫木龍蛇、立木鳥獸。蘇云、立木直木也。公衣黼黻之衣、孫云、考工記、白與黑謂之黼、黑與青謂之黻。素繡之裳、孫云、說文素、白致繒也。考工記、五采備謂之繡。純一案御覽六百九十六、作衣黻繡之裳。書鈔繡作綉。一衣而五采具焉。采元刻作彩、孫本作綵。孫云、綵與彩皆當作采。純一案御覽書鈔並作采、今據正。下同。帶球玉而冠且、且、盧校作具。俞云、且當作組。說文糸部組、綬屬。其小者以爲冕纓。純一案俞說是。球疑珠之譌、下同。被髮亂首、南面而立、傲然。自矜皃。晏子見。公曰、昔仲父之霸何如。晏子抑首而不對。抑首、俛首也。公又曰、昔仲父之霸何如。仲父舊作管文仲、孫云、文疑敬字之壞也。純一案孫說非。據公又曰三字審校、此文本作昔仲父之霸何如、了無疑義。今本父譌文、倒置仲上、後人又增一管字、遂與又曰之義不合。今改。晏子對曰、臣聞之、維翟人與龍蛇比、孫云、言在水鄉、與龍蛇爲伍。史記吳世家、太伯文身。集解應劭曰、常在水中、文其身以象龍子、故不見傷害。今君橫木龍蛇、立木鳥獸、亦室一就矣、五字不成文、當作一室亦就矣。說文就、高也。从京从尤。言今以龍蛇鳥獸聚於一室、亦甚高矣、何暇言霸。何暇在霸哉。且公伐宮室之美、矜衣服之麗、一衣而五采具焉。帶球玉而冠且、二字舊脫、據上文增。被髮亂首、舊作亂首被髮、據上文乙。亦室一容矣、五字義不可通、疑當作一室亦容矣。說文容、盛也。增韻盛、大也。言在一室之內、亦足以自大矣。萬乘之君、而壹心于邪、孫云、壹心一本作一心、非。君之魂魄亡矣、言迷失正道、似乎君之魂魄亡矣。以誰與圖霸哉。公下堂就晏子曰、梁丘據、裔款、以室之成告寡人、是以竊襲此服、竊、私也。襲、服也。與據款爲笑。款字舊脫、案上言梁丘據裔款、下言夫二子營君以邪、公何不去二子、此不應獨言據、今校補。笑、喜弄也。一切經音義二十五引蒼頡。又使夫子及寡人七字文不成義、疑當作乃使夫子責及寡人。諫上十八章、有夫子一日而三責我之文。今本乃譌又、又脫責字也。請改室易服、而敬聽命、其可乎。晏子曰、夫二子營君以邪、孫云、說文營、惑也。營與熒聲相近。公安得知道哉。且伐木不自其根、則蘖又生也。蘖從黃校、元刻作孽非、孫本作櫱。公何不去二子者、毋使耳目淫焉。淫、惑亂也。言毋使耳目惑于二子而亂其心也。

景公巨冠長衣以聽朝晏子諫第十六

景公爲巨冠長衣以聽朝、孫云、公爲太平御覽作公日爲。純一案鮑刻御覽四百五十六、又六百八十四引、並無日字與此同。疾視矜立、此四字、御覽四百五十六省。日晏不罷。晏子進曰、聖人之服、中侻而不駔、孫云、淮南本經訓、其行侻而順情、高誘注侻、簡易也、孫詒讓云、駔者、䴡之借字。說文黹部云、䴡合五采鮮色。詩曰衣裳楚楚。故下文云、今君之服、駔華不可導衆。中侻正與駔華相反。可以導衆。其動作侻順而不逆、侻疑涉上中侻而誤。字本作克。詩皇矣克順克比。克順正與中侻對。可以奉生。奉、養也。是以下皆灋其服、而民爭學其容。容、威儀也。禮記雜記戚稱其服注。今君之服駔華、不可以導衆。舊衍民字、從盧校刪。疾視矜立、不可以奉生。勞形虧神、有害正生。日晏矣、君不若脫服就燕。御覽四百五十六、作君脫服就晏。公曰、御覽有諾字。寡人受命。命、御覽作令。退朝、遂去衣冠、不復服。御覽有也字。

景公朝居嚴下不言晏子諫第十七

晏子朝、說苑正諫篇無朝字。御覽四百五十五引說苑同。復于景公曰、朝居嚴乎。孫云、詩傳嚴威嚴也。公曰、朝居嚴、舊作嚴居朝、王云、此本作朝居嚴、寫者誤倒之耳。上下文皆作朝居嚴、此文不當獨異。說苑正諫篇、正作朝居嚴。緜一今據正。則曷害于治國家哉。御覽無家字晏子對曰、朝居嚴則下無言、下無言則上無聞矣。下無言、則吾謂之瘖、孫云、瘖、說苑作喑。盧云、說苑正諫篇無吾字、下並同。上無聞、則吾謂之聾。子華子晏子問黨篇云、下無言謂之喑、上無聞謂之聾。聾喑之朝、上有放志、而下多忌諱、齊之謂也。聾瘖、非害治國家如何也。舊作非害國家而如何也、俞云、害下奪治字、家下衍而字。晏子原文、本作非害治國家如何也、古而如通用、如何即而何。上文公曰則曷害于治國家哉、故晏子言非害治國家如何也。明其與治國家有害也。今奪治字、則與上語不應。又衍而字、則文義複矣。皆由後人臆改。說苑正諫篇、作聾喑則非害治國家如何也、當據以訂正。緜一今從之。御覽無也字。墨子親士篇曰、臣下重其爵位而不言、近臣則喑、遠臣則唫、善議障塞、則國危矣。大旨同。且合升鼓之微、以滿倉廩、鼓從元刻、孫本作㪷、音義作鼓。云一本作㪷、蓋鼓字之譌、鼓亦量名。升鼓、說苑作菽粟。白帖引作升斗。黃云、淩本同元刻。合疏縷之緯、以成幃幕。緯從說苑、元刻孫本並作綈。孫云、說苑作緯是。綈形近緯、故譌。幃幕從孫本、說苑同。盧校作帷幕。元刻作螮幕、非。太山之高、非一石也、累卑然後高。說苑有也字、御覽同、太山作且泰山。夫治天下者、非用一士之言也。元刻脫治天二字、孫本脫夫治二字、今從盧校據說苑補、御覽引說苑同。固有受而不用、惡有拒而不受者哉。拒而不受、說苑作距而不入。孫云、說苑正諫篇用此文。

景公登路寢臺不終不說晏子諫第十八

景公登路寢之臺、不能終、而息乎陛、忿然而作色不說、曰、孰為高臺、病人之甚也。晏子曰、君欲節于身而勿高、使人高之而勿罪也。王云、兩而字並與則同義。而與則同義、故二字可以互用。雜上篇曰、君子有力于民、則進爵祿、不辭貴富。無力于民、而旅食、不惡貧賤。雜下篇曰、德厚而受祿、德薄則辭祿。而亦則也、詳見釋詞。今高從之以罪、卑亦從之以罪、之字據上句增、文同一例。敢問使人如此可乎。古者之爲宮室也、足以便生、乎、元刻在足下、孫本無、蘇云、乎字衍。純一案乎字非衍、當在便字下。今誤倒著以上、殺乙。不以爲奢侈也。禹卑宮室故節于身、謂于民。洪云、爾雅釋詁謂、勤也。黃蘇說同。純一案墨子辭過篇、是故聖王作爲宮室便於生。不以爲觀樂也。故節于身。誨于民。誨謂義近。書大禹謨曰、克勤于邦、克儉于家。此節于身即儉于家、謂于民即勤于邦、蓋禹法也。及夏之衰也、其王桀背棄德行、作爲璿室玉門。舊無作字、王云、爲上有作字、與下作爲傾宮靈臺對文。而今本脫之。文選甘泉賦注引有。純一今據補。黃云、孫頤谷云、當依文選注、作作爲璇室玉門。殷之衰也、其王紂作爲傾宮靈臺。傾從元刻、孫本作頃。孫云、劉淵林注吳都賦、汲郡地中古文冊書曰、桀築傾宮飾瑤臺、紂作瓊室立玉門。文與此互異。淮南本經訓、帝有桀紂爲璇室瑤臺。純一案太平御覽八十二引尸子、作桀爲璇室瑤臺。文選甘泉賦注、引本書作夏之衰也、其王桀作爲璇室。殷之衰也、其王紂作爲傾宮。卑狹者有罪、狹當爲陝。高大者有賞、是以身及焉。孫云、及于難也。今君高亦有罪、卑亦有罪、甚于夏殷之王。民力殫乏矣、殫、盡也。乏字疑衍。而不免于罪。嬰恐國之流失、而公不得享也。俞云、流失義不可通。問上七章日、臣恐國之危失、而公不得享也。疑此文流字、亦危字之誤。純一案俞說是、公曰、善。寡人自知、誠費財勞民以爲無功、又從而怨之、是寡人之罪也。非夫子之教、豈得守社稷哉。遂下、再拜、不果登臺。

景公登路寢臺望國而歎晏子諫第十九

景公與晏子登路寢之臺而望國、路寢之臺、舊止作寢。俞云、寢非可登之地、此本作景公與晏子登路寢之臺而望國、傳寫奪之耳、上章景公登路寢之臺、下章景公成路寢之臺、三章皆一時之事。純一案俞說是、今從之。公愀然而歎孫云、愀、愁字異文。曰、使後嗣世世有此、世世御覽四百九十二作代代、蓋唐人避諱改。豈不可哉。晏子曰、臣聞明君必務正其治、以事利民、然後子孫享之。言明德之君、必正其心以正天下、事以樂利於民爲事、然後可永錫祚胤。詩云、武王豈不事、貽厥孫謀、以燕翼子、孫云。大雅文王有聲之詩、事作仕、貽作詒。毛傳仕事二字通也。貽俗字、當爲詒。今君處佚怠、不勤於正心修身。逆政害民有日矣。例知諫上十六章臨民若寇讎、前第一章藉重而獄多是。而猶出若言、蘇云、若猶此也。不亦甚乎。甚言其迷惑也。公曰、然則後世孰將把齊國。把、握也。執處也。對曰、服牛死、孫云、服牛、服駕之牛。夫婦哭、哭、元刻孫本並譌笑。盧云、御覽作夫婦共哭。牛死則失其利、故哭。俞云、哭字是、笑字譌也。言服牛于人、非有骨肉之親。然死而哭之者、爲其有利于己也。左傳載晏子之言曰、陳氏之德、民歌舞之矣、即此意也。蘇從盧俞校正。非骨肉之親也、爲其利之大也。蘇云、此言平日服駕之利大耳、本無骨肉之親、而哭者、爲生原于我有大利也。欲知把齊國者、則其利之者邪。言唯利于齊民者、能把齊國。公曰、然何以易之。之字舊脫、王云、易下當有之字。下文晏子對曰、移之以善政、移之即易之。純一今據補。以意審校、然下當有則字。蓋承上文、然則後世孰將把齊國作轉、文同一例。對曰、移之以善政。唯善政可得民心而轉移之。今公之牛馬老于闌牢、舊闌作欄。孫云、欄當爲闌。玉篇欄、木欄也。力寒切。純一案御覽八百九十九、引作牛老于闌牢、牢譌窂。無馬字、是。蓋牛老與車蠹對文、不勝服也。服、駕也。車蠹于巨戶、多藏而不用故。不勝乘也。衣裘襦袴、孫云、說文襦、短衣也。一曰㬈衣。玉篇人朱切。袴當爲絝、說文脛衣也。玉篇袴、口護切。亦作絝。朽弊于藏、孫云、當爲臧。不勝衣也。醯醢腐、下文皆四字句、二實字二虛字、此疑脫一臭字。不勝沽也。酒醴酸酢、酢字舊脫、盧據御覽補、純一案御覽見四百九十二。不勝飲也。菽粟鬱積、舊菽譌府、積譌而、盧據御覽正。不勝食也。也字舊脫、盧據御覽補。又厚藉斂于百姓、而不以分餒民。盧云、餒御覽餧、乃本字。民御覽作人也。下有欲代之延、不亦難乎。無夫藏財以下語。案御覽似依唐本。蘇云、世作代、民作人、似避太宗諱、故云唐本。夫藏財而不用、凶也。墨子魯問篇曰、多財而不以分貧、不祥也。義同。財苟失守、下、其報環至。失疑矢之形譌。下同。爾雅釋言矢、誓也。言財以分貧爲得、苟矢守之、其策爲最下。恐民之報怨者、環繞而至矣。其次、昧財之失守、委而不以分人者、百姓必進自分也。其次、與墨子耕柱篇、其次不君子者語意同。委、積也。進下當有而字。言其次昧于財之不當守、矢守而不悟、終於委積、而不以分人者、百姓必進而自分也。故君人者、與其請于人、不如請于己也。請、求也。延世之權、非操于人、惟在求之于己、正其治以利民耳、此與問上八章後段、問下十七章、外上十章、又十五章、宜參證。

景公路寢臺成逢于何願合葬晏子諫而許第二十

景公成路寢之臺、逢于何遭喪、孫云、姓逢名于何、古人有逢蒙。遇晏子于途、北堂書鈔九十二、作逢于何遭晏子。再拜乎馬前。晏子下車挹之曰、蘇云、挹與揖通。荀子議兵篇、拱挹指麾。富國篇云、拱揖指揮。宥坐篇、挹而損之。淮南道應篇挹作揖。並其證。純一案別雅五云、下車挹之、卽揖之也。挹與揖同。王禹偁竹樓記、遠吞山光、平挹江瀨。亦以揖爲挹。是二字固通用。子何以命嬰也。對曰、于何之母死、兆在路寢之臺牖下、墉、元刻孫本並譌牖、江南圖書館藏明活字本作牗、羣書治要及書鈔引同。音義作牗、注云當爲墉。詩傳墉、牆也。集韻或作牗、玉篇猶無牗字。王云、牗俗墉字。謂兆在路寢臺之牆下也。或作牖、非。黃校同。純一並據孫王校正。願請合骨。舊請下衍命字、蘇云、治要無。純一案書鈔及御覽五百五十五引並無、今據刪。盧校同。孫云、請與其父合葬也。晏子曰、嘻、難哉。孫云、嘻、譆省文。蘇云、治要哉作矣。雖然、嬰將爲子復之、適爲不得、言或不得其請。子將若何。對曰、夫君子則有以。孫云、則有以句。純一案君子、敬重晏子之稱。以、猶爲也。如我者儕小人、盧云、文有脫誤。純一案者字當在人下。疑脫如之何句、與上文適爲不得子將若何相應。下文當如之何、宜從王校作當墉下。如之何三字、蓋由此錯置。吾將左手擁格、右手梱心、盧云、梱當爲捆、叩椓也。王云、格卽輅字。謂柩車轅上橫木、所以屬引者也。士喪禮下篇、賓奉幣當前輅。釋文、輅音路。鄭注曰、輅轅縛、所以屬引。疏曰、謂以木縛于柩車轅上、以屬引于上而輓之。外上篇盆成适請合葬其母曰、若此而不得、則臣請輓尸車、而寄之于國門外宇霤之下。身不敢飲食、擁轅執輅、木乾鳥棲、袒肉暴骸、以望君愍之。輅爲轅縛、故云擁轅執輅。作格者、借字耳。盧以梱爲叩椓是也。孟子滕文公篇、捆屨織席。趙注曰、捆猶叩椓也。說文繫傳曰、謂織屨畢、以椎叩之使平易也。然則梱心云者、猶禮言拊心耳。蘇云、王說是。立餓枯槁而死、望君愍之。以告四方之士曰、于何不能葬其母者也。不敢直言君之非、得詩人溫柔敦厚之旨。晏子曰、諾。遂入見公曰、孫云、見、御覽作白。有逢于何者、母死、兆在路寢當牖下、牖下舊作如之何、王云、本作當牖下。上文逢于何曰、于何之母死、兆在路寢之臺牖下、願請合骨、故晏子如其言以入告也。下文逢于何遂葬其母于路寢之臺牖下、卽承此文言之。今本作當如之何、則與上下文全不相應。且不言兆在牖下、而但謂合葬、則不知合葬于何所矣。羣書治要、正作當牖下。純一今據改。願請合骨。公作色不說治要作悅曰、自古及今、自古舊作古之、王云、古之及今、本作自古及今。下文梁丘據亦曰、自古及今、未嘗聞求葬公宮者也。今作古之及今、則文不成義、蓋涉下文古之人君而誤。羣書治要、及北堂書鈔禮儀部十三、太平御覽禮儀部三十四、並引作自古及今。純一今據改。子亦嘗聞請合葬人主之宮者乎。舊脫合字、盧據北堂書鈔九十二補。晏子對曰、古之人君、其宮室節、蘇云、治要其上有治字。不侵生人之居。孫云、侵御覽作奪。人舊作民、王云、生民本作生人。民與人雖同義、然與死人對文、則當言生人、不當言生民也。治要、御覽、並作生人。下文奪人之居、殘人之墓、亦以兩人字對文。純一今據改。其臺榭儉、其字舊脫、從蘇校據治要補。不殘死人之墓。故未嘗聞請葬人主之宮者也。請上舊衍諸字、盧云、北堂書鈔無。純一案治要御覽並無、今據删。今君侈爲宮室、奪人之居、廣爲臺榭、殘人之墓、是生者愁憂、不得安處、是下疑脫以字。蘇云、治要安作懽。死者離易、不得合骨。蘇云、治要易作析。豐樂侈遊、兼傲生死、蘇云、治要作死生。非仁君之行也。仁舊作人、蘇云、人君治要作仁人。純一案君字不誤。人今從治要作仁。遂欲滿求、不顧細民、非存之道也。也字舊脫、據治要補。非存之道也、語意不完、存上疑當有圖字。與上文非仁君之行也、句法一律。且嬰聞之、生者不得安、蘇云、治要無得字、下同、純一案書鈔同。命之曰蓄憂。蘇云、命、名也。死者不得葬、命之曰蓄哀。書鈔有也字。蓄憂者怨、蓄哀者危、君不如許之。書鈔無君字。公曰、諾。晏子出。梁丘據曰、自古及今、古舊作昔、從蘇校據治要改、與上文一律。未嘗聞求葬公宮者也、若何許之。公曰、削人之居、殘人之墓、凌人之喪而禁其葬。是于生者無施、元刻脫無字。于死者無禮也。也字舊脫、從蘇校據治要補。詩云、蘇云、治要作且詩曰。穀則異室、死則同穴。孫云、王風大車之詩、純一案毛傳穀、生也。吾敢不許乎。逢于何遂葬其母于路寢之臺墉下。舊脫于字臺字、墉譌牖。盧云、北堂書鈔毋下有于字、之下有臺字。又云牖譌、改作墉。蘇云、治要亦有臺字、牖作墉。純一案御覽亦有臺字、今並據補正。解衰去絰。衰同縗、喪服也。生麻布製、旁及下邊不緝者、謂之斬衰。熟麻布製、緝旁及下邊者、謂之齊衰。此當是斬衰。絰、喪服所用麻帶、束腰者也。逢于何既葬其母、故解衰去絰也、布衣縢履、孫云、玉篇縢、繩也。約也。達會切。玄冠茈武、孫云、說文茈、草也。禮記玉藻縞冠元武、鄭氏注武冠卷也。盧云茈、紫同。洪云、玉藻縞冠素紕。鄭注紕。既祥之冠也。茈當作玼、與紕字通用。蘇云、洪說是。治要作布衣玄冠、無縢履茈武四字。踊而不哭、跳躍爲踊。禮記檀弓下、辟踊哀之至也疏。躃而不拜、孫云、躃當爲躄。純一案躃疑當爲擗、形近而誤。孝經喪親章、擗踊哭泣注擗、拊心也。拊、擊也。拍也。已乃涕洟而去。蘇云、治要有之字。

景公嬖妾死守之三日不斂晏子諫第二十一

景公之嬖妾嬰子死。意林作景公嬖妾死、名曰嬰子。公守之、三日不食、膚著于席而不去。而字舊脫、據意林補。左右以復、而君無聽焉。左右有所白、而君若無聞焉。晏子入復曰、御覽三百九十五引、無復字。有術客與醫俱言曰、聞嬰子病死、孫云、術客、客有術者。聞嬰子病死、御覽作能生死者、聞嬰子疾。願請治之。御覽無願字。公喜、遽起、御覽無遽字。曰、病猶可爲乎。御覽乎下有哉字。晏子曰、客之道也、孫云、道、御覽作通、道亦通也。以爲良醫也、請嘗試之。君請屏潔、沐浴飲食。孫云、君請御覽作使君。純一案御覽無屏字。屏潔者、屏除不潔而省言之。閒病者之宮、閒、隔也。使鬼神遠離也。彼亦將有鬼神之事焉。自左右至此、意林省作晏子曰、外有良醫、將作鬼神之事。公曰、諾。孫云、意林作公信之。屏而沐浴。晏子令棺人入斂、已斂而復曰、御覽作晏子令棺人斂之而復曰。醫不能治病、已斂矣、御覽已作也。不敢不以聞。公作色不說曰、夫子以醫命寡人、而不使視、斂、而不以聞。自夫子至此、御覽略。吾之爲君、名而已矣。御覽作吾爲君給而已矣。無晏子曰以下語。晏子曰、君不知死者之不可以生邪。孫云、意林作晏子令棺入斂死者、公大怒。晏子曰、已死不復生、公乃止。嬰聞之、君正臣從謂之順、君僻臣從謂之逆。二句已見諫上七章。今君不道順而行僻。從逆者邇、導害者遠。王云、導害二字、義不可通。導害當爲道善、字之誤也。道亦從也、見禮器注。道善與從邪正相反、下文讒諛萌通、言從邪者邇也。賢良廢滅、言道善者遠也。劉云、王讀導爲道、是也。惟害字不必改作善。道害者、卽匡君之失、指陳弊政之謂也。此指犯顏敢諫之臣言、如祖伊以戡黎告紂是也。讒諛萌通、而賢良廢滅、是以諂諛繁于閒、王云、閒字義不可通、當是閭字之誤。閭、謂宮門也。月令、命奄尹申宮令、審門閭。成二年公羊傳、二大夫出、相與踦閭而語。何注閭、當道門。諂諛繁于閭、謂門內皆諂諛之人也。繁于閭與處于國對文。兪云、王云閒字不可通、疑閭字之誤。然閭、里門也。諂諛之言、豈在里門乎。此閒字本不誤、王氏特以閒字與國字、虛實不倫、故疑其誤耳。問上篇曰、嗜欲備于側、毁非滿于國。彼以側與國對文、則此以閒與國對文、亦何不可、而必改其字乎。純一案閒字欠妥、疑亦側字之誤。邪行交于國也。昔吾先君桓公用管仲而霸、嬖乎豎刀而滅。今君薄于賢人之禮、而厚嬖妾之哀、薄所當厚、厚所當薄。且古聖王畜私不傷行、墨子辭過篇、雖上世至聖必蓄私、不以傷行。蓋古有是語。斂死不失愛。死卽畢斂、不以親而過愛。送死不失哀。不以送死、而失之過哀。行傷則溺已、黃云、傷元刻作蕩、誤。純一案溺已、謂溺于私欲、不克自拔。愛失則傷生、愛情失之太過、適以戕賊生理。哀失則害性、黃云、元刻脫哀字。純一案顧校本元刻有哀字。孝經喪親章、無以死傷生、毁不滅性。是故聖王節之也。節之義取乎竹、有節則無過與不及之差。死卽畢斂、舊脫死字、語意不完、從王校補。蓋承上文斂死而言。不以留生事。以字舊脫、據下二句補、文同一例。留字義不可通、疑本作害。不以害生事、言不以死人久不棺斂、妨害生人之事。下文不以害生養、不以害生道可證。今作留者、蓋涉下朽尸以留生而誤。棺槨衣衾、不以害生養。不以棺槨衣衾之費、害生人衣食之奉。哭泣處哀、不以害生道。不可過哀以滅性、此墨家節葬之指。

今朽尸以留生、今以朽尸稽留之、望其復生。廣愛以傷行、廣行私暱之愛以傷德行。循哀以害性、循舊譌脩、王云、脩字于義無取、當爲循字之誤。循之言遂也。遂哀、謂哀而不止也。喪服四制曰、毀不滅性、故曰循哀則害性。墨子非儒篇曰、宗喪循哀、不可使慈民、此循哀二字之證。循遂一聲之轉。史記孔子世家、及孔叢子詰墨篇、皆作崇喪遂哀。是循哀即遂哀也。純一今據正。君之失矣。失、過誤也。故諸侯之賓客、此與本朝之臣對文、客字涉下文而衍、當刪。慙入吾國。君不道順而行僻、邪行交于國故。本朝之臣慙守其職。從邪者邇、道害者遠故。崇君之行、邪僻不可以導民。從君之欲、害理、不可以持國。且嬰聞之、朽而不斂、謂之僇尸。猶陳尸爲戮。臭而不收、謂之陳胔。收、猶斂也。胔、腐肉也。孫云、臭、殠省文。說文殠、腐气也。反明王之性、反乎聖王遠邪崇正之性。行百姓之誹、不畏百姓之非議而妄行。而內嬖妾于僇胔、蘇云、內同納。此之爲不可。公曰、寡人不識、請因夫子而爲之。晏子復曰、黄云、元刻脫曰字。國之士大夫、諸侯四鄰賓客皆在外、君其哭而節之。疑此當有公從之句。今本脫之、文義不完。而仲尼聞之曰、星之昭昭、不若月之曀曀。孫云、若月意林作若日月。詩曀曀其陰、毛傳如常陰曀曀然。意林作翳、文選注作曖、皆俗字。黄云、孫頤谷云、曀曀當依文選陸士衡擬古詩注作曖曖。又見座右銘注。小事之成、不若大事之廢。言大事雖廢、其所成就者多、非僅成一二小事者比。君子之非、孫云、言以權詭君、非正也。賢于小人之是也。言君子所見者遠大、雖或不是、視諸小人無足重輕之是、猶賢之。其晏子之謂歟。

景公欲厚葬梁丘據晏子諫第二十二

梁丘據死、景公召晏子而告之曰、太平御覽五百五十八、無而字。據忠且愛我、孫云、且御覽作臣。我欲豐厚其葬、御覽作我欲厚葬之。高大其壟。晏子曰、御覽作晏子對曰不可、公遂止。無敢問以下語。敢問據之忠與愛于君者、蘇云、治要作敢問據之所以忠愛君者。可得聞乎。公曰、吾有喜于玩好、有司未能我共也、共從元刻、孫本作具、蘇云、治要亦作共。純一案日本天明刻本作供。則據以其所有共我、蘇云、治要作則據以其財供我。吾是以知其忠也。舊脫吾字、從王校據治要補。與下吾是以對文。每有風雨、暮夜求之必存、暮當爲驀。存、在也。之字舊脫、從蘇校據治要補。吾是以知其愛也。晏子曰、嬰對則爲罪、不對則無以事君、對則與君心相違、不對則失其事君之道。不敢不對乎。嬰聞之臣專其君、謂之不忠。君之分事、在於善羣。臣當備君、有禮于羣臣、有惠于百姓、有信於諸侯。故君非一臣所得專也。子專其父、謂之不孝。子以喻親於道爲孝。且以尊仁安義、爲錫類之大孝。若專其父、則子不子矣。妻專其夫、謂之嫉妬。舊脫妬字、據治要補。元刻嫉上衍不字、黃云誤。事君之道、導君以親于父兄、舊脫君以二字、語意不完、據王所見治要補。有禮于羣臣、有惠于百姓、有信于諸侯、蘇云、治要信作義。謂之忠。治要有也字。爲子之道、王云、治要之道作道父、屬下讀。純一案治要爲臣爲子爲妻下、均脫之道二字。當從本書爲是。本書此文脫導父二字、今據治要補。導父以鍾愛其兄弟、孫云、鍾一本作忠。施行于諸父、慈惠于衆子、蘇云、治要句上有以字。純一案以字衍。誠信于朋友、謂之孝。治要有也字。爲妻之道、使其衆妾皆得歡忻于其夫、蘇云、治要無二其字。謂之不嫉。蘇云、治要嫉作妬、句下有也字。今四封之民、皆君之臣也。而維據盡力以愛君、王云、此下各本脫去九十九字、據羣書治要補。太平御覽禮儀部三十七、作晏子曰不可、公遂止。乃取晏子原文而約舉之、故與治要不同。純一案王說是、今從之。何愛者之少邪。孟子離婁下曰、君之視臣如土芥、則臣視君如寇讎。四封之貨、皆君之有也。而維據也以其私財忠于君、何忠者之寡邪。是君爲據所獨有之君也。無乃甚乎。公曰、據之防塞羣臣、壅蔽君、揭其所以專君之實。管子明法篇曰、令出而道留謂之擁、下情求不上通謂之塞。擁、壅同。善哉。微子疑當作微夫子、夫子之稱、本書屢見。寡人不知據之至于是也。遂罷爲壟之役、廢厚葬之令。令有司據法而責、衆無敢枉法者。羣臣陳過而諫。君可寡過修善。故官無廢法、官無法不。

遂行。臣無隱忠、臣有忠即表著。而百姓大說。治要作悅。

景公欲以人禮葬走狗晏子諫第二十三

景公走狗死、公令外共之棺、內給之祭。太平御覽九百五、令作命、共作供、給下無之字。晏子聞之、諫。公曰、亦細物也、盧云、物、猶事也。特以與左右爲笑耳。晏子曰、君過矣。夫厚藉斂不以反民、苛斂民財、不以分貧。棄貨財而笑左右、傲細民之憂而崇左右之笑、王云、傲、輕也。崇、重也。言輕小民之憂、而重左右之笑也。問上篇曰、景公外傲諸侯、內輕百姓。韓子六反篇曰、民慕其利而傲其罪、故姦不止也。是傲爲輕也。殷庚曰、高后丕乃崇降罪疾。是崇爲重也。則國亦無望已。國事絕望、不可爲已。且夫孤老凍餒而死、狗有祭、鰥寡不恤而死、狗有棺。行辟若此、百姓聞之、必怨吾君。諸侯聞之、必輕吾國。四句亦見諫上二十五章。怨聚于百姓、而權輕于諸侯、君位難保。而乃以爲細物、國命可危。君其圖之。公曰、善。趣庖治狗、趣、促也。庖、庖人。以會朝屬。治、宰也。

景公養勇士三人無君臣之義晏子諫第二十四

公孫接孫云、藝文類聚、後漢書注作捷。頃公孫、子車也。純一案類聚見卷八十六。爾雅釋水疏引此、公孫上有景公蓄勇士五字。田開疆孫云、姓田名開疆、陳氏之族。純一案後漢書馬融傳注作彊。太平御覽九百六十七作強。爾雅阮元校勘記云、開疆猶辟疆也。作彊蓋誤。古冶子孫云、姓古名冶。純一案馬融傳作古蠱。注音冶、蠱與冶通。事景公、以勇力搏虎聞。晏子過而趨、黃云、爾雅釋水疏、引作晨趨。三子者不起。御覽類聚約其文曰、勇而無禮。蓋以此。晏子入見公曰、臣聞明君之蓄勇力之士也、上有君臣之義、下有長率之倫。爾雅釋詁率、循也。似非此義、此疑少之聲轉。內可以禁暴、外可以威敵。上利其功、下服其勇。故尊其位、重其祿。今君之蓄勇力之士也、上無君臣之義、下無長率之倫。內不可以禁暴、外不可以威敵。舊上句脫可字、下句脫以字、並從王校補。此危國之器也、不若去之。公曰、三子者、搏之恐不得、刺之恐不中也。孫云、中、一本作忠。紀一案墨子兼愛下篇、意不忠親之利而害爲孝乎、卽以忠爲中。晏子曰、此皆力攻勍敵之人也、勍、強也。左僖二十二年傳勍敵之人注。無長幼之禮。論語泰伯篇曰、勇而無禮則亂。因請公使人少餽之二桃。孫云、餽卽饋叚音字。三人餽以二桃、故云少。紀一案類聚作晏子言於公、餽之二桃。說文饋、餉也。吳人謂祭曰餽。故爲饋之叚字。曰、三子何不計功而食桃。以此速三子之死。何不二字、疑涉下文而衍。類聚無何不二字是。曰、晏子、智人也。知計出晏子。夫使公之計吾功者、夫猶彼也。不受桃、是無勇也。士衆而桃寡、何不計功而食桃矣。接一搏特猏、再搏乳虎。猏從元刻、孫本作豜。舊脫特字、再上衍而字、從盧校據爾雅疏補刪。孫云、呂氏春秋知化篇、譬之猶懼虎而刺猏。高誘注、獸三歲曰猏。古今韻會、豜、集韻或作豜、猏則豜正字也。後漢書注、作持楯而再搏乳虎。持楯、卽搏猏形近之誤。若接之功、可以食桃、而無與人同矣。與、許也。論語公冶長吾與女弗如也皇疏。無與人同、無許人同也。無、爾雅疏引作毋。下並同。援桃而起。田開疆曰、吾仗兵而卻三軍者再。仗元刻孫本並同、爾雅疏作杖。無而字。孫云、仗、今本作伏、非。據藝文類聚、後漢書注、改。卻、藝文類聚、後漢書注作御。盧校仗作杖。注云舊譌伏、改仗亦俗。紀一案卻、馬融傳注作禦。上無而字。別雅四云、杖、仗也。漢書李尋傳、近臣已不足杖矣。師古曰、杖、謂倚任也。義通作仗。按韻書、杖讀上聲、仗讀去聲。說文有杖無仗。倚仗之仗、古固用杖也。若開疆之功、亦可以食桃、而無與人同矣。援桃而起。古冶子曰、吾嘗從君濟于河、黿銜左驂、以入砥柱之中流。中字舊脫、從黃校據爾雅疏補。孫云、銜、今本作御、非。據藝文類聚、後漢書注、改。括地志、底柱山、俗名三門山。在硤石縣東北三十里、黃河之中。紀一案銜、元刻不誤。御覽九百三十二引作御、譌。當是時也、冶少不能游、潛行、孫云、爾雅釋水、潛行爲泳。郭璞注、水底行也。引此文。紀一案類聚潛行下有水底二字。逆流百步、順流九里、孫云、順、藝文類聚作從。純一案御覽九百三十二亦作從。黃云、九里爾雅疏作七里。得黿而殺之、左操驂尾、右挈黿頭、鶴躍而出。津人皆曰河伯也。視之則大黿之首也。也字舊脫、從黃校據爾雅疏補。視之上舊有若冶二字、俞云、若冶二字、衍文也。津人皆曰河伯也。視之則大黿之首。蓋津人始皆驚疑、以爲河伯。及審視之、則大黿之首耳、視之者津人、非古冶子也。古冶子親殺黿、挈其頭而出、復何視乎。因涉下文若冶之功、而衍若冶二字耳。爾雅釋水疏、引此文無若字。疑原文並無冶字。後人據誤本晏子增入之。而省若字也。純一案俞說是也、今據删。若冶之功、亦可以食桃而無與同人矣。二子何不反桃、抽劍而起。公孫接田開彊曰、吾勇不子若、功不子逮。類聚子若子逮並倒。取桃不讓、是貪也。然而不死、無勇也。皆反其桃、挈領而死。孫云、後漢書注作契領是。爾雅釋詁契、絕也。詩傳領、頸也。藝文類聚作刎頸。純一案挈契古通用。別雅四云、魏受禪表、書挈所錄。隸釋云、以挈爲契、詩邶風、死生契闊。釋文云、契本亦作挈。史晨碑、孝經援神挈。校官碑、衆儁挈聖。挈皆同契。御覽九百六十七、作古冶子令二子反桃、二子慙而自殺。爾雅疏作二子恥功不逮而自殺。古冶子曰、二子死之、冶獨生之、孫云、生之、藝文類聚作不逮。不仁。恥人以言、而夸其聲、不義。恨乎所行、不死、無勇。恨乃很之借字。很者違也。說本王氏雜志。詳雜下二十章。雖然二子同桃而節、冶專桃而宜。元刻如此、各本專下有其字。冶專食一桃、則得其節矣。俞云、按二語不可曉。古冶子之意、蓋以二子之勇相等、二子同食一桃、則得其宜矣。使二子不死、即以此言處置二桃可也。上文二子死之、冶獨生之云云、已自明不得不死之故。此二言又處置二桃、即以定已與二子之分量、故用雖然二字作轉也。亦反其桃、挈領而死。類聚作又刎頸而死。爾雅疏作古冶子亦自殺。使者復曰、已死矣。此知饋桃時、預決其必死也。公殮之以服、葬之以士禮焉。孫云、水經注、淄水東經臨淄縣故城南、又東北逕蕩陰里西、水東有冢。一基三墳。東西八十步。是列士公孫接、田開疆、古冶子之墳也。晏子惡其勇而無禮、投桃以斃之、死葬陽里。即此也。

景公登射思得勇力士與之圖國晏子諫第二十五

景公登射、今本說苑同此。北堂書鈔八十、引說苑射作酌。太平御覽五百二十三引說苑作酎。晏子修禮而侍。傳說苑作侍、書鈔引同。禮記射義篇曰、射者進退周旋必中禮。故晏子修禮而侍。此知晏子嫻習儒家之禮。公曰、選射之禮、四字、書鈔引說苑作其言禮。古者以射選有德、射必以禮、故曰選射之禮。寡人厭之矣。厭、書鈔引說苑作饜。吾欲得天下勇士與之圖國。得、書鈔引說苑作取。晏子對曰、君子無禮、是庶人也。書鈔引說苑無也字。庶人無禮、是禽獸也。言人無貴賤、無禮即是禽獸。諫上二章曰、凡人之所以貴於禽獸者、以有禮也、今君去禮、則是禽獸也、夫臣勇多則弒其君子力多則弒其長。舊無臣字子字、下弒字作殺。從孫校據說苑補正。然而不敢者、維禮之謂也。諫上二章、力多足以勝其長、勇多足以弒其君、而禮不使也。義與此同。禮者、書鈔引說苑、作禮以治國。所以御民也。轡者、所以御馬也。民非禮無以御之、與馬非轡無以御之同。無禮而能治國家者、書鈔引說苑、作無禮能治其國家者。嬰未之聞也。嬰從元刻、說苑同。孫本譌晏。書鈔引說苑未下有嘗字。景公曰、善、迺飭射。飭舊譌飾、從孫校據說苑正。飭、整備也、更席以爲上客。以晏子爲上客。終日問禮。孫云、說苑修文篇用此文。

晏子春秋校注卷三

漢陽張純一仲如

內篇問上第三 凡三十章

莊公問威當世服天下時耶晏子對以行也第一

莊公問晏子曰、威當世而服天下、時耶。晏子對曰、行也。墨子非命中篇曰、安危治亂、在上之發政也。公曰、何行。對曰、能愛邦內之民者、能服境外之不善。先民後身、仁德周洽於邦內、則境外皆向化而善矣。後二十二章曰、百姓樂其政、遠者懷其德。管子中匡篇曰、愛四封之內、而後可以惡竟外之不善者。義同。重士民之死力者、能禁暴國之邪逆。羣書治要脫逆字、文義不完。邪逆、猶橫逆也。言能重視士民、惜其死儲其力者。縱索湜彊暴之國、不敢以邪逆相加矣。中聽任賢者、舊脫中字、任譌賃。王云、聽賃賢者、本作中聽任賢者。今本任誤作賃、此因賢字而誤加貝。而聽上又無中字者、後人誤以聽賃二字連讀、又不解中聽二字之義、故刪去中字也。案中聽者、聽中正之言也。言聽中正之言而任賢者、則能威諸侯也。後第十八云、中聽以禁邪、問下篇曰、中聽則民安。此中聽二字之明證。中聽任賢者、與下文逆諫傲賢者對文。若刪去中字、則與下文不對矣。羣書治要作中聽任聖者、雖聖與賢異文、而中聽二字則不誤。黃云、賃字誤、當作任。按諸云中聽、皆謂平聽。中聽與愎諫對文。書曰、罔不中聽獄之兩辭。純一案王黃說是、今據補正。能威諸侯。中聽則行無偏頗、德日進矣。又任用賢人、以正民德厚民生。則政無不理、國自富強。諸侯有不賓服者哉。安仁義而樂利世者、能服天下。安於仁則民無疾苦。安於義則行有節制。率舉國之衆克儉克勤、以利天下為樂、天下自歸心矣。書太甲下曰、一人元良、萬邦以貞。不能愛邦內之民者、不能服境外之不善。若不愛民、則邦內無非讎怨、欲無外侮得乎。輕士民之死力者、不能禁暴國之邪逆。輕視士民、不恤其死、不恤其力者、不足以禦外侮。愎諫傲賢者、舊衍之言二字、從王校刪。治要脫愎字。不能威諸侯。愎諫則遂過飾非。僖十五年左傳、愎諫違卜、杜注愎、戾也。傲、慢也。傲賢、則忠良遠讒佞近。安有德政、能樹威於諸侯乎。倍仁義而貪名實者、蘇云、倍治要作背。純一案說文倍、反也。音義並與背同。不能服天下。服天下三字舊脫、從盧校補。禮記表記曰、君子尊仁畏義、恥費輕實。鄭注實、謂財貨也。案君子富而有禮、節於物以自奉、故恥費。恐用之非其道、義也。惠而能散、周於物以利人、故輕實。蓋不必藏於己、仁也。尊仁畏義、不敢犯天下之公理。恥費輕實、不敢徇一己之私欲。皆非要譽。（說本呂氏大臨應氏鏞參合之）所以天下服其德也。威當世而服天下者、此其道也已。治要無也字。言道在儉於爲己勤於爲人而已。而公不用。不用晏子之言。晏子退而窮處。雖上一章、晏子因莊公不用其言、徒行而東畊於海濱。公任勇力之士、而輕臣僕之死、用兵無休、國罷民害。罷、治要作疲。言國力憊之。民命殘傷。期年、百姓大亂。不堪其苦故。而身及崔氏禍。禍上疑當有之字。君子曰、盡忠不豫交。孫云、遇事盡忠、不先結交於君。不用不懷祿。雖上一章云、君子無力于民、而旅食不惡貧賤。晏子可謂廉矣。句首舊衍其字、從王校刪。

莊公問伐晉晏子對以不可若不濟國之福第二

莊公將伐晉、問于晏子。晏子對曰、不可。君得合而欲多。俞云、按合與給通。說文糸部給、相足也。孟子梁惠王篇、是心足以王矣。下文曰此心之所以合於王者何也。上言足以王、下言合於王、合卽給也。君得合而欲多、謂所得者旣給、而所求者彌多也。養欲而意驕。養、長也。得合而欲多者危。貪得無厭、必有拒其貪者、抗兵以相加、故危。養欲而意驕者困。欲無窮而耽染。意安逞而放恣。有如易曰困于石、據于蒺藜之凶象。說詳易繫辭下、及襄二十四年左傳。今君任勇力之士、孫云、任左傳作恃。以伐明主、明、古盟字。孫云、左傳作盟。若不濟、國之福也。易繫辭下曰、小懲而大誡、此小人之福也。不德而有功、憂必及君。徼倖之功、禍機伏焉。公作色不說。晏子辭、不爲臣、退而窮處。堂下生蓼藿。王校作蔾藿、云蔾藿當爲蔾藋。藋、徒弔反。卽今所謂灰藋也。蔾藋皆穢草、故與荆棘並言。若藿則非其類矣。藋藿字形相似。世人多聞蔾藿、寡聞蔾藋、故諸書中蔾藋多誤作蔾藿。說見史記仲尼弟子傳。外上篇堂上生蔾藿、誤與此同。門外生荆棘。莊公終任勇力之士、西伐晉、取朝歌、及太行孟門孫云、賈逵注國語、朝歌晉邑。杜預注、朝歌今屬汲郡。非地同名。左傳襄二十三年、史記齊世家莊公四年事、杜預注孟門、晉隘道。太行、在河內郡北。蘇云、左傳作入孟門、登太行。茲于兌。王云、兌讀爲隧。茲于兌、且于之隧也。且、子餘反。此言還自伐晉、遂襲莒、入且于之隧也。且于茲於聲相近。隧兌聲相近。但上有脫文耳。檀弓、齊莊公襲莒于奪。鄭注曰、魯襄二十三年、齊侯襲莒是也。春秋傳曰、杞殖華還載甲、夜入且于之隧。隧奪聲相近、或爲兌。釋文奪、徒外反。注兌同。故知茲于兌、即左傳且于之隧、檀弓之奪、鄭注之兌也。期而民散、身滅于崔氏。崔氏之亂、亂舊作期、從孫校據左傳改。事見襄公二十八年。逐羣公子。各本脫子字、孫據左傳補。盧校同。事見左傳襄二十八年、及二十一年。及慶氏亡。孫云、此下有脫文、事亦見後。左傳及慶氏亡、皆召之。具其器用而反其邑焉。與晏子邸殿其鄙六十云云。純一案慶氏亡見雜下十五章、文同襄二十八年左傳而略。

景公問伐魯晏子對以不若修政以待其亂第三

景公舉兵欲伐魯、以問晏子。以問從元刻。孫本作問于。晏子對曰、不可。魯公好義而民戴之。好義者安。君好義則民安寧、而實力足。見戴者和。蘇云、見疑民譌、此承上言之。純一案見戴於民、就魯公言、義自可通。見戴與好義對文、不必破見作民。見戴者和、謂魯上下一心、不可侮也。伯禽之治存焉。伯禽、周公長子。始封於魯。詩魯頌閟宮、史記魯世家記其事。故不可攻。此墨家非攻之旨。攻義者不祥。違天理、拂人性、自速禍耳。危安者必困。人安耕織、我興師以危之。百姓死者甚衆、耗費又多、不自困乎。且嬰聞之、伐人者德足以安其國、政足以和其民。德足以安近懷遠、國無內憂。政足以和衆豐財、民皆樂業。國安民和、然後可以舉兵而征暴。如湯放桀、武誅紂、皆以義師伐罪救民耳。今君好酒而辟、此句與厚藉斂而急使令對文、有脫字。德無以安國。厚藉斂而急使令、舊脫而字、據上句增。急作意、從王校改。政無以和民。舊脫政字、上下文皆政與德對言、今校補。德無以安之則危。政無以和之則亂。未免乎危亂之理、而欲伐安和之國。背於治國交鄰之道。不可。不若修政而待其君之亂也。蘇云、君之二字、似不當有。傳寫者緣下衍君字、後又加之字耳。標題亦祇作待其亂、無君之二字是其證。純一案蘇說是。民離其君、舊作其君離三字、王云、文不成義。當作民離其君、與上怨其下對文。今本離字誤在其君下、又脫去民字耳。純一案王說是、今據補乙。上怨其下、然後伐之、則義厚而利多。義厚則敵寡。孟子梁惠王篇曰、仁者無敵。利多則民歡。以義伐不義、救民於水火之中。孰不簞食壺漿以迎。公曰、善。遂不果伐魯。

景公伐斄勝之問所當賞晏子對以謀勝祿臣第四

景公伐斄、孫云、斄卽萊也。服虔注左傳、齊東鄙邑。杜預注、萊國今東萊黃縣。勝之、問晏子曰、吾欲賞于斄斄下當有之役二字。言吾欲行賞于從斄之役者、今本脫之、語意不完。何如。對曰、臣聞之、以臣謀勝國者、舊脫臣字、此文本作以臣謀勝國者。言以臣之謀勝人之國者、則益臣之祿。以民之力勝人之國者、則益民之利。臣謀與民力對文。下文益臣之祿、正承此而言。今本脫臣字、則不知謀出何人矣。臣字不可無、今補。益臣之祿。以民力勝國者、益民之利。故上有羨獲、下有加利。上指君言、下兼臣民言、羨、餘也。言君非臣民無所獲、當盡出其所餘、與臣民共之。君上享其名、名從孫本、下文是上獨擅名。元刻誤民。臣下利其實。實、謂財貨也。利其實、如益祿益利是。故用智者不偷業、謀從智生。謀利於國、祿從而至、故不必偷作別業。用力者不傷苦、以力勝敵、而利隨至、故不傷苦。此古之善伐者也。古之善用兵者、使衆皆樂爲所用。公曰、善。于是破斄之臣、東邑之卒、皆有加利。凡從役者皆受賞。是上獨擅名、利下流也。獨、單也、擅、專也。據而有之也。君所專有者、獨勝名耳。而所得之利、均歸臣民、君不私有也。管子中匡篇曰、君人者、名之爲貴、財安可有。

景公問聖王其行若何晏子對以衰世而諷第五

景公外傲諸侯、傲、慢也。亦輕也。管子重令篇曰、驕諸侯者、諸侯失於外。內輕百姓、輕者、重之反。鄙夷也。非暴君孰敢輕百姓。管子小匡篇曰、寬政役、敬百姓、則國富而民安矣。好勇力、崇樂、以從嗜欲、從讀若縱。好勇力則任意攻伐、構怨於諸侯。崇樂則習慣奢侈、暴斂於百姓。諸侯不說、百姓不親。諸侯惡其暴力、百姓苦其苛政。公患之、問于晏子曰、古之聖王、其行若何。晏子對曰、其行公正而無邪、見理眞故。故讒人不得入。不阿黨、不私色、故羣徒之卒不得容羣徒之卒四字兩見、文不成義。此四字、衹羣小二字足以了之。羣小、謂君所嬖倖之臣妾。不得容、謂無容身之地。疑本作故羣小不得容、與故讒人不得入對文。薄身厚民此文亦見後十一章、蓋晏子之主恉。故聚斂之人不得行。薄身、自養薄而德儉。厚民、愛利兼施。故聚斂之人無所容其足。不侵大國之地、不秏小國之民、孫云、秏今本作耗、非。純一案不黷師侵大國、以掠其地。不逞強陵小國、以秏其民。是爲公正之行。故諸侯皆欲其尊。不劫人以兵甲、兵甲從元刻、孫本作甲兵。黃云、下云劫人以兵甲、元刻是。不威人以衆彊、故天下皆欲其彊。易乾文言曰、君子體仁足以長人。德行教訓、加于諸侯。慈愛利澤、加于百姓。故海內歸之若流水。今衰世君人者辟邪阿黨、故讒諂羣徒之卒繁、羣徒之卒四字、涉上文而誤。疑本作故讒諂之徒繁。與故聚斂之人行對文。今本之字倒著徒下、又衍羣字卒字、文不成義。今厚身養薄視民上文薄身厚民、此文反之。疑本作厚身薄民、與辟邪阿黨對文。今本養字視字、蓋後人妄加、當删。故聚斂之人行。侵大國之地、凡師行無鐘鼓曰侵。侵、氾也。襲取也。秏小國之民、秏、減也。損也。秏小國之民、如墨子非攻下篇曰、入其國家邊境、芟刈其禾稼、斬其樹木之類是。故諸侯不欲其尊。劫人以兵甲、威人以衆彊、故天下不欲其彊。災害加于諸侯、勞苦施于百姓。故讎敵進伐、天下不救、貴戚離散。讒諛之徒繁、不相容故。百姓不與。與舊譌輿。王云、輿字於義無取、當是與字之誤。百姓不與、即上文之百姓不親也。繫辭傳曰、民不與。純一今據正。公曰、然則何若。對曰、對從元刻。明本作敚、孫本同。洪云、說文、敚強取也。此假借作對字、是古字之匱存者。請卑辭重幣、以說于諸侯。墨子魯問篇曰、厚爲皮幣、卑辭令、亟徧禮四鄰諸侯。義同。輕罪省功、以謝于百姓。輕罪、省刑罰也。省功、減力役也。以是謝罪于百姓。其可乎。庶乎近爲。公曰、諾。于是卑辭重幣而諸侯附、輕罪省功而百姓親、故小國入朝、燕魯共貢。交鄰有道故。墨子聞之曰、晏子知道。道在爲人、而失在爲己。下在字、舊錯置下文不爲與下、今從孫王校移此。孫云、爲人則得、爲己則失也。純一案爲人、天道也。兼也。公也。故無不得也。爲己、人道也。別也。私也。無不失也。故為人者重、自為者輕。墨子經說上曰、任。為身之所惡。以成人之所急。孟子盡心上曰、墨子兼愛。摩頂放踵利天下為之。胥此道也。蓋儉以自利。兼以利人。所以適性。一也。墨子書今存五十三篇、此二語足以蔽之。晏子書總二百十五章、亦以此二語攝盡。推之六經百子、乃至釋氏三藏世出世法、無能舍此以為教者。景公自為、而百姓不與。舊作而小國不為與在、在字已依孫王校移前。為字衍、從王校刪。小國二字、當為百姓之誤。上文皆百姓與諸侯對言。此不應獨作小國、致與諸侯義複、而文不相對。蓋傳寫之誤、今校改。為人、而諸侯為役。有我之見存而自為、則引生百姓之我見、同時與我。無我之見而為人、則消除諸侯之我見、甘心聽命。此至聖所以無我也。管子形勢篇曰、天道之極、遠者自親。人事之起、近親造怨。蓋無我有我之辯、利害縣絕。則道在為人、而行在反己矣。黃云、行蓋得之剝文。上云而失在為己、與此相反。為己則失、反己則得也。純一案行字不誤。言道在為人。而行在反己、強恕以求仁也。故晏子知道矣。晏子衣布衣鹿裘、駕敝車疲馬、盡以祿給親戚朋友。節用兼愛。固深知性道矣。

景公問欲善齊國之政以干霸王晏子對以官未具第六

景公問晏子曰、吾欲善治齊國之政、以干霸王之諸侯。孫云、此句疑脫誤。意林作吾欲霸諸侯若何。孔叢作可以霸諸侯乎。純一案以干霸王之諸侯、義不可通。管子小匡篇、有若欲霸王、夷吾在此之說。據標題云以干霸王、此文或作以干霸王可乎。晏子對曰、對上舊衍作色二字、從王校刪。意林作晏子曰、孔叢作對曰、並無作色二字。官未具也。臣數以聞、而君不肯聽也。孫云、數、孔叢作亟。不肯聽、孔叢作未肯然。臣聞仲尼臣上舊衍故字、無謂。據意林孔叢刪。孫云、孔叢下有聖人然猶四字。居處惰倦、孫云、意林作居陋巷、形近之譌。孔叢作勸惰。純一案意林作處陋巷。廉隅不正、孫云、正、孔叢作修。則季次意林無季次二字。原憲侍。孫云、史記仲尼弟子列傳、公晳哀字季次。孔子曰、天下無行、多為家臣仕於都。唯季次未嘗仕。家語作公晳克。孔叢作季絫。氣鬱而疾、意林無此四字。志意不通、則仲由卜商侍。意林無卜商二字。德不盛、行不厚、孫云、厚孔叢作勤。純一案意林祇作德不辱。則顏回騫雍侍。孫云、孔叢作顏閔冉雍侍。閔損、字子騫。純一案意林無騫雍二字。今君之朝臣萬人、兵車千乘、兵、孔叢作立。不善政之所失于下、霣墜于民者衆矣。民上于字從元刻。孫本作下。孫云、實卽隕叚音字。墜當爲隊。說文隕、從高下也。隊、從高隊也。純一案此文不順而義尤複、孔叢作不善之政加于下民者衆矣。當據删訂。未有能士敢以聞者、孫云、孔叢作未能以聞者。純一案魏策一曰、不揜能士之迹。能士之偁有徵。臣故曰官未具也。孫云、具、孔叢作備。意林作今君未有能侍、故未具也。公曰、寡人今欲從夫子而善齊國之政、王云、羣書治要無今字。說苑同。可乎。對曰、嬰聞國有具官、蘇云、治要聞下有之字。純一案說苑同。然後其政可善。說苑作國具官、而后政可善。公作色不說曰、齊國雖小、則何謂官不具。何元刻作可、古通。治要、說苑、具下並有乎字。此脫、當據補。謂說苑作爲、古通。則字疑涉上下文衍。對曰、此非臣之所復也。治要無此七字。昔吾先君桓公身體惰懈、說苑無吾字。孫云、惰說苑作墮。蘇云、治要懈作解。辟令不給、則隰朋暱侍。孫云、隰朋謚成子、莊公會孫戴仲之子。史記齊世家集解、徐廣曰或作崩也。潛夫論志氏姓、齊之隰氏姜姓。暱、爾雅釋詁近也。純一案莊公、成公子名購。或作贖。非釐公子名光者。左右多過、蘇云、治要作譽。獄讞不中、獄讞、說苑作刑罰。孫云、讞當爲𤅊。說文𤅊議辠也。玉篇𤅊、魚列切。與讞同。艸書水言相似。則弦甯暱侍。甯從元刻。孫本誤章、與說苑同。盧云、寗與寧同、新序作弦寧。說已見前。黃云、弦章、景公臣。見諫上篇及外末篇。元刻是。蘇云、此與諫景公飲酒之弦章、相隔百餘年。治要正作弦甯。田野不修、民氓不安、民氓、說苑作人民。蘇云、治要氓作萌。則甯戚暱侍。軍吏怠、戎士偷、蘇云、治要吏作士。怠作惰。偷作肆。王氏雜志作戎事、非。此與軍吏對。則王子成甫暱侍。孫云、韓非作公子成父是。說苑甫作父。蘇云、治要成作城。居處佚怠、佚怠、說苑作肆縱。蘇云、治要佚作逸。左右懾畏、繁乎樂、省乎治、此六字、說苑治要並無。則東郭牙暱侍。孫云、姓東郭名牙。韓非外儲說、桓公問置吏於管仲、曰、辯察於辭、清潔於貨、習人情、夷吾不如絃商。請立以爲大理。登降肅讓、以明禮待賓、臣不如隰朋。請立以爲大行。墾草仞邑、辟地生粟、臣不如寗武。請立以爲大田。三軍既成陳、使士視死如歸、吾不如公子成父。請立以爲大司馬。犯顏極諫、臣不如東郭牙。請以爲諫臣。純一案弦商、商當爲甯之譌。寗武、武當爲戚之譌。管子小匡篇、管仲曰、升降揖讓、閑習辯辭之剛柔、臣不如隰朋。請立爲大行。墾草入邑、辟土聚粟多衆、盡地之利、臣不如寗戚。請立爲大司田。平原廣牧。車不結轍、士不旋踵、鼓之而三軍之士視死如歸、臣不如公子城父。請立爲大司馬。決獄折中、不殺不辜、不誣無罪、臣不如賓須無。請立爲大理。

犯君顏色、進諫必忠、不辟死亡、不撓富貴。臣不如東郭牙。請立以爲大諫之官。大致並與此同。德義不中、信行衰微、蘇云、治要信作意、微作息。則管子⿰目匽侍。孫云管、說苑作僥、偪。先君能以人之長續其短、以人之厚補其薄。是以辭令窮遠而不逆。窮遠、無遠弗屆也。不逆、莫不服從也。兵加于有罪而不頓。頓與鈍通。不頓、言極順利也。是故諸侯朝其德、諸侯服其德、莫不來朝。而天子致其胙。蘇云、治要有焉字、致下無其字。純一案僖九年左傳、王使宰孔賜齊侯胙。杜注胙、祭肉、尊之比二王後。今君之過失多矣、未有一士以聞者也。者字舊脫、從王校據治要說苑補。故曰官不具。公曰、善。孫云、說苑君道篇、孔叢詰墨篇、用此文。王云、案自公曰寡人今欲從夫子而善齊國之政以下、別是一章。本在問下篇內、其首句本作景公問晏子曰。後人以其問答之辭大略相同、遂併後章入前章、而改景公問晏子曰爲公曰以泯其迹。又前章標題云、景公問欲善齊國之政以干霸王、晏子對以官未具。則後章亦當有標題。今既併後入前、遂删去後章之標題矣。不知前章是景公欲善齊國之政以干霸王、而晏子對以官未具。後章是景公欲與晏子善齊國之政、而晏子對以官未具。前章是言侍孔子者、有季次原憲仲由卜商顏回騫雍。後章是言侍桓公者、有隰朋弦甯甯戚王子成甫東郭牙管仲。而景公無一士。且問答之詞、皆前略而後詳、則非一篇可知。今併爲一篇。則既云今君不善政之所失于下霣墜于民者衆矣。未有能士敢以聞者、臣故曰官未具也。又云今君之過失多矣、未有一士以聞也、故曰官未具。古人之文、有如是之複者乎。晏子各章、大同小異者多矣、又可一切删而併之乎。羣書治要後章在問下篇、其首句作景公問晏子曰、可據以訂正。說苑君道篇、有後章無前章。孔叢子詰墨篇、及意林、皆有前章無後章。則前後之非一章甚明。黃云、治要分寡人今欲從夫子以下別爲一章、在問下篇。王氏從之、非也。問上問下、蓋計都凡皆三十章。分此入問下、則下多一章矣。下篇標題章次具在、何處可以羼入。純一案齊景公欲封孔子以尼谿、晏子阻之。則自臣聞仲尼至顏回騫雍侍云云、恐未必然。孔叢以晏子稱孔子爲聖人、尤難信。況晏子之卒、當孔子四十五歲。（詳雜上二十三章注）卜商少孔子四十四歲、卜商能侍孔子、晏子墓木已拱乎。此文疑除說苑治要所引外、蓋後儒以其詞旨相類、據孔叢羼入。不足據、當删。

景公問欲如桓公用管仲以成霸業晏子對以不能第七

景公問晏子曰、昔吾先君桓公、有管仲夷吾保乂齊國。爾雅釋詁乂、治也。能遂武功而立文德。諫上十六章曰、民樂其政、而世高其德。是爲文德。行遠征暴、勞者不疾。是爲武功。糾合兄弟、蘇云、謂兄弟之國。撫存冀州、冀舊譌埊、王云、埊州二字、義不可通。埊當爲冀。王肅注家語正論篇曰、中國爲冀。僖四年公羊傳曰、桓公救中國而攘夷狄、卒怗荆。故曰撫存冀州、荆楚惛憂也。今本作埊州者、冀誤爲𡗝、又誤爲埊耳。純一今據改。吳越受令、荆楚惛憂。王云、惛者、悶之借字也。呂氏春秋本生篇、下爲匹夫而不惛。高注曰、惛讀憂悶之悶。故曰荆楚惛憂。莫不賓服。勤于周室、天子加德。加、猶嘉也。說文加、語相增加也。言天子嘉其德。先君昭功、管子之力也。孫云。國德、州憂、德力、各爲韻。今寡人亦欲存齊國之政於夫子。存、猶寄也。論語泰伯篇可以寄百里之命。義同。夫子以佐佑寡人。孫云、佐佑當爲左右。詩箋左右、助也。彰先君之功烈、而繼管子之業。繼管子之業、猶書說命下曰、罔俾阿衡專美有商意。晏子對曰、昔吾先君桓公能任用賢、國有什伍。孫云、謂管子作內政以寓軍令也。純一案詳小匡篇。治徧細民。治理所及、不遺一小民。例如管子問篇曰、問士之有田宅、身在陳列者幾何人。問男女有巧伎能、利備用者幾何人。處女操工事者幾何人云云是。貴不凌賤、富不傲貧。此二句亦見問下十一章。孫云、賢民貧爲韻。功不遺罷。黃云、罷元刻作能。純一案元刻誤。罷同疲。與賤貧愚爲儷文。問下二十四章曰、齊尙而不遺罷。不遺罷、爲晏子之雅言。佞不吐愚。吐、棄也。一切經音義十一引蒼頡。俞云、佞者、有才辯之稱。故與愚相對。舉事不私。不私則事無不成。聽獄不阿。人心以正。風俗以淳。內妾無羨食、外臣無羨祿。羨、餘也。無羨、言不溢於分外也。鰥寡無飢色。飢從元刻、孫本作饑非。文王發政施仁、必先窮而無告者。不以飲食之辟、劉云、辟字當作譬。譬之謂言好也。下文則無以多辟傷百姓、與嗜欲玩好對言、則辟亦當作譬。害民之財。財從孫本明本、元刻作則、誤。不以宮室之侈、勞人之力。薄身厚民。節取于民、而普施之。損上益下。府無藏、倉無粟。藏富於民。上無驕行、下無諂德。此二句、亦見後十七章。是以管子能以齊國免于難、而以吾先君參乎天子。諸侯尊爲霸主、故曰參乎天子。今君欲彰先君之功烈、而繼管子之業、則無以多辟傷百姓。多辟、勢必害民之財、勞民之力。是保乂國家內政第一大戒。無以嗜欲怨諸侯。舊嗜欲下衍玩好二字、案無以嗜欲怨諸侯、與無以多辟傷百姓對文。玩好二字、蓋後人妄加、今刪。言勿逞攻伐之貪欲、以構怨于諸侯。是保乂國家外交第二大戒。

孰敢不承善盡力、以順君意。承善以立文德、盡力以遂武功。今君疏遠賢人、而任讒諛。諫上二十一章、賢人使遠、讒人反昌。問下三章、讒人在前、諛人在後。可互證。使民若不勝。勞民之力甚矣、猶若不足以供驅使。藉斂若不得、害民之財多矣、猶若未有所得然。厚取于民、而薄其施。菽粟朽于府內、恩澤不出宮中。多求于諸侯、而輕其禮。反乎交鄰之道。府藏朽蠹、而禮悖于諸侯。菽粟藏深、孫云、菽當爲尗。而怨積于百姓。君臣交惡、君不君、臣不臣。而政刑無常。孟子離婁上云、上無道揆、下無法守。臣恐國之危失、而公不得享也。又惡能彰先君之功烈、而繼管子之業乎。問下三章、又焉可逮桓公之後乎。義略同。

景公問莒魯孰先亡晏子對以魯後莒先第八

景公問晏子、莒與魯孰先亡。對曰、以臣觀之也、黃云、淩本作之觀、與此異。純一案也字衍、當刪。莒之細人、細人、小民。對士言。變而不化、變易常經、不還於善。貪而好假、說文假、非眞也。高勇競尙武力而賤仁。賤、謂棄而不用也。士武以疾忿急以速竭。士、學行優於細人者。亦唯恃武力、卒爾逞忿。性皆急遽、不能持久。是以上不能養其下。是由在上者、不能以節儉仁愛之德、培養士民。下不能事其上。在下者、不能本薄身厚民之道、以事其上。上下不能相收、上下皆無報國之心、故不能互收其利益。則政之大體失矣。故以臣觀之也、觀之、各本誤倒。從盧校據上文乙。也字當刪。莒其先亡。公曰、魯何如。對曰、魯之君臣、猶好爲義。好義、則虧人自利者必不爲。克己利人者必爲之。與莒之士民異趣矣。下之妥妥也、孫云、妥當爲綏。爾雅釋詁、綏、安也。純一案曲禮下、大夫則綏之。釋文、綏讀曰妥。漢書燕刺王旦傳、北州以妥。集注孟康曰、古綏字也。臣瓚曰、妥、安也。下之妥妥、言士民莫不安居樂業也。奄然寡聞。孫云、奄然、闇然。純一案此喻魯民不妄動、不妄聽。是以上能養其下、下能事其上。上下相收、政之大體存矣。管子五輔篇曰、上必寬裕而有解舍。（房注解、放也。舍、免也。）下必聽從而不疾怨。上下和同而有禮義。可爲此之說明。

故魯猶可長守，然其亦有一焉。〔語意不明、其下疑脫失字。〕彼鄒滕雉奔而出其地，猶稱公侯。〔孫云、說文鄒、魯縣。古邾國。帝顓頊之後所封。杜預注左傳、滕國、在沛國公邱縣。俞云、按雉奔而出其地、乃極言其地之小。謂一雉奔竄、卽出其邦域之外也。又所謂公侯者、有國之君之通稱。故五等之封、皆曰諸侯。而春秋書諸君之葬、皆稱公也。黃云、雉不能遠飛。雉奔而出其地、喻其出交近鄰。猶稱公侯者、在國稱公、在外稱列侯、小國亦然也。謂鄒滕雖弱小、而能近事強大、至今猶不失爲通侯。以明魯近齊而親殷（純一案殷當作晉）以褊小國而不服于近鄰、卒以滅亡也。〕小之事大，〔舊小大互錯、從王俞校乙。〕弱之事彊，久矣。彼晉者，周之樹國也。魯近齊而親晉，〔舊作彼周者、殷之樹國也、魯近齊而親殷。孫云、疑親殷當爲親晉。上亦當爲晉者周之樹國也。是時魯君屢如晉。純一案彼周者殷之樹國也。與上下文不相屬、義不可通。孫說是也、今據改。言彼晉者、一周之樹國耳。魯旣近齊、正宜親齊。乃不親齊而遠親晉。故下云以褊小國而不服于鄰、以遠望晉。〕以變小國，而不服于鄰，以遠望晉。〔晉舊譌魯、從俞校正。孫云、變小、疑褊小。俞云、孫疑變小卽褊小是也。變褊音近、故叚用耳。以遠望魯、當作以遠望晉。左傳所謂魯有佗竟、走望在晉是也。因晉與魯形似、此章又論魯事、晉字止此一見、淺人不察文義、妄改爲魯耳。晏子之意、蓋謂魯與齊爲鄰、而不知事齊。所望者晉。晉相去又遠、緩急不足恃。故曰此滅國之道也。蘇云、俞說是。〕滅國之道也。齊其有魯與莒乎。〔孫云、魯後幷于楚。莒滅于楚。而地入齊。〕

公曰：「魯與莒之事，寡人旣得聞之矣。寡人之德亦薄，然後世孰踐有齊國者？」對曰：「田無宇之後爲幾。」〔孫云、田無宇、陳桓子也。須無之子。幾、爾雅釋詁、近也。純一案外上十五章、有齊國田氏之國也句。〕公曰：「何故也？」對曰：「公量小，私量大，以施于民。〔解詳問下十七章。〕其與士交也，用財無筐篋之藏。國人負攜其子而歸之，若水之流下也。〔外上十章曰、田氏之施、民歌舞之也。國之歸焉、不亦宜乎。〕夫先與人利，而後辭其難，不亦寡乎。〔自來先以利施人、而後不任其人之所難者蓋寡。難謂爲君難。理國政、禦外侮、甚不易也。〕若苟勿辭也，從而撫之，不亦幾乎。」〔若苟不辭其難、而任保民之責。從而撫之、不近於爲君之道乎。田氏將有齊國事、見諫下十九章、問下十七章。外上十章又十五章。〕

景公問治國何患晏子對以社鼠猛狗第九

景公問于晏子曰、孫本明本如此、元刻無于字。孫云、韓非說苑、作桓公問管仲。純一案羣書治要引說苑同。治國何患。說苑治要引、均無治字、非。藝文類聚五十二引、有治字。晏子對曰、說苑作管仲對曰、治要祇作對曰。患夫社鼠。公曰、何謂也。對曰、夫社束木而塗之。孫云、韓非束作樹。塗當爲涂。說文、圬涂也。黃云、韓非見外儲說右上。鼠因往託焉。孫云、韓非作鼠穿其間掘穴託其中。純一案韓詩外傳七、作社鼠出竊於外。入託於內。熏之則恐燒其木。灌之則恐敗其塗。敗、治要作壞。韓非作燻之則恐焚木。灌之則恐塗阤。韓詩外傳作灌之恐壞牆。燻之恐燒木。孫云、熏、韓非韓詩外傳說苑作燻、非。塗卽牆也。此鼠所以不可得殺者、以社故也。韓非作此社鼠之所以不得也。外傳作此鼠之患。夫國亦有社鼠、社鼠舊作爲、據說苑治要改。與下文夫國亦有猛狗一律。人主左右是也。類聚作人君之左右。內則蔽善惡于君上、外則賣權重於百姓。孫云、藝文類聚作出則賣重寒熱。入則矯謁奴（或收字）利。一作出則賣寒熱。入則比周。與此皆不同。所見本異。韓非作出則爲勢重而收利於民。入則比周而蔽惡於君。純一案韓詩外傳作出則賣君以要利。入則託君。下有脫文。不誅之則爲亂。孫本脫爲字、元刻有。說苑治要同。韓詩外傳、作君不罪乎亂法。孫云、韓非作吏不誅則亂法。誅之則爲人主所案據腹而有之。王云、案據連讀。方言、據、定也。廣雅同。僖五年左傳注、據猶安也。案據、謂安定之也。史記白起傳、趙軍長平以案據上黨民、正與此同。黃云、腹當爲覆。韓詩外傳七、作君又並覆而育之、又韓非子作則君不安據而有之。不當作所。說苑作則爲人主所察據腹而有之。察乃案字之譌。劉云、有字當作宥。案據當從王說。案據者、猶今人恆言所謂把持也。腹字作覆、當從黃讀。惟覆字當訓爲反。廣雅釋言云、覆反也。而毛詩用無正覆出爲惡、桑柔覆俾我悖、瞻卬女覆奪之、鄭箋均訓覆爲反。覆而宥之、猶言平反而赦之也。晏子此語、言人臣欲誅左右、則爲君者必堅持不從。或平反其獄、以宥其辜。如後世漢文赦鄧通是也。韓詩外傳作弁覆而育之、弁疑平字之訛。育亦宥字之假借。韓非君不安據而有之、不當作又。黃氏謂不當作所、非也。純一案案據當從王說劉釋。腹而有之、當從韓詩外傳作覆而育之。言不誅之則爲亂無已時。誅之則爲人主所把持而不能誅。人主非惟不罪其亂法也。並覆翼而長育之。正如鼠之不可熏灌同。故曰此亦國之社鼠也。此亦國之社鼠也。宋人有酤酒者。宋字舊脫、據韓非子補。孫云、韓非作宋人有酤酒者。一日宋之酤酒者、有莊氏者。純一案韓詩外傳作人有市酒而甚美者。爲器甚潔清、孫云、潔當爲絜。清、靜省文。說文無垢穢也。玉篇疾姓切。置表甚長、孫云、韓非作縣幟甚高。而酒酸不售。韓詩外傳作然至酒酸而不售。問之里人其故。韓詩外傳無之字、蘇云、言以其故問里人也。史記、括母問奢其故。文與此同。里人曰、公之狗猛。之狗譽倒、從說苑乙。韓詩外傳作公之狗甚猛。人挈器而入、孫云、說文挈、縣持也。韓詩外傳作持。且酤公酒。狗迎而噬之。孫云、噬、韓非韓詩外傳作嚙。純一案外傳迎上有輒字。此酒所以酸而不售也。夫國亦有猛狗、用事者是也。羣書治要脫是字。有道術之士、欲干萬乘之主。干、韓詩外傳作白。說苑治要俱作明。而用事者迎而齕之。孫云、說文齕、齧也。韓詩外傳作齧。此亦國之猛狗也。左右爲社鼠。孫云、左右下韓詩外傳有者字是。用事者爲猛狗。主安得無壅。國安得無患乎。孫云、沈本注云、或作用事者爲猛狗、則道術之士不得用矣、此治國之所患也。韓非外儲說、韓詩外傳、說苑政理篇、用此文。王云、元刻注文同沈本。案或本是也。此治國之所患也、正對景公治國何患之問。與各篇文同一例。今本作主安得無壅、國安得無患乎、乃後人取韓子竄入。又改韓子之無亡爲無患、以牽合晏子。斯兩失之矣。說苑正與或本同。黃云、韓子作則術不行矣。純一案王說是、當據以訂正。此與外上十四章、大旨略同。

景公問欲令祝史求福晏子對以當辭罪而無求第十

景公問晏子曰、元刻如此、治要同。孫本明本問下均有于字。寡人意氣衰、身病甚。蘇云、治要作身甚病。今吾欲具圭璧犧牲、圭從元刻、孫本作珪。璧、舊並譌璋。王云、珪璋本作圭璧。此後人以意改之也。古者祈禱皆用圭璧、無用璋者。金縢曰、植璧秉圭、乃告太王王季文王。大雅雲漢曰、圭璧旣卒、寧莫我聽。諫上篇曰、寡人之病病矣、使史固與祝佗巡山川宗廟。犧牲珪璧、莫不備具。是其證。羣書治要正作圭璧犧牲。純一今據正。案日本治要圭作珪。令祝宗薦之乎上帝宗廟。意者祀可以干福乎。祀舊譌禮、治要校文禮疑祀、今據正。蘇校同。孟子曰、禍福無不自己求之者。乃干上帝、左矣。晏子對曰、嬰聞之、古者先君之干福也、政必合乎民、政必均平、德同於民。行必順乎神。行必至公、誠通於神。節宮室、不敢大斬伐、以無偪山林。孫云、一本脫以字、非。純一案此文疑本作不敢大斬伐以偪山林九字句。無字、蓋淺人謂與下文以偪山林相反妄增。不知下文義與此文相反者、在無不敢二字也。無與不敢義複、當刪。節飲食、無多畋漁無當作不敢。與上文一律。以無偪川澤。無字當刪、詳上。蘇云、治要畋作田。澤作浦。下並同。祝宗用事、辭罪而不敢有所求也。蘇云、治要所作祈、下同。純一案禮記禮器曰、祭祀不祈。鄭注云、祭祀不爲求福也。是以神民俱順、而山川納祿。蘇云、曲禮下鄭氏注云、納、猶致也。爾雅釋詁云。祿、福也。納祿、猶言致福。下云收祿、正與此反言。今君政反乎民。乎、治要作于。而行悖乎神。今君藉重獄多、反乎民心。百姓疾怨、自爲祈祥。背於神明之德矣。大宮室、多斬伐以偪山林。羨飲食、蘇云、治要飲作飯。多畋漁以偪川澤。以縱欲故、暴殄天物。而化機滯矣。是以神民俱怨。神民舊倒、今據上文並治要乙。而山川收祿。山川之產、不勝其戕賊而竭。司過薦罪。蘇云、治要作薦至、疑誤。純一案治要校文作薦罪。司過、官名。內史也。薦、舉也。而祝宗祈福。意者逆乎。言祝宗與司過相反、神不可欺、福非德洽於民不致也。公曰、寡人非夫子、無所聞此。請革心易行。于是廢公阜之遊、止海食之獻。節飲食、息苛擾。斬伐者以時。斧斤以時入山林。畋漁者有數。恤物命以厚生。居處飲食、節之勿羨。祝宗用事、辭罪而不敢有所求也。蘇云、治要作焉。純一案祝宗言罪而無求、庶不僭嫚於鬼神。故鄰國忌之。忌、憚也。諸侯不敢加兵於齊。百姓親之。民懷其德。晏子沒而後衰。蘇云、治要載此章在問下篇。

景公問古之盛君其行如何晏子對以問道者更正第十一

景公問晏子曰、古之盛君、其行如何。此從元刻。孫本作何如。黃云、當依元刻作如何、凌本同、標題亦作如何。晏子對曰、薄于身而厚于民、前五章作薄身厚民。薄身、自爲者輕。儉也。厚民、爲人者重。勤也。所以兼人己於一愛也。晏子德行功業、盡該於此。推之堯舜大禹、固無不然。約于身而廣于世、約于身者、自奉極約、不役於物、所以全性之眞也。廣于世者、因性理無間於物我古今、務期永世之人兼愛交利以盡性也。所謂約守而博施也。其處上也、足以明政行教。明政、如洪範所謂農用八政之類是。所以厚民生也。行教、如舜典所謂愼徽五典之類是。所以正民德也。不以威天下。蘇云、治要作而不以威下。純一案不尙武力以威天下、即墨家非攻之恉。蓋本史佚陵人不祥之訓。見僖十五年左傳。其取財也、權有無、均貧富。取財於富有者、以調劑貧乏者。一切經音義十七引賈逵注國語云、權、平也。於陵子貧居篇曰、鈞天地之有。論語季氏篇、孔子曰均無貧。不以養嗜欲。嗜欲者、伐性之斧。最足使人敗德、而無異於禽獸者也。禮樂記曰、夫物之感人無窮、而人之好惡無節、則是物至而人化物也。故嗜欲宜節、不可養而長之。此墨家所以尙儉也。誅不避貴。貴者違法必誅之。賞不遺賤。賤者有勞必賞之。不淫于樂。恐以樂虧奪民衣食之財。且廢君子之聽治、與賤人之從事。蓋遵大禹謨罔淫于樂之敎、即墨家非樂之本。不遁于哀。遁讀爲循。凡字从彳又从辵者、皆得相通。墨子非儒篇、宗（讀崇）喪循哀可證。蓋恐久喪以害生。厚葬以傷業（鹽鐵論論誹引晏子語）故。此墨家節葬之恉。盡智導民而不伐焉。墨子兼愛下篇曰、有道肆相敎誨。蓋以先覺覺後覺。倘天下有一未覺之人、即是導民之智有未盡。夫何自伐之有。昔大禹克勤于邦、不自滿假。乃墨家不伐之宗風。勞力事民而不責焉。事民舊作歲事、王云、歲事本作事民。事、治也。見呂覽淮南戰國策注。謂盡智以導民、而不自矜伐。勞力以治民、而不加督責也。後人不解事民二字之義、而改事民爲歲事。則既與勞力不相承、又與上句導民不對矣。羣書治要、正作勞力事民而不責。純一案王訓事爲治、以責爲督責、並非。而據治要正歲事之誤、是也。今從之。下章曰、事因於民者必成。又曰國有義勞、民有加利。是知勞力事民、如盡力溝洫之類。即大禹形勞天下之恉。蓋勞力以事民之事。而不責報也。墨子魯問篇曰、有力以勞人。莊子天下篇、謂墨者以自苦爲極。而備世之急。荀子富國篇、謂墨子上功勞苦。與百姓均事業、齊功勞。可互證。不責與不伐、文義相對。不伐、言不伐功於己。不責、言不責德於人。皆本兼愛之至理以爲言。晏子固墨家先進也。政尙相利、故下不以相害爲行。敎尙相愛、故民不以相惡爲名。舊行上爲字、錯置政上。王云、案上二句、本作政尙相利。故下不以相害爲行。（去聲）與敎尙相愛二句對文。後人誤以故下不以相害爲一句、行（平聲）敎尙相愛爲一句、故民不以相惡爲一句、遂移爲字於政尙相利之上。而以爲政尙相利連讀、以對行敎尙相愛之文。則既失其義、又失其句。而下文爲名二字、遂成衍文矣。羣書治要、正作政尙相利。故下不以相害爲行。敎尙相愛。故民不以相惡爲名。純一案王說是、今據正。此墨家兼相愛交相利之要恉。刑罰中于法。管子明法篇曰、不淫意于法之外。不爲惠于法之內。可爲確詁。廢置順于民。置舊譌罪。兪云、廢罪當作廢置、字之誤也。擧直錯諸枉則民服。是謂廢置順于民。純一案兪說是、今據正。是以賢者處上而不華。蘇云、不華、即下第二十章所謂誅乎前不華乎外意。純一案鹽鐵論論誹篇、晏子有言、儒者華於言而寡於實。蓋晏子墨者、尙樸。重實行而不華於言。故曰賢者處上而不華。不肖者處下而不怨。不肖者、自知不能接天下之政、治天下之民。故甘處于下而不怨。四海之內、社稷之中粒食之民、蘇云、治要無此二句。純一案社稷之中句宂。蓋後人所加、當刪。一意同欲、此墨家尚同之恉。若夫私家之政、蘇云、治要無此句。純一案墨子尚同下篇曰、治天下之國、若治一家。使天下之人、若使一夫。義可互明。生有厚利、死有遺教。舊脫厚利死有四字、文不成義。從王校據治要補。謂盛德之君、生有厚利被於當時。死有遺教垂於後世。此盛君之行也。舊衍公不圖晏子曰六字、從王校刪。蘇云、此下治要無。臣聞問道者更正、正疑心之譌。更心與更容對文。標題亦當作更心。聞道者更容。更容謂當肅然起敬。今君稅斂重故民心離。窮民財力以供嗜欲故。市買悖故商旅絕。買當為賈之譌、賈與價同。悖、亂也。後漢黃昌傳注。言市征重、物價亂、商旅失利將絕迹也。玩好充故家貨殫。玩好之物充斥於市。而供家室日用者殫焉。殫、盡也。言習尚奢極、害民生也。積邪在于上、辟邪之人皆及執政。蓄怨藏于民。百姓疾怨積蓄藏於心。嗜欲備于側、問下三章曰、左為倡。右為優。讒人在前。諛人在後。毀非滿于國。諫上十二章曰、一國詛。孫云、側國為韻。而公不圖。圖、計謀也。

公曰、善。于是令玩好不御。玩物減則家貨增。公市不豫。王引之曰、豫猶誑也。說見荀子豫賈下。蘇云、不豫、謂不誑也。言公市俱以誠信相貿易、無有誑詐也。荀子儒效篇云、魯之粥牛馬者不豫賈。義並同。宮室不飾。業土不成。不待土工之成而罷。止役輕稅。民力舒。民財裕。上下行之、而百姓相親。

景公問謀必得事必成何術晏子對以度義因民第十二

景公問晏子曰、謀必得、事必成、有術乎。晏子對曰、羣書治要、無晏子二字。有。公曰、其術如何。治要作何如。晏子曰、謀度于義者必得。義則無不宜故。事因于民者必成。民之所欲、天必從之。公曰、奚謂也。對曰、其謀也、左右無所繫。繫縛也。上下無所縻。盧云、元刻靡。純一案縻亦作靡。荀子正論篇、藉靡舌縪。注、靡、繫縛也。與縻義同。其聲不悖。名正。其實不逆。事順。謀于上不違天。大公至正。謀于下不違民。

洪範曰、謀及庶人、庶民從。是之謂大同。以此謀者必得矣。黃云、元刻謀作諆。綝一案孟子公孫丑下曰、得道者多助。多助之至、天下順之。可相發明。事大則利厚。事小則利薄。稱事之小大。孫本作大小。權利之輕重。國有義勞。蘇云、言所勞俱爲義、不同安勞、故曰義勞。勞與利對文、言國雖勞而民利也。綝一案秉國者以爲民勤勞爲正義。民有加利。加舊譌如、王云、如當爲加字之誤。民有加利、謂舉一事而利加于民也。前第四章曰、上有羨獲、下有加利。語意與此相似。又曰破斄之臣、東邑之卒、皆有加利。此皆加利二字之證。綝一案王說是、今據正。以此舉事者必成矣。秉國者典厥義。爲民勞。則利之加于民者厚。民無不樂助者。宜其舉事速成矣。夫逃義而謀、舊義譌人、從王校正。謀作諆。從黃校據淩本改。雖成不安。謀外乎義、終必敗亡。傲民舉事、雖成不榮。事不敬重民意者。雖成徒增疾怨耳。故臣聞義謀之灋也。也、元刻作者、孫本譌以。今從王顧校正。謀準于義、斯乎正矣。民事之本也。凡事以愛民利民爲本。故反義而謀、倍民而動、舊反譌及、倍譌信。王云、及義而謀、信民而動、與下句文義不合。及當爲反。信當爲倍。倍亦反也。義爲謀之法。民爲事之本。故反義而謀、倍民而動、未有能存者也。上文云逃義而謀、雖成不安。傲民舉事、雖成不榮。正與此文相應。羣書治要、作反義而謀。背民而動。背與倍古字通。故知信爲倍之誤。綝一案王說是、今據正。未聞存者也。元刻如此、孫本存上有不字、王云、不字乃後人所加。蓋不知及信二字、爲反倍之誤。故於此句內加不字、以牽合上文耳。蘇云、元刻是。治要正無不字。綝一案存上當有能字、語氣較完足。昔三代之興也、謀必度于義。于舊作其、王云、度其義本作度于義。度、待洛反、度之言宅也。辥瓚注漢書韋元成傳曰、古文宅度同。堯典宅西、周官縫人注宅作度。詩大雅文王有聲篇、宅是鎬京、坊記作度。宅者、居也。謂謀必居于義也。文十八年左傳、不度於善、而皆在於凶德。杜注曰、度、居也。大雅緜及皇矣傳、並同。是度於義、卽居於義也。度於義與因於民對文。上文謀度於義者必得。事因於民者必成。是其明證。今本作度其義、則迥非居於義之謂。且與上下文不合矣。治要正作謀必度於義。綝一案王說是、今據正。事必因于民。三代之興、非義無謀。舍民無事。莊子在宥篇曰、遠而不可不居者、義也。卑而不可不因者、民也。及其衰也、建謀反義、元刻作建謀者及義、孫本作建謀不及義、顧云、當作建謀反義四字句。綝一今據刪訂。與下句對文。治要作謀者反義。脫建字、衍者字。興事傷民。故度義因民、謀事之術也。蘇云、此下治要無。公曰、寡人不敏、聞善不行、其危如何。黃云、元刻危作已、剝文。對曰、上君全善。最上者無不善。

其次出入焉。次焉者、時善時不善。其次結邪而羞問。又其次、即最下者。無善可言。習慣邪僻、如結不可解。且謬以問善爲可羞。全善之君能制出入之君。時出於善、時入於善、則不全善。視全善之君德薄矣、故受制焉。時問之君。元刻如此、孫本脫之君二字、時問之君、即出入之君。上與全善之君、下與羞問之君、相對成文。雖日危尚可以沒身。因時問善、不至全不善。故雖日陷於危、此身或尚可以壽終。羞問之君、不能保其身。貫盈不善、又羞問善。桀紂之惡、不能過焉。此身首領恐難保也。今君雖危、尚可沒其身也。今君可當時問之君故。

景公問善爲國家者何如晏子對以舉賢官能第十三

景公問晏子曰、蘇云、治要作景公問求賢。此下至榮君、治要無。莅國治民、善爲國家者何如。晏子對曰、舉賢以臨國、官能以敕民、國事民事、非賢能不理。問下二章曰、昔吾先君桓公下賢以身。見賢不留。使能不怠。是以內政則民懷之。征伐則諸侯畏之。則其道也。舉賢官能、則民與君矣。君舊譌若、從盧校正。與猶親也。公曰、雖有賢能、吾庸知乎。庸猶何也。詎也。晏子對曰、賢而隱、庸爲賢乎。賢不見用、等於庸衆。詎爲賢乎。吾君亦不務乎是、孫云、言君亦不以此爲事。故不知也。公曰、請問求賢。對曰、觀之以其游、孫云、觀其交游也。純一案所謂觀人於其友也。孟子萬章上、載孔子於衛主顏讎由。不主癰疽。子華子序、記子華子不應簡子之聘。去晉之齊、館於晏氏。皆其例證。說之以其行、後廿七章、景公問取人得賢之道。晏子對曰。舉之以語。考之以事。無以靡曼辯辭定其行、句首舊衍君字。從蘇校刪。言取人重實行、華於言者無用也。無以毀譽非議定其身。君子之所爲、衆人固不識。蓋曲高者和寡。子華子北宮子仕篇曰、夫人之常情。譽同於己者。愛同於己者。愛之反則憎。譽之反則毀。明衆人之毀譽、不足憑也。如此則不爲行以揚聲、俞云、古爲僞字通用。成九年左傳、爲將改立君者。定十二年傳、子爲不知。釋文並云、爲本作僞。是也。不僞行以揚聲、言不僞託高行以揚聲譽。不掩欲以榮君。王引之云、榮讀爲營。營、惑也。見呂氏春秋淮南注。掩欲以營君者、外爲廉絜、以自掩其貪。將以惑君也。第二十一章說佞人之事君曰、以僞廉求上采聽、而幸以求進。正謂此也。營榮古字通。說見經義述聞、不可榮以祿下。故通則視其所舉。蘇云、治要無故字、上有晏子對曰句。純一案治要省去上文故爾。通則視其所舉、如後二十章曰、忠臣選賢進能。睹賢不居其上。史記管晏列傳曰、鮑叔既進管仲。以身下之。又如襄三年左傳、君子謂祁奚舉其讎解狐、不爲諂。舉其子午、不爲比。舉其偏伯華、不爲黨。夫唯善故能舉其類。皆其例也。窮則視其所不爲。問下廿四章曰、貧窮不易行。論語衛靈篇曰、君子固窮。固、安也。富則視其所分。貧則視其所不取。舊作富則視其所不取、王云、通與窮對。富與貧對。羣書治要、作富則視其所分。貧則視其所不取。是也。今本脫分字、及貧則視其所五字。則文不成義。純一案王說是、今據補。史記魏世家、韓詩外傳三、說苑臣術篇、並載李克語、文有移異而義均同。可證。漢書杜欽傳、亦有文類此。諫下十九章曰、藏財而不用、凶也。蓋有財貴相分。但視其所分予者之賢否、即可定其人之賢否。貧則視其所不取、亦可知其操守。墨子修身篇曰、貧則見廉。是其義。夫上士、難進而易退也。背祿鄉義故。治要脫士字。其次、易進而易退也。鄉祿亦不背義故。而字舊脫、據治要補。下同。其下、易進而難退也。背義鄉祿故。蘇云、表記孔子曰、事君難進而易退則位有序。易進而難退則亂也。位有序故爲上士。亂故爲下。以此數物者取人、蘇云、物猶事也。其可乎。

景公問君臣身尊而榮難乎晏子對以易第十四

景公問晏子曰、爲君身尊民安、爲臣事治身榮、難乎易乎。晏子對曰、易。公曰、何若。對曰、爲君節養其餘以顧民、君自養儉。苟有餘財、盡以眷念於民而施之。則身尊而民安。身舊譌君、從王校正。爲臣忠信而無踰職業、爲臣者竭誠無欺以從事。務無虧於職守而有越分之行。則事治而身榮。公又問爲君何行則危。爲臣何行則廢。晏子對曰、爲君厚藉斂而託之爲民、厲民自恣而假託爲利民。正與上文爲君節養其餘以顧民相反。進讒諛而託之用賢、辟邪阿黨。遠公正而託之不順。輕蔑有德。孫云、言不順君所爲。君行此三者則危。爲臣比周以求進、黃云、進元刻作寸、譌。求進求多求親對文。此言臣有三求則廢。上言君有三託則危。亦對文。求進句絕。踰職業、屬下求多爲義。求多亦句絕。純一案管子明法篇曰、臣下比周、以黨舉官。是以官失其治。踰職業防下隱利而求多。

險乎職業之外、防遏下民、隱匿其利、而求多以私肥。正與上文爲臣忠信而無險職業相反。從君不陳過而求親。王云、謂臣在君側、不陳君過、而但求親近也。人臣行此三者則廢。臣對君言、人字疑衍。故明君不以邪觀民。故明君反承上文君行三者則危言。蘇云、觀、猶示也。不以邪觀民、言不以邪示民也。呂覽博志、此所以觀後世已。注觀訓示。守則而不虧。孫云、爾雅釋詁、則、常也。法也。純一案則疑財之形譌、財上又脫民字。此文本作守民財而不虧、反承上文厚藉斂而託之爲民言。與立法儀而不犯對文。後十八章曰、守于民財無虧之以利。文略異而義正同。立德儀而不犯。孫云、墨子有法儀篇、天下從事者不可以無法儀。純一案此言立法以爲萬民之儀表、而君身不得自犯。猶詩抑篇云、俶愼爾止。不愆于儀也。後十八章、立于儀法不犯之以邪。義同。立法爲儀、所以保羣勵治。遵行不犯、罔敢擾羣害治也。苟有所求于民。不以身害之。不以上舊衍而字、從王校據後第十八章刪。是故刑政安于下民。心固于上。刑平政理。民相安于下。心不貳于上矣。故察士不比周而進。故察士反承上文臣行此三者則廢言。不爲苟而求。知苟求多利、是取敗之道。言無陰陽。信。黃云、陰陽猶云面背。言無面從背違。行無內外。忠順則進。否則退。進退一準于道。不與上行邪。德操貞固而不求親。此三句、亦見後二十章。是以進不失廉。退不失行也。明察之士、有足以自榮者。故人不得而廢之。問下十八章曰、進不失忠。退不失行。

景公問天下之所以存亡晏子對以六說第十五

景公問晏子曰、寡人持不仁、其無義耳也。蘇云、義當爲議、蓋叚字。莊子齊物論、有倫有義。崔本義作議、是義議同字之證。此與荀子北面端拜而議之議同義。景公蓋自謂所持不仁。故無足議耳也。（猶云、未足與議）不然、（言若能仁也）請北面事夫子而與之議、謂議政治大道也。故下文云請終問天下之所以存亡。純一案齊策四、齊人見田駢曰、聞先生高議。吳會祺云、議與義通。蘇讀義爲議、是也。但尚有欠審處。此文疑本作寡人特不仁、其無足議耳。今本特剝爲持。議剝爲義。足譌也、又倒著耳下。故文義不順。不然。北面與夫子而義。蘇云、議同。晏子對曰、嬰、人臣也。公曷爲出若言。若、猶此也。指北面言。臣見君則北面。嬰人臣、故不敢當北面之說。公曰、請終問天下之所以存亡。晏子曰、縵密不能蔍苴不學者詘。學上不字舊脫、從王校補。盧云、麄苴當與麤粗同。上倉胡切。下才古切。猶鹵莽也。詳見余札記。王云、當作縵密不能、麄苴不學者詘。麄苴與麤粗同。麤、倉胡反。粗、在戶反。二字義同而音異。說見廣雅疏證一。縵密猶緜密、謂事之精微者。言縵密之事既不能、麄苴之事又不學。則未有不詘者也。下文曰身無以用人、而又不爲人用者卑。善人不能戚、惡人不能疏者危。交游朋友、無以說於人、又不能說人者窮。事君要利、大者不得、小者不爲者餒。修道立義、大不能專、小不能附者滅。語意並與此同。今本脫去不字、則其義相反。且與上文不對矣。外上篇曰、微事不通、麤事不能者必勞。大事不得、小事不爲者必貧。大者不能致人、小者不能至人之門者必困。語意亦與此同。微事不通、麤事不能、正所謂縵密不能麄苴不學也。以是明之。蘇云、王說是。純一案外上文見十七章。身無以用人、而又不爲人用者卑。孫云、孟子所謂既不能令、又不受命也。純一案說文卑、賤也。輕之之詞。善人不能戚、惡人不能疏者危。戚、親也。近也。疏、外也。遠也。善無由修。惡日益長。故危。交游朋友、舊衍從字、從王校删。無以說于人、又不能說人者窮。既無才德見說于人。又於人之有才德者、不能說而服之。終必窮而不達也。事君要利、大者不得、小者不爲者餒。孫云、一本作餧、非。純一案要、求也。言尊位不可得、又不肯居卑。無利可要、餒而已矣。修道立義、大不能專、小不能附者滅。能專修大道、立大義、尙矣。乃皆不能、並於修小道立小義者、不能附而和之。必狃于姦回、自取滅亡。此足以觀存亡矣。案此足以觀存亡、與公問天下之所以存亡正相應。正文六說、必存亡並舉。今本有亡無存、疑縵密不能上有脫簡。以本書文例求之、皆反其說可知也。此與外上十七章、事異而辭多同。

景公問君子常行曷若晏子對以三者第十六

景公問晏子曰、君子常行曷若。晏子對曰、衣冠不中、不敢以入朝。中、正也。衣冠正斯瞻視尊。所言不義、不敢以要君。不敢以不義之言要君。身行不順、孫云、一本下有不敢以三字、非。身行舊作行己、王云、行己本作身行、行讀去聲。此後人習聞行己之語、而罕見身行之文、故改之耳。不知身卽己也。玉篇己、身也。下文身行順、治事公、正承此文言之。未見全文、而輒以意改、粗心人大抵皆然。羣書治要、正作身行不順。純一今據正。治事不公、不敢以莅衆。身行必循乎理、治事必忠於國、斯可莅衆耳。衣冠無不中、蘇云、治要無無不二字、下同。

故朝無奇僻之服。奇僻之服、如諫下十三章飾履以金玉是。孫云、僻、一本作辟。所言無不義、故下無僞上之報。上下相見以誠。身行順治事公、故國無阿黨之義。問上五章云、辟邪阿黨。三者、君子之常行也。舊行下有者字、王云衍。常行讀去聲。若云常行者、則當讀平聲矣。上文景公問君子常行曷若、卽其證。羣書治要無者字。純一今據刪。

景公問賢君治國若何晏子對以任賢愛民第十七

景公問晏子曰、賢君之治國若何。晏子對曰、其政任賢。惟賢君能以身下賢而任之政。忠經報國章曰、賢者國之幹。墨子尙賢中篇曰、任之以事、斷予之令。孟子盡心上曰、堯舜之仁、不徧愛人。急親賢也。其行愛民。用康保民。兼愛無遺。其取下節。藏富于民。其自養儉。節性。在上不犯下。罔敢侮民。在治不傲窮。傲、輕也。謂不虐無告。不廢困窮。從邪害民者有罪。罪從邪說煽亂者。進善舉過者有賞。獎進善言敢直諫者。其政刻上而饒下。儆于有位。撫下以寬。赦過而救窮。宥過無大。惠鮮鰥寡。不因喜以加賞、不因怒以加罰。賞必當賢。不以私喜淫。罰必當暴。不以私怒濫。問下八章、喜樂無羨賞。忿怒無羨刑。義同。不從欲以勞民。蘇云、從讀爲縱。純一案書大禹謨曰、罔咈百姓以從己之欲。不修怒而危國。不修怒以陵人、而危及國本。僖十五年左傳、史佚有言曰、無重怒。重怒難任。陵人者不祥。上無驕行、下無諂德。此二句、已見前七章。上無私義、義必尙同于天。下無竊權。柄不下移。上無朽蠹之藏、薄斂厚施。下無凍餒之民。人給家足。昭三年左傳曰、公聚朽蠹、而三老凍餒。故言此對治之。不事驕行而尙同。同舊譌司、盧云、疑同。墨子有上同篇。純一今據正。驕、縱恣也。墨子天志下篇曰、諸侯不得恣己而爲政、有天子正之。天子不得恣己而爲政、有天正之。是爲上同。其民安樂而尙親。民皆安居樂業。相愛而不相惡。下章云、下以相親爲義。賢君之治國若此。

景公問明王之教民何若晏子對以先行義第十八

景公問晏子曰、明王之教民何若。晏子對曰、明其教令、而先之以行義。蘇云、治要無義字。下刑下無辟字。純一案先之者、以身先之。如禮大學曰、堯舜帥天下以仁而民從之。養民不苛。撫民以寬。而防之以刑辟。止惡禁暴。所求于下者、必務于上。必舊譌不、王引之云、不務于上、義不可通。不務當作必務、此涉上下文諸不字而誤也。羣書治要亦作不務、則唐初本已然。案所禁于民者不行于身、謂無諸己而後非諸人也。所求于下者必務于上、謂有諸己而後求諸人也。則當作必務明矣。下文云苟所求于民、不以身害之。苟所禁於民、不以事逆之。即承此四句而言。純一案王說是、今據正。所禁于民者、不行于身。守于民財、無虧之以利。保民之富。不事侵削。立于儀灋、不犯之以邪。前十四章曰、立法儀而不犯。義同。苟所求于民、不以身害之。文已見前十四章故下從其敎也。從上舊衍之勸二字、從蘇校據羣書治要刪。蘇云、治要無上六句。稱事以任民。稱、度也。量也。中聽以禁邪。俞云、聽謂聽訟也。古謂聽訟爲聽。書大傳、諸侯不同聽。注曰聽、議獄也。中聽以禁邪、言聽訟得中。則足以禁邪也。尙書呂刑篇曰、罔不中聽于獄之兩辭。然則中聽二字、蓋本于尙書矣。不窮之以勞。黃云、謂稱事。不害之以罰。罰舊譌實、王云、害之以實、義不可通。實本作罰、謂不以刑罰害民也。窮之以勞、害之以罰、皆虐民之事。羣書治要正作不害之以罰。純一今據正。苟所禁于民、不以事逆之。逆、反也。故下不敢犯其上也。古者百里而異習、千里而殊俗。故明王修道、一民同俗。前十一章云、四海之內、粒食之民、一意同欲。大旨同。上以愛民爲灋。下以相親爲義。是以天下不相違。愛民相親上、舊並脫以字。違譌遺。從王校據羣書治要補正。此明王之敎民也。舊作此明王敎民之理也、王云、本作此明王之敎民也。上章賢君之治國若此。正對賢君治國若何之問。本章此明王之敎民也、亦正對明王敎民何若之問。今本作此明王敎民之理也、詞意庸劣、乃後人所改。羣書治要、正作此明王之敎民也。純一今據改。

景公問忠臣之事君何若晏子對以不與君陷于難第十九

景公說苑作齊侯問于晏子曰、盧云、論衡定賢篇作齊詹問。詹疑侯字誤。但下作詹曰又似非誤。忠臣之事君何若。舊君下衍也字、盧云、論衡及說苑臣術篇、事下皆有其字。蘇云、治要無也字。純一案太平御覽六百二十一亦無也字、今並據刪。晏子對曰、黃云、對元刻作敓。有難不死。出亡不送。北堂書鈔二十九引公不說。曰、盧云、論衡但作詹曰、無齊字。君裂地而封之。盧云、論衡說苑俱無君字。裂論衡作列。蘇云治要封作富。純一案論衡封作予。疏爵而貴之。蘇云、史記黥布傳云、上裂地而王之。疏爵而貴之。文與此同。集解引漢書音義曰、疏、分也。禹決江疏河是也。案尚書武城云、列爵惟五。分土惟三。疏爵與裂地對文、故疏可訓分。純一案文選陽給事誄曰、疏爵紀庸。君有難不死、蘇云、治要無君字。出亡不送、其說何也。舊作可謂忠乎、王云、可謂忠乎、本作其說何也。下文晏子對詞、正申明不死不送之說。今本作可謂忠乎者、後人依說苑臣術篇、論衡定賢篇改之。羣書治要、及太平御覽治道部二引此、並作其說何也。純一案王說是、今據改。對曰、言而見用、終身無難。臣奚死焉。蘇云、治要奚作何、下同。純一案論衡作奚。御覽說苑俱作何。謀而見從。治要說苑同。盧云、謀論衡諫。純一案御覽亦作諫。終身不亡。亡舊作出。治要御覽同。今從盧校、據論衡說苑改。臣奚送焉。呂氏春秋務大篇、鄭君問於被瞻曰、聞先生之義。不死君。不亡君。信有之乎。被瞻對曰、有之。夫言不聽、道不行、則固不事君也。若言聽道行、又何死亡哉。故被瞻之不死亡也、賢乎其死亡者也。義同。若言不見用、見字舊脫、從盧校據論衡說苑補。下同。有難而死之、孫云、死說苑作使。純一案說苑作死。或孫所見本異。蘇云、治要無之字。下同。是妄死也。晏子所以不死莊公之難。謀而不見從、盧云、謀、論衡說苑俱作諫。出亡而送之、是詐僞也。本無同情之感故。僞論衡作爲、古通用。故忠臣也者、治要無故字。盧云、論衡說苑俱無也字。能納善于君。盧云、納論衡進。不能與君陷于難。盧云、君論衡無。蘇云、治要有者也二字。孫云、說苑臣道篇用此文。

景公問忠臣之行何如晏子對以不與君行邪第二十

景公問晏子曰、忠臣之行何如。對曰、不掩君過、諫乎前、不華乎外。掩、蓋也。孫云、不華、不諠譁也。蘇云、治要無此二句。選賢進能、不私乎內。前十三章、言審爲國者、莫先於舉賢官能。此以忠臣之行、莫重於選賢進能。蓋以尚賢爲政之本也。不私乎內者、不黨父兄。不偏富貴。不變顏色也。見墨子尚賢中篇。稱身就位。言衡量自身之才德所堪任者以就位。問下五章曰、稱身居位、不爲苟進。論語季氏篇、陳力就列。集解引馬融云、當陳其才力、度己所任以就其位。義同。計能受祿。受舊作定、王云、祿由君定。非由臣定也。定祿本作受祿、下文受祿不過其量、卽其證。羣書治要、正作計能受祿。純一今據正。睹賢不居其上。墨子魯問篇曰、處高爵祿則以讓賢。史記管晏列傳、鮑叔旣進管仲、以身下之。晉語九、少室周力弗勝牛談而讓右。受祿不過其量。問下五章曰、稱事受祿、不爲苟得。管子重令篇曰、受祿不過其功。義同。不權居以爲行。王云、權居二字、義不可通。居當爲君、字之誤也。權、稱也。言忠臣之行、（去聲）必準于道。不稱君以爲行也。羣書治要、正作不權君以爲行。兪云、王說非也。權居與稱位相對。權、猶稱也。居、猶位也。若作權君、則不倫矣。古之君子所居雖卑、所行則高。所居雖汙、所行則潔。是謂不權居以爲行。不稱位以爲忠。不以位卑、不任天下之重。不揜賢以隱長。務成人之美。揚人之善。不刻下以諛上。待下寬、事上正。君在不事太子。心一於君、不貳於儲。國危不交諸侯。盡忠謀國、不籍外援。順則進、否則退、不與君行邪也。治要無也字、此三句、已見前十四章。

景公問佞人之事君何如晏子對以愚君所信也以字據總目增第二十一

景公問佞人之事君如何。晏子對曰、意難、難不至也。見義意以爲難、即畏縮不前。明言行之以飾身。身無實行。明以空言欺君自飾。僞言無欲以說人。私欲熾盛。僞言無欲、冀以悅人傳聞於君。孫云、身人爲韻。嚴其交以見其愛。嚴、尊也。尊其與君相接者、以見其愛君。觀上之所欲、而微爲之偶。微、隱之段、伺閒也。偶、合也。隱合上之所欲、以要寵眷。唐韻正四十五厚偶、古音釁。偶與爲韻。求君逼邇、盧云、元刻爾。而陰爲之與。蘇云、與、黨與也。言求君寵倖之人、而陰結爲黨與也。內重爵祿、而外輕之以誣行。誣、欺罔也。下事左右、而面示公正以僞廉。居心卑汙以事左右。而外貌假示公正。冀以僞取廉名。求上采聽、而幸以求進。求上因左右采聽其無欲輕祿之廉名。徼幸以干進。傲祿以求多。或故輕視利祿。以不如此、不能求得多祿故。辭任以求重。辭不勝之任、求重要之職。工乎取。善取人所不能取。鄙乎予。惜財如命。歡乎新。慢乎故。假託變法、便於私營。問下三十章云、新始好利。義同。孫云、予故爲韻。純一案古音譜十二魚去聲引此。悋乎財。孫云、悋當爲吝。薄乎施。財慳積而不樂施。覩貧窮若不識。鄰族戚友、雖極貧窮、覩之若不相識。趨利若不及。恐落人後。外交以自揚。外交鄰國之權幸、聲揚以自重。背親以自厚。利之所在、雖至親亦背之而厚自取。積豐羡之養。羡舊譌義、俞云、豐義二字、誼不可通。義當作羡、字之誤也。羡、饒也。豐羡猶豐饒矣。今據改。而聲矜恤之義。本無矜恤之心、貪得矜恤之名。非譽乎情。疑本作非譽徇乎情。今脫徇字、文不成義。非、誹同。情、私意也。徇乎情、謂不當理也。而言不行身。口言之而身不行。涉時所議而好論賢不肖。偶涉時議、輒縱論人之短長。不自愧作。有之己不難非之人。無之己不難求之人。墨子小取篇曰、有諸己不非諸人。無諸己不求諸人。佞人反之。其言彊梁而信。出言乖戾、終任意氣而不屈。其進敏遜而順。其干進也、敏捷謙遜而順利。孫云、信順爲韻。此佞人之行也。明君之所誅。明君洞知其姦、必誅之。愚君之所信也。愚君不察其姦、深信之。此與外上十四章、大指略同。

景公問聖人之不得意何如晏子對以不與世陷乎邪第二十二

景公問晏子曰、聖人之不得意何如。蘇云、治要意下有也字。晏子對曰、上作事反天時。如諫下八章春夏遊獵興役之類。從政逆鬼神。鬼神無私。從政私、故逆。藉斂殫百姓。殫、盡也。治要作單、蓋從古本。言搜刮民財殆盡。四時易序。如禮月令、孟春行夏令、則雨水不時。孟秋行冬令、則陰氣大勝之類是。蓋人心不正、感召咎徵也。神祇並怨。作事背乎天神地祇故。道忠者不聽。道、言也。不聽忠言、以逆耳故。薦善者不行。薦、進也。諛過者有賚。蘇云、治要賚作賞。純一案賚賞義同。救失者有罪。罪及忠良。故聖人伏匿隱處。避世无悶。不干長上。潛修德業。絜身守道。蘇云、治要絜作靜。不與世陷乎邪。乎、治要作于。不合汙世。是以卑而不失義。處卑微而好義。瘁而不失廉。身勞瘁而貞廉。蘇云、治要瘁作敝。此聖人之不得意也。公曰、聖人之得意何如。舊脫公曰二字、問答之界劃不清。今從王校、據羣書治要補。對曰、治要作晏子對曰。世治政平、舉事調乎天。調、和也。易乾文言曰、先天而天弗違、後天而奉天時。藉斂和乎民、百姓樂其政。舊作藉斂和乎百姓樂及其政、脫一民字、衍一及字、文義參差不協。今從王校、據羣書治要訂正。藉斂和乎民、與上舉事調乎天對。百姓樂其政與下遠者懷其德對。遠者懷其德。前第一章曰、能愛邦內之民者、能服境外之不善。義可互明。四時不失序。如禮月令、孟春之月。天氣下降、地氣上騰。天地和同。草木萌動之類是。風雨不降虐。虐從元刻、治要同。孫本譌雪。書洪範、曰聖、時風若。曰肅、時雨若。是風雨不降虐之休徵。天明象而致贊。舊脫致字、王云、下三句皆六字。唯首句少一字。羣書治要、作天明象而致贊是也。致贊、謂天致禎祥以贊王者。昭元年左傳、天贊之也。杜注、贊佐助也。淮南本經篇曰、四時不失其敘。風雨不降其虐。日月淑清而揚光。五星循軌而不失其行。正所謂天明象而致贊。純一案王說是、今據補。地長育治要作育長。而具物。禮中庸曰、致中和。天地位焉。萬物育焉。又曰、大哉聖人之道。洋洋乎發育萬物。可互證。神降福而不靡。民服教而不僞。靡、盡也。書微子之命曰、肅恭神人。上帝時歆。下民祗協。義可互明。治無怨業。王云、怨讀爲蘊。劉云、怨與菀同。純一案集韻、菀與蘊同。業、事也。言治無蘊積之事。問下八章、官無怨治。義同。居無廢民。居民無游惰者。此聖人之得意也。

景公問古者君民用國不危弱晏子對以文王第二十三

景公問晏子曰、古者君民而不危、用國而不弱、惡乎失之。王云、兩不字涉下文不危不弱而衍。景公問君民而危、用國而弱者、惡乎失之。故下文晏子之對、皆言其所以危弱之故。若云不危不弱、則不得言惡乎失之。且與下文相反矣。黃云、標題云景公問古者君民用國不危弱、晏子對以文王。不字非衍。末云故君民而不危用國而不弱也、正對問辭。惡乎失之、失當作法。標題云晏子對以文王、明是法字。純一案此文疑本作古者君民而危、用國而弱、惡乎失之、君民而不危、用國而不弱、惡乎法之。故晏子之對、先言所以危弱之故。後言文王所以不危弱之可法。今本有脫文倒句。晏子對曰、嬰聞之、以邪莅國、以暴和民者危。以暴和民、義不可通。和疑爲臨、字之誤也。後二十九章、景公問臨國莅民所患何也。國與民對、莅與臨對、與此文同。修道以要利、得求而返邪者弱。孟子告子上云、修其天爵、以要人爵。既得人爵、而棄其天爵。則惑之甚者也。終亦必亡而已矣。可相發明。古者文王修德不以要利。詩周頌維天之命云、於乎不顯。文王之德之純。若要利、則不純矣。滅暴不以順紂。干崇侯之暴。干、犯也。史記殷本紀、紂怒殺九侯女、而醢九侯。鄂侯爭之。彊辨之疾。並脯鄂侯。西伯昌聞之、竊歎。崇侯虎知之、以告紂。紂囚西伯羑里。周本紀、崇侯虎譖西伯於殷紂曰、西伯積善累德。諸侯皆嚮之。將不利於帝。帝紂乃囚西伯

【於爰里。】而禮梅伯之醢。【孫云、韓非難言篇、梅伯醢。呂氏春秋行論篇、紂爲無道。殺梅伯而醢之。以禮諸侯於廟。文王流涕而咨之。過理篇、殺梅伯而遺文王其醢、不適也。文王貌受以告諸侯。純一案淮南子說林訓、紂醢梅伯。文王與諸侯構之。高注構、謀也。】是以諸侯明乎其行、百姓通乎其德。【兩其字、俱指文王。】故君民而不危、用國而不弱也。【此章義欠條暢、當有脫文。】

景公問古之莅國者任人如何晏子對以人不同能第二十四

景公問晏子曰、古之莅國治民者、其任人何如。晏子對曰、地不同生、【王云、地不同生、文義不明。羣書治要、生作宜是也。今作生者、涉下文俱生而誤。周官、草人、掌土化之灋、以物地相其宜而爲之種。故曰地不同宜。俞云、古生性字通用。周官大司徒職曰、辨五地之物生。杜子春讀生爲性。然則此文生字、亦當讀爲性。地不同性、卽所謂辨五地之物性也。羣書治要作宜、蓋不知生爲性之叚字而改之。未足爲據。純一案俞說是。】而任之以一種、責其俱生不可得。【蘇云、治要有也字。】人不同能、而任之以一事、不可責徧成。【蘇云、治要有爲字。純一案不可責徧成、與責其俱生不可得、文不相對。疑責其俱生不可得、本作不可責其俱生。不可責徧成、本作不可責其徧成。此文唐初已誤。墨子尚賢中篇曰、察其所能而愼予官。書君陳篇曰、無求備于一夫。可互明。】責焉無已、智者有不能給。【蘇云、治要給作洽、非。句下有矣字。】求焉無饜、天地有不能贍也。【蘇云、治要也作矣。純一案贍、說文新附、給也。小爾雅廣言、足也。】故明王之任人、諂諛不邇乎左右、【邇、近也。】阿黨不治乎本朝。【無阿黨之私。】任人之長、不彊其短、任人之工、不彊其拙。【呂氏春秋舉難篇、桓公將任甯戚。羣臣爭之曰、客衞人也。衞之去齊不遠、君不若使人問之。而固賢者也、用之未晚也。桓公曰、不然。問之恐其有小惡。以人之小惡、忘人之大美。此人主之所以失天下之士也已。且人固難全。權而用其長者、當舉也。可爲確詁。】此任人之大略也。

景公問古者離散其民如何晏子對以今聞公令如寇讎第二十五

景公問晏子曰、古者離散其民、而隕失其國者、【孫云、說文抎、有所失也。隕與抎聲相近。】其常行何如。晏子對曰、治要無晏子二字。國貧而好大。自速亡耳。智薄而好專。猶云愚而好自用。貴賤無親焉。勢成孤立。大臣無禮焉。舉國詭隨。蘇云、治要無此二句。尙讒諛而賤賢人。樂簡慢而玩百姓。慢忽之謂簡。蘇云、治要玩作輕。國無常法。民無經紀。孟子離婁上云、上無道揆。下無法守。君子犯義。小人犯刑是也。好辯以爲智。刻民以爲忠。舊脫智刻民以爲五字、文不成義。從王校據羣書治要補。流湎而忘國。墨子非命下篇曰、昔三代暴王。內湛於酒樂。而不顧其國家百姓之政。同。好兵而忘民。窮兵黷武。塗炭生靈。肅于罪誅。而慢于慶賞。誅罪嚴厲。慶賞無聞。樂人之難。蘇云、難治要作害。黃初云、孟子離婁上曰、安其危而利其菑。樂其所以亡者。義同。德涼薄不足以懷人。政苛刻不足以惠民。蘇云、治要惠作匡。賞淫不足以勸善。刑濫不足以防非。墨子尙賢中篇曰、賞不當賢。罰不當暴。則爲賢者不勸。而爲暴者不沮矣。此亡國之行也。此字舊脫、從蘇校據治要補。今民聞公令如寇讎。盧云、如下當有逃字。下篇有。王云、民聞公令如寇讎、語意自明了。不必定加逃字。諫上篇（十六章）亦云、今君臨民若寇讎。下篇（問下十七章）直用左氏之文、故有逃字。不得執彼以例此也。元刻本及標題、皆無逃字。羣書治要亦無。此古之離散其民。隕失其國者之常行也。舊作此古離散其民隕失其國所常行者也、王云、此文本作此古之離散其民隕失其國者之常行也。上文景公問曰、古者離散其民而隕失其國者其常行何若。正與此文相應。且常行之行、讀去聲不讀平聲。今本古下脫之字、國下脫者字、則文不成義。之常行也、作所常行者也、則行字當讀平聲矣。羣書治要、作古之離其民隕其國者之常行也。校今本少失散二字者、省文也。純一案王說是、今據改。日本治要、常行上落者之二字。

景公問欲和臣親下晏子對以信順儉節第二十六

景公問晏子曰、吾欲和臣親下。奈何。臣字從元刻。孫本作民。盧云、元刻是。黃云、標題同元刻。俞云、下文晏子對曰、君得臣而任使焉云云則臣和矣。可證此文民字之誤。晏子對曰、君得臣而任使之。與言信。必順其令。不違法令。赦其過。任大臣無多責焉。臣字舊脫、從孫校補。大臣與邇臣對文。無多責、持大體而已。使邇臣無求嬖焉。無以嗜欲貧其家。其指臣言、下同。無信讒人傷其心。信從元刻。孫本作親。人當爲言、讒言與嗜欲對文。無信讒言疑忠者爲不忠。家不外求而足。家上疑脫居字、居家與事君對文。言祿當足以贍其家、使不待外求紛其盡職之心。事君不因人而進。管子四稱篇曰、昔者有道之臣、委質爲臣、不賓事左右。君知則仕、不知則已。則臣和矣。儉于藉斂。薄斂。節于貨財。節用。作工不歷時。使民不盡力。恤勞。百官節適。官無冗設。關市省征。關市譏而不征。山林陂澤不專其利。山林陂澤俱無禁。領民治民勿使煩亂。禁官擾民。知其貧富、勿使凍餒。則民親矣。公曰、善。寡人聞命矣。故令諸子無外親謁。孫云、不令外人親近干謁也。辟梁丘據無使受報。孫云、辟去之。說文報、當罪人也。从𠂔从𠬝。𠬝、服罪也。百官節適。關市省征。山林陂澤不禁。山林二字舊脫、據上文補。此薄賦也。冤報者過。報罪不當而冤抑者過之。過、責也。留獄者請焉。留滯於獄者、請釋之。此省刑也。

景公問得賢之道晏子對以舉之以語考之以事第二十七

景公問晏子曰、取人得賢之道何如。晏子對曰、舉之以語、考之以事。能論則尙而親之。孫云、能論、能曉喻也。古喻從言。純一案論、謂洞明治要。墨子尙賢中篇曰、聖人聽其言。迹其行。察其所能。而愼予官。此謂事能。義同。近而勿辱。禮貌不衰。以取人。以下當有此字。前十三章云、以此數物者取人。語意正同。則得賢之道也。是以明君居上。寡其官而多其行。荀子富國篇曰、墨子大有天下。小有一國。將少人徒。省官職。上功勞苦。與百姓均事業。齊功勞。義同。拙于文而工于事。言無務爲文、而事必求其工。言不中不言。論語先進篇曰、夫人不言。言必有中。同。行不灋不爲也。不爲枉法之行。

景公問臣之報君何以晏子對以報以德第二十八

景公問晏子曰、臣之報其君何以。晏子對曰、對元刻作敓。臣雖不知、知讀若智。必務報君以德。士逢有道之君、則順其令。有道之君、謀必度于義。事必因于民。故其令可從。逢無道之君、則爭其不義。不與君行邪。孝經諫爭章曰、天子有爭臣七人、雖無道不失其天下。諸侯有爭臣五人、雖無道不失其國。故當不義、臣不可不爭於君。管子四稱篇曰、有道之臣、君若有過、進諫不疑。故君者擇臣而使之。擇賢能而任之。臣雖賤、亦得擇君而事之。孫云、意林取此文。純一案意林省作君擇臣使之。臣雖賤。亦擇君事之。

景公問臨國莅民所患何也晏子對以患者三第二十九

景公問晏子曰、臨國莅民、所患何也。晏子對曰、所患者三。忠臣不信、一患也。信臣不忠、二患也。墨子七患篇曰、所信者不忠。所忠者不信。義同。君臣異心、三患也。書咸有一德曰、德惟一、動罔不吉。德二三、動罔不凶。是以明君居上、無忠而不信、無信而不忠者。書皋陶謨曰、知人則哲。能官人。是以君臣同欲。以從元刻。孫本作故。而百姓無怨也。蘇云、治要同欲作無獄。怨作恐。

景公問爲政何患晏子對以善惡不分第三十

景公問于晏子曰、爲政何患。晏子對曰、患善惡之不分。此卽孔子正名之恉。公曰、何以察之。對曰、審擇左右。左右善。孫云、今本脫左右二字、據說苑增。則百僚各得其所宜、而善惡分。管子明法篇曰、君臣之間明別。明別則易治也。房注、謂賢不肖。各明白而分別。無僞濫。故易治也。蓋明別、卽審擇左右而善惡分之義。孔子聞之曰、此言也信矣。善進、則不善無由入矣。君子道長。小人道消。管子四稱篇曰、昔者有道之君。聖人在前。貞廉在側。競稱於義。不善進、則善無由入矣。說苑政理篇、作善言進不善言進。羣書治要、作善進不善進與此同、無言字。足證說苑言字之衍。治要則善下有亦字。墨子尙賢中篇曰、賢者不至乎王公大人之側、則不肖者在左右也。晉語六、韓獻子曰、成人在始與善。始與善、善進善、不善蔑由至矣。始與不善、不善進不善、善亦蔑由至矣。蓋孔子所本。本書外上一章曰、君若無禮、則好禮者去、無禮者至。君若好禮。則有禮者至。無禮者去。義可互明。

晏子春秋校注卷四

漢陽張純一仲如

內篇問下第四 凡三十章

景公問何修則夫先王之游修從明本晏子對以省耕實第一

景公出游、問于晏子曰、孫云、管子戒篇、作桓公將東遊、問於管仲。蘇云、管子載桓公將東遊云云。管仲之對、亦略有同晏子處。孟子述之宣王、以爲景公事、自繫屬實。則不得援管子例此。疑桓公先爲此遊、景公欲倣之、而晏子亦遂本管仲之意以對耳。吾欲觀於轉附朝舞、孫云、管子作我遊猶軸轉斛。尹知章注、言我之遊必有所濟。猶軸之轉載斛石。孟子作轉附朝舞。趙岐注、轉附朝舞皆山名也。星衍謂當從管子。趙岐以爲山名、蓋因下琅邪推知之、齊實無此山也。猶軸轉斛、蓋欲如軸轤轉載斛石。是時齊海運、故景公欲浮舟而南。觀孟子從流下從流上益信。遵海而南、孫云、遵一本作尊。王云、羣書治要載此文、本作吾欲循海而南、至于琅邪。續漢書郡國志注、亦云齊景公曰吾循海而南。今本吾欲下有觀於轉附朝舞六字、循海作遵海、皆後人以孟子改之。至于琅琊、孫云、至孟子作放。琅一本作瑯非。琊當從孟子作邪。趙岐注、齊東境上邑也。純一案管子作邪。羣書治要作耶、邪同。寡人何脩則夫先王之游。孫云、則孟子作比。蘇云、治要則上有以字、游下有也字。劉云、脩當作循。循則與效法之義同。寡人何循則夫先王之游十字爲句。猶言于先王之游、何能遵從效法也。孟子作吾何修而可以比于先王觀也。修亦循之誤。吾何循者、猶言吾何遵依也。惟彼析循與比爲二語。此則循則聯文。晏子再拜曰、善哉。君之問也。嬰聞之、嬰字之字舊脫、從蘇校據治要補。天子之諸侯爲巡狩。孫云。之孟子作適。爾雅釋詁適、之、往也。諸侯之天子爲述職。之孟子作朝於。爲並作曰。故春省耕而補不足者謂之游。孫云、管子作春出原農事之不本者謂之游。純一案房注原、察也。農事不依本務、當原察之。秋省實而助不給者謂之豫。孫云、實孟子作斂。管子作秋出補人之不足者謂之夕。夏諺曰、王云、羣書治要作夏語曰。今本語作諺、亦後人以孟子改之。吾君不游、孫云、君孟子作王。我曷以休。孫云、我曷孟子作吾何。吾君不豫、我曷以助。一游一豫、爲諸侯度。孟子趙岐注曰、豫亦遊也。吾王不遊。吾何以得見勞苦、蒙休息也。吾王不豫。我何以得見賑贍、助不足也。今君王者一遊一豫。行恩布德。應法而出。可以爲諸侯之法度也。案遊休爲韻。豫助度爲韻。之游不然。師行而糧食。糧從孫本。元刻作量。洪云、量食者、量限其食也。今本皆作糧者、後人據孟子改。劉云、當以作糧爲是。管子云、夫師行而糧食其民者謂之亡。糧食者、卽糧食其民、猶言就食于民也。蘇云、治要作師行而貧苦不補。無糧食二字。貧者不補、者舊譌苦、孫云、苦當爲者、孟子作飢者弗食。純一今據改。劉云、補作當餔。以食食人曰餔。呂氏春秋介立篇曰、狐父之盜曰邱、見而下壺餐而餔之。漢書高帝紀、呂后因餔之。餔卽食也。勞者不息。食息爲韻。夫從下歷時而不反謂之流。從高歷時二字舊脫。從治要補。而不反謂之連。舊從下作從南、從高作從下。王云、南字義不可通、乃高字之誤。高與下正相對。孟子作從流下而忘反謂之流。從流上而忘反謂之連。上亦高也。見說文。羣書治要、正作從高。孟子趙注、浮水而下、樂而忘反謂之流。連者、引也。使人徒引舟船上行而忘反以爲樂、故謂之連。據孟子及趙注、則此文當云從高歷時而不反謂之連。從下而不反謂之流。今以從高爲流、從下爲連、與孟子相反。未知孰是。純一案王說南乃高字之誤、又說此文當云從高歷時而不反謂之連、從下而不反謂之流、均是。惟未審下高二字之互錯、及下句脫歷時二字耳。此文本作夫從下歷時而不反謂之流。從高歷時而不反謂之連。與孟子趙注義並合。今本高譌南、又與下句下字互錯、義不可通。治要同、足見唐初已然。今依王校據孟子及趙注正。從獸而不歸謂之荒。從樂而不歸謂之亡。孫云、管子作夫師行而糧食其民者謂之亡。從樂而不反者謂之荒。孟子作從獸無厭謂之荒。樂酒無厭謂之亡。蘇云、治要下句作忘歸。古者聖王無流連之游。孫云、管子作先王有游夕之樂。孟子游亦作樂。荒亡之行。蘇云、治要句上有無字。公曰、善。命吏計公稟之粟。稟舊譌掌、王引之云、掌字義不可通。當爲稟字之誤。稟、古廩字也。下文發廩出粟是其證。隸書掌或作𡚁。與稟字略相似。故諸書稟字或誤爲掌。說見管子輕重甲篇一掌下。蘇云、治要作令吏出粟以與貧者三千鍾。無公掌云云十六字。純一案王說是。今據改。治要省文。不足據。藉長幼貧氓之數。藉、因也。莊子寓言篇、寓言十九藉外論之。釋文引李注。吏所委三字上下文不相屬。當刪。發廩出粟、以予貧民者三千鍾。王云、民字後人所加、貧者與癃老者對文。則不當有民字明矣。羣書治要無民字。純一案治要省文未足據、民當爲甚、貧甚與癃老對文。公所身見癃老者七十人。孫云、一本無老字。說文癃、罷病也。蘇云、治要無癃字。純一案昭三年左傳、三老凍餒。杜注、三老謂上壽中壽下壽。皆八十已上。不見養遇。振贍之。貧甚者由吏發粟。癃老者公自振贍。蘇云、治要無振贍之三字。然後歸也。蘇云、治要無也字。

景公問桓公何以致霸晏子對以下賢以身第二

景公問于晏子曰、昔吾先君桓公善飲酒。窮樂。食味方丈。好色。無別辟。孫云、辟讀如僻。純一案無別辟三字、據贅。當删。若此、何以能率諸侯以朝天子乎。晏子對曰、昔吾先君桓公變俗以政。下賢以身。致霸之故在此。管仲、君之賊也。舊衍者字、王云、賊、害也。管仲躬相公中鉤、故曰君之賊。賊下不當有者字。僖三十三年左傳、管敬仲桓之賊也。亦無者字。純一今據删。知其能足以安國濟功。孫云、爾雅釋言濟、成也。故迎之于魯郊。自御。禮之于廟。詳管子小匡篇異日君過于康莊。孫云、爾雅釋宮、五達謂之康。六達謂之莊。聞甯戚歌、止車而聽之。則賢人之風也。北堂書鈔百四十一、引晏子春秋云、甯戚欲干齊桓公。困窮飯牛於北門外。桓公詔夜門避任車。戚乃擊轅而歌。桓公憫而異之。命後車載之。文疑出此。呂氏春秋舉難篇、甯戚飯牛。居車下。望桓公而悲。擊牛角疾歌。高注、歌碩鼠也。說苑善說篇曰、甯戚飯牛康衢。擊車輻而歌碩鼠。後漢書馬融傳注、引說苑同。盧云、史記鄒陽傳集解引應劭曰、齊桓公夜出迎客。而甯戚疾擊其牛角。商歌曰、南山矸。白石爛。生不遭堯與舜禪。短布單衣適至骭。從昏飯牛薄夜半。長夜漫漫何時旦。此歌出三齊記。藝文類聚又載一篇云、滄浪之水白石粲。中有鯉魚長尺半。𣪍布單衣裁至骭。清朝飯牛至夜半。黃犢上坂且休息。吾將捨汝相齊國。李善注文選成公子安嘯賦又載一篇云、出東門兮厲石班。上有松柏兮青且闌。麤布衣兮縕縷。時不遇兮堯舜主。牛兮努力食細草。大臣在爾側。吾當與爾適楚國。三歌眞贗雖不可知。合之亦自成章法。仁和陳嗣倩云、疾商歌、殆非一歌也。今故具錄之以備參攷焉。馬驌繹史云、此歌不類春秋人語。必後人所擬也。舉以爲大田。農官。先君見賢不留。留、遲滯也。使能不怠。所以致霸者在此。是以內政則民懷之。任賢使能則多惠政。故民懷其德。征伐則諸侯畏之。國富且強。以義征不義故。今君聞先君之過。而不能明其大節。以身下賢。節莫大焉。桓公之霸也、君奚疑焉。

景公問欲逮桓公之後晏子對以任非其人第三

景公問晏子曰、昔吾先君桓公從車三百乘。九合諸侯。孫云、爾雅釋詁會、合也。管子幼官篇、有九會諸侯之令。一匡天下。今吾從車千乘、可以逮先君桓公之後乎。晏子對曰、桓公從車三百乘、九合諸侯、一匡天下者。左有鮑叔。右有仲父。言在任得其人。無關於從車之多寡。孫云、下父爲韻。今君左爲倡。右爲優。讒人在前。諛人在後。是爲結邪。能保其身亦幸矣。又焉可逮桓公之後乎、乎上舊衍者字。從王校據羣書治要删。蘇云、治要桓公上有先君二字。

景公問廉政而長久晏子對以其行水也第四

景公問晏子曰、日字舊脫、今校補。廉政而長久。王云、政與正同。文選運命論注、引作廉正。史記循吏傳、堅直廉正。蘇云、王說是。晏子以水石爲喻。正晰廉政之人性有不同處。水以柔爲性。猶之人有廉政之質。而出之以和平。故智能馭物。而物樂爲馭。所謂柔弱處上也。石以剛爲性。猶之人有廉政之質。而復以堅強行之。故隨在忤物。所謂強自取柱也。此長久遬亡之分論人性也。其行何也。孫云、白帖作何如。緜一案太平御覽五十九、藝文類聚八、並引作景公問廉政何如。晏子對曰、其行水也。言廉政如水。內明而外柔。可比德焉。老子曰、上善若水。美哉水乎清清、文選注無凊凊二字。御覽類聚同。其濁無不雩途、孫云、途白帖作塗。說文汙、涂也。雩途卽汙涂。謂涂壁。洪云、文選注引作無不宲塗。黃云、元刻無不字誤倒。藝文類聚八、引作水平凊其濁無不塗。平作平。凊不重。其清無不灑除。孫云、白帖作洒洗滌也。途除爲韻。緜一案古音諧十二魚引此。御覽作其濁无不塗。其凊无不掃。類聚无作無。掃作灑。文選運命論曰、體凊以洗物。不亂於濁。受濁以濟物。不傷於凊。是其義。是以長久也。公曰、廉政而遬亡。孫云、遬說文速。籀文从欶。緜一案別雅五云、荀子議兵篇、輕利僄遬。注、遬與速同。淮南子兵略訓、欲疾以遬。亦同。其行何也。對曰、其行石也。內不凊明。外則頑固。堅哉石乎落落。老子曰、不欲落落如石。視之則堅。循之則堅。內外皆堅。不能容物。不爲物所容。又無以爲久。是以遬亡也。老子曰、堅強者死之徒。柔弱者生之徒。此章大恉相似。

景公問爲臣之道晏子對以九節第五

景公問晏子曰、請問爲臣之道。（治要無爲字之字。）晏子對曰、見善必通、不私其利。一。（易繫辭上曰、推而行之謂之通。言善道利人無窮。當與人同。不自祕藏。）薦善而不有其名。二。（薦舊譌慶。王云、慶字於義無取、慶本作薦。不有其名、謂不以薦善自居也。隸書薦字或作蓎、形與慶相似而誤。說見管子君臣篇。羣書治要正作薦善。純一今據正。案而下疑脫用字。而古通能。薦善能用、不有其名。與見善必通、不私其利對文。上下皆四字句。此獨七字爲句。不類。故知有脫字。）稱身居位。（問上二十章曰、稱身就位。）不爲苟進。三。（管子重令篇曰、察身能而受官。不誣於上。義可互明。）稱事受祿。（受舊譌授、從盧校據治要正。）不爲苟得。四。（問上二十章曰、計能受祿。受祿不過其量。義同。）體貴側賤不逆其倫。五。（居貴不陵賤。居賤不陵貴。管子重令篇曰、服位不侈其能。言不侵人之權也。）居賢不肖不亂其序。六。（劉云、居賢不肖、猶言位置賢不肖也。純一案荀子儒效篇、使賢不肖各得其位。義同。）肥利之地不爲私邑。七。（蘇云、肥、饒裕也。本易遯釋文。利宜奉公。故饒利之地、不以自私。）賢質之士不爲私臣。八。（士之有才德而樸實者、舉之於朝。不使屈爲家臣。）君用其所言民得其所利。（治要無兩所字、是。蘇云、治要民作人。）而不伐其功。九。（治要無而字、是。）此臣之道也。（治要無之字、是。蘇云、治要載此章在問上篇。）

景公問賢不肖可學乎（不肖二字疑涉正文而衍）晏子對以彊勉爲上第六

景公問晏子曰、人性有賢不肖、可學乎。（可上當有賢字、而今本脫之、義不可通。）晏子對曰、詩云、（孫云、小雅車舝之詩。）高山仰之、景行行之。之之者其人也。（上兩之字、舊並作止。盧云、下止字衍。案今詩作景行行止。而古來所引每作行之。王伯厚詩攷引史記孔子世家作行之。今史記改作行止矣。禮記表記釋文、又云行止詩作行之。又互異也。此書必本作行之。後人以今詩止字注其旁。遂譌入正文耳。王云、盧說是矣。而未盡也。此文本作詩云高山仰之。景行行之。鄉者其人也。鄉讀南鄉北鄉之鄉。鄉者、謂鄉道而行者也。表記引此詩而申言之曰、鄉道而行。不中道而廢。（舊脫不字義與上下文俱不協純一今校增）忘身之老也。不知年數之不足也。俛焉日有孳孳。斃而後已。即此所云鄉者其人也。故下文云、列士並學、終善者爲師。鄉道不已、斯謂之終善者矣。淮南說山篇曰、故高山仰止。景行行止。鄉者其人也。語即本於晏子。）

若今本晏子、則兩之字僅存其一。又脫去鄉字矣。統一案兩止字。並從盧王校正。以復古詩之舊。盧云下止字衍、誤。王云、今本落鄉字、亦偶未審耳。者上之字、即古志字。心之所之爲志。猶言心之所鄉往也。墨子天志下篇、故子墨子置立天之以爲儀法。畢沅云、之一本作志、疑俗改。考古志字只作之。說文無志字。史記刺客傳、趙國志士。趙策志作之。是之即志之證。此文引詩而申言之。義與表記同。故諸侯並立、善而不怠者爲長。孫云、讀如令長。列士並學、終善者爲師。由其志之所鄉、彊行不已也。雜下廿七章曰、爲者常成。行者常至。

景公問富民安衆晏子對以節欲中聽第七

景公問晏子曰、富民安衆難乎。晏子對曰、治要無晏子二字。易。節欲則民富。黃初云、老子曰、我無事而民自富。我無欲而民自樸。中聽則民安。孫云、中聽、聽獄得中也。俞云、夫刑罰不中。民無所措手足。故中聽則民安也。行此兩者而已矣。蘇云、治要載此章、在問上篇。

景公問國如何則謂安晏子對以內安政外歸義第八

景公問晏子曰、國如何則可謂安矣。晏子對曰、下無諱言。上有道揆。求通民隱故。官無怨治。怨讀爲蘊。說本王氏。問上廿二章、治無怨業義同。劉云、怨亦讀爲宛。字與蘊同。猶言無鬱積不通之治也。下文窮民無怨、猶言窮民無所鬱結也。通人不華。顯達者不尙奢華。窮民不怨。喜樂無羨賞、忿怒無羨刑。問上十七章、不因喜以加賞。不因怒以加罰。義同。上有禮于士。管子大匡篇、從列士以下有善者、衣裳賀之。越語上、四方之士來者、必廟禮之。下有恩于民。如前第一章、出粟予貧苦、振贍癃老之類。以上皆百姓內安其政之事。地博不兼小、兵彊不劫弱。以上皆諸侯外歸其義之事。百姓內安其政、外歸其義。外歸上當有諸侯二字。諸侯與百姓對文。今本脫去。文不成義。可謂安矣。

景公問諸侯孰危晏子對以莒其先亡第九

景公問晏子曰、當今之時、諸侯孰危。晏子對曰、莒其先亡乎。說苑無先字。公曰、何故。說苑作奚故。對曰、地侵于齊、貨竭于晉。竭從元刻。孫云、一本作謁、盧校據說苑改竭。竭、盡也。是以亡也。孫云、說苑權謀篇用此文。

晏子使吳吳王問可處可去晏子對以視國治亂第十

晏子聘于吳。吳王曰、子大夫以君命辱在敝邑之地。敝、元刻作弊。劉云、之地二字、衍文也。地爲施之誤字、後人幷存之。因於地上增之字。實則左傳諸書、凡稱弊邑、無有復言之地二字者。下晏子聘魯節、辱臨敝邑。亦無之地二字。施貺寡人。孫云、詩傳貺、賜也。當爲況。寡人受貺矣、願有私問焉。晏子逡遁而對曰、逡從元刻。孫本作巡。云、說文巡、視行皃。遁、還也。漢書平當傳贊、逡遁有恥。師古曰、遁與循同。刊謬正俗曰、賈誼過秦論、九國之師、遁巡而不敢進。遁者蓋取循聲、以爲逡字。盧云、巡當作逡、下文正作逡。嬰、北方之賤臣也。得奉君命、以趨于末朝。黃云、盧校作本朝。按末朝謙詞。猶下文云下吏。似非誤。純一案嬰齊臣。不得稱吳爲本朝或末朝。末朝當是朝末誤倒。趨于朝末、謂趨于吳朝之末位也。恐辭令不審、譏于下吏。譏、非也。誹也。懼不知所以對者。吳王曰、寡人聞夫子久矣。今乃得見。願終其問。晏子避席對曰、敬受命矣。矣畢詞。此不當有、應删。吳王曰、國如何則可處。如何則可去也。晏子對曰、嬰聞之、親疏得處其倫。倫者理也。賢者親之、不肖者疏之。大臣得盡其忠。信任大臣、克勤民事。民無怨治。書畢命篇曰、道洽政治。澤潤生民。國無虐刑。象形惟明。不淫法外。則可處矣。是以君子懷不逆之君。懷、思也。歸也。不逆者、不逆於道也。居治國之位。論語泰伯篇曰、天下有道則見。親疏不得居其倫。親近讒諛。疏遠賢人。大臣不得盡其忠。諫而不從。民多怨治。上多暴政。國有虐刑。淫刑以逞。則可去矣。是以君子不懷暴君之祿。不處亂國之位。論語憲問篇曰、邦無道轂、恥也。此與外上十六章大恉同。末二句亦見于彼。

吳王問保威彊不失之道晏子對以先民後身第十一

晏子聘于吳。吳王曰、敢問長保威彊勿失之道若何。晏子對曰、先民而後身。先民之急。而後其身之私。墨子兼愛下篇、兼君之言曰、吾聞爲明君於天下者。必先萬民之身。後爲其身。蓋墨道然也。先施而後誅。蘇云、施言施惠。謂慶賞也。彊不暴弱。貴不淩賤。富不傲貧。下二句已見問上七章。墨子天志中篇曰、強不劫弱。衆不暴寡。詐不謀愚。貴不傲賤。文有出入。其義一也。百姓並進。墨子尙賢上篇曰、古者聖王之爲政。列德而尙賢。雖在農與工肆之人。有能則舉之。故官無常貴。而民無終賤。是之謂百姓並進。有司不侵。有司無敢侵民者。民和政平。不以威彊退人之君。俞云、退人之君、義不可通。退疑迫字之誤。若吳王藩衛侯之舍。是以威彊迫人之君矣。故晏子以爲諷也。劉云、退當如字。下彊字當作疆。與問上篇衆彊同。不以威彊退人之君、言不以威力抑人之君也。（說文退卻也廣雅釋詁云退減也退人之君猶言使人之君出己下也）衆疆猶言廣土。言不恃土地之廣、以併人之國也。威彊與衆疆對文。不以衆彊兼人之地。不忍率土地而食人肉。其用法爲時禁暴。故世不逆其志。暴力所加、世所共惡。爲法禁之、故得天下之歡心。其用兵爲衆屛患。屛、除也。患、憂也。禍也。如湯放桀武王伐紂是。故民不疾其勞。民知國有義勞。故雖勞而不怨。此長保威彊勿失之道也。失此者危矣。史記十二諸侯年表、吳闔閭十一年、伐楚取番。是以衆強兼人之地。十三年、陳懷公來。留之。死于吳。是以威強退人之君。晏子先景公卒、上二事晏子當不及見。然闔閭類此之行、必有爲晏子所知、而經史不及載者。定四年左傳、楚自昭王卽位、無歲不有吳師。是用兵非爲衆屛患、而民疾其勞者。事皆晏子所及知、故以爲諷。吳王忿然作色不說。晏子曰、寡君之事畢矣。嬰無斧鑕之罪。孫云、鑕當爲質。玉篇、鑕、鐵鑕砧。章溢切。古今韻會、鑕通作質。請辭而行。遂不復見。

晏子使魯魯君問何事回曲之君晏子對以庇族第十二

晏子使魯、見昭公。昭公說曰、天下以子大夫語寡人者衆矣。今得見而羨乎所聞。所見餘於所聞。請私而無爲罪。私、謂非公言。寡人聞大國之君、蓋回曲之君也。蘇云、廣韻釋詁云、回、衺也。回曲猶言衺曲。曷爲以子大夫之行、事回曲之君乎。晏子逡循對曰、孫云、爾雅釋言逡、退也。漢書萬章傳、逡循甚懼。嬰不肖。嬰之族又不若嬰、待嬰而祀先者五百家。故嬰不敢擇君。晏子出。昭公語人曰、晏子仁人也、反亡君案晏子無反亡君之事。反疑哭之譌。哭亡君、謂哭莊公。詳雜上二章、及襄二十五年左傳。安危國而不私利焉。雜上三章晏子曰、同吾以利而倍其君、非義也。僇崔杼之尸。見襄二十八年左傳。滅賊亂之徒、不獲名焉。使齊外無諸侯之憂、內無國家之患、不伐功焉。克勤于邦。不自滿假。鍖然不滿、孫云、玉篇歁、丑甚切。此當爲欿然之叚音。俞云、鍖當爲歁。說文欠部歁、食不滿。从欠甚聲。是歁之本義爲食不滿。引申之、凡不滿者皆得言歁。故曰鍖然不滿。退託于族。蘇云、言謙退而託于族以爲辭也。晏子可謂仁人矣。此與外上十七章、恉同而辭異。

魯昭公問魯一國迷何也晏子對以化爲一心第十三

晏子聘于魯。魯昭公問焉曰、曰字舊脫、從蘇校補。吾聞之、莫三人而迷。孫云、韓非作魯哀公問于孔子曰。鄙諺曰、莫衆而迷。一曰晏嬰子聘魯。哀公問曰、語曰。莫三人而迷。注、舉事不與三人謀、必知迷惑也。今吾以一國慮之、魯不免于亂。舊作今吾以魯一國迷慮之不免于亂、盧云、迷字衍、當從韓非內儲說上刪。王云、既言迷不得更言亂、此迷字蓋涉上迷字而衍。魯字當在不免于亂上。今吾以一國慮之魯不免于亂者、以猶與也。言吾與一國慮之而魯猶不免於亂也。韓子內儲說、作今寡人與一國慮之魯不免于亂。是其證。今本迷字重出、魯字又誤在一國上、則文不成義。純一案王說是、今據正。何也。晏子對曰、君之所尊舉而富貴、入所以與圖身、出所以與圖國、劉云、以即與也。蓋本文作以。所以圖身所以圖國、猶之所與圖身所與圖國也。淺人不識以有與訓、妄增二與字。誤矣。上文今吾以一國慮之、即與一國慮之。以彼例此、則此文無二與字明矣。及左右逼邇、皆同于君之心者也。此同與諫上十八章梁丘據是同非和之同、同義。撟魯國化而爲一心。撟舊譌犒、盧云、犒文選勸進表注引作矯。此當爲撟、與矯同。韓非作舉、義同。俞云、犒當爲撟、字之誤也。說文手部撟、舉手也。故引申之有舉義。史記扁鵲倉公列傳、舌撟然而不下。索隱云、撟、舉也。撟魯國化而爲一心、猶云舉魯國化而爲一心。韓非子內儲說、作舉魯國盡化爲一。此作撟、彼作舉、文異而義同。若作犒、則不可通矣。蘇云、盧俞說是。外篇臣何敢犒也、犒亦撟之誤。純一今據諸校正。曾無與二、其何暇有三。夫逼邇于君之側者、距本朝之勢。距、抗也。又與拒同、敵也。王云、此言大臣專本朝之權。國之所以殆也。殆舊譌治、俞云、此言近臣專權也。乃云國所以治、於義難通。治蓋殆字之誤。國之所以殆也、與下文行之所以衰也、身之所以危也一律。純一案俞說是、今據正。左右讒諛、相與塞善。行之所以衰也。士者持祿、游者養交、蘇云、荀子臣道篇云、不卹君之榮辱、不卹國之臧否、偷合苟容。以之持祿養交而已耳。國賊也。古書多以持養連文。如荀子議兵篇、所謂高爵豐祿以持養之之類是也。純一案墨子七患、仕者持祿、遊者憂交。義同。身之所以危也。詩曰、孫云、大雅棫樸之詩。芃芃棫樸、薪之槱之。濟濟辟王、左右趨之。孫云、趨詩作趣。純一案詩傳芃芃、木盛貌。棫、白桵也。樸、枹木也。槱、積也。山木茂盛、萬民得而薪之。賢人衆多、國家得用蕃興。此言古者聖王明君之使以善也。左右無讒諛相與塞也。故外知事之情、情、實也。而內得心之誠、孫云、情誠爲韻。是以不迷也。孫云、韓非內儲說用此文。

魯昭公問安國衆民晏子對以事大養小謹聽節斂斂舊譌儉從俞校正文改第十四

晏子聘于魯。魯昭公問曰、子大夫儼然辱臨敝邑。子大二字舊脫、孫云、一本作大夫。敝一本作弊。王云、一本作大夫者是。純一案前十二章、兩稱子大夫。下章亦兩稱子大夫。今據補。竊甚嘉之。寡人受貺。請問安國衆民如何。晏子對曰、嬰聞傲大賤小則國危。傲大、大國必重怒而加兵。賤小、小國必結鄰以報怨。故國危。慢聽厚斂則民散。慢聽、則刑罰不中。厚斂、則暴奪民財。民不堪命。勢必相率逃亡。俞云、亦孟子省刑罰薄稅斂之意。事大養小、安國之器也。孟子梁惠王下曰、以大事小者、樂天者也。以小事大者、畏天者也。樂天者保天下。畏天者保其國。墨子非攻下篇曰、今若有能信效先利天下諸侯者。以此效大國、則大國之君說。以此效小國、（十一字今校增）則小國之君說。

義可互明。謹聽節斂。衆民之術也。斂舊譌儉、俞云、儉乃斂字之誤。上云慢聽厚斂則民散。此云謹聽節斂衆民之術也。兩文正相應。純一案俞說是、今據正。前第七章、景公問富民安衆。晏子對以節欲則民富。中聽則民安。義可互明。

晏子使晉晉平公問先君得衆若何晏子對以如美淵澤第十五

晏子使晉、晉平公饗之文室。既靜矣。以宴。以宴元刻作晏已、孫本作晏以、黃云、靜竫古通。說文竫、亭安也。竫、古停字。既竫矣、謂饗事畢。晏以、當作以宴。下章叔向從之宴、相與語。禮、主君饗賓。親進醴。其禮嚴肅。饗畢。又宴。賓辭讓。請用臣禮。上介爲賓。賓爲苟敬。于是語。于是道古。純一案黃說是、今據乙正。平公問焉曰、昔吾子先君得衆若何。子字舊脫、黃云、問齊桓公也。吾下當有子字。下章吾子之君。德行高下如何。文同。純一案黃說是、今據補。晏子對曰、君饗寡君劉云、上言晏子使晉、不言從齊侯如晉。又下言平公問莊公與今君孰賢、則景公不在席甚明。此言君饗寡君、饗必誤字。疑本作君貺寡君。即上晏子聘吳節施貺寡人之貺也。饗貺音近、涉上饗字而誤。施及使臣。御在君側。御侍也。恐懼不知所以對。平公曰、聞子大夫數矣、今迺得見。願終聞之。晏子對曰、臣聞君子如美淵澤、容之容上疑脫無不二字衆人歸之。如魚有依。極其游泳之樂。言君子含宏之德。涵育萬物。有如此者。喻桓公下賢以身。能使諸侯朝其德。若淵澤決竭。言不能容物。喻桓公既沒。無繼武者。其魚動流。動、移動。流、流走。喻諸侯畔之。孫云、一本作流動。夫往者維雨乎。不可復已。喻桓公往矣、不可復見。公又問曰、請問莊公與今君孰賢。君字舊脫、從王校補。晏子曰、兩君之行不同。臣不敢知也。知上舊衍不字、從盧校刪。公曰、王室之不正也。不字舊脫、從劉校補。諸侯之專制也。是以欲聞子大夫之言也。對曰、先君莊公、不安靜處。好動。樂節飲食。不好鐘鼓。好兵作武。句絕。武與處鼓暑爲韻。與士同飢渴寒暑。與士舊倒、文義不順。今乙。孫云處鼓暑爲韻。純一案古音諧十二魚上聲引此。君之彊。過人之量。孫云、言強力過人。強量爲韻。純一案以上言其長。以下言其短。有一過不能已焉。過指逼於棠姜諱言之。見襄二十五年左傳。是以不免于難。言爲崔杼所殺。今君大宮室。美臺榭。以辟飢渴寒暑。以上言其短。以下言其長。畏禍。敬鬼神。以此尙有忌憚。君之善足以沒身。不足以及子孫矣。孫云、神身孫爲韻。

晉平公問齊君德行高下晏子對以小善第十六

晏子使于晉。晉平公問曰、吾子之君、德行高下如何。晏子對以小善。不得已而應之。公曰、否。吾非問小善。不明晏子立言之難。問子之君德行高下也。晏子蹵然不安皃。曰、諸侯之交。紹而相見。辭之有所隱也。爲尊者諱。君之命質。不容文。臣無所隱。嬰之君無稱焉。無德可稱。平公蹵然而辭。送再拜而反。曰、殆哉吾過。孫云、明己之臣。亦且誰不能隱過。故殆也。曰齊君不肖。直稱之士。正在本朝也。言齊廷能容直臣。孰謂其君不肖乎。

晉叔向問齊國若何晏子對以齊德衰民歸田氏第十七

晏子使于晉。使從元刻。明本孫本俱作聘。孫云、左傳昭三年、齊侯使晏嬰請繼室于晉。叔向從之宴。相與語。叔向曰、齊其何如。晏子對曰、左傳無對字。此季世也。文選西征賦、勸進表兩注、引左傳文同。吾弗知。齊其爲田氏乎。孫云、左傳作陳氏。純一案左傳乎作矣。田陳同。杜注、不知其他。唯知齊將爲陳氏。釋文、吾弗知絕句。叔向曰、何謂也。晏子曰、公棄其民。而歸于田氏。杜注、棄民不恤。齊舊四量。豆區釜鍾。一本作鐘。四升爲豆。各自其四。以登于釜。蘇云、杜注四豆爲區。區斗六升。四區爲釜，釜六斗四升。登、成也。釜十則鍾。杜注、六斛四斗。案文選任彥昇奏彈劉整注、引此句及注。田氏三量皆登一焉。鍾乃巨矣。蘇云、巨左傳作大。三量、豆區釜。杜注登、加也。加、一謂加舊量之一也。以五升爲豆。五豆爲區。五區爲釜。則區二斗。釜八斗。

鍾八斛也。純一案太平御覽七百六十五、又八百三十引左傳、並同。以家量貸、以公量收之。左傳以公上有而字。杜注、貸厚而收薄。山木如市、弗加于山。魚鹽蜃蛤、弗加于海。杜注、賈如在山。海不加貴。正義曰、如訓往也。言將山木往至市也。於木既言如市。魚鹽蜃蛤、亦如市可知。蒙上文也。民參其力、二入於公、而衣食其一。杜注、言公重賦斂。公積朽蠹、而老少凍餒。孫云、左傳積作聚。老少作三老。盧云、少元刻作小。國之都市、舊作國都之市、孫云、左傳作國之諸市非。王云、晏子本作國之都市。都諸古字通、都市卽諸市也。國中之市非一、故曰諸市。後人不知都爲諸之假字、而誤以爲都邑之都、故改爲國都之市。不知古所謂國、卽今所謂都也。既言國又言都、則贅矣。乃猥如反以爲是、而以左氏爲非。不過欲抑左氏、以尊晏子春秋耳。不知所尊者、乃俗改之本、非原本也。純一案王說是、今據乙。屨賤而踊貴。左傳無而字。杜注、踊、刖足者屨。言刖多。民人痛疾、或燠休之。盧云、燠休讀爲嫗煦。純一案左傳或上有而字。杜注、燠休、痛念之聲。謂陳氏也。昔者殷人誅殺不當、孫云、自昔者至慈惠、左傳所無。僇民無時。文王慈惠殷衆、收卹無主。是故天下歸之。民無私與、民字舊脫。從王校補。維德之授。今公室驕暴、而田氏慈惠、其愛之如父母、其指民言。而歸之如流水。欲無獲民、將焉避之。舊脫欲字之字、蘇云、文義不明。純一據左傳補。箕伯、黃云、箕元刻作其。直柄、虞遂、伯戲、杜注、四人皆舜後、陳氏之先。其相胡公、太姬、已在齊矣。杜注、胡公、四人之後、周始封陳之祖。太姬其妃也。言陳氏雖爲人臣、然將有國、其先祖鬼神已與胡公共在齊。正義相訓爲助。言箕伯四人、其皆助胡公太姬。神靈已在齊矣。叔向曰、雖吾公室、亦季世也。戎馬不駕、卿無軍行。杜注、言晉衰弱、不能征討救諸侯。公乘無人、卒列無長。杜注、百人爲卒。言人皆非其人。非其長。庶民罷弊、宮室滋侈。罷同疲、杜注滋、益也。道殣相望、杜注、餓死爲殣。而女富溢尤。杜注、女嬖寵之家。民聞公命、如逃寇讎。孫云、尤讎爲韻。欒、郤、胥、原、狐、續、慶、伯、降在皁隸。狐從元刻。孫本譌孤。孫云、左傳作狐是。潛夫論、狐氏晉姬姓也。純一案杜注、八姓、晉舊臣之族也。皁隸賤官。政在家門。杜注、大夫專政。民無所依、而君日不悛、以樂慆憂。杜注、慆、藏也。悛、改也。正義曰、劉炫云、湎、慢也。好音樂而慢易憂患也。杜以慆爲藏、當讀如弓韜之韜。言以音樂樂身、埋藏憂愁於樂中。公室之卑、其何日之有。杜注、言今至。讒鼎之銘杜注、讒、鼎名也。釋文服云、疾讒之鼎也。孫云、韓非說林、齊伐魯索讒鼎。魯以其鴈往。曰、昧旦丕顯、後世猶怠。丕左傳作丕、同。杜注、昧旦、早起也。丕、大也。言夙夜以務大顯、後世猶解怠。孫云、說文昧、爽。旦、明也。一日闇也、杜注昧旦早起非。純一案杜意、言當昧旦、時甚早卽起也。況日不悛、其竜久乎。孫云、竜不成字。序云章爲長、疑卽爲此。則作長久也。左傳作能。純一案左傳是。免此難。叔向曰、人事畢矣、待天而已矣。此二句左傳無。晉之公族盡矣。肸聞之、公室將卑、其宗族枝葉先落、則公從之。肸之宗十一族、杜注、同祖爲宗。正義曰、世族譜云、羊舌氏、晉之公族也。羊舌、其所食邑名。唯言晉之公族、不知出何公也。杜云同祖爲宗、謂同出一公有十一族也。譜又云、或曰羊舌氏、姓李名果。有人盜羊而遺其頭、不敢不受。而埋之。後盜羊事發、辭連李氏。李氏掘羊頭示之、以明己不食。唯識其舌存得免、號曰羊舌氏。杜言或曰、蓋舊有此說。杜所不從。記異聞耳。唯羊舌氏在而已。肸又無子。杜注、無賢子。公室無度、幸而得死。杜注、言得以壽終爲幸。豈其獲祀焉。杜注、言不必得祀。孫云、死祀爲韻。純一案左傳無焉字。齊爲田氏事、見諫下十九章。問上八章。外上十章、又十五章。

叔向問齊德衰子若何晏子對以進不失忠退不失行第十八

叔向問晏子曰、齊國之德衰矣。德、一本作治、非。今子何若。晏子對曰、嬰聞事明君者、竭心力以沒其身。鞠躬盡瘁、死而後已。行不逮則退。安國利民。力有不逮則退。不以誣持祿。不肯義鄉祿而自誣。事惰君者、優游其身以沒其世。優游者、不逢惡。不長惡。盡力守職。不怠奉官而已。荀子臣道篇曰、調而不流。柔而不屈。寬容而不亂。是其義。力不能則去。廣雅釋詁二能、任也。不以諛持危。不持諛以危身。且嬰聞君子之事君也、進不失忠、退不失行。問上十四章云、進不失廉。退不失行。不苟合以隱忠、劉云、隱讀若違。詳後三十章。可謂不失忠。

忠者、有利於民之謂。不持利以傷廉、可謂不失行。叔向曰、善哉。詩有之曰、進退維谷、孫云、大雅桑柔之篇、詩傳谷、窮也。蘇云、孫說非。此與韓詩外傳六聞之者曰、君子哉。安之命矣。詩曰人亦有言。進退惟谷。石先生之謂也。所引詩同一義。並是贊詞。無訓窮理。蓋谷卽轂毁字、當訓爲善。此云進退維善者、卽贊上所謂進不失忠、退不失行之語也。且明云善哉、善字卽顯訓谷字。若訓爲窮、失立言之恉矣。傳見詩上有不胥以穀之穀、故訓此谷爲窮。不知詩人原以二轂近在一處、故改一段借之轂字代之。猶小雅褒似滅之。嫌二滅相並、改威代滅也。此近世阮氏元已言之、詳見揅經室集。孫不以此訂傳之誤、而反引傳以釋此、坐未審耳。純一案蘇說谷訓善是。而引韓詩作其君聞之曰、斷上句其君屬下讀、又刪者字、並謬。今正。其此之謂歟。

叔向問正士邪人之行如何晏子對以使下順逆第十九

叔向問晏子曰、正士之義、邪人之行、何如。晏子對曰、正士處勢臨衆而不阿私、行國足養而不忘故。舊衆下脫而字、行下衍于字、從黃校增刪。詩魏風園有桃篇、心之憂矣。聊以行國。箋云、聊出行于國中。觀民事以寫憂。行國二字有徵。行國足養、就窮時言。與處勢臨衆對文。故、舊典也。通則事上使卹其下。使卹其下之疾苦。是爲忠君。窮則教下使順其上。使順其上之法儀。是爲愛民。其事君也、盡禮行忠、不爲苟祿。舊作事君盡禮行忠不正爵祿。顧云、當作其事君也盡禮道忠不爲苟祿。純一案顧說是。其事君也與其交友也對文。不爲苟祿與不爲苟戚對文。今並據以補正。惟盡禮行忠、文義自明。不必破行作道耳。不用則去而不議。遺佚不怨。其交友也、諭身行義。舊作論身義行、顧云、當作論義行道。劉云、論當作諭、顧說是也。身爲信字之假。周禮大宗伯、侯執信圭。鄭注謂信圭象人形爲祿飾。則假信爲身。此文假身爲信、猶彼之假信爲身也。義行當倒文作行義。諭信行義、與上盡禮行忠對文。純一案劉說是、今據正乙。不爲苟戚。戚、親也。不同則疏而不誹。誹舊譌悱、從黃校據下文正。論語衛靈篇曰、道不同不相爲謀。不毁進于君、此句脫二字、文不成義。綜上文觀之、當作不以毁行進于君。與不以刻民尊于國對文。毁行、如問上廿一章求君偪邇而陰爲之與是。不以刻民尊于國。居上者苛刻下民。是自賤也。故用于上則民安。事上使卹其下故。行于下則君尊。行于下卽行于國、敎下使順其上故。故得衆上不疑其身。上知其德行能得民心故。

用于君不悖于行。盡禮行忠。是以進不喪己。己舊譌亡、王云、進不喪亡、文不成義。亡當爲己、字之譌也。喪己、失己也。失己與危身對文。下文交遍則辱、生患則危、正與此相反。辱謂喪己。危謂危身。純一案王說是、今據正。退不危身。問上十四章云、進不失廉。退不失行。可互明。此正士之行也。邪人則不然。用于上則虐民。行于下則逆上。事君苟進不道忠、交友苟合不道行。劉云、行疑義之訛。持諛巧以句祿。句舊譌正。王云、正當作句。廣雅曰句、求也。謂持諛巧之術以求祿也。俗書句字作巧、與正相似而誤。純一案王說是、今據正。比姦邪以厚養。矜爵祿以臨人。夸體貌以華世。體從元刻。孫本作禮。孫云、一本脫華字、非。不任于上則輕議。不篤于友則好誹。誹、非議也。故用于上則民憂。行于下則君危。是以其事君近于罪。禍國殃民。其交友近于患。如靳尙於屈原、李斯於韓非之類。其得上辟于辱。偪于奴顏婢膝。其爲生憒于刑。暋不畏死。故用于上則誅。行于下則弑。此二句與故用于上則民憂、行于下則君危、義鄰於複。是故交遍則辱。生患則危。此二句、與其得上辟于辱其爲生憒于刑、義近於複。此邪人之行也。

叔向問事君徒處之義奚如晏子對以大賢無擇第二十

叔向問晏子曰、事君之倫。徒處之義。奚如。晏子對曰、事君之倫、知慮足以安國。知讀若智。慮、說文謀思也。譽厚足以導民。仁聲入人心深。和柔足以懷衆。與物爲春。不廉上以爲名。不以廉名求上采聽。不倍民以爲行。倍、背同。問上十二章曰、事必因乎民。上也。潔于治己。不飾過以求先。有過不自欺飾。心存退讓。不讒諛以求進。行己有恥。不阿以私。孫云、以一本作久、非。王云、以當作所。與下句文同一例。言于人則不阿所私。于己則不誣所能也。作久作以、皆于文義不合。純一案王說是、當據改。不誣所能。自知明。次也。盡力守職。不怠奉官。從上不敢惰。惰從元刻。孫本作隋。云、隋同惰。畏上故不苟。苟、苟且也。匡謬正俗八曰、苟者媮合之稱。所以行無廉恥。不存德義。謂之苟且。忌罪故不辟。忌、憚也。猶畏也。畏罪故不犯刑。下也。三者、事君之倫也。及夫大賢。則徙處與有事無擇也。隨時宜者也。大賢或潛或見。與時偕行。有所謂君子者。能不足以補上。退處不順上。順、循也。治唐園。考菲履。俞云、詩山有樞篇、毛傳曰、考、擊也。廣雅釋詁文同。此考字亦當訓擊。孟子滕文公篇、捆屨。趙注曰捆、猶叩椓也。然則考屨與捆屨同義。黃云、唐園者、蓺麻枲之園也。管子輕重甲篇、北郭者、盡屨履之甿也。以唐園爲本利。請以令禁百鍾之家、不得事鞹。千鍾之家、不得爲唐園。呂覽尊師篇、治唐圃、織葩屨。葩菲聲近。葩、枲屬。今本作葩字、譌。菲又通屝。曲禮下鄭注云、鞮屨、無絇之菲也。方言屝屨、麤屨也。共恤上令。共讀若恭。恤、安也。漢書韋元成傳集注言恭安上令、不敢相犯。弟長鄉里。不夸言。讕言。不愧行。愼行。孫云、愧當爲傀。盧云、荀子非十二子篇楊倞注、引下句作傀行。則此句亦當同。蘇云、愧傀形聲並近。疑叚字也。周禮大司樂、大傀異災。鄭注、傀、猶怪也。傀行猶言怪行矣。君子也。不以上爲本。忘君。不以民爲憂。忘世。內不恤其家。恤、憂也。外不顧其游。游上舊衍身字。王云、家可以言內。身不可以言外。且身游二字、義不相屬。身字乃後人所加也。內不恤其家。外不顧其游者。游、謂交游也。下文曰身勤于飢寒。不及醜儕。正所謂外不顧其游也。荀子非十二子篇注引此。正作外不顧其游。純一今據刪。夸言愧行。孫云、愧、荀子楊倞注作傀。云覧當與傀義同。自勤于飢寒。飢從元刻。孫本譌饑。蘇云、荀子非十二子篇注、引作飢。劉云、勤當訓憂。呂氏春秋不廣篇、勤天子之難。高注勤、憂也。自勤于飢寒不及醜儕、言惟一已飢寒是憂。而不恤交游也。不及醜儕。醜、衆也。命之曰狂僻之民。蘇云、荀子非十二子篇注、引僻作辟。明上之所禁也。明上卽明君。問上廿一章、明君對愚君言。進也不能及上。不可以事君。退也不能徙處。不可以久處約。作窮于富利之門。墨子非儒篇曰、因人之家以爲翠。恃人之野以爲尊。富人有喪。乃大說喜曰。此衣食之端也。是其例。畢志于畎畝之業。志不出于衣食之外。畎畝之業、謂耕織也。窮通行無常處之慮佚于心。黃云、有誤字。純一案此文疑本作窮通無常。慮佚于心。言忽窮忽通、心慮多出于分外也。今本通下衍行字、常下衍處之二字、文不成義。通利不能窮業不成。通利舊倒、文義不順。通與窮對、今乙。言通不能利於人。窮不能自成業。命之曰處封之民。屏諸封疆之邊。明上之所誅也。誅、責也。罰也。有智不足以補君。知見不正。無裨於君。元刻脫以字。有能不足以勞民。能不足劾勞於民。俞身徒處。俞當爲偸之剝字。苟子非十二子篇、偸儒憚事。是其義。謂之傲上。對上倨傲。自順其非。苟進不擇所道、苟得不知所惡、道、由也。陰結君之寵倖、苟求利祿、任人唯黨。謂之亂賊。身無以與君、能無以勞民、飾徒處之義、揚輕上之名、謂之亂國。以上二十四字、旣與上文義複、又與下文三者不合。明是後人竄入之文。當刪。明君在上、三者不免罪。罪上疑脫於字。叔向曰、賢不肖性夫。吾每有問、而未嘗自得也。黃初云、言入於耳無得於心。度量相越何其遠也。純一案徒處之義、亦見外上十八章。

叔向問處亂世其行正曲晏子對以民爲本第二十一

叔向問晏子曰、世亂不遵道、上辟不用義。世與道悖。上與義違。辟同僻。正行則民遺、遺、棄也。明世亂不遵道也。史記屈原傳曰、方正不容。是其義。曲行則道廢。曲、邪也。正行而遺民乎、與持民而遺道乎。蘇云、與猶抑也。王引之經傳釋詞引此文、以與訓如。云、言將正行而遺民乎。如其持民而遺道乎也。似失之。純一案蘇說是。持、扶也。保也。此二者之于行何如。晏子對曰、嬰聞之、卑而不失尊、後二十六章曰、在下莅修、足以變人。可謂卑而不遺民矣。問上二十二章曰、潔身守道、不與世陷乎邪、是以卑而不失義。蓋以道義自尊、所以正民命也。曲而不失正者。如伊尹五就桀是。以民爲本也。苟持民矣、安有遺道。苟能保民、道莫大焉。苟遺民矣、安有正行焉。忘民則不仁。

叔向問意孰爲高行孰爲厚晏子對以愛民樂民第二十二

叔向問晏子曰、意孰爲高、行孰爲厚。對曰、意莫高于愛民、孔墨愛民。意莫高焉。孔祖堯舜。墨祖大禹。皆高其愛民之意也。行莫厚于樂民。與民同樂。又問曰、意孰爲下、行孰爲賤。對曰、意莫下于刻民、刻民之意。毒萬倍於蛇蝎。惡萬倍於虎狼。品孰下焉。行莫賤于害身也。惡之害身。雖人而禽。世不齒之。辱及其親。賤孰甚焉。抑知刻民卽是害身。

是其意爲至下。行爲至賤。在人諱欲上之貴之而不可能者也。

叔向問嗇吝愛之于行何如晏子對以嗇者君子之道第二十三

叔向問晏子曰、嗇吝愛之于行何如。晏子對曰、嗇者、君子之道。子華子晏子問黨篇、子華子曰、嗇其所以出。而謹節其所受。然後神宇泰定而精不搖。其格物也明。其遇事也剛。此之謂儉。而聖人之所寶也。所以御世之具也。三皇五帝之所留察也。老子曰、治人事天莫若嗇。吝愛者、小人之行也。叔向曰、何謂也。晏子曰、稱財多寡而節用之。稱、量也。不役於物。不侈於性。富無金藏。多財則以分貧。貧不假貸。衣麤食惡。自苦爲極。故不假貸。墨子脩身篇曰。貧則見廉。謂之嗇。積多不能分人。而厚自養。謂之吝。不能分人。又不能自養。貪慳成性。名曰財奴。謂之愛。故夫嗇者君子之道。吝愛者、小人之行也。

叔向問君子之大義何若晏子對以尊賢退不肖退上當據正文補不字第二十四

叔向問晏子曰、君子之大義何若。晏子對曰、君子之大義、和調而不緣。溪盎而不苛。莊敬而不狡。和柔而不銓。刻廉而不劌。孫云、溪當爲谿。言谿刻也。盎卽訣叚音。說文訣、早知也。谿盎而不苛、言不矜明察。王云、廣雅緣、循也、莊子列禦寇篇緣循、偃佒、困畏、不若人。郭象曰、緣循、仗物而行者也。和調而不緣、言雖與俗和調。而不循俗而行。猶言君子和而不同也。溪盎、未詳。狡者、文選洞簫賦注曰狡、急也。字通作絞。論語泰伯篇鄭注曰、絞、急也。昭元年左傳注曰、絞、切也。莊敬而不狡、謂從容中禮。而不急切也。銓者、說文跧、卑也。廣雅跧、伏也。作銓者、借字耳。和柔而不銓、謂和柔而不卑屈也。和調而不緣、莊敬而不狡、和柔而不銓、刻廉而不劌、皆謂其相似而不同。蘇云、王說是。溪盎、孫義亦可通。劉云、呂氏春秋適音篇云、聽清則耳谿極。賈子新書耳痺篇云、谿徼而輕絕。均與此文溪字、同爲刻覈之意。盎與央同。廣雅釋詁一、央、盡也。則溪盎之義、猶之谿極谿徼矣。純一案刻、損減也。不敢自侈也。老子、廉而不劌、王弼注廉、清也。劌、傷也。刻廉而不劌、謂不以刻損清廉傷於物也。行精而不以明汙。心行潔淨。隱人之惡。齊尙而不以遺罷。

愛無差等。而矜不能。荀子非相篇曰、君子尊賢而能容罷。楊注罷、弱不任事者。音疲。案不遺罷與能容罷、文異而義同。富貴不傲物。貧窮不易行。孟子滕文下曰、富貴不能淫。貧賤不能移。莊子繕性篇曰、不爲軒冕肆志。不爲窮約趨俗。義並同。尊賢而不退不肖。此君子之大義也。論語子張篇曰。君子尊賢而容衆。嘉善而矜不能。不退不肖、即容之矜之之意。標題當依此作不退不肖。如退不肖、則君子之義不大矣。雖上八章曰、見不肖以哀不肖。可爲不退不肖之證。設言爲政、則不肖在所必退。此論君子之義如何爲大、則當以尊賢而不退不肖爲大也。意林引隨巢子曰、大聖之行。兼愛萬民。疏而不絕。賢者欣之。不肖者憐之。賢而不欣、是賤德也。不肖不憐、是忍人也。莊子天下篇曰、宋鈃尹文、接萬物以別宥爲始。崔譔注、以別善惡宥不及也。此章即以別宥接萬物之明徵。

叔向問傲世樂業能行道乎晏子對以狂惑也第二十五

叔向問晏子曰、進不能事上。退不能爲家。傲世樂業。枯槁爲名。不疑其所守者。可謂能行其道乎。晏子對曰、嬰聞古之能行道者。世可以正則正。黃云、元刻作世可正以則、誤。不可以正則曲。曲、委曲也。其正也。不失上下之倫。君君臣臣。父父子子。其曲也、不失仁義之理。前廿一章曰、曲而不失正。義同。道用與世樂業。不用有所依歸。孟子盡心上曰。古之人得志澤加於民。不得志修身見於世。黃初云。莊子天地篇曰、天下有道、則與物皆昌。天下無道、則修德就閒。義可互明。不以傲上華世。華讀若譁。不以枯槁爲名。故道者、世之所以治。而身之所以安也。世無道則亂。身無道則危。今以不事上爲道。以不顧家爲行。以枯槁爲名。世行之則亂。身行之則危。且天之與地。而上下有衰矣。衰、差降。襄二十五年左傳、自是以衰注。明王始立。而居國爲制矣。象天地爲上下之制。政教錯而民行有倫矣。錯下疑脫施字。當補。與上文一律。錯、互也。倫、理也。今以不事上爲道、反天地之衰矣。以不顧家爲行、倍先聖之道矣。倍、背同。以枯槁爲名、則世塞政教之途矣。有明上不可以爲下。不字舊脫、從王校補。遭亂世不可以治亂。王云、言此反天地之衰、倍先聖之道、塞政教之途者。有明上則足以危身。（明上謂明君也前二十章曰在辟之民明上之所禁也義與此同）遭亂世則足以惑世。故曰有明上不可以爲下。遭亂世不可以治亂。遭亂世不可以治亂、即上文所云世行之則亂也。有明上不可以爲下、即上文所云身行之則危也。說若道謂之惑、行若道謂之狂。惑者狂者、木石之樸也。孫云、說文樸、木素也。高誘注呂氏春秋樸、本也。言未彫治。而道義未戴焉。戴載同。言人非木石、不可無道義。

叔向問人何若則榮晏子對以事君親忠孝第二十六

叔向問晏子曰、何若則可謂榮矣。晏子對曰、事親孝、無悔往行。事君忠、無悔往辭。盧云、無悔往行、事親之行後無悔也。悔謂其不可復者是也。無悔往辭、言于君者後無悔也。事親事君、與下和兄弟信朋友文正相連接。純一案行接于親者多。言關于君者重。均無後悔。非大賢乎。和于兄弟、即是順親。信于朋友。禮祭義曰、朋友不信、非孝也。又中庸曰、不信乎朋友、不獲乎上矣。不諂過。諂從孫本。元刻作謟。爾雅釋詁、謟、疑也。言相見以誠。不責得。不求得於人。言不相坐。劉云、坐蓋差字之訛。篆文差字作𡍮、故訛爲坐。言不相差、即言不參差也。與不貳同。故與行不相反對文。行不相反。行不與言相反。禮中庸曰、言顧行、行顧言。在上治民。胥保惠。胥敎誨。足以尊君。尊尊、使安且樂。在下莅修。莅、涖同。故書涖作立。周禮鄉師注、莅修即立修。足以變人。使人日遷於善。身無所咎。咎、愆也。行無所創。孫云、說文刅傷也。或作創。純一案言無失行。可謂榮矣。

叔向問人何以則可保身則字據總目增晏子對以不要幸第二十七

叔向問晏子曰、人何以則可謂保其身。晏子對曰、詩曰、孫云、大雅烝民之詩。既明且哲、以保其身。夙夜匪懈、以事一人。孫云、懈詩作解。純一案詩箋、一人斥天子。正義曰、既能明曉善惡、且又是非辨知。以此明哲、擇安去危、而保全其身。不有禍敗。又能早起夜臥。非有懈倦之時。以常尊事此一人也。案此一人、乃爲兆民謀利樂而立。夙夜匪懈以事之者、所以使天下無一夫之不得其所也。不庶幾。庶幾、希望之詞。屬意言。不要幸。孫云、要與徼通。純一案徼幸、屬意兼行言。禮中庸小人行險以徼幸、謂徼求榮幸也。先其難乎。而後幸得之。論語雍也篇、仁者先難而後獲。義同。得之時其所也。得之二字舊不重、語意不完。蓋原文本有、傳寫脫之、今校補。得之對失之言。時、是也。對非言。所、猶宜也。對罪言。雜上十三章、制百官之序、使得其宜。羣書治要宜作所。說苑復恩篇、嬰不肖。罪過固其所也。固其所也、即固其宜也。失之非其罪也。可謂保其身矣。

曾子問不諫上不顧民以成行義者晏子對以何以成也第二十八

曾子問晏子曰、古者嘗有上不諫上。下不顧民。退處山谷。以成行義者也。讀爲邪。問詞。晏子對曰、察其身無能也、而託乎不欲諫上、謂之誕意也。誕、妄爲大言也。言爲心聲、故謂之誕意。上惛亂德義不行。而邪辟朋黨。賢人不用。士亦不易其行。易、改也。而從邪以求進。故有隱有不隱。求不得則隱、非潔身也。求得則不隱、非爲民也。其行法士也。其行豈足爲士法邪。也、邪同。迺夫議上則不取也。無能諫上而議上。奚取焉。夫上不諫上。下不顧民。上視上之惛亂而不諫。下視民之疾苦而不顧。退處山谷。嬰不識其何以爲成行義者也。

梁丘據問子事三君不同心晏子對以一心可以事百君第二十九

梁丘據問晏子曰、子事三君。君不同心。而子俱順焉。孫云、順藝文類聚作從。純一案類聚見卷二十。仁人固多心乎。晏子對曰、嬰聞之。順愛不懈。可以使百姓。事君、所以爲民也。順君之心、愛民而不怠。故民樂爲用。彊暴不忠。逆民之心。黃云、元刻作暴強。不可以使一人。一心愛民。可以事百君。三心不忠於民。不可以事一君。二句亦見外上十九章。孫云、三心、意林、藝文類聚。太平御覽、風俗通、孔叢、俱作百心、風俗通二語作傳曰。御覽引子思子曰、百心不可得一人、一心可得百人。仲尼聞之曰、小子識之。孫云、識、太平御覽孔叢俱作記。晏子以一心事百君者也。孫云、孔叢作一心事百君。君子也。風俗通過譽篇、孔叢詰墨、俱用此文。純一案此與外上十九章、外下三章四章、皆同。

柏常騫問道無滅身無廢晏子對以養世君子第三十

柏常騫去周之齊、見晏子曰、孫云、家語作柏常騫問于孔子曰。騫、周室之賤史也。孫云、史家語作吏、非。不量其不肖、願事君子。家語作不自以不肖。將北面以事君子。敢問正道直行則不容于世、孫云、直行家語作宜行。純一案宜爲直之形譌。論語微子篇、直道而事人、焉往而不三黜。是其例。前廿一章、正行則民遺。義同。隱道危行則不忍、劉云、隱道與正道對文。則隱讀若違。隱道卽違道也。佚周書謚法解、隱拂不成曰隱。獨斷作違拂。此違假爲隱之證。上叔向問齊德衰節、不苟合以隱忠。隱忠與傷廉對文。隱忠卽違忠也。與此同。孫云、危行家語作宜行。王云、此危行與論語之危言危行不同。危讀曰詭。詭行與直行正相反。作危者、借字耳。純一案王說是。家語危作宜、非。道亦無滅、身亦無廢者、何若。孫云、家語作今欲身亦不窮、道亦不隱。爲之有道乎。晏子對曰、孫云、一本無對字。善哉問事君乎。嬰聞之、執一浩倨、舊作執二法裾、孫云、家語作浩倨者則不親。王肅注浩倨、簡略不恭之貌。法或當爲浩。盧云、二、李本作一。當從之。黃云、法裾、當依家語作浩倨。裾與倨通。執一浩倨、謂剛愎自用。純一今從諸校正。則不取也。輕進苟合則不信也。不見重故。直易無諱則速傷也。逆耳故。孫云、家語作徑易者則數傷。新始好利則無不敝也。不字舊脫、孫云、家語作就利者則無不敝。此文未詳。純一案問上廿一章、歡乎新。慢乎故。趨利若不及。卽新始好利之確詁。此言新始好利者無不敗。敝、敗也。今本敝上脫不字、義不可通。故孫云未詳。玆據家語補。劉云、新始蓋變古易常之義。且嬰聞養世之君子、從輕不爲進、從重不爲退。舊輕重互錯、王云、當作從輕不爲進。從重不爲退。輕、易也。見呂氏春秋知接篇注。重、難也。見漢書元紀注。謂不見易而進。不見難而退也。今本輕重互易、則義不可通。家語三恕篇、作從輕勿爲先。從重勿爲後。注曰、赴憂患。從勞苦。輕者宜爲後。重者宜爲先。語意正與此同。純一案王說是。今據乙。省行而不伐、檢身若不及。讓利而不夸、黃初云、莊子秋水篇、貨財弗爭。不多辭讓。是其義。陳物而勿專、孫云、家語作陳道而勿怫。純一案物、事也。專、擅也。見象而勿彊。孫云、象家語作像。王肅注曰、像法也。黄初云、因其自然。道不滅、身不廢矣。孫云、家語三恕篇用此文。

晏子春秋校注卷五

漢陽張純一仲如

內篇雜上第五 凡三十章

莊公不說晏子晏子坐地訟公而歸第一

晏子臣于莊公、公不說。飲酒、令召晏子。晏子至、入門、公令樂人奏歌曰、已哉已哉、寡人不能說也、爾何來爲。古音諧四之引此、哉來諧。案古音哉音兹、來音釐、同部。 晏子入坐、樂人三奏、然後知其謂己也。遂起、北面坐地。北面、臣禮。 公曰、夫子從席、曷爲坐地。晏子對曰、嬰聞訟夫坐地、今嬰將與君訟、敢毋坐地乎。嬰聞之、衆而無義、彊而無禮、好勇而惡賢者、禍必及其身。禮義所以自尊、專尙彊暴而廢之、且惡賢人。是滅身之道。 若公者之謂矣。且嬰言不用、願請身去。請身者、言臣委身於君、今言不見用、祇得請身於君而去。外上廿章云、願乞骸骨、義同。諫上五章、已有請身之說。 遂趨而歸、管籥其家者納之公、其、猶在也。 財在外者斥之市。史記貨殖傳、烏氏倮畜牧及衆斥賣。索隱謂畜牧及至衆多之時、斥而賣之。 曰、君子有力于民則進爵祿、不辭貴富。順則進、志在民也。 無力于民而旅食、而、猶則也。 不惡貧賤。不用不戀祿。 遂徒行而東、耕于海濱。東畊海濱。亦見外上二十二章。 居數年、果有崔杼之難。

莊公不用晏子晏子二字從盧校增致邑而退後有崔氏之禍總目作難第二

晏子爲莊公臣、言大用、每朝賜爵益邑。俄而不用、每朝致邑與爵、爵邑盡退。朝而乘。嘳然而歎。孫云、嘳一本作喟。說文喟、太息也、或作嘳。字林嘳、息憐也。終而笑。其僕曰、何歎笑相從數也。也讀爲邪。晏子曰、吾歎也、哀吾君不免于難。吾笑也、喜吾自得也、吾亦無死矣。崔杼果弑莊公。見襄二十五年左傳。晏子立崔杼之門。左傳有外字。杜注、聞難而來。從者左傳作其人曰、死乎。晏子曰、獨吾君也乎哉、吾死也。也讀爲邪、下同。杜注言己與衆臣無異。曰、行乎。曰、獨吾罪也乎哉、左傳無獨字。吾亡也、杜注、自謂無罪。曰、歸乎。曰、吾君死、安歸。杜注言安可以歸。君民者、豈以陵民、社稷是主。臣君者、豈爲其口實、社稷是養。杜注、言君不徒居民上、臣不徒求祿、皆爲社稷。故君爲社稷死則死之。爲社稷亡則亡之。杜注、謂以公義死亡。若君爲己死、左傳無君字。而爲己亡、非其私暱、孰能任之。左傳作誰敢任之。杜注私暱、所親愛也。非所親愛、無爲當其禍。且人有君而弑之、吾焉得死之、而焉得亡之、杜注、言己非正卿、見待無異於衆臣、故不得死其難也。將庸何歸。杜注、將用死亡之義何所歸趣。門啓而入。崔子曰、子何不死、子何不死。晏子曰、禍始吾不在也、禍終吾不知也、言禍之始終、吾皆不與。吾何爲死。且吾聞之、以亡爲行者不足以存君、以死爲義者不足以立功。言臣道以能存君爲社稷立功爲重、死亡不足以塞責。嬰豈婢子也哉、其縊而從之也。嬰非其婢子、焉得縊而從之。也讀爲邪。遂袒免坐、自崔子曰至此、左傳無。露左臂曰袒、去冠括髮曰免。枕君尸而哭。左傳作枕尸股而哭。興、起。三踊而出。踊、跳躍也。人謂崔子必殺之、崔子曰、民之望也、舍之得民。杜注、舍置也。

崔慶劫齊將軍大夫盟晏子不與第三

崔杼既弑莊公而立景公、孫云、弑、後漢書注、太平御覽作殺。杼與慶封相之。劫諸將軍大夫、及顯士庶人于太宮之坎上，說文力部曰、人欲去以力脅止曰劫。漢書高帝紀上、因以劫衆。注、劫謂威脅之。令無得不盟者。爲壇三仞，八尺爲仞。埳其下，孫云、埳當爲坎、說文陷也。玉篇埳亦與坎同、苦感切。蘇云。廣雅埳、坑也。言爲坑其下。以甲千列環其內外，盟者皆脫劍而入。維晏子不肯，崔杼許之。有敢不盟者，戟鉤其頸，鉤舊作拘，黃云、拘當依後漢馮衍傳注作鉤。下云曲刃鉤之、御覽四百八十、三百七十六、並作戟鉤。純一案御覽三百五十三亦作鉤、今據正。北堂書鈔百二十四誤作抱。劍承其心，令自盟曰：「不與崔慶而與公室者，受其不祥。」孫云、後漢書注作盟神視之。劉云、呂氏春秋知分篇、作不與崔氏而與公孫氏者、受其不祥。下文不與公室而與崔慶、亦作不與公孫氏而與崔氏。言不疾，指不至血者死，所殺七人。孫云、韓詩外傳作十餘人、新序作十人。次及晏子，孫云、次、後漢書注作而後。晏子奉桮血，仰天歎曰：蘇云、後漢書注作晏子奉血仰天曰。「嗚呼！崔子爲無道，黃云、後漢書注作崔氏無道。而弒其君，孫云、弒後漢書注新序作殺。不與公室而與崔慶者，受此不祥。」俛而飲血。孫云、後漢書注、作若有能復崔氏而嬰不與盟、明神視之、遂仰而飲血、崔杼謂晏子曰：「子變子言，黃云、後漢書注、作晏子與我。則齊國吾與子共之；後漢書注無子字。子不變子言，後漢書注作不與我。戟既在脰，劒既在心，蘇云、後漢書注無二既字。純一案後漢書注、戟上有則字。維子圖之也。」後漢書注、無維字也字。晏子曰：「劫吾以刃而失其志，孫云、後漢書注作意。非勇也；回吾以利而倍其君，孫云、回後漢書注韓詩外傳作畱。純一案新序亦作回、一本作圖、回字是。非義也。孫云、義韓詩外傳作仁。純一案新序亦作仁。崔子，子獨不爲夫詩乎！孫云、今本作天詩乎、形相近、字之誤也。據呂氏春秋訂正。純一案元刻正作夫詩乎、新序無此句。蘇云、韓詩外傳、後漢書注、並無此句。詩云：『莫莫葛蘽，孫云、詩及呂氏春秋韓詩外傳作藟是、俗作蘽。施于條枚，孫云、施、呂氏春秋作延。愷悌君子，孫云、詩作豈弟、呂氏春秋作凱弟、愷弟正字、豈徦字、凱悌俗字。求福不回。』呂氏春秋高注、詩大雅旱麓之卒章。莫莫、葛藟之貌。延蔓于條枚之上、得其性也。樂易之君子、求福不以邪道、順於天性、以正直受大福。今嬰且可以回而求福乎？孫云、韓詩外傳作嬰其可回矣、新序嬰可謂不回矣。蘇云、後漢書注作嬰可回而求福乎。純一案且、猶豈也。回、邪曲也。曲刃鉤之、蘇云、後漢書注曲作鉤。直兵推之、孫云高誘注淮南子、晏子不從崔杼之盟、將見殺。晏子曰、句戟何不句、直矛何不摧、不撓不義。劉云、推乃摧字之訛也。摧者、摧陷之義也。韓詩外傳、及新序知勇篇均作推、與此同誤、當從淮南高注訂正。呂氏春秋知命篇、作子惟之矣、惟亦摧字之誤也。高注淮南、所據蓋古本。嬰不革矣。革、改也。孫云、新序作嬰不之回也。崔杼將殺之、或曰不可。子以子之君無道而殺之、今其臣有道之士也、又從而殺之、不可以爲教矣。崔子遂舍之。孫云、舍後漢書注作釋。晏子曰、若大夫爲大不仁、而爲小仁、若、而、並汝也。指或者言。爲大不仁、謂殺君。爲小仁、孫云言其舍已。焉有中平、趨出、援綏而乘。援舊作授、孫云、授呂氏春秋作受。綏韓詩外傳作纓、非。太平御覽作晏子不與盟而出上車。盧云、援呂氏春秋知分篇同、意林所載呂氏作援、當從之。純一案授蓋援之形誤、盧從意林是也、今據正。御覽見三百七十六、又四百八十同。其僕將馳、晏子撫其手撫新序作拊。曰、徐之。徐、呂覽作安、意林引同。疾不必生、徐不必死。鹿生于野、野、御覽兩引俱作山。呂覽意林引並同。命縣于廚、孫云、太平御覽作庖廚、新序作虎豹在山林、其命在庖廚、文義不逮此矣。純一案御覽四百八十無庖字。蘇云、韓詩外傳作麋鹿在山林、其命在庖廚。嬰命有繫矣。盧云、有繫、御覽兩引皆作有所縣。蘇云、韓詩外傳同御覽。純一案呂覽意林引並作縣、蓋縣之俗字。繫當從諸書作縣。按之成節蘇云、韓詩外傳作安行成節。而後去。詩云、孫云、鄭風羔裘之詩。蘇云、韓詩外傳下有羔裘如濡、洵直且侯二句。彼已之子、孫云、已詩作其。舍命不渝。孫云、韓詩外傳渝作偸。詩箋舍、猶處也。據此則當爲捐舍、鄭說非。詩傳渝、變也。據韓詩亦可讀爲偸生之偸。晏子之謂也。孫云、呂氏春秋知分篇、新序義勇篇、韓詩外傳二、俱用此文。

晏子再治阿而信見景公任以國政信見盧校作見信第四

景公使晏子爲東阿宰、孫云、左傳莊十三年、公會齊侯盟于柯、杜注、齊之阿邑、齊威王烹阿大夫卽此。元和郡縣志、東阿縣、漢舊縣也、春秋時齊之阿地。按此已名東阿、則漢承古名。又本草經已有阿膠、阿柯逼也。盧云、御覽二百六十六、又四百二十四、皆無東字、蘇云、治要亦無東字。純一案藝文類聚五十、亦無東字。當並據刪。太平寰宇記、齊州禹城縣、本春秋齊邑、謂祝柯、猶東柯也。古祝國、黃帝之後。按古東柯齊爲阿、晏嬰城。城內有井、水和膠入藥方。三年、而毀聞于國。舊脫而字、孫云、意林作治阿三年。王云、三年下有而字、而今本脫之。下文云三年而譽聞于國、又云三年而毀聞于君、則此亦當有而字。羣書治要、及藝文類聚職官部六、太平御覽職官部六十四、皆作三年而毀聞于國。綰一今據補。景公不說。類聚治要並無景字。召而免之。孫云、一本脫而字、非。意林作召而問之。晏子謝曰、嬰知嬰之過矣。類聚作嬰知過矣。請復治阿三年、而譽必聞于國。景公不忍四字、治要省作一公字。復使治阿、三年而譽聞于國。景公說、召而賞之、辭而不受。四字舊脫、孫云、藝文類聚有辭而不受四字、疑此脫。蘇云、治要同類聚。綰一案下文景公問其故、即問辭而不受之故。今本脫去、文不成義。御覽亦有、今並據諸書補。後文是故不敢受、正承此而言。景公問其故。對曰、昔者嬰之治阿也、築蹊徑、孫云、說文徯、或从足作蹊。玉篇蹊雞切、徑也。急門閭之政、而淫民惡之。舉儉力孝弟、蘇云、治要作悌、下同。綰一案力謂力田、勤也。晏子尙儉尙勤、蓋墨風也。罰偷窳、窳、惰也。又器不堅緻也。而惰民惡之。決獄不避貴彊、而貴彊惡之。舊脫而貴彊三字、孫云、意林作不畏貴強。此下疑有貴強二字、後人以貴強重出、故脫之。黃云、盧校作決獄不避貴強、而貴強惡之、當依補。蘇云、治要有貴強二字、無而字。綰一案黃說是也、今從盧校、與上下文一律。左右所求、蘇云、治要所上有之字。灋則予、非灋則否、而左右惡之。事貴人體不過禮、孫云、意林作不能過禮。綰一案體、謂接納與之同體、禮中庸體羣臣也注。而貴人惡之。是以三邪毀乎外、黃云、乎御覽作于、下二句俱同。綰一案三邪、謂淫民惰民貴強。二讒毀乎內、乎、孫本作于。二讒謂左右與貴人。三年而毀聞乎君也。今臣謹更之、孫云、意林作臣請改轍、更治三年、必有譽也。蘇云、治要無謹字。綰一案更、改也。不築蹊徑、而緩門閭之政、而淫民說。不舉儉力孝弟、不罰偷窳、而惰民說。決獄阿貴彊、而貴彊說。左右所求言諾、而左右說。事貴人體過禮、而貴人說。是以三邪譽乎外、各本是下脫以字。從盧蘇校據治要補。二讒譽乎內、兩乎字御覽治要並作于。三年而譽聞于君也。昔者嬰之所以當誅者宜賞、而今之所以當賞者宜誅、今上而字下之字舊並脫、據治要補。孫云、藝文類聚、作昔者嬰之所治者當賞、而今所以治者當誅。是故不敢受。子華子北宮子仕篇、作昔者臣之所治、君之所當誅也、而更得賞焉。今者臣之所治、君之所當取也、而更得罪焉。非臣之情、臣不顧也。景公知晏子賢、迺任以國政、三年而齊大興。蘇云、治要作景公乃任以國政焉。純一案外上二十章旨同。

景公惡故人晏子退國亂復召晏子第五

景公與晏子立于曲潢之上。晏子稱曰、衣莫若新、人莫若故。書盤庚上曰、人惟求舊、器非求舊、惟新。義略同。公曰、衣之新也信善矣、人之故相知情。孫云、謙其知情實。晏子歸、負載、負載猶負戴。負於背、戴於首、任勞役也。使人辭于公曰、嬰故老耄無能也、故、固同。請毋服壯者之事。請、猶誠。毋、語助。無意義。言嬰固老耄無能從政、誠能服壯者之事、能負能戴、明不鄉祿也。外上廿二章、嬰故老悖無能、毋敢服壯者事。毋亦語助、否則與彼下文東蝴獨獲、不相應矣。公自治國、無禮義爲綱紀。身弱于高國、高國二氏、齊之卿族。百姓大亂、公恐、復召晏子。五句亦見外上廿二章、彼文無于字、大作濳。諸侯忌其威、而高國服其政。二句亦見外上廿二章、彼無而字。墨子非命下篇曰、安危治亂、存乎上之爲政也。田疇墾辟、孫云、玉篇墾、苦很切、耕也。治也。辟當爲闢。純一案管子牧民篇曰、地辟舉則民留處、墾田誠牧民之首務。蠶桑豢牧之處不足、牧舊作收、盧校作牧、云收譌。言民皆勤於事也。勤事者衆、而地不足。故下云絲蠶于燕、牧馬于魯。然則豢牧、當作豢養牧放解明矣。純一今據改。絲蠶于燕、牧馬于魯、共貢入朝。墨子聞之、孫云、藝文志、墨子七十一篇、名翟、爲宋大夫、在孔子後。曰、晏子知道、道在順則進、否則退、能倫且勤、事必因民而厚利之。景公知窮矣。窮于應付、卽聽于晏子。此與外上廿二章爲一事。

齊饑晏子因路寢之役以振民第六

景公之時饑、孫云、一本作飢、非。晏子請爲民發粟、兼愛故。公不許。當爲路寢之臺、晏子令吏重其賃、孫云、說文賃、庸也。言重其庸直。遠其兆、兆爲臺之營域。徐其日而不趨。孫云、趨讀如促。盧云、荀子王霸篇楊倞注引、作重其績、遠其涂、佻其日、皆是也。佻、緩也。純一案是謂曲而不失仁義之理、見問下廿五章。三年、臺成而民振。事因于民、晏子善權。故上說乎游民足乎食。君子曰、政則晏子欲發粟與民而已、若使不可得、則依物而偶于政。孫云、物、事也。言據事而不違于政。事謂爲臺。俞云、依、猶因也。偶、讀爲寓。古字通用。寓、猶寄也。依物而偶于政者、因物而寄于政也。若晏子因築臺之事。而寄發粟之政是也。純一案偶、合也。言依爲臺之事而發粟、合於振民之政也。

景公欲墮東門之堤晏子謂不可變古第七

景公登東門防。孫云、說文防、堤也。黃云、東門防、亦稱防門。民單服然後上。陡故公曰、此大傷牛馬蹄矣。孫云、蹄、蹢字省文。夫何不下六尺哉。晏子對曰、昔者吾先君桓公明君也、而管仲賢相也。夫以賢相佐明君、而東門防全也。古者不爲、殆有爲也。黃云、不爲當作不下、涉下有爲而誤。純一案黃說未允。不爲之爲讀平聲、承上不下六尺言。有爲之爲讀去聲、以防下六尺則無齊言。蚤歲、淄水至、入廣門、淄舊作緇、盧云、緇、淄字之誤。淄水在齊、與菑同。以下文入廣門云云、當爲淄字明矣。俞云、齊都營丘、淄水過其南及東、故有時淄水大至而爲害也。純一今從盧俞校改。即下六尺耳。鄉者防下六尺、孫云、鄉即嚮省。則無齊矣。孫云、言國皆漂沒。夫古之重變古常、孫云、爾雅釋詁古、故也。法、常也。純一案自來常法、富具經驗、不可輕言變更、故古人重之。之、當作人。墨子經說下、若𢡲病之之於𢡲也。孫詒讓云、下之字當作人。與此同。此之謂也。

景公憐飢者晏子稱治國之本以長其意第八

景公游于壽宮、孫云、齊桓公死于此宮、見前。純一案藝文類聚八十引無於字。壽宮即胡宮、本齊先君胡公之宮。胡公壽考、故亦稱壽宮。睹長年負薪者而有飢色。孫云、長藝文類聚作耆。義同。純一案類聚無者而二字。公悲之喟然歎曰、王云、歎曰二字、後人所加、公悲之喟然令吏養之、皆是記者之詞。後人加歎曰二字、則以令吏養之、爲景公語、謬以千里矣。說苑貴德篇有歎曰二字、亦後人依俗本晏子加之。藝文類聚火部引晏子、作公喟然令吏養之、無歎曰二字。諫上篇公喟然曰、後人加歎字。下篇喟然流涕、後人加歎而二字。謬皆與此同。辨見諫上廿五章諫下五章。純一案王說是、當據刪。諫上十六章、亦有公喟然歎曰之文、王無說。令吏養之。晏子曰、臣聞之、樂賢而哀不肖、樂賢則賢衆、哀不肖則不肖者無不得所。問下廿四章曰、尊賢而不退不肖、此君子之大義也。守國之本也。今君愛老而恩無所不逮、盧云、說苑無所字是。純一案文選西征賦注引亦無。治國之本也。公笑、有喜色。墨子耕柱篇曰、世俗之君子、無義而謂之有義則喜。晏子曰、聖王見賢以樂賢、見不肖以哀不肖、今請求老弱之不養、鰥寡之無室者、論而共秩焉。孫云、共說苑作供。純一案論、擇也。秩、祿也。所以爲養也。公曰、諾。于是老弱有養、鰥寡有室。墨子兼愛下篇曰、老而無妻子者、有所侍養以終其壽。幼弱孤童之無父母者、有所放依以長其身。節用上篇曰、聖王之法、丈夫年二十、毋敢不處家。女子年十五、毋敢不事人。辭過篇曰、內無拘女、外無寡夫。皆墨道所重也。孫云、說苑貴德篇用此文。

景公探雀鷇鷇弱反之晏子稱長幼以賀第九

景公探雀鷇、孫云、爾雅釋鳥生哺鷇。郭璞注鳥子須母食之。魯語、鳥翼鷇卵。文子上德篇、鷇卵不探。方言、爵子及雞雛、皆謂之鷇。純一案雀說苑作爵、古字通。鷇弱、反之。蘇云、治要反上有而字。純一案北堂書鈔八十五引反上有故字。藝文類聚九十二引同。晏子聞之、不時而入見、舊時上有待字、見下有景公二字。王云、各本有景公二字、乃涉上文而衍、今據羣書治要刪。不待時而入見、本作不時而入見、時即待字也。不待而入見、謂先入見也。古書待字多作時、（說見經義述聞遲歸有時下）外下篇晏子不時而入見、即其證。後人不知時爲待之借字、故又加待字耳。（說苑貴德篇作不待請而入見請字亦後人所加其謬更甚）羣書治要無待字。純一並從之。公汗出惕然。慚汗浹背晏子曰、君何爲者也。公曰、吾探雀鷇、鷇弱故反之。晏子逡巡、孫云、爾雅釋言逡、退也。說文巡、視行皃。北面再拜而賀曰、治要無而字、書鈔八十五、類聚九十二同。吾君有聖王之道矣。孫云、王類聚作人。紬一案書鈔及御覽九百二十二引並同。)公曰、寡人探雀鷇、鷇弱故反之、其當聖王之道者何也。(也讀爲邪。孫云、王一本作人。)晏子對曰、君探雀鷇、鷇弱反之、(蘇云、治要反上有故字。)是長幼也。(孫云、是類聚作道。)吾君仁愛、曾禽獸之加焉、(蘇云、治要君上無吾字、又無仁愛二字、非。劉云、說苑貴德篇無曾字、是也。曾乃禽字譌文之衍入者也。禽獸之加。猶言禽獸是加。)而況于人乎、(類聚無于字。)此聖王之道也。(孟子因齊宣王不忍牛之觳觫、以羊易之、稱其德可保民而王用意同此。孫云、說苑貴德篇用此文。)

景公睹乞兒于途晏子諷公使養第十

景公睹嬰兒(嬰當作孩、老子曰、如嬰兒之未孩。)有乞于途者。公曰、是無歸矣。(盧云、矣說苑作夫。黃云、元刻矣作夫。)晏子對曰、君存、(存、在也。)何爲無歸。使吏養之、(黃云、元刻無之字、劉云、說苑貴德篇挩吏字。)可立而以聞。(而猶則也。養兒至可立時、則以聞于公也。孫云、說苑貴德篇用此文。)

景公慙刖跪之辱不朝晏子稱直請賞之第十一

景公正晝、被髮、乘六馬、御婦人以出正閨。(孫云、爾雅釋宮、宮中之門謂之闈、其小者謂之閨。蘇云、治要閨作門、下同。)刖跪擊其馬而反之。(孫云、跪、足也。荀子勸學篇、蟹六跪而二螯。說文跪字作足。刖足者使守門是也。擊、太平御覽一作繫。蘇云、治要無其字、與下文一律。)曰、爾非吾君也。公慙而不朝。晏子睹裔款而問曰、(孫云、款、說苑作歎、誤。)君何故不朝。對曰、昔者君正晝、(晝各本譌畫、從盧黃蘇校改。)被髮、乘六馬、御婦人以出正閨。刖跪擊其馬而反之曰、爾非吾君也。公慙而反、不果出、(元本作公慙而出反不果、孫校本據太平御覽訂正。)是以不朝。晏子入見、景公曰、昔者寡人有罪、被髮乘六馬以出正閨。刖跪擊馬而反之曰、爾非吾君也。寡人以子大夫之賜、得率百姓以守宗廟。子大夫上舊有天字、王云、天字後人所加。以子大夫之賜得率百姓以守宗廟、猶宋穆公言若以大夫之靈得保首領以沒也。後人不解古書文義、乃妄加一天字。天子大夫並稱、斯爲不倫矣。說苑正諫篇有天字、亦後人依俗本晏子加之。羣書治要正作子大夫。純一今據刪。黃云、元刻脫率字。今見戮于刖跪以辱社稷。孫云、見戮言戮辱。蘇云、治要辱作羞。吾猶可以齊于諸侯乎。齊讀爲躋。晏子對曰、君勿惡焉。臣聞下無直辭、蘇云、治要聞下有之字。上有隱惡。惡各本作君、孫云、隱君太平御覽作墮君是、一作隱惡。蘇云、一本作隱惡是也、與下驕行對文。治要作墮君。純一從蘇校正。民多諱言、君有驕行。古者明君在上、下多直辭。君上好善、民無諱言。堯設諫鼓。舜立謗木。禹縣鐘鼓鐸磬而置鞀。四海之士。教以道者擊鼓、教以義者擊鐘、教以事者擊鐸、語以憂者擊磬、告以獄訟者揮鞀。今君有失行、刖跪直辭禁之、蘇云、治要作而刖跪禁之。是君之福也。故臣來慶。請賞之以明君之好善、禮之以明君之受諫。公笑曰、可乎。晏子曰、可。于是令刖跪倍資無征、孫云、說苑作正。純一案資者、給濟之謂。征、正同、稅也。時朝無事也。不必有事、隨時可朝。孫云、說苑正諫篇用此文。

景公夜從晏子飲晏子稱不敢與第十二

景公飲酒、夜移于晏子之家。之家二字舊脫、文不成義。說苑有家字、御覽四百五十五引說苑同。今據補家字。並據下文司馬穰苴之家、梁丘據之家、增之字。文同一例。前驅款門孫云、款說苑御覽作報。純一案御覽三百五十三、又四百六十八引本書並作款。治要同。曰、君至。晏子被玄端、立于門。玄舊避清諱作元、今據說苑治要改。孫云、元端御覽作朝衣。說文端、衣正幅。端與褍通。曰、諸侯得微有故乎、國家得微有事乎。微、無也。詩式微毛傳。君何爲非時而夜辱。辱、謂辱臨。公曰、酒醴之味、金石之聲、願與夫子樂之。晏子對曰、夫布薦席、孫云、布御覽一作鋪。蘇云、廣雅薦、席也。釋名云、薦所以自薦、藉也。陳簠簋者有人臣不敢與焉。公曰、蘇云、治要無曰字、下同。移于司馬穰苴之家。孫云、史記列傳、司馬穰苴者、田完之苗裔也。齊景公時、晏嬰乃薦田穰苴。前驅款門曰、君至。穰苴介胄操戟、孫云、介與甲通。立于門、曰、諸侯得微有兵乎、大臣得微有叛者乎。蘇云、治要叛者作兵、下有大臣得微有不服乎一句。純一案治要大臣得微有兵乎句衍、不服卽是叛。君何爲非時而夜辱。蘇云、治要夜辱作來、非。公曰、酒醴之味、金石之聲、願與夫子樂之。夫子舊作將軍、王云、此文本作願與夫子樂之。與上答晏子之言、文同一例。後人以此所稱是司馬穰苴、故改夫子爲將軍耳。不知春秋之時、君稱其臣無曰將軍者。說苑作夫子、卽用晏子之文。治要所引、正作夫子。純一今據改。穰苴對曰、夫布薦席、北堂書鈔百二十四、引作鋪席薦。陳簠簋者有人、臣不敢與焉。

公曰、移于梁丘據之家。前驅款門曰、君至。梁丘據左操瑟、蘇云、治要作擁琴。純一案書鈔百一十作琴、孔廣陶校云、陳本俞本及吳山尊倣宋本琴作瑟。右挈竽、行歌而出。孫云、出御覽作至。黃云、元刻出作去、誤。一作至、亦非。公曰、樂哉、今夕吾飲也。微彼二子者、彼從元刻、說苑、御覽、治要、並同。浙局本作此、非。何以治吾國。微此一臣者、何以樂吾身。君子曰、王云、羣書治要、及太平御覽人事部百九、飲食部二所引、皆無君子曰以下文。說苑有、而無君子曰三字。疑後人依說苑增入、而又加君子曰也。純一案君子曰云云、明是記者之結論。不得因治要御覽未引、遂疑爲後人增也。說苑脫君子曰、當據此補。聖賢之君、皆有益友、無偷樂之臣。景公弗能及、故兩用之、僅得不亡。孫云、說苑正諫篇用此文。

景公使進食與裘晏子對以社稷臣第十二

晏子侍于景公、朝寒。公曰、請進煖食。孫云、煖說苑作熱。純一案北堂書鈔百四十三煖作煗。孔校云、吳氏倣宋本作暖、本鈔公正篇亦作煖。晏子對曰、嬰非君奉餽之臣也、書鈔餽作饒、孫云、奉餽說苑作廚養。餽與饋通。孔校云、吳氏仿宋本作餽。敢辭。公曰、請進服裘。對曰、嬰非君茵席之臣也、孫云、說文茵、車重席。說苑茵席作田澤者、言獵獸取裘亦通。蘇云、秦風毛傳云茵、虎皮也。廣雅云、鞊鞠謂之鞇。司馬相如說茵從革。漢書霍光傳作絪。茵絪鞇並同義。總寀書鈔三十七引、奉上茵上、並無君字。孔校云、吳氏仿宋本奉上茵上皆有君字。餘同。一敢辭。此見相國風度。公曰、然夫子之于寡人何爲者也。也、同邪。然下疑脫則字。對曰、嬰社稷之臣也。蘇云、治要無嬰字也字。公曰、何謂社稷之臣。蘇云。治要作公問社稷之臣若何。對曰、夫社稷之臣、蘇云、治要無此五字。能立社稷、使不動搖。別上下之義、使當其理。名無不正。孫云、別說苑作辨。制百官之序、使得其宜。無宂官。無褻治。蘇云、治要宜作所。作爲辭令、可分布于四方。使無不信服。蘇云、治要無分字。自是之後、君不以禮不見晏子。孫云、說苑臣術篇用此文。

晏子飲景公止家老斂欲與民共樂第十四

晏子飲景公酒、晏子具酒飲景公。令器必新。見公之奢。令上當有公字。家老曰、財不足、請斂于氓。晏子曰、止。呵禁之。夫樂者上下同之。樂民之樂者、民亦樂其樂。上下同樂、樂始能久。故天子與天下、諸侯與境內、大夫以下、孫云、大夫一本作四夫、非。各與其僚、無有獨樂。天子不能與天下同樂、則失其所以爲天子與天下。諸侯不能與境內同樂、則失其所以爲諸侯與國。大夫以下不能各與其僚同樂、則失其所以爲家而身不安矣。此知晏子甚願人無上下、皆絕自營之私。必各盡其量以與衆同樂、可謂兼愛無遺矣。今上樂其樂、下傷其費、是獨樂者也、不可。此墨家非樂之恉。

晏子飲景公酒公呼具火晏子稱詩以辭第十五

晏子飲景公酒、日暮、公呼具火、晏子辭曰、詩云、孫云、小雅賓之初筵詩。側弁之俄、箋云、側、傾也。俄、傾貌。言失德也。屢舞傞傞、傳云、傞傞不止也。孫云、屢。屢省文。當爲婁。言失容也。舊有既醉以酒、既飽以德二句。王云、此二句後人所加。晏子引賓之初筵、以戒景公。前後所引、皆不出本詩之外。忽闌入既醉之詩、則大爲不倫、其謬一也。既醉之詩、是說祭宗廟旅族無算爵之事、非賓主之禮。今加此二句、則與下文賓主之禮也五字不合、其謬二也。說苑反質篇有此二句、亦後人依俗本晏子加之、斷不可信。純一案王說是也、今據刪。既醉而出、並受其福、賓主之禮也。醉而不出、是謂伐德、伐、戕害也。賓主之罪也。舊無主字、俞云、說苑反質篇作賓主之罪也、當從之。上云既醉而出、並受其福、賓主之禮也。此云醉而不出、是謂伐德、賓主之罪也。兩文相應、不得無主字。後人因醉而不出、以賓言不以主言、故刪主字。然不出者、賓也。留賓不出者、主也。是時晏子爲主人、則固不應專罪客矣。當從說苑補主字。純一從之。嬰已卜其日、劉云、此巳字、與只字同。未卜其夜。公曰、善。舉酒祭之、再拜而出。曰、豈過我哉。吾託國于晏子也。俞云、豈過我哉、當作我豈過哉。自喜託國之得人、故曰我豈過哉吾託國于晏子也。如今本、則語不可通矣。黃云、二句連讀、言不得以託國晏子而過我。以其家貧善寡人、貧善舊作貨養、文不成義、從盧校據說苑改。不欲其淫侈也。而況與寡人謀國乎。孫云、說苑反質篇用此文。

晉欲攻齊使人往觀晏子以禮侍而折其謀第十六

晉平公欲伐齊、孫云、伐後漢書注作攻。純一案後漢書注見馬融傳。使范昭往觀焉。孫云、文選注作晉平公使范昭觀齊國政。純一案文選張協雜詩注、陸機演珠注引、並同。蘇云、文選注本韓詩外傳。景公觴之、孫云、韓詩外傳作錫之宴、新序作賜之酒。飲酒酣。孫云、酣一本作醉。范昭起曰、起字舊脫、從孫校據文選注補。請君之棄罇。孫云、韓詩外傳作願君之倅樽以爲壽。新序作願請君之樽酌。後漢書注作棄酌。文選注作願得君之樽爲壽。按說文尊、酒器也。或作罇。玉篇或作樽罇。又云罇同樽。是樽罇傳皆尊字之俗。純一案范昭故意犯分。公曰、酌寡人之罇、孫云、文選注作公令左右酌樽以獻。後漢書注作景公曰諾。黃云、元刻無公曰至徹罇二十字、誤脫一行。蘇云、韓詩外傳作酌寡人罇獻之客。進之于客。景公不知范昭之意。范昭已飲。孫云、一本作飲之、非。晏子曰、徹罇、更之。孫云、徹後漢書注作撤、俗字。文選注作徹去之。純一案罇後漢書注作尊。晏子隱斥范昭之無禮。罇觶具矣、觶亦酒器。范昭佯醉、不說而起舞、不佯醉則無以自處。文選張協雜詩、及陸機演連珠注、並無佯醉二字。孫云、舞文選注作儛、俗字。謂太師曰、孫云、謂韓詩外傳文選注作顧。能爲我調成周之樂乎、黃云、文選陸機演連珠注調作奏、無能字乎字。純一案張協雜詩注同韓詩外傳八、作子爲我奏成周之樂。吾爲子舞之。又故意犯分。太師曰、冥臣不習。孫云、冥韓詩外傳文選注作盲。冥盲義相近。純一案言不習、所以拒絕之。范昭趨而出。景公謂晏子曰、晉大國也、使人來將觀吾政。今子怒大國之使者、將奈何。晏子曰、夫范昭之爲人也、非陋而不知禮也。孫云、知新序作識。且欲試吾君臣。故絕之也。釋名釋言語絕、截也。如割截也。絕之謂截止之、猶拒絕也。景公謂太師曰、子何以不爲客調成周之樂乎。太師對曰、夫成周之樂、天子之樂也。調之、必人主舞之。今范昭人臣、欲舞天子之樂、臣故不爲也。黃云、初學記十五、作臣不敢爲之。范昭歸、以報平公曰、孫云、以報文選注作一謂字、非。齊未可伐也。孫云、伐韓詩外傳文選注作並。臣欲試其君、後漢書注作吾欲惠其君。而晏子識之。識後漢書注、文選張協雜詩注、陸機演連珠注、並作知。臣欲犯其樂、而太師知之。樂舊作禮、王云、禮本作樂、此涉上文不知禮而誤。太師掌樂、故曰臣欲犯其樂而太師知之。若禮則非太師所掌、且上文屢言成周之樂、則此不得言禮明矣。新序雜事一作禮、亦校書者依俗本晏子改之。韓詩外傳八、及文選張協雜詩注、陸機演連珠注引晏子、並作欲犯其樂。純一今據正。于是輟伐齊謀。輟、止也。此句承上文晉平公欲伐齊、使范昭往觀焉作結。與標題晏子以禮侍而折其謀、亦甚相應。今本脫之、語意未完。文選張協雜詩注、陸機演連珠注並有、今據補。仲尼聞之曰、孫云、仲尼文選注作孔子。黃云、元刻脫之曰二字。善哉、不出尊俎之間、而折衝于千里之外、晏子之謂也。舊作夫不出於尊俎之間、而知千里之外、其晏子之謂也、可謂折衝矣。孫云、衝者、衝車。折、挫之也。王云、此文本作夫不出於尊俎之間、而知衝千里之外、其晏子之謂也。無可謂折衝矣五字。知衝、即折衝也。知折聲相近、故字亦相通。舊本知下脫衝字、而後人不知、又於晏子之謂也下、加可謂折衝矣五字、謬矣。新序與此同、亦校書者依俗本晏子改之。後漢書馬融傳注、太平御覽器物部六、引晏子。並作起於尊俎之間、而折衝千里之外。文選張協雜詩注、册魏公九錫文注、爲袁紹檄豫州文注、爲石仲容與孫皓書注、演連珠注、揚荆州誄注、並引作不出尊俎之間、而折衝千里之外、晏子之謂也。皆無可謂折衝矣句。純一案王說是、諸書引此、並作折衝。標題亦作折其謀。似不必作知衝耳。夫、韓詩外傳八作善乎、文選演連珠注作善。張協雜詩注作善哉、足證原文非一夫字。今從王說、及雜詩注、並諸書删正。而太師其與焉。其字疑衍。孫云、韓詩外傳、新序雜事篇、用此文。

景公問東門無澤年穀而對以冰晏子請罷伐魯第十七

景公伐魯、傅許、孫云、傳讀附。得東門無澤、孫云、姓東門、字無澤。墨子有蟻傅篇。公問焉。為下疑脫曰字、後二十章景公問焉曰、是其例。書鈔百五十六作景公伐魯問無擇曰。魯之年穀何如。書鈔穀作豐。孫云、說文年、穀孰也。對曰、孫云、今本脫曰字、據太平御覽增。陰冰凝、陽冰厚五寸。陰冰凝舊譌陰水厥、王云、此文本作陰冰凝句。陽冰厚五寸句。文選海賦、陽冰不冶本此。陰冰者、不見日之冰也。陽冰者、見日之冰也。言不見日之冰皆凝、見日之冰則但厚五寸也。文選注及御覽、皆作陰冰凝、自是舊本如此。今本作陰水厥、譌也。黃云、王讀是也。而義又未盡。陰冰者、陰寒之冰、凍於地下者也。陽冰者、陽烜之冰、結于水上者也。月令曰、水始冰、地始凍。夏小正曰、正月寒、日滌凍塗。傳曰、滌也者、變也。變而煖也。凍塗者、凍下而澤上多也。管子曰、日至、六十日而陽凍釋、七十日而陰凍釋。皆其諧陰冰凝、陽冰厚五寸、謂寒溫得其時、故下曰寒溫節。冬有堅冰、為下年穀熟之兆、今俗倘有此占。纔一案御覽六十八作陰冰凝、三十五作陰冰厥、誤。今從王說正。下同。公不知、以告晏子。舊脫公字、從王校補。孫云、御覽作公問晏子。晏子對曰、君子也。問年穀而對以冰、禮也。書鈔作晏子曰、夫問年穀而以冰對、禮也。御覽三十五作晏子曰、君問年穀答以冰、禮也。陰冰凝、陽冰厚五寸者、寒溫節。節則刑政平、書鈔節字不重、非。平則上下和、書鈔上下倒。和則年穀熟。書鈔有也字。孫云、御覽作寒溫節則政平、政平則上下和、上下和則年穀孰。纔一案御覽見卷三十五。禮中庸曰、致中和、天地位焉、萬物育焉。蓋天人一氣、隱顯相通也。年充衆和而伐之、御覽無此句。年充猶年豐。臣恐罷民弊兵、不成君之意。孫云。御覽作臣恐疲兵而無成。請禮魯以息吾怨、孫云、怨御覽作愁。纔一案總刻御覽三十五、作君盍禮魯以息吾怨、又六十八、作請禮魯以息怨也。遺其執以明吾德。執、俘也、遺、送也。此墨家非攻兼愛之恉。公曰、善、迺不伐魯。孫云、迺、御覽作遂。

景公使晏子予魯地而魯使不盡受第十八

景公予魯君地山陰數百社、孫云、蓋泰山之陰也。史記集解賈逵曰、二十五家爲一社。使晏子致之。魯使子叔昭伯受地、孫云、左傳昭十六年、有子服昭伯。杜預注、惠伯之子、子服回也。疑即此人。不盡受也。晏子曰。寡君獻地、忠廉也、忠、誠也。廉、脩也。言無所貪圖。曷爲不盡受。子叔昭伯曰、臣受命于君曰、諸侯相見。交讓爭處其卑。禮之文也。禮曲禮上曰、退讓以明禮。夫禮者、自卑而尊人。交委多爭受少周禮大司徒、令野修道委積。注、少曰委、多曰積、皆所以給賓客。多爭受少、當作爭受其少、與爭處其卑對文。言交給賓客之物、爭受其少。今本爭上衍多字、受下脫其字、文不成義。行之實也。禮成文于前、行成章于後、交之所以長久也。且吾聞君子不盡人之歡、不竭人之忠、曲禮上、君子不盡人之歡、不竭人之忠、以全交也。疏曰、明與人交者、不宜事事悉受。若使彼罄盡、則交結之道不全。若不竭盡、交乃全也。吾是以不盡受也。晏子歸、報公。公喜笑曰、魯君猶若是乎。晏子曰、臣聞大國貪于名、小國貪于實、實、謂財貨也。此諸侯之公患也。公從元刻、黃云、凌本同。孫本作通、云下文亦作公患。今魯處卑而不貪乎尊。辭實而不貪乎多。行廉不爲苟得。道義不爲苟合。道、由也。不盡人之歡、不竭人之忠以全其交。君之道義、殊于世俗、國免于公患。公曰、寡人說魯君、故予之地。今行果若此、吾將使人賀之。晏子曰、不。句 君以驩予之地驩、同歡。而賀其辭、則交不親而地不爲德矣。明不可賀。公曰、善。于是重魯之幣、毋比諸侯、幣重于諸侯。厚其禮毋比賓客。禮厚于賓客。君子于魯、而後明行廉辭地之可爲重名也。廉之見重于世如此。

景公游紀得金壺中書晏子因以諷之第十九

景公游于紀、舊脫景字、孫云、據太平御覽增。括地志、劇、菑州縣也。故劇城、在青州壽光縣南三十一里、故紀國。得金壺。孫云、今本脫壺字、一本作緘字、非。據太平御覽壺部引此文訂正。黃云、淩本作金緘。盧云、後壺與閭韻、不當作緘。純一案御覽七百六十一作得一金壺、發視之。發而視之、元刻作發其視之、王云、本作發而視之、今本而作其、則文不成義。太平御覽器物部六、獸部八、玉海十四引此、並作發而視之。一本作乃發視之、亦後人以意改。純一今據正。中有丹書、曰、無食反魚。舊作食魚無反、蓋涉下文誤倒。本作無食反魚、與勿乘駑馬對文。太平御覽八百九十六引此、正作勿食反魚、無乘駑馬。今據乙。勿乘駑馬。孫云、說文無駑字。字林、駘也。玉篇、乃乎切。最下馬也。公曰、善哉、如若言、如舊譌知。若從元刻、孫本作苦。俞云、知當作如、苦當作若、皆形似而誤也。善哉如若言、猶云善哉如彼所言。劉說同。純一今據正。食魚無反、則惡其鱢也。孫云、說文鱢、鮭臭也。玉篇、先刀切。勿乘駑馬、惡其不遠取道也。舊作取道不遠、劉云、此節均叶韻。如下文力與側叶、閭與壺叶是也。此文遠與鱢不叶、疑正文本作惡其不遠取道也、道與鱢叶。淺人不察、妄易爲取道不遠、不復知其於韻不叶也。純一案劉說是、今據乙。晏子對曰、不然。食魚無反、毋盡民力乎。御覽作食魚不反、無盡民力也。案反、翻也。今吾鄉猶有君子不食翻身魚之語、蓋本此。其意在戒過貪、不爲他人留有餘也。故晏子以毋盡民力爲喻。勿乘駑馬、則無置不肖于側乎。御覽作不乘駑馬、無致不肖於側也。劉云、則字衍、則蓋側字之訛文、後人又移置語首。純一案劉說是、御覽無則字、當據刪。古音諧一職引此、力側諧。公曰、紀有書、何以亡也。御覽作紀得此書何以亡。孫云、謂其言可傳、不當亡國。晏子對曰、有以亡也。嬰聞之、君子有道懸之閭。孫云、古人門席皆有銘。純一案懸、縣之俗字。閭、里門也。有道縣之閭、蓋墨家有道肆相敎誨之意。紀有此言注之壺、孫云、一本作緘、一本作其、皆非。閭壺爲韻。純一案古音諧十二魚引此。不亡何待乎。御覽作紀有此書、藏之於壺、不亡曷待。

景公賢魯昭公去國而自悔晏子謂無及已第二十

魯昭公失國走齊、事見昭二十五年左傳。御覽九百九十七作哀公。說苑敬愼篇作哀侯。並非。景公問焉、舊失作棄、景作齊、王云、棄國本作失國、此後人依說苑敬愼篇改之也。羣書治要、及藝文類聚草部、太平御覽百卉部四、並作失國。齊公問焉、齊字涉上句走齊而誤、當從御覽作景公問焉。治要作齊景公問焉、亦衍齊字。純一案王說是、今據正。曰、子之年甚少、奚道至于此乎。舊作君何年之少而棄國之蚤、奚道至于此乎。王云、案類聚御覽、並作子之年甚少、奚道至於此乎。道、由也。言何由至於此也。此字正指失國而言。說苑作君何年之少而棄國之蚤、無奚道至於此乎大字。今既從說苑作君何年之少而棄國之蚤、又從晏子作奚道至於此乎。既言何、又言奚。既言棄國、又言至於此。則累於詞矣。純一案王說是、今據刪訂。鮑刻御覽奚譌天。蘇云、治要作子之還位新、奚道至於此乎。昭公對曰、吾少之時。孫云、一本作吾之少時。人多愛我者、吾體不能親。體、御覽作禮。人多諫我者、吾忌不能從。舊作吾志不能用、今據御覽改。是以內無拂而外無輔。治要無而字。是以孫本作好則、元刻作是則、王云則本作以。是以二字、乃推言所以無輔弼之故。今本作是則、亦後人以說苑改之。羣書治要、類聚、御覽、並作是以。純一今據改。拂、治要御覽並作弼。輔、當作俌。荀子臣道篇曰、有能比知同力、率羣臣百吏、而相與彊君撟君。君雖不安、不能不聽。遂以解國之大患、除國之大害、尊君安國謂之輔。有能抗君之命、竊君之重、反君之事、以安國之危、除君之辱。功伐足以成國之大利謂之拂。輔拂無一人、諂諛者甚衆、諛下舊衍我字、蓋後人所加、據御覽刪。譬之猶秋蓬也、孤其根而美枝葉、秋風一至、僨且揭矣。舊作根且拔矣、王云、羣書治要、作孤其根荄、密其枝葉、春風至僨以揭也。僨、仆也。揭、蹶也。秋蓬末大而本小、故春氣至則根爛而仆於地。類聚、御覽、並作孤其根本、密其枝葉。今本云云、亦後人以說苑竄改。說苑作惡於根本、而美於枝葉、秋風一起、根且拔矣、程氏易疇通藝錄曰、蓬之根孤、而枝葉甚繁。既枯、則近根處易折、折則浮置於地。大風舉之、戾于天、故言飛蓬也。說苑言拔、蓋考之不審矣。案程說甚核。又案晏子作孤其根荄、密其枝葉、密與孤正相對。說苑作惡於根本、美於枝葉、美與惡亦相對。今本晏子作孤其根而美枝葉、美與孤不相對。兩用晏子說苑之文、斯兩失之矣。黃云、古人文字、多以相錯見義、此文當以孤其根而美枝葉爲正。根言孤、以見枝葉之密。枝葉言美、以見根之惡。諸書所引、欲取文字正對、以意改爾。根且拔矣、當依治要作僨且揭。說文、僨、僵仆也。揭、高舉也。蓬至秋既仆於地、大風舉之、終且高戾于天、程說是也。純一案王取文字正對、稽泥。程黃說是、今據改。景公辯其言、嘉其言之辯也。以語晏子曰、蘇云、治要辯作以、無以字。使是人反其國、豈不爲古之賢君乎。晏子對曰、不然、夫愚者多悔、上文輔拂無一人、諂諛者甚衆、是其多悔之證。故標題云去國而自悔。御覽七百四十一、引作愚人多侮、侮蓋悔之形譌。不肖者自賢。上文人多諫我者、吾忌不能從是。溺者不問隊、隊舊譌墜、王云、墜本作隊、隊與隧同。廣雅曰、隧、道也。大雅桑柔傳曰、隧、道也。溺者不問隊、謂不問涉水之路、故溺也。不問隊、不問路、其義一而已矣。荀子大略篇、迷者不問路、溺者不問遂。楊倞曰、遂謂徑隧、水中可涉之徑也。是其證。後人誤以隊爲顚墜之墜、故妄加土耳。治要正引作溺者不問隧。蘇云、墜當依荀子作遂。詩載馳篇、大夫跋涉。釋文引韓詩曰、不由蹊遂而涉曰跋涉。淮南脩務訓高注、不從蹊遂曰跋涉。二遂字、與此義同。作墜者、蓋誤文。純一案隊隧遂義並同。今從王說正。下同。迷者不問路。溺而後問隊、迷而後問路。蘇云、治要無此二句、非。譬之猶臨難而遽鑄兵、刀劍之屬。臨噎而遽掘井、下臨字舊脫、據御覽補。孫云、說文噎、飯窒也。純一案墨子公孟篇、是譬猶噎而穿井也。言掘井雖速、無濟於噎、義與此同。蓋飯窒而噎、飲水可止、古有是喻。說苑作辟之猶渴而穿井、臨難而後鑄兵、雖疾從而不及也。雖速亦無及已。喻雖悔已遲。孫云、說苑雜言篇、以晏子爲越石父也。

晏子使魯有事已仲尼以爲知禮第二十一

晏子使魯。孫云、使、韓詩外傳作聘。仲尼命門弟子往觀。子貢反、報曰、孰謂晏子習于禮乎。夫禮曰、登階不歷。歷、過也。過、超越也。堂上不趨。授玉不跪。今晏子皆反此、孰謂晏子習于禮者。晏子既已有事于魯君、劉云、已卽旣也。蓋一本作旣、一本作已、後人幷而一之。退見仲尼。仲尼曰、夫禮登階不歷。堂上不趨。授玉不跪。夫子反此禮乎。禮字舊脫、從黃校據初學記文部補。晏子曰、嬰聞兩楹之間、楹從元刻。各本譌檻、孫盧校同。君臣有位焉。君行其一、臣行其二。黃云、此君臣行趨之通例、鄭注禮經屢言之。初學記無兩其字。君之來遬、孫云、遬初學記作速。說文速、疾也。籀文作遬。黃云、初學記作君之所來速。是以登階歷堂上趨、以及位也。黃云、及初學記作反。純一案反爲及之誤。君授玉卑、故跪以下之。且吾聞之、大者不踰閑、小者出入可也。論語子張篇、大德不踰閑、小德出入可也。孔注、閑、猶法也。小德不能不踰法、故曰出入可。晏子出、仲尼送之以賓客之禮。反、句命門弟子曰、不法之禮、舊脫反命門弟子曰六字。不法之禮、作不計之義。王云、不計之義、初學記文部作不法之禮。上有反命門弟子曰六字。然則不計之義二句、乃孔子命門弟子之語。今脫去上六字、則不知爲何人語矣。外上篇曰、晏子出、仲尼送之以賓客之禮、再拜其辱、反命門弟子曰云云、文義正與此同。韓詩外傳四載此事、亦云孔子曰善、禮中又有禮。純一案王說是、今據補正。禮運曰、禮變而從時。協諸義而協、可以義起。維晏子爲能行之。孫云、韓詩外傳用此文、蘇云、韓詩外傳與此小異。

晏子之魯進食有豚亡二肩不求其人第二十二

晏子之魯、朝食進餽同饋膳、有豚焉。晏子曰、去其二肩。盧云、去、藏也。下所以云藏餘不分。黃云、去、古弆字、藏也。弆本後作、古人藏去字、祇用去。漢陳遵傳、遵善書、與人尺牘、皆藏去以爲榮。注、去、藏也。晏子藏其二肩。故下曰藏餘不分。純一案肩、豚髆也。晝者進膳、劉云、者係衍文、涉下侍者而衍。則豚肩不具。侍者曰、膳豚肩亡。言具而亡之。晏子曰、釋之矣。釋、舍也。猶言不問也。侍者曰、我能得其人。晏子曰、止。不許吾聞之、量功而不量力則民盡。在上者較量其功、而不度量民力、則民窮。藏餘不分則民盜。意以有餘當分給不足者、藏其所餘而不分、無怪民之爲盜也。子教我所以改之、言問豚肩不具、是我之過、子當教我改之。無教我求其人也。此知晏子在在繩墨自矯。

曾子將行晏子送之而贈以善言第二十三

曾子將行、孫云、說苑、曾子從孔子於齊、齊景公以下卿禮聘曾子、曾子固辭、將行。禮記亦有晏子曾子之言。而楊倞注荀子大略篇、謂晏子先於曾子。曾子之父、猶爲孔子弟子。此云送曾子、豈好事者爲之與。其言謬甚。純一案史記十二諸侯年表、孔子生於魯襄公二十二年、當齊莊公三年。前五年晉圍臨淄、晏嬰大破之。則晏子長孔子、至少二十餘歲。仲尼弟子列傳、曾子少孔子四十六歲、則少晏子七十餘歲。至從孔子於齊、縱不及二十歲、亦當晏子九十歲、未知晏子果有此壽否。又據年表、景公五十八年薨、孔子年六十二。據齊世家、晏子先景公卒十年、適當孔子五十二歲、曾子生甫七歲。揚倞謂好事者爲之、信而有徵矣。然本書問下二十八章、旣載曾子問晏子云云、此章又載晏子之贈言、則曾子不必曾參。或史記多不足據與。又案孔子世家、孔子適周見老子後、老子送之曰、吾聞富貴者送人以財（索隱莊周財作軒）仁人者送人以言。吾不能富貴、竊仁人之號、送子以言。或好事者之所仿與。晏子送之曰、君子贈人以軒、孫云、說苑作財非、軒與言爲韻。綿一案古音諧九寒引此。黃云、說苑雜言篇、家語六本篇、文選王仲宣贈蔡子篤詩注、並作以財。不若以言。孫云、意林作贈人以財、不若以言。太平御覽作不若贈人以言。盧云、若或本作者。綿一案藝文類聚三十一、作不如贈人以言。吾請以言乎、乎舊譌之、從盧蘇校改。以軒乎。曾子曰、請以言。孫云、荀子大略篇、作曾子行、晏子從於郊。曰、嬰聞之、君子贈人以言、庶人贈人以財。嬰貧無財、請假於君子、贈吾子以言。綿一案荀子非相篇云、贈人以言、重於金石珠玉。晏子曰、今夫車輪、山之直木也。良匠煣之、孫云、煣舊作揉、據楊倞荀子注所引訂正。說文煣、屈申木也。玉篇、而九切。以火屈木曲。考工記、揉輻必齊。鄭氏注、揉謂以火槁之。荀子勸學篇作輮。按揉俗字、輮借字。其圓中規。孫云、圓、楊倞注作員。雖有槁暴、孫云、考工記、轂雖敝不藃。鄭氏注謂藃、藃暴。陰柔後必橈減、幬革暴起。陸德明音義。暴、步角反。劉步莫反。一音蒲報反。楊倞注、槁枯暴乾。不復贏矣。孫云、楊倞注贏、荀子勸學篇、木直中繩、輮以爲輪、其曲中規。雖有槁暴、不復挺者、輮使之然也。按贏挺聲相近。黃云、荀子大略篇作贏。故君子慎隱煣。孫云、荀子大略篇、君子之檃栝、不可不謹也。慎之。隱與檃通、謂檃括。荀子性惡篇、枸木必將待檃括蒸矯然後直。和氏之璧、孫云、藝文類聚引琴操。卞和者、楚野民。得玉璞獻懷王。懷王使樂正子占之、言玉石。以爲欺謾、斬其一足。懷王死、子平王立、和復獻之云云。按晏子已稱和氏之璧、則非懷王時事。平王之前有靈王、亦非懷王子。蔡邕錯誤、不可反以疑此書。綿一案韓非子和氏篇、楚人和氏、得玉璞楚山中、奉而獻之厲王。使人相之、曰石也。王以和爲誑、而刖其左足。及厲王薨、武王卽位、和又奉其璞而獻之。武王使玉人相之、又曰石也。王又以和爲誑、而刖其右足。武王薨、文王卽位。和乃抱其璞、而哭於楚山之下。王乃使玉人理其璞而寶焉、遂命爲和氏之璧。淮南子冥覽訓高注、以卞和得美玉璞於荊山之下、獻之武王文王成王、以上二說又異、未知孰是。井里之困也。孫云、意林作井里璞耳。荀子大略篇、和之璧、井里之厥也。楊倞注井里、里名。厥也未詳、或曰厥石也。晏子春秋、作井里之困也。謝侍郎墉案厥同橜。說文橜、門梱也。梱、門橜也。荀子以厥爲橜、晏子以困爲梱、皆謂門限。意林不解、乃改爲璞矣。星衍案宋人刻石、稱門限爲閫根。厥與困、蓋言石塊耳。良工修之、則爲存國之寶。孫云、意林作則成寶。蘇云、荀子大略篇、作玉人琢之、爲天子寶。故君子慎所修。今夫蘭本、孫云、蘭與藁本、二草名也。神農本草經、蘭草一名水香。藁本一名鬼卿、一名地新。陶宏景云、今東閩有煎澤草名蘭香。名醫云、藁本可作沐藥面脂。荀子大略篇、作蘭茝藁本、故定以爲二草。而勸學篇、作蘭槐之根是爲芷。(當是茝誤)則本又疑根也。三年而成、湛之苦酒、孫云、呂氏春秋仲冬、湛饎必潔。高誘注湛、漬也。湛讀瀋釜之瀋。荀子大略篇、作漸於蜜醴。勸學篇、作其漸之滫。則君子不近、庶人不佩。孫云、荀子勸學篇作服。佩與服、聲義皆相近。湛之麋醢、而賈匹馬矣。麋舊譌糜、孫云、說苑作鹿醢、疑當爲漉酒之漉。當是蘭本、或湛以醢、乃發其香。王云、糜醢當作麋醢、字之誤也。周官醢人、麋臡鹿臡。鄭注曰、臡亦醢也。鄭司農云、有骨爲臡、無骨爲醢。內則、有麋腥醢醬。說苑雜言篇、家語六本篇、並作湛之以鹿醢。則糜爲麋之誤、明矣。文選王粲贈蔡子篤詩注、太平御覽香部三引此、並作麋醢。紬一案文選注作湛之鹿醢、貸以匹馬。今從王說、據御覽正。非蘭本美也、所湛然也。孫云、湛一本作蕩、非。願子之必求所湛。文選注作願子慎求所湛。墨子所染篇引詩云、必擇所湛。義同。孫云、一本脫必字。嬰聞之、君子居必擇鄰、孫云、鄰舊作居、据藝文類聚、太平御覽訂正。說苑作處、荀子勸學篇作鄉。游必就士。擇居所以求士、求士所以辟患也。孫云、辟讀如避。黃云、說苑辟患作修道。紬一案擇居二句、類聚二十三作可以避患也。荀子勸學篇作所以防邪僻而近中正也。嬰聞汩常移質、習俗異性。孫云、汩常說苑作反常。說文淈、濁也。玉篇淈、亦汩字。汩、古沒切、汩沒。揆汩字從曰、與汩羅字異。不可不慎也。此章大指、與墨子所染篇同。惟此多就理言因。所染多就事實言果耳。孫云、意林作可不慎乎。荀子大略篇、說苑雜言篇、用此文。

晏子之晉睹齊纍越石父解左驂贖之與歸第二十四

晏子之晉、至中牟。劉云、此節與下晏子爲齊相節、均非晏子本書也。此二事載于史記、管晏列傳贊曰、至其書世多有之、是以不論、論其軼事。則凡載于晏子春秋者、史公均弗錄。此二事、乃見于他書者也。越石父事、呂氏春秋觀士篇載之、或史記即本於彼書。後人據他籍及史記所載補入此二節、非其舊也。孫云、中牟當漯水之北。史記索隱、此趙中牟在河北。非鄭之中牟。正義相州湯陰縣西五十八里、有牟山。蓋中牟邑、在此山側也。睹弊冠反裘負芻、孫云、反太平御覽作衣。芻史記正義作薪。紬一案御覽六百九十四反作皮。文選講德論注同。盧云、反裘所謂惜其毛也。息于塗側者。孫云、塗、新序太平御覽作途是。塗俗字。紬一案史記正義及文選注引並作途。北堂書鈔三十九、引史記文微異。以爲君子也。使人問焉曰、子何爲者也。對曰、我越石父也。舊也上衍者字、從黃校據御覽四百七十五刪。孫云、父新序作甫。晏子曰、何爲至此。曰、吾爲人臣僕於中牟、見使將歸。孫云、言庸身爲僕也。呂氏春秋、新序、作齊人累之。史記承其誤、則云越石父在縲紲中。按此云負芻息於塗側、又云見使將歸、又云我猶且爲臣、請鬻於世、則非罪人也。晏子曰、何爲爲僕。孫云、今本下爲字作之、據文選注改。對曰、不免凍餓之切吾身、切、急迫也。黃云、文選講德論注、作吾身不免凍餓之地。是以爲僕也。孫云、太平御覽作不免飢凍、爲人臣僕。一作凍餓爲人臣僕。晏子曰、爲僕幾何。對曰、三年矣。晏子曰、可得贖乎。對曰、可。遂解左驂以贖之。贖舊作贈、孫云、使償其傭直也。黃云、贈當作贖。標題云、解左驂贖之與歸。呂氏春秋、新序、及文選注、御覽所引、並作贖。純一今據改。因載而與之俱歸。至舍、不辭而入。越石父怒而請絕。孫云、怒文選注作立。純一案、絕、斷交也。晏子使人應之曰、吾未嘗得交夫子也。劉云、呂氏春秋觀士篇、作嬰未嘗得交也。新序雜事篇同。是也。晏子方輕視石父、安得遽稱爲夫子。且下文或稱爲子、或稱爲客、亦無稱爲夫子者。疑此文當作吾未嘗得交子也。夫子爲僕三年、夫者、語詞也。嗣子也夫三字互易、遂作得交夫子矣。子爲僕三年、吾適今日睹而贖之、吾于子尚未可乎。子何絕我之暴也。孫云、詩傳暴、疾也。越石父對曰、對下舊有之字、從盧校刪。臣聞之士者詘乎不知已、詘、貶下也。文選辛叔子讓開府表注、詘乎作屈於。而申乎知已。孫云、申新序作信。純一案史記作吾聞君子詘於不知已、而信於知已者。索隱、信讀曰申。周禮皆然。申於知已、謂以彼知我、而我志獲申。文選盧子諒贈劉琨詩序注、引作士者伸乎知已。故君子不以功輕人之身、不爲彼功詘身之理。言君子不自矜功以輕人之身、更不因彼功而自詘仁人所以成身之理。彼者、外之之詞。吾三年爲人臣僕、而莫吾知也。今子贖我、吾以子爲知我矣。嚮者子乘、不我辭也。孫云、嚮新序作向是。吾以子爲忘。今又不辭而入、是與臣僕我者同矣。舊脫僕字、語意不完。文選注作是與臣僕者同矣、又脫我字。此句臣僕、正承上文爲人臣僕言。言子既贖我、理應知我、不臣僕我。乃不我辭而乘、又不我辭而入、是與臣僕我者何異。故僕字不可少、今補、庶與上文相協。我猶且爲臣、臣當作僕、與上文四言爲僕相應。或臣下增僕字、與上文三言臣僕相應。請鬻于世。償左驂之直。晏子出、請見。元本孫本、並作見之、此從或本。曰、嚮者見客之容、外貌而今也見客之意。孫云、意呂氏春秋作志。嬰聞之、省行者不引其過。省行、檢身也。引延長也。不引其過、言不絡其過。察實者不識其辭。其、以同。孫云、呂氏春秋作察實者不留聲、觀行者不識辭、新序同。純一案高注呂覽云、欲觀人之至行、不識刺之以辭。嬰可以辭而無棄乎、高注辭、謝也。謝不敏而可以弗棄也。嬰誠革之。迺令糞灑改席、尊醮而禮之。王云、誠讀爲請。革、改也。向者不辭而入、今者糞灑改席而禮之、則改乎向者之爲矣。晏子以此爲請、故曰嬰請革之也。請與誠聲相近、故字亦相通。孫云、說文醮、冠娶禮祭。玉篇、子肖切。越石父曰、吾聞之、至恭不修途。至恭在心不在迹。尊禮不受擯。擯、斥也。棄也。尊人以禮、適以自尊。夫子禮之、僕不敢當也。此五字、呂覽作敢不敬從。晏子遂以爲上客。史記管晏列傳約其文、與此小異。君子曰、俗人之有功則德。蘇云、言自以爲德也。德則驕。晏子有功免人于厄而反詘下之、其去俗亦遠矣。此全功之道也。老子曰、自伐者無功。孫云、呂氏春秋觀士篇、新序節士篇、用此文。

晏子之御感妻言而自抑損晏子薦以爲大夫第二十五

晏子爲齊相、出。其御之妻、從門閒而闚其夫爲相御、闚、隙也。擁大蓋、策駟馬、意氣揚揚、甚自得也。既而歸、其妻請去。夫問其故。妻曰、晏子長不滿六尺、身相齊國、名顯諸侯。今者妾觀其出、志念深矣、常有以自下者。不自滿假。今子長八尺、迺爲人僕御。然子之意自以爲足。仰望絕矣。妾是以求去也。其後夫自抑損、晏子怪而問之。怪其前後若兩人。御以實對。晏子薦以爲大夫。孫云、史記晏子列傳用此文。

泯子午見晏子晏子恨不盡其意第二十六

燕之游士、游說之士。有泯子午者。孫云、姓泯字子午。南見晏子于齊。燕在齊北、故曰南見。言有文章、術有條理。立辭皆斐然成章、推行則秩然有序。臣可以補國、細可以益晏子者、三百篇。睹晏子、恐懼而不能言。懼舊譌愼、黄云、愼當作懼。李本作愳、古懼字。紬一今據改。恐懼不能言、未能忘勢故。晏子假之以悲色、假、寬也。悲、憫也。開之以禮顏、微露笑顏、兼以禮貌。然後能盡其復也。復、白也。白、猶言也。客退、晏子直席而坐、直、正也。廢朝移時。朝、知妖切。從旦至食時爲終朝。詩蝃蝀崇朝其用傳。在側者曰、嚮者燕客侍夫子、胡爲憂也。浩然之氣失養故。晏子曰、燕萬乘之國也、齊、千里之塗也、泯子午以萬乘之國爲不足說、以千里之塗爲不足遠、則是千萬人之上也、且猶不能殫其言于我、廣雅釋詁一殫、盡也。況乎齊人之懷善而死者乎。吾所以不得睹者、豈不多矣。矣、猶乎也。然吾失此、何之有也。何之有也、當作何功之有也。今脫功字、文不成義。此指懷善而死之人。言治國以進賢爲本、今乃知齊懷善之人、以吾不得睹而死者甚多。吾既失此、過莫大焉。何能有功於齊。

晏子遺北郭騷米以養母遺舊譌乞今校正騷殺身以明晏子之賢第二十七

齊有北郭騷者。孫云、姓北郭名騷。結罘罔、孫云、今本罘作果、據呂氏春秋訂正。說文罯、兔罟也。徐鉉曰隸書作罘。捆蒲葦、孫云、捆當爲稛。說文、絭束也。玉篇始有捆字。口衮切。織也。抒也。纂組也。呂氏春秋作梱。案稛正字。梱借字。捆俗字。織葩屨、舊脫葩字、屨作履、並據呂氏春秋補訂。葩屨即麻鞵。以養其母、猶不足、踵門、孫云、說文踵、一曰往來皃。見晏子曰、竊說先生之義、願乞所以養母者。孫云、藝文類聚作託以養母。紬一案類聚見卷八十五。呂氏春秋士節篇、此下有晏子之僕謂晏子曰、此齊國之賢者也。其義不臣乎天子。不友乎諸侯。於利不苟取。於害不苟免。今乞所以養母、是說夫子之義也。必與之。晏子使人分倉粟府金而遺之。類聚八十五無使人二字。而作以。辭金受粟。類聚八十五引止此。辭上有騷字。有閒、類聚三十三、閒譌聞。晏子見疑于景公、出奔、孫云、類聚作奔。過北郭騷之門而辭。呂氏春秋高注、辭者、別也。北郭騷沐浴而見晏子曰、夫子將焉適。高注適、之也。晏子曰、見疑于齊君、齊字不當有。將出犇。犇、呂氏春秋俱作奔。高注、走也。北郭騷曰、夫子勉之矣。晏子上車、太息而歎曰、嬰之亡豈不宜哉、亦不知士甚矣。晏子行。高注行、去也。北郭子召其友而告之、黃云、元刻脫郭字。曰、吾說晏子之義、而嘗乞所以養母者焉。吾聞之、養及親者、身伉其難。及舊作其、王云、養其親本作養及親。養及於親、則德莫大焉、故必身伉其難也。今本及作其、卽涉伉其難而誤。藝文類聚人部十七、太平御覽人事部百一十、引此並作養及親。呂氏春秋士節篇、說苑復恩篇同。純一今據正。孫云、高誘注呂氏春秋伉、當。玉篇、去浪切。說苑、藝文類聚作更。今晏子見疑、吾將以身死白之。高注白、明也。著衣冠、令其友操劍奉笥而從。孫云、今本脫笥字、據呂氏春秋增。造于君庭。孫云、藝文類聚作遂造君廷。求復者曰、晏子、天下之賢者也。復者、白事於君者。今去齊國、齊必侵矣。蘇云、侵上疑有見字。純一案齊必侵矣、文義不明。疑本作齊必見侵、下文方見國之必侵、正承此而言。今本因脫見字、後人又增矣字以成句耳。方見國之必侵、不若先死。先字舊脫、據呂氏春秋、藝文類聚、說苑補。方、猶將也。請以頭託白晏子也。孫云、說苑作請絕頸以白晏子。純一案託、玉篇憑依也。增韻信任也。言請以吾頭爲憑信、明著晏子之賢也。因謂其友曰、盛吾頭于笥中、奉以託。退而自刎。孫云、藝文類聚作乃自殺。純一案說苑作逡巡而退、因自殺也。其友因奉以託。以字舊脫、據上文補。而謂復者曰、孫云、復者、呂氏春秋作觀者。此北郭子爲國故死。劉云、此字不可通。呂氏春秋士節篇、說苑復恩篇、均無此字。此乃北字譌衍。吾將爲北郭子死。又退而自刎。此殺己以利天下之義。知北郭子及其友皆墨者。景公聞之、大駭、乘馹而自追晏子、孫云、馹、說文馹傳也。呂氏春秋作驛。高誘注驛、傳車也。說苑作馳。及之國郊、高注郊、境也。請而反之。晏子不得已而反、聞北郭子之以死白己也、太息而歎曰、嬰之亡豈不宜哉、亦愈不知士甚矣。高注、晏子自謂施北郭騷不得其人、爲不知士也。又不知北郭騷能爲其殺身以明己。故曰嬰之亡豈不宜哉、亦愈不知士甚矣。自責深也。孫云、呂氏春秋士節篇、說苑復恩篇、用此文。說苑作嬰不肖、罪過、固其所也。而士以身明之、哀哉。文視此多劣。

景公欲見高糾晏子辭以祿仕之臣第二十八

景公謂晏子曰、吾聞高糾與夫子游、孫云、糾說苑作繚。糾繚聲相近。黃云、糾元刻作糺、下章同。寡人請見之。晏子對曰、臣聞之、爲地戰者、不能成其王。王者保民、爭地以戰、殺人盈野者、悖矣。爲祿仕者、不能正其君。仕務安國利民、爲祿則居心不正、安能正君心之非。高糾與嬰爲兄弟久矣、未嘗干嬰之行。孫云、說苑作干嬰之過、補嬰之闕。特祿仕之臣也、孫本脫仕字。孫云、祿說苑作進。何足以補君乎。孫云、說苑君道篇用此文。純一案此與下章並外上二十三章、均言高糾事。

高糾治晏子家不得其俗迺逐之第二十九

高糾事晏子而見逐。高糾曰、臣事夫子三年、無得、蘇云、言無祿位也。外上二十二章、傾者諫詞可證。而卒見逐、其說何也。晏子曰、嬰之家俗有三、而子無一焉。糾曰、可得聞乎。晏子曰、嬰之家俗、閒處從容不談議、則疏。議讀本字、於義無取。當讀爲義。義議古通用、詳問上十五章。又疑議之言旁、蓋傳寫者涉上談字言旁誤衍。談義、與揚美削行驕士慢知爲儷文。易乾文言曰、利物足以和義。墨子經上曰、義、利也。故問上二十二章曰、謀必度于義。若閒處從容時不談義、則不知利人利物、爲眞自利之道。其人即不可親、宜疏而遠之。出不相揚美、揚人之善、成人之美、可以端風化。入不相削行、削行、規過也。則不與、與、猶親也。易咸二氣感應以相與。鄭注。通國事無論、論、古通倫。倫、理也。謂家事國事、恆互相通。一一當有條理。如問下五章、體貴側賤不逆其倫、又十章、親疏得處其倫。皆是。無倫則亂矣。驕士慢知者、墨子貴義篇曰、昔者周公旦、朝讀書百篇、夕見漆十士。是周公佐相天子、不敢驕士慢知之證。則不朝也。朝、見也。呂覽淫辭篇孔穿朝注。不見驕士慢知之人、欲行常謙而學日益也。此三者嬰之家俗、今子是無一焉。故嬰非特食餽之長也。劉云、長與主同。言非彼主食之人。是以辭。孫云、一本脫此三字。

晏子居喪遜答家老仲尼善之第三十

晏子居晏桓子之喪、孫云、晏桓子名弱。麤衰斬、衰、襄十七年左傳作縗。杜注斬、不緝之也。縗在胸前。麤、三升布。正義、喪服傳曰衰三升。鄭玄云布八十縷爲升。文選揚子雲解嘲注、引左氏傳曰、齊晏桓子卒、晏嬰麤斬衰、居倚廬。孫云、衰左傳作縗。說文、縗服長六寸、博四寸、直心。苴絰帶杖菅屨、杜注苴、麻之有子者、取甚麤也。杖、竹杖。菅屨、草屨。釋文、以苴麻爲絰及帶。食粥居倚廬寢苫枕草。杜注、此禮與士喪禮略同。其異惟枕草耳。正義曰、喪服傳及士喪禮記、皆云居倚廬。寢苫枕凷。歠粥。是此禮與士喪禮略同。其異者、唯彼言枕凷此言枕草耳。居倚廬寢苫者、鄭玄云、倚木爲廬。在中門外東方北戶。苫、編槀也。其家老曰、非大夫喪父之禮也。杜注、時之所行。士及大夫、縗服各有不同。晏子爲大夫而行士禮。其家臣不解、故譏之。正義、晏子之父始卒、則晏子未爲大夫。言晏子爲大夫者、禮喪服大夫之子、行從大夫之法。晏子曰、唯卿爲大夫。杜注、晏子惡直己以斥時失禮。故孫辭略荅家老。正義曰、晏子所行是正禮。言唯卿得服大夫服。我是大夫得服士服。又言己位卑、不得從大夫之法者。是惡其直已以斥時之失禮。故孫辭略荅家老也。鄭玄注雜記上引此云、此平仲之謙也。孫云、鄭注言謙者、言己非大夫。故爲父服士服耳。曾子以問孔子。問舊作聞、據家語子貢問篇改。孔子曰、晏子可謂能遠害矣。不以己之是駮人之非、遜辭以避咎、義也夫。義正作誼

晏子春秋校注卷六

漢陽張純一仲如

內篇雜下第六凡三十章

靈公禁婦人爲丈夫飾不止晏子請先內勿服第一

靈公好婦人而丈夫飾者。黃云、說苑政理篇作景公。純一案御覽八百二十二引作靈公。國人盡服之。公使吏禁之曰、女子而男子飾者、裂其衣斷其帶。裂衣斷帶、相望而不止。晏子見。公問曰、寡人使吏禁女子而男子飾者、者字舊脫、從王校據說苑補。蘇云、男子一本作男、非。裂斷其衣帶、相望而不止者、何也。晏子對曰、君使服之于內、而禁之于外、猶懸牛首于門、而賣馬肉於內也。盧云、賣御覽作鬻。此賣當作賣。與鬻同。內覽御作市、似非。黃云、懸牛首於門、喩懸禁於外。賣馬肉於內、喩服之於內、當從盧說。蘇云、黃說是。門、國門。內、宮內。門與內對文。公何以不使內勿服、何以說苑作胡。以字疑衍。則外莫敢爲也。公曰、善。使內勿服、不踰月、而國人莫之服。舊脫不字人字、從盧王校據御覽補。王云、不踰月、言其速也。若無不字、則非其旨矣。說苑作不旋月、文雖小異、而亦有不字。孫云、說苑政理篇用此文。

齊人好轂擊晏子紿以不祥而禁之第二

齊人甚好轂擊、孫云、說文轂、輻所湊也。純一案御覽七百七十三、引作齊人好擊轂。相犯以爲樂。禁之不止。晏子患之、耗財、費時、長鬥爭。迺爲新車良馬、出與人相犯也。藝文類聚七十一引作晏子爲新車良馬、出與其人相犯。曰、轂擊者不祥。孫云、轂擊、御覽作犯轂。臣其祭祀不順、順當爲愼。古順字作愼、形近而誤。居處不敬乎。祭祀愼則德精明、居處敬則行嚴正、故無不祥。類聚無此十一字。下車棄而去之。棄而舊倒、從王校據御覽及說苑正。類聚無棄字。然後國人乃不爲。類聚無乃字。故曰禁之以制、而身不先行、民不能止。孫云、不能說苑作不肯。故化其心、莫若教也。教上疑脫身字。後漢書第五倫傳曰、以身教者從。孫云、說苑政理篇用此文。

景公嘗五丈夫稱無辜晏子知其冤第二

景公畋于梧丘。孫云、畋文選注作田。太平御覽作遊梧丘。爾雅釋丘、當途梧丘。純一案畋御覽三百六十四作遊。又三百九十三、三百九十九、並作田。夜猶早、公姑坐睡。孫云、說文睡、坐寐也。純一案御覽三百九十三、又三百九十九、並無姑字。文選江文通上建平王書注、作夜坐睡。而嘗有五丈夫孫云、文選注作見一丈夫。純一案一誤。胡刻文選正作五。御覽三引均作五。北面韋廬孫云、韋廬說苑作倚廬。黃云、文選注作倚徙。純一案倚徙是。稱無罪焉。御覽三百六十四、引作稱冤。公覺、召晏子而告其所嘗。公曰、我其嘗殺無罪邪。其、猶豈也。殺無罪、舊作殺不辜誅無罪、義複。說苑誅上有而字、誤同。御覽三百九十九、引作我其嘗殺無罪歟、是已。今據刪不辜誅三字。晏子對曰、昔者先君靈公畋。孫云、文選注作出畋。太平御覽作田。有五丈夫來駭獸、舊作五丈夫罟而駭獸。五上脫有字、夫下脫來字、衍罟而二字、文義不諧。說苑同、蓋後人沿本書之譌而改之、不足據。罟而二字、御覽三引並無、足證其爲衍文。文選注作有五丈夫來驚獸。驚駭義同、今據以訂正。故並斷其頭而葬之。並舊作殺之。王云、既言斷其頭、則無庸更言殺之。殺之二字、後人所加也。說苑辨物篇有此二字、亦後人依俗本晏子加之。文選上建平王書注、引作悉斷其頭而葬之。太平御覽人事部五、作斷其頭而葬之。人事部四十、作故並斷其頭而葬之。皆無殺之二字。純一案鮑刻御覽三百六十四、作斷其頭埋之。三百九十三、作故斷其頭而葬之。三百九十九、作故並斷其頭葬之。今從王說、據御覽刪訂。命曰五丈夫之丘。此其地邪。公令人掘而求之、則五頭同穴而存焉。御覽三百九十九、作命人掘其葬處求之、得五頭同穴而存焉。文選注作命人掘之、五頭同穴。一本作五頭共孔。孫云、廣雅釋言竅、孔也。孔卽穴。公曰、嘻。孫云嘻、譆省文。純一案御覽三百九十九、作公嘉之。令吏厚葬之。舊無厚字、非。蓋五頭同穴、葬之久矣。今特掘求得之、仍唯葬之而巳、不徒等於戮尸乎。與下文君憫白骨、甚不相應。文選注作公令厚葬之、乃恩及白骨。是已。今據增字。國人不知其瞢也。孫云、瞢、一本作夢、非。此書多以瞢爲夢。曰、君憫白骨、而況于生者乎、不遺餘力矣、不釋餘知矣。孫云、知說苑作智。紳一案言必盡智竭力憫生民矣。故曰人君之爲善易矣。人君舊作君子、從孫校據說苑改。孫云、說苑辨物篇用此文。

柏常騫禳梟梟舊譌鳥從盧校改死將爲景公請壽晏子識其妄第四

景公爲路寢之臺、成、而不踊焉。孫云、踊說苑作通、下同。言不到也。踊當是鍸之誤。王云、作踊者是。成二年公羊傳、蕭同姪子、踊于棓而闚客。何注曰踊、上也。此言不踊、謂臺成而公不登。洪說同。蘇云、王說是。廣雅釋詁、亦訓踊爲上。紳一案凡從足又從辵之字、義並同。如跡與迹、踰與逾之類、可證。此踊與通並從甬、聲同。足與辵、義同。踊訓上、說文通、達也。義近。柏常騫孫云、字伯常名騫。曰、君爲臺甚急、臺成、君何爲而不踊焉。公曰、然、有梟、孫云、詩大雅瞻卬、爲梟爲鴟傳、梟鴟、惡聲之鳥。爾雅釋鳥、有梟鴟。郭璞注、土梟。說文云、梟、食母不孝之鳥。故冬至捕梟、磔之。字从鳥首在木上。昔者鳴、王云、古謂夜曰昔、或曰昔者。莊子田子方篇曰、昔者寡人夢見良人是也。後第六章云。夕者瞢與二日鬥。夕者與昔者同。其聲無不爲也。其字舊脫、從盧校據說苑補。吾惡之甚、是以不踊焉。柏常騫曰、臣請禳而去之。之字舊脫、從盧校據說苑補、孫云、禳、一本作禱、非。公曰、何具。對曰、築新室、爲置白茅焉。爲字舊脫、從盧校據說苑補。公使爲室、成、置白茅焉。柏常騫夜用事。明日、問公曰、今昔聞梟聲乎。梟舊作鴞、黃云、鴞宜作梟。下鴞當陛、禳君鴞、並宜改從一律。紳一案黃說是、今據說苑改。公曰、一鳴而不復聞。使人往視之、梟當陛布翼、翼舊譌翌、從孫校據說苑改。伏地而死。此騫之作僞也。公曰、子之道若此其明也。也字舊脫、從盧校據說苑補。亦能益寡人之壽乎。對曰、能。公曰、能益幾何。對曰、天子九、諸侯七、大夫五。公曰、子亦有徵兆之見乎。對曰、得壽、地且動。公喜、令百官趣具騫之所求。趣、從也。柏常騫出、遭晏子于塗、拜馬前。騫拜辭。黃云、晏子辭其拜也。騫曰、元刻如此。孫本作騫辭曰、說苑作辭曰騫、並誤。爲君禳梟而殺之。君禳舊倒、從盧校據說苑乙。君謂騫曰、子之道若此其明也、亦能益寡人之壽乎。之字舊脫、據上文增。騫曰能。今且大祭、且、將也。爲君請壽。故將往以聞。晏子曰、嘻、亦善矣。矣字舊脫、從盧校據說苑補。能爲君請壽也。也讀爲邪。雖然吾聞之、維以政與德而順乎神、劉云、證以說苑辨物篇、而爲衍文。爲可以益壽。黃初云、莊子徐無鬼篇曰、夫神者好和而惡姦、是其義。故行仁政以保民、修至德以全性、是爲深根固柢、長生久視之道。純一案、壽莫壽於仁民以自成其仁、而遍乎物之所造。今徒祭、可以益壽乎。然則福兆有見乎。兆即徵兆。孫云、兆說苑作名。對曰、得壽、地將動。晏子曰、騫、昔吾見維星絕、樞星散。莊子大宗師篇、維斗得之、終古不忒。釋文、維斗李云北斗、所以爲天之綱維。樞名天樞、北斗七星之首。云絕云散者、偶爲地氣所蒙、隱而不見耳。地其動。古人觀于天象、有此經驗。足徵賢以力動、感無不通。汝以是乎。柏常騫俯、有閒、仰而對曰、孫云、仰一本作抑、非。然。晏子曰、爲之無益、不爲無損也。言地動與求壽無關。汝薄斂、斂從孫本、元刻作賦、義同。說苑作薄賦斂。毋費民、且無令君知之。俞云、柏常騫知地之將動、而借此以欺景公、自必不令君知、何必晏子戒之乎。當從說苑作且令君知之。蓋此與外篇所載太卜事相類、彼必使太卜自言臣非能動地、地固將動。即令君知之之意。所謂恐君之惶也。後人不達、臆加無字。則晏子與騫比周以欺其君矣、有是理乎。蘇云俞說是。純一案無、毋同。語助無義。太卜言地動、見外上二十一章。孫云、說苑辨物篇用此文。

景公成柏寢而師開言室夕晏子辨其所以然第五

景公新成柏寢之室。室從元刻。孫本作臺。黃云、臺字誤。下文云室夕、云室何爲夕、云立室、可證。孫云、括地志、柏寢臺、在青州千乘縣東北三十里。使師開鼓琴。孫云、欒師名開。師開左撫宮、右彈商、曰、室夕。王云、夕與邪、語之轉也。呂氏春秋明理篇、是正坐於夕室也。其所謂正、乃不正矣。高誘注、言其室邪不正、徒正其坐也。夕又有西義。周禮、凡行人之儀、不朝不夕。鄭氏注、不正東鄉。不正西鄉。故下云國之西方、以尊周也。公曰、何以知之師開對曰、東方之聲薄。薄、微也。文選神女賦注引蒼頡。言東方之聲微低、故知其寬展也。西方之聲揚。揚者、高舉之義。詩泮水箋疏。此謂西方之聲、較東方之聲高。故知其廹促也。公召大匠曰、立室何爲夕。立字舊脫、王云、以下文立宮例之、則室上當有立字。純一今據補。大匠曰、立室以宮矩爲之。矩、法也。禮大學是以君子有絜矩之道也注。于是召司空曰、立宮何爲夕。司空曰、立宮以城矩爲之。明日、晏子朝。舊衍一公字、今刪。下章晏子朝公曰、公字不重。可證。公曰、先君太公以營丘之封立城、曷爲夕。晏子對曰、古之立國者、南望南斗、北戴樞星、南斗六星、即斗宿。樞星詳前。彼安有朝夕哉。朝東夕西、或寬或廹、所不計也。然而以今之夕者、以字衍當刪。周之建國、國疑本作邦、漢人避諱改。詩云、周雖舊邦。國之西方、以尊周也。此室西廹於東之故。公蹵然曰、古之臣乎。

景公病水瞢與日鬭晏子教占瞢者以對第六

景公病水、太平御覽七百四十三、作景公水疾。臥十數日。御覽三百九十八、無臥字。夜瞢與二日鬭、不勝。晏子朝。公曰、孫云、御覽作公說之曰。夕者吾瞢與二日鬭、吾字舊脫、從黃校據風俗通義怪神篇補。而寡人不勝、我其死乎。晏子對曰、請召占瞢者。立于閨、立舊譌出、從黃校據風俗通義正。使人以車迎占瞢者。風俗通義迎下有召字、贅。不可從。至。曰、曷爲見召。晏子曰、夜者公瞢與二日鬭、不勝。舊作公瞢二日與公鬭不勝、王云、此當作公瞢與二日鬭不勝。與上文文同一例。不勝、謂公不勝也。今既顚倒其文、又衍一公字、則義不可通矣。風俗通義正作公瞢與二日鬭。純一今據乙刪。恐必死也。故請君占瞢、是所爲也。四字冗沓、蓋後人妄加、當刪。占瞢者曰、請反具書。具舊作其、孫據風俗通改。晏子曰、毋反書。公所病者、陰也。孫云、風俗通所上有無字。所下重病字。曰者、陽也。一陰不勝二陽、公病將已。公舊作故。孫云、將已御覽作將愈也。王云、故者申上之詞。上文未言病將已、則此不得言故病將已。故當爲公。下文占夢者對曰、一陰不勝二陽、公病將已。即用晏子之言。則此文本作公病將已明矣。今本公作故者、涉上文故請君占夢而誤。太平御覽疾病部亦引此、正作公病將已。風俗通義同。純一今據改。以是對。占夢者入。公曰、寡人夢與二日鬭而不勝、寡人死乎疑當作寡人其死乎、與上文我其死乎一例。占夢者對曰、公之所病、陰也。日者、陽也。一陰不勝二陽、公病將已。居三日、公病大愈。公且賜占夢者。占夢者曰、此非臣之力、孫云、力風俗通太平御覽作功。晏子教臣也。孫云、風俗通臣下有對字。公召晏子、且賜之。孫云、且風俗通作將。晏子曰、占夢者以臣之言對、者從孫本、元刻脫。臣從元刻、孫本譌占。王云、太平御覽作臣。故有益也。使臣言之、則不信矣。孫云、風俗通臣下有身字。意林作使占夢者占之。占者至門。晏子使對曰、公病、陰也。與二日鬭。日、陽也。不勝、疾將退也。三日而愈。公賞占夢者。占夢者辭曰、晏子之力也。公問晏子。晏子曰、臣若自對、則不信也。純一案御覽七百四十三、作若使臣言、則不信也。後漢書郭玉傳、醫之爲言意也。晏子蓋藉占夢者、以醫景公之意矣。此占夢者之力也。者字舊脫、據風俗通義增。臣無功焉。公兩賜之。孫云、風俗通作公召吏而使兩賜之。曰、以晏子不奪人之功、以占夢者不蔽人之能。孫云、風俗通怪神篇用此文。

景公病瘍晏子撫而對之迺知羣臣之野第七

景公病疽、孫云、說文疽、久癰也。在背。高子國子請公曰、請下疑脫于字。職當撫瘍。孫云、說文瘍、頭創也。非此義。又痒、瘍也。蓋瘍言癢。玉篇、癢同痒。言按摩疽癢也。高子進而撫瘍。公曰、熱乎。曰、熱。熱何如。曰、如火。孫云、意林作欲見不得、問國子。國子曰、熱如火。純一案太平御覽九百六十八引同意林。其色何如。曰、如未熟李。孫云、意林作色如日、大如未熟李、誤。純一案御覽同、大下有小字。大小何如。曰、如豆。墮者何如。孫云、墮、與橢聲相近。玉篇橢、狹長也。隋、或謂下陷。純一案墮上當有其字、與下文同一例。曰如屨辨。孫云、爾雅釋器、革中絕謂之辨、孫炎注辨、半分也。郭璞注、中斷皮也。扉屨以皮爲之、中裂似瘡與。黃云、今俗呼屨之破者曰𩍿辨。音同辨。二子者出、晏子請見。公曰、寡人有病、不能勝衣冠以出見夫子、夫子其辱視寡人乎。公視晏子、重於二子。晏子入、呼宰人具盥、御者具巾、御者卽侍者。刷手溫之。孫云、刷與㕞通。純一案潷手令溫、禮也。發席、傅薦、發、開也。傅、附同。跪請撫瘍。公曰、其熱何如。曰、如日。其色何如。曰、如蒼玉。大小何如。曰、如璧。璧玉形圓、而中有孔。其墮者何如。曰、如珪。珪本作圭、剡上方下之瑞玉。晏子出。公曰、吾不見君子、不知野人之拙也。君子指晏子。野人指高子國子。

晏子使吳吳王命儐者稱天子晏子詳佯同惑第八

晏子使吳。吳王謂行人曰、行人、官名。掌朝覲聘問之事。吾聞晏嬰、蓋北方辯於辭習於禮者也。命儐者曰、說苑引無曰字。客見則稱天子請見。儐者掌擯相之禮。卽周禮秋官之司儀。說苑無請見二字。明日、晏子有事。觀見行人曰、天子請見。晏子蹵然。孫云、蹵說苑作憱、非。純一案蹵然、不安貌。太平御覽七百七十九作蹙然。行人又曰、天子請見。晏子蹵然。又曰、天子請見。晏子蹵然者三、曰、臣受命弊邑之君、將使于吳王之所、以不敏而迷惑、入于天子之朝。孫云、不敏、說苑作不佞。知古人稱不佞者、謙不敏也。敢問吳王惡乎存。北堂書鈔引說苑存作在。晏子以吳廷不得稱天子。既稱天子、吳王何在。不便明斥其非、而自稱迷惑、卽謂吳王迷惑。眞辯於辭者。然後吳王曰、夫差請見。見之以諸侯之禮。孫云、說苑奉使篇用此文。

晏子使楚楚爲小門晏子稱使狗國者入狗門第九

晏子使楚。藝文類聚二十五、作晏子短小使楚。九十四短下無小字。初學記十九作晏子短奉使楚。楚人以晏子短、楚人二字、舊在短下、從蘇校乙。孫云、太平御覽作晏子短小使楚。意林作楚王以晏子短小。爲小門于大門之側而延晏子。初學記省作楚爲小門。孫云、爲意林作作。延太平御覽作迎。純一案御覽三百七十八作迎。一百八十三、又七百七十九、又九百五俱作延。類聚二十五、又九十四並同。晏子不入曰、使狗國者從狗門入。初學記作使狗國卽從狗門入、孫云、使狗國者、意林作往詣狗國。今臣使楚、孫云、使楚、意林作使入楚。不當從此門入。初學記作今使楚不當從狗門入也。孫云、此門、藝文類聚、太平御覽作狗門。純一案御覽一百八十三、又九百五、均作此門。儐者更道、從大門入。孫云、意林作不可從狗門入也。遂大門入。純一案御覽一百八十三、作乃更揗大門。見楚王。王曰、齊無人耶。使子爲使。四字舊脫、孫云、太平御覽作今齊無人邪、使子爲使。意林作齊之臨淄都無人邪、非。純一案今本脫使子爲使句、語意不完。今依孫校、據御覽三百七十八補。晏子對曰、齊之臨淄三百閭。舊脫齊之二字、黃云、御覽三百七十八、又四百六十八、並引作齊之臨淄。純一案御覽七百七十九、類聚說苑並同。今據補。三百閭、御覽七百七十九作三萬戶。張袂成陰、孫云、陰、說苑、意林、藝文類聚、太平御覽、皆作帷。據下云成雨、則此當爲陰。王云、張袂成帷、揮汗成雨、甚言其人之衆耳。成帷與成雨、其意本不相因。齊策云、連衽成帷。舉袂成幕。揮汗成雨。成帷成幕、與成雨意亦不相因也。今本作成陰、恐轉是後人以意改之。說苑、意林、藝文類聚、太平御覽、皆作成帷。則本作帷明矣。純一案成陰較成帷義長。揮汗成雨、比肩繼踵而在、孫云、說文歱、跟也。踵追也。經典多揗用踵。何爲無人。孫云、爲、意林作容。黃云、御覽作何謂齊無人。純一案御覽三百七十八、又七百七十九引均同此。王曰、然則何爲使子。舊作然則子何爲使乎、案此文本作何爲使子。因乎與子形似而誤、後人以文不成義、乃加子字於何爲上、遂與上文不協。說苑奉使篇、正作然則何爲使子、今據以訂正。晏子對曰、齊命使、各有所主。其賢者使使賢主、不肖者使使不肖主。下兩主字舊作王、孫云、御覽作使賢者使于賢國、使不肖者使于不肖之國、國一亦作主。今本主作王、非。說苑亦作主。純一案孫說是、今據改。御覽作國者、見三百七十八。作主者、見七百七十九。類聚作齊使賢者使賢王。不肖者使不肖王。嬰最不肖、故宜使楚矣。宜舊作直、黃云、直御覽作宜。純一案說苑同。宜字義長、今據改。類聚作嬰不肖、故使王爾。孫云、說苑奉使篇用此文。

楚王欲辱晏子指盜者爲齊人晏子對以橘第十

晏子將使楚。（元刻脫使字、孫本使作至、王云、意林、及北堂書鈔政術部十四、藝文類聚人部九、果部上、太平御覽果部三、並引作晏子使楚。但省去將字耳。說苑奉使篇、作晏子將使荆。可據以訂正、絻一今從之。）楚王聞之、（王字舊脫、從王校補。）謂左右曰、晏嬰齊之習辭者也。（類聚二十五省齊之二字。說苑作晏子賢人也。）今方來、吾欲辱之、（御覽七百七十九、作楚王知其賢智、欲辱之。又九百六十六、辱作傷。類聚二十五同。書鈔四十辱作病。）何以也。左右對曰、爲其來也、（王云、爲其來、於其來也。古者或謂於曰爲。於猶爲也。說詳經傳釋詞。）臣請縛一人、過王而行。王曰何爲者也、對曰齊人也。王曰何坐、曰坐盜。晏子至、楚王賜晏子酒、酒酣。吏二縛一人詣王。王曰、縛者曷爲者也。（爲、類聚二十五作謂。古通用。書鈔作坐定而縛一人來、王問何爲。）對曰、齊人也、坐盜。王視晏子曰、齊人固善盜乎。（類聚二十五及八十六、並無固字。）晏子避席對曰、嬰聞之、橘生淮南、則爲橘、生于淮北、則爲枳。（孫云、說苑、藝文類聚、後漢書注、淮俱作江。列子湯問篇、吳楚之國、有大木焉、其名爲櫾。碧樹而冬生、實丹而味酸。食其皮汁、已憤厥之疾。齊州珍之。渡淮而北、化爲枳焉。說苑作江南有橘。齊王使人取之、而樹之江北。生不爲橘乃爲枳。說文枳木似橘。絻一案後漢書注、見馮衍傳。類聚二十五作江北、八十六作淮北。）葉徒相似、其實味不同。（書鈔無實字。）所以然者何、水土異也。（書鈔十下有之字。）今民生長于齊不盜、（類聚八十六同此、無長字。二十五作今此人生於齊不爲盜。）入楚則盜、得無楚之水土、使民善盜耶。王笑曰、聖人非所與熙也、（王引之經傳釋詞云、非、猶不也。所、猶可也。言聖人不可與戲也。墨子天志下篇曰、今人處若家得罪、將猶有異家所以避逃之者。所以、可以也。史記淮陰侯傳曰、非信無所與計事者。言無可與計事者也。漢書所作可、是所可同義之證。熙、音義作嬉。云一本作熙。說文嫛、說樂也。黃云、淩本作嬉、絻一案熙、戲也。淮南子俶眞訓鼓腹而熙注。）寡人反取病焉。（書鈔作寡人反自取辱。說苑作荆王曰、吾欲傷子、而反自中也。孫云、意林作晏子使楚。楚王令左右縛一人、作盜者過王。問何處人也、對曰齊人也。王視晏子、齊國善盜乎。晏子曰、橘生江南。江北則爲枳、地土使然也。今民生長於齊不盜、入楚則盜。臣不知也。楚王自取弊耳。藝文類聚二十五、八十六、太平御覽七百七十九、用此文不同。皆以意改之、故不備錄。說苑奉使篇用此文。絻一案韓詩外傳十、作齊景公使晏子南使楚。楚王聞之。謂左右曰。）

齊遣晏子使寡人之國、幾至矣。左右曰、晏子天下之辯士也。與之議國家之務、則不如也。與之論往古之術、則不如也。王獨可以與晏子坐。使有司束人過王。王問之。使言齊人善盜、故束之。是宜可以困之。王曰善。晏子至、即與之坐。圖國之急務、辯當世之得失、再舉再窮。王默然無以續語。居有閒、束徒以過之。王曰、何爲者也。有司對曰、是齊人善盜、束而詣吏。王欣然大笑曰、齊乃冠帶之國、辯士之化、固善盜乎。晏子曰、然。固取之。王不見夫江南之樹乎。名橘。樹之江北、則化爲枳。何則、地土使然爾。夫子處齊之時、冠帶而立、儼有伯夷之廉。今居楚而善盜、意土地之化使然爾。王又何怪乎。詩曰、無言不讎、無德不報。

楚王饗晏子進橘置削晏子不剖而食第十一

景公使晏子于楚。楚王進橘置削。削是刀之類。桓二年左傳鞞注佩刀削上飾疏。晏子不剖而並食之。剖、分析也。一切經音義三十二引蒼頡。楚王曰、橘當去剖。元刻如此、說苑同。孫本脫橘字、當補。橘當去剖、言食橘當去其所剖之皮。御覽九百六十六、作橘當云剖。又七百九十九、作橘未剖。晏子對曰、臣聞之、賜人主前者、瓜桃不削、橘柚不剖。敬人主之賜也。今者萬乘之主無教令、臣故不敢剖。之主二字舊脫、文不成義、今補。萬乘之主、指楚王言。謂今萬乘之主賜橘。未敎臣剖。剖則不敬、故不敢剖。不然孫云、說苑脫不字。純一案說苑作然臣非不知也。亦通。御覽七百七十九、又九百六十六兩引、並無不然二字。臣非不知也。孫云、說苑奉使篇用此文。

晏子布衣棧車而朝田桓子侍景公飲酒請浮之第十二

景公飲酒、田桓子侍。孫云、說苑田作陳。望見晏子、而復于公曰、請浮晏子。孫云、高誘注淮南、浮、猶罰也。公曰、何故也。無宇對曰、晏子衣緇布之衣、麋鹿之裘、孫云、玉藻、麛裘青犴褎、卿大夫之服。純一案玉藻、麋作麛。棧軫之車、孫云、考工記、棧車欲弇。鄭氏注、士乘棧車。說文棧棚也。竹木之車曰棧。玉篇、仕版切。考工記、車軫四尺。鄭氏注軫、輿後橫木。而駕駑馬以朝。孫云、太平御覽作晏子衣緇布之衣而蕷裏。棧軫之車而牝馬以朝。與今本大異、不知何故。麛裘本卿大夫之服。駑字又篆文所無。疑後人竟改蕷裏牝馬爲之。

是隱君之賜也。公曰、諾。晏子坐。（說苑脫此三字。）酌者奉觴進之曰、君命浮子。（孫云、禮記投壺、若是者浮。鄭氏注、晏子春秋曰。酌者奉觴而進曰、君令浮晏子。時以罰梁丘據。浮、或作匏。或作符。按此書乃浮無字。與鄭氏所引不同。疑尙有重出之章、爲後人刪去。）晏子曰、何故也。田桓子曰、君賜之卿位以顯其身。（孫云、顯舊作尊、據說苑改。以下二云非敢爲顯受知之。）寵之百萬以富其家。羣臣之爵（孫云、之舊作其、據說苑改。）莫尊于子。祿莫重于子。（盧云、重、說苑臣術篇作厚。）今子衣緇布之衣、麋鹿之裘、棧軫之車、而駕駑馬以朝。（韓非外儲說左、孫叔敖相楚、棧車牝馬。注棧車、柴車也。）則是隱君之賜也。（則是舊倒、從孫校據說苑乙。）故浮子。晏子避席曰、請飲而後辭乎、其辭而後飲乎。（其、猶抑也。）公曰、辭然後飲。晏子曰、君賜之卿位（賜之舊倒、從盧王校據說苑乙、與上文同。）以顯其身。（顯舊作尊、從盧校據說苑改。）嬰非敢爲顯受也、爲行君令也。寵之百萬（之舊作以、從盧王校據說苑改、與上文同。）以富其家。嬰非敢爲富受也、爲通君賜也。臣聞古之賢君、（孫本據說苑改君作臣。盧云、舊本君字並不誤。下云則過之、乃君過其臣也。但此下當補一臣字。純一案盧說是也。然義有未盡。此文疑本作臣聞古之賢君。知臣有受厚賜。而不顧其困族。則過之。今元刻脫知臣二字、說苑脫君知二字、語意均不完。當並存君字臣字、中間加一知字。則妥矣。）臣有受厚賜、（臣字舊脫、從盧校據說苑補。臣上當有知字。）而不顧其困族。（困從元刻。孫本作國、據說苑改。盧云、困字似亦可通。純一案困字是。國乃困字之誤。孫據誤字改正字、非。下云待臣而後舉火者數百家、卽困族也。）則過之。（不能通君之賜故。）臨事守職、不勝其任、則過之。（不能行君之令故。）君之內隸、（隸、屬也。）臣之父兄、若有離散、在于野鄙。（是不通君之賜。）此臣之罪也。君之外隸、（外從孫本、據說苑改。元刻作內、非。）臣之所職、（此職字、與上文異義。當讀若識。說文職、記微也。从耳、戠聲。周禮職方氏、困學紀聞云、漢樊毅修西嶽廟記、作識方氏。然則臣之所職、卽臣之所識也。）若有播亡、（亡舊作之、孫本據說苑改。）在于四方。（是不通君之賜。）此臣之罪也。兵革之不完、戰車之不修、（不能行君之令。）此臣之罪也若夫弊車駑馬以朝，意者非臣之罪乎。孫云、意說苑作主誤。且以君之賜，父之黨無不乘車者，母之黨無不足于衣食者，妻之黨無凍餒者，國之簡士，簡舊作間、據說苑改。書皐陶謨簡而廉。鄭注簡。謂器量凝重。待臣而後舉火者數百家。是猶君賜之實。此文亦見外上二十七章。如此者，爲彰君賜乎，爲隱君賜乎。說苑作如此、爲隱君之賜乎。彰君之賜乎。公曰，善。爲我浮無宇也。孫云、說苑臣術篇用此文。純一案無宇、說苑作桓子。外上二十六章旨同。

田無宇請求四方之學士晏子謂君子難得第十三

田桓子見晏子獨立于牆陰，曰，子何爲獨立而不憂。何不求四方之學士可者而與坐。方舊作鄉、從黃校據標題改。晏子曰，共立似君子，出言而非也。外觀華美、中無實學。嬰惡得學士之可者而與之坐。且君子之難得也，若華山然。華舊作美、從孫校據藝文類聚改。莊子天下篇、宋鈃尹文作爲華山之冠以自表。崔譔云、華山上下均平。作冠象之、表己心均平也。晏子心儀華山、蓋先宋鈃尹文隆道風者。名山既多矣，孫云、藝文類聚作君子若華山然。松柏既多矣。望之盡日不知厭。純一案名山既多矣五字、蓋後人仿下句妄加。與上文不協、殊嫌其贅。當刪。松柏既茂矣。喻君子閎中肆外之德。望之相相然，盡日不知厭。相相舊作相相、王云、相相二字、於義無取。相當爲相。音忽。說文相、高皃。從木㫚聲。故山高皃、亦謂之相。相與相、字相似。世人多見相、少見相、故相誤爲相。此言望之相相然、下言登彼相相之上、則相爲相之誤明矣。純一案王說是、今據正。盡日舊作盡目力、蓋由日誤爲目、文不成義。校者遂以意增力字、曲成其說。然盡目力不知厭、未若藝文類聚引作盡日不知厭義長。今據以訂正。望之相相然、有可望而不可及義。盡日而不厭、言君子之德充實光輝、非小人之道的然而日亡者比也。而世有所美焉。世相與共美之。固欲登彼相相之上，佗佗然不知厭。蘇云、佗與劼同義。佗劼一聲之轉。小爾雅劼、勤也。廣韻劼、用力也。玉篇引倉頡篇云、眞、佗佗也。眞與劼、亦同音字。此云佗佗、言其用力劼之意耳。謂用力登其上也。純一案固欲登彼相相之上、固疑當作因、形近而誤。言因君子德美可觀、欲效法之、而有高山仰之景行行之之事。佗佗然不知厭、後二十七章云、常爲而不置。常行而不休。是其義。蓋見道甚眞。傑造有得。欲罷不能也。小人者與此異。若部婁之未登、孫云、部婁、說文附婁、小土山也。春秋傳曰、附婁無松柏。部與附聲相近。蘇云、言未登之時則善也。善字當另爲句。善。孫云、句。純一案此喩未與相接、似尚可取。登之無蹊、蹊、謂徑道也。漢書李廣蘇建傳贊、下自成蹊注。無蹊、言登之無可登、喩爲人所棄。維有楚棘而已。廣雅釋木、楚、荊也。荊棘、喩不可與親。遠望無見也。喩平庸無足觀。俛就則傷要。喩卑劣常爲害。黃云、要古腰字。嬰惡能無獨立焉。孫本脫要字。元刻脫嬰字。義均不完、今並據補。且人何憂。易繫辭下曰、天下何思何慮。義同。靜處遠慮。襄二十八年左傳、子服惠伯曰。君子有遠慮。小人從邇。見歲若月。悲身世之無常。孫云、言惜歲易過如月也。學問不厭、不知老之將至。孔子好學、不知老之將至。墨子修身、華髮隳顚而猶弗舍。安用從酒。從讀若縱、下同。田桓子曰、何謂從酒。晏子曰、無客而飲、謂之從酒。今若子者、晝夜守尊。尊、酒器。說文本作罇。謂之從酒也。樂酒無厭謂之亡。

田無宇勝欒氏高氏欲分其家晏子使致之公第十四

欒氏高氏孫云、欒施字子旗。高彊字子良。欲逐田氏鮑氏。逐從元刻。孫本譌遂。孫云、田無宇諡桓子。鮑國諡文子。田氏鮑氏先知而遂攻之。高彊曰、先得君、田鮑安往。昭十年左傳、作先得公。陳鮑焉往。杜注、欲以公自輔助。遂攻虎門。孫云、杜預注左傳作公門。二家召晏子、晏子無所從也。左傳作晏平仲端委立于虎門之外。四族召之無所往。從者曰、何爲不助田鮑、左傳作其徒曰、助陳鮑乎。晏子曰、何善焉其助之也。左傳作曰何善焉。杜注、言無善義可助。何爲不助欒高、曰庸愈于彼乎。左傳作助欒高乎。曰庸愈乎。杜注、非惡不差於陳鮑。門開。公召而入。左傳作然則歸乎。曰君伐焉歸。公召之而後入。欒高不勝而出。田桓子欲分其家、左傳作欒施高彊來奔。陳鮑分其室。以告晏子。晏子曰、不可。君不能飭法、而羣臣專制。君不能整飭法紀。而羣臣擅權。亂之本也。今又欲分其家、利其貨、是非制也。言非法也 子必致之公。且嬰聞之、廉者、政之本也。廉從孫本、元刻作禁、非。 讓者、德之主也。欒高不讓、以至此禍。不讓則強取、故感亡家之報。 可毋慎乎。言慎毋蹈欒高覆轍。 廉之謂公正。廉則無偏私。 讓之謂保德。周語下、昔史佚有言曰、德莫若讓。韋注讓、遠怨也。 凡有血氣者、皆有爭心。怨利生孽。左傳作蘊利生孽。杜注蘊、蓄也。孽、妖害也。王云、左傳作蘊利、本字也。此作怨利、借字也。前諫上篇、外無怨治內無亂行。言君勤於政、則外無蘊積之治。內無昏亂之行也。是晏子書、固以怨爲蘊矣。荀子哀公篇、富有天下而無怨財。楊倞曰、怨讀爲蘊。言雖富有天下、而無蘊蓄私財也。彼言怨財、猶此言怨利。 維義爲可以長存。舊爲字在可以下、文義不順、從王校乙。 且分爭者不勝其禍。分、忿同。忿爭則貪瞋恣肆、終必敗亡。 辭讓者不失其福。辭讓則廉正謙和、無不吉利。 子必勿取。老子曰、多藏必厚亡。 桓子曰、善。盡致之公、而請老于劇。孫云、劇、左傳作莒。與劇不同。括地志、故劇城、在青州壽光縣南三十一里。故紀國。密州莒縣、故莒子國。

子尾疑晏子不受慶氏之邑晏子謂足欲則亡第十五

慶氏亡。孫云、問上第二章末云、及慶氏亡。語意未了、疑接此章。後人割裂之。 分其邑、與晏子邶殿邶從孫本。元刻誤邶。孫云、邶殿、杜預春秋釋例缺。 其鄙六十。晏子勿受。子尾曰、富者人之所欲也、何獨弗欲。王云、初學記人部中引晏子、本作慶氏亡、分其邑與晏子　晏子不受。人問曰、富者人所欲也、何獨不受。今本邶殿云云及子尾二字、皆後人以左傳改之。其標題內之子尾及足欲則亡四字、亦後人所改。 晏子對曰、慶氏之邑足欲、故亡。滿則溢故。 吾邑不足欲也。幸可不亡 益之以邶殿、迺足欲。足欲、亡無日矣。在外不得宰吾一邑。正義曰、外猶以外。宰猶益也。以邶殿爲外也。言吾先有邑、更不得益邶殿耳。純一案正義未得其旨。此言設因益邶殿足欲而亡在外、則並吾故有之一邑。不得由吾作主矣。故下云不受邶殿、非惡富也、恐失富也。 不受邶殿、非惡富也、恐失富也。且夫富如布帛之有幅焉。爲之制度、使無遷也。夫民生厚而用利、民字舊脫、從孫盧王校據左傳補。于是乎正德以幅之、使無黜慢、孫云、左傳作嫚。謂之幅利。利過則爲敗。吾不敢貪多、所謂幅也。孫云、沈啓南本有注云、或作晏子對曰、先人有言曰、無功之賞、不義之富、禍之媒也。夫離治（闕）求富、禍也。慶氏知而不行、是以失之。我非惡富也。諺曰、前車覆、後車戒。吾恐失富。不敢受之也。盧云、此段在何獨弗欲下、是晏子本文。文選六代論、五等論、兩注。並引諺曰前車覆後車戒也。可知唐時本如是。後人輒以左傳慶氏之邑足欲以下竄易之。元刻不知此爲本文。而但注於所謂幅也之下、云或作云云、沈啓南本亦同。然猶幸有此注、今得致而復之、進爲大字。而以左傳之文作注、庶乎不失其舊。王云、盧改是也。西征賦注、歎逝賦注、運命論注、劍閣銘注、並引晏子前車覆後車戒。合之六代五等諸侯二論注、凡六引。純一案盧王說是也。當據以訂正。

景公祿晏子平陰與槀邑晏子願行三言以辭第十六

景公祿晏子以平陰與槀邑。孫云、左傳襄十八年諸侯伐齊、齊侯禦諸平陰。杜預注、平陰城在濟北盧縣東北。洪云、槀疑棠字之誤。左氏襄六年傳、晏弱圍棠。杜注、棠、萊邑也。北海卽墨縣有棠鄉。史記晏嬰列傳、萊之夷維人也。其地相近。反市者十一社。反讀爲販。荀子儒效篇、積反貨而爲商賈注、則雅四云、反通作販。正韻販亦作反。二十五家爲一社。晏子辭曰、吾君好治宮室、民之力弊矣。弊、疲也。困也。又好盤游翫好以飭女子。孫云、說文翫、習厭也。飭與飾通。民之財竭矣。竭、盡也。又好興師。民之死近矣。黃初云、韻會、近迫也。弊其力、竭其財、近其死、下之疾其上甚矣。此嬰之所爲不敢受也。言民不堪命。嬰忍受祿乎。公曰、是則可矣。雖然、君子獨不欲富與貴乎。君子疑當作吾子、或從下文作夫子。然作君子亦通。晏子曰、嬰聞爲人臣者、先君後身。問下十一章曰、先民而後身。問上十一章曰、薄于身而厚于民。蓋晏子全書之主恉。此言先君後身。君以善羣爲義。君事卽羣事。先君之急而後其身之私。臣道然也。安國而度家。王云、度讀爲宅。宅度古字通。爾雅宅、居也。大雅緜傳曰度、居也。文王有聲篇、宅是鎬京。坊記、宅作度。安邦而度家。宗君而處身。度亦處也。處亦居也。宗君而處身。孫云、宗、尊也。左傳伯宗、史記作伯尊。曷爲獨不欲富與貴也。言爲臣者欲保富貴。道莫先於忠君。使君能保惠民。則君之身尊而國安、然後臣身常貴家常富矣。公曰、然則曷以祿夫子。晏子對曰、君商漁鹽。孫云、商同賈。說文行賈也。關市譏而不征。譏、察也。察奸而已、不征稅也。耕者十取一焉。弛刑罰。若死者刑、若刑者罰、若罰者免。若此三言者、嬰之祿、君之利也。言能舒民之財力、減民之死刑。勝於益嬰之祿。亦君之厚利也。孟子對梁惠王曰、省刑罰、薄稅斂。對齊宣王曰、耕者九一。關市譏而不征。其仁民之心同。公曰、此三言者、寡人無事焉。請以從夫子。公既行若三言、使人問大國。大國之君曰、齊安矣。使人問小國。小國之君曰、齊不我加矣。加、陵也。論語公冶長、我不欲人之加諸我也。集解引馬注。

梁丘據言晏子食肉不足景公割地將封晏子辭第十七

晏子相齊三年、政平民說。梁丘據見晏子中食、而肉不足。太平御覽八百六十三引、文同此。又八百四十九引、無梁丘據見晏子六字。以告景公。旦日、此六字、御覽八百四十九作景公悅。北堂書鈔百四十五、以告作還言之。封晏子以都昌。舊作割地將封晏子、王云割地將三字、原文所無。封晏子下、有以都昌三字、而今本脫之。都昌、齊地名。鈔本北堂書鈔封爵部下、出晏子都昌辭而不受八字。注引晏子云、景公封晏子以都昌、晏子辭而不受。太平御覽飲食部七同。太平寰宇記曰、都昌故城、齊頃公封逢丑父食采之邑。晏子春秋云、齊景公封晏子以都昌、辭而不受。即此城也。則此文原有以都昌三字明矣。其割地將三字、則後人以意改之。純一案王說是、今據正。寰宇記、見維州。昌邑縣、古都昌之地。即齊七十二城之一。晏子辭而不受。舊無而字、從王校補。曰、富而不驕者、未嘗聞之。黃云、元刻之誤者。純一案元刻無者字、並無之字。或黃所見本異。貧而不恨者、嬰是也。所以貧而不恨者、以若為師也。若從元刻。孫本作善、非。以若為師、以貧為師也。子華子晏子問黨篇、子華子曰、夫儉在內、不在外也。儉在我、不在物也。心居中虛。以治五官。精氣動薄。神化回潏。齋其所以出。而謹節其所受。然後神宇泰定而精不搖。其格物也明。其遇事也剛。此之謂儉。是知晏子尚儉。貴乎心外毫無物染。故必以貧為師。今封、易嬰之師。今封以都昌、則不貧。是易嬰之師也。師已輕、封已重矣。師本至重、而輕之。封所宜輕、而重之。烏乎可。黃初云、輕師重封、莊子繕性篇所謂喪己於物、失性於俗。謂之倒置之民。請辭。

景公以晏子食不足致千金而晏子固不受第十八

晏子方食、景公使使者至。藝文類聚三十五引文同。說苑作君之使者至。分食食之、使者不飽、晏子亦不飽。墨道尙儉。自苦爲極。儒則素富貴行乎富貴。素貧賤行乎貧賤。故韓非外儲說左二云、孔子譏晏嬰。以其卑儉偪下。揚子法言五百篇曰、墨晏儉而廢禮。此儒墨之辯也。使者反、言之公。公曰、嘻。晏子之家、若是其貧也。也讀爲邪。孫云、藝文類聚作如此貧乎。寡人不知、是寡人之過也。使吏致千金與市租、孫云、說苑作令吏致千家之縣一於晏子。請以奉賓客。晏子辭。三致之。終再拜而辭曰、嬰之家不貧。以君之賜、澤覆三族、延及交游。覆、猶被也。三族、父族母族妻族。前十二章云、臣以君之賜。父之黨無不乘車者。母之黨無不足於衣食者。妻之黨無凍餒者。是爲澤覆三族。國之簡士、待臣而舉火者數百家。是爲延及交游。以振百姓。諫上五章、晏子家粟、盡分於氓。君之賜也厚矣。嬰之家不貧也。嬰聞之、夫厚取之君而施之民、夫字衍、說苑無。當據刪。是臣代君君民也。說苑作厚取之君而厚施之人、代君爲君也。蘇云、言代君爲民之君。忠臣不爲也。厚取之君而不施于民、是爲筐篋之藏也。說苑作厚取之君而藏之、是筐篋存也。仁人不爲也。進取于君、退得罪于士、身死而財遷于它人、是爲宰藏也。說苑作厚取之君而無所施之、身死而財遷。宰、家宰也。智者不爲也。夫十總之布、孫云、總卽稯假音字。說文、布之八十縷爲稯。玉篇、子公切。十總、說苑作八升。一豆之食、豆、食器。足于中免矣。言免於凍餒、此心足矣。景公謂晏子曰、昔吾先君桓公、以書社五百封管仲。孫云、五百、太平御覽作三百。不辭而受。子辭之何也。御覽四百二十四、引作管仲不辭。獨辭何也。晏子曰、嬰聞之。聖人千慮必有一失。愚人千慮必有一得。意者管仲之失、而嬰之得者耶。御覽作意以管仲失之、嬰得之。故再拜而不敢受命。孫云、說苑臣術篇用此文。純一案此與下十九章二十章、並外上二十四章皆同。

景公以晏子衣食弊薄使田無宇致封邑晏子辭第十九

晏子相齊。衣十升之布。八十縷爲升。魯語妾衣不過七升之布注。食脫粟之食。舊無上食字、王云、脫粟上當有食字。後第二十六云、食脫粟之食。即其證。今本脫食字、則文義不明。且與上句不對。後漢書章帝紀注。北堂書鈔酒食部三。初學記器物部。太平御覽飲食部八引此。並云晏子相齊。食脫粟之飯。純一案王說是、今據補。御覽八百四十九。又八百六十七引此。脫粟上並有食字。五卵、苔菜而已。卵從元刻。黃云。凌本同。純一案孫本卵譌卯。卵。雞卵。後二十六章。亦作五卵、苔菜耳矣。可證。御覽八百四十九。引作菜五卵耳。菜上脫苔字。又八百六十七。引作五卵茗菜而已。苔譌茗。而並作五卵。足證卯字之誤。左右以告公。公爲之封邑。使田無宇致臺與無鹽。孫云。齊語。以衞爲主。反其侵地臺原姑與漆里。韋昭注。衞之四邑。臺或即駘。哀六年左傳。公子陽生入齊。使胡姬以安孺子居賴。又遷之于駘。杜預注、齊邑。按在今青州。臨朐縣界。郡國志。無鹽屬東平國。本宿國任姓。晏子對曰、昔吾先君太公受之營丘。孫云。今青州臨淄是也。爲地五百里。爲世國長。史記齊太公世家曰、五侯九伯。實得征之。故云爲世國長。自太公至于公之身。有數十公矣。苟能說其君以取邑。不至公之身、趣齊搏以求升土。孫云。趣當爲趨。言皆至齊爭地也。史記李斯傳。彈箏搏髀。搏猶衒技之義。純一案不得容足而寓焉。苟得其君之歡悅。即可以取封邑。則不待至公之身。趨齊衒技求地者衆。已無託足之所矣。嬰聞之、臣有德益祿。無德退祿。惡有不肖父爲不肖子。爲封邑以敗其君之政者乎。孫云。恐子不肖。仍致削祿。純一按父貪封邑遺子者。其父子必俱不肖、故云然。遂不受。

田桓子疑晏子何以辭邑晏子答以君子之事也第二十

景公賜晏子邑。晏子辭。田桓子謂晏子曰、君歡然與子邑、必不受以恨君、何也。王云、恨非怨恨之恨。乃很之借字。很者、違也。君與之邑而必不受、是違君也。故曰必不受以很君。說文很、不聽從也。吳語、今王將很天而伐齊。韋注曰、很違也。古多通用恨字。齊策、秦使魏冄致帝於齊。蘇代謂齊王曰、今不聽、是恨秦也。恨秦、違秦也。新序雜事篇、嚴恭承命。不以身恨君。亦謂違君也。此皆借恨爲很之證。晏子對曰、嬰聞之節受于上者、明不貪也。寵長于君。長、進益也。漢書嚴安傳、壞長地進。注引張晏。儉居于處者、舊脫于字、據上文增、文同一例。處、常也。呂覽誣徒篇、喜怒無處注。名廣于外。廣、大也。大夫長寵廣名、君子之事也。嬰獨庸能已乎。庸、猶何也。

景公欲更晏子宅晏子辭以近市得所求諷公省刑第二十一

景公欲更晏子之宅。孫云、欲更、藝文類聚作欲使更。曰、子之宅近市、湫隘囂塵、文選謝玄暉之宣城出新林浦向板橋詩注、引左傳無近市二字。不可以居。文選應休璉與從弟君苗君胄書注、引本書作不可居。藝文類聚六十四引、同。請更諸爽塏者。文選陸士衡樂府齊謳行引左傳、省作景公欲更晏子之宅。曰請更諸爽塏之地。韓非作景公過晏子曰、子宮小近市、請徙子家豫章之圃。昭三年左傳杜注、湫、下。隘、小。囂、聲。塵、土。爽、明。塏、燥。正義曰、塏高地、故爲燥也。以所居下濕塵埃、故欲更於明燥之處。晏子春秋云、將更於豫章之圃。豫章之圃、高燥之地也。黃云、正義引晏子春秋云、將更於豫章之圃。今無此文、蓋後人據左傳竄改晏子原文故也。晏子辭曰、太平御覽一百八十引左傳、無晏子二字。君之先臣容焉。杜注、先臣晏子之先人。孫云、容焉、藝文類聚作居此宅焉。疑後人依左傳改亂之。臣不足以嗣之。孫云、嗣、藝文類聚作代。於臣侈矣。杜注侈、奢也。且小人近市、朝夕得所求、小人之利也。敢煩里旅。杜注旅、衆也。不敢勞衆爲己宅。韓非作晏子再拜而辭曰、且嬰家貧、待市食。而朝暮趨之。不可以遠。公笑曰、子近市、韓非作子家習市。識貴賤乎。文選景福殿賦注、作景公謂晏子曰、子之宅近市、則識貴賤乎。對曰、既竊利之、左傳無竊字。敢不識乎。公曰、何貴何賤。是時也、公繁于刑。杜注、繁、多也。有鬻踊者。故對曰、踊貴而屨賤。左傳無而字。踊、刖足者之屨。則刖者多、故踊貴。韓非有景公曰何故、對曰刑多也。公愀然改容。孫云、韓非作造然變色。公爲是省于刑。公字疑衍。御覽六百九十七引、作公愀然、遂緩刑。韓非作寡人其暴乎。於是損刑五。君子曰、仁人之言、其利博哉。蘇云、左傳博作溥。晏子一言、而齊侯省刑。詩曰、君子如祉、亂庶遄已。杜注如、行也。祉、福也。遄、疾也。言君子行福、則庶幾亂疾止也。孫云、小雅巧言之詩。其是之謂乎。孫云、韓非難二篇用此文。

景公毁晏子鄰以益其宅晏子因陳桓子以辭第二十二

晏子使魯。舊衍比其反三字、從盧校刪。景公爲毁其鄰、以益其宅。晏子反、聞之。待於郊。使人復於公曰、臣之貪舊譌貧、從盧校改。頑而好大室也、乃通於君。小爾雅廣詁、通達也。故君大其居。臣之罪大矣。公曰、夫子之鄉惡而居小、故爲夫子爲之。欲夫子居之、以慊寡人也。慊、快也。足也。以慊寡人、猶云滿寡人之意也。晏子對曰、先人有言曰、毋卜其居、而卜其鄰舍。雜上廿三章云、君子居必擇鄰。今得意于君者、慊其居則毋卜已。汲氏之先人卜與臣鄰、吉。臣可以廢汲氏之卜乎。違卜不祥。且犯非禮。夫大居而逆鄰歸之心、臣不願也。請辭。孫云、按今本皆與左傳同。刪去此文。疑後人妄以左傳改此書也。盧云、今本晏子使晉至迺許之。皆左傳之文。非元本。今依元刻及沈啓南本所注、進爲大字。以復其舊。納一案盧說是、今從之。卒復其舊宅。公弗許。因陳桓子以請、迺許之。黃云、按標題云景公毁晏子鄰以益其宅、晏子因陳桓子以辭。據此、則前文以或本爲正。末數語仍當以今本補之。乃與標題語合。納一案黃說是、今從之、以左傳文注此、晏子使晉。景公更其宅。反則成矣。既拜。迺毁之。而爲里室。皆如其舊。則使宅人反之。且諺曰、非宅是卜。維鄰是卜。二三子先卜鄰矣。違卜不祥。君子不犯非禮。小人不犯不祥。古之制也。吾敢違諸乎。卒復其舊宅。公弗許。因陳桓子以請。迺許之。案水經淄水注、齊北門外東北二百步、有齊相晏嬰冢宅。左傳晏子之宅近市。景公欲易之。而嬰弗更。爲誡曰、吾生則近市。死登易志。乃葬故宅。後人名之曰淸節里。

景公欲爲晏子築室于宮內晏子稱是以遠之而辭第二十三

景公謂晏子曰、寡人欲朝昔相見。昔從元刻、猶存古義。孫本作夕、太平御覽、藝文類聚並同。蓋後人改。別雅五云、左傳哀四年。楚爲一昔之期。穀梁及霍。昔與夕同。穀梁傳、日入至于星出謂之昔。莊子天運篇、蚊虻噆膚。則通昔不寐矣。注、通宵也。列子周穆王、昔昔夢爲國君。注、猶夜夜也。史記龜策傳、衞平對宋元王曰、今昔壬子宿在牽牛。晉張華詩、伏枕終遙昔。唐書宗室傳、帝憂之一昔。皆以昔爲夕。相字各本並脫、今據類聚六十四、及御覽百七十四引補。爲夫子築室于閨內。黃云、標題作宮內是。案類聚御覽引、並作閨內。純一可乎。晏子對曰、臣聞之、隱而顯。言大德深藏不露。如禮中庸所謂君子之道闇然而日章是。近而結。言至性感孚無間。如老子所謂善結無繩約而不可解是。維至賢耳。如臣者。飾其容止以待命。舊作待承命、承字衍、命令義同。今從孫盧校據類聚御覽刪訂。猶恐罪戾也。今君近之、是遠之也。近之則容止難飾、罪戾滋多、是所以遠之。請辭。

景公以晏子妻老且惡欲納愛女晏子再拜以辭第二十四

景公有愛女、請嫁于晏子。公迺往燕晏子之家。飲酒。酣。公見其妻曰、此子之內子邪。晏子對曰、然。是也。是也與然義複、當刪。公曰、嘻。亦老且惡矣。惡、醜陋也。寡人有女少且姣。姣、美好也。請以滿夫子之宮。廣雅釋詁四、滿充也。晏子違席而對曰、乃此則老且惡。疑當作乃此老且惡者。嬰與之居故矣。蘇云、故、猶素也。言素與之居也。列子黃帝篇、而安于於陵故也。張注訓故爲素、是其證矣。故及其少而姣也。故與固同。且人固以壯託乎老。姣託乎惡。彼嘗託而嬰受之矣。君雖有賜。可以使嬰倍其託乎。倍與背同。再拜而辭。此與外下十章旨同。

景公以晏子乘弊車駑馬使梁丘據遺之文義不完當據正文補輅車乘馬四字三返不受第二十五

晏子朝、乘弊車、駕駑馬。弊、說苑作敝。下同。蘇云、治要無駑字。景公見之曰、嘻。夫子之祿寡邪。何乘不佼之甚也。佼舊作任、王云、不任本作不佼。佼與姣同、好也。晏子乘敝車駕駑馬、故景公曰、何乘不佼之甚也。陳風月出篇、佼人僚令。毛傳曰、僚好皃。釋文、佼字又作姣。引方言云、自關而東、河濟之間、凡好謂之姣。荀子成相篇曰、君子由之佼以好。是姣佼古字通。後人不通佼字之義而改不佼爲不任、謬矣。羣書治要、正作不佼。說苑臣道篇作不任、亦後人依俗本晏子改之。太平御覽車部三引說苑、正作不佼。下有注云、佼古巧反。純一案王說是、今據正。晏子對曰、賴君之賜、得以壽三族。俞云、國語楚語臣能自壽也。韋注曰壽、保也。然則以壽三族者、以保三族也。管子霸言篇、國在危亡而能壽者明聖也。能壽亦卽能保也。及國游士、皆得生焉。游士、說苑作交游。臣得煖衣飽食、弊車駑馬以奉其身、于臣足矣。晏子出。公使梁丘據遺之輅車乘馬。孫云、說文輅、車軨前橫木也 此當爲路車借字。言大車。蘇云、治要作路輿乘馬。下同。三返不受。公不說、趣召晏子。晏子至。公曰、夫子不受、寡人亦不乘。外上廿五章、晏子不受狐白之裘。公曰、今夫子不受。寡人不敢服。語意同此。晏子對曰、君使臣臨百官之吏。蘇云、治要臨作監。臣節其衣服飲食之養、以先齊國之民。齊字舊脫、蘇云、治要作食飲、國上有齊字。純一案說苑亦有齊字、今據補。然猶恐其侈靡而不顧其行也。蘇云、治要無二其字。純一案晏子蓋欲天下之動貞於一樸也。今輅車乘馬、君乘之上、而臣亦乘之下。外上廿五章、言狐裘君服之上、而使嬰服之于下。不可以爲教。用意與此同。民之無義、義卽禮儀本字。侈其衣服飲食、而不顧其行者。蘇云、治要作衣食。不上有多字。純一案說苑亦無服飲二字。臣無以禁之。遂讓不受。治要無讓字。此與外上廿五章恉同。孫云、說苑臣道篇用此文。

景公睹晏子之食菲薄而嗟其貧晏子稱有參士之食第二十六

晏子相景公、食脫粟之食。太平御覽八百五十、下食字作飯。八百四十九、八百六十七、下食字並譌作飲。北堂書鈔百四十三兩引、下食字一作食一作飯。又百四十四引、下食字亦作飯。孫云、初學記二十六、後漢書注、食作飯。說文粟、嘉穀實也。蓋米之有稃者爲粟。脫粟、免粟。言出于稃而未舂也。炙三弋、五卵、苔菜耳矣。卵從元刻、淩本及書鈔百四十三兩引並同。孫本譌卯。前十九章云、食脫粟之食。五卵。苔菜而已。孫云、詩傳弋、射。說文作隿、繳射飛鳥也。言炙食三禽耳矣。盧云、弋見夏小正傳。弋也者、禽也。卵、卽雞子。王云耳矣者。而已矣也。疾言之、則曰耳矣。徐言之、則曰而已矣。凡經傳中、語助用耳字者、皆而已之合聲。說見釋詞。公聞之、往燕焉。書鈔百四十三兩引、燕並作讌。孔廣陶云、與山筲仿宋本晏子、及陳本俞本書鈔讌作燕。案燕與讌宴並通。睹晏子之食也。公曰、嘻。夫子之家、如此其貧乎。而寡人不知、寡人之罪也。晏子對曰、以世之不足也。墨子昭昭然爲天下憂不足。晏子同。蓋遵禹教也。免粟之食飽、俞云、上云食脫粟之食。此云免粟之食飽。免、卽脫也。廣雅釋詁免、脫也。錢氏大昕養新錄曰、免與脫同義。引論衡道虛篇、免去皮膚爲證。謂免去、卽脫去也。而未引晏子此文、失之。純一案晏子食而不忘人之飢。有甚顧人我之饔畢足而止之意。士之一乞也。洪云、三乞字皆當作气。說文氣作气。餼作氣。此復借气爲餼、故下云有三士之食。俞云、乞當作旣。說文皀部旣、小食也。論語不使勝食旣、今論語作氣。此省作乞、古字並通。士之一乞、猶云士之一食。下文二乞三乞並同。故曰嬰無倍人之行、而有參士之食也。純一案乞、御覽八百四十九誤作足。下同。炙三弋、士之二乞也。苔菜五卵、苔菜二字舊脫、御覽引作菜五卵、奪苔字。今據上文補。士之三乞也。嬰無倍人之行、墨子經上云、倍爲二也。言嬰之德行、無加于人。而有參士之食。君之賜厚矣。嬰之家不貧。再拜而謝。御覽謝作辭。前十二章、又外上廿六章、恉同。

梁丘據自患不及晏子晏子勉據以常爲常行第二十七

梁丘據謂晏子曰、吾至死不及夫子矣。晏子曰、嬰聞之、爲者常成、行者常至。墨道尙勤。知至至之。知終終之。所以成己之德也。嬰非有異于人也、常爲而不置、常行而不休者、者當作耳。句絕。易乾大象曰、天行健。君子以自強不息。晏子有焉。故難及也。此文疑本作常爲而不置、常行而不休耳。足成嬰非有異於人之意、方合晏子語氣。今本耳作者、又贅故難及也四字、以牽合上文至死不及之說。頗似晏子自炫。與嬰非有異於人之義不協。蓋由淺人妄改無疑。說苑如此、亦後人依俗本晏子改之。不足據。孫云、說苑建本篇用此文。

晏子老辭邑景公不許致車一乘而後止第二十八

晏子相景公、老、辭邑。公曰、自吾先君定公至今、用世多矣。齊大夫未有老辭邑者。舊衍矣字、從王校刪。案齊先君無定公、或卽太公子丁公。丁定音近。言自丁公至莊公、用世者共二十一君。齊大夫未有以老辭邑者。今夫子獨辭之。是毀國之故。故、法。吕覽知度、非晉國之故注。棄寡人也。不可。晏子對曰、嬰聞古之事君者、稱身而食。稱、量也。量自身之才德而食祿。德厚而受祿。蘇云、而同則。故古書多而則對舉、德薄則辭祿。德厚受祿、所以明上也。明上有知人之明。德薄辭祿、可以潔下也。蘇云、可疑所誤。當與上一律。總一案可同所。與而則對舉同例。可以潔下、使下不貪汙也。嬰老德薄無能而厚受祿。德字舊脫、語意不完。今據上下文補。是掩上之明。荀子解蔽篇曰、知賢之謂明。管子四時篇曰、使能之謂明。汙下之行。言使臣下貪墨之行、展轉相染而增汙。不可。公不許曰、昔吾先君桓公、有管仲恤勞齊國。孫云、爾雅釋詁恤、憂也。身老。賞之以三歸。孫云、韓非外儲說左、管仲相齊曰、臣貴矣、然而臣貧。桓公曰、使子有三歸之家。論語八佾篇、子曰、管氏有三歸。包咸注三歸、娶三姓女。婦人謂嫁曰歸。或據說苑云三歸之臺。以爲臺名、非也。說苑蓋言築臺以居三歸耳。此云賞之以三歸、韓非云使子有三歸之家、則非臺明矣。澤及子孫。今夫子亦相寡人、欲爲夫子三歸、澤至子孫、豈不可哉。對曰、昔者管子事桓公、桓公義高諸侯、義高出於諸侯。德備百姓。德備施於百姓。今嬰事君也、國僅齊於諸侯、未能稱霸高於諸侯。怨積乎百姓。且令百姓藏怨甚深。怨下疑脫厚字、與上句對文。嬰之罪多矣。過則歸己。而君欲賞之。豈以其不肖父爲不肖子爲舊譌其、從盧校據前十九章文改。厚受賞以傷國民義哉。以傷當作不傷。言嬰亦國民耳。今罪甚多、而君欲賞之、使澤及子孫。未免傷義。且夫德薄而祿厚。德不稱祿。智惛而家富。理難久享。是彰汙而逆教也。是彰己之貪汙。而逆聖王之教也。不可。公不許。晏子出。異日朝、得閒而入邑。致車一乘而後止。論語學而、道千乘之國。包注、古者井田方里爲井。十井爲乘。此云致車一乘、蓋地約十井也。

晏子病將死妻問所欲言云毋變爾俗第二十九

晏子病、將死。其妻曰、夫子無欲言乎。此知晏子心無所槩。是眞能儉者。晏子曰、元刻如此。孫本脫晏字、盧校補。吾恐死而俗變。謹視爾家。毋變爾俗也。晏子之家俗有三。見雜上廿九章。能毋變俗。則子孫不失爲善人。

晏子病將死鑿楹納書命子壯而示之第三十

晏子病將死。鑿楹納書焉。說苑作斷楹內書焉。謂其妻曰、楹語也。孫云、太平御覽作書記曰也。子壯而示之。示、說苑作視。及壯。發書。王云句 書之言曰、舊脫一書字、文義不明。從王校據白帖十及說苑反質篇補。布帛不可窮、窮不可飾。牛馬不可窮、窮不可服。士不可窮、窮不可任。國不可窮、窮不可竊也。窮、乏也。以菽粟不可窮。窮則無可食不待言。故略之。布帛窮則無可飾。牛馬窮則無可服。敎重蠶桑豢牧以厚生也。說見雜上五章。由是爲士、可以尙志而任重。謀國、可使常富而非竊位也。

晏子春秋校注卷七

漢陽張純一仲如

外篇重而異者第七

凡二十七章孫云、俗本以此附內篇。盧云、自此已下、吳勉學本有缺篇。且篇次不與孫本同。今故具列孫本次第、使可案而補焉。

景公飲酒命晏子去禮晏子諫第一

景公飲酒數日而樂、去冠披裳、自鼓盆甕。舊作釋衣冠自鼓缶、韓詩外傳九、作齊景公縱酒。醉而解衣冠。鼓琴以自樂。孫云、釋衣冠、太平御覽作去冠破裳。王云、羣書治要、及北堂書鈔衣冠部三、太平御覽人事部百九、服章部十三、並引作去冠被裳。自鼓盆甕。御覽器物部三、又引作自鼓盆甕。今本云云、乃後人依新序刺奢篇改之。純一案王說是而未盡。此文自鼓缶、本作自鼓盆甕。王引諸書可證。惟御覽四百六十八、引作自鼓盆、脫甕字。釋衣冠、御覽六百九十六、引作去冠披裳是也。披、解也。淮南齊俗訓披斷撥檖注。今並據正。御覽四百六十八引披作破。義近。其他引披作被、直是誤字。謂左右曰、仁人亦樂是乎。孫云、左右新序作侍者。黃云、御覽四百六十八作問左右曰、仁者亦樂此乎。蘇云、治要作問於左右曰、仁人亦樂此樂乎。純一案乎孫本作夫。韓詩外傳謂作顧。是乎作此乎。梁丘據對曰、仁人之耳目、亦猶人也、夫奚爲獨不樂此也。蘇云、治要無亦字。奚作何。此下有樂字。純一案夫、猶彼也。詳經傳釋詞。仁人之耳目猶人、據知之。而仁人用耳目之心不猶人、非據所及知也。公曰、趣駕迎晏子。孫云、趣新序作速。蘇云、治要曰作令、于義爲長。晏子朝服而至、舊脫服字、而作以、從孫校據韓詩外傳補訂。新序同。治要作朝服以至。受觴再拜。公曰、寡人甚樂此樂、蘇云、治要無此樂二字。欲與夫子共之。蘇云、共之、治要作同此樂。請去禮。孫云、韓詩外傳無此句。文理不貫。晏子對曰、君之言過矣。治要無此句。羣臣皆欲去禮以事君、嬰恐君之不欲也。君舊作君子、王云、子字涉上下文諸子字而衍。諫上二章曰、今君去禮。則羣臣以力爲政。強者犯弱。而日易主。君將安立矣。故曰嬰恐君之不欲也。今作恐君子之不欲、則非其旨矣。羣書治要無子字。純一今據刪。今齊國五尺之童子、蘇云、治要作今齊國小童、自中以上。力皆過嬰。又能勝君。韓詩外傳、作齊國五尺以上。力皆能勝嬰與君。然而不敢亂者、蘇云、治要無亂字。紬一案韓詩外傳作所以不敢者。畏禮義也。元刻如此。孫本據韓詩外傳新序刪義字。王云、孫刪義字、非也。此義字、非仁義之義。乃禮儀之儀。周禮大司徒、以儀辨等。則民不越。鄭注曰、儀謂君南面。臣北面。父坐子伏之屬。故曰不敢亂者、畏禮儀也。古書仁義字、本作誼。禮儀字、本作義。後人以義代誼、以儀代義、亂之久矣。此文作義、乃古字之僅存者。良可寶也。韓詩外傳新序無義字者、言禮而儀在其中。故文從省耳。不得據彼以刪此。各本及羣書治要、皆有義字。紬一案王說是。上若無禮、蘇云、治要上作君。無以使其下。下不樂為使故。下若無禮、無以事其上。非傲卽諂故。治要使下事下並無其字。夫麋鹿維無禮、維新序作唯。故父子同麀。同麀、同牝也。人之所以貴于禽獸者、孫本脫以字、元刻有。治要、新序、御覽四百六十八引、並有。以有禮也。嬰聞之、人君無禮、無以臨邦。舊邦上衍其字、上下皆四字句、今校刪。大夫無禮、官吏不恭。父子無禮、父不慈、子不孝。其家必凶。兄弟無禮、兄不友、弟不恭。不能久同。孫云、邦恭凶同為韻。紬一案唐韻正四江邦引此。邦、古音博工反。先秦韻讀云、邦恭凶同韻。東部。古音諧一東引此。自嬰聞之至不能久同、新序無。韓詩外傳、作故自天子無禮、則無以守社稷。諸侯無禮、則無以守其國。為人上無禮、則無以使其下。為人下無禮、則無以事其上。大夫無禮、則無以治其家。兄弟無禮 則不同居。案稷與國為韻。家古音姑、與居為韻。中間不應雜以為人上無禮四句無韻之文。今本如此、蓋傳寫者亂之。詩曰、人而無禮、胡不遄死。鄘風相鼠之詩傳、遄速也。爾雅釋詁同。故禮不可去也。公曰、寡人不敏。無良左右、淫蠱寡人、以至于此。蠱、惑也。孫云、蠱、韓詩外傳新序作湎。請殺之。韓詩外傳、作請殺左右以補其過。晏子曰、左右何罪。蘇云、治要何作無。君若無禮、則好禮者去、無禮者至。君若好禮、則有禮者至、無禮者去。蘇云、治要有矣字。公曰、善。請易衣革冠、蘇云、治要無革字。更受命。晏子避走、立乎門外。公令人糞灑、糞、除穢也。糞灑卽洒埽。改席、召晏子、衣冠以迎。舊作召衣冠以迎晏子、王云、召衣冠三字、文不成義。且易衣革冠、已見上文。不當重出衣冠以迎。四字乃後人所加。當從羣書治要作召晏子。俞云、此本作召晏子、衣冠以迎。上文晏公曰請易衣革冠更受

書所引改。王云、可讀曰何、何可古字通。庸。亦何也、古人自有複語耳。文十八年左傳、庸何傷。襄二十五年傳、將庸何歸。皆其證也。于是公懼、迺歸窴池沼。孫云、說文窴、塞也。廢臺榭、薄賦斂、緩刑罰。三十七日而彗星亡。元刻注云、此章與景公登牛山而悲。登公阜睹彗星而感。旨同而辭少異爾。故著于此篇。紺一案此章前半與諫上十七章並十八章首段爲一事。後半與諫上十八章末段爲一事。

景公瞢見彗星使人占之晏子諫第三

景公瞢見彗星。明日、召晏子而問焉曰、日字舊脫、從蘇校補。寡人聞之、有彗星者必有亡國。蘇云、有字疑緣上而衍。夜者、寡人瞢見彗星、吾欲召占瞢者使占之。晏子對曰、君居處無節、衣服無度、不聽正諫。王云、正與証同。說文証、諫也。齊策、士尉以証靖郭君是也。亦通作正。呂氏春秋愼大篇、不可正諫。達鬱篇、使公卿列士正諫。是也。興事無已、事、土木之事。賦斂無厭、殫民財。使民如將不勝、力。竭民萬民懟怨。茀星又將見瞢、奚獨彗星乎。元刻注云、此章與景公登公阜。見彗星。使禳之。晏子諫。辭旨同。而此特言瞢見爲異爾。故著于此篇。盧云、此章與本缺。紺一案諫上十八章末段宜參觀。

景公問古而無死其樂若何晏子諫第四

景公飲酒樂、孫云、俗本以此章移景公疥遂痁之後、非。公曰、古而無死、其樂若何。文選秋興賦注、作使古而無死、不亦樂乎。晏子對曰、古而無死、則古之樂也、君何得焉。文選秋興賦注、無則字。得作有。昔爽鳩氏始居此地、孫云、杜預注、爽鳩氏、少皞之司寇也。紺一案見昭二十年左傳。季萴因之、孫云、杜注、季萴、虞夏諸侯。代爽鳩氏者。有逢伯陵因之、孫云、杜注、逢伯陵、殷諸侯姜姓。紺一案有讀爲又。蒲姑氏因之、孫云、杜注、蒲姑氏、殷周之閒。代逢公者。而後太公因之。古若無死、孫云、若一本作君、非。爽鳩氏之樂、非君所願也。元刻注云、此章與景公謂梁丘據與我和、景公使祝史禳彗星、皆出於景公遊公阜。一日而有三過言。但析爲章而辭少異。皆著于此篇。純一案此章與諫上十七章並十八章首段宜參觀。

景公謂梁丘據與己和晏子諫第五

景公至自畋。孫云、畋左傳作田。晏子侍于遄臺。梁丘據造焉。孫云、梁丘據左傳作子猶。稱其字。公曰、維據與我和夫。維左傳作唯。晏子對曰、據亦同也。焉得爲和。公曰、和與同異乎。對曰、異。和如羹焉。水、火、醯、醢、鹽、梅、以烹魚肉。燀之以薪。昭二十年左傳杜注、燀、炊也。釋文云、醯、呼兮反。醢、音海。烹、普庚反。煑也。燀、章善反。燃也。正義曰、醯、酢也。醢、肉醬也。梅、果實。似杏而酸。文選張景陽七命注、引作杜預曰、燀、炊之也。宰夫和之。齊之以味。濟其不及。以洩其過。杜注濟、益也。洩、減也。文選陸士衡答賈長淵詩注、作以渫其過。說文渫、除去也。君子食之。以平其心。君臣亦然。杜注、亦如羹。君所謂可、而有否焉。杜注否、不可也。臣獻其否、以成其可。晉語九、史黯對趙簡子曰、事君者薦可而替否。君所謂否、而有可焉。臣獻其可、以去其否。杜注、獻君之否、成君之可。是以政平而不干。干、犯也。無過與不及、故不相犯。民無爭心。政平故。故詩曰、亦有和羹。既戒且平。鬷嘏無言。鬷嘏舊譌奏鬷、孫云、詩作鬷假。傳鬷、總。假、大也。左傳作鬷嘏。禮中庸作奏假。王云、此篇全用左傳、則此文亦當與彼同。今作奏鬷者、後人依中庸旁記奏字。而寫者誤合之。又脫去嘏字耳。當依左傳改正。黃云、淩本作鬷嘏。純一今據正。時靡有爭。杜注、詩頌殷中宗。言中宗能與賢者和齊可否。其政如羹。敬戒且平。和羹備五味。異於大羹。鬷、總也。嘏、大也。言總大政。能使上下皆如和羹。正義曰、詩商頌烈祖之篇、祀中宗之詩。言中宗總齊大政。自上及下無怨恨之言。時民無有相爭鬭訟者也。先王之濟五味。杜注濟、成也。和五聲也。管子宙合篇曰、五味不同物而能和。五音不同聲而能調。以平其心、成其政也。聲亦如味。一氣。杜注、順氣以動。二體。正義曰、樂之動身體者。唯有舞耳。文舞執羽籥。武舞執干戚。舞者有文武二體。三類。杜注、風雅頌。正義曰、一國之事、諸侯之詩、爲風。天下之事、天子之詩、爲雅。成功告神爲頌。四物。杜注、雜用四方之物以成器。五聲。杜注、宮商角徵羽。六律。正義曰、周禮太師、掌大律六呂。以合陰陽之聲。陽聲、黃鍾。大蔟。姑洗。蕤賓。夷則。無射。陰聲、大呂。應鍾。南呂。林鍾。小呂。夾鍾。月令以小呂爲仲呂。律歷志云、律有十二。陽六爲律。陰六爲呂。黃帝之所作也。七音。杜注、周武王伐紂。自午及子凡七日。王因此以數合之。以聲昭之。故以七同其數。以律和其聲。謂之七音。釋文 七音宮、商、角、徵、羽、變宮、變徵也。八風。杜注、八方之風。釋文八風、易緯通卦驗云、東北曰條風。東方曰明庶風。東南曰清明風。南方曰景風。西南曰涼風。西方曰閶闔風。西北曰不周風。北方曰廣莫風。條風又名融風。景風一名凱風。九歌。杜注、九功之德。皆可歌也。六府三事、謂之九功。釋文六府、水火金木土穀。三事、正德利用厚生也。以相成也。杜注、言此九者合。然後相成爲和樂。清濁、大小、元刻作小大。短長、疾徐、哀樂、剛柔、遲速、高下、出入、周疏、疏舊作疏、今從左傳釋文校改。以相濟也。杜注、周、密也。正義曰、周疏以上凡十事。皆兩字相對。其義相反。乃言樂聲如此相反以成音曲。猶爨之水火相反。人之和而不同也。君子聽之、以平其心。心平德和。故詩曰德音不瑕。杜注詩、豳風也。義取心平。則德音無瑕闕。孫云、豳風狼跋之詩。今據不然。君所謂可、據亦曰可。君所謂否、據亦曰否。若以水濟水、誰能食之。若琴瑟之專一、孫云、一左傳作壹。誰能聽之。同之不可也如是。鄭語、和實生物。同則不濟。公曰、善。此章與諫上十八章中段、景公曰據與我和爲一事。

景公使祝史禳彗星晏子諫第六

齊有彗星。昭二十六年左傳杜注、出齊之分野。正義曰、出於玄枵之次也。景公使祝禳之。左傳無祝字。杜注、祭以禳除之。案此文祝下當有史字。晏子諫曰、無益也。祇取誣焉。杜注、誣、欺也。純一案徒自欺耳。天道不諂。孫云、諂、杜注疑也。不貳其命。若之何禳之也。左傳無也字。且天之有彗、左傳有也字。以除穢也。以彗形如帚故。君無穢德、又何禳焉。言心無穢、彗不能禍。若德之穢、禳之何損。損、虧減之義也。易損釋文。晏子以彗星之出、禳之無益、不禳無損。人君惟德是修、則有吉無凶也。詩云、維此文王。小心翼翼。昭事上帝。聿懷多福。上帝即自心之眞原。事事攝之以敬。則清靜爲天下正。獲福自無疆矣。

厥德不回，以受方國。杜注：翼翼，共也。聿，惟也。回，違也。言文王德不違天人，故四方之國歸往之。正義曰：詩大雅大明之篇。君無違德，方國將至，何患于彗？詩曰：我無所監，夏后及商，用亂之故，民卒流亡。流從元刻。左傳同。孫本作沇。孫云：沇即流隸字。杜注：逸詩也。言追監夏商之亡，皆以亂故。若德回亂，舊德下衍之字，據左傳刪。民將流亡，祝史之爲，無能補也。公說，乃止。元刻注云：此章與景公登公阜見彗星章旨同，故著于此篇。純一案：此與諫上十八章、使禳彗星爲一事。

景公有疾梁丘據裔款請誅祝史晏子諫第七

景公疥遂痁，左傳杜注：痁，瘧疾。孫云：事在昭二十年。純一案：遂當作且，說詳諫上十二章。期而不瘳。釋文：期，音基。案：瘳，病瘉也。諸侯之賓問疾者多在。杜注：多在齊。梁丘據、裔款杜注：二子齊嬖大夫。言於公曰：「吾事鬼神吾當是君之誤。豐于先君有加矣。今君疾病，爲諸侯憂，是祝史之罪也。諸侯不知，其謂我不敬。君盍誅于祝固、史嚚以辭賓。」杜注：欲殺嚚、固，以辭謝來問疾之賓。公說，告晏子。晏子對曰：「日宋之盟，杜注：日，往日也。宋盟在襄二十七年。屈建問范會之德于趙武。杜注：士會賢聞於諸侯，故問之。趙武曰：『夫子家事治，襄二十七年、昭二十年左傳，家上並有之字。孝經廣揚名章曰：居家理故治可移於官。禮大學曰：欲治其國者先齊其家。故趙武以爲言。言于晉國，竭情無私，其祝史祭祀，陳信不愧。信從元刻。淩本左傳並同。孫本作言，非。其家事無猜，元刻作情，誤。其祝史不祈。』杜注：家無猜忌之事，故祝史無求於鬼神。建以語康王。杜注：楚王。康王曰：『神人無怨，宜夫子之光輔五君，以爲諸侯主也。』襄二十七年左傳云：子木歸以語王。王曰：尚矣哉！能欣神人，宜其光輔五君以爲盟主也。杜注：五君：文、襄、靈、成、景。公曰：「據與款謂寡人能事鬼神，故欲誅于祝史，子稱是語，何故？」對曰：「若有德之君，外內不廢，杜注：無廢事。上下無怨，服虔云：謂人神無怨。動無違事，動合人天。其祝史薦信、無愧心矣。杜注、君有功德。祝史陳說之無所愧。是以鬼神用饗、國受其福、祝史與焉。杜注、與受國福。其所以蕃祉老壽者、爲信君使也、其言忠信于鬼神。其適遇淫君、外內頗邪、頗、廣雅釋詁二、衺也。昭十二年左傳書辭無頗注、偏也。上下怨疾、服虔云、復是人與神相怨疾也。動作辟違、動作邪僻違理。從欲厭私、杜注、使私情厭足。純一案從讀如縱。高臺深池、撞鐘舞女、鐘從明本。斬刈民力、輸掠其聚、杜注、掠、奪取也。正義曰、輸、墮也。故爲墮毀。奪其所聚之物。孫云掠、漢書武紀作略。以成其違、以成其違理之行。不恤後人、暴虐淫縱、肆行非度、正義曰、肆、縱恣也。恣意行非法度之事也。無所還忌、杜注、還猶顧也。不思謗讟、正義曰、俗本作畏、定本作思。純一案畏字義長。不憚鬼神、神怒民痛、痛、疾怨也。無悛于心、悛、改也。其祝史薦信、是言罪也、杜注、以實白神。是爲言君之罪。其蓋失數美、是矯誣也、正義曰、掩蓋愆失、安數美善。是矯詐誣罔也。進退無辭、則虛以求媚、求從元刻、黃云、淩本同。孫本譌成。杜注、作虛辭以求媚于神。是以鬼神不饗、其國以禍、舊衍之字、俞云、其國以禍。四字爲句。言國以之而受禍也。與上文國受其福相對爲文。說詳羣經平議左傳。純一今據刪。祝史與焉。其所以夭昏孤疾者、舊無其字、據上文補。文同一例。夭、夭折。不盡天年也。昏、昧也。瞀也。亂也。孤疾、與蕃祉正相反。爲暴君使也、其言僭嫚于鬼神。僭、不信也。嫚與慢同。公曰、然則若之何。對曰、不可爲也。杜注、言非誅祝史所能治。山林之木、衡鹿守之。澤之萑蒲、黃云、萑當作雚、元刻作雚。說文雚、雚爵。似鴻雁而大。萑、老兔。似鴟鵂而小。萑、亂之已秀者也。萑从隹从丫。萑、从艸隹聲。舟鮫守之。藪之薪蒸、虞候守之。海之鹽蜃、祈望守之。杜注、衡鹿、舟鮫、虞候、祈望、皆官名也。言公專守山澤之利、不與民共。釋文萑、音丸。鮫、音交。藪、素口反。蒸、之丞反。麤曰薪。細曰蒸。蜃、市軫反。正義曰、周禮司徒之屬、有林衡之官。掌巡林麓之禁。鄭玄云衡、平也。平林麓之大小及所生者。竹木生平地曰林。山足曰麓。此置衡鹿之官。守山林之木。是其宜也。舟是行水之器。鮫是大魚之名。澤中有水有魚。故以舟鮫爲官名也。周禮山澤之官。皆名爲虞。每大澤大藪。中士四人。鄭玄云虞、度也。度知山之大小及所生者。澤、水所鍾也。水希曰藪。則藪是少水之澤。立官使之候望。故以虞候爲名也。海是水之大神。有時祈望祭之。因以祈望爲主海之官也。此皆齊自立名。故與周禮不同。山澤之利、當與民共之。言公立此官、使之守掌。專山澤之利、不與民共。故鬼神怒而加病也。縣鄙之人、入從其政。偪尒之關、暴征其私。正義曰、縣鄙之人、入從國之政役。近關又征稅、奪其私物。而使民困也。尒舊作介、王引之云、偪介本作偪尒。尒卽迩字、近也。偪邇之關、謂迫近國都之關也。今本作偪介者、後人依誤本左傳改之。辯見經義述聞。純一今據改。承嗣大夫、彊易其賄。杜注、承嗣大夫、世位者。純一案強易其賄、謂強立名目而取民財。布常無藝。杜注、藝、法制也。言布政無法制。孫云、爾雅釋詁法、常也。常亦爲法。藝當爲埶。卽臬假音字。臬爲射準的、言布法無準也。徵斂無度。苛徵暴斂、毫無限制。宮室日更。日事改作。淫樂不違。杜注違、去也。內寵之妾、肆奪于市。杜注肆、放也。外寵之臣、僭令于鄙。杜注、詐爲教令於邊鄙。私欲養求、不給則應。杜注、養、長也。所求不給、則應之以罪。民人苦病。夫婦皆詛。祝有益也、詛亦有損。聊攝以東、姑尤以西、杜注、聊攝、齊西界也。平原聊成縣、東北有攝城。姑尤、齊東界也。姑水尤水、皆在城陽郡東南入海。其爲人也多矣。雖其善祝、豈能勝億兆人之詛。杜注、萬萬曰億。萬億曰兆。君若欲誅于祝史、修德而後可。公說。使有司寬政。毀關去禁。薄斂已責。杜注、除逋責。釋文。責本又作債。同。案別雅四云、國策馮煖爲孟嘗君收責于薛。史記孟嘗君傳作收債。按周禮天官小宰、聽稱責以傅別。漢書高帝紀、此兩家常折券棄責。後漢書樊宏傳、責家聞者皆慙。凡諸責字、義皆爲債。公疾愈。公以有德于民而疾必愈、故疾愈。孫云、左傳無此句。俗本移此在景公飲酒樂章之前。今據沈啓南本。元刻注云、此章與景公病久、欲誅祝史以謝。事旨悉同。但述辭有首末之異。故著于此篇。純一案此與諫上十二章爲一事。

景公見道殣自慙無德晏子諫第八

景公賞賜及後宮。文繡被臺榭。菽粟食鳧鴈。孫云、菽當爲尗。王引之云、鳧、鴨也。鴈、鵝也。此云菽粟食鳧鴈、下云君之鳧鴈食以菽粟、則鳧鴈乃家畜。非野鳥也。出而見殣。餓死爲殣。昭三年左傳、道殣相望注。謂晏子曰、此何爲而死。晏子對曰、此餧而死。孟子梁惠王上、狗彘食人食而不知檢。塗有餓莩而不知發。大致相似。公曰、嘻。寡人之無德也甚矣。對曰、君之德著而彰。何爲無德也。景公曰、何謂也。對曰、君之德及後宮與臺榭。君之玩物、衣以文繡。君之鳧鴈、食以菽粟。君之營內自樂、延及後宮之族。何爲其無德。蘇云、其字疑衍、上文亦無。純一案說苑作何爲其無德也。御覽五百四十八。又八百四十一兩引、並有其字。足見非衍。顧臣願有請于君。由君之意、自樂之心、推而與百姓同之、則何殣之有。孟子嘗因梁惠王好樂、曰今王與百姓同樂則王矣、又謂齊宣王曰、王如好貨、與百姓同之。於王何有。王如好色、與百姓同之。與王何有。與晏子用心同。君不推此而苟營內好私使財貨偏有所聚。偏舊作徧、孫據說苑改。菽粟幣帛、腐于囷府。孫云、詩傳、圓者爲囷。倉頡篇、府、文書財帛藏也。惠不徧加于百姓、公心不周乎萬國。此文疑本作惠不徧于百姓。心不周乎萬國。相對成文。今本徧下衍加字、心上衍公字、句法不調。則桀紂之所以亡也。以不與民偕樂而獨樂故。夫士民之所以叛、由偏之也。孫云、偏今本作徧。據說苑改。黃云、元刻作偏。純一案偏偏古通用。

君如察臣嬰之言、推君之盛德、公布之于天下、則湯武可爲也。一殣何足恤哉。孫云、說苑至公篇用此文。元刻注云、此章與景公遊寒塗、不卹死胔。辭如相反、而其旨實同。故著于此篇。純一案景公遊寒塗、諫上十九章。

景公欲誅斷所愛橚者晏子諫第九

景公登箐室而望。孫云、藝文類聚作青堂。見人有斷雍門之橚者。王引之云、橚即楸字也。說文楸、梓也。徐鍇曰、春秋左傳襄十八年、伐雍門之楸。作萩、同。中山經、其狀如橚。郭璞曰、即楸字也。是雍門之橚、即雍門之楸。純一案類聚八十九作淮門。或雍之形誤。謂晏子趣誅之。趣、遽也。廣雅釋詁一。晏子默然不對。公曰、雍門之橚、寡人所甚愛也。公令吏拘之、顧比見斷之。比舊作此、從盧校改。故令夫子誅之。默然而不應、何也。晏子對曰、嬰聞之、古者人君出、則闢道十里。孫云、闢一本作避。非畏也。冕前有旒、孫云、說文瑬、垂玉也。冕飾。旒聲同耳。黃云、大戴禮子張問入官篇云、冕而前旒、所以蔽明也。並可爲冕無後旒之證。惡多所見也。纊紘充耳、充舊作珫、孫云、說文纊、絮也。紘、冠卷也。珫、卽充俗字。玉篇珫耳也。齒融切。藝文類聚、作黈纊塞耳。紈一案說文瑱、以玉充耳也。臣鉉等曰、今充耳字、更從玉旁充。非是。廣韻琉、耳玉名。詩傳云、充耳謂之瑱。字俗從玉。足證充耳爲正。今並據改。惡多所聞也。類聚兩惡多下、並無所字。泰帶重半鈞、泰從元刻。孫本作大。音義並同。三十斤曰鈞、禮月令鈞衡石注。舃履倍重、不欲輕也。刑死之罪日中之朝、朝、市。孫詒讓云、日中之朝、謂市朝也。易繫辭云、日中爲市。周禮司市云、國君過市、則刑人赦。晏子此言、與禮正合。說詳周禮正義。君過之、則赦之。類聚無上七句。嬰未嘗聞爲人君、而自坐其民者也。坐、辠也。一切經音義二引蒼頡。此二句、類聚作人君自生其民。公曰、赦之。類聚作趨舍之。無使夫子復言。元刻注云、此章與景公欲殺犯槐者、（者字舊脫今補）事悉同。但辭少異耳。故著于此篇。紈一案犯槐斬竹事、見諫下第二章第三章。

景公坐路寢曰誰將有此晏子諫第十

景公坐于路寢。孫云、俗本刪此章。曰、昭二十六年左傳、作齊侯與晏子坐于路寢、公歎曰。美哉室。其誰將有此乎。舊作美哉其室將誰有此乎、王云、當作美哉室其誰將有此乎。今本其字誤入上句內、則文義不順。誰將、又誤作將誰。案本篇標題曰、景公坐路寢曰誰將有此。誰將二字尙不誤。則作將誰者誤也。左傳正作美哉室、其誰有此乎。後第十五云、後世孰將踐有齊國者乎。孰字亦在將字上。紈一今依王說、據左傳改。杜注、景公自知德不能久有國。故歎也。晏子對曰、其田氏乎。左傳作晏子曰、敢問何謂也。公曰、吾以爲在德。對曰、如君之言、其陳氏乎。田無宇爲垾矣。孫云、垾、玉篇水隄也。胡肝切。紈一案爲垾、喻能除害利民也。公曰、然則奈何。晏子對曰、爲善者、君上之所勸也。豈可禁哉。夫田氏國門擊柝之家。柝、行夜所擊木也。孟子萬章下抱關擊柝注。父以託其子、兄以託其弟、於今三世矣。山木如市、不加于山。魚鹽蚌蜃、不加于海。解詳問下十七章。民財爲之歸。今歲凶饑、元刻譌飢。蒿種芼斂不半。孫云芼、說文艸覆蔓。純一案蒿、艾類。芼、池沼生草。可爲蔬者。言今歲凶。不惟朩粟無收。即蒿芼之屬、亦斂不及半。道路有死人。道殣相望。齊舊四量。四升爲豆。舊脫四升二字、爲涉下文誤作而。今據問下十七章補正。下文注並辟彼。豆四而區。區四而釜。釜十而鍾。田氏四量、各加一焉。以家量貸、以公量收。則所以糴、孫云、糴說文市穀也。百姓之死命者澤矣。民命之將死者、彼其膏澤而生矣。今公家驕汰。斬刈民力。見前七章。而田氏慈惠。國澤是將焉歸。王云、澤、古舍字也。說見管子戒篇。田氏雖無德而有施于民。有字舊脫、據左傳補。公厚斂。而田氏厚施焉。詩曰、雖無德與汝、式歌且舞。孫云、小雅車舝之詩、純一案杜注、詩義取雖無大德、要有喜說之心。欲歌舞之。式用也。田氏之施、民歌舞之也。此章蓋本昭三年及二十六年左傳、綜合而成。國之歸焉、歸於田氏。不亦宜乎。元刻注云、此章與景公登路寢而歎、景公問後世有齊者、叔向問齊國之治若何、辭旨略同而小異。故著于此篇。盧云、吳本缺此章。純一案此與諫下十九章、問上八章後段、問下十七章前半、後十五章爲一事。

景公臺成盆成适願合葬其母晏子諫而許第十一

景公宿于路寢之宮。夜分聞西方有男子哭者。公悲之。明日朝。問于晏子曰、寡人夜者。盧云、夜字衍、者乃昔之譌。王云、盧說非也。古謂夜爲昔。故或曰昔者。或曰夜者。雜下篇曰、夜者公嘗與二日闘。本篇第三章曰、夜者寡人嘗見彗星。與此夜者而三矣。然則夜非衍字、者亦非昔之譌也。聞西方有男子哭者。聲甚哀。氣甚悲。是奚爲者也。邪同。寡人哀之。晏子對曰、西郭徒居布衣之士、盆成适也。孫云、孔叢作盈成匡。形相近、未知孰誤。盧校作盆成造。云适譌、據禮記檀弓上正義引改。純一案盧說是。孟子盡心下有盆成括、寫者習聞之。遂以其所知、改其所不知也。標題又因正文改。孔叢見詰墨篇、其書不足據。父之孝子、兄之順弟也。孫云、孔叢作弟弟。又嘗爲孔子門人。孫云、孔叢作其父尙爲孔子門人。純一案尙爲嘗之誤。其父二字衍。觀彼下文云。門人且以爲貴。則其師亦不賤矣。是以造爲孔子門人、非以其父爲孔子門人明矣。今其母不幸而死。祔柩未葬。孫云、言未附葬於其父。家貧身老子孺。盧云、孺、小弱也。疑與孺同。玉篇音姪、孤也。洪云、孺卽孺字之俗。莊子大宗師篇、而色若孺子。釋文孺、弱子也。孺孺字形相近。恐力不能合祔、是以悲也。公曰、子爲寡人弔之。因問其偏祔何所在。偏祔從元刻。繹史同。孫本作偏柎。盧云、偏爲偏親。柎卽上文所云柎柩。公因其有恐不能合祔之語。故使問其偏親之柩何所在。語意自明。上文柎柩、不當改作祔柩。柎卽楄柎。若以應祔葬之柩而言祔柩。恐非辭。下文偏之所在、亦當作偏柎之所在。純一案盧說偏親是。祔作柎非。祔、謂合葬也。禮記檀弓下、衞人之祔也離之。魯人之祔也合之。偏祔對合祔言。本文重在合祔。上云祔柩未葬、言未祔之新柩亟須合祔。故問已葬之偏祔何在。下云偏祔寄於路寢、故恐不能合祔而悲。不應改祔爲柎、致失合祔之本恉。孫本兩柎字並誤、當從元刻改。晏子奉命往弔。而問偏祔之所在。祔字舊脫、據上下文補。盆成适再拜、稽首而不起。曰、偏祔寄于路寢。得爲地下之臣擁札摻筆孫云、說文札、牒也。摻卽操字異文。給事宮殿中右陛之下。以上十九字無謂、當刪。此處當有祔柩二字。願以某日送、未得君之意也。窮困無以圖之。布唇枯舌。焦心熱中。今君不辱而臨之。願君圖之。晏子曰、然。此人之甚重者也。而恐君不許也。盆成适蹷然。孫云、說文蹷、跳也。跳、躍也。曰、凡在君耳。凡、皆也。且臣聞之。越王好勇、其民輕死。墨子兼愛下篇、昔者越王句踐好勇。教其士臣三年。以其智爲未足以知之也。焚舟失火。鼓而進之。其士偃前列伏水火而死者、不可勝數也。楚靈王好細腰、孫云、腰當爲要。俗加肉。其朝多餓死人。人上當有之字。墨子兼愛下篇、昔荆靈王好小要。荆國之士、飯不踰乎一匝。據而後興、扶垣而後行。故此云多餓死之人。子胥忠其君、故天下皆願得以爲臣。孝己愛其親、故天下皆願得以爲子。舊脫中二句、文不成義。王云、此文原有四句。秦策云、子胥忠其君、天下皆欲以爲臣。孝己愛其親、天下皆欲以爲子。文義正與此同。下文今爲人子臣云云、正承上四句言之。純一今據補。今爲人子而離散其親戚、舊人子下衍臣字、從俞校刪。俞云、親戚、謂父母也。孝乎哉。足以爲臣乎。本書文尚駢麗。上文子胥孝己、忠孝既對舉矣。此文則以忠孝一也。折重人子當孝。今不得合葬其親戚、不孝甚矣。故云孝乎哉、足以爲臣乎。文又以相錯見義。若此而得祔、是生臣而安死母也。是使臣得不死、而死母得安也。若此而不得、則臣請輓尸車而寄之于國門外宇溜之下。孫云、輓、說文引車也。溜、說文霤、屋水流也。溜霤。身不敢飲食。擁轅執輅。轅、駕車之木。施於輿底軸上。左右各一、外出向前者。古大車皆用轅。釋名釋車云、轅、援也。車之大援也。輅、轅縛。所以屬引。儀禮既夕當前輅注。木乾鳥栖。孫云、栖、說文西。鳥在巢上。西或從木妻。此作栖、後人俗字。純一案此喻如鳥栖木、任其乾枯而不移。袒肉暴骸以望君愍之。愍、憐恤也。賤臣雖愚竊意明君哀而不忍也。晏子入、復乎公。公忿然作色而怒曰、子何必患若言、而教寡人乎。晏子對曰、嬰聞之。忠不避危。忠君者不避危難。愛無惡言。愛君者無惡言。且嬰固以難之矣。以、同已。言嬰固已忍君之不許矣。今君營處爲游觀。處字疑衍。既奪人有。既奪人之墓地。又禁其葬、又不許合祔。非仁也。肆心傲聽、恣肆倨傲、不聽正諫。不恤民憂、非義也。若何勿聽。如何不聽嬰言。因道盆成适之辭。公喟然太息曰、悲乎哉。子勿復言。迺使男子袒免、袒免以表哀意。露左臂曰袒。去冠括髮曰免。女子髽者、髽舊作髮笄、盧云髮疑髽。純一案盧說是。男子袒免。女子當髽。髽本作𩬞。說文云喪結。禮、女子髽衰。弔則不髽。魯臧武仲與齊戰于狐駘。魯人迎喪者始髽。今本髽譌髮、後人又以意加笄字。遂失迎喪之旨、今從盧校、改髮爲髽、删笄字。以百數。爲開凶門、凶門、今喪家結絹爲旒、表之門外者是。沿古俗也。以迎盆成适。适脫衰絰、不敢以喪服見君。冠條纓、孫云、條當爲絛。說文、扁緒也。玉篇、纓飾也。墨緣、衣緣墨色。以見乎公。公曰、吾聞之。五子不滿隅、盧云、馬端臨文獻通考序、有三孱不足以滿隅語、未知即出此否。一子可滿朝。言人有可貴之實、雖少勝于多。非迺子耶。盆成适于是臨事不敢哭。奉事以禮。畢。出門。然後舉聲焉。元刻注云、此章與逢于何請合葬正同、而辭少異。故著于此篇。純一案逢于何請合葬、諫下二十章。

景公築長庲臺晏子舞而諫第十二

景公築長庲之臺。晏子侍坐。觴三行。晏子起舞。曰、歲已暮矣、而禾不穫。穫、刈穀也。忽忽矣若之何。蘇云、忽忽與下惙惙、同當訓憂。非如禮器祭義注、訓爲勉勉者比。此與史記梁孝王世家云、意忽忽不樂。義同。又大戴禮、君子終身守此勿勿。彼與上悒悒憚憚下戰戰。俱當訓爲憂懼。猶斯意也。忽忽卽勿勿、字同故義可互證矣。歲已寒矣、而役不罷。罷、止也。惙惙矣如之何。孫云、惙惙、爾雅釋訓憂也。純一案方言十二惙、怞、忡也。錢繹箋疏引詩艸蟲篇憂心惙惙。毛傳惙惙憂也。又引此文作歲云暮令而役不罷、惙惙矣甚之何。案甚當爲若之形誤。諫下五章兩言若之何。可證。古音諧二月引此、忽忽惙惙諧。舞三而涕下沾襟。景公慚焉、爲之罷長庲之役。元刻注云、此章與景公爲長庲欲美之、景公冬起大臺之役、辭旨同而小異。故著於此篇。純一案諫下第五章、第六章、宜參觀。

景公使燭鄒主鳥而亡之公怒將加誅晏子諫第十三

景公好弋。孫云、韓詩外傳、作齊景公出弋昭華之池。純一案藝文類聚九十、引作齊景公、無好弋二字。使燭鄒主鳥而亡之。孫云、燭鄒說苑作燭雛。韓詩外傳作顏斲聚。藝文類聚作顏涿聚。此脫顏字。一本作祝鄒。呂氏春秋尊師篇、顏涿聚梁父之大盜也。學於孔子。盧云、御覽四百五十五引說苑、亦作燭鄒。純一案御覽九百十四引本書、作顏涿聚。又八百三十二引韓詩外傳、亦作顏涿聚。今本韓詩外傳涿謟鄧。類聚引無之字。公怒召吏欲殺之。舊脫欲字、孫云、藝文類聚作公召欲殺之。純一案御覽九百十四引本書、作公召吏殺之。無欲字、非。又四百五十五引說苑、八百三十二引韓詩外傳、並作景公怒而欲殺之。今據增欲字。晏子曰、燭鄒有罪三。說苑無三字。御覽引彼同。韓詩外傳九、作夫鄧聚有死罪四。御覽引彼作夫涿聚有死罪三。類聚作涿聚有三罪。請數之以其罪而殺之。孫云、御覽而作乃。純一案說苑同。韓詩外傳作請數而誅之。御覽引彼作請以其罪數而誅之。公曰、可。於是召而數之公前曰、說苑作於是乃召燭雛數之景公前曰。下無燭雛名。御覽引彼同。惟雛作鄒。燭鄒、汝爲吾君主鳥而亡之、孫云、汝藝文類聚作爾。純一案御覽引此亦作爾。是罪一也。孫云、藝文類聚作一罪也。下作二罪三罪。純一案御覽九百十四引此同類聚。說苑一二三均在罪上。有是字。御覽引彼同。使吾君以鳥之故殺人、是罪二也。類聚無之故二字。韓詩外傳殺上有而字。使諸侯聞之、以吾君重鳥以輕士、盧云、以韓詩外傳九、說苑正諫篇俱作而。純一案以同而。外傳諸侯上有四國二字。是罪三也。韓詩外傳、有天子聞之。必將貶絀吾君。危其社稷。絕其宗廟。是罪四也。此四罪者。故當殺無赦。臣請加誅焉。數燭鄒罪已畢。黃云、凌本無已字。請殺之。公曰、勿殺。說苑作公曰止、勿殺而謝之。韓詩外傳、作景公曰止、此亦吾之過也。願夫子爲寡人敬謝焉。劉云、此下證以御覽四百五十五引、及說苑辨物篇、當補而謝之三字。寡人聞命矣。孫云、韓詩外傳、說苑正諫篇、用此文。元刻注云、此章與景公欲誅野人。景公欲殺圉人章。旨同而辭少異。故著于此篇。純一案欲誅野人、諫上二十四章。欲誅圉人、諫上二十五章。

景公問治國之患晏子對以佞人讒夫在君側第十四

景公問晏子曰、治國之患、亦有常乎。對曰、佞人讒夫之在君側者、蘇云、治要作讒夫佞人。好惡良臣、而行與小人、與、猶黨也。後漢陳元傳注。此治國之常患也。舊脫治字、常作長、從王校據羣書治要補正。與上下文同一例。公曰、讒佞之人、則誠不善矣。雖然、則奚曾爲國常患乎。兩則字、均疑衍。晏子曰、君以爲耳目而好謀事、謀舊譌繆、從蘇校據治要正。則是君之耳目繆也。繆、紕繆也。夫上亂君之耳目、下使羣臣皆失其職。蘇云、治要下上有而字。豈不誠足患哉。公曰、如是乎、寡人將去之。晏子曰、公不能去也。公忿然作色不說。治要無忿然作色四字。曰、夫子何少寡人之甚也。舊少譌小、脫之字。王云小本作少、此後人不解少字之義而改之也。史記李斯傳、二世曰、承相豈少我哉。曹相國世家、惠帝怪相國不治事。以爲豈少朕與。索隱曰、少者不足之詞。並與此少字同義。羣書治要正作少。純一案王說是。治要有之字、今據補正。也讀爲耶。對曰、臣何敢撟也。撟舊作槁、義不可通。盧云、槁亦撟之譌。俞云、此槁字與問下篇犒魯國之犒、同爲撟之誤字。荀子臣道篇曰、率羣臣百吏。而相與彊吾撟君。又曰、事曓君者。有補削。無撟拂。晏子言臣何敢撟、言臣何敢有所撟拂乎。蓋因公忿然作色故云然。蘇云、治要何作非。槁作矯。純一案撟矯同。今並據正。夫能自周於君者、孫云、周、杜預注左傳密也。蘇云、治要周作用。才能皆非常也。夫藏。大。不。誠。于。中。者。必。謹、小。誠。于。外。大不誠、卽大姦。小誠、謂小忠小信。以成。其。大。不。誠。黃云、元刻此下重衍于中者等十五字。入則求君之嗜欲能順之。王云、能與而同。君怨良臣。君舊作公、王云、公本作君。此涉上文公不能去而誤。上文公不能去、是指景公而言。此文君怨良臣、則泛指爲君者而言。與上句君字同義。羣書治要正作君怨良臣。純一今據正。則具其往失而益之。言順君之嗜欲、舉良臣往日令君失意之事、以益其怨。出則行威以取富。出則假借君威、肆行而貪得。夫何密近、不爲大利變。蘇云、治要何作可。純一案何讀若可、古通。夫、猶彼也。變、易也。言彼能密邇於君。故意不爲大利易行。而務與君赴義。正所謂必謹小誠於外也。而務與君至義者。舊衍也字、從蘇校據治要刪。孫云、言取利於外間。而不營利於密近。僞以義結於君。此難見而且難知也。舊作此難得其知也、盧云、其疑具。蘇云、治要作此難得而其難知也。義亦不可晰。純一案此文疑本作此難見而且難知也。言讒佞之人、工於作僞之心、難見而且難知也。今本見作得者、古得作㝵。故古書得見字恆互譌。下脫而字。且譌其。又脫難字。文不成義。治要字不脫而文有誤。故其義亦不可通。今仍依治要校訂之。公曰、然則先聖奈何。對曰、先聖之治也、審見賓客。聽治不留。患日不足。患字舊脫、王云、元刻有日不足三字。孫本無。審見賓客二句、皆四字爲句。日不足句獨少一字。且語意未明。當依羣書治要作患日不足。聽治不留、患日不足、言其敏且勤也。純一今據補。羣臣皆得畢其誠。讒諛安得容其私。君子道長、則小人道消。公曰、然則夫子助寡人止之。助元刻作劫、盧云、孫本改助。而音義仍作劫。亦疑而未定也。王云、劫字義不可通。孫改爲助是也。治要正作助。孫本助字係剏改。蓋音義先成。而剏改在後。未及追改音義耳。寡人亦事勿用矣。矣字舊脫、從蘇校據治要補。對曰、讒夫佞人之在君側者、孫云、文選注作讒佞之人。隱在君側。若社之有鼠也。詳問上九章。諺言有之曰、社鼠不可熏。去此乃治矣。舊無此乃治矣四字、治要同。蘇云、治要無諺言七字、熏作燻。孫云、文選注引有云去此乃治矣。今本去下疑脫四字。黃云、孫頤谷據文選恩倖論注、作去此乃治矣。純一案沈休文奏彈王源注、文與恩倖論同。今據補。讒佞之人、隱君之威以自守也。俞云、古依隱同聲。廣雅釋器曰、衣、隱也。釋名釋衣服曰、衣、依也。是隱與依、聲近誼通。此隱字當讀爲依。依君之威以自守、正與上社鼠之喩相應。純一案俞說亦通。隱當如字讀。匿也。藏也。言讒佞之人、匿藏於君之威權中。足以自保。是故難去焉。故字舊脫、據治要補。蘇云、治要爲作也。載此在問上篇。元刻注云、此章與景公問佞人之事君何如。景公問治國何患三章。大旨同而辭少異。故著于此篇。純一案問佞人事君、問上二十一章。問治國何患、問上九章。

景公問後世孰將踐有齊者晏子對以田氏第十五

景公與晏子立于曲潢之上、于字舊脫、太平御覽七十一引同。今據雜上五章補。望見齊國、問晏子曰、後世孰將踐有齊國者乎。御覽引無國字乎字。晏子對曰、非賤臣之所敢議也。公曰、胡必然也。得者無失、則虞夏常存矣。常、元刻作當。晏子對曰、臣聞見足以知之者、智也。見下舊衍不字、從王校據下文臣奚足以知之刪。見足以知之、言見微知著也。先言而後當者、惠也。孫云、惠與慧通。夫智與惠、君子之事。臣奚足以知之乎。雖然、臣請陳其爲政。君彊臣弱、政之本也。君唱臣和、教之隆也。言君當才德邁衆。刑罰在君、民之紀也。今夫田無宇、二世有功于國、而利取分寡。取通聚。漢書五行志、內取茲爲禽注。寡、說文少也。從宀從頒。頒、分賦也。故爲少。言利聚則分諸孤寡貧乏之人。公室兼之。田氏兼有公室之利。國權專之。國權爲田氏所專。君臣易施。王云、施讀爲移。易移、猶移易也。荀子儒效篇、充虛之相施易也。漢書衛綰傳、人之所施易。施字並讀爲移。倒言之則曰易施。莊子人閒世篇、哀樂不易施乎前是也。陳氏專國。而君失其柄。故曰君臣易施。純一案王說亦通。但據下文家施不及國、是施當如字讀之證。易、謂變易。易繫辭上六爻之義易以貢釋文。君臣易施、言大夫不得施及國人。今施及之與君同。君當施及國人。反不施及與大夫同。是君臣易位、卽其所施而知之。而無衰乎。而從元刻。孫本作能。王云、而卽能字也。能古讀若而、故與而通。今本徑改爲能、而古字亡矣。嬰聞之、臣富主亡。由是觀之、其無宇之後爲幾。爲舊誤無。從俞校據問上八章正。齊國、田氏之國也。嬰老、不能待公之事。公若卽世、政不在公室。公曰、然則奈何。晏子對曰、維禮可以已之。其在禮也、家施不及國。昭二十六年左傳正義曰、大夫稱家。家之所施、不得施及國人、言國人是國君之所有。大夫不得妄施遺之、以樹己私惠。陳氏施及國人、是違禮也。民不懈。貨不移。盧云、左傳作民不遷。農不移。工賈不變。杜注、守常業。士不濫。杜注、不失職。官不謟。左傳作滔。杜注慢也。大夫不收公利。杜注、不作福。正義、大夫不得聚收公利、自作福也。公曰、善。今知禮之可以爲國也。對曰、禮之可以爲國也久矣。可猶所也。與天地並立。杜注、有天地則禮義與。君令臣忠。令、善也。忠、左傳作共。下同。父慈子孝。兄愛弟敬。夫和妻柔。姑慈婦聽。禮之經也。君令而不違。黃云、元刻衍厲字。臣忠而不二。父慈而教。子孝而箴。杜注、箴諫也。兄愛而友。弟敬而順。夫和而義。妻柔而貞。姑慈而從。杜注、從、不自專。婦聽而婉。杜注婉、順也。禮之質也。質、體也。左傳作禮之善物也。公曰、善哉。寡人迺今知禮之尙也。左傳作寡人今而後聞此禮之上也。晏子曰、夫禮先王之所以臨天下也。以爲其民。左傳作先王所稟於天地。以爲其民也。是故尙之。正義曰、先古聖王。以有上下之禮。乃可治其天下。又禮與天地同貴。是以先王上之。元刻注云、此章與景公坐路寢、問誰將有此。景公問魯莒孰先亡、因問後世孰有齊國。晉叔向問齊國之治若何三章。答旨同而辭異。故著于此篇。總一案上文所舉、即本篇第十章。問上八章。問下十七章。而諫下十九章、亦宜參觀。

晏子使吳吳王問君子之行晏子對以不與亂國俱滅第十六

晏子聘于吳。吳王問君子之行何如。晏子對曰、君順懷之。政治歸之。君順於道則懷之。政務圖治則歸之。問下十章云、君子懷不逆之君。居治國之位。不懷暴君之祿。不居亂國之位。二句已見問下十章、居彼作處。君子見兆則退。兆、猶幾。事之先見者也。不與亂國俱滅。不與暴君偕亡。元刻注云、此章與吳王問可處可去。事旨既同。但辭有詳略之異。故著于此篇。總一案文見問下十章。

吳王問齊君僈暴吾子何容焉晏子對以豈能以道食人第十七

晏子使吳。吳王曰、寡人得寄僻陋蠻夷之鄉。希見教君子之行。孫云、希說文作稀。此省文。請私而無爲罪。晏子蹵然辟位。吳王曰、吾聞齊君蓋賊以僈。諫下二章曰、刑殺不辜謂之賊。孫云、僈當爲㥰。說文玉篇無僈字。類篇僈、謨官切。倢也。又莫燕切。惰也。純一案、僈與㥰慢、聲義並同。類篇訓惰、義近。墨子經說上、敬僈連言。亦以僈爲慢。野以暴。兩以字、並與而同義。又與且同義。前二章曰、穿池沼則欲其深以廣也。爲臺榭則欲其高且大也。以且對言、是以猶且之證。吾子容焉。何甚也。晏子遵循而對曰、循字舊脫、孫云、當爲遵循。即逡巡。今據補。臣聞之。微事不通。麤事不能者必勞。問上十五章曰、緩密不能。麤苴不學者詘。大事不得。小事不爲者必貧。問上十五章曰、大者不得。小者不爲者餒。大者不能致人。小者不能至人之門者必困。問上十五章曰、身無以用人。而又不爲人用者卑。此臣之所以仕也。如臣者、豈能以道食人者哉。食、養也。文十八年左傳功以食民注。此句後二十八章兩見。晏子出。王笑曰、嗟乎。今日吾譏晏子猶倮而訾高撅者也。舊訾倒著猶上、撅譌橛。孫云、繹史引或本、作猶倮而訾高橛者。俞云、訾乃譬字之誤。橛乃撅字之誤。高讀爲咎。墨子公孟篇、是猶倮謂撅者不恭也。此即倮而咎撅之義。倮、爲倮體。撅者、揭衣也。撅誠不恭。倮則更甚。故曰譬猶倮而咎撅者也。純一案俞說撅乃撅之誤、是也。謂訾乃譬之誤、高讀爲咎、並非。本文猶字、即具譬義。不必破訾爲譬。高撅、謂撅衣甚高。不必破高爲咎。訾即咎義甚明。不必曲爲之解。今訾從繹史引乙。撅從俞說正。元刻注云、此章與景公問天下之所以存亡。魯君問何事回曲之君三章。或事異而辭同。或旨同而辭異。故著於此篇。純一案上文所舉、即問上十五章、問下十二章。

司馬子期問有不干君不恤民取名者乎晏子對以不仁也第十八

司馬子期。孫云、楚司馬字子期。問晏子曰、士亦有不干君。干、求也。不恤民。恤、憂也。徒居無爲。無所事事。而取名者乎。晏子對曰、嬰聞之、能足以贍上益民而不爲者、謂之不仁。不仁而取名者、嬰未得聞之也。元刻注云、此章與叔向問徒處之義章、旨同而有詳略之異。故著于此篇。純一案徒處之義、即問下二十章。

高子問子事靈公莊公景公皆敬子晏子對以一心第十九

高子問晏子曰、子事靈公莊公景公、皆敬子。三君之心一耶。蘇云、治要作三君一心耶。夫子之心三也。蘇云、治要作耶。也耶同。晏子對曰、善哉問。事君事君二字、疑涉上下文而衍。孫贊於辭、當刪。論語顏淵篇、樊遲問崇德修慝辨惑。子曰善哉問。語氣與此同。嬰聞一心可以事百君。三心不可以事一君。故三君之心非一也。王云、非一也、本作非一心也。與非三心也對文。今本一下脫心字、羣書治要有。純一案非一也、非三也、各承上文心字言、一下三下、均不必有心字。蓋本文如此。今本非三心也、心字乃衍文。治要非一心也、非三心也、兩心字並𠄢贅。當刪。而嬰之心非三心也。三下心字衍。蘇云、治要載此在問下篇。下無。且嬰之于靈公也、盡復而不能立之政。復小爾雅廣言、白也。廣雅釋詁一、語也。盡復而不能立之政、謂盡言于君而不見用也。所謂僅全其四支以從其君者也。幸免於死。及莊公陳武夫、尚勇力、欲辟勝于邪。嗜欲偏辟逾常。而嬰不能禁。故退而野處。野從元刻。孫本作埜。孫云、埜、說文壄。古文野。此省字。純一案野處、謂東畊海濱。嬰聞之、言不用者、不受其祿。不治其事者、不與其難。吾于莊公行之矣。言所以不死崔杼之難。今之君、輕國而重樂。薄于民而厚于養。藉斂過量。掠民財而無節。使令過任。竭民力而不休。而嬰不能禁。嬰庸知其能全身以事君乎。嬰字孫本無。言今能全身否不可知。元刻注云、此章與梁丘據問事三君不同心。孔子之齊不見晏子。旨同而辭少異。故著于此篇。純一案問下二十九章、外下三章四章旨同。

晏子再治東阿上計景公迎賀晏子辭第二十

晏子治東阿、三年、景公召而數之曰、數、責也。漢書項籍傳集注。吾以子爲可、而使子治東阿。今子治而亂。子退而自察也。寡人將加大誅于子。誅、責也。襄三十一年左傳誅求無時注。晏子對曰、臣請改道而行、而治東阿、三年不治、臣請死之。景公許之。之字舊脫、從盧校據說苑補。于是明年上計。孫云、漢書武帝紀、受計於甘泉。顏師古注、受郡國所上計簿也、若今之諸州計帳也。景公迎而賀之曰、甚善矣。子之治東阿也。晏子對曰、前臣之治東阿也、屬託不行、一秉至公。貨賂不至。陂池之魚、以利貧民。當此之時、民無飢者。者字舊脫、從盧俞校據說苑補。君反以罪臣。說苑君上有而字。今臣後之治東阿也、治字舊脫、從盧校據說苑補。屬託行、貨賂至、並重賦斂。孫云、並重說苑作並會是。倉庫少內。內、納同。言賦斂于民者甚重、而納于倉庫者甚少。便事左右。左右、君所寵倖者。陂池之魚、入于權家。家舊譌宗。從王校據說苑改。案文選任彥昇爲蕭揚州作薦士表注、引說苑晏子曰。陂池之魚。入於勢門。當此之時、飢者過半矣。君迺反迎而賀臣。臣愚不能復治東阿。舊少一臣字。王云、君迺反迎而賀臣絕句。與上君反以罪臣對文。臣下當更有一臣字、屬下句讀。今本脫一臣字、則文義不明。說苑亦脫臣字。純一案王說是、今據補。願乞骸骨。乞賜骸骨以歸。避賢者之路。再拜便辟。辟舊譌僻、從盧校據說苑改。辟讀爲避。謂將避去。景公迺下席而謝之曰、子彊復治東阿。彊、勉也。東阿者、子之東阿也。寡人無復與焉。孫云、說苑政理篇用此文。元刻注云、此章與晏子再治東阿而見信、景公任以國政章。旨同而述辭少異。故著于此篇。純一案說見雜上第四章。子華子北宮子仕篇載此事。

太卜紿景公能動地晏子知其妄使卜自曉公第二十一

景公問太卜曰、汝之道何能。對曰、臣能動地。孫云、高誘注淮南子、動、震也。公召晏子而告之曰、淮南道應訓、論衡變虛篇、均作晏子往見公。公曰。寡人問太卜曰汝之道何能。對曰、能動地。地可動乎。黃云、論衡引、可上有固字。晏子默然不對。出。見太卜曰、昔吾見鉤星在四心之間。孫云、淮南作句星在房心之間。高誘注句星、客星也。房、駟。句心守房心、則地動也。駟字此作四、通。黃云、淮南及論衡、並作房心。音義作四星誤。洪云、史記天官書、免、一名鉤星。出房心間地動。房爲天駟。四與駟通、即房星也。又房四星、而稱爲四。亦猶心三星、而詩稱爲三也。義亦得通。地其動乎。太卜曰然。晏子曰、吾言之、恐子之死也。之死舊倒、從盧校乙。默然不對、恐君之惶也。王云、此惶字與惑同義。言恐君爲子之所惑也。惶惑語之轉、字亦作遑。後漢書光武紀曰、遑惑不知所之。蜀志呂凱傳曰、遠人惶惑、不知所歸。是惶與惑同義。淮南道應篇、作恐公之欺也。欺與惑義亦相近。子言、君臣俱得焉。謂子自言於君、則君不惶、臣不欺、亦可免子之死、故曰君臣俱得。忠于君者、豈必傷人哉。晏子出。太史走入見公曰、臣非能動地、地固將動也。陳子陽聞之曰、孫云、淮南作田子陽。高注田子陽齊臣也。晏子默而不對者、不欲太卜之死也。往見太卜者、恐君之惶也。晏子仁人也。可謂忠上而惠下也。孫云、淮南道應訓用此文。元刻注云、此章與柏常騫禳梟死、將爲公請壽、晏子識其妄章。旨同而辭異。故著於此篇。純一案論衡變虛篇、亦用此文。柏常騫請壽、即雜下四章。

有獻書譖晏子晏子二字當重退耕而國不治復召晏子第二十二

晏子相景公、其論人也、見賢而進之、而同則。治要作即。不同君所欲。君所欲者譏諛耳。見不善則廢之、不辟君所愛。辟讀若避。晉語八、趙武子事君。不援而進。不阿而退。義略同。行己而無私、直言而無諱。治要引止此。載雜下。

有納書者。標題有字本此。案標題有字、義與或同。春秋穀梁隱三年傳曰、有內辭也。或外辭也。則有與或皆爲一分之義。毛詩商頌玄鳥、奄有九有。文選册魏公九錫文。李注引韓詩作九域、有域一聲之轉。國語魯語、共工氏之伯九有也。注有、域也。或古域字。吾友陳敦復云、孟子萬章、有饋生魚於鄭子產。禮檀弓、有愛而哭之、有畏而哭之。三有字義並與或同。曰、廢置不周于君前謂之專。俞云、不周當爲不由。廢置不由於君前、故爲專也。純一案周疑問之形誤。出言不諱于君前謂之易。之從孫本。元刻脫。易、猶違。呂氏春秋禁塞篇、古之道也不可易注。專易之行存、則君臣之道廢矣。吾不知晏子之爲忠臣也。公以爲然。晏子入朝、公色不說。故晏子歸、備載。孫云、備同犕。犕載、言犕駕也。使人辭曰、嬰故老悖無能、毋敢服壯者事。雜上五章云、嬰故老耄無能也。請毋服壯之事。毋語助。同此。辭而不爲臣。退而窮處。二句已見問上二章。東耕海濱。雜上一章、作東耕于海濱。堂下生藜藿。門外生荊棘。二句已見問上二章。彼作蓼藿。蘇云、藿當爲藋。七年。燕魯分爭。百姓惛亂。雜上五章、作百姓大亂。而家無積。室如縣磬。公自治國。權輕諸侯。諸侯輕之。身弱高國。身弱于齊之卿族高國二氏。劉云、此文錯簡、當作七年而家無積。公自治國。權輕諸侯。身弱高國。燕魯分爭。百姓惛亂。純一案劉說是。公恐。復召晏子。此句雜上五章同。晏子至。公一歸七年之祿。一、皆也。而家無藏。盡以分貧。晏子立。諸侯忌其威。高國服其政。二句已見雜上五章。燕魯貢職。小國皆朝。皆、元刻作時。晏子沒而後衰。元刻注云。此章與景公惡故人晏子退章、旨同。敍事少異。故著于此篇。純一案說見雜上五章。

晏子使高糾治家三年而未嘗弼過逐之第二十三

晏子使高糾。糾從孫本。元刻作糺。孫云、糾、今本作糺、即糾字壞也。說苑作繚、音之轉。治家三年而辭焉。說苑臣術篇、作高繚仕於晏子。晏子逐之。儐者諫曰、儐者、說苑作左右。高糾之事夫子三年。北堂書鈔三十二、引作高僚仕於晏子三年。無故、晏子逐之。左右陳曰、高僚事子三年。曾無以爵祿而逐之。敢請其罪。說苑作其義可乎。書鈔同。晏子曰、若夫方立之人。易恆大象曰、君子以立不易方。正義曰、君子立身。得其恆久之道。故不改易其方。方、猶道也。若夫方立之人、謂若彼以道立身之人。維聖人而已。說苑書鈔、均無此二句。

如嬰者、仄陋之人也。仄、古側字。漢書賈誼傳集注。側陋者、僻側淺陋也。書堯典明明揚側陋疏。別雅五云、温子昇舜廟碑、感夢長倉。明敭仄陋 即用虞書明揚側陋語也。並引說苑臣術篇晏子此語、以爲同證。若夫左嬰右嬰之人。左右云者、偏彌之謂。不舉四維。四維將不正。四從孫本。元刻譌曰。二本並脫四維二字、文義不完。今校增。管子牧民篇曰、守國之度。在飾四維。四維不張。國乃滅亡。何謂四維。一曰禮。二曰義。三曰廉。四曰恥。孫云、說苑作有四維之。然後能直。今此子事吾三年、未嘗弼吾過也。此知晏子在在繩墨自矯。吾是以辭之。元刻注云、此章與景公欲見高糾章、旨同而辭少異。故著于此篇。純一案高糾事、見雜上二十八章二十九章。說苑臣術篇用此文。

景公稱桓公之封管仲益晏子邑辭不受第二十四

景公謂晏子曰、昔吾先君桓公予管仲狐與穀、其縣十七。狐穀、皆地名。著之于帛。申之以策。策、簡書也。通之諸侯。以爲其子孫賞邑。寡人不足以辱而先君。而、女也。今爲夫子賞邑。通之子孫。通涉上文而誤。疑當作遺。晏子辭曰、昔聖王論功而賞賢。賢者得之。不肖者失之。墨子尙賢上篇曰、以勞殿賞。量功而受祿。故官無常貴。而民常賤。有能則擧之 無能則下之。義同。御德修禮。御、進也。無有荒怠。今事君而免于罪者、其子孫奚宜與焉。今嬰事君、無功可言。差幸免於罪耳。其子孫奚宜與受賞邑。蓋晏子之意、甚不以世祿爲然。若爲齊國大夫者、必有賞邑。則齊君何以共其社稷、與諸侯幣帛。若僅列爲大夫必有賞邑。則齊邑不足賞。君何以供社稷之祭用、與交四鄰諸侯幣帛之需。問下十二章、魯昭公謂晏子使齊外無諸侯之憂。內無國家之患。不伐功焉。歉然不滿。可謂知言。嬰請辭。遂不受。元刻注云、此章與景公致千金而晏子固不受、使田無宇致封邑晏子辭章。旨悉同而辭少異 故著于此篇。純一案雜下十八章、十九章、二十章、大旨並同。

景公使梁丘據致千金之裘晏子固辭不受第二十五

景公賜晏子狐之白裘、狐之白裘、文不成義。疑本作白狐之裘。與玄豹之冠儷文。孫云、墨子親士篇、千鎰之裘、非一狐之白也。玄豹之茈、玄、各本避清諱作元、今改正。玄豹之茈不成文、茈疑冠之形誤。下章云、晏子布衣鹿裘以朝。禮檀弓下云、晏子一狐裘三十年。禮器云、晏平仲澣衣濯冠以朝。晁沖之閑居詩、荒蕪蔣詡徑。破敝晏嬰冠。足證其裘冠之惡。其貲千金、使梁丘據致之、晏子辭而不受、三反。孫云、反一本作返。公曰、寡人有此二、將欲服之、今夫子不受、寡人不敢服。雖下廿五章執車言、夫子不受、寡人亦不乘。與其閉藏之、豈如弊之身乎。與其閉藏而弊、何若服而弊之爲愈。晏子曰、君就賜、就、成也。使嬰修百官之政、君服之上、而使嬰服之于下、不可以爲教。蘇云、此言君服此裘于上、臣服此裘于下、則是同君。恐奢侈之民、皆從而效之。故云不可爲教。上篇今輅車乘馬、君乘之上。而臣亦乘之下云云。義正同此。固辭而不受。元刻注云、此章與景公使梁丘據遺之車馬三返不受章、皆同而事少異。故著於此篇。純一案、雖下二十五章及下章、旨並同。

晏子衣鹿裘以朝景公嗟其貧晏子稱有飾第二十六

晏子相景公、布衣鹿裘以朝。洪云、呂氏春秋貴生篇、顏闔守閭、鹿布之衣。鹿卽麤字之省。莊子讓王篇、作苴布之衣。苴卽麤字。此鹿裘亦謂麤裘也。公曰、夫子之家、若此其貧也。北堂書鈔百二十九引此文同。是奚衣之惡也。兩也字俱讀邪。寡人不知、是寡人之罪也。晏子對曰、嬰聞之、蓋顧人而後衣食者不以貪味爲非、蓋顧人而後行者不以邪僻爲累。僻、元刻作辟。晏子尙儉。惡衣服、菲飲食、遵焉敎也。此文不以貪味爲非、不以邪僻爲累、紕繆顯然。貪味屬食言、不得屬衣言。衣食之間、又有脫句甚明。疑本作嬰聞之。顧人而後衣者、不以麤布爲惡。顧人而後食者、必以貪味爲非。顧人而後行者、尤以邪僻爲累。今本衍兩蓋字、衣下脫者不以麤布爲惡顧人而後十一字。一必字、一尤字、俱譌作不。則義不可通矣。顧人而後衣二句、承上奚衣之惡言。爲本章之主。食行二義、皆賓也。故下文專以布衣鹿裘、有飾作結。嬰不肖、嬰之族、又不如嬰也、待嬰以祀其先人者、五百家、此文已見問下十二章。嬰又得布衣鹿裘而朝。于嬰不有飾乎。再拜而辭。四字衍、無謂。當删。元刻注云、此章與陳無宇請浮晏子。景公睹晏子之食而嗟其貧章。皆同而辭少異。故著于此篇。純一案文見雜下十二章、又二十六章。盧云、此章吳本缺。

仲尼稱晏子行補三君而不有果君子也第二十七

仲尼曰、靈公汙、晏子事之以整齊。莊公壯、晏子事之以宣武。景公奢、晏子事之以恭儉。晏子、二字舊脫、從孫校據孔叢補。君子也。孫云、孔叢詰墨篇、孔子曰、靈公汙而晏子事之以潔。莊公怯而晏子事之以勇。景公侈而晏子事之以儉。晏子、君子也。此作莊公壯、與孔叢言怯者不合。莊公好勇、疑作怯之誤。盧云、左傳齊侯既伐晉而懼。則怯字亦非誤。純一案此文壯、孔叢作怯。怯與武勇、義正相反。以上下文例之、怯字近是。顧晏子不尚武、此云事之以宣武。孔叢云事之以勇。似均不合。然此云宣武者、謂宣明止戈爲武。孔叢作勇者、謂如君子之勇。（雜上三章晏子曰劫吾以刃而失其志非勇也太平御覽四百三十七引胡非子云夫曹劌匹夫徒步之士布衣柔履之人也唯無怒一怒而劫萬乘之師存千乘之國此謂君子之勇勇之貴者也）非匹夫之勇、敵一人者比。則與晏子非攻之旨符合矣。蓋莊公之壯、非君子之勇。正晏子欲行禮義之勇以止之者也。觀諫上一章、莊公奮乎勇力不顧行義可證。又十七章曰、使勇者常守之。則莊公靈公將常守之矣。問下十五章曰、莊公好兵作武。前十九章曰、莊公陳武夫、尙勇力。皆此云莊公壯之明徵。然則本文壯字不誤。孔叢作怯、直是壯之誤字。相三君而善不通下。善教不通行於下晏子、細人也。細、小也。晏子聞之、見仲尼。仲尼曰、嬰聞君子有譏于嬰、是以來見。如嬰者、豈能以道食人者哉。此句已見前十七章。嬰之宗族、待嬰而祀其先人者數百家、與齊國之簡士、簡舊作閒、今校改。說見雜下十二章。待嬰而舉火者數百家。嬰爲此仕者也。嬰舊作臣、晏子對孔子。不得稱臣。即訓臣爲僕亦不諧。今校改。下同。與上文一律。如嬰者、豈能以道食人者哉。前十九章云、嬰於靈公盡復而不能立之政。及莊公欲辟勝於邪、而嬰不能禁。今君輕國而重樂、嬰又不能禁。是皆晏子對孔子、難言之隱衷也。晏子出、仲尼送之以賓客之禮、再拜其辱。反、命門弟子曰、救民之姓而不夸。黃云、姓與生古通。行補三君而不有。不有、不自有其功也。晏子、果君子也。孫云、已上二章、黄之寀本淩澄初本皆删去。今據沈啓南本補入。餘篇次第亦多錯亂、皆訂正。盧云、吳本缺此章。元刻注云、此章與仲尼之齊不見晏子、魯君問何事回曲之君章。旨同而述辭少異。故著於此篇。

純一案外下三章四章、問下十二章、旨並同。

晏子春秋校注卷八

漢陽張純一仲如

外篇不合經術者第八凡十八章盧云、吳本不分。蘇云、舊以此與上篇並合爲一卷。意在合七略之數。

仲尼見景公景公欲封之晏子以爲不可第一盧云、吳本作廿八。

仲尼之齊、見景公。景公說之、欲封之以爾稽、孫云、爾稽墨子作尼谿。尼爾、稽谿、聲皆相近。以告晏子。晏子對曰、不可。彼浩裾自順、孫云、浩裾墨子作浩居。史記作倨傲。洪云、浩裾即傲倨假借字。不可以教下。好樂緩于民。緩從孫本。元刻作綏。孫云、今本緩作綏、非。鹽鐵論作繁於樂而舒於民。因舒知爲緩字。黃云、墨子非儒篇、作好樂而淫人。不可使親治。恐廢於聽治。立命而怠事。怠舊譌建、孫云、墨子作怠是。言恃命而怠于事也。純一今據正。案建爲逮之形誤。逮古通怠。不可使守職。使字舊脫、從盧黃校據墨子補。言恐不勤於職守。厚葬、破民貧國。謂破民之財、而使國貧。久喪、循哀費日。循舊譌道、孫云、墨子作宗喪循哀。孔叢作崇喪遂哀。王云、道當作遁、遁與循同。墨子作宗喪循哀、不可使慈民。文義正與此同。問上十一章曰不淫于樂。不遁於哀。即循哀也。循之言遂也。遂哀、謂哀而不止也。說見諫下廿一章修哀下。純一今從孫王校正。不可使子民。孫云、墨子作慈民。子當讀爲慈。行之難者在內、平天下易。平自心難。管子有內業、心術、白心等篇。可爲行難在內之證。易繫辭上曰、无思无爲。寂然不動。感而遂通天下之故。墨子尙賢中曰、聖人之德總乎天地。皆攝外於內。知行之難在內矣。黃初云、王文成曰、破山中賊易。破心中賊難。而儒者無其外。儒舊譌傳、盧校作儒。黃云、盧校是。下四章始吾望儒而貴之。今吾望儒而疑之。無其外、無讀爲嫵。說文嫵、媚也。嫵其外、即下所謂異于服。勉于容。故異于服。勉于容。異其服制。勉飾外容。孫云、墨子作機服勉容。不可以道衆、孫云、道墨子作導。而馴百姓。馴古訓字。史記孝文本紀敎馴其民正義。自大賢之滅、周室之卑也、威儀加多、而民行滋薄。重禮文。失禮意。故老子曰、禮者忠信之薄而亂之首。聲樂繁充、而世德滋衰。墨子三辯篇曰、其樂逾繁者其治逾寡。今孔丘盛聲樂以侈世。孫云、墨子作盛容修飾以蠱世。飾弦歌鼓舞以聚徒。繁登降之禮以示儀。以示儀三字舊脫、從孫校據墨子補。務趨翔之節以觀衆。務字舊脫、據墨子補。孫云、墨子作勸衆。博學不可以儀世。王云、言孔子博學而不可爲法於世。勞思不可以補民。言無裨益于民。元刻脫以字。兼壽不能殫其教。譏其博而寡要。孫云、墨子作絫壽不能盡其學。當年不能究其禮。言其禮繁而難遵。孫詒讓注墨子云、當年、壯年也。孫云、究墨子作行。積財不能贍其樂。積財不足以供樂舞之費。繁飾邪術以營世君。孫云、高誘注淮南、營、惑也。盛爲聲樂以淫愚民。民上舊衍其字、據墨子刪。與上句文同一例。淫、謂侈其性也。其道也不可以示世。元刻脫其道二字及世字。其教也不可以導民。墨子無兩也字。鹽鐵論論誹篇、晏子有言。儒者華於言而寡於實。繁於樂而舒於民。久喪以害生。厚葬以傷業。禮煩而難行。道近而難遵。大旨與此章同。今欲封之以移齊國之俗。孫云、移墨子作利。非所以導衆存民也。孫云、墨子作導國先衆。公曰、善。于是厚其禮。留其封。封字舊脫、孫據墨子增。敬見而不問其道。各本見下而字、倒著留其封上。句法不調。今據墨子乙。仲尼迺行。孫云、墨子非儒篇、此作孔子乃恚。怒於景公與晏子。乃樹鴟夷子皮於田常之門。告南郭惠子以所欲爲。歸於魯云云。疑本晏子春秋。後人以其詆譏孔子、乃刪去其文。改爲仲尼迺行四字。墨子非儒篇、又載齊景公問晏子曰。孔子爲人何如。晏子不對。公又問。復不對。景公曰、以孔丘語寡人者衆矣。俱以賢人也。今寡人問之。而子不對。何也。晏子對曰、嬰不肖。不足以知賢人。雖然、嬰聞所謂賢人者。入人之國。必務合其君臣之親。而弭其上下之怨。孔丘之荊。知白公之謀。而奉之以石乞。君身幾滅。而白公僇。嬰聞賢人得上不虛。得下不危。言聽於君必利人。教行於下必利上。是以言明而易知也。行明而易從也。行義可明乎民。謀慮可通乎君臣。今孔丘深慮同謀以奉賊。勞思盡知以行邪。勸下亂上。教臣殺君。非賢人之行也。入人之國。而與人之賊。非義之類也。知人不忠。趣之爲亂。非仁義之本也。逃人而後謀。避人而後言。行義不可明於民。謀慮不可通於君臣。嬰不知孔丘之有異於白公也。是以不對。景公曰、嗚呼。貺寡人者衆矣。非夫子、則吾終身不知孔丘之於白公同也。亦晏子春秋本文、後人刪去者。疑在此章之前、據墨子知之。純一案孫說未足據。何也。墨子非儒篇、孔子怒於景公與晏子。乃樹鴟夷子皮於田常之門。蘇時學注云、據史記范蠡亡吳後。乃變易姓名。適齊。爲鴟夷子皮。然亡吳之歲乃孔子卒後六年。景公卒後十七年。又安知蠡之適齊而樹之田氏之門乎。此眞齊東野人之語也。又知白公之謀云云。畢沅注云、孔叢詰墨云、白公亂在哀公十六年秋　孔子已卒十旬。蘇時學云、此誣罔之辭。殊不足辨。嗟據白公之亂、在景公卒後十二年。而晏子卒更在景公之先。又安能預知後事。而先與景公言之。案蘇說是也。據史記齊世家、晏子先景公卒十年。亡吳之歲、在晏子卒後二十七年。白公之亂、在晏子卒後二十二年。其說不能見信於後人、故本書不取、專就儒家旨趣異於墨者而非之。此知晏子當歸墨家。墨子非儒之文、凡本書所無者、皆後人增成之。元刻注云、此並下五章、皆毀詆孔子。殊不合經術。故著於此篇。

景公上路寢聞哭聲問梁丘據晏子對第二盧云、吳本作廿九。

景公上路寢、聞哭聲。曰、吾若聞哭聲、何爲者也。梁丘據對曰、魯孔丘之徒鞠語者也。鞠從元刻。孫本作鞫。孫云、姓鞫名語、疑卽皋魚。皋魚聲相近。總一案鞠語似非姓名、文有譌奪。明于禮樂、審于服喪。其母死、葬埋甚厚。孫云、埋當爲薶。俗从土。服喪三年、哭泣甚疾。疾、痛也。公曰、豈不可哉。而色說之。現喜悅之色。晏子曰、古者聖人、非不知能繁登降之禮、知下能字疑衍。下並同。制規矩之節。周旋中規。折旋中矩。行表綴之數、表、表敬也。綴、綴淫也。以教民、以爲煩人留日。留、滯也。故制禮不羨于便事。孫云、言便事而已。不求餘也。非不知能揚干戚鐘鼓竽瑟以勸衆也、勸衆當作觀衆。以爲費財留工。留、稽遲也。故制樂不羨于和民。樂以和民而已。不淫樂以妨民事。非不知能累世殫國以奉死、哭泣處哀以持久也、而不爲者、知其無補死者、而深害生者。旣埋已成之財。又禁後生之財。故不以導民。今品人說文品、衆庶也。飾禮煩事、徒飾禮文。不憚煩以從事。羨樂淫民、淫溢康樂。以修民心。崇死以害生、三者、聖王之所禁也。賢人不用、德毀俗流。儉德毀滅。奢俗流行。故三邪得行于世。三邪者、飾禮羨樂崇死也。是非賢不肖雜、問上三十章曰、爲政何患。患善惡之不分。上妄說邪、上心多妄。樂與邪僻。故好惡不足以導衆。好惡失其正故。此三者、路世之政、單事之教也。單從元刻。黃云、凌本同孫本作道。王引之曰、作單者是也。單讀爲癉。爾雅癉、病也。字或作𤺺。大雅板篇、下民卒癉。毛傳曰癉、病也。路與單義相近。方言露、敗也。路露古字通。言此三者、以之爲政則世必敗。以之爲教則事必病也。洪云、曾子戒篇、握路家五十室。周書皇門解、自露厥家。路與露同。羸也。路世、猶言衰世也。單事與路世對言之。俗本改作道事之敎。非是。蘇云、荀子議兵篇、路亶者也。亶與單一聲之轉。義一而已。彼以路亶連文。此以路單對文。乃古義。道字直是誤文。公曷爲不察聲受而色說之。聞聲而色喜。

仲尼見景公景公曰先生奚不見寡人宰乎第三盧云、吳本作三十。

仲尼游齊、見景公。景公曰、先生奚不見寡人宰乎。孫云、孔叢引墨子、作先生奚不見晏子乎。仲尼對曰、臣聞晏子、事三君而得順焉。是有三心。所以不見也。仲尼出、景公以其言告晏子。晏子對曰、不然。非嬰爲三心。三君爲一心故。非字舊脫、從王校補。三君皆欲其國家之安。一也。是以嬰得順也。嬰聞之、是而非之、當譽而誹。非而是之、當誹而譽。猶非也。均不是也。孔丘必據處此一心矣此文疑本作孔丘必處一於此矣。言以是爲非、或以非爲是、皆非眞也。孔丘必處一於此矣。孟子公孫丑下、前日之不受是。則今日之受非也。今日之受是。則前日之不受非也。夫子必居一於此矣。義與此同。今本此上脫于字、衍據字心字、一又倒著此下、義不可通。此與下章並問下二十九章外上十九章旨同。

仲尼之齊見景公而不見晏子子貢致問第四盧云、吳本作三十一。

仲尼之齊、見景公而不見晏子。子貢曰、見君不見其從政者、可乎。仲尼曰、吾聞晏子事三君而順焉、吾疑其爲人。晏子聞之曰、嬰則齊之世民也。嬰世爲大夫。自稱世爲齊民。謙也。不維其行、不識其過、不維持其正行而常之、不自識其過失而改之。不能自立也。不能自立于齊而保其身家。嬰聞之、有幸見愛、無幸見惡、非可愛而愛、不當惡而惡。誹譽爲類、譽從元刻。孫本作謗、非。言誹明惡。譽明美。以類相從。非若愛惡之無德。聲響相應。如響應聲。見行而從之者也。墨子脩身篇曰、名譽不可虛假。反之身者也。嬰聞之、以一心事三君者所以順焉。君雖有三。而事之之心。欲其國之安無二致。是其所以爲順也。以三心事一君者不順焉。設嬰果有三心。不惟事三君不順。卽事一君亦必不順。今未見嬰之行、而非其順也。也同邪。今未見嬰所以順之實。輒譏嬰以順之名邪。嬰聞之、君子獨立不慚于影。孫云、影當爲景。獨寢不慚于魂。禮中庸曰、君子內省不疚。無惡於志。是其義。文選恨賦注、引作君子獨寢不慚於魂。孔子拔樹削迹、史記孔子世家、孔子與弟子習禮大樹下。宋司馬相魋欲殺孔子。拔其樹。孔子去。不自以爲辱。身窮陳蔡、身字舊脫、據孔叢詰墨篇補。窮、指絕糧七日言。不自以爲約。以內無慚於衾影故。非人不得其故、今譏人不了知其所以然。是猶澤人之非斤斧、山人之非網罟也。是猶水濱之人。惟自窨其網罟之用。而非山人之斤斧。山居之人。惟自窨其斤斧之用。而非澤人之網罟。無當也。斧罟爲韻。出之其口、率爾鼓舌。不知其困也。不知實行者之困難。始吾望儒而貴之、今吾望儒而疑之。兩儒字舊譌傳、孫據孔叢改。仲尼聞之曰、語有之言發于爾、孫云、爾邇同。不可止于遠也。輪語顏淵篇曰、駟不及舌。行存于身、不可掩于衆也。墨子脩身篇曰、君子以身戴行者也。禮大學曰、十目所視。十手所指。其嚴乎。吾竊議晏子、而不中夫人之過、竊議、私議也。不中、不適當也。吾罪幾矣。吾不免於罪矣。丘聞君子過人以爲友、不及人以爲師。君子德過於人。則以其人爲友。德不及於人。則以其人爲師。今丘失言于夫子、夫子、指晏子。夫子譏之、是吾師也。夫子舊不重、王云、譏之上當更有夫子二字。而今本脫之、則文義不明。上文曰君子不及人以爲師。故此曰夫子譏之、是吾師也。總一今據補。荀子修身篇、非我而當者吾師也。因宰我而謝焉、宰我、言語之科。謝、認過也。然仲尼見之。然下當有後字。孫云、孔叢詰墨用此文。

景公出田顧問晏子若人之衆有孔子乎第五 盧云、吳本作三十二。

景公出田。寒、故以爲渾。孫云、此溫字假音。猶顧而問晏子曰、若人之衆、則有孔子焉乎。晏子對曰、有孔子焉則無有若舜焉。此六字與上下文氣俱不貫。疑本作若問有無舜焉。言此衆人之中有孔子。若問有無舜、則嬰不識。下句同。今本問譌則、有無倒、若著有下、義不可通。則嬰不識。公曰、孔子之不逮舜爲閒矣。閒、遠也。淮南子俶眞訓、則醜美有間矣高誘注。曷爲有孔子焉、則無有若舜焉則嬰不識晏子對曰、是迺孔子之所以不逮舜。孔子、行一節者也。言孔子僅能行舜之一節。處民之中、其過之識、其過之識、疑本作其識不能過之。謂其知識不遠過於衆人。今本識字倒著之下、又脫不能二字、文不成義。況處君子之中乎。舊作況乎處君之中乎、王云、處君之中、本作處君子之中。下文曰舜者處民之中、則自齊乎士。處君子之中、則齊乎君子。是其證。今本脫子字、則義不可通。純一案王說是。惟謂脫子字、未審。況下乎字、卽子之譌而誤倒者。今乙正。舜者處民之中、則自齊乎士。處君子之中、則齊乎君子。上與聖人、增韻、與、及也。則固聖人之林也。孫云、林一本作材。此迺孔子之所以不逮舜也。

仲尼相魯景公患之晏子對以勿憂第六盧云、吳本作三十三。

仲尼相魯、景公患之、謂晏子曰、末章晏子沒後十有七年、景公飲諸大夫酒云云。是晏子先景公卒十七年。此似未足據。據史記齊世家、晏子先景公卒十年。當景公四十八年。卽魯定公十年。據孔子世家、定公十四年孔子相魯。時晏子已卒。據十二諸侯年表、齊歸魯女樂。在定公十二年。亦晏子卒後事。此文不足信。鄰國有聖人、敵國之憂也。今孔子相魯、若何。北堂書鈔四十九引、若何上有爲之二字。孔廣陶校云、全椒吳氏倣宋本晏子、無爲之二字。陳本兪本同。晏子對曰、君其勿憂。彼魯君、弱主也。弱主、昏庸無能之謂。孔子、聖相也。君不如陰重孔子、設以相齊。孫云、孔叢設作欲。純一案設者、虛假之詞。設以相齊、蓋陰謀也。孔子彊諫而不聽、必驕魯而有齊。孫云、有齊、孔叢作適齊。疑有當爲適、盧云、有猶特也。君勿納也。夫絕于魯、無主于齊、孔子困矣。居期年孔子去魯之齊，景公不納，故困于陳蔡之閒。孫云、孔叢詰墨用此文。元刻注云、此上五章皆毀詆孔子。而此章復稱爲聖相。設相齊以困孔子。似非平仲之所宜。故著於此篇。

景公問有臣有兄弟而彊足恃乎晏子對不足恃第七盧云、吳本作三十四。

景公問晏子曰、有臣而彊、足恃乎。晏子對曰、不足恃。有兄弟而彊、足恃乎。晏子對曰、不足恃。公忿然作色曰、吾今有恃乎。晏子對曰、有臣而彊、無甚如湯。湯有臣伊尹仲虺。女鳩女房。義伯仲伯。（見史記殷本紀）可謂強矣。有兄弟而彊、無甚如桀。無攷。湯有弒其君、桀有亡其兄二句義不可曉。豈以人爲足恃。舊衍哉字、蓋後人不知下文也與邪同、二句當連讀。妄增之。今校刪。可以無亡也。孫云、强湯兄亡爲韻。此章及下六章、俗本刪去。元刻注云、此章景公問臣並兄弟之強。而晏子對以湯桀。無以垂訓。故著於此篇。此章下舊有與字。俞云、此與字似不當有。寫者依他篇增之。而不知其非。純一今據刪。盧云、吳勉學本缺此與下六章。元刻本、沈啓南本、吳懷保本、皆有。

景公遊牛山少樂請晏子一願第八盧云、吳本作三十五。

景公遊于牛山、少樂。公曰、請晏子一願。晏子對曰、不。孫云、不讀如否。嬰何願。公曰、晏子一願。對曰、臣願有君而見畏。願有君見之而生敬畏。有妻而見歸。婦人謂嫁曰歸。有子而可遺。燕翼詒謀。孫云、畏歸遺爲韻。純一案古音諧五齊引此。公曰、善乎晏子之願也。也字舊脫、從蘇校補。與下文同一例。載一願。載與再通。晏子對曰、臣願有君而明。有妻而材。家不貧。有良鄰。有君而明、日順嬰之行。嬰字當在日順上。言嬰日順承明君之令以爲行。今似言明君日順嬰之意以爲行、非。有妻而材、則使嬰不忘。明行忘爲韻。古音諧十六庚引此。家不貧、則不慍朋友所識。似言家不貧。則可周濟朋友所識、使無慍怒。有良鄰、論語里仁篇曰、里仁爲美。則日見君子。

相覯摩而善。嬰之願也。公曰、善乎晏子之願也。載一願。三字舊脫、從劉校補。晏子對曰、臣願有君而可輔。輔當作俌。有妻而可去。去、藏也。前漢蘇武傳、掘野鼠去草實而食之注去、收藏也。但有妻而可藏、與有妻而見歸、義鄰於複。去或當訓離訓棄。謂有妻設不願相偕、即可自由離去。如雜上廿五章、晏子之御。其妻請去。其例也。晏子思想平等。或對景公爲此戲言、亦不足怪。然雜下廿四章、景公欲納愛女。晏子不倍老妻之託而辭之。後第十章斥田無宇云、去老者謂之亂。納少者謂之淫。見色而忘義。處富貴而失倫。謂之逆道。知晏子之平等。必不背正義也。有子而可怒。墨子耕柱篇、子墨子怒耕柱子。怒、猶責也。即責備賢者之責。孫云、輔去怒爲韻。純一案古音諧十二魚上聲引此。公曰、善乎晏子之願也。元刻注云、此章載晏子之願如此。無以垂訓。故著於此篇。純一案元刻載譌裁、從盧校改。盧云、吳本缺此章。

景公爲大鍾晏子與仲尼柏常騫知將毁第九 盧云、吳本作三十六。

景公爲大鍾、將縣之。晏子、仲尼、柏常騫、初學記十六引晏子在柏常騫下。三人朝。俱曰。孫云、初學記作三人俱來朝皆曰。鍾將毀。衝之、果毀。孫云、衝讀如撞。初學記作撞。純一案太平御覽五百七十五、引作仲尼柏常騫晏子三人俱朝。曰鍾將毀之。撞、果毀。公召三子者而問之。者字疑衍。御覽作公見三子問之。無者字可證。初學記無而字。晏子對曰、鍾大、不祀先君而以燕。非禮。是以曰鍾將毀。此以神道設教。仲尼曰、鍾大而縣下、衝之其氣下回而上薄。初學記作其氣不得上薄。是以曰鍾將毀。此就物理言之。柏常騫曰、今庚申、初學記今下有日字。雷日也。音莫勝於雷。音、御覽初學記並作陰。是以曰鍾將毀也。此陰陽家言、殊不足信。元刻注云、此章與景公爲泰呂成、將燕饗、晏子諫章。旨同而尤近怪。故著於此篇。純一案元刻成譌臣、據明本改。盧校同。景公爲泰呂成、即諫下十二章。盧云、吳本缺此章。

田無宇非晏子有老妻晏子對以去老謂之亂第十 盧云、吳本作三十七。

田無宇見晏子獨立于閨內。有婦人出於室者。盧云、韓詩外傳九、非晏子之妻。乃其妻之使人爲近理。髮、班白、衣緇布之衣、而無裏裘。韓詩外傳作晏子之妻使人。布衣紵表。田無宇譏之曰、出於室何爲者也。何爲舊倒、王云、當作何爲者也。言此出於室者、何等人也。今本作爲何者也、則文不成義。韓詩外傳正作何爲者也。純一今據乙。晏子曰、嬰之家也。韓詩外傳作家臣也。無宇曰、位爲中卿、食田七十萬。食字舊脫、據韓詩外傳補。何以老妻爲。妻爲舊倒、王云、當作何以老妻爲。言富貴如此、何用老妻爲也。今作何以老爲妻、則文不成義。韓詩外傳作何用是人爲、文義亦同。純一今據乙。對曰、嬰聞之、去老者謂之亂。納少者謂之淫。且夫見色而忘義。處富貴而失倫。謂之逆道。嬰可以有淫亂之行。不顧于倫。逆古之道乎。韓詩外傳作棄老取少謂之瞀。貴而忘賤謂之亂。見色而悅謂之逆。吾豈以逆亂瞀之道哉。元刻注云、此章與景公以晏子妻老欲納愛女、旨同而事異。陳無宇雖至凡品、亦未應以是諭晏子。設非晏子者。將納其說、見棄妻乎。無以垂訓。故著于此篇。純一案景公欲納愛女、卽雜下廿四章。盧云、吳本缺此章

工女欲入身于晏子晏子辭不受第十一盧云、吳本作三十八。

有工女、託于晏子之家者、者上舊衍焉字、據太平御覽四百二十六引刪。曰、婢妾、東郭之野人也。孫云、婢妾御覽作婢子。東郭今本作在廓、據御覽作東郭。廓、俗字。願得入身、比數于下陳焉。晏子曰、乃今而後自知吾不肖也。舊作今日、王云、日字後人所加。凡書傳中、言乃今而後者。加一日字、則累於詞矣。太平御覽人事部六十七、引此無日字。盧校同。純一今據刪。古之爲政者。士農工商異居。男女有別而不通。故士無邪行。御覽無不通故三字。女無淫事。今僕託國主民。受全國之託而主民事。而女欲犇僕。僕必色見而行無廉也。色見文義不順、當作見色。孫云、廉御覽作淸。盧云、御覽無色見而三字。遂不見。元刻注云、此章與犯傷槐之令者女求入晏子家。事同而辭略。且無因而至。故著於此篇。純一案犯槐者女事、見諫下二章。盧云、吳本缺此章。

景公欲誅羽人晏子以爲法不宜殺第十二盧云、吳本作三十九。

景公蓋姣。姣、佼同。美好也。有羽人視景公僭者。孫云、周禮羽人、下士二人。屬地官司徒。純一案下犯上謂之僭。隱五年穀梁傳始僭樂矣注。公謂左右曰、問之何視寡人之僭也。羽人對曰、言亦死、而不言亦死。竊姣公也。公曰、合色寡人也。俞云、合色無義。下文公曰色寡人、故將殺之。晏子曰、雖使色君、於法不宜殺也。色上並無合字。合疑否字之誤、否字自爲一句。說文丶部否、相與語唾而不受也。從丶否聲。公曰否者、深怪其語。故先唾而不受耳。孫詒讓云、合疑咅之誤。說文口部云、咅、苛也。呂氏春秋權勳篇云、豎陽穀操黍酒而進之。子反叱曰訾。退酒也。訾咅聲義同。殺之。晏子不時而入見曰、蓋聞君有所怒羽人。公曰、然。色寡人、故將殺之。晏子對曰、嬰聞拒欲不道、惡愛不祥。雖使色君、於法不宜殺也。公曰、惡。然乎。若使沐浴、寡人將使抱背。元刻注云、此章不典。無以垂訓。故著于此篇。純一案此章當刪。盧云、吳本缺此章。

景公謂晏子東海之中有水而赤晏子詳對第十三盧云、吳本作四十。

景公謂晏子曰、東海之中、藝文類聚八十五引無之字。八十七引有。太平御覽八百二十引、亦無之字。有水而赤。其中有棗、御覽八百二十引無其字。又九百六十五引其作水。類聚八十五、無其中二字。八十七有。華而不實、何也。晏子對曰、御覽兩引、並無對字。昔者秦繆公御覽兩引、一無者字。一有者字。繆並作穆。類聚八十五無者字。八十七有。乘龍舟而理天下。黃云、元刻無舟字。孫云、藝文類聚作乘龍。文選注作乘舟。今訂定作乘龍舟。純一案御覽兩引、並作乘龍治天下。類聚兩引、治均作理。以黃布裹烝棗。類聚八十五作黃帝布。八十七及御覽兩引、並同此。至東海而捐其布。孫云、捐藝文類聚作投。黃云、文選新刻漏銘注作椓。純一案御覽八百二十引、作至海而焠其布於波。下無彼字。又九百六十五引、作至海而投其布。故水赤。類聚同。惟八十五布上有棗字。彼黃布、故水赤。彼、孫據文選注、藝文類聚、改作破。俞云、孫改非也。彼黃布者、言彼所捐之布。乃黃布也。若作破字、則破黃布三字文不成義矣。烝棗上亦當有彼字。蒙上而省。烝棗、故華而不實。公曰、吾詳問子、何爲對。孫云、詳問、文選注作佯問。通俗文、陽作詳。虛辭也。盧云、何爲二字疑衍。黃云、文選注無何爲二字。蘇云、何爲下當有對字。傳寫者緣下對字而脫耳。景公言吾乃佯問、何爲對。故晏子答以詳問詳對。義本昭晰。以爲衍文、語意不完矣。純一案御覽八百二十作吾佯問。九百六十五作吾佯問子。類聚兩引作吾佯問子耳。並無何爲對三字。然引文從略、不盡可據。蘇說義長。劉云對下挩晏子對三字、是也。今據御覽八百二十引、補於下。晏子對曰、嬰聞之。[文選注及御覽兩引、並無之字。類聚八十五無、八十七有。繹史同。]詳問者亦詳對之也。[文選注作佯問者佯對也。御覽九百六十五同文選注、惟也作之。又八百二十、及類聚八十五、均作佯問者亦佯對之。類聚八十七及繹史同。惟並無之字。元刻注云、此並下一章、語類俳而義無所取。故著於此篇。孫云、已上七章。據沈啓南本、吳懷保本、增入。盧云、吳本缺此章。]

景公問天下有極大極細晏子對第十四[盧云、吳本作四十一。]

景公問晏子曰、[問、太平御覽九百二十七引作謂。]天下有極大物乎。[物字舊脫、據御覽補。]晏子對曰、[御覽無晏子二字。]有。[句]北溟有鵬。足游浮雲。背淩蒼天。[古音諧七眞引此、雲天諧。]尾偃天間。[說文偃、仆也。]躍啄北海。[說文啄、鳥食也。]頸尾咳于天地。[咳御覽作該。]然而漻漻乎不知六翮之所在。[舊脫北溟有鵬句。乎字倒著然而上。王云、自足游浮雲以下六句、皆指鵬而言。今本脫去鵬字、則不知爲何物矣。太平御覽羽族部十四鵬下引此、作鵬足游浮雲云云。則有鵬字明矣。又案頸尾咳于天地乎。乎字本在下句漻漻下。漻漻即寥寥、曠遠之貌也。故曰漻漻乎不知六翮之所在。今本乎字在上句天地下、則文義不順。御覽引此、乎字正在漻漻下。純一案王說是而義未盡。此文本作北溟有鵬、與東海有蟲對文。莊子逍遙遊篇、窮髮之北、有溟海者、天池也。有鳥焉、其名爲鵬。背若泰山。翼若垂天之雲。列子湯問篇文同。列子並以焦螟與鵬對舉。大旨與此全同。則本文當作北溟有鵬明矣。今本脫去、王僅補一鵬字、語意仍未完足。今並據以增訂。古音諧四之上聲引此、海在諧。孫云、咳與閡通。]公曰、天下有極細者乎。[者字舊脫、據文選鷦鷯賦注補。孫云、細、藝文類聚作小。純一案類聚見九十七。]晏子對曰、有。[句]東海有蟲。[孫云蟲、今本作蠱。據文選注藝文類聚改。純一案元刻正作蟲。文選張景陽七命注、蟲下有名日焦螟四字。]巢于蟁睫。[孫云、蟁文選注作蚊。俗字。純一案御覽九百五十一、作生於蚊睫。睫說文作䀹。目旁毛也。]再乳再飛、而蟁不爲驚。[孫云、藝文類聚作飛乳去來。而蚊不覺。純一案文選七命注。同孫見類聚。明王元貞校類聚、作再乳而飛。蟁不爲驚。御覽作再乳而兆。蚊不爲驚。]臣嬰不知其名、而東海漁者、命曰焦冥。孫云、列子湯問篇、江浦之閒生麼蟲、其名曰焦螟。羣飛而集於蚊睫、弗相觸也。栖宿去來、蚊弗覺也。純一案類聚冥作螟。文選鷦鷯賦注、作臣不知其名、而東海有鎾者、命曰鷦螟。御覽作臣嬰不知名、東海耆老、命曰蟭螟。鷲名冥爲韻、古音諧十青引此。

莊公圖莒國人擾紿以晏子在迺止第十五盧云、吳本作四十二。

莊公闔門而圖莒、國人以爲有亂也、皆操長兵而立于衢閭。衢字舊脫、從王校據下文補。黃云、元刻操作摽。下同。王云、衢閭、當衢之閭也。公召睢休相孫云、姓睢名休相。而問曰、寡人闔門而圖莒、國人以爲有亂、皆操長兵而立于衢閭。操舊作摽、孫云、摽當爲標。純一案操、持也。摽、擊也。又麾也。義不及操字妥適。今改從上文一律。元刻並作摽、皆操之形誤。奈何。休相對曰、誠無亂、而國人以爲有、人字舊脫、據上文增。則仁人不存。以無素孚民望之仁人在此、無以安其心故。問下十二章曰、晏子仁人也。使齊外無諸侯之憂。內無國家之患。觀此益信。請令于國、言晏子之在也。公曰、諾。以令于國、孰謂國有亂者、晏子在焉。然後皆散兵而歸。皆知晏子能安國故。君子曰、夫行不可不務也、晏子存而民心安、此非一日之所爲也、黃云、元刻脫非字。有所以見乎前信于後者。舊無有字、語意不完。今校增。是以晏子立人臣之位、而安萬民之心。元刻注云、此章特以晏子而紿國人。故著於此篇。

晏子死景公馳往哭哀畢而去第十六盧云、吳本作四十三。

景公游于菑。孫云、太平御覽作臨菑。說苑作蔞。郡國志平昌有蔞鄉。韓非作游少海。蘇云、治要無于字、菑作淄。純一案鮑刻御覽四百八十七作游臨淄。文選褚淵碑注作菑。齊安陸昭王碑注作淄。聞晏子死。孫云、死御覽作卒。蘇云、治要同。純一案說苑亦作卒。公乘侈輿服繁駔驅之。孫云、說苑作乘輿素服、驛而驅之。文選注作公擧驛而馳。按韓非作趨駕煩且之乘。則繁駔、馬名。煩繁、且駔、聲相近。說文駔、壯馬也。一曰馬蹲駔也。文選注作擧驛。形相近、字之誤耳。蘇云、治要作公乘而驟。孫詒讓云、考工記輿人云、飾車欲侈。此景公意欲急行、不在車之侈弇。竊疑晏子本文、當作公侈乘輿。古从匆从多之字、聲近通用。周禮樂師趨以采齊。鄭注云、故書趨作跢。鄭司農云跢當爲趨。菁亦或爲趨。趨俗書亦或作趍。並其證也。此侈卽韓子之趨、言催促令急駕乘輿也。繁駔煩且、義亦難通。說苑宋本作乘駬。文選注引亦作騂。疑繁駔之駔、亦卽駬之形誤。純一案胡刻仿宋文選、兩引並作繁駔。海錄軒本、並作轝駬。此文乘侈輿、當依孫校作侈乘輿爲是。服繁駔與侈乘輿對文。繁駔似不誤、言公意求速至。趨駕乘輿、用壯馬而驅之。自以爲遲。舊作而因爲遲。孫云、說苑、文選注、太平御覽、俱作自以爲遲。蘇云、治要同。純一今據改。下車而趨。知不若車之遬。孫云、遬文選注作駛。太平御覽作速。純一案說苑、治要、並作速。胡刻仿宋文選兩引、幷作知不如車之駛。案古今注卷下、曾眞有駛馬。名爲鷩帆。言其驄駿、如烈風舉帆之疾也。音義引作駛、誤。海錄軒本文選、並作知不如車之駛。案駛廣韻、玉篇、並云疾也。增韻云、馬行疾也。駛駛義並與速同。則又乘。文選兩引、並有之字。比至于國者。說苑治要並同。文選兩注並御覽、均作比至國。四下而趨。行哭而往。至伏尸而號。舊脫至字、孫云、尸說苑作屍。王云、案伏尸而號上有至字。而今本脫之、則敘事不備。行哭而往、尙未至也。則至字必不可少。說苑君道篇、及羣書治要、太平御覽人事部百二十八、並作至伏尸而號。文選褚淵碑注、齊安陸昭王碑注、並作至則伏尸而哭。純一今據補。御覽五百四十九引尸作屍。曰子大夫日夜責寡人、不遺尺寸。言事無巨細皆見責。寡人猶且淫佚而不收。收、斂也。小爾雅廣言。怨罪重積于百姓。今天降禍于齊。蘇云、治要有國字。純一案說苑並御覽四百八十七同。不加于寡人。說苑、治要、御覽兩引、均無于字。而加于夫子。說苑無于字。治要于作之。御覽四百八十七無而字。五百四十九同說苑。齊國之社稷危矣。百姓將誰告夫。孫云、文選注作百姓誰復告我惡邪。韓非外儲說、說苑君道篇、用此文。盧云、夫說苑作矣是。純一案夫、治要作乎。夫猶乎也、均歎詞。詳見經傳釋詞。說苑作矣非。御覽四百八十七、作社稷危矣。百姓誰告。雖無將字夫字、而義正同。謂晏子旣歿。百姓疾苦。將誰告而誰拯之。文選兩注、均因省去上文子大夫日夜責寡人不遺尺寸云云。於此作百姓誰復告我惡邪。失其百姓無告之旨。不可從。韓非外儲說左上、文與此異。錄之以備參稽。齊景公游少海。傳騎從中來。謁曰、嬰疾甚。且死。恐公後之。景公遽起。傳騎又至。景公曰、趨駕煩且之乘。使騶子韓樞御之。行數百步、以騶爲不疾。奪轡代之御。可數百步。以馬爲不進。盡釋車而走。以煩且之良、而騶子韓之巧、而以爲不如下走也。元刻注云、此並下二章。皆晏子歿後景公追褱之言。故著于此篇。蘇云、治要此下接晏子歿後十有七年云云。載此在雜下篇。

晏子死景公哭之稱莫復陳告吾過第十七盧云、吳本作四十四。

晏子死。景公操玉加于晏子屍上。舊脫屍上二字、從孫校據御覽五百四十九增。而哭之。涕沾襟。御覽作涕下沾衿。孫云、爾雅釋器、衣眥謂之襟。章子諫曰、非禮也。公曰、安用禮乎。昔者吾與夫子遊于公阜之上。阜舊作邑、從盧校改。一日而三不聽寡人。今其孰能然乎。諫上十八章云、昔者從夫子而遊公阜。夫子一日而三責我。今誰責寡人哉。吾失夫子則亡。無以自存。何禮之有。免而哭。免冠而哭。哀盡而去。孫云、太平御覽作盡哀。蘇云、哀盡、哀畢也。上章標題云哀畢而去。是其證矣。御覽非。純一案哀盡、盡哀、其義一也。

晏子沒左右諛弦章諫景公賜之魚第十八盧云、吳本作四十五。

晏子沒十有七年。黃云、盧校沒下有後字。純一案史記齊世家、景公四十八年晏子卒。後十年景公薨。此云晏子沒十七年、未知孰是。七或弋之形譌。景公飲諸大夫酒。公射出質。孫云質、射質也。堂上唱善若出一口。公作色太息。播弓矢。播、棄也。弦章入。公曰、章。此下各本俱缺。元刻作吾失晏子。未嘗聞吾不善。章曰、臣聞君好臣服。君嗜臣食●。尺蠖食黃身黃。食蒼身蒼。君其食諂人言乎。公曰、善。賜弦章魚五十乘。弦章歸。魚車塞途。章撫其僕曰、曩之唱善者。皆欲此魚也。固辭不受。文止此。此由後人據御覽九百三十五引晏子補入。孫本作自晏子沒後。不復聞不善之事。弦章對曰、君好之則臣服之。君嗜之則臣食之。尺蠖食黃則黃。食蒼則蒼是也。公曰、善。吾不食諂人以言也。以魚五十乘賜弦章。章歸。魚車塞途●。撫其御之手曰。昔者晏子辭賞以正君。故過失不掩之。今諸臣諛以干利。吾若受魚。是反晏子之義。而順諂諛之欲。固辭魚不受。君子曰、弦章之廉。晏子之遺行也。音義云據御覽增。王云、孫所增文。乃雜取諸書補入者。不足爲據。因錄元刻。又以羣書治要、及御覽四百二十六所引補之。俞云、王補洵較孫刻爲備。惟此文實見於說苑君道篇。治要及御覽所引均不全。因錄說苑。補王引所未及。純一案諸引莫備於說苑、今從俞校補此。自吾失晏子于今十有七年。治要有矣字。未嘗聞吾不善。吾下舊衍過字、據治要及御覽九百三十五引刪。今射出質。而唱善者若出一口。治要無而字。若作如。弦章對曰、此諸臣之不肖也。知不足以知君之不善。治要無之字。勇不足以犯君之顏色。治要無色字。然而有一焉。臣聞之、治要無之字。君好之則臣服之。君嗜之則臣食之。御覽九百三十五、作君好臣服。君嗜臣食。服食爲韻。古音諧一哉引此。夫尺蠖食黃則其身黃。食蒼則其身蒼。孫云、藝文類聚、作食黃卽身黃。食蒼卽身蒼。純一案類聚見卷九十七。御覽九百四十八同。治要無夫字。及兩則字。黃蒼爲韻。古音諧十六庚引此。君其猶有諂人言乎。治要諂上有食字、人下有之字。公曰、善。治要引止此。載雜下。今日之言章爲君我爲臣。是時海人入魚。公以五十乘賜弦章。章歸。歸上章字舊脫、據御覽四百二十六補。魚乘塞塗。撫其御之手曰、曩之唱善者、皆欲若魚者也。昔者晏子辭賞以正君。故過失不掩。御覽四百二十六、作故天下稱之。今諸臣諂諛以干利。故出質而唱善。如出一口。今所輔于君。未見于衆而受若魚。若、此也。是反晏子之義。而順諂諛之欲也。固辭魚不受。君子曰、弦章之廉。乃晏子之遺行也。孫云、說苑君道篇用此文。盧云、吳本缺此章。